Wessing/Dann (Hrsg.)
Deutsch-Amerikanische Korruptionsverfahren

Deutsch-Amerikanische Korruptionsverfahren

Ermittlungen in Unternehmen –
SEC, DOJ, FCPA, SOX und die Folgen

Herausgegeben von

Prof. Dr. Jürgen Wessing

Rechtsanwalt und Fachanwalt für Strafrecht
Honorarprofessor an der Heinrich Heine Universität Düsseldorf
Düsseldorf

Dr. Matthias Dann, LL.M.

Rechtsanwalt
Düsseldorf

Verlag C.H. Beck München 2013

www.beck.de

ISBN 978 3 406 64123 7

© 2013 Verlag C.H. Beck oHG
Wilhelmstraße 9, 80801 München

Druck: Nomos Verlagsgesellschaft,
In den Lissen 12, 76547 Sinzheim

Satz: Textservice Zink, 74869 Schwarzach

Gedruckt auf säurefreiem, alterungsbeständigem Papier
(hergestellt aus chlorfrei gebleichtem Zellstoff)

Vorwort

„Long arm statutes" nennt der angelsächsische Rechtskreis sehr anschaulich diejenigen Rechtsvorschriften, die – um im Bilde zu bleiben – über die jeweiligen Landesgrenzen des gesetzgebenden Staates hinausgreifen, um jenseits des eigenen Hoheitsgebietes in fremden Ländern Geltung zu beanspruchen.

Diesen Zugriff des „langen Armes", vor allem aus den USA, haben auch deutsche Unternehmen und Manager immer wieder zu spüren bekommen. Völkerrechtliche Schranken zählen in der Praxis wenig, schlichte wirtschaftliche Macht zwingt zumindest solche Unternehmen, die in den USA Niederlassungen oder Tochtergesellschaften haben, oder die vom US-Geschäft wesentlich abhängig sind, sich zu fügen.

Dabei gibt es Rechtsvorschriften mit dem Anspruch „extraterritorialer Geltung" bei weitem nicht nur in den USA. Erst kürzlich ist der UK Bribery Act 2010 zum Kreis dieser Normen hinzugekommen, und gibt allen Unternehmen, die in England geschäftlich aktiv sind, rund um den Globus vor, wie sie sich in Sachen Korruptionsprävention zu organisieren haben. Auch deutsches Recht beansprucht weltweit Geltung, wenn es etwa Rechtsnormen anderer Staaten als unanwendbar erklärt, sobald ihre „Anwendung zu einem Ergebnis führt, das mit wesentlichen Grundsätzen des deutschen Rechts offensichtlich unvereinbar ist" (Art. 6 EGBGB).

Doch kaum ein Land hat sich für die rigorose Durchsetzung eigener Rechtsvorstellungen in anderen Staaten einen derartigen Ruf erworben wie die USA. Das begann unter anderem im Finanzsektor, als ohne Rücksicht auf Datenschutz und andere europäische „Rechtsbefindlichkeiten" die Herausgabe von Kundendaten ausländischer Banken verlangt wurde, verbunden mit der unterschwelligen Drohung, bei Nichtbefolgung könne das US-Geschäft der Bank und damit auch die Filiale an der Wall Street ein schnelles Ende nehmen. Und das erreichte einen vorläufigen Höhepunkt darin, dass ausländische Manager „eingeladen" wurden, in den USA Haftstrafen anzutreten, dies wegen aus dem Unternehmen heraus irgendwo auf dieser Welt begangener Korruptionsdelikte, nur damit das Unternehmen sein US-Geschäft weiter fortsetzen kann.

So sind die zuständigen Behörden, das Justizministerium DOJ (Department of Justice) und die Börsenaufsicht SEC (Securities and Exchange Commission) weltweit bei Managern und Unternehmen gefürchtet und allein die Ankündigung einer Untersuchung verbreitet nicht selten Angst und Panik bei den Betroffenen.

Damit ist es mehr als verdienstvoll, dass sich *Wessing* und eine Reihe weiterer, überaus fachkundiger Autoren zum Ziel gesetzt haben, die Abläufe und Grenzen dieser internationalen Verfahren und die damit einhergehenden internen Ermittlungen in den Unternehmen in vorliegendem Werk aufzuarbeiten und zu durchleuchten.

Möge das Buch seinen Platz finden in den Kanzleien und Unternehmen, bei den Beratern und Managern, die sich mit US-amerikanischen Behörden in Deutschland und anderswo konfrontiert sehen und helfen, sich richtig zu verhalten und Schäden zu vermeiden oder wenigstens zu minimieren. „Your right to swing your fist ends where my nose begins" hat einst Oliver Wendell Homes Jr. gesagt, ein 1841 in Boston geborener US-Rechtsprofessor, Richter und Chief Justice. Damit verbindet sich der Wunsch, dass

Vorwort

das Buch den Betroffenen und den Unternehmen wirksamen Beistand leisten wird, um sich vor dem „langen Arm" der US-Behörden zu schützen, damit der geschwungenen Faust ihre rechtsstaatlichen Grenzen aufgezeigt werden.

Söcking, im Juni 2012 *Christoph E. Hauschka*

Autorenverzeichnis

Prof. Dr. Jürgen Wessing
Rechtsanwalt, Fachanwalt für Strafrecht,
Partner bei Wessing & Partner, Düsseldorf;
Honorarprofessor der Heinrich Heine Universität Düsseldorf ....   §§ 1, 6, 7 C

Dr. Matthias Dann, LL.M.
Rechtsanwalt, Partner bei Wessing & Partner, Düsseldorf ....   § 3

Dr. Heiko Ahlbrecht
Rechtsanwalt, Partner bei Wessing & Partner, Düsseldorf;
Lehrbeauftragter der Leipniz Universität Hannover ....   § 11

Gary Di Bianco
Rechtsanwalt bei Skadden, Arps, Slate, Meagher & Flom LLP,
London ....   §§ 2, 5, 7A, 12 A, 13 A

Rainer Biesgen
Dipl.-Finanzwirt, Rechtsanwalt bei Wessing & Partner, Düsseldorf;
Lehrbeauftragter der Heinrich Heine Universität Düsseldorf ....   § 4

Heike Böhme
Rechtsanwältin, München ....   § 13 B

Dr. Markus Jakoby
Rechtsanwalt und Notar bei Jakoby Rechtsanwälte, Berlin ....   § 13 C

Dr. Rainer Kienast
Rechtsanwalt, Fachanwalt für Arbeitsrecht,
Partner bei CMS Hasche Sigle, Düsseldorf;
Lehrbeauftragter der Heinrich Heine Universität Düsseldorf ....   §§ 8, 13 D

Michael Loer
Oberstaatsanwalt, Abteilungsleiter der Schwerpunktstaatsanwaltschaft
für Wirtschaftsstrafsachen in Frankfurt a.M. ....   § 10

Jan Pohle
Rechtsanwalt, Partner bei DLA Piper UK LLP, Köln
Lehrbeauftragter der Humboldt Universität Berlin und der
Universität Oldenburg ....   § 8 G, 9

Prof. Dr. Jürgen Taschke
Rechtsanwalt, Partner bei DLA Piper UK LLP, Frankfurt a.M.
Honorarprofessor an der Goethe Universität Frankfurt a.M. ....   § 12 B

Inhaltsverzeichnis

Vorwort	V
Autorenverzeichnis	VII
Abkürzungsverzeichnis	XXIII
Literaturverzeichnis	XXIX

§ 1. Einleitung oder der lange Arm der SEC ... 1

§ 2. Basics of the US Criminal Law – Grundlagen des US-Strafrechts ... 3

- A. Basics of the US Criminal Law ... 3
  - I. Basics of the FCPA and the SOX ... 3
    1. Elements of Corporate Criminal Liability ... 3
    2. Anti-Bribery Provisions of the FCPA ... 4
       - a) Jurisdiction ... 5
       - b) Intent ... 6
       - c) Payment ... 7
       - d) Recipients ... 7
       - e) Influence or Induce ... 8
       - f) Obtaining or Retaining Business ... 9
       - g) Knowledge Requirement ... 10
       - h) Permissible Payments ... 10
       - i) Affirmative Defenses ... 10
    3. Internal Controls Provisions of the FCPA ... 11
    4. Books and Records Provisions of the FCPA ... 12
    5. Sarbanes Oxley controls and certifications ... 13
  - II. The acting authorities ... 16
    1. DOJ ... 16
       - a) Criminal jurisdiction over registered issuers ... 16
       - b) Criminal jurisdiction over US domestic concerns ... 16
       - c) Criminal jurisdiction over other persons ... 17
       - d) Enforcement by US Attorney's Offices and DOJ Criminal Division ... 17
    2. SEC ... 17
       - a) Structure of the Commission ... 17
       - b) The SEC Division of Enforcement ... 18
       - c) Civil jurisdiction over registered issuers ... 18
       - d) SEC administrative proceedings ... 18
       - e) SEC civil court proceedings ... 19
- B. Deutsche Zusammenfassung der Grundlagen des US-Strafrechts ... 20
  - I. Grundlagen von FCPA und SOX ... 20
    1. Grundlagen des Unternehmensstrafrechts ... 20
    2. Anti-Bribery Regeln des FCPA ... 20
       - a) Jurisdiction ... 21
       - b) Vorsatz ... 22
       - c) Zahlung ... 22
       - d) Empfänger ... 22
       - e) Beeinflussen oder veranlassen ... 23
       - f) Erhalt oder Erlangung eines Geschäftes ... 24
       - g) Subjektive Faktoren ... 24
       - h) Erlaubte Zuwendungen ... 25
       - i) Rechtfertigende Verteidigungen ... 25
    3. Regelungen interner Kontrollen durch das FCPA ... 25

4. Buchhaltungsvorschriften des FCPA	27
5. Sarbanes Oxley Kontrollen und Zulassungen	28
II. Die US-amerikanischen Behörden	30
1. DOJ	30
a) Strafrechtliche Zuständigkeit bei registrierten Emittenten	30
b) Strafrechtliche Zuständigkeit bei in den Vereinigten Staaten ansässigen Konzernen	30
c) Strafrechtliche Zuständigkeit über andere Personen	31
d) Strafverfolgung durch das US Attorney's Offices und die Criminal Division des DOJ	31
2. SEC	31
a) Struktur der Kommission	32
b) Die Division für Vollstreckung	32
c) Zivilrechtliche Zuständigkeit bei registrierten Emittenten	32
d) SEC administrative proceedings	32
e) SEC Vorgehen vor Zivilgerichten	33

§ 3. Internationale Aspekte des deutschen Strafrechts — 35

A. Einleitung	35
B. Ausländische Rechtsordnungen	37
C. Geltung des Deutschen Strafrechts und Implikationen des Allgemeinen Teils	37
I. Anwendbarkeit des deutschen Strafrechts auf Auslandssachverhalte	37
1. Tatort und Staatsangehörigkeit	38
2. Schutz ausländischer Rechtsgüter?	40
II. Strafrechtliche Verantwortungssubjekte	40
1. Verantwortlichkeit von Unternehmen und Mensch	40
2. Täterschaft und Teilnahme im Wirtschaftsstrafrecht	41
3. Pflichtverletzung als Unterlassungsdelikt – Compliance-Verantwortlichkeit und Garantenstellung	43
D. Internationale Aspekte der einschlägigen Vorschriften	45
I. Beschränkungen und Ausweitungen der Korruptionsstrafbarkeit nach deutschem Recht durch internationale Vorgaben	45
II. Bestechung europäischer und ausländischer Amtsträger gem. § 334 StGB	46
1. Internationalisierung des Amtsträgerbegriffs durch EuBestG und IntBestG	46
2. Bestechung mit internationalen Bezügen	48
a) Grundzüge des § 334 StGB	49
aa) Vorteilsbegriff	49
bb) Tathandlung und pflichtwidrige Diensthandlung	51
cc) Unrechtsvereinbarung	52
dd) Künftige Diensthandlungen nach § 334 Abs. 3 StGB	54
b) Modifizierung durch das IntBestG	54
aa) Einleitung	54
bb) Vorteile für eine künftige, pflichtwidrige Diensthandlung	55
cc) Auftrag oder unbilliger Vorteil im internationalen Geschäftsverkehr gem. § 1 IntBestG	57
3. Prüfungsschema der Bestechung im internationalen Geschäftsverkehr nach § 334 StGB	59
III. Bestechlichkeit und Bestechung im geschäftlichen Verkehr gem. § 299 StGB	59
1. Grundzüge des § 299 StGB	59
a) Täter im Sinne des § 299 Abs. 1 StGB	60
b) Täter im Sinne des § 299 Abs. 2 StGB	61
c) Vermittler und Strohmänner als Teilnehmer des § 299 Abs. 1 und Abs. 2 StGB	62
d) Handeln im geschäftlichen Verkehr	62
e) Vorteilsbegriff und Drittzuwendung	62

Inhaltsverzeichnis

f) Unrechtsvereinbarung	63
g) Tathandlung	66
2. Handlungen im ausländischen Wettbewerb (§ 299 Abs. 3 StGB)	66
a) Ausländischer Wettbewerb	67
b) Verhältnis von § 299 Abs. 3 und §§ 3 ff. StGB	67
3. Prüfungsschema des § 299 StGB bei Auslandssachverhalten	69
IV. Untreue gem. § 266 StGB	70
1. Einleitung	70
2. Grundzüge des § 266 StGB	71
a) Systematik	71
b) Vermögensbetreuungspflicht	71
c) Pflichtverletzung	73
aa) Missbrauchstatbestand	73
bb) Treuebruchtatbestand	74
cc) Einverständnis	75
dd) Unmittelbarkeitskriterium	77
d) Vermögensnachteil	77
e) Fallvarianten: Schwarze Kassen und Kick-Backs	79
aa) Schwarze Kassen	79
bb) Kick-Back-Zahlungen	80
cc) Zahlung von Schmiergeld als Untreue	82
3. Auslandssachverhalte	82
4. Prüfungsschema Untreue	82
V. Geldwäsche gem. § 261 StGB	83
1. Einleitung	83
2. Grundzüge des § 261 StGB	84
a) Systematik	84
b) Gegenstand	84
c) Für Korruptionssachverhalte relevante Vortaten aus dem Katalog des § 261 Abs. 1 S. 2 StGB	84
d) Herrühren	85
e) Tathandlungsvarianten	87
f) Tatbestandseinschränkungen	88
g) Subjektiver Tatbestand	88
h) Persönliche Strafaufhebungsgründe	88
3. Auslandssachverhalte	89
a) Auslandstaten nach § 261 Abs. 8 StGB	89
b) Besonderheiten	89
4. Prüfungsschema Geldwäsche nach § 261 StGB	90
VI. Bilanzdelikte – Unrichtige Darstellung nach § 331 HGB	90
1. Einleitung	90
2. Unrichtige Darstellung der Unternehmensverhältnisse nach § 331 Nr. 1, Nr. 1 lit. a, Nr. 2, Nr. 3 HGB	91
a) Unrichtige Darstellung der Verhältnisse der Kapitalgesellschaft – § 331 Nr. 1 HGB	91
b) Unrichtige Darstellung der Verhältnisse eines Konzerns – § 331 Nrn. 2 u. 3 HGB	92
3. Unrichtiger Bilanzeid nach § 331 Nr. 3 lit. a HGB	92
a) Sarbanes Oxley Act und die Entstehungsgeschichte des Bilanzeids	92
b) Grundzüge des strafbaren Bilanzeids	93
aa) Täterkreis	93
bb) Unrichtige Abgabe	93
cc) Subjektiver Tatbestand und vorstandsinterne Geschäftsverteilung	93
c) Auslandssachverhalte	94
4. Prüfungsschema Bilanzdelikte	94
E. Rechtfertigungsgründe	95

Inhaltsverzeichnis

F. Verjährung	96
I. § 334 StGB	96
II. § 299 StGB	96
III. § 266 StGB	97
IV. § 261 StGB	97
V. § 331 HGB	97
G. Anzeigepflichten	97

§ 4. Steuer- und steuerstrafrechtliche Implikationen ... 99

A. Abzugsverbot des § 4 Abs. 5 S. 1 Nr. 10 EStG	99
I. Von der Absetzbarkeit der Schmiergeldzahlungen bis zum Abzugsverbot – kurzer Rückblick auf die Gesetzgebungsgeschichte	99
II. Heutiger Anwendungsbereich der Vorschrift	101
1. Anwendbarkeit bei Zahlungen mit Auslandsbezug (§ 299 Abs. 3 StGB)	102
2. Anwendbarkeit auf Betriebsausgaben und Werbungskosten	103
III. Zuwendung von Vorteilen als rechtswidrige tatbestandsmäßige Handlung	104
1. Zuwendung von Vorteilen	104
2. Rechtswidrige tatbestandsmäßige Handlung	105
3. Anforderungen an den Nachweis der Tat	106
B. Mitteilungen zwischen Finanzverwaltung und anderen Behörden	107
I. Das Steuergeheimnis (§ 30 Abs. 1–3 AO)	107
II. Zulässige Offenbarungen	108
1. Offenbarung nach § 30 Abs. 4 Nrn. 1–3 AO	108
2. Speziell: Offenbarung nach §§ 30 Abs. 4 Nr. 2 AO, 4 Abs. 5 Nr. 10 S. 3 EStG	111
3. Mitteilungen zur Bekämpfung der Geldwäsche (§ 31 b AO)	113
4. Offenbarung nach § 30 Abs. 4 Nrn. 4 und 5 AO	115
C. Grenzüberschreitende Mitteilungen der Finanzbehörden (§ 117 Abs. 1 bis 3 AO)	117
I. Mitteilungen der deutschen Finanzbehörden nach § 117 Abs. 2 AO	118
1. Mitteilungen aufgrund Doppelbesteuerungsabkommen	118
2. Mitteilungen der deutschen Finanzbehörden aufgrund des EG-Amtshilfe-Gesetzes	121
3. Mitteilungen der deutschen Finanzbehörden aufgrund innerstaatlich anwendbarer Rechtsakte der Europäischen Gemeinschaften	126
II. Mitteilungen der deutschen Finanzbehörden nach § 117 Abs. 3 AO	127
III. Zwischenstaatliche Auskünfte an die deutschen Finanzbehörden (§ 117 Abs. 1 AO)	128
D. Mitwirkungspflichten des Steuerpflichtigen	130
I. Mitwirkungspflichten bei Inlandssachverhalten	130
II. Erhöhte Mitwirkungspflicht bei Auslandssachverhalten (§ 90 Abs. 2 AO)	133
III. Spezielle Fälle der erhöhten Mitwirkungspflicht nach § 90 Abs. 2 S. 3, Abs. 3 AO	136
E. Kontroll- und Überwachungspflichten der Organe des Unternehmens	137
I. Pflichten der gesetzlichen Vertreter aus § 34 AO	138
II. Persönliche Haftung der gesetzlichen Vertreter bei Pflichtverletzungen nach § 69 AO	140
F. Die strafbefreiende Selbstanzeige (§ 371 AO)	143
I. Keine Erstreckung der Straffreiheit auf andere Delikte als die Steuerhinterziehung	144
II. Voraussetzungen der (steuer)strafbefreienden Selbstanzeige	144
III. Sperrgründe	146
IV. Keine strafbefreiende Selbstanzeige in den USA	149

§ 5. Process of SEC and DOJ Investigations from a US Perspective – Ablauf der Verfahren von SEC und DOJ aus amerikanischer Sicht ... 151

A. Process of SEC and DOJ Investigations from a US Perspective ... 151
   I. Civil law ... 151
      1. Initiation ... 151
         a) Civil investigations – informal and formal SEC investigations ... 151
         b) Civil investigations – requests for documents ... 152
         c) Civil investigations – subpoenas for documents ... 153
         d) Civil investigations – interviews and testimony ... 153
      2. Various forms of disposition (closure of the investigations) ... 154
         a) Deferred prosecution agreements ... 154
         b) Civil administrative proceedings ... 155
         c) Civil injunctions ... 156
         d) Civil trials ... 157
   II. Criminal law ... 157
      1. Initiation ... 157
         a) Criminal investigations – informal ... 157
         b) Criminal investigations – grand jury ... 158
      2. Various forms of disposition (closure of the investigations) ... 158
         a) Criminal non prosecution agreements ... 159
         b) Criminal deferred prosecution agreements ... 160
         c) Criminal guilty pleas ... 160
         d) Criminal trials ... 160
B. Ablauf der Verfahren von SEC und DOJ aus amerikanischer Sicht – Übersetzung Teil A ... 161
   I. Zivilrecht ... 161
      1. Einführung ... 161
         a) Zivile Untersuchungen – formelle und informelle SEC-Untersuchungen ... 161
         b) Zivilrechtliche Untersuchungen – Herausgabeverlangen von Dokumenten ... 162
         c) Zivilrechtliche Untersuchungen – Herausgabeverlangen von Beweismitteln durch Subpoena ... 163
         d) Zivilrechtliche Untersuchungen – Anhörungen und Zeugenaussagen ... 163
      2. Verschiedene Formen des Abschlusses der Ermittlungen ... 164
         a) „Deferred prosecution"- Zurückstellung der Strafverfolgung durch Vereinbarung ... 164
         b) Verwaltungsverfahren ... 165
         c) Zivilrechtliche Verfügungen ... 165
         d) Verfahren vor Zivilgerichten ... 166
   II. Strafrecht ... 166
      1. Einführung ... 166
         a) Informelle strafrechtliche Ermittlungen ... 167
         b) Strafrechtliche Ermittlungen – Grand Jury ... 167
      2. Beendigungsformen des Ermittlungsverfahrens ... 168
         a) Strafrechtliche Nichtverfolgungsvereinbarungen ... 168
         b) Vereinbarung der Zurückstellung der Strafverfolgung ... 169
         c) Geständnisse ... 169
         d) Strafrechtliche Gerichtsverfahren ... 169

§ 6. Parallelermittlungen in Deutschland ... 171

A. Die besten Ermittlungen sind keine Ermittlungen ... 171
   I. Strafrechtliche Risikokontrolle ... 171
      1. Der problematische Mitarbeiter ... 172
      2. Der Konkurrent – insbesondere in Kartellverfahren ... 172
      3. Strukturprobleme ... 173
      4. Presse ... 174

II. Verfahrensverhinderung durch aktives Ermittlungsrisikomanagement	174
B. Von Deutschland ausgehende Ermittlungen	174
C. Von den Vereinigten Staaten ausgehende Ermittlungen	175
D. Speziell relevantes deutsches Prozessrecht	176
I. Persönliche Schuld versus Unternehmensstrafrecht	176
1. Schuldgrundsatz als (angeblich) beherrschendes Prinzip	176
2. Faktisches Unternehmensstrafrecht	176
II. Wesentliche Prozessgrundsätze des Personenstrafrechtes	177
1. Ermittlungsgrundsatz	177
2. Recht auf Verteidigung in jeder Verfahrenslage	178
a) Anwesenheitsrechte von Verteidigern	179
aa) Vernehmung	179
bb) Durchsuchung	180
b) Verschwiegenheitspflicht des Verteidigers	181
c) Akteneinsichtsrechte	183
aa) Akteneinsicht nach § 147 StPO	183
bb) Akteneinsichtsrecht nach § 406 e oder § 475 StPO	185
d) Kommunikationsrechte	186
e) Das „Recht" auf Unwahrheit	186
3. Unternehmensstrafrecht?	188
a) Anbindung der „Unternehmensschuld" an die Individualschuld	188
b) Konsequenzen	189
aa) OWiG	189
bb) StGB	190
cc) Ausstrahlung: Korruptionsregister, Gewerbeordnung	190
c) Unternehmensverteidigung	191
4. Sockelverteidigung	194
a) Begrifflichkeiten und Abgrenzung	194
b) § 146 StPO und Zulässigkeit der Sockelverteidigung	195
c) Gemeinsame Verteidigeraufgaben und Innenverhältnis	196
d) Grenzen	199
aa) Strafvereitelung	199
bb) Parteiverrat	199
cc) Prozessuale Grenzen	200
5. Das Problemfeld des Individualverteidigers	202
a) Umgang mit den Erstaussagen	202
b) Widerstand gegen interne Ermittlungen unter strafrechtlichen Gesichtspunkten	203
aa) Das Interesse am Erhalt des Arbeitsplatzes	204
bb) „Kronzeuge" und „Whistleblowing" in Deutschland	204
E. Besonderheiten der Verfahrensdualität	207
I. Die Beachtung des US-Prozessrechtes durch den deutschen Anwalt	207
1. Der Einfluss von Discovery	208
2. Das Ende der Verteidigung bei US-Anerkenntnis?	209
a) Das Gebot der Akzeptanz des US Factfindings	209
aa) Statement of Facts	209
bb) Auswirkungen in andere Ermittlungsverfahren	210
b) Das Gebot weltweiter Aufklärungshilfe	216
c) Der Ausweg aus dem Dilemma	216
II. Anwaltsgeheimnis und Privilege	217
III. Die Zusammenarbeit mit den US-Kollegen	219
1. Clash der Kulturen?	219
2. Das Selbstverständnis der US-Kollegen	220
3. Professionalität und Information	221
F. Drittwirkung: Ermittlungsverfahren in weiteren Ländern	221

G. Strategien		222
I. Akutberatung		222
1. Keine frühe Festlegung		222
2. Risikoinformation		223
3. Zusammenstellung der strafrechtlichen Berater		223
II. Kontakt zur deutschen Staatsanwaltschaft?		224
1. Erörterungen im Ermittlungsverfahren nach § 160 b StPO		224
2. Begrenzung des Verfahrensstoffes – § 154 StPO		225
3. Doppelverfolgung und Verfallsfragen		226
a) Grundsätze		226
b) Anwendbarkeit der Härtefallvorschrift des § 73 c StGB?		226
aa) Anrechnung einer im DOJ-Verfahren zu zahlenden Geldstrafe		226
bb) Unbillige Härte wegen der Kosten der internen Untersuchung?		228
cc) Unbillige Härte wegen Kosten für Compliance-Maßnahmen?		229
dd) Reduzierung in Höhe der bereits gezahlten Steuern, § 73 c Abs. 1 S. 2 StGB		229
c) Bußen und Verfall nach Ordnungswidrigkeitenrecht		229
aa) Anrechnung der im DOJ-Verfahren zu zahlenden Geldstrafe		230
bb) Anrechnung der Gewinnabschöpfung im Rahmen eines SEC Verfahrens		230
cc) Zwischenergebnis		231
III. Erledigungsstrategien		232
IV. Umgang mit den Medien		233
1. Allgemein		233
2. Die schriftliche Presseerklärung		233
3. Stellungnahmen gegenüber der Presse – Die US Behörden beobachten kritisch		234
4. Abstimmung der Pressekommunikation zwischen den Beteiligten		235

§ 7. Company internal "cross-border" investigations – Unternehmensinterne „cross-border" Untersuchungen 237

A. Company internal "cross-border" investigations in the USA		237
I. Expectations of U.S. Authorities		237
1. Internal investigation process		237
2. Voluntary disclosures and cooperation		238
3. Voluntary disclosure and cooperation considerations		239
II. Planning and Execution		239
1. Investigation work plan		239
2. Investigation privilege issues		240
3. Investigation reporting		240
4. Document gathering		240
5. Document review		241
6. Employee interviews		241
III. Involved Parties		242
1. Legal Department		242
2. Compliance Department		243
3. Board of Management		244
4. External Auditors		244
5. Commercial counterparties		245
6. Shareholders – public disclosure obligations		245
IV. Documentation and Protection of Investigation Results		246
1. Form of reporting		246
2. Strategic issues regarding written and oral reports		246
3. Protection of privilege		247
V. Strategic Consequences of Investigation Results		248
1. Use of reports by authorities in investigations		248

Inhaltsverzeichnis

- 2. Use of reports by authorities in trials or other proceedings 250
- 3. Use of reports in civil litigation 250
- VI. Typical Difficulties 251
  - 1. Data protection and privacy restrictions 251
  - 2. Labor law protections 252
  - 3. Multi-jurisdictional regulatory concerns 252
  - 4. Raids and seizure orders 253
  - 5. Termination of contracts 254
- B. Deutsche Zusammenfassung des Teils A 254
  - I. Grundsätzliche Struktur grenzüberschreitender Untersuchungen 254
    - 1. Ablauf interner Untersuchungen 255
    - 2. Freiwillige Selbstanzeige und Kooperation 255
    - 3. Freiwillige Selbstanzeige und deren Probleme 255
  - II. Planung und Durchführung 255
    - 1. Untersuchungsplan 255
    - 2. Privilegierungsfragen 256
    - 3. Berichte 256
    - 4. Dokumentenzusammenstellung 256
    - 5. Auswertung der Dokumente 256
    - 6. Anhörungen 256
  - III. Der Kreis der Mitwirkenden 257
    - 1. Rechtsabteilung 257
    - 2. Compliance-Abteilung 257
    - 3. Geschäftsleitung/Vorstand 258
    - 4. Wirtschaftsprüfer 258
    - 5. Vertragspartner 258
    - 6. Shareholder und Offenlegungspflichten 258
  - IV. Dokumentation und Schutz der Ermittlungsergebnisse 259
    - 1. Form 259
    - 2. Strategische Fragen zur Form des Berichtes 259
    - 3. Schutz des Privilege 259
  - V. Strategische Konsequenzen 260
    - 1. Verwendung der Ermittlungserkenntnisse durch amerikanische Behörden 260
    - 2. Verwendung interner Berichte in strafgerichtlichen Verfahren 261
    - 3. Verwendung interner Berichte im Zivilrechtsstreit 261
  - VI. Typische Problemstellungen 261
    - 1. Datenschutz 261
    - 2. Arbeitsrecht 262
    - 3. Fortentwicklung des Korruptionsrechts 262
    - 4. Durchsuchungen 263
    - 5. Beendigung von Vertragsbeziehungen 263
- C. Unternehmensinterne „cross-Border" Untersuchungen aus deutscher Sicht 263
  - I. Einleitung 263
  - II. Planung und Ablauf der unternehmensinternen cross-border Untersuchungen in Deutschland 264
    - 1. Allgemeines 264
    - 2. Arbeitsplan 264
    - 3. Berichterstattung 265
    - 4. Zusammentragen von Unterlagen 266
  - III. Kreis der Mitwirkenden 266
    - 1. Rechtsabteilung 267
    - 2. Compliance-Abteilung 267
    - 3. Vorstand 268
    - 4. Aufsichtsrat und andere Kontrollorgane 268

5. Externe Wirtschaftsprüfer	269
6. Geschäftspartner	270
7. Aktionäre – Öffentliche Mitteilungspflichten	270

§ 8. Mitarbeiterbefragungen ... 271

A. Notwendigkeit	271
B. Zulässigkeit	272
C. Auskunftspflichten der Mitarbeiter	273
I. Auskunftspflichten der Mitarbeiter innerhalb des vertraglichen Aufgabenbereiches	274
II. Auskunftspflichten der Mitarbeiter außerhalb des vertraglichen Aufgabenbereiches	275
III. Auskunftspflichten der Mitarbeiter nach Beendigung des Arbeitsverhältnisses	277
IV. Zulässigkeitserweiternde Vereinbarungen	278
V. Selbstständige Anzeigepflicht der Mitarbeiter	280
D. Wahrheitspflicht und Aussageverweigerung	281
I. Grundsätzliche Wahrheitspflicht	281
II. Pflicht zur Selbstbelastung?	281
1. Im vertraglichen Aufgabenbereich	282
2. Außerhalb des vertraglichen Aufgabenbereichs	287
III. Anspruch des Arbeitnehmers auf Beistand eines Rechtsanwalts oder Betriebsratsmitgliedes?	288
IV. Kronzeugen- und Amnestiezusagen	290
1. Zulässigkeit und Sinn	290
2. Mögliche Inhalte	292
a) Schutz vor Kündigungen	292
b) Schutz vor Schadensersatzforderungen	292
c) Schutz vor Strafverfolgung	292
d) Freistellung von Verteidigerkosten oder Geldstrafen	293
e) Zusicherung der Vertraulichkeit	294
3. Keine Bindung für staatliche Ermittlungsmaßnahmen	294
E. Durchführung und Verfahren	294
I. Praktische Umsetzung der Befragung	295
II. Auskunft auch gegenüber beauftragten Dritten	296
III. Schriftliche Aussagen, Einsichtsrechte	298
F. Beteiligung und Mitbestimmungsrechte des Betriebsrates	299
I. Informationsrechte des Betriebsrates	299
II. Mitbestimmungsrechte bei der Durchführung von Befragungen	300
1. Mitbestimmungsrecht aus § 87 Abs. 1 Nr. 1 BetrVG zu Ordnungsverhalten	301
2. Mitbestimmungsrecht aus § 94 Abs. 1 BetrVG zu Personalfragebögen	303
3. Abschluss einer Betriebsvereinbarung	304
G. Mitarbeiterbefragungen und Datenschutz	305
H. Anhang: Checkliste zum Ablauf von Mitarbeiterbefragungen	308

§ 9. Unterlagen-, Daten- und E-Mailauswertung unter Berücksichtigung datenschutzrechtlicher Aspekte ... 309

A. Ausgangslage	309
B. Datenschutzrecht	310
I. Internationale Anwendbarkeit deutschen Datenschutzrechts	311
II. Sachlicher Anwendungsbereich des Datenschutzrechts	312
III. Rechtmäßigkeit der Auswertung von Unterlagen, Dateien und E-Mail nach dem BDSG	313
1. Tatsächlicher Ausgangspunkt	313

2. Rechtliche Rahmenbedingungen für die Verarbeitung und Nutzung
   von personenbezogenen Daten für unternehmensinterne Ermittlungen 314
   a) Verarbeitung und Nutzung von Beschäftigtendaten für unternehmensinterne
      Ermittlungen 315
      aa) Sachlicher Anwendungsbereich 315
      bb) Erlaubnistatbestand des § 32 Abs. 1 S. 2 BDSG 315
      cc) Nutzung und Verarbeitung von Beschäftigtendaten nach
          § 32 Abs. 1 S. 1 BDSG 317
      dd) Anwendbarkeit des § 28 Abs. 1 BDSG neben § 32 BDSG 318
   b) Nutzung und Verarbeitung sonstiger personenbezogener Daten für unternehmens-
      interne Ermittlungen 320
3. Datenschutzrechtliche Zulässigkeit einzelner Ermittlungsmaßnahmen 320
   a) Nutzung von Personalakten 321
   b) Datenscreenings 321
   c) Datenschutzrechtliche Aspekte der Auswertung von E-Mails und sonstigen
      Telekommunikationsdaten 324
4. Durchführung der Ermittlungsmaßnahmen durch externe Dienstleister 325
   a) Auftragsdatenverarbeitung 326
   b) Übermittlung von personenbezogenen Daten an externe Dienstleister 327
5. Übermittlung von Ermittlungsergebnissen und Daten an die US-Ermittlungsbehörden 328

C. Fernmeldegeheimnis 330
I. Inhaltliche Auswertung von E-Mails 330
II. Auswertung dienstlicher Telefonate 333

§ 10. Grenzüberschreitende Korruptionsermittlungen aus Sicht der Staatsanwaltschaft 335

A. Einleitung 335
B. Spezialisierung der Ermittlungsbehörden auf internationale Korruptionsverfahren 337
I. Besonderheiten von Ermittlungsverfahren wegen Korruptionsverdachts 337
   1. Erhebliche Unschärfen bei wichtigen Tatbestandsmerkmalen 337
   2. Schwierigkeiten bei der Beweisführung 338
   3. Komplexität der Verfahren und der Ermittlungen 339
   4. Besonderheiten bei den Tatverdächtigen 340
II. Ermittlungs- und Beweisschwierigkeiten bei Bestechung im Ausland 340
   1. Korruption im Ausland – Erweiterung der Strafbarkeit 341
   2. Notwendigkeit von Auslandsermittlungen 342
   3. Schwierigkeiten bei der Rechtshilfe 343
   4. Ermittlungs- und Beweisschwierigkeiten aufgrund materiell-rechtlicher und
      tatsächlicher Besonderheiten 344
      a) Amtsträger im Sinne des IntBestG und des EUBestG 344
      b) Ermittlung des Vorteilsempfängers 345
      c) Der Nachweis einer strafbaren Unrechtsvereinbarung 346
III. Einrichtung von Schwerpunkt-Staatsanwaltschaften und zunehmende Spezialisierung
   auf Ermittlungsseite 346
   1. Notwendigkeit zur Konzentration der Ermittlungstätigkeit 346
   2. Ressourcenprobleme 348

C. Untersuchungen in Unternehmen aus staatsanwaltschaftlicher Sicht 348
I. Bewertung interner Ermittlungen 348
   1. Die Durchführung interner Ermittlungen als unternehmerische Entscheidung 348
   2. Sachverhaltsaufklärung als Aufgabe der Staatsanwaltschaft 349
   3. Ermittlungstätigkeit als Jedermannsrecht 350
II. Besondere Rechtsprobleme bei Ermittlungen gegen Unternehmen und deren
   Verantwortliche 351

Inhaltsverzeichnis

1. Mitarbeitergespräche und staatsanwaltschaftliche Ermittlungen		351
a) Auskunftspflicht gegenüber dem Arbeitgeber trotz Selbstbelastungsgefahr?		352
b) Verwertungs- oder Verwendungsverbot?		354
c) Besonderheiten in Verfahren unter Beteiligung US-amerikanischer und britischer Behörden		358
2. Auswertung von E-Mail-Konten durch die Staatsanwaltschaft		360
a) Rechtliche Rahmenbedingungen für den Zugriff auf E-Mails		360
b) Verhältnismäßigkeit		362
3. Verhältnis von internen Untersuchungen und staatsanwaltschaftlichen Ermittlungen		363
a) Berücksichtigung der unterschiedlichen Interessenlagen		363
b) Gefährdung des Ermittlungszwecks		364
c) Keine Delegation vollständiger Ermittlungen auf Private		365
III. Honorierung der Kooperation durch Unternehmen		365
1. Anmerkungen zur Verbandsgeldbuße		365
2. Die Bemessung der Verbandsgeldbuße		367
D. Fazit und Ausblick		368

§ 11. Rechtshilfe aus anwaltlicher Sicht: Grenzüberschreitende Ermittlungen der SEC und der Strafverfolgungsbehörden ... 371

A. Rechtsgrundlagen		371
B. Regelungsinhalte		372
I. EU-US RhÜbk		372
1. Allgemeine Vorschriften		372
2. Umfang der Ermittlungsmaßnahmen		373
3. Formelle Anforderungen		373
4. Geltung des Abkommens		373
II. RhV D-USA		374
1. Gegenseitige Verpflichtung zur umfassenden Rechtshilfe in Straf- und Ordnungswidrigkeitenverfahren		374
2. Zentrale Behörden		375
3. Ablehnung der Rechtshilfe aus Staats(schutz)interessen		375
4. Ladung von Zeugen, Sachverständigen und Beschuldigten		376
5. Überlassung öffentlicher Unterlagen		376
6. Ermittlung von Bankinformationen		377
7. Vernehmung von Zeugen		377
8. Durchsuchung und Beschlagnahme		378
9. Besondere Ermittlungsmethoden		379
10. Rechtshilfe bei Einziehungsverfahren		380
11. Vertraulichkeit der im Wege der Rechtshilfe gewonnenen Erkenntnisse		380
12. Inhalt und Form von Rechtshilfeersuchen		381
13. Verhältnis zu anderen Übereinkünften		382
C. Umsetzung von Rechtshilfeersuchen unter dem RhV D-USA nach IRG		383
I. Einleitung		383
II. Zweistufiges Verfahren – Bewilligungsverfahren/Vornahmeverfahren		384
III. Rechtsschutz gegen Bewilligung der Rechtshilfe/Leistungsermächtigung		385
IV. Rechtsschutz gegen das Vornahmeverfahren		386
V. Einzelthemen		387
1. Durchsuchung und Beweismittelbeschlagnahme		387
2. Herausgabe von Gegenständen, Schriftstücken und Akten zu Beweiszwecken		387
3. Akteneinsicht		388
D. Interne Ermittlungen für die SEC vs. Rechtshilfe		389

XIX

§ 12. Unternehmensbezogene „Sanktionen" 391
A. US-Sanktionen 391
I. Civil monetary penalty 391
II. Civil disgorgement 393
III. Relief against future civil violations 396
1. Court injunctions sought by the SEC 396
2. Permanent cease-and-desist orders by the SEC 399
3. Injunctions sought by the DOJ 401
IV. Criminal fines 401
V. Corporate probation 404
VI. Deutsche Zusammenfassung 405
1. Zivilrechtliche Geldbußen 406
2. Zivilrechtliche Abschöpfungen 406
3. Schutz gegen künftige Verletzungen zivilrechtlicher Bestimmungen 407
   a) Von der SEC erwirkte gerichtliche Anordnungen 407
   b) Unterlassungsverfügungen der SEC 407
   c) Vom DOJ erwirkte Maßnahmen 408
4. Strafrechtliche Sanktionen 408
5. Anordnung einer Bewährung für Unternehmen 409
6. Stellungnahme 410

B. Deutsche Sanktionen 411
I. Grundsatz individualstrafrechtlicher Verantwortlichkeit im deutschen Strafrecht 411
II. Unternehmens-/Verbandsgeldbuße im deutschen Recht 412
1. Unternehmens-/Verbandsgeldbuße gemäß § 30 OWiG 412
   a) Allgemeines 412
   b) Der Personenkreis des § 30 Abs. 1 Nrn. 1–4 OWiG 413
      aa) Vertretungsberechtigtes Organ einer juristischen Person oder Mitglied eines solchen (Nr. 1) 413
      bb) Vorstand eines nicht rechtsfähigen Vereins oder Mitglied eines solchen (Nr. 2) 413
      cc) Vertretungsberechtigte Gesellschafter einer Personenhandels- gesellschaft (Nr. 3) 414
      dd) Generalbevollmächtigte, Prokuristen oder Handlungsbevollmächtigte in leitender Stellung (Nr. 4) 414
   c) Anknüpfungs-/Bezugstat 414
      aa) 1. Alternative: Die Verletzung der Aufsichtspflicht nach § 130 OWiG als Bezugstat 415
      bb) Der Entlastungsbeweis bei der Verletzung der Aufsichtspflicht 417
      cc) Fehlender Entlastungsbeweis bei § 130 OWiG 417
      dd) Die Rolle von sog. Compliance-Management-Systemen bei der Verletzung der Aufsichtspflicht 418
      ee) Compliance-Systeme im internationalen Bezug 418
      ff) Anforderungen an ein Compliance-System 419
      gg) 2. Alternative: Bereicherung des Unternehmens 421
   d) Handlung „als" Organ, Vertreter oder Bevollmächtigter 421
   e) Höhe der Geldbuße/Steuerliche Aspekte 421
   f) Festsetzung im selbstständigen Verfahren 423
   g) Sonstige verfahrensrechtliche Besonderheiten 424
2. Gewinnabschöpfung durch Verfall 424
   a) Verfall nach §§ 73 ff. StGB 424
      aa) Allgemeines 424
      bb) Die Voraussetzungen des Verfalls nach § 73 Abs. 1 StGB 425
      cc) Verfall bei Drittbegünstigung nach § 73 Abs. 3 StGB 425
      dd) Umfang der Verfallsanordnung 426
      ee) Beschränkung und Ausschluss des Verfalls 427

ff) Verfahrensrechtliches ... 427
b) Verfall nach § 29 a OWiG ... 428
aa) Allgemeines ... 428
bb) Voraussetzungen des § 29 a Abs. 2 OWiG ... 428
cc) Höhe des Verfalls ... 429
dd) Beschränkungen und Ausschluss des Verfalls ... 429
ee) Verfahrensrechtliches ... 429

§ 13. Weitere Konsequenzen im Unternehmensbereich ... 431

A. Consequences imposed by the U.S. authorities ... 431
  I. Monitors ... 431
  II. Compliance undertakings – enhancement of compliance structures ... 434
  III. Suspension and debarment risks ... 435
  IV. Deutsche Zusammenfassung ... 435
    1. Compliance-Monitore ... 435
    2. Compliance-Maßnahmen ... 436
    3. Marktmaßnahmen ... 436
B. Zivil- und gesellschaftsrechtliche Haftungsfragen: Haftung von Vorstand, Geschäftsführung oder Aufsichtsrat ... 437
  I. Haftung von Vorstandsmitgliedern oder Geschäftsführern ... 437
    1. Haftung wegen Pflichtverletzung gem. § 93 Abs. 2 AktG bzw. § 43 Abs. 2 GmbHG ... 438
      a) Sorgfaltspflichtverletzung ... 438
        aa) Legalitätspflicht ... 439
        bb) Leitungspflicht ... 441
        cc) Pflicht zur ordnungsgemäßen Unternehmensführung ... 443
        dd) Konzernleitungspflicht ... 452
      b) Verschulden ... 455
      c) Schaden ... 457
        aa) Schadenspositionen ... 457
        bb) Vorteilsausgleichung ... 467
      d) Kausalität ... 469
        aa) Adäquat kausale Verursachung der Pflichtverletzung ... 469
        bb) Pflichtverletzung durch Unterlassen ... 470
      e) Darlegungs- und Beweislast ... 472
        aa) Grundsätze ... 472
        bb) Verweis auf Verfahrensbeendigung mit US-Behörden, Strafurteile oder Bußgeldbescheide ... 474
      f) Verjährung ... 476
        aa) Grundsätze ... 476
        bb) Verjährungsbeginn ... 477
        cc) Kumulierte Schadenspositionen ... 478
    2. Haftung wegen Verletzung des Anstellungsvertrages ... 479
    3. Deliktische Schadensersatzhaftung aus § 823 Abs. 2 BGB i.V.m. der Verletzung eines Schutzgesetzes ... 479
      a) Schutzgesetzverletzung ... 480
      b) Weitere Haftungsvoraussetzungen ... 481
      c) Verjährung ... 482
  II. Besonderheiten der Aufsichtsratshaftung ... 483
    1. Haftung wegen Pflichtverletzung gem. §§ 116 S. 1, 93 Abs. 2 AktG ... 484
      a) Sorgfaltsmaßstab ... 484
      b) Sorgfaltspflichtverletzung ... 485
        aa) Legalitätspflicht ... 485
        bb) Überwachungspflicht ... 486

cc) Verfolgung von Schadensersatzansprüchen gegen den Vorstand, § 112 AktG 495
c) Weitere Haftungsvoraussetzungen 496
d) Verjährung 496
2. Haftung wegen Verletzung des Anstellungsvertrages 496
3. Deliktische Schadensersatzhaftung 497
III. Organhaftung aufgrund von Aktionärsklagen aus den USA? 498
1. Fallgestaltung 498
2. „Internal Affairs Doctrine" 499
3. Fazit 501

C. Vergaberechtliche Aspekte 501
I. Einleitung 501
II. Vergaberechtliche Ausgangslage in Deutschland 504
1. Unterschiedliche Verordnungen mit gleicher Regelungssystematik betreffend den Bieterausschluss 504
2. Regelungen betreffend Bieterausschluss in der VOL/A 505
a) Zwingender Ausschluss von Vergabeverfahren gem. § 6 Abs. 4 EG 506
aa) Rechtskräftige Verurteilung wegen einer Katalogtat 506
bb) Gleichstellung von Auslands- und Inlandstaten 507
cc) Zurechnung von Verhalten einer natürlichen Person gegenüber dem Anstellungsunternehmen 508
b) Informationspflichten und Gebot wahrheitsgemäßer Angaben gegenüber Vergabestellen 513
c) Ausnahmen von dem zwingenden Ausschluss gem. § 6 Abs. 5 EG 516
aa) Zwingende Gründe des Allgemeininteresses (§ 6 Abs. 5 Var. 1 EG) 516
bb) Selbstreinigung (§ 6 Abs. 5 Var. 2 EG) 516
d) Im Ermessen stehender Ausschluss gem. § 6 Abs. 6 EG 519
aa) Nachweislich begangene schwere Verfehlung 520
bb) Zuverlässigkeit als Bewerber durch die schwere Verfehlung in Frage gestellt 520
cc) Ermessen 521
III. Erfordernis der vorbeugenden vergaberechtlichen Konfliktvermeidung und -begrenzung 521
1. Konfliktvermeidung – Vorbeugemaßnahmen 522
2. Konfliktbegrenzung – Notfallplan 523
IV. Zusammenfassung 525

D. Arbeitsrechtliche Maßnahmen 526
I. Sanktionen wegen verweigerter Auskünfte 526
1. Abmahnung wegen Pflichtverletzung 527
2. Zurückbehaltung von Vergütungsteilen 528
3. Kürzung oder Verwirkung von Gratifikationen oder Boni 528
4. Kündigung wegen Verstoßes gegen Auskunftspflichten 529
5. Klage auf Auskunft gegen den Mitarbeiter 530
II. Sanktionen wegen festgestellter Vertragsverletzungen 531
1. Abmahnung 531
2. Ordentliche und außerordentliche Kündigung 531
3. Verdachtskündigung 532
4. Versetzung 533
5. Freistellung 534
6. Schadensersatz 534
III. Fazit 535

Anhang 537

Sachverzeichnis 539

Abkürzungsverzeichnis

a. A.	anderer Ansicht
ABl	Amtsblatt
ABl.EG	Amtsblatt der Europäischen Gemeinschaft
Abs.	Absatz
a. E.	am Ende
AEAO	Anwendungserlass zur Abgabenordnung
AEAStG	Anwendungserlass zum Außensteuergesetz
a. F.	alte Fassung
AG	Amtsgericht, Aktiengesellschaft (auch Zeitschrift)
AGG	Allgemeines Gleichbehandlungsgesetz
AktG	Aktiengesetz
Alt.	Alternative
Am. Crim. L. Rev.	American Criminal Law Review
Anm.	Anmerkung
AnwBl	Anwaltsblatt
AO	Abgabenordnung
AP	Nachschlagewerk des Bundesarbeitsgerichts seit 1954
ArbR	Arbeitsrecht
ArbBR	Der Arbeits-Rechts-Berater (Zeitschrift)
ArbG	Arbeitsgericht
AStG	Außensteuergesetz
AuA	Arbeit und Recht
AufenthG	Aufenthaltsgesetz
ausf.	ausführlich
AWG	Außenwirtschaftsgesetz
Az.	Aktenzeichen
BaFin	Bundesanstalt für Finanzdienstleistungsaufsicht
BAG	Bundesarbeitsgericht
BAGE	Sammlung der Entscheidungen des BAG
BAK	Blutalkoholkonzentration
BB	Betriebsberater
BCR	Binding Corporate Rules
BDSG	Bundesdatenschutzgesetz
BeamtStG	Beamtenstatusgesetz
Bearb.	Bearbeiter(in)
BeckOK	Beck'scher Online-Kommentar
BeckRS	Elektronische Entscheidungsdatenbank in beck-online
Berkeley J. Emp. & Lab. L.	Berkeley Journal of Employment & Labor Law
Beschl.	Beschluss
BetrVG	Betriebsverfassungsgesetz
BFH	Bundesfinanzhof
BFH/NV	Sammlung der Entscheidungen des BFH, die nicht in der amtlichen Sammlung veröffentlicht werden (NV = nicht veröffentlicht)
BGB	Bürgerliches Gesetzbuch
BGBl. I, II, III	Bundesgesetzblatt Teil I, Teil II; Teil III = Fundstellennachweis A (FNA) des BGBl.
BGH	Bundesgerichtshof
BGHSt (Z)	Sammlung der Entscheidungen des BGH in Strafsachen (Zivilsachen)
BKA	Bundeskriminalamt
BKR	Zeitschrift für Bank- und Kapitalmarktrecht

Abkürzungsverzeichnis

BMF	Bundesministerium der Finanzen
BörsG	Börsengesetz
BRAK	Bundesrechtsanwaltskammer
BRAO	Bundesrechtsanwaltsordnung
BR-Drs.	Bundesratsdrucksache
Bsp.	Beispiel, Beispiele
BStB.	Bundessteuerblatt
BT-Drs.	Bundestagsdrucksache
BVerfG	Bundesverfassungsgericht
BVerfGE	Sammlung der Senatsentscheidungen des BVerfG
BVerwG	Bundesverwaltungsgericht
BVerwGE	Entscheidungen des Bundesverwaltungsgerichts
BZRG	Bundeszentralregistergesetz
bzw.	beziehungsweise
CCZ	Corporate Compliance Zeitschrift
CEO	Chief Executive Officer
CFO	Chief Financial Officer
Co.	Company
CR	Computer und Recht (Zeitschrift)
DAV	Deutscher Anwaltsverein
DB	Der Betrieb
DBA USA	Doppelbesteuerungsabkommen USA
DCGK	Deutscher Corporate Governance Kodex
DOJ	Department of Justice (US-Justizministerium)
DrittelbG	Gesetz über die Drittelbeteiligung der Arbeitnehmer im Aufsichtsrat
DStR	Deutsches Steuerrecht
DStRE	Deutsches Steuerrecht Entscheidungsdienst
DuD	Datenschutz und Datensicherheit (Zeitschrift)
E	Entwurf
EFG	Entscheidungen der Finanzgerichte
EG	Europäische Gemeinschaft, Vertrag zur Gründung der EG i.d.F. nach dem 1.5.1999 oder Einführungsgesetz
EGAHiG	EG-Amtshilfegesetz
EGAO	Einführungsgesetz zur Abgabenordnung
ErgL	Ergänzungslieferung
EStG	Einkommensteuergesetz
EStH	Einkommensteuer-Hinweise
etc.	et cetera
ETS	European Treaty Series
EU	Europäische Union
EuBestG	EU-Bestechungsgesetz
EuGH	Gerichtshof der Europäischen Gemeinschaft
EuZW	Europäische Zeitschrift für Wirtschaftsrecht
f., ff.	folgende, fortfolgende
FAR	U.S. Federal Aquisition Regulation
FCPA	Foreign Corrupt Practices Act
FD-ArbR	Fachdienst Arbeitsrecht (beck-online)
FD-StrafR	Fachdienst Strafrecht (beck-online)
FG	Finanzgericht
FGO	Finanzgerichtsordnung
FinMin	Finanzministerium
FS	Festschrift

Abkürzungsverzeichnis

FTC	Federal Trade Commission
FVG	Finanzverwaltungsgesetz
GA	Goltdammer's Archiv für Strafrecht
GAufzV	Gewinnabgrenzungsaufzeichnungsverordnung
gem.	gemäß
GenG	Genossenschaftsgesetz
GesR	Gesellschaftsrecht
GewArch	GewerbeArchiv (Zeitschrift)
GewO	Gewerbeordnung
GewStG	Gewerbesteuergesetz
ggf.	gegebenenfalls
GmbH	Gesellschaft mit beschränkter Haftung
GmbHG	Gesetz betreffend die Gesellschaften mit beschränkter Haftung
GmbHR	GmbH-Rundschau
grds.	grundsätzlich
Großkomm-AktG/ Bearb.	*Hopt/Wiedemann*, Aktiengesetz, Großkommentar, Berlin, 4. Aufl. (Bearbeitung 1999 bis 2006)
Großkomm-GmbHG/ Bearb.	*Ulmer/Habersack/Winter*, Gesetz betreffend die Gesellschaften mit beschränkter Haftung (GmbHG), Großkommentar, Bd. II, Tübingen 2006
GVG	Gerichtsverfassungsgesetz
GWB	Gesetz gegen Wettbewerbsbeschränkungen
GwG	Geldwäschegesetz
GWR	Gesellschafts- und Wirtschaftsrecht (Zeitschrift)
Hdb.	Handbuch
HFR	Höchstrichterliche Finanzrechtsprechung
HGB	Handelsgesetzbuch
Hinw.	Hinweise(n)
h.M.	herrschende Meinung
HRRS	Online-Zeitschrift für Höchstrichterliche Rechtsprechung im Strafrecht
Hrsg.	Herausgeber
i.d.F.	in der Fassung
i.d.R.	in der Regel
IDW	Institut der Wirtschaftsprüfer
InsO	Insolvenzordnung
IntBestG	Gesetz zur Bekämpfung internationaler Bestechung
Int'l HR J	International Human Rights Journal
InvG	Investmentgesetz
IRC	Internal Revenue Code
IRS	Internal Revenue Service
IRZ	Zeitschrift für internationale Rechnungslegung
i.S. des (von)	im Sinne des (von)
IStGH	Internationaler Strafgerichtshof
ITRB	IT-Rechtsberater (Zeitschrift)
i.V.m.	in Verbindung mit
J	Journal
J. Crim. L. & Criminology	Journal of Criminal Law and Criminology
jew.	jeweils
JR	Juristische Rundschau
JuS	Juristische Schulung
JZ	Juristenzeitung

Abkürzungsverzeichnis

Kap.	Kapitel
KG	Kommanditgesellschaft; Kammergericht
KK	Karlsruher Kommentar (jew. z. StPO, OWiG u. a.)
Komm.	Kommentar
KO-StB	Der AO Steuer-Berater (Zeitschrift)
K & R	Kommunikation und Recht (Zeitschrift)
krit.	kritisch
KSchG	Kündigungsschutzgesetz
KStG	Körperschaftsteuergesetz
KWG	Gesetz über das Kreditwesen
LAG	Landesarbeitsgericht
LG	Landgericht
Lit.	Literatur
m.	mit
M.	Meinung
MA	Musterabkommen
MDR	Monatsschrift für Deutsches Recht
m.E.	meines Erachtens
Mio.	Million
MitbestG	Mitbestimmungsgesetz = Gesetz über die Mitbestimmung der Arbeitnehmer
MitbestErgG	Mitbestimmungsergänzungsgesetz = Gesetz zur Ergänzung des MontanMitbestG
M.M.	Mindermeinung
MMR	MultiMedia und Recht (Zeitschrift)
MontanMitbestG	Montanmitbestimmungsgesetz = Gesetz über die Mitbestimmung der Arbeitnehmer in den Aufsichtsräten und Vorständen der Unternehmen des Bergbaus und der Eisen und Stahl erzeugenden Industrie
MünchKomm.	Münchener Kommentar (jew. zu StGB, HGB etc. – im Lit.-Verz. nach Hrsg. geordnet)
m.w.N.	mit weiteren Nachweisen
NJOZ	Neue Juristische Online-Zeitschrift
NJW	Neue Juristische Wochenschrift
NJW-RR	NJW-Rechtsprechungs-Report Zivilrecht
NK	Nomos-Kommentar zum StGB
Nr.	Nummer
NRW	Nordrhein-Westfalen
NStZ	Neue Zeitschrift für Strafrecht
NStZ-RR	NStZ-Rechtsprechungs-Report Strafrecht
NZA	Neue Zeitschrift für Arbeits- und Sozialrecht
NZA-RR	NZA-Rechtsprechungs-Report Arbeitsrecht
NZG	Neue Zeitschrift für Gesellschaftsrecht
NZWiSt	Neue Zeitschrift für Wirtschafts-, Steuer- und Unternehmensstrafrecht
OECD	Organization for Economic Cooperation and Development
OFD	Oberfinanzdirektion
OHG	Offene Handelsgesellschaft
OLG	Oberlandesgericht
OWiG	Gesetz über Ordnungswidrigkeiten
PharmR	PharmaRecht
PK	Praxiskommentar
PStR	Praxis Steuerstrafrecht
RDV	Recht der Datenverarbeitung (Zeitschrift)

Abkürzungsverzeichnis

RE	Regierungsentwurf
Rev. Sec. & Commodities Reg.	Review of Securities & Commodities Regulation
RFH	Reichsfinanzhof
RFHE	Entscheidungssammlung des Reichsfinanzhofs
RG	Reichsgericht
RGSt (Z)	Amtliche Sammlung der Entscheidungen des RG in Strafsachen (Zivilsachen)
RhV	Rechtshilfevertrag der BRD mit den USA
RIW	Recht der internationalen Wirtschaft
Rn.	Randnummer
Rspr.	Rechtsprechung
s.	siehe
S.	Satz
SchVG	Schuldverschreibungsgesetz
SEC	Securities and Exchange Comission (US-Börsenaufsicht)
SGB X	Zehntes Buch Sozialgesetzbuch
sog.	sogenannte
SOX	Sarbanes-Oxley Act
SSW	Satzger/Schmitt/Widmaier, StGB Kommentar, Köln 2009
st.	ständige
Stan. J. L. Bus. & Fin.	Stanford Journal of Law, Buisness and Finance
StBerG	Steuerberatungsgesetz
StBp	Die steuerliche Betriebsprüfung (Zeitschrift)
StGB	Strafgesetzbuch
StPO	Strafprozessordnung
StraFo	Strafverteidiger Forum
StV	Strafverteidiger
Syracuse J. Int'l L. & Com.	Syracuse Journal of International Law and Commerce
TKG	Telekommunikationsgesetz
tw.	teilweise
UN	United Nations
Urt.	Urteil
U.S.C.	United States Code
USD	US Dollar
UStG	Umsatzsteuergesetz
UWG	Gesetz gegen den unlauteren Wettbewerb
v.	vor, von, vom
VAG	Versicherungsaufsichtsgesetz
VergR	Vergaberecht
Verz.	Verzeichnis
VGH	Verwaltungsgerichtshof
vgl.	vergleiche
VK	Vergabekammer
Vorb.	Vorbemerkung
WiB	Wirtschaftsrechtliche Beratung
WiJ	WisteV-Journal, Zeitschrift der Wirtschaftsstrafrechtlichen Vereinigung
Wistra	Zeitschrift für Wirtschafts- und Steuerstrafrecht
WM	Wertpapier-Mitteilungen, Zeitschrift für Wirtschafts- und Bankrecht
WpHG	Wertpapierhandelsgesetz

Abkürzungsverzeichnis

WPO	Wirtschaftsprüferordnung
WRP	Wettbewerb in Recht und Praxis
z.	zur/zum
z.B.	zum Beispiel
ZD	Zeitschrift für Datenschutz
ZHR	Zeitschrift für das gesamte Handelsrecht und Wirtschaftsrecht
ZIP	Zeitschrift für Wirtschaftsrecht
ZIS	Zeitschrift für internationale Strafrechtsdogmatik
ZPO	Zivilprozessordnung
ZRP	Zeitschrift für Rechtspolitik
ZStW	Zeitschrift für die gesamte Strafrechtswissenschaft
z.T.	zum Teil
ZWH	Zeitschrift für Wirtschaftsrecht und Haftung im Unternehmen

Literaturverzeichnis

Abendroth, Der Bilanzeid – sinnvolle Neuerung oder systematischer Fremdkörper?, WM 2008, 1147
Achenbach, Was kann Strafrecht heute noch leisten?, StraFo 2011, 422
Achenbach/Ransiek (Hrsg.), Handbuch Wirtschaftsstrafrecht, Berlin, 3. Aufl. (2011)
Achenbach/Wannemacher (Hrsg.), Beraterhandbuch zum Steuer- und Wirtschaftsstrafrecht, Herne, Berlin, Stand: 2. Lfg., 1/1999
Adler/Hermanutz, Strukturierte Vernehmung im strafrechtlichen Ermittlungsverfahren, Kriminalistik 2009, 535
Ahlbrecht/Börgers, Rechtsschutz gegen die Gewährung eines Auskunftsverweigerungsrechts (§ 55 StPO) für den gem. § 59 IRG vorgenommenen Entlastungszeugen, ZIS 2008, 218
Ahlbrecht/Dann, Internationale Angestelltenbestechung und steuerliches Abzugsverbot, PStR 2008, 209
Ahlbrecht/Kraft, Angestelltenbestechung im Geschäftsverkehr – Strafbarkeit weltweit?, Der Syndikus 33 (2003), 34
Altenhain, Der strafbare falsche Bilanzeid, WM 2008, 1141
Ambos, Annahme „bemakelten" Verteidigerhonorars als Geldwäsche, JZ 2002, 70
American College of Trial Lawyers, Recommended Practices for Companies and their Counsel in Conducting Internal Investigations, Am. Crim. L. Rev. 73 (2009), 46
Androulakis, Die Globalisierung der Korruptionsbekämpfung. Eine Untersuchung zur Entstehung, zum Inhalt und zu den Auswirkungen des internationalen Korruptionsstrafrechts unter Berücksichtigung der sozialökonomischen Hintergründe, Baden-Baden 2007
Annuß/Pelz, Amnestieprogramme – Fluch oder Wahnsinn, BB 2010, 14
Arens, Die Untreue im Konzern, Freiburg 2010
Arzt/Weber/Heinrich/Hilgendorf, Strafrecht Besonderer Teil, Bielefeld, 2. Aufl. (2009)
Ax/Schneider/Scheffen, Rechtshandbuch Korruptionsbekämpfung, Berlin, 2. Aufl. (2010)
Bachmann/Prüfer, Korruptionsprävention und Corporate Covernance, ZRP 2005, 109
Bader, Das Verwendungsverbot des § 97 I 3 InsO, NZI 2009, 416
Bannenberg, Korruption in Deutschland und ihre strafrechtliche Kontrolle. Kriminologische Aspekte der Strafverfolgung, Kriminalistik 2005, 468
Bamberger/Roth (Hrsg.), Beck'scher Online-Kommentar zum BGB, München, 19. Edition (1.3.2011) (zitiert: BeckOK-BGB/*Bearb.*)
Baumbach/Hueck, Kommentar zum GmbH-Gesetz, München, 19. Aufl. (2010)
Bayer, Legalitätspflicht der Unternehmensleitung, nützliche Gesetzesverstöße und Regress bei verhängten Sanktionen – dargestellt am Beispiel von Kartellverstößen, in: Festschrift für Karsten Schmidt zum 70. Geburtstag, Köln 2009, S. 85
Bechthold, Die Entwicklung des deutschen Kartellrechts, NJW 2009, 3699
Beckemper, Das Rechtsgut „Vertrauen in die Funktionsfähigkeit der Märkte", ZIS 2011, 318
Beckemper/Schmitz/Wegner/Wulf, Zehn Anmerkungen zur Neuregelung der strafbefreienden Selbstanzeige durch das „Schwarzgeldbekämpfungsgesetz, wistra 2011, 281
Becker, Paradigmenwechsel in der Schadensdogmatik oder „Viel Lärm um nichts"? Zur aktuellen Kontroverse um die sog. schadensgleiche Vermögensgefährdung, HRRS 2009, 334
Becker/Nikolaeva, Das Dilemma der Cloud-Anbieter zwischen US Patriot Act und BDSG, CR 2012, 170
Behling, Compliance versus Fernmeldegeheimnis, BB 2010, 892
Behrens, Internal Investigations: Hintergründe und Perspektiven anwaltlicher „Ermittlungen" in deutschen Unternehmen, RIW 2009, 22
Behringer, Aufsichtsrat und Compliance-Management, ZRFC 2011, 127
Bender, Buisness Law Monographs, New Providence 2010
Bender/Nack/Treuer, Tatsachenfeststellung vor Gericht: Glaubwürdigkeits- und Beweislehre. Ein Leitfaden für die Praxis, München, 3. Aufl. (2007)
Bernsmann, Alles Untreue? Skizzen zu Problemen der Untreue nach § 266 StGB, GA 2007, 219
Bernsmann/Gatzweiler, Verteidigung bei Korruptionsfällen, Berlin 2008
Beukelmann, Der Handelsvertreter unter strafrechtlichem Generalverdacht, NJW-Spezial 2011, 184

Literaturverzeichnis

Beukelmann, Bestechung im geschäftlichen Verkehr im Ausland, in: Festschrift für Imme Roxin, Heidelberg 2012, S. 201

Beukelmann, Anm. zu LG Mannheim, Beschl. v. 3.7.2012 – 24 Q 1/12, NJW Spezial 2012, 504

Beulke/Ruhmannseder, Die Strafbarkeit des Verteidigers: Eine systematische Darstellung der Beistandspflicht und ihrer Grenzen, Heidelberg, 2. Aufl. (2009)

Beyer, Auswirkungen der Neuregelung der Selbstanzeige anhand von Beispielen, Der AO-Steuerberater 2011, 150

Bierekoven, Korruptionsbekämpfung vs. Datenschutz nach BDSG-Novelle, CR 2010, 203

Bissels/Lützeler, Compliance-Verstöße im Ernstfall: Der Weg zu einer verhaltensbedingten Kündigung, BB 2012, 189

Bittmann, Das Eckpunktepapier zur Reform des Strafverfahrens, ZRP 2001, 441

Bittmann, Anm. zu BGH, Beschl. v. 13.9.2010 – 1 StR 220/09, NJW 2011, 96

Bittmann, Anm. zu BGH, Beschl. v. 13.4.2011 – 1 StR 94/10, wistra 2011, 343

Bittmann/Molkenbur, Private Ermittlungen, arbeitsrechtliche Aussagepflicht und strafprozessuales Schweigerecht, wistra 2009, 373

Blümich/Heuermann/Brandis (Hrsg.), EStG, KStG, GewStG, Kommentar, Loseblatt, München 113. Erg.Lfg., Stand: November 2011 (zitiert: Blümich/*Bearb.*)

Böhm, Strafrechtliche Verwertbarkeit der Auskünfte von Arbeitnehmern bei unternehmensinternen Untersuchungen, WM 2009, 1923

Bohnert, OWiG, Kommentar zum Ordnungswidrigkeitenrecht, München, 2. Aufl. (2007)

Böse, Die Garantenstellung des Betriebsbeauftragten, NStZ 2003, 636

Böttcher, Compliance: Der IDW PS 980 – Keine Lösung für alle (Haftungs-)Fälle!, NZG 2011, 1054

Böttger, Wirtschaftsstrafrecht in der Praxis, Münster 2010

Bottke, Teleologie und Effektivität der Normen gegen Geldwäsche, wistra 1995, 87

Brammsen/Apel, „Schwarze Kassen" in Privatunternehmen sind strafbare Untreue, § 266 StGB – Zugleich eine Besprechung von BGH, Urt. v. 29.8.2008 – BGHSt 52, 323, WM 2010, 718

Brand, Anm. zu BGH, Beschl. v. 14.7.2010 – 1 StR 245/09, NJW 2010, 3463

Brand/Wostry, Die Strafbarkeit des Vorstandsmitglieds einer AG gem. § 299 Abs. 1 StGB, WRP 2008, 637

Braun/Hoppe, Arbeitnehmer-E-Mails: Vertrauen ist gut – Kontrolle ist schlecht, MMR 2010, 80

Brenner, Das Bruttoprinzip gilt für den Einzeltäter und für das Unternehmen, nicht nur für den unschuldigen Täter oder Dritten, NStZ 2004, 256

Breßler/Kuhnke/Schulz/Stein, Inhalte und Grenzen von Amnestien bei Internal Investigations, NZG 2009, 721

Brink/Schmidt, Die rechtliche (Un-)Zulässigkeit von Mitarbeiterscreenings – Vom schmalen Pfad der Legalität, MMR 2010, 592

Brockhaus/Dann/Teubner/Tsambikakis, Im Auftrag der Krankenkasse – Vertragsarzt im Wettbewerb? – Zugleich eine Anmerkung zu OLG Braunschweig (wistra 2010, 234), wistra 2010, 418

Brückner, Die Aufarbeitung von Compliance Verstößen – Praktische Erfahrungen und Fallstricke, BB Special 4, Beil./4 zu BB 2010, Heft 50, S. 21

Bürger, § 299 StGB – eine Straftat gegen den Wettbewerb?, wistra 2003, 130

Burkhard, Zum Recht des Strafverteidigers auf Akteneinsicht in strafrechtlichen Ermittlungsverfahren, wistra 1996, 171

Bürkle, Weitergabe von Informationen über Fehlverhalten in Unternehmen (Whistleblowing) und Steuerung auftretender Probleme durch ein Compliance-System, DB 2004, 2158

Bürkle, Corporate Compliance als Standard guter Unternehmensführung des Deutschen Corporate Governance Kodex, BB 2007, 1797

Bürkle, Die Compliance-Praxis im Finanzdienstleistungssektor nach Solvency II, CCZ 2008, 50

Bürkle, Grenzen der strafrechtlichen Garantenstellung des Compliance-Officers, CCZ 2010, 4

Busch, Kostenloser Computer für eine Schulfotoaktion – Erlaubtes „Schulsponsoring" oder strafbare Korruption?, NJW 2006, 1100

Busch, Korruption im Wirtschaftsleben – Erscheinungsformen, Umfang und Bekämpfungsstrategien, StV 2009, 291

Buse, Die Neuregelung der Selbstanzeige, Die steuerliche Betriebsprüfung 2011, 153

Busekist/Hein, Der IDW PS 980 und die allgemeinen rechtlichen Mindestanforderungen an ein wirksames Compliance Management System (1) – Grundlagen, Kultur und Ziele, CCZ 2012, 41

Bussmann/Matschke, Der Einfluss nationalen Rechts auf Kontroll- und Präventionsmaßnahmen von Unternehmen, wistra 2008, 88

Bussmann/Matschke, Die Zukunft der unternehmerischen Haftung bei Compliance-Verstößen, CCZ 2009, 132

Campos Nave/Vogel, Die erforderliche Veränderung von Corporate Compliance-Organisationen im Hinblick auf gestiegene Verantwortlichkeiten des Compliance Officer, BB 2009, 2546

Cappel, Grenzen auf dem Weg zu einem europäischen Untreuestrafrecht. Das Mannesmann-Verfahren und § 266 StGB als Beispiel eines expansiven Wirtschaftsstrafrechts, Frankfurt a. M. 2009

Carl/Klos, Zur Anwendbarkeit des § 261 StGB bei Auslandstaten, NStZ 1995, 167

Casper, Der Compliancebeauftragte – unternehmensinternes Aktienamt, Unternehmensbeauftragter oder einfacher Angestellter?, in: Festschrift für Karsten Schmidt zum 70. Geburtstag, Köln 2009, S. 199

Cebulla, Gegenstand der Geldwäsche, wistra 1999, 281

Clemenz, Das einstweilige Verfügungsverfahren im Arbeitsrecht, NZA 2005, 129

Corsten, Erfüllt die Zahlung von Bestechungsgeldern den Tatbestand der Untreue?, HRRS 2011, 247

Corsten, Anm. zu BGH, Beschl. v. 13.4.2011 – 1 StR 94/10, wistra 2011, 389

Covington/Bennett, Practicing Under The U.S. Anti-Corruption Laws, New York 2010

Crutchfield/Lancey, G./Lancey, K., Symposium 2006, The Changing Face of White-Collar Crime: Investigation of Halliburton Co./TSKJ's Nigerian Business Practices: Model for Analysis of the Current Anti-Corruption Environment on Foreign Corrupt Practices Act Enforcement, J. Crim. L. & Criminology 503 (Winter 2006), 96

Dahs, Zur strafrechtlichen Haftung des Gewässerschutzbeauftragten nach § 324 StGB, NStZ 1986, 97

Dahs, Parteiverrat im Strafprozess, NStZ 1991, 561

Dahs, Handbuch des Strafverteidigers, Köln, 7. Aufl. (2005)

Dahs, „Informationelle Vorbereitung" von Zeugenausagen durch den anwaltlichen Rechtsbeistand, NStZ 2011, 200

Daniel/Rubner, UK Bribery Act und Amtliche Auslegungshilfe, NJW-Spezial 2011, 335

Dann, Erleichterungs- und Beschleunigungszahlungen im Ausland – kein Fall des IntBestG?, wistra 2008, 41

Dann, Anmerkung zum Urteil des BGH v. 19.6.2008 – 3 StR 90/08, NJW 2008, 3078

Dann, Compliance-Untersuchungen im Unternehmen. Herausforderung für den Syndikus, AnwBl 2009, 84

Dann, „Korruptionsregister" – keine Prävention zum Sparpreis, in: Festschrift für Volkmar Mehle zum 65. Geburtstag, Baden-Baden 2009, S. 127

Dann, Die neue Kronzeugenregelung: ein Störfaktor aus Compliance-Sicht?, CCZ 2010, 30

Dann, Korruption im Notstand – Zur Rechtfertigung von Schmiergeld- und Bestechungszahlungen, wistra 2011, 127

Dann/Schmidt, Im Würgegriff der SEC? Mitarbeiterbefragungen und die Selbstbelastungsfreiheit, NJW 2009, 1851

Dean, The FCPA and Potential Civil Liability: Collateral Damage from Mishandling Intermediaries, in: The Foreign Corrupt Practices Act 2009: Coping with Heightened Enforcement Risks, New York 2009

Debatin/Wassermeyer, Doppelbesteuerung, Kommentar, Loseblatt, München, 116. Erg.Lfg., Stand: Januar 2012 (zitiert: Debatin/Wassermeyer/*Bearb.*)

Deiseroth/Derleder, Whistleblower und Denunziatoren, ZRP 2008, 248

Deiters, Betriebsvereinbarung Kommunikation, ZD 2012, 109

Department of Justice, U.S. Attorneys' Manual 1997

Department of Justice, Principles of Federal Prosecutionof Business Organisations, 2008

Deutsch/Diller, Die geplante Neuregelung des Arbeitnehmerdatenschutzes in § 32 BDSG, DB 2009, 1462

DiBianco/Lawrence, Investigation and Reporting Obligations Under Section 10A of the Securities Exchange Act, Rev. Sec. & Commodities Reg. 25 (Feb. 7, 2007), 40

Dieners (Hrsg.), Handbuch Compliance im Gesundheitswesen, München, 3. Aufl. (2010) (zitiert: *Bearb.*, in: Dieners)

Dieners, Niedergelassene Vertragsärzte als „Beauftragte der Krankenkassen"? – Von der Überdehnung eines Straftatbestandes, PharmR 2010, 613

Dieners/Lembeck/Taschke, Der „Herzklappenskandal" – Zwischenbilanz und erste Schlussfolgerungen für die weitere Zusammenarbeit der Industrie mit Ärzten und Krankenhäusern, PharmR 1999, 156

Dieners/Reese (Hrsg.), Handbuch des Pharmarechts, München, 1. Aufl. (2010) (zitiert: *Bearb.*, in: Dieners/Reese)

Dierlamm, Der faktische Geschäftsführer im Strafrecht – ein Phantom?, NStZ 1996, 153

Dierlamm, Untreue – ein Auffangtatbestand?, NStZ 1997, 534

Dießner, Der „Deal" nach „alter Schule" im Lichte des Verständigungsgesetzes – eine strafrechtliche Risikoanalyse, StV 2011, 43

Diller, Der Arbeitnehmer als Informant, Handlanger und Zeuge im Prozess des Arbeitgebers gegen Dritte, DB 2004, 313

Diller, „Konten-Ausspäh-Skandal" bei der Deutschen Bahn: Wo ist das Problem?, BB 2009, 438

Dingeldey, Der Schutz der strafprozessualen Aussagefreiheit durch Verwertungsverbote bei außerstrafrechtlichen Aussage- und Mitwirkungspflichten, NStZ 1984, 529

Division of Enforcement, U.S. Securities and Exchange Commission, Enforcement Manual, Jan. 13, 2010

Division of Enforcement, U.S. Securities and Exchange Commission, Enforcement Manual 2011

Dolata, Kampf gegen Korruption – Mit wissenschaftlichen Methoden gegen eine Schattenwelt, Kriminalistik 2007, 246

Dölling, Die Neuregelung der Strafvorschriften gegen Korruption, ZStW Bd. 112 (2000), 334

Dölling (Hrsg.), Handbuch der Korruptionsprävention, München 2007 (zitiert: *Bearb.*, in: Dölling)

Dölling/Duttge/Rössner (Hrsg.), Gesamtes Strafrecht, StGB, StPO, Nebengesetze, Handkommentar, Baden-Baden, 2. Aufl. (2011)

Dörrbecker/Stammler, OECD Anti-Korruptionskonvention: Folgerungen aus der Evaluierung Deutschlands – Auswirkung auf die Compliance im Unternehmen, DB 2011, 1093

Dreher, Die kartellrechtliche Bußgeldverantwortlichkeit von Vorstandsmitgliedern – Vorstandshandeln zwischen aktienrechtlichem Legalitätsprinzip und kartellrechtlicher Unsicherheit, in: Festschrift für Horst Konzen zum 70. Geburtstag, Tübingen 2006, S. 85

Dreher, Die Vorstandsverantwortung im Geflecht von Risikomanagement, Compliance und interner Revision, in: Festschrift für Uwe Hüffner zum 70. Geburtstag, München 2010, S. 161

Egger, Europäisches Vergaberecht, Baden-Baden, 1. Aufl. (2009)

Eichenwald/Dierlamm/Emmert/Pfeiffer, Verschwörung der Narren: Der Enron-Skandal: Eine wahre Geschichte, München 2007

Eidam, Einschränkende Auslegung des Verwendungsverbotes aus § 393 Abs. 2 S. 1 AO im Fall einer Selbstanzeige gem. § 371 AO?, wistra 2004, 412

Eilers/Roeder, Die Verletzung des Steuergeheimnisses bei der internationalen Rechtshilfe, wistra 1987, 92

Eisenberg, Beweisrecht der StPO, München, 7. Aufl. (2011)

Emmerich/Habersack, Aktien- und GmbH-Konzernrecht, München, 6. Aufl. (2010)

Engelhardt, Reform der Compliance-Regelungen der US Sentencing Guidlines, NZG 2011, 126

Ensenbach, Der Vermögensschutz einer Auslands-GmbH im deutschen Strafrecht, wistra 2011, 4

Erb, Ungereimtheiten bei der Anwendung von § 299 StGB, in: Festschrift für Klaus Geppert zum 70. Geburtstag am 10. März 2011, Berlin 2011, S. 97

Erfurth, Der „neue" Arbeitnehmerdatenschutz im BDSG, NJOZ 2009, 2914

Erman/Westermann, Handkommentar zum Bürgerlichen Gesetzbuch, Münster, 11. Aufl. (2008) (zitiert: Erman/*Bearb.*)

Ernst, Der Arbeitgeber, die E-Mail und das Internet, NZA 2002, 585

Ernst, Medien, Justiz und Rechtswirklichkeit, NJW 2010, 744

Eser/Überhofen/Huber (Hrsg.), Korruptionsbekämpfung durch Strafrecht. Ein rechtsvergleichendes Gutachten zu den Bestechungsdelikten im Auftrag des Bayerischen Staatsministeriums der Justiz, Freiburg i.Br. 1997

Eylert/Friedrichs, Die Anhörung des Arbeitnehmers zur Verdachtskündigung, DB 2007, 2203

Fahrig, Die Zulässigkeit von Whistleblowing aus arbeits- und datenschutzrechtlicher Sicht, NZA 2010, 1223

Fetterman/Goodman, Defending Corporations and Individuals in Government Investigations, Danvers 2011

Feuerich/Weyland, Bundesrechtsanwaltsordnung (BRAO): Recht für Anwälte aus dem Gebiet der Europäischen Union, München, 7. Aufl. (2008)
Fezer, Hat der Beschuldigte ein „Recht auf Lüge?, in: Festschrift für Walter Stree und Johannes Wessels zum 70. Geburtstag, Heidelberg 1993, S. 663
Fezer, Inquisitionsprozess ohne Ende? – Zur Struktur des neuen Verständigungsgesetzes, NStZ 2010, 177
Fietz/Weidlich, Schwarze Schafe oder weiße Ritter? Zur Problematik der Anwendung von § 299 StGB in der deutschen Außenwirtschaft, RIW 2005, 423
Fischer, Der Gefährdungsschaden bei § 266 StGB in der Rechtsprechung des BGH, StraFo 2008, 269
Fischer, Strafbarer Gefährdungsschaden oder strafloser Untreueversuch – Zur Bestimmtheit der Untreue-Rechtsprechung – zugleich Besprechung von BVerfG, Beschl. v. 10.3.2009, 2 BvR 1980/07, StV 2010, 95
Fischer, Ein Jahr Absprache-Regelung. Praktische Erfahrungen und gesetzlicher Ergänzungsbedarf, ZRP 2010, 249
Fischer, Strafgesetzbuch und Nebengesetze, Kommentar, München, 58. Aufl. (2011)
Fleischer, Vorstandsverantwortlichkeit und Fehlverhalten von Unternehmensangehörigen – Von der Einzelüberwachung zur Errichtung einer Compliance-Organisation, AG 2003, 291
Fleischer, Aktienrechtliche Legalitätspflicht und „nützliche" Pflichtverletzungen von Vorstandsmitgliedern, ZIP 2005, 141
Fleischer, Handbuch des Vorstandsrechts, München, 1. Aufl. (2006)
Fleischer, Kartellrechtsverstöße und Vorstandsrecht, BB 2008, 1070
Fleischer, Corporate Compliance im Aktienrechtlichen Unternehmensverbund, CCZ 2008, 1
Fleischer, Kompetenzüberschreitungen von Geschäftsleitern im Personen- und Kapitalgesellschaftsrecht – Schaden – rechtmäßiges Alternativverhalten – Vorteilsausgleichung, DStR 2009, 1204
Fleischer, Aktuelle Entwicklungen der Managerhaftung, NJW 2009, 2337
Frank/Titz, Die Kronzeugenregelung zwischen Legalitätsprinzip und Rechtsstaatlichkeit, ZRP 2009, 136
Franzen/Gast-Dehann/Joecks (Hrsg.), Steuerstrafrecht mit Zoll- und Verbrauchsteuerstrafrecht, Kommentar, München, 7. Aufl. (2009), zitiert (Franzen/Gast/Joecks/*Bearb.*)
Freckmann/Störing/Müller, Bisherige und zukünftige Bedeutung der Betriebsvereinbarung im Datenschutz verkannt, BB 2011, 2549
Fritz/Nolden, Unterrichtungspflichten und Einsichtsrechte des Arbeitnehmers im Rahmen von unternehmensinternen Untersuchungen, CCZ 2010, 170
Fromm, Auf dem Weg zur strafrechtlichen Verantwortlichkeit von Unternehmen/Unternehmensvereinigungen in Europa?, ZIS 2007, 279
Fuhltrott, Die im Verhalten begründete Kündigung nach „Emmely" – Alles bleibt beim Alten, ArbR-Aktuell 2010, 514
Gach/Rützel, Verschwiegenheitspflicht und Behördenanzeigen von Arbeitnehmern, BB 1997, 1959
Galen, von, Beschlagnahme von Interviewprotokollen nach „Internal Investigations" – HSH Nordbank, Anm. zu LG Hamburg, Beschl. v. 15.10.2010 – 608 Qs 18/10, NJW 2011, 942, NJW 2011, 945
Gänßle, Das Antikorruptionsstrafrecht. Balsam aus der Tube der symbolischen Gesetzgebung?, NStZ 1999, 543
Gaul/Koehler, Mitarbeiterdaten in der Computer Cloud: Datenschutzrechtliche Grenzen des Outsourcing, BB 2011, 2229
Gehrlein, Einverständliche verdeckte Gewinnentnahmen der Gesellschaft als Untreue (§ 266 StGB) zu Lasten der GmbH, NJW 2000, 1089
Geiger, Nemo ultra posse obligatur – Zur strafrechtlichen Haftung von Compliance-Beauftragten ohne Disziplinargewalt, CCZ 2011, 170
Geis, Tatbestandsüberdehnungen im Arztstrafrecht am Beispiel der „Beauftragtenbestechung" des Kassenarztes nach § 299 StGB, wistra 2005, 369
Gelhausen/Wermelt, Haftungsrechtliche Bedeutung des IDW EPS 980: Grundsätze ordnungsmäßiger Prüfung von Compliance-Management-Systemen, CCZ 2010, 208
Geppert/Piepenbrock/Schütz/Schuster, Beck'scher TKG-Kommentar, München 2006
Geschonneck/Meyer/Scheben, Anonymisierung im Rahmen der forensischen Datenanalyse, BB 2011, 2677
Geurts, Die Strafbarkeit der Geldwäsche – Metastasen politischen Willens, ZRP 1997, 250

Literaturverzeichnis

Glöckner/Müller-Tautphaeus, Rückgriffshaftung von Organmitgliedern bei Kartellrechtsverstößen, AG 2001, 344

Goette/Habersack (Hrsg.), Münchener Kommentar zum Aktiengesetz, Band 1, §§ 1–75 AktG, München, 3. Aufl. (2008) (zitiert: MünchKomm-AktG/*Bearb.*)

Goette/Habersack (Hrsg.), Münchener Kommentar zum Aktiengesetz, Band 2, §§ 76–117 AktG, München, 3. Aufl. (2008) (zitiert: MünchKomm-AktG/*Bearb.*)

Goette/Habersack (Hrsg.), Münchener Kommentar zum Aktiengesetz, Band 5, §§ 278–328 AktG, München, 3. Aufl. (2010) (zitiert: MünchKomm-AktG/*Bearb.*)

Goette/Habersack (Hrsg.), Münchener Kommentar zum Aktiengesetz, Band 9, §§ 329–410 AktG, München, 2. Aufl. (2006) (zitiert: MünchKomm-AktG/*Bearb.*)

Göhler, Ordnungswidrigkeitengesetz, Kommentar, München, 15. Aufl. (2009)

Gola/Schomerus (Hrsg.), BDSG, Bundesdatenschutzgesetz, Kommentar, München, 10. Aufl. (2010)

Gómez-Jara Diez, Grundlagen des konstruktivistischen Unternehmensschuldbegriffes, ZStW Bd. 119 (2007), 290

Göpfert/Merten/Siegrist, Mitarbeiter als „Wissensträger". Ein Beitrag zur aktuellen Compliance-Diskussion, NJW 2008, 1703

Göpfert/Landauer, „Arbeitsstrafrecht" und die Bedeutung von Compliance-Systemen, NZA Beil. 2011, 16

Görling/Inderst/Bannenberg, Compliance. Aufbau – Management – Risikobereiche, Heidelberg 2010

Gotzen, Nützliche Aufwendungen und das Abzugsverbot nach § 4 Abs. 5 Nr. 10 EStG, DStR 2005, 673

Graf, Strafprozessordnung (StPO): mit Gerichtsverfassungsgesetz und Nebengesetzen, München, Edition 11, 2011 (zitiert: Graf/*Bearb.*)

Graf/Link, Überhöhte Betriebsratsvergütung – kein neues Betätigungsfeld für Steuerfahnder, NJW 2009, 409

Grau/Blechschmidt, Anmerkung zum Urteil des BGH v. 17.7.2009 – 5 StR 394/08, Strafrecht und Compliance, DB 2009, 2145

Grau/Meshulam/Blechschmidt, Der „lange Arm" des US-Foreign Corrupt Practices Act: unerkannte Strafbarkeitsrisiken auch jenseits der eigentlichen Korruptionsdelikte, BB 2010, 652

Greeve, Korruptionsdelikte in der Praxis, München 2005

Greinert/Ditz/Baumhoff, Grundsätze der Dokumentation internationaler Verrechnungspreise nach der Gewinnabgrenzungsaufzeichnungsverordnung (GAufzV), DStR 2004, 157

Gribbohm, Strafrechtsgeltung und Teilnahme – Zur Akzessorietät der Teilnahme im internationalen Strafrecht, JR 1998, 177

Grimm/Freh, Rechte des Betriebsrats bei unternehmensinternen Ermittlungen, Strategien für Mitarbeiterbefragungen, Screenings und andere Untersuchungen, ArbRB 2012, 241

Grindler, Memorandum from Gary G. Grindler, Acting Deputy Attorney General, to Heads of Department Components and United States Attorneys, Additional Guidance on the Use of Monitors in Deferred Prosecution Agreements and Non-Prosecution Agreements with Corporations (May 25, 2010), http://www.justice.gov/dag/dag-memo-guidance-monitors.html

Gruber, Die Lüge des Beschuldigten im Strafverfahren: Eine Untersuchung des deutschen Rechts unter Berücksichtigung des US-amerikanischen Rechts des Bundes, Baden-Baden 2008

Grützner/Pötz/Kreß (Hrsg.), Internationale Rechtshilfe in Strafsachen, Heidelberg, 3. Aufl. (Stand: 2011) (zitiert: Grützner/Pötz/Kreß/*Bearb.*)

Habersack, Gesteigerte Überwachungspflichten des Leiters eines „sachnahen" Vorstandsressorts? – Kritische Bemerkungen zum Urteil des VG Frankfurt a.M. v. 8.7.2004 = WM 2004, 2157, WM 2005, 2360

Hackner/Schomburg/Lagodny/Wolf, Internationale Rechtshilfe in Strafsachen (Leitfaden), München 2003

Haft/Schwoerer, Bestechung im internationalen Geschäftsverkehr, Festschrift Ulrich Weber z. 70. Geburtstag, Bielefeld 2004, S. 367

Hahn, Der Bilanzeid – Neue Rechtsfigur im deutschen Kapitalmarktrecht, IRZ 2007, 375

Hahn/Weber/Friedrich, Ausgestaltung des Risikomanagementsystems in mittelständischen Unternehmen, BB 2000, 2620

Hamm, Geldwäsche durch die Annahme von Strafverteidigerhonoraren?, NJW 2000, 636

Hamm, Compliance vor Recht? Anwälte bei der Bewältigung eines „Datenskandals", NJW 2010, 1332

Literaturverzeichnis

Hannich (Hrsg.), Karlsruher Kommentar zur Strafprozessordnung, München, 6. Aufl. (2008) (zitiert: KK-StPO/*Bearb.*)
Hantschel, Merkblatt öffentliche Aufträge, Auftragsberatungszentrum Bayern, München, August 2011
Hassemer, Das Wirtschafsstrafrecht hat in unseren Tagen Konjunktur (Interview), ZRP 2009, 221
Hauck, Über Sinn und Widersinn der von GRECO unterbreiteten Vorschläge zur Änderung der Korruptionstatbestände in §§ 108 e, 299 und 331 ff. StGB, wistra 2010, 255
Hauschka, Corporate Compliance – Unternehmensorganisatorische Ansätze zur Erfüllung der Pflichten von Vorständen und Geschäftsführern, AG 2004, 461
Hauschka, Compliance am Beispiel der Korruptionsbekämpfung, ZIP 2004, 877
Hauschka, Compliance, Compliance-Manager, Compliance-Programme: Eine geeignete Reaktion auf gestiegene Haftungsrisiken für Unternehmen und Management?, NJW 2004, 257
Hauschka (Hrsg.), Corporate Compliance. Handbuch der Haftungsvermeidung im Unternehmen, München, 2. Aufl. (2010)
Hauschka/Greeve, Compliance in der Korruptionsbekämpfung – was müssen, was sollen, was können die Unternehmen tun?, BB 2007, 165
Heerspink, Zum Konflikt zwischen der steuerlichen Mitteilungspflicht des § 4 Abs. 5 Nr. 10 EStG und dem nemo-tenetur-Prinzip, wistra 2001, 441
Hefendehl, Kann und soll der Allgemeine Teil bzw. das Verfassungsrecht missglückte Regelungen des Besonderen Teils retten? – Die „Geldwäsche" durch den Strafverteidiger, in: Festschrift für Claus Roxin zum 70. Geburtstag am 15. Mai 2001, Berlin 2001, S. 145
Heiermann/Zeiss/Blaufuß, Juris Praxiskommentar Vergaberecht, Saarbrücken, 3. Aufl. (2011) (zitiert: Juris-PK-VergR/*Bearb.*)
Heine/Huber/Rose, Private Commercial Pribery. A Comparison of National and Supranational Legal Structures, Freiburg i.Br. 2003
Heinson, Compliance durch Datenabgleiche, BB 2010, 3084
Heinson/Schmidt, IT gestützte Compliance-Systeme und Datenschutzrecht, CR 2010, 540
Heinson/Sörup/Wybitul, Der Regierungsentwurf zur Neuregelung des Beschäftigtendatenschutzes, CR 2010, 751
Heinson/Yannikos/Winter/Schneider, Rechtliche Fragen zur Praxis IT-forensischer Analysen in Organisationen, DuD 2010, 75
Heintschel-Heinegg, von (Hrsg.), StGB, Online-Kommentar, München 2010 (zitert: BeckOK-StGB/*Bearb.*)
Held/Ziemann, Sarbanes-Oxley in Deutschland? Zur geplanten Einführung eines strafbewehrten „Bilanzeides" nach dem Regierungsentwurf eines Transparenzrichtlinie-Umsetzungsgesetz, NZG 2006, 652
Hellmann/Beckemper, Wirtschaftsstrafrecht, Stuttgart, 2. Aufl. (2008)
Helmers, Zum Tatbestand der Geldwäsche (§ 261 StGB): Beispiel einer rechtsprinzipiell verfehlten Strafgesetzgebung, ZStW 121 (2009), S. 509
Helmrich, Zum Beginn der Verfolgungsverjährung bei Bestechungsdelikten (§§ 299, 331 ff. StGB), wistra 2009, 10
Helmrich, Straftaten von Mitarbeitern zum Nachteil des „eigenen" Unternehmens als Anknüpfungstaten für eine Verbandsgeldbuße?, wistra 2010, 331
Henn/Frodermann/Jannott (Hrsg.), Handbuch des Aktienrechts, Heidelberg, 8. Aufl. (2009)
Herzog/Mühlhausen (Hrsg.), Geldwäschebekämpfung und Gewinnabschöpfung, München 2006
Herzog, GwG, Geldwäschegesetz, München, 1. Aufl. (2010)
Hetzer, Verbandsstrafe in Europa – Wettbewerbsverzerrung durch Korruption, EuZW 2007, 75
Hetzer, Abschaffung der Korruptionsstrafbarkeit?, StraFo 2008, 489
Hillmann-Stadtfeld, Die strafrechtlichen Neuerungen nach dem Steuerverkürzungsbekämpfungsgesetz, NStZ 2002, 242
Hodge, The Treatment of Employees as Stakeholders in the European Union: Current and Future Trends, Syracuse J. Int'l L. & Com. 91 (2010), 38
Hoffmann-Becking, Münchener Handbuch des Gesellschaftsrechts, Bd. 4, Aktiengesellschaft, München, 3. Aufl. (2007) (zitiert: *Bearb.*, in: Hoffmann-Becking)
Hohenstatt/Stamer/Hinrichs, Background Checks von Bewerbern in Deutschland: Was ist erlaubt?, NZA 2006, 1065

Hohmann, Verdachtsberichterstattung und Strafverteidigung – Anwaltsstrategien im Umgang mit den Medien, NJW 2009, 881

Höll, Die Mitteilungspflichten bei Korruptionssachverhalten im Regelungsgefüge des Steuergeheimnisses, ZIS 2010, 309

Hopt/Wiedemann (Hrsg.), Großkommentar zum Aktiengesetz, Dritter Band, §§ 76–94 AktG, Berlin/New York, 4. Aufl. (1999–2006) (zitiert: Großkomm-AktG/*Bearb.*)

Horn, Die Haftung des Vorstands der AG nach § 93 AktG und die Pflichten des Aufsichtsrats, ZIP 1997, 1129

Horney/Kuhlmann, Der Entwurf des IDW für einen Standard zur Prüfung von Compliance-Management-Systemen aus Sicht der Unternehmenspraxis, CCZ 2010, 192

Horrer, Bestechung durch deutsche Unternehmen im Ausland: Strafrechtsentwicklung und Probleme, Frankfurt a. M. 2010

Huber (Hrsg.), Combating Corruption in the European Union, Köln 2002

Hüffer, Aktiengesetz, Kommentar, München, 9. Aufl. (2010)

Hugger/Röhrich, Der neue UK Bribery Act und seine Geltung für deutsche Unternehmen, BB 2010, 2643

Hunsmann, Das Absehen von Strafverfolgung nach § 398 a AO in der Verfahrenspraxis, BB 2011, 2519

Ifsen, Anwendung der §§ 332, 334 StGB auf Auslandssachverhalte durch das EUBestG, in: Festschrift für Imme Roxin, Heidelberg 2012, S. 227

Immenga/Mestmäcker (Hrsg.), Wettbewerbsrecht: GWB, München, 4. Aufl. (2007) (zitiert: Immenga/Mestmäcker/*Bearb.*)

Ingenstau/Korbion, VOB Teile A und B, Kommentar, Köln, 17. Aufl. (2010)

Jahn, Das partizipatorische Ermittlungsverfahren im deutschen Strafprozess, ZStW Bd. 115 (2003), 815

Jahn, Der strafprozessuale Zugriff auf Telekommunikationsverbindungsdaten – BVerfG, NJW 2006, 976

Jahn, Ermittlungen in Sachen Siemens/SEC, StV 2009, 41

Jahn/Ebner, Die Anschlussdelikte – Geldwäsche (§§ 261–262 StGB), JuS 2009, 597

Jahn/Kirsch, Anm. zu dem Beschl. d. LG Hamburg v. 15.10.2010 – 608 Qs 18/10, StV 2011, 151

Jauernig, Bürgerliches Gesetzbuch mit Allgemeinem Gleichbehandlungsgesetz (Auszug), München, 13. Aufl. (2009)

Jescheck/Weigend, Lehrbuch des Strafrechts, Allgemeiner Teil, Berlin, 5. Aufl. (1996)

Joecks, Zweifelsfragen der „neuen" Selbstanzeige, Steueranwaltsmagazin 2011, 128

Joecks, Abzugsverbot für Bestechungs- und Schmiergelder – Korruptionsbekämpfung durch Steuerrecht?, DStR 1997, 625

Joecks/Miebach (Hrsg.), Münchener Kommentar zum StGB, Bd. 1, §§ 1–51, München, 1. Aufl. (2003) (zitiert: MünchKomm-StGB/*Bearb.*)

Joecks/Miebach (Hrsg.), Münchener Kommentar zum StGB, Bd. 3, §§ 185–262, München, 1. Aufl. (2003) (zitiert: MünchKomm-StGB/*Bearb.*)

Joecks/Miebach (Hrsg.), Münchener Kommentar zum StGB, Bd. 4, §§ 263–358, München, 1. Aufl. (2006) (zitiert: MünchKomm-StGB/*Bearb.*)

Joecks/Miebach (Hrsg.), Münchener Kommentar zum StGB, Bd. 6/1, Nebenstrafrecht II, München, 1. Aufl. (2010) (zitiert: MünchKomm-StGB/*Bearb.*)

Joussen, Sicher handeln bei Korruptionsverdacht, Berlin 2010

Kandaouroff/Rose, Personalgespräch: Darf der Arbeitnehmer dritte Personen mitbringen?, DB 2008, 1210

Kapp, Dürfen Unternehmen ihren (geschäftsleitenden) Mitarbeitern Geldstrafen bzw. -bußen erstatten?, NJW 1992, 2796

Kapp/Gärtner, Die Haftung von Vorstand und Aufsichtsrat bei Verstößen gegen das Kartellrecht, CCZ 2009, 168

Kassebohm, Zeugen richtig befragen, NJW 2009, 200

Kempermann, Strafbarkeit nach § 206 StGB bei Kontrolle von Mitarbeiter-E-Mails?, ZD 2012, 12

Kempf, Strafrecht goes global, in: Festschrift für Christian Richter II – Verstehen und Widerstehen, Baden-Baden 2006, S. 283

Kempf, „Schwarze Kassen": Effektiver Schaden?, in: In dubio pro libertate. Festschrift für Klaus Volk zum 65. Geburtstag, München 2009, S. 231

Kerner/Rixen, Ist Korruption ein Strafrechtsproblem? Zur Tauglichkeit strafgesetzlicher Vorschriften gegen die Korruption, GA 1996, 355

Kiethe, Die Grenzen der strafrechtlichen Verantwortlichkeit von Bürgermeistern – Zugleich Besprechung von BGH, Urteil v. 9.12.2004 – 4 StR 294/04, NStZ 2005, 529

Kiethe, Vermeidung von Haftung von geschäftsführenden Organen durch Corporate Compliance, GmbHR 2007, 393

Kindhäuser, Strafgesetzbuch, Lehr- und Praxiskommentar, Baden-Baden, 4. Aufl. (2010)

Kindhäuser, Voraussetzungen strafbarer Korruption in Staat, Wirtschaft und Gesellschaft, ZIS 2011, 461

Kindhäuser/Neumann/Paeffgen (Hrsg.), Nomos Kommentar, Strafgesetzbuch, Bd. 1 u. 2, Baden-Baden, 3. Aufl. (2010) (zitiert: NK/*Bearb.*)

Király, Der rechtliche Schutz von Whistleblowern. Lehren aus US-amerikanischen Regelungen, ZRP 2011, 146

Kirchhof/Lwowski/Stürner (Hrsg.), Münchener Kommentar zur Insolvenzordnung, München 2008 (zitiert: MünchKomm-InsO/*Bearb.*)

Klasen/Schaefer, Whistleblower, Zeuge und „Beschuldigter" – Informationsweitergabe im Spannungsfeld grundrechtlicher Positionen, BB 2012, 641

Klein (Hrsg.), Abgabenordnung, Kommentar, München, 10. Aufl. (2009), (zitiert: Klein/*Bearb.*)

Klein, Offen und (deshalb) einfach – Zur Sicherstellung und Beschlagnahme von E-Mails beim Provider, NJW 2009, 2996

Kleine-Cosack, Bundesrechtsanwaltsordnung (BRAO). Mit Berufs- und Fachanwaltsordnung, München, 5. Aufl. (2008)

Klengel, Der neue Bribery Act des Vereinigten Königreichs – Fallstricke für international tätige Unternehmen, DB 2010, S. M 18

Klengel/Dymek, Private Ermittlungen, arbeitsrechtliche Aussagepflicht und strafprozessuales Schweigerecht, wistra 2009, 373

Klengel/Dymek, Criminal Compliance in Zeiten des UK Bribery Act, HRRS 2011, 22

Klengel/Mückenberger, Internal Investigations – typische Rechts- und Praxisprobleme unternehmensinterner Ermittlungen, CCZ 2009, 81

Kliemt, Reinhard, Die Durchsetzung arbeitsrechtlicher Ansprüche im Eilverfahren, NZA 2005, 545

Klindt/Pelz/Theusinger, Compliance im Spiegel der Rechtsprechung, NJW 2010, 2385

Klümper/Vollebregt, Buisness Compliance 2.0 – Neue Compliance-Ansätze im Unternehmen zur Bewältigung kommender Herausforderungen, PharmR 2009, 313

Knauer/Buhlmann, Unternehmensinterne (Vor-)Ermittlungen – was bleibt von nemo-tenetur und fair-trail?, AnwBl 2010, 387

Knauer/Kaspar, Restriktives Normverständnis nach dem Korruptionsbekämpfungsgesetz, GA 2005, 385

Knierim, Das Verhältnis von strafrechtlichen und internen Ermittlungen, StV 2009, 324

Knierim, LG Hamburg: Beschlagnahmefähigkeit von Grundlagen eines Rechtsgutachtens, Anmerkung, FD-StrafR 2011, 314177

Koch, Grundfälle zur mittelbaren Täterschaft § 25 Abs. 1 Alt. 2 StGB, JuS 2008, 496

Kock, Einführung einer Ethikrichtlinie im Unternehmen, MDR 2006, 673

Koepsel, Bestechlichkeit und Bestechung im geschäftlichen Verkehr (§ 299 StGB), Göttingen 2006

Kohlmann (Hrgs.), Steuerstrafrecht, Kommentar, Loseblatt, Köln, 45. Erg.Lfg., Stand: Dezember 2011, (zitiert: Kohlmann/*Bearb.*)

Kolbe, Unkündbarkeit für Korruptionstäter, NZA 2009, 228

König, Wieder da: Die „große" Kronzeugenregelung, NJW 2009, 2481

Körner, BtMG, Kommentar, München, 6. Aufl. (2007)

Kort, Einsatz von IT-Sicherheitsmaßnahmen durch den Arbeitgeber: Konsequenzen einer Anwendung des TKG, DB 2011, 2092

Kort, Lückenhafte Reform des Beschäftigtendatenschutzes, CR 2010, 751

Korte, Bekämpfung der Korruption und Schutz des freien Wettbewerbs mit den Mitteln des Strafrechts, NStZ 1997, 513

Korte, Der Einsatz des Strafrechts zur Bekämpfung der internationalen Korruption, wistra 1999, 81

Kozikowski/Huber, Beck'scher Bilanz-Kommentar, München, 7. Aufl. (2010)

Kraatz, „Kick-Back"-Zahlungen als strafbare Untreue – Versuch einer dogmatischen Konkretisierung und Systematisierung, ZStW 122 (1010), 521

Krack, Die Kleiderordnung als Schutzobjekt des § 299 StGB, in: Festschrift für Erich Samson zum 70. Geburtstag, Heidelberg 2010, S. 377
Kraft (Hrsg.), Außensteuergesetz, Kommentar, München 2009, (zitiert: Kraft/*Bearb.*)
Kraft, Garantenpflicht des Leiters der Innenrevision, wistra 2010, 81
Kraft/Winkler, Zur Garantenstellung des Compliance-Officers – Unterlassungsstrafbarkeit durch Organisationsmangel?, CCZ 2009, 29
Krause, „Nützliche" Rechtsverstöße im Unternehmen – Verteilung finanzieller Lasten und Sanktionen, BB-Spezial (Heft 8) 2007, 2 zu BB 2007, Heft 28
Krause, Strafrechtliche Haftung des Aufsichtsrates, NStZ 2011, 57
Krause/Vogel, Bestechungsbekämpfung im internationalen Geschäftsverkehr. Umsetzung des OECD-Übereinkommens in Deutschland, RIW 1999, 488
Krekeler/Löffelmann/Sommer, AnwaltKommentar, StPO, Bonn, 2. Aufl. (2010)
Krehl, Anmerkung zum Urteil des BGH v. 14.11.2003 – 2 StR 164/03, StV 2005, 325
Krehl/Schünemann/Wolff/Tiedemann, Strafgesetzbuch, Leipziger Kommentar, Bd. 10, §§ 284–305 a, Berlin, 12. Aufl. (2008)
Kremer, Kooperation des Unternehmens mit der Staatsanwaltschaft im Compliance Bereich, Festschrift für Uwe H. Schneider, Köln 2011, S. 701
Kremer/Klahold, Die Kodex-Änderungen vom Mai 2010, ZGR 2010, 113
Kremer/Meyer-van Raay, Der Zugriff auf Mitarbeiter-Mails durch den Arbeitgeber und dessen Outsourcing-Provider, ITRB 2010, 133
Kretschmer, Auslandsbestechung: Strafrechtliche, steuerliche und andere Gedanken zu einem aktuellen Thema, StraFo 2008, 496
Kretschmer, Anmerkung zum Urteil des BGH v. 17.7.2009 – 5 StR 394/08, JR 2009, 474
Krieger/Günther, Die arbeitsrechtliche Stellung des Compliance Officers. Gestaltung einer Compliance-Organisation unter Berücksichtigung der Vorgaben im BGH-Urteil v. 17.7.2009, NZA 2010, 367
Krieger/Schneider (Hrsg.), Handbuch Managerhaftung, Köln, 2. Aufl. (2010)
Kröpil, Die gesetzliche Regelung der Verständigung im Strafverfahren und das strafprozessuale Verfahrensziel, JR 2010, 96
Krüger, Neues aus Karlsruhe zu Art. 103 GG und § 266 StGB, NStZ 2011, 369
Kubiciel, Gesellschaftsrechtliche Pflichtwidrigkeit und Untreuestrafbarkeit, NStZ 2005, 353
Kübler/Pautke, Legal Privilege: Fallstricke und Werkzeuge im Umgang mit kartell-rechtlich sensiblen Dokumenten – Ein praktischer Leitfaden, BB 2007, 390
Kulartz/Marx/Portz/Prieß, Kommentar zur VOL/A, Köln, 2. Aufl. (2010)
Küttner, Personalbuch 2010. Arbeitsrecht, Lohnsteuerrecht, Sozialversicherungsrecht, München 2010 (zitiert: *Bearb.*, in: Küttner)
Lackner/Kühl, Strafgesetzbuch, Kommentar, München, 27. Aufl. (2011)
Lantermann, Das Korruptionsbekämpfungsgesetz – Erfolgreich oder überflüssig, ZRP 2009, 6
Laufhütte/Rissing-van Saan/Tiedemann (Hrsg.), Strafgesetzbuch Leipziger Kommentar, 10. Band, Berlin, 12. Aufl. (2008) (zitiert: LK-StGB/*Bearb.*)
Leinemann, Die Vergabe öffentlicher Aufträge, Köln, 5. Aufl. (2011)
Leipold, Strafbarkeit von Unternehmen, NJW-Spezial 2008, 216
Leipold, Der Strafverteidiger als Unternehmensanwalt, NJW-Spezial 2011, 56
Leipold/Tsambikakis/Zöller (Hrsg.), AnwaltKommentar StGB, Bonn 2010
Lesch, Anwaltliche Akquisition zwischen Sozialadäquanz, Vorteilsgewährung und Bestechung im geschäftlichen Verkehr, AnwBl 2003, 261
Lingemann/Wasmann, Mehr Kontrolle und Transparenz im Aktienrecht: Das KonTraG tritt in Kraft, BB 1998, 853
Littwin, Aktuelle Entwicklungen bei der steuerlichen Behandlung von Schmier- und Bestechungsgeldern, BB 1998, 2398
Litzka, Individualverteidigung bei DOJ/SEC-Ermittlungen aus deutscher Sicht, WiJ 2012, 79
Loewe/Rosenberg, Strafprozessordnung, Bd. 4, §§ 112–150, Berlin, 26. Aufl. (2007) (zitiert: LR/*Bearb.*)
Loewe/Rosenberg, Strafprozessordnung, Bd. 8, §§ 374–448, Berlin, 26. Aufl. (2009) (zitiert: LR/*Bearb.*)

Literaturverzeichnis

Löhe, Korruptionsbekämpfung in Deutschland: Institutionelle Ressourcen der Bundesländer im Vergleich, Berlin 2009 (abrufbar unter www.transparency.de/fileadmin/pdfs/Themen/Justiz/Korruptionsbekaempfung-in-Deutschland-Vergleich-Bundeslaender.pdf)
Lohse, Schmiergeld als Schaden? Zur Vorteilsausgleichung im Gesellschaftsrecht, in: Festschrift für Uwe Hüffer zum 70. Geburtstag, München 2010, S. 581
Lüdenbach/Hoffmann, Enron und die Umkehrung der Kausalität bei der Rechnungslegung, DB 2002, 1169
Lüderssen, Antikorruptions-Gesetz und Drittmittelforschung, JZ 1997, 112
Lütke, Geldwäsche bei Auslandsvortat und nachträgliche Gewährung rechtlichen Gehörs, wistra 2001, 85
Lutter, Aufsichtsrat und Sicherung der Legalität im Unternehmen, in: Festschrift für Uwe Hüffer zum 70. Geburtstag, München 2010, S. 617
Lutz, Amnestie für aufklärungsbereite Kartellanten?, BB 2000, 677
Lützeler/Müller-Sartori, Die Befragung des Arbeitnehmers – Auskunftspflicht oder Zeugnisverweigerungsrecht?, CCZ 2011, 19
Lynskey/Robinson/Greenberg, e-Discovery and legal frameworks governing Privacy and Data Protection in Europeancountries: Implications, Brüssel, Nov. 2010
Malek, Die neue Kronzeugenregelung und ihre Auswirkungen auf die Praxis der Strafverteidigung, StV 2010, 200
Mark/Pearson, Corporate Cooperation During Investigations and Audits, Stan. J.L. Bus. & Fin. 1 (Fall 2007), 13
Maschmann, Neue Herausforderungen für das Arbeitsrecht, AuA 2009, 72
Mathews, Proskauer On Privacy: A Guide To Privacy and Data Security Law in the Information Age, New York 2001
Maunz/Dürig, Grundgesetz, Kommentar, Bd. III, Art. 16–22, München, 62. Ergl. (2011)
McSorley, Foreign Corrupt Practices Act, Am. Crim. L. Rev. 749 (2011), 48
Meier-Greve, Vorstandshaftung wegen mangelhafter Corporate Compliance, BB 2009, 2555
Mengel, Kontrolle der Telekommunikation am Arbeitsplatz, BB 2004, 1445
Mengel, Kontrolle der Email- und Internet-Kommunikation am Arbeitsplatz, BB 2004, 2014
Mengel, Compliance und Arbeitsrecht. Implementierung – Durchsetzung – Organisation, München 2007
Mengel/Hagemeister, Compliance und arbeitsrechtliche Implementierung im Unternehmen, BB 2007, 1386
Mengel/Ullrich, Arbeitsrechtliche Aspekte unternehmensinterner Investigations, NZA 2006, 240
Meyer, Ethikrichtlinien internationaler Unternehmen und deutsches Arbeitsrecht, NJW 2006, 3605
Meyer-Goßner, Strafprozessordnung, München, 53. Aufl. (2010) (zitiert: Meyer-Goßner/*Bearb.*)
Michalke, Die „Infizierungs"-Theorie bei der Geldwäsche – ein untauglicher Versuch am untauglichen „Gegenstand", in: Festschrift des DAV, Köln 2009, S. 346
Michalke, Untreue – neue Vermögensbetreuungspflichten durch Compliance-Regeln, StV 2011, 245
Michalke, Die Korruptionsdelikte – Aktuelle Entwicklungen der obergerichtlichen Rechtsprechung, StV 2011, 492
Michalski, Kommentar zum Gesetz betreffend die Gesellschaften mit beschränkter Haftung (GmbH-Gesetz), Band 2, §§ 35–85 GmbHG, München, 2. Aufl. (2010) (zitiert: Michalski/*Bearb.*)
Miller/Rackow, Transnationale Täterschaft und Teilnahme – Beteiligungsdogmatik und Strafanwendungsrecht, ZStW 117 (2005), 379
Minoggio, Firmenverteidigung, Münster, 2. Aufl. (2010)
Mölders, Bestechung und Bestechlichkeit im internationalen geschäftlichen Verkehr. Zur Anwendbarkeit des § 299 StGB auf Sachverhalte mit Auslandsbezug, Frankfurt a.M. 2009
Momsen, Internal Investigations zwischen arbeitsrechtlicher Mitwirkungspflicht und strafprozessualer Selbstbelastungsfreiheit, ZIS 2011, 508
Moosmayer, Compliance. Praxisleitfaden für Unternehmen, München, 2. Aufl. (2012)
Moosmayer/Hartwig, Interne Untersuchungen, Praxisleitfaden für Unternehmen, München 2012
Morford, Memorandum from Craig S. Morford, Acting Deputy Attorney General to Heads of Department Components and United States Attorneys, Selection and Use of Monitors in Deferred Prosecution Agreements and Non-Prosecution Agreements with Corporations (Mar. 7, 2008), http://www.justice.gov.dag/morforduseofmonitorsmemo-03072008.pdf
Mosiek, Fremdrechtsanwendung – quo vadis?, StV 2008, 94

Mosiek, Neues zur Unmittelbarkeit des Untreueschadens, HRRS 2009, 565

Müller, Die Sockelverteidigung, StV 2001, 649

Müller, Die Europäischen Netzwerke zur Unterstützung grenzüberschreitender Ermittlungen, 2009, (abrufbar unter www.transparency.de/fileadmin/pdfs/Themen/Justiz/DokuTRANSPARENCY-DINA5-klein.pdf)

Müller-Bonanni, Arbeitsrecht und Compliance-Hinweise für die Praxis, AnwBl 2010, 651

Müller-Bonanni/Sagan, Arbeitsrechtliche Aspekte der Compliance, BB-Special 5/2008, S. 28

Müller-Glöge/Preis/Schmidt (Hrsg.), Erfurter Kommentar zum Arbeitsrecht, München, 11. Aufl. (2011) (zitiert: *Bearb.*, in: Erfurter Komm. z. ArbR)

Müller-Guggenberger/Bieneck, Wirtschaftsstrafrecht, Handbuch des Wirtschaftsstraf- und ordnungswidrigkeitenrechts, Köln, 5. Aufl. (2011)

Müller-Jacobsen, Schutz von Vertrauensverhältnissen zu Rechtsanwälten im Strafprozess, NJW 2011, 257

Müller-Wrede, Vergabe- und Vertragsordnung für Lieferungen und Dienstleistungen – VOL/A, Kommentar, Köln, 3. Aufl. (2010)

Nack, Bedingter Vorsatz beim Gefährdungsschaden – ein „doppelter Konjunktiv"?, StraFo 2008, 277

Nack/Park/Brauneisen, Gesetzesvorschlag der Bundesrechtsanwaltskammer zur Verbesserung der Wahrheitsfindung im Strafverfahren durch den verstärkten Einsatz von Bild- und Tontechnik, NStZ 2011, 310

Nepomuck/Groß, Zuwendungen an den Anstellungsbetrieb als Drittvorteile im Sinne des § 299 StGB?, wistra 2012, 132

Nestler, Geldwäschegesetz, München, 1. Aufl. (2010)

Nippert/Tinkl, Bestechung im internationalen Geschäftsverkehr – straf- und steuerrechtliche Konsequenzen, AW-Prax 2004, 255

Noch, Vergaberecht kompakt, Handbuch für die Praxis, Köln, 5. Aufl. (2011)

Nonnemacher/Pohle/Werder, Aktuelle Anforderungen an Prüfungsausschüsse. Leitfaden für Prüfungsausschüsse (Audit Committees) unter Berücksichtigung des BiMoG, DB 2009, 1447

Norton, When Prevention Fails: Internal Investigations and Disclosure Issues in The Foreign Corrupt Practices Act 2009: Coping With Heightended Enforcement Risks, New York, 2009

Oberthür, Auskunftspflichten des Arbeitnehmers im Rahmen von Compliance-Maßnahmen, ArbRB 2011, 184

Oberwetter, Arbeitnehmerrechte bei Lidl, Aldi & Co., NZA 2008, 609

Office Of International Affairs, U.S. Securities and Exchange Commission, International Enforcement Assistance 2010

Ohrtmann, Korruption im Vergaberecht. Konsequenzen und Prävention – Teil 2: Konsequenzen und Selbstreinigung, NZBau 2007, 278

Olbers, Korruptionsbekämpfung durch die Weltbank. Datenschutzrechtliche Aspekte der Kooperation eines betroffenen Unternehmens, BB 2010, 844

Oswald, Die Maßnahmen zur Bekämpfung der Geldwäsche (§ 261 StGB i.V.m. dem GwG) – eine kriminologisch-empirische Untersuchung, wistra 1997, 328

Pagnattoro, Between a Rock and a Hard Place: The Conflict Between U.S. Corporate Codes of Conduct and European Privacy and Work Laws, Perkeley J. Emp. & Lab. L. 375 (2007), 28

Pahlke/König (Hrsg.), Abgabenordnung, Kommentar, München, 2. Aufl. (2009), (zitiert: Pahlke/König/*Bearb.*)

Palandt, Bürgerliches Gesetzbuch, München, 70. Aufl. (2010) (zitiert: Palandt/*Bearb.*)

Panzer-Heemeier, Der Zugriff auf dienstliche E-Mails, DuD 2012, 48

Parigger, Zeugengewinnung und -vernehmung durch den Verteidiger, StraFo 2003, 262

Park, Kapitalmarktstrafrecht, München, 2. Aufl. (2008)

Park, Handbuch Durchsuchung und Beschlagnahme: mit Sonderteil zur Unternehmensdurchsuchung, München, 2. Aufl. (2009)

Partsch, The Foreign Corrupt Practices Act (FCPA) der USA: Das amerikanische Bestechungsverbot und seine Auswirkungen auf Deutschland, Berlin 2007

Peace/Kennedy, The Impact of EU Data Protection Laws on U.S. Government Enforcement Investigations, Int'l HR J. 1 (Winter 2009), 18

Peglau, Unbeantwortete Fragen der Strafbarkeit von Personenverbänden, ZRP 2001, 406

Peglau, Die neue „Kronzeugenregelung" (§ 46 b StGB), wistra 2009, 409

Pelz, Die Bekämpfung der Korruption im Auslandsgeschäft, StraFo 2000, 300

Pelz, Änderung des Schutzzwecks einer Norm durch Auslegung? Zur Reichweite des § 299 Abs. 2 a.F., ZIS 2008, 333
Pelz, Steuerliche und strafrechtliche Schritte zur Bekämpfung der Korruption im Auslandsgeschäft, WM 2000, 1566
Petropoulos, Der Zusammenhang von Vortat und Gegenstand in § 261 StGB – Die Problematik der sog. Teilkontamination des Gegenstands, wistra 2007, 241
Pfordte, „Outsourcing of Investigations?" Anwaltskanzleien als Ermittlungsgehilfen der Staatsanwaltschaft, in: Festschrift der Arbeitsgemeinschaft Strafrecht des DAV, Baden-Baden 2009, S. 740
Pfuhl, Von erlaubter Verkaufsförderung und strafbarer Korruption, Tübingen 2010
Pieth, Internationale Harmonisierung von Strafrecht als Antwort auf transnationale Wirtschaftskriminalität, ZStW Bd. 109 (1997), 756
Pieth/Low/Cullen, The OECD Convention on Bribery, Cambridge 2007
Pörnbacher/Jonas, Auswirkungen des UK Bribery Act 2010 auf deutsche Unternehmen, NZG 2010, 1372
Pötz/Kreß/Böhm (Hrsg.), Internationaler Rechtshilfeverkehr in Strafsachen, Loseblattwerk, Heidelberg, 24. Erg.Lfg., Stand: November 2011, (zitiert: Pötz/Kreß/Böhm/*Bearb.*)
Pragal, Die Korruption innerhalb des privaten Sektors und ihre strafrechtliche Kontrolle durch § 299 StGB, Köln, Berlin, München 2006
Pragal, Exit-Strategien bei Bestechungssystemen – Ein Praxisbericht, ZRFC 2010, 275
Prowatke/Felten, Die „neue" Selbstanzeige, DStR 2011, 899
Püschel/Tsambikakis, Verfahrenseinstellung nach § 153 a StPO: Chancen und Risiken, PStR 2007, 232
Radtke, Der strafrechtliche Amtsträgerbegriff und neue Kooperationsformen zwischen der öffentlichen Hand und Privaten (Publik Private Partnership) im Bereich der Daseinsvorsorge, NStZ 2007, 57
Radtke, Untreue durch den „Direktor" einer Offshore-Gesellschaft, NStZ 2011, 556
Randt, Abermals Neues zur Korruptionsbekämpfung: Die Ausdehnung der Angestelltenbestechung des § 299 StGB auf den Weltmarkt, BB 2002, 2252
Ransiek, Risiko, Pflichtwidrigkeit und Vermögensnachteil bei der Untreue, ZStW 116 (2004), 634
Ransiek, „Verstecktes" Parteivermögen und Untreue, NJW 2007, 1727
Ransiek, Zur Urteilsabsprache im Strafprozess: ein amerikanischer Fall, ZIS 2008, 116
Ransiek, Zur strafrechtlichen Verantwortung des Compliance Officers, AG 2010, 147
Rath/Karner, Private Internetnutzung am Arbeitsplatz, K & R 2007, 446
Rauscher/Wax/Wenzel, Münchener Kommentar zur ZPO, Band 1, §§ 1–510 c ZPO, München, 3. Aufl. (2008) (zitiert: MünchKomm-ZPO/*Bearb.*)
Rebmann/Säcker/Rixecker (Hrsg.), Münchener Kommentar zum BGB, Band 1/1, §§ 1–240 BGB, München, 6. Aufl. (2012) (zitiert: MünchKomm-BGB/*Bearb.*)
Rebmann/Säcker/Rixecker (Hrsg.), Münchener Kommentar zum BGB, Band 2, §§ 241–432 BGB, München, 5. Aufl. (2007) (zitiert: MünchKomm-BGB/*Bearb.*)
Rebmann/Säcker/Rixecker (Hrsg.), Münchener Kommentar zum BGB, Band 5, §§ 705–853 BGB, München, 5. Aufl. (2009) (zitiert: MünchKomm-BGB/*Bearb.*)
Reichert/Ott, Non Compliance in der AG – Vorstandspflichten im Zusammenhang mit der Vermeidung, Aufklärung und Sanktionierung von Rechtsverstößen, ZIP 2009, 2173
Reidel, Die einstweilige Verfügung auf (Weiter-)Beschäftigung – eine vom Verschwinden bedrohte Rechtsform?, NZA 2000, 454
Reinhard/Kliemt, Die Durchsetzung arbeitsrechtlicher Ansprüche im Eilverfahren, NZA 2005, 545
Rengier, Korkengelder und andere Maßnahmen zur Verkaufsförderung im Lichte des Wettbewerbs(straf)rechts, in: Festschrift für Klaus Tiedemann zum 70. Geburtstag, Köln 2008, S. 837
Renz/Hense (Hrsg.), Wertpapier-Compliance in der Praxis: Eine Kommentierung aktueller Rechtspflichten, Berlin 2010
Rettenmaier, Bestechungsmittel als Gegenstand der Geldwäsche, Anm. zu BGH, Beschl. v. 18.2.2009 – 1 StR 4/09, NJW 2009, 1619
Reyhn, Wer bist Du und wenn ja wie viele? Der Corporate Monitor im US-Straf- und Zivilrecht, CZZ 2011, 48
Reyhn/Rübenstahl, Der 3. Evaluationsbericht zur OECD-Anti-Korruptionskonvention – Gesetzgeberischer Handlungsbedarf und strengere Compliance-Anforderungen? CCZ 2011, 161

Richardi (Hrsg.), Betriebsverfassungsgesetz. Kommentar, München, 12. Aufl. (2010) (zitiert: Richardi/*Bearb.*)
Richardi/Wißmann/Wlotzke/Oetker (Hrsg.), Münchener Handbuch zum Arbeitsrecht, München 2009 (zitiert: *Bearb.*, in: Münchener Hdb. z. ArbR)
Richter II, Sockelverteidigung – Voraussetzungen, Inhalte und Grenzen der Zusammenarbeit von Verteidigern verschiedener Beschuldigter, NJW 1993, 2152
Rieble, Schuldrechtliche Zeugenpflicht von Mitarbeitern, ZIP 2003, 1273
Rieble, Betriebsratsbegünstigung und Betriebsausgabenabzug, BB 2009, 1612
Rieder, Anforderungen an die Überprüfung von Compliance-Programmen, CCZ 2010, 201
Rieder/Jerg, Anforderungen an die Überprüfung von Compliance-Programmen – Zugleich kritische Anmerkungen zum Entwurf eines IDW Prüfungsstandards: Grundsätze ordnungsgemäßer Prüfung von Compliance-Management-Systemen (IDW EPS 980), CCZ 2010, 201
Rieder/Schoenemann, Korruptionsverdacht, Zivilprozess und Schiedsverfahren, NJW 2011, 1169
Roeder/Buhr, Die unterschätzte Pflicht zum Terror-Listenscreening von Mitarbeitern, BB 2011, 1333
Rogall, Anm. zu OLG Karlsruhe, Beschl. v. 6.9.1988 – 1 Ss 68/88. Verwertungsverbot für Anhörung durch Arbeitgeber, NStZ 1989, 288
Romeike (Hrsg.), Rechtliche Grundlagen des Risikomanagements. Haftungs- und Strafvermeidung für Corporate Compliance, Berlin 2008
Rönnau, „Angestelltenbestechung" in Fällen mit Auslandsbezug, JZ 2007, 1084
Rönnau, Untreue zu Lasten juristischer Personen und Einwilligungskompetenz der Gesellschaft, S. 325, in: Festschrift für Knut Amelung zum 70. Geburtstag, Berlin 2009
Rönnau, Alte und neue Probleme bei § 299 StGB, StV 2009, 302
Rönnau, Rechtsprechung kontrovers – Untreue durch den „Director" einer Offshore-Gesellschaft, NStZ 2011, 558
Rönnau, Die Zukunft des Untreuetatbestandes, StV 2011, 753
Rönnau/Golombek, Die Aufnahme des „Geschäftsherrenmodells" in den Tatbestand des § 299 – ein Systembruch im deutschen StGB, ZRP 2007, 193
Rosen, von, Rechtskollision durch grenzüberschreitende Sonderermittlungen, BB 2009, 230
Röske/Böhme, Der vermeintliche Betriebsinhaber als tauglicher Täter i.S.d. § 299 StGB, wistra 2011, 445
Roth, Korruptionsbekämpfung durch staatliche Exportförderungsagenturen, RIW 2010, 737
Roth/Altmeppen, Gesetz betreffend die Gesellschaften mit beschränkter Haftung, München, 6. Aufl. (2010)
Rotsch, Der Handlungsort i.S.d. § 9 Abs. 1 StGB – Zur Anwendung deutschen Strafrechts im Falle des Unterlassens und der Mittäterschaft, ZIS 2010, 168
Roxin, Probleme und Strategien der Compliance-Begleitung in Unternehmen, StV 2012, 116
Rübenstahl, Anm. zu BGH, Beschl. v. 20.3.2008 – 1 StR 488/07, NJW 2008, 2454
Rübenstahl, Zur „regelmäßigen" Garantenstellung des Compliance Officers, NZG 2009, 1341
Rübenstahl, Die Verschärfung der Rechtsprechung zum Verfall am Beispiel des Vermögensabschöpfung bei unvollendeten Vermögensdelikten, HRRS 2010, 505
Rübenstahl, Der Amtsträger eines anderen EU-Mitgliedstaats im EUBestG, ZWH 2012, 179
Rudkowski, Die Aufklärung von Compliance-Verstößen durch „Interviews", NZA 2011, 612
Sahan, Neue Kronzeugenregelung – aktive Beendigung von Korruptionssystemen durch effiziente Compliance-Strukturen alternativlos, BB 2010, 647
Sahan, Korruption als strafrechtliches Risiko, in: Festschrift für Erich Samson zum 70. Geburtstag, Heidelberg 2010
Salditt, Der Fall Bülow, StV 1988, 75
Salditt, Allgemeine Honorierung besonderer Aufklärungshilfe – Anmerkungen zum Entwurf einer dritten Säule des Strafzumessungsrechts (§ 46 b E-StGB), StV 2009, 375
Salditt, Gestutzte Selbstanzeige – der Beschluss des 1. Strafsenats des BGH vom 20. Mai 2010, Praxis Steuerstrafrecht 2010, 168
Saliger, Gibt es eine Untreuemode? Die neuere Untreuedebatte und Möglichkeiten einer restriktiven Auslegung, HRRS 2006, 10
Saliger, Parteienuntreue durch schwarze Kassen und unrichtige Rechenschaftsberichte, NStZ 2007, 545
Saliger, Kick-Back, „PPP", Verfall – Korruptionsbekämpfung im „Kölner Müllfall", NJW 2006, 3377

Saliger, Auswirkungen des Untreue-Beschlusses des Bundesverfassungsgerichts v. 23.6.2010 auf die Schadensdogmatik, ZIS 2011, 902

Saliger/Gaede, Rückwirkende Ächtung der Auslandskorruption und Untreue als Korruptionsdelikt – Der Fall Siemens als Startschuss in ein entgrenztes internationalisiertes Wirtschaftsstrafrecht – Zugleich Besprechung zu LG Darmstadt, Az 712 Js 5213/04 – KLs, Urt. v. 14.5.2007, HRRS 2008, 57

Salvenmoser, Korruption, Datenschutz und Compliance, NJW 2010, 331

Satzger, „Schwarze Kassen" zwischen Untreue und Korruption – Eine Besprechung des Urteils BGH – 2 StR 587/07 (Siemens Entscheidung), NStZ 2009, 297

Satzger/Schmitt/Widmaier (Hrsg.), StGB, Strafgesetzbuch, Kommentar, Köln, 1. Aufl. (2009) (zitiert: SSW/*Bearb.*)

Sauer, Konsensuale Verfahrensweisen im Wirtschafts- und Steuerstrafrecht, Heidelberg 2008

Schaefer, Selbstbelastungsschutz außerhalb des Strafverfahrens, NJW-Spezial 2010, 120

Schäfer, Die Grenzen des Rechts auf Akteneinsicht durch den Verteidiger, NStZ 1984, 203

Schaupensteiner, Wachstumsbranche Korruption. Lagebeschreibung – Korruption in Deutschland, Kriminalistik 2003, 9

Schaupensteiner, Gesamtkonzept zur Eindämmung der Korruption, NStZ 1996, 409

Schaupensteiner, Rechtstreue im Unternehmen – Compliance und Krisenmanagement, NZA-Beil. 2011, 8

Scheckel, Korruptionsamnestie. Eine neue Vokabel im nachhaltigen Kampf gegen Korruption, ZRP 2009, 4

Schemmel/Minkoff, Die Bedeutung des Wirtschaftsstrafrechts für Compliance Management Systeme und Prüfungen nach dem IDW PS 980, CCZ 2012, 49

Scherp/Stief, Compliance – Sonderuntersuchungen in Banken und der Datenschutz, BKR 2009, 404

Schimansky/Bunte/Lwowski, Bankenrechts-Handbuch, München, 4. Aufl. (2011)

Schlösser, Die Bestimmung des erlangten Etwas i.S.v. § 73 I 1 StGB bei in Folge von Straftaten abgeschlossenen gegenseitigen Verträgen – Zum Streit des 5. Senats und 1. Senats des BGH über den Umfang der Verfallserklärung, NStZ 2011, 121

Schmidt, Münchener Kommentar zum Handelsgesetzbuch, Bd. 4, Drittes Buch. Handelsbücher. §§ 238–342 e HGB, München, 2. Aufl. (2008) (zitiert: MünchKomm-HGB/*Bearb.*)

Schmidt, Arbeitnehmerdatenschutz gemäß § 32 BDSG – Eine Neuregelung (fast) ohne Veränderung der Rechtslage, RDV 2009, 193

Schmidt, Übermittlung personenbezogener Daten bei staatlichen Auskunftsbegehren, ZD 2012, 63

Schmidt/Weber-Grellet (Hrsg.), EStG, Kommentar, München, 30. Aufl. (2011), (zitiert: Schmidt/*Bearb.*)

Schmitz, Auslandsgeschäfte unter Berücksichtigung des Korruptionsstrafrechts, RIW 2003, 189

Schmitz/Taschke, Haftungsrisiken von Unternehmen bei der Begehung von Straftaten oder Ordnungswidrigkeiten durch Mitarbeiter, WiB 1997, 1169

Schneider, Compliance als Aufgabe der Unternehmensleitung, ZIP 2003, 645

Schneider, Neutrale Handlungen: Ein Oxymoron im Strafrecht?, NStZ 2004, 312

Schneider, Ausländisches Unternehmensstrafrecht und Compliance, CCZ 2008, 18

Schneider, Compliance im Konzern, NZG 2009, 1321

Schneider, Die arbeitsrechtliche Implementierung von Compliance- und Ethikrichtlinien, Baden-Baden 2009

Schneider, Investigative Maßnahmen und Informationsweitergabe im konzernfreien Unternehmen und im Konzern, NZG 2010, 1201

Schneider/Gottschaldt, Offene Grundsatzfragen der strafrechtlichen Verantwortlichkeit von Compliance-Beauftragten in Unternehmen, ZIS 2011, 573

Schneider/Schneider, Vorstandshaftung im Konzern, AG 2005, 57

Schneider/Schneider, Die zwölf goldenen Regeln des GmbH-Geschäftsführers zur Haftungsvermeidung und Vermögenssicherung, GmbHR 2005, 1229

Schneider/Schneider, Konzern-Compliance als Aufgabe der Konzernleitung, ZIP 2007, 2061

Schnichels/Resch, Das Anwaltsprivileg im europäischen Kontext, EuZW 2011, 47

Schomburg/Lagodny/Gleß/Hackner, Internationale Rechtshilfe in Strafsachen: Kommentar zum Gesetz über die internationale Rechtshilfe in Strafsachen (IRG), München, 5. Aufl. (2011) (zitiert: Schomburg/Lagodny/Gleß/Hackner/*Bearb.*)

Schönke/Schröder (Hrsg.), Strafgesetzbuch, Kommentar, München, 28. Aufl. (2010)

Schramm/Hinderer, Die Untreue-Strafbarkeit eines Limited-Directors, § 266 StGB, insbesondere im Lichte des Europäischen Strafrechts, ZIS 2010, 494
Schulz, Compliance – Internes Whistleblowing, BB 2011, 629
Schünemann, Das Strafrecht im Zeichen der Globalisierung, GA 2003, 299
Schünemann, Die „gravierende Pflichtverletzung" bei der Untreue: dogmatischer Zauberhut oder taube Nuss?, NStZ 2005, 473
Schünemann, Der Bundesgerichtshof im Gestrüpp des Untreuetatbestandes, NStZ 2006, 196
Schünemann, Der Begriff des Vermögensschadens als archimedischer Punkt des Untreuetatbestandes (Teil 2), StraFo 2010, 477
Schünemann, Grenzen der Bestrafung privater Korruption im Rechtsstaat, Festschrift für Hans Achenbach, Heidelberg 2011, S. 509
Schürrle/Olbers, Praktische Hinweise zu Rechtsfragen bei eigenen Untersuchungen im Unternehmen, CCZ 2010, 178
Schuster, Telekommunikationsüberwachung in grenzüberschreitenden Strafverfahren nach Inkrafttreten des EU-Rechtshilfeübereinkommens, NStZ 2006, 657
Schuster/Rübenstahl, Praxisrelevante Probleme des internationalen Korruptionsstrafrechts, wistra 2008, 201
Sedemund, Der Verfall von Unternehmensvermögen bei Schmiergeldzahlungen durch die Geschäftsleitung von Organgesellschaften, DB 2003, 323
Sedemund, Due Diligence beim Unternehmenskauf: Existenzbedrohung bei unterlassener Prüfung von Schmiergeld- und Bestechungszahlungen, DB 2004, 2256
Senge (Hrsg.), Karlsruher Kommentar zum Gesetz über Ordnungwidrigkeiten, München, 3. Aufl. (2006) (zitiert: KK-OWiG/*Bearb.*)
Sidhu/v. Saucken/Ruhmannseder, Der Unternehmensanwalt im Strafrecht und die Lösung von Interessenkonflikten, NJW 2011, 881
Sieber/Brüner/Satzger/von Heintschel-Heinegg, Europäisches Strafrecht, Baden-Baden 2011
Siegrist, Ermittlungen in Steuer- und Wirtschaftsstrafsachen – Quo Vadis?, wistra 2010, 427
Sorgenfrei, Zweifelsfragen zum „Bilanzeid" (§ 331 I Nr. 3 a HGB), wistra 2008, 329
Spatschek/Wulf, „Schwere Steuerhinterziehung" gemäß § 370 a AO, NJW 2002, 2983
Spies, USA: Falscher Griff in die Tasche, MMR 2009, XIIIbeck-online
Spies, USA: TK-Unternehmen im Visier der Korruptionsfahnder, MMR-akt. 2010, 305988
Spindler, Die Haftung von Vorstand und Aufsichtsrat für fehlerhafte Auslegung von Rechtsbegriffen, in: Festschrift für Claus Wilhelm Canaris zum 70. Geburtstag, Band II, München 2007, S. 403
Spindler/Stilz, Kommentar zum Aktiengesetz, Band 1, §§ 1–149 AktG, München, 2. Aufl. (2010) (zitiert: Spindler/Stilz/*Bearb.*)
Spring, Die Garantenstellung des Compliance Officers oder: Neues zur Geschäftsherrenhaftung. Zugleich Besprechung von BGH, Urt. v. 17.7.2009, GA 2010, 222
Staudinger, Kommentar zum Bürgerlichen Gesetzbuch mit Einführungsgesetz und Nebengesetzen, Zweites Buch, Recht der Schuldverhältnisse, §§ 249–254 BGB, Berlin, 13. Aufl. (1998) (zitiert: Staudinger/*Bearb.*)
Stoffers, Einführung eines „Krisenmanagements" bei Unternehmen im Hinblick auf mögliche Strafverfahren, wistra 2009, 379
Stoffers, Anmerkung zum Urteil des BGH v. 17.7.2009 – 5 StR 394/08. Garantenpflichten des Innenrevisionsleiters einer öffentlich-rechtlichen Anstalt – Überhöhte Straßenreinigungsentgelte, NJW 2009, 3173
Stoffers, Untreue durch Zusage der Übernahme von Geldsanktionen und Verteidigungskosten, JR 2010, 239
Strate, Ende oder Wende des Strafzumessungsrechts? – Zu den Auswirkungen des Gesetzes über die Verständigung im Strafverfahren, NStZ 2010, 362
Szebrowski, Kick-Back, Köln 2005
Szesny, Anmerkung zu LG Hamburg, Beschluss v. 15.10.2010, GWR 2011, 169
Taeger/Gabel, Kommentar zum BDSG, Frankfurt a.M. 2010
Tannenbaum, Steuerstrafrecht USA, in: Leitner/Toifl, Steuerstrafrecht International, Wien 2007 (zitiert: *Tannenbaum*, in: Leiner/Toifl)
Tarun, The Foreign Corrupt Practices Act Handbook: A Practical Guide for Multinational General Counsel, Transactional Lawyers and White Collar Criminal Practitioners, Chicago 2010

Literaturverzeichnis

Taschke, Die Bekämpfung der Korruption in Europa auf Grundlage der OECD-Konvention, StV 2001, 78
Taschke, „Sichere Häfen" und Sanktionen gegen Unternehmen, in: Gesellschaftsrechtliche Vereinigung (Hrsg.), Gesellschaftsrecht in der Diskussion 2004, Köln 2005, S. 124
Taschke, Verteidigung von Unternehmen – Die wirtschaftsstrafrechtliche Unternehmensberatung, StV 2007, 495
Taschke, Zum Beschlagnahmeschutz der Handakten des Unternehmensanwalts, in: Festschrift für Rainer Hamm zum 65. Geburtstag, Berlin 2008, S. 751
Taschke, Die Verteidigung von Unternehmen – Ein neuer Typus von Strafverteidigung, in: Festschrift für Klaus Volk, München 2009, S. 801
Tettinger/Wank, Gewerbeordnung, Kommentar, München, 7. Aufl. (2004)
Tettinger/Wank/Ennuschat, Gewerbeordnung, Kommentar, München, 8. Aufl. (2011) (zitiert: Tettinger/Wank/Ennuschat/*Bearb*.)
Theile, Strafbarkeitsrisiken der Unternehmensführung aufgrund rechtswidriger Mitarbeiterpraktiken, wistra 2010, 457
Theile, „Internal Investigations" und Selbstbelastung, StV 2011, 381
Theile, Konvergenzen und Divergenzen zwischen Gesellschaftsrecht und Strafrecht, ZIS 2011, 616
Thole, Managerhaftung für Gesetzesverstöße – Die Legalitätspflicht des Vorstands gegenüber seiner Aktiengesellschaft, ZHR 173 (2009), 504
Thomas, Anmerkung zum Urteil des BGH v. 17.7.2009 – 5 StR 394/08, CCZ 2009, 239
Thum/Szczesny, Background Checks im Einstellungsverfahren: Zulässigkeit und Risiken für Arbeitgeber, BB 2007, 2405
Thüsing, Datenschutz im Arbeitsverhältnis – Kritische Gedanken zum neuen § 32 BDSG, NZA 2009, 865
Tiedemann, Die „Bebußung" von Unternehmen nach dem 2. Gesetz zur Bekämpfung der Wirtschaftskriminalität, NJW 1988, 1169
Tiedemann, Wirtschaftsstrafrecht. Einführung und Allgemeiner Teil mit wichtigen Rechtstexten, Köln, 3. Aufl. (2010)
Tinkl, Strafbarkeit von Bestechung nach dem EUBestG und dem IntBestG, wistra 2006, 126
Tinnefeld/Petri/Brink, Aktuelle Fragen zur Reform des Beschäftigtendatenschutzes, MMR 2011, 427
Tipke/Kruse (Hrsg.), Abgabenordnung, Finanzgerichtsordnung, Kommentar, Loseblatt, München, 128. Erg.Lfg., Stand: März 2012, (zitiert: Tipke/Kruse/*Bearb*.)
Többens, Die Bekämpfung der Wirtschaftskriminalität durch die Troika der §§ 9, 130 und 30 des Gesetzes über Ordnungswidrigkeiten, NStZ 1999, 1
Toepel, Durchsuchung im Auftrag der Europäischen Kommission – Eine Besprechung von AG Bonn, Beschlus v. 29.9.2002 – 50 Gs 968/02 –, zugleich vom Urteil des EuGH v. 22.10.2002 – Rs C-94/00 – EuGH, NJW 2003, 35 „Roquette Frères", NStZ 2003, 631
Trüg, Lösungskonvergenzen trotz Systemdivergenzen im deutschen und US-amerikanischen Strafverfahren: Ein strukturanalytischer Vergleich am Beispiel der Wahrheitserforschung, Tübingen 2003
Trüg, Erkenntnisse aus der Untersuchung des US-amerikanischen plea-Bargaining-Systems für den deutschen Absprachediskurs, ZStW Bd. 120 (2008), 331
Trüg, Vorteilsgewährung durch Übersendung von WM-Gutscheinen – Schützt Sponsoring vor Strafe?, NJW 2009, 196
Trüg, Zu den Folgen der Einführung eines Unternehmensstrafrechts, wistra 2010, 241
Uhlenbruck/Hirte/Vallender (Hrsg.), Insolvenzordnung, Kommentar, München, 13. Aufl. (2010) (zitiert: Uhlenbruck/*Bearb*.)
Ulber, Whistleblowing und der EGMR, NZA 2011, 962
Ulmer/Habersack/Winter (Hrsg.), Großkommentar zum GmbH-Gesetz, Band II, §§ 29–52 GmbHG, Tübingen, 1. Aufl. (2006) (zitiert: Großkomm-GmbHG/*Bearb*.)
U.S. Sentencing Guidelines Manual 2011
Valerius, Anmerkung zum Beschluss des LG Köln v. 15.4.2011 – 113 Qs 15/11, NZWiSt 2012, 189
Vietmeyer/Byers, Der Arbeitgeber als TK-Anbieter im Arbeitsverhältnis, MMR 2010, 807
Voet van Vormizelle, Kartellrechtliche Compliance-Programme im Rahmen der Bußgeldbemessung de lege lata und de lege ferenda, CCZ 2009, 41
Vogel/Glas, Datenschutzrechtliche Probleme unternehmensinterner Ermittlungen, DB 2009, 1747
Vogel/Lehner (Hrsg.), Doppelbesteuerungsabkommen, Kommentar, München, 5. Aufl. (2008) (zitiert: Vogel/Lehner/*Bearb*.)

Vogler, Das Rechtsschutzsystem des Gesetzes über die internationale Rechtshilfe in Strafsachen (IRG) im Lichte der Rechtsprechung des Bundesverfassungsgerichts, Festgabe für Alfred Söllner, Gießen 1990, S. 595
Vogt, Compliance und Investigations – 10 Fragen aus Sicht der arbeitsrechtlichen Praxis, NJOZ 2009, 4206
Volk (Hrsg.), Münchener Anwaltshandbuch. Verteidigung in Wirtschafts- und Steuerstrafsachen, München 2006 (zitiert: *Bearb.*, in: Volk)
Wabnitz/Janovsky (Hrsg.), Handbuch des Wirtschafts- und Steuerstrafrechts, München, 3. Aufl. (2007) (zitiert: *Bearb.*, in: Wabnitz/Janovsky)
Wagner, „Internal Investigations" und ihre Verankerung im Recht der AG, CCZ 2009, 8
Waldowski, Verteidiger als Helfer des Staatsanwalts?, NJW 1984, 448
Walter, Angestelltenbestechung, internationales Strafrecht und Steuerstrafrecht, wistra 2001, 321
Walter, Einführung in das internationale Strafrecht, JuS 2006, 870
Walther, Bestechlichkeit und Bestechung im geschäftlichen Verkehr, Freiburg 2011
Walther/Zimmer, Haftung deutscher Unternehmen nach dem UK Bribery Act, RIW 2011, 199
Warneke, Die Garantenstellung von Compliance-Beauftragten, NStZ 2010, 312
Wassermann (Hrsg.), Alternativkommentar zum Strafgesetzbuch, Band 1, Neuwied, 1. Aufl. (1990) (ziitert: AK-StGB/*Bearb.*)
Wastl, Zwischenruf: Privatisierung staatsanwaltschaftlicher Ermittlungen, ZRP 2011, 57
Wastl/Litzka/Pusch, SEC-Ermittlungen in Deutschland – eine Umgehung rechtsstaatlicher Mindeststandards, NStZ 2009, 68
Waßmer, Defizite und Neuerungen im Bilanzstrafrecht des HGB, ZIS 2011, 648
Wehnert, Die US-amerikanischen Richtlinien zur Strafverfolgung von Unternehmen – Ein importiertes Schrecknis auf dem Rückmarsch, NJW 2009, 1190
Wehnert/Mosiek, Untiefen der Vermögensabschöpfung in Wirtschaftsstrafsachen aus Sicht des Strafverteidigers, StV 2005, 568
Weigend, Internationale Korruptionsbekämpfung – Lösung ohne Problem?, In: Festschrift für Günther Jakobs zum 70. Geburtstag am 26. Juli 2007, Köln 2007, S. 747
Weitbrecht, Die Rolle des Anwalts bei Durchsuchungen, NJW 2010, 2328
Wessing, Compliance – oder wie sich der Staat aus der Kriminalprävention stiehlt, in: Festschrift für Klaus Volk zum 65. Geburtstag, München 2009, S. 867
Wessing, Der Unternehmensverteidiger, in: Festschrift für Volkmar Mehle zum 65. Geburtstag, Baden-Baden 2009, S. 665
Wessing, Untreue durch Kreditvergabe (WestLB/Boxclever) – zugleich Anm. zu BGH, Urt. v. 13.8.2009 – 3 StR 576/08, BKR 2010, 159
Wessing, Nebenfolgen der Selbstanzeige, Steueranwaltsmagazin 3/2010, 99
Wessing, Das Akteneinsichtsrecht im Kartellbußgeldverfahren, WuW 2010, 1019
Wessing/Hugger/Dann, Strafrechtliche Aspekte der Compliance in Kreditinstituten, in: Renz/Hense (Hrsg.), Wertpapier-Compliance in der Praxis: Eine Kommentierung aktueller Rechtspflichten, Berlin 2010, S. 203
Wessing/Krawczyk, Der Untreueparagraf auf dem verfassungsrechtlichen Prüfstand, NZG 2010, 1121
Wessing/Krawczyk, Grenzen des tatbestandsausschließenden Einverständnisses bei der Untreue, NZG 2011, 1297
Widmaier (Hrsg.), Münchener Anwaltshandbuch Strafverteidigung, München 2006 (zitiert: *Bearb.*, in: Widmaier)
Wiedemann, Handbuch des Kartellrechts, München, 2. Aufl. (2008) (zitiert: *Bearb.*, in: Wiedemann)
Willems/Schreiner, Anmerkungen zum Entwurf eines IDW Prüfungsstandards/EPS 980 aus Sicht der deutschen Industrie, CCZ 2010, 214
Willenbruch/Wiedekind, Kompaktkommentar Vergaberecht, Köln, 2. Aufl. (2011)
Williams/Sope, The mandatory exclusions for corruption in the new EC Procurment Direktives, european law review, N° 5, 2006
Winter, Die Verantwortlichkeit des Aufsichtsrats für „Corporate Compliance", in: Festschrift für Uwe Hüffer zum 70. Geburtstag, München 2010, S. 1103
Wisskirchen/Glaser, Unternehmensinterne Untersuchungen (Teil I), DB 2011, 1392
Wisskirchen/Glaser, Unternehmensinterne Untersuchungen (Teil II), DB 2011, 1447
Wisskirchen/Jordan/Bissels, Arbeitsrechtliche Probleme bei der Einführung internationaler Verhaltens- und Ethikrichtlinien (Codes of Conduct/Codes of Ethics), DB 2005, 2190

Wisskirchen/Körber/Bissels, „Whistleblowing" und „Ethikhotlines". Probleme des deutschen Arbeits- und Datenschutzrechts, BB 2006, 1567

Withus/Hein, Prüfung oder Zertifizierung eines Compliance Management Systems – Voraussetzungen und mögliche Rechtsfolgen, CCZ 2011, 125

Wittig, § 299 StGB durch Einschaltung von Vermittlerfirmen bei Schmiergeldzahlungen, wistra 1998, 7

Wittig, Wirtschaftsstrafrecht, München 2010

Wolf, Die Modernisierung des deutschen Antikorruptionsstrafrechts durch internationale Vorgaben. Momentaufnahme und Ausblick, NJW 2006, 2735

Wolf, Internationalisierung des Antikorruptionsstrafrechts: Kritische Analyse zum Zweiten Korruptionsbekämpfungsgesetz, ZRP 2007, 44

Wolf, de, Kollidierende Pflichten: zwischen Schutz von E-Mails und „Compliance im Unternehmen", NZA 2010, 1206

Wollschläger, Der Täterkreis des § 299 Abs. 1 StGB und Umsatzprämien im Stufenwettbewerb, Heidelberg 2009

Wollschläger, Die Anwendbarkeit des § 299 StGB auf Auslandssachverhalte – frühere, aktuelle und geplante Tatbestandsfassung, StV 2010, 385

Wulf, Auf dem Weg zur Abschaffung der strafbefreienden Selbstanzeige (§ 371 AO)?, wistra 2010, 286

Wuttke, Straftäter im Betrieb, München 2010

Wybitul, Interne Ermittlungen auf Anforderung von US-Behörden – ein Erfahrungsbericht, BB 2009, 606

Wybitul, Das neue Bundesdatenschutzgesetz: Verschärfte Regeln für Compliance und interne Ermittlungen, BB 2009, 1582

Wybitul, Strafbarkeitsrisiken für Compliance-Verantwortliche, BB 2009, 2590

Wybitul, Wie viel Arbeitnehmerdatenschutz ist „erforderlich"?, BB 2010, 1085

Wybitul, Neue Spielregeln bei E-Mail-Kontrollen durch den Arbeitgeber, ZD 2011, 69

Wybitul/Böhm, Beteiligung des Betriebsrats bei Ermittlungen durch Unternehmen, RdA 2011, 362

Young/Nall/Padian, Considerations When Conducting an Internal Investigation, in: The Foreign Corrupt Practices Act 2009: Coping With Heightended Enforcement Risks, New York 2009

Zahner, Das Steuerstrafrecht der USA, in: Dannecker/Jansen, Steuerstrafrecht in Europa und den Vereinigten Staaten, Wien 2007, S. 509, (zitiert: *Zahner*, in: Dannecker/Jansen)

Zanzinger, Die Einschränkungen der Selbstanzeige durch das Schwarzgeldbekämpfungsgesetz – Klärung erster Zweifelsfragen, DStR 2011, 1397

Ziemann, Der strafbare „Bilanzeid" nach § 331 Nr. 3 a HGB, wistra 2007, 292

Zimmer/Heymann, Beteiligungsrechte des Betriebsrats bei unternehmensinternen Ermittlungen, BB 2010, 1853

Zimmer/Stetter, Korruption im Arbeitsrecht, BB 2006, 1445

Zimmermann, Kartellrechtliche Bußgelder gegen Aktiengesellschaft und Vorstand: Rückgriffsmöglichkeiten, Schadensumfang und Verjährung, WM 2008, 433

Zöller, Abschied vom Wettbewerbsmodell bei der Verfolgung von Wirtschaftskorruption? Überlegungen zur Reform des § 299 StGB, GA 2009, 137

Zöllner/Noack (Hrsg.), Kölner Kommentar zum Aktiengesetz, Band 2/1, §§ 76–94 AktG, Köln, 3. Aufl. (2010) (zitiert: KölnerKomm-AktG/*Bearb.*)

§ 1. Einleitung oder der lange Arm der SEC

Globalisierung bedeutet Verschränkung von Volkswirtschaften im weltweiten Maßstab. Wirtschaftliche Entwicklungen haben immer schon rechtliche Entwicklungen nach sich gezogen und geprägt. Auch die Rechtslandschaft unseres Planeten bleibt von solchen Entwicklungen nicht unberührt. Haben sich europäische Juristen schon daran gewöhnt, dass die nationalen Rechtsordnungen inzwischen bis in das Strafrecht hinein von europäischer Rechtsetzung beeinflusst und zum Teil getrieben werden, ist das unmittelbare Einwirken ausländischer Rechtsnormen in das nationale Recht von deutlich anderer, intensiverer Qualität. Derartige Berührungen zwischen grundverschiedenen Rechtssystemen nehmen aber in ihrer Intensität und Häufigkeit in den letzten Jahren massiv zu. Der Berater eines deutschen Unternehmens mit Berührungen zu den Vereinigten Staaten von Amerika kann sich nicht mehr darauf beschränken, nur das deutsche Recht zu kennen und anzuwenden. Er muss sich damit auseinandersetzen, dass die Frage der Rechtmäßigkeit des Handelns seiner Mandanten nicht mehr ausschließlich vom deutschen Recht bestimmt wird. Er wird erkennen, dass nicht nur das direkte Verhältnis zwischen Deutschland und den Vereinigten Staaten zu prüfen ist, sondern dass auch Handlungen in dritten Ländern Auswirkungen auf die Frage haben, ob die eigene und die amerikanische Rechtsordnung dies billigen.

Die Vereinigten Staaten begreifen politisch wie rechtlich ihre Landesgrenzen nicht als eine Barriere für regulatorisches Eingreifen. Vorschriften wie der Sarbanes Oxley Act und vor ihm noch der Foreign Corruption Practices Act sind bewusst darauf ausgerichtet, aktiv über die Landesgrenzen hinaus zu reichen und Wirkung in fremden Ländern zu erzeugen. Man mag dies als selbstherrlich oder sogar übergriffig ansehen, an der hohen Wirkmacht dieser amerikanischen Vorschriften in andere Länder herein ändert dies nichts. Behörden wie die Securities and Exchange Comission (SEC) und das amerikanische Justizministerium (Department of Justice, DOJ) haben keinerlei Probleme, Verhalten zu sanktionieren, welches sich weit entfernt von ihrem eigenen Territorium abgespielt hat. Dabei soll nicht übersehen sein, dass auch das deutsche Strafrecht – man vergleiche die Entwicklungen im Korruptionsstrafrecht – auf dem Weg ist, Handlungen im Ausland auf der Basis deutscher Strafvorschriften zu beurteilen und zu sanktionieren. Die Intensität der amerikanischen Vorschriften wird allerdings weder in der praktischen Handhabung durch die deutschen Behörden noch in der materiellen oder prozessualen Gesetzeslage erreicht.

Damit ist für den deutschen Rechtsanwalt die Basis gelegt, in Zukunft zweigleisig beraten zu müssen. Dies beginnt schon im Vorfeld von akuten Verfahren, im Compliance-Bereich. Bereits bei der rechtlichen Bewertung von Unternehmensaktivitäten im Rahmen von deren Planung sind beide Rechtsordnungen zu beachten. Dies gilt erst recht, wenn Probleme bereits aufgetaucht sind und eine oder beide Rechtsordnungen potentiell verletzt wurden. Denn nun tritt zu den beiden materiellen Rechtsordnungen noch das jeweils unterschiedliche Prozessrecht. Handlungen, die auf einen Effekt in der einen Rechtsordnung abzielen, müssen auf ihre Auswirkungen in der jeweils anderen untersucht werden. Es kann durchaus vorkommen, dass für das deutsche Verfahren sinnvolle Verteidigungshandlungen im amerikanischen Strafprozess verheerende Wirkungen hervorrufen. Manche Handlungen wiederum können nach der einen Rechtsordnung geboten, nach der anderen verboten sein.

4 Eine ganz besondere Komponente deutsch/amerikanischer Verfahren stellt das sehr unterschiedliche Verständnis von Ermittlungsarbeit und Verfahrensbeendigung dar. In Deutschland hat sich in den letzten Jahren ohne spezielle Regelung in der StPO in Wirtschaftsstrafverfahren entwickelt, dass in kooperativem Verfahren Teile der Ermittlungsarbeit von den Unternehmensvertretern übernommen wurden. Entwickelt hat sich dies aus der Erkenntnis der Ermittlungsbehörden, dass umfangreiche Verfahren konfrontativ ausgesprochen schwierig zu führen sind und deren Ergebnisse – schon aus Gründen der in solchen Ermittlungen notwendigen langen Zeit – im Sinne des staatlichen Strafanspruches auch nicht „besser" sind, als moderierte Verfahren. Auf der anderen Seite haben Unternehmensverteidiger erkannt, dass durch die im Wege der Mitarbeit im Verfahren geschaffenen Einwirkungsmöglichkeiten und Erkenntnismöglichkeiten im Allgemeinen ein angemesseneres Ergebnis sowohl für die betroffenen Individuen als auch für das Unternehmen erreicht werden kann. Derartige Verfahren stellen allerdings immer noch die Ausnahme dar. In den von der amerikanischen Verfahrensordnung regierten Ermittlungen hingegen werden die Behörden primär steuernd und überprüfend tätig. Die Arbeit vor Ort wird durch eine Anwaltskanzlei erledigt. Damit gewinnt das Verfahren einen Unterwerfungscharakter, der dem deutschen Verfahren (noch)[1] fremd ist.

5 Damit ist ein weiterer wesentlicher Faktor von Verfahren mit US-Hintergrund aufgerufen: die internen Ermittlungen beschränken sich nicht nur auf in Amerika belegene Teile des Unternehmens, dort angesiedelte Tochterunternehmen und Niederlassungen, vielmehr werden sie bis in die Unternehmensspitze des deutschen Konzerns geführt. Der Umgang mit derartigen internen Ermittlungen ist neu und völlig unerprobt, in weiten Bereichen gibt es keine Vorgaben durch Gesetz oder Rechtsprechung. Der Umgang muss erst aus den allgemeinen Vorschriften heraus entwickelt werden, es ist Neuland zu betreten und zu gestalten.

Neuland ist auch die Erhaltung der rechtlichen und tatsächlichen Balance zwischen zwei Ermittlungsverfahren, die letztendlich das gleiche Ermittlungsobjekt betreffen und sich gegenseitig – nicht nur über die Rechtshilfe – beeinflussen. Diese Schrift hat sich zur Aufgabe gemacht, in der terra incognita noch nicht gestalteter Rechtsbereiche Pfade zu legen.

---

[1] Allerdings kann man im Windhundrennen des Kartellrechts erkennen, dass Unterwerfung auch im deutschen Recht gefördert wird. Auch die neue Kronzeugenregelung des § 46 b StGB zeigt in diese Richtung.

§ 2. Basics of the US Criminal Law – Grundlagen des US-Strafrechts

A. Basics of the US Criminal Law

In the United States, under both federal and state law, a corporation is considered a "legal person," capable of suing and being sued, and capable of committing and being convicted of a crime. Because entities act only through their employees, officers, and directors, an entity may be held liable for the illegal acts of those persons.[2] In particular, an entity may be responsible for the conduct of an employee when the employee is acting: (1.) within the scope of his or her employment and (2.) for the benefit of the entity.[3]

I. Basics of the FCPA and the SOX

1. Elements of Corporate Criminal Liability

Courts have ruled that liability for actions within an employee's "scope of employment" does not require that the company actually authorized the particular criminal activity of the employee. Rather, the prosecutor must establish that the agent or employee was acting according to the duties or authorities inherent in his employment position. Thus, if an employee is tasked with interacting with regulatory personnel, and while interacting with personnel to acquire a regulatory approval the employee bribes the regulators, that action could be deemed within the scope of the employee's employment.

Similarly, courts have rule that the requirement that the conduct be "for the benefit of the entity" does not mean that the entity must actually benefit from the illicit conduct. Additionally, the employee or agent need not intend to benefit the entity to the exclusion of his or her own benefit – if an employee's action will benefit the entity at least in part, this element of the test is satisfied.[4] The company need not profit from the actions of its agent in order to be held liable. Rather, courts have ruled that the employee or agent need only intend to benefit the corporation by her action.[5]

When an entity's state of mind is an element of the criminal offense, the knowledge of its employees, officers and directors may be imputed to the entity to the same extent

---

[2] See *U.S. v. A & P Trucking Co.*, 358 U.S. 121, 125–126, 79 S.Ct. 203, 3 L.Ed.2d 165 (1958); *New York Central & Hudson R. R. Co. v. U.S.*, 212 U.S. 481, 29 S.Ct. 304, 53 L.Ed. 613 (1909); cf. *U.S. v. Illinois Central R. R. Co.*, 303 U.S. 239, 58 S.Ct. 533, 82 L.Ed. 773 (1938).

[3] *U.S. v. Automated Medical Laboratories*, 770 F.2d 399, 407 (4th Cir. 1985).

[4] Id.

[5] *U.S. v. Automated Medical Laboratories*, 770 F.2d 399, 407 (4th Cir. 1985) ("Thus, whether the agent's actions ultimately redounded to the benefit of the corporation is less significant than whether the agent acted with the intent to benefit the corporation."). See also *U.S. v. Sun-Diamond Growers of California*, 128 F.3d 961, 969-70 (D.C. Cir. 1998) (rejecting a corporation's argument that it should not be held liable fort he criminal actions of an employee who defrauded the corporation, holding that while the employee did deceive the corporation and use money to fund a political campaign, this did not preclude a finding that the company benefitted from the actions).

knowledge is imputed to the individual.[6] In addition, under the collective knowledge doctrine, the knowledge of the entity is the aggregate of the imputed knowledge of every employee acting within the scope of his or her authority, even if no one employee has sufficient knowledge to form criminal intent.[7]

There is no automatic criminal liability for managers, officers, and directors when an entity is convicted of a crime.[8] Rather, authorities would need to prove charges against these defendants in separate criminal trials.

2. Anti-Bribery Provisions of the FCPA

4 The Foreign Corrupt Practices Act is a U.S. federal statute that criminalizes, among other things, bribery of non-U.S. government officials. The FCPA was enacted in 1977, following Securities and Exchange Commission investigations in the mid-1970s that led to the admission by over 400 U.S. companies of the making of questionable or illegal payments to foreign government officials, politicians, and political parties.[9] The payments aggregated to more than $ 300 million. The firms admitted to doing everything from bribing foreign officials to obtain favorable treatment to bribing to ensure that ministerial duties were performed. In the wake of these admissions, Congress enacted the FCPA with the stated goal of restoring public confidence in the business practices of U.S. companies.[10]

The FCPA entered into law on December 19, 1977.[11] The anti-bribery provisions of the FCPA make it unlawful to pay, offer to pay, or promise to pay anything of value (including cash) to a non-U.S. government official to obtain or retain business.[12] U.S. companies and nationals and non-U.S. issuers of certain securities are subject to the Act, and companies that have registered securities or that are required to file periodic reports with the Securities and Exchange Commission ("SEC") are subject to certain accounting requirements under the Act.[13] Additionally, since the FCPA was amended

---

[6] *U.S. v. Science Application Intern. Corp.* 555 F. Supp. 2d 40, (D.D.C. 2008) ("The issue of importance ... [is] whether there was at least one ... employee who knew or should have known" about the relevant underlining facts in order to impose corporate liability).

[7] Id. (citing *U.S. v. Bank of New England*, 821 F.2d 844 (1987)).

[8] Under the Foreign Corrupt Practices Act of 1977, Pub. L. No. 95-213, 91 Stat. 1494 (codified as amended at 15 U.S.C. §§ 78m, 7822-1 to -3, 78ff (1999) [hereinafter the FCPA], discussed at infra, originally a finding that the company had violated the Act was a predicate to liability for the actions of employees or agents. Pub. L. No. 95-213, 91 Stat. 1494, 1496-97 (1977); *U.S. v. McLean*, 738 F.2d 655, 659 (5th Cir. 1984) ("Thus, both the language of the Act and its legislative history reveal a clear intent to impose criminal sanctions against the employee who acts at the behest of and for the benefit of his employer only where his employer has been convicted of similar FCPA violations."). The FCPA was amended in 1988, however, and this provision was repealed. Now an employee or agent may be found liable under the FCPA even if the U.S. company for whom the employee or agent works is not charged or is acquitted. See, e.g., U.S. Department of Justice News Release, "Former Pacific Consolidated Industries LP Executive Pleads Guilty in Connection with Bribes Paid to U.K. Ministry of Defence Official," May 8, 2008, available at http://www.justice.gov/opa/pr/2008/May/08-crm-394.html (discussing plea of individual where company assisted in investigation).

[9] United States Department of Justice, Lay-Person's Guide to the FCPA, p. 1, available at http://www.justice.gov/criminal/fraud/fcpa/docs/lay-persons-guide.pdf [hereinafter Lay-Person's Guide].

[10] Id.

[11] Foreign Corrupt Practices Act of 1977, Pub. L. No. 95-213, 91 Stat. 1494 (amended 1988 and 1998).

[12] Id.

[13] The accounting requirements, discussed infra, require corporations to make and keep accurate books and records and to devise and maintain adequate internal accounting controls.

in 1988, non-U.S. firms and persons who take any act in furtherance of a corrupt payment while in the United States are also subject to the Act.[14]

Since its enactment, the FCPA has had a profound impact on the way U.S. firms and other firms subject to the Act due business. Many firms that paid bribes to foreign officials have been investigated and tried for violations of the Act and have been the subject of criminal and civil enforcement actions, resulting in fines, suspension and debarment from federal procurement contracting, and even jail time for employees and officers of the companies. As a result, companies have implemented compliance programs to prevent illicit payments and controls to detect irregular payments by employees and agents.

The elements of the anti-bribery provisions are explored in detail below.

a) Jurisdiction

The FCPA originally was limited to businesses that were organized in the United States and did not cover non-U.S. companies or foreign subsidiaries of U.S. companies.[15] The Organisation for Economic Cooperation and Development ("OECD") enacted the Convention on Combating Bribery of Foreign Public Officials in International Business on December 17, 1997 (the "OECD Convention"), which called for each member state to establish jurisdiction over the bribery of a foreign official committed by "any person" in the territory of that state.[16] The 1998 Amendments to the FCPA, therefore, conformed U.S. law with the OECD Convention by extending the FCPA jurisdictional reach to cover non-U.S. corporations and nationals who commit any act in furtherance of a prohibited action while in the territory of the United States.[17] Thus, non-U.S. corporations, including foreign subsidiaries of U.S. companies, and national employees of non-U.S. subsidiaries, may be independently liable under the FCPA, even where the U.S. parent company has no knowledge of the wrongdoing and is not liable for the improper conduct.

The anti-bribery provisions of the FCPA apply to (1) issuers of securities; (2) domestic concerns; (3) any officer, director, employee or agent of such issuer or domestic concern, or any stockholder thereof acting on behalf of such issuer or domestic concern; and (4) and (5) foreign companies and individuals, if such companies or individuals, directly or indirectly, cause a violation to take place within the United States.[18]

An "issuer" is a corporation that has issued securities that have been registered in the United States or who is required to file periodic reports with the SEC.[19] This includes any corporations with stocks, bonds, or American Depository Receipts traded on a U.S. securities exchange.

---

[14] 15 U.S.C. § 78dd-3(a).

[15] See S. Rep. No. 105-277, at 6 (1998) (noting the FCPA covered only the issuers as defined in the 1934 Securities Exchange Act and "domestic concerns" prior to the 1998 amendments.)

[16] Organization for Economic Cooperation and Development, Convention on Combating Bribery of Foreign Public Officials in International Business, Art. 4(1), December 17, 1997.

[17] 15 U.S.C. § 78dd-3(a). See also S. Rep. No. 105-277, at 6 (1998) ("[T]he OECD Convention calls on parties to cover "any person"; the current FCPA covers only issuers with securities registered under the 1934 Securities Exchange Act and "domestic concerns." The Act, therefore, expands the FCPA's coverage to include all foreign persons who commit an act in furtherance of a foreign bribe while in the United States.").

[18] 15 U.S.C. § 78dd.

[19] An issuer is defined as "any person who issues or proposes to issue any security ...". Section 3(a)(8) of the Exchange Act, 15 U.S.C. § 78c(a)(8)(2005).

§ 2. Basics of the US Criminal Law – Grundlagen des US-Strafrechts

8   A "domestic concern" is (a) any individual who is a citizen, national, or resident of the United States; and (b) any corporation, partnership, association, joint-stock company, business trust, unincorporated organization, or sole proprietorship which has its principal place of business in the United States, or which is organized under the laws of a State of the United States or a territory, possession, or commonwealth of the United States.[20]

9   The anti-bribery provisions of the FCPA provide two jurisdictional bases: the territorial basis and the nationality basis. The traditional basis was the territorial principle: For corrupt payments that occur outside of the United States, an issuer or domestic concern may still be liable under the FCPA if they take an act in furtherance of a corrupt payment to a foreign official using the "means or instrumentalities of interstate commerce."[21] The "means or instrumentalities of interstate commerce" include telephone calls, facsimile transmissions, wire transfers, and interstate or international travel through the United States.[22] For example, a telephone call or trip to the United States by an agent or employee of a foreign subsidiary to discuss a corrupt payment made in a foreign country has been held to suffice to bring the payment within the parameters of the FCPA, as have the consolidation of books and records reflecting such payment.[23]

10 Under the nationality jurisdiction principle, jurisdiction exists over U.S. companies and U.S. citizens regardless of where the alleged illicit actions took place.[24] For example, if a foreign national working for a U.S. company made an illicit payment outside the United States on behalf of the company, the U.S. company for whom the employee worked would be subject to the FCPA under the nationality principle. Additionally, U.S. parent corporations may be liable under the FCPA for the acts of non-U.S. subsidiaries where the parent authorized, directed, or controlled the subsidiary regarding the activity in question.

b) Intent

11 The FCPA requires that the person making or authorizing the payment must do so "corruptly."[25] Thus, to violate the FCPA, a payment must be intended to influence the recipient to "misuse his official position." Notably, the language of the statute provides that the person making or authorizing the payment does not have to succeed in making the payment; rather, a willful attempt to influence a foreign official suffices. The "corrupt" standard under the FCPA was intended to mirror that under U.S. domestic bribery laws.[26] The focus is on the payor's intent, not the recipients intent (or even ability) to carry out the official act.[27]

---

[20] 15 U.S.C. § 78dd-2.
[21] 15 U.S.C. § 78dd-1(a), 78dd-2(a).
[22] Id. § 78dd-2(h)(5).
[23] Complaint, *SEC v. Alcatel-Lucent*, S.a. (S.D. Fla. Dec. 27, 2010), 3, 19, available at http://www.sec.gov/litigation/complaints/2010/comp21795.pdf; Department of Justice Release No. 10-1481 (Dec. 27, 2010), available at http://www.justice.gov/opa/pr/2010/December/10-crm-1481.html; SEC Litigation Release No. 21795 (Dec. 27, 2010), available at http://www.sec.gov/litigation/litreleases/2010/lr21795.htm.
[24] International Anti-Bribery and Fair Competition Act of 1998, 24.2, § 2(c).
[25] 15 U.S.C. § 78dd-1(a); 15 U.S.C. § 78dd-2(a); 15 U.S.C. § 78dd-3(a).
[26] H.R. Rep. No. 95-640, at 18 (1977).
[27] See *U.S. v. Anderson*, 509 F.2d 312, 332 (D.C. Cir. 1974), cert. denied, 420 U.S. 991 (1975).

c) Payment

The FCPA prohibits paying, offering, or promising to pay money or "anything of value."[28] "Anything of value" is not defined in the FCPA, but under other federal criminal statutes, the term has been defined broadly. The emphasis of value is placed on the subjective value attached to the payment or benefit.[29] Things of value may include travel, meals, gifts, entertainment, favours, services, loans and loan guarantees, investment or business opportunities, the use of property or equipment, job offers (even to a government official's relatives[30]), transportation, the payment or reimbursement of debts, and other tangible and intangible payments.[31]

The FCPA also prohibits corrupt payments made through intermediaries. Thus, the prohibition extends to payments of anything of value when the payor knows that all or a portion of the payment will be offered, given, or promised to any foreign officials.[32]

Finally, the FCPA prohibits "authorization" of an illicit payment.[33] The standard for authorization is not defined in the FCPA, but legislative history indicates that authorization can be either explicit or implicit.[34]

d) Recipients

The FCPA prohibits illicit payments made to "foreign officials." The FCPA defines "foreign officials" as "any officer or employee of a foreign government or any department, agency, or instrumentality thereof, or of a public international organization, or any person acting in an official capacity for or on behalf of any such government or department, agency or instrumentality."[35]

Officer or Employee. The scope of "officer or employee" is not defined under the FCPA. DOJ and SEC actions indicate that these bodies define "officer" to include individuals who are appointed by the head of state, heads of executive departments, and those who hold positions authorized by statute. "Employees" include individuals supervised by a government authority.

Agency or Instrumentality. Similarly, the term "agency or instrumentality" of a foreign government is not defined under the FCPA. The term has been defined in other statutes, however, such as the Foreign Sovereign Immunities Act of 1976.[36] Under the Foreign Sovereign Immunities Act, an agency or instrumentality of a foreign government is any entity that "is an organ of a foreign state or political subdivision thereof, or a majority of whose share or other ownership interest is owned by a foreign state or political subdivision thereof."[37]

---

[28] 15 U.S.C. §§ 78dd-2(a).
[29] See *U.S. v. Liebo*, 923 F.2d 1308 (8th Cir. 1991) (holding travel expenses constituted something of value); *U.S. v. Kay*, 359 F.3d 738 (5th Cir. 2004) (cash payments are things of value).
[30] See FCPA Review Procedure Release No. 80-01 (Oct. 29, 1980) (indicating that giving something of value to children of an official may constitute value to the official).
[31] See *SEC v. Schering-Plough Corp.*, Case No. 1:04CV00945 (D.D.C. June 9, 2004) (arguing that payments made to a charity constitute value to a government official).
[32] 15 U.S.C. § 78dd-1(a)(3); 15 U.S.C.A. § 78-dd-3(a)(3).
[33] 15 U.S.C. § 78dd-1(a).
[34] H.R. Conf. Rep. No. 640, 95th Cong., 1st Sess. 18 (1977).
[35] 15 U.S.C. § 78dd-2(h)(2), as amended by Pub. L. No. 105-366, 112 Stat. 3302 (Nov. 10, 1998), § 3(b)(2). The DOJ has concluded that former foreign officials are not "foreign officals" under the FCPA. See FCPA Review Procedure Release No. 85-2 (Dec. 1985).
[36] 28 U.S.C. §§ 1602-11 (1988 & Supp. IV 1992).
[37] 28 U.S.C. § 1603(b)(2).

The DOJ and SEC take the position that the term "agency or instrumentality" includes state-owned enterprises,[38] but the level of government ownership or control necessary to make a business "state-owned" is not defined and has not been litigated under the FCPA. The FCPA does not apply to bribes or kickbacks paid to employees of private, non-government owned or run entities.

16   **Acting in an Official Capacity.** The definition of "foreign official" also includes those persons "acting in an official capacity for or on behalf of" a government. "For or on behalf of" is not defined in the statute. Likely this term would include individuals controlled by the foreign government or those who have official governmental responsibilities.

17   **Public International Organizations.** The definition of "foreign official" also includes employees of public international organizations. Public international organizations are those organizations designated by Executive Order pursuant to the International Organizations Immunities Act, 22 U.S.C. § 288 (1998), or other organizations designated by the President by Executive Order.[39] These include the United Nations or the International Monetary Fund.

18   **Political Parties and Candidates for Political Office.** The Act further prohibits illicit payments to foreign political parties, officials of a foreign political party, and candidates for foreign political office. Legitimate campaign contributions are not prohibited by the Act; rather, payments that are intended to influence a particular decision or transaction are prohibited. Regardless, when considering contributions it is advisable that entities subject to the FCPA carefully assess whether contributions are expressly permitted under the laws of the non-U.S. state.

19   The U.S. Department of Justice takes a broad view of the FCPA's concept of "foreign official." For example, the DOJ successfully prosecuted an executive of a U.S. company for giving plane tickets to the cousin and close friend of a foreign official, despite the lack of evidence that the cousin passed the tickets on to the foreign official.[40] The court made clear that the issue was whether the gift of tickets was made with the intent to buy the foreign officials help, not whether the tickets were actually passed on.[41] Other prosecutions have been based on providing paid employment to spouses[42] of foreign government officials.

e) Influence or Induce

20   The FCPA prohibits payments made in order to influence an act or decision of a foreign official in his official capacity, induce a foreign official to do or omit to do any act in violation of his duty as an official, or induce a foreign official to use his influence to affect or influence an act or decision of the government.[43] Therefore, payments to in-

---

[38] See, e.g., *U.S. v. Daimler Chrysler China Ltd.*, No. 10-CR-66 (D.D.C. Mar. 24, 2010); *U.S. v. AGA Medical Corp.*, No. 0:08-CR-00172-1 (D. Minn. June 3, 2008) (settling FCPA charges alleging corrupt payments to doctors in a government-owned hospital); FCPA Opinion Procedure Release No. 94-1 (May 13, 1994) (considering general director of state-owned enterprise to be a foreign official under the Act).

[39] 15 U.S.C. dd-1(f)(1)(b).

[40] *U.S. v. Liebo*, 923 F.2d 1308 (8th Cir. 1991).

[41] Id.

[42] *SEC v. BellSouth Corp.* No. 1:02-CV-0113 (N.D.Ga. Jan. 15, 2002); In the Matter of BellSouth Corp., Admin. Proc. File No. 3-10678, Rel. No. 45379 (Jan. 15, 2002) (prosecution for payments to wife of government official for consulting services).

[43] 15 U.S.C. 78dd-1(a)(1).

f) Obtaining or Retaining Business

The FCPA prohibits only those payments intended to influence an act or omission "in order to assist ... in obtaining or retaining business for or with, or directing business to, any person."[44] This element is known as the "business purpose" requirement.

"Obtaining or retaining business" has been interpreted broadly to include not only the award or renewal of a contract, but also influencing governmental decision making or affecting governmental acts. Thus, payments to influence the enactment of legislation or regulations are covered by the Act,[45] as are payments made with the intention of obtaining favorable tax treatment.[46] Additionally, the business that is obtained or retained does not have to be with the foreign government or with the company making the payments.[47]

The business purpose prong has been construed broadly. In United States v. Kay, the Fifth Circuit noted that Congress intended for the FCPA to apply broadly to payments intended to assist the payor, either directly or indirectly, in obtaining or retaining business.[48] The case itself was an example of an indirect way of obtaining or retaining business, as the Court held that payments of bribes to foreign tax officials fell within the parameters of the Act because the bribery was intended to produce an effect (tax savings) that would assist in obtaining or retaining business.[49]

The investigation and subsequent prosecution of Siemens AG, a German-based manufacturer of industrial and consumer products, is illustrative of the types of conduct covered by the business purpose requirement. Siemens admitted to a systemic practice of paying and concealing bribes to government officials around the world, many of which were made specifically to obtain contracts.[50] The payments were made to, among others: (1) Venezuelan officials to influence the award of mass transit contracts; (2) Argentine officials to obtain and retain a national identity card contract; (3) Bangladeshi officials to receive favorable treatment in a bidding project; (4) Chinese officials to influence procurement decisions relating to mass transit; and (5) the former head of a state-owned Israeli company to influence the awarding of a contract.[51]

---

[44] 15 U.S.C. 78dd-1(a).
[45] H.R. Conf. Rep. No. 831, at 11-12.
[46] *U.S. v. Kay*, 359 F.3d 738 (5th Cir. 2004) (holding bribery for the purpose of understating customs duties and taxes may be for the purposes of obtaining or retaining business for purposes of the FCPA).
[47] 15 U.S.C. §§ 78dd-1, 78dd-2. ("in order to assist such issuer in obtaining or retaining business for or with, or directing business to, any person").
[48] *U.S. v. Kay*, 359 F.3d 738, 755 (5th Cir. 2004).
[49] Id. at 755.
[50] *SEC v. Siemens AG*, No. 08-CV-02167 (D.D.C. Dec. 18, 2008); *U.S. v. Siemens AG*, No. 1:08-CR-00367 (D.D.C. Dec. 15, 2008).
[51] Id.

g) Knowledge Requirement

24 Under the FCPA, a person or entity has the requisite knowledge with respect to misconduct if such person has a firm belief or is aware that he is engaging in such conduct, that such circumstances exist, or that such result is substantially certain to occur.[52] The FCPA provides that knowledge may also be established if a person "is aware of a high probability of the existence of such circumstance, unless the person actually believes that such circumstance does not exist."[53] Knowledge may therefore be implied if a person deliberately ignores, or consciously disregards, suspicious actions or circumstances. The person or entity does not have to know that it is violating the FCPA; rather, knowledge refers to the action that is occurring, such as a payment being made.[54]

If an entity consciously disregards or ignores circumstances that would have alerted it to a high probability of a violation, the knowledge standard could be satisfied. The standard applies both to past conduct and to future conduct; thus it is meant to cover bribes that have already occurred, as well as a high probability that a bribe will take place. The standard is thus considerably less than having actual knowledge. The SEC and the DOJ have likened the standard to one of "reckless disregard" or "willful blindness."[55]

h) Permissible Payments

25 The FCPA does not prohibit all payments to foreign officials. The FCPA makes exceptions for "facilitating payments for routine governmental action."[56] Facilitating payments must not be used to influence a foreign official to award or continue business with any party; the duties of the foreign official receiving the payment must be ministerial or clerical; the foreign official's task should not involve matters in which he or she has discretion; and the payment is legal and customary in the foreign country.[57] Such routine actions include:

- obtaining business permits, licenses, or other official documents;
- processing governmental papers;
- providing police protection, mail pick-up and delivery, or scheduling inspections;
- providing telephone service, power and water supply, loading and unloading cargo, or protecting perishable products or commodities from deterioration; or
- actions of a similar nature.[58]

i) Affirmative Defenses

26 The FCPA provides two affirmative defenses for payments to foreign officials.[59] First, the FCPA provides an affirmative defense for payments that are lawful under the writ-

---

[52] 15 U.S.C. §§ 78dd-1(f)(2), 78dd-2(h)(3), 78dd-3(f)(3).
[53] 15 U.S.C. §§ 78dd-1(f)(2), 78dd-2(h)(3), 78dd-3(f)(3).
[54] *Tichting Ter Behartiging Van De Belangen Van Oudaandeelhouders In Het Kapitaal Van Saybolt Int'l B.V. v. Schreiber*, 327 F.3d 173, 181 (2d Cir. 2003).
[55] Statement of Peter B. Clark, Deputy Chief of the Fraud Section, Criminal Division, Department of Justice, in address before the Foreign Trade Council (April 21, 1994); *SEC v. El Paso Corp.*, Civil Action No. 07CV00899 (S.D.N.Y. Feb. 7, 2007) (claiming company was "reckless in not knowing" of illicit payments).
[56] 15 U.S.C. §78dd-1(b); 78dd-2(b); 78dd-3(b).
[57] Id.
[58] 15 U.S.C. §§ 78dd-1(b), 78dd-2(b), 78dd-3(b).
[59] 15 U.S.C. §§ 78dd-1(c), -1(f)(3); 78dd-2(c), -2(h)(4); 78dd-3(c), -3(f)(4)(A).

A. Basics of the US Criminal Law

ten laws of the country where the payment was made.[60] The law must be written and affirmatively authorize the payment; claims that payments are "traditional" or "common" will not support the legality of the payment.

The FCPA provides another defense for payments that constitute a "reasonable and bona fide expenditure."[61] Such bona fide expenditures may include travel, meals, lodging, and other business expenses. To assert this defense, the expenditures must be void of a corrupt purpose and must be "directly related" to the promotion, demonstration, or explanation of products or services or the execution or performance of a contract.

Finally, litigation has identified an additional potential defense for gratuity payments. Arguably, a gratuity payment is not given with a corrupt intent, and therefore falls outside the proscriptions of the FCPA.[62] Similarly, the legislative history of the FCPA indicates that an extortion payment might fall outside of the FCPA, because arguably the bribe payer could argue that he lacked the requisite intent to bribe an official in such situations.[63] Courts have noted that "while the FCPA would apply to a situation in which a 'payment [is] demanded on the part of a government official as a price for gaining entry into a market or to obtain a contract,' it would not apply to one in which payment is made to an official 'to keep an oil rig from being dynamited.'"[64]

3. Internal Controls Provisions of the FCPA

In addition to the anti-bribery provisions, the FCPA requires registered issuers to maintain internal accounting controls to provide reasonable assurances that transactions are executed in accordance with management's authorization.[65] Unlike the anti-bribery provisions, the internal controls provision of the FCPA applies only to issuers, which include entities with a class of securities registered pursuant to section 12 of the Exchange Act or that are required to make reportings pursuant to section 15 of the Exchange Act.[66] The internal controls provisions are not limited to transactions with foreign officials, and they apply domestically as well.

The FCPA requires registered issuers to devise and maintain a system of internal accounting controls sufficient to provide "reasonable assurances" that:

1. transactions are executed in accordance with management's general or specific authorization;
2. transactions are recorded as necessary to permit preparation of financial statements in conformity with generally accepted accounting principles or any other criteria applicable to such statements, and to maintain accountability for assets;
3. access to assets is permitted only in accordance with management's authorizations; and
4. the recorded accountability for assets is compared with the existing assets at reasonable intervals and appropriate action is taken with respect to any differences.[67]

---

[60] 15 U.S.C. §§ 78dd-1(c)(1), 78dd-2(c)(1), 78dd-3(c)(1).
[61] 15 U.S.C. §§ 78dd-1(c)(2), 78dd-2(c)(2), 78dd-3(c)(2).
[62] *U.S. v. Sun-Diamond Growers*, 526 U.S. 398, 404 (1999) (distinguishing gratuities from bribery based on the intent to influence necessary for a bribery conviction); *U.S. v. Harary*, 457 F.2d 471, 475 (2d Cir. 1972) (same).
[63] S. Rep. 95-114, at 11 (1977).
[64] *U.S. v. Kozeny*, 582 F. Supp. 2 535, 540 (S.D.N.Y. 2008).
[65] 15 U.S.C. § 78m(b)(2).
[66] 15 U.S.C. § 78m(b)(2). This is the same definition as under the anti-bribery provisions.
[67] 15 U.S.C. § 78m(b)(2)(B)(i)-(iv).

"Reasonable assurances" means "such level of detail and degree of assurance as would satisfy prudent officials in the conduct of their own affairs."[68]

29 If an issuer controls more than 50% of the voting power of a domestic or foreign company, the issuer is responsible for the subsidiary's compliance with the accounting provisions.[69]

If an issuer owns 50% or less of the voting power, then the issuer must "proceed in good faith to use its influence, to the extent reasonable under the issuer's circumstances, to cause such domestic or foreign firm to devise and maintain a system of internal accounting controls consistent with the accounting provisions."[70] Such "circumstances" includes the relative degree of the issuer's ownership, as well as the laws and practices governing the business operations in the country in which the subsidiary is located.[71] Upon a showing of good faith efforts to use its influence, the issuer is entitled to a conclusive presumption that it complied with the accounting provisions.[72]

30 An issuer must act "knowingly" in order to be liable under the accounting provisions. The statute states: "[n]o person shall knowingly circumvent or knowingly fail to implement a system of internal accounting controls …".[73]

The FCPA does not require one particular internal controls system. Instead, the test is "whether a system taken as a whole, reasonably meets the statute's specified objectives."[74] Tighter controls are required where a company is doing business with a government entity to ensure that business and entertainment expenses are recorded properly.

Additionally, the internal controls provisions necessitate that companies not only review their own systems, but also the systems of vendors and service providers, especially in geographic areas where corruption risks are high. Internal controls are also required to properly vet consultants, agents, and distributors, both before such third parties are retained and on an ongoing basis.

4. Books and Records Provisions of the FCPA

31 The books and records provisions of the FCPA require every issuer "make and keep" books, records, and accounts in reasonable detail to accurately and fairly reflect transactions and dispositions of assets.[75] The books and records provision, like the internal controls provision, applies only to issuers,[76] and it applies to all transactions, not just those involving foreign officials.

32 "Records" under the FCPA includes "accounts, correspondence, memorandums, tapes, discs, papers, books, and other documents or transcribed information of any type."[77] "Reasonable detail" is defined to mean "such level of detail and degree of assurance as would satisfy prudent officials in the conduct of their own affairs."[78] Despite

---

[68] 15 U.S.C. § 78m(b)(2)(B)(i)-(iv).
[69] See 15 U.S.C. § 78m(b)(6).
[70] 15 U.S.C. § 78m(b)(6).
[71] 15 U.S.C. § 78m(b)(6).
[72] 15 U.S.C. § 78m(b)(6).
[73] 15 U.S.C. § 78m(b)(5).
[74] *SEC v. World-Wide Coin Inv., Ltd.* 567 F. Supp. 724, 751 (N.D. Ga. 1983).
[75] 15 U.S.C. § 78m(b)(2).
[76] Id.
[77] Id.
[78] 15 U.S.C. § 78m(b)(7).

A. Basics of the US Criminal Law

these broad definitions, Courts have upheld the provision in the face of arguments that it is void because it is vague.[79]

As with the internal controls provisions, under the books and records provisions an issuer must act "knowingly" in order to be liable under the accounting provisions. The statute states: "[n]o person shall ... knowingly falsify any book, record, or account ...".[80] The provision does not include a materiality element, but the SEC has indicated that minor accounting errors and inadvertent mistakes would not be prosecuted.[81]

Recordkeeping violations typically fall into one of three categories: 33

1. Records that fail to record an improper transaction, such as a bribe or kickback;
2. records that are falsified so that an improper transaction is disguised on the books of the company; and
3. records that correctly set forth the amount of an illicit transaction but fail to record the "qualitative" aspects of the transactions such that the improper transaction is disguised.[82]

As with the internal controls provisions, the books and records provision applies when an issuer holds 50 percent interest in a foreign entity. The SEC has brought a books and records action against an issuer when its majority-owned foreign subsidiary created false records to conceal an illicit payment.[83] The issuer, IBM, had consolidate the subsidiary's information onto its own books and records. The subsidiary had allegedly fabricated documents in order to conceal the details of payments to a subcontractor that were allegedly given to foreign officials. IBM consented to a cease-and-desist order and agreed to pay a $ 300.000 civil penalty. 34

The FCPA's reach is broad: jurisdictionally it covers U.S. Companies under the nationality test as well as foreign companies through the means and instrumentalities test; it covers "anything of value"; and the requisite "knowledge" can be imputed. Additionally, trends show U.S. authorities are enforcing more actions each year, and U.S. regulators are continuing to work with investigators from around the world to bring coordinated international investigations.

5. Sarbanes Oxley controls and certifications

The Sarbanes-Oxley Act ("SOX"), which was signed into law on July 30, 2002,[84] has far-reaching implications for non-U.S. companies that issue securities in the United States or whose securities are traded on U.S. securities exchanges. SOX generally applies to companies that are required to file periodic reports under the Securities Exchange Act of 1934 (the "Exchange Act") or that have filed a registration statement under the Securities Act of 1933 (the "Securities Act") that has not yet become effective and that has not been withdrawn. SOX does not contain an exemption for foreign private issuers; as a result, it applies to non-U.S. issuers that are required to file annual 35

---

[79] *U.S. v. Jensen*, 532 F. Supp. 2d 1187, 1196-97 (N.D. Cal. 2008).
[80] 15 U.S.C. § 78m(b)(5).
[81] See, Speech of Securities and Exchange Commission Chairman Harold Williams before the SEC Developments Conference of AICPA (January 13, 1981), Securities Exchange Rel. No. 17500 (January 29, 1981 ("The Act does not mandate any particular kind of internal controls system. The test is whether the system, taken as a whole, reasonably meets the specified objections.").
[82] *Tarum*, The Foreign Corrupt Practices Act Handbook, p. 19.
[83] See *SEC v. Int'l Business Machs. Corp.*, SEC Litig. Rlease No. 16, 839 (Dec. 21, 2000).
[84] The Sarbanes-Oxley Act of 2002, 18 U.S.C. § 1514 [hereinafter "SOX"].

reports on Form 20-F or Form 40-F, as well as those companies that register their securities for sale in the United States (whether directly through an F-1 or F-3 registration statement or indirectly through the establishment of a sponsored American Depositary Receipt program).[85]

36 SOX Section 404 requires issuers of publicly traded securities to establish and maintain an adequate system of internal controls over financial reporting. Additionally, Sections 906 and 302 requires that management certify to the accuracy and fairness of financial reports. Implementation of controls and the certification requirements have led companies to self-disclose FCPA violations.[86]

The controls provisions of SOX require that companies maintain disclosure controls and internal controls.[87] Disclosure controls include the certification requirements. The written certification under SOX Section 906 must contain the following:

The statement required under subsection (a) shall certify that the periodic report containing the financial statements fully complies with the requirements of section 13(a) or 15(d) of the Securities Exchange Act pf 1934 (15 U.S.C. 78m or 78o(d)) and that information contained in the periodic report fairly presents, in all material respects, the financial condition and results of operations of the issuer.[88]

Section 906 provides for criminal penalties up to $ 1 million in fines and up to 10 years in prison for filing a 906 Certificate "knowing" that the subject report does not comport with all the requirements of Section 906, or fines of up to $ 5 million and up to 20 years if the officer "willfully certifies" a report "knowing" that the subject report does not comport with all the requirements of Section 906.[89]

37 Under SOX Section 302, issuers must include in each annual or quarterly report filed with the SEC a written certification by the CEO and CFO of the company as to certain financial matters.[90] This certification requirement covers annual reports on Form 10-Q, Form 10 Q-SB, Form 10-K, Form 10-KSB, Form 20-F or Form 40-F. The Certification must appear precisely as set forth in the regulations. Generally, the officer must:

- Acknowledge his responsibility for establishing and maintaining disclosure controls and procedures;
- Certify he created internal controls to ensure material information relating to the company is reported to and known by the certifying officers;
- Certify that the internal controls have been evaluated;
- Certify that, to the best of his knowledge, the report does not contain any "untrue statement of material fact or omit to state a material fact necessary to make the statements made, in light of the circumstances under which such statements were made, not misleading"; and
- Certify that, to the best of his knowledge, the report "fairly presents in all material respects the financial condition, results of operations, and cash flows of the registrant."[91]

---

[85] The definition of issuer under SOX is substantially the same as that under the FCPA.
[86] Covington/, Practicing Under the U.S. Anti-Corruption Laws, § 5.01, 5-3 (2010).
[87] Id. at 5-5.
[88] SOX § 906.
[89] Id.
[90] SOX § 302.
[91] Id.

A. Basics of the US Criminal Law

While most of the required acknowledgements and certifications are qualified with the introductory test "based on my knowledge," the certification as to internal controls does not have such language. Instead, the officer certifies that he is "responsible for establishing and maintaining disclosure controls and procedures." The term "disclosure controls and procedures" is defined as:

Controls and other procedures of an issuer that are designed to ensure that information required to be disclosed by the issuer in the reports that it files or submits under the Act (15 U.S.C. 78a et seq.) is recorded, processed, summarized and reported, within the time periods specified in the Commission's rules and forms. Disclosure controls and procedures include, without limitation, controls and procedures designed to ensure that information required to be disclosed by an issuer in the reports that it files or submits under the Act is accumulated and communicated to the issuer's management, including its principal executive and principal financial officers, or persons performing similar functions, as appropriate to allow timely decisions regarding required disclosure.[92]

Foreign private issuers that file periodic reports pursuant to Sections 13(a) and 15(d) of the Exchange Act are subject to the same Section 302 certifications as other public companies.[93] Foreign private issuers that are reporting companies under the Exchange Act must maintain the same disclosure controls and procedures and the same internal controls over financial reporting.

Regarding internal controls, companies subject SOX section 404(a) must file a report on internal controls over financial reporting.[94] The report must be filed once a year, unless changes to internal controls have been made during a quarter, in which they must be reported during that quarter.[95] The SEC adopted rules implementing Section 404 on June 5, 2003.[96] The SEC requires defines internal controls as:

A process designed by, or under the supervision of, the registrant's principal executive and principal financial officers ... to provide reasonable assurance regarding the reliability of financial reporting and the preparation of financial statements ... in accordance with generally accepted accounting principles and includes those policies and procedures that:

1. Pertain to the maintenance of records that in reasonable detail accurately and fairly reflect the transactions and dispositions of the assets of the registrant;
2. Provide reasonable assurance that transactions are recorded as necessary to permit preparation of financial statements ...; and
3. Provide reasonable assurance regarding prevention or timely detection of unauthorized acquisition, use or disposition of the registrant's assets that could have a material effect on the financial statements.[97]

---

[92] Rule 13a-15(e), 17 C.F.R. § 240.13a-15(e); Rule 15d-15(e), 17 C.F.R. § 240.15d-15(e).
[93] Rule 13a-14(a), 17 C.F.R. § 240.13a-14(a); Rule 15d-14(a), 17 C.F.R. § 240.15d-14(a).
[94] 15 U.S.C. § 7262.
[95] Regulation S-K, 17 C.F.R. § 339.308(c).
[96] Final Rule: Management's Report on Internal Control Over Financial Reporting and Certification of Disclosure in Exchange Act Periodic Reports, available at http://www.sec.gov/rules/final/33-8238.htm.
[97] Id.

II. The acting authorities

41 Two U.S. government bodies have concurrent jurisdiction to enforce the FCPA: the Department of Justice ("DOJ") and the Securities and Exchange Commission ("SEC"). The DOJ is responsible for all criminal enforcement and for civil enforcement over domestic concerns and foreign companies and nationals of the anti-bribery provisions. The SEC, on the other hand, is responsible for civil enforcement of the anti-bribery provisions with respect to issuers. Because of the possibility of concurrent criminal and civil proceedings against an issuer in the same matter, the SEC and DOJ often coordinate investigations.[98] Information is then shared among the authorities. Coordination also occurs during proceedings, as often the existence and results of civil proceedings will affect whether criminal proceedings will be sought and the level of sanctions that may be appropriate for settlement purposes.[99]

The DOJ is also responsible for criminal enforcement of corporate fraud under Sarbanes-Oxley, while the SEC is responsible for enforcement actions, including in the area of financial reporting fraud.

1. DOJ

a) Criminal jurisdiction over registered issuers

42 As noted above, an "issuer" is a corporation that is required to file periodic reports with the SEC or has issued securities that have been registered in the United States.[100] The DOJ has exclusive criminal jurisdiction over registered issuers.

Jurisdiction over issuers can be based on either the territorial or nationality principles discussed above. Issuers are liable for acts taken within the United States that are in furtherance of a corrupt payment to a foreign official. Such acts must use the "instrumentalities of interstate commerce," including the U.S. mails, telephones, or even interstate or international travel through the United States.[101]

Under the nationality principle, a U.S. company or national may be held liable for a corrupt payment that occurs outside of the United States, even if there is no involvement of personnel located within the United States.

b) Criminal jurisdiction over US domestic concerns

43 As noted above, a "domestic concern" is any individual who is a citizen, national, or resident of the United States, or any corporation, partnership, association, joint-stock company, business trust, unincorporated organization, or sole proprietorship which has its principal place of business in the United States, or which is organized under the laws of a State of the United States, or a territory, possession, or commonwealth of the United States.[102] The DOJ has exclusive criminal jurisdiction over U.S. domestic concerns.

As with issuers, jurisdiction over domestic concerns may be based on the nationality or territorial principles discussed supra.

---

[98] http://www.oecd.org/dataoecd/10/49/46213841.pdf.
[99] http://www.oecd.org/dataoecd/10/49/46213841.pdf.
[100] 15 U.S.C. § 78c(a)(8)(2005); see also Lay-Persons Guide at 3.
[101] Lay Persons Guide at 3.
[102] 15 U.S.C. § 78dd-2; see also Lay-Perons Guide at 3.

c) Criminal jurisdiction over other persons

The 1998 amendments expanded the scope of the FCPA to cover non-U.S. nationals who are not "issuers." To comply with the OECD Convention, the Senate expanded the FCPA's jurisdiction to foreign companies who cause, directly or through an agent, an act in furtherance of an illicit payment to take place within the territory of the United States. The acts need not use the means of interstate commerce under these provisions. Additionally, U.S. parent corporations may be liable for the acts of foreign subsidiaries if the parent authorized, directed, or controlled the illicit activity. The DOJ has criminal jurisdiction over the foreign nationals and U.S. parent corporations in both of these circumstances.

d) Enforcement by US Attorney's Offices and DOJ Criminal Division

As a general matter, federal prosecutors are responsible for prosecuting violations of U.S. (national) law, including the FCPA. The U.S. Attorneys are principally responsible for investigating and prosecuting federal crimes that occur within their judicial districts. The United States is divided into a number of federal districts, each of which is resident to a U.S. Attorney. U.S. Attorneys are appointed by the President, with the advice and consent of the Senate, and serve for a term of four years. By statute, they have plenary authority to prosecute all crimes against the United States occurring in their district.

The U.S. Attorneys and their assistants are part of the DOJ, which is the federal agency responsible for representing the United States in courts of law. In addition to the U.S. Attorneys, within the DOJ there are a number of divisions that specialize in prosecuting particular types of cases and which may assist a U.S. Attorney in a case or lead the prosecution of a case. The DOJ Criminal Division develops, enforces, and supervises the application of all federal criminal laws in the United States unless specifically assigned to other divisions. The Criminal Division is headed by an Assistant Attorney General, appointed by the President of the United States. The Division is then broken down into sections, one of which is the Fraud Section.[103] Generally, the DOJ's Criminal Division's Fraud section is the lead division that prosecutes FCPA offenses. The Fraud Section created an FCPA unit in 2006, which handles prosecutions and opinion releases relating to FCPA violations.[104]

2. SEC

In addition to criminal enforcement of violations of law by the DOJ, various federal agencies are authorized to investigate and commence civil enforcement proceedings in federal court against persons who violate laws within the purview of those agencies. These civil enforcement proceedings often run parallel to DOJ criminal proceedings. In civil proceedings, agencies can seek civil monetary penalties, disgorgement (skimming), and injunctive (non-monetary) relief. The SEC conducts civil enforcement matters for, among other things, foreign bribery cases.

a) Structure of the Commission

The SEC consists of five Commissioners who are appointed by the President and serve staggered five-year terms. The President also designates one of the Commissioners as

---

[103] http://www.justice.gov/criminal/fraud/.
[104] http://www.oecd.org/dataoecd/10/49/46213841.pdf.

the Chairman of the Commission to act as the agency's chief executive. The SEC is divided into five divisions and 16 offices, each of which is headquartered in Washington, DC. The divisions are: the Division of Corporation Finance; the Division of Trading and Markets; the Division of Investment Management; the Division of Enforcement; and the Division of Risk, Strategy, and Financial Innovation. The offices include the Office of the General Counsel, the Office of the Chief Accountant, and the Office of International Affairs.

b) The SEC Division of Enforcement

48 The Division of Enforcement recommends the commencement of investigations of securities laws violations, via civil actions in federal court or administrative actions before an administrative law judge. The Division of Enforcement also prosecutes cases on behalf of the Commission.

SEC investigations often start out as informal inquiries by the Division of Enforcement based on a news report, an investor complaint, a tip, or a referral from one of the other SEC divisions. No prior approval or authorization is required to begin an informal investigation. During an informal investigation, the Division of Enforcement staff members do not have the authority to issue a subpoena for testimony or the production of documents. However, the party being investigated often will voluntary aid in the investigation to prevent a formal investigation from occurring.

A formal order of investigation may be obtained through an application to the Commission.[105] The formal order is obtained upon a showing of a good-faith reason to believe that an investigation is warranted. Once a formal order has been obtained, the Enforcement Division staff have subpoena power to compel individuals and entities to provide testimony and/or documents. While typically an investigation will begin informally, it is possible that the Enforcement Division staff will begin with a formal investigation. No notice is required to the investigated party prior to escalating the investigation to formal status.

c) Civil jurisdiction over registered issuers

49 The SEC Enforcement Division is responsible for civil enforcement of the FCPA with respect to "issuers."[106]

d) SEC administrative proceedings

50 The Commission may authorize the instigation of an administrative action based on the findings of the Division of Enforcement's investigation. Through the administrative proceeding process, the Commission can seek a variety of sanctions. In contrast to a civil court proceeding, administrative proceedings are heard by an administrative law

---

[105] The Commission amended its rules to delegate authority to the Director of the Division of Enforcement on August 11, 2009. The delegation si for a one-year period. Delegation of Authority to Director of Division of Enforcement, SEC Release No. 34-60448, August 5, 2009, available at http://www.sec.gov/rules/final/2009/34-60448.pdf, codified at 17 C.F.R. § 200.30-4(a)(13). The Director of the Division of Enforcement has delegated that authority to senior officers in the Enforcement Division. Robert Khuzami, Director, Division of Enforcement, SEC, Remarks to the New York City Bar Association: My First 100 Days as Director of Enforcement (Aug. 5, 2009).

[106] See 15 U.S.C. § 78dd-1 (granting SEC civil enforcement over "any issuer which has a class of securities registered pursuant to [15 U.S.C. § 78l] or which is required to file reports under [15 U.S.C. § 78o], or for any officer, director, employee, or agent of such issuer or any stockholder thereof acting on behalf of such issuer.").

A. Basics of the US Criminal Law

judge ("ALJ"), who is independent of the Commission. The ALJ presides over a hearing, considers evidence presented by the Division of Enforcement and the subject of the investigation, and then issues an initial decision outlining the findings of fact and conclusions of law, as well as a recommended sanction. The Division staff and the subject of the investigation may then appeal all or a portion of the initial decision to the Commission, which may, under its discretion, decide to hear the appeal.[107]

The Commission may bring administrative proceedings against regulated entities; persons associated with regulated entities; persons associated with penny stock offerings; and public companies.

The types of sanctions that the ALJ may recommend include: cease and desist orders, suspension or revocation of broker-dealer and investment advisor registrations, censures, bars from association with the securities industry, civil monetary penalties, and disgorgement.[108]

e) SEC civil court proceedings

Instead of an administrative proceeding, the Commission may file a complaint with a U.S. District Court and seek a sanction or other remedy. The SEC may seek a variety of remedies in the federal courts, including the following:

- **Temporary Restraining Order:** The SEC will seek a temporary restraining order and/or a preliminary injunction when it perceives, "at a minimum, ... that a person is engaged in or is about to engage in a substantive violation [of the securities laws,"[109] or to prevent the distribution of allegedly ill-gotten gains.[110]
- **Permanent Injunction:** The Commission may seek a permanent injunction where there is a threat of future violations.[111]
- **Disgorgement:** The Commission may seek the giving up of illegal profits.
- **Other Equitable Relief:** The Commission may seek the correction of misleading reports or other documents sent to shareholders, the disclosure of omitted material information, or the addition of independent directors to a company's board or the creation of an audit committee or other internal controls.[112]
- **Civil Monetary Penalties:** The Commission may also seek monetary penalties in federal court proceedings pursuant to the Securities Enforcement Remedies and Penny Stock Reform Act of 1990.[113] The maximum penalty per violation is $ 150,000 for a natural person or $ 725,000 for other entities, or, alternatively, an amount equal to the defendant's gain.[114]

---

[107] In limited circumstances, the right of review is mandated. 15 U.S.C. § 78d-1b (providing right of review in proceedings involving the effectiveness of a registration statement under section 8(a) and (c) of the Securities Act, 15 U.S.C. § 77h(a); section 12(d) of the Exchange Act, 15 U.S.C. § 78l(d); trading suspensions under section 12(k) of the Exchange Act, 15 U.S.C. § 78l(k); and certain adjudications that are not on the record under the Administrative Procedure Act, 15 U.S.C. § 78d-1(b)).

[108] http://www.sec.gov/about/whatwedo/shtml.

[109] *Aaron v. SEC*, 446 U.S. 680, 700-01 (1980).

[110] See, e.g., *SEC v. Fife*, 311 F.3d 1, 10 (1st Cir. 2002); *SEC. v. Pinez*, 989 F. Supp. 325, 334-37 (D. Mass. 1997).

[111] See, e.g., *SEC v. Fehn*, 97 F.3d 1276, 1295 (9th Cir. 1996).

[112] H.R. Rep. No. 98-355, at 7 (1983), as reprinted in 1984 U.S.C.C.A.N. 2274, 2280.

[113] Pub. L. No. 101-429, 104 Stat. 931 (1990) (codified in scattered sections of 15 U.S.C.)

[114] Pub. L. No. 101-429, 104 Stat. 931 (1990) (codified in scattered sections of 15 U.S.C.); 17 C.F.R. § 201.1004.

B. Deutsche Zusammenfassung der Grundlagen des US-Strafrechts

52 In den Vereinigten Staaten – sowohl unter Bundes- wie unter Landesrecht – werden Unternehmen als Rechtspersönlichkeit angesehen, die Kläger und Beklagte sein und Verbrechen begehen können, wofür sie konsequenterweise auch strafrechtlich belangt werden. Da Rechtseinheiten nur durch ihre Mitarbeiter handeln können, können deren Handlungen ihnen auch strafrechtlich zugerechnet werden. Dies gilt besonders, wenn der Mitarbeiter im Rahmen seiner unternehmensbezogenen Tätigkeit oder im Interesse seines Auftraggebers gehandelt hat.

I. Grundlagen von FCPA und SOX

1. Grundlagen des Unternehmensstrafrechts

53 Es gibt Rechtsprechung, dass die strafrechtliche Verantwortungsübernahme für Handlungen von Mitarbeitern nicht verlangt, dass er zu diesem spezifischen illegalen Verhalten angehalten worden ist. Der Staatsanwalt muss beweisen, dass der Arbeitnehmer im Rahmen seines Aufgabenfeldes im Unternehmen und seiner Position gehandelt hat. Wenn der Arbeitnehmer eines Unternehmens im Rahmen seiner berufsbezogenen Kontakte zu Amtsträgern diese besticht, kann dies als unternehmensbezogen angesehen werden.

Auch die Regel des Handelns „zu Gunsten des Unternehmens" bedeutet nach Ansicht von Gerichten nicht, dass das Unternehmen tatsächlich vom illegalen Verhalten profitieren muss. Auch muss der Unternehmensvertreter noch nicht einmal ausschließlich zu Gunsten des Unternehmens handeln; wenn seine Handlungen nur in Teilen unternehmensgünstig sind, reicht dies für die Tatbestandsmäßigkeit aus. Auch ein tatsächlicher Profit ist nicht erforderlich, der Wille des Vertreters, dass ein Vorteil für das Unternehmen entstehen soll, reicht aus.

54 Wenn zur Verwirklichung eines Tatbestandes ein subjektives Element des Unternehmens erforderlich ist, so reicht die Kenntnis seiner Angestellten auf allen Ebenen in gleicher Weise aus, wie dies für ein Individuum der Fall wäre. Zusätzlich gilt unter der „collective knowledge doctrine", dass Kenntnis des Unternehmens die akkumulierte Kenntnis der einzelnen Mitarbeiter ist, solange sie im Rahmen ihrer Unternehmenstätigkeit aktiv werden, dies auch dann, wenn die einzelne Kenntnis jedes einzelnen Mitarbeiters für sich genommen nicht ausreicht, von Vorsatz auszugehen.

Es gibt keine automatische strafrechtliche Verantwortung für Unternehmensmitarbeiter auf allen Stufen, wenn es zu einer Verurteilung des Unternehmens kommt. Die Ermittlungsbehörden sind gezwungen, in separaten Verfahren Beweis gegen die Mitarbeiter zu führen.

2. Anti-Bribery Regeln des FCPA

55 Der Foreign Corrupt Practices Act ist eine bundesrechtliche Regel, die unter anderem Rechtsverstöße außerhalb der USA unter Strafe stellt. Er entstand 1977, nach dem die SEC Ermittlungen durchgeführt hat, wonach über 400 Firmen fragwürdige oder illegale Zahlungen an ausländische Amtsträger zum Zwecke der Erlangung bevorzugter Behandlung gemacht haben. Die Bestechungssummen beliefen sich auf über $ 300 Mio. Die untersuchten Firmen gestanden ein, von der Bestechung von Amtsträgern bis hin zur Absicherung, dass rechtmäßiges Verwaltungshandeln (zeitlich schnell) durchgeführt wurde, alles getan zu haben. Reaktion war die Schaffung des FCPA mit dem Ziel der Wiederherstellung des Vertrauens der Öffentlichkeit in die Lauterkeit des Geschäftsverkehrs amerikanischer Firmen.

Das Gesetz erlangte Wirksamkeit am 19.12.1977. Es enthält das Verbot, irgendetwas von Wert an einen nicht amerikanischen Amtsträger zu zahlen, anzubieten oder zu versprechen, um damit ein Geschäft zu erhalten oder zu erlangen. Gegenstand sind amerikanische Firmen und Bürger ebenso wie die nicht amerikanischen Emittenten bestimmter Wertpapiere. Auch bei der SEC registrierte Unternehmen oder solche, die regelmäßige Berichte bei der SEC abgeben müssen, unterfallen dem Gesetz. 1988 erfolgte eine Erstreckung auf nicht amerikanische Firmen und Personen, die in irgendeiner Weise ein korruptes Geschäft fördern, während sie in den Vereinigten Staaten sind. 56

Seit seiner Schaffung hat der FCPA wesentliche Wirkung auf das Geschäftsgebaren von amerikanischen Firmen und anderen dem Regelwerk unterworfenen Unternehmen gezeigt. Viele Firmen, die im Ausland Amtsträger bestochen haben, sind unter strafrechtlichen und zivilrechtlichen Regeln verfolgt worden. Als Ergebnis waren Geldbußen, Ausschluss von öffentlichen Aufträgen und Gefängnisstrafen für Mitarbeiter zu verzeichnen.

a) Jurisdiction

Ursprünglich hat der FCPA sich beschränkt auf Unternehmen, die in den Vereinigten Staaten organisiert waren; nicht amerikanische Firmen, auch ausländische Tochterfirmen, waren nicht betroffen. Im Rahmen der OECD Konvention erfolgten 1998 Ergänzungen des FCPA auf nicht amerikanische Rechtseinheiten und Personen. Das bedeutet auch, dass selbst dann, wenn die amerikanische Muttergesellschaft keine Kenntnis von strafrechtlichem Verhalten einer Tochtergesellschaft oder deren Mitarbeiter hat, diese zwar nicht verfolgbar ist, die ausländische Tochter und deren Mitarbeiter aber sehr wohl. 57

Die Antikorruptionsregeln des FCPA betreffen:

1. Emittenten von Wertpapieren
2. amerikanische Unternehmen
3. jeden Mitarbeiter von 1. und 2. ebenso wie jeden Anteilseigner, der für 1. oder 2. tätig ist
4. ausländische Unternehmen und
5. ausländische Einzelpersonen, wenn sie direkt oder indirekt einen Rechtsverstoß innerhalb der Vereinigten Staaten verüben.

Ein „Emittent" ist ein Unternehmen, das in den Vereinigten Staaten zu registrierende Papiere begeben hat oder gesetzlich gehalten ist, periodische Berichte an die SEC zu liefern. 58

Ein „amerikanisches Unternehmen" ist jedes Individuum, das ein Bürger oder Einwohner der Vereinigten Staaten ist; ebenso jedes Unternehmen, Partnerschaft, Gemeinschaft, Aktiengesellschaft, nicht eingetragener Verein oder Einzelunternehmen, welches eine primäre Niederlassung in den Vereinigten Staaten hat oder nach dem Recht der Vereinigten Staaten organisiert ist.

Die Antikorruptionsregeln des FCPA bieten zwei Grundprinzipien zur Jurisdiktion: Einmal das Territorialprinzip und das Nationalitätsprinzip. Das traditionelle Prinzip war das Territorialprinzip: Korrupte Zahlungen außerhalb der Vereinigten Staaten können trotzdem die Verantwortung eines inneramerikanischen Subjekts begründen, wenn 59 sie bei der Tatausführung die Instrumente und technischen Möglichkeiten des innerstaatlichen Verkehrs benutzen. Das beinhaltet Telefonanrufe, Faxsendungen, Geldüberweisungen und Reisen durch die Vereinigten Staaten oder in die Vereinigten Staaten. Beispielsweise würde ein Telefonanruf oder eine Reise in die Vereinigten Staaten durch den Verantwortlichen einer Tochtergesellschaft mit dem Zweck, eine Korruptionszahlung in einem anderen Land zu besprechen, als ausreichend angesehen, die Anwendbarkeit des FCPA zu begründen. Auch die Verarbeitung einer solchen illegalen Zahlung im Rahmen des Buchwerks kann ausreichen.

60   Unter der Geltung des Nationalitätsprinzips ergibt sich die Zuständigkeit amerikanischer Behörden über alle amerikanischen Firmen und Bürger unabhängig davon, wo eine Straftat begangen wurde. Als Beispiel: Ein ausländischer Bürger, der für eine amerikanische Firma arbeitet und ein illegales Korruptionsgeschäft außerhalb der Vereinigten Staaten begeht, würde die Verantwortung der US Firma begründen. Gleiches gilt, wenn eine US-Muttergesellschaft ihre Tochter zu illegalen Aktivitäten autorisiert, anhält oder darin kontrolliert.

b) Vorsatz

61   Der FCPA verlangt, dass die Person, die die Zahlung durchführt, dies in korruptiver Weise unternimmt. Damit muss eine Zahlung, um dem FCPA zu unterfallen, dazu bestimmt sein, dass der Empfänger seine offizielle Position im Amt missbraucht. Das wiederum bedeutet, dass ein Erfolg der Handlung nicht gegeben sein muss, der Versuch der Beeinflussung ist ausreichend. Das Tatbestandsmerkmal „korrupt" sollte die Rechtsprechung zur inneramerikanischen Bestechung widerspiegeln. Der Fokus liegt dabei auf der Absicht des Zahlenden, nicht des Zahlungsempfängers.

c) Zahlung

62   Der FCPA verbietet das Versprechen, das Angebot oder die Zahlung von Geld oder von irgendetwas von Wert (Anything of value). Der Begriff ist in dem FCPA nicht definiert, findet sich aber als Definition in den Bundesgesetzen. Dabei wird auf den subjektiven Wert abgestellt. Damit kann „etwas von Wert" sehr viel bedeuten: Reisen, Mahlzeiten, Geschenke, Unterhaltung, Vergünstigungen, Dienstleistungen, Kredite und Bürgschaften sowie andere physische oder auch immateriellen Zuwendungen.

Darüber hinaus verboten ist die Zuwendung durch Dritte. Die Regelung greift also auch dann, wenn der Zahlende weiß, dass die gesamte oder ein Teil der Zuwendung durch den Dritten einem ausländischen Amtsträger angeboten, versprochen oder zugewendet wird.

Zuletzt verbietet der FCPA auch die Autorisierung (Bewilligung, Genehmigung) einer illegalen Zahlung, sei sie ausdrücklich oder konkludent.

d) Empfänger

63   Der FCPA verbietet illegale Zahlungen an „*foreign officials*" (hier übersetzt mit ausländischer Amtsträger), diese werden definiert als „jeden Beamten oder Angestellten einer ausländischen Regierung, Amtes, Behörde oder deren Hilfsorganisationen, oder eine öffentliche internationale Organisation, oder jede Person, die in offizieller Funktion für oder im Auftrag einer solchen Institution tätig wird".[115]

---

[115] Übersetzung des Verfassers. Insbesondere die Einbeziehung von „Hilfsorganisationen" weitet den Kreis des amerikanischen Amtsträgerbegriffes nahezu unüberschaubar aus.

„Officer or Employee". Die Bandbreite dieser Begriffe ist im FCPA nicht definiert. Die Handlungsweisen von SEC und DOJ zeigen, dass nach deren Verständnis „Officer" Personen umfasst, die durch die Regierungsspitze berufen wurden, ebenso die Leiter von Abteilungen und diejenigen Personen, die durch Gesetz und Verordnung definierte Positionen innehaben.

„Agency or instrumentality". Auch dieser Begriff hat keine eindeutige Definition im FCPA. Diese findet sich in anderen Gesetzen wie z.B. dem Foreign Sovereign Act von 1976. Danach fällt unter den Begriff eine Einheit, die „ein Organ eines fremden Staates oder eine politische Untereinheit desselben ist oder eine Einheit, die mehrheitlich durch eine ausländische Regierung oder deren Untereinheiten besessen wird."

DOJ und SEC vertreten die Auffassung, dass durch die öffentliche Hand besessene Unternehmen dem Begriff unterfallen, wobei der Umfang des öffentlichen Eigentums oder der öffentlichen Kontrolle noch nicht geklärt ist. Der FCPA betrifft keine Bestechungszahlungen oder Kickbacks, die an Mitarbeiter privater Unternehmen gezahlt werden.

„Acting in an official capacity". Die den Begriff „foreign official" ausfüllende Definition „acting in an official capacity for or on behalf of a government" ist in sich ebenfalls nicht definiert. Es kann davon ausgegangen werden, dass dieser Begriff individuelle Personen umfasst, deren Tätigkeit durch eine ausländische Regierung kontrolliert wird oder die dieser Regierung gegenüber Verwaltungsverantwortung tragen.

„Public International Organisations". Auch dies ist eine Teilausfüllung des Begriffs „foreign official". Darunter sind zu fassen diejenigen durch Verwaltungsanordnung geschaffenen Organisationen, die dem International Organizations Immunities Act, 22 U.S.C. § 288 (1998) unterfallen sowie andere Organisationen, die auf Anordnung des Präsidenten bestimmt werden. Eingeschlossen sind dabei die Vereinten Nationen und der Internationale Währungsfonds.

„Political parties and candidates for political office". Der FCPA verbietet weiterhin Zahlungen an ausländische politische Parteien, an Vertreter der ausländischen politischen Partei und Kandidaten für ein ausländisches politisches Amt. Legale politische Spenden sind nicht verboten, das Verbot richtet sich gegen Beeinflussung einer bestimmten Entscheidung oder eines bestimmten Vorganges. Auf jeden Fall ist es wichtig, im Vorfeld von Spenden an Organisationen, die dem FCPA unterfallen, sorgfältig zu untersuchen, ob diese Spenden nach US-amerikanischem Recht legal sind.

Allgemein: Das amerikanische Justizministerium legt den Begriff „foreign official" in jedem Fall weit aus. Beispielsweise hat das DOJ erfolgreich einen Unternehmensangehörigen verfolgt, der Flugtickets an einen Cousin und engen Freund eines ausländischen Amtsträgers begeben hat, obwohl nicht beweisbar war, dass der Cousin diese Flugtickets tatsächlich an den Amtsträger weitergegeben hat. Andere Ermittlungsverfahren wurden darauf gegründet, dass Arbeitsverhältnisse mit Ehefrauen eines ausländischen Amtsträgers begründet wurden.

e) Beeinflussen oder veranlassen

Der FCPA verbietet Zahlungen, deren Ziel es ist, eine Handlung oder Entscheidung eines ausländischen Amtsträgers im Rahmen seiner offiziellen Funktionen zu beeinflussen, einen ausländischen Amtsträger zu veranlassen, durch Handlung oder Unterlassung seine Amtspflichten zu verletzen, oder seinen Einfluss dazu zu nutzen, eine Handlung oder Entscheidung der Regierung zu beeinflussen. Damit ist jede Beeinflussung einer Diensthandlung eines ausländischen Amtsträgers ebenso illegal wie der Einfluss auf Gesetzgebung. Zahlungen an in der Hierarchie tiefer stehende Amtsträger (ohne eigenen Einfluss) unterfallen dann dem FCPA, wenn dadurch wiederum Einfluss auf einen Amtsträger genommen werden soll, der in einer Entscheiderfunktion ist.

f) Erhalt oder Erlangung eines Geschäftes

68   Verboten nach dem FCPA sind nur derartige Zahlungen, die auf die Sicherung oder zukünftige Erlangung eines Geschäftes gerichtet sind. Dieses Element des Tatbestandes heißt „business purpose". Es wird weit interpretiert und umfasst nicht nur den Erhalt oder die Erneuerung eines Vertrages. Auch Zahlungen, um bestimmte Gesetze oder Regelungen zu erreichen, unterfallen der Regelung. Gleiches gilt für Zahlungen, die unternommen werden, um eine günstige Besteuerung zu erreichen. Auch muss das Geschäft nicht unmittelbar mit der ausländischen Regierung stattfindet, sogar nicht mit dem Unternehmen, das die Zahlungen durchführt.

69   Die weite Auslegung findet sich in der Rechtsprechung. In dem Fall United States v. Kay wurde ausgeführt, das Ziel des FCPA sei, in weitem Umfange auf Zahlungen angewendet zu werden, die den Zahlenden unmittelbar oder mittelbar in die Lage versetzen, Geschäfte zu erhalten oder zu erreichen. Der Fall war ein gutes Beispiel für die indirekte Erlangung von Geschäften, das Gericht entschied, dass Bestechungszahlungen an ausländische Steuerbeamte dem FCPA unterfielen, da die beabsichtigte Steuerersparnis hilfreich sein würde, andere Geschäfte zu behalten oder zu erlangen.

70   Der Fall Siemens ist beispielhaft für die Arten des Verhaltens, die dem Merkmal des „business purpose" unterfallen. Siemens gestand ein System von Bestechungen weltweit, das zumeist auf die Erlangung von Aufträgen gerichtet war. Als Beispiele von Zahlungen seien genannt: (1) an venezolanische Amtsträger zur Erlangung eines Beförderungsvertrages, (2) an argentinische Amtsträger zur Erlangung eines Vertrages zur Herstellung von Personalausweisen, (3) an Amtsträger aus Bangladesh zur Bevorzugung im Rahmen einer Ausschreibung, (4) an chinesische Amtsträger im Rahmen eines Nahverkehrsvertrages, (5) an eine durch den früheren Staatspräsident Israels gehaltene Gesellschaft zum Erhalt eines Vertrages.

g) Subjektive Faktoren

71   Nach den Regeln des FCPA hat eine Person oder Einheit dann die erforderlichen Kenntnisse des Fehlverhaltens, wenn sie davon überzeugt ist oder festgestellt hat, dass sie strafbar handelt/gehandelt hat oder dass die äußeren Umstände dazu gegeben sind, oder dass eine strafbare Handlung mit großer Wahrscheinlichkeit eintreten wird. Vorsatz kann auch gegeben sein, wenn eine Person von der hohen Wahrscheinlichkeit eines Fehlverhaltens Kenntnis hat, es sei denn, sie glaubt tatsächlich, dass es ein Fehlverhalten nicht gibt. Vorsatz kann auch dann angenommen werden, wenn eine Person verdächtige Fakten bewusst ignoriert oder übersieht. Daher muss die Person nicht wissen, dass sie den FCPA verletzt, die Kenntnis der objektiven Umstände reicht aus.

72   Wenn eine geschäftliche Einheit bewusst Umstände ignoriert, die auf die hohe Wahrscheinlichkeit einer Rechtsverletzung hinweisen, kann Vorsatz angenommen werden. Die Regel gilt für vergangenes und zukünftiges Handeln, es gilt sowohl für bereits erfolgten Bestechungshandlungen als auch für die Gefahr zukünftiger Handlungen. Vorsatz wird also bereits deutlich unterhalb der Schwelle aktueller Kenntnis angenommen. Die amerikanischen Behörden haben den Standard von „reckless disregard (rücksichtslose Missachtung)" zu „wilful blindness (bewusste Blindheit)" gesenkt.[116]

---

[116] In etwa wohl entsprechend dem Unterschied zwischen bewusster Fahrlässigkeit und bedingtem Vorsatz.

h) Erlaubte Zuwendungen

Der FCPA verbietet nicht sämtliche Zahlungen an ausländische Amtsträger. Ausnahmen werden gemacht für „facilitating payments for routine governmental action" (Erleichterungszahlungen für amtliche Routinehandlungen). Derartige Zahlungen dürfen nicht dazu genutzt werden, ausländische Amtsträger zu beeinflussen, Geschäfte in irgendeiner Form zu sichern oder zu erlangen, die Tätigkeit muss eine amtliche, büromäßige sein, der Amtsträger sollte keine Entscheidungsmöglichkeiten haben, zusätzlich muss die Zahlung legal oder gewohnheitsrechtlich akzeptiert im entsprechenden fremden Land sein. Derartige Zahlungen beinhalten:

- Die Ausstellung von Lizenzen, Erlaubnissen oder anderen offiziellen Dokumenten;
- die Ausstellung amtlicher Dokumente;
- die Stellung von polizeilichem Schutz, postalische Dienste oder die Anberaumung von Inspektionen;
- die Stellung von Telefondiensten, Wasser- und Stromversorgung, Be- und Entladungen oder der Schutz verderblicher Produkte;
- ähnliche Vorgänge.

i) Rechtfertigende Verteidigungen

Der FCPA akzeptiert zwei rechtfertigende Verteidigungen. Zum einen ist gerechtfertigt, wenn Zahlungen nach den geschriebenen Gesetzen des Landes, das betroffen ist, legal sind. Es muss sich um geschriebenes Recht handeln und die Zahlungen autorisiert; der Vortrag, dass Zahlungen traditionell oder gewohnheitsrechtlich akzeptiert sind, begründet nicht die Rechtmäßigkeit der Zahlung nach FCPA.

Die weitere rechtfertigende Verteidigung ist die „reasonable and bona fide expenditure" (angemessene und in gutem Glauben gemachte Aufwendung) -Verteidigung.[117] Derartige angemessene Aufwendungen können Reisen, Mahlzeiten, Unterkunft und andere Ausgaben betreffen. Damit die Verteidigung wirksam ist, darf keine korruptive Absicht damit verbunden sein, die Aufwendungen müssen unmittelbar verbunden sein mit der Promotion, Demonstration oder Erklärung eines Produktes oder Dienstes oder der Durchführung eines Vertrages.

Entwickelt hat sich eine weitere Verteidigung, nämlich diejenige der Zuwendung als Dank. Es lässt sich argumentieren, dass solche Zahlungen nicht mit korrupten Hintergrund geleistet werden und deshalb nicht dem FCPA unterfallen. Die Entwicklungsgeschichte des FCPA legt nahe, dass erpresste Zahlungen nicht dem Regelungswerk unterfallen, da jeder Zuwendende argumentieren könnte, dass ihm der Vorsatz fehlen würde, jemanden zu bestechen. Gerichte haben festgestellt, dass „der FCPA anwendbar ist, wenn ein ausländischer Amtsträger Zahlung als Eintritt in den Markt oder zum Erhalt eines Vertrages verlangte, er würde allerdings nicht eingreifen, wenn Zahlungen an Amtsträger gemacht werden, um zu verhindern, dass eine Ölquelle in die Luft gejagt wird."

3. Regelungen interner Kontrollen durch das FCPA

Über die auf die Bekämpfung der Bestechung angelegten Regeln hinaus verlangt der FCPA interne Buchprüfungen, um „in vernünftigem Maß sicher zu sein", dass geschäftliche Transaktionen entsprechend den Regelungen der Geschäftsführung durch-

---

[117] Wohl parallel zu unserer Lehre der Sozialadäquanz.

geführt werden. Diese Regeln betreffen nur Emittenten von Wertpapieren, einschließlich derjenigen Unternehmen mit Wertpapieren, die nach Sektion zwölf des Exchange Act registriert sind oder die gehalten sind, entsprechend Sektion 15 des Exchange Act an die SEC zu berichten. Diese Regelungen sind nicht limitiert auf Transaktionengeschäfte mit ausländischen Amtsträgern, sie gelten auch im amerikanischen Inland.

Der FCPA verlangt, dass registrierte Emittenten ein System interner Buchführungskontrollen errichten und unterhalten, welches mit „hinreichender Sicherheit" folgendes garantiert:

1. Transaktionen werden entsprechend der generalisierten oder speziellen Anweisung des Managements ausgeführt.
2. Transaktionen werden in einer Weise dokumentiert, dass sie als Grundlage eines Abschlussberichtes auf der Basis akzeptierter Buchführungsregeln dienen und die Nachvollziehbarkeit der Vermögensverhältnisse gewährleistet ist.
3. Zugang zu Vermögensgegenständen ist nur auf die Authorisierung der Geschäftsführung hin möglich.
4. Die dokumentierte Rechenschaftslegung für Vermögensverhältnisse wird mit den tatsächlichen Vermögensverhältnissen in vernünftigen Zeitabständen verglichen, angemessene Reaktion bei Differenzen hat zu erfolgen.

In vernünftigem Maße sicher zu sein bedeutet „eine derartige Höhe von Sicherheit, die ein vernünftiger Mitarbeiter in seinen eigenen Angelegenheiten wahren würde".[118]

Wenn ein Emittent mehr als 50 % einer amerikanischen oder ausländischen Gesellschaft kontrolliert, ist er verantwortlich für die Compliance der Tochtergesellschaft betreffend die Buchführungsregeln.

76 Der Emittent, der 50 % oder weniger der Stimmen einer Gesellschaft kontrolliert, muss nach bestem Wissen und Gewissen seinen nach den jeweiligen Umständen gegebenen Einfluss in zumutbarer Weise nutzen, dass die Tochtergesellschaft im Gesetz entsprechende Buchführungskontrollen einführt und unterhält. Die Frage nach den jeweiligen Umständen richtet sich nach der Höhe des Anteils und den Gesetzen und Übungen des Landes, in dem die Tochtergesellschaft ansässig ist. Wenn Anstrengungen nach bestem Wissen und Gewissen unternommen worden sind, steht dem Emittenten die Vermutung zur Seite, dass er sich an die Buchführungsregeln gehalten hat.

Vorsatz im Sinne der Kenntnis und des Bewusstseins des Sachverhaltes ist erforderlich. Das Regelwerk führt aus: „Niemand soll *bewusst* ein System interner Buchführungskontrollen umgehen oder es unterlassen, ein solches System zu installieren".

77 Der FCPA legt sich nicht auf ein bestimmtes Kontrollsystem fest. Stattdessen wird vom Ergebnis her argumentiert: „Das Gesamtsystem soll in vernünftiger Form geeignet sein, die Ziele des Regelwerks (FCPA) zu erreichen". Die Kontrollen müssen dann intensiver sein, wenn ein Unternehmen mit einer Regierungsbehörde Geschäfte führt, es müssen Geschäfts- und Bewirtungskosten eindeutig dokumentiert werden.

Zusätzlich verlangen die Regeln zu internen Kontrollen, dass Unternehmen nicht nur ihre eigenen Systeme überprüfen, sondern auch die Systeme von Vertragspartnern wie Verkäufern und Dienstleistern, speziell in geographischen Bereichen, wo die Korruptionsrisiken hoch sind. Interne Kontrollen sind gleichfalls erforderlich, um in ange-

---

[118] Die Parallelen zur Sorgfalt eines ordentlichen Kaufmannes sind evident.

messener Form Berater, Agenten und Einzelhändler zu überprüfen, sowohl bevor Vertragsbeziehungen zu diesen Dritten eingegangen werden als auch während der Geschäftsbeziehung.

4. Buchhaltungsvorschriften des FCPA

Die Vorschriften des FCPA zur Buchführung verlangen von jedem Emittenten, eine Buchführung mit zumutbarer Genauigkeit durchzuführen und aufzubewahren, welche eindeutig und fair die Geschäftsvorfälle und die Verwendung der Anlagegüter beschreibt. Die Buchhaltungsvorschriften gelten, ebenso wie die internen Kontrollvorschriften nur für Emittenten, dort für alle Geschäfte und nicht nur diejenigen, die ausländische Amtsträger betreffen. Der Begriff „records" (Geschäftsunterlagen) umfasst unter dem FCPA „Konten, Korrespondenz, Memoranden, Bänder, Cd's, Schriftstücke und andere Dokumente oder verschriftete Informationen irgendwelcher Art". Der Begriff „reasonable detail" ist definiert als „ein derartiger Grad von Ausführlichkeit und Sicherheit, den ein vernünftiger Mitarbeiter in seinen eigenen Angelegenheiten wahren würde". Trotz der Weite der Definitionen sind sie trotz der Argumentation, sie seien zu unbestimmt, von den Gerichten gehalten worden.

Wie bei internen Kontrollvorschriften muss ein Emittent bewusst handeln, um unter den Buchhaltungsvorschriften des FCPA verantwortlich zu sein. Das Regelwerk führt aus: „Niemand darf bewusst eine Buchhaltung, Aufzeichnung oder Darstellung fälschen ...". Die Vorschrift kennt keine Geringfügigkeitsgrenze, die SEC hat aber angedeutet, dass kleinere Buchhaltungsfehler und versehentliche Fehler nicht verfolgt werden würden.

Die Verletzung der Buchführungsvorschriften ist üblicherweise in drei Kategorien zu gliedern:

1. Die Bücher unterschlagen eine unvorschriftsmäßige Transaktion, wie eine Bestechung oder eine kick-back Zahlung.
2. Die Bücher sind gefälscht, so dass eine unvorschriftsmäßige Transaktion getarnt wird.
3. Die Bücher geben korrekt die Größenordnung einer illegalen Transaktion wieder, der qualitative Aspekt wird unterschlagen, so dass die unvorschriftsmäßige Transaktion versteckt wird.

Ebenso wie bei den Vorschriften zur internen Kontrolle gelten die Regeln, wenn ein Emittent mehr als 50 % an einem ausländischen Unternehmen hält. Die SEC hat ein Verfahren in einem Fall eingeleitet, in dem eine mehrheitlich gehaltene ausländische Tochtergesellschaft ihre Buchführung gefälscht hat, um illegale Zahlungen zu verschleiern. Der Emittent, IBM, hatte die Information der Tochtergesellschaft in seinem Buchwert konsolidiert. Es wurde behauptet, dass die Tochtergesellschaft Dokumente hergestellt habe, um die Einzelheiten von Zahlungen an einen Subunternehmer zu verschleiern, die letztendlich an ausländische Amtsträger gegangen sein sollen. IBM stimmte einer Unterlassungsanordnung zu und zahlte $ 300.000 Strafe.

Die Reichweite des FCPA ist weit: Er betrifft US Unternehmen nach Nationalitätsgrundsätzen ebenso wie ausländische Unternehmen nach dem „means and instrumentalities (Mittel und Möglichkeiten)"-Test. Er betrifft alles von Wert und die erforderliche Kenntniss kann unterstellt werden. Zudem zeigt sich auch in diesem Bereich der Trend, dass US-Ermittlungsbehörden weiterhin mit Ermittlern aus aller Welt zusammenarbeiten, um koordinierte interne Untersuchungen herbeizuführen.

5. Sarbanes Oxley Kontrollen und Zulassungen

81 Der Sarbanes Oxley Act (SOX), in Kraft getreten am 30.7.2002, hat weit reichende Auswirkungen auf Unternehmen außerhalb der USA, wenn sie Wertpapiere innerhalb der Vereinigten Staaten ausgeben oder wenn deren Wertpapiere an US-amerikanischen Börsen gehandelt werden. SOX gilt generell für alle Gesellschaften, die periodische Berichte unter der Geltung des Exchange Act von 1934 erstellen müssen oder die eine Registrierungserklärung unter dem Securities Act von 1933 begeben haben, welche noch nicht wirksam geworden, aber auch noch nicht zurückgezogen ist. SOX enthält keine Ausnahme für ausländische private Emittenten, deshalb umfasst er auch Nicht-US Emittenten, die gehalten sind, jährliche Berichte in Form 20-F oder 40-F abzugeben; betroffen sind auch die Unternehmen, die ihre Wertpapiere zum Verkauf in den Vereinigten Staaten registrieren, sei es direkt durch eine F-1 oder F-3 Registrierungserklärung oder indirekt durch Hinterlegungsscheine (Papiere, die eine bestimmte Anzahl hinterlegter Aktien eines ausländischen Unternehmens verkörpern und an deren Stelle am US-Kapitalmarkt wie Aktien gehandelt werden).

82 SOX Sektion 404 verlangt von Emittenten von öffentlich gehandelten Wertpapieren, ein adäquates System interner Kontrollen über ihre finanzielle Berichterstattung einzurichten und zu unterhalten. Zusätzlich verlangen Sektionen 906 und 302 von der Unternehmensführung, dass sie die Genauigkeit und Angemessenheit der Finanzberichte beglaubigt. Die Implementierung dieser Kontrollen hat in der Vergangenheit dazu geführte, dass Unternehmen die Verletzung des FCPA selbst angezeigt haben.

Die Kontrollregeln des SOX verlangen, dass Unternehmen interne Kontrollen und Veröffentlichungskontrollen unterhalten. Dies beinhaltet die Anforderungen an die Beglaubigung, welche unter SOX Sektion 906 folgendes enthalten muss:

Die Erklärung hat zu beglaubigen, dass der periodische Bericht, der einen Finanzbericht enthält, in voller Übereinstimmung mit den Anforderungen nach Sektion 13 (a) oder 15 (d) des Securities Exchange Act 1934 (15 U.S.C. 78m oder 78o(d)) steht und dass die Informationen in dem periodischen Bericht in angemessener Weise und allen Fällen den finanziellen Zustand und die Ergebnisse der Geschäftstätigkeit des Emittenten wiedergeben.

83 Sektion 906 droht demjenigen bis zu $ 1 Mio. Geldstrafe und bis zu zehn Jahre Gefängnis an, der ein 906-Zertifikat begibt in der Kenntnis, dass der Bericht nicht mit allen Anforderungen von Sektion 906 übereinstimmt. Geldstrafe bis zu $ 5 Mio. und bis zu 20 Jahre Gefängnis drohen dem Unternehmensmitarbeiter, wenn er bewusst einen Bericht bestätigt in Kenntnis, dass der Bericht nicht mit allen Anforderungen von Sektion 906 übereinstimmt.

84 Nach Sektion 302 des SOX muss ein Emittent in jedem jährlichen oder vierteljährlichen Bericht, der an die SEC gerichtet ist, eine schriftliche Bestätigung des CFO und des CEO zu bestimmten finanziellen Fragen beifügen. Dies betrifft jährliche Berichte auf Form 10-Q, 10 Q-SB, 10-K, 10-KSB, 20-F und 40-F. Auch die Beglaubigung hat sich präzise an der Form auszurichten, die in den Regelungen niedergelegt ist. Im Generellen muss der ausstellende leitende Angestellte, Direktor oder Unternehmensleiter:

– seine Verantwortung für die Errichtung und Aufrechterhaltung der Berichtspflichten und Prozeduren anerkennen;
– bestätigen, dass er interne Kontrollen eingerichtet hat, die garantieren, dass die für das Unternehmen wesentlichen Informationen an die berichtserstellenden Mitarbeiter übergeben wurden und diese sie kennen;

B. Deutsche Zusammenfassung der Grundlagen des US-Strafrechts

– bestätigen, dass das interne Kontrollsystem überprüft und bewertet worden ist;
– bestätigen, dass nach seinem besten Wissen der Bericht keine unwahren Behauptungen über Tatsachen enthält oder keine Auslassungen enthält oder Fälle, die nach den gegebenen Umständen den Bericht als enttäuschend erscheinen lassen;
– bestätigen, dass nach seinem besten Wissen der Bericht in allen Tatsachen den finanziellen Zustand, das operationale Ergebnis und den Cashflow der Registrierenseinheit wiedergibt.

Während die meisten der Bestätigungen und Beglaubigungen unter der Geltung des Vorbehaltes „nach bestem Wissen" stehen, gibt es eine solche Formulierung bei den internen Kontrollen nicht. Stattdessen ist zu beglaubigen, dass der Berichthersteller „verantwortlich für die Einrichtung und Unterhaltung von Veröffentlichungspflichten und deren Durchführungsmodus" (disclosure controls and procedures) ist. Der Begriff „disclosure controls and procedures" ist wie folgt definiert: 85
„Kontrollen und andere Prozesse eines Emittenten, die darauf ausgerichtet sind zu sichern, dass Informationen, die der Emittent in einem Bericht, den er unter dem Act (15 U.S.C. 78a ff.) begibt, (rechtzeitig) innerhalb der Zeitspanne der von der Kommission aufgestellten Regeln zusammengestellt, vorbereitet, zusammengefasst und berichtet werden". Erforderlich sind Kontrollen und Prozesse, die garantieren, dass alle Informationen, die ein Emittent im Bericht offen legen muss, so rechtzeitig gesammelt und dem Management des Emittenten zugänglich gemacht werden – dies beinhaltet den Unternehmensleiter und den Leiter Finanzen –, dass rechtzeitige Entscheidungen bezüglich der Berichterstattung getroffen werden können.

Ausländische private Emittenten, die periodische Berichte nach Sektion 13(a) und 15(d) erstellen müssen, unterfallen den Regelungen nach Sektion 302 im gleichen Maße wie juristische Personen. Ausländische private Emittenten, die zu Unternehmen unter der Geltung des Exchange Act berichten, müssen die gleichen Prozeduren und Prozesse, die gleichen internen Kontrollen über das Berichtswesen anwenden. 86

Unternehmen, die dem SOX Sektion 404 (a) unterfallen, müssen einen Bericht zum internen Kontrollwesen betreffend die Berichtspflichten einreichen. Dieser Bericht muss einmal jährlich eingereicht werden, es sei denn, Änderungen zu den internen Kontrollen wären innerhalb eines Quartals durchgeführt worden, dann müssen sie in diesem Quartal berichtet werden. Die SEC hat die Regeln zu Sektion 404 am 5.6.2003 eingeführt. Die SEC definiert den Begriff „internal controls" wie folgt:

„Ein Prozess, der durch den Leiter des Unternehmens und den Leiter Finanzen des Registrierenden entworfen wurde oder unter deren Kontrolle entstand ... um vernünftige Sicherheit bezüglich der Zuverlässigkeit der Finanzberichte und ihre Entstehung ... auf der Basis allgemein anerkannter Buchführungsregeln zu erlangen", dies in Übereinstimmung mit folgenden Regelungen: 87

1. zutreffende Buchführung, die in vernünftiger Detailtiefe genau und angemessen die Geschäftsvorfälle und die Verwendung der Vermögensgegenstände des Registrierenden wiedergibt;
2. vernünftige Sicherheit, dass alle Geschäftsvorfälle in einer Weise festgehalten werden, die die Erstellung eines Finanzberichts ermöglicht;
3. Herstellung vernünftiger Sicherheit zur Verhinderung oder zeitnahen Entdeckung nicht erlaubten Erwerbs, Gebrauchs oder Verfügung über die Vermögensgegenstände des Registrierenden, die Auswirkungen auf die Finanzberichte haben könnten.

II. Die US-amerikanischen Behörden

88 Zwei US-amerikanische Regierungsbehörden haben konkurrierende Zuständigkeiten, um den FCPA durchzusetzen: Das Justizministerium (Department of Justice, „DOJ") und die Börsenaufsicht (Securities and Exchange commission „SEC"). Das DOJ ist zuständig für alle Strafverfolgung und für die Durchsetzung zivilrechtlicher Ansprüche gegenüber einheimischen Konzernen und ausländischen Unternehmen und Personen basierend auf den Anti-Korruptions-Regelungen. Die SEC ist wiederum zuständig für die zivilrechtliche Durchsetzung der Anti-Korruptions-Regelungen gegenüber Emittenten. Wegen der Möglichkeit der Überschneidung zivilrechtlicher und strafrechtlicher Verfahren gegen einen Emittenten in der gleichen Sache koordinieren SEC und DOJ oftmals ihre Untersuchungen. Informationen werden dann zwischen ihnen geteilt. Eine Koordination erfolgt oft auch deshalb, weil die Existenz und das Ergebnis einer zivilrechtlichen Vorgehensweise mitbestimmt, ob strafrechtliche Untersuchungen unternommen werden und deren Sanktionslevel festlegt.

Das DOJ ist ebenfalls zuständig für die strafrechtliche Verfolgung von Unternehmensstraftaten unter der Geltung von SOX, während die SEC für die Vollstreckungsverfahren, einschließlich des Bereiches der Bilanzfälschung, zuständig ist.

1. DOJ

a) Strafrechtliche Zuständigkeit bei registrierten Emittenten

89 Wie oben dargestellt, ist ein Emittent eine Unternehmung, die gehalten ist, periodische Berichte bei der SEC einzureichen oder die Wertpapiere emittiert hat, die in den Vereinigten Staaten registriert wurden. Das DOJ hat ausschließliche Verfolgungszuständigkeit bezüglich registrierten Emittenten.

Die Zuständigkeit kann sich wie oben dargestellt entweder aus dem Territorialitätsprinzip oder Nationalitätsprinzip ergeben. Emittenten sind verantwortlich für jedwede Handlungen innerhalb der Vereinigten Staaten, die im Zusammenhang mit einer korruptiven Zahlung an einen ausländischen Amtsträger stehen. Diese Handlungen müssen die „Instrumente innerstaatlichen Handelns" benutzen, dies schließt ein die Nutzung von der Post der Vereinigten Staaten, von Telefonen, ja sogar innerstaatlichen oder internationalen Reiseverkehr durch die Vereinigten Staaten. Unter der Geltung des Nationalprinzips ist eine US-amerikanische Gesellschaft oder eine Person möglicherweise selbst dann aufgrund eines korrupten Zahlungsvorgangs strafbar, wenn dieser außerhalb der Vereinigten Staaten stattfindet und keinerlei Personen innerhalb der Vereinigten Staaten involviert waren.

b) Strafrechtliche Zuständigkeit bei in den Vereinigten Staaten ansässigen Konzernen

90 Wie oben bereits angesprochen, umfasst der Begriff „einheimischer Konzern" auch jede Person, die ein Staatsbürger oder Einwohner oder Ortsansässiger in den Vereinigten Staaten ist, ebenso jedes/jede Unternehmen, Personengesellschaft, Vereinigung, Aktiengesellschaft, Treuhandgesellschaft, Organisationen ohne Rechtspersönlichkeit oder Einzelfirma, die ihren Hauptsitz in den Vereinigten Staaten hat oder die nach den Gesetzen der Vereinigten Staaten, eines ihrer Territorien, Besitztümer oder Gemeinwesen organisiert ist. Das DOJ hat ausschließliche Verfolgungszuständigkeit über einheimische Unternehmungen. (Zu den Emittenten siehe oben).

c) Strafrechtliche Zuständigkeit über andere Personen

Die im Jahre 1998 erfolgten Änderungen des FCPA erweiterten dessen Anwendungsgebiet auf nicht amerikanische Bürger, die nicht Emittenten sind. Um mit der OECD Konvention in Einklang zu sein, hat der Senat die Zuständigkeit des FCPA auf ausländische Gesellschaften erstreckt, die unmittelbar oder durch einen Vertreter eine Handlung in Unterstützung eines illegalen Zahlungsvorganges auf dem Gebiet der Vereinigten Staaten vornahmen. Unter diesen Voraussetzungen ist das Erfordernis des „Gebrauchs von Grundlagen des zwischenstaatlichen Handels" nicht erforderlich. Zusätzlich kann eine Muttergesellschaft in den Vereinigten Staaten verantwortlich sein für die Handlungen ausländischer Tochtergesellschaften, wenn die Mutter die illegale Aktivität autorisiert hatte, geleitet hat oder kontrolliert. Das DOJ hat in beiden Fällen Zuständigkeit sowohl über ausländische Personen als auch die amerikanische Muttergesellschaft.

d) Strafverfolgung durch das US Attorney's Offices und die Criminal Division des DOJ

Grundsätzlich sind Staatsanwälte als Bundesbeamte zuständig für die Verfolgung von Verstößen gegen Bundesrecht, einschließlich FCPA. U.S. Attorneys sind generell zuständig für die Untersuchung und Verfolgung von Bundesstraftaten, die innerhalb ihres Zuständigkeitsbereiches begangen werden. Die Vereinigten Staaten sind in einige Bundesdistrikte aufgeteilt, in jedem residiert ein US Attorney. Diese werden vom Präsidenten der Vereinigten Staaten unter Beratung und Zustimmung des Senates für vier Jahre ernannt. Sie sind befugt, alle Straftaten gegen die Vereinigten Staaten, die in ihrem Distrikt begangen wurden, zu verfolgen.

Der US Attorney und seine Mitarbeiter gehören dem Justizministerium an. Dies ist die Behörde, die die Vereinigten Staaten vor Gericht vertritt. Zusätzlich zum US Attorney gibt es innerhalb des DOJ verschiedene Abteilungen, die darauf spezialisiert sind, bestimmte Arten von Fällen zu verfolgen und die den US Attorney in Fällen unterstützen oder auch selbst die Ermittlungen durchführen können. Die DOJ Criminal Division ist diejenige Behörde, welche die Durchsetzung allen Bundesstrafrechts in den Vereinigten Staaten durchführt und überwacht, es sei denn eine andere Behörde sei ausdrücklich zuständig. Die Criminal Division wird geleitet von einem Assistant Attorney General, berufen durch den Präsidenten der Vereinigten Staaten. Die Behörde ist in Sektionen aufgeteilt, eine davon ist die Sektion für Betrugsbekämpfung. Im Allgemeinen ist dies die behördliche Einheit, welche Verstöße gegen den FCPA verfolgt. Sie hat 2006 eine FCPA Einheit gegründet, die Verfolgung und Bewertungen zu FCPA-Verstößen durchführt.

2. SEC

Zusätzlich sind für die strafrechtliche Verfolgung von Gesetzesverletzungen durch das DOJ verschiedene Bundesbehörden beauftragt, die zivilrechtliche Durchsetzung gegen Personen, die innerhalb ihres Aufgabenbereiches Gesetze verletzt haben, vor Bundesgerichten durchzuführen. Diese Zivilverfahren existieren oft parallel zu Strafverfahren des DOJ. In Zivilverfahren beantragen die Behörden Geldstrafen, Abschöpfung oder einstweilige Verfügungen. Die SEC führt neben anderen Aufgaben auch die zivilrechtliche Verfolgung von ausländischen Bestechungsfällen durch.

a) Struktur der Kommission

94 Die SEC besteht aus fünf Kommissaren, die gestaffelt durch den Präsidenten für 5 Jahre berufen werden. Der Präsident benennt einen der Kommissare als Leiter der Kommission in der Funktion als Behördenleiter. Die SEC ist untergliedert in fünf Divisionen und 16 Abteilungen, deren Hauptquartiere sämtlich in Washington DC. ansässig sind. Die Divisionen sind: Unternehmensfinanzen, Handel und Märkte, Investmentmanagement, Vollstreckung, Risikostrategie und Finanz-Innovationen. Die Abteilungen schließen das Amt des General Counsel, des Rechnungsführers und dasjenige für internationale Vorgänge ein.

b) Die Division für Vollstreckung

95 Die Vollstreckungsabteilung empfiehlt die Aufnahme von Ermittlungen bei Verletzungen der Börsengesetze durch zivilrechtliche Aktionen vor Bundesgerichten oder verwaltungsrechtliche Maßnahmen vor einem Richter für öffentliches Recht. Die Vollstreckungsabteilung führt auch Fälle für die Kommission.

SEC Untersuchungen beginnen oft als informelle Anfragen bei der Vollstreckungsabteilung basierend auf einem Pressebericht, der Klage eines Investors, einer Information oder einer Zuweisung einer anderen SEC Division. Zur Durchführung einer informellen Untersuchung ist keine vorherige Erlaubnis oder Autorisierung erforderlich. Während einer derartigen Untersuchung haben die Mitglieder der Vollstreckungsabteilung nicht das Recht, eine Subpoena zur Produktion von Dokumenten oder zur Anhörung zu erlassen. Jedoch wird die untersuchte Partei oftmals freiwillig die Untersuchung unterstützen, um eine formelle Untersuchung zu verhindern.

Ein formeller Auftrag zur Untersuchung kann durch einen Antrag an die Kommission erlangt werden. Grundlage eines formellen Auftrages ist der Nachweis eines in gutem Glauben stehenden Grundes, dass eine Untersuchung erforderlich ist. Sobald ein formeller Auftrag existiert, haben die Mitarbeiter der Vollstreckungsabteilung das Recht, mithilfe einer Subpoena Personen und Unternehmen zu zwingen, Zeugnis abzulegen und/oder Dokumente zu produzieren. Üblicherweise beginnt eine Untersuchung informell, es ist aber möglich, dass die Vollstreckungsdivision sofort mit einer formellen Untersuchung startet.

c) Zivilrechtliche Zuständigkeit bei registrierten Emittenten

96 Die SEC Vollstreckungsdivision ist zuständig für die zivilrechtliche Durchsetzung des FCPA gegenüber sämtlichen Emittenten.

d) SEC administrative proceedings

97 Die Kommission kann, basierend auf den Erkenntnissen der Ermittlungen der Vollstreckungsabteilung, eine administrative Maßnahme veranlassen. Im Rahmen dieses Prozesses kann die Kommission unterschiedliche Sanktionen anstreben. Im Unterschied zu dem Verfahren vor einem zivilrechtlichen Gericht werden administrative Anträge durch einen Richter für Verwaltungsrecht beurteilt, der unabhängig von der Kommission ist. Dieser Richter sitzt einer Anhörung vor, bewertet die Beweismittel, die durch die Vollstreckungsabteilung einerseits und den durch die Ermittlungen Betroffenen andererseits vorgetragen werden. Anschließend erlässt er eine anfängliche Entscheidung, in der er die Fakten und die rechtlichen Folgen festlegt, ebenso macht er einen Vorschlag für eine Sanktion. Die Vollstreckungsabteilung oder die untersuchte Partei können dann einen Teil oder die Gesamtheit der Entscheidung anfechten. Die Anfechtung geht vor die Kommission, die entscheidet, ob sie das Rechtsmittel zur Entscheidung annimmt.

Die Kommission kann öffentlich-rechtliche Ermittlungen gegen ihrer Aufsicht unterfallende Unternehmen, Personen mit Bezug zu Angeboten von Penny Stocks und staatliche Unternehmen einleiten.

e) SEC Vorgehen vor Zivilgerichten

Anstelle eines administrativen Vorgehens kann die Kommission eine Klage bei einem US-Distrikt-Gericht anhängig machen und eine Bestrafung oder eine andere Lösung suchen. Die SEC kann verschiedenartige Ziele in den Bundesgerichten verfolgen, darunter die folgenden: 98

- **Temporary restraint order:** die SEC wird in den Fällen eine einstweilige Verfügung beantragen, wenn sie erkennt, dass eine Person dabei ist oder davor steht, eine schwere Verletzung des Rechts vorzunehmen oder um die Verteilung von angeblich unrechtmäßig erlangten Gütern zu verhindern.
- **Permanent Injunction:** Bei der Gefahr zukünftiger Gesetzesverletzung kann die Kommission einen dauerhaften Unterlassungsbefehl erwirken.
- **Disgorgement:** Die Kommission kann die Einziehung illegaler Profite verlangen.
- **Civil Monetary Payments:** Die Kommission kann Geldstrafen bei den Bundesgerichten verlangen. Grundlage ist der Securities Enforcement Remedies and Penny Stock Act von 1990. Höchststrafe pro jeweiliger Verletzung sind $ 150.000 für eine natürliche Person oder $ 725.000 für andere Einheiten oder alternativ eine Summe entsprechend dem illegalen Gewinn des Angeklagten.

§ 3. Internationale Aspekte des deutschen Strafrechts

A. Einleitung

Interne Ermittler, die von US-Behörden akzeptiert werden wollen, müssen bis in die hintersten Winkel eines Unternehmens leuchten. Im Zuge ihrer Suche nach Anhaltspunkten für Korruptionshandlungen mit US-Bezug können sie in Deutschland auch auf Auslands-Sachverhalte stoßen, die von deutschen Straftatbeständen erfasst sein können. Deshalb widmet sich dieses Kapitel nicht nur den internationalen Aspekten des deutschen Korruptionsstrafrechts, sondern auch einigen typischen Begleitdelikten wie Untreue, Geldwäsche und Bilanzeid.[119]

Selbst wenn interne Ermittler nach ihrem eigenen Verständnis nur „Fakten" zusammentragen sollen, benötigen sie hierfür dennoch einen Kompass, den ihnen u.a. das materielle Strafrecht liefert. Ohne normative Matrix ist eine strukturierte, zielführende und ressourcenschonende Untersuchung nicht möglich. Dabei stehen interne Ermittler vor dem Problem, dass das Wirtschaftsstrafrecht häufig keine klaren Vorgaben liefert, sie mit vielen rechtlichen Streitfragen konfrontiert und den Handelnden in Unternehmen Beurteilungsspielräume lässt, die zu respektieren sind und deren Beurteilung im Einzelfall das Zusammentragen vieler verstreuter Fakten erfordert. Letzteres muss auch potentiell entlastende Umstände umfassen. Andernfalls können interne Ermittler ihrer Aufgabe, eine objektive Bewertungsgrundlage zu schaffen, nicht gerecht werden.[120]

Ebenso wichtig für eine professionelle Sachverhaltsermittlung sind Indikatoren für korruptives Verhalten, mit deren Hilfe auch komplexe und umfangreiche Geschäftsvorgänge gezielt durchmustert werden können. In diesem Zusammenhang ist beispielsweise an die Einschaltung ausländischer Berater und Vermittler,[121] an Geldtransfers über Scheinfirmen, überhöhte Rechnungen, gefälschte Reisekostenabrechnungen, einträgliche Geschäfte in Staaten mit großen Korruptionsproblemen und an Zahlungen in off-shore Paradiese zu denken.[122] Wenn anhand dieser und anderer Kriterien Auffälligkeiten entdeckt werden, stellt sich die Frage nach deren strafrechtlicher Relevanz und gegebenenfalls nach der Zuständigkeit einer deutschen Staatsanwaltschaft. Die Antwort hierauf hat nicht zu unterschätzende Konsequenzen. Zwar schien die praktische Bedeutung des EU-Bestechungsgesetzes

1

2

---

[119] Wobei dieses Kapitel nicht die Funktion eines Kommentars erfüllen kann. Weitere Begleitdelikte wie z.B. Betrug, unzulässige Absprachen und Urkundenfälschung können hier aus Platzgründen nicht behandelt werden. Zur Steuerhinterziehung s. *Biesgen*, § 4 Rn. 43 ff. Aspekte des jeweiligen subjektiven Tatbestandes werden ebenfalls weitgehend ausgeklammert.

[120] S. auch *Moosmayer*, in: Moosmayer/Hartwig, S. 1: „Unternehmensinterne Untersuchungen müssen fair, effizient und professionell erfolgen", sowie *Burgard*, in: Moosmayer/Hartwig, S. 160.

[121] Vgl. *OLG Stuttgart*, Urt. v. 10.2.2010, Az. 3 U 179/09, Rn. 31, juris = BeckRS 2010, 10537; *FG Münster*, Beschl. v. 17.8.2010, Az. 10 V 1009/10 K F, Rn. 68 f., juris, Rn. 68 f. = BeckRS 2010, 26030214; *Pragal*, S. 54 f. Differenzierend *Beukelmann*, NJW-Spezial 2011, 184.

[122] Vgl. OECD-Handbuch „Bestechung" für die Betriebsprüferpraxis, S. 7 ff., *Roth*, RIW 2010, 737, 740 sowie das Interview mit *Eginhard Vietz*, Handelsblatt v. 10.8.2010. Zu weiteren „red flags" s. ICC Guidelines on Agents, Intermediaries and Other Third Parties (19.11.2010), S. 5 f.

(EuBestG)[123] und des Gesetzes zur Bekämpfung internationaler Bestechung (IntBestG)[124] einige Jahre lang eher gering zu sein,[125] doch hat spätestens der sog. Siemens-Skandal gezeigt, dass die Verfolgung von Auslandskorruption trotz aller Ermittlungsprobleme intensiviert wird.[126] Hierauf deutet zum einen das BKA-Bundeslagebild 2010 hin, das ab 2008 einen deutlichen Anstieg der Fallzahlen (IntBestG und EUBestG) ausweist.[127] Im Übrigen hat Deutschland der OECD für die Jahre 2008 und 2009 insgesamt 16 Sanktionen gegen natürliche Personen (wovon in 10 Fällen Einstellungen nach § 153 a StPO erfolgten), 4 Sanktionen gegen juristische Personen und 24 Freisprüche gemeldet.[128] Für den Zeitraum zwischen 1999 und Dezember 2010 meldete Deutschland Sanktionen gegen 65 natürliche und 6 juristische Personen.[129]

Diese Zahlen dürfen nicht darüber hinwegtäuschen, dass das im Dunkelfeld liegende Vorkommen von Korruption um ein Vielfaches höher sein soll.[130] Weltweit sollen jährlich Schäden von schätzungsweise ein bis vier Billionen US-Dollar oder zwölf Prozent der weltweiten Bruttowirtschaftsleistung entstehen.[131] Da Deutschland als „Exportnation"[132] in besonderem Maße von Korruptionsproblemen betroffen ist, werden international ausgerichtete Unternehmen auch in Zukunft in den Fokus ausländischer und deutscher Ermittlungsbehörden geraten.

3 National und international wird Deutschland wegen angeblicher Gesetzgebungsdefizite kritisiert.[133] Häufig zu Unrecht. Bemängelt wird z.B., dass die Regelungen zur Bestechung ausländischer Amtsträger in den Durchführungsgesetzen (EUBestG, IntBestG) belassen und nicht in das deutsche Strafgesetzbuch aufgenommen wurden.[134] Diesen Umstand sollte das Zweite Korruptionsbekämpfungsgesetz ändern,[135] das allerdings – vorerst – dem Diskontinuitätsprinzip zum Opfer fiel.[136]

---

[123] Zu dem Übereinkommen und den zwei Protokollen s. AMlEG Nr. C 316 v. 27.11.1995, S. 49 ff.; Nr. C 313 v. 23.10.1996, S. 1 ff.; Nr. C 221 v. 19.7.1997, S. 11 ff.; EuBestG v. 10.9.1998 (BGBl II, S. 2340); Gesetzesmaterialien s. BR-Drs. 559/98, 270/98; BT-Drs. 13/10970, 13/10777, 13/10424.

[124] Zum von der OECD erarbeiteten Übereinkommen s. die amtliche Übersetzung BT-Drs. 13/10428, S. 9 ff.; IntBestG v. 10.9.1998 (BGBl II, S. 2327); Gesetzesmaterialien s. BR-Drs. 560/98; 269/98; BT-Drs. 13/10973, 13/10768, 13/10428.

[125] Vgl. BT-Drs. 16/8248, S. 1 sowie BT-Drs. 16/8463, S. 3.

[126] Vgl. *Böttger* in: Böttger, Kap. 5 Rn. 167; *Dörrbecker/Stammler*, DB 2011, 1093, 1095; vgl. auch OECD Working Group on Bribery, Annual Report 2010, S. 19.

[127] BKA, Korruption Bundeslagebild 2010, S. 10.

[128] OECD Working Group on Bribery, Annual Report 2009, S. 29.

[129] OECD Working Group on Bribery, Annual Report 2010, S. 17.

[130] Zu empirischen Daten aus den 90er Jahren s. *Kerner/Rixen*, GA 1996, 364 ff.; Schätzungen *Schaupensteiners* zufolge liegt das Dunkelfeld bei mindestens 95%, s. *ders.*, Kriminalistik 2003, 9, 10. Auf 95–98% beziffert *Dolata* das Dunkelfeld, s. *ders.*, Kriminalistik 2007, 246.

[131] Bundesministerium für wirtschaftliche Zusammenarbeit und Entwicklung, http://www.bmz.de/e/hemen/goodgovernance/korruption/hintergrund/index.html.

[132] Auch wenn Deutschland 2009 seinen inoffiziellen Titel „Exportweltmeister" an China abtreten musste, ist doch die Bedeutung der Exportwirtschaft für Deutschland ungebrochen hoch, s. http://www.spiegel.de/wirtschaft/unternehmen/0,1518,676716,00.html.

[133] S. hierzu auch den GRECO-Bericht, abrufbar unter http://www.coe.int/t/dghl/monitoring/greco/valuations/round3/GrecoEval3%282009%293_Germany_One_EN.pdf und *Transparency Interatioal*, http://www.transparency.de/uploads/media/09-11-17-CPI_2009_Pressemappe.pdf, S. 3, 6. Über Sinn und Widersinn der von GRECO unterbreiteten Vorschläge zur Änderung deutscher Korruptionstatbestände s. *Hauck*, wistra 2010, 255.

[134] *Nippert/Tinkl*, AW-Prax 2004, 255; *Wolf*, ZRP 2007, 45.

[135] BT-Drs. 16/6558; BR-Drs. 548/07; s. hierzu auch *Schuster/Rübenstahl*, wistra 2008, 201; *Wolf*, ZRP 2007, 44. Das anstehende zweite Korruptionsbekämpfungsgesetz ist allerdings der Umsetzung von vier internationalen Antikorruptionsnormen geschuldet (ETS Nr. 173; ETS Nr. 191; ABl. EU

B. Ausländische Rechtsordnungen

Überall dort, wo Unternehmen geschäftlich agieren, müssen ihre Mitarbeiter sich an **4** die lokale (Straf-)Rechtsordnung halten – gleichgültig, ob daneben noch amerikanisches oder deutsches Recht gilt. Eine genaue Prüfung ausländischer Gesetze ist ebenso erforderlich[137] wie die Hinzuziehung von Rechtsexperten des jeweiligen Landes. Das gilt insbesondere für den Umgang mit Amtsträgern und Geschäftspartnern in Entscheidungspositionen. Immerhin hat eine rechtsvergleichende Studie zu Korruptionstatbeständen in 19 Ländern bei wesentlichen Tatbestandsmerkmalen signifikante Unterschiede ergeben, so dass von einander abweichenden Strafbarkeitsvoraussetzungen im Vergleich der Staaten untereinander auszugehen ist.[138] Zwar hat die zunehmende Globalisierung der „Korruptionsbekämpfung" zu einer Angleichung der traditionellen Bestechungstatbestände unter europäischen Staaten geführt,[139] doch ist das Bild des internationalen Korruptionsstrafrechts heute immer noch uneinheitlich. Es gibt nach wie vor Meinungsverschiedenheiten über den Umfang von Reformen.[140] Von der erheblich differierenden Bereitschaft, Korruptionsfälle aufzuklären, ganz zu schweigen.[141]

C. Geltung des Deutschen Strafrechts und Implikationen des Allgemeinen Teils

I. Anwendbarkeit des deutschen Strafrechts auf Auslandssachverhalte

Für international tätige Unternehmen hat es große praktische Bedeutung, inwieweit **5** das deutsche Strafrecht auf Korruptionssachverhalte anwendbar ist, die einen Auslandsbezug aufweisen oder sich sogar vollständig aus Handlungen oder Unterlassungen im Ausland zusammensetzen. Die Antwort auf diese Frage ist u.a. aus dem deutschen Strafanwendungsrecht zu entwickeln. Sie beeinflusst die Entscheidung, ob man auch in Deutschland proaktiv auf eine Staatsanwaltschaft zugeht oder nicht.[142]

Nr. L 192, S. 54 und UN-Konvention gegen Korruption, hierzu *Wolf*, NJW 2006, 2737). Besonders kritisch ist anzumerken, dass die wegen internationaler Verpflichtungen erforderliche Neufassung der Abgeordnetenbestechung im Gesetzesentwurf nicht berücksichtigt wurde, s. *Fischer*, § 108 e Rn. 1; *Wolf*, ZRP 2007, 44, 46.

[136] Das Gesetz wurde zwar in der 16. Wahlperiode initiiert, konnte aber nicht beschlossen werden. Da keine Lesung im Deutschen Bundestag stattfand, muss das Gesetz in der 17. Wahlperiode neu eingebracht werden. Ob und wann dies geschieht, ist allerdings bislang nicht bekannt.

[137] Zur Strafbarkeit in einigen europäischen Ländern s. *Androulakis*, S. 434 ff. und *Huber*, passim. Aktuell zu Österreich und Schweiz *Flitsch/Wohlmann*, in: Görling/Inderst/Bannenberg, Kap. 2 Rn. 101 ff., Rn. 262 ff.; *Walther*, S. 155 ff. Vgl. auch *Tinkl*, wistra 2006, 126.

[138] *Eser/Überhofen/Huber*, S. 713. Die Studie stammt zwar aus dem Jahre 1997, allerdings war auch noch 2002 angesichts unterschiedlicher Rechtstraditionen in einzelnen Ländern trotz EuBestG und IntBestG ein Reformbedarf zu konstatieren, s. *Schick*, in: Huber, S. 173.

[139] *Androulakis*, S. 469; *Killmann*, in: Sieber/Brüner/Satzger/von Heintschel-Heinegg, § 13 Rn. 3 ff.

[140] Hierzu *Androulakis*, S. 470 f.

[141] S. hierzu z.B. *Hetzer*, Strafo 2008, 489; zur halbherzigen Korruptionsbekämpfung Russlands s. http://www.wiwo.de/unternehmen-maerkte/russlands-halbherzige-korruptionsbekaempfung-428917; *Dörrbecker/Stammler*, DB 2011, 1093, 1099, weisen auf die Gefahr von Wettbewerbsverzerrungen hin.

[142] S. hierzu *Kremer*, FS U.H. Schneider, 2011, S. 701 ff. Zu Formen der Kooperation mit der Staatsanwaltschaft s. *Gropp-Stadler/Wolfgramm*, in: Moosmayer/Hartwig, S. 35 f.

1. Tatort und Staatsangehörigkeit

6 Zunächst sind scheinbar banale Fragen zu beantworten, um unnötigen Arbeitsaufwand zu vermeiden:[143] Wo liegt der potentielle Tatort und ist der im Ausland Handelnde deutscher Staatsangehöriger?

Als erstes ist auf hypothetischer Basis festzustellen, ob die potentielle Tat im In- oder Ausland begangen wurde. Gem. § 9 StGB ist deutsches Strafrecht nicht nur dann anwendbar, wenn der Täter in Deutschland gehandelt hat oder bei einem Unterlassungsdelikt hätte handeln müssen,[144] sondern auch dann, wenn der zum Tatbestand gehörende Erfolg auf deutschem Staatsgebiet eingetreten ist oder nach Vorstellung des Täters dort eintreten sollte. Die Korruptionsdelikte der §§ 331 ff. StGB sind allerdings sog. Tätigkeitsdelikte, die keinen konkret abgrenzbaren Erfolg voraussetzen, so dass bei der Bestimmung des Tatorts allein auf den Abschluss der Unrechtsvereinbarung und die Tathandlungen abzustellen ist.[145] Maßgeblich ist, wo die auf den Abschluss einer Unrechtsvereinbarung gerichteten Willenserklärungen abgegeben worden und zugegangen sind oder Vorteilsgewährung und -annahme stattgefunden haben.[146] Der Ort, an dem der bestochene Amtsträger eine Diensthandlung vornehmen soll, ist demgegenüber irrelevant.[147] Gleiches gilt im Hinblick auf § 299 StGB. Auch hier liegt der Tatort dort, wo der Angestellte/Beauftragte einen Vorteil fordert, sich versprechen lässt oder annimmt.[148] Auf die erstrebte Bevorzugung kommt es im Rahmen der Tatortbestimmung nicht an.[149] Im Fall der Untreue erstreckt sich die deutsche Strafgewalt u. a. auf Taten, die im Inland zu einer Schädigung von Rechtsgütern oder zu einer Gefährdung führen, deren Vermeidung § 266 StGB bezweckt.[150] Ist die konkrete Vermögensgefährdung oder der Nachteil allein im Ausland entstanden, so ist eine Anwendbarkeit deutschen Strafrechts ausgeschlossen. Wird eine Überweisung in Deutschland lediglich im Nachgang zu einem Rechtsgeschäft im Ausland getätigt, das als Vermögensgefährdung zu qualifizieren ist, so sind die §§ 3, 9 Abs. 1 StGB nicht einschlägig.[151] Etwas anderes gilt, wenn die in Deutschland vorgenommene Überweisung den Vermögensnachteil begründet.[152] Eine in Deutschland begangene Pflichtverletzung begründet ebenfalls einen inländischen Tatort.[153] Der Taterfolg ist der durch die Untreuehandlung verursachte Vermögensnachteil.[154] Erfolgsort i.S. von § 9 StGB meint regelmäßig den Sitz des betroffenen Vermögensinhabers, so dass bei einer juristischen

---

[143] Wegen der Schwierigkeit der Prüfung des Verjährungsbeginns (s. *Höll*, ZIS 2010, 309, 313) können Sachverhalte in vielen Fällen nicht prima facie wegen Verjährung als irrelevant ausgeschieden werden. Hinzu kommt, dass die Analyse verjährter Taten Erkenntnisse liefern kann, die für die Bewertung aktueller Verdachtsfälle hilfreich sein können (z. B. weil die gleichen Personen involviert waren).
[144] Zum Erfolgsort beim Unterlassen s. z. B. *Rotsch*, ZIS 2010, 168, 171 ff.
[145] *AG Lahr*, Urt. v. 27.3.2007, Az. 3 Cs 12 Js 4493/05, Rn. 61, juris; vgl. auch Leipold/Tsambikakis/Zöller/*Zöller*, § 9 Rn. 4.
[146] *Möhrenschlager*, in: Dölling, Kap. 8 Rn. 402.
[147] *OLG Stuttgart*, Beschl. v. 20.5.1997, Az. 1 Ws 76/97, Rn. 16, juris. Vgl. auch – allgemein bezogen auf Tätigkeitsdelikte – *BGH*, Beschl. v. 31.3.2011, Az. 3 StR 460/10, BeckRS 2011, 14182.
[148] NK/*Dannecker*, § 299 Rn. 76; *Mölders*, S. 204; *Rönnau*, in: Achenbach/Ransiek, Teil 3, 2/55; *Walter*, wistra 2001, 321, 324; *Walther*, S. 131. A.A. *Pelz*, StraFo 2000, 300, 301.
[149] *Walter*, wistra 2001, 321, 324.
[150] MünchKomm-StGB/*Ambos/Rügenberg*, § 9 Rn. 21.
[151] *BGH* NStZ-RR 2007, 48, 50.
[152] *BGH* NStZ 2010, 632, 633.
[153] Vgl. *BGH* NStZ 2010, 632, 633; *Schramm/Hinderer*, ZIS 2010, 494, 495.
[154] *Möhrenschlager*, in: Dölling, Kap. 8 Rn. 404.

Person auf ihren gesellschaftsrechtlichen Sitz abzustellen ist.[155] Befindet sich dieser im Ausland, gibt es insoweit keinen inländischen Erfolgsort. Das gilt auch dann, wenn es sich um eine ausländische Tochter einer deutschen Muttergesellschaft handelt.[156] Festzuhalten bleibt, dass auch Untreuehandlungen im Ausland nach deutschem Strafrecht zu beurteilen sind, wenn eine in Deutschland ansässige Gesellschaft geschädigt wurde. Tatort einer Geldwäsche durch Sich-Verschaffen eines Gegenstands gem. § 261 Abs. 2 Nr. 1 StGB soll nur der Ort sein, an dem der Täter gehandelt hat. Einen Erfolgsort i. S. von § 9 Abs. 1 StGB gibt es nach Auffassung des LG Köln in dieser Konstellation nicht.[157] Sofern eine Katalogtat einer Geldwäsche im Ausland zum Nachteil eines Deutschen begangen wurde, sei allerdings die Anwendung von § 7 Abs. 1 StGB in Betracht zu ziehen.

Stehen Teilnahmehandlungen (Anstiftung und Beihilfe) im Raum, so ist anhand von § 9 Abs. 2 StGB wie folgt zu differenzieren: Wenn der Haupttäter im Inland gehandelt hat, ist auch die Teilnahme im Ausland (z.B. durch Zahlungsfreigabe) anhand deutscher Straftatbestände zu beurteilen (§ 9 Abs. 2 S. 1 StGB). Auf Handlungen derjenigen, die sich an einer Auslandstat im Ausland beteiligen, ist das deutsche Strafrecht prinzipiell nicht anwendbar, es sei denn die §§ 4–7 StGB greifen. Bei der Teilnahme an einer Auslandstat im Inland – d.h. in Deutschland – ist eine Besonderheit zu beachten, die zur Ausweitung deutscher Strafgewalt führt: Nach § 9 Abs. 2 S. 2 StGB wird der Teilnehmer unabhängig davon bestraft, ob die Auslandshaupttat nach dem dortigen Tatortrecht strafbar ist oder nicht.[158] Das heißt: Selbst dann, wenn der bestechende Haupttäter im Ausland nicht bestraft werden kann, muss der in Deutschland agierende Teilnehmer, der beispielsweise Schmiergeld zur Verfügung stellt, mit einer Bestrafung nach Maßgabe deutscher Sanktionsnormen rechnen.[159] Lediglich die Auslandsteilnahme an Taten im Ausland wird nicht von § 9 Abs. 2 StGB erfasst.[160] 7

Wenn es nur einen Tatort im Ausland gibt, kann die deutsche Staatsangehörigkeit des Täters einen legitimen Anknüpfungspunkt für Ermittlungen deutscher Staatsanwälte darstellen (Personalitätsprinzip).[161] EUBestG und IntBestG verzichten bei Auslandstaten Deutscher im Unterschied zu § 7 Abs. 2 StGB sogar auf das Erfordernis einer (doppelten) Strafbarkeit am Tatort. Wird eine Auslandstat gegen einen deutschen Amtsträger begangen, kommt es nach Art. 2 Abs. 2 Nr. 2 EUBestG ebenfalls nicht auf das Tatortrecht an.[162] Darüber hinaus kann sich die Geltung deutschen Strafrechts für hier interessierende Auslandstaten aus § 5 Nrn. 12–14 StGB ergeben.[163] Aus der Einbindung deutscher Amtsträger, Abgeordneter und für den öffentlichen Dienst besonders Verpflichteter kann eine Betroffenheit inländischer staatlicher Rechtsgüter folgen – beispielsweise bei der Bestechlichkeit deutscher Amtsträger im Ausland, für die nach § 5 Nr. 12 StGB das deutsche Strafrecht unabhängig vom Recht des Tatorts gilt.[164] 8

---

[155] *BGH* NStZ 2006, 401, 402; *Schramm/Hinderer*, ZIS 2010, 494, 496; zur Differenzierung zwischen Verwaltungs- und Satzungssitz s. *Ensenbach*, wistra 2011, 4, 7 ff.
[156] Vgl. *OLG Frankfurt a.M.* wistra 1989, 112; LK-StGB/*Werle/Jeßberger*, § 9 Rn. 60.
[157] *LG Köln* NZWiSt 2012, 188, 189, m. krit. Anm. von *Valerius*, NZWiSt 2012, 189, 191.
[158] Eingehend hierzu *Miller/Rackow*, ZStW 117 (2005), 379, 389 ff.
[159] Vgl. NK/*Dannecker*, § 299 Rn. 76a; *Rönnau*, in: Achenbach/Ransiek, Teil 3, 2/55.
[160] Zur Teilnahme bei Auslandssachverhalten s. ausf. MünchKomm-StGB/*Ambos/Rügenberg*, § 9 Rn. 36 ff., sowie *Gribbohm*, JR 1998, 177.
[161] S. hierzu ausf. *Walter*, JuS 2006, 967, 968 f.
[162] S. hierzu die kurze Einführung von *Isfen*, FS I. Roxin, 2012, S. 227, 237.
[163] S. zu den Einzelheiten *Fischer*, § 5 Rn. 12 ff.
[164] S. LK-StGB/*Werle/Jeßberger*, § 5 Rn. 188 f.

2. Schutz ausländischer Rechtsgüter?

9 Damit ist ein weiteres Strafbarkeitserfordernis angesprochen, dessen Vorliegen bei Auslandstaten besonders kritisch zu hinterfragen ist. Die Tat muss ein von einem deutschen Straftatbestand geschütztes Rechtsgut gefährden oder verletzen. In diesem Kontext ist hervorzuheben, dass der Gesetzgeber die Internationalisierung des deutschen Korruptionsstrafrechts vorangetrieben hat, indem er den Schutzbereich dreier einschlägiger Vorschriften auf ausländische und internationale Rechtsgüter ausgedehnt hat:

1. Durch das EUBestG und das IntBestG wurde der Amtsträgerbegriff für die Anwendung des § 334 StGB auf ausländische Amtsträger erweitert.
2. Die Strafbarkeit wegen Bestechung im geschäftlichen Verkehr nach § 299 StGB wurde durch die Einfügung des Abs. 3 im Jahre 2002 auf den ausländischen Wettbewerb ausgedehnt.[165]
3. Durch § 261 Abs. 8 StGB hat der Gesetzgeber den Kreis der inkriminierten Gegenstände um solche erweitert, die aus einer im Ausland begangenen Tat herrühren.[166] Eine solche Tat muss zum einen von § 261 Abs. 1 StGB erfasst und zum anderen auch im Ausland mit Strafe bedroht sein. Somit werden auch Taten von Ausländern im Ausland als taugliche Vortaten der Geldwäsche im Inland erfasst, die nach den §§ 5 ff. StGB nicht der bundesdeutschen Strafgewalt unterliegen würden.[167]

10 Der Untreuetatbestand des § 266 StGB, für den es keine Sonderregelung gibt, schützt das Individualrechtsgut Vermögen unabhängig von der Nationalität des Rechtsgutinhabers und der „räumlichen Belegenheit" seines Vermögens. Das heißt, dass die Vorschrift auch alle im Ausland befindlichen Tatobjekte erfasst.[168] Wie eingangs erwähnt, ist allerdings vorrangig zu prüfen, ob § 266 StGB für eine Auslandstat gem. §§ 3 ff. StGB Geltung beansprucht.[169]

Gleiches gilt für die Anwendbarkeit des Bilanzeid-Tatbestandes (§ 331 Nr. 3 lit. a HGB), der in Ansehung des US-amerikanischen Sarbanes-Oxley Act geschaffen wurde[170] und der Internationalisierung des Bilanzrechts und Wirtschaftsstrafrechts geschuldet ist.[171]

II. Strafrechtliche Verantwortungssubjekte

1. Verantwortlichkeit von Unternehmen und Mensch

11 Im Gegensatz zum US-amerikanischen Recht[172] kennt das deutsche Strafrecht keine Unternehmensschuld. Juristische Personen und andere Personenverbände können des-

---

[165] S. allerdings zur Differenzierung zwischen Schutzbereich und Strafanwendungsrecht später unter § 3 Rn. 58.
[166] Zum Schutz des jeweiligen (ausländischen) Rechtsguts der in § 261 StGB genannten Vortaten s. (zum Teil sehr kritisch) NK/*Altenhain*, § 261 Rn. 14; *Hefendehl*, FS Roxin, 2001, S. 145, 153; Herzog/*Nestler*, § 261 StGB Rn. 24; MünchKomm-StGB/*Neuheuser*, § 261 Rn. 12. Vernichtend *Arzt*, in: Arzt/Weber/Heinrich/Hilgendorf, § 29 Rn. 6: „Tatbestand (...) ohne Herz und Hirn."
[167] Ausf. SSW/*Jahn*, § 261 Rn. 18 f.
[168] Vgl. hierzu SK-StGB/*Hoyer*, Vorb. § 3 Rn. 3, SSW/*Satzger*, Vorb. §§ 3–7 Rn. 9; LK-StGB/*Werle/Jeßberger*, Vorb. § 3 Rn. 274; *Schramm/Hinderer*, ZIS 2010, 494, 495.
[169] Zum – umstrittenen – Prüfungsaufbau bei Fragen zur Anwendbarkeit deutschen Strafrechts s. *Kindhäuser*, § 3 Rn. 18. Ausf. hierzu später unter § 3 Rn. 88.
[170] *Sorgenfrei*, wistra 2008, 329.
[171] *Abendroth*, WM 2008, 1147, 1151.
[172] S. oben *DiBianco*, § 2 Rn. 2 ff.

halb nicht mit kriminalstrafrechtlichen Sanktionen belegt werden.[173] Entgegen dem Trend anderer europäischer Länder, eine Strafbarkeit von Unternehmen festzuschreiben,[174] hält Deutschland an der Trennung von persönlicher Schuld im Strafrecht und unternehmensbezogener Verantwortlichkeit im Ordnungswidrigkeitenrecht fest.[175] Interne Ermittler fokussieren sich deshalb in einem ersten Schritt auf die Handlungen und Unterlassungen von Einzelpersonen und prüfen – je nach Auftrag – parallel oder erst in einem zweiten Schritt, welche unternehmensbezogenen Konsequenzen sich aus etwaigem individuellen Fehlverhalten ergeben können. Dabei ist zu beachten, dass am Horizont erscheinende Unternehmenssanktionen den Aufklärungsdruck immens erhöhen können.

2. Täterschaft und Teilnahme im Wirtschaftsstrafrecht

Da Unternehmen nicht selbst bestraft werden können, stellt sich die Frage, welche der für sie handelnden Menschen als Täter (§ 25 StGB) und Teilnehmer (§§ 26, 27 StGB) belangt werden können. Die Differenzierung zwischen „Spiritus rector" und einem dem Korpsgeist verpflichteten Mitläufer ist auch für interne Ermittler relevant, weil sie sich auf die Strukturierung einer Untersuchung auswirkt – z.B. auf die Abfolge und Intensität von Mitarbeiterbefragungen. Darüber hinaus beeinflusst sie regelmäßig die Entscheidung über angemessene außerstrafrechtliche Reaktionen seitens des Arbeitgebers. Wenn man zudem versteht, wie weit die Strafbarkeit wegen Beihilfe reicht, kann man die intuitive Zurückhaltung vieler Mitarbeiter während sog. Interviews besser nachvollziehen. So leistet grundsätzlich jeder objektiv Beihilfe, der einen für die Begehung der Haupttat kausalen Beitrag erbringt, der die Rechtsgutverletzung ermöglicht oder verstärkt oder die Durchführung der Tat erleichtert oder absichert.[176] Beihilfe zur Bestechung kann u.a. in der Ausstellung falscher Rechnungen[177] oder in der Herstellung tatrelevanter Kontakte bestehen.[178] Nach der umstrittenen Lehre von der strafrechtlichen Geschäftsherrenhaftung macht sich auch derjenige strafbar, der es trotz Führungsverantwortung unterlässt, unternehmensbezogene Straftaten nachgeordneter Mitarbeiter zu verhindern.[179]

Zu beachten ist, dass die h.M. Täterschaft und Teilnahme bei Sonder- und Pflichtdelikten (z.B. §§ 299 Abs. 1, 266 StGB) nicht mit Hilfe derjenigen Kriterien abgrenzt, die sie bei Allgemeindelikten heranzieht. Vielmehr wirkt ausschließlich eine gesetzlich bestimmte Sonderstellung täterschaftsbegründend (z.B. Angestellter eines geschäftlichen Betriebs). Täter ist also derjenige, der die besondere Täterqualifikation aufweist (sog. Intraneus), während der Dritte (sog. Extraneus), der keine Pflichtenstellung innehat, lediglich Teilnehmer sein kann.[180]

12

---

[173] MünchKomm-StGB/*Radtke*, Vorb. §§ 38 Rn. 83; *Hellmann/Beckemper*, Rn. 904.
[174] *Gómez-Jara Diez*, ZStW 119 (2007), 290, 291; *Hetzer*, EuZW 2007, 75, 79; *Tiedemann*, Rn. 244, 244 a; KK-OWiG/*Rogall*, § 30 Rn. 233 ff.
[175] Dies dadurch, dass das deutsche OWiG das kriminalstrafrechtliche Schulderfordernis gezielt senkt und zu einer mehr an rechtlichen Bezügen ausgerichteten Verantwortlichkeit abstuft, so *Tiedemann*, NJW 1988, 1169, 1172. Vgl. auch *Raum*, in: Wabnitz/Janovsky, Kap. 4 A I 1 Rn. 1. Zur „Bekämpfung von Korruption mit dem OWiG" s. *Kretschmer*, FS Geppert, 2011, S. 287 ff.
[176] *Lackner/Kühl*, § 27 Rn. 2.
[177] Vgl. *BGH* NStZ 2000, 430.
[178] Vgl. BGHSt 37, 207 = NJW 1991, 576, 577 f.
[179] Vgl. *Dannecker*, NZWist 2012, 441 ff. m.w.N.
[180] *Wittig*, § 6 Rn. 70 ff.

13 Korruptionssachverhalte zeichnen sich häufig durch eine arbeitsteilige Begehungsweise aus, weil Personen diverser Unternehmensebenen in deliktische Handlungsabläufe verstrickt sind, die auf die Vereinbarung und Freigabe von Zahlungen gerichtet sind. Dabei sind Handlungsstränge auf horizontaler und vertikaler Ebene denkbar. Bei horizontal-arbeitsteiligem Vorgehen wird die Zurechnung zu einem zentralen Kriterium der Strafbarkeit als Täter. Sie richtet sich u. a. nach der Verantwortungsaufteilung und dem Organisationsplan eines Unternehmens, auch sog. Ressortprinzip genannt.[181] Aus dieser Aufteilung folgt die strafrechtliche Verantwortung des zuständigen Ressortchefs und die Straflosigkeit seiner an sich unzuständigen Kollegen,[182] wenn letztere ihre Überwachungspflichten erfüllt haben.[183] Diese Pflichten können nicht delegiert werden. Ihre Verletzung kann ein strafbares Unterlassen darstellen.[184] Für die vertikale Verantwortungszuschreibung innerhalb von Wirtschaftsunternehmen wendet der BGH tendenziell die Rechtsfigur der mittelbaren Täterschaft kraft Organisationsherrschaft an.[185] Der BGH bejaht mittelbare Täterschaft, wenn jemand durch Organisationsstrukturen bedingte Abläufe auslöst, die zu der vom Hintermann erstrebten Tatbestandsverwirklichung führen.[186] So hat der BGH einen GmbH-Geschäftsführer, dem die Zahlungsunfähigkeit seiner Gesellschaft bekannt war und der gleichwohl die Geschäfte weiterlaufen ließ, als mittelbaren Täter verurteilt, weil sein um die Zahlungsunfähigkeit wissender Angestellter Waren bestellte, die nicht mehr bezahlt werden konnten.[187] Dabei hat der BGH mehrfach betont, dass es unerheblich ist, ob der Tatmittler vorsätzlich handelt oder gutgläubig ist.[188] Auch soll es keine Rolle spielen, ob der Hintermann im Einzelfall Kenntnis von der rechtsgutsverletzenden Handlung hat.[189] Dieser Kenntnisverzicht ist fragwürdig und kann im schlimmsten Fall dazu führen, dass eine Verantwortungsdelegation wegen korruptionsfördernder Strukturen wirkungslos und die Unkenntnis von konkreten Unrechtsvereinbarungen unerheblich ist. Der BGH hat seine ausufernde Rechtsprechung zur Organisationsherrschaft lediglich in einer Entscheidung aus dem Jahr 2007 wieder eingeschränkt, indem er einen deutlichen räumlichen, zeitlichen und hierarchischen Abstand zwischen Organisationsspitze und unmittelbar Ausführendem forderte.[190]

14 Wie bereits eingangs angedeutet, ist die Strafbarkeit wegen Beihilfe sehr weitreichend. Sie kann grundsätzlich auch auf „neutrale" oder „berufstypische Handlungen"

---

[181] *Tiedemann*, Rn. 238; *Wittig*, § 6 Rn. 119; BGHSt 37, 106, 126 = NJW 1990, 2560.

[182] *Wessing II*, in: Volk, § 4 Rn. 145. Die Ressortverantwortung kann sich nur dann in eine Generalverantwortung ausweiten, wenn durch eine Krisen- und Ausnahmesituation das Unternehmen als Ganzes betroffen ist, s. *Wessing/Hugger/Dann*, in: Renz/Hense, Teil I, 9. Bekanntes Beispiel aus der Rspr. ist der sog. Lederspray-Fall, BGHSt 37, 106 = NJW 1990, 2560.

[183] *Wittig*, § 6 Rn. 121 f. S. zu den Überwachungspflichten im Einzelnen *Pelz*, in: Hauschka, § 6 Rn. 23 ff.

[184] Hierzu vgl. *Münzenberg*, in: Romeike, S. 116. Anders war das noch vor Änderung des § 91 Abs. 2 AktG und Inkrafttreten des KonTraG. Ausf. zu den strafrechtlichen Folgen von Gesamt- und Ressortverantwortung innerhalb von Unternehmensorganen s. *Raum*, in: Wabnitz/Janovsky, Kap. 4 II Rn. 27 ff.

[185] Ausf. hierzu *Tiedemann*, Rn. 241.

[186] BGHSt 45, 270 = NJW 2000, 443, 448 ff.; krit. *Wittig*, § 6 Rn. 112; mit Fallbsp. *Koch*, JuS 2008, 496, 498.

[187] *BGH* NJW 1998, 767.

[188] *BGH* NJW 2004, 375, 378.

[189] *BGH* NJW 1998, 767, 769; krit. hierzu auch *Tiedemann*, Rn. 241.

[190] Allerdings mit der Folge, dass Mittäterschaft gegeben ist, s. *BGH* NStZ 2008, 89, 90.

gestützt werden.[191] Neben Einschränkungsversuche der Literatur[192] tritt eine Strafbarkeitsbegrenzung durch den BGH, wonach der Gehilfe „das berufstypisch erlaubte Risiko überschritten" haben und sich die Haupttat „angelegen sein" lassen muss.[193] Eine Fallkonstellation ist dadurch gekennzeichnet, dass der an sich berufstypische Tatbeitrag einen deliktischen Sinnbezug aufweist und der Beitragende den Deliktsentschluss des Haupttäters kennt. Beispiel ist der Bankangestellte, der einen anonymen Kapitaltransfer ins Ausland vornimmt und dabei um die Hintergründe des Geschäfts weiß.[194] In einer zweiten, noch weitergehenderen Fallkonstellation hält der Hilfeleistende die Nutzung seines Tuns zur Tatbegehung lediglich für möglich, wobei das Risiko strafbaren Verhaltens des Haupttäters derart hoch ist, dass der Hilfeleistende sich mit seinem Beitrag die Förderung eines „erkennbar tatgeneigten Täters angelegen sein" lässt.[195] Hinsichtlich dieser Voraussetzungen, die den Beihilfevorsatz betreffen, stellt der BGH hohe Anforderungen an die tatrichterliche Beweiswürdigung.[196]

3. Pflichtverletzung als Unterlassungsdelikt – Compliance-Verantwortlichkeit und Garantenstellung

Nicht nur operativ tätige Leitungspersonen können in den Fokus in- und externer Ermittlungen geraten, sondern auch Innenrevisoren, Syndikusanwälte und Compliance-Officer. Geschäftsvorgänge, in die Vertreter unternehmensinterner „Kontrollabteilungen" eingebunden werden, dürften aufgrund eines gestiegenen Absicherungsbedürfnisses der operativ Tätigen zunehmen. Für interne Ermittler stellt sich in diesem Zusammenhang die Frage, ob sie es mit Fällen kollusiven Zusammenwirkens oder des gezielten Missbrauchs nicht vollständig informierter „Unternehmenskontrolleure" zu tun haben. Interne Untersuchungen erstrecken sich damit mittelbar auch auf die Funktionstüchtigkeit von Kontroll-, Melde- und Berichtssystemen. 15

In einer vielbeachteten Entscheidung aus dem Jahre 2009 nahm der BGH den Leiter der Innenrevision einer Anstalt des öffentlichen Rechts in die Pflicht, (geplante) betrügerische Abrechnungen zu Lasten von Kunden gegenüber dem Vorstandsvorsitzenden anzuzeigen. In einem obiter dictum bejahte der BGH zugleich „regelmäßig" die Garantenpflicht eines Compliance-Officers der Privatwirtschaft. Diese Garantenpflicht, „im Zusammenhang mit der Tätigkeit des Unternehmens stehende Straftaten von Unternehmensangehörigen zu verhindern", sei die „notwendige Kehrseite" der Verpflichtung gegenüber der Unternehmensleitung, Straftaten zu unterbinden.[197] In der Literatur ist das obiter dictum teilweise heftig kritisiert worden,[198] andere verweisen hingegen auf die Verantwortlichkeit sog. Betriebsbeauftragter und nehmen den Compliance-Officer aufgrund seiner durch Delegation mitbegründeten Sonderfunktion in die Pflicht, im Rahmen seiner Kompetenzen und Zuständigkeiten strafrechtlich missbilligte Erfolge zu verhindern, die durch unternehmensbezogene Handlungen und Un- 16

---

[191] Vgl. *BVerfG* wistra 1994, 221.
[192] S. hierzu den Überblick bei *Schneider*, NStZ 2004, 312, 314 f.
[193] *BGH* NStZ-RR 1999, 184, 186.
[194] BGHSt 46, 107 = NJW 2000, 3010.
[195] BGHSt 46, 107, 112 = NJW 2000, 3010, 3011.
[196] *BGH* NStZ 2004, 41, 43.
[197] *BGH* NJW 2009, 3173, 3175.
[198] *Geiger*, CCZ 2011, 170, 172; *Rübenstahl*, NZG 2009, 1341, 1342 ff.; *Kretschmer*, JR 2009, 474, 477; *Wybitul*, BB 2009, 2590, 2593; *Grau/Blechschmidt*, DB 2009, 2145, 2146 f.; *Stoffers*, NJW 2009, 3173, 3176 f.; *Campos Nave/Vogel*, BB 2009, 2546 ff.; *Spring*, GA 2010, 222; *Warneke*, NStZ 2010, 312, 313 ff.

terlassungen einzutreten drohen.[199] Zu den typischen Pflichten von Compliance-Beauftragten gehört u. a., (bevorstehende) Verstöße gegen Compliance-Regeln intern zu melden.[200] Genau diese Meldepflicht wird verletzt, wenn der Compliance-Officer Informationen über bevorstehende oder andauernde Straftaten und Ordnungswidrigkeiten im Unternehmen, sei es innerhalb des Unternehmens oder gegen Dritte, nicht an Geschäftsleitung oder Vorstand weitergibt.[201] Allerdings findet die „akzessorische" Compliance-Verantwortung dort ihre Grenze, wo die Verantwortlichkeit der Geschäftsleitung endet.[202] Es kann nicht mehr Verantwortung delegiert werden, als überhaupt vorhanden ist. Auch muss die Unternehmensleitung beachten, dass sie durch eine Delegation ihrer Überwachungspflichten nicht komplett von Kontroll- und Sicherungspflichten entbunden wird.[203] Kommt der Compliance-Officer seinen Meldepflichten nach, so ist dieser auch dann nicht verpflichtet, Behörden oder Staatsanwaltschaft zu informieren, wenn die Geschäftsleitung nicht in wahrnehmbarer Weise auf seine Hinweise reagiert.[204]

17 Es steht zu erwarten, dass über den Compliance-Officer hinaus auch andere Mitarbeiter mit Kontroll-Verantwortung in die Pflicht genommen werden, geplante oder bevorstehende Straftaten intern zu melden.[205] Zwar übt der BGH in seiner Entscheidung hinsichtlich des garantenpflichtigen Personenkreises im Übrigen Zurückhaltung,[206] doch stellt er andererseits auf die konkret ausgeübte Tätigkeit, deren Zweck und die mit ihr verbundenen Kompetenzen ab, was die Einbeziehung bestimmter Funktionsträger nahe legt.

Praktische Konsequenz sollte sein, die Aufgaben und Kompetenzen der Compliance-Verantwortlichen vertraglich klar zu regeln.[207] Dabei ist zu beachten, dass eine Entpflichtung von der Befassung mit betriebsbezogenen Rechtsverstößen dazu führt, dass die entsprechende Zuständigkeit allein bei der Geschäftsleitung verbleibt.

18 Unterlassungen von Compliance-Verantwortlichen sind nur dann strafbar, wenn u. a. Quasi-Kausalität und Vorsatz/Fahrlässigkeit hinsichtlich eines tatbestandsmäßigen Erfolges vorliegen.[208] Die Nichtinformation der Geschäftsleitung über bevorstehendes Fehlverhalten ist nur dann kausal, wenn zweifelsfrei festgestellt werden kann, dass das deliktische Verhalten eines Mitarbeiters infolge einer korrekten Information unterbunden worden wäre. Auch wenn diese Feststellung mangels eines allgemeingültigen Erfahrungssatzes[209] für nahezu unmöglich erachtet wird, liegt häufig der Schluss nahe, dass bei eindeutigen Straftaten aus dem Unternehmen heraus die Geschäftsleitung auf die Verhinderung des Verstoßes hingewirkt hätte.[210] Sonst würde man ihr prinzipiell

---

[199] *Wessing/Hugger/Dann*, in: Renz/Hense, Teil I 9 Rn. 19; *Ransiek*, AG 2010, 147, 150; S. auch *Böse*, NStZ 2003, 636, 638. Schneider/Gottschaldt, ZIS 2011, 573, 575, stellen auf eine vertraglich begründete Garantenstellung ab.
[200] Kurz hierzu *Kraft/Winkler*, CCZ 2009, 29, 31; ausf. *Bürkle*, in: Hauschka, § 8 Rn. 24 ff.
[201] *Bürkle*, in: Hauschka, § 8 Rn. 30; *Moosmayer*, S. 41.
[202] S. *Bürkle*, CCZ 2010, 4, 6.
[203] *Wessing/Hugger/Dann*, in: Renz/Hense, Teil I 9 Rn. 20.
[204] *Bürkle*, in: Hauschka, § 8 Rn. 30 m. w. N.; sowie *Wessing/Hugger/Dann*, in: Renz/Hense, Teil I 9 Rn. 23, die auf die Ausnahme des § 138 StGB hinweisen.
[205] *Wybitul*, BB 2009, 2590, 2591; *Bürkle*, CCZ 2010, 4, 8.
[206] BGH NJW 2009, 3173, 3175.
[207] *Grau/Blechschmidt*, DB 2009, 2145, 2146; *Krieger/Günther*, NZA 2010, 367, 370; *Bürkle*, CCZ 2010, 4, 12.
[208] *Wittig*, § 6 Rn. 59.
[209] *Kraft/Winkler*, CCZ 2009, 29, 33; *Dahs*, NStZ 1986, 97, 101.
[210] *Wessing/Hugger/Dann*, in: Renz/Hense, Teil I 9 Rn. 22.

die Tolerierung von Straftaten unterstellen, was angesichts ihrer eigenen Aufsichts- und sonstigen Handlungspflichten und den immer höher werdenden Anforderungen an das Risikomanagement eher fern liegt.[211] Anders verhält es sich, wenn eine solche Unterstellung durch Indizien erhärtet werden kann.

Vorsatzrelevant ist, ob Erkenntnisse über strukturelle Verfehlungen vorliegen und trotz Wiederholungsgefahr nicht adäquat oder gar nicht reagiert wird.[212] Wenn der an sich redliche Compliance-Verantwortliche fahrlässig Pflichten verletzt, hängt seine Strafbarkeit davon ab, ob ein fahrlässiges unechtes Unterlassungsdelikt gesetzlich normiert ist.[213] Korruptionsdelikte sind ebenso wie Betrug und Untreue nicht fahrlässig begehbar, so dass eine Strafbarkeit schon aus diesem Grunde ausscheidet.

D. Internationale Aspekte der einschlägigen Vorschriften

I. Beschränkungen und Ausweitungen der Korruptionsstrafbarkeit nach deutschem Recht durch internationale Vorgaben

Zwar wurde der Amtsträgerbegriff des § 11 Abs. 1 Nr. 2 StGB durch das EUBestG und das IntBestG erweitert,[214] jedoch nur bezogen auf bestimmte Straftatbestände. EUBestG und IntBestG rekurieren nicht auf die §§ 331, 333 StGB, so dass eine Strafbarkeit wegen Vorteilsannahme und Vorteilsgewährung im Ausland ohne Beteiligung deutscher Amtsträger ausgeschlossen ist.[215] Dies bedeutet: Lässt sich ein europäischer oder sonstiger ausländischer Amtsträger einen Vorteil versprechen, ohne dass er im Gegenzug eine pflichtwidrige Diensthandlung vornehmen soll, können die hieran Beteiligten in Deutschland nicht strafrechtlich verfolgt werden.[216] Das zeigt, welch große Bedeutung die Abgrenzung zwischen pflichtgemäßem und pflichtwidrigem Diensthandeln hat.

19

Das IntBestG ist auch nicht auf (passive) Bestechlichkeit (§ 332 StGB) anwendbar. Ausländische bzw. nicht-europäische Amtsträger, die bestechlich sind, können daher nicht in Deutschland verfolgt werden. Währenddessen kann gegen Amtsträger der EU-Mitgliedsstaaten und EU-Amtsträger wegen einer Straftat nach § 332 StGB ermittelt werden, wenn eine *künftige* pflichtwidrige Handlung im Raum steht (Art. 2 § 1 Abs. 1 Nr. 2 lit. a, b EuBestG).

Die aktive Bestechung (§ 334 StGB) von europäischen und sonstigen ausländischen Amtsträgern ist gleichermaßen verboten (Art. 2 § 1 EUBestG; Art. 2 § 2 IntBestG). Allerdings muss eine Unrechtsvereinbarung vorliegen, die auf eine *künftige* pflichtwidrige Diensthandlung gerichtet ist. Abgeschlossene Handlungen, die ohne vorherige Absprache nachträglich „honoriert" werden, sind von der strafrechtlichen Verfolgung in Deutschland ausgenommen.

---

[211] Zu letzterem *Romeike*, in: Romeike, S. 33 ff.
[212] *Wessing/Hugger/Dann*, in: Renz/Hense, Teil I 9 Rn. 26; *Thomas*, CCZ 2009, 239, 240.
[213] SSW/*Kudlich*, § 13 Rn. 48; *Wittig*, § 6 Rn. 59; *Kraft/Winkler*, CCZ 2009, 29, 33.
[214] Hierzu gleich unter Rn. 22 ff.; *Heinrich*, in: Arzt/Weber/Heinrich/Hilgendorf, § 49 Rn. 23, konstatiert, dass die entsprechenden Gleichstellungsklauseln auf eine „massive Ausdehnung des deutschen Bestechungsstrafrechts hinauslaufen".
[215] Zur Begründung dieser Einschränkung hinsichtlich § 333 StGB s. *Dann*, wistra 2008, 41, 45; krit. dagegen *Gänßle*, NStZ 1999, 543, 544, sowie *Sieh*, http://www.im.nrw.de/inn/seiten/korr/tagung/dokumente/sieh.pdf.
[216] Lediglich für Amtsträger des IStGH ist eine solche Strafbarkeit *künftiger* nicht pflichtwidriger Handlungen geschaffen worden, s. Art. 2 § 2 Nr. 2 IStGHGG i.V.m. § 331 bzw. § 333 StGB.

20 Überblick über die Anwendbarkeit der Tatbestände

Tatbestand	Amtsträger		
	Deutsche	EU	International
§ 331 StGB	Ja	Nein	Nein
§ 332 StGB	Ja	Zukünftige Handlung: ja Handlung in der Vergangenheit: nein	Nein
§ 333 StGB	Ja	Nein	Nein
§ 334 StGB	Ja	Zukünftige Handlung: ja Handlung in der Vergangenheit: nein	Zukünftige Handlung: ja Handlung in der Vergangenheit: nein

II. Bestechung europäischer und ausländischer Amtsträger gem. § 334 StGB

1. Internationalisierung des Amtsträgerbegriffs durch EuBestG und IntBestG

21 Das **EUBestG** erweitert den Amtsträgerbegriff des StGB, in dem es folgende Personen mit deutschen Richtern und Amtsträgern gleichstellt:

- Richter eines anderen EU-Mitgliedsstaates oder eines Gerichts der Europäischen Gemeinschaft (Art. 2 § 1 Nr. 1 EuBestG),
- Amtsträger eines Mitgliedsstaates der EU,
- Gemeinschaftsbeamte und
- Mitglieder der Kommission sowie des Rechnungshofes der EU (Art. 2 § 1 Abs. 1 Nr. 2 EuBestG).[217]

Allerdings sind zwei, teilweise schwer zu überprüfende Einschränkungen zu beachten.[218] Zum einen ist die Amtsträgereigenschaft anhand der Rechtsordnung des betroffenen EU-Mitgliedsstaats zu bestimmen. Es reicht somit nicht aus, dass ein potentieller Vorteilsempfänger allein nach deutschem Recht als Amtsträger zu qualifizieren ist. Das ergibt sich aus Wortlaut, Gesetzgebungsgeschichte und Ratio des EUBestG.[219] Zum anderen muss die Stellung des Amtsträgers in dem anderen EU-Mitgliedstaat der Stellung eines Amtsträgers i.S. des § 11 Abs. 1 Nr. 2 StGB entsprechen.[220] Fällt die Tätigkeit des ausländischen Amtsträgers nicht unter den deutschen Amtsträgerbegriff, ist eine Strafbarkeit in Deutschland ausgeschlossen.

22 Das **IntBestG** dehnt die Anwendbarkeit des § 334 StGB auf Amtsträger, Richter und Soldaten aller Staaten der Welt und internationaler Organisationen aus – und zwar unabhängig davon, ob das betreffende Land Mitgliedsstaat der OECD oder Unterzeich-

---

[217] Zu allen Gruppen *Pelz*, StraFo 2000, 300, 301 und MünchKomm-StGB/*Korte*, § 332 Rn. 4 ff.
[218] Vgl. *Kempf*, FS Richter II, 2006, S. 283, 297; MünchKomm-StGB/*Korte*, § 332 Rn. 5; *Schuster/Rübenstahl*, wistra 2008, 201, 202.
[219] Vgl. *Rübenstahl*, ZWH 2012, 179, 182.
[220] Ausf. MünchKomm-StGB/*Korte*, § 332 Rn. 5; *Pelz*, StraFo 2000, 300, 301.

D. Internationale Aspekte der einschlägigen Vorschriften

nerstaat des OECD-Übereinkommens gegen Auslandskorruption ist.[221] Im Unterschied zum EuBestG verlangt das IntBestG in Art. 2 § 1 Nr. 2 lit. a nicht, dass die Amtsträgereigenschaft nach ausländischem Recht zu bestimmen ist und die Stellung des ausländischen Amtsträgers mit der eines deutschen i.S. des § 11 Abs. 1 Nr. 2 StGB vergleichbar sein muss. Daher will die mittlerweile h.M. den Begriff des ausländischen Amtsträgers autonom völkerrechtlich auf der Grundlage des OECD-Übereinkommens bestimmen.[222] Dieses definiert einen Amtsträger als „eine Person, die in einem anderen Staat durch Ernennung oder Wahl ein Amt im Bereich der (...) Verwaltung (...) innehat."[223] Diese Definition zieht auch der BGH heran.[224] Er greift weder auf den deutschen Amtsträgerbegriff,[225] noch auf das Recht des Staates, in dem der Betreffende tätig ist, zurück.[226]

Neben Amtsträgern erfasst Art. 2 § 1 Nr. 2 lit. b IntBestG auch Personen, die beauftragt sind, öffentliche Aufgaben für einen ausländischen Staat oder ein öffentliches Unternehmen wahrzunehmen. Während § 11 Abs. 1 Nr. 2 lit. c StGB hierfür eine Bestellung verlangt, ist nach Art. 2 § 1 Nr. 2 lit. b IntBestG eine einmalige Auftragserteilung ausreichend[227] und keine förmliche Verpflichtung erforderlich.[228] Auch wenn der Amtsträgerbegriff des IntBestG insofern erheblich weiter ist als der in § 11 Abs. 1 Nr. 2 StGB,[229] geht der Kreis der nach dem StGB Verpflichteten nicht vollständig im IntBestG auf. Denn Art. 2 § 1 Nr. 2 lit. b IntBestG setzt voraus, dass die Person selbst öffentliche Aufgaben wahrnimmt. Dies wird von einem für den öffentlichen Dienst besonders verpflichteten Deutschen nach § 11 Abs. 1 Nr. 4 StGB dagegen nicht verlangt.

„**Öffentliche Unternehmen**" im Sinne des OECD-Übereinkommens sind solche, 23 die von der öffentlichen Hand unmittelbar oder mittelbar beherrscht werden.[230] Von einer derartigen „Beherrschung" ist beispielsweise auszugehen, wenn die öffentliche Hand die Mehrheit des gezeichneten Kapitals hält, über die Mehrheit der vom Unternehmen ausgegebenen stimmberechtigten Aktien verfügt oder die Mehrheit der Mitglieder des Verwaltungs- bzw. Aufsichtsrats ernennen kann.[231] Einschränkend wird gefordert, dass staatlich kontrollierte Unternehmen öffentliche Aufgaben wahrnehmen

---

[221] MünchKomm-StGB/*Korte*, § 334 Rn. 5; krit. wegen der „Strafrechtsexpansion" bereits *Pieth*, ZStW 109 (1997), 756, 771; vom imperialistischen globalen Strafrecht spricht *Schünemann*, GA 2003, 299, 309; dies aufgreifend *Tinkl*, wistra 2006, 126, 127.
[222] So NK/*Kuhlen*, § 334 Rn. 3 c m.w.N. in Fn. 15; *Reyhn/Rübenstahl*, CCZ 2011, 161, 163. Eine Auseinandersetzung mit den unterschiedlichen Auffassungen findet sich in der Siemensentscheidung *BGH* NJW 2009, 89, 94. Vgl. auch OECD, Corruption: A Glossary of International Criminal Standards, 2007, S. 32.
[223] Art. 1 Abs. 4 lit. a OECD-Übereinkommen.
[224] *BGH* NJW 2009, 89, 94.
[225] So aber MünchKomm-StGB/*Korte*, § 334 Rn. 7.
[226] So aber letztlich NK/*Kuhlen*, § 334 Rn. 3 c; ebenso *Pelz*, StraFo 2000, 300, 302; zurückhaltend bejahend *Saliger/Gaede*, HRRS 2008, 57, 60. Zu den Problemen der „Fremdrechtsanwendung" s. *Mosiek*, StV 2008, 94, 97.
[227] BT-Drs. 13/10428, S. 6; MünchKomm-StGB/*Korte*, § 334 Rn. 8 m.w.N. in Fn. 7.
[228] Da nicht davon ausgegangen werden kann, dass es im Ausland dem deutschen Recht entsprechende Regelungen gibt, BT-Drs. 13/10428. Vgl. auch *Schmitz*, RIW 2003, 189, 193.
[229] NK/*Kuhlen*, § 334 Rn. 3 c; *Tinkl*, wistra 2006, 126, 128. S. auch *Kempf*, FS Richter II, 2006, S. 283, 296.
[230] S. zur Definition BT-Drs. 13/10428, S. 24; *Zerbes*, in: Pieth/Low/Cullen, S. 62; auf diese zurückgreifend auch *BGH* NJW 2009, 89, 94; ebenso *Korte*, wistra 1999, 81, 86.
[231] *Pelz*, StraFo 2000, 300, 303; MünchKomm-StGB/*Korte*, § 334 Rn. 9; *Schuster/Rübenstahl*, wistra 2008, 201, 204; *Zerbes*, in: Pieth/Low/Cullen, S. 63.

müssen.²³² Weil die Vorstellungen darüber, was eine öffentliche Aufgabe ist, schon innerhalb Europas weit auseinandergehen, haben die Verfasser des OECD-Übereinkommens diesbezüglich auf konkrete Vorgaben verzichtet.²³³ In den Erläuterungen wird lediglich festgehalten, dass der Begriff der öffentlichen Aufgaben alle Handlungen im öffentlichen Interesse erfasst, die im Auftrag eines anderen Staates wahrgenommen werden.²³⁴ Der Rechtsanwender steht somit vor der Schwierigkeit, anhand lokaler Staatsverständnisse rekonstruieren zu müssen, wie weit das jeweilige „öffentliche Interesse" reicht. Eine solche Bewertung bringt viele Unschärfen mit sich²³⁵ und sollte deshalb Anlass für eine andere Abgrenzung sein: Danach sind Unternehmen, die normale geschäftliche Tätigkeiten durchführen und im Wettbewerb mit nicht-staatlichen Akteuren stehen, vom Anwendungsbereich des IntBestG ausgenommen.²³⁶ An der zu überprüfenden Vergleichbarkeit mit privatwirtschaftlichen Unternehmen soll es wiederum fehlen, wenn ein Betrieb Subventionen erhält oder staatlich gewährte Vorrechte genießt.²³⁷ Da allerdings auch Privatunternehmen Subventionen erhalten, ist das erste Kriterium für sich genommen zur Abgrenzung ungeeignet.²³⁸ Man wird ergänzend verlangen müssen, dass ein Unternehmen systematisch bei der Vergabe von Subventionen gegenüber Privaten bevorzugt wird, um als öffentlich eingestuft werden zu können.²³⁹

2. Bestechung mit internationalen Bezügen

24

Amtsträger		
StGB	**EUBestG**	**IntBestG**
Beamter oder Richter	Richter eines EU-Staates; Richter eines Gerichts der EG; Gemeinschaftsbeamte; Mitglieder der Kommission oder des Rechnungshofs der EG	Richter eines ausländischen Staates oder internationalen Gerichts
Sonstiges öffentlich-rechtliches Amtsverhältnis	Amtsträger eines EU-Staates → Vorauss.: Amtsträger nach Definition des jew. EU-Staats **und** Stellung muss derjenigen eines deutschen Amtsträgers entsprechen.	Völkerrechtliche Definition: Amtsträger ist, wer in einem anderen Staat durch Ernennung oder Wahl ein Amt im Bereich der Verwaltung innehat.

---

²³² *Korte*, wistra 1999, 81, 86; MünchKomm-StGB/*Korte*, § 334 Rn. 9; *Möhrenschlager*, in: Dölling, Kap. 8 Rn. 353; krit. *Pelz*, StraFo 2000, 300, 303.
²³³ *Zerbes*, in: Pieth/Low/Cullen, S. 65; a.A. *Saliger/Gaede*, HRRS 2008, 57, 60, demgegenüber weist *Pelz*, StraFo 2000, 300, 303, zutreffend darauf hin, dass weder im OECD-Übereinkommen noch im IntBestG *näher* definiert ist, was öffentliche Aufgaben ausmacht.
²³⁴ *BGH* NJW 2009, 89, 94.
²³⁵ *Androulakis*, S. 405.
²³⁶ BT-Drs. 13/10428, S. 24; *BGH* NJW 2009, 89, 94.
²³⁷ BT-Drs. 13/10428, S. 24.
²³⁸ So MünchKomm-StGB/*Korte*, § 334 Rn. 9; *Pelz*, StraFo 2000, 300, 304 m. jew. krit. Anm. zum zweifelhaften Abgrenzungskriterium der Subventionsgewährung.
²³⁹ *Zerbes*, in: Pieth/Low/Cullen, S. 64; s. auch *BGH* NJW 2009, 89, 94: „ohne bevorzugende Subventionen oder sonstige Vorrechte"; *Schuster/Rübenstahl*, wistra 2008, 201, 204.

Amtsträger		
StGB	**EUBestG**	**IntBestG**
Sonstige Bestellung zur Wahrnehmung öffentlicher Aufgaben. **Keine eigene** Wahrnehmung öffentlicher Aufgaben. **Förmliche** Bestellung erforderlich.	s. o.	Wahrnehmung **eigener** öffentlicher Aufgaben für einen ausländischen Staat oder öffentliches Unternehmen. **Keine förmliche** Verpflichtung notwendig.

a) Grundzüge des § 334 StGB

§ 334 StGB stellt die Bestechung eines Amtsträgers unter Strafe. Tathandlungen sind das Anbieten, Versprechen und Gewähren eines Vorteils. Letzterer muss als Gegenleistung für die Vornahme einer künftigen oder vergangenen pflichtwidrigen Diensthandlung gedacht sein. Diese Verknüpfung – die sog. Unrechtsvereinbarung – ist das Herzstück des Bestechungstatbestandes. In der internen Ermittlungspraxis ergeben sich insbesondere bei der Bestimmung des endgültigen Vorteilsempfängers und dem Nachweis einer Unrechtsvereinbarung Schwierigkeiten. Das liegt beispielsweise daran, dass sich Zahlungen regelmäßig nur bis zu einem Konto zurückverfolgen lassen, das wegen der Einschaltung eines Vermittlers nicht offensichtlich einem Amtsträger zugeordnet werden kann. In solchen Fällen bleibt häufig unklar, ob es tatsächlich zu einer Unrechtsvereinbarung mit einem Amtsträger gekommen ist.

aa) Vorteilsbegriff

Der Vorteilsbegriff ist sehr weit gefasst. Ihm unterfällt jede materielle oder immaterielle Leistung, die den Amtsträger oder einen Dritten wirtschaftlich, rechtlich oder persönlich besser stellt und auf die der Empfänger keinen rechtlich begründeten Anspruch hat.[240] Diese ausufernde Definition hat zu Recht zu Kritik geführt.[241] Es wird zunehmend eine Gesamtbewertung unter Berücksichtigung von Täterstellung, Dienstpflicht und -ausübung sowie Unrechtsvereinbarung befürwortet.[242] Dabei bleibt allerdings fraglich, ob dieser Ansatz einen Zugewinn an Rechtssicherheit bedeutet.[243] Der in der Praxis häufigste Fall[244] – das Angebot eines Vermögenswerts oder einer wirtschaftlichen Besserstellung – ist unproblematisch als Vorteil einzustufen. Darauf, ob die Zuwendung einen nur geringen wirtschaftlichen Wert hat, kommt es erst im Rahmen der Sozialadäquanz oder der Unrechtsvereinbarung an.[245]

Weitere wirtschaftliche Vorteile sind z.B. Preisnachlässe und Sonderkonditionen, die Einladung zu einer Übernachtung, einer Sportveranstaltung im VIP-Bereich oder

---

[240] BeckOK-StGB/*Trüg*, § 331 Rn. 16; NK/*Kuhlen*, § 331 Rn. 33 m. zahlr. Hinw. aus Lit. und Rspr.
[241] *Bernsmann/Gatzweiler*, Rn. 174; krit. zu immateriellen Verbesserungen *Greeve*, Rn. 235.
[242] *Fischer*, § 331 Rn.11 a; *Greeve*, Rn. 236.
[243] *Bernsmann/Gatzweiler*, Rn. 174.
[244] Vgl. BKA Bundeslagebild Korruption 2009, pressefreie Kurzfassung, S. 14. So auch BeckOK-StGB/*Trüg*, § 331 Rn. 17.
[245] *Greeve*, in: Hauschka, § 25 Rn. 28; Vorteil bei 5 DM pro Auskunft bejahend *BGH* NStZ 2000, 596, 599; krit. zum Vorteil bei geringem Wert *Bernsmann/Gatzweiler*, Rn. 177 sowie SSW/*Rosenau*, § 331 Rn. 16.

zum Essen,[246] die Darlehensgewährung,[247] die Stundung von Schulden,[248] ein Anspruchsverzicht[249] und die Vermittlung von Nebenbeschäftigungen.[250] Zu beachten ist, dass der BGH einen Vorteil auch dann bejaht, wenn ein Vertragsabschluss vereinbart wird, der die Grundlage für an sich angemessene Zahlungen an einen Amtsträger schafft. Der BGH befürchtet eine Umgehung der Bestechungstatbestände und blendet deshalb die Angemessenheit von Leistung und Gegenleistung aus.[251] Stattdessen wird darauf abgestellt, ob ein Anspruch auf die Begründung des Vertragsverhältnisses besteht bzw. ob hiermit eine Besserstellung einhergeht.[252] Der 3. Strafsenat des BGH hat sich inzwischen zu einer verwaltungsakzessorischen Auslegung bekannt, wonach ein Vorteil zu verneinen ist, „wenn das im Rahmen der Dienstgeschäfte vereinbarte Austauschverhältnis der geltenden Rechtslage entspricht."[253]

In Auslandsfällen ist zu beachten, dass Zuwendungen an einen ausländischen Amtsträger, die nach den für ihn geltenden Gesetzen und sonstigen Vorschriften zulässig oder vorgeschrieben sind, keine tatbestandsmäßigen Vorteile darstellen.[254]

27 **Immaterielle Vorteile** sind relevant, sofern sie den Täter in irgendeiner Weise besser stellen und objektiv messbar sind.[255] Mittlerweile scheint der BGH die bloße „Befriedigung des Ehrgeizes" oder die Erhaltung oder Verbesserung von „Karrierechancen" nicht mehr genügen zu lassen.[256] Inwieweit rein statusbezogene Besserstellungen wie Ehrenämter oder Titel unter den Vorteilsbegriff zu subsumieren sind, ist ebenfalls zweifelhaft.[257] Demgegenüber werden „sexuelle Zuwendungen" gemeinhin als tatbestandsmäßig betrachtet.[258] Die praktische Bedeutung immaterieller Vorteile ist allerdings überschaubar.[259] Internationale Korruptionssachverhalte drehen sich primär um hohe Geldzahlungen oder andere materielle Vorteile.

28 Inzwischen steht außer Frage, dass § 334 StGB auch solche Fälle erfasst, in denen ein **Vorteil ausschließlich einem Dritten zufließen** soll bzw. ein Amtsträger aus altruis-

---

[246] *BGH* NStZ 1989, 74; *BGH* NJW 2003, 763, 764.
[247] Zum zinslosen Darlehen s. *BGH* NStZ 2005, 334, 335.
[248] BGHSt 16, 40 = NJW 1961, 1316.
[249] *BGH* NStZ 1991, 550, 551.
[250] Z.B. Vermittlung eines Beratervertrags, s. *BGH* NStZ 1984, 501, 502 f.
[251] *BGH* wistra 2011, 391, 392; *BGH* NStZ 1984, 501, 502; hierzu auch *Bannenberg*, in: Wabnitz/Janovsky, Kap. 10 Rn. 61; krit. hierzu *Lüderssen*, JZ 1997, 112, 114 f. sowie *Bernsmann/Gatzweiler*, Rn. 177 ff.
[252] *Greeve*, in: Hauschka, § 25 Rn. 31; *Busch*, NJW 2006, 1100, 1101; BeckOK-StGB/*Trüg*, § 331 Rn. 19 m.w. Nachw.
[253] *BGH* wistra 2011, 391, 393.
[254] Vgl. BT-Drs. 13/10248, S. 23.
[255] BeckOK-StGB/*Trüg*, § 331 Rn. 18; *Fischer*, § 331 Rn. 11 e.
[256] Der *BGH* nannte dies in seiner Begründung eher fernliegend, weil man dem Betreffenden dann anlaste, seine forschungsbezogenen Aufgaben möglichst gut zu erfüllen, s. *BGH* NStZ 2002, 648, 650; zust. SSK/*Rosenau*, § 331 Rn. 18; *Fischer* differenziert dagegen zwischen emotionalem Internum und sozialer Besserstellung und hält letztere für einen Vorteil i.S. der Vorschrift, § 331 Rn. 11 f.
[257] Dies verneinend *Bernsmann/Gatzweiler*, Rn. 189; bejahend NK/*Kuhlen*, § 331 Rn. 40; MünchKomm-StGB/*Korte*, § 331 Rn. 71; *Greeve*, in: Hauschka, § 25 Rn. 31.
[258] *BGH* StV 1994, 527; *BGH* NStZ-RR 2002, 272, 273; nicht dagegen die reine „Gelegenheit zur sexuellen Annäherung", *BGH* NJW 1989, 914, 915; krit. zu letzterem BeckOK-StGB/*Trüg*, § 331 Rn. 18.1.
[259] Vgl. BKA Bundeslagebild Korruption 2009, pressefreie Kurzfassung, S. 14; *Bernsmann/Gatzweiler*, Rn. 189.

tischen Beweggründen handelt.²⁶⁰ Nicht nur nahe Angehörige, sondern auch juristische Personen, Personengesellschaften, Parteien, Behörden oder Anstellungskörperschaften können Dritte im Sinne der Vorschrift sein.²⁶¹ Teilweise wird allerdings gefordert, die Anstellungsbehörde und -körperschaft nicht als Dritte anzusehen, weil weder der Wortlaut noch das Schutzgut für eine Einbeziehung sprechen würden.²⁶² Die Rechtsprechung differenziert jedoch nicht zwischen Privat- und Staatsnützigkeit, sondern stellt auf die Zuwendung an sich ab.²⁶³ Der BGH hat Zuwendungen an die Anstellungskörperschaft eines Amtsträgers konsequenterweise als Drittvorteile eingestuft.²⁶⁴ Letztlich wird man eventuelle Unbilligkeiten erst auf der Ebene der Unrechtsvereinbarung von der Strafbarkeit ausnehmen können.

Ein Drittvorteil soll auch dann vorliegen, wenn der Dritte einen Anspruch gegen den Zuwendenden hat. Es komme nicht auf den Dritten, sondern allein auf den involvierten Amtsträger an. Nur wenn dieser einen eigenen Anspruch auf Zuwendungen an sich oder einen Dritten habe, scheide die Annahme eines Vorteils aus.²⁶⁵ Die Unterstützung eines Angehörigen bei der Stellensuche wird ebenso erfasst²⁶⁶ wie die Verschaffung eines Ausbildungsplatzes zugunsten einer dem Amtsträger nahestehenden Person.²⁶⁷

bb) Tathandlung und pflichtwidrige Diensthandlung

Tathandlungen des § 334 StGB können das Anbieten, Versprechen und Gewähren eines Vorteils für eine pflichtwidrige Diensthandlung sein, wobei es – im Gegensatz zu IntBestG und EUBestG – unerheblich ist, ob sich der Vorteil auf eine vergangene oder künftige Diensthandlung bezieht. Dies ergibt sich aus einem Umkehrschluss zu § 334 Abs. 3 StGB, der „künftige Handlungen" mit einbezieht.²⁶⁸ Der Täter muss bei künftigen Handlungen des sog. „gebundenen Beamten" billigend in Kauf nehmen, dass dieser durch die Diensthandlung seine Pflichten verletzt (§ 334 Abs. 3 Nr. 1 StGB). Beim sog. Ermessensbeamten muss er bedingt vorsätzlich darauf hinwirken, dass sich dieser durch den Vorteil beeinflussen lässt (§ 334 Abs. 3 Nr. 2 StGB). Tatvollendung ist schon dann gegeben, wenn der Täter den Vorteilsnehmer zu der noch vorzunehmenden Diensthandlung zu bestimmen versucht.²⁶⁹ Nicht erforderlich ist, dass der Amtsträger die Diensthandlung tatsächlich vornimmt, er den Bestechungszweck erkennt oder der Vorteil wirklich zu ihm gelangt.²⁷⁰

29

---

²⁶⁰ BT-Drs. 13/5584, S. 16; BeckOK-StGB/*Trüg*, § 331 Rn. 20; SSW/*Rosenau*, § 331 Rn. 20; *Fischer*, § 331 Rn. 14; MünchKomm-StGB/*Korte*, § 332 Rn. 79. Insoweit ist die ablehnende Haltung für die Praxis nicht von Bedeutung, s. aber früher noch *Korte*, NStZ 1997, 513, 515 sowie die Darstellung bei *Bernsmann/Gatzweiler*, Rn. 196.
²⁶¹ Zu den Rspr.-Nachw. im Einzelnen s. *Fischer*, § 331 Rn. 14; zu der Annahme von Wahlspenden schon vor der Gesetzesänderung *BGH* NStZ 1988, 458; s. hierzu ausf. *Greeve*, Rn. 251 ff.
²⁶² *Bernsmann/Gatzweiler*, Rn. 201 ff.; *LG Bonn* MedR 2001, 260, 261 f.
²⁶³ Ablehnend zu *LG Bonn* die höhere Instanz *OLG Köln* NStZ 2002, 35, 36; zum Schulcomputer als Drittvorteil *OLG Celle* NJW 2008, 164.
²⁶⁴ *BGH* NJW 2003, 763, 767; s. auch *LG Essen*, Urt. v. 12.3.2010, Az. 56 KLs 20/08, Rn. 70, juris = BeckRS 2011, 24054. Zu Drittzuwendungen an eine Dienststelle insg. *Greeve*, Rn. 245 ff.
²⁶⁵ *Fischer*, § 331 Rn. 15.
²⁶⁶ *Greeve*, in: Hauschka, § 25 Rn. 30 mit Verweis auf eine allerdings die Wohnungssuche betreffende Entscheidung, BGHSt 8, 214 = NJW 1956, 70.
²⁶⁷ *OLG Celle*, Beschl. v. 4.10.2010, Az. 3 Ws 1/10, BeckRS 2011, 06730.
²⁶⁸ SSW/*Rosenau*, § 334 Rn. 7.
²⁶⁹ SSW/*Rosenau*, § 334 Rn. 7.
²⁷⁰ *Fischer*, § 334 Rn. 8.

30 Die Diensthandlung muss außerdem **pflichtwidrig** sein. Letzteres ist der Fall, wenn Rechtssatz, Dienstvorschrift oder Anordnung einem Amtsträger die Vornahme, Unterlassung oder die Modalitäten einer Diensthandlung vorschreiben und er hiervon abweicht.[271] Bei gebundenen Entscheidungen ist die objektive Pflichtwidrigkeit der Diensthandlung maßgeblich.[272] Bei Ermessensentscheidungen handelt ein Amtsträger bereits dann pflichtwidrig, wenn seine Entscheidung auf sachwidrigen Erwägungen beruht.[273] Dabei ist der Begriff des Ermessens nicht in einem streng verwaltungsrechtlichen Sinne zu verstehen.[274] Er erfasst vielmehr alle Situationen, in denen ein Amtsträger mehrere sachlich verschiedene Entscheidungen treffen kann.[275] Damit ist der Kreis der Pflichtwidrigkeit viel weiter gezogen als im Verwaltungsrecht[276] und bezieht auch solche Fälle mit ein, in denen sich der Amtsträger zwar innerhalb seines Ermessensspielraums bewegt, den Vorteil aber bei der Entscheidung über mehrere rechtmäßige Handlungsvarianten mit auf die Waagschale legt.[277] Dies ist z. B. der Fall, wenn ein Arzt zwischen mehreren gleich geeigneten Produkten auswählen kann, seine Entscheidung aber zugunsten desjenigen Produktes ausfällt, dessen Hersteller ihm Vorteile in Aussicht stellt.[278] Keinen Ermessensspielraum hat der Amtsträger, der lediglich über zeitliche Handlungsalternativen verfügt.[279] Wickelt er einen Vorgang wegen sog. Beschleunigungszahlungen vor anderen ab, handelt er grundsätzlich nicht pflichtwidrig. Etwas anderes wird in den Fällen angenommen, in denen der Amtsträger ausdrücklich verpflichtet ist, eine bestimmte Bearbeitungsreihenfolge einzuhalten.[280] Die Problematik der Beschleunigungs- und Erleichterungszahlungen hat für die Geschäftstätigkeit in bestimmten Staaten eine nicht zu unterschätzende Bedeutung und wird später behandelt.[281]

cc) Unrechtsvereinbarung

31 Die Unrechtsvereinbarung ist das Herzstück des Bestechungstatbestandes. Sie setzt voraus, dass der Vorteil als **Gegenleistung** für eine pflichtwidrige Dienstleistung versprochen, angeboten oder zugewendet wird.[282] Die Rechtsprechung stellt keine hohen Anforderungen an die notwendige Verknüpfung zwischen pflichtwidriger Diensthandlung und Vorteil.[283] Der BGH lässt es genügen, wenn sich das Einverständnis der Beteiligten darauf bezieht, dass der Amtsträger innerhalb eines bestimmten Aufgabenbereichs oder Kreises von Lebensbeziehungen nach einer gewissen Richtung hin tätig geworden ist oder werden soll und die einvernehmlich ins Auge gefasste Diensthand-

---

[271] BGHSt 47, 295 = NJW 2002, 2801, 2806; *BGH* NStZ-RR 2008, 13, 14.
[272] Schönke/Schröder/*Heine*, § 332 Rn. 8; SSW/*Rosenau*, § 332 Rn. 8.
[273] BGHSt 47, 262, 263 = NStZ 2002, 477, 478.
[274] SSW/*Rosenau*, § 332 Rn. 9.
[275] NK/*Kuhlen*, § 332 Rn. 9; *BGH* NStZ 2007, 211, 212.
[276] *BGH* NStZ 2007, 211, 212; SSW/*Rosenau*, § 332 Rn. 9; am verwaltungsrechtlichen Begriff orientiert BeckOK-StGB/*Trüg*, § 332 Rn. 8.
[277] *BGH* NStZ 2007, 211, 212; BGHSt 47, 262 = NStZ 2002, 477, 478.
[278] *BGH* NJW 2003, 763, 767.
[279] *OLG Frankfurt a.M.* NJW 1990, 2074, 2075; *OLG Naumburg* NJW 1997, 1593; *BGH* wistra 1998, 108, 109.
[280] *Dann*, wistra 2008, 41, 45 m.w.N.
[281] Unter Rn. 35 ff.
[282] BeckOK-StGB/*Trüg*, § 332 Rn. 4; *Fischer*, § 331 Rn. 21; *BGH* NStZ-RR 2008, 13, 14, d. h. es muss kein vertragsähnliches Gegenleistungsverhältnis sein, sondern eine bewusste Verknüpfung zwischen Dienstausübung und Vorteil reicht aus. S. auch BGHSt 49, 276, 282 f.
[283] *Greeve*, Rn. 259.

D. Internationale Aspekte der einschlägigen Vorschriften

lung nach ihrem sachlichen Gehalt zumindest in groben Umrissen erkennbar und festgelegt ist.[284] Hierdurch soll eine Privilegierung von Amtsträgern vermieden werden, die sich nicht nur für eine konkrete Diensthandlung, sondern für weite Bereiche ihrer Tätigkeit als käuflich erweisen.[285] Vorteile, die lediglich allgemeines Wohlwollen im Sinne der „Klimapflege" und des „Anfütterns" sichern sollen, zielen nicht auf eine konkrete Diensthandlung und sind damit kein tauglicher Gegenstand einer Unrechtsvereinbarung i.S. von § 334 StGB.[286] Da insoweit nur §§ 331 und 333 StGB in Betracht kommen,[287] diese aber von IntBestG und EuBestG nicht erfasst werden, macht sich ein Unternehmensmitarbeiter, der im Ausland reine „Klimapflege" betreibt, nicht nach deutschem Recht strafbar. Spenden mit dem Ziel politischer „Klimapflege" hat der BGH ebenfalls nicht unter § 332 StGB subsumiert.[288]

In **Zweifelsfällen**, die regelmäßig auftreten, kann man sich nur mit der Heranziehung verschiedener Indizien behelfen, die für interne Ermittler unverzichtbare Hilfsmittel darstellen. Es ist eine Gesamtbewertung unter besonderer Berücksichtigung der Interessenlage der Beteiligten vorzunehmen. „Pauschale Bewertungen in Anlehnung an Begrifflichkeiten wie 'allgemeine Klimapflege' oder 'Anfüttern' verbieten sich dabei."[289] Für eine Unrechtsvereinbarung können die Stellung des Amtsträgers, dienstliche Berührungspunkte zum Vorteilsgeber, die Plausibilität einer anderen Zielsetzung, die Höhe des Vorteils,[290] Verschleierungsmaßnahmen, fehlende Dokumentation, fehlende Äquivalenz von Leistung und Gegenleistung im Rahmen vertraglicher Verhältnisse sowie Dauer und Zeitpunkt der Gewährung von Vorteilen sprechen.[291] Die Einhaltung gesetzlich vorgeschriebener Anzeige- und Genehmigungsverfahren schließt die Annahme einer Unrechtsvereinbarung tendenziell aus.[292] 32

Schließlich ist zu beachten, dass einzelne Fallgruppen durch teleologische Reduktion bzw. restriktive Auslegung[293] als nicht strafbar ausgewiesen werden können. Zuvörderst ist an **sozial adäquate Zuwendungen** zu denken, die sich einer generalisierenden Betrachtung entziehen. Fälle aus dem Bereich des Gesundheitswesens, der Drittmittelforschung und der Parteispenden haben gezeigt, wie unscharf die Grenze zwischen sachlich notwendiger Zusammenarbeit und Unrechtsvereinbarung sein kann.[294] Um im Einzelfall ein Abwägungskriterium an der Hand zu haben, kann zunächst die Differenzierung zwischen emotionalem Bedürfnis und strategischem Interesse des Vorteilsgebers hilfreich sein.[295] Wenn selbst der BGH eine Abgrenzung zwi- 33

---

[284] SSW/*Rosenau*, § 332 Rn. 5; *BGH* NStZ 2005, 214, 215.
[285] BGHSt 32, 290, 291 = NJW 1985, 391.
[286] SSW/*Rosenau*, § 332 Rn. 5 m. zahlr. Nachw. zur Rspr., s. z.B. *BGH* NStZ 2003, 158, 159.
[287] *BGH* NJW 2004, 3569, 3571; NStZ-RR 2007, 309, 310; BeckOK-StGB/*Trüg*, § 331 Rn. 26; *Fischer*, § 331 Rn. 24.
[288] *BGH* NStZ 2007, 36, 37, allerdings wurde der konkrete Fall der sog. „Einflussspende" unter § 332 StGB subsumiert.
[289] *BGH* NJW 2008, 688, 690.
[290] Das *OVG Lüneburg* hat die Ausstattung von Ratsmitgliedern mit Jahreskarten für einen Freizeitpark, deren Wert € 80 überschritt, als nicht geeignet angesehen, um „eine bedeutsame planerische Entscheidung" zu beeinflussen, Urt. v. 10.8.2010, Az. 1 KN 218/07, BeckRS 2010, 51757.
[291] *BGH* NStZ-RR 2007, 309, 311; NJW 2008, 688, 690 f. m.w.N. Zu den einzelnen Fallgruppen SSW/*Rosenau*, § 331 Rn. 30 m.w.N.
[292] Vgl. BGHSt 47, 295, 303 = NJW 2002, 2801 = NStZ 2002, 648; *BGH* NStZ-RR 2003, 171, 172; wistra 2003, 59, 64.
[293] So *BGH* NJW 2004, 3569, 3574.
[294] *Fischer*, § 331 Rn. 26 a. Insoweit lohnt auch ein Blick in die hierzu vorliegende Rechtsprechung, vgl. zusammenfassend *Greeve*, Rn. 274 ff.
[295] So *Bernsmann/Gatzweiler*, Rn. 286.

schen erlaubten und unerlaubten Zuwendungen für „nicht einfach" hält,[296] so sind interne Ermittler gut beraten, dies auch zugunsten der verantwortlichen Unternehmensmitarbeiter zu berücksichtigen.

Während geringwertige Aufmerksamkeiten sozialadäquat sind,[297] trifft das auf deren wiederholte Zuwendung nicht zu.[298] Als angemessen gelten Höflichkeits- und Gefälligkeitsgeschenke zu Anlässen wie Geburtstag, Dienstjubiläum oder Weihnachten.[299] Die Teilnahme an einer Veranstaltung nebst Rahmenprogramm zielt ebenfalls nicht auf eine Unrechtsvereinbarung, wenn der eingeladene Amtsträger hierdurch Repräsentationsaufgaben erfüllt, die einen Bezug zu seinem Amt haben und die Kosten im Rahmen des Angemessenen verbleiben.[300] Auch Bewirtungen im Rahmen des Üblichen werden als gesellschaftlich akzeptiert angesehen.[301] Allerdings ist hier das jeweilige Dienstrecht zu beachten, das genau festlegen sollte, ob und in welchem Umfang Amtsträger Zuwendungen annehmen dürfen.[302] Dabei darf von einem Dienstvergehen nicht automatisch auf eine Unrechtsvereinbarung geschlossen werden.[303]

dd) Künftige Diensthandlungen nach § 334 Abs. 3 StGB

34 § 334 Abs. 3 StGB stellt klar, dass der Tatbestand bereits dann erfüllt ist, wenn die Tathandlung als Gegenleistung für eine künftige Diensthandlung gedacht ist und der Täter den anderen zu bestimmen versucht, bei dieser Handlung seine Pflichten zu verletzen bzw. sich bei der Ausübung seines Ermessens beeinflussen zu lassen. Unbeachtlich ist insoweit, ob der Amtsträger den begehrten Entschluss bereits gefasst hat oder ob er überhaupt nicht dazu in der Lage ist, diesen zu fassen.[304]

b) Modifizierung durch das IntBestG

aa) Einleitung

35 Während das EUBestG den Straftatbestand des § 334 StGB lediglich auf europäische Amtsträger ausweitet, hat der Gesetzgeber diese Norm durch das IntBestG um eine weitere Strafbarkeitsvoraussetzung („im internationalen Geschäftsverkehr") ergänzt und hierdurch einen neuen Straftatbestand geschaffen.[305]

---

[296] *BGH* NJW 2004, 3569, 3575.
[297] Allerdings ist die Geringwertigkeitsgrenze bei € 50 „deutlich" überschritten, s. *OLG Frankfurt a.M.* NJW 1990, 2074, 2075; s. zur „akzeptierten Wertgrenze von € 40 bis 50 Euro" aber *Bernsmann/Gatzweiler*, Rn. 283.
[298] *BGH* NStZ 1998, 194 – kostenlose Getränke in 90 Fällen.
[299] *BGH* wistra 2011, 391, 394; MünchKomm-StGB/*Korte*, § 331 Rn. 128; *Fischer*, § 331 Rn. 25.
[300] Zutreffend *Trüg*, NJW 2009, 196, 198.
[301] Wobei hier wiederum unterschiedliche Grenzen gezogen werden. So ist eine umfangreiche Bewirtung von Vorstandsmitgliedern einer Sparkasse sozialadäquat (BGHSt 31, 264, 279), das Freibier an den Polizeibeamten aber nicht (NStZ 1998, 194).
[302] Insoweit ist das Disziplinar- und Dienstrecht z.B. bedeutend enger, was die Wertgrenze betrifft. S. insg. *Greeve*, Rn. 48 ff.
[303] So auch *Greeve*, Rn. 273.
[304] BeckOK-StGB/*Trüg*, § 334 Rn. 2.
[305] NK/*Kuhlen*, § 334 Rn 3 b; *Tinkl*, wistra 2006, 126; *Weigend*, FS Jakobs, 2007, S. 747, 763.

D. Internationale Aspekte der einschlägigen Vorschriften

bb) Vorteile für eine künftige, pflichtwidrige Diensthandlung

Art. 2 § 1 IntBestG limitiert die Strafbarkeitszone, weil nur Unrechtsvereinbarungen **36**
erfasst werden, die auf *künftige* und *pflichtwidrige* Diensthandlungen gerichtet sind.[306]

Welches der richtige Maßstab ist, um die **Pflichtwidrigkeit** der Diensthandlung zu bestimmen, ist umstritten. Die wohl h. M. greift auf die Rechtsordnung des Staates zurück, in dem die Diensthandlung vorgenommen werden soll.[307] Argumentiert wird damit, dass die Bewertung einer Handlung untrennbar mit dem Pflichtenkreis des Handelnden verknüpft sei. Wenn der Handelnde Amtsträger eines ausländischen Staates sei, richteten sich dessen Pflichten konsequenterweise allein nach den dort geltenden Rechtsvorschriften.[308] Diese Herangehensweise stellt allerdings hohe Anforderungen an in Deutschland ansässige Normadressaten, für die es im Einzelfall schwer zu beurteilen sein kann, welche Pflichten ausländische Amtsträger haben.[309] Gleichzeitig ergeben sich – wie bei jeder Fremdrechtsanwendung – erhebliche Ermittlungsschwierigkeiten. Denn für deutsche Ermittlungsbehörden und Gerichte ist es deutlich aufwendiger, den Pflichtenkreis eines Amtsträgers anhand ausländischen Rechts zu beurteilen.[310]

Daher bewerten andere Autoren die Pflichtwidrigkeit nicht nach ausländischem, sondern nach deutschem Recht.[311] Sie sind der Auffassung, dass der Gesetzgeber eine solch unpraktikable Ermittlung ausländischer Rechtsvorschriften nicht gewollt habe.[312] Dieser Ansatz überzeugt nicht, weil Maßstab einer Pflichtverletzung grundsätzlich nur das Recht desjenigen Staates sein kann, dem der betreffende Amtsträger Loyalität schuldet.[313]

Ein dritter Weg führt zu einer autonomen Definition des Merkmals der Pflichtwid- **37**
rigkeit, die Sinn und Zweck des OECD-Übereinkommens gerecht wird.[314] Auch bei der Bestimmung des im IntBestG niedergelegten Amtsträgerbegriffs hat der BGH diesen methodischen Ansatz gewählt, um die Schaffung eines Blanketttatbestands zu vermeiden.[315] Hierdurch würde man nicht nur weitgehend ohne einen Rückgriff auf das Heimatrecht des jeweiligen Amtsträgers auskommen,[316] sondern auch einen Rekurs auf deutsches Verwaltungsrecht vermeiden.

Entscheidet man sich für eine autonome Definition, ergibt sich folgende Prüfreihenfolge: In einem ersten Schritt ist in Rechnung zu stellen, dass die Erläuterungen des

---

[306] Lediglich *Gänßle* ist der Auffassung, es solle nicht zwischen pflichtwidrigen und pflichtgemäßen Diensthandlungen unterschieden werden, s. *Gänßle*, NStZ 1999, 543, 544. Die OECD-Konvention kann jedoch nicht so ausgelegt werden, vgl. m. ausf. Begründung *Horrer*, S. 190 f.

[307] *Bernsmann/Gatzweiler*, Rn. 797; *Gorf*, in: Graf/Jäger/Wittig, § 334 Rn. 18; MünchKomm-StGB/*Korte*, § 334 Rn. 18; *Möhrenschlager*, in: Dölling, Kap. 8 Rn. 356 Fn. 842; *Schuster/Rübenstahl*, wistra 2008, 201, 204; LK-StGB/*Sowada*, § 334 Rn. 5; *Tinkl*, wistra 2006, 126, 129; *Greeve*, Rn. 479; ausf. *Horrer*, S. 189 ff.; grds. auch so NK/*Kuhlen*, § 334 Rn. 3 d, im Einzelnen aber differenzierend.

[308] *Horrer*, S. 195.

[309] *Pelz*, WM 2000, 1566, 1571.

[310] *Horrer*, S. 193 f.; *Tinkl*, wistra 2006, 126, 129.

[311] *Gänßle*, NStZ 1999, 543, 544; in diesem Sinne, aber nicht ausdrücklich auch *Sieh*, http://www.im.nrw.de/inn/seiten/korr/7_tagung/pdf/3_3_Oilforfood.pdf.

[312] So *Gänßle*, NStZ 1999, 543, 544.

[313] Ausf. zur Kritik *Horrer*, S. 195 f.

[314] So *Androulakis*, S. 408; *Dann*, wistra 2008, 41, 44; *Zerbes*, in: Pieth/Low/Cullen, S. 138, 7.2.1 m.w.N.; a.A. *Horrer*, S. 189 ff.

[315] BGHSt 52, 323, 345 = NJW 2009, 89.

[316] Zweifelnd *Michalke*, StV 2011, 492, 493.

§ 3. Internationale Aspekte des deutschen Strafrechts

OECD-Übereinkommens Amtsträger in die Pflicht nehmen, ihre Entscheidungen in Unparteilichkeit bzw. frei von sachwidriger Beeinflussung zu fällen.[317] Der deutsche Gesetzgeber hat dem dadurch Rechnung getragen, dass Art. 2 § 1 IntBestG auf § 334 Abs. 3 StGB Bezug nimmt, der die unsachlich beeinflusste Ermessensausübung erfasst. In diesem Sinne wäre jede Entscheidung pflichtwidrig, bei der ein ausländischer Amtsträger, dem im Rahmen seiner Tätigkeit zumindest zwei Handlungsoptionen offen stehen, sich von einem Vorteil leiten lassen soll.[318] Es läge nur dann keine Pflichtwidrigkeit vor, wenn dem designierten Vorteilsempfänger kein Handlungsspielraum eröffnet ist, was nicht ohne Rückgriff auf das Recht seines Heimatstaates beurteilt werden kann, oder wenn ihm die Annahme des Vorteils in der konkreten Situation ausdrücklich gestattet ist. Gleichwohl dürfte insbesondere in Fällen der öffentlichen Auftragsvergabe häufig außer Frage stehen, dass ein Amtsträger Beurteilungsspielräume und damit verschiedene Entscheidungsvarianten hat.

Es kann mitunter schwierig sein, den Pflichtenkreis ausländischer Amtsträger zu bestimmen. In Ländern, in denen Schmiergelder zugleich öffentlich geduldete Zusatzeinkünfte der Amtsträger sind, scheint deren Annahme jedenfalls nicht per se pflichtwidrig zu sein.[319] Ganz eng damit verbunden ist die Frage, wann ein Verhalten im Ausland nach dem dortigen Verständnis sozialadäquat ist. Die OECD-Erläuterungen verbieten es, einen Freibrief für pflichtwidrige, aber ortsübliche Verfahrensweisen auszustellen,[320] da es für die Strafbarkeit nicht auf die örtlichen Gepflogenheiten ankommen soll.[321]

38 Sog. **Beschleunigungs- und Erleichterungszahlungen**, die nicht auf eine pflichtwidrige Diensthandlung gerichtet sind und/oder keinen unbilligen Vorteil bezwecken, sind vom IntBestG nicht erfasst.[322] Da das OECD-Übereinkommen nach den Erläuterungen Nr. 9 nur „kleinere" Erleichterungszahlungen von einer Strafbarkeit ausnimmt, ergibt sich insofern eine Divergenz zum deutschen Strafrecht, dem diese Einschränkung fremd ist. Nach anderer, abzulehnender Auffassung sollen auch „sozial übliche kleinere Zuwendungen für pflichtwidrige Diensthandlungen" straflos sein.[323]

Im Gegensatz zum FCPA nehmen die OECD-Erläuterungen zu den sog. Beschleunigungszahlungen keine Stellung. Auch hier ist strikt nach Vorteilen für pflichtwidrige und pflichtgemäße Diensthandlungen zu unterscheiden. Geht es darum, ein willkürliches und damit pflichtwidriges Verzögern des Verwaltungsverfahrens durch Beschleunigungszahlungen zu umgehen, ist eine pflichtwidrige Diensthandlung zu verneinen. Wird hingegen ein staatlich legitimiertes, verbindliches Verwaltungsverfahren nur subjektiv für zu umständlich befunden und zwecks Beschleunigung eine Zahlung geleistet, so ist eine pflichtwidrige Diensthandlung zu bejahen.[324]

---

[317] OECD-Erläuterungen Nr. 3; BT-Drs. 13/10428.
[318] Zur Wesentlichkeit des Ausblendens sachwidriger partikulärer Interessen s. *Kindhäuser*, ZIS 2011, 461, 465.
[319] Das Bsp. Indonesien benennt *Tinkl*, wistra 2006, 126, 129.
[320] *Tinkl*, wistra 2006, 126, 130.
[321] OECD-Erläuterungen Nr. 7; BT-Drs. 13/10428.
[322] Ausf. *Dann*, wistra 2008, 41 ff.; auch *Korte*, wistra 1999, 81, 87; *Tinkl*, wistra 2006, 126, 129 f.; *Weigend*, FS Jakobs, 2007, S. 747, 755 Fn. 31. Allerdings befürwortet Transparency International eine strengere Regelung für Beschleunigungszahlungen, s. Progress Report 2007: Enforcement of the OECD Convention on Combating Bribery of Foreign Public Officials, S. 38. Gleiches gilt für die OECD, s. *Reyhn/Rübenstahl*, CCZ 2011, 161, 164.
[323] Vertreten wird diese Auffassung u.a. von *Bernsmann/Gatzweiler*, Rn. 815; NK/*Kuhlen*, § 334 Rn 3e. A. A. – wie hier – u.a. LK-StGB/*Sowada*, § 334 Rn. 5; *Zerbes*, in: Pieth/Low/Cullen, S. 139.
[324] Ausf. *Dann*, wistra 2008, 41, 43; anders *Tinkl*, wistra 2006, 126, 130.

cc) Auftrag oder unbilliger Vorteil im internationalen Geschäftsverkehr gem. § 1 IntBestG

Der Bestechende muss anstreben, sich oder einem Dritten einen Auftrag oder einen unbilligen Vorteil im internationalen geschäftlichen Verkehr zu verschaffen oder zu sichern. Auftrag meint jedes vorteilhafte Geschäft.[325] Der Begriff des unbilligen Vorteils ist weit auszulegen und umfasst jede Besserstellung materieller oder immaterieller Art, auf die der Zuwendende keinen rechtlich begründeten Anspruch hat. Auch eine tatsächliche Besserstellung reicht aus.[326] Als Beispiel nennt der Gesetzgeber die Zulassung zur Teilnahme an einem Ausschreibungsverfahren.[327]

39

Die Bevorzugung, die sich der Bestechende verschaffen oder sichern will, muss im „internationalen geschäftlichen Verkehr" erfolgen. Der geschäftliche Verkehr ist „international", wenn er einen grenzüberschreitenden oder auslandsbezogenen Sachverhalt betrifft. Auch der Geschäftsverkehr mit internationalen Organisationen, die ihren Sitz in der Bundesrepublik Deutschland haben, wird hierzu gezählt.[328] Umstritten ist, ob das Merkmal zwingend einen grenzüberschreitenden Güter- oder Leistungsaustausch voraussetzt oder ob es ausreicht, wenn ein Unternehmen im Ausland mit einem im Inland kapitalmäßig verflochten ist. So wird nach einer sehr weitgehenden Auslegung vertreten, dass auch die faktische Beherrschung eines Unternehmens im Ausland einen internationalen Sachverhalt begründe, wenn das wirtschaftliche Ergebnis der Auslandstätigkeit zur Muttergesellschaft abfließe.[329] Eine derart weite Auslegung des Begriffs „international" dürfte von der OECD aus kriminalpolitischen Gründen geteilt werden, um zu verhindern, dass deutsche Unternehmen etwaige Bestechungspraktiken ihrer ausländischen Töchter unterstützen und steuern. Gleichwohl spricht die Gesetzesbegründung zum IntBestG eher dagegen. Denn hier ist ausdrücklich vom grenzüberschreitenden Güter- und Leistungsaustausch die Rede.[330] Dieser muss sich nach einer rein tatsächlichen Sicht bestimmen, ohne auf diffizile Unternehmensverflechtungen Rücksicht zu nehmen. Eine solche – engere – Auslegung wird auch praktischen Erwägungen gerecht, da eine „faktische Beherrschung" für die Normadressaten schwierig festzustellen sein kann. Schließlich bleibt es den Ermittlungsbehörden des Tatortstaats in vermeintlichen Umgehungsfällen unbenommen, die Behörden des Staates, in dem das missbräuchlich steuernde Mutterunternehmen sitzt, im Wege der Rechtshilfe einzuschalten.

40

Hoheitliches Handeln ist vom geschäftlichen Verkehr nicht ausgeschlossen.[331] Das Merkmal **„im geschäftlichen Verkehr"** ist aus der Sicht des Bestechenden zu bestimmen, so dass es nicht darauf ankommt, ob sich die von ihm erwartete Gegenleis-

41

---

[325] *Tinkl*, wistra 2006, 126, 130.
[326] *Greeve*, in: Hauschka, § 25 Rn. 59; *Krause/Vogel*, RIW 1999, 488, 492.
[327] BT-Drs. 13/10428, S. 6.
[328] BT-Drs. 13/10428, S. 6; Dölling/Duttge/Rössner/*Bannenberg*, § 334 Rn. 3.
[329] So schon *Androulakis*, S. 410; *Krause/Vogel*, RIW 1999, 488, 492; *Greeve*, Rn. 482; *Greeve*, in: Hauschka, § 25 Rn. 60; *Möhrenschlager*, in: Dölling, Kap. 8 Rn. 357; *Tinkl*, wistra 2006, 126, 130. Differenzierend *Horrer*, S. 210, der darauf abstellt, ob der angestrebte Auftrag oder sonstige unbillige Vorteil der deutschen Muttergesellschaft zu Gute kommt.
[330] BT-Drs. 13/10428, S. 6; so auch *Bernsmann/Gatzweiler*, Rn. 805; MünchKomm-StGB/*Korte*, § 334 Rn. 15; *Pelz*, StraFo 2000, 300, 304. Unter Darstellung des Meinungsstreits offengelassen von *Taschke*, StV 2001, 78, 79.
[331] *Korte*, wistra 1999, 81, 87; a.A. und streng an das UWG angelehnt *Krause/Vogel*, RIW 1999, 488, 492.

§ 3. Internationale Aspekte des deutschen Strafrechts

tung auch für den Amtsträger als Handlung im geschäftlichen Verkehr darstellt.[332] Es reicht aus, wenn potentieller Zuwendender und Zuwendungsempfänger in eine irgendwie geartete geschäftliche Beziehung zueinander treten. Gleichzeitig ist zu berücksichtigen, dass der unbillige Vorteil mit dem Erfordernis „im internationalen geschäftlichen Verkehr" in Beziehung gesetzt werden muss.[333] Hieraus folgt allerdings nicht, dass sich der unbillige Vorteil im Verhältnis zu Mitbewerbern ergeben muss.[334] Dieses Erfordernis ist insbesondere nicht in Nr. 5 der Erläuterungen zum OECD-Übereinkommen niedergelegt. Dort wird gerade nicht darauf abgestellt, dass ein unbilliger Vorteil in allem zu sehen ist, was den Bestechenden „gegenüber Mitbewerbern" besser stellt, sofern er hierauf keinen Anspruch hat.[335] Vor diesem Hintergrund ist fraglich, ob eine konkrete Benachteiligung eines Konkurrenten erforderlich oder eine generelle Wettbewerbsverzerrung ausreichend ist. Diese Differenzierung spielt vor allem bei Monopolstellungen eine Rolle, in denen (noch) keine Konkurrenzsituation existiert.[336] Wegen des fehlenden Wettbewerbsbezugs im Wortlaut des IntBestG verzichten einige Autoren auf eine besondere Konkurrenzsituation.[337] Dem ist insoweit zuzustimmen, als der internationale geschäftliche Verkehr, auf den Art. 2 § 1 IntBestG Bezug nimmt, nicht mit internationalem Wettbewerb gleichgesetzt werden darf. Stellt man andererseits in Rechnung, dass das OECD-Übereinkommen u. a. auch Wettbewerbsverzerrungen verhindern will, so wird man jedenfalls eine potentielle Wettbewerbslage verlangen müssen.[338] Darüber hinaus zu gehen und beispielsweise eine konkrete Konkurrenzsituation zu verlangen, wäre unsachgerecht,[339] weil die Bestechung ausländischer Amtsträger kein reines Wettbewerbsdelikt ist und nicht hierauf reduziert werden darf.[340] Bei mittleren und größeren Aufträgen, um die sich international tätige Unternehmen bemühen, dürfte ohnehin regelmäßig eine potentielle Wettbewerbslage vorliegen.[341]

---

[332] *Korte*, wistra 1999, 81, 87.
[333] Vgl. *Horrer*, S. 214; *Tinkl*, wistra 2006, 126, 130.
[334] So aber *Bernsmann/Gatzweiler*, Rn. 808; *Tinkl*, wistra 2006, 126, 130.
[335] Vgl. BT-Drs. 13/10428, S. 23; *Horrer*, S. 214. A.A. *Tinkl*, wistra 2006, 126, 130.
[336] So auch ausf. *Tinkl*, wistra 2006, 126, 130 f.
[337] *Androulakis*, S. 398; *Korte*, wistra 1999, 81, 87; *Möhrenschlager*, in: Dölling, Kap. 8 Rn. 357.
[338] Vgl. die im Beschl. des *BVerfG* v. 23.3.2010, Az. 2 BvR 334/10, BeckRS 2010, 47960, referierte Rechtsauffassung des *OLG Frankfurt a.M.*, das auf die Verhinderung einer Auftragsvergabe „an einen möglicherweise günstigeren Wettbewerber" abgestellt hat.
[339] So im Ergebnis auch *Horrer*, S. 216.
[340] Der Schutzzweck ist stark umstritten. Vgl. BT-Drs. 13/10428, S. 9: In der Präambel wird auch auf den Schutz guter Regierungsführung und wirtschaftlicher Entwicklung abgestellt. S. ferner BT-Drs. 16/6558, S. 15: „Normzweck der Bestechungsdelikte sind die Lauterkeit des öffentlichen Dienstes und das Vertrauen der Öffentlichkeit in diese Lauterkeit (…). Dies gilt – wenn auch eingeschränkt – auch für internationale Korruptionstaten."
[341] S. den Sachverhalt im Beschl. des BVerfG v. 23.3.2010, Az. 2 BvR 334/10, BeckRS 2010, 47960.

3. Prüfungsschema der Bestechung im internationalen Geschäftsverkehr nach § 334 StGB

42

1. Amtsträgerbegriff
   a) EuBestG: Amtsträger, Richter eines EU-Landes, Amtsträger der EU
      – Adressat muss Amtsträger nach dem Recht des jeweiligen EU-Staats sein **und**
      – seine Stellung muss der eines Amtsträgers i.S. des § 11 Abs. 1 Nr. 2 StGB entsprechen.
   b) IntBestG: Amtsträger, Richter weltweit, internationale Organisationen
      – völkerrechtliche Definition nach OECD-Übereinkommen: Eine Person, die in einem anderen Staat durch Ernennung oder Wahl ein Amt im Bereich der Verwaltung innehat **oder**
      – Personen, die beauftragt sind, öffentliche Aufgaben für einen ausländischen Staat oder ein öffentliches Unternehmen wahrzunehmen (einmalige Auftragserteilung reicht aus).
2. § 334 StGB i.V.m. EuBestG → Prüfung ändert sich nicht im Vergleich zu rein deutschen Sachverhalten.
3. § 334 StGB i.V. mit IntBestG → andere Voraussetzungen wie folgt:
   a) Vorteile für eine **künftige**, pflichtwidrige Diensthandlung
      – Erleichterungszahlungen im Ausland erfasst das IntBestG nicht.
      – Beschleunigungszahlungen für pflichtgemäße Diensthandlungen werden nicht erfasst.
   b) um sich oder einem Dritten einen Auftrag oder unbilligen Vorteil im internationalen Geschäftsverkehr nach § 1 IntBestG zu verschaffen oder zu sichern.
      – Auftrag oder Vorteil sind weit auszulegen.
      – Internationaler geschäftlicher Verkehr ist alles, was einen grenzüberschreitenden Bezug aufweist.

III. Bestechlichkeit und Bestechung im geschäftlichen Verkehr gem. § 299 StGB

1. Grundzüge des § 299 StGB

Ist zweifelhaft, ob ein Amtsträger oder ein Mitarbeiter eines privaten Unternehmens mit Vorteilen bedacht wurde, müssen sich interne Ermittler ergänzend an § 299 StGB orientieren. Diese Vorschrift pönalisiert Korruption in der Privatwirtschaft und wirft zahlreiche Auslegungsprobleme auf.[342] Sie ist als abstraktes Gefährdungsdelikt ausgestaltet und hat nach h.M mehrere Schutzzwecke. Der zuletzt genannte Umstand erzeugt die bereits erwähnten Auslegungsprobleme, die im Rahmen interner Untersuchungen angemessen berücksichtigt werden müssen. Aufgrund verschiedener internationaler Vorgaben könnte es mittelfristig zu einer hoch problematischen Reform des § 299 StGB kommen, durch die das Loyalitätsverhältnis zwischen Arbeitgeber und Arbeitnehmer zu einem eigenständigen Schutzgut des Strafrechts erkoren

43

---

[342] SSW/*Rosenau*, § 299 Rn. 1.

§ 3. Internationale Aspekte des deutschen Strafrechts

würde.[343] Während Absatz 1 die passive Bestechlichkeit unter Strafe stellt, sanktioniert Absatz 2 spiegelbildlich die aktive Bestechung. Mit § 300 StGB wird für besonders schwere Fälle der Strafrahmen auf 3 Jahre angehoben. Erfasst werden u. a. Fälle, in denen ein „Vorteil großen Ausmaßes" in Rede steht. Die Wertgrenzen divergieren hier von € 5.000 bis 25.000.[344] Unter Rückgriff auf eine BGH-Entscheidung zum Vermögensverlust „großen Ausmaßes" gem. § 263 Abs. 3 Nr. 2 StGB[345] wird man § 300 Abs. 1 Nr. 1 StGB jedenfalls bei einer Zahlung von über € 50.000 als erfüllt ansehen können.

a) Täter im Sinne des § 299 Abs. 1 StGB

44 Der Täterkreis der passiven Bestechlichkeit ist auf Angestellte und Beauftragte eines geschäftlichen Betriebs beschränkt (echtes Sonderdelikt).

Geschäftlicher Betrieb ist jede auf gewisse Dauer angelegte betriebliche Tätigkeit im Wirtschaftsleben, die sich durch Austausch von Leistung und Gegenleistung vollzieht.[346] Eine Gewinnerzielungsabsicht ist nicht erforderlich, so dass auch gemeinnützige, kulturelle und soziale Einrichtungen sowie öffentliche Unternehmen mit wirtschaftlicher Tätigkeit, also auch Krankenhäuser etc. erfasst werden.[347] Gleiches gilt für freiberufliche Tätigkeiten.[348]

45 Angestellter im Normsinne ist jeder, der zumindest im Rahmen eines faktischen Dienst- oder Auftragsverhältnisses den Weisungen des Geschäftsherrn unterworfen ist.[349] Auch ein Beamter oder Angestellter einer öffentlich-rechtlichen Körperschaft kann Angestellter im Sinne der Vorschrift sein, sofern er fiskalisch und nicht nur hoheitlich handelt.[350] Maßgeblich ist, dass der Betreffende im Rahmen seiner Tätigkeit die Möglichkeit betrieblicher Einflussnahme hat, er nicht in rein privater Funktion handelt und das Angestelltenverhältnis zur Tatzeit noch besteht.[351] Angestellter ist auch ein geschäftsführendes Vorstandsmitglied einer AG[352] oder der Geschäftsführer einer GmbH.[353] Etwas anderes gilt nur für den Alleingesellschafter-Geschäftsführer, der – wie der Betriebsinhaber – weisungsungebunden ist.[354] Der Betriebs- und Ge-

---

[343] Vgl. *Schünemann*, FS Achenbach, 2011, S. 509, 511 ff.; *Walther*, S. 208, der einen eigenen Normierungsvorschlag unterbreitet, S. 274 ff.
[344] Hierzu unter Hinweis auf die einzelnen Kommentierungen SSW/*Rosenau*, § 300 Rn. 2.
[345] *BGH* NJW 2004, 169.
[346] *Fischer*, § 299 Rn. 4.
[347] NK/*Dannecker*, § 299 Rn. 24.
[348] MünchKomm-StGB/*Diemer/Krick*, § 299 Rn. 7; Leipold/Tsambikakis/Zöller/*Wollschläger*, § 299 Rn. 8.
[349] Zur weiten Auslegung und den Einzelheiten s. NK/*Dannecker*, § 299 Rn. 19; BeckOK-StGB/*Momsen*, § 299 Rn. 10.1 jew. m.w.N.
[350] MünchKomm-StGB/*Diemer/Krick*, § 299 Rn. 4, allerdings ist zu beachten, dass dann, wenn der Bestochene auch Amtsträger ist, § 299 StGB wegen des Vorrangs der §§ 331 ff. StGB ausscheidet.
[351] MünchKomm-StGB/*Diemer/Krick*, § 299 Rn. 4; ausf. NK/*Dannecker*, § 299 Rn. 19.
[352] In diesem Sinne konkludent auch die Siemens-Entscheidung *BGH* NJW 2009, 89. S. statt vieler NK/*Dannecker*, § 299 Rn. 21 m. zahlr. w. Nachw. in Fußn. 60. Allerdings wird tw. auch angenommen, diese seien Beauftragte, s. zum Meinungsstand *Greeve/Dörr*, in: Volk, § 19 Rn. 212. Dieser Streitstand ist aber nur akademischer Natur, da er nichts an der Tatsache ändert, dass der Personenkreis Täter i.S. der Norm ist. Anderer Auffassung sind lediglich *Brand/Wostry*, WRP 2008, 637, 639, die den Vorstand einer AG nicht zum Täterkreis zählen.
[353] In diesem Sinne konkludent *BGH* NJW 2001, 2102; *Greeve*, Rn. 434. Allerdings wird der Geschäftsführer einer GmbH ebenfalls tw. als Beauftragter gesehen, s. *BGH* NJW 2006, 3290, 3298 (Allianz Arena); BeckOK-StGB/*Momsen*, § 299 Rn. 11.
[354] Vgl. zur Problematik ausf. NK/*Dannecker*, § 299 Rn. 21.

D. Internationale Aspekte der einschlägigen Vorschriften

schäftsinhaber kann nicht Täter i.S. des § 299 Abs. 1 StGB sein.[355] Dies gilt nicht nur für den klassischen Geschäftsinhaber eines Einzelunternehmens, sondern auch für sämtliche Freiberufler.[356] Vielfach entscheidet die Rechtsform eines Unternehmens über die Täterqualität. So sind Kommanditisten einer KG grundsätzlich Täter, Komplementäre jedoch nicht. Bei einer GmbH & Co KG soll die Strafbarkeit von der Art der Beteiligung des Komplementärs abhängen. Beteiligt sich der Komplementär als natürliche Person, wird er wie ein Geschäftsinhaber behandelt, beteiligt er sich als Ein-Mann-GmbH, so wäre nur die GmbH Geschäftsinhaber und nicht er persönlich, so dass er Täter i.S. des § 299 Abs. 1 StGB sein könnte.[357]

Beauftragte sind all diejenigen, die nicht angestellt sind, befugtermaßen für den Betrieb tätig sind und auf Grund ihrer Position Einfluss auf eine geschäftliche Entscheidung nehmen können.[358] Nicht nur zivilrechtliche Beziehungen wie z.B. ein Geschäftsbesorgungsvertrag nach § 675 BGB begründen ein Beauftragungsverhältnis.[359] Auch ein Verhältnis tatsächlicher Art[360] sowie eine behördliche oder gerichtliche Beauftragung sollen ausreichend sein.[361] Freiberuflich tätige Bauingenieure,[362] Architekten und Handelsvertreter[363] können Beauftragte sein, letztere müssen aber bei der Vermittlung eines Geschäfts an die Interessen ausschließlich eines Vertragsteils gebunden sein.[364] Der BGH hat inzwischen festgestellt, dass Freiberuflichkeit einer Beauftragtenstellung nicht entgegensteht, sofern es um die Beauftragung durch einen anderen geschäftlichen Betrieb geht.[365] Die Antwort auf die Frage, ob niedergelassene Vertragsärzte zum Täterkreis des § 299 Abs. 1 StGB zählen oder gar Amtsträger sind, ist nach wie vor heftig umstritten. Sie wurde nach Vorlagebeschlüssen des 3. und 5. Strafsenats mit Spannung vom Großen Strafsenat erwartet.[366] Dieser ist zu dem Ergebnis gekommen, dass niedergelassene Vertragsärzte bei der Verordnung von Medikamenten weder als Beauftragte der Krankenkassen i.S. von § 299 StGB noch als Amtsträger zu qualifizieren sind.[367] Es bleibt abzuwarten, ob der Gesetzgeber tätig wird und entsprechende Bestrafungsvoraussetzungen schafft.

b) Täter im Sinne des § 299 Abs. 2 StGB

Täter ist derjenige, der im geschäftlichen Verkehr zu Zwecken des Wettbewerbs handelt bzw. die Interessen eines Mitbewerbers berücksichtigt.[368] Die Tat muss dabei ob-

---

[355] So die h.M. Vgl. nur *Greeve*, Rn. 436; sowie SSW/*Rosenau*, § 299 Rn. 10.
[356] *Bürger*, wistra 2003, 130, 131.
[357] So *Bürger*, wistra 2003, 130, 132; s. aber auch NK/*Dannecker*, § 299 Rn. 21.
[358] MünchKomm-StGB/*Diemer/Krick*, § 299 Rn. 5; SSW/*Rosenau*, § 299 Rn. 9.
[359] *Greeve*, in: Hauschka, § 25 Rn. 27.
[360] NK/*Dannecker*, § 299 Rn. 23.
[361] Letzteres ist in der Literatur allerdings umstritten, s. die zahlr. Nachw. bei NK/*Dannecker*, § 299 Rn. 23 a. Positiv entschieden für den Insolvenzverwalter aber von *LG Magdeburg* wistra 2002, 156, 157. Krit. hierzu *Bernsmann/Gatzweiler*, Rn. 574.
[362] *BGH* NStZ 1997, 540, 541.
[363] *BayObLG* NJW 1996, 268, 270.
[364] *BGH* NJW 1968, 1572, 1573.
[365] So auch NK/*Dannecker*, § 299 Rn. 23.
[366] S. die Vorlagebeschlüsse von *BGH* NStZ-RR 2011, 303; wistra 2011, 375. Krit. zur Überdehnung des Straftatbestandes *Brockhaus/Dann/Teubner/Tsambikakis*, wistra 2010, 418, 419 ff.; *Dieners*, PharmR 2010, 613. Die Literatur zu diesem Thema hat inzwischen unübersichtliche Ausmaße angenommen.
[367] *BGH*, Besch. v. 29.3.2012, Az. GSSt 2/11, BeckRS 2012, 13162.
[368] *Fischer*, § 299 Rn. 20; *Greeve*, Rn. 438.

jektiv geeignet sein, den eigenen oder den Absatz eines Dritten zu steigern oder den Kundenkreis auf Kosten anderer Mitbewerber auszudehnen.[369]

Die Tathandlung (s. u.) muss sich an einen Angestellten oder Beauftragten i. S. des § 299 Abs. 1 StGB richten.

c) Vermittler und Strohmänner als Teilnehmer des § 299 Abs. 1 und Abs. 2 StGB

48 Da der Geschäftsinhaber nicht Täter i. S. des § 299 Abs. 1 StGB sein kann, wird er dies auch nicht dadurch, dass er einen Strohmann ohne eigene Entscheidungsbefugnisse einschaltet.[370] Rechtlich selbstständige Vermittler sind ebenfalls nicht Täter, sondern lediglich Anstifter oder Gehilfen der für die Auftragsvergabe zuständigen Angestellten oder Beauftragten.[371]

d) Handeln im geschäftlichen Verkehr

49 Sowohl die aktive als auch die passive Form der Angestelltenbestechung muss im geschäftlichen Verkehr erfolgen. Rein private, betriebsinterne und hoheitliche Handlungen sind nicht tatbestandsmäßig.[372] Denn Handeln im geschäftlichen Verkehr bezieht sich nur auf solche Tätigkeiten, die der Förderung eines beliebigen Geschäftszwecks dienen, also auch freiberufliche, künstlerische, karitative oder wissenschaftliche Tätigkeiten, sofern sie zu Erwerbszwecken erfolgen.[373]

e) Vorteilsbegriff und Drittzuwendung

50 Bei der Auslegung des Vorteilsbegriffs kann man sich an den Ausführungen zu § 334 StGB orientieren.[374] Auch hier ist jede Leistung als Vorteil anzusehen, auf die der Empfänger keinen Rechtsanspruch hat und die seine wirtschaftliche, rechtliche oder persönliche Lage objektiv verbessert.[375] Ausgeschlossen sind – wie bei § 334 StGB – sozialadäquate, geringfügige Vorteile, welche die Entscheidung nicht beeinflussen können.[376] Zu Recht wird die Auffassung vertreten, dass die Sozialadäquanz bei § 299 StGB großzügiger zu handhaben ist als im Amtsträgerstrafrecht und insbesondere auch höherwertige Zuwendungen legitim sein können.[377] Allerdings ist hier eine Abwägung im Einzelfall erforderlich und insbesondere branchenübliche Schmiergeldzahlungen können nicht generell als sozialadäquat angesehen werden.[378] Vielmehr muss die notwendige Gesamtbewertung den betroffenen Geschäftsbereich, die Stellung und Lebensumstände der Beteiligten sowie den Wert des Vorteils miteinbeziehen.[379]

---

[369] BeckOK-StGB/*Momsen*, § 299 Rn. 19; SSW/*Rosenau*, § 299 Rn. 29; allerdings legt der *BGH* hier großzügiger aus und lässt die subjektive Vorstellung des Täters ausreichen, vgl. BGHSt 49, 214, 228 = NJW 2004, 3129, 3133. Enger dagegen NK/*Dannecker*, § 299 Rn. 67, der eine objektive Komponente fordert.
[370] Schönke/Schröder/*Heine*, § 299 Rn. 7.
[371] *Greeve*, Rn. 437; *Bernsmann/Gatzweiler*, Rn. 628; ausf. *Wittig*, wistra 1998, 7, 9 f.
[372] *Greeve*, Rn. 439.
[373] Von Heintschel-Heinegg/*Momsen*, § 299 Rn. 12.
[374] Insg. vgl. daher oben unter § 3 Rn. 26 ff.
[375] *BGH* NJW 2003, 2996, 2997 f.; SSW/*Rosenau*, § 299 Rn. 21. Zahlreiche Beispielsfälle, was als vermögenswerte oder immaterielle Zuwendung und damit als Vorteil zu verstehen ist, benennt NK/*Dannecker*, § 299 Rn. 36 ff.
[376] SSW/*Rosenau*, § 299 Rn. 20.
[377] NK/*Dannecker*, § 299 Rn. 39 f.
[378] BeckOK-StGB/*Momsen*, § 299 Rn. 17.
[379] *Fischer*, § 299 Rn. 16.

D. Internationale Aspekte der einschlägigen Vorschriften

Drittvorteile erfasst § 299 StGB ebenfalls. Zunächst sah man auch solche Dritt-Zuwendungen als tatbestandsmäßig an, die den Angestellten oder Beauftragten weder unmittelbar noch mittelbar besser stellten.[380] Inzwischen wird dem unter Hinweis auf die Entstehungsgeschichte der Vorschrift widersprochen.[381] Auch der BGH verlangt in seiner Entscheidung zum Kölner Müllskandal, dass der Angestellte oder Beauftragte zumindest einen mittelbaren Vorteil aus der Dritt-Zuwendung des Täters ziehen muss.[382] 51

Umstritten ist, ob der geschäftliche Betrieb, für den der Angestellte oder Beauftragte handelt, Dritter im Sinne der Vorschrift sein kann. Dies wird bislang überwiegend bejaht,[383] führt aber zu Abgrenzungsschwierigkeiten, wenn es um Bevorzugungen zugunsten des eigenen Unternehmens geht, die von dem Angestellten regelmäßig erwartet werden.[384] Erfüllt der Arbeitnehmer daher nur seine **arbeitsvertraglichen Pflichten**, so fällt sein Handeln nicht unter den Tatbestand, so z.B., wenn er für die Bevorzugung eines Lieferanten Gegenleistungen für seinen Geschäftsherren fordert, wie z.B. Rabatte.[385] Gleiches gilt nach stark umstrittener, aber zustimmungswürdiger Auffassung für Fälle, in denen ein Arbeitnehmer mit der Billigung seines Geschäftsherrn persönliche Vorteile von einem Geschäftspartner dafür annimmt, dass er dessen Produkte gegenüber Endverbrauchern bevorzugt bewirbt (**entschleierte Schmiergelder**).[386] Schließlich steht es auch dem Geschäftsinhaber selbst frei, seine Angestellten durch Prämien für den Verkauf bestimmter Produkte zu motivieren. Hinzu kommt, dass auch ein verständiger Verbraucher oftmals keine vollkommen neutrale Beratung erwartet. Die hier vertretene Lösung setzt zum einen Transparenz voraus und wirft zum anderen die Frage auf, wer bei juristischen Personen derjenige ist, auf dessen Billigung es ankommt. Leitet man die Straflosigkeit des Empfängers entschleierter Vorteile aus der Straflosigkeit des Betriebsinhabers ab, so wäre auf Letzteren abzustellen und damit z.B. auf den Alleingesellschafter einer GmbH oder die Gesamtheit der Gesellschafter einer Personengesellschaft.[387] Da es in dieser Fallkonstellation im Unterschied zu § 266 StGB aber nicht um den Schutz des Betriebsvermögens geht, sondern um die Möglichkeit, Kontrollbefugnisse gegenüber Angestellten und Beauftragten auszuüben, könnte man beispielsweise auch den Vorstand einer AG als Betriebsinhaber ansehen, sofern Mitarbeiter unterer Hierarchieebenen mit Vorteilen zur Verkaufsförderung bedacht werden sollen. Strafrechtliche Rechtsprechung existiert zu diesem Vorschlag, soweit ersichtlich, allerdings noch nicht.

f) Unrechtsvereinbarung

§ 299 StGB verlangt eine Unrechtsvereinbarung, deren Gegenstand die zukünftige unlautere Bevorzugung eines anderen beim Bezug von Waren oder gewerblichen Leis- 52

---

[380] MünchKomm-StGB/*Diemer/Krick*, § 299 Rn. 10; Schönke/Schröder/*Heine*, § 299 Rn. 12.
[381] Im Sinne einer Klarstellung der alten Rechtslage, vgl. *Fischer*, § 299 Rn. 11.
[382] BGHSt 50, 299 = NJW 2006, 925, 927.
[383] RGSt 48, 291, 294; SSW/*Rosenau*, § 299 Rn. 21 m.w. Nachw.
[384] *Fischer*, § 299 Rn. 11 a.
[385] Vgl. NK/*Dannecker*, § 299 Rn. 41; *Fischer*, § 299 Rn. 11 a; *Kindhäuser*, ZIS 2011, 461, 467; so wohl auch SSW/*Rosenau*, § 299 Rn. 21; *Röske/Böhme*, wistra 2011, 445, 446, die sich vornehmlich mit Irrtumsfragen beschäftigen. Nach Auffassung von *Nepomuck/Groß*, wistra 2012, 132, 133, kommt es auf die Erfüllung arbeitsvertraglicher Pflichten nicht an; Straffreiheit komme auch bei pflichtwidrigem Handeln in Betracht.
[386] Wie hier u.a. *Erb*, FS Geppert, 2011, S. 97, 119; *Koepsel*, S. 160 ff.; *Krack*, FS Samson, 2010, S. 377, 388; *Rengier*, FS Tiedemann, 2008, S. 837, 842 f.; *Walther*, S. 106.
[387] Vgl. *Erb*, FS Geppert, 2011, S. 97, 105; *Rönnau*, StV 2009, 302, 305; Leipold/Tsambikakis/Zöller/*Wollschläger*, § 299 Rn. 12.

tungen ist. Es muss eine Bevorzugung „im Wettbewerb" (Abs. 1) oder „zum Zweck des Wettbewerbs" (Abs. 2) intendiert sein. Um dieser Bevorzugung willen muss der Vorteil vereinbart, versprochen oder gewährt werden. Die Unrechtsvereinbarung erfasst im Gegensatz zu § 334 StGB nur zukünftige Bevorzugungen, die „mehr oder weniger" konkretisiert sein müssen,[388] so dass Zahlungen zur allgemeinen Klimapflege keine Strafbarkeit nach § 299 StGB begründen.[389]

53 Unter **Bevorzugung** versteht der BGH die sachfremde Entscheidung zwischen mindestens zwei Mitbewerbern. Das setzt eine Wettbewerbslage und die angestrebte Benachteiligung eines Konkurrenten voraus.[390] Hieran fehlt es, wenn sich Verkaufsförderungsmaßnahmen an die Mitarbeiter eines Alleinvertreters richten, der exklusiv tätig ist.[391] Präzisierend ist hinzuzufügen, dass sich die Tatbeteiligten die Existenz eines auszuschaltenden Mitbewerbers zum Zeitpunkt der Bevorzugung (nicht der Tathandlung) vorstellen müssen.[392] Hierbei muss es sich nicht um einen bestimmten oder gar namentlich bekannten Konkurrenten handeln.[393] Die Bevorzugung darf nicht nur bei Gelegenheit eines Warenbezugs erfolgen. Sie muss vielmehr eine zum Warenbezug gehörende Sachentscheidung darstellen.[394]

In Vergabeverfahren erfolgt die Bevorzugung nach einer prominent vertretenen Literaturmeinung erst durch den Zuschlag.[395] Demgegenüber sieht der BGH auch die vereinbarte Weitergabe von Informationen im Vorfeld eines Vergabeverfahrens als tatbestandsmäßig an.[396] Er hat zudem deutlich gemacht, dass er eine subjektive Sicht an das Merkmal der „Bevorzugung im Wettbewerb" heranträgt[397] und es genügen lässt, wenn eine Handlung nach der Vorstellung des Täters geeignet ist, seine eigene Bevorzugung oder die eines Dritten im Wettbewerb zu veranlassen.[398] Insoweit verlagert er die Strafbarkeit vor und erweitert die Bevorzugung im Wettbewerb auf dem Vergabeverfahren vorgeschaltete Zulassungsentscheidungen mit dem Argument, die Zulassung sei unabdingbare Voraussetzung für die Bewerbung um einen Auftrag. Durch die Eingrenzung des potentiellen Anbieterkreises im Zulassungsverfahren ergebe sich eine unmittelbare Verbesserung der Wettbewerbssituation.[399] Die Entscheidung ist vielfach kritisiert worden,[400] hat zum Teil aber auch Zustimmung erfahren.[401] Sie ist deshalb bedenklich, weil die Aufnahme in den Bieterkreis nicht mit der Verdrängung eines Konkurrenten einhergeht.[402]

---

[388] NK/*Dannecker*, § 299 Rn. 42, 44; *Fischer*, § 299 Rn. 13.
[389] SSW/*Rosenau*, § 299 Rn. 22; *Greeve*, Rn. 443; *Schünemann*, FS Achenbach, 2011, S. 509, 523.
[390] *BGH* wistra 2003, 385, 386; NJW 2006, 3290, 3298.
[391] *Pfuhl*, S. 142.
[392] *BGH* wistra 2003, 385, 386; *Fischer*, § 299 Rn. 15.
[393] Vgl. BGHSt 10, 358, 368 = NJW 1957, 1604, 1607; *BGH* NJW 2004, 3129, 3132.
[394] *Krack*, FS Samson, 2010, S. 377, 386.
[395] NK/*Dannecker*, § 299 Rn. 46.
[396] *BGH* NJW 2004, 3129, 3132; 2006, 3290, 3298.
[397] Dies ist aber keineswegs neu, sondern schon seit über 50 Jahren – da noch für § 12 UWG – st. Rspr., vgl. *BGH* NJW 1957, 1604, 1607.
[398] BGHSt 49, 214, 228 = NJW 2004, 3129, 3133.
[399] BGHSt 49, 214, 228 = NJW 2004, 3129, 3133.
[400] Ausf. *Greeve*, Rn. 447 f.; krit. auch *Krehl*, StV 2005, 325, 327 f. Die eingelegte Verfassungsbeschwerde wurde allerdings verworfen, *BVerfG*, Beschl. v. 27.4.2006, Az 2 BvR 180/04, BeckRS 2006, 23178.
[401] NK/*Dannecker*, § 299 Rn. 46.
[402] S. *Walther*, S. 119.

D. Internationale Aspekte der einschlägigen Vorschriften

Unlauter ist eine Bevorzugung, wenn sie geeignet ist, andere Mitbewerber durch die Umgehung von Wettbewerbsregeln und unter Ausschaltung der Konkurrenz zu schädigen.[403] Nach h.M. soll eine unlautere Bevorzugung jedenfalls dann vorliegen, wenn sie sachfremd durch die Zuwendung eines sozialinadäquaten Vorteils beeinflusst wird.[404] Auf die Pflichtwidrigkeit gegenüber dem Geschäftsherrn soll es nicht ankommen, entscheidend sei vielmehr, ob sich der Vorteilsnehmer von sachlichen Erwägungen leiten oder von dem angebotenen Vorteil beeinflussen lässt.[405] Sieht man das Einfordern von Vorteilen zu Gunsten des eigenen Arbeitgebers als grundsätzlich tatbestandsmäßig an, ergeben sich im Rahmen der Lauterkeitsprüfung große Abgrenzungsprobleme.[406]

54

Schließlich muss sich die Bevorzugung auf den **Bezug von Waren oder gewerblichen Leistungen** beziehen. Waren sind alle wirtschaftlichen Güter, die Gegenstand des Handels- und Geschäftsverkehrs sein können. Der Begriff ist funktional zu verstehen und weit auszulegen, so dass auch Schutzrechte, Immaterialgüter, Unternehmen etc. darunter fallen.[407] Gewerbliche Leistungen sind alle geldwerten Tätigkeiten, die im geschäftlichen Verkehr erbracht werden.[408] Ob auch Leistungen der freien Berufe hierzu zählen,[409] ist umstritten.[410] Das LG Magdeburg hat in einer Entscheidung aus dem Jahr 2001 die Erteilung von anwaltlichen Mandaten nicht unter das Tatbestandsmerkmal subsumiert.[411] Allerdings wird dieses Urteil in der Kommentarliteratur vielfach als Ausnahmeentscheidung abgetan. Diese Kritik überzeugt nicht, wenn sie auf zivilgerichtliche Rechtsprechung verweist.[412] Diese betraf lediglich das „geschäftliche Handeln" i.S. des UWG. Ob geschäftliches Handeln mit gewerblichen Leistungen gleichgesetzt werden kann, ist von höheren Strafgerichten noch nicht entschieden worden, so dass bei der Annahme eines tatbestandsmäßigen Verhaltens wegen des Wortlauts Zurückhaltung geboten ist.

55

Der Begriff des Bezugs umfasst das gesamte, auf die Erlangung oder den Absatz von Waren oder Leistungen gerichtete Geschäft. Darunter fällt alles, was damit zusammenhängt: der Abschluss entsprechender Verträge, die Bestellung, Lieferung und Entgegennahme der Ware oder Leistung, ihre Prüfung und Beanstandung einschließlich Gewährleistungsfragen sowie die Zahlungsabwicklung.[413] Die dem Vertragsabschluss vorgelagerte Verhandlungsphase, in der z.B. Ausschreibungsunterlagen von Konkurrenten weitergegeben werden können, ist ebenfalls Teil des Warenbezugs.[414]

Die Ware oder gewerbliche Leistung muss nach vorzugswürdiger Auffassung entweder von dem Vorteilsgeber, von einem Dritten, in dessen Interesse er handelt oder

---

[403] *Fischer*, § 299 Rn. 16.
[404] Statt vieler *Greeve*, Rn.449. Präzisierend *Koepsel*, S. 100 ff.
[405] *Greeve*, in: Hauschka, § 25 Rn. 34.
[406] Vgl. *Erb*, FS Geppert, 2011, S. 97, 103.
[407] Mit weiteren Bsp. MünchKomm-StGB/*Diemer/Krick*, § 299 Rn. 17.
[408] Schönke/Schröder/*Heine*, § 299 Rn. 22; *Mölders*, S. 54.
[409] *Fischer*, § 299 Rn. 14; SSW/*Rosenau*, § 299 Rn. 26; Schönke/Schröder/*Heine*, § 299 Rn. 22; *Greeve*, Rn. 451; *Lesch*, AnwBl. 2003, 261, 263.
[410] Dagegen z.B. NK/*Dannecker*, § 299 Rn. 54; BeckOK-StGB/*Momsen*, § 299 Rn. 14; *Zöller*, GA 2009, 137, 139.
[411] *LG Magdeburg* wistra 2002, 156, 157.
[412] So aber MünchKomm-StGB/*Diemer/Krick*, § 299 Rn. 17.
[413] MünchKomm-StGB/*Diemer/Krick*, § 299 Rn. 17. Wegen dieser Weite gehen *Rönnau/Golombek*, ZRP 2007, 193, 194 davon aus, dass der Begriff des Bezugs kein hinreichend einschränkendes Kriterium sei.
[414] *Ahlbrecht/Dann*, PStR 2008, 209, 211; *BGH* NJW 2006, 3290, 3298.

von dem Geschäftsherrn des Vorteilsnehmers bezogen werden.[415] Es spielt hingegen keine Rolle, ob der geschäftliche Betrieb, für den der Angestellte oder Beauftragte handelt, im Verhältnis zum Vorteilsgeber (oder eines Dritten, in dessen Interesse dieser handelt) Leistender oder Leistungsempfänger ist. Der Bezug durch private Endverbraucher ist demgegenüber nicht tatbestandsmäßig.[416] Wer als Bezieher anzusehen ist, richtet sich nach Auffassung des BGH nach einer „wirtschaftlich-faktischen Betrachtungsweise".[417] Eine solche ist allerdings dem Einwand ausgesetzt, normative Aspekte zu vernachlässigen und zu schwer vorhersehbaren Ergebnissen zu führen. Wichtig ist in jedem Fall, etwaige Vertrags- und Leistungsbeziehungen zwischen den Beteiligten zu identifizieren. Hieraus kann sich ergeben, dass mehrere Personen als Bezieher in Betracht kommen. Im Ergebnis bedarf das Tatbestandsmerkmal des Bezuges einer weitergehenden Durchdringung durch die Wissenschaft.

g) Tathandlung

56 Tathandlungen i. S. des § 299 Abs. 1 StGB sind das Fordern, Sichversprechenlassen und Annehmen eines Vorteils. Während das Fordern eine auf Abschluss einer Unrechtsvereinbarung zielende Erklärung ist, meint das Sichversprechenlassen die Annahme eines Angebots, das auf einen künftig zu erbringenden Vorteil gerichtet ist. Unter Annehmen versteht man die tatsächliche Entgegennahme des Vorteils mit dem nach außen bekundeten Willen, über den Vorteil selbst oder zu Gunsten eines Dritten zu verfügen.[418]

Als spiegelbildliche Tathandlungen zu Abs. 1 kommen gem. § 299 Abs. 2 StGB das Anbieten, Versprechen oder Gewähren eines Vorteils in Betracht. Das Anbieten einer gegenwärtigen Leistung und das Versprechen einer zukünftigen Leistung sind dabei einseitige – ausdrückliche oder konkludente – Erklärungen des Vorteilsgebers, die dem Vorteilsnehmer zur Kenntnis gebracht werden müssen, ohne dass es darauf ankommt, ob er im Einzelfall die Erklärung versteht, ob der Vorteil tatsächlich eintritt oder auf wessen Initiative die Tathandlung zurückzuführen ist.[419] Beim Gewähren muss hingegen eine zumindest stillschweigende Unrechtsvereinbarung zwischen den Beteiligten zustandekommen.[420]

2. Handlungen im ausländischen Wettbewerb (§ 299 Abs. 3 StGB)

57 § 299 Abs. 3 StGB erweitert den Anwendungsbereich von § 299 Abs. 1 und Abs. 2 StGB auf Handlungen im ausländischen Wettbewerb. Zunächst war streitig, ob vor seiner Einfügung im Jahr 2002 nur der deutsche Wettbewerb geschützt war.[421] Der BGH hat inzwischen entschieden, dass § 299 StGB a. F. nicht auf Handlungen im ausländischen Wettbewerb anwendbar ist, die keinen Bezug zu deutschen Mitbewerbern haben.[422] Da nach altem Recht zu beurteilende Taten heute größtenteils verjährt sein dürften, spielt diese Frage in der Praxis kaum mehr eine Rolle.

---

[415] BGHSt 2, 396, 401; NK/*Dannecker*, § 299 Rn. 55; LK-StGB/*Tiedemann*, § 299 Rn. 31. A. A. wohl *LG Hamburg*, Urt. v. 9.12.2010, 618 KLs 10/09, Rn. 114, 115, juris.
[416] NK/*Dannecker*, § 299 Rn. 28; *Geis*, wistra 2005, 369, 371; LK-StGB/*Tiedemann*, § 299 Rn. 22.
[417] *BGH* wistra 2011, 375, 383.
[418] Insgesamt zu den Tathandlungen NK/*Dannecker*, § 299 Rn. 31 ff.
[419] NK/*Dannecker*, § 299 Rn. 64.
[420] NK/*Dannecker*, § 299 Rn. 65; BeckOK-StGB/*Momsen*, § 299 Rn. 19.
[421] *Schmitz*, RIW 2003, 189, 194; *Walter*, wistra 2001, 321, 323; zusammenfassend NK/*Dannecker*, § 299 Rn. 74 f.
[422] *BGH* NJW 2009, 89, 93.

D. Internationale Aspekte der einschlägigen Vorschriften

a) Ausländischer Wettbewerb

Durch die Erweiterung des Schutzbereiches auf den Weltwettbewerb bzw. sämtliche **58** ausländische Wettbewerbsordnungen, sind alle Zuwendungen auf ausländischen Märkten an Angestellte oder Beauftragte im geschäftlichen Verkehr erfasst.[423] Der Gesetzgeber ist damit über die Vorgaben der gemeinsamen Maßnahme zur Harmonisierung des einschlägigen Strafschutzes innerhalb der Europäischen Union hinausgegangen.[424] Dieser Schritt wurde kritisiert, weil deutsche Unternehmen auf ausländischen Märkten gegenüber ausländischen Mitkonkurrenten teilweise Wettbewerbsnachteile dadurch erleiden, dass andere Staaten keine so weit reichenden Strafbarkeitsschranken installiert haben.[425] Dennoch wird man eine teleologische Reduktion des § 299 Abs. 3 StGB wegen der internationalen Bestrebungen zur Eindämmung der Korruption und angesichts des ausdrücklichen gesetzgeberischen Willens nicht vornehmen können.[426] Eine Rechtfertigung von Schmiergeldzahlungen auf korruptiven Auslandsmärkten ist entgegen der h. M. nicht grundsätzlich abzulehnen, sondern auf Ausnahmefälle zu beschränken, in denen Leib, Leben oder die wirtschaftliche Existenz eines Unternehmens auf dem Spiel stehen.[427] Weniger intensive Zwangslagen sind auf Strafzumessungsebene zu berücksichtigen.

Als Zwischenergebnis bleibt festzuhalten, dass § 299 StGB unabhängig von lokalen Besonderheiten alle Auslandsmärkte schützt. Gleichgültig ist deshalb, ob die wettbewerbsverzerrende Handlung auch den deutschen Wettbewerb beeinflusst.[428]

b) Verhältnis von § 299 Abs. 3 und §§ 3 ff. StGB

Mit der Feststellung, dass der Schutzbereich des § 299 Abs. 3 StGB betroffen ist, verbindet sich keine automatische Annahme einer strafbaren Auslandstat. Denn Handlungen im ausländischen Wettbewerb sind nicht mit Auslandstaten gleichzusetzen.[429] Der räumlich-personale Anwendungsbereich einer Strafvorschrift bemisst sich weiterhin nach den §§ 3 ff. StGB, die zwingend zu berücksichtigen sind.[430] Für eine Inlandstat genügt es, dass die Tat zumindest teilweise auf deutschem Territorium begangen worden ist, beispielsweise durch Geldüberweisung oder Bargeldübergabe in Deutschland. Allerdings muss es sich um Tathandlungen handeln, die zumindest die Schwelle zum Versuch überschritten haben, so dass reine Vorbereitungshandlungen nicht ausreichen.[431] § 9 Abs. 2 S. 2 StGB erweitert für den in Deutschland handelnden Teilnehmer die Strafbarkeit insofern, als auf die in Deutschland durchgeführte Teilnehmerhandlung deutsches Strafrecht Anwendung findet, auch wenn die Haupttat am Tatort im Ausland nicht mit Strafe bedroht ist. Dies führt in der Konsequenz zu einer Strafbarkeit

---

[423] NK/*Dannecker*, § 299 Rn. 74; Schönke/Schröder/*Heine*, § 299 Rn. 3.
[424] *Fietz/Weidlich*, RIW 2005, 423, 425; NK/*Dannecker*, § 299 Rn. 74; zu den europarechtlichen und internationalen Vorgaben s. NK/*Dannecker*, Vorb. §§ 298 ff. Rn. 8 ff.
[425] NK/*Dannecker*, § 299 Rn. 74; *Ahlbrecht/Kraft*, Der Syndikus, 33 (2003), 34, 36.
[426] NK/*Dannecker*, § 299 Rn. 74; *Mölders*, S. 231; *Rönnau*, in: Achenbach/Ransiek, Teil 3, 2/53 Fn. 376; s. auch *Dann*, wistra 2011, 127, 129; a. A. *Wollschläger*, S. 85 ff.
[427] *Dann*, wistra 2011, 127, 129 ff.; zur h.M. s. *Fischer*, § 299 Rn. 23 a.
[428] *Randt*, BB 2002, 2252, 2253.
[429] *Greeve*, Rn. 454; *Bernsmann/Gatzweiler*, Rn. 643.
[430] *Kretschmer*, StraFo 2008, 496, 499; *Rönnau*, JZ 2007, 1084, 1085; *ders.*, in: Achenbach/Ransiek, Teil 3, 2/55. S. auch *Fietz/Weidlich*, RIW 2005, 423, 426. Dies ist die absolut h.M. Lediglich *Haft/Schwoerer*, FS Weber, 2004, S. 382, gehen von der Einführung des Weltrechtsprinzips durch Schaffung des § 299 Abs. 3 StGB aus.
[431] NK/*Dannecker*, § 299 Rn. 76; *Fietz/Weidlich*, RIW 2005, 423, 425.

§ 3. Internationale Aspekte des deutschen Strafrechts

deutscher Manager und Vorstandsmitglieder wegen Beihilfe oder Anstiftung zu § 299 Abs. 2 StGB selbst dann, wenn diese in Deutschland oder von Deutschland aus ausländischen Vermittlern Schmiergelder zur Verfügung stellen und im Einsatzort des Vermittlers eine Strafbarkeit wegen Angestelltenbestechung nicht gegeben ist.[432]

60 Bei Taten, die ausschließlich im Ausland begangen wurden, gelten das passive und aktive Personalitätsprinzip gem. § 7 StGB. Die Tat muss von einem oder gegen einen Deutschen begangen worden und am Tatort mit Strafe bedroht sein.[433] Da die internationale Pönalisierung der Bestechung im geschäftlichen Verkehr noch in den Kinderschuhen steckt,[434] wird das von § 299 StGB erfasste Verhalten im Ausland u. U. noch nicht als Bestechung oder Bestechlichkeit strafbar sein.[435] Für die Bejahung der Tatortstrafbarkeit ist allerdings keine Kongruenz von ausländischem und deutschem Straftatbestand erforderlich. Es reicht aus, dass die in Rede stehende Handlung unter irgendeinem rechtlichen Aspekt mit Strafe oder einer gleichwertigen Sanktion bedroht ist. Eine Ordnungswidrigkeit ist allerdings nicht ausreichend.[436] Restriktionsansätze dergestalt, dass die Tatortnorm mit der deutschen hinsichtlich des geschützten Rechtsguts und der Tatbewertung, z. B. unter Strafzumessungsgesichtspunkten, vergleichbar sein muss,[437] ließ die Rechtsprechung bislang unbeachtet.[438] Daher steht es der Annahme einer Tatortstrafbarkeit nicht entgegen,[439] dass viele Staaten ihrer Strafrechtsordnung nicht das deutsche Wettbewerbsmodell, sondern das sog. Geschäftsherrenmodell zu Grunde legen.[440]

61 Wenn ausländische Staaten die Bestechung im geschäftlichen Verkehr milder bestrafen,[441] hat das für Täter, die sich in Deutschland verantworten müssen, positive Auswirkungen. Der BGH hat entschieden, dass bei der Strafzumessung regelmäßig Rücksicht auf Art und Maß des Tatortrechts zu nehmen ist.[442] Denn bei einer stellvertretenden Strafrechtspflege bestehe i. d. R. keine Veranlassung, den Täter in Deutschland härter zu bestrafen, als es das ausländische Tatortrecht vorsieht.[443]

62 Bei Prüfung der Tatortstrafbarkeit sind materielle Strafausschließungsgründe des Tatortstrafrechts zu beachten.[444] Deshalb kann auch die Sozialadäquanz von Vorteilen als Tatbestandsausschluss- oder Rechtfertigungsgrund beachtlich sein.[445] Sie richtet sich gem. § 7 StGB nach den im Ausland geltenden Maßstäben.[446] Allerdings ist hier nicht der vorschnelle Schluss zu ziehen, gerade die in den sog. Schwellenländern übli-

---

[432] *Rönnau*, JZ 2007, 1084, 1085 f. Allerdings kann hier in besonderen Härtefällen die Möglichkeit einer Einstellung des Strafverfahrens nach § 153 c Abs. 1 Nr. 1 StPO in Betracht kommen, vgl. MünchKomm-StGB/*Ambos/Ruegenberg*, § 9 Rn. 41.
[433] Dagegen spielt die Alternative der fehlenden Strafgewalt in der Praxis keine Rolle.
[434] *Fietz/Weidlich*, RIW 2005, 423, 427; *Rönnau*, in: Achenbach/Ransiek, Teil 3, 2/55. Zu Recht krit. *Schünemann*, FS Achenbach, 2011, S. 509.
[435] *Greeve*, Rn. 454.
[436] NK/*Dannecker*, § 299 Rn. 79 a.
[437] NK/*Dannecker*, § 299 Rn. 79 b.
[438] Vgl. *Mölders*, S. 226 m.w.N.
[439] Vgl. *Walther*, S. 132: „Ausreichend ist sicherlich, dass die Tat am Tatort als Betrug oder Untreue strafbar ist (…)." So auch LK-StGB/*Tiedemann*, § 299 Rn. 65.
[440] *Rönnau/Golombek*, ZRP 2007, 193, 194 f.; NK/*Dannecker*, § 229 Rn. 79 b.
[441] *Heine/Huber/Rose*, passim.
[442] BGH NJW 1997, 951, 952.
[443] BGH NStZ 1994, 233, 234.
[444] Dies ist weitgehend unumstritten, s. MünchKomm-StGB/*Ambos*, § 7 Rn. 10.
[445] *Beukelmann*, FS I. Roxin, 2012, S. 201, 205; NK/*Dannecker*, § 299 Rn. 79 b; *Fietz/Weidlich*, RIW 2005, 423, 426; LK-StGB/*Tiedemann*, § 299 Rn. 65.
[446] *Rönnau*, JZ 2007, 1084, 1086.

D. Internationale Aspekte der einschlägigen Vorschriften

chen korruptiven Verhaltensweisen seien per se sozialadäquat. Hier muss man genau zwischen der verbreiteten – strafbaren – Unsitte von Schmiergeldzahlungen und sozial akzeptierten Zuwendungen unterscheiden.[447]

Umstritten ist, ob ein im Ausland strafbares, üblicherweise aber **nicht verfolgtes** 63 Bestechungsdelikt der Anwendung deutschen Strafrechts entgegensteht. Eine Auffassung verneint eine Strafbarkeit in Deutschland, wenn die Nichtverfolgung im Ausland von „einer in der lokalen Bevölkerung getragenen Überzeugung von der fehlenden Strafwürdigkeit bestimmter Praktiken" getragen wird.[448] Diese Konstellation betrifft letztlich sozialadäquates Verhalten, so dass es bereits an der materiellen Tatortstrafbarkeit fehlen dürfte. Demgegenüber sehen andere Kommentatoren eine entgegenstehende Strafverfolgungspraxis im Ausland als unbeachtlich an, wenn die Bestrafung deutscher Staatsangehöriger in Rede steht (§ 7 Abs. 2 Nr. 1 StGB).[449] Hiernach könnten deutsche Staatsangehörige auch dann wegen Auslandsbestechung verfolgt werden, wenn diese am Tatort aus tatsächlichen Gründen nicht verfolgt wird.[450] Für dieses Ergebnis spricht, dass eine Unterscheidung zwischen Strafbarkeit und Strafverfolgung die zur Korruptionsbekämpfung aufgestellten Normen aushöhlen und zu paradoxen Situationen führen würde.[451]

3. Prüfungsschema des § 299 StGB bei Auslandssachverhalten

1. Anwendbarkeit deutschen Rechts gem. §§ 3 ff., insb. § 9 und § 7 StGB 64
   – **Achtung:** Wenn eine Tat ausschließlich im Ausland begangen wurde, ist deren Strafbarkeit nach dortigem Recht zu überprüfen. Im Ausland ist die Bestechung im privaten Sektor möglicherweise noch nicht strafbar, so dass die Anwendbarkeit von § 299 StGB im Einzelfall ausgeschlossen sein kann.
   – Ausländischer Wettbewerb wird nach § 299 Abs. 3 StGB geschützt.

2. Tauglicher Täter i.S.v. § 299 Abs. 1 oder Abs. 2 StGB/tauglicher Adressat i.S.v. Abs. 2 StGB.

3. Vorteilsbegriff und Drittzuwendung
   – Vorteil ist jede Leistung, auf die der Empfänger keinen Rechtsanspruch hat und die seine Lage objektiv verbessert. Auch Drittvorteile sind erfasst.
   – Ausgeschlossen sind sozialadäquate, geringfügige Vorteile, die die Entscheidung nicht beeinflussen können. **Achtung:** Die Sozialadäquanz einer Handlung richtet sich bei Auslandstaten nach den im Ausland geltenden Maßstäben.

4. Unrechtsvereinbarung
   – Im Gegensatz zu § 334 StGB ist die Unrechtsvereinbarung auf **zukünftige** Bevorzugungen beschränkt. Zahlungen zwecks Klimapflege scheiden hier aus.
   – Bevorzugung meint eine Besserstellung im Wettbewerb mit mindestens einem Mitbewerber.

---

[447] *Rönnau*, JZ 2007, 1084, 1086.
[448] *Walther*, S. 133 unter Hinw. auf NK/*Böse*, Vorb. § 3 Rn. 29; Schönke/Schröder/*Eser*, § 7 Rn. 23.
[449] MünchKomm-StGB/*Ambos*, § 7 Rn. 14.
[450] Vgl. LK-StGB/*Werle/Jeßberger*, § 7 Rn. 50.
[451] *Rönnau*, JZ 2007, 1084, 1086.

– Bevorzugung in unlauterer Weise: Es kommt nicht auf eine Pflichtwidrigkeit gegenüber dem Geschäftsherrn an, sondern nur darauf, ob der Vorteilsgeber sich von sachlichen Erwägungen leiten oder von einem Vorteil beeinflussen lässt.
– Bevorzugung muss sich auf den Bezug von Waren oder gewerblichen Leistungen beziehen.

5. Tathandlung
– Gem. § 299 Abs. 1 StGB: Fordern, Sichversprechenlassen, Annehmen eines Vorteils.
– Gem. § 299 Abs. 2 StGB: Anbieten, Versprechen oder Gewähren.

6. Vorsatz

IV. Untreue gem. § 266 StGB

1. Einleitung

65 § 266 StGB (Untreue) flankiert die klassischen Korruptionstatbestände. Die Vorschrift hat sich zu einem „Auffangtatbestand" für Verhaltensweisen entwickelt, die nicht oder nicht ohne weiteres unter die §§ 299, 331 ff. StGB subsumiert werden können.[452] Trotz nachhaltiger Kritik an ihrer Unbestimmtheit[453] wird sie immer wieder in den Dienst des kriminalpolitisch eingeläuteten Kampfes gegen Korruption gestellt.[454] Dabei trägt das vielfach beklagte Case-Law der Untreuerechtsprechung, das immer unübersichtlicher wird,[455] nicht gerade zur Rechtssicherheit bei. Wichtigste Stichwörter im Zusammenhang mit Korruptionssachverhalten sind zum einen die sog. „Schwarzen Kassen" und zum anderen die sog. „Kick-Back-Zahlungen".[456] Interne Ermittler müssen gezielt nach solchen Phänomenen suchen, werden wegen ihrer begrenzten Erkenntnismöglichkeiten im Einzelfall aber immer wieder Schwierigkeiten haben, eine präzise Abgrenzung zwischen Korruptions- und Untreuesachverhalten durchzuführen. Da es hierbei um die Unterscheidung zwischen eigen- und primär fremdnützigem Verhalten gehen kann, ist diese Abgrenzung nicht unerheblich.

---

[452] *Wittig*, § 20 Rn. 5. Zurück geht die Bezeichnung aber auf *Dierlamm*, NStZ 1997, 534. Vgl. auch *Ransiek*, ZStW 116 (2004), 634: „§ 266 StGB passt immer". S. hierzu auch die Siemens-Entscheidung *BGH* NJW 2009, 89 sowie § 3 Rn. 88.
[453] Hinweggefegt letztens hinsichtlich des Nachteilsbegriffs von *BVerfG* NJW 2009, 2370; s. auch *BVerfG* NJW 2010, 3209 = NStZ 2010, 626.; krit. zur Vereinbarkeit des Untreuetatbestands mit Art. 103 Abs. 2 GG s. MünchKomm-StGB/*Dierlamm*, § 266 Rn. 3 ff.
[454] *Saliger* spricht auch von der „Hochkonjunktur der Untreue", die zu zahlreichen Grundsatzurteilen zur Haushalts-, Kredit-, Organ- und Konzernuntreue sowie zu Kick-Backs und schwarzen Kassen führte, s. SSW/*Saliger*, § 299 Rn. 5; ursprünglich verwendet von *Schünemann*, NStZ 2006, 196, 197; *Wittig* weist auf das Pönalisierungsbedürfnis hin, das ihrer Meinung nach allerdings zu einer „wünschenswerten" Sensibilisierung führt, s. BeckOK-StGB/*Wittig*, § 266 Rn. 1 m.w.N. zu der Kritik an dieser Entwicklung.
[455] Zur „Halbwertzeit" von Grundsatzentscheidungen zur Untreue s. *Fischer*, StraFo 2008, 269, 277; zur Unübersichtlichkeit des Untreuestrafrechts durch gestiegene Anwendungshäufigkeit und Erforderlichkeit des „Fallgruppenrichterrechts" s. *Saliger*, HRRS 2006, 10, 15. Krit. auch *Cappel*, S. 135 f.
[456] Zu beiden Konstellationen unten § 3 Rn. 80 ff.

D. Internationale Aspekte der einschlägigen Vorschriften

2. Grundzüge des § 266 StGB

a) Systematik

Die Untreue ist ein Sonderdelikt, da der Täter eine besondere Pflichtenstellung gegenüber dem geschädigten Vermögen haben muss. Bei Außenstehenden ohne Vermögensbetreuungspflicht kommt nur eine Teilnahme in Betracht.[457] § 266 StGB besteht aus zwei Tatbestandsalternativen, dem Missbrauchs- und dem Treuebruchstatbestand. Auch wenn das Verhältnis beider Alternativen zueinander schon immer umstritten war und ist,[458] hat sich in Rechtsprechung und Literatur die Auffassung durchgesetzt, dass der Missbrauchstatbestand ein Spezialfall des umfassenderen Treuebruchstatbestands ist.[459] Daher wird in der Praxis häufig offen gelassen, welche Tatbestandsalternative einschlägig ist und allein auf das Kriterium der für beide Alternativen erforderlichen Vermögensbetreuungspflicht abgestellt.[460]

66

b) Vermögensbetreuungspflicht

Die Vermögensbetreuungspflicht muss die eigenverantwortliche Wahrnehmung fremder Vermögensinteressen von einiger Bedeutung zum Gegenstand haben.[461] Was das konkret bedeutet, wird unterschiedlich beurteilt.[462] Weitgehende Einigkeit besteht insoweit, als eine **restriktive Auslegung** des Begriffs erforderlich ist[463] und sich die Vermögensbetreuungspflicht nach Maßgabe des Innenverhältnisses als „wesentliche Pflicht" dastellen muss und nicht bloße Nebenpflicht sein darf.[464] Des Weiteren stellt die Rechtsprechung auf den Handlungsspielraum und die Verantwortlichkeit des Treunehmers bei der Pflichterfüllung ab, d.h. auf ein signifikantes Maß an Selbstständigkeit, Bewegungsfreiheit und Verantwortlichkeit.[465] Letztlich macht sie die Annahme einer Vermögensbetreuungspflicht von einer Würdigung der gesamten Umstände des Einzelfalles abhängig und konkretisiert diese durch einen bunten Indizienkatalog.[466] Daher muss man auch im Rahmen einer internen Ermittlung auf zahlreiche Einzelfallentscheidungen der höchstrichterlichen Rechtsprechung zurückgreifen.[467]

67

In beiden Untreuealternativen kann die Befugnis zur Vermögensbetreuung entweder auf Gesetz, auf behördlichem Auftrag oder Rechtsgeschäft beruhen. Besondere Bedeutung im Zusammenhang mit Korruptionsdelikten hat die Vermögensbetreuungspflicht kraft behördlichen Auftrags oder Rechtsgeschäfts. Während im Falle eines behördlichen Auftrags ein wirksamer Bestellungsakt erfolgen muss, setzt die

---

[457] *Wittig*, § 20 Rn. 7; *Fischer*, § 266 Rn. 185 f.
[458] S. hierzu *Fischer*, § 266 Rn. 7 f., sowie ausf. NK/*Kindhäuser*, § 266 Rn. 11 ff.
[459] Statt vieler s. nur BeckOK-StGB/*Wittig*, § 266 Rn. 5; *Fischer*, § 266 Rn. 6; BGH NStZ 2006, 214, 216.
[460] Z.B. BGHSt 50, 331, 341 = NJW 2006, 522, 525 (Mannesmann); *BGH* NJW 2006, 453, 454 = NStZ 2006, 221, 222 (Kinowelt); krit. *Wittig*, § 20 Rn. 11; auch in der Revisionsinstanz kann noch zwischen den Alternativen unter Hinweis auf „den identisch fundierten Vorwurf des Treuebruchs" gewechselt werden, s. BGHSt 50, 299, 314 = NJW 2006, 925, 931 = NStZ 2006, 210, 213.
[461] *BGH* NJW 1985, 2280, 2282; BeckOK-StGB/*Wittig*, § 266 Rn. 12.
[462] *Greeve*, Rn. 515; zu den Unterschieden *Fischer*, § 266 Rn. 21 ff.
[463] NK/*Kindhäuser*, § 266 Rn. 32 m.w.N.; auch aus Verteidigerperspektive sollte grundsätzlich auf eine verfassungskonforme restriktive Auslegung gepocht werden, so *Bernsmann/Gatzweiler*, Rn. 659.
[464] *Greeve*, Rn. 515 m.w.N. aus der Rspr; vgl. auch SSW/*Saliger*, § 266 Rn. 10.
[465] BGHSt 41, 224, 228 f.= NJW 1996, 65 f. = NStZ 1996, 81, 82; *BGH* NStZ 2006, 38, 39; NK/*Kindhäuser*, § 266 Rn. 34; krit. *Dierlamm*, NStZ 1997, 534, 536.
[466] SSW/*Saliger*, § 266 Rn. 10.
[467] *Greeve*, Rn. 514.

Dann

durch Rechtsgeschäft eingeräumte Befugnis die Wirksamkeit der Vollmachtserteilung voraus.[468]

68 Der **Befugnis kraft behördlichen Auftrags** kann ein allgemeiner oder ein spezieller Auftrag zu Grunde liegen.[469] Ein allgemeiner Auftrag wäre die Berufung oder Wahl in ein öffentliches Amt, soweit dieses Amt typische vermögensrechtliche Aufgaben mit sich bringt.[470] Einen solchen Auftrag haben Finanzbeamte, Bürgermeister, Landräte, Minister, Stadtkämmerer, Sparkassenleiter, Stadtdirektoren, Lehrstuhlinhaber und Kassenleiter einer Gemeinde.[471] Ob dagegen der einzelne Abgeordnete zum Kreis der Pflichtigen zählt, ist umstritten. Während das OLG Koblenz dies bzgl. der dem Zugriff unterliegenden Haushaltsmittel bejaht,[472] lehnt die Literatur eine Vermögensbetreuungspflicht kraft behördlichen Auftrags ab.[473] Eine spezielle behördliche Beauftragung ist z. B. bei einem verantwortlichen Bauleiter anzunehmen, der im Auftrag öffentlicher Stellen die Ausschreibung und Überwachung von Baumaßnahmen übernimmt.[474]

69 Hauptanwendungsfall einer **rechtsgeschäftlichen Befugnis** ist die **Vollmacht**, in fremdem Namen zu handeln (§ 166 Abs. 2 BGB) und die Ermächtigung, in eigenem Namen über fremde Rechte zu verfügen (§ 185 BGB). Entscheidend ist, dass eine natürliche Person zu offener oder verdeckter Vertretung einer anderen natürlichen oder juristischen Person ermächtigt wird.[475] Insbesondere Auftragsverhältnisse sowie Dienst- oder Gesellschaftsverträge begründen eine rechtsgeschäftliche Befugnis. Darüber hinaus sind viele andere vertragliche Gestaltungen einer Vermögensbetreuungspflicht möglich.[476] Aufsichtsratsmitglieder einer Aktiengesellschaft, Geschäftsführer einer GmbH oder geschäftsführende Gesellschafter von BGB-Gesellschaften, Vorstände von Parteien, Vereinen und Aktiengesellschaften, Steuerberater u. a. werden traditionell zu den Vermögensbetreuungspflichtigen gezählt.[477] Im Einzelfall stellt der BGH auf die vertraglichen und tatsächlichen Modalitäten ab[478] und prüft, ob die Vermögensbetreuungspflicht als Hauptgegenstand des Vertragsverhältnisses zu qualifizieren ist.[479] Jedoch stellt er in einer Entscheidung aus dem Jahre 1995 klar, dass die zivilrechtliche Einstufung als Nebenpflicht kein sicheres Kriterium gegen das Vorliegen einer Vermögensbetreuungspflicht sei.[480] Dies wurde insoweit kritisiert, als durch diese Entscheidung das Merkmal der Hauptpflicht „bis zur Unkenntlichkeit verblasst".[481] M.E. kann man gleichwohl an diesem Abgrenzungskriterium festhalten.[482] Immerhin hat der BGH die Frage, ob auch Nebenpflichten eine Vermögensbetreuungspflicht begründen können, in einer späteren Entscheidung ausdrücklich offen gelas-

---

[468] *Fischer*, § 266 Rn. 19; BeckOK-StGB/*Wittig*, § 266 Rn. 9.
[469] BeckOK-StGB/*Wittig*, § 266 Rn. 8.2.
[470] *Greeve*, Rn. 516; *Fischer*, § 266 Rn. 15.
[471] Die Rspr.-Nachw. zu diesen und anderen Fällen finden sich bei SSW/*Saliger*, § 266 Rn. 14.
[472] OLG Koblenz NStZ 1999, 564, 565.
[473] So *Fischer*, § 266 Rn. 17; MünchKomm-StGB/*Dierlamm*, § 266 Rn. 96; BeckOK-StGB/*Wittig*, § 266 Rn. 8.2; *Kiethe*, NStZ 2005, 529.
[474] OLG Frankfurt a. M. NJW 1994, 2242.
[475] *Fischer*, § 266 Rn. 18.
[476] *Greeve*, Rn. 518 f.; *Wittig*, § 20 Rn. 22.
[477] Zu diesen und anderen entschiedenen Fällen unter Hinweis der Fundstellen SSW/*Saliger*, § 266 Rn. 15 ff. Vgl. auch diverse Bsp. bei NK/*Kindhäuser*, § 266 Rn. 57 f.
[478] *Greeve*, Rn. 519.
[479] So m. w. N. SSW/*Saliger*, § 266 Rn. 10.
[480] BGHSt 41, 224, 228 f. = NJW 1996, 65, 66 = NStZ 1996, 81, 82.
[481] *Greeve*, Rn. 520.
[482] So auch weiterhin SSW/*Saliger*, § 266 Rn. 10; *Fischer*, § 266 Rn. 21.

sen[483] und in anderen Fällen darauf abgestellt, ob es sich bei der in Rede stehenden Nebenpflicht um eine „normale Schuldnerpflicht" handelt, was bejahendenfalls gegen eine Vermögensbetreuungspflicht spreche.[484]

c) Pflichtverletzung

aa) Missbrauchstatbestand

Tathandlung ist der Missbrauch einer rechtswirksam eingeräumten Befugnis. Ob ein solcher Fehlgebrauch von Rechtsmacht vorliegt, hängt davon ab, ob der Täter sein rechtliches Dürfen im Rahmen des rechtlichen Könnens überschritten hat.[485] In Abgrenzung zum Treuebruchstatbestand ist der Missbrauch auf zivilrechtlich oder öffentlichrechtlich wirksame Verhaltensweisen beschränkt.[486] Der Täter muss also die Differenz zwischen rechtlichem Können im Außenverhältnis und rechtlichem Dürfen im Innenverhältnis in einer zu Lasten des Opfers wirksamen Weise ausnutzen.[487] Diese Zivilrechtsakzessorietät[488] führt zur Verneinung eines Missbrauchs, wenn die Sittenwidrigkeit einer kollusiven Absprache, die auf die Vereinbarung eines um den Schmiergeldanteil überhöhten Preises gerichtet ist, auch den Hauptvertrag infiziert.[489] **70**

Ob der Handelnde seine Innenberechtigung missbräuchlich überschritten hat,[490] wirft insbesondere bei Risikogeschäften komplizierte Fragen auf. Denn hier besteht – wenn nicht sogar ein Einverständnis des Vermögensinhabers vorliegt – ein weiter Beurteilungs- und Ermessensspielraum.[491] Für die Beurteilung der Pflichtwidrigkeit ist bei einer objektiven ex-ante Sicht auf den Zeitpunkt der Handlung abzustellen. Zunächst ist danach zu fragen, ob sich die Handlung am Unternehmenswohl orientiert, auf sorgfältig ermittelten Entscheidungsgrundlagen beruht und von Verantwortungsbewusstsein getragen ist.[492]

Die Rechtsprechung verlangt einschränkend, dass die Pflichtverletzung gravierend sein muss.[493]

Missbrauchsuntreue wurde z.B. in folgenden Fällen bejaht bzw. in Betracht gezogen: Zahlung überhöhter Provisionen durch GmbH-Geschäftsführer an sich selbst;[494] Haushaltsuntreue durch zwecksprechende Mittelverwendung unter Haushaltsüberschreitung;[495] Vergabe öffentlicher Mittel unter Verstoß gegen die Pflicht zur sachgerechten Ermessensausübung;[496] Kreditvergabe durch Sparkassenvorstände unter gravierender Verletzung der Prüfungspflicht der Kreditwürdigkeit;[497] Zahlung von

---

[483] Vgl. BGHSt 52, 182, 184 = NJW 2008, 1827 = NStZ 2008, 455.
[484] Vgl. *BGH* wistra 1991, 137, 138; StraFo 2001, 274, 275.
[485] SSW/*Saliger*, § 266 Rn. 21.
[486] SSW/*Saliger*, § 266 Rn. 21.
[487] *Fischer*, § 266 Rn. 25.
[488] So die h.M. bei rechtsgeschäftlichem Handeln, vgl. BeckOK-StGB/*Wittig*, § 266 Rn. 17.1, dort auch zur M.M.
[489] BGHSt 50, 299, 313 f. = NJW 2006, 925, 930.
[490] Dies bestimmt sich nach der Reichweite der Innenberechtigung, die anhand des zugrunde liegenden Rechtsverhältnisses zu bestimmen ist, vgl. BeckOK-StGB/*Wittig*, § 266 Rn. 18.
[491] M.w.N. BeckOK-StGB/*Wittig*, § 266 Rn. 19.
[492] BeckOK-StGB/*Wittig*, § 266 Rn. 19 m. Rspr-Nachw.
[493] Ausf. unter Rn. 73.
[494] *BGH* wistra 1987, 65.
[495] BGHSt 43, 293 = NStZ 1998, 514.
[496] *BGH* NJW 1991, 990.
[497] BGHSt 47, 148 = NJW 2002, 1211 = NStZ 2002, 262.

Sponsorengeldern durch alleinvertretungsberechtigten Vorstandsvorsitzenden einer AG;[498] Bewilligung von Anerkennungsprämien durch den Aufsichtsrat einer AG;[499] Einstellung von unqualifizierten Personen für leitende Stellen.[500]

bb) Treuebruchtatbestand

71 Der Treuebruchtatbestand knüpft nicht an die formale Stellung des Täters zu einem Vermögen, sondern an dessen Macht an, auf fremdes Vermögen einzuwirken. Dieser tatsächlichen Einwirkungsmacht muss ein besonderes, schützenswertes Vertrauen in die Wahrnehmung fremder Vermögensinteressen zugrunde liegen.[501] Ein solches Treueverhältnis ist nicht an die wirksame Ausübung externer Rechtsmacht gebunden, so dass auch von Anfang an rechtsunwirksame Treueverhältnisse erfasst werden und gesetzes- oder sittenwidrige Rechtsgeschäfte ein faktisches Treueverhältnis begründen können.[502] Bei faktischer Geschäftsführung entsteht ein Treueverhältnis nach Ansicht des BGH durch „faktische Dominanz" und die „Entfaltung typischer Geschäftsführeraktivitäten".[503]

72 Wegen der Weite des Treuebruchtatbestands ist die Notwendigkeit einer **restriktiven Auslegung** in Rechtsprechung und Literatur unstrittig.[504] Zur Begründung einer Treuepflicht muss den Täter eine besonders herausgehobene Pflicht treffen, Vermögensinteressen eines Dritten zu betreuen.[505] Die pflichtwidrige Handlung im Rahmen der Treuebruchsalternative besteht in der Verletzung einer konkreten Vermögensbetreuungspflicht.[506] Verletzt ist die Vermögensbetreuungspflicht, wenn der Treunehmer die ihm übertragene Geschäftsbesorgung in vermögensrelevanter Weise nicht oder nicht ordnungsgemäß ausführt.[507] Dabei ist die Pflichtwidrigkeit akzessorisch zur gesamten Rechtsordnung. Somit kommen alle Rechtsnormen als taugliche Quelle einer untreuerelevanten Pflichtverletzung in Betracht.[508] Das umfasst nicht nur für das Rechtsverhältnis einschlägige Gesetze und vertragliche Regeln, sondern auch allgemeine Sorgfaltsmaßstäbe.[509] Interne Ermittler können z.B. auf die Sorgfalt eines Geschäftsmanns nach § 43 Abs. 1 GmbHG[510] oder die Sorgfalt eines ordentlichen und gewissenhaften Geschäftsleiters einer Kapitalgesellschaft nach §§ 93 Abs. 1, 116 AktG abstellen.[511] An dieser weiten Akzessorietät entzündet sich die Kritik der Literatur, die aber nichts an der insoweit gefestigten Rechtsprechung ändert.[512]

Erforderlich ist allerdings, dass die „verletzte Rechtsnorm ihrerseits – wenigstens auch, und sei es mittelbar – vermögensschützenden Charakter hat (...).“[513] Deshalb

---

[498] BGHSt 47, 187 = NJW 2002, 1585.
[499] BGHSt 50, 331 = NJW 2006, 522.
[500] *BGH* wistra 2006, 307.
[501] *Fischer*, § 266 Rn. 33.
[502] BeckOK-StGB/*Wittig*, § 266 Rn. 27; SSW/*Saliger*, § 266 Rn. 24.
[503] *BGH* NJW 1997, 66, 67; NStZ 1999, 558; NJW 2004, 2761, 2764 f.; BeckOK-StGB/*Wittig*, § 266 Rn. 28; befürwortend noch *Dierlamm*, NStZ 1996, 153; krit. *ders.*, NStZ 1997, 534, 535.
[504] SSW/*Saliger*, § 266 Rn. 24 m. zahlr. Nachw. aus Lit. und Rspr.
[505] *Fischer*, § 266 Rn. 35.
[506] BeckOK-StGB/*Wittig*, § 266 Rn. 35.
[507] SSW/*Saliger*, § 266 Rn. 31; MünchKomm-StGB/*Dierlamm*, § 266 Rn. 151.
[508] *Saliger*, HRRS 2006, 10, 14.
[509] SSW/*Saliger*, § 266 Rn. 31.
[510] BGHSt 3, 23, 24.
[511] BGHSt 47, 187, 192 = NJW 2002, 1585, 1586; BGHSt 50, 331, 336 = NJW 2006, 522, 523.
[512] Krit. zur gesellschaftsrechtlichen Pflichtwidrigkeit *Kubiciel*, NStZ 2005, 353.
[513] *BGH* NJW 2011, 88, 92; zust. *Saliger*, ZIS 2011, 902, 909.

D. Internationale Aspekte der einschlägigen Vorschriften

dürfte es in Zukunft zu kontroversen Diskussionen über die genau zu ermittelnde Schutzrichtung einer verletzten Pflicht aus dem Zivil- oder Öffentlichen Recht kommen.[514]

Einschränkend hat der 1. Strafsenat das Korrektiv einer **gravierenden Pflichtverletzung** eingeführt.[515] Der 3. Strafsenat hat es allerdings für risikobehaftete unternehmerische Entscheidungen nicht übernommen[516] und auch der 1. Senat hat es in seinem Urteil zum Fall Kinowelt relativiert, in dem er es als ausreichend angesehen hat, dass „die – weit zu ziehenden – äußersten Grenzen unternehmerischer Entscheidungsfreiheit" überschritten werden und damit eine Hauptpflicht gegenüber dem zu betreuenden Unternehmen verletzt wird.[517] Demgegenüber hat das BVerfG in seiner Entscheidung vom 23.6.2010 entgegen der insoweit schwankenden BGH-Rechtsprechung erfreulicherweise an dem Kriterium der gravierenden oder evidenten Pflichtverletzung festgehalten.[518] Ferner hat es ausdrücklich gefordert, „im Interesse der Berechenbarkeit und Voraussehbarkeit der Rechtsanwendung in wichtigen Anwendungsbereichen des Untreuetatbestands diesen durch fallgruppenspezifische Obersatzbildung unter Berücksichtigung der genannten Kriterien handhabbar [zu] machen".[519] Nach dem Beschluss des BVerfG rekurrierten auch die Strafsenate des BGH wieder vermehrt auf das Einschränkungsmerkmal der gravierenden Pflichtverletzung.[520] Maßstab für dessen Beurteilung soll neuerdings das „schutzwürdige Interesse" des Vermögensträgers sein,[521] was für sich genommen keinen Konkretisierungsgewinn bringt. Hilfreicher – auch im Rahmen einer internen Ermittlung – sind in der Literatur vorgeschlagene Leitkriterien: die Unangemessenheit im Hinblick auf die Ertrags- und Vermögenslage des Unternehmens, die Verletzung von Informations- und Mitteilungspflichten, das Vorliegen sachwidriger Motive und die Überschreitung von Entscheidungsbefugnissen.[522]

Steht die Schädigung einer Limited als EU-Auslandgesellschaft in Rede, so sind die Pflichten ihres „Director" nach Maßgabe ausländischen Gesellschaftsrechts zu beurteilen.[523] Diese Fremdrechtsanwendung kann auch für interne Ermittler schwierig und zeitintensiv werden. Deshalb dürften entsprechende Prüfungsergebnisse bei den später möglicherweise eingeschalteten Strafverfolgungsbehörden große Begehrlichkeiten wecken.

cc) Einverständnis

Interne Ermittler, die für sich in Anspruch nehmen, objektiv zu prüfen, müssen auch nach Anhaltspunkten für ein Einverständnis des Vermögensinhabers in das Tun des Treunehmers suchen, da dieses grundsätzlich die Pflichtwidrigkeit aus-

---

[514] *Rönnau*, StV 2011, 753, 754.
[515] BGHSt 47, 148, 150 = NJW 2002, 1211, 1213 f.= NStZ 2002, 262, 263; zu den Reaktionen im Schrifttum *Saliger*, HRRS 2006, 10, 19 f.; *Theile*, ZIS 2011, 616 f.; instruktiver Überblick bei Leipold/Tsambikakis/Zöller/*Esser*, § 266 Rn. 75 ff.
[516] *BGH* NJW 2006, 522, 526 f.
[517] *BGH* NJW 2006, 453, 454 f. = NStZ 2006, 221, 222.
[518] Zust. *Saliger*, ZIS 2011, 902, 906; krit. *Krüger*, NStZ 2011, 369, 374; *Schünemann*, NStZ 2005, 473; s. auch *Schünemann*, NStZ 2006, 196.
[519] *BVerfG* NJW 2010, 3209, 3215 = NStZ 2010, 626.
[520] *BGH* NStZ 2010, 700, 702; *BGH* NStZ 2011, 403, 405.
[521] *BGH* NStZ 2011, 403, 405.
[522] MünchKomm-StGB/*Dierlamm*, § 266 Rn. 155, im Einzelnen dann Rn. 156 ff.
[523] *BGH* NStZ 2010, 632, 634; zust. *Radtke*, NStZ 2011, 556, 557; krit. *Rönnau*, NStZ 2011, 558 f., jew. m.w.N.

§ 3. Internationale Aspekte des deutschen Strafrechts

schließt. Dabei sind auch ein mutmaßliches sowie ein hypothetisches Einverständnis relevant.[524] Untreueermittlungen führen deshalb schnell bis an die Spitze eines Unternehmens. Wichtigster Anwendungsfall in der Praxis ist die Zustimmung zu Risikogeschäften.[525]

75 Selbst wenn ein **Einverständnis** formal vorliegt, ist in einem weiteren Schritt danach zu fragen, ob dieses auch **wirksam** ist.[526] Ist das Einverständnis gesetzeswidrig, beruht es auf Willensmängeln oder ist es seinerseits pflichtwidrig, so ist es irrelevant und die Handlung des Treunehmers bleibt pflichtwidrig.[527] Diese weitreichende Einschränkung gewinnt gerade im Bereich des Unternehmensstrafrechts an Bedeutung.[528] So hat der BGH die Zustimmung von GmbH-Gesellschaftern zu Vermögensverschiebungen durch den Geschäftsführer als unwirksam angesehen[529] und im Mannesmann-Fall die Zustimmung einer nur zukünftigen Alleinaktionärin zu vermögensschädigenden Verfügungen im Zusammenhang mit der Übernahme als nicht ausreichend für ein wirksames Einverständnis angesehen.[530] Für Organe oder Gesellschafter von Personen- oder Kapitalgesellschaften gelten weitere Besonderheiten: Ist der Geschäftsherr eine Personengesellschaft, so schließt das Einverständnis aller Gesellschafter i.d.R. eine Treuepflichtverletzung aus.[531] Für Kapitalgesellschaften wie die GmbH ist die Reichweite des Einverständnisses im Einzelnen streitig und muss genau überprüft werden. Vermögensnachteilige Dispositionen des Geschäftsführers im Rahmen der Geschäftsführung sind nicht pflichtwidrig, wenn sie im Einverständnis mit der Gesellschaft erfolgen.[532] Demnach ist auf einen Erklärungsakt sämtlicher Gesellschafter oder einen Mehrheitsbeschluss desjenigen Gesellschaftsorgans abzustellen, das die Gesamtheit der Gesellschafter repräsentiert.[533] Letzteres ist bei der GmbH die Gesellschafterversammlung und bei der AG die Hauptversammlung,[534] zu deren Disposition zum einen die Verwendung des Bilanzgewinns steht (§ 174 Abs. 1 AktG) und zum anderen geschäftsführungsrelevante Entscheidungen nach §§ 119 Abs. 2, 111 Abs. 4 AktG.[535] Das Einverständnis des jeweiligen Mehrheitsgesellschafters genügt nicht.[536] Nach neuerer Rechtsprechung des BGH ist ein Einverständnis unwirksam, wenn die Gesellschaft in ihrer Existenz gefährdet ist,[537] z.B. wenn das Stammkapital beeinträchtig wird[538] oder eine Gefährdung in anderer Weise eintritt, z.B. durch Herbeiführung oder Vertiefung einer Überschuldung.[539] Demgegenüber soll ein die Pflichtwidrigkeit ausschließendes Einverständ-

---

[524] SSW/*Saliger*, § 266 Rn. 45; *Fischer*, § 266 Rn. 90; *Seier*, in: Achenbach/Ransiek, Kap. V 2 Rn. 206.
[525] Hierzu ausf. SSW/*Saliger*, § 266 Rn. 47 ff.
[526] Vgl. *Wessing/Krawczyk*, NZG 2011, 1297.
[527] *Fischer*, § 266 Rn. 92.
[528] Zur gesellschaftsrechtlichen Untreue s. SSW/*Saliger*, § 266 Rn. 86 f.
[529] BGHSt 34, 379, 387 f. = NJW 1988, 1397, 1399.
[530] *BGH* NJW 2006, 522, 525.
[531] *Fischer*, § 299 Rn. 93 m.w.N.
[532] *BGH* NJW 2000, 154, 155; krit. *Gehrlein*, NJW 2000, 1089.
[533] *BGH* NStZ 2010, 700, 703; BGHSt 50, 331, 342 f.= NJW 2006, 522, 525 = NStZ 2006, 214, 216 f.
[534] BGHSt 50, 331, 342 = NJW 2008, 1827 = NStZ 2006, 214; *Arens*, S. 304.
[535] Vgl. *Arens*, S. 305 f.
[536] *BGH* NStZ 2010, 700, 703.
[537] *Fischer*, § 266 Rn. 95 f.
[538] *BGH* NStZ 2009, 153, 154.
[539] *BGH* NJW 2009, 157, 160.

nis auch dann in Betracht kommen, „wenn die Vermögensverfügung unter Verstoß gegen Buchführungsvorschriften erfolgt".[540]

dd) Unmittelbarkeitskriterium

Das von einem Teil der Rechtsprechung anerkannte Unmittelbarkeitsprinzip fordert, dass eine pflichtwidrige Handlung unmittelbar eine Vermögensgefährdung herbeiführt, die jederzeit in einen Schaden umschlagen kann, ohne dass erst eine Entdeckung der Tat dazwischen treten muss.[541] Der 1. Strafsenat des BGH hat einen solchen Unmittelbarkeitszusammenhang abgelehnt und ausgeführt, dass der Kausalzusammenhang nicht dadurch unterbrochen wird, „dass der Vermögensschaden erst bei Entdeckung der Tathandlung eintritt."[542] Es bleibt abzuwarten, wie sich andere BGH-Senate positionieren werden. Würde ein Unmittelbarkeitskriterium als einschränkendes Korrektiv abgelehnt, wäre jeder auf einer Pflichtwidrigkeit basierende Vermögensnachteil für die Tatbestandsverwirklichung ausreichend – unabhängig von seiner zeitlichen Entstehung. Eine restriktive Auslegung des Untreuetatbestands, die das BVerfG fordert, sieht anders aus. Außerdem würde die vom BVerfG anerkannte Rechtsfigur der schadensgleichen Vermögensgefährdung mit ihren Einschränkungsmöglichkeiten bzgl. der Strafbarkeit praktisch nicht mehr zur Anwendung kommen.[543] Für ein Unmittelbarkeitserfordernis spricht außerdem die systematische Nähe von § 266 StGB und § 263 StGB, die sich an den gemeinsamen Regelbeispielen zeigt.[544]

76

d) Vermögensnachteil

Der Begriff des Vermögensnachteils ist mit dem des Vermögensschadens i. S. von § 263 StGB identisch.[545] Ob ein solcher vorliegt, ist im Wege der Gesamtsaldierung festzustellen, indem der Wert des Gesamtvermögens vor und nach der pflichtwidrigen Tathandlung verglichen wird.[546] Ein Vermögensnachteil scheidet im Fall einer werthaltigen Kompensation aus. Dazu muss die Tathandlung unmittelbar einen den Verlust aufwiegenden Vermögenszuwachs bewirken.[547] Unmittelbar heißt nicht „zeitgleich bzw. sofort oder auch nur bald".[548] Eine unmittelbare Schadenskompensation ist für den BGH schon dann gegeben, „wenn keine weitere Handlung mehr hinzutreten muss, damit der kompensationsfähige Vermögenszuwachs entsteht."[549]

77

Dabei kann eine Kompensation auch durch eine Gewinnerwartung begründet werden. Die Aussicht auf einen wirtschaftlichen Vorteil muss sich allerdings derart konkretisiert haben, dass ihr die Verkehrsauffassung einen objektivierbaren wirtschaftlichen Wert zumisst.[550] Eine in diesem Zusammenhang interessante Entscheidung hat

78

---

[540] BGH NStZ 2010, 700, 702; abl. *Brand*, NJW 2010, 3463, 3464, der einen solchen Beschluss analog § 241 Nr. 3 AktG als nichtig ansieht.
[541] S. BGH wistra 2009, 433, 436. Zust. u. a. Leipold/Tsambikakis/*Esser*, § 266 Rn. 215 f.; *Mosiek*, HRRS 2009, 565.
[542] BGH NStZ 2011, 403, 406. Zust. *Bittmann*, wistra 2011, 343, 344, der konsequenter Weise fordert, auch das Unmittelbarkeitserfordernis bei der Schadenskompensation ad acta zu legen.
[543] *Brand*, NJW 2011, 1751, 1752.
[544] *Corsten*, wistra 2011, 389, 390; *Seier*, in: Achenbach/Ransiek, Kap. V 2 Rn. 212.
[545] SSW/*Saliger*, § 266 Rn. 51 m. zahlr. w. Nachw. aus Rspr. und Lit.
[546] *Fischer*, § 266 Rn. 115; BGH NStZ 2010, 330, 331; vgl. auch NStZ 2008, 398, 398 f.
[547] *Fischer*, § 266 Rn. 115; BGH NStZ-RR 2006, 175, 176.
[548] BGH NJW 2011, 88, 93.
[549] BGH NJW 2011, 88, 93. Für das Unmittelbarkeitskriterium auch *Saliger*, HRRS 2006, 10, 13; *ders.*, NStZ 2007, 545, 549. S. auch die obigen Ausführungen unter Rn. 76.
[550] BGHSt 17, 147, 148 = NJW 1962, 973.

§ 3. Internationale Aspekte des deutschen Strafrechts

das OLG Frankfurt am Main gefällt. Es stellt nicht allein auf die jeweils unmittelbar mit einer Schmiergeldzahlung zusammenhängenden Aufträge ab, sondern auf den Gesamt- oder Schlussgewinn des Unternehmens. Schmiergeldzahlungen und verlustbringende Aufträge könnten schließlich dazu dienen, so das Gericht, dem Unternehmen eine bestimmte Marktposition zu verschaffen und künftig gewinnbringende Aufträge zu erhalten.[551] Während das BVerfG kürzlich die **Vermögensgefährdung** als verfassungsgemäße Auslegungserweiterung des Vermögensschadens angesehen hat,[552] hat der BGH den „Tod des Gefährdungsschadens eingeläutet".[553] Bei pflichtwidrigen Risikogeschäften stellt sich – so der 1. und 3. Strafsenat – die Vermögensgefährdung in Wirklichkeit als ein bereits unmittelbar mit der Tathandlung eingetretener Vermögensnachteil dar.[554] Die Gleichsetzung der Vermögensgefährdung mit dem Vermögensnachteil ist in der Literatur auf Kritik gestoßen.[555] Auch ein Mitglied des 2. Senats des BGH hat die „Abschaffung" des Gefährdungsschadens kritisiert.[556] Dabei hat der 2. Strafsenat in der Siemens-Entscheidung zwar an der Rechtsfigur des Gefährdungsschadens festgehalten, im konkreten Fall aber die Errichtung schwarzer Kassen als endgültigen Schaden gewertet.[557] Das BVerfG hat ebenfalls klargestellt, dass der Begriff des Gefährdungsschadens keinesfalls nur eine drohende, sondern eine bereits eingetretene Vermögensminderung umschreibt.[558] Allerdings hat das BVerfG die Anforderungen an den Nachweis des Vermögensnachteils erhöht, indem es postuliert hat, dass der Nachteil konkret zu ermitteln ist. Vage Ausführungen der Gerichte werden in Zukunft nicht mehr ausreichen. Das BVerfG stellt explizit darauf ab, dass eine konkrete Ermittlung des Nachteils nicht aus der Erwägung heraus unterbleiben darf, dass sie mit praktischen Schwierigkeiten verbunden ist. „Wenn und soweit in der wirtschaftlichen Praxis geeignete Methoden zur Bewertung von Vermögenspositionen entwickelt worden sind, müssen die Gerichte diese – gegebenenfalls über die Hinzuziehung eines Sachverständigen – auch ihrer Beurteilung zugrunde legen. Dabei geht es darum, die Schadensfeststellung auf eine sichere Grundlage zu stellen, sie rational nachvollziehbar zu machen und sich zu vergewissern, ob im Einzelfall eine hinreichend sichere Grundlage für die Feststellung eines Vermögensnachteils überhaupt existiert oder ob man sich in einem Bereich bewegt, in dem von einem zahlenmäßig fassbaren Schaden noch nicht die Rede sein kann".[559] Damit gewinnen bilanzrechtliche Maßstäbe bei der Schadensermittlung weiter an Bedeutung.[560]

79 Es ist grundsätzlich nicht mehr möglich, auf eine konkrete Feststellung der Schadenshöhe zu verzichten. Dementsprechend hat das BVerfG ein Urteil des BGH zur Kreditvergabe gekippt und die darin enthaltene Auslegung als verfassungswidrig gebrandmarkt. Ein Verzicht auf die Ermittlung des konkreten Nachteils „sei geeignet, die

---

[551] *OLG Frankfurt a.M.* NStZ-RR 2004, 244, 245. Das Gericht nahm merkwürdiger Weise im Rahmen der Vorsatzprüfung zu Pflichtwidrigkeit und Schaden Stellung. Krit. *Fischer*, § 266 Rn. 120; positiv dagegen SSW/*Saliger*, § 266 Rn. 61.
[552] *BVerfG* NJW 2009, 2370, 2372; hierzu *Fischer*, StV 2010, 95.
[553] So *Wessing*, BKR 2010, 159, 161, allerdings ausdrücklich beschränkt auf die Kreditvergabe.
[554] *BGH* NJW 2008, 2451, 2452 *(1. Senat)*, hierzu auch *Nack*, StraFo 2008, 277. S. ebenfalls *BGH*, Urt. v. 13.8.2009, Az. 3 StR 576/08, BeckRS 2009, 24828.
[555] *Rübenstahl*, NJW 2008, 2454; *Becker*, HRRS 2009, 334.
[556] *Fischer*, § 266 Rn. 160 ff.; *ders.*, StV 2010, 95, 100.
[557] *BGH* NJW 2009, 89, 92.
[558] *BVerfG* NJW 2010, 3209, 3218.
[559] *BVerfG* NJW 2010, 3209, 3215.
[560] Vgl. *Rönnau*, StV 2011, 753, 758 f.

D. Internationale Aspekte der einschlägigen Vorschriften

eigenständige strafbarkeitsbegrenzende Funktion des Nachteilsmerkmals zu unterlaufen, indem an die Stelle der vom Gesetzgeber gewollten wirtschaftlichen Betrachtung eine weitgehend normativ geprägte Betrachtungsweise tritt".[561]

Einschränkend verlangt der BGH bei Vermögensgefährdungen, dass der Täter die Gefahr der Realisierung eines Schadenseintritts gebilligt hat.[562]

e) Fallvarianten: Schwarze Kassen und Kick-Backs

Schwarze Kassen und Kick-Back-Zahlungen spielen in vielen Korruptionsfällen eine große Rolle. Diese Phänomene werfen verschiedene Rechtsfragen auf, vornehmlich im Hinblick auf Pflichtverletzung und Vermögensnachteil. Ihnen nachzuspüren ist eine zentrale Aufgabe interner Ermittler. 80

aa) Schwarze Kassen

Als „Schwarze Kasse" bezeichnet man Gelder, die pflichtwidrig vor dem Vermögensinhaber verborgen werden und deren beabsichtigte Verwendung in Beziehung zu der beruflichen oder sonst aufgabenbezogenen Tätigkeit desjenigen steht, der die Gelder verbirgt.[563] Die Geldmittel des Treugebers werden dem gewöhnlichen Geldkreislauf entzogen und außerhalb liegenden Konten, Kassen oder Treuhändern zugeführt.[564] Sind die Zahlungsvorgänge hingegen transparent und nachverfolgbar, liegen keine Schwarzen Kassen vor.[565] 81

Eine untreuerelevante Pflichtwidrigkeit sieht der BGH im Verstoß gegen die Pflicht zu ordnungsgemäßer Buchführung. Im Siemens-Fall hat er diese Pflichtwidrigkeit nicht nur für das Einrichten, sondern ausdrücklich auch für das bloße Unterhalten einer Schwarzen Kasse angenommen. Indem der Treunehmer es unterließ, die von ihm vorgefundenen Geldmittel seiner Arbeitgeberin zu offenbaren, verletzte er seine Pflicht zur ordnungsgemäßen Verbuchung.[566]

Auch im Rahmen einer internen Untersuchung ist zu überprüfen, ob ein tatbestandsausschließendes Einverständnis des Vermögensinhabers vorliegt. Bei Pflichtverletzungen des Vorstandes einer Aktiengesellschaft stellt der BGH auf ein Einverständnis der Aktionäre oder der Hauptversammlung ab,[567] berücksichtigt aber das weite Entscheidungsermessen des Vorstands unter Grenzziehung durch § 93 Abs. 1 AktG.[568] Die Literatur leitet ein weiteres Einschränkungskriterium aus der Rechtsprechung zur GmbH-Untreue ab und fordert für ein wirksames Einverständnis die Wahrung der Kapitalerhaltungsgrundsätze.[569] Wie die Zustimmung eines Vorstands wirkt, die sich auf die Pflichtverletzung eines Mitarbeiters bezieht, aber nicht von einem Votum der Aktionäre gedeckt ist, scheint noch nicht abschließend geklärt zu sein.[570] 82

---

[561] BVerfG NJW 2010, 3209, 3220.
[562] BGHSt 51, 100, 121 f. = NJW 2007, 1760 = NStZ 2007, 583; BGHSt 52, 182, 190 = NJW 2008, 1827 = NStZ 2008, 455. Krit. zur „Sonderkonstruktion im subjektiven Tatbestand" *Ransiek*, NJW 2007, 1727.
[563] *Satzger*, NStZ 2009, 297, 298.
[564] MünchKomm-StGB/*Dierlamm*, § 266 Rn. 211.
[565] BGHSt 40, 287, 293 = NJW 1995, 603 = NStZ 1995, 202.
[566] *BGH* NJW 2009, 89, 91. Krit. zur Begründung *Satzger*, NStZ 2009, 297, 300. Keinen Zweifel an der Pflichtwidrigkeit haben *Brammsen/Apel*, WM 2010, 781, 783.
[567] BGHSt 50, 331, 342 = NJW 2006, 522 (Mannesmann/Vodafone).
[568] BGHSt 47, 187, 197 = NJW 2002, 1585.
[569] SSW/*Saliger*, § 266 Rn. 87, zweifelnd *Rönnau*, FS Amelung, 2009, S. 325.
[570] Mit Verweisen auf Lit. *Satzger*, NStZ 2009, 297, 301.

83 Die Siemens-Entscheidung hat eine neue Begründung des **Vermögensnachteils** mit sich gebracht. Während Rechtsprechung und Literatur die Bildung und Unterhaltung von Schwarzen Kassen bis dahin als sog. schadensgleiche Vermögensgefährdung qualifizierten,[571] sieht der BGH darin nunmehr einen „endgültigen Vermögensverlust" und damit einen Vermögensnachteil.[572] Das BVerfG hat diese Auffassung abgesegnet: Der BGH habe „den Schaden der Höhe nach wirtschaftlich nachvollziehbar und somit verfassungsrechtlich unbedenklich auf die volle Summe der vom Beschwerdeführer übernommenen und auf den schwarzen Kassen belassenen Gelder beziffert".[573] Damit hat sich der Streit um die untreuerechtliche Bewertung Schwarzer Kassen weitgehend erledigt.[574]

Die Entscheidung des BGH, die zu einer Vorverlagerung und Ausdehnung des Schadensbegriffs führt, ist zu Recht kritisiert worden.[575] Denn durch die „terminologische Wende" von der Vermögensgefährdung zum Vermögensnachteil werden der bedingte Vorsatz und die mit ihm verbundenen Restriktionen obsolet.[576] Auch wird dem Treunehmer die Berufung auf eine kompensationsfähige Berücksichtigung der späteren zweckkonformen Mittelverwendung verwehrt.[577] Die Chance, Aufträge unter Einsatz Schwarzer Kassen zu generieren, bleibt danach irrelevant.[578]

bb) Kick-Back-Zahlungen

84 Von Kick-Back-Zahlungen spricht man, wenn Verträge zu überhöhten Preisen unter verdeckter Einrechnung von Schmiergeld geschlossen werden und der überhöhte Teil unerkannt an einen Vertreter der zahlenden Vertragspartei zurückfließt.[579] Da nicht nur die Schmiergeldabrede, sondern auch der Hauptvertrag sittenwidrig ist, kommt lediglich die Treuebruchsvariante in Betracht.[580] Die untreuerelevante Pflichtverletzung liegt nicht in der fehlenden Herausgabe der Kick-Back-Zahlungen an den Geschäftsherrn, da die Herausgabepflicht nach §§ 681, 687 Abs. 2, 667 BGB eine bloße Schuldnerpflicht und keine Vermögensbetreuungspflicht i.S. des § 266 StGB begründet.[581] Dies schließt aber nicht aus, dass der Schmiergeldempfänger eine anders begründete Vermögensbetreuungspflicht hat.[582]

85 Der BGH hat den Treunehmer in die Pflicht genommen, „in geeigneten Fällen auch für eine Vermögensmehrung Sorge zu tragen".[583] Der Schwerpunkt der Vorwerfbarkeit liege im Abschluss des um den Schmiergeldanteil überteuerten Vertrags und damit auf

---

[571] BGHSt 51, 100, 114 = NJW 2007, 1760 = NStZ 2007, 583 (Kanther/Weyrauch).
[572] *BGH* NJW 2009, 92 (Siemens). Krit. u.a. *Schünemann*, StraFo 2010, 477.
[573] So und mit anschließender Begründung *BVerfG* NJW 2010, 3209, 3217. Vgl. auch die Besprechung von *Wessing/Krawczyk*, NZG 2010, 1121.
[574] *Krüger*, NStZ 2011, 369, 375, unter Hinw. auf § 31 BVerfGG.
[575] *Satzger*, NStZ 2009, 297; *Kempf*, FS Volk, 2009, S. 231; *Saliger/Gaede*, HRRS 2008, 57. S. auch oben zum Vermögensnachteil unter § 3 Rn. 77.
[576] *Kempf*, FS Volk, 2009, S. 231, 238.
[577] *Kempf*, FS Volk, 2009, S. 231, 239.
[578] Vgl. *BGH* NJW 2011, 88, 93, bezogen auf nicht konkretisierte zukünftige Fälle. Krit. *Bittmann*, NJW 2011, 96, 97; *Saliger*, ZIS 2011, 902, 909.
[579] Zur Definition von Kick-Back-Untreue s. *Greeve*, in: Hauschka, § 25 Rn. 68. Zu den diversen Fallgestaltungen von Kick-Back-Zahlungen s. *Kraatz*, ZStW 122 (2010), 521, 526 ff.; Park/Zieschang, Teil 3 Kap. 2 Rn. 63 ff.
[580] *Saliger*, NJW 2006, 3377, 3377 f., unter Hinw. darauf, dass die vom *BGH* angenommene Sittenwidrigkeit in der Lit. nicht unumstritten ist.
[581] *BGH* NJW 2005, 300, 306; MünchKomm-StGB/*Dierlamm*, § 266 Rn. 231.
[582] *BGH* NJW 2005, 300, 306.
[583] *BGH* NJW 1983, 1807.

D. Internationale Aspekte der einschlägigen Vorschriften

einem aktiven Tun. Gleichzeitig verhindere der Täter den Abschluss eines günstigeren Vertrags, der ohne unkeusche Zusatzzahlungen auskommt.[584] Die Begründung eines Vermögensnachteils ist dann unproblematisch, wenn die Vertragsparteien Leistungen vereinbaren, die unter Berücksichtigung des Kick-Backs ungleichwertig bzw. überteuert sind.[585] Der Zuwendung von Schmiergeldern kommt hier, wie anlässlich des Wuppertaler Schmiergeldskandals entschieden wurde, eine erhebliche Indizwirkung zu.[586] Wird Schmiergeld auf den Preis einer vom Treugeber zu bezahlenden Leistung aufgeschlagen und fließt es als Kick-Back an den Treunehmer zurück, wird ein Vermögensnachteil zu bejahen sein, wenn der Gesamtpreis als überteuert einzustufen ist.[587] Demgegenüber ist im Falle eines äquivalenten Leistungsaustauschs die straflose Nichtherausgabe von personengebundenen Provisionen von strafbarer Kick-Back-Untreue abzugrenzen. Ein Kick-Back führt nur dann zu einer Untreuestrafbarkeit, wenn er sich als aktive Vernichtung einer konkreten vermögenswerten Chance des Geschäftsherrn darstellt. Immer dann, wenn der Kick-Back den Abschluss eines günstigen Geschäfts des Treugebers konkret verhindert, ist ein Nachteil gegeben.[588] Die Aussicht auf den Abschluss eines günstigeren bzw. um den Schmiergeldanteil reduzierten Vertrags muss sich derart verfestigt haben, dass sie bereits Bestandteil des Vermögens des Geschäftsherrn ist.[589] Eine derart geschützte Erwartung besteht z.B. auf homogenen Märkten mit fester Preisstruktur. Die Rechtsprechung neigt schnell dazu, einen Vermögensnachteil mit der Begründung anzunehmen, dass bei Schmiergeldabreden der bemakelte Preisaufschlag regelmäßig einen Vermögensnachteil begründe.[590] Diese Regel gelte erst dann nicht, „wenn (…) Umstände erkennbar sind, die es nicht unbedingt nahe legen, dass die Leistungen in die Kalkulation zu Lasten des Geschäftsherrn eingestellt wurden."[591]

Dies führt letztlich dazu, dass kaum noch konkret geprüft wird, ob eventuell nicht doch ein äquivalenter Leistungsaustausch trotz Kick-Back stattgefunden hat. Vielmehr kommt die Rechtsprechung im Fall von Kick-Back-Zahlungen auf Grund ihrer weiten Auslegung „in der Regel" zu einer Bejahung eines Vermögensnachteils.[592] Damit geht eine nicht hinnehmbare Beweislastumkehr einher, da nicht mehr konkret festgestellt wird, ob der Geschäftsabschluss ohne Kick-Back günstiger gewesen wäre. Dies ist insoweit misslich, als gerade bei solchen Kick-Back-Abreden häufig nicht aufklärbar sein wird, ob die Schmiergeldzahlungen bei der Kalkulation eines Auftrags überhaupt berücksichtigt worden sind.[593] Außerdem wird außer Acht gelassen, dass der Geber gute Gründe haben kann, sich nicht auf einen Preisnachlass zugunsten des Geschäftsherrn einzulassen.[594] Hoffnung auf eine Abkehr von dieser Beweislastumkehr speist sich aus der Forderung des BVerfG, der Nachteil müsse konkret bezif-

86

---

[584] BGHSt 50, 299, 315 = NJW 2006, 925 = NStZ 2006, 210.
[585] SSW/*Saliger*, § 266 Rn. 65 m. Hinw. auf die Rspr. wie z.B. BGHSt 47, 295, 299 = NJW 2002, 2801 = NStZ 2002, 648.
[586] *BGH* NJW 2006, 2864, 2867; *Fischer*, § 266 Rn. 118.
[587] *Fischer*, § 266 Rn. 118; SSW/*Saliger*, § 266 Rn. 65.
[588] *Fischer*, § 266 Rn. 119.
[589] *Kraatz*, ZStW 122 (2010), 521, 531 ff.
[590] BGHSt 50, 299, 314 f. = NJW 2006, 925 = NStZ 2006, 210; *Saliger*, NJW 2006, 3377, 3378.
[591] BGHSt 49, 317, 333 = NJW 2005, 300 = NStZ 2005, 569.
[592] Krit. *Fischer*, § 266 Rn. 119.
[593] So auch MünchKomm-StGB/*Dierlamm*, § 266 Rn. 232; *Kraatz*, ZStW 122 (2010), 521, 535, der die Umkehrung des Regel-Ausnahme-Verhältnisses durch den *BGH* aber im Übrigen für begründet hält.
[594] *Bernsmann/Gatzweiler*, Rn. 673 ff.; *Bernsmann*, GA 2007, 219, 233 f.

fert werden.⁵⁹⁵ Nimmt man diese Vorgabe ernst, so muss der BGH seine Rechtsprechung in Bezug auf Kick-Back-Zahlungen korrigieren. Denn die vorschnelle Bejahung eines Vermögensnachteils bei Kick-Back-Zahlungen wäre verfassungswidrig.

cc) Zahlung von Schmiergeld als Untreue

87 Bei der i.d.R. pflichtwidrigen Zahlung von Schmiergeld durch einen Unternehmensmitarbeiter kann es ebenfalls an einem Vermögensnachteil fehlen. Dies ist nach vorzugswürdiger Auffassung immer dann der Fall, wenn der Einsatz von Unternehmensgeldern zur Erlangung eines Auftrags führt, der den Wert des Schmiergeldes kompensiert und ohne dessen Einsatz nicht an das Unternehmen vergeben worden wäre, für das der Vorteilsgeber tätig ist.⁵⁹⁶ Legt man – wie hier – eine wirtschaftliche Betrachtungsweise zugrunde, sind nur frucht- bzw. erfolglose Schmiergelder untreuerelevant, d.h. solche, die zu keinem kompensationsfähigen Vorteil führen, etwa weil der Empfänger sich nicht an seine ursprüngliche Zusage hält und stattdessen einen Auftrag an einen Mitbewerber vergibt. Das Risiko, dass es im Entdeckungsfall zur Anordnung des Verfalls gem. § 73 StGB kommt, ist abstrakt und vermag keinen unmittelbaren Vermögensnachteil zu begründen, weil zwischen der Verursachung des Risikos und dem Eintritt eines Schadens in Gestalt des Verfalls eine Reihe von ungewissen Zwischenschritten steht.⁵⁹⁷

3. Auslandssachverhalte

88 Korruptionssachverhalte mit Auslandsbezug – das hat die Entscheidung im Siemens-Fall gezeigt – werden verstärkt zu einer Strafbarkeitsprüfung unter dem Gesichtspunkt der Untreue führen. Dabei ist allerdings in einem ersten Schritt zu prüfen, ob deutsches Strafrecht überhaupt Anwendung findet.⁵⁹⁸

Gerade in Schwellenländern ist zu beachten, dass dort „übliche" Schmiergeldzahlungen vom Einverständnis des Treugebers erfasst sein können.

4. Prüfungsschema Untreue

89
1. Anwendbarkeit des § 266 StGB gem. §§ 3, 9, 7 StGB.
2. Vermögensbetreuungspflicht: eigenverantwortliche Wahrnehmung fremder Vermögensinteressen von einiger Bedeutung.
   – Stichworte: wesentliche Pflicht, Indizienkatalog durch Rechtsprechung
3. Pflichtverletzung
   a) Missbrauchstatbestand: Überschreitung des rechtlichen Dürfens im Rahmen des rechtlichen Könnens.
   b) Treuebruchtatbestand: tatsächliche Einwirkungsmacht, sofern ihr ein besonderes, schützenswertes Vertrauen in die Wahrnehmung fremder Vermögensinteressen zugrunde liegt. Verletzt ist die Vermögensbetreuungspflicht nur dann, wenn der Treunehmer die ihm übertragene Geschäftsbesorgung in vermögensrelevanter Weise nicht oder nicht ordnungsgemäß ausführt.

---

⁵⁹⁵ *BVerfG* NJW 2010, 3209, 3215.
⁵⁹⁶ *Böttger*, in: Böttger, Kap. 5 Rn. 197; *Corsten*, HRRS 2011, 247, 249 f.; Leipold/Tsambikakis/Zöller/*Esser*, § 266 Rn. 192 ff.
⁵⁹⁷ Zum Verfall nach § 73 StGB s. ausf. § 12 Rn. 91 ff.
⁵⁹⁸ Vgl. hierzu in diesem Kapitel oben unter Rn. 6 ff.

- Stichwort: gravierende oder evidente Pflichtverletzung
- Pflichtverletzung z.B. bejaht beim Einrichten und Unterhalten von Schwarzen Kassen, bei der Vereinbarung von Kick-Back-Zahlungen.
4. Einverständnis oder mutmaßliche Einwilligung des Vermögensinhabers
   - Dieses schließt die Pflichtwidrigkeit aus.
   - Allerdings darf die Einwilligung nicht ihrerseits gesetzwidrig oder pflichtwidrig sein oder auf Willensmängeln beruhen.
   - Gesamtsaldierung: Vergleich des Wertes des Gesamtvermögens vor und nach der pflichtwidrigen Tathandlung.
5. Vermögensnachteil
   - Aber: kein Vermögensnachteil im Fall schadensausschließender Kompensation.
   - Vermögensnachteil von Rspr. bejaht bei: Schwarzen Kassen, pflichtwidrigen Risikogeschäften, Kick-Back-Zahlungen.
   - **Achtung:** Neuerdings stellt das BVerfG hohe Anforderungen an die Begründung des Nachteils: der Nachteil muss konkret ermittelt werden.

V. Geldwäsche gem. § 261 StGB

1. Einleitung

Wenn ein Unternehmen mit potentiellen Korruptionssachverhalten konfrontiert wird, **90** können auch Straftaten gem. § 261 StGB im Raum stehen. Die Fallvarianten sind vielfältig. Interne Ermittler können z.B. feststellen, dass ein Kunde seine Rechnungen mit Geld bezahlt hat, das aus einem gemeinsam durch Korruption generierten Auftrag stammt, sie entdecken ausländische Konten, die mysteriöse Bargeldeinzahlungen aufweisen, oder sie identifizieren einen Auslandskunden, der regelmäßig zuviel auf seine Rechnungen bezahlt hat und diese Differenzbeträge zurückfordert. Die unübersichtliche Vorschrift des § 261 StGB in diesen Beispielsfällen zu übersehen, kann gravierende Folgen haben. Weil sich ihre aktuelle Fassung an der Grenze der Verständlichkeit bewegt,[599] kommt es bei ihrer Anwendung zu diversen Schwierigkeiten. Eine Prüfung des sehr weit gefassten Tatbestandes und etwaiger Anzeigepflichten nach dem GwG muss deshalb sehr sorgfältig durchgeführt werden.

§ 261 StGB soll nach Einschätzung des Gesetzgebers einem dringenden Handlungsbedarf Rechnung tragen[600] bzw. Strafbarkeitslücken schließen.[601] Die Praxis zeigt allerdings, dass die tatsächliche Anzahl der Verurteilungen verschwindend gering ist.[602] Andererseits belegt eine Entscheidung aus dem Jahre 2009,[603] wie praxisrelevant diese angeblich „eher virtuelle" Vorschrift[604] im Zusammenhang mit Korruptionssachverhalten sein kann. So können z.B. Bestechungsgelder aus einer Geldwäsche-Vortat herrühren und eine Strafbarkeit nach § 261 StGB auslösen.

---

[599] So *BGH* NJW 2008, 2516, 2517.
[600] BT-Drs. 11/2597, S. 5; BR-Drs. 219/91, S. 85.
[601] S. hierzu *Helmers*, ZStW 121 (2009), 509, 510.
[602] Einzelne Daten benennt *Fischer*, § 261 Rn. 4 b; MünchKomm-StGB/*Neuheuser*, § 261 Rn. 15.
[603] *BGH* NJW 2009, 1617.
[604] *Fischer*, § 261 Rn. 4 b.

2. Grundzüge des § 261 StGB

a) Systematik

91 Die Absätze 1 bis 3 sowie 5 des § 261 StGB normieren den Tatbestand der Geldwäsche, während Absatz 4 eine reine Strafzumessungsregel des besonders schweren Falles darstellt. Die Absätze 6 (strafloser Vorerwerb) und 9 (strafbefreiende Selbstanzeige und straflose Selbstbegünstigung) enthalten eine Tatbestandseinschränkung bzw. persönliche Strafaufhebungsgründe. Für die Fälle der Auslandskorruption ist insbesondere Absatz 8 relevant, der zu einer partiellen Gleichstellung von Inlands- und Auslandstaten führt. Strafzumessungsrelevant kann auch Absatz 10 werden, der eine sog. kleine Kronzeugenregelung enthält.

b) Gegenstand

92 Tatobjekt i.S. des § 261 StGB ist jeder Gegenstand mit Vermögenswert, der aus einer Katalogtat i.S. von Abs. 1 S. 2 herrührt. Zu diesen Gegenständen zählt der Gesetzgeber beispielsweise Bargeld, Buchgeld inländischer und ausländischer Währung, Wertpapiere, Forderungen, Edelmetalle, Edelsteine, Grundstücke und Rechte.[605] Nicht geldwäschetauglich sind z.B. nichtige Forderungen, da ihnen kein wirtschaftlicher Wert innewohnt.[606] Dagegen ist Falschgeld ein taugliches Tatobjekt, weil es im wirtschaftlichen Kreislauf benutzt werden kann.[607] Nicht durchgesetzt hat sich die Auffassung, den Gegenstandsbegriff in einem funktionalen Sinne zu erweitern, um auch Computerprogramme und Ideen zu erfassen.[608]

c) Für Korruptionssachverhalte relevante Vortaten aus dem Katalog des § 261 Abs. 1 S. 2 StGB

93 Ein Vermögensgegenstand ist nur dann ein taugliches Geldwäscheobjekt, wenn er aus einer der in § 261 Abs. 1 S. 2 StGB genannten Vortaten herrührt. Die Vortaten sind in § 261 Abs. 1 S. 2 Nrn. 1–5 StGB abschließend aufgeführt, wobei Versuch oder Teilnahme an der Vortat ausreichen. Obwohl der BGH hohe Anforderungen an die Konkretisierung der Vortat nach Täter, Art und Weise der Begehung, Tatzeitpunkt und Tatort stellt,[609] scheinen die Instanzgerichte diese Vorgaben teilweise außer Acht zu lassen.[610] Dieser Mangel an „hinreichender Konkretisierung" sowie der nicht nachgewiesene Zusammenhang zwischen Vortat und Gegenstand soll in über 80% der Fälle zu einer Einstellung des jeweiligen Verfahrens führen.[611]

---

[605] BT-Drs. 12/989, S. 27.
[606] MünchKomm-StGB/*Neuheuser*, § 261 Rn. 29; *Petropoulos*, wistra 2007, 241, 242. Der Status eines Gegenstands als taugliches Tatobjekt kann auch durch dessen weitgehende Beschädigung, Zerstörung oder sonstigen umfassenden Wertverlust in Ausnahmefällen wieder aufgehoben werden, s. *Jahn/Ebner*, JuS 2009, 597, 598.
[607] NK/*Altenhain*, § 299 Rn. 27; Schönke/Schröder/*Stree/Hecker*, § 261 Rn. 4.
[608] Für die funktionale Annäherung des Gegenstandsbegriffs zuerst *Cebulla*, wistra 1999, 281; s. auch *Petropoulos*, wistra 2007, 241, 242. Dagegen MünchKomm-StGB/*Neuheuser*, § 261 Rn. 30.
[609] *BGH* wistra 2000, 67.
[610] Ausf. *Lütke*, wistra 2001, 85, 86.
[611] Allerdings fand die kriminologisch-empirische Untersuchung bereits in den 90er Jahren statt, s. *Oswald*, wistra 1997, 328, 329. Zu vermuten ist jedoch, dass sich an den Zahlen nichts geändert hat. Vgl. hierzu *Fischer*, § 261 Rn. 4 b.

D. Internationale Aspekte der einschlägigen Vorschriften

Für Korruptionssachverhalte ist § 261 Abs. 1 S. 2 Nr. 2 lit. a StGB relevant, der Bestechlichkeit und Bestechung zu Vortaten der Geldwäsche erklärt.[612] Allerdings ist bei Auslandssachverhalten zu beachten, dass Art. 2 § 4 IntBestG für den Anwendungsbereich des § 261 StGB ausdrücklich nur auf § 334 StGB i.V.m. Art. 2 § 1 IntBestG verweist. 94

Augenmerk sollte man auch auf eine bandenmäßige oder gewerbsmäßige Untreue nach § 261 Abs. 1 S. 2 Nr. 4 lit. a StGB sowie eine bandenmäßige oder gewerbsmäßige Steuerhinterziehung nach § 261 Abs. 1 S. 2 Nr. 4 lit. b StGB legen. Dabei ist eine gewerbsmäßige Hinterziehung unternehmensbezogener Steuern naheliegend, so dass auch die Anlage von „Schwarzgeld" durch Banken von einer Beihilfe zur Steuerhinterziehung zur Geldwäsche aufrücken kann.[613] Teilweise wird ohne Spezifizierung behauptet, dass eine bandenmäßige Begehung in Unternehmen nicht selten nahe liegen würde, was im Ergebnis nachvollziehbar ist.[614] 95

Durch Steuerhinterziehung ersparte Aufwendungen sowie unrechtmäßige Steuererstattungen und -vergütungen können in Fällen gewerbsmäßiger und bandenmäßiger Steuerhinterziehung nach § 261 Abs. 1 S. 3, 1. HS StGB ebenfalls taugliche Geldwäscheobjekte sein. Da die Ersparnis durch Steuerhinterziehung als Gegenstand i.S. des § 261 Abs. 1 S. 1 StGB nicht greifbar ist, sollte durch diese Ergänzung eine vermeintliche Strafbarkeitslücke geschlossen werden. Allerdings führt dies zu einer unverhältnismäßigen Ausweitung der Strafbarkeit, da faktisch schon ein legaler Erwerb von Gegenständen, die aus irgendwelchen Teilen des Gesamtvermögens des Steuerhinterziehers stammen, strafbar ist.[615] Es ist nicht nachvollziehbar, wie eine Geldwäsche an ersparten Aufwendungen begangen werden sollte.[616] Wegen dieser Unstimmigkeiten wird die Regelung in der Praxis weitgehend ignoriert.[617] 96

d) Herrühren

Durch den schwammigen Begriff des „Herrührens" werden Gegenstand und Vortat einer Geldwäsche zueinander in Beziehung gesetzt.[618] Nach Ansicht des BGH ist ein „herrühren" zu bejahen, wenn zwischen dem Gegenstand und der Vortat ein Kausalzusammenhang besteht, wenn also der Gegenstand seine Ursache in der rechtswidrigen Tat hat. Dabei geht der BGH sogar so weit, dass der Täter den Gegenstand nicht zwingend aus der für ihn strafbaren Handlung erlangt haben muss, sondern dass es sich um einen „inkriminierten Gegenstand" der Tat handelt.[619] Dadurch rückt er bewusst von der Auffassung ab, Bestechungsgelder könnten als sog. instrumenta sceleris (zur Straftatbegehung eingesetzte Gegenstände) nicht aus der Vortat herrühren.[620] Damit ist das Bestechungsgeld nicht nur dann ein Gegenstand der Geldwäsche, wenn es um (passive) Bestechlichkeit und somit um den Lohn des Bestochenen geht, sondern auch 97

---

[612] Diese Delikte wurden unter Wegfall zusätzlicher Voraussetzungen 1998 infolge der Anpassung an die europäische Rechtslage Bestandteil des Vortatenkatalogs, s. MünchKomm-StGB/*Neuheuser*, § 261 Rn. 34.
[613] *Hillmann-Stadtfeld*, NStZ 2002, 242, 244; *Fischer*, § 261 Rn. 16 b.
[614] *Fischer*, § 261 Rn. 16 b.
[615] *Geurts*, ZRP 1997, 250; *Fischer*, § 261 Rn. 8 b.
[616] Vgl. NK/*Altenhain*, § 261 Rn. 83; *Spatschek/Wulf*, NJW 2002, 2983, 2987.
[617] *Fischer*, § 261 Rn. 8 b.
[618] *Herzog/Nestler*, § 261 Rn. 47 ff.
[619] *BGH* NJW 2009, 1617, 1618.
[620] MünchKomm-StGB/*Neuheuser*, § 261 Rn. 11; NK/*Altenhain*, § 261 Rn. 63; krit. zur Entscheidung auch *Rettenmaier*, NJW 2009, 1619.

§ 3. Internationale Aspekte des deutschen Strafrechts

im Falle aktiver Bestechung nach § 334 StGB, wenn es den tatbestandsmäßigen Vorteil darstellt. Ausgehend von dieser zu Recht kritisierten Prämisse, die mit dem Bestimmtheitsgebot des Art. 103 GG konfligiert,[621] rührt Geld auch dann aus einer Vortat her, wenn es erst zu ihrer Begehung, z.B. der Bestechung eines Amtsträgers, eingesetzt wird. Diese Entscheidung des BGH ist damit für alle Fälle der Auslandskorruption von besonderer Relevanz, da der vielfach unbeachtete Geldwäschetatbestand hier – wie die Entscheidung zeigte – zum Auffangtatbestand mutieren kann. Insoweit wird man angesichts der weiten Auslegung durch den BGH auch die vom Bestechenden erlangte Gegenleistung unter das Tatbestandsmerkmal subsumieren müssen.[622] Dies kann z.B. der begehrte Auftrag bzw. das durch diesen erwirtschaftete Geld sein.

98   Ein Kausalzusammenhang zwischen Gegenstand und Vortat wird aber nicht nur bei sog. Ursprungsgegenständen angenommen, sondern auch bei **Ersatzgegenständen**, sog. Surrogaten, die infolge zahlenmäßig nicht beschränkter Austausch- oder Umwandlungsprozesse wirtschaftlich an die Stelle des jeweiligen Ursprungsgegenstands getreten sind.[623] Wird Geld aus einer gewerbsmäßigen Steuerhinterziehung zunächst in Aktien angelegt, danach von dem Aktienpaket ein Grundstück gekauft und dieses anschließend wieder verkauft, so rühren all diese Gegenstände als Surrogate aus der Vortat her und sind „dauerkontaminiert". Nutzungen (§ 100 BGB) wie Zinsen und Mieteinnahmen sind ebenfalls bemakelt.[624] Auf die Erzeugnisse eines Unternehmens, an dem der Täter mit schmutzigen Vermögenswerten Anteile erworben hat, trifft das hingegen nicht zu.[625]

99   Problematisch ist es, wenn ein **Vermögensgegenstand nur zum Teil mit bemakeltem Geld erworben** wird, wenn z.B. der Erlös des „bemakelten" Aktienpakets nicht ausreicht, um das Grundstück zu erwerben und daher auch legale Mittel in den Grundstückskauf einfließen. Die Rechtsprechung stellt auf das vage Kriterium der Erheblichkeit ab und lässt es ausreichen, wenn der in den Ersatzgegenstand einfließende bemakelte Anteil „aus wirtschaftlicher Sicht nicht völlig unerheblich" ist.[626] Wann dies konkret der Fall ist, scheint der Einzelabwägung überlassen zu sein und ist insoweit schwer vorhersehbar. Daher ist es zwecks besserer Handhabbarkeit sinnvoll, über sog. Makelquoten nachzudenken, die im Einzelnen allerdings stark voneinander abweichen und zwischen 1% und 51% liegen,[627] weshalb der Vorwurf der Willkürlichkeit nicht fern liegt.[628] Nicht einfach zu entscheiden sind die Fälle, in denen legal erworbenem Vermögen bemakelte Vermögenswerte zugefügt und diese vermischt werden, z.B. wenn Bestechungsgelder auf ein Bankkonto eines Unternehmens mit legalem Guthaben eingezahlt werden. Hier nimmt die h.L. von der Teilkontamination an, dass das Bankguthaben nur in Höhe des Bestechungsgeldes kontaminiert ist. Diese

---

[621] Herzog/*Nestler*, § 261 Rn. 57.
[622] So auch *Pelz*, StraFo 2000, 300, 305.
[623] *Jahn/Ebner*, JuS 2009, 597, 599; *Fischer*, § 261 Rn. 8.
[624] Herzog/*Nestler*, § 261 Rn. 64.
[625] BT-Drs. 12/3533, S. 12.
[626] *OLG Karlsruhe* NJW 2005, 767, 769.
[627] Ausf. zu den einzelnen Lösungsvorschlägen *Petropoulos*, wistra 2007, 241, 244. *Petropoulos* vertritt dagegen die Auffassung, dass der Gegenstand als Teilgegenstand vorhanden bleibt und vermischt insoweit die unterschiedlichen Konstellationen von Surrogaterwerb und Vermischung legaler und illegaler Vermögenswerte. M.E. kann bei erster Konstellation die These vom Teilgegenstand nur in begrenzten Fällen fruchten. Zur Unterscheidung beider Konstellationen auch *Jahn/Ebner*, JuS 2009, 597, 599.
[628] Vgl. Herzog/*Nestler*, § 261 Rn. 71.

D. Internationale Aspekte der einschlägigen Vorschriften

Ansicht folgt der Wertung, die den §§ 947 ff. BGB zu Grunde liegt. Sie ist der Lehre von der Totalkontamination vorzuziehen, weil ansonsten binnen kürzester Zeit unzählige Vermögensgegenstände des Wirtschaftslebens aus einer Geldwäsche herrühren würden.[629]

e) Tathandlungsvarianten

§ 261 Abs. 1 und Abs. 2 StGB enthalten drei Tathandlungsvarianten, die darauf abzielen, inkriminierte Gegenstände unter Verdeckung ihrer Herkunft in den Finanz- und Wirtschaftskreislauf einzuschleusen. Sie lassen sich allerdings nicht klar abgrenzen und überschneiden sich vielfach,[630] weshalb es kaum Handlungen geben soll, die nicht wenigstens von einer der drei Tatvarianten erfasst sind.[631]

100

Der Verschleierungstatbestand des § 261 Abs. 1 S. 1 StGB soll das Verbergen inkriminierter Gegenstände (Var. 1) und das manipulative Verschleiern ihrer Herkunft verhindern (Var. 2). Er erfasst z.B. den Fall, dass Bankkonten unter falschem Namen geführt oder für den Verkehr mit „schmutzigen Geldern" zur Verfügung gestellt werden.[632] Nach dem Wortlaut der Vorschrift reicht eine abstrakte Gefahr aus, so dass ein Verschleierungserfolg nicht vorliegen muss.[633]

101

Der Vereitelungs- und Gefährdungstatbestand des § 261 Abs. 1 S. 1 (Var. 3) StGB setzt dagegen eine konkrete Gefährdung voraus. Strafbar sind Handlungen, die den Zugriff der Strafverfolgungsbehörden auf die inkriminierten Gegenstände dadurch behindern, dass der Täter die Ermittlung der Herkunft, das Auffinden, den Verfall, die Einziehung oder die Sicherstellung eines Gegenstandes vereitelt oder gefährdet.

Der Isolierungstatbestand des § 261 Abs. 2 StGB enthält weitere drei Tatvarianten, indem er das Verschaffen, Verwahren oder Verwenden von Geldwäschegegenständen unter Strafe stellt. Dadurch sollen die Gegenstände verkehrsunfähig gemacht und der Täter wirtschaftlich isoliert werden.[634] Ein Vorerwerb nach § 261 Abs. 6 StGB ist demgegenüber straflos: Hat ein Dritter einen Gegenstand erworben, ohne hierdurch eine Straftat zu begehen, so ist er nicht strafbar. Bedeutung hat diese Regelung insbesondere für Fälle des gutgläubigen Erwerbs. Allerdings ist immer zu bedenken, dass Handlungen i.S. des § 261 Abs. 1 StGB auch bei gutgläubigem Zwischenerwerb strafbar sind.[635] Nicht zu überzeugen vermag die Auffassung, die Überweisung inkriminierter Gelder auf das Konto einer gutgläubigen Bank führe zu einer Anwendbarkeit des § 261 Abs. 6 StGB.[636] Hierbei wird übersehen, dass der Vortäter einen Auszahlungsanspruch erwirbt, der aus dem Tatgegenstand herrührt und genau diese Forderung an den Zahlungsempfänger überträgt. Ist dieser also bösgläubig, so kann eine Banküberweisung die Vortaterlöse nicht erfolgreich „waschen".[637]

---

[629] Zu beiden Auffassungen m.w.N. *Jahn/Ebner*, JuS 2009, 597, 599.
[630] *Fischer*, § 261 Rn. 19; krit. auch *BGH* NStZ 2009, 326.
[631] Krit. SSW/*Jahn*, § 261 Rn. 33; *Jahn/Ebner*, JuS 2009, 597, 600.
[632] *LG Mönchengladbach* wistra 1995, 157; *AG Essen* wistra 1995, 31, 32.
[633] *Fischer*, § 261 Rn. 21 a m. Hinw. auf die M.M., nach der eine konkrete Gefährdung für erforderlich gehalten wird.
[634] BT-Drs. 12/989, S. 27; *BGH* NStZ 2010, 517, 518.
[635] Da dieser Umstand in der Praxis dazu führt, dass die Norm faktisch leerläuft, so *Jahn/Ebner*, JuS 2009, 597, 601, haben einige Autoren dafür plädiert, gutgläubig erworbene Gegenstände insgesamt aus dem § 261 StGB auszunehmen, was allerdings mit dem eindeutigen Wortlaut nicht zu vereinbaren ist, s. *Fischer*, § 261 Rn. 28.
[636] *Hamm*, NJW 2000, 636, 638.
[637] *Fischer*, § 261 Rn. 29. S. auch *BGH* NStZ 2010, 517, 519.

f) Tatbestandseinschränkungen

102 Eine teleologische Reduktion des Tatbestandes, die Geschäfte des täglichen Lebens ausklammert, hat sich nicht durchgesetzt.[638] Da § 261 StGB kein dem § 258 Abs. 6 StGB nachempfundenes Angehörigenprivileg enthält, ergibt sich auch für Angehörige des Vortäters keine Tatbestandseinschränkung, so dass sie taugliche Geldwäschetäter sein können.

g) Subjektiver Tatbestand

103 Zur Tatbestandsverwirklichung genügt bei § 261 Abs. 1 und Abs. 2 Nr. 1 und Nr. 2 StGB bedingter Vorsatz. Auch wenn dies im letzten Fall umstritten ist, lässt die h. M. trotz des Gesetzeswortlauts bedingten Vorsatz ausreichen, da der Gesetzgeber dem Begriff der Kenntnis nur klarstellende Bedeutung zukommen lassen wollte.[639] § 261 Abs. 5 StGB enthält eine Spezialregelung zum subjektiven Tatbestand. Hiernach ist ausreichend, dass der Täter leichtfertig nicht erkannt hat, dass der Gegenstand aus einer Katalogtat herrührt.[640] Dazu muss der Täter die sich ihm geradezu aufdrängende Möglichkeit der Tatbestandsverwirklichung aus besonderem Leichtsinn oder aus völliger Gleichgültigkeit außer Acht gelassen haben.[641] Die übrigen Tatbestandsmerkmale müssen allerdings zumindest bedingt vorsätzlich verwirklicht werden.[642] Die Leichtfertigkeitsvariante, gegen die systematische, kriminalpolitische und verfassungsrechtliche Bedenken erhoben werden,[643] bereitet Probleme im Hinblick auf die Annahme von Leistungsentgelten für berufsmäßige neutrale Tätigkeiten, wie rechts- und steuerberatende Berufe, Finanzdienstleister u. ä. Um nicht ganze Berufsgruppen mit einem generellen Straftatverdacht zu belegen, wird es für den Vorwurf der Leichtfertigkeit darauf ankommen, ob sich die kriminelle Herkunft der Honorare geradezu aufdrängte. Indizien können exorbitante Barzahlungen, Naturalien oder die Höhe der Honorare sein. Abhängig von der objektiven Auffälligkeit des Vorgangs kann eine Erkundigungspflicht des Honorarempfängers bestehen.[644]

h) Persönliche Strafaufhebungsgründe

104 Die persönlichen Strafaufhebungsgründe des § 261 Abs. 9 StGB sollen einen Anreiz zur Anzeige von Geldwäschehandlungen schaffen und damit die Aufklärung der Vortaten erleichtern.[645] Als Rechtsfolge ist die Straffreiheit des Anzeigenden bzw. des an der Vortat Beteiligten vorgesehen. Der Strafaufhebungsgrund des § 261 Abs. 9 S. 1 StGB tritt ein, wenn der Täter die Tat freiwillig bei der zuständigen Behörde anzeigt oder eine solche Anzeige veranlasst. Dies genügt allerdings nur in Fällen der versuchten und leichtfertigen Geldwäsche gem. Nr. 1, wohingegen die vorsätzliche vollendete Geldwäsche nach Nr. 2 zusätzlich verlangt, dass der Anzeigeerstatter die Sicherstellung der Geldwäschegegenstände bewirkt haben muss.[646] Sind neben den Voraussetzungen des § 261 Abs. 9 S. 1 StGB auch die des § 46 b StGB gegeben, so geht der

---

[638] *BGH* NJW 2001, 2891, 2892; *Bottke*, wistra 1995, 121, 122; Schönke/Schröder/*Stree/Hecker*, § 261 Rn. 19.
[639] SSW/*Jahn*, § 261 Rn. 60; *Fischer*, § 261 Rn. 40; a.A. *Ambos*, JZ 2002, 70, 72.
[640] *Fischer*, § 261 Rn. 42.
[641] BT-Drs. 12/989, S. 28; BGHSt 43, 158, 168 = NJW 1997, 3323.
[642] *Fischer*, § 261 Rn. 42; *BGH* NJW 2008, 2516, 2517.
[643] *Fischer*, § 261 Rn. 42 a m.w.N.
[644] Hierzu insgesamt *Fischer*, § 261 Rn. 44; sowie Schönke/Schröder/*Stree/Hecker*, § 261 Rn. 23.
[645] BT-Drs. 12/989, S. 28.
[646] *Jahn/Ebner*, JuS 2009, 597, 603; *Fischer*, § 261 Rn. 51.

D. Internationale Aspekte der einschlägigen Vorschriften

im Geldwäschetatbestand benannte persönliche Strafaufhebungsgrund als günstigere Regelung der Kronzeugenregelung des § 46 b StGB vor.[647] Interne Untersuchungen können also die Grundlage schaffen, um eine strafbefreiende Geldwäscheanzeige zu platzieren. Vorher ist allerdings genau zu prüfen, ob noch andere Straftatbestände verwirklicht sein könnten, die nicht von § 261 Abs. 9 StGB erfasst sind.

§ 261 Abs. 9 S. 2 StGB liegt dann vor, wenn der Geldwäschetäter gleichzeitig Täter oder Teilnehmer der Vortat ist. Ob dies der Fall ist, will der BGH immer nach deutschem Recht beurteilen, so dass eine eventuelle Strafbarkeit nach ausländischen Rechtsordnungen nicht zu einer Anwendung des persönlichen Strafaufhebungsgrundes des § 261 Abs. 9 S. 2 StGB führt.[648]

3. Auslandssachverhalte

a) Auslandstaten nach § 261 Abs. 8 StGB

Nach § 261 Abs. 8 StGB können auch im Ausland begangene Taten taugliche Vortaten der Geldwäsche sein. Während die alte Tatbestandsfassung noch jede mit Strafe bedrohte, im Ausland begangene Vortat ausreichen ließ,[649] wurde diese kritisierte Ausweitung nunmehr vom Gesetzgeber zurückgenommen. Erste Voraussetzung des § 261 Abs. 8 StGB ist daher, dass die Auslandstat den Vortaten des deutschen Geldwäschetatbestandes entsprechen muss. Es müssten also die Voraussetzungen einer rechtswidrigen Tat i.S. des § 261 Abs. 1 S. 1 StGB erfüllt sein, wenn sie im Inland begangen worden wäre.[650] Zweite Voraussetzung ist, dass die Tat nach dem Recht des Tatorts mit Strafe bedroht ist. Nicht verlangt wird, dass die Tat nach ausländischem Recht taugliche Vortat einer strafbaren Geldwäsche ist.[651] Allerdings müssen alle Voraussetzungen des ausländischen Straftatbestandes vorliegen.[652] Daher kann eine Prüfung der ausländischen Rechtsordnung durchaus zu dem Ergebnis führen, dass gerade kein Straftatbestand erfüllt ist und § 261 Abs. 8 StGB nicht greift. In diesem Zusammenhang wird in der Kommentarliteratur auf die Grundsätze zu § 7 StGB verwiesen.[653] Dagegen wird vereinzelt eingewandt, dass Ausgangspunkt und Zielrichtung beider Normen (§ 261 Abs. 8 und § 7 StGB) unterschiedlich seien. Während es bei § 7 StGB um die Geltung deutschen Strafrechts gehe, komme es bei der Bewertung der Auslandsvortat darauf an, ob ein im Ausland strafbares Tatgeschehen nach deutschem Recht überhaupt strafbares Verhalten darstelle.[654] Abschließend ist zu beachten, dass der Anwendungsbereich des § 261 StGB ausdrücklich auf § 334 StGB beschränkt wurde.

b) Besonderheiten

Bei Auslandssachverhalten kann es dazu kommen, dass die Strafausschließungsregel des § 261 Abs. 9 S. 2 StGB dem an der Vortat beteiligten Geldwäscher nicht zu Gute kommt. Dies ist dann der Fall, wenn der Beteiligte zwar nach ausländischem Recht strafbar wäre, nicht aber nach deutschem. Der BGH hat herausgestellt, dass sich die

105

106

---

[647] *Fischer*, § 261 Rn. 50. S. ausf. zu § 46 b StGB im Zusammenhang mit der Geldwäsche Schönke/Schröder/*Stree/Hecker*, § 261 Rn. 30.
[648] *BGH* NJW 2009, 1617, 1618, dazu gleich unter § 3 Rn. 105 f.
[649] So zur a.F. *LG Stuttgart* NJW 1995, 670, 671; krit. *Carl/Klos*, NStZ 1995, 167.
[650] *Nestler*, § 261 Rn. 44.
[651] NK/*Altenhain*, § 261 Rn. 45; *Nestler*, § 261 Rn. 44.
[652] *Nestler*, § 261 Rn. 44.
[653] *Fischer*, § 261 Rn. 17.
[654] *Lütke*, wistra 2001, 85, 87.

Beteiligung an der Vortat allein nach deutschem Recht bestimmt. Denn das Verbot der Doppelbestrafung nach Art. 103 Abs. 3 GG ist auf Verurteilungen durch denselben Staat beschränkt und gilt – soweit keine bi- oder multilateralen Übereinkommen bestehen – bei ausländischen Verurteilungen nicht.[655]

4. Prüfungsschema Geldwäsche nach § 261 StGB

107
1. Gegenstand: jeder Vermögensgegenstand
2. Herrühren aus einer Vortat[655]
   a) Vortaten können z. B. sein:
   - Bestechung und Bestechlichkeit nach Nr. 2 lit. a. Bei Auslandssachverhalten findet eine Beschränkung auf die Bestechung statt.
   - Bandenmäßige oder gewerbsmäßige Untreue oder Steuerhinterziehung nach Nr. 4 lit. a oder lit. b.
   - Auslandssachverhalte: nach § 261 Abs. 8 StGB können auch im Ausland begangene Taten taugliche Vortaten der Geldwäsche sein. Voraussetzungen sind:
     - die Auslandstat muss den Vortaten des deutschen Geldwäschetatbestands entsprechen und
     - die Tat ist nach dem Recht des Tatorts mit Strafe bedroht.
   b) Herrühren: Zwischen Gegenstand und Vortat muss eine Kausalbeziehung bestehen: Der Gegenstand muss seine Ursache in der rechtswidrigen Tat haben.
   - Hierunter fallen auch Bestechungsgelder.
3. Tathandlung: die unscharfen Begehungsvarianten decken einen großen Handlungsbereich ab:
   a) Verschleierungstatbestand (§ 261 Abs. 1 S. 1 Var. 1 u. 2 StGB)
   b) Vereitelungs- und Gefährdungstatbestand (§ 261 Abs. 1 S. 1 Var. 3 StGB)
   c) Isolierungstatbestand (§ 261 Abs. 2 StGB)
4. Subjektiver Tatbestand: bedingter Vorsatz oder Leichtfertigkeit nach § 261 Abs. 5 StGB.
5. Persönlicher Strafaufhebungsgrund nach § 261 Abs. 9 StGB

VI. Bilanzdelikte – Unrichtige Darstellung nach § 331 HGB

1. Einleitung

108 Werden Schmiergeldzahlungen und Schwarze Kassen verschleiert bzw. buchhalterisch nicht richtig erfasst, kommt eine Strafbarkeit gem. § 331 HGB in Betracht.[657] § 331 HGB schützt das Vertrauen in die Richtigkeit und Vollständigkeit der im Tatbestand genannten Mitteilungen über die Verhältnisse einer Kapitalgesellschaft oder eines

---

[655] *BGH* NJW 2009, 1617, 1618.
[656] Im Folgenden werden nur die für Korruptionssachverhalte relevanten Alternativen dargestellt.
[657] Darauf verweisen auch *Grau/Meshulam/Blechschmid*, BB 2010, 652, 654. S. auch *LG Leipzig*, Urt. v. 19.1.2011, Az. 11 KLS 395 JS 2/10, BeckRS 2012, 00588; Nachinstanz *BGH*, Urt. v. 9.11.2011, Az 1 StR 302/11, BeckRS 2011, 29860.

D. Internationale Aspekte der einschlägigen Vorschriften

Konzerns.[658] Einbezogen sind alle Kapitalgesellschaften bzw. Konzerngesellschaften und sämtliche Personen, die mit diesen in irgendeiner rechtlichen oder wirtschaftlichen Beziehung stehen oder eine solche Beziehung aufnehmen wollen. Dadurch sind tatsächliche und potentielle Gesellschafter, Kapitalmarktteilnehmer, tatsächliche und potentielle Fremdkapitalteilnehmer sowie sonstige Gläubiger und Arbeitnehmer vom Schutzbereich erfasst.[659] Da die vier Tatbestandsvarianten des § 331 HGB nur durch die im Gesetz aufgezählten Personen verwirklicht werden können, handelt es sich um echte Sonderdelikte.[660] Mögliche Täter können sein: die Mitglieder des vertretungsberechtigten Organs einer Kapitalgesellschaft (Nrn. 1–3, 4), die Mitglieder des Aufsichtsrats einer Kapitalgesellschaft (Nrn. 1, 2), die gesetzlichen Vertreter einer nach § 2 Abs. 7 WpHG kapitalmarktorientierten Kapitalgesellschaft oder eines solchen Mutterunternehmens (Nr. 3 lit. a) und die vertretungsberechtigten Gesellschafter des Tochterunternehmens einer Kapitalgesellschaft (Nr. 4).

§ 400 AktG enthält Sondervorschriften für Aktiengesellschaften. Da die Tatbestände des § 331 Nrn. 1, 1 lit. a und 4 HGB denen des § 400 Abs. 1 Nrn. 1 und 2 AktG aufgrund gesetzlicher Anordnung vorgehen, wird auf eine Darstellung des § 400 AktG verzichtet.

2. Unrichtige Darstellung der Unternehmensverhältnisse nach § 331 Nr. 1, Nr. 1 lit. a, Nr. 2, Nr. 3 HGB

a) Unrichtige Darstellung der Verhältnisse der Kapitalgesellschaft – § 331 Nr. 1 HGB

Tathandlungen sind die unrichtige Wiedergabe und das Verschleiern der Verhältnisse einer Kapitalgesellschaft in der Eröffnungsbilanz, im Jahresabschluss, im Lagebericht oder im Zwischenabschluss von Kreditinstituten. Während eine unrichtige Wiedergabe den Grundsatz der Bilanzwahrheit verletzt, steht bei einem Verschleiern ein Verstoß gegen den Grundsatz der Bilanzklarheit in Rede.[661] Beispiel für eine unrichtige Wiedergabe ist die Nichtaufnahme der Gesellschaft gehörender Vermögensgegenstände oder die Gesellschaft betreffende Schulden in die Bilanz.[662] Das Nichtbilanzieren einer Schwarzen Kasse oder einer Schmiergeldzahlung stellt damit einen klassischen Fall des § 331 Nr. 1 HGB durch Unterlassen dar. 109

Allerdings besteht Einigkeit darüber, dass nicht jede Verletzung von Rechnungslegungsvorschriften zu einer Strafbarkeit nach § 331 Nr. 1 HGB führt, sondern dass es sich um eine **erhebliche Verletzung** handeln muss.[663] Unklarheiten resultieren wiederum aus dem Umstand, dass eine generelle Abgrenzung zwischen erheblichen und unerheblichen Verstößen nicht möglich ist.[664] Ergänzend ist deshalb zu überprüfen, ob die vorgenommene Bilanzierungsmethode schlechthin unvertretbar ist. Solange das nicht der Fall ist und der potentiell Verdächtige eine Auffassung im „Rahmen des Vertretbaren" zugrundegelegt hat, ist der objektive Tatbestand des § 331 HGB nicht er- 110

---

[658] *Weinreich*, in: Böttger, Kap. 7 Rn. 22.
[659] MünchKomm-StGB/*Sorgenfrei*, § 331 HGB Rn. 2.
[660] *Kozikowski/Huber*, § 331 Rn. 3; *Hellmann/Beckemper*, Rn. 385.
[661] *Weinreich*, in: Böttger, Kap. 7 Rn. 33.
[662] MünchKomm-HGB/*Quedenfeld*, § 331 Rn. 34.
[663] *KG* wistra 2010, 235, 236; *Waßmer*, ZIS 2011, 648, 649. Zur Begründung s. *Wittig*, § 29 Rn. 28; MünchKomm-HGB/*Quedenfeld*, § 331 Rn. 42 f. Zur Verfassungskonformität einer solch einschränkenden Auslegung s. *BVerfG*, Beschl. v. 15.8.2006, Az. 2 BvR 822/06, Rn. 6, juris.
[664] *Kozikowski/Huber*, § 331 Rn. 21.

füllt.[665] Ein Teil der Literatur nimmt an, dass die Grenze zur Strafbarkeit erst dann überschritten ist, wenn die Verletzung der Rechnungslegungsvorschrift zur Unwahrheit oder zur Unklarheit der Eröffnungsbilanz, des Jahresabschlusses, des Lageberichts oder des Zwischenabschlusses führt, d.h. die Aussagekraft beeinträchtigt.[666] § 331 Nr. 1 lit. a HGB sanktioniert die Offenlegung eines befreienden Einzelabschlusses, in dem die Verhältnisse der Gesellschaft unrichtig oder verschleiert wiedergegeben sind. Offenlegung bedeutet nach § 325 Abs. 2 HGB die Bekanntmachung des Einzelabschlusses im Bundesanzeiger und die Einreichung der Bekanntmachung mit Beifügung der genannten Unterlagen zum Handelsregister.[667]

b) Unrichtige Darstellung der Verhältnisse eines Konzerns – § 331 Nrn. 2 u. 3 HGB

111 § 331 Nr. 2 HGB enthält einen § 331 Nr. 1 HGB entsprechenden Straftatbestand für Konzerne.[668] Danach sind die unrichtige Wiedergabe und die Verschleierung der Verhältnisse des Konzerns im Konzernabschluss, im Konzernlagebericht oder im Konzernzwischenabschlussbericht durch Mitglieder des vertretungsberechtigten Organs oder des Aufsichtsrats einer Kapitalgesellschaft strafbar.

In § 331 Nr. 3 HGB wird die vorsätzliche oder leichtfertige Offenlegung eines nach Nr. 2 veränderten Konzernabschlusses oder Konzernlageberichts unter Strafe gestellt. Daher hat Nr. 3 eine lückenfüllende Funktion in den Fällen, in denen die Aufstellung eines Konzernabschlusses oder Konzernlageberichts durch die Offenlegung ersetzt werden darf.[669]

3. Unrichtiger Bilanzeid nach § 331 Nr. 3 lit. a HGB

a) Sarbanes Oxley Act und die Entstehungsgeschichte des Bilanzeids

112 Eine wichtige Neuerung im Bilanzstrafrecht der letzten Dekade ist der durch das TUG 2006 eingeführte „Bilanzeid".[670] Dieser ist in § 331 Nr. 3 lit. a HGB geregelt. Als Reaktion auf die Finanzskandale in Europa und den USA[671] orientiert sich die Vorschrift an der amerikanischen Strafbewehrung des Falschversicherns in sec. 302 (a) i.V.m. sec. 906 (c) SOX. Auch wenn die praktische Notwendigkeit der Vorschrift bezweifelt wurde und wird,[672] hat der deutsche Gesetzgeber in Umsetzung der EU-Transparenzrichtlinie einen über die europäischen Vorgaben hinausgehenden Straftatbestand geschaffen.[673] Allerdings ist die noch im Gesetzesentwurf vorgesehene Unterlassensvariante der Nichtabgabe des Bilanzeides nicht in § 331 Nr. 3 lit. a HGB aufgenommen worden, so dass diese nach wie vor nur eine Ordnungswidrigkeit darstellt.[674]

---

[665] *KG* wistra 2010, 235, 236.
[666] MünchKomm-HGB/*Quedenfeld*, § 331 Rn. 43.
[667] *Wittig*, § 29 Rn. 25.
[668] *Hellmann/Beckemper*, Rn. 400.
[669] *Kozikowski/Huber*, § 331 Rn. 6; *Hellmann/Beckemper*, Rn. 401.
[670] *Waßmer*, ZIS 2011, 648, 651 bezeichnet den Begriff „Bilanzeid" zu Recht als irreführend.
[671] *Heldt/Ziemann*, NZG 2006, 652; *Hahn*, IRZ 2007, 375; *Sorgenfrei*, wistra 2008, 329; *Abendroth*, WM 2008, 1147, 1150.
[672] Zur dogmatischen und kriminalpolitischen Kritik vgl. *Heldt/Ziemann*, NZG 2006, 652 f.; *Altenhain*, WM 2008, 1141, 1142 f.
[673] *Hahn*, IRZ 2007, 375, 376; *Kozikowski/Huber*, § 331 Rn. 34. Zu den drei Entwicklungsstadien s., Park/*Südbeck*, Teil 3, Kap. 7, T1, Rn. 84 ff.
[674] *Ziemann*, wistra 2007, 292, 293; *Altenhain*, WM 2008, 1141, 1143.

b) Grundzüge des strafbaren Bilanzeids

aa) Täterkreis

Täter eines Bilanzeids können nur Inlandsemittenten i.S. des § 2 Abs. 113
7 WpHG sein, also alle kapitalmarktorientierten Unternehmen, deren Herkunftsstaat Deutschland ist.[675] In personeller Hinsicht ist zu beachten, dass der Kreis der Verpflichteten über die in SOX genannten Personen (CEO und CFO) hinausgeht. Nach § 331 Nr. 3 lit. a HGB sind sämtliche gesetzliche Vertreter des betroffenen Unternehmens zur Abgabe des Bilanzeids verpflichtet, bei Aktiengesellschaften also alle Vorstandsmitglieder und zwar ohne Rücksicht auf die Ressortzuständigkeit.[676]

bb) Unrichtige Abgabe

Strafbar nach § 331 Nr. 3 lit. a HGB ist, wer eine Versicherung im Jahresabschluss, La- 114
gebericht, Konzernabschluss oder Konzernlagebericht „nicht richtig abgibt". Dabei ist nur die inhaltliche Unrichtigkeit gemeint, rein formale Mängel führen nicht zur Strafbarkeit.[677] Die Unrichtigkeit bestimmt sich in Anlehnung an die Tatbestände der Bilanzfälschung und Verschleierung nach § 331 Nr. 1 u. Nr. 2 HGB. Danach wäre die Versicherung unrichtig, wenn die jeweilige Finanzberichterstattung kein den tatsächlichen Verhältnissen entsprechendes Bild über die Vermögens-, Finanz- und Ertragslage des Unternehmens vermittelt.[678] Auch im Rahmen des Bilanzeides ist eine Erheblichkeitsprüfung vorzunehmen. Allerdings macht die teilweise Unrichtigkeit die unrichtige Angabe nicht unerheblich, vielmehr ist die teilweise Unrichtigkeit am Maßstab des Erheblichkeitsvorbehalts zu prüfen.[679]

cc) Subjektiver Tatbestand und vorstandsinterne Geschäftsverteilung

Nach der Gesetzesformulierung ist die Erklärung „nach bestem Wissen" abzugeben. 115
Diese Formulierung wurde zunächst als Wissensvorbehalt interpretiert, so dass dolus directus 2. Grades für die Tatbestandsverwirklichung gefordert wurde.[680] Allerdings hat sich nunmehr als h.M. durchgesetzt, dass der Täter lediglich mit bedingtem Vorsatz handeln muss.[681]

Dies hat Konsequenzen für die Beurteilung der Vorstandsverantwortlichkeit. Dabei ist zu beachten, dass z.B. für die Ausarbeitung des Jahresabschlusses nicht alle Vorstandsmitglieder zuständig sind, sondern regelmäßig nur ein Mitglied damit originär befasst sein wird. Auch dieses Vorstandmitglied kann die Aufgabe vertikal weiter delegieren. Kommt es dann seiner Pflicht gem. § 91 Abs. 2 AktG nach, ein innerbetriebliches Informations- und Kontrollsystem einzurichten und zu betreiben und die hieraus erlangten Kenntnisse zu berücksichtigen, so darf es sich mangels gegenteiliger Anhaltspunkte auf die Redlichkeit seiner Mitarbeiter verlassen. Anderseits kann sich

---

[675] Ausgeschlossen sind Kapitalanlagegesellschaften i.S. des § 327 a HGB, vgl. *Hahn*, IRZ 2007, 375, 376; *Sorgenfrei*, wistra 2008, 329, 332.
[676] Park/*Südbeck*, Teil 3, Kap. 7, T1, Rn. 90; *Hahn*, IRZ 2007, 375, 376.
[677] *Altenhain*, WM 2008, 1141, 1143.
[678] Münch-Komm-HGB/*Quedenfeld*, § 331 Rn. 65; *Ziemann*, wistra 2007, 292, 293. Differenzierend nach subjektiver und objektiver Theorie *Altenhain*, WM 2008, 1141, 1144.
[679] *Sorgenfrei*, wistra 2008, 329, 333.
[680] *Sorgenfrei*, wistra 2008, 329, 335; *Heldt/Ziemann*, NZG 2006, 652; *Ziemann*, wistra 2007, 292, 293 f.
[681] Ausf. zur Begründung *Altenhain*, WM 2008, 1141, 1144 f.; *Abendroth*, WM 2008, 1147, 1149; s. auch MünchKomm-HGB/*Quedenfeld*, § 331 Rn. 78; Park/*Südbeck*, Teil 3, Kap. 7, T1, Rn. 96; *Kozikowski/Huber*, § 331 Rn. 38.

das Vorstandsmitglied strafbar machen, wenn es weiß, dass es kein effektives innerbetriebliches Informations- und Kontrollsystem gibt und Anhaltspunkte für Unregelmäßigkeiten bestehen. Vertraut es trotz dieser Kenntnis darauf, dass der Abschluss richtig ist, macht es sich gem. § 331 Nr. 3 lit. a HGB strafbar.[682]

Die nicht für den Jahresabschluss etc. zuständigen Vorstandsmitglieder trifft die Pflicht, die Tätigkeit des zuständigen Vorstands kontinuierlich und angemessen zu überwachen. § 331 Nr. 3 lit. a HGB ist erst dann erfüllt, wenn ein Vorstandsmitglied den Bilanzeid leistet, obwohl ihm Anhaltspunkte für einen Pflichtenverstoß des zuständigen Vorstandsmitglieds oder für die Unrichtigkeit des Jahresabschlusses vorliegen. Hier sind strenge Anforderungen an den Vorsatz eines mit der Materie nicht vertrauten unzuständigen Vorstandsmitglieds zu stellen.[683]

c) Auslandssachverhalte

116 Für Auslandssachverhalte gibt es keine Besonderheiten, so dass auf die Ausführungen unter Randnummern 6 ff. verwiesen werden kann. Die §§ 3 ff. StGB sind hinsichtlich der Anwendbarkeit deutschen Strafrechts zu beachten, insbesondere ist nach vergleichbaren Strafvorschriften im Ausland zu suchen. Werden Schmiergeldzahlungen im Ausland nicht verbucht oder Schwarze Kassen im Jahresabschluss verschwiegen, so ist die Unrichtigkeit zu bejahen.

4. Prüfungsschema Bilanzdelikte

117
1. Anwendbarkeit nach §§ 3, 9, 7 StGB

2. Unrichtige Darstellung nach § 331 Nr. 1 HGB
   a) Täter: Mitglieder des vertretungsberechtigten Organs der Kapitalgesellschaft oder Mitglieder des Aufsichtsrats der Kapitalgesellschaft.
   b) Tathandlung: unrichtige Wiedergabe oder Verschleiern der Verhältnisse in der Eröffnungsbilanz, im Jahresabschluss etc.
      – Beispiele: Nichtbilanzieren einer Schwarzen Kasse oder von Schmiergeldern.
   c) Erhebliche Verletzung von Rechnungslegungsvorschriften.

3. Offenlegung eines unrichtigen Einzelabschlusses nach § 331 Nr. 1 lit. a HGB: Bekanntmachung des Einzelabschlusses im Bundesanzeiger und Einreichung zum Handelsregister.

4. Unrichtige Darstellung nach § 331 Nrn. 2 u. 3 HGB
   – wie oben unter 2 nur für den Konzern.

5. Unrichtiger Bilanzeid nach § 331 Nr. 3 lit. a HGB
   a) Täter: Inlandsemittenten i.S. des § 2 Abs. 7 WpHG. Hier sämtliche gesetzliche Vertreter, die zur Abgabe des Bilanzeids verpflichtet sind.
      – Beispiel: Vorstandsmitglieder der AG.
   b) Unrichtige Angabe: inhaltliche Unrichtigkeit; Erheblichkeitsvorbehalt.
   c) Nach bestem Wissen: trotz des Wortlauts bedingter Vorsatz ausreichend.

---

[682] Vgl. *Altenhain*, WM 2008, 1141, 1146; *Abendroth*, WM 2008, 1147, 1149 f.
[683] *Altenhain*, WM 2008, 1141, 1146.

E. Rechtfertigungsgründe

Auch wenn die soziale Üblichkeit von Vorteilszuwendungen bereits im Rahmen der Unrechtsvereinbarung zu diskutieren ist, muss bei Auslandsfällen die Rechtswidrigkeit von Korruptionshandlungen besonders aufmerksam geprüft werden. Selbst wenn diese Prüfung zu einem negativen Ergebnis kommt, befördert sie möglicherweise Umstände zu Tage, die das Verhalten von Unternehmensmitarbeitern in einem milderen Licht erscheinen lassen. Grundsätzlich ist an Aspekte wie wirtschaftlichen Druck und erpressungsähnliche Situationen in Staaten zu denken, in denen korrupte Amtsträger etc. von den dortigen Strafverfolgungsbehörden gedeckt werden und deshalb kein Vertrauen in die Lauterkeit des internationalen Wettbewerbs besteht.[684] Allerdings wird wirtschaftlicher Druck alleine nicht ausreichen, um einen Rechtfertigungsgrund anzunehmen, da jedes Unternehmen einem solchen ausgesetzt ist. Sonst wären de facto alle Bestechungsdelikte gerechtfertigt. Allerdings ist dann, wenn zusätzliche Aspekte wie Erpressung und große Vermögensverluste im Raum stehen, danach zu fragen, ob sich der Korruptionstäter gegebenenfalls in einem **rechtfertigenden Notstand** gem. § 34 StGB oder in einer rechtfertigenden Pflichtenkollision befunden hat.[685] Notstandsfähig ist grundsätzlich jedes beliebige Rechtsgut.[686] Allerdings führt der über § 34 StGB gewährte Schutz des vorhandenen Güterbestands zu keinem Freibrief, die dem Täter von der Rechtsordnung bewusst auferlegten wirtschaftlichen Risiken über § 34 StGB auf andere oder auf die Allgemeinheit abzuwälzen.[687] Denn wirtschaftliche Notlagen können grundsätzlich keine Verstöße gegen die Vorschriften rechtfertigen, die allgemein die Grenzen der wirtschaftlichen Betätigungsfreiheit markieren. Ansonsten käme es zu Wettbewerbsverzerrungen zum Nachteil derjenigen, die sich an die einschlägigen Rechtsnormen halten.[688] Eine Ausnahme ist nur dann denkbar, wenn die individuelle Härte auf atypischen, vom Gesetzgeber nicht einkalkulierten Besonderheiten beruht.[689] So hat der BGH § 34 StGB bei der Untreue an öffentlichen Mitteln zur Abwendung eines höheren Verlustes privater Gelder und der Beeinträchtigung kulturpolitischer Interessen bejaht.[690] Nach *Neumann* kommt eine Rechtfertigung gem. § 34 StGB auch dann in Betracht, wenn zur Abwehr einer Erpressung i.S. des § 253 StGB in Rechtsgüter Dritter eingegriffen wird.[691] Geht es um die Abwehr unberechtigter Vermögensansprüche, ist die Handlung nach OLG Frankfurt a.M. ebenfalls gem. § 34 StGB gerechtfertigt.[692] Dagegen hat der BGH in der sog. „Mandantengelder-Fall"-Entscheidung eine Rechtfertigung nach § 34 StGB dann verneint, wenn zum Zwecke der finanziellen Rettung einer Kanzlei Mandantengelder veruntreut wurden.[693] Man sieht, dass auch hier ganz genau nach den Umständen des Einzelfalls zu fragen ist, wenn man die

118

---

[684] Vgl. *Dann*, wistra 2011, 127, 131; s. allgemein zur Verletzung von Systemvertrauen *Beckemper*, ZIS 2011, 318, 323. S. auch *Bernsmann/Gatzweiler*, Rn. 810; *Heinrich*, in: Arzt/Weber/Heinrich/Hilgendorf, § 49 Rn. 61.
[685] SSW/*Saliger*, § 266 Rn. 106.
[686] Schönke/Schröder/*Perron*, § 34 Rn. 9.
[687] MünchKomm-StGB/*Erb*, § 34 Rn. 56.
[688] MünchKomm-StGB/*Erb*, § 34 Rn. 173 f.
[689] Schönke/Schröder/*Perron*, § 34 Rn. 35; MünchKomm-StGB/*Erb*, § 34 Rn. 175.
[690] BGHSt 12, 299, 304 f. = NJW 1959, 584; *Fischer*, § 34 Rn. 20.
[691] NK/*Neumann*, § 34 Rn. 28.
[692] OLG Frankfurt a.M. NJW 1975, 271, 272, m. Anm. *Martens*, NJW 1975, 1668.
[693] *BGH* NJW 1976, 680, 680 f.

eventuelle Rechtfertigung der Korruptionshandlung eines Unternehmensmitarbeiters untersucht. Die Gerichte werden an eine Rechtfertigung unter Notstandsgesichtspunkten hohe Anforderungen stellen.

119 Daneben spielt der Aspekt der **rechtfertigenden Einwilligung** im Rahmen der Bestechlichkeit und Bestechung im geschäftlichen Verkehr nach h.M. grundsätzlich keine Rolle.[694] Dies folge bereits daraus, dass der Geschäftsherr nicht über das primär von § 299 StGB geschützte Rechtsgut (Lauterkeit des Wettbewerbs) disponieren könne.[695] Im Rahmen der Untreue führt das ausdrückliche oder mutmaßliche Einverständnis bereits zum Tatbestandsausschluss, so dass die Einwilligung als Rechtfertigungsgrund keine Rolle mehr spielt.[696]

F. Verjährung

I. § 334 StGB

120 Gem. § 78 Abs. 3 Nr. 4 StGB verjähren Taten nach § 334 Abs. 1 und Abs. 2 StGB in fünf Jahren. Da nach § 78 a S. 1 StGB die Verjährung beginnt, wenn die Tat beendet ist, kann die Verjährung erst einsetzen, wenn der Täter sein rechtsverneinendes Tun insgesamt abgeschlossen hat. Nach Auffassung des BGH soll die Tat regelmäßig erst mit der Zahlung des letzten Teils des vereinbarten Bestechungsgeldes beendet sein, wenn diese der Diensthandlung nachfolgt.[697] Ob der Empfänger zu diesem Zeitpunkt noch Amtsträger ist, soll keine Rolle spielen. Kommt es in Bestechungsfällen nicht zu einer Vorteilsgewährung, sondern nur zum Versprechen oder Fordern, so ist die Tat beendet, wenn diese Schritte endgültig fehlgeschlagen sind und der Täter nicht mehr mit ihrer Vollziehung rechnet.[698] Wird die Unrechtsvereinbarung erst nach Gewährung des Vorteils durch die Vornahme einer pflichtwidrigen Diensthandlung vollzogen, so tritt nach Ansicht des BGH erst hierdurch Tatbeendigung ein.[699] Wegen dieser Besonderheiten und der Tendenz der Rechtsprechung, den Verjährungsbeginn so weit wie möglich nach hinten zu verschieben, ist auch im Rahmen interner Ermittlungen eine besonders genaue Prüfung geboten. Nicht jede Zahlung, die mehr als fünf Jahre zurück liegt, muss zwangsläufig verjährt sein. Steht eine pflichtwidrige Diensthandlung noch im Raum, so wird man alles daran setzen müssen, den Amtsträger von der Begehung der Pflichtwidrigkeit abzubringen, um den Eintritt der Verjährung sicherzustellen.[700]

II. § 299 StGB

121 Eine Straftat gem. § 299 StGB verjährt nach § 78 Abs. 3 Nr. 5 StGB in drei Jahren. Im Hinblick auf den Verjährungsbeginn ist die insoweit einschlägige Rechtsprechung zu den §§ 331 ff. StGB zu beachten und es kann auf die Ausführungen unter Gliederungspunkt I Bezug genommen werden.[701]

---

[694] *Fischer*, § 299 Rn. 23.
[695] *Greeve*, Rn. 459.
[696] SSW/*Saliger*, § 266 Rn. 106.
[697] *BGH* wistra 2012, 29, 35 f.
[698] *BGH* NStZ 2004, 41, 41 f.; *Greeve*, Rn. 321 f.
[699] *BGH* NJW 2008, 3076, 3077; wistra 2012, 29, 35; NK/*Kuhlen*, § 334 Rn. 12. Krit. *Dann*, NJW 2008, 3078. Überblick zum Meinungsstand bei *Rönnau*, in: Achenbach/Ransiek, Kap. III 2 Rn. 57 f.
[700] *Dann*, NJW 2008, 3078, 3079.
[701] Ausf. *Helmrich*, wistra 2009, 10.

III. § 266 StGB

Die Verjährung beträgt bei der Untreue fünf Jahre. Tatbeendigung gem. § 78 a StGB tritt erst bei endgültigem Vermögensverlust ein.[702] Hierauf kommt es vor allem bei Vermögensgefährdungen an, da die Tat erst mit deren Realisierung beendet ist.[703] Bezieht sich die Untreue auf einen in mehreren Teilakten eintretenden Schaden, so ist die Tat erst mit Verlust des letzten vom Vorsatz umfassten Vermögensteils gegeben.[704]

122

IV. § 261 StGB

Eine Geldwäsche gem. § 261 StGB verjährt nach § 78 Abs. 3 Nr. 4 StGB nach fünf Jahren. Ist die Vortat i. S. von § 261 Abs. 1 StGB verjährt, entfällt auch die Strafbarkeit der Geldwäsche.[705] Erfolgt die Geldwäschehandlung vor Verjährung der Vortat, ist § 261 StGB anwendbar. Verjährt die Vortat nach der Geldwäschehandlung, aber vor ihrem Erfolg (Vereitelungsvariante), so kommt ein Versuch nach § 261 Abs. 3 StGB in Betracht.[706]

123

V. § 331 HGB

Die Verjährung beträgt bei § 331 HGB gem. § 78 Abs. 3 Nr. 5 StGB drei Jahre. Die für den Verjährungsbeginn maßgebliche Beendigung der Tat tritt bei der unrichtigen Darstellung gem. § 331 HGB mit Kenntnisnahme des Empfängers ein. Hierfür ist lediglich der Zugang erforderlich und nicht, dass sich der Adressat tatsächlich über die Verhältnisse täuschen lässt.[707]

124

G. Anzeigepflichten

Auch wenn Korruptionsverfahren häufig durch Anzeigen – insbesondere anonyme – in Gang gesetzt werden,[708] besteht in Deutschland keine Anzeigepflicht für Unternehmen, soweit diese nicht der öffentlichen Hand zuzurechnen sind.[709] Auch ein Arbeitnehmer hat grundsätzlich keine Anzeigepflicht gegenüber Strafverfolgungsbehörden. Vielmehr kann es aus arbeitsrechtlichen Gründen geboten sein, zunächst eine innerbetriebliche Anzeige vorzunehmen.[710] Anders als im Steuerrecht (vgl. § 371 AO) gibt es für Korruptionsstraftaten keine Selbstanzeigemöglichkeit, die einen persönlichen Strafaufhebungsgrund zu begründen vermag.[711] Deshalb kommen nur die allgemeinen Strafzumessungsgesichtspunkte zum Tragen, die allerdings je nach Fallkonstellation eine Einstellung nach § 153 a StPO begünstigen können.

125

---

[702] *Fischer*, § 266 Rn. 187; *BGH* NStZ 2001, 650.
[703] NK/*Kindhäuser*, § 266 Rn. 126; *BGH* NStZ 2003, 540, 541.
[704] *Fischer*, § 266 Rn. 187; *BGH* NStZ 2001, 650.
[705] Str., vgl. Herzog/*Nestler*, § 261 Rn. 33; *Bruchner/Fischbeck*, in: Schimansky/Bunte/Lwowski, § 42 Rn. 111; NK/*Altenhain*, § 261 Rn. 33.
[706] Zu den Konstellationen s. im Einzelnen NK/*Altenhain*-StGB, § 261 Rn. 33.
[707] *Kozikowski/Huber*, § 331 Rn. 22.
[708] *Greeve*, Rn. 672.
[709] *Pauthner-Seidel/Stephan*, in: Hauschka, § 27 Rn. 46.
[710] *Mengel*, in: Hauschka, § 12 Rn. 91; s. zu den arbeitsrechtlichen Gesichtspunkten auch später *Kienast*, § 8.
[711] *Greeve*, Rn. 675.

§ 4. Steuer- und steuerstrafrechtliche Implikationen

A. Abzugsverbot des § 4 Abs. 5 S. 1 Nr. 10 EStG

I. Von der Absetzbarkeit der Schmiergeldzahlungen bis zum Abzugsverbot – kurzer Rückblick auf die Gesetzgebungsgeschichte

Der Wandel in der Bewertung im Ausland vorgenommener Bestechungshandlungen 1 durch in Deutschland ansässige Unternehmen zeigt sich deutlich an der Gesetzgebungsgeschichte des § 4 Abs. 5 S. 1 Nr. 10 EStG. Diese Norm regelt in ihrer heutigen Fassung, dass betrieblich veranlasste Zuwendungen von Vorteilen sowie damit zusammenhängende Aufwendungen den der Besteuerung zu Grunde zu legenden Gewinn eines Unternehmens nicht mindern dürfen, wenn die Zuwendung der Vorteile eine rechtswidrige Handlung darstellt, die den Tatbestand eines Strafgesetzes oder eines Gesetzes verwirklicht, das die Ahndung mit einer Geldbuße zulässt.

Über die Verweisungsnormen des § 8 Abs. 1 KStG sowie des § 7 S. 1 GewStG gilt das Abzugsverbot auch für der Körperschaftsteuer unterliegende Kapitalgesellschaften sowie für die Gewerbesteuer.[711] Dagegen sieht für die Umsatzsteuer § 15 Abs. 1 lit. a UStG gerade keine Beschränkung des Vorsteuerabzuges für Vorsteuerbeträge vor, für die das Abzugsverbot des § 4 Abs. 5 S. 1 Nr. 10 EStG gilt.[712] Wer somit etwa einen Flachbildfernseher dem angestellten Einkäufer eines Unternehmens zuwendet, um bei der Auftragsvergabe gegenüber Mitbewerbern bevorzugt zu werden, behält den Vorsteuerabzug für den Erwerb des Fernsehers.[713] Dagegen kann es eine Umsatzsteuerhinterziehung darstellen, wenn der Empfänger der Zuwendung eine Abdeckrechnung über eine tatsächlich nicht erbrachte Leistung, wie eine angebliche Marktanalyse, erstellt und der zuwendende Unternehmer hieraus einen Vorsteuerabzug vornimmt.[714]

Unter das Abzugsverbot fallen insbesondere Zuwendungen, welche nach § 333 StGB bzw. §§ 334, 335 StGB als Vorteilsgewährung an bzw. Bestechung von Amtsträgern strafbar sind sowie die nach § 299 StGB strafbare Bestechung im geschäftlichen Verkehr.

Bis zum Jahre 1995 waren entsprechende strafbare Zuwendungen im In- und Ausland, sofern sie betrieblich veranlasst waren, steuerlich in vollem Umfang als Betriebsausgaben gewinnmindernd anzusetzen. Ein Bauunternehmer, der etwa zur Erlangung eines Bauauftrages in Deutschland einen Beamten der auftragsvergebenden Behörde bestach, konnte die entsprechenden Bestechungsgelder steuermindernd geltend machen.

Erstmals mit dem Jahressteuergesetz 1996[715] wurde eine erste Fassung des § 4 Abs. 5 S. 1 Nr. 10 EStG in das Gesetz aufgenommen. Danach griff das Abzugsverbot

---

[711] *Sahan*, FS Samson, 2010, S. 599, 602.
[712] *Rieble*, BB 2009, 1612; *Sahan*, FS Samson, 2010, S. 599, 606.
[713] Zuwendungen zum Zwecke der Bestechung sind auch keine Geschenke i.S. des § 4 Abs. 5 S. 1 Nr. 1 EStG (*BFH* BStBl. II 1982, S. 394), für welche der Vorsteuerabzug nach § 15 Abs. 1 lit. a UStG versagt wäre.
[714] *Sahan*, FS Samson, 2010, S. 599, 608.
[715] Art. 1 Nr. 6 lit. a ee des Jahressteuergesetzes 1996 v. 11.10.1995 (BGBl. 1995 I, S. 1250).

ab dem Jahr 1996 jedoch nur, wenn wegen der Zuwendung oder des Empfangs der Zuwendung eine rechtskräftige Verurteilung erfolgt oder ein Bußgeld rechtskräftig verhängt worden war oder eine Einstellung eines Ermittlungsverfahrens gem. §§ 153 bis 153 e StPO erfolgt war. Ein Steuerpflichtiger konnte danach zunächst auch weiterhin – ohne sich der Gefahr einer Steuerhinterziehung auszusetzen – Bestechungsgelder als Betriebsausgaben steuerlich geltend machen. Erst wenn die Bestechung aufgedeckt wurde und es zum Abschluss eines Strafverfahrens kam, entfiel die Abzugsfähigkeit rückwirkend. Da ausländische Amtsträger damals nicht unter den Amtsträgerbegriff der §§ 334, 335 StGB fielen, wurden Bestechungsgelder an diese von der Norm nicht erfasst.

3   Eine wesentliche Verschärfung der Norm erfolgte dann ab dem Jahr 1999 durch das Steuerentlastungsgesetz 1999/2000/2002.[716] Danach greift das Abzugsverbot unabhängig von der Entdeckung des Bestechungsdeliktes bereits dann ein, wenn die Zuwendung den Tatbestand eines entsprechenden Strafgesetzes oder einer Bußgeldnorm verletzt. Eine gerichtliche Ahndung oder auch nur eine Aufdeckung der Bestechungshandlung ist nicht mehr Voraussetzung für das Abzugsverbot. Ein Steuerpflichtiger, der entsprechende Zahlungen – etwa durch einen anderen Verwendungszweck verschleiert – als steuerlich abzugsfähige Betriebsausgaben behandelt, kann sich damit zusätzlich zum Bestechungsdelikt wegen einer Steuerhinterziehung strafbar machen.

Zudem wurde mit diesem Gesetz eine Pflicht der Gerichte, Staatsanwaltschaften oder Verwaltungsbehörden eingeführt, der Finanzbehörde ihnen dienstlich bekannte Tatsachen, welche den Verdacht einer solchen Straftat begründen, für Zwecke des Besteuerungsverfahrens und zur Verfolgung von Steuerstraftaten und Steuerordnungswidrigkeiten mitzuteilen.[717] Dies hat zur Folge, dass etwa Ermittlungen der Staatsanwaltschaft wegen Korruptionsdelikten regelmäßig auch Ermittlungen der Finanzbehörden wegen Steuerhinterziehung zur Folge haben, wenn – wie häufig – die entsprechenden Zuwendungen unter einer anderen Deklarierung als Betriebsausgaben verbucht wurden. Schon vor dieser Gesetzesänderung galt eine Verpflichtung der Finanzbehörden, der Staatsanwaltschaft den Verdacht eines Korruptionsdeliktes mitzuteilen.[718] Neu eingeführt wurde eine Verpflichtung der Staatsanwaltschaften, die Finanzbehörden wiederum von dem Ausgang des dort geführten Ermittlungsverfahrens und den zu Grunde liegenden Tatsachen zu unterrichten.[719]

4   Eine weitere Ausweitung des Anwendungsbereiches der Norm ergab sich – ohne eine Änderung der Steuergesetze – durch die Ausweitung der Strafnormen auf Bestechungsdelikte im Ausland. Durch das am 22.9.1998 in Kraft getretene EuBestG[720] war die Strafbarkeit der Bestechung – nicht der bloßen Vorteilsgewährung – auf Amtsträger in anderen Mitgliedsstaaten der Europäischen Union und Beamte der EU ausgeweitet worden. Am 15.2.1999 trat das IntBestG[721] in Kraft. Art. 2 § 1 dieses Gesetzes stellt grundsätzlich die Bestechung eines Richters, Amtsträgers oder Soldaten eines jeden ausländischen Staates der Bestechung eines deutschen Richters, Amtsträgers oder Soldaten gleich. Zudem schafft Art. 2 § 3 IntBestG eine weitere Ausnahme von dem Grundsatz des § 3 StGB, dass das Strafrecht nur für Taten gilt, die im Inland begangen

---

[716] Art. 1 Nr. 5 lit. c des Steuerentlastungsgesetzes 1999/2000/2002 v. 24.3.1999 (BGBl. I, S. 402).
[717] Vgl. § 4 Abs. 5 S. 1 Nr. 10 S. 2 EStG.
[718] Vgl. § 4 Abs. 5 S. 1 Nr. 10 S. 3 EStG.
[719] Vgl. § 4 Abs. 5 S. 1 Nr. 10 S. 4 EStG.
[720] Art. 2 § 1 Nr. 2 EU-Bestechungsgesetz v. 10.8.1998 (BGBl. II, S. 2340).
[721] Gesetz zur Bekämpfung internationaler Bestechung v. 10.9.1998 (BGBl. II, S. 2327).

werden. Bei der Bestechung ausländischer Amtsträger wird jedoch häufig sowohl die Bestechungshandlung, als auch die pflichtwidrige Diensthandlung im Ausland erfolgen. Dies gilt etwa, wenn ein in den USA ansässiges Tochterunternehmen eines deutschen Konzerns aufgrund eigenen Entschlusses aus eigenen Mitteln einen Amtsträger in den USA besticht, da hier sowohl der Ort der Handlung, als auch der Ort des Taterfolges[722] regelmäßig in den USA liegen. Ist der Täter Deutscher so kam es nach § 7 Abs. 2 Nr. 1 StGB darauf an, ob die Tat am ausländischen Tatort mit Strafe bedroht war. Nach Art. 2 § 1 IntBestG kommt es für die Strafbarkeit der Bestechung eines ausländischen Amtsträgers im Ausland durch einen Deutschen nicht mehr auf deren Strafbarkeit im Ausland an. Auch eine nach den dortigen Strafgesetzen nicht strafbare Bestechungshandlung durch einen Deutschen kann danach in Deutschland zur Strafverfolgung führen.

Mit dem ab dem 30.8.2002 anwendbaren Gesetz vom 22.8.2002[723] weitete der Gesetzgeber durch Einfügung des § 299 Abs. 3 StGB auch den Anwendungsbereich der Bestechung im geschäftlichen Verkehr bei Auslandssachverhalten aus.

Wegen der Einzelheiten der Strafbarkeit von Bestechungshandlungen mit Auslandsbezug kann auf das Kapitel § 3 verwiesen werden.

II. Heutiger Anwendungsbereich der Vorschrift

Mit den unter Abschnitt I dargestellten Gesetzesänderungen wurde das heute geltende umfassende Abzugsverbot normiert. Es umfasst sämtliche nach deutschem Strafrecht strafbaren Zuwendungen sowohl an Amtsträger im In- und Ausland, als auch eine nach § 299 StGB strafbare Bestechung im geschäftlichen Verkehr sowohl im inländischen, als auch im ausländischen Wettbewerb.

Neben Zuwendungen, welche nach den bereits erwähnten Vorschriften der §§ 333, 334 StGB (Vorteilsgewährung und Bestechung) und § 299 Abs. 2 und 3 StGB (Bestechung im in- und ausländischen Geschäftsverkehr) strafbar sind, umfasst das Abzugsverbot nach der Auflistung der Finanzverwaltung[724] auch die §§ 108 b StGB (Wählerbestechung), 108 e StGB (Abgeordnetenbestechung), 119 Abs. 1 Nrn. 1 u. 3 BetrVG (Zuwendungen zur Beeinflussung von Betriebsratswahlen und Betriebsratsbegünstigung),[725] 81 Abs. 3 i.V.m. 21 Abs. 2 GWB (Vorteilsgewährung für wettbewerbsbeschränkendes Verhalten), 405 Abs. 3 Nr. 7 AktG und 152 Abs. 1 Nr. 2 GenG (Vorteilsgewährung in Bezug auf das Stimmverhalten in der Hauptversammlung bzw. der Generalversammlung) sowie die Ordnungswidrigkeit des 23 Abs. 1 Nr. 3 i.V.m. 6 Abs. 2 SchVG (Vorteilsgewährung in Bezug auf die Gläubigerversammlung)[726] sowie Art. 2 § 2 IntBestG (Bestechung ausländischer Abgeordneter im Zusammenhang mit internationalem Verkehr). Daneben dürfte auch die in der Aufzählung der Finanzverwaltung nicht erwähnte Ordnungswidrigkeit der erkauften Stimmrechtsverschaffung des § 405 Abs. 3 Nrn. 2 u. 3 AkG tatbestandsmäßig sein.[727]

---

[722] Vgl. § 9 StGB wonach der Ort der Tat sowohl der Handlungsort als auch der Ort des Taterfolges ist.

[723] Gesetz zur Ausführung der Gemeinsamen Maßnahme betreffend die Bestechung im privaten Sektor v. 22.12.1998 (ABl. EG Nr. L 358, 2) v. 22.8.2002 (BGBl. I 2002, S. 3387).

[724] H.4.14 EStH.

[725] *Rieble*, BB 2009, 1612, 1619; dagegen aufgrund teleologischer Reduktion auf echte Korruptionsdelikte *Graf/Link*, NJW 2009, 409.

[726] H 4.14 EStH nennt noch die aufgehobene Vorgängernorm des § 23 Abs. 1 Nr. 4 des Gesetzes betreffend die gemeinsamen Rechte der Besitzer von Schuldverschreibungen.

[727] *Rieble*, BB 2009, 1612, 1617.

Die Vorschriften der §§ 108 b StGB, 119 Abs. 1 Nr. 1 BetrVG, 405 Abs. 3 Nr. 2 AktG, 152 Abs. 1 Nr. 2 GenG beschränken sich auf den Schutz inländischer Rechtsgüter,[728] so dass etwa Zuwendungen zur Beeinflussung von Betriebsratswahlen von Gesellschaften mit Sitz im Ausland nicht tatbestandsmäßig sind und daher nicht zu einem Abzugsverbot führen. Ordnungswidrigkeiten erfassen darüber hinaus grundsätzlich nach § 5 OWiG nur Taten, welche (zumindest auch) im Inland begangen wurden.

1. Anwendbarkeit bei Zahlungen mit Auslandsbezug (§ 299 Abs. 3 StGB)

6 Näher beleuchtet werden soll hier die Vorschrift des § 299 Abs. 3 StGB, da diese Norm im Zusammenhang mit Ermittlungen von Behörden der Vereinigten Staaten gegen deutsche Unternehmen mit Geschäftsbeziehungen in die Vereinigten Staaten von besonderer praktischer Bedeutung ist.

Die Vorschrift des § 299 Abs. 2 StGB pönalisiert das Anbieten, Versprechen oder Gewähren eines Vorteils an einen Angestellten oder Beauftragten eines geschäftlichen Betriebes im geschäftlichen Verkehr zu Zwecken des Wettbewerbs als Gegenleistung für eine Bevorzugung in unlauterer Weise beim Bezug von Waren oder gewerblichen Leistungen. Typischer Fall ist etwa die Bestechung eines angestellten Einkäufers eines Unternehmens, um bei der Auftragsvergabe gegenüber Mitbewerbern bevorzugt zu werden. Nach der Rechtsprechung des BGH[729] umfasst § 299 Abs. 2 StGB nur solche Handlungen im ausländischen Wettbewerb, welche sich auch gegen deutsche Mitbewerber richten. Diente die Vorteilsgewährung allein dazu, sich einen Vorteil gegenüber ausländischen Mitbewerbern zu verschaffen, war dies vor Inkrafttreten des § 299 Abs. 3 StGB zum 29.8.2002 in Deutschland nicht strafbar.

Die Norm des § 299 Abs. 3 StGB regelt ausdrücklich die Anwendbarkeit auch für Handlungen im ausländischen Wettbewerb. Somit ist die Vorteilsgewährung an einen Angestellten eines ausländischen Unternehmens durch einen Deutschen zu dem Zweck der Bevorzugung bei der Auftragsvergabe grundsätzlich auch dann strafbar, wenn alle hierdurch benachteiligten Mitbewerber ausländische Unternehmen sind. Die Vorschrift gilt grundsätzlich auch für alle Staaten außerhalb der EU,[730] also auch für Bestechungshandlungen in den Vereinigten Staaten.

Es sind jedoch bei Taten mit Auslandsbezug die Vorschriften der §§ 3 ff. StGB anwendbar.[731] Die bereits angesprochene Erweiterung durch Art. 2 § 3 IntBestG gilt nur für die Bestechung eines ausländischen Amtsträgers, nicht jedoch bei der Angestelltenbestechung i.S. des § 299 StGB. Deshalb ist bei der Angestelltenbestechung stets zu prüfen, ob die Tat nach den §§ 3 ff. StGB im Inland strafbar ist. Insoweit kann auf die Darlegungen in dem Kapitel § 3 Rn. 5 ff. verwiesen werden.

7 Ist bei einer Auslandstat der Täter oder einer der benachteiligten Mitbewerber Deutscher, so kommt es allerdings für die Anwendbarkeit des § 299 Abs. 3 StGB danach auch darauf an, dass die Tat in dem jeweiligen Staat des Tatortes mit Strafe bedroht ist. In den USA ist die Strafbarkeit der Angestelltenbestechung nicht in einem gesonderten Tatbestand geregelt, sondern ergibt sich aus den Straftatbeständen zu mail fraud (18 U.S.C. § 1341) und wire fraud (18 U.S.C. § 1343), welche weit verstanden werden und die Teilnahme an einem Komplott voraussetzen, um einer Person einen Vermö-

---

[728] BMF-Schreiben v. 10.10.2002 (BStBl. I 2002, S. 1031), Tz. 12.
[729] BGHSt 52, 323, 339 ff. = NJW 2009, 89, 93.
[730] MünchKomm-StGB/*Diemer/Krick*, § 299 Rn. 28.
[731] LK-StGB/*Tiedemann*, § 299 Rn. 65.

gensnachteil zuzufügen. Es muss das Recht einer Person auf eine ehrliche Leistung verletzt werden und die Tatbeteiligten müssen amerikanische Post oder Fernmeldeeinrichtungen benutzt haben.[732] Dagegen gelten die Bestimmungen des Foreign Corrupt Practices Act (FCPA) nicht für Bestechungszahlungen an Angestellte von Privatunternehmen, die keine Regierungsbetriebe sind.[733]

Eine Prüfung der Anwendbarkeit des deutschen Strafrechtes bei in den Vereinigten Staaten begangenen Auslandstaten setzt daher die Prüfung voraus, ob die jeweilige konkrete Tat nach den Straftatbeständen des mail fraud oder wire fraud in den USA strafbar ist.

Im Ergebnis wird die Bestechung eines Angestellten eines Unternehmens in den Vereinigten Staaten in den meisten Fällen auch nach § 299 Abs. 2 und 3 StGB strafbar sein und zur Nichtabzugsfähigkeit der Aufwendungen in der Steuererklärung des bestechenden deutschen Unternehmens führen. Wurden die Aufwendungen als abzugsfähig behandelt, kommt der Straftatbestand der Steuerhinterziehung in Deutschland in Betracht. So können durch Behörden der Vereinigten Staaten geführte Ermittlungen wegen einer dort durch ein deutsches Unternehmen begangenen Angestelltenbestechung auch zu strafrechtlichen Ermittlungen deutscher Behörden wegen Angestelltenbestechung und Steuerhinterziehung in Deutschland führen. **8**

Im Übrigen sind auch in den USA Zahlungen eines dortigen Steuerpflichtigen nicht als Betriebsausgaben abziehbar, die nach den genannten Vorschriften oder bei Zahlungen an ausländische Amtsträger nach dem FCPA eine unerlaubte Bestechung darstellen.[734] Zusätzlich kann die hierauf beruhende Unrichtigkeit der Bilanz zu einer (weiteren) strafrechtlichen Verantwortlichkeit des Vorstandsvorsitzenden und Finanzvorstandes in den USA börsennotierter Unternehmen führen, welche deren Richtigkeit versichern müssen.[735]

2. Anwendbarkeit auf Betriebsausgaben und Werbungskosten

Die Vorschrift des § 4 Abs. 5 S. 1 Nr. 10 EStG gilt unmittelbar nur für Betriebsausgaben, welche bei Einkünften aus Land- und Forstwirtschaft, Gewerbebetrieb und selbständiger Arbeit, also insbesondere freiberuflichen Tätigkeiten zur Ermittlung der Einkünfte zu berücksichtigen sind (§ 2 Abs. 2 S. 1 Nr. 1 EStG). **9**

Gem. § 9 Abs. 5 EStG gilt die Vorschrift jedoch sinngemäß auch für den Bereich der Werbungskosten, welche bei den Überschusseinkunftsarten Einkünfte aus nichtselbständiger Arbeit, Einkünfte aus Kapitalvermögen, Einkünfte aus Vermietung und Verpachtung sowie sonstige Einkünfte i.S. des § 22 EStG zu berücksichtigen sind (§ 2 Abs. 2 S. 1 Nr. 2 EStG). In der Praxis dürften diese Fälle eher selten sein, können jedoch etwa bei einem Arbeitnehmer, welcher einen Einkäufer zur Verbesserung seiner Umsatzantieme besticht oder einem Bauherrn, welcher einen Amtsträger zur Erlangung der Baugenehmigung für sein Mietwohngrundstück besticht, vorkommen. Auch hier sind die Zahlungen nicht als Werbungskosten abzugsfähig.[736]

Voraussetzung für das Eingreifen des Abzugsverbotes ist damit jedoch auch, dass die jeweiligen Aufwendungen dem Grunde nach Betriebsausgaben oder Werbungskosten darstellen. Es muss sich also im Sinne des Betriebsausgabenbegriffes des § 4 **10**

---

[732] *Bannenberg*, in: Wabnitz/Janovsky, S. 141.
[733] *Partsch*, S. 16.
[734] *Littwin*, BB 1998, 2398, 2400.
[735] *Bannenberg*, in: Wabnitz/Janovsky, S. 142.
[736] Schmidt/*Drenseck*, § 9 Rn. 21.

§ 4. Steuer- und steuerstrafrechtliche Implikationen

Abs. 4 EStG um Aufwendungen handeln, die durch den Betrieb veranlasst sind. Trotz des gesetzlich in § 9 Abs. 1 S. 1 EStG final formulierten Werbungskostenbegriffes als Aufwendungen zur Erwerbung, Sicherung und Erhaltung der Einnahmen definiert die Rechtsprechung[737] auch diesen kausal als Aufwendungen, welche durch die Erzielung steuerpflichtiger Überschusseinkünfte veranlasst sind.

Verwendet zum Beispiel ein Einzelunternehmen betriebliche Mittel dazu, durch Bestechung eines Amtsträgers eine Baugenehmigung für das repräsentative privat genutzte Einfamilienhaus des Inhabers des Unternehmens zu erhalten, so liegt keine nichtabzugsfähige Betriebsausgabe i.S. des § 4 Abs. 5 Nr. 10 EStG vor, sondern die Aufwendungen stellen bereits dem Grunde nach gem. § 12 Nr. 1 S. 2 EStG keine Betriebsausgaben dar, weil sie nicht durch den Betrieb veranlasst sind.

Ebenso greift das Abzugsverbot nicht ein, wenn dem Unternehmen keine Aufwendungen entstanden sind, sondern lediglich auf Einnahmen verzichtet wurde.[738] Gewährt etwa ein Unternehmen dem angestellten Einkäufer eines Kunden zur Erlangung von Aufträgen ein unverzinsliches Darlehen, so greift § 4 Abs. 5 Nr. 10 EStG nicht ein. Es werden auch nicht die marktüblichen Zinsen als fiktive Betriebseinnahme dem Gewinn des Unternehmens hinzu gerechnet.[739]

III. Zuwendung von Vorteilen als rechtswidrige tatbestandsmäßige Handlung

11 Unter das Abzugsverbot des § 4 Abs. 5 Nr. 10 EStG fallen betrieblich veranlasste Zuwendungen von Vorteilen (sowie damit zusammenhängende Aufwendungen), wenn die Zuwendung eine rechtswidrige Handlung darstellt, die den Tatbestand eines Strafgesetzes oder einer Ordnungswidrigkeit verwirklicht.

1. Zuwendung von Vorteilen

12 Ein Vorteil ist jede Leistung des Zuwendenden, auf welche der Empfänger keinen rechtlich begründeten Anspruch hat und welche den Empfänger materiell oder immateriell in seiner wirtschaftlichen, persönlichen oder rechtlichen Situation objektiv besser stellt.[740] In Betracht kommen sowohl Geldzuwendungen, als auch Sachzuwendungen, bei welchen etwa die Anschaffungskosten der zugewendeten Gegenstände unter das Abzugsverbot fallen.[741] Bei der Zuwendung von Dienstleistungen gilt das Abzugsverbot für die hierfür beim Unternehmen entstandenen Aufwendungen. Setzt etwa ein Bauunternehmen eigene Mitarbeiter ein, welche Überstunden leisten, um den Garten des privaten Hauses eines Amtsträgers der für Baugenehmigungen zuständigen Behörde anzulegen, so fällt die vom Unternehmer gezahlte Vergütung für diese Überstunden unter das Abzugsverbot.

Die Zuwendung muss dem Steuerpflichtigen als eigene Handlung oder Handlung für ihn vertretungsberechtigte Personen (gesetzliche Vertreter wie Geschäftsführer einer GmbH, aber auch Prokuristen und Handlungsbevollmächtigte) zuzurechnen

---

[737] *BFH* BStBl. II 1979, S. 213, für Einkünfte aus nicht selbstständiger Arbeit; *BFH* BStBl. II 1981, S. 510, für Einkünfte aus Vermietung und Verpachtung.
[738] BMF-Schreiben v. 10.10.2002, BStBl. I 2002, S. 1031 Tz. 7; Blümich/*Wied*, § 4 EStG Rn. 902.
[739] Der Zinsvorteil führt allerdings beim angestellten Einkäufer zu steuerpflichtigen Einnahmen im S. des § 22 Nr. 3 EStG, wenn er ohne Wissen und entgegen den Interessen des Arbeitgebers gewährt wird (*BFH* BFH/NV 2007, 1887; Schmidt/*Drenseck*, § 19 Rn. 50 „Schmiergeld").
[740] BMF-Schreiben v. 10.10.2002, BStBl. I 2002, S. 1031 Tz. 6; Blümich/*Wied*, § 4 EStG Rn. 903.
[741] Schmidt/*Heinicke*, § 4 EStG Rn. 610.

sein.⁷⁴² Wird die Zuwendung durch nicht vertretungsberechtigte Mitarbeiter veranlasst, so greift das Abzugsverbot nur, wenn der Unternehmer oder die vertretungsberechtigten Personen selbst ebenfalls eine rechtswidrige Handlung (Mittäterschaft, Anstiftung oder Beihilfe) begangen haben. Hierbei soll auch eine nachträgliche Genehmigung genügen.⁷⁴³

Das Abzugsverbot umfasst auch die mit der Zuwendung der Vorteile zusammenhängenden Aufwendungen. Hierzu gehören etwa Reisekosten zur Übergabe von Bestechungsgeldern, Transportkosten für die Lieferung einer Sachbestechung, aber auch Verteidigungskosten bezüglich der zum Abzugsverbot führenden Straftatbestände.⁷⁴⁴

2. Rechtswidrige tatbestandsmäßige Handlung

Die Zuwendung der Vorteile muss eine rechtswidrige Handlung darstellen, welche den Tatbestand eines deutschen Strafgesetzes oder eines deutschen Gesetzes erfüllt, das die Ahndung mit einer Geldbuße zulässt. Letzteres trifft auf Ordnungswidrigkeiten zu.⁷⁴⁵ 13

Da die Handlung nicht nur tatbestandsmäßig, sondern auch rechtswidrig sein muss, lassen Rechtfertigungsgründe das Abzugsverbot entfallen. Hierzu gehört etwa die rechtfertigende⁷⁴⁶ Genehmigung der zuständigen Behörde bei der Vorteilsgewährung (§ 333 Abs. 3 StGB),⁷⁴⁷ welche auch vorliegt, wenn der Vorteil vor der Gewährung in der berechtigten Annahme einer Genehmigung gewährt und diese nachträglich erteilt wird.⁷⁴⁸

Ein schuldhaftes Verhalten ist nicht vorausgesetzt.⁷⁴⁹ Zweifelhaft ist allerdings, wenn teilweise angenommen wird, es sei auch ohne Bedeutung, ob der Steuerpflichtige vorsätzlich gehandelt hat.⁷⁵⁰ Nach der von der h.M. im Ergebnis übernommenen personalen Unrechtslehre gehört zum Unrecht auch der in der rechtlich missbilligten Willensbetätigung des Täters liegende Handlungsunwert, so dass heute ganz überwiegend angenommen wird, dass der Vorsatz und das in der Fahrlässigkeit enthaltene Element der objektiven Sorgfaltspflichtverletzung zum tatbestandsmäßigen Unrecht gehört.⁷⁵¹ Der eindeutige Wortlaut des § 4 Abs. 5 Nr. 10 EStG, wonach die rechtswidrige Handlung den Tatbestand eines Strafgesetzes verwirklichen muss, spricht dafür, dass bei Vorsatzdelikten wie der Vorteilsgewährung und Bestechung nur bei einem vorsätzlichen Handeln des Steuerpflichtigen oder einer für ihn vertretungsberechtigten Person das Abzugsverbot greift. 14

Das Abzugsverbot greift unabhängig davon, ob ein für die Strafverfolgung notwendiger Strafantrag gestellt wird (wie etwa der nach § 301 StGB notwendige Strafantrag bei der Bestechung im geschäftlichen Verkehr gem. § 299 StGB) oder strafrechtlich bereits Verjährung eingetreten ist.⁷⁵² 15

---

⁷⁴² BMF-Schreiben v. 10.10.2002, BStBl. I 2002, S. 1031 Tz. 7; *Gotzens*, DStR 2005, 673, 676.
⁷⁴³ BMF-Schreiben v. 10.10.2002, BStBl. I 2002, S. 1031 Tz. 7.
⁷⁴⁴ BMF-Schreiben v. 10.10.2002, BStBl. I 2002, S. 1031 Tz. 8; Schmidt/*Heinicke*, § 4 Rn. 610.
⁷⁴⁵ Zu den Tatbeständen vgl. unter Rn. 5; Zu Zahlungen mit Auslandsbezug vgl. Rn. 6 ff.
⁷⁴⁶ BGHSt 31, 264, 285= NJW 1983, 2509 = NStZ 1984, 501.
⁷⁴⁷ BMF-Schreiben v. 10.10.2002, BStBl. I 2002, S. 1031 Tz. 9.
⁷⁴⁸ *Fischer*, § 333 Rn. 11; vgl. auch BMF-Schreiben v. 10.10.2002, BStBl. I 2002, S. 1031 Tz. 9.
⁷⁴⁹ BMF-Schreiben v. 10.10.2002, BStBl. I 2002, S. 1031 Tz. 9; *Gotzens*, DStR 2005, 673, 676; Schmidt/*Heinicke*, § 4 Rn. 611.
⁷⁵⁰ Blümich/*Wied*, § 4 EStG Rn. 905.
⁷⁵¹ Schönke/Schröder/*Lenckner/Eisele*, Vorb. §§ 13 ff. Rn. 52, 53 u. 63.
⁷⁵² BMF-Schreiben v. 10.10.2002, BStBl. I 2002, S. 1031 Tz. 9; Blümich/*Wied*, § 4 EStG Rn. 904; *Gotzens*, DStR 2005, 673, 676; Schmidt/*Heinicke*, § 4 Rn. 611.

§ 4. Steuer- und steuerstrafrechtliche Implikationen

Unerheblich für das Abzugsverbot ist auch, ob es zu einer strafrechtlichen Verurteilung gekommen ist. Selbst eine Einstellung des Ermittlungsverfahrens mangels hinreichenden Tatverdachts nach § 170 Abs. 2 StPO schließt die Anwendbarkeit des § 4 Abs. 5 Nr. 10 EStG nicht aus.[753]

3. Anforderungen an den Nachweis der Tat

16   Auch wenn eine strafrechtliche Verurteilung für das Abzugsverbot nicht erforderlich ist, bedeutet dies nicht, dass die Voraussetzungen des Abzugsverbotes und damit auch das Vorliegen einer rechtswidrigen tatbestandsmäßigen Tat nicht nachgewiesen werden müssten.

Den Steuerpflichtigen trifft zunächst nur die Feststellungslast für die betriebliche Veranlassung der Aufwendungen[754] bzw. bei Werbungskosten die Veranlassung durch die Erzielung steuerpflichtiger Einnahmen.[755] Wurden zum Beispiel betriebliche Mittel an den Einkäufer eines Kunden gezahlt, so ergibt sich die betriebliche Veranlassung bereits daraus, dass hierdurch der Absatz von Produkten des Unternehmens gefördert werden sollte. Die Feststellungslast für das Abzugsverbot des § 4 Abs. 5 Nr. 10 EStG und damit die rechtswidrige Verwirklichung eines Straftatbestandes trifft dagegen die Finanzbehörde.[756] Diese müsste in dem Beispielsfall u.a. nachweisen, dass die Zahlung an den Einkäufer zu Zwecken des Wettbewerbs als Gegenleistung dafür erfolgte, dass der Einkäufer das Unternehmen bei dem Bezug der Produkte in unlauterer Weise bevorzugt. Erforderlich ist hierbei ein auf eine Unrechtsvereinbarung gerichteter Wille des Täters.[757] Hieran fehlt es, wenn die Zuwendung lediglich der Herbeiführung allgemeinen Wohlwollens ohne Bezug zu einer bestimmten Bevorzugung oder der Belohnung von in der Vergangenheit liegenden Bevorzugungen, welche ohne Unrechtsvereinbarung erfolgten, dient.[758] Der Betriebsausgabenabzug bleibt in diesen Fällen erhalten.

17   Hierbei muss allerdings die Feststellung des Straftatbestandes als Voraussetzung für das Abzugsverbot im Besteuerungsverfahren nicht den strafprozessualen Beweisanforderungen genügen,[759] sondern richtet sich nach den Beweisanforderungen des steuerlichen Verfahrensrechtes. So führt etwa eine Verletzung der Mitwirkungspflicht des Steuerpflichtigen bei der Ermittlung des Sachverhaltes nach § 90 AO zu einer Verminderung der Beweisanforderungen für die Finanzverwaltung. Das Beweismaß reduziert sich von der vollen richterlichen Überzeugung auf eine größtmögliche Wahrscheinlichkeit.[760] Auch wenn im Besteuerungsverfahren nach § 393 Abs. 1 S. 2 AO Zwangsmittel unzulässig sind, wenn der Steuerpflichtige hierdurch gezwungen würde, sich selbst wegen einer Steuerstraftat zu belasten, bleiben die Mitwirkungspflichten bestehen und tritt bei einer unzureichenden Erfüllung der Mitwirkungspflicht im Besteuerungsverfahren die vorgenannte Beweismaßreduzierung ein.[761]

---

[753] Blümich/*Wied*, § 4 EStG Rn. 905.
[754] *BFH* BStBl. II 1977, S. 377, 380; BStBl. II 2010, S. 2038, 2039.
[755] *BFH* BStBl. II 1979, S. 149; BStBl. II 2006, S. 10, 11.
[756] BMF-Schreiben v. 10.10.2002, BStBl. I 2002, S. 1031 Tz. 28; Blümich/*Wied*, § 4 EStG Rn. 908; *Gotzens*, DStR 2005, 673, 676.
[757] BGHSt 15, 249 = NJW 1961, 469.
[758] *Fischer*, § 299 Rn. 13.
[759] Blümich/*Wied*, § 4 EStG Rn. 908.
[760] Tipke/Kruse/*Seer*, § 96 FGO Rn. 91.
[761] Klein/*Jäger*, § 393 Rn. 19.

Ein bloßer Verdacht der Verwirklichung eines Straftatbestandes genügt für die Versagung des Betriebsausgabenabzuges allerdings nicht. Die Finanzbehörde setzt die Steuer in solchen Fäller vorläufig fest und meldet den Verdacht nach § 4 Abs. 5 Nr. 10 S. 3 EStG der Staatsanwaltschaft.[762] Ermöglichen deren Ermittlungsergebnisse den Nachweis, kann der Betriebsausgabenabzug dann noch nachträglich versagt werden. In der Praxis überlässt so die Finanzbehörde, welche auf die eigene Ermittlung außersteuerlicher Straftatbestände nicht eingerichtet ist, der Staatsanwaltschaft in der Regel die Aufklärung des Straftatbestandes, so dass der dortige Verfahrensausgang ohne rechtliche Bindung zumeist faktisch die Beurteilung durch die Finanzbehörde bestimmt.

B. Mitteilungen zwischen Finanzverwaltung und anderen Behörden

Trotz des Steuergeheimnisses existiert keine undurchlässige Grenze für den Austausch von Informationen zwischen den Finanzbehörden und der Staatsanwaltschaft. So können in bestimmten Fällen Erkenntnisse über nichtsteuerliche Straftaten, zu denen auch Bestechungshandlungen im Ausland gehören können,[763] welche die Finanzbehörde im Besteuerungsverfahren gewonnen hat, an die Staatsanwaltschaft übermittelt werden und dort zur Einleitung eines Ermittlungsverfahrens führen. Umgekehrt können auch Mitteilungen der Staatsanwaltschaft bezüglich ihrer Ermittlungen zu außersteuerlichen Straftaten an die Finanzbehörde zum Zwecke des Besteuerungsverfahrens und zur Verfolgung von Steuerstraftaten durch die Straf- und Bußgeldsachenstellen der Finanzämter erfolgen.

18

I. Das Steuergeheimnis (§ 30 Abs. 1–3 AO)

Alle Amtsträger der Finanzbehörde und die nach § 30 Abs. 3 AO diesen gleichgestellten Personen haben das Steuergeheimnis zu wahren (§ 30 Abs. 1 AO). Die vorsätzliche Verletzung des Steuergeheimnisses ist ein Straftatbestand (§ 355 StGB).

19

Ein Amtsträger verletzt insbesondere dann das Steuergeheimnis, wenn er Verhältnisse eines anderen, welche ihm in einem Verwaltungsverfahren oder gerichtlichen Verfahren in Steuersachen oder in einem Strafverfahren wegen einer Steuerstraftat oder einem Bußgeldverfahren wegen einer Steuerordnungswidrigkeit bekannt geworden sind, unbefugt offenbart oder verwertet. Das Steuergeheimnis zu wahren haben damit nicht nur Finanzbeamte, sondern auch Beamte anderer Behörden und Richter, welche in einem solchen Verfahren Kenntnis über Verhältnisse eines anderen erhalten haben.[764] In Betracht kommen hier insbesondere Richter an Finanzgerichten und Staatsanwälte, welche in Steuerstrafverfahren ermitteln.[765]

Offenbaren in diesem Sinne ist jede Handlung, welche bewirkt, dass die geheimzuhaltenden Tatsachen einem Dritten bekannt werden, welcher das Geheimnis noch nicht oder noch nicht sicher oder nicht vollständig kennt.[766] Unbefugt ist jede Offenbarung, welche nicht von einem der in den §§ 30 Abs. 4 bis 6, 31 a und 31 b AO abschließend aufgezählten Rechtfertigungsgründe erfasst ist. Auch eine Offenbarung gegenüber ei-

20

---

[762] BMF-Schreiben v. 10.10.2002, BStBl. I 2002, S. 1031 Tz. 29.
[763] S. hierzu unter Rn. 6.
[764] Klein/*Rüsken*, § 30 Rn. 31.
[765] *OLG Hamm* NJW 1981, 356, 358.
[766] Klein/*Rüsken*, § 30 Rn. 59.

nem anderen Amtsträger derselben Behörde oder einer anderen Behörde bedarf eines solchen Rechtfertigungsgrundes.[767]

Dasselbe gilt selbstverständlich auch für eine Offenbarung gegenüber ausländischen Behörden, wie der SEC als Börsenaufsichtsbehörde der Vereinigten Staaten oder der für die Verfolgung von Steuerstraftaten zuständigen Criminal Investigation Division der IRS als Bundessteuerbehörde der Vereinigten Staaten. Im Übrigen unterliegen auch die Steuerbehörden der Vereinigten Staaten gem. IRC § 6103 (a) einem Steuergeheimnis, wonach kein Beamter oder Mitarbeiter einer Behörde Informationen aus Steuererklärungen ohne eine entsprechende Befugnisnorm offenlegen darf. Eine solche Befugnisnorm enthält etwa IRC § 6103 (h), welcher Staatsanwälten der Vereinigten Staaten, die an Steuerstrafverfahren arbeiten, Einblick in Steuererklärungsinformationen gewährt. Gem. IRC § 6103 (k) (6) dürfen Finanzbehörden Steuererklärungsinformationen insoweit offenlegen, als es notwendig ist, um Informationen über die Strafbarkeit eines Steuerpflichtigen zu erhalten, die auf anderem Weg nicht mit angemessenem Aufwand zu erlangen sind.[768]

Mithin besteht kein unbeschränkter Austausch von Daten zwischen den deutschen Finanzbehörden und Staatsanwaltschaften, sowie zwischen deutschen Behörden und Behörden der Vereinigten Staaten, sondern der Austausch ist nur zulässig, wenn er die Voraussetzungen einer gesetzlichen Befugnisnorm erfüllt.

II. Zulässige Offenbarungen

21 Die §§ 30 Abs. 4–6 AO enthalten einen abschließenden Katalog zulässiger Offenbarungen.

1. Offenbarung nach § 30 Abs. 4 Nrn. 1–3 AO

22 Diese sind nach § 30 Abs. 4 Nr. 1 AO zunächst zulässig, wenn die Offenbarung der Durchführung eines Besteuerungsverfahrens oder Steuerstraf- bzw. Steuerordnungswidrigkeitenverfahrens dient. So kann die Finanzbehörde der Staatsanwaltschaft alle Erkenntnisse aus dem Besteuerungsverfahren übermitteln, welche für ein dort geführtes Steuerstrafverfahren von Bedeutung sind. Umgekehrt kann die Staatsanwaltschaft Erkenntnisse aus einem von ihr geführten Steuerstrafverfahren an die Finanzbehörde zur Festsetzung der hinterzogenen Steuer übermitteln. Der Durchführung eines Steuerordnungswidrigkeitenverfahrens dient auch die in § 411 AO vorgesehene Anhörung der Berufskammer von Rechtsanwälten, Steuerberatern und Wirtschaftsprüfern vor Erlass eines Bußgeldbescheides wegen einer in Ausübung des Berufes bei einer Beratung in Steuersachen begangenen Steuerordnungswidrigkeit, da sie den Sachverstand der Berufskammer für das Bußgeldverfahren nutzbar machen soll.[769] In der Praxis ist dies für die betroffenen Berufsträger jedoch häufig nachteilig, da die Kenntnis der Berufskammer dort zu einem standesgerichtlichen Verfahren führen kann. Da dies der Schutzwirkung der Norm gegenüber dem Berufsträger nicht entspricht, sollte dieser die Möglichkeit haben, auf die Anhörung zu verzichten.[770]

---

[767] Klein/*Rüsken*, § 30 Rn. 58.
[768] *Zahner*, in: Dannecker/Jansen, S. 522 f.
[769] Klein/*Jäger*, § 411 Rn. 1.
[770] So auch Franzen/Gast/Joecks/*Lipsky*, § 411 Rn. 10; Kohlmann/*Hilgers-Klautzsch*, § 411 AO Rn. 8; a. A. Klein/*Jäger*, § 411 Rn. 1.

Nach der Blankettnorm des § 30 Abs. 4 Nr. 2 AO sind alle Offenbarungen zulässig, 23
welche durch Gesetz ausdrücklich zugelassen sind.[771] Die Voraussetzung einer ausdrücklichen Zulassung enthält allerdings kein Zitiergebot der Durchbrechung des Steuergeheimnisses. Es genügt, wenn aus dem Gesetz eindeutig hervorgeht, dass die Auskunftsberechtigung auch das Steuergeheimnis durchbrechen soll.[772]

Hierzu gehört die Norm des § 117 AO, welche die Befugnis zur zwischenstaatlichen Rechts- und Amtshilfe enthält und in Abs. 2 auch die Auskunftsklauseln von Doppelbesteuerungsabkommen als innerstaatlich anwendbare völkerrechtliche Verträge umfasst.[773] Soweit deutsche Finanzbehörden mit Finanzbehörden der Vereinigten Staaten Informationen nach der Auskunftsklausel des Art. 26 DBA USA austauschen, stützt sich die Ausnahme vom Steuergeheimnis auf die Verweisungsnorm des § 117 Abs. 2 AO.[774] Allerdings regelt Art. 26 Abs. 1 S. 3 DBA USA eine Bindung an das Steuergeheimnis auch für die Behörde der Vereinigten Staaten, welche Informationen von der deutschen Finanzbehörde empfängt. Diese sind danach ebenso geheim zu halten, wie die auf Grund des innerstaatlichen Rechts der Vereinigten Staaten beschafften Informationen[775] und dürfen nur den Personen oder Behörden (einschließlich der Gerichte und Verwaltungsbehörden) zugänglich gemacht werden, welche mit der Veranlagung, Erhebung oder Verwaltung, der Vollstreckung oder Strafverfolgung oder mit der Entscheidung von Rechtsbehelfen hinsichtlich der dem Abkommen unterliegenden Steuern befasst sind.

Damit dürfen die hiernach übermittelten Informationen zwar in Steuerstrafverfahren, nicht jedoch in Strafverfahren bezüglich anderer Straftaten etwa wegen Korruptionsdelikten verwendet werden.[776] Erfährt die IRS der Vereinigten Staaten etwa von deutschen Finanzbehörden gem. Art. 26 DBA USA, dass in einer in den USA gelegenen Betriebsstätte eines deutschen Unternehmens nach § 4 Abs. 5 Nr. 10 EStG nicht abzugsfähige Bestechungszahlungen in den Vereinigten Staaten gezahlt wurden, dürfen diese Informationen dort nicht zur strafrechtlichen Ahndung dieser Bestechungstaten verwendet werden.

Verschiedene andere Normen sehen eine Übermittlung von Informationen an andere 24
Behörden vor, um nach Steuerstraftaten oder -ordnungswidrigkeiten außerstrafrechtliche Sanktionen zu ermöglichen. So dürfen nach § 88 Abs. 3 AufenthG dem Steuergeheimnis unterliegende Daten der Ausländerbehörde übermittelt werden, wenn wegen eines Verstoßes eines Ausländers gegen das Steuerrecht ein strafrechtliches Ermittlungsverfahren eingeleitet oder eine Geldbuße von mindestens € 500 verhängt worden ist. Nach § 49 Abs. 6 BeamtStG dürfen auch bei Steuerstrafverfahren gegen Beamte die Anklageschrift, der Antrag auf Erlass eines Strafbefehls oder das strafrechtliche Urteil an den Dienstherrn des Beamten weitergegeben werden. Bezüglich Entscheidungen über Verfahrenseinstellungen gilt dies dann, wenn deren Kenntnis auf Grund der Umstände des Einzelfalls erforderlich ist, um zu prüfen, ob dienstrechtliche Maßnahmen zu ergreifen sind.

---

[771] Der Anwendungserlass zu § 30 AO (BStBl. I 2008, S. 26) enthält in Nr. 5 eine nicht abschließende Aufzählung der wichtigsten Einzelnormen.
[772] *FG Düsseldorf* EFG 1986, S. 541; Klein/*Rüsken*, § 30 Rn. 102.
[773] Klein/*Rätke*, § 117 Rn. 19.
[774] S. hierzu näher unter Rn. 62.
[775] Zum Steuergeheimnis in den Vereinigten Staaten vgl. oben Rn. 19.
[776] *Engelschalk*, in: Vogel/Lehner, Art. 26 DBA MA Rn. 85.

§ 4. Steuer- und steuerstrafrechtliche Implikationen

25 Auch für bestimmte, besonderer Aufsicht unterliegender, Berufsgruppen sehen Einzelgesetze bei Steuerstrafverfahren eine Übermittlung von Informationen an Aufsichtsbehörden vor. So kann nach § 8 Abs. 2 KWG eine Mitteilung über die Einleitung eines Steuerstrafverfahrens gegen Inhaber oder Geschäftsleiter von Kredit- oder Finanzdienstleistungsinstituten sowie gegen Inhaber bedeutender Beteiligungen an solchen Instituten oder deren gesetzliche Vertreter oder persönlich haftende Gesellschafter an die Bundesanstalt für Finanzdienstleistungsaufsicht erfolgen. Für Bedienstete eines solchen Instituts gilt dies, wenn sie die Steuerhinterziehung oder Beihilfe hierzu als Bedienstete begangen haben, also etwa Kunden des Instituts vorsätzlich bei der Steuerhinterziehung behilflich waren. Nach § 10 Abs. 1 StBerG können von den Finanzbehörden an die Steuerberaterkammer Tatsachen mitgeteilt werden, welche den Verdacht einer Berufspflichtverletzung eines Steuerberaters begründen. Hierzu gehört auch ein Verdacht der Steuerhinterziehung oder Teilnahme hieran. Entsprechende Mitteilungen an die Berufskammern sieht § 36 a Abs. 3 Nr. 2 WPO für Wirtschaftsprüfer vor, während bei Rechtsanwälten die entsprechende Norm des § 36 BRAO eine Durchbrechung des Steuergeheimnisses nur in Bezug auf die Mitteilung der Höhe rückständiger Steuerschulden zum Zweck der Vorbereitung des Widerrufs der Zulassung wegen Vermögensverfalls zulässt. Eine Mitteilung über die Einleitung eines Steuerstrafverfahrens ist daher hier nur unter den Voraussetzungen des § 30 Abs. 4 Nr. 5 AO bei einem zwingenden öffentlichen Interesse zulässig.[777] Dasselbe gilt für Ärzte, bei denen es ebenfalls an einer entsprechenden Norm fehlt. Infolge dieser Durchbrechungen des Steuergeheimnisses kann ein Steuerstrafverfahren auch ausländerrechtliche, beamtenrechtliche oder standesrechtliche Konsequenzen nach sich ziehen.

26 Nach §§ 153 a, 149 Abs. 2 Nr. 3 GewO sind rechtskräftige Bußgeldentschädigungen gegen Gewerbetreibende auch bei einer Steuerordnungswidrigkeit dem Gewerbezentralregister zu melden.

Andere Normen, wie § 21 Abs. 4 SGB X, wonach die Finanzbehörden den Sozialbehörden bzw. -versicherungen auf Anfrage Einkommens- oder Vermögensverhältnisse des Leistungsempfängers mitteilen, dienen der Durchführung anderer Verwaltungsverfahren. § 31 a AO erlaubt die Offenbarung für die Durchführung eines Straf-, Bußgeld- oder Verwaltungsverfahrens zur Bekämpfung von illegaler Beschäftigung oder Schwarzarbeit, für Entscheidungen über Erlaubnisse nach dem Arbeitnehmerüberlassunggesetz und über Leistungen aus öffentlichen Mitteln sowie deren Rückgewähr. Die sehr weit gefasste Vorschrift erlaubt bei Schwarzarbeit etwa Mitteilungen an Staatsanwaltschaften für Verfahren wegen Vorenthalten und Veruntreuen von Arbeitsentgelt (§ 266 StGB), an Ausländerbehörden zur Ahndung einer Tätigkeit ausländischer Arbeitnehmer ohne Arbeitsgenehmigung oder den Sozialleistungsträgern zur Rückforderung erschlichener Sozialleistungen.

27 Diese wiederholt erweiterte Vielzahl von gesetzlichen Ausnahmen führt dazu, dass das Steuergeheimnis gegenüber anderen Behörden in der Praxis keinen Schutz mehr gegen einen Informationsaustausch gewährt. Dagegen bietet es weiterhin einen umfassenden Schutz vor Mitteilungen an Privatpersonen oder andere Unternehmen.

Da das Steuergeheimnis insbesondere dem Schutz des Geheimhaltungsinteresses des Steuerpflichtigen dient, kann es nach § 30 Abs. 4 Nr. 3 AO auch durchbrochen werden, soweit der Steuerpflichtige zustimmt.

---

[777] Zu Einzelheiten s. *Wessing*, Steueranwaltsmagazin 2010, 106.

B. Mitteilungen zwischen Finanzverwaltung und anderen Behörden

2. Speziell: Offenbarung nach §§ 30 Abs. 4 Nr. 2 AO, 4 Abs. 5 Nr. 10 S. 3 EStG

Eine weitere gesetzlich zugelassene Offenbarung enthält § 4 Abs. 5 S. 1 Nr. 10 S. 3 EStG, welcher für Korruptionsverfahren von besonderer Bedeutung ist. Danach besteht eine Mitteilungspflicht der Finanzbehörde an die Staatsanwaltschaft über Tatsachen, welche den Verdacht einer Straftat oder Ordnungswidrigkeit begründen, die zu einem Abzugsverbot nach § 4 Abs. 5 Nr. 10 EStG geführt haben. **28**

Dies gilt insbesondere für die Delikte der Vorteilsgewährung (§ 333 StGB), Bestechung (§ 334 StGB) sowie Bestechung im geschäftlichen Verkehr (§ 299 Abs. 2 u. 3 StGB), welche in den meisten Fällen auch auf die Bestechung von Amtsträgern oder Angestellten im Ausland anwendbar sind.[778]

Eine Mitteilungspflicht besteht, wenn ein strafrechtlicher Anfangsverdacht i.S. des § 152 Abs. 2 StGB vorliegt, also zureichende tatsächliche Anhaltspunkte für eine solche Straftat bestehen.[779] Mehr als einen solchen Anfangsverdacht muss und darf die Finanzbehörde vor einer Mitteilung nicht prüfen. Nach der Rechtsprechung muss die Finanzbehörde nicht einmal überschlägig prüfen, ob strafrechtliche Verjährung eingetreten ist oder ein strafrechtliches Verwertungsverbot etwa nach § 393 Abs. 2 AO besteht. Liegt ein solcher Anfangsverdacht vor, hat die Finanzbehörde kein Ermessen, eine Mitteilung zu unterlassen.[780] **29**

I.d.R. wird die Finanzbehörde einen solchen Anfangsverdacht bei einer Verbuchung auf einem Konto nichtabzugsfähiger Betriebsausgaben i.S. des § 4 Abs. 5 Nr. 10 EStG oder Ausweis als sog. nützliche Aufwendungen, wie es früher Praxis war, schon aus der entsprechenden Verbuchung ableiten. Wird der Vorgang dagegen zusammen mit anderen nichtabzugsfähigen Ausgaben ohne Empfängerbeleg als nichtabzugsfähige Betriebsausgabe verbucht und ein Benennungsverlangen nach § 160 AO nicht beantwortet, so dürfte sich hieraus noch kein Anfangsverdacht eines Bestechungsdeliktes ergeben. Allein die Versagung eines Betriebsausgabenabzuges wegen Nichtbefolgung eines Benennungsverlangens nach § 160 AO begründet auch nach Auffassung der Finanzverwaltung[781] keine Mitteilungspflicht. Eine genaue Dokumentation ist hier mithin mit Nachteilen verbunden.

Solange der Steuerpflichtige die entsprechenden Betriebsausgaben nicht gewinnmindernd verbucht und keinen Vorsteuerabzug in Anspruch genommen hat, begeht er bei einem solchen Verhalten keine Steuerhinterziehung zu eigenen Gunsten. Bei einer Nichtbenennung der Zahlungsempfänger wird jedoch die Finanzbehörde häufig argwöhnen, dass der Steuerpflichtige die Beträge für sich entnommen hat und eine verdeckte Gewinnausschüttung vorliegt, wofür allerdings die Finanzbehörde die Feststellungslast hat.[782] Ist der Empfänger der Bestechungsleistungen in Deutschland hiermit steuerpflichtig, so kommt bei einer Verschleierung des Empfängers in der eigenen Buchführung eine Beihilfe zu dessen Steuerhinterziehung oder eine Ordnungswidrigkeit nach § 379 Abs. 1 AO wegen Steuergefährdung in Betracht. Bei der Bestechung von in den Vereinigten Staaten ansässigen Amtsträgern oder Angestellten wird jedoch regelmäßig für die Einnahmen keine Steuerpflicht in Deutschland bestehen und schei- **30**

---

[778] Im Einzelnen s. unter Rn. 6.
[779] *BFH* BStBl. II 2008, S. 850.
[780] *BFH* BStBl. II 2008, S. 850.
[781] BMF-Schreiben v. 10.10.2002 (BStBl. I 2002, S. 1031) Tz. 32.
[782] *BFH* BStBl. II 1974, S. 430; BStBl. II 2002, S. 1179.

§ 4. Steuer- und steuerstrafrechtliche Implikationen

det daher auch eine Beihilfe zur Steuerhinterziehung oder Steuergefährdung insoweit aus. Die Verkürzung von ausländischen Ertragsteuern oder eine Beihilfe hierzu ist in Deutschland nicht strafbar. Sie kann allerdings in den Vereinigten Staaten zu einer Strafbarkeit führen. Gem. IRC § 7206 (2) ist auch strafbar, wer einen anderen dabei unterstützt oder sonst dazu beiträgt („Aiding and Assisting"), dass unrichtige Steuererklärungen erstellt oder eingereicht werden,[783] wobei auch Teilnahmehandlungen im – aus Sicht der Vereinigten Staaten – Ausland strafbar sind.[784]

31 Bei einer Aufforderung der Finanzbehörde zur Mitwirkung an der Sachverhaltsaufklärung, die vermutete Vorteilszuwendungen zum Gegenstand haben, wie einem Verlangen nach Benennung der Zahlungsempfänger, ist der Steuerpflichtige über die Möglichkeit der straf- und bußgeldrechtlichen Selbstbelastung und die Mitteilungspflicht gem. § 4 Abs. 5 S. 1 Nr. 10 S. 3 EStG zu belehren.[785] Für den Fall, dass eine solche Belehrung unterbleibt, geht die Finanzverwaltung zwar von einem strafrechtlichen Verwertungsverbot bezüglich der vom Steuerpflichtigen mitgeteilten Tatsachen aus,[786] nimmt aber gleichwohl eine Mitteilungspflicht an, weil über das Verwertungsverbot im Strafverfahren zu entscheiden sei.[787]

Aufgrund einer solchen Mitteilung der Finanzbehörde – etwa wegen einer in Deutschland nach § 299 Abs. 2 und 3 StGB strafbaren Bestechung eines Angestellten in den Vereinigten Staaten – wird die Staatsanwaltschaft regelmäßig – wenn nicht etwa der Vorgang offensichtlich strafrechtlich verjährt ist – ein Ermittlungsverfahren einleiten. Über den Ausgang des Verfahrens und die zu Grunde liegenden Ermittlungen unterrichtet dann wiederum die Staatsanwaltschaft gem. § 4 Abs. 5 S. 1 Nr. 10 S. 4 EStG die Finanzbehörde. Hat sich der Verdacht bestätigt, wird diese dann endgültig den Betriebsausgabenabzug versagen. Waren die Bestechungszahlungen im Unternehmen in einem solchen Fall zu Unrecht als vermeintlich abzugsfähige Betriebsausgaben behandelt worden, so wird sich regelmäßig dann auch ein Steuerstrafverfahren anschließen.

32 Auch in umgekehrter Richtung ist durch § 4 Abs. 5 Nr. 10 S. 2 EStG ein Informationsaustausch vorgeschrieben. Auch wenn die Staatsanwaltschaft ohne vorherige Mitteilung der Finanzbehörde aus anderen Quellen einen Anfangsverdacht eines Bestechungsdeliktes hat, nimmt sie danach nicht nur eigene Ermittlungen wegen des Bestechungsdeliktes auf, sondern teilt die Tatsachen, welche den Tatverdacht begründen, der Finanzbehörde mit, so dass diese prüfen kann, ob die Aufwendungen zu Unrecht als abzugsfähige Betriebsausgaben behandelt wurden. Ist dies der Fall, wird sie Steuernachzahlungen festsetzen und ein steuerstrafrechtliches Ermittlungsverfahren einleiten. Im Übrigen trifft diese Mitteilungspflicht auch Gerichte aller Gerichtszweige und Verwaltungsbehörden.

Dieser weitgehende Informationaustausch zwischen Finanzbehörde und Staatsanwaltschaft führt dazu, dass der Steuerpflichtige, welcher Bestechungszahlungen vornimmt und diese entgegen § 4 Abs. 5 Nr. 10 EStG gewinnmindernd verbucht, sowohl mit einem Steuerstrafverfahren als auch einem staatsanwaltschaftlichen Ermittlungsverfahren wegen des Bestechungsdeliktes rechnen muss, wenn auch nur eine der beiden Behörden einen Anfangsverdacht schöpft.

---

[783] *Tanenbaum*, in: Leitner/Toifl, S. 111.
[784] *Zahner*, in: Dannecker/Jansen, S. 532.
[785] BMF-Schreiben v. 10.10.2002 (BStBl. I 2002, S. 1031) Tz. 30.
[786] S. BMF-Schreiben v. 10.10.2002 (BStBl. I 2002, S. 1031) Tz. 30.
[787] *OFD Nürnberg* Verf. v. 11.7.2003 (DStR 2003, 1927).

Das Verwertungsverbot nach § 393 Abs. 2 S. 1 AO bietet hier keinen umfassenden **33** Schutz. Diese Norm schützt den Steuerpflichtigen, welcher vor Einleitung eines steuerstrafrechtlichen Ermittlungsverfahrens in Erfüllung steuerrechtlicher Pflichten Tatsachen offenbart, welche den Verdacht eines Allgemeindeliktes begründen. Ein Steuerpflichtiger, welcher vorsätzlich falsche Angaben macht, um unberechtigte Steuerminderungen zu erlangen, handelt jedoch nicht in Erfüllung steuerlicher Pflichten.[788] Wer somit durch unrichtige Angaben – etwa über den Zahlungsempfänger und/oder Zweck der Zahlung – entgegen § 4 Abs. 5 S. 1 Nr. 10 EStG zu Unrecht einen Betriebsausgabenabzug erreichen will, ist nicht geschützt. Zeichnet der Steuerpflichtige dagegen den tatsächlichen Zahlungsempfänger und Verwendungszweck einer Bestechung auf und nimmt keinen Betriebsausgabenabzug vor, so fällt er unter den Schutzbereich des § 393 Abs. 2 S. 1 AO.[789] Allerdings hat der BGH im Zusammenhang mit der Versteuerung von Bestechungsgeldern ausdrücklich betont, dass nach § 393 Abs. 2 S. 1 AO das Verwertungsverbot nicht greift, wenn die Offenbarung im zwingenden öffentlichen Interesse liegt.[790] Ein öffentliches Interesse besteht auch an der Bekämpfung der Korruption.[791] Allerdings kann ein solches zwingendes öffentliches Interesse nur aufgrund einer Abwägung im Einzelfall festgestellt werden. Bei Verstößen gegen § 299 StGB sowie bei Auslandstaten wird dies i.d.R. zu verneinen sein.[792] In der Praxis weiß der Steuerpflichtige allerdings nicht, wie die Staatsanwaltschaft und ggf. ein Gericht die Abwägung in seinem Fall vornehmen wird. Selbst wenn es ein Verwertungsverbot annimmt, erstreckt sich dies nicht auf die Ergebnisse von Ermittlungen, welche die Staatsanwaltschaft in der Folge selbst vornimmt und von solchen, für welche die Mitteilung der Finanzbehörde der Anlass war.[793]

3. Mitteilungen zur Bekämpfung der Geldwäsche (§ 31 b AO)

Eine noch weitergehende Mitwirkungspflicht sieht § 31 b AO in Fällen des Verdachts **34** der Geldwäsche vor. Die durch mehrere Gesetzesänderungen jeweils erweiterte Mitwirkungspflicht gilt jetzt in der Fassung des Gesetzes zur Optimierung der Geldwäscheprävention vom 22.12.2011.[794]

Nach § 31 b S. 1 AO ist die Offenbarung von dem Steuergeheimnis unterliegenden Tatsachen zulässig, soweit sie der Durchführung eines Strafverfahrens wegen Geldwäsche (§ 261 StGB), der Bekämpfung der Terrorismusfinanzierung i.S. des § 1 Abs. 2 GwG[795] oder der Durchführung eines Bußgeldverfahrens nach § 17 GwG gegen Verpflichtete i.S. des § 2 Abs. 1 Nrn. 9–12 GwG dient. Letzteres betrifft einen Verstoß gegen Aufzeichnungs- und Meldepflichten nach dem Geldwäschegesetz von Treuhändern, welche nicht rechtsberatende oder steuerberatende Berufe ausüben, Immobilienmakler, Spielbanken und Personen, die gewerblich mit Gütern handeln.

---

[788] *BGH* NJW 2005, 2720, 2723.
[789] *Kohlmann*, § 393 AO Rn. 79.7.
[790] *BGH* NStZ-RR 2004, 242.
[791] *Kohlmann*, § 393 AO Rn. 79.6.
[792] *Kohlmann*, § 393 AO Rn. 79.7; für 12 UWG a.F. *Joecks*, DStR 1997, 1025, 1031; *Heerspink*, wistra 2001, 441, 445.
[793] Klein/*Jäger*, § 393 Rn. 51; a.A. Franzen/Gast/Joecks/*Joecks*, § 393 AO Rn. 68, sofern die weiteren Beweise ohne die ursprünglichen Angaben des Steuerpflichtigen nicht gefunden worden wären.
[794] BGBl. I 2011, S. 2959.
[795] Bereitstellung oder Sammlung finanzieller Mittel in Kenntnis dessen, dass sie ganz oder teilweise dazu verwendet werden (sollen), insbesondere eine Straftat der Bildung terroristischer Vereinigungen im Inland (§ 129 a StGB) oder Ausland (§ 129 b StGB) zu begehen oder hieran teilzunehmen.

§ 4. Steuer- und steuerstrafrechtliche Implikationen

Nach § 31 b S. 2 AO besteht eine Pflicht der Finanzbehörden, der Zentralstelle des Bundeskriminalamtes und der Staatsanwaltschaft unverzüglich mündlich, telefonisch, durch Telefax oder E-Mail, also nicht nur auf dem langsameren Postweg, Transaktionen unabhängig von deren Höhe oder Geschäftsbeziehung zu melden, wenn Tatsachen vorliegen, die darauf hindeuten, dass es sich bei Vermögenswerten, welche mit diesen Transaktionen oder Geschäftsbeziehungen in Zusammenhang stehen, um den Gegenstand einer strafbaren Geldwäsche handelt oder die Vermögenswerte im Zusammenhang mit Terrorismusfinanzierung stehen. Tatsachen, die darauf schließen lassen, dass eine der vorbenannten Ordnungswidrigkeiten i.S. des § 17 GwG begangen wurden oder werden, sind unverzüglich der zuständigen Verwaltungsbehörde mitzuteilen.

35   Mit der Tatbestandsvoraussetzung „Tatsachen, die darauf hindeuten" ist nach der Gesetzesbegründung[796] wie bei der Meldung von Verdachtsfällen nach § 11 Abs. 1 GwG weniger als ein Anfangsverdacht i.S. des § 152 StPO erforderlich. Die Meldung setzt keine detaillierte rechtliche Subsumtion unter § 261 StGB voraus, sondern der Meldepflichtige soll nach allgemeinen Erfahrungen und seinem beruflichen Erfahrungswissen unter dem Blickwinkel der Ungewöhnlichkeit und Auffälligkeit alle Vorgänge melden, nach denen eine Geldwäsche naheliegt. Eine Meldung ins Blaue hinein ist allerdings unzulässig.

Vortat der Geldwäsche kann sowohl nach § 261 Abs. 1 S. 2 Nr. 1 StGB der Verbrechenstatbestand[797] der Richterbestechlichkeit (§ 332 Abs. 2 StGB), als auch nach § 261 Abs. 1 Nr. 2 lit. a StGB die Amtsträgerbestechlichkeit (§ 332 Abs. 1 StGB) und Bestechung eines Amtsträgers oder Richters (§ 334 Abs. 1 u. 2 StGB) sein. Dagegen kommen eine Vorteilsannahme oder -gewährung (§§ 331 u. 333 StGB) oder eine Bestechung im geschäftlichen Verkehr (§ 299 Abs. 2 u. 3 StGB) als Vortat der Geldwäsche nicht in Betracht. Nach § 261 Abs. 1 Nr. 4 lit. b StGB ist auch eine Steuerhinterziehung i.S. des § 370 AO Vortat einer Geldwäsche, sofern sie gewerbsmäßig oder von einem Mitglied einer Bande, die sich zur fortgesetzten Begehung einer Steuerhinterziehung verbunden hat, begangen wird. Gewerbsmäßig handelt, wer sich aus wiederholter Tatbegehung eine nicht nur vorübergehende Einnahmequelle von einigem Umfang verschaffen möchte. Diese muss nicht den wesentlichen Teil der Einkünfte des Täters darstellen. Es genügt, wenn der Täter hieraus fortlaufend nicht unerheblichen Gewinn erzielen wollte.[798] Diese allgemeine Definition der gewerblichen Tatbegehung gilt auch für die Steuerhinterziehung.[799] Diese weite Definition der Gewerbsmäßigkeit kann etwa bei einer wiederholten gewinnmindernden Verbuchung von Bestechungszahlungen an Angestellte des in den Vereinigten Staaten ansässigen Kunden eines deutschen Steuerpflichtigen verwirklicht sein. Die Vorschrift des § 261 Abs. 8 StGB bestimmt ausdrücklich, dass die Vortat auch im Ausland begangen sein kann, wenn sie – wie die Angestelltenbestechung in den Vereinigten Staaten[800] – am Tatort mit Strafe bedroht ist.

36   Somit kommt grundsätzlich nicht nur bei der Amtsträgerbestechung, sondern auch über eine gewerbliche Steuerhinterziehung durch gewinnmindernde Verbuchung der Bestechungsleistungen bei der Angestelltenbestechung eine Verdachtsmeldung unter

---

[796] Gesetzentwurf BT-Drs. 17/6804, S. 35.
[797] MünchKomm-StGB/*Korte*, § 332 Rn. 37.
[798] BGHSt 42, 219, 225 = NJW 1996, 3220 = NStZ 1996, 606.
[799] *BGH* NJW 2004, 2990 = NStZ 2005, 105 = DStR 2004, 1604, 1605; Kohlmann/*Schauf*, § 370 AO Rn. 1194.2.
[800] S. unter Rn. 6.

B. Mitteilungen zwischen Finanzverwaltung und anderen Behörden

den sehr weiten Voraussetzungen des § 31 b AO in Betracht. Zu beachten ist allerdings, dass nach § 261 Abs. 9 S. 2 StGB der Bestechende oder Bestochene bzw. der Steuerhinterzieher selbst nicht wegen einer Geldwäsche strafbar sein kann. Ein Geldwäscheverdacht kann daher nur den Anschlusstäter treffen, welcher etwa die Herkunft der Bestechungsgelder verschleiert. Bei der Steuerhinterziehung gibt es allerdings i.d.R. keinen Gegenstand, welcher aus der Steuerhinterziehung herrührt, da bei einer zu niedrigen Steuerfestsetzung nur ein Vermögensabfluss durch eine Steuerzahlung vermieden wird. Nach § 261 Abs. 1 S. 2 StGB soll sich die Geldwäsche hier auf die durch die verminderte Steuerhinterziehung ersparten Aufwendungen beziehen. Da sich jedoch ersparte Aufwendungen nicht von dem übrigen Vermögen abgrenzen lassen, führt dies dazu, dass jeder Teil des Gesamtvermögens des Steuerpflichtigen Tatobjekt einer Geldwäsche sein könnte. Damit stünde jeder Geldverkehr mit einem Steuerhinterzieher unter Geldwäscheverdacht. Dies wird zu Recht als unverhältnismäßig kritisiert.[801] In der Praxis wird die Geldwäschenorm bezogen auf Steuerhinterziehung als Vortat weitgehend ignoriert.[802] Da aber eine Meldung an die Staatsanwaltschaft nach § 31 b AO den Finanzbehörden gerade keine detaillierte Subsumtion des Geldwäschetatbestandes abverlangt, ist in der Praxis nicht auszuschließen, dass auch in den vorgenannten Fällen eine Mitteilung an die Staatsanwaltschaft wegen Geldwäscheverdachts erfolgt.

4. Offenbarung nach § 30 Abs. 4 Nrn. 4 und 5 AO

Das Besteuerungsverfahren legt dem Steuerpflichtigen weitgehende Mitwirkungspflichten auf. So ist er nach § 90 Abs. 1 S. 2 AO verpflichtet, die für die Besteuerung erheblichen Tatsachen vollständig und wahrheitsgemäß offenzulegen. Die Erfüllung dieser Pflicht kann dazu führen, dass nach dem allgemeinen Strafrecht strafbare Handlungen offenbart werden. Hier kommt neben der Empfängerbenennung bei Bestechungszahlungen, etwa auch die Verbuchung von Gewinnen aus strafrechtlich verbotenen Handelsgeschäften in Betracht. Ein Unternehmen, welches ohne Genehmigung bestimmte auf der Ausfuhrliste zum Außenwirtschaftsgesetz stehende Wirtschaftsgüter ausführt, kann sich nach § 34 Abs. 1 AWG strafbar machen. Da auch Gewinne aus strafbarer gewerblicher Betätigung steuerpflichtig sind (§ 40 AO) müssen die entsprechenden Gewinne verbucht, und die Tatsachen im Rahmen der Mitwirkungspflicht offenbart werden. 37

Der Steuerpflichtige soll nun durch das Steuergeheimnis grundsätzlich davor geschützt werden, dass solche Informationen, welche er in Erfüllung seiner Mitwirkungspflicht im Besteuerungsverfahren offenbart hat, an die Staatsanwaltschaft weiter gegeben werden und die Offenbarung damit zu einer Verfolgung der allgemeinen Straftaten führt. Korrespondierend sieht § 393 Abs. 2 S. 1 AO für solche Tatsachen grundsätzlich ein Verwertungsverbot im Strafverfahren vor, sofern sie gleichwohl der Staatsanwaltschaft aus den Steuerakten bekannt geworden sind. 38

Die Norm des § 30 Abs. 4 Nr. 4 lit. a und b AO durchbricht diesen Schutz für Fälle, in welchen die Offenbarung in einem Steuerstrafverfahren oder Steuerordnungswidrigkeitenverfahren erfolgt ist, von welchem der Steuerpflichtige Kenntnis hatte (Nr. 4 lit. a) oder ohne Bestehen einer steuerlichen Verpflichtung oder unter Verzicht auf ein Auskunftsverweigerungsrecht erfolgte (Nr. 4 lit. b). Nach Einleitung eines Steuerstraf- 39

---

[801] *Fischer*, § 261 Rn. 8 c; Kohlmann/*Schauf*, § 370 AO Rn. 1197.2.
[802] *Fischer*, § 261 Rn. 8 d.

verfahrens sind Zwangsmittel zur Erzwingung der Mitwirkungspflicht auch im Besteuerungsverfahren nicht mehr zulässig (§ 393 Abs. 1 S. 2 u. 3 AO), worüber der Steuerpflichtige zu belehren ist. Macht dann der Beschuldigte des Steuerstrafverfahrens gleichwohl Angaben zu dem steuerlich erheblichen Tatbestand, so sieht dies der Gesetzgeber als freiwillig[803] an und nimmt diese Tatsachen von dem Schutz des Steuergeheimnisses aus. Können solche Tatsachen den Verdacht einer außersteuerlichen Straftat begründen, so sollte auch aus diesem Grund vor jeder Äußerung im Steuerstrafverfahren sorgfältig erwogen werden, ob nicht eine Berufung auf das Schweigerecht der bessere Weg ist. Die Norm ermöglicht auch die Weitergabe von Erkenntnissen, welche ohne Mitwirkung des Beschuldigten im Steuerstrafverfahren gewonnen wurden. Dies betrifft insbesondere Zufallsfunde bei Durchsuchungsmaßnahmen.[804] Findet die Steuerfahndung bei einer Durchsuchung der Geschäftsräume des Beschuldigten Dokumente, welche etwa auf einen Verstoß gegen § 34 Abs. 1 AWG hinweisen, so können diese der Staatsanwaltschaft übermittelt werden. Dasselbe gilt, wenn etwa in der Wohnung des Beschuldigten Kokain gefunden wird.

40 Ebenso gilt der Schutz nicht, wenn der Steuerpflichtige außerhalb eines Strafverfahrens Tatsachen freiwillig ohne Verpflichtung offenbart hat. Dies betrifft nicht Angaben des Steuerpflichtigen in seinen Steuererklärungen oder auf Auskunftsersuchen der Finanzbehörde im Besteuerungsverfahren, da hier eine Verpflichtung des Steuerpflichtigen besteht. Als freiwillig offenbart sieht die Rechtsprechung allerdings im Rahmen einer Selbstanzeige i. S. des § 371 AO offenbarte Tatsachen an, da eine Selbstanzeige nicht mit Zwangsmitteln erzwungen werden kann.[805] Wer im Rahmen einer Selbstanzeige nacherklärt, dass er Bestechungsgelder gewinnmindernd verbucht hat oder Gewinn aus strafbaren Ausfuhrgeschäften nicht versteuert hat, kann zwar unter den Voraussetzungen des § 371 AO bezüglich der Steuerhinterziehung Straffreiheit erlangen, muss jedoch mit einem Strafverfahren wegen des Bestechungsdeliktes bzw. Verstoß gegen § 34 Abs. 1 AWG rechnen.

41 Schließlich lässt § 30 Abs. 4 Nr. 5 AO in Fällen, in denen nicht nach den vorstehend erläuterten Vorschriften bereits eine Offenbarung zulässig ist, eine solche zu, wenn hierfür ein zwingendes öffentliches Interesse besteht. In solchen Fällen ist auch eine Offenbarung von Tatsachen zulässig, welche der Steuerpflichtige im Besteuerungsverfahren in Erfüllung seiner Mitwirkungspflicht offenbart hat. Hier gilt dann auch kein Verwertungsverbot im allgemeinen Strafverfahren (§ 393 Abs. 2 S. 2 AO). Ein zwingendes öffentliches Interesse an einer Mitteilung an die Staatsanwaltschaft besteht insbesondere dann, wenn Wirtschaftsstraftaten verfolgt werden sollen, die nach ihrer Begehungsweise oder wegen des Umfangs des durch sie verursachten Schadens geeignet sind, die wirtschaftliche Ordnung erheblich zu stören oder das Vertrauen der Allgemeinheit auf die Redlichkeit des geschäftlichen Verkehrs oder auf die ordnungsmäßige Arbeit der Behörden und der öffentlichen Einrichtungen erheblich zu erschüttern (§ 30 Abs. 4 Nr. 5 AO). Wirtschaftsstraftaten sind solche Delikte, die unter Ausnutzung der Verhältnisse des Wirtschaftsverkehrs begangen wurden und sich gegen das Vermögen oder aber die gesamtwirtschaftliche Ordnung richten.[806] Eine Aufzählung wesentlicher Wirtschaftsstraftaten enthält § 74 c GVG, welcher die Zuständigkeit der Wirtschaftsstrafkammer begründet. Hierzu gehören etwa Verstöße gegen Patent- und Markenge-

---

[803] Klein/*Rüsken*, § 30 Rn. 170.
[804] Klein/*Rüsken*, § 30 Rn. 168.
[805] *BGH* NJW 2005, 2720, 2723.
[806] Klein/*Rüsken*, § 30 Rn. 185; Franzen/Gast/Joecks/*Joecks*, § 393 AO Rn. 81.

setze, Gesetze über das Börsen- und Kreditwesen, das Außenwirtschaftsgesetz, Steuer- und Zollrecht, Subventionsbetrug und Insolvenzstraftaten, Bestechlichkeit und Bestechung im geschäftlichen Verkehr, Vorteilsgewährung, Bestechung, Betrug, Untreue sowie das Vorenthalten und Veruntreuen von Arbeitsentgelt. Es muss sich jedoch um besonders schwere Wirtschaftsstraftaten handeln, die geeignet sind, die wirtschaftliche Ordnung erheblich zu stören.[807] Dies bedarf einer Abwägung im Einzelfall. In Betracht kommen Fälle mit einem Schadensumfang in Millionenhöhe bei einer Vielzahl von Geschädigten oder Taten mit erheblichen Auswirkungen auf eine Mehrzahl von Anlegern oder Zulieferbetrieben.[808] Maßgeblich ist, ob im Zeitpunkt der Mitteilung ein Anfangsverdacht einer solchen schweren Wirtschaftsstraftat besteht.[809] Eine solche schwere Wirtschaftsstraftat wurde beim Verdacht eines Betruges zum Nachteil der Bundesrepublik Deutschland mit einem Schaden von im Jahre 1964 ca. DM 1 Mio. angenommen.[810]

Die Aufzählung in § 30 Abs. 4 Nr. 5 AO ist allerdings nicht abschließend. Es kann auch in anderen Fällen ein zwingendes öffentliches Interesse an der Offenbarung bestehen. Dies wird von der Rechtsprechung etwa für eine Mitteilung zum Zwecke der Einleitung eines Gewerbeuntersagungsverfahrens nach § 35 Abs. 1 GewO angenommen, wenn die zu offenbarenden Tatsachen – wie erhebliche Steuerrückstände – entscheidend dartun, dass der Gewerbetreibende unzuverlässig ist.[811] Nach der Rechtsprechung begründen Steuerstraftaten ohne weiteres eine gewerberechtliche Unzuverlässigkeit.[812] Die Einleitung eines Steuerstrafverfahrens gegen einen Gewerbetreibenden kann somit über die Mitteilung an die Gewerbebehörden im Einzelfall zu einer Gewerbeuntersagung führen. Auch einer juristischen Person kann die Ausübung eines Gewerbes untersagt werden, wenn deren Organe unzuverlässig sind.[813] Hierbei ist aber immer zu prüfen, ob nicht nach dem Verhältnismäßigkeitsgrundsatz eine Teiluntersagung mit dem Inhalt genügt, dass der unzuverlässige Vertreter von der Vertretung auszuschließen ist[814] oder die Unzuverlässigkeit ohne Untersagung durch die Abberufung des unzuverlässigen Organs beseitigt werden kann.[815] **42**

C. Grenzüberschreitende Mitteilungen der Finanzbehörden (§ 117 Abs. 1 bis 3 AO)

Wie schon unter B II dargelegt, ermöglichen die Normen der §§ 30 Abs. 4 Nr. 2, 117 Abs. 2 und 3 AO die Offenbarung von dem Steuergeheimnis unterliegender Tatsachen grundsätzlich auch im Rahmen zwischenstaatlicher Rechts- und Amtshilfe, so z.B. an Behörden der Vereinigten Staaten, wie der IRS. Hierbei enthält § 117 Abs. 2 AO lediglich eine Verweisungsnorm auf völkerrechtliche Verträge, Rechtsakte der Europäi- **43**

---

[807] Klein/*Rüsken*, § 30 Rn. 185.
[808] Franzen/Gast/Joecks/*Joecks*, § 393 AO Rn. 83 u. 85.
[809] *BGH* NJW 1982, 1648, 1649.
[810] *BGH* NJW 1982, 1648, 1649.
[811] *BFH* BStBl. II 2003, S. 828; BStBl. II 1987, S. 545; BVerwGE 65, 1; Franzen/Gast/Joecks/*Randt*, § 370 AO Rn. 297 a.
[812] *BVerwG* DVBl. 1961, 133; *VGH BadWürtt* GewArch 1973, 62; Franzen/Gast/Joecks/*Randt*, § 370 AO Rn. 297.
[813] Tettinger/Wank/Ennuschat/*Ennuschat*, § 35 GewO Rn. 95.
[814] *BVerwG*, Beschl. v. 21.9.1992, Az. 1 B 127.92.
[815] Tettinger/Wank/Ennuschat/*Ennuschat*, § 35 GewO Rn. 97.

schen Gemeinschaften sowie das EG-Amtshilfe-Gesetz, welche selbst die Voraussetzungen der zwischenstaatlichen Mitteilungen regeln, während § 117 Abs. 3 AO die Voraussetzungen einer vertraglosen Amtshilfe enthält.

I. Mitteilungen der deutschen Finanzbehörden nach § 117 Abs. 2 AO

1. Mitteilungen aufgrund Doppelbesteuerungsabkommen

44 Nach § 117 Abs. 2 AO können die deutschen Finanzbehörden auf Grund innerstaatlich anwendbarer völkerrechtlicher Vereinbarungen zwischenstaatliche Rechts- und Amtshilfe leisten. Solche Vereinbarungen stellen insbesondere die bilateralen Doppelbesteuerungsabkommen zwischen der Bundesrepublik Deutschland und jeweils einem anderen Staat dar. Zum 1.1.2012 bestanden Doppelbesteuerungsabkommen auf dem Gebiet der Steuern vom Einkommen und Vermögen mit 92 Staaten.[816] Diese enthalten regelmäßig auch Auskunftsklauseln für Mitteilungen zwischen den Finanzbehörden der jeweiligen beiden Vertragsstaaten. Daneben bestehen mit 23 Staaten gesonderte Abkommen auf dem Gebiet der Rechts- und Amtshilfe und des Auskunftsaustausches.[817] Die Abkommen orientieren sich im Wesentlichen an den OECD-Musterabkommen, enthalten allerdings häufig auch Abweichungen in einzelnen Klauseln.

45 Das aktuelle OECD-Musterabkommen 2010 enthält in Art. 26 Abs. 1 eine sog. große Auskunftsklausel.[818] Danach tauschen die Finanzbehörden der Vertragsstaaten nicht nur wie bei der sog. kleinen Auskunftsklausel die Informationen aus, welche zur Durchführung des Abkommens erforderlich sind. Dies wären nur diejenigen Informationen, welche zur Vermeidung einer Doppelbesteuerung erforderlich sind. Daneben können bei der großen Auskunftsklausel auch die Informationen ausgetauscht werden, die zur Verwaltung oder Anwendung des innerstaatlichen Rechts betreffend Steuern jeder Art voraussichtlich erheblich sind, soweit die entsprechende Besteuerung nicht dem Abkommen widerspricht. Es werden damit Informationen zu dem Zweck ausgetauscht, die Besteuerung nach dem innerstaatlichen Steuerrecht des die Informationen empfangenden Staates zu ermöglichen. Mit der Formulierung „*voraussichtlich erheblich*" wird der Tatsache Rechnung getragen, dass der um Auskunft ersuchte Vertragsstaat regelmäßig nicht in der Lage ist, sich ein vollständiges Bild über die Bedeutung der Information für das Besteuerungsverfahren im anderen Staat zu machen.[819] Er muss allerdings die Behauptung der Erheblichkeit durch den anderen Vertragsstaat nicht ungeprüft übernehmen.[820] Erheblich ist die Information nur, wenn sich der anfragende Staat die Informationen nicht durch eigene Nachforschungen auf seinem Staatsgebiet beschaffen kann, also zuvor seine innerstaatlichen Auskunftsquellen einschließlich der Nutzung der Auskunftspflicht des Steuerpflichtigen ausgeschöpft hat.[821]

46 Das aktuelle Doppelbesteuerungsabkommen der Bundesrepublik Deutschland mit den Vereinigten Staaten in der Fassung der Bekanntmachung vom 4.6.2008[822] enthält

---

[816] Vgl. Übersicht BMF-Schreiben v. 17.1.2012, Az. IV B 2 – S 1301/07/10017-03 (DStR 2012, 297).
[817] Vgl. Übersicht BMF-Schreiben v. 17.1.2012, Az. IV B 2 – S 1301/07/10017-03 (DStR 2012, 297).
[818] Vogel/Lehner/*Engelschalk*, Art. 26 Rn. 3.
[819] Vogel/Lehner/*Engelschalk*, Art. 26 Rn. 34.
[820] Vogel/Lehner/*Engelschalk*, Art. 26 Rn. 36.
[821] Vogel/Lehner/*Engelschalk*, Art. 26 Rn. 35.
[822] BGBl. II 2008, S. 611; berichtigt BGBl. II 2008, S. 851.

C. Grenzüberschreitende Mitteilungen der Finanzbehörden (§ 117 Abs. 1 bis 3 AO)

in Art. 26 Abs. 1 ebenfalls eine große Auskunftsklausel,[823] welche die Übermittlung von Informationen an die IRS zum Zwecke der Besteuerung in den Vereinigten Staaten ermöglicht. Die Auskunftsklausel bleibt hinter Art. 26 Abs. 1 OECD-Musterabkommen lediglich insoweit zurück, als es den Informationsaustausch auf die Informationen beschränkt, welche zur Durchführung des innerstaatlichen Rechts betreffend die unter das Abkommen fallenden Steuern erforderlich sind. Dies sind nach Art. 2 Abs. 1 lit. a nur die nach dem IRC erhobene Bundeseinkommensteuer (income taxes) sowie die Abgabe auf Versicherungsprämien (federal excise tax). Unter erstere fallen die Einkommensteuer für natürliche Personen, für Nachlässe und Trusts, für Körperschaften einschließlich der Umweltsteuer (environmental tax), die alternative Mindeststeuer (alternative minimum tax) sowie die Zweigniederlassungssteuern (branch profits tax und branch level interest tax).[824] Nicht hierzu gehören die Steuern der Einzelstaaten und Gemeinden.[825] Für die Festsetzung dieser Steuern erforderlich ist die Auskunftserteilung, wenn die ernstliche Möglichkeit besteht, dass der andere Vertragsstaat abkommensrechtlich ein Besteuerungsrecht hat und ohne die Auskunft von dem Gegenstand des Besteuerungsrechtes keine Kenntnis erlangt. Eine abschließende Ermittlung des Besteuerungsrechtes der Vereinigten Staaten ist hierbei dem Bundeszentralamt für Steuern gerade nicht aufgegeben.[826]

47 Der Informationsaustausch erfolgt zwischen dem Bundeszentralamt für Steuern und dem Internal Revenue Service (IRS) – Director International. Der Durchführung des Rechts bezogen auf die vorgenannten Steuern der Vereinigten Staaten dienen alle Ermittlungen, die sich auf das Bestehen und die Höhe eines Steueranspruchs beziehen. Danach können Auskunftsersuchen auch dann noch auf Art. 26 Abs. 1 DBA USA gestützt werden, wenn bereits ein Steuerstrafverfahren eingeleitet worden ist und die Auskünfte auch für Zwecke eines Steuerstrafverfahrens in den Vereinigten Staaten – einschließlich für Ermittlungen einer Grand Jury, bei denen Staatsanwälte der Vereinigten Staaten selbst ermitteln[827] – verwendet werden.[828] Aus Art. 26 Abs. 1 S. 3 DBA-USA ergibt sich, dass die auf diesem Weg von der IRS erlangten Informationen von dieser an die Gerichte und Behörden weiter gegeben werden dürfen, welche mit der Durchführung eines Steuerstrafverfahrens befasst sind.[829] Die Offenlegung in einem öffentlichen Gerichtsverfahren oder in einer Gerichtsentscheidung ist allerdings nur zulässig, wenn das Bundeszentralamt für Steuern hiergegen keine Einwendungen erhebt (Art. 26 Abs. 1 S. 5 DBA-USA).[830] Grundsätzlich kann ein Auskunftsbegehren nach Art. 26 Abs. 2 lit. c DBA USA abgelehnt werden, wenn dadurch ein Handels-, Industrie-, Gewerbe- oder Berufsgeheimnis oder ein Geschäftsverfahren preisgegeben würde.

48 Nach dem Protokoll Nr. 23 lit. b zum DBA USA[831] tauscht die Bundesrepublik Deutschland nach Art. 26 DBA USA Informationen auf Ersuchen oder ohne Ersuchen in dem Umfang aus, in dem dies in dem EG-Amtshilfe-Gesetz (EGAHiG) vorgesehen ist. Dies bedeutet, dass Informationen nicht nur aufgrund von Anfragen der IRS an

---

[823] Klein/*Rätke*, § 117 Rn. 29.
[824] Debatin/Wassermeyer/*Wolff*, Art. 2 Rn. 5.
[825] Debatin/Wassermeyer/*Wolff*, Art. 2 Rn. 4.
[826] *BFH* BFH/NV 2005, 1503; BFH/NV 2008, 51.
[827] Dannecker/Jansen/*Zahner*, S. 542.
[828] Debatin/Wassermeyer/*Wolff*, Art. 26 Rn. 14; Vogel/Lehner/*Engelschalk*, Art. 26 Rn. 50; BMF-Schreiben v. 16.11.2006, Az. IV B 1 – S 1320-66/06 (BStBl. I 2006, S. 698) Tz. 1.3.
[829] Debatin/Wassermeyer/*Wolff*, Art. 26 Rn. 14.
[830] Debatin/Wassermeyer/*Wolff*, Art. 26 Rn. 21.
[831] BGBl. II 2006, S. 1186.

§ 4. Steuer- und steuerstrafrechtliche Implikationen

diese übermittelt werden, sondern das Bundeszentralamt für Steuern der IRS auch in den in § 2 Abs. 2 EGAHiG geregelten Fällen von sich aus Spontanauskünfte erteilt. Nach § 2 Abs. 2 S. 2 Nr. 1 EGAHiG, welcher danach im Anwendungsbereich des DBA USA entsprechend gilt,[832] sollen unter anderem Auskünfte, die für die zutreffende Steuerfestsetzung in dem anderen Mitgliedstaat erheblich sind, erteilt werden, wenn Gründe für die Vermutung bestehen, dass in dem anderen Mitgliedstaat, also hier entsprechend in den Vereinigten Staaten, der objektive Tatbestand einer Steuerverkürzung erfüllt ist. Im Ergebnis muss somit der Steuerpflichtige damit rechnen, dass die deutschen Finanzbehörden nach Art. 26 DBA USA der IRS die Besteuerungsgrundlagen in allen Fällen von sich aus mitteilen, in welchen sie vermuten, dass in den Vereinigten Staaten Steuern hinterzogen wurden. Die IRS kann dann diese Informationen nicht nur im Besteuerungsverfahren, sondern auch in einem Steuerstrafverfahren verwenden. Eine Auskunft darf nach § 3 Abs. 1 EGAHiG allerdings nicht erteilt werden, soweit die Gefahr besteht, dass dem inländischen Beteiligten durch die Preisgabe eines Handels-, Industrie-, Gewerbe- oder Berufsgeheimnisses oder eines Geschäftsverfahrens ein mit dem Zweck der Auskunftserteilung nicht zu vereinbarender Schaden entsteht.[833]

49 Dagegen ist Art. 26 Abs. 1 DBA keine Rechtsgrundlage für die Information von Staatsanwälten der Vereinigten Staaten (U.S. Attorneys) oder des Office for International Affairs (OIA) im Department of Justice zur Verfolgung von allgemeinen Straftaten, wie Korruptionsdelikten, durch die deutschen Finanzbehörden. Auch schließt die Zweckbindung des Art. 26 Abs. 1 S. 3 u. 4 DBA USA es aus, dass das IRS nach Art. 26 Abs. 1 DBA USA von den deutschen Finanzbehörden erhaltene Informationen für Zwecke der allgemeinen Strafverfolgung verwendet oder zu diesem Zweck an U.S. Attorneys weiter gibt.[834] Auch die Zulässigkeit der Verwendung in einem Gerichtsverfahren bezieht sich nur auf Finanzgerichtsverfahren oder gerichtliche Steuerstrafverfahren, nicht jedoch allgemeine Strafverfahren sowie Zivilverfahren.[835] Tatsachen, welche allerdings in einem solchen steuerlichen Gerichtsverfahren öffentlich verhandelt worden sind, gelten als bekannt und unterliegen nicht mehr der Zweckbindung.[836] Ein U.S. Attorney, welcher als Zuhörer an der öffentlichen Gerichtsverhandlung teilgenommen hat, dürfte die dort erörterten Informationen daher verwenden. Da die Steuern der Bundesstaaten und Gemeinden der Vereinigten Staaten nicht unter das Abkommen fallen, ist eine Weitergabe von Informationen auch an dortige Steuerbehörden unzulässig.[837]

Danach stützt sich der Informationsaustausch zu Zwecken der allgemeinen Strafverfolgung nicht auf § 117 Abs. 2 AO i.V.m. Art. 26 Abs. 1 DBA USA, sondern muss nach den allgemeinen Rechtsgrundlagen der Rechtshilfe in Strafsachen erfolgen. Dieser wird in dem Vertrag vom 14.10.2003 zwischen der Bundesrepublik Deutschland und den Vereinigten Staaten von Amerika über die Rechtshilfe in Strafsachen[838] (RhV) in Verbindung mit dem Zusatzvertrag vom 18.4.2006 zwischen der Bundesrepublik Deutschland und den Vereinigten Staaten von Amerika[839] geregelt. Mit diesem Zusatz-

---

[832] *BFH* BFH/NV 2005, 1503.
[833] Debatin/Wassermeyer/*Wolff*, Art. 26 Rn. 31.
[834] Debatin/Wassermeyer/*Debatin*, Art. 26 OECD-MA Rn. 32; Vogel/Lehner/*Engelschalk*, Art. 26 DBA-MA Rn. 86.
[835] *BFH* BFH/NV 2005, 1503.
[836] Vogel/Lehner/*Engelschalk*, Art. 26 DBA-MA Rn. 86.
[837] Debatin/Wassermeyer/*Wolff*, Art. 26 DBA-USA Rn. 20.
[838] BGBl. II 2007, S. 1620.
[839] BGBl. II 2007, S. 1637.

C. Grenzüberschreitende Mitteilungen der Finanzbehörden (§ 117 Abs. 1 bis 3 AO)

vertrag wurden alle wesentlichen Änderungen in das bilaterale Vertragsverhältnis übernommen, welche sich aus dem Abkommen vom 25.6.2003 zwischen der Europäischen Union und den Vereinigten Staaten von Amerika über Rechtshilfe[840] ergeben, so dass zwischen den Abkommen jetzt Kohärenz besteht.[841] Wegen der Einzelheiten sei auf die Darstellung in § 11 dieses Werkes verwiesen.

Nach Art. 1 Abs. 1 RhV bezieht sich der Rechtshilfevertrag ausdrücklich auch auf Steuerstraftaten. Nach Art. 25 Abs. 1 S. 2 RhV hindert der Rechtshilfevertrag die Vertragsparteien nicht, daneben einander auch Rechtshilfe nach anderen bilateralen Vereinbarungen zu gewähren. Damit ist in Steuerstrafverfahren sowohl eine Rechtshilfe nach Art. 26 Abs. 1 DBA USA nach den vorgenannten Grundsätzen, als auch eine Rechtshilfe nach dem Rechtshilfevertrag nach den allgemeinen Grundsätzen der Rechtshilfe im Strafverfahren zulässig.[842] Nach der maßgeblichen Verwaltungsanweisung[843] erfolgt die Rechtshilfe in der Praxis nach dem Rechtshilfevertrag soweit die Finanzbehörden als Ermittlungsbehörde im Steuerstrafverfahren tätig werden. Dagegen erfolgt die Rechtshilfe nach Art. 26 Abs. 1 DBA USA, soweit die Auskünfte zum Zwecke der Ermittlung der Besteuerungsgrundlagen erfolgen. Die so übermittelten Erkenntnisse können allerdings auch im Steuerstrafverfahren verwendet werden. 50

2. Mitteilungen der deutschen Finanzbehörden aufgrund des EG-Amtshilfe-Gesetzes

Aufgrund der Verweisung in §§ 30 Abs. 4 Nr. 2, 117 Abs. 2 AO können zwischenstaatliche Mitteilungen in Besteuerungsverfahren auch auf Grund des EG-Amtshilfe-Gesetzes erfolgen.[844] Das Gesetz findet unmittelbar nur Anwendung auf die Amtshilfe in Steuersachen zwischen den Mitgliedstaaten der Europäischen Gemeinschaft (§ 1 Abs. 1 EGAHiG). Da nach dem Protokoll Nr. 23 lit. b zum DBA USA die Bundesrepublik Deutschland Informationen nach Art. 26 Abs.1 DBA USA in dem Umfang austauscht, in welchem dies in dem EG-Amtshilfe-Gesetz vorgesehen ist, haben die nachstehenden Darlegungen auch Bedeutung für den Informationsaustausch mit dem IRS der Vereinigten Staaten. 51

Das Abkommen gilt für die Amtshilfe bei der Festsetzung der direkten Steuern vom Einkommen, Ertrag und Vermögen sowie der Steuern auf Versicherungsprämien (§ 1 Abs. 1 Nrn. 1 und 2 EGAHiG), also in Deutschland insbesondere Einkommensteuer und Gewerbesteuer, Grundsteuer und Versicherungsteuer, nicht jedoch die Umsatzsteuer.[845] Die Finanzbehörden der Mitgliedstaaten leisten sich Amtshilfe durch die Erteilung von Auskünften, die für die zutreffende Steuerfestsetzung in dem anderen Mitgliedstaat erheblich sein können, einschließlich des Auskunftsaustausches bei parallelen Betriebsprüfungen eines oder mehrerer Steuerpflichtiger in mehreren Mitgliedstaaten (§ 1 Abs. 2 EGAHiG). Die Vereinbarung solcher gemeinsamen Betriebsprüfungen ermöglicht Art. 8 b der Richtlinie 2004/56/EG des Rates vom 21.4.2004,[846]

---

[840] BGBl. II 2007, S. 1652.
[841] Pötz/Kreß/*Jacoby*, V 10 Rn. 34.
[842] Vogel/Lehner/*Engelschalk*, Art. 26 DBA-MA Rn. 50.
[843] BMF-Schreiben v. 16.11.2006, Az. IV B 1 – S 1320-66/06 (BStBl. I 2006, S. 698) Tz. 1.3.
[844] Gesetz zur Durchführung der EG-Richtlinie über die gegenseitige Amtshilfe im Bereich der direkten Steuern, bestimmter Verbrauchsteuern und der Steuern auf Versicherungsprämien (EG-Amtshilfe-Gesetz-EGAHiG) v. 19.12.1985 (BGBl. I 1985, S. 2441, berichtigt BGBl. I 1993, S. 169).
[845] Klein/*Rätke*, § 117 Rn. 83 f.
[846] Amtsblatt der Europäischen Union L 127/70.

§ 4. Steuer- und steuerstrafrechtliche Implikationen

wann immer solche Prüfungen wirksamer erscheinen, als von einem Mitgliedstaat allein durchgeführte Prüfungen. Die Auskunftserteilung erfolgt durch das Bundeszentralamt für Steuern (§§ 1 a Abs. 2 EGAHiG, 5 Abs. 1 Nr. 5 FVG).

52 Die Norm des § 2 EGAHiG unterscheidet zwischen Auskünften auf Ersuchen eines anderen Mitgliedstaates (§ 2 Abs. 1 EGAHiG), Spontanauskünften (§ 2 Abs. 2 EGAHiG) und einem automatisierten Auskunftsverkehr. Auskunftsersuchen eines anderen Mitgliedstaates muss entsprochen werden, wenn die Auskunft für die Steuerfestsetzung des anfragenden Staates erheblich sein kann und sich nicht aus §§ 3 oder 4 EGAHiG Hinderungsgründe ergeben.[847] Da die bloße Möglichkeit der Erheblichkeit für die Besteuerung des anderen Staates genügt, sind die Anforderungen an die Prüfung des ausländischen Steuerrechtes entsprechend gering anzusetzen.[848] Dabei ist keine Prüfung erforderlich, mit welcher Wahrscheinlichkeit in dem anderen Mitgliedstaat eine Besteuerung erfolgen wird.[849] In der Praxis wird man allenfalls eine Schlüssigkeitsprüfung der Angaben des ersuchenden Staates erwarten können.

53 Die Möglichkeit einer Spontanauskunft ohne Auskunftsersuchen des anderen Staates wurde durch das Jahressteuergesetz 2008[850] ausgeweitet. Es genügt nunmehr als alleinige Voraussetzung, dass die Auskünfte für die zutreffende Besteuerung in dem anderen Mitgliedstaat geeignet sein können. Eine solche Geeignetheit wird von der Rechtsprechung schon dann bejaht, wenn der mitgeteilte Sachverhalt zu einer Besteuerung in dem anderen Mitgliedstaat führen kann. Nicht erforderlich ist hingegen, dass eine Besteuerung in dem anderen Mitgliedstaat wahrscheinlich oder sogar überwiegend wahrscheinlich ist.[851] Danach sind heute Spontanauskünfte zwischen den Mitgliedstaaten der Europäischen Gemeinschaft in demselben weiten Umfang zulässig, wie Auskünfte auf Ersuchen des anderen Staates. Bei grenzüberschreitenden Sachverhalten muss der Steuerpflichtige daher stets mit einer Auskunft an den anderen Mitgliedstaat rechnen. Wenn somit etwa in Deutschland Bestechungsleistungen an eine in einem anderen Mitgliedstaat ansässige Person geleistet werden und dessen Name aus der hiesigen Buchführung ersichtlich ist, muss bei einer Betriebsprüfung stets mit einer spontanen Kontrollmitteilung an den anderen Mitgliedstaat gerechnet werden. Wurden die entsprechenden Einnahmen dann dort nicht versteuert, wird regelmäßig der Bestochene mindestens mit einem Steuerstrafverfahren in dem anderen Mitgliedstaat zu rechnen haben, welche sich bei verschleiernden Zahlungen als Beihilfe auch wieder auf die Verantwortlichen des Unternehmens in Deutschland erstrecken kann. Wie unter C I 1 dargelegt, sind solche Spontanauskünfte auch nach Art. 26 Abs. 1 DBA USA möglich.[852]

54 Die Voraussetzungen des § 2 Abs. 2 S. 2 Nrn. 1 bis 5 EHAHiG regeln nur noch die Fälle, in denen eine Spontanauskunft erteilt werden soll, also dass Ermessen der Finanzbehörde für das Unterlassen einer Auskunftserteilung eingeschränkt ist.[853] Hierzu gehört der Fall, dass Gründe für die Vermutung bestehen, dass in dem anderen Mitgliedstaat der objektive Tatbestand einer Steuerverkürzung erfüllt ist oder erfüllt wird. Steuerverkürzung in diesem Sinne ist jede nicht gerechtfertigte Steuerersparnis in ei-

---

[847] Klein/*Rätke*, § 117 Rn. 106.
[848] Klein/*Rätke*, § 117 Rn. 89.
[849] *BFH* BStBl. II 1995, S. 358.
[850] BGBl. I 2008, S. 3150.
[851] *FG Köln* EFG 2008, 1177.
[852] *BFH* BStBl. II 1992, S. 645; BFH/NV 2005, 1503; BFH/NV 2008, 51; Debatin/Wassermeyer/*Wolff*, Art. 26 DBA-USA Rn. 34.
[853] Klein/*Rätke*, § 117 Rn. 108.

C. Grenzüberschreitende Mitteilungen der Finanzbehörden (§ 117 Abs. 1 bis 3 AO)

nem anderen Mitgliedstaat.[854] Da nur auf den objektiven Tatbestand abgestellt wird, kommt es auf ein Verschulden nicht an.[855] Im Gegensatz zur früheren Gesetzesfassung sind **tatsächliche Anhaltspunkte** für die Vermutung der Steuerverkürzung nicht mehr erforderlich.[856] Für eine Vermutung der Steuerverkürzung reicht es aus, wenn das Verhalten des in einem anderen Mitgliedstaat ansässigen Steuerpflichtigen nach der allgemeinen Lebenserfahrung den Rückschluss erlaubt, er wolle verhindern, dass die zuständige Finanzbehörde seines Ansässigkeitsstaates Kenntnis von einem steuerlich relevanten Sachverhalt erlangt, so z.B. wenn der Steuerpflichtige Bankunterlagen über Auslandskonten nicht an seinem Wohnsitz im Ansässigkeitsstaat, sondern in Deutschland aufbewahrt.[857] Weitere Fälle, in denen eine Mitteilung im Wege einer Spontanauskunft erfolgen soll, liegen vor, wenn zum Zweck der Steuerumgehung i.S. des § 42 AO Geschäftsbeziehungen über andere Staaten geleitet worden sind (§ 2 Abs. 2 S. 2 Nr. 2 EHAHiG), wenn eine Steuerminderung durch nicht einem Drittvergleich entsprechende Gewinnabgrenzungen zwischen nahestehenden Personen eintreten kann (Nr. 3), wenn ein Sachverhalt aufgrund dessen in Deutschland eine Steuerermäßigung oder -befreiung gewährt worden ist, für den Steuerpflichtigen zu einer Besteuerung oder Steuererhöhung in dem anderen Mitgliedstaat führen kann (Nr. 4) oder wenn die deutschen Finanzbehörden im Zusammenhang mit einer vorherigen Auskunftserteilung eines anderen Mitgliedstaates selbst einen Sachverhalt ermittelt haben, welcher wiederum für die Steuerfestsetzung in demselben anderen Mitgliedstaat erheblich ist (Nr. 5).

Aus §§ 2 Abs. 1 u. 2, 1 Abs. 2 S. 1 EGAHiG, 117 Abs. 4 S. 3 AO ergibt sich, dass sowohl bei Auskünften auf Ersuchen nach § 2 Abs. 1 EGAHiG, als auch bei Spontanauskünften nach § 2 Abs. 2 EGAHiG grundsätzlich vor der Auskunftserteilung eine Anhörung des inländischen beteiligten Steuerpflichtigen erfolgen muss.[858] Da die Vorschrift des § 117 Abs. 4 S. 3 AO grundsätzlich für alle Auskünfte nach § 117 AO gilt, ist eine solche Anhörung grundsätzlich auch vor Auskünften an das IRS nach § 117 Abs. 2 AO, Art. 26 Abs. 1 DBA USA vorgeschrieben. Der Steuerpflichtige erhält hierdurch die Möglichkeit, eine vorbeugende Unterlassungsklage nach § 40 FGO und ggf. auch einen Antrag auf einstweilige Anordnung nach § 114 FGO[859] auf Unterlassung der Auskunft beim Finanzgericht einzureichen, um die Auskunftserteilung ggf. zu verhindern. Ein solcher Antrag ist zulässig, wenn das Bundeszentralamt für Steuern es ablehnt, die Auskunft bis zur Entscheidung über die Unterlassungsklage zurück zu stellen, da die Folgen einer einmal erteilten Auskunft später nicht mehr rückgängig gemacht werden können und ein wirksamer Rechtsschutz durch einen Antrag auf Aussetzung der Vollziehung nicht erlangt werden kann, weil die Auskunftserteilung kein Verwaltungsakt ist.[860] Der Antrag ist jedoch nur begründet, wenn ein Anordnungsanspruch besteht, also die Auskunftserteilung einen Bruch des Steuergeheimnisses darstellt. Dies ist jedoch nicht der Fall, wenn die Voraussetzungen der §§ 30 Abs. 4 Nr. 2, 117 Abs. 2 AO i.V.m. §§ 2 Abs. 1 oder Abs. 2 EGAHiG oder für Auskünfte an das IRS nach Art. 26 Abs. 1 DBA USA vorliegen. Ist ein solcher Anordnungsanspruch ge-

55

---

[854] *EuGH* HFR 2000, 537.
[855] Klein/*Rätke*, § 117 Rn. 109.
[856] Klein/*Rätke*, § 117 Rn. 108.
[857] *BFH* BStBl. II 1995, 497.
[858] Klein/*Rätke*, § 117 Rn. 63.
[859] *BFH* BStBl. II 1992, S. 645; BStBl. II 2000, S. 648; BFH/NV 2005, 1503.
[860] *BFH* BFH/NV 2005, 1503.

geben und droht damit eine Verletzung des subjektiven Rechts des Steuerpflichtigen auf Wahrung des Steuergeheimnisses, so ist hieraus regelmäßig auch auf einen Anordnungsgrund zu schließen, da die Verletzung nach erteilter Auskunft nicht mehr rückgängig gemacht werden kann und nur durch eine einstweilige Anordnung aufzuhalten ist.[861] Angesichts der vorstehend dargelegten weitgefassten Befugnis der Finanzbehörden zu zwischenstaatlichen Auskünften sind die Erfolgsaussichten jedoch in der Praxis eher gering und die Antragsteller häufig gescheitert.[862] Ein Antrag auf einstweilige Anordnung kann etwa begründet sein, wenn eine Auskunft nach § 3 Abs. 1 Nr. 4 EGAHiG unzulässig ist, weil die Gefahr besteht, dass durch diese ein Geschäftsgeheimnis offenbart wird und hierdurch ein unverhältnismäßig großer Schaden entsteht oder wenn die Auskunft nicht erforderlich ist, weil der Steuerpflichtige den steuererheblichen Vorgang in den Vereinigten Staaten soweit erklärt hat, dass die dortigen Steuerbehörden auch ohne die Auskunft über die Steuerfestsetzung entscheiden können.[863] Schon nicht vorgeschrieben ist eine Anhörung, wenn die Umsatzsteuer betroffen ist oder eine Ausnahme nach § 91 Abs. 2 oder Abs. 3 AO vorliegt (§ 117 Abs. 4 S. 3 Hs. 2 AO). Dies ist der Fall, wenn die Anhörung nach den Umständen des Einzelfalls nicht geboten ist, weil zum Beispiel eine sofortige Entscheidung wegen Gefahr im Verzug notwendig erscheint (§ 91 Abs. 2 Nr. 1 AO) oder wenn der Anhörung ein zwingendes öffentliches Interesse entgegensteht (§ 91 Abs. 3 AO). Eine Anhörung kann im Einzelfall nicht geboten sein, wenn der Steuerpflichtige im Rahmen einer Außenprüfung schon von sich aus dargelegt hat, dass er eine Mitteilung für unzulässig hält[864] oder durch die Anhörung der Zweck des Auskunftsersuchens vereitelt wird.[865]

56 Zudem lässt § 2 Abs. 3 EGAHiG Verwaltungsvereinbarungen zwischen den Finanzbehörden der Mitgliedstaaten über einen gegenseitigen automatisierten Auskunftsverkehr ohne vorherige Anhörung in den im Gesetz geregelten Fällen zu. Auch diese Vorschrift ist durch die Regelung des § 2 Abs. 3 Nr. 3 EGAHiG weit gefasst, wonach bei entsprechenden Vereinbarungen zwischen den Finanzbehörden Auskünfte über Einkünfte und Vermögen, deren Kenntnis für die Besteuerung durch einen Mitgliedstaat erforderlich sein könnte, automatisiert erteilt werden können. Wegen der entsprechenden Anwendung des § 2 Abs. 3 EGAHiG für Auskünfte nach Art. 26 Abs. 1 DBA USA ist auch hier bei entsprechender Verwaltungsvereinbarung ein automatisierter Datenaustausch ohne Anhörung grundsätzlich zulässig.[866] Derzeit erfolgt ein automatischer Austausch seitens der deutschen Finanzbehörden lediglich in zwei Fallgruppen. Die erste Fallgruppe betrifft die Mitteilung einer Entlastung von der deutschen Quellensteuer nach § 50 d Abs. 1 S. 2 EStG.[867] Diese Entlastung erfolgt, weil bei Ansässigkeit eines Steuerpflichtigen in den Vereinigten Staaten die in Deutschland erhobene Steuer für Dividenden von in Deutschland ansässigen Gesellschaften gem. Art. 10 Abs. 2 lit. b DBA USA regelmäßig auf 15% beschränkt ist, während die deutsche Kapitalertragsteuer auf Dividenden 25% beträgt. Beantragt der in den Vereinigten Staaten ansässige Steuerpflichtige gem. § 50 d Abs. 1 S. 3 EStG bei dem Bundeszentralamt für

---

[861] BFH DStR 2006, 795, 797; BFH/NV 2008, 51; a.A. Klein/*Rätke*, § 117 Rn. 70, welcher die Glaubhaftmachung besonderer Nachteile als erforderlich ansieht.
[862] Vgl. etwa BFH BStBl. II 1992, S. 645; BFH/NV 2005, 1503, jew. zu Spontanauskünften nach Art. 26 Abs. 1 DBA USA.
[863] BFH BFH/NV 2008, 51.
[864] BFH DStRE 2000, 156.
[865] Klein/*Rätke*, § 117 Rn. 17.
[866] Debatin/Wassermeyer/*Wolff*, Art. 26 DBA USA Rn. 1.
[867] Debatin/Wassermeyer/*Wolff*, Art. 26 DBA USA Rn. 4.

C. Grenzüberschreitende Mitteilungen der Finanzbehörden (§ 117 Abs. 1 bis 3 AO)

Steuern die Entlastung von dem Differenzbetrag, so wird dies automatisch dem IRS mitgeteilt, so dass dort eine Versteuerung der Dividenden entsprechend Art. 10 Abs. 1 DBA USA unter Anrechnung der verbleibenden deutschen Einkommensteuer erfolgen kann. Zum anderen erfolgt eine automatische Mitteilung an das IRS bei Teilnahme am Kontrollmeldeverfahren nach § 50 d Abs. 5 S. 5 EStG.[868] Dieses betrifft Einkünfte i. S. des § 50 a Abs. 1 Nr. 3 EStG aus Vergütungen für die Überlassung der Nutzung oder des Rechts auf Nutzung von Rechten, wie Urheberrechten und gewerblichen Schutzrechten, sowie von gewerblichen, technischen, wissenschaftlichen und ähnlichen Erfahrungen, Kenntnissen und Fertigkeiten, wie Pläne, Muster und Verfahren sowie aus der Verschaffung der Gelegenheit, einen Berufssportler über einen begrenzten Zeitraum vertraglich zu verpflichten. Sofern der Gläubiger solcher Vergütungen beschränkt steuerpflichtig ist, weil er etwa seinen Wohnsitz ausschließlich in den Vereinigten Staaten hat, wird die deutsche Einkommensteuer auf solche Einkünfte an sich nach § 50 a Abs. 1 Nr. 3 EStG im Wege des Steuerabzugs durch den in Deutschland ansässigen Schuldner erhoben. In Fällen geringer steuerlicher Bedeutung kann das Bundeszentralamt für Steuern nach § 50 d Abs. 5 S. 1 und 2 EStG den Schuldner der Vergütung ermächtigen, den Steuerabzug zu unterlassen. Er ist dann aber verpflichtet, dem Bundeszentralamt, welches diese Daten automatisiert an das IRS weitergibt, den Namen, Wohnsitz, die Social Security Number, Employers Identification Number oder Taxpayer Identification Number und Höhe und Art der Vergütung mitzuteilen,[869] damit eine Versteuerung in den Vereinigten Staaten sichergestellt ist.

In § 3 EGAHiG ist geregelt, in welchen Fällen das Bundeszentralamt für Steuern Auskünfte an einen anderen Mitgliedstaat oder entsprechend auch an die Vereinigten Staaten nicht erteilen darf (§ 3 Abs. 1 EGAHiG) oder muss (§ 3 Abs. 2 EGAHiG). Dies gilt etwa, wenn die dazu dienende Amtshandlung in einem Besteuerungsverfahren nicht vorgenommen werden könnte (§ 3 Abs. 1 Nr. 1 EGAHiG). Würde das IRS die deutsche Finanzbehörde bitten, bei einem Steuerpflichtigen mit Geschäftsverbindung in die Vereinigten Staaten eine Durchsuchung durchzuführen, um Belege für Zahlungen an in den Vereinigten Staaten Steuerpflichtige sicherzustellen und die sich hieraus ergebenden Daten zu übermitteln, so dürfte die Auskunft nicht erteilt werden, weil Durchsuchungsmaßnahmen nur im Strafverfahren, nicht jedoch im Besteuerungsverfahren zulässig sind. Anders ist es allerdings, wenn die Finanzbehörde die entsprechenden Daten – z.B aus einer Durchsuchung in einem Steuerstrafverfahren – schon vorliegen hat. In diesem Fall diente die Durchsuchung nicht der Auskunft und ist zu der Auskunft keine Amtshandlung mehr erforderlich, so dass die Auskunft als zulässig angesehen wird.[870] Dies gilt auch für Zufallsfunde aus einem Steuerstrafverfahren. Findet etwa die Steuerfahndung bei einer Durchsuchung in der Wohnung eines Beschuldigten Bankunterlagen von dessen in den Vereinigten Staaten lebenden Bruder, welche mit dem Ermittlungsverfahren zwar in keinem Zusammenhang stehen, jedoch Anhaltspunkte für unversteuerte Einnahmen des in den Vereinigten Staaten lebenden Bruders bieten, so ist eine Mitteilung hierzu an das IRS zulässig.[871] Dagegen ist eine Auskunft nicht zulässig, soweit die Gefahr besteht, dass dem inländischen Beteiligten durch die Preisgabe eines Handels-, Industrie-, Gewerbe- oder Berufsgeheim-

57

---

[868] Debatin/Wassermeyer/*Wolff*, Art. 26 DBA USA Rn. 4; BMF-Schreiben v. 18.12.2002, Az. IV B 4 -S 2293 – 54/02 (BStBl. I 2002, S. 1386) Tz. 12.
[869] BMF-Schreiben v. 18.12.2002, Az. IV B 4 -S 2293 – 54/02 (BStBl. I 2002, S. 1386) Tz. 10.
[870] *BFH* BStBl. II 2000, S. 648; BStBl. II 1995, S. 497; BStBl. II 1992, S. 645.
[871] *BFH* BStBl. II 1995, S. 497.

§ 4. Steuer- und steuerstrafrechtliche Implikationen

nisses oder eines Geschäftsverfahrens ein mit dem Zweck der Auskunftserteilung nicht zu vereinbarender Schaden entsteht. Unter den Begriff eines solchen Geheimnisses fallen hier nur solche Tatsachen, die von erheblicher wirtschaftlicher Bedeutung und praktisch nutzbar sind und deren unbefugte Nutzung durch Dritte dem berechtigten Inhaber des Geheimnisses beträchtlichen Schaden zufügen kann.[872] Selbstverständlich ist die der Auskunft folgende zutreffende Besteuerung in dem anderen Staat kein Schaden in diesem Sinne.[873] Die deutschen Finanzbehörden müssen Auskünfte nicht erteilen, wenn bei einem Auskunftsersuchen Anlass zu der Annahme besteht, dass der andere Mitgliedstaat nicht zuvor seine eigenen Ermittlungsmöglichkeiten ausgeschöpft hat, die Auskunft nur mit unverhältnismäßigem Aufwand erteilt werden kann oder durch die Erteilung der Auskunft die Erfüllung ihrer eigenen Aufgaben ernstlich gefährdet würde. Da diese Einschränkungen der Auskunftspflicht öffentlichen Belangen wie der Funktionsfähigkeit der Finanzverwaltung und nicht den Interessen des Betroffenen dienen, kann dieser insoweit allerdings nicht eine Unterlassungsklage oder einen Antrag auf einstweilige Anordnung auf eine fehlerhafte Ermessensausübung stützen.[874]

58 Die Regelung des § 4 EGAHiG bezieht sich in Abs. 1 bis 3 nur auf die Geheimhaltung von einem anderen Mitgliedstaat erhaltener Daten durch die deutschen Finanzbehörden. Entsprechende wechselseitige Geheimhaltungsverpflichtungen enthält auch Art. 26 Abs. 1 S. 3–5 DBA USA.[875] Nach § 4 Abs. 4 EGAHiG dürfen von einem anderen Mitgliedstaat erhaltene Informationen, welche auch für die zutreffende Steuerfestsetzung in einem dritten Mitgliedstaat erforderlich sind, nur mit Zustimmung des Mitgliedstaates, aus welchem die Information zunächst übermittelt wurde, an den dritten Mitgliedstaat weitergeleitet werden.

3. Mitteilungen der deutschen Finanzbehörden aufgrund innerstaatlich anwendbarer Rechtsakte der Europäischen Gemeinschaften

59 Die Verweisungsnorm des § 117 Abs. 2 AO lässt auch Mitteilungen aufgrund innerstaatlich anwendbarer Rechtsakte der Europäischen Gemeinschaft zu.

Ein solcher Rechtsakt ist die EG-AmtshilfeVO Mehrwertsteuer.[876] Diese Vorschrift regelt einen weitgehenden Informationsaustausch der Mitgliedstaaten der Europäischen Gemeinschaft auf dem Gebiet der Mehrwertsteuer durch Auskünfte auf Ersuchen, Spontanauskünfte und automatisierte Auskünfte. Vorgesehen sind auch gleichzeitige Betriebsprüfungen (Art. 29) und die Anwesenheit von Beamten eines anderen Mitgliedstaates bei Ermittlungen (Art. 28). Da diese Verordnung anders als das EGAHiG nicht entsprechend für den Informationsaustausch mit den Vereinigten Staaten gilt, soll hier auf eine nähere Darstellung verzichtet werden.

Auch die Unterstützungsverordnung[877] regelt die Zusammenarbeit zwischen den Behörden der Mitgliedstaaten der Europäischen Gemeinschaft auf dem Gebiet der

---

[872] *BFH* BStBl. II 1979, S. 268.
[873] *BFH* BFH/NV 1988, S. 313.
[874] Klein/*Rätke*, § 117 Rn. 130.
[875] S. hierzu Rn. 47 ff.
[876] Verordnung (EG) Nr. 904/2010 des Rates v. 7.10.2010 über die Zusammenarbeit der Verwaltungsbehörden auf dem Gebiet der Mehrwertsteuer (ABl. Nr. L 268 S. 1).
[877] Verordnung (EG) Nr. 515/97 des Rates v. 13.3.1997 über die gegenseitige Amtshilfe zwischen Verwaltungsbehörden der Mitgliedstaaten und die Zusammenarbeit dieser Behörden mit der Kommission im Hinblick auf die ordnungsgemäße Anwendung der Zoll- und der Agrarregelung (EU-ABl. Nr. L 82 S. 1, ber. ABl. Nr. L 123 S. 25).

C. Grenzüberschreitende Mitteilungen der Finanzbehörden (§ 117 Abs. 1 bis 3 AO)

Zölle. Auch diese sieht Auskünfte auf Ersuchen und Spontanauskünfte sowie weitergehend mit der Errichtung eines Zollinformationssystems eine umfassende zentrale Datenbank vor, welche von den Mitgliedstaaten unmittelbar abgefragt werden kann (Art. 23 ff.).

II. Mitteilungen der deutschen Finanzbehörden nach § 117 Abs. 3 AO

Die Norm des § 117 Abs. 3 AO lässt zwischenstaatliche Rechts- und Amtshilfe der deutschen Finanzbehörden auf Ersuchen nach pflichtgemäßem Ermessen auch in den in § 117 Abs. 2 AO nicht geregelten Fällen zu. Das betrifft in erster Linie die Auskunft an Staaten außerhalb der Europäischen Gemeinschaft, mit denen kein Doppelbesteuerungsabkommen mit einer großen Auskunftsklausel geschlossen worden ist. Hier können die deutschen Finanzbehörden gleichwohl unter den Voraussetzungen des § 117 Abs. 3 AO Auskunft erteilen. Sie sind hierzu allerdings nicht verpflichtet und können entsprechende Auskunftsersuchen ohne Begründung ablehnen.[878] Daneben gestattet die Norm grundsätzlich auch Auskünfte an Staaten, mit denen entsprechende völkerrechtliche Vereinbarungen bestehen, jedoch im konkreten Fall deren Voraussetzungen für eine Auskunft nicht vorliegen.[879] Zumindest theoretisch ist somit in Fällen, in welchen bezüglich des konkreten Auskunftsersuchens die Voraussetzungen des Art. 26 Abs. 1 DBA USA nicht vorliegen, eine Auskunft nach § 117 Abs. 3 AO denkbar. Allerdings ist eine Auskunft nach § 117 Abs. 3 AO nicht zulässig, soweit eine völkerrechtliche Vereinbarung zum Schutz subjektiver Rechte, wie einem Geschäftsgeheimnis, bestimmte Bereiche zwingend von der Auskunft ausnimmt. Dann steht das subjektive Recht der geschützten Personen auch einer Auskunft nach § 117 Abs. 3 AO entgegen.[880] Somit ist meines Erachtens in den in § 3 Abs. 1 EGAHiG geregelten Fällen des Verbots der Auskunftserteilung[881] eine Auskunft auch nicht nach § 117 Abs. 3 AO zulässig. Angesichts dessen und der im Übrigen weit gefassten Möglichkeit zu Auskünften nach Art. 26 Abs. 1 DBA[882] und den Einschränkungen des Art. 117 Abs. 3 AO haben Auskünfte nach § 117 Abs. 3 AO gegenüber den Vereinigten Staaten allerdings kaum praktische Bedeutung.

Gestützt auf § 117 Abs. 3 AO sind nur Auskünfte auf Ersuchen, nicht jedoch Spontanauskünfte und automatisierte Auskünfte zulässig.[883] Kumulative Voraussetzung einer Amtshilfe ist, dass die Gegenseitigkeit verbürgt ist, der ersuchende Staat gewährleistet, dass die Auskünfte nur für Zwecke des Besteuerungs- oder Steuerstrafverfahrens verwendet werden und nur solchen Personen zugänglich gemacht werden, welche mit einem solchen Verfahren befasst sind, der ersuchende Staat zusichert, dass er bereit ist, eine mögliche Doppelbesteuerung im Verständigungswege zu vermeiden sowie der deutsche ordre public nicht entgegen steht und keine Gefahr eines unverhältnismäßigen Schadens durch die Verletzung eines Geschäftsgeheimnisses besteht. Somit kann insbesondere nach dieser Vorschrift eine Auskunft nicht für Zwecke eines allgemeinen Strafverfahrens, etwa wegen eines Bestechungsdeliktes erteilt werden.

---

[878] Klein/*Rätke*, § 117 Rn. 52.
[879] Klein/*Rätke*, § 117 Rn. 50; Vogel/Lehner/*Engelschalk*, Art. 26 OECD-MA Rn. 21; a. A. Pahlke/König/*Zöllner*, § 117 AO Rn. 19: Die Regelungen in einer Auskunftsklausel eines DBA gehen als speziellere Regelung vor.
[880] Vogel/Lehner/*Engelschalk*, Art. 26 OECD-MA Rn. 22.
[881] Vgl. Rn. 57.
[882] Vgl. Rn. 46 ff.
[883] Pahlke/König/*Zöllner*, § 117 AO Rn. 20.

Auch vor einer Auskunft nach § 117 Abs. 3 AO muss grundsätzlich eine Anhörung des inländischen Beteiligten erfolgen, so dass die Möglichkeit eines Antrages auf Erlass einer einstweiligen Anordnung besteht.

III. Zwischenstaatliche Auskünfte an die deutschen Finanzbehörden (§ 117 Abs. 1 AO)

62 Die Norm des § 117 Abs. 1 AO schafft die Ermächtigung für die deutschen Finanzbehörden, Auskunftsersuchen an die Finanzbehörden anderer Staaten zu richten und auch Spontanauskünfte[884] oder Auskünfte im automatisierten Auskunftsverkehr entgegen zu nehmen und für das Besteuerungsverfahren zu verwerten. Soweit für die Präzisierung und Begründung des Auskunftsverlangens erforderlich, kann die deutsche Finanzbehörde auch Verhältnisse des Steuerpflichtigen gegenüber der ausländischen Finanzbehörde offenbaren, da dies der Durchführung eines Besteuerungsverfahrens dient (§ 30 Abs. 4 Nr. 1 AO).[885] Eine Verpflichtung der ausländischen Finanzbehörde zu einer entsprechenden Auskunft ergibt sich hieraus nicht. Diese kann nur aus einer völkerrechtlichen Vereinbarung, wie für das IRS aus Art. 26 Abs. 1 DBA USA, folgen.

63 Die deutsche Finanzbehörde ist nicht verpflichtet, die Amtshilfe ausländischer Finanzbehörden in Anspruch zu nehmen, wenn die Feststellungslast beim Steuerpflichtigen liegt.[886] Kommt etwa ein Steuerpflichtiger bei einer als Betriebsausgabe deklarierten Zahlung an einen Empfänger in den Vereinigten Staaten seiner Verpflichtung gem. § 90 Abs. 2 AO nicht nach, den Sachverhalt aufzuklären, so kann der Betriebsausgabenabzug versagt werden, ohne dass die Finanzbehörde zuvor versucht, durch ein Auskunftsersuchen an das IRS selbst den Sachverhalt zu klären. Umgekehrt setzt ein Auskunftsersuchen allerdings voraus, dass die Beweismöglichkeiten im Inland ausgeschöpft wurden, also insbesondere entsprechend § 93 Abs. 1 S. 3 AO zunächst versucht worden ist, den Sachverhalt mit Hilfe des Steuerpflichtigen aufzuklären.[887] Anderenfalls sind die Auskünfte auch nicht i.S. des Art. 26 Abs. 1 DBA USA erforderlich.[888] Bei dem vorgenannten Sachverhalt muss sich die deutsche Finanzbehörde somit zunächst mit einem Auskunftsersuchen an den Steuerpflichtigen wenden. Erteilt er hinreichend Auskunft, ist ein Auskunftsersuchen an das IRS unzulässig. Ist die Auskunft des Steuerpflichtigen nicht hinreichend, kann ein Auskunftsersuchen an die IRS erfolgen oder der Betriebsausgabenabzug unter Berufung auf die Feststellungslast versagt werden. Geht es um den Abzug von Betriebsausgaben, wird die Finanzbehörde zumeist den einfacheren Weg der Verweisung auf die Feststellungslast beschreiten. Geht es dagegen um Einnahmen, wie der Versteuerung von Bestechungsleistungen aus dem Ausland an inländische Empfänger, wird die Finanzbehörde, wenn der Steuerpflichtige keine Auskunft leistet, ein Auskunftsersuchen an die ausländische Finanzbehörde richten, weil hier die Finanzbehörde die Einnahmen nachweisen muss.

64 Ein Auskunftsersuchen kann sich auch nach Einleitung eines Steuerstrafverfahrens auf § 117 Abs. 1 AO stützen, wenn es für Zwecke des Besteuerungsverfahrens und nicht des Steuerstrafverfahrens erfolgt. Dies gilt auch dann, wenn das Auskunftsersuchen auf Initiative der Steuerfahndung erfolgt, soweit diese im Rahmen ihrer Befugnis nach § 208 Abs. 1 Nr. 2 AO zur Ermittlung der Besteuerungsgrundlagen im Steuer-

---

[884] Klein/*Rätke*, § 117 Rn. 11.
[885] Klein/*Rätke*, § 117 Rn. 10.
[886] *EuGH* DStR 2009, 207, 211; *BFH* BFH/NV 2009, 1633.
[887] Klein/*Rätke*, § 117 Rn. 12.
[888] Debatin/Wassermeyer/*Debatin*, Art. 26 OECD-MA Rn. 26.

strafverfahren und nicht zur Erforschung der Steuerstraftat nach § 208 Abs. 1 Nr. 1 AO handelt.[889] Die Norm des § 117 Abs. 4 S. 3 AO, wonach vor der Übermittlung von Auskünften an ausländische Finanzbehörden grundsätzlich eine Anhörung des beteiligten inländischen Steuerpflichtigen erfolgen muss, gilt für Auskunftsersuchen durch deutsche Finanzbehörden an Finanzbehörden anderer Staaten nicht. Hier entscheidet die Finanzbehörde im Rahmen pflichtgemäßen Ermessens im Einzelfall, ob sie auf die Möglichkeit eines Auskunftsersuchens hinweist. Nach der Auffassung der Finanzverwaltung soll bei Außenprüfungen der Hinweis genügen, dass sich die Finanzbehörde die Nachprüfung der Angaben des Steuerpflichtigen und die weitere Aufklärung des Sachverhaltes im Rahmen der zwischenstaatlichen Amtshilfe vorbehält.[890] Eine vorherige Mitteilung soll danach nur geboten sein, wenn die Gefahr besteht, dass dem Steuerpflichtigen ein mit dem Zweck der Amtshilfe nicht zu vereinbarender Schaden droht, welcher allerdings nicht in der Steuerfestsetzung liegen kann. Auch gegen ein Auskunftsersuchen der deutschen Finanzbehörde an eine ausländische Finanzbehörde ist eine Unterlassungsklage sowie ein Antrag auf eine einstweilige Anordnung zulässig.[891] Soweit allerdings der Steuerpflichtige nicht zuvor von dem beabsichtigten Auskunftsersuchen unterrichtet wird, kann er allenfalls noch nachträglich die Rechtswidrigkeit des Auskunftsersuchens feststellen lassen. Eine weitere Rechtsschutzmöglichkeit ergibt sich ggf. im um Auskunft ersuchten Staat, sofern hier eine Anhörung erfolgt und entsprechende Rechtsbehelfe bestehen. Da die an Art. 26 OECD-MA orientierten Auskunftsklauseln – so auch Art. 26 Abs. 1 DBA USA – eine solche Anhörung nicht vorschreiben, erfolgt eine solche nur, wenn das jeweilige innerstaatliche Steuerrecht des ersuchten Staates eine solche Anhörung vorsieht. Soweit das IRS nicht Dritte zur Auskunftserteilung auffordert, um dem Auskunftsersuchen entsprechen zu können, wird der Betroffene allerdings von der IRS nicht über die Auskunftserteilung informiert (IRC Se. 7609).[892] Daher kann es in der Praxis vorkommen, dass der betroffene Steuerpflichtige von einem Auskunftsersuchen der deutschen Finanzbehörden an das IRS zuvor weder von den deutschen Finanzbehörden, noch dem IRS informiert wird und der vorbeugende Rechtsschutz damit faktisch vereitelt wird. Damit besteht hier in solchen Fällen im Ergebnis kein vorbeugender Rechtsschutz, anders als bei Auskunftsersuchen seitens der IRS an die deutschen Finanzbehörden, bei denen eine vorherige Anhörung durch die deutschen Finanzbehörden regelmäßig erfolgt.

Die Frage, ob die IRS einem Auskunftsersuchen deutscher Finanzbehörden entspricht, richtet sich ebenfalls nach Art. 26 Abs. 1 DBA USA. Da hier grundsätzlich wechselseitig dieselben Verpflichtungen gelten, kann auf die Darlegungen zu § 4 Rn. 44 ff. verwiesen werden. Weil der Verweis auf das EGAHiG in Nr. 23 lit. b des Protokolls zum DBA-USA[893] allerdings nur für die Informationserteilung durch die Bundesrepublik Deutschland gilt, sind die dortigen Bestimmungen für die Informationserteilung durch das IRS nicht anwendbar. Unter den Voraussetzungen des Art. 26 Abs. 1 DBA USA besteht für das IRS bei Auskunftsersuchen der deutschen Finanzbehörden die Verpflichtung, entsprechende vorhandene Informationen zu übermitteln und nicht vorhandene Informationen im Rahmen der Möglichkeiten des Steuerverfah-

---

[889] *BFH* BStBl. II 1987, S. 440.
[890] BMF-Merkblatt zur zwischenstaatlichen Amtshilfe durch Auskunftsaustausch in Steuersachen vo. 25.1.2006 (BStBl. I 2006, S. 26) Tz. 2.1.3.
[891] *BFH* BStBl. II 1987, S. 440.
[892] Debatin/Wassermeyer/*Wolff*, Art. 26 DBA-USA Rn. 28.
[893] BGBl. II 1986, S. 1186.

rensrechtes der Vereinigten Staaten zu beschaffen.[894] Die Normen IRC Sec. 6103 und Sec. 6110 lassen die Auskunftserteilung durch das IRS auf der Grundlage des Art. 26 Abs. 1 DBA USA zu. Das IRS beschafft Informationen auf dieselbe Weise, als wäre die Besteuerung in den Vereinigten Staaten betroffen.[895] Auch wenn nach Art. 26 Abs. 1 DBA USA nur eine Berechtigung, nicht aber eine Verpflichtung zu Spontanauskünften ohne Ersuchen besteht, werden diese von dem IRS regelmäßig erteilt.[896] Das IRS erteilt auch automatisierte Auskünfte an die deutschen Finanzbehörden in allen Fällen, in denen dem in den USA ansässigen Schuldner bei Zahlungen an Nichtansässige, also auch Gläubiger in Deutschland, Informationspflichten gegenüber dem IRS auferlegt sind. Dies sind insbesondere die Fälle, in welchen nach IRC §§ 1441 und 1442 US-Quellensteuer einbehalten wird.[897] Dieser Einbehalt von 30% erfolgt für Einkünfte aus Quellen in den Vereinigten Staaten, welche nicht mit einer US-Geschäftstätigkeit in Zusammenhang stehen und nicht in den Vereinigten Staaten ansässigen Personen zufließen.[898] Dies betrifft insbesondere Einkünfte aus festen oder bestimmbaren jährlich oder periodisch wiederkehrenden Einnahmen (*„fixed or determinable annual or periodic income"*). Dazu gehören Dividenden, Zinsen und Lizenzgebühren, Renten und Pensionen, Miet- und Pachterträge, Gehälter, Prämien und Zahlungen für persönliche Dienstleistungen. Daneben erfolgt ein Quellensteuerabzug auch bezogen auf 85% der Renten aus der US-Sozialversicherung.[899] In diesen Fällen muss der Abzugsverpflichtete nicht nur die Quellensteuer einbehalten und abführen, sondern auch dem IRS u.a. den Namen und die Adresse des ausländischen Berechtigten übermitteln.[900] Hat der Berechtigte seinen Wohnsitz in Deutschland, teilt das IRS diese Daten im automatisierten Verfahren dem Bundeszentralamt für Steuern mit, welches die Besteuerung in Deutschland veranlasst. Wer somit in Deutschland wohnt und etwa Dividenden von einer in den Vereinigten Staaten ansässigen Gesellschaft erhält, muss damit rechnen, dass dies den deutschen Steuerbehörden über eine solche Mitteilung bekannt wird. Für Bestechungsgelder kann dies Bedeutung haben, wenn sie etwa zur Verschleierung als Zahlungen für persönliche Dienstleistungen deklariert werden, weil sich die Mitteilung auch auf solche Zahlungen erstreckt.

D. Mitwirkungspflichten des Steuerpflichtigen

I. Mitwirkungspflichten bei Inlandssachverhalten

66 Nach § 90 Abs. 1 S. 1 AO ist der Steuerpflichtige zur Mitwirkung bei der Ermittlung des für die Besteuerung erheblichen Sachverhaltes verpflichtet. Er muss seiner Mitwirkungspflicht insbesondere dadurch nachkommen, dass er die für die Besteuerung erheblichen Tatsachen vollständig und wahrheitsgemäß offenlegt und die ihm bekannten Beweismittel angibt (§ 90 Abs. 1 S. 2 AO). Hierbei richtet sich der Umfang der Mitwirkungspflicht entsprechend dem Grundsatz der Verhältnismäßigkeit nach den Umständen des Einzelfalls (§ 90 Abs. 1 S. 3 AO). Die Mitwirkungspflicht des Steuer-

---

[894] Debatin/Wassermeyer/*Wolff*, Art. 26 DBA-USA Rn. 4.
[895] Debatin/Wassermeyer/*Wolff*, Art. 26 DBA-USA Rn. 28.
[896] Debatin/Wassermeyer/*Wolff*, Art. 26 DBA-USA Rn. 4.
[897] Debatin/Wassermeyer/*Wolff*, Art. 26 DBA USA Rn. 4.
[898] Debatin/Wassermeyer/*Wolff*, Art. 29 DBA USA Rn. 12.
[899] Debatin/Wassermeyer/*Wolff*, Art. 29 DBA USA Rn. 13.
[900] Debatin/Wassermeyer/*Wolff*, Art. 29 DBA USA Rn. 17.

D. Mitwirkungspflichten des Steuerpflichtigen

pflichtigen besteht neben der Amtsermittlungspflicht der Finanzbehörden nach § 88 Abs. 1 S. 1 AO. Hierbei ist die Verantwortung des Steuerpflichtigen für die Aufklärung des Sachverhaltes umso größer und die Ermittlungspflicht der Finanzbehörde umso geringer, je mehr die Tatsachen und Beweismittel der von ihm beherrschten Informations- oder Tätigkeitssphäre angehören.[901] Gesteigerte Mitwirkungspflichten treffen den Steuerpflichtigen, soweit die Abgrenzung von privaten und betrieblichen Aufwendungen betroffen ist. Der Steuerpflichtige hat dann durch die Anführung von Tatsachen den Zusammenhang der Aufwendungen mit dem Betrieb darzutun und auf Verlangen entsprechende Unterlagen vorzulegen.[902] Dies bedeutet, dass der Steuerpflichtige bei der Verbuchung von Zahlungen als abzugsfähige Betriebsausgaben grundsätzlich auch den Zahlungsgrund jedenfalls so konkret benennen und ggf. nachweisen muss, dass sich hieraus die betriebliche Veranlassung der Zahlung ergibt. Der Nachweis des Zahlungsgrundes dürfte regelmäßig nicht zu führen sein, ohne dass sich aus den entsprechenden Dokumenten, wie den vertraglichen Vereinbarungen, der Zahlungsempfänger entnehmen lässt. Unabhängig hiervon kann die Finanzbehörde nach § 160 AO den Betriebsausgabenabzug verweigern, wenn der Steuerpflichtige dem Verlangen der Finanzbehörde nicht nachkommt, den Zahlungsempfänger zu benennen.

Kommt der Steuerpflichtige seiner Mitwirkungspflicht nach § 90 AO nicht nach, **67** kann die Finanzbehörde in unterschiedlicher Weise hierauf reagieren. Sie kann zunächst Verwaltungsakte, die auf Vornahme einer Handlung gerichtet sind, mit Zwangsmitteln, insbesondere Zwangsgeld bis zu € 25.000 (§ 329 AO), durchsetzen (§ 328 Abs. 1 S. 1 AO). Um einen solchen Verwaltungsakt handelt es sich grundsätzlich bei einem Auskunftsersuchen an den Steuerpflichtigen nach § 93 Abs. 2, 93 Abs. 1 S. 1 AO als spezielle Ausprägung der Mitwirkungspflicht.[903] Dagegen ist die Aufforderung zur Empfängerbenennung nach § 160 AO kein erzwingbarer Verwaltungsakt,[904] weil sie keine selbstständig erzwingbare Verpflichtung auferlegt, sondern lediglich für den Fall der Nichtbefolgung den Nachteil der Versagung des Betriebsausgabenabzuges auferlegt.[905] Zudem ist ein Auskunftsersuchen nur zulässig, wenn Anhaltspunkte für steuererhebliche Umstände bestehen.[906] Es darf daher nicht allein zu dem Zwecke der Aufklärung allgemeiner Straftaten, wie Bestechungsdelikte, erfolgen. Wurde somit eine Bestechungszahlung eines Unternehmens steuerlich richtig als nichtabzugsfähige Betriebsausgabe verbucht, so ist die Frage, wer Empfänger der Zahlung ist, für die Besteuerung des Unternehmens nicht erforderlich und daher zu diesem Zweck nicht zulässig. Allerdings kann die Finanzbehörde das Auskunftsersuchen damit begründen, dass die Auskunft für die Besteuerung des Empängers erheblich ist und sich an den Unternehmer als Dritten richtet. Solche Auskunftsersuchen an Dritte sind grundsätzlich zulässig, wenn die Sachverhaltsaufklärung durch den Steuerpflichtigen keinen Erfolg verspricht (§ 93 Abs. 1 S. 3 AO). Letzteres wäre hier der Fall, da der Steuerpflichtige vor der Auskunft des Unternehmers gerade unbekannt ist. Ein solches Auskunftsersuchen wäre grundsätzlich auch durch Zwangsmittel erzwingbar. Die Unzulässigkeit von Zwangsmitteln nach § 393 Abs. 1 S. 2 AO für den Fall, dass der Steuerpflichtige hier-

---

[901] *BFH* BStBl II 1989, S. 462; BFH/NV 2005, 1765; Klein/*Brockmeyer*, § 88 Rn. 9.
[902] *BFH* BStBl. II 1990, S. 817; BStBl. II 1998, S. 193; BStBl. II 2000, S. 273; Klein/*Brockmeyer*, § 90 Rn. 3.
[903] *BFH* BStBl. II 1984, S. 790; *FG München* EFG 2006, 1305; AEAO § 93 Tz. 1.9. S. 1; Klein/*Brockmeyer*, § 118 Rn. 10.
[904] *BFH* BStBl. II 1986, S. 537; BStBl. II 1988, S. 927.
[905] Klein/*Brockmeyer*, § 118 Rn. 9.
[906] *BFH* BStBl. II 1991, S. 277.

durch gezwungen würde, sich selbst wegen einer Steuerstraftat oder -ordnungswidrigkeit zu belasten, gilt nicht, wenn sich die Belastung auf eine allgemeine Straftat, wie z.B. ein Bestechungsdelikt, bezieht.[907] Sie würde hier nur dann gelten, wenn sich der Unternehmer mit der Bekanntgabe des Empfängers der Bestechungsleistung wegen einer Teilnahme an dessen Steuerhinterziehung belasten würde.[908] Offenbart der Unternehmer in einem solchen Fall den bestochenen Zahlungsempfänger, gilt zu Gunsten des Unternehmers in dem Strafverfahren wegen des Bestechungsdelikts nach § 393 Abs. 2 AO ein Verwertungsverbot, sofern er nicht im Zeitpunkt der Offenbarung Kenntnis von der Einleitung eines Strafverfahrens wegen des Bestechungsdeliktes hatte. Etwas anderes gilt nach § 393 Abs. 2 S. 2 AO nur, wenn an der Verfolgung der Straftat ein besonderes öffentliches Interesse besteht.[909] Das Verwertungsverbot gilt bei Offenbarung durch den Unternehmer allerdings nicht in Bezug auf die Strafverfolgung des offenbarten Bestochenen in Bezug auf das Bestechungsdelikt.[910]

68 Die Vorschrift des § 93 AO begründet unmittelbar keine Auskunftspflicht des Steuerpflichtigen oder eines Dritten für Auskünfte, die nur für ausländische Steueransprüche bedeutsam sein können.[911] Allerdings gilt die Auskunftspflicht gem. § 117 Abs. 4 S. 1 AO entsprechend auch bei der Durchführung der zwischenstaatlichen Rechts- und Amtshilfe.[912] So kann grundsätzlich in einem Auskunftsersuchen an einen Steuerpflichtigen dieser auch dann nach dem Empfänger einer Zahlung gefragt werden, wenn dies nur zur Erfüllung eines Auskunftsersuchens des IRS zum Zwecke der Besteuerung des Zahlungsempfängers in den Vereinigten Staaten entsprechend § 117 Abs. 2 AO, Art. 26 Abs. 1 DBA USA erfolgt. Die Auskunft kann dann auch grundsätzlich mit Zwangsmitteln durchgesetzt werden.

Soweit Betriebsausgaben betroffen sind, wenden die deutschen Finanzbehörden in der Praxis allerdings eher selten Zwangsmittel an. Sie gehen i.d.R. den zweiten Weg, negative steuerliche Konsequenzen für denjenigen Steuerpflichtigen zu ziehen, welcher Auskünfte in Bezug auf Zahlungen verweigert, für welche er einen Betriebsausgabenabzug begehrt. So ermöglicht § 160 AO die Versagung des Betriebsausgabenabzuges, wenn der Steuerpflichtige einer Aufforderung zur Benennung des Zahlungsempfängers nicht nachkommt. In anderen Fällen der unberechtigt verweigerten Auskunft zu Betriebsausgaben kann die Finanzbehörde aus dieser Verletzung negative Schlüsse für die Beweiswürdigung ziehen.[913] Ferner führt die Verletzung der Mitwirkungspflicht dazu, dass sich die Amtsermittlungspflicht des Finanzamtes verringert.[914]

69 Führt diese verminderte Amtsermittlung nicht zur Aufklärung des Sachverhaltes, so gelten die Beweislastregeln. Hierbei trägt der Steuerpflichtige die objektive Beweislast für steuermindernde Tatsachen, wie insbesondere die betriebliche Veranlassung von Aufwendungen und damit den Abzug als Betriebsausgaben.[915] Im Ergebnis kann die Finanzbehörde so regelmäßig den Abzug als Betriebsausgaben verweigern, wenn der Steuerpflichtige seine Mitwirkungspflicht verletzt. Geht es dagegen um die Ermittlung

---

[907] *Kohlmann*, § 393 AO Rn. 42.
[908] *Kohlmann*, § 393 AO Rn. 43; Franzen/Gast/Joecks/*Joecks*, § 393 AO Rn. 22.
[909] S. hierzu Rn. 41.
[910] *Kohlmann*, § 393 AO Rn. 78; Klein/*Jäger*, § 393 Rn. 55.
[911] *FG Hamburg* EFG 1978, 257; Klein/*Rätke*, § 93 Rn. 6.
[912] S. hierzu im Einzelnen unter Rn. 43.
[913] *BFH* BStBl. II 2008, S. 28.
[914] *BFH* BStBl. II 1989, S. 462; BFH/NV 1994, 766.
[915] *BFH* BStBl. II 1977, S. 377, 380; BStBl. II 2010, S. 2038, 2039; Tipke/Kruse/*Seer*, § 96 FGO Rn. 86 m.w.N.

von Betriebseinnahmen, so trägt die Finanzbehörde die objektive Beweislast.[916] Allerdings berechtigt die Norm des § 162 Abs. 2 S. 1 AO die Finanzbehörde zur Schätzung der Besteuerungsgrundlagen, wenn der Steuerpflichtige über seine Angaben keine ausreichende Aufklärung zu geben vermag oder weitere Auskunft verweigert. Dies gilt selbst dann, wenn der Steuerpflichtige seiner Mitwirkungspflicht nicht nachkommt, weil gegen ihn ein Strafverfahren läuft und er sich nicht selbst belasten will.[917] So kann jedenfalls bei feststehender Einkunftserzielung dem Grunde nach bei Verletzung der Mitwirkungspflicht die Höhe der Einnahmen geschätzt werden. Ob daneben eine Schätzung von Einnahmen auch dem Grunde nach zulässig ist, wenn auf Grund einer Verletzung der Mitwirkungspflicht nicht aufzuklären ist, ob dem Steuerpflichtigen überhaupt Einnahmen zugeflossen sind, ist streitig.[918]

Die Verletzung der Pflicht aus § 90 Abs. 1 S. 2 AO zur Offenbarung eines steuerpflichtigen Sachverhaltes kann auch dann den Tatbestand einer Steuerhinterziehung verwirklichen, wenn der Steuerpflichtige aufgrund einer objektiv unrichtigen Rechtsauffassung von der fehlenden Steuerpflichtigkeit ausgeht, jedoch die abweichende – und objektiv richtige – Rechtsauffassung der Finanzbehörde kennt.[919] Er muss dann der Finanzbehörde den Sachverhalt zur Beurteilung offenlegen und kann hierbei selbstverständlich darlegen, dass der Sachverhalt seines Erachtens nicht steuerpflichtig ist.

II. Erhöhte Mitwirkungspflicht bei Auslandssachverhalten (§ 90 Abs. 2 AO)

Eine erhöhte Mitwirkungspflicht besteht nach § 90 Abs. 2 AO, wenn sich der steuerrechtlich zu beurteilende Sachverhalt auf Vorgänge im Ausland bezieht. Während der Steuerpflichtige bei Inlandssachverhalten die in seinem Erkenntnisbereich liegenden Tatsachen vollständig und wahrheitsgemäß offen legen und die Beweismittel benennen muss, hat er bei Auslandssachverhalten zusätzlich eine Sachverhaltsaufklärungs- und Beweismittelbeschaffungspflicht.[920] Der Steuerpflichtige muss zur Sachverhaltsaufklärung alle für ihn bestehenden rechtlichen und tatsächlichen Möglichkeiten ausschöpfen (§ 90 Abs. 2 S. 2 AO). Beweismittel muss er nicht nur wie bei Inlandssachverhalten benennen, sondern auch herbeischaffen.[921] So muss er einen ausländischen Zeugen stellen,[922] d.h. dafür sorgen, dass sich dieser zum Finanzamt bzw. Finanzgericht begibt. Noch weiter gehend verpflichtet § 90 Abs. 2 S. 4 AO den Steuerpflichtigen bei einem Auslandssachverhalt zur Beweisvorsorge. Er kann sich nicht darauf berufen, dass er Sachverhalte nicht aufklären oder Beweismittel nicht beschaffen kann, wenn er sich bei der Gestaltung der Verhältnisse die Möglichkeit dazu hätte einräumen lassen können. Da als Betriebsausgaben geltend gemachte Aufwendungen eines Unternehmens zumeist auf vertraglichen Beziehungen beruhen, wird sich die Finanzbehörde regelmäßig darauf berufen, der Steuerpflichtige habe durch eine entsprechende Vertragsgestaltung für eine hinreichende Dokumentation der steuererheblichen Tatsachen sorgen können, so dass er die Mitwirkungspflicht verletzt habe, wenn er nicht zur

---

[916] *BFH* BStBl. II 1992, S. 55; BStBl. II 2002, S. 138, 144; Tipke/Kruse/*Seer*, § 96 FGO Rn. 85.
[917] *BFH* BStBl. II 2002, S. 328; BFH/NV 2008, 1371.
[918] Vgl. die Nachw. bei Tipke/Kruse/*Seer*, § 162 AO Rn. 20; offengelassen von *BFH* BStBl. II 2006, S. 838.
[919] *BGH* NStZ 2000, 320.
[920] Pahlke/König/*Wünsch*, § 90 AO Rn. 16.
[921] Pahlke/König/*Wünsch*, § 90 AO Rn. 17.
[922] *BFH* BFH/NV 1999, 506; BFH/NV 2007, 751; Klein/*Rätke*, § 90 Rn. 22 m.w.N.

§ 4. Steuer- und steuerstrafrechtliche Implikationen

Mitteilung aller steuererheblichen Tatsachen in der Lage ist. Allerdings kann nicht stets unterstellt werden, dass der Vertragspartner zu einer solchen vertraglichen Verpflichtung auch bereit gewesen wäre. So hat eine inländische Tochtergesellschaft regelmäßig keine Möglichkeit, Kalkulationsunterlagen ihrer ausländischen Muttergesellschaft zu beschaffen, da sich auch zwischen fremden Vertragspartnern regelmäßig kein Vertragspartner verpflichten wird, dem anderen Vertragspartner seine interne Preiskalkulation zu überlassen.[923] Das Finanzamt muss daher im konkreten Fall darlegen können, dass die Möglichkeit zu einer entsprechenden vertraglichen Vereinbarung auch bestand. Zudem bezieht sich die Pflicht zur Beweisvorsorge nur auf die Sicherung der Möglichkeit zur Vorlage vorhandener Beweismittel. Sie verpflichtet den Steuerpflichtigen nicht zur Schaffung von Beweismitteln, wie einer Dokumentation über verdeckte Gewinnausschüttungen.[924]

71 Die Verletzung der erweiterten Mitwirkungspflicht bei Auslandssachverhalten hat grundsätzlich dieselben Folgen, wie unter § 4 Rn. 66 ff. für die allgemeine Mitwirkungspflicht beschrieben. Insbesondere kann die Finanzbehörde auch hier den Betriebsausgabenabzug versagen, wenn der Steuerpflichtige einem Verlangen nach § 160 AO zur Benennung des Zahlungsempfängers nicht nachkommt oder sonst seiner Mitwirkungspflicht nicht genügt und das Finanzamt im Rahmen der dann eingeschränkten Amtsermittlungspflicht den Sachverhalt nicht aufklären kann. Letzteres wird regelmäßig der Fall sein, da die Finanzbehörde im Ausland nicht selbst ermitteln kann und bei Verletzung der erweiterten Mitwirkungspflicht des Steuerpflichtigen nicht verpflichtet ist, den Sachverhalt selbst durch ein Auskunftsersuchen an die Finanzbehörde des betreffenden Staates aufzuklären.[925] Ein Benennungsverlangen nach § 160 AO ist allerdings ermessensfehlerhaft, wenn der Zahlungsempfänger mit an Sicherheit grenzender Wahrscheinlichkeit im Inland nicht steuerpflichtig ist.[926] Eine solche Wahrscheinlichkeit wird man jedoch nur selten annehmen können, wenn der Steuerpflichtige keine Angaben zu dem Zahlungsempfänger macht. Die Möglichkeit einer im Inland für den Empfänger nicht bestehenden Zahlungspflicht reicht allein nicht aus, um von den Rechtsfolgen des § 160 AO abzusehen.[927]

72 Bestechungsleistungen werden häufig als Provisionszahlungen deklariert und an eine ausländische Gesellschaft mit Sitz in einem Niedrigsteuerstaat gezahlt, welche auch die Rechnung erteilt. Ist diese Gesellschaft selbst nicht in nennenswertem Umfang wirtschaftlich tätig, sondern eine sog. Basisgesellschaft,[928] welche z.B. mit vielen anderen Gesellschaften in den Räumlichkeiten eines Rechtsanwaltes „residiert" und weder über eigenes Personal, noch Kommunikationsmittel verfügt, so ist als Zahlungsempfänger i.S. des § 160 AO nicht die Gesellschaft selbst, sondern diejenige Person zu benennen, welche die Gesellschaft zwischengeschaltet hat.[929] Hier ist zunächst an die Gesellschafter der Basisgesellschaft zu denken. Zumeist halten diese die Gesellschaftsanteile jedoch lediglich als Treuhänder. Liegen Anhaltspunkte dafür vor, dass weder die Basisgesellschaft noch deren Anteilseigner in der Lage waren, die entgoltene Leistung zu erbringen, sind diejenigen Personen zu benennen, die wirtschaftlich

---

[923] *BFH* NJW 2001, 3286.
[924] *BFH* NJW 2001, 3286.
[925] *EuGH* DStR 2009, 207, 211; *BFH* BFH/NV 2009, 1633.
[926] *BFH* BStBl. II 1986, S. 318.
[927] *BFH* BStBl. II 1986, S. 318.
[928] *BFH* BStBl. II 1999, S. 333.
[929] *BFH* BStBl. II 2007, S. 855; BFH/NV 1996, 267; BFH/NV 1995, 181.

hinter der Basisgesellschaft stehen und daher als Erbringer der Leistung und Empfänger der an sie letztlich weitergeleiteten Zahlung anzusehen sind. Ein solcher Anhaltspunkt wurde etwa darin gesehen, dass nicht aufklärbar war, für welche konkreten Leistungen die Provisionen bezahlt worden sind und die Basisgesellschaft weder über Büroräume verfügte, noch eine wirtschaftliche Betätigung festgestellt werden konnte.[930] Werden hier die tatsächlich wirtschaftlich hinter der Gesellschaft stehenden Personen nicht benannt, so ist der Betriebsausgabenabzug nach § 160 AO zu versagen. Die Finanzbehörde ist dann zwar berechtigt, jedoch nicht verpflichtet, durch eigene Ermittlungen oder Anfragen an die ausländische Finanzbehörde aufzuklären, wer hinter der Basisgesellschaft steht.[931] Der nach diesen Grundsätzen zu bestimmende Zahlungsempfänger ist grundsätzlich hinreichend benannt, wenn er nach Namen und Adresse zum Zeitpunkt der Zahlung[932] ohne Schwierigkeiten und eigene Ermittlungen der Finanzbehörde bestimmt und ermittelt werden kann.[933]

Bei Geschäftsbeziehungen mit einer im Ausland ansässigen Gesellschaft oder Person, die mit ihren Einkünften aus der Geschäftsbeziehung zu dem Steuerpflichtigen dort nicht oder nur unwesentlich besteuert werden, konkretisiert (und erweitert) § 16 AStG die Anforderungen des § 160 AO zur genauen Bezeichnung des Zahlungsempfängers.[934] Die Finanzverwaltung geht von einer solchen unwesentlichen Besteuerung analog zu § 8 Abs. 3 AStG bei einer Belastung mit Ertragsteuern von weniger als 25 % aus.[935] Angesichts der Tatsache, dass § 8 Abs. 3 AStG eine niedrige Besteuerung definiert, während § 16 AStG eine unwesentliche Besteuerung voraussetzt und der deutsche Körperschaftsteuersatz inzwischen nur noch 15 % beträgt (§ 23 KStG), erscheint dies nicht haltbar. Es ist daher die Grenze eher bei 10 % anzusetzen,[936] so dass etwa die Schweiz regelmäßig nicht betroffen ist. Liegt diese Voraussetzung vor, so ist der Empfänger i.S. des § 160 AO nur dann genau bezeichnet, wenn der Steuerpflichtige alle Beziehungen offenlegt, die unmittelbar oder mittelbar zwischen ihm und der Gesellschaft oder Person bestehen und bestanden. Auf Verlangen des Finanzamtes muss der Steuerpflichtige nach § 16 Abs. 2 AStG dann über die Richtigkeit und Vollständigkeit seiner Angaben und über die Behauptung, dass ihm Tatsachen nicht bekannt sind, eine Versicherung an Eides Statt abgeben. Die vorsätzliche oder auch nur fahrlässige Abgabe einer inhaltlich falschen eidesstattlichen Versicherung ist ein gesonderter Straftatbestand (§§ 156, 161 StGB) neben einer hiermit ggf. begangenen Steuerhinterziehung. Der Begriff der Beziehungen ist nach seinem Wortlaut weit gefasst und umfasst alle rechtlich erheblichen Umstände, wie Gründungsvorgang, Rechtsform, Registereintragung, eigene unmittelbare oder mittelbare Beteiligung an dem Geschäftspartner, sonstige Gesellschaftsverhältnisse und die wirtschaftlichen Aktivitäten und Treuhandverträge sowie den gesamten Geschäftsverkehr, der unmittelbar oder mittelbar mit der fraglichen Geschäftsbeziehung zusammen hängt und im Dispositionskreis des Steuerpflichtigen liegt, wie etwa die Dienst-, Werk- oder Kaufverträge.[937] Im Hinblick auf den Verhältnismäßigkeitsgrundsatz bedarf dieser weite Wortlaut jedoch einer einschränkenden Auslegung nach dem Sinn und Zweck der Re-

---

[930] *BFH* BStBl. II 2007, S. 855.
[931] *BFH* BStBl. II 2007, S. 855; Tipke/Kruse/*Seer*, § 160 AO Rn. 22.
[932] *BFH* BStBl. II 1999, S. 434, 436.
[933] *BFH* BStBl. II 2007, S. 855; BStBl. II 1996, S. 51.
[934] *BFH* BStBl. II 2007, S. 855; BFH/NV 1995, 2.
[935] AEAStG Tz. 16.1.2 (BStBl. I 2004 Sondernummer 1).
[936] Kraft/*Krause*, § 16 AStG Rn. 27; Blümich/*Vogt*, § 16 AStG Rn. 17.
[937] Blümich/*Vogt*, § 16 AStG Rn. 20.

gelung. So können Beziehungen i. S. des § 16 Abs. 1 AStG nur solche Vorgänge sein, die generell-abstrakt zur Vermögens- oder Gewinnverlagerung geeignet sind. Beliebige Beziehungen des Geschäftspartners zu Dritten müssen danach nicht offengelegt werden. Allerdings sind Geschäftsbeziehungen des Geschäftspartners zu Dritten dann zu offenbaren, wenn diese hinter dem Geschäftspartner stehen oder ihm sonst nahe stehen.[938] Die Finanzbehörde darf auch keinen Ausforschungsbeweis ins Blaue hinein führen und sich etwa alle Geschäftsunterlagen zu ausländischen Geschäftspartnern eines Jahres vorlegen lassen.[939] Da die Grenzen der Offenlegungspflicht durch die Rechtsprechung noch nicht festgelegt sind, kommt es in der Praxis immer wieder zu Streitigkeiten mit den Finanzbehörden über den Umfang der danach vorzulegenden Unterlagen. Da die Finanzbehörden Geschäftsbeziehungen zu Geschäftspartnern in Niedrigsteuerländern häufig mit einem generellen Misstrauen begegnen, kommt es immer wieder vor, dass diese nach der Vorlage von Unterlagen immer neue Unterlagen anfordern und, wenn der Steuerpflichtige erklärt, nunmehr alle Unterlagen vorgelegt zu haben, dies mit Nichtwissen bestreiten und auf der Basis von Unterstellungen weitere Auskünfte für erforderlich halten.[940] Werden dann solche Unterlagen nicht vorgelegt, weil sie nicht existieren, verweigert die Finanzbehörde dann nach § 160 AO den Betriebsausgabenabzug. Hier hilft dann oft nur die Klärung durch ein Finanzgericht. Angefochten werden kann allerdings nicht das Benennungsverlangen nach §§ 16 AStG, 160 AO selbst, weil es kein Verwaltungsakt ist, sondern nur der Steuerbescheid, welcher die Steuer unter Versagung des entsprechenden Betriebsausgabenabzuges festsetzt.[941]

74 In § 162 Abs. 2 S. 1 AO ist ausdrücklich bestimmt, dass insbesondere dann zu schätzen ist, wenn der Steuerpflichtige seine Mitwirkungspflicht nach § 90 Abs. 2 AO verletzt. Die nicht abschließende Aufzählung in § 162 Abs. 2 S. 1 AO konkretisiert für die wichtigsten Fälle, wann die Voraussetzungen des § 162 Abs. 1 S. 1 AO regelmäßig vorliegen.[942] Auch bei der Verletzung der Mitwirkungspflicht des § 90 Abs. 2 AO ist jedoch Voraussetzung für eine Schätzung, dass aufgrund der Verletzung der Mitwirkungspflicht das Finanzamt die Besteuerungsgrundlagen nicht ermitteln kann.[943] Da – wie bereits angesprochen – die Finanzbehörde bei einer Verletzung der Mitwirkungspflicht nicht verpflichtet ist, eine Anfrage an die betreffende ausländische Finanzbehörde zu richten, wird sie jedoch regelmäßig zur Ermittlung der Besteuerungsgrundlagen nicht in der Lage und zur Schätzung berechtigt sein.

III. Spezielle Fälle der erhöhten Mitwirkungspflicht nach § 90 Abs. 2 S. 3, Abs. 3 AO

75 Durch das Steuerhinterziehungsbekämpfungsgesetz vom 29.7.2009[944] wurde eine nochmals gesteigerte Mitwirkungspflicht bei objektiv erkennbaren Anhaltspunkten für die Annahme, dass Geschäftsbeziehungen zu Finanzinstituten in kooperationsunwilligen Staaten bestehen, begründet. Hierbei handelt es sich um Staaten, mit denen kein Doppelbesteuerungsabkommen mit einer großen Auskunftsklausel entsprechend Art. 26

---

[938] *BFH* DStR 2003, 1340, 1341.
[939] Kraft/*Krause*, § 16 AStG Rn. 47.
[940] Kraft/*Krause*, § 16 AStG Rn. 49.
[941] *BFH* BStBl. II 1988, S. 927.
[942] Klein/*Rüsken*, § 162 Rn. 21.
[943] Tipke/Kruse/*Seer*, § 162 AO Rn. 32.
[944] BGBl. I, S. 2302.

OECD MA[945] geschlossen wurde und der entsprechende Staat auch nicht ohne eine solche Vereinbarung im entsprechenden Umfang tatsächlich Auskunft erteilt. Hier wäre der Steuerpflichtige verpflichtet, nach Aufforderung der Finanzbehörden die Richtigkeit und Vollständigkeit seiner Angaben zu diesen Geschäftsbeziehungen an Eides Statt zu versichern. Darüber hinaus müsste er nach einer entsprechenden Aufforderung die Finanzbehörde bevollmächtigen, in seinem Namen mögliche Auskunftsansprüche gegenüber den von der Finanzbehörde bestimmten Kreditinstituten in solchen Ländern gerichtlich und außergerichtlich geltend zu machen. Nachdem allerdings zwischenzeitlich mit verschiedenen bisher als kooperationsunwillig betrachteten Staaten Abkommen mit einem Art. 26 DBA MA vergleichbaren Informationsaustausch geschlossen wurden, so mit Liechtenstein[946] und der Schweiz[947], vertritt das Bundesministerium der Finanzen die Auffassung, dass derzeit gegenüber keinem Staat die Voraussetzungen für eine erhöhte Mitwirkungspflicht nach § 90 Abs. 2 S. 3 AO bestehen.[948] Die Norm ist daher gegenwärtig ohne Anwendungsbereich.

Die Norm des § 90 Abs. 3 AO begründet bei Vorgängen mit Auslandsbezug eine **76** Aufzeichnungspflicht über Art und Inhalt der Geschäftsbeziehungen zu nahe stehenden Personen i.S. des § 1 Abs. 2 AStG sowie bei inländischen Unternehmen mit ausländischen Betriebsstätten. Die Norm soll es der Finanzverwaltung ermöglichen, die Einkünfteabgrenzung zwischen international verbundenen Unternehmen zu prüfen, indem sie bei Geschäftsbeziehungen mit ausländischen verbundenen Unternehmen eine Pflicht zur Dokumentation des Konzernaufbaus, der geschäftlichen Vorgänge sowie der wesentlichen Verträge und für die Verrechnungspreisfindung relevanten Dokumente, wie Preislisten begründet.[949] Diese steuerliche Spezialthematik, welche in der GAufzV[950] näher geregelt ist, kann an dieser Stelle nicht vertieft werden.[951]

E. Kontroll- und Überwachungspflichten der Organe des Unternehmens

Werden Unternehmen von juristischen Personen, wie AG und GmbH, geführt, nehmen **77** deren gesetzliche Vertreter, also Vorstände bzw. Geschäftsführer, nach § 34 AO deren steuerliche Pflichten wahr. Da die gesetzlichen Vertreter verpflichtet sind, so zu handeln, wie das handlungsunfähige Steuersubjekt handeln müsste, wenn es handlungsfähig wäre,[952] müssen sie insbesondere für vollständige und richtige Steuererklärungen Sorge tragen. Beruhen unrichtige oder unvollständige Steuererklärungen auf einem vorsätzlichen Handeln eines gesetzlichen Vertreters, so kann dieser wegen Steuerhinterziehung strafbar sein. Dies gilt etwa, wenn der Geschäftsführer weiß, dass strafbare

---

[945] Vgl. hierzu unter Rn. 44.
[946] Abkommen zwischen der Regierung der Bundesrepublik Deutschland und der Regierung des Fürstentums Liechtenstein über die Zusammenarbeit und den Informationsaustausch in Steuersachen v. 18.8.2010 (BGBl. II 2010, S. 951), in Kraft seit 28.10.2010 (BGBl. II 2011, S. 326).
[947] Protokoll v. 27.10.2010 zur Änderung des Abkommens v. 11.8.1971 zwischen der Bundesrepublik Deutschland und der Schweizerischen Eidgenossenschaft zur Vermeidung der Doppelbesteuerung auf dem Gebiete der Steuern vom Einkommen und Vermögen i.d.F. des Revisionsprotokolls v. 12.3.2002 (BGBl. II 2011, S. 1092), in Kraft seit 21.12.2011 (BMF-Schreiben v. 4.1.2012, Az. IV B 2 – S 1301 – CHE/07/10027-01, DStR 2012, 78).
[948] BMF-Schreiben v. 5.1.2010, Az. IV B 2 – S 1315/08/10001-09 (BStBl. I 2010, S. 19).
[949] Tipke/Kruse/*Seer*, § 90 AO Rn. 39 u. 41.
[950] Gewinnabgrenzungsaufzeichnungsv v. 13.11.2003 (BGBl. I 2003, S. 2296).
[951] S. hierzu etwa *Greinert/Ditz/Baumhoff*, DStR 2004, 157.
[952] RFHE 16, 322, 326; *FG Hessen* EFG 1993, 2; Tipke/Kruse/*Loose*, § 34 AO Rn. 1.

Bestechungszahlungen entgegen § 4 Abs. 5 S. 1 Nr. 10 EStG als abzugsfähige Betriebsausgaben den in der Steuererklärung deklarierten Gewinn gemindert haben. In diesem Fall muss der Geschäftsführer neben einem Strafverfahren auch damit rechnen, dass er nach § 71 AO durch Erlass eines Haftungsbescheides persönlich für die zu Gunsten des Unternehmens hinterzogene Steuer in Anspruch genommen wird, auch wenn er selbst keinen finanziellen Vorteil hiervon hatte. Darüber hinaus begründet § 69 AO eine persönliche Haftung des gesetzlichen Vertreters für die nicht, zu niedrig oder nicht rechtzeitig festgesetzte Steuer auch dann, wenn keine Steuerhinterziehung begangen wurde, der Geschäftsführer jedoch seine Pflichten aus § 34 AO grob fahrlässig verletzt hat. Dies kann etwa der Fall sein, wenn der Geschäftsführer zwar keine Kenntnis von gewinnmindernd verbuchten Bestechungsgeldern hatte, jedoch nicht für Strukturen zur Vermeidung solcher Vorgänge gesorgt hat, weil er auf die Gesetzestreue aller Mitarbeiter des Unternehmens vertraute. Es kann somit auch erhebliche finanzielle Konsequenzen für einen Geschäftsführer oder Vorstand haben, wenn er das Thema Compliance in diesem Bereich vernachlässigt.

I. Pflichten der gesetzlichen Vertreter aus § 34 AO

78 Die Vorstände einer AG bzw. Geschäftsführer einer GmbH müssen alle Verpflichtungen der Gesellschaft erfüllen, welche durch die Abgabenordnung und die Einzelgesetze normiert werden.[953] Dies sind insbesondere die Buchführungs- und Aufzeichnungspflichten (§§ 140 ff. AO), die Mitwirkungspflichten nach §§ 90 ff. AO, die Pflicht zur Abgabe richtiger und vollständiger Steuererklärungen (§ 149 AO), die Pflicht zur Berichtigung unvollständiger oder unrichtiger Steuererklärungen (§ 153 Abs. 1 S. 2 AO) sowie die Pflicht zur Einbehaltung und Abführung der Lohnsteuer.[954] Bezogen auf Bestechungsleistungen muss damit der Vorstand bzw. Geschäftsführer nicht nur dafür Sorge tragen, dass der in den Steuererklärungen deklarierte Gewinn nicht durch solche Zahlungen gemindert wurde, sondern schon dafür, dass solche Zahlungen nicht gewinnmindernd als abzugsfähige Betriebsausgaben verbucht werden. Erfährt der Geschäftsführer nach Einreichung der Steuererklärungen nachträglich, dass Bestechungszahlungen gewinnmindernd verbucht wurden, so muss er die Steuererklärung insoweit unverzüglich berichtigen. Dies gilt auch dann, wenn er erst nach Abgabe der unrichtigen Steuererklärung zum Geschäftsführer bestellt wurde und der ursprüngliche Geschäftsführer die Unrichtigkeit kannte.[955] Zu den Pflichten des Geschäftsführers gehört es auch, sich über die steuerlichen Pflichten zu unterrichten, die er mit seinem Amtsantritt nach § 34 AO übernimmt.[956] Wer erkennt oder erkennen muss, dass er zur Erfüllung der Aufgaben eines Geschäftsführers nicht in der Lage ist, darf das Amt nicht übernehmen oder muss es jedenfalls sofort niederlegen, sobald er sein Unvermögen erkennt.[957] Es ist daher etwa lediglich für die Beurteilung des Verschuldens bezüglich der Pflichtverletzung von Bedeutung, ob der Geschäftsführer wusste, dass auch Bestechungszahlungen an ausländische Empfänger regelmäßig nicht mehr als Betriebsausgaben geltend gemacht werden dürfen. Bei mehreren Geschäftsführern gilt das Prinzip der Gesamtverantwortung,[958] so dass grundsätzlich je-

---

[953] *BFH* BStBl. II 1986, 577.
[954] Tipke/Kruse/*Loose*, § 34 AO Rn. 19.
[955] *BFH* BFH/NV 2007, 1801.
[956] *BFH* BFH/NV 2006, 241.
[957] *BFH* BFH/NV 2004 157
[958] *BFH* BStBl. II 1998, S. 761, 763.

E. Kontroll- und Überwachungspflichten der Organe des Unternehmens

der Vertreter die steuerlichen Pflichten zu erfüllen hat.[959] Fehlt es bei mehreren Geschäftsführern an einer vor Aufnahme der Geschäftsführertätigkeit geschlossenen klaren und eindeutigen schriftlichen Vereinbarung über die Verteilung der Aufgaben innerhalb der Geschäftsführung, kann sich ein Geschäftsführer auch nicht darauf berufen, er sei intern nicht für die Erfüllung der steuerlichen Pflichten zuständig gewesen,[960] sondern habe etwa nur technische Aufgaben übernommen. Auch entbindet eine Einbindung in eine Konzernstruktur, bei welcher die steuerlichen Pflichten der Gesellschaft durch andere Konzernunternehmen wahrgenommen werden, den Geschäftsführer nicht völlig von der Erfüllung seiner steuerlichen Pflichten einschließlich aller Überwachungspflichten. Ein Geschäftsführer, welcher sich durch Weisungsgebundenheit in einer Konzernstruktur bezüglich der Erfüllung der steuerlichen Pflichten für die von ihm vertretene Gesellschaft nicht durchsetzen kann und sich an der ordnungsgemäßen Wahrnehmung seiner Überwachungspflichten gehindert sieht, muss sein Amt niederlegen.[961] Dasselbe gilt, wenn die Geschäftsführung tatsächlich von anderen Personen, wie Sanierungsexperten wahrgenommen wird, denen gegenüber sich der Geschäftsführer nicht durchsetzen kann.[962]

Durch eine vor Aufnahme der Geschäftsführertätigkeit geschlossene klare und eindeutige schriftliche Vereinbarung über die Geschäftsverteilung innerhalb der Geschäftsführung oder eines Vorstandes kann allerdings eine Verminderung der Pflichten derjenigen Geschäftsführer erreicht werden, in deren Zuständigkeitsbereich danach die Erfüllung der steuerlichen Pflichten nicht fällt.[963] Eine solche Vereinbarung ist daher grundsätzlich zu empfehlen. Hierdurch reduziert sich die Pflicht des danach nicht für die Erfüllung der steuerlichen Pflichten zuständigen Geschäftsführers auf eine Überwachungspflicht gegenüber dem zuständigen Geschäftsführer.[964] Sie steigert sich allerdings wieder zu einer inhaltlichen Überprüfungspflicht der gesamten Geschäftsführungstätigkeit, wenn die wirtschaftliche Lage der Gesellschaft oder die Person des handelnden Geschäftsführers hierzu Anlass geben.[965]

79

Ein Geschäftsführer muss selbstverständlich nicht alle steuerlichen Pflichten, etwa die ordnungsgemäße Verbuchung aller Geschäftsvorfälle, selbst übernehmen. Er darf zur Erfüllung dieser Pflichten auch externe Hilfe in Anspruch nehmen. Ist der Geschäftsführer aufgrund mangelnder persönlicher Kenntnisse und Erfahrungen zur ordnungsgemäßen Pflichterfüllung nicht in der Lage, ist eine solche Maßnahme sogar geboten. Hierbei darf der Geschäftsführer aber nicht blind auf die gewissenhafte Aufgabenwahrnehmung des von ihm beauftragten Dritten vertrauen und auf eine Überwachung gänzlich verzichten. Vielmehr muss er sich fortlaufend über den Geschäftsgang unterrichten, so dass ihm Unregelmäßigkeiten nicht über einen längeren Zeitraum verborgen bleiben können. Dabei muss er nicht jeden einzelnen Geschäftsvorgang nachprüfen. Solange er keine konkreten Anhaltspunkte für eine nachlässige und unzulängliche Aufgabenwahrnehmung hat, darf er sich – bei Beauftragung entsprechend

---

[959] Tipke/Kruse/*Loose*, § 34 AO Rn. 16.
[960] *BFH* BFH/NV 2004, 157; BFH/NV 2006, 246; BFH/NV 2009, 1589.
[961] *BFH* BFH/NV 2006, 246; BFH/NV 2009, 1589.
[962] *BFH* BFH/NV 2009, 1589.
[963] *BFH* BStBl. II 1998, S. 761; a. A. Tipke/Kruse/*Loose*, § 34 AO Rn. 16: Geschäftsverteilung nur bei Prüfung des Verschuldens und Auswahlermessens i. S. der Haftung nach § 69 AO zu berücksichtigen.
[964] *BFH* BFH/NV 2006, 906; BFH/NV 2004, 157; Tipke/Kruse/*Loose*, § 69 AO Rn. 32.
[965] *BFH* BStBl. II 1984, S. 776, 778; BFH/NV 2009, 1968; Tipke/Kruse/*Loose*, § 69 AO Rn. 32.

fachlich qualifizierter Personen – auf die ordnungsgemäße Erledigung der übertragenen Aufgaben verlassen.⁹⁶⁶

80 Die Geschäftsführung sollte somit zunächst für eine im Voraus getroffene, klare und schriftliche Geschäftsverteilung Sorge tragen. Der danach für die Erfüllung der steuerlichen Pflichten zuständige Geschäftsführer muss – soweit er die Pflichten nicht persönlich erfüllt – für die Beauftragung hierzu fachlich hinreichend qualifizierter Personen Sorge tragen. Diese muss er – allerdings nicht im Detail – überwachen. Er sollte Kontrollmechanismen, wie das Vier-Augen-Prinzip oder eine zumindest stichprobenhafte Prüfung durch eine interne Revisionsabteilung installieren. Sobald sich Anhaltspunkte ergeben, dass die hiermit beauftragten Personen ihre Pflichten nicht sorgfältig erfüllen, muss der Geschäftsführer eingreifen und sollte andere sorgfältige Personen beauftragen. Auch der nach einer solchen Geschäftsverteilung nicht zuständige Geschäftsführer muss eingreifen, wenn er Anhaltspunkte dafür hat, dass der zuständige Geschäftsführer seinen – wie vorstehend beschriebenen – Überwachungspflichten nicht vollständig nachkommt. Bezüglich der steuerlichen Behandlung von Bestechungsdelikten würde es der Erfüllung der rein steuerlichen Pflichten dienen, die hiermit beauftragten Personen oder Mitarbeiter über die grundsätzlich fehlende Abzugsfähigkeit auch bei ausländischen Vorgängen schriftlich zu unterrichten. Allerdings kann dies nicht ohne Compliance-Maßnahmen erfolgen, welche bereits der Verhinderung einer strafbaren Bestechung als solche dienen. Anderenfalls könnte sich der Geschäftsführer dem Verdacht aussetzen, zwar für eine steuerlich korrekte Behandlung sorgen zu wollen, jedoch eine strafbare Auslandsbestechung als solche zu dulden.

II. Persönliche Haftung der gesetzlichen Vertreter bei Pflichtverletzungen nach § 69 AO

81 Nicht jede Pflichtverletzung nach § 34 AO durch einen Geschäftsführer oder einen Vorstand führt auch zu einer Haftung nach § 69 AO. Diese Pflichtverletzung muss dafür ursächlich sein, dass eine Steuer nicht, zu niedrig oder nicht rechtzeitig festgesetzt oder erfüllt worden ist. Die Pflichtverletzung muss auch vorsätzlich oder grob fahrlässig sein. Liegen die Tatbestandsvoraussetzungen des § 69 AO vor, steht die Geltendmachung der Haftung im Ermessen der Finanzbehörde. Sie muss hierbei ein Entschließungsermessen ausüben, ob die für eine Haftung in Betracht kommende Person in Anspruch genommen wird und bei mehreren Haftungsschuldnern auch ein Auswahlermessen ausüben, welche der Personen ggf. in welchem Umfang und welcher Reihenfolge nebeneinander in Anspruch genommen werden sollen.⁹⁶⁷

82 Die Pflichtverletzung ist dafür ursächlich, dass die Steuer nicht, nicht in voller Höhe oder nicht rechtzeitig festgesetzt oder erfüllt worden ist, wenn der Haftungsschaden ohne die Pflichtverletzung nicht eingetreten wäre.⁹⁶⁸ Hierbei sind nach der Adäquanztheorie nur solche Pflichtverletzungen für den Erfolg ursächlich, die allgemein oder erfahrungsgemäß geeignet sind, diesen Erfolg herbeizuführen.⁹⁶⁹ Allerdings werden anders als im Zivilrecht hypothetische Kausalverläufe nicht berücksichtigt.⁹⁷⁰ Dies bedeutet, dass die Haftung nicht deshalb entfällt, weil der Haftungsschaden auch bei pflichtgemäßem Verhalten aufgrund eines anderen hinzugedachten weiteren Ereignis-

---

⁹⁶⁶ *BFH* BFH/NV 2006, 246; BStBl. II 1991, S. 284; BFH/NV 1987, 273.
⁹⁶⁷ Tipke/Kruse/*Loose*, § 69 AO Rn. 46 f.
⁹⁶⁸ *BFH* BStBl. II 1984, S. 776, 778; BStBl. II 1989, S. 979.
⁹⁶⁹ *BFH* BStBl. II 1990, S. 263; BStBl. II 2009, S. 342.
⁹⁷⁰ *BFH* BStBl. II 2008, S. 273.

E. Kontroll- und Überwachungspflichten der Organe des Unternehmens

ses ohnehin eingetreten wäre.[971] Dies betrifft etwa Fälle, bei welchen der Geschäftsführer es pflichtwidrig unterlassen hat, kurz vor der Insolvenz des Unternehmens fällige Steuerzahlungen vorzunehmen. Er kann sich dann nicht darauf berufen, dass bei rechtzeitiger Zahlung diese durch den Insolvenzverwalter hätte erfolgreich angefochten werden können und dann der Steuerausfall ebenfalls eingetreten wäre.[972] An einer Kausalität fehlt es dagegen, wenn der Gesellschaft auch ohne die Pflichtverletzung im Zeitpunkt der Fälligkeit des Steueranspruches keine Mittel zu dessen Erfüllung zur Verfügung gestanden hätten. Eine Kausalität entfällt auch dann, wenn die Steuer bei pflichtgemäßem Handeln zwar rechtzeitig und richtig festgesetzt worden wäre, jedoch auch dann unabhängig von der Pflichtverletzung keine Mittel zur Begleichung der Steuerschuld zur Verfügung gestanden hätten.[973] Hat etwa der Geschäftsführer durch eine Pflichtverletzung verursacht, dass strafbare Bestechungszahlungen gewinnmindernd verbucht werden, so entfällt die Kausalität für den Steuerschaden nicht nur dann, wenn die Steuererklärung etwa aufgrund einer Korrektur durch den Steuerberater gleichwohl richtig war, sondern auch dann, wenn diese unrichtig war und zu einer zu niedrigen Steuerfestsetzung führte, jedoch – ohne dass dies auf einer anderen Pflichtverletzung des Geschäftsführers beruhte – keine Mittel zur Begleichung der Steuern zur Verfügung standen. Unerheblich ist dagegen, ob neben der danach ursächlichen Pflichtverletzung noch andere Ursachen zu dem Haftungsschaden beigetragen haben, wie die Tatsache, dass bei einer zu einer unrichtigen Steuererklärung führenden Pflichtverletzung spätere Geschäftsführer die Unrichtigkeit bemerken und ihrerseits ihrer Pflicht zur Berichtigung aus § 153 AO nicht nachkommen[974] oder ein Mitverschulden des Finanzamtes. Diese Umstände sind erst im Rahmen der Ermessensentscheidung zu berücksichtigen.[975]

Der in Haftung genommene Geschäftsführer oder Vorstand muss bezogen auf die Pflichtverletzung – und nicht etwa auf die nicht oder nicht rechtzeitige Festsetzung oder Erfüllung der Steuerschuld[976] – vorsätzlich oder grob fahrlässig gehandelt haben. Vorsätzlich handelt, wer die Pflicht gekannt und ihre Verletzung gewollt hat.[977] Dazu gehört, dass der Geschäftsführer die Möglichkeit einer Pflichtverletzung vorausgesehen und in Kauf genommen hat.[978] Ein Geschäftsführer, welcher mit der Möglichkeit rechnet, dass die für die Buchhaltung eingesetzten Mitarbeiter unrichtiger Weise strafbare Bestechungszahlungen im Aufwand als abzugsfähige Betriebsausgaben verbuchen, jedoch keinerlei Maßnahmen ergreift, um dies zu verhindern, weil ihm als Technikvorstand die Erfüllung der steuerlichen Pflichten gleichgültig ist, handelt bereits vorsätzlich. Dagegen handelt etwa der Technikvorstand nicht vorsätzlich, wenn er ohne jede Überwachung oder Überprüfung blind darauf vertraut, dass der Finanzvorstand solche Vorgänge mit Sicherheit verhindern wird. In Fällen der vorsätzlichen Pflichtverletzung wird häufig – hier muss sich der Vorsatz auf die Steuerverkürzung selbst beziehen – auch eine Steuerhinterziehung vorliegen, welche zu einer zusätzlichen Haftung nach § 71 AO führt. Bei einer Haftung nach § 71 AO ist das bei einer Haftung nach § 69 AO auszuübende Entschließungs- und Auswahlermessen in der

83

---

[971] *BFH* BStBl. II 2009, S. 342; Tipke/Kruse/*Loose*, § 69 AO Rn. 21.
[972] *BFH* BStBl. II 2008, S. 273.
[973] *BFH* BFH/NV 2001, 1100.
[974] Tipke/Kruse/*Loose*, § 69 AO Rn. 22.
[975] *BFH* BFH/NV 2000, 1442; BFH/NV 2010, 11.
[976] Tipke/Kruse/*Loose*, § 69 AO Rn. 23.
[977] *BFH* BStBl. II 1983, S. 655.
[978] Tipke/Kruse/*Loose*, § 69 AO Rn. 24.

§ 4. Steuer- und steuerstrafrechtliche Implikationen

Weise vorgeprägt, dass der Steuerstraftäter in Haftung zu nehmen ist und es einer besonderen Begründung dieser Ermessensentscheidung nicht bedarf.[979]

84 Grob fahrlässig handelt, wer die Sorgfalt, zu welcher er nach seinen persönlichen Kenntnissen und Fertigkeiten verpflichtet und imstande ist, in ungewöhnlich großem Maße verletzt.[980] Dazu gehört, dass er unbeachtet lässt, was jedem hätte einleuchten müssen oder die einfachsten, ganz naheliegenden Überlegungen nicht anstellt.[981] Nicht grob fahrlässig handelt ein Geschäftsführer, wenn er im Falle steuerrechtlich nicht einfacher Erwägungen oder angesichts einer unklaren Rechtslage die falschen Schlüsse zieht.[982] Nach der Rechtsprechung des Bundesfinanzhofes[983] indiziert die Pflichtwidrigkeit des Verhaltens des Geschäftsführers die grobe Fahrlässigkeit, dass heißt, der pflichtwidrig handelnde Geschäftsführer muss besondere Gründe glaubhaft machen, welche im konkreten Fall die Pflichtwidrigkeit entschuldigen oder nur den Vorwurf leichter Fahrlässigkeit rechtfertigen. Da ein Geschäftsführer regelmäßig die steuerlichen Pflichten der Gesellschaft nicht selbst erfüllt, sondern sich hierzu entweder beauftragten Personen, wie Steuerberater oder Buchhaltungsunternehmen oder entsprechend qualifizierter Mitarbeiter des Unternehmens bedient, stellt sich regelmäßig die Frage nach einem groben Verschulden bei einer Pflichtverletzung durch Vernachlässigung der Überwachungspflicht. Der Geschäftsführer haftet nicht wegen grob fahrlässiger Pflichtverletzung, wenn er die Sachkunde eines ihm als zuverlässig bekannten Steuerberaters in Anspruch nimmt und sich auf diesen verlässt und bei gewissenhafter Ausübung seiner Überwachungspflicht keinen Anlass findet, die steuerliche Korrektur der Arbeit des Steuerberaters in Frage zu stellen.[984] Allerdings kann auch bei Erstellung einer Steuererklärung durch einen steuerlichen Berater ein grobes Verschulden des die Steuererklärung unterzeichnenden Geschäftsführers in Betracht kommen, wenn er selbst nach den Umständen des Einzelfalls Anlass und Möglichkeiten hatte, die Richtigkeit der Steuererklärung zu überprüfen, weil etwa dem Geschäftsführer die gegenüber dem Vorjahr in der Steuererklärung vielfach erhöhten Umsätze aus angeblich steuerfreien Ausfuhrlieferungen hätten auffallen müssen.[985] Der Geschäftsführer darf nicht blind auf die ordnungsgemäße Aufgabenerledigung eines beauftragten Dritten vertrauen und auf eine Überwachung gänzlich verzichten, auch wenn es sich um einen testierenden Wirtschaftsprüfer handelt. Vielmehr muss sich der Geschäftsführer fortlaufend über den Geschäftsgang unterrichten, so dass ihm Unregelmäßigkeiten nicht über einen längeren Zeitraum verborgen bleiben. Er handelt grob fahrlässig, wenn er sich nicht zumindest stichprobenhaft über die Verbuchung von Geschäftsvorfällen mit herausgehobenen steuerlichen Auswirkungen selbst kümmert.[986] Danach sollte jedenfalls der intern für die Erfüllung der steuerlichen Pflichten zuständige Geschäftsführer auch bei der Erfüllung der steuerlichen Pflichten durch einen Steuerbe-

---

[979] *BFH* BFH/NV 2007, 1822.
[980] *BFH* BFH/NV 2005, 661, 663.
[981] *BFH* BStBl. II 1989, S. 491, 493.
[982] *BFH* BStBl II 2009, S. 129 für den Fall des früher rechtlich nicht geklärten Konflikts des Geschäftsführers einer zahlungsunfähigen oder überschuldeten, aber noch zur Begleichung der Steuerschuld fähigen GmbH zwischen steuerlicher Pflichtverletzung und Schadensersatzpflicht aus § 64 Abs. 2 S. 1 GmbHG (nach *BGH* DStR 2007, 1174, entfällt in einem solchen Fall die zivilrechtliche Schadensersatzpflicht).
[983] *BFH* BStBl. II 2009, S. 129; BFH/NV 2003, 1540; BFH/NV 2003, 960.
[984] *BFH* BFH/NV 2004, 1363.
[985] *BFH* BFH/NV 2008, 1983.
[986] *BFH* BFH/NV 2009, 362.

rater oder sonstigen fachlich qualifizierten Auftragnehmer oder Mitarbeiter zumindest stichprobenhaft auch selbst überprüfen, dass keine Bestechungsleistungen entgegen § 4 Abs. 5 S. 1 Nr. 10 EStG als abzugsfähige Betriebsausgaben verbucht sind. Entdeckt er hierbei die Verbuchung von Bestechungsleistungen, muss er allerdings auch Maßnahmen zur Verhinderung der Bestechungen als solche ergreifen, um sich nicht der Gefahr des Verdachtes einer Teilnahme an einem Bestechungsdelikt auszusetzen.

Eine grob fahrlässige Pflichtverletzung prägt die Ermessensentscheidung nicht vor, so dass in dem Haftungsbescheid begründet werden muss, aus welchem Grund der Haftungsschuldner anstatt oder neben dem Steuerschuldner oder anderer ebenfalls für die Haftung in Betracht kommender Personen in Anspruch genommen wird.[987] Bei der Ermessensentscheidung muss allerdings nicht berücksichtigt werden, ob die sich bei einer Haftung ergebende Haftungssumme in einem angemessenen Verhältnis zum Verschulden steht. Führt die Ermessensentscheidung zu einer Haftung, so ist die Haftung des Geschäftsführers auch bei nur grob fahrlässiger Pflichtverletzung nicht der Höhe nach begrenzt.[988] Hier zeigt sich deutlich das persönliche wirtschaftliche Risiko der Haftungsnorm für den Geschäftsführer oder Vorstand. Insbesondere in großen Unternehmen mit hohen Umsätzen kann eine grob fahrlässige Pflichtverletzung des gesetzlichen Vertreters zu dessen persönlichen finanziellen Ruin führen, wenn das Unternehmen im häufig deutlich späteren Zeitpunkt der Fälligkeit der Steuer nicht mehr zur Begleichung der Steuerschuld in der Lage ist. Erstschuldner und Haftungsschuldner, sowie mehrere Haftungsschuldner sind nach § 44 Abs. 1 S. 1 AO Gesamtschuldner. Zuvor ist jedoch für jeden, welcher nach einer Haftungsnorm haftet, im Rahmen der Ausübung eines Auswahlermessens abzuwägen, ob er tatsächlich in Anspruch genommen wird.[989] Im Rahmen des Auswahlermessens kann es ermessensgerecht sein, die nach der internen Geschäftsverteilung nicht zuständigen Geschäftsführer von der Haftung freizustellen und den mit steuerlichen Angelegenheiten befassten Geschäftsführer allein in Anspruch zu nehmen[990] oder bei der Haftung eines Vereins nur den hauptamtlichen und nicht den ehrenamtlichen Vorstand in Anspruch zu nehmen.[991] Auch ein mitwirkendes Verschulden der Finanzbehörde am Entstehen eines Steuerausfalls kann die Inanspruchnahme eines Haftungsschuldners ermessensfehlerhaft erscheinen lassen, allerdings nur, wenn dieses Verschulden gering und insbesondere nicht vorsätzlich ist und das Verschulden der Finanzbehörde deutlich überwiegt.[992]

F. Die strafbefreiende Selbstanzeige (§ 371 AO)

Ein Steuerpflichtiger oder auch ein Geschäftsführer oder Vorstand, welcher sich durch ein vorsätzliches Mitwirken an der Einreichung einer unrichtigen Steuererklärung oder durch das vorsätzliche pflichtwidrige Unterlassen der rechtzeitigen Abgabe einer Steuererklärung wegen Steuerhinterziehung strafbar gemacht hat, kann unter den Voraussetzungen des § 371 AO durch nachträgliche vollständige Berichtigung der unrichtigen Angaben oder Nachholung der Einreichung der Steuererklärung bezüglich der bereits vollendeten Steuerhinterziehung Straffreiheit erlangen.

---

[987] *BFH* BStBl. II 1989, S. 219.
[988] *BFH* BStBl. II 1989, S. 979; a.A. Tipke/Kruse/*Loose*, § 69 AO Rn. 46; *Friedl*, DStR 1989, 167.
[989] *BFH* BFH/NV 2008, 1805.
[990] *FG Saarland* EFG 1992, 50; Tipke/Kruse/*Loose*, § 69 AO Rn. 32.
[991] *BFH* BStBl. II 2003, 556; BStBl. 1998, S. 761.
[992] *BFH* BFH/NV 2010, 11; BFH/NV 1999, 1304.

I. Keine Erstreckung der Straffreiheit auf andere Delikte als die Steuerhinterziehung

87 Zu beachten ist allerdings, dass sich die Straffreiheit nur auf die Steuerhinterziehung erstreckt und andere Delikte, welche durch die Selbstanzeige mit aufgedeckt werden, nicht umfasst. Dies hat besondere Bedeutung für eine Selbstanzeige bezüglich einer Steuerhinterziehung durch gewinnmindernde Verbuchung von strafbaren Bestechungszahlungen. Wird hier durch die steuerliche Berichtigung auch die Bestechungszahlung selbst offenbart, tritt bezüglich der Bestechung keine Straffreiheit ein. Nach § 4 Abs. 5 S. 1 Nr. 10 S. 3 EStG besteht auch eine Mitteilungspflicht der Finanzbehörde bezüglich der im Rahmen des Besteuerungsverfahrens bekannt gewordenen Tatsachen, welche den Verdacht eines Bestechungsdelikts begründen, an die Staatsanwaltschaft.[993] Nach der Auslegung des Verwendungsverbotes des § 393 Abs. 2 S. 1 AO durch die Rechtsprechung bietet auch dieses hier keinen Schutz. Nach dieser Norm dürfen Tatsachen oder Beweismittel, welche der Steuerpflichtige in Erfüllung steuerlicher Pflichten vor Einleitung des Strafverfahrens oder in dessen Unkenntnis offenbart hat, grundsätzlich nicht zur Verfolgung der allgemeinen Straftat verwertet werden. Mit einer Selbstanzeige erfüllt der Steuerpflichtige zwar – wenn auch verspätet – seine ursprüngliche steuerliche Pflicht, der BGH legt allerdings § 393 Abs. 2 S. 1 AO nach dem Gesetzeszweck einschränkend dahin aus, dass das Verwendungsverbot nur bei mit Zwangsmitteln erzwingbaren Pflichten greift. Da eine Selbstanzeige nach § 393 Abs. 1 S. 2 AO nicht mit Zwangsmitteln erzwungen werden kann, greife das Verwendungsverbot hier nicht.[994] Diese Rechtsprechung kann man mit guten Gründen kritisch betrachten.[995] Das BVerfG hat allerdings eine gegen das Urteil des BGH erhobene Verfassungsbeschwerde nicht zur Entscheidung angenommen,[996] weil das allgemeine Persönlichkeitsrecht ein Beweisverwertungsverbot nur im Hinblick auf Tatsachen erfordere, die aufgrund erzwingbarer Auskunftspflichten offenbart wurden. Vor einer Selbstanzeige im Zusammenhang mit einem unberechtigten Betriebsausgabenabzug aufgrund eines Bestechungsdelikts sollte daher mitbedacht werden, dass diese eine Strafverfolgung bezüglich des Bestechungsdelikts mit Wahrscheinlichkeit nach sich zieht.

II. Voraussetzungen der (steuer)strafbefreienden Selbstanzeige

88 Die Anforderungen und Voraussetzungen einer (steuer)strafbefreienden Selbstanzeige wurden durch das Schwarzgeldbekämpfungsgesetz[997] verschärft. Danach kann eine Selbstanzeige (bezogen auf die Steuerstraftaten) nur dann strafbefreiend wirken, wenn die ursprünglich vorsätzlich unrichtigen Angaben zu allen unverjährten Steuerstraftaten einer Steuerart in vollem Umfang berichtigt werden. Bleibt auch nur in einem dieser Jahre ein Teil der unrichtigen oder unvollständigen Angaben unberichtigt, so tritt durch die Berichtigung insgesamt keine Straffreiheit ein. Eine teilweise Selbstanzeige führt nicht mehr zur teilweisen Strafbefreiung bezüglich der berichtigten Teile.[998] Le-

---

[993] S. im Einzelnen Rn. 21.
[994] *BGH* NJW 2005, 2720, 2723.
[995] Vgl. Franzen/Gast/Joecks/*Joecks*, § 393 AO Rn. 55; *Kohlmann*, § 393 AO Rn. 70; *Eidam*, wistra 2004, 309.
[996] *BVerfG* NJW 2005, 352.
[997] Gesetz v. 28.4.2011 (BGBl. I, S. 676).
[998] So schon zu § 371 AO a.F. unter Aufgabe der früheren Rspr. *BGH* NJW 2010, 2146.

diglich für bis zum 28.4.2011 bei der zuständigen Finanzbehörde eingegangene Selbstanzeigen tritt nach der Übergangsregelung des Art. 97 § 24 EGAO bei Teilselbstanzeigen im Umfang der Berichtigung Straffreiheit ein. Für danach eingegangene Selbstanzeigen sieht die Rechtsprechung lediglich nicht bewusste geringfügige Abweichungen von bis zu 5% der verkürzten Steuer als unschädlich an.[999] Wer als Geschäftsführer somit etwa einen ursprünglich vorsätzlich unrichtigen Betriebsausgabenabzug aus Bestechungsleistungen in einer Körperschaftsteuererklärung einer GmbH berichtigen will, muss prüfen, ob nicht die Körperschaftsteuererklärungen anderer steuerstrafrechtlich noch unverjährter Jahre weitere vorsätzliche Unrichtigkeiten enthalten und diese dann für eine wirksame Selbstanzeige ebenfalls mit derselben Berichtigungserklärung mit berichtigen. Eine stufenweise Berichtigung wirkt nicht strafbefreiend.[1000] Hierbei muss eine Berichtigung aller vorsätzlichen Unrichtigkeiten unabhängig davon erfolgen, ob diese ebenfalls auf einem Verstoß gegen § 4 Abs. 5 S. 1 Nr. 10 EStG beruhen. Hat der Geschäftsführer etwa daneben noch Restaurantrechnungen aus regelmäßigen Mittagessen mit seiner Ehefrau unter Eintragung von Geschäftspartnern als vermeintlich bewirtete Personen in den Beleg als Betriebsausgaben geltend gemacht, muss auch dies zugleich ebenfalls berichtigt werden, um zu einer strafbefreienden Selbstanzeige zu gelangen. Die Gefahr ist natürlich groß, dass sich der Geschäftsführer, welcher die unrichtige steuerliche Behandlung der Bestechungszahlungen berichtigen will, sich an die unrichtigen Restaurantrechnungen nicht mehr erinnert. Dies gilt umso mehr, als auch eine Unrichtigkeit aus einem anderen, steuerstrafrechtlich verjährten Jahr mitberichtigt werden muss. Die steuerstrafrechtliche Verjährungsfrist beträgt regelmäßig fünf Jahre (§ 78 Abs. 3 Nr. 4 StGB) und sogar zehn Jahre bei den in § 370 Abs. 3 S. 2 Nrn. 1 bis 5 AO genannten Fällen der Steuerhinterziehung in einem besonders schweren Fall (§ 376 Abs. 1 AO), zu denen insbesondere Steuerhinterziehungen mit einer zu niedrigen Steuerfestsetzung von mehr als € 100.000 für das jeweilige Jahr bzw. die Erschleichung von Steuervergütungen von mehr als € 50.000 je Jahr gehören.[1001] Vor der Einreichung der Selbstanzeige muss daher dieser gesamte Zeitraum auf mögliche weitere vorsätzliche Unrichtigkeiten hin überprüft werden, wobei zu beachten ist, dass die steuerstrafrechtliche Verjährung von Veranlagungssteuern, wie der Körperschaftsteuer oder Einkommensteuer, erst mit der Beendigung der Tat durch Bekanntgabe des unrichtigen Steuerbescheides beginnt.[1002]

Der Täter muss seine Berichtigungserklärung inhaltlich so abgeben, wie dies bei ordnungsgemäßer Erfüllung seiner steuerrechtlichen Erklärungs- und Auskunftspflichten schon früher hätte geschehen müssen.[1003] In der Berichtigungserklärung müssen die wirklichen Besteuerungsgrundlagen nach Art und Umfang dargelegt werden, so dass die Finanzbehörde aufgrund dieser Angaben in die Lage versetzt wird, die Steuer nunmehr richtig zu veranlagen.[1004] Hierbei müssen nur diejenigen Tatsachen, diese allerdings vollständig, mitgeteilt werden, welche für die Besteuerung bezogen auf die berichtigte Erklärung erheblich sind.[1005] Soll im Rahmen einer Selbstanzeige ein unberechtigter Betriebsausgabenabzug aus einer strafbaren Bestechungsleistung

---

[999] *BGH* NJW 2011, 3249.
[1000] *BGH* NJW 2010, 2146.
[1001] *BGH* NJW 2011, 2450; NJW 2009, 528.
[1002] *BGH* NStZ 1984, 414.
[1003] BGHSt 12, 100 = NJW 1959, 205; Kohlmann/*Schauf*, § 371 AO Rn. 60.
[1004] *BGH* DStR 1966, 150; DB 1977, 1347; Kohlmann/*Schauf*, § 371 AO Rn. 61 m.w.N.
[1005] Kohlmann/*Schauf*, § 371 AO Rn. 59.

im Inland oder Ausland berichtigt werden, ist es aus diesem Grund für eine wirksame Selbstanzeige nicht erforderlich, den Namen des Empfängers der Bestechungsleistung zu benennen. Die Person des Zahlungsempfängers ist nur für dessen Besteuerung erheblich. Die Selbstanzeige muss sich jedoch nur auf die unrichtigen Angaben in der eigenen Steuererklärung beziehen.[1006] Für eine richtige Besteuerung des zahlenden Unternehmens ist nur die Tatsache erheblich, dass sie nicht zu abzugsfähigen Betriebsausgaben geführt hat. Für eine Berichtigung der eigenen Steuererklärung dürfte es nicht einmal erforderlich sein, mitzuteilen, dass der Betriebsausgabenabzug gerade nach § 4 Abs. 5 S. 1 Nr. 10 EStG zu versagen war, wenn die Höhe der bisher zu Unrecht als Betriebsausgaben des jeweiligen Kalenderjahres erklärten Beträge mitgeteilt wird, weil auf diese Weise eine zutreffende Steuerfestsetzung für das Unternehmen erfolgen kann. Eine andere Frage ist, dass durch eine solche Selbstanzeige keine Straffreiheit insoweit eintritt, als der Geschäftsführer eines Unternehmens auch Beihilfe zur eigenen Steuerhinterziehung des Zahlungsempfängers durch Nichterklärung der Einkünfte geleistet hat. Dies ist jeweils im Einzelfall zu prüfen. Bei Zahlungsempfängern im Ausland dürfte jedoch zumeist eine Steuerpflicht für diese Zahlungen in Deutschland nicht bestehen, so dass auch keine Beihilfe zu einer (deutschen) Steuerhinterziehung in Betracht kommt. Angesichts der angesprochenen Mitteilungspflicht der Finanzbehörden an die Staatsanwaltschaft bezüglich des Verdachts einer Bestechungstat, sollte, wer nicht auch zugleich entschlossen ist, die strafbare Bestechung zu gestehen, konkrete Angaben vermeiden, welche zur Wirksamkeit der Selbstanzeige nicht erforderlich sind. Ausgeschlossen ist hierdurch allerdings nicht, dass die Finanzbehörde bei unterlassener Empfängerbenennung und ungeklärtem Leistungsgegenstand den Verdacht einer Bestechungsstraftat sieht und die Staatsanwaltschaft unterrichtet und diese dann eigene Ermittlungen zur Aufklärung der Zahlungsempfänger aufnimmt.

Eine Selbstanzeige wirkt auch nur für denjenigen, welcher die unrichtigen Angaben berichtigt, wobei er sich für die Selbstanzeige eines hierzu besonders bevollmächtigten Vertreters, wie eines Steuerberaters und Geschäftsführers bedienen kann.[1007]

III. Sperrgründe

90 Eine strafbare Selbstanzeige ist allerdings nicht zu jedem Zeitpunkt möglich. Die Norm des § 371 Abs. 2 AO regelt Sperrgründe, bei deren Vorliegen die Erlangung von Straffreiheit durch eine Selbstanzeige nicht eintritt. Das Nichtvorliegen eines dieser Sperrgründe sollte vor Einreichung sorgfältig geprüft werden, da eine zur falschen Zeit eingereichte Selbstanzeige statt der erhofften Straffreiheit lediglich eine Offenlegung der Tat mit nachfolgender Bestrafung bewirken kann. Eine Selbstanzeige ist etwa nicht möglich vom Zeitpunkt der Bekanntgabe der Prüfungsanordnung für eine Betriebsprüfung für auch nur eines der steuerstrafrechtlich verjährten Jahre derselben Steuerart (§ 371 Abs. 2 Nr. 1 lit. a AO) bis zum Abschluss der Betriebsprüfung durch Absendung des auf die Prüfung hin ergehenden Steuerbescheides oder der Mitteilung nach § 202 Abs. 1 S. 3 AO, dass die Außenprüfung zu keiner Änderung der Besteuerungsgrundlagen führt.[1008] Ebenso löst bei Prüfungen ohne vorhergehende Prüfungsanord-

---

[1006] *BFH* NJW 1955, 319; *Kohlmann*, § 371 AO Rn. 64.1; Franzen/Gast/Joecks/*Joecks*, § 371 AO Rn. 60.
[1007] *BGH* wistra 1985, 74, 75; Franzen/Gast/Joecks/*Joecks*, § 371 AO Rn. 81.
[1008] BGHSt 35, 333 = NJW 1989, 112 = NStZ 1989, 23; *BGH* wistra 1994, 229; Kohlmann/*Schauf*, § 371 AO Rn. 119.3 u. 161 m.w.N.

F. Die strafbefreiende Selbstanzeige (§ 371 AO)

nung das Erscheinen eines Amtsträgers zur steuerlichen Prüfung oder zur Ermittlung einer Steuerstraftat oder Steuerordnungswidrigkeit eine Sperrwirkung aus. Dies betrifft insbesondere eine betriebsnahe Veranlagung[1009] oder eine Vorfeldermittlung der Steuerfahndung zur Aufdeckung unbekannter Steuerfälle nach § 208 Abs. 1 Nr. 3 AO.[1010] Erscheint dagegen ein Beamter der Steuerfahndung zu einer Durchsuchungsmaßnahme im Rahmen eines steuerstrafrechtlichen Ermittlungsverfahrens, liegt hierin i.d.R. zugleich die Bekanntgabe der Einleitung eines Steuerstrafverfahrens, welche bereits nach § 371 Abs. 2 Nr. 1 lit. b AO eine Sperrwirkung auslöst.[1011] Dies gilt auch, wenn die Bekanntgabe der Einleitung eines Steuerstrafverfahrens unabhängig von einer Durchsuchungsmaßnahme erfolgt. Diese Sperrwirkung endet, sobald die Einstellung des Ermittlungsverfahrens verfügt worden ist.[1012] Kommt es dagegen zur Einstellung gegen Auflage nach § 153 a StPO oder zu einer Verurteilung, tritt für alle vorsätzlichen Unrichtigkeiten derjenigen Steuererklärungen, welche Gegenstand des Strafverfahrens waren, ohnehin Strafklageverbrauch ein.[1013] Auch bei diesem Sperrgrund ist zu beachten, dass die Bekanntgabe der Einleitung des Ermittlungsverfahrens für eine Tat dazu führt, dass die Selbstanzeigemöglichkeit bezüglich sämtlicher steuerstrafrechtlich unverjährter Taten derselben Steuerart ausgeschlossen ist.[1014] Hierbei gilt die Sperrwirkung allerdings immer nur für denjenigen Täter oder Teilnehmer, welchem die Einleitung des Ermittlungsverfahrens gegen ihn selbst bekannt gegeben worden ist.[1015]

Mögliche Mittäter sind hierdurch an einer wirksamen Selbstanzeige noch nicht gehindert. Für diese kann allerdings der Sperrgrund des § 371 Abs. 2 Nr. 2 AO greifen. Dessen Voraussetzungen sind erfüllt, wenn eine der steuerstrafrechtlich noch nicht verjährten Steuerstraftaten ganz oder zum Teil entdeckt war und der Täter dies wusste oder bei verständiger Würdigung der Sachlage damit rechnen musste. Eine Tatentdeckung in diesem Sinne erfordert keinen für eine Eröffnung des Hauptverfahrens erforderlichen hinreichenden Tatverdacht i.S. des § 203 StPO, sondern diese ist i.d.R. bereits dann anzunehmen, wenn unter Berücksichtigung der zur Steuerquelle oder zum Auffinden der Steuerquelle bekannten weiteren Umstände nach allgemeiner kriminalistischer Erfahrung eine Steuerstraftat oder -ordnungswidrigkeit nahe liegt. Hierbei ist es nicht erforderlich, dass der Täter der Steuerhinterziehung bereits ermittelt ist oder ein Schluss auf vorsätzliches Handeln gezogen werden kann, da nur die Tat entdeckt sein muss.[1016] Somit können regelmäßig auch die anderen Tatbeteiligten, welchen die Einleitung eines Steuerstrafverfahrens noch nicht bekannt gegeben wurde, wegen Tatentdeckung keine wirksame Selbstanzeige mehr erstatten, sofern sie mit der Entdeckung der Tat zumindest rechnen mussten. Bezüglich dieses subjektiven Merkmals ist der 1. Strafsenat des BGH der Auffassung, dass „angesichts der verbesserten Ermitt-

91

[1009] *BayObLG* wistra 1987, 77; Kohlmann/*Schauf*, § 371 AO Rn. 156; a.A. Franzen/Gast/Joecks/*Joecks*, § 371 AO Rn. 156: keine Sperrwirkung.
[1010] Kohlmann/*Schauf*, § 371 AO Rn. 135.
[1011] *BGH* wistra 2000, 219, 225; Kohlmann/*Schauf*, § 371 AO Rn. 174.
[1012] Kohlmann/*Schauf*, § 371 AO Rn 198; a.A. Franzen/Gast/Joecks/*Joecks*, § 371 Rn. 208 erst mit Zugang der Einstellungsmitteilung.
[1013] Kohlmann/*Schauf*, § 371 AO Rn 198; a.A. Franzen/Gast/Joecks/*Joecks*, § 371 Rn. 208.
[1014] Kohlmann/*Schauf*, § 371 AO Rn. 193.1.
[1015] *Kohlmann*, § 371 AO Rn. 178.
[1016] *BGH* NJW 2010, 2146, 2148 f.; Klein/*Jäger*, § 371 AO Rn. 61; a.A. Kohlmann/*Schauf*, § 371 AO Rn. 210: Täter muss identifiziert sein; Franzen/Gast/Joecks/*Franzen*, § 371 AO Rn. 191: Täter muss identifizierbar sein.

§ 4. Steuer- und steuerstrafrechtliche Implikationen

lungsmöglichkeiten im Hinblick auf Steuerstraftaten und auch der stärkeren Kooperation bei internationaler Zusammenarbeit heute keine hohen Anforderungen an die Annahme des Kennenmüssens der Tatdeckung mehr gestellt werden."[1017] Auch wenn dies zu Recht kritisiert wird,[1018] ist damit für die Praxis ungewiss, inwieweit das subjektive Merkmal des Kennenmüssens bei objektiver Tatdeckung den Sperrgrund noch begrenzt. Ebenso ungewiss ist, wann die kriminalistische Erfahrung eine Steuerstraftat nahe legt. Bezüglich eines Verstoßes gegen § 4 Abs. 5 S. 1 Nr. 10 EStG im Zusammenhang mit Bestechungszahlungen dürfte dies etwa der Fall sein, wenn entdeckt ist, dass bei als Betriebsausgaben geltend gemachten Zahlungen der Zahlungsempfänger verschleiert wurde oder die als Buchungsbeleg verwendete Rechnung vermeintliche Leistungen, wie Vermittlung oder Gutachtenerstellung ausweist, obwohl eine Leistungserbringung nicht erkennbar ist.

92 Durch das Schwarzgeldbekämpfungsgesetz neu eingeführt wurde auch der Sperrgrund des § 371 Abs. 2 Nr. 3 AO. Danach tritt Straffreiheit auch dann nicht ein, wenn die verkürzte Steuer oder der nicht gerechtfertigte Steuervorteil einen Betrag von € 50.000 je Tat übersteigt. Dieser Betrag ist damit regelmäßig auf eine bestimmte Steuererklärung, also etwa die Körperschaftsteuererklärung eines Jahres bezogen. Allerdings wird in diesen Fällen nach § 398 a AO von der Verfolgung der Steuerstraftat abgesehen, wenn der Täter innerhalb einer ihm bestimmten angemessenen Frist die aus der Tat zu seinen Gunsten hinterzogene Steuer entrichtet und einen Geldbetrag in Höhe von 5 % der hinterzogenen Steuer zu Gunsten der Staatskasse zahlt. Da die fristgerechte und vollständige Zahlung der zu Gunsten des Tatbeteiligten hinterzogenen Steuer nach § 371 Abs. 3 AO stets Voraussetzung einer wirksamen Selbstanzeige ist, stellt bei Steuerhinterziehungen von mehr als € 50.000 die Zahlung der zusätzlichen 5 % die zusätzliche Voraussetzung dar. Von Bedeutung für den Geschäftsführer oder Vorstand einer Gesellschaft ist, dass dieser Betrag nach Auffassung der Finanzverwaltung auch von demjenigen Täter einer Steuerhinterziehung zu zahlen ist, zu dessen Gunsten die Steuer nicht hinterzogen worden ist.[1019] Dies trifft etwa den Geschäftsführer einer GmbH, welcher vorsätzlich Steuern zu Gunsten der Gesellschaft verkürzt hat, indem er den in der Steuererklärung deklarierten Gewinn durch den Abzug strafbarer Bestechungszahlungen als Betriebsausgaben gemindert hat. Beträgt die verkürzte Steuer für das jeweilige Jahr mehr als € 50.000, so wird von der Verfolgung der Steuerstraftat des Geschäftsführers nur abgesehen, wenn er den Betrag von 5 % fristgerecht zahlt. Ob dieser Betrag gar mehrfach zu zahlen ist, wenn mehrere Geschäftsführer dieselbe Steuer als Mittäter verkürzt haben, ist durch die Rechtsprechung noch nicht geklärt.[1020]

[1017] *BGH* NJW 2010, 2146, 2149.
[1018] Kohlmann/*Schauf*, § 371 AO Rn. 231; *Salditt*, PStR 2010, 168, 173; *Wulf*, wistra 2010, 286, 289.
[1019] FinMin NRW v. 5.5.2011, Az. S 0702-8-V A; so auch *Joecks*, Steueranwaltsmagazin 2011, 132 f.; *Beckemper/Schmitz/Wegner/Wulf*, wistra 2011, 281, 287; *Prowatke/Felten*, DStR 2011, 899, 902; a. A. *Buse*, StBp 2011, 153, 158; *Hunsmann*, BB 2011, 2519, 2524; *Zanzinger*, DStR 2011, 1397, 1402.
[1020] Dafür *Prowatke/Felten*, DStR 2011, 899, 902; insgesamt nur einmal Kohlmann/*Schauf*, § 398 a AO Rn. 4; *Beyer*, AO-StB 2011, 150, 153; *Buse*, StBp. 2011, 153, 158; *Hunsmann*, BB 2011, 2519, 2524.

IV. Keine strafbefreiende Selbstanzeige in den USA

Eine vergleichbare gesetzlich geregelte strafbefreiende Selbstanzeige existiert im Übrigen in den Vereinigten Staaten nicht. Dort liegt es im Ermessen der Strafverfolgungsbehörden, ob bei einer freiwilligen Offenbarung von einer strafrechtlichen Verfolgung abgesehen wird. Hierbei ist es für die Ermessensentscheidung von wesentlicher Bedeutung, ob die Offenbarung des Steuerpflichtigen rechtzeitig erfolgte und ob der Steuerpflichtige auch nach der Selbstanzeige mit der IRS kooperiert. Eine Anzeige wird nicht mehr als rechtzeitig betrachtet, wenn sie als Folge eines auslösenden Ereignisses („triggering event") – wie insbesondere eine Untersuchung oder Befragung durch den IRS – erfolgt.[1021] In Bezug auf die Kooperation mit dem IRS ist die wichtigste Frage die Nachzahlung der verkürzten Steuer.[1022]

93

[1021] *Zahner*, in: Dannecker/Jansen, S. 525.
[1022] *Zahner*, in: Dannecker/Jansen, S. 525.

§ 5. Process of SEC and DOJ Investigations from a US Perspective – Ablauf der Verfahren von SEC und DOJ aus amerikanischer Sicht

A. Process of SEC and DOJ Investigations from a US Perspective

The SEC has broad authority to investigate potential violations of the federal securities 1
laws. The SEC may begin an investigation based on tips from the public (including through the SEC's online web form[1023]), referals from other government agencies, news reports, routine inspections, whistleblowers,[1024] or information received in other SEC investigations. Additionally, many Foreign Corrupt Practices Act ("FCPA") investigations begin when a company self-reports an FCPA violation to the SEC or DOJ, hoping to minimize penalties that could be imposed if the company did not self-report.

I. Civil law

1. Initiation

a) Civil investigations – informal and formal SEC investigations

Investigations often, but not always, begin as an informal inquiry. An informal inquiry 2
is conducted by the SEC's Enforcement Division staff, and it does not require formal authorization pursuant to the SEC rules. Rather, informal investigations begin when the SEC staff believe there is "a sufficiently credible source or set of facts [that] suggests that [an investigation] could lead to an enforcement action that would address a violation of the federal securities laws."[1025] Thus, the standard requires that an investigation potentially could lead to an enforcement action.

During an informal investigation, SEC staff do not have subpoena power. However, as discussed in more detail below, staff will often request documents and interview witnesses during an informal investigation, and parties under investigation often cooperate, with the hope of preventing the opening of a formal investigation and bringing resolution to the matter more quickly.[1026]

Informal investigations can last days or years and have no set limit.[1027] At the con- 3
clusion of an informal investigation, SEC staff may recommend that the Commission

---

[1023] The SEC accepts public complaints and tips at http://www.sec.gov/complaint.shtml. The "vast majority" of public tips are received electronically. Securities and Exchange Commission Division of Enforcement Office of Chief Counsel, Enforcement Manual 9 (February 8, 2011) [hereinafter "SEC Enforcement Manual"], available at http://www.sec.gov/divisions/enforce/enforcementmanual.pdf.

[1024] Section 922 of the Dodd-Frank Wall Street Reform and Consumer Protection Act (the "Dodd-Frank Act") provides that whistleblowers are entitled to between 10 and 30 percent of the total monetary sanctions collected in the SEC's action or any related action if the action yields monetary sanctions of over $ 1 million. The Dodd-Frank Act also prohibits employers from retaliating against whistleblowers.

[1025] SEC Enforcement Manual, supra note 1, at 15.

[1026] *Covington/Bennet*, Practicing Under the U.S. Anti-Corruption Laws § 8.01(A), at 8-6 (2001) ("Because many companies prefer to avoid formal investigations and wish to curry favour with the staff, companies often cooperate.").

[1027] Id. at 8-7

undertake an enforcement action seeking sanctions, seek a formal order of investigation from the Commission, or conclude the investigation without recommending an enforcement action.[1028] The SEC may also refer cases to other domestic or foreign government authorities, including to the DOJ for criminal prosecution.[1029]

4   Alternatively, an investigation may begin as, or an informal investigation may become, a formal investigation. Before a formal investigation begins, the SEC staff must request and receive a formal order, which historically required approval by the Commission. The authority to issue a formal order has been delegated to the Director of Enforcement, however, who has further delegated the responsibility to senior supervisors within the Enforcement Division.[1030]

To obtain a formal order, SEC staff draft a memorandum and proposed order and provide this to the senior officer with the discretion to issue a formal order.[1031] According to Rule 5(a) of the SEC's Informal and Other Procedures, the SEC:

May, in its discretion, make such formal investigations and authorize the use of process as it deems necessary to determine whether any person has violated, is violating, or is about to violate any provision of the federal securities laws or the rules of a self-regulatory organization of which the person is a member or participant.[1032]

The formal order serves two purposes. First, it provides a description of the nature of the investigation. Second, "it designates specific staff members to act as officers for the purposes of the investigation and empowers them to administer oaths and affirmations, subpoena witnesses, compel their attendance, take evidence, and require the production of documents and other materials."[1033] As with informal investigations, during formal investigations companies often cooperate with the SEC with the hope of benefiting through reduced charges or lower penalties or sanctions.[1034]

Regardless of whether SEC investigations are formal or informal, the investigations are generally private, unless otherwise ordered by the SEC.[1035] However, a company may choose to disclose that an inquiry is pending.

b) Civil investigations – requests for documents

5   When an investigation begins informally, the Commission staff have no formal subpoena power and must rely on the cooperation of the relevant individuals and entities to gather information. Staff may request the voluntary production of documents, or even the creation of documents, such as chronologies of events.[1036] Documents produced, even on a voluntary basis, remain confidential.

Responding to informal (and formal) requests for documents influences greatly the ultimate resolution of an investigation. Companies and individuals should employ counsel to review requests for documents, as well as to assist with reviewing and dis-

---

[1028] 17 C.F.R. § 202.5(c).

[1029] See Enforcement Manual, supra note 1, at 113-20. Once referred, the SEC may continue to proceed with its own investigation. See, e.g., *US v. Stringer*, 535 F.3d 929 (9th Cir. 2008).

[1030] *Khuami*, Director, Div. of Enforcement, SEC, Remarks Before the New York City Bar: My First 100 Days as Director of Enforcement (Aug. 5, 2009), http://www.sec.gov/news/speech/2009/spch080509rk.htm.

[1031] SEC Enforcement Manual, supra note 1, at 22.

[1032] 17 C.F.R. § 202.5(a).

[1033] SEC Enforcement Manual, supra note 1, at 21.

[1034] Additionally, non-cooperation may result in a penalty. See Press Release, SEC, No. 2002-52 (Apr. 11, 2002), http://www.sec.gov/news/press/2002-52.txt.

[1035] 17 C.F.R. § 203.5.

[1036] SEC Enforcement Manual, *supra* note 1, at 46.

A. Process of SEC and DOJ Investigations from a US Perspective

closing documents in response to such requests. Counsel can work with the SEC staff to clarify or narrow the scope of requests, and counsel may also gain insight into the objective of the investigation based on the requests that are made.

c) Civil investigations – subpoenas for documents

As noted above, the SEC staff acquires subpoena power upon obtaining a formal order of investigation. The subpoena power is broad; the SEC staff can require "the production of any documents or other records that the Commission deems relevant or material to an inquiry into possible securities violations."[1037] The subpoena power is limited by generally recognized legal privileges, however, such as the attorney-client privilege, work product doctrine, and Fifth Amendment right against self-incrimination.

If the SEC staff subpoenas documents or testimony, the person who is compelled to provide evidence or testimony is entitled to review the formal order and may request, in writing, to receive a copy of the formal order.[1038] The request must be made by the person or counsel for the person who has been asked to provide documents or testimony, and it must include a representation that the request is "consistent both with the protection of privacy of persons involved in the investigation and with the unimpeded conduct of the investigation."[1039]

The SEC's subpoena power only extends within the United States. To obtain information from persons or companies located outside of the United States, the SEC must rely on cooperation of foreign authorities through, among other things, the Multilateral Memorandum of Understanding, various bilateral memoranda of understanding (MOUs) between securities authorities, requests to foreign criminal authorities through mutual legal assistance treaties (MLATs), and letters rogatory between a U.S. court and foreign judicial authorities.[1040]

As with responding to informal requests, companies and individuals are advised to seek the assistance of counsel as soon as possible to assist with reviewing and responding to a subpoena for documents.

d) Civil investigations – interviews and testimony

As noted above, during an informal investigation, SEC staff do not have subpoena power. However, staff may request that a witness submit to a voluntary interview.[1041] The testimony, though voluntary, may be made before a court reporter and a verbatim transcript may be produced. Witnesses may volunteer to testify under oath, in which case the court reporter will place the witness under oath. Counsel may be present during this testimony.[1042]

After a formal investigation begins, SEC staff may subpoena witnesses.[1043] The SEC staff may use a background questionnaire to obtain background information from a witness, including date and place of birth, account numbers for all securities and brokerage accounts, and employment history. Witnesses are not required by law to complete the questionnaire, but the information requested will most likely be sought in tes-

---

[1037] Practicing Under the U.S. Anti-Corruption Laws, supra note 4, § 8.01(B), at 8-9.
[1038] 17 C.F.R. § 203.7(a).
[1039] Id.
[1040] SEC, Office of Int'l Affairs, International Enforcement Assistance, http://www.sec.gov/about/offices/oia/oia_crossborder.shtml (last modified Jan. 20, 2010).
[1041] SEC Enforcement Manual, supra note 1, at 46.
[1042] Id. at 77
[1043] Id.

§ 5. Ablauf der Verfahren von SEC und DOJ aus amerikanischer Sicht

timony, which can be compelled.[1044] When giving testimony, witnesses are entitled to be accompanied by counsel.[1045] Testimony is subject to 18 U.S.C. § 1001(a), which criminalizes false statements to government officers.[1046]

2. Various forms of disposition (closure of the investigations)

8   When the SEC staff has concluded its investigation, it may recommend to the Commission that enforcement proceedings be commenced, or it may conclude that no further action should be taken. If the staff recommends the commencement of an enforcement proceeding, it typically gives prospective defendants a Wells Notice informing them of the staff's intent.[1047] The Wells Notice provides the recipient with the general nature of the investigation and the time available for the recipient to "prepar[e] and submit[] a statement prior to the presentation of a staff recommendation to the Commission for the commencement of an administrative or injunction proceeding."[1048] The time period is generally one month. The recipient will provide to the staff a "Wells Submission", which is essentially a legal brief arguing why an enforcement proceeding is not merited by, for example, setting forth a defense or supplying additional documentation that points to a flaw in the SEC's case. The purpose of the Wells Submission is to allow the SEC to "'have before it the position of persons under investigation at the time it is asked to consider enforcement action.'"[1049] Upon reviewing the Wells Submission, the staff may elect to modify or reverse its recommendation regarding enforcement proceedings to the Commission.

If the staff determines that an enforcement action should be taken, it will create a memorandum for the Commission providing the facts learned in the investigation and the legal basis for recommending enforcement.[1050] The Commission may then decide to bring civil enforcement proceedings in federal district court or administratively before an Administrative Law Judge ("ALJ").

a) Deferred prosecution agreements

9   While the DOJ often has entered into deferred prosection ageements ("DPAs") with defendants, as discussed in more detail below, the SEC announced in early 2010 a cooperation initiative regarding evaluation cooperation by individuals. After setting out four factors the SEC should consider when determining whether to credit anindividual for his or her cooperation,[1051] the SEC authorized its staff to reward cooperating indi-

---

[1044] Id. at 78.

[1045] Id. at 79.

[1046] 18 U.S.C. § 1001(a) provides: [W]hoever, in any matter within the jurisdiction of the executive, legislative, or judicial branch of the Government of the United States, knowingly and wilfully – (1) falsifies, conceals, or covers up by any trick, scheme, or device a material fact; (2) makes any materially false, fictitious, or fraudulent statement or representation; or (3) makes or uses any false writing or document knowing the same to contain any materially false, fictitious, or fraudulent statement or entry; shall be fined under this title [or] imprisoned [for] not more than 5 years ... or both.

[1047] 17 C.F.R. § 202.5(c).

[1048] Id.

[1049] SEC Enforcement Manual, supra note 1, at 24.

[1050] Id. at 24-25.

[1051] The four factors are: (i) the assistance provided; (ii) the importance of the underlying investigation; (iii) the societal interest in holding the cooperator accountable; and (iv) the appropriateness of cooperation credit based on the cooperator's profile. See Policy Statement concerning Cooperation by Individuals in its Investigations and Related Enforcement Actions, Exchange Act release No. 61,340, 17 C.F.R. § 202.12 (Jan. 13, 2010), http://www.sec.gov/rules/policy/2010/34-61340.pdf.

A. Process of SEC and DOJ Investigations from a US Perspective

viduals through proffer agreements, cooperation agreements, deferred prosecution agreements, non-prosecution agreements, and immunity requests.

The SEC announced on May 17, 2011, that it had entered into its first ever DPA.[1052] The SEC entered into the agreement with tenaris S.a. in connection with allegations that Tenaris violated the FCPA. Under the DPA, the SEC agreed not to bring an enforcement action against Tenaris arising from its investigation into FCPA violations in exchange for Tenaris's agreement to pay approximately $ 5,4 million in disgorgement and prejudgment interest and to require each director, officer and management level employee to certify compliance with the code of conduct on an annual basis and conduct FCPA training for all officers and managers, employees working in accounting, finance, sales, internal audit and government relations, and all other employees in positions involving activities implicated by FCPA policies.[1053]

It can be expected that the SEC will continued to use the DPA structure with companies alleged to have violated laws, including the FCPA. DPAs allow issuers to avoid the burdens and consequences of a federal count injunction or SEC administrative order, discussed below, but the DPA is a publicly available, written agreement. In the case of Tenaris, the DPA included a section stating the allegations of the investigation, and the DPA prohibits the settling party from denying those facts.

b) Civil administrative proceedings

The SEC can prosecute and impose sanctions through administrative proceedings. In administrative proceedings, the SEC may seek a cease-and-desist order (similar to injunctive relief), civil monetary penalties against registered persons or entities,[1054] disgorgement, or an order requiring compliance with the Securities Exchange Act of 1934.

Administrative proceedings begin when the SEC issues an order instituting proceedings ("OIP"). At that point, an Administrative Law Judge ("ALJ") is appointed. The ALJ will hold hearings, governed by the SEC Rules of Practice, which are similar to a non-jury trial.[1055] The respondents will complete pre-trial, trial, and post-trial briefing, in accordance with the ALJ's specified timeline.[1056] Most hearings are public.

During the hearing, the SEC and the respondents present evidence, including through examining and cross-examining witnesses. At the conclusion of the hearing, the ALJ will issue a decision, which is a recommendation to the Commission on the appropriate sanction. The SEC staff and respondent then each have 21 days to file a petition for review of the decision with the SEC. If no petition is filed, the ALJ's decision becomes final, unless it is otherwise reviewed by the Commission.[1057]

[1052] Press release, SEC, Tenaris to Pay $ 5.4 Million in SEC's First-Ever Deferred Prosecution Agreement (May 17, 2011), http://www.sec.gov/news/press/2011/2011-112.htm.

[1053] Tenaris also entered into a non-prosecution agreement with the DOJ and agreed to pay a $ 3,5 million penalty.

[1054] The SEC's jurisdiction under the FCPA is over issuers. Therefore, monetary penalties may not be available through administrative proceedings to enforce the FCPA. See Practicing Under the U.S. Anti-Corruption Laws, supra note 4, § 8.02, at 8-26.

[1055] 17 C.F.R. § 201.100.

[1056] While the hearing is similar to a trial, the discovery prior to the hearing is limited. The Enforcement Division is required to provide non-privileged documents obtained during the inviestgiative process, but the parties are not permitted to request interrogatories, requests for admission, or discovery depositions. See Practicing Under the U.S. Anti-Corruption Laws, § 8.02(a), at 8-27, n.89.

[1057] 17 C.F.R. §§ 201.410(a), 201.411(c).

If the Commission reviews an ALJ's decision, it does so *de novo*. The Commission may decide the appeal based on briefing or may order oral agruments. The Commission "may affirm, reverse, modify, set aside or remand for further proceedings, in whole or in part, an initial decision by a hearing officer and may make any findings or conclusions that in its judgment are proper and on the basis of the record."[1058]

12   Within 60 days of the Commission's order, an aggrieved party may appeal to the United States Court of Appeals in his or her principal place of business.[1059] The Court of Appeals may then "affirm or modify and enforce or … set aside the order in whole or in part."[1060] The Commission's decision will be upheld, however, unless it is "arbitrary and capricious, an abuse of discretion, or otherwise not in accordance with law."[1061]

13   Cease-and-desist orders can be ordered where the SEC shows "some likelihood" of a future violation.[1062] If the ALJ issues a cease-and-desist order, the violator will be required to abide by certain conditions established by the order, including future adherence to the FCPA. Unlike injunctions, however, cease-and-desist orders are not court ordered, and therefore if a violator breaches a cease-and-desist order, it cannot be held in contempt of court. Additionally, the violator cannot be fined for being in contempt of court for a breach of a cease-and-desist order.

c) Civil injunctions

14   The SEC may seek a variety of types of equitable relief from the federal courts, including temporary restraining orders, preliminary injunctions, permanent injunctions, civil penalties, and disgorgement of ill-gotten gains.[1063] Injunctive proceedings are more common than administrative proceedings, in part because of the availability of civil penalties.[1064]

The SEC may seek a temporary restraining order or a preliminary injunction when it perceives, at a minimum, that a person is engaged in or is about to engage in a substantive securities law violation.[1065] The SEC does not have to establsih irreparable injury to obtain injunctive relief.[1066] Additionally, the SEC may seek a permanent injunction if it perceives a threat of future securities laws violations.[1067]

Requests for an injunction, aside from requests for emergency relief, proceed as a standard civil action in the U.S. federal courts. Defendants may file an answer to the complaint or file a motion to dismiss, and if the motion to dismiss is not granted, standard discovery will proceed. After discovery, the case will then proceed to motions for summary judgment, and possibly to trial. Either party may appeal the final decision of the trial court in the appropriate U.S. Court of Appeals.

[1058] Id. § 201.411(a).
[1059] 15 U.S.C. § 78 y(a)(1).
[1060] Id. § 78 y(a)(3).
[1061] Id. § 78 y(b)(4).
[1062] *KPMG, LLP v. SEC*, 289 F.3d 109, 124 (D.C. Cir. 2002). See also *WHX Corp. v. SEC*, 362 F.3d 854, 859 (D.C. Cir. 2004) ("The Commission noted that there 'must be a showing of some risk of future violation' …").
[1063] H.R. Rep. No. 98-355, at 7 (1983), as reprinted in 1984 U.S.C.C.A.N. 2274, 2280.
[1064] Practicing Under the U.S. Anti-Corruption Laws, supra note 4 § 8.03, at 8-31.
[1065] *Aaron v. SEC*, 446 U.S. 680, 700-01 (1980).
[1066] Practicing Under the U.S. Anti-Corruption Laws, supra note 4, § 8.03, at 8-31.
[1067] *SEC v. Fife*, 311 F.3d 1, 10 (1st Cir. 2002); *SEC v. Pinez*, 989 F. Supp. 325, 334-37 (D. Mass. 1997); *SEC v. Unifund SAL*, 910 F.2d 1028, 1037 (2d Cir. 1990).

As noted above, the remedies the SEC may seek in federal courts include injunctions, disgorgement, and civil penalties. Injunctions generally require the defendant to ensure compliance with the FCPA, including by setting up adequate internal controls.[1068] Defendants who violate an injunction may be held in contempt of court, which can result in additional penalties to those imposed by the FCPA.[1069] Contrary to the low standard the SEC must show to obtain a cease-and-desist order, the SEC must show a "reasonable likelihood" of a future violation to obtain an injunction.

d) Civil trials

SEC enforcement actions under the FCPA have rarely been litigated in a civil trial, as most cases have settled before reaching the trial stage. Following discovery, however, an action brought by the SEC will proceed as a civil action. The SEC bears the burden of proof and must establish each element of a violation by a preponderance of the evidence.[1070] Additional information regarding the penalties that may be assessed by federal courts is found in Chapter 12.

II. Criminal law

The DOJ has jurisdiction to enforce the FCPA's criminal anti-bribery provision, knowing violations of the books and records and internal controls provisions, as well as civil enforcement over violations of the FCPA by domestic conerns, foreign companies, and foreign nationals who fall outside of the SEC's jurisdiction.[1071] The DOJ therefore investigates and criminally prosecutes under the FCPA, in addition to civil enforcement.

1. Initiation

Prosecutors generally are free to initiate investigations whenever they have reason to believe that a crime falling within their jurisdiction has been committed. As with SEC investigations, DOJ investigations may begin based on tips from the public, referrals from other government agencies, news reports, routine inspections, whistleblowers, information received in other DOJ investigations, or investigative work by the Federal Bureau of Investigation. Additionally, many FCPA investigations begin when a company self-reports an FCPA violation to the DOJ, hoping to minimize penalties that could be imposed if the company did not self-report.

a) Criminal investigations – informal

Like the SEC, the DOJ may choose to begin an investigation informally, seeking the voluntary production of documents and testimony from individuals or companies under investigation. During an informal investigation, no grand jury is convened, and therefore the grand jury will not issue subpoenas for documents. In order to demand documents or raid a company under investigation, additional proceedings are necessary.

[1068] Practicing Under the U.S. Anti-Corruption Laws, supra note 4, § 8.04(a), at 8-33.
[1069] Id.
[1070] *Herman & MacLean v. Huddleston*, 459 U.S. 375, 389-90 (1983).
[1071] 15 U.S.C. §§ 78 dd-2 to 3. See also U.S. Department of Justice, Lay Person's Guide to the FCPA 2, available at http://www.justice.gov/criminal/fraud/fcpa/docs/lay-persons-guide.pdf.

It should be noted that companies that self-report possible violations and cooperate in DOJ investigations, including by voluntarily providing documents and testimony, are likely to get more favorable outcomes.[1072]

b) Criminal investigations – grand jury

19 Only a Grand Jury may demand that a company produc documents to the government by issuing a subpoena.[1073] A Grand Jury is a group of residents of a judicial district who are summoned by a court to hear evidence presented by the government. The Grand Jury must then determine wehther the government has sufficient evidence to proceed to prosecute a defendant. The government can demand that a company employee or a third party provide documents to the same extent and using the same means as with the company itself.

In order to determine whether a defendant should be prosecuted, the Grand Jury has broad powers of investigation, including the subpoena power. Grand Jury subpoenas are authorized under Rule 17 of the Federal Rules of Civil Procedure, and they provide a means for securing both testimony and documents in connection with a criminal investigation. If the Grand Jury concludes that the government has probable cause to believe that a crime ahs been committed, it will return an indictment. An indictment is a charging document written by a prosecutor, approved by the Grand Jury, that accuses a person of committing a crime and setting forth the allegations against the person or company. At that point, "the decision[] to charge a company or its officers and employees with a criminal FCPA violation will be made by the Fraud Section of the Criminal Division in Washington, D.C., not by a grand jury."[1074] The DOJ Priniciples of Federal Prosecution guide the prosecutors' decision as to whether an entity or individual should be charged with a crime.

20 While grand juries can subpoena documents and testimony from witnesses, witnesses are entitled to assert their Fifth Amendment Privilege against self-incrimination. However, the privilege belongs to individuals, not to corporations, partnerships, or other business entities. Thus, businesses that are subpoenaed generally must produce documents. The Federal Rules of Criminal Procedure govern the DOJ's investigations.

As with the SEC's subpoena power, the grand jury subpoena power is limited to individuals, documents and other evidence located within the United States, or to nationals or foreign residents of the United States who are located abroad. In order to obtain evidence located outside of the United States, prosecutors may use Mutual Legal Assistance Treaties, letters rogatory, or seek cooperation from foreign authorities.

2. Various forms of disposition (closure of the investigations)

21 As noted above, the DOJ Criminal Division in Washington, D.C. must expressly authorize prosecution of FCPA violations.[1075] Most FCPA cases end in negotiated outcomes such as pleas, deferred prosecution agreements, or non-prosecution agreements.

[1072] Lanny Breuer, Assistant Attorney General for the Criminal Division of the DOJ, stated on November 16, 2010, "there is no doubt that a company that comes forward on its own will see a more favorable resolution." Lanny A. Breuer, 24th National Conference on the Foreign Corrupt Practices Act, National Harbor, Md. (November 16, 2010), http://www.justice.gov/criminal/pr/speeches/2010/crm-speech-101116.html.

[1073] Practicing Under the U.S. Anti-Corruption Laws, supra note 4, § 7.02, at 7-06.

[1074] *Tarun*, The Foreign Corrupt Practices Act Handbook: A Practical Guide for Multinational General Counsel, Transactional Lawyers, and White Collar Criminal Practitioners, 207 (2010).

[1075] Id.

A. Process of SEC and DOJ Investigations from a US Perspective

When determining whether it will bring formal charges, the DOJ follows criteria set forth in the Principles of Federal Prosecution of Business Organizations. These include:

- The nature and seriousness of the offense, including the risk of harm to the public, and applicable policies and priorities, if any, governing the prosecution of corporations for particular categorie of crime;
- The pervasiveness of wrongdoing within the corporation, including the complicity in, ort he condoning of, the wrongdoing by corporate management;
- The corporation's history of similar misconduct, including prior criminal, civil, and regulatory enforcement actions against it;
- The corporations timely and voluntary disclosure of wrongdoing and ist willingness to cooperate in the investigation of ist agents;
- The existence and effectiveness of the corporation's pre-existing compliance program;
- The corporation's remedial actions, including any efforts to implement an effective corporate compliance program or to improve an existing one, to replace responsible management, to discipline or terminate wrongdoers, to pay restitution, and to cooperate with the relevant government agencies;
- Collateral consequences, including whether there is disproportionate harm to shareholders, pension holders, employees, and others not proven personally culpable ...;
- The adequacy of the prosecution of individuals responsible for the corporation's malfeasance; and
- The adequacy of remedies such as civil or regulatory enforcement actions.[1076]

a) Criminal non prosecution agreements

In the case of companies who have cooperated with government investigations, the DOJ may enter into a non-prosecution agreement ("NPA") with the company, agreeing not to prosecute the company at all. NPAs are written agreements, generally a letter, that provide that the DOJ will not pursue criminal charges against an individual or company, in return for the individual or company agreeing to cooperate with the DOJ's investigation and comply with certain requirementsNPAs "provide an effetive means to ensure that corporations make compliance enhancements and take affirmative remedials actions" and "ensure that corporations provide crucial cooperation in ongiong criminal investigations ...".[1077]

"In a non-prosecution agreement context, formal charges are not filed and the agreement is maintained by the parties rather than being filed with a court."[1078] NPAs are less formal than DPAs and often take the form of a letter signed by both parties. NPAs do not require an admission of guilt from the targeted company, since no formal charges are filed in this situation. Nor do NPAs require the approval of a court.

[1076] Title 9, Chapter 9-28.000, Principles of Federal Prosecution of Business Organizations (U.S. Department of Justice), 9-28.300, available at http://www.justice.gov/usao/eousa/foia_reading_room/usam/title9/28mcrm.htm#9-28.30.

[1077] Statement of Greg Andres, Acting Deputy Assistant Attorney General, before the Subcommittee on Crime and Drugs, Committee on the Judiciary, "Examining Enforcement of the Foreign Corrupt Practices Act," November 30, 2010, at 6.

[1078] Memorandum of Craig S. Morford, Acting Deputy Attorney General, to Heads of Department Componenets and United States Attorneys, Selection and Use of Monitors in Deferred Prosecution Agreements and Non-Prosecution Agreements with Corporations n.2 (Mar. 7, 2008), http://www.justice.gov/usao/eousa/foia_reading_room/usam/title9/crm00163.htm.

b) Criminal deferred prosecution agreements

23 In the case of companies who have cooperated with government investigations, the DOJ also may enter into a deferred-prosecution agreement ("DPA") with the company. A deferred prosecution agreement ("DPA") results in the DOJ deferring prosecution of a case as long as the company complies with certain conditions, specified in the agreement itself. With a DPA, a formal charging document is normally filed with the appropriate court.[1079] The DOJ then agrees not to prosecute provided that the company complies with the terms of the agreement. Because formal charges have been filed, the DPA will generally be a more complex document than an NPA.

Terms of DPAs generally include payment of a monetary penalty, an underaking by the company that it will not ocmmitt any further criminal acts, an underaking that it does not contradict any of the allegations contained in the charging document, and an agreement to strengthen the company's compliance organization and retain an independent monitor to review and improve the compliance program.[1080] DPAs, like NPAs, do not require court approval.

c) Criminal guilty pleas

24 A defendant may enter into a plea agreement with the government, under which the company declines to contest criminal charges in exchange for a conviction on reduced charges or an agreed upon sentence. The DOJ has the discretion to agree to charge (or not charge) defendants with particular offenses. However, the court ultimately determines the sentence, and therefore if the court does not believe that teh agreed-upon sentence is appropriate, it will reject the entire plea agreement.

d) Criminal trials

25 In a criminal prosecution, the government bears the burden of proof for each element of the offense, which must be proved beyond a reasonable doubt. The court will then enter a judgment on teh matter. If the court enters a judgment of conviction, the next phase will be to determine the appropriate sentence. In considering imposing a sentence on a corporation, the court must consider the nature and circumstances of the offense and the history and characteristics of the defendant. One consideration will be whether the company has implemented a compliance organization with internal controls, or disciplined the employees responsble for the misconduct.

As noted, most companies settle cases well before the trial stage. However, on May 10, 2011, Lindsey Manufacturing became the first company to be tried and convicted on FCPA violations.[1081] Lindsey Manufacturing manufactured emergency restoration systems and other equipment used by electrical utility companies. The evidence presented at trial showed that from early 2002 until March 2009, Lindsey Manufacturing and certain individuals at Lindsey paid a consultant a 30 percent commission for all products sold to a government-run utility company, with the understanding that all or part of the 30 percent commission would be used to pay bribes to Mexican officials in exchange for awarding contracts to Lindsey Manufacturing.

[1079] Id.

[1080] *Tarun*, The Foreign Corrupt Practices Act Handbook, supra note 52, at 237.

[1081] Press Release, DOJ, California Company, Its two Executives and Intermediary Convicted by Federal Jury in Los Angeles on All Counts for their Involvement in Scheme to Bribe Officials at State-Owned Electrical Utility in Mexico (May 10, 2011), available at http://www.justice.gov/opa/pr/2011/May/11-crm-596.html.

After the ruling, Assistant Attorney General Lanny A. Breuer stated, Lindsey Manufacturing is the first company to be tried and convicted on FCPA violations, but it will not be the last. Foreign corruption undermines the rule of law, stifling competition and the health of international markets and American businesses. As this prosecution shows, we are fiercely committed to bringing to justice all the players in these bribery schemes – the executives who conceive of the criminal plans, the people they use to pay the bribes, and the companies that knowingly allow these schemes to flourish. Bribery has real consequences.[1082]

Trials are relatively rare for corporations because of the expense, management distraction, and reputational risk. In addition, once a trial has begun, the government generally will not agree to a guilty plea that is less serious than the most serious allegation brought in the trial. Thus, when a company commits to beginning a trial, it likely will need to follow its defense to the end of the trial, where the consequences of conviction are serious. With increasing enforcement of the FCPA and related laws against organizations, however, trials may be a more acceptable means of challenging the government's proof.

26

B. Ablauf der Verfahren von SEC und DOJ aus amerikanischer Sicht – Übersetzung Teil A

Die SEC verfügt über weitgehende Ermächtigungen, Ermittlungsverfahren wegen potentieller Verletzungen der Börsengesetze des Bundes durchzuführen. Die SEC kann auf Hinweise aus der Öffentlichkeit hin (einschließlich ihrer eigenen Webseite auf der ein entsprechendes Formular vorgehalten wird), Weiterleitungen anderer Regierungsbehörden, Zeitungsberichten, Routineinspektionen, Whistleblowermeldungen oder aufgrund von Informationen, die aus anderen SEC-Fällen gewonnen wurden, tätig werden. Zusätzlich werden viele Verfahren auf der Basis des FCPA initiiert, wenn sich ein Unternehmen bei der SEC oder dem DOJ selbst anzeigt, in der Hoffnung, Strafferleichterung zu erhalten.

27

I. Zivilrecht

1. Einführung

a) Zivile Untersuchungen – formelle und informelle SEC-Untersuchungen

Untersuchungen beginnen oft, aber nicht zwingend, als eine informelle Anfrage. Sie werden von der Vollstreckungsabteilung der SEC durchgeführt und bedürfen keiner Autorisierung. Sie beginnen dann, wenn Angehörige der SEC glauben,[1083] dass eine ausreichend glaubhafte Quelle vorhanden ist oder Tatsachen darauf hindeuten, dass ein Ermittlungsverfahren zu einer Vollstreckung bezüglich einer Verletzung der Bundesbörsengesetze führen wird. Erforderlich ist mithin, dass ein Verfahren potentiell zu einer Vollstreckung führen wird.

28

Während einer informellen Untersuchung gibt es keine Möglichkeit für die Mitarbeiter der SEC, eine subpoena zu erlassen. Jedoch, wie später noch im Einzelnen beschrieben werden wird, werden die Mitarbeiter der SEC oftmals Dokumente herausverlangen oder Zeugen anhören, dies häufig unter Kooperation des betroffenen

---

[1082] Id.
[1083] Wohl im Sinne von „vermuten".

Unternehmens in der Hoffnung, eine formelle Untersuchung auf diese Art zu vermeiden und eine schnellere Lösung zu finden.

Informelle Ermittlungen können Tage oder Jahre dauern und haben kein irgendwie festgelegtes Limit. Zum Ende einer derartigen Untersuchung kann die SEC empfehlen, eine Vollstreckungsmaßnahme durchzuführen um Sanktionen zu erreichen, einen formellen Auftrag zur Untersuchung/Durchführung eines Ermittlungsverfahrens bei der Kommission stellen oder die Ermittlung ohne Konsequenz beenden. Die SEC kann auch Verfahren an andere innerstaatliche oder ausländische Behörden übergeben, dies schließt die Abgabe an das DOJ zur Durchführung strafrechtlicher Ermittlungen mit ein.

29 Alternativ kann eine Untersuchung unmittelbar als formales Ermittlungsverfahren eingeleitet werden. Vor einer formellen Untersuchung müssen die Mitarbeiter der SEC einen formellen Auftrag beantragen und erhalten, was üblicherweise die Zustimmung der Kommission verlangt. Die Befugnis, einen formellen Bescheid zu erlassen, wurde auf den Direktor der Vollstreckungsabteilung übertragen, der diese wiederum weiter auf den Senior Supervisor innerhalb der Vollstreckungsabteilung übertragen hat.

Um einen formellen Bescheid zu erhalten, müssen die Mitarbeiter der SEC ein Memorandum und einen Vorschlag für den Bescheid erstellen und diese dem entsprechenden Senior Supervisor übergeben. Entsprechend Rule 5(a) des Regelwerks für informelle und andere Vorgänge steht der SEC folgendes zu:

> Nach ihrem Ermessen formelle Untersuchungen durchzuführen und alle Maßnahmen zu autorisieren, die sie für notwendig hält, um zu ermitteln, ob irgendeine Person irgend eine Bestimmung der Bundesbörsengesetze oder die Regeln einer Selbstregulierungsorganisation, deren Mitglied die Person ist, verletzt hat, dabei ist zu verletzen oder dazu ansetzt zu verletzen.

Der formale Bescheid hat zwei Zielrichtungen. Zuerst beschreibt er die Art der Untersuchung. Zum zweiten „bestimmt er Angehörige der SEC als zuständig für die Zwecke der Untersuchung und stattet sie mit der Macht aus, Eide und Versicherungen abzunehmen, Zeugen mit Subpoena zu laden, deren Anwesenheit zu erzwingen, Beweise zu erheben und die Herbeischaffung von Dokumenten und anderen Beweismitteln zu verlangen". Auch während formellen Untersuchungen kooperieren Unternehmen oft mit der SEC in der Hoffnung auf Straferleichterung.

Unabhängig davon, ob die SEC formelle oder informelle Untersuchungen führt sind diese grundsätzlich nicht-öffentlich, es sei denn die SEC erlässt einen anderen Beschluss. Allerdings kann ein Unternehmen selbst veröffentlichen, dass es Gegenstand einer Untersuchung ist.

b) Zivilrechtliche Untersuchungen – Herausgabeverlangen von Dokumenten

30 Am Anfang einer informellen Untersuchung müssen die Mitarbeiter der Kommission sich auf die Kooperation der entsprechenden Personen oder Unternehmen verlassen. Dabei verlangen sie üblicherweise nicht nur die Herausgabe von Dokumenten, sondern sogar die Herstellung von Dokumenten, wie z.B. eine Chronologie von Ereignissen. Dokumente, die in dieser Phase herausgegeben werden, bleiben vertraulich, selbst wenn die Herausgabe freiwillig erfolgte.

Die Art und Weise, wie auf Herausgabeverlangen reagiert wird, beeinflusst in hohem Maße den Ausgang des Verfahrens. Einzelpersonen und Unternehmen sollten in diesem Moment Rechtsrat einholen und sich anwaltlich vertreten lassen, um die Herausgabeverlangen zu überprüfen und bzgl. der Zusammenstellung und Überprüfung der herauszugebenden Dokumente zu beraten. Der Anwalt kann auch mit der SEC korrespondieren, um den Inhalt der Herausgabeaufforderung zu klären oder einzugrenzen, dabei kann er aus der Art der Anfragen erkennen, welches Ziel die Untersuchung hat.

c) Zivilrechtliche Untersuchungen – Herausgabeverlangen von Beweismitteln durch Subpoena

Dargestellt wurde, dass die Befugnis zur Erlangung von Subpoenas davon abhängt, dass ein formeller Bescheid erlassen wurde. Die damit verliehene Macht ist groß; die SEC kann „die Herausgabe jedes Dokuments oder anderer Dokumentationen, welche die Kommission für wesentlich für das Verfahren wegen denkbarer Verletzung der Börsengesetzes hält", verlangen. Die Grenze hierfür ist das Legal Privilege wie z.B. der Schutz des Mandantenverhältnisses, der Schutz von (verfahrensbezogenen) Arbeitsprodukten sowie die Rechte gegen den Zwang zur Selbstbelastung aus dem fünften Verfassungszusatz („Fifth Amendment"). 31

Wenn die SEC Dokumente herausverlangt oder Zeugenanhörungen durchführen will, hat die betroffene Person das Recht, den formellen Bescheid zur Kenntnis zu nehmen; sie kann auf Antrag eine Kopie des Bescheides in Schriftform erhalten. Der Antrag muss durch die Person oder deren Anwalt gestellt werden, die zur Mitwirkung aufgefordert wurde und eine Darstellung enthalten, dass der Antrag sowohl den Schutz der Privatsphäre von Personen, die an den Untersuchungen beteiligt sind als auch den ungehinderten Fortgang der Ermittlungen berücksichtigt.

Die Rechte der SEC sind örtlich auf die Vereinigten Staaten beschränkt. Um Informationen zu Personen und Unternehmen außerhalb der Vereinigten Staaten zu erhalten, muss sich die SEC auf die Kooperation ausländischer Behörden verlassen. Es existieren verschiedene multilaterale und bilaterale Rechtshilfeabkommen.

Ebenso wie bei informellen Untersuchungen sollten Einzelpersonen und Unternehmen so schnell wie möglich anwaltlichen Rat hinzuziehen.

d) Zivilrechtliche Untersuchungen – Anhörungen und Zeugenaussagen

Wie bereits ausgeführt haben Mitglieder der SEC im Rahmen informeller Untersuchungen nicht das Recht, mit Subpoenas (hier: Aufforderung zur Zeugenaussage unter Strafandrohung) zu arbeiten. Nichts desto trotz können sie einen Zeugen zu einer freiwilligen Anhörung auffordern. Trotz der Freiwilligkeit kann diese Anhörung vor einem Gerichtsschreiber erfolgen, der eine wörtliche Niederschrift anfertigt. Der Zeuge kann sich dazu bereit erklären, unter Eid auszusagen, in welchem Fall er durch den Gerichtsschreiber vereidigt wird. Der anwaltliche Vertreter des Angehörten hat das Recht, während der Aussage anwesend zu sein. 32

Nach dem Beginn einer formellen Untersuchung kann die SEC Zeugen laden und diese unter Strafandrohung zu einer Aussage zwingen. In diesem Rahmen können auch die Hintergrundinformationen abgefragt werden. Dazu gehören Geburtsort und Geburtsdatum, beruflicher Werdegang sowie die Kontennummern aller Wertpapier- und Anlagekonten. Zeugen sind gesetzlich nicht gezwungen, Fragebögen auszufüllen, die gesuchte Information kann andererseits durch direkte Befragung erlangt werden, wozu der Zeuge nicht nur verpflichtet ist, sondern wozu er auch gezwungen werden kann. Zeugen sind berechtigt, sich durch anwaltlichen Beistand begleiten zu lassen. Zeugenaussagen unterliegen 18 U.S.C. § 1001(a), wonach falsche Aussagen gegenüber einem Bundesbeamten strafbar sind.

2. Verschiedene Formen des Abschlusses der Ermittlungen

33   Nach Abschluss ihrer Ermittlungen können die Mitarbeiter der SEC der Kommission empfehlen, dass Vollstreckungsmaßnahmen durchgeführt oder dass andere Zwangsmaßnahmen angewendet werden sollten. Wenn die Empfehlung lautet, dass Vollstreckungsmaßnahmen durchgeführt werden sollen, erhalten potentielle Angeklagte eine sog. „Wells Notice". Deren Inhalt ist es, den Empfänger über den Hintergrund der Untersuchung sowie über die Zeitspanne zu informieren, in der er „vor der Empfehlung der SEC an die Kommission, ein Verwaltungsverfahren oder ein einstweiliges Verfügungsverfahren durchzuführen, die Gelegenheit hat, eine Stellungnahme vorzubereiten und einzureichen".

Üblicherweise wird hierfür ein Monat Zeit gewährt. Der Empfänger wird i.d.R. eine „Wells Eingabe" an die SEC übermitteln; dies ist grundsätzlich ein Schriftsatz, in dem dargelegt wird, warum eine Vollstreckungsmaßnahme nicht erforderlich ist, beispielsweise weil ein Verteidigungsargument besteht oder zusätzliche Fakten bestehen, die Schwächen in dem Fall der SEC aufzeigen. Sinn dieser Wells-Eingabe ist es, die SEC in die Lage zu versetzen, „im Zeitpunkt der Entscheidung über Maßnahmen Kenntnis der Argumente der Personen zu haben, gegen die sich die Untersuchung richtet". Nach Studium der Eingabe kann die SEC entscheiden, ihre Empfehlungen gegenüber der Kommission zu ändern oder zurückzunehmen.

Wenn andererseits die Mitarbeiter der SEC entscheiden, dass eine Vollstreckungsmaßnahme durchgeführt wird, werden sie ein Memorandum für die Kommission erstellen, in dem die Ergebnisse der Untersuchung sowie die rechtliche Grundlage für die Empfehlung dargestellt wird. Die Kommission kann dann entscheiden, ob sie zivilrechtliche Konsequenzen in einem Bundesgericht oder Verwaltungsgericht anstrebt.

a) „Deferred prosecution"- Zurückstellung der Strafverfolgung durch Vereinbarung

34   Das Justizministerium hat schon häufiger die Zurückstellung der Strafverfolgung im Rahmen einer Vereinbarung durchgeführt. Die SEC hat Anfang 2010 eine Initiative (cooperation initiative) angekündigt, welche die Kooperation im Rahmen eines Verfahrens bewerten soll. Nach Bewertung von vier wesentlichen Faktoren sollte die SEC entscheiden, ob Strafzumessungserleichterungen gewährt werden. Dies kann durch die Verpflichtung zur Zeugenaussage, Kooperationsverträge, Vereinbarungen über die Zurückstellung der Strafverfolgung, Vereinbarungen über den Verzicht auf Strafverfolgung oder Anträge auf Immunität erfolgen.

Am 17.5.2011 hat die SEC mitgeteilt, dass sie ein erstes Deferred Prosecution Agreement (DPA) mit der Teneris AG vor dem Hintergrund von Vorwürfen der Verletzung des FCPA geschlossen hat. Gegenstand war die Vereinbarung der Zahlung von $ 5,4 Mio. als Verfallszahlung und Zahlung von Zinsen durch Tenaris, sowie die Vereinbarung, jede in der Unternehmensleitung beschäftigte Person jährlich zu verpflichten, die Einhaltung des Code of Conduct zu bestätigen und zusätzlich FCPA-Training für diese sowie alle Mitarbeiter im Bereich Buchhaltung, Finanzen, Verkauf, Revision, Behördenkontakte, weiterhin alle Mitarbeiter, die FCPA relevante Positionen innehaben, durchzuführen.

Es kann erwartet werden, dass die SEC auch in Zukunft das Instrument der DPA bei behaupteten Rechtsverstößen anwenden wird, einschließlich des FCPA. Diese Vereinbarungen erlauben, die Lasten und Konsequenzen einer Verhandlung vor einem Bundesgericht oder Verwaltungsgericht zu vermeiden; jedoch ist das DPA in Schriftform öffentlich zugänglich. Im Fall von Tenaris enthält das DPA ein Kapitel mit den Ermittlungsvorwürfen und verbietet, die dort festgestellten Fakten zu leugnen.

b) Verwaltungsverfahren

Die SEC kann im Rahmen von Verwaltungsverfahren eine Verfolgung durchführen und Sanktionen erreichen. Im Verwaltungsverfahren kann die SEC eine einstweilige Verfügung, Geldstrafen, Verfallsanordnungen oder die Verpflichtung zur Compliance mit dem Securities Exchange Act anstreben. 35

Den Beginn des Verwaltungsverfahrens stellt eine Anordnung der SEC („OIP") dar, die das Verfahren einleitet. In diesem Zeitpunkt wird ein Verwaltungsrichter („ALJ") zuständig. Er führt Anhörungen nach den SEC-Regeln durch, welche so ähnlich wie Gerichtsverhandlungen ohne Jury ausgestaltet sind. Die Beschuldigten gehen gemäß den zeitlichen Anordnungen des Verwaltungsrichters durch alle Phasen eines gerichtlichen Verfahrens, vorgerichtlich, gerichtlich und nachgerichtlich. Die meisten Anhörungen sind öffentlich.

Während der Anhörungen präsentieren sowohl die SEC als auch die Beschuldigten Beweise einschließlich der Vernehmung und des Kreuzverhöres von Zeugen. Am Schluss der Anhörung wird der Verwaltungsrichter eine Entscheidung erlassen, welche eine Empfehlung an die Kommission zur Verhängung angemessener Sanktionen darstellt. Sowohl die Mitarbeiter der SEC als auch die Beschuldigten haben 21 Tage Zeit, einen Antrag auf Überprüfung der Entscheidung bei der SEC zu stellen. Wird kein Antrag eingereicht, erwächst die Entscheidung in Rechtskraft, es sei denn die Kommission entscheidet anders. 36

Wenn die Kommission die Entscheidung des Verwaltungsrichters nicht akzeptiert, untersucht sie den Fall erneut und zwar von vorne. Sie kann im schriftlichen oder mündlichen Verfahren entscheiden. Sie kann „die Entscheidung bestätigen, aufheben, ändern, nicht beachten und selbst alle Schlüsse ziehen oder Ergebnisse feststellen, die nach ihrer Entscheidung angemessen sind und auf der Basis der Beweismittel erfolgen".

Innerhalb von 60 Tagen nach der Entscheidung der Kommission kann eine belastete Partei Rechtsmittel an das Bundesberufungsgericht richten. Das Appellationsgericht kann dann „die Entscheidung abändern, in Kraft setzen ... oder ganz bzw. in Teilen aufheben". Die Entscheidung der Kommission wird aber üblicherweise gestützt, es sei denn sie ist „einseitig und unberechenbar, ein Missbrauch des Ermessens oder ansonsten nicht rechtmäßig". 37

Vorläufige Anordnungen können durch den Verwaltungsrichter angeordnet werden, wenn die SEC eine gewisse Wahrscheinlichkeit für eine in Zukunft erfolgende Rechtsverletzung darlegt. In diesem Fall wird der Rechtsverletzer verpflichtet, bestimmte Anordnungen zu beachten, einschließlich der Beachtung des FCPA in der Zukunft. Anders als einstweilige Verfügungen werden vorläufige Anordnungen nicht durch ein Gericht erlassen, bei Nichtbeachtung kann dem Handelnden daher auch nicht Missachtung des Gerichtes vorgeworfen werden. Deshalb können auch keine Geldstrafen für die Nichtbeachtung einer vorläufigen Anordnung verhängt werden.

c) Zivilrechtliche Verfügungen

Die SEC kann verschiedene Billigkeitsentscheidungen vor den Bundesgerichten erwirken, darunter eine vorläufige Verbotsverfügung, eine einstweilige Anordnung, dauernde Anordnungen, zivilrechtliche Bestrafung sowie Verfall von unrechtmäßig 38 erlangten Vermögensvorteilen. Unterlassungsverfahren sind häufiger als verwaltungsrechtliche Verfahren, weil hier Bestrafungen möglich sind.

Die SEC kann vorläufige Verbotsverfügungen oder einstweilige Anordnungen beantragen, wenn sie zumindest erkennt, dass eine Person dabei ist oder auf dem Wege dazu ist, eine merkbare Verletzung der Wertpapiergesetze zu begehen. Die SEC muss dazu nicht beweisen, dass durch die Anordnung eine nicht wiedergutzumachende Rechtsverletzung verhindert wird. Sie kann dann eine permanente Verfügung beantragen, wenn sie davon ausgeht, dass zukünftige Gefahren einer Verletzung der Wertpapiergesetze gegeben sind.

39 Der Antrag auf vorläufige Maßnahmen, neben dem Antrag auf sofortige Vollziehung, ist das Standardvorgehen der SEC vor Bundesgerichten. Die Antragsgegner können eine Entgegnung auf den Antrag einreichen oder einen Antrag auf Verwerfung stellen; wenn dem Verwerfungsantrag nicht Folge geleistet wird, beginnt das Standardverfahren zur Offenlegung der Beweismittel. Danach werden Anträge auf summarische Beurteilung oder auf Durchführung einer Verhandlung gestellt. Beide Parteien können die endgültige Entscheidung des verhandelnden Gerichtes vor dem zuständigen Appellationsgerichtshof anfechten.

Wie bereits gesagt, sind die von der SEC beantragbaren Konsequenzen vor Bundesgerichten einstweilige Verfügungen, Verfall und zivilrechtliche Bestrafung. Die einstweiligen Verfügungen verlangen üblicherweise Compliance mit den Regeln des FCPA einschließlich der Errichtung eines internen Kontrollsystems. Verletzer dieser Verfügung können wegen Missachtung des Gerichtes zusätzliche Strafen erhalten. Anders als bei den geringen Voraussetzungen einer Unterlassungsanordnung muss die SEC bei einer einstweiligen Verfügung die Wahrscheinlichkeit einer zukünftigen Rechtsverletzung belegen.

d) Verfahren vor Zivilgerichten

40 Vollstreckungsanträge der SEC unter der Geltung des FCPA sind selten vor Zivilgerichten verhandelt worden, da die meisten Fälle vor diesem Stadium verglichen wurden. Wenn es doch zu einer Verhandlung kommt, trägt die SEC die Beweislast und muss zu jedem Tatbestandsmerkmal einer Rechtsverletzung die Beweisführung erbringen. Zusätzliche Informationen zur Art der Strafen, die durch Bundesgerichte festgesetzt werden können, finden sich in Kapitel 12.

II. Strafrecht

41 Das Justizministerium (DOJ) hat die Zuständigkeiten, die Strafrechtsregelungen des FCPA ebenso wie die bekannten Verletzungen der Regeln zur Buchführung und des internen Kontrollsystems durchzusetzen, zusätzlich ist es zuständig für die zivilrechtliche Durchsetzung von Verletzungen des FCPA durch nationale Unternehmungen, ausländische Unternehmen und ausländische Privatpersonen, die nicht der Zuständigkeit der SEC unterfallen. Das DOJ untersucht und verfolgt nach dem FCPA strafrechtlich ebenso wie zivilrechtlich.

1. Einführung

42 Staatsanwälte sind grundsätzlich frei, dann Ermittlungen einzuleiten, wenn sie Anlass haben zu glauben, dass ein Verbrechen innerhalb ihrer Zuständigkeit begangen worden ist. Ähnlich wie bei Untersuchungen der SEC können die Ermittlungen des Justizministeriums mit Hinweisen aus der Öffentlichkeit, Informationen durch andere

B. Ablauf der Verfahren von SEC und DOJ aus amerikanischer Sicht – Übersetzung Teil A

Bundesbehörden, Zeitungsberichte, Routineuntersuchungen, Whistleblowermeldungen, durch das FBI oder eigene Ermittlungen in anderer Sache angestoßen werden. Auch die Selbstanzeige von Unternehmen an das DOJ in der Hoffnung, die Strafhöhen zu vermindern, sind häufiger Anlass für die Aufnahme von Ermittlungen.

a) Informelle strafrechtliche Ermittlungen

Ähnlich wie die SEC kann das Justizministerium eine Ermittlung informell beginnen und um die freiwillige Zurverfügungstellung von Dokumenten sowie um Zeugnis von Personen oder Unternehmen ersuchen. Während einer derartigen Untersuchung wird keine Grand Jury einberufen, deshalb kann es auch nicht zu Subpoenas kommen. Um Dokumente verlangen zu können oder eine Gesellschaft zu durchsuchen sind weitere Schritte erforderlich. 43

Es sollte nicht unerwähnt bleiben, dass Unternehmen, die sich selbst anzeigen und mit dem Justizministerium kooperieren, einschließlich der freiwilligen Herausgabe von Dokumenten und Zeugnissen von Mitarbeitern, generell bessere Endergebnisse erzielen.

b) Strafrechtliche Ermittlungen – Grand Jury

Nur eine Grand Jury ist dafür zuständig, von einem Unternehmen die Herausgabe von Dokumenten im Wege der Subpoena zu verlangen. Eine Grand Jury ist eine Auswahl von Einwohnern eines Distriktes, die durch ein Gericht geladen werden, um Beweise zu beurteilen. Die Grand Jury hat zu entscheiden, ob die Beweislage zur Verfolgung eines Beschuldigten ausreicht. Die Verfolgungsbehörden können verlangen, dass ein Unternehmensmitarbeiter oder auch ein Dritter im gleichen Umfang wie das betroffene Unternehmen selbst Unterlagen herausgeben. 44

Um zu entscheiden, ob ein Beschuldigter verfolgt werden soll, stehen der Grand Jury weite Untersuchungsrechte zu, einschließlich des Erlasses von Subpoenas. Derartige Subpoenas beruhen auf Regel 17 der bundesbehördlichen Regelungen des Zivilverfahrens und bilden die Grundlage, sowohl Aussagen wie auch Beweismittel in Verbindung mit dem Verfahren zu erhalten. Wenn die Grand Jury entscheidet, dass die Verfolgungsbehörde hinreichenden Anlass hat, davon auszugehen, dass eine Straftat begangen worden ist, wird eine Anklage erhoben. Eine Anklage in diesem Sinne ist ein durch einen Staatsanwalt erstelltes und von der Grand Jury genehmigtes Dokument mit Vorwürfen, die eine Person beschuldigen, Straftaten begangen zu haben und die Vorwürfe gegen die Person oder ein Unternehmen feststellt. An diesem Punkt wird die Entscheidung, ein Unternehmen oder seine Mitarbeiter einer Verletzung des FCPA zu beschuldigen, durch die Betrugsabteilung der strafrechtlichen Abteilung in Washington DC gefällt, nicht durch die Grand Jury. Die Frage, ob jemand verfolgt werden soll, richtet sich nach den Prinzipien der bundesrechtlichen Verfolgung des Justizministeriums.

Während Grand Jurys Dokumente und Zeugenaussagen im Wege der Subpoena durchsetzen können, steht es den Zeugen frei, sich auf ihre Aussagefreiheit nach dem fünften Verfassungszusatz zu berufen. Jedoch ist dies ein Privileg, was nur natürlichen Personen zusteht; Unternehmen, Partnerschaften oder andere juristische Personen können sich nicht darauf berufen. Deshalb müssen Unternehmen, die eine Subpoena erhalten haben, grundsätzlich die Beweismittel herausgeben. Die bundesbehördlichen Regelungen des Strafverfahrens sind Grundlage der Untersuchungen durch das DOJ. 45

Genau wie die Reichweite der Subpoenas in SEC Verfahren ist die Reichweite der Subpoenas der Grand Jury begrenzt auf Personen, Dokumente und andere Beweismittel, die sich innerhalb der Vereinigten Staaten befinden. Sie gelten auch gegenüber Personen, die Staatsangehörige oder ausländische Bewohner der Vereinigten Staaten sind. Um Beweismittel zu erhalten, die außerhalb der Vereinigten Staaten liegen, muss sich die Staatsanwaltschaft der verschiedenen Mittel der Rechtshilfe bedienen.

2. Beendigungsformen des Ermittlungsverfahrens

46 Wie bereits ausgeführt, muss die Kriminalabteilung des Justizministeriums in Washington DC ausdrücklich die gerichtliche Verfolgung von FCPA-Verletzungen autorisieren. Die meisten Fälle des Justizministeriums enden in Vergleichen wie Appellen, Vereinbarung der Zurückstellung der Verfolgung oder der Nichtverfolgung.

In der Entscheidung, ob formell Anklage erhoben werden soll, folgt das Justizministerium den Prinzipien der bundesbehördlichen Verfolgung von Unternehmen. Diese beinhalten:

- Die Art und Intensität der Straftat einschließlich der Gefährdung der Öffentlichkeit und – soweit vorhanden – anwendbare Regeln, welche die Verfolgung von Unternehmen für bestimmte Straftaten festlegen;
- Die Intensität des Fehlverhaltens innerhalb des Unternehmens, einschließlich der Komplexität des Verhaltens und die kriminelle Intensität des Verhaltens der Unternehmensleitung;
- Vorbelastungen des Unternehmens mit ähnlichen Straftaten, einschließlich früherer strafrechtlicher, zivilrechtlicher und öffentlich-rechtlicher Verfahren;
- Die frühzeitige und freiwillige Offenlegung des Fehlverhaltens des Unternehmens und seine Bereitschaft, bei den Ermittlungen zu kooperieren;
- Existenz und Effektivität des vor der Tat existierenden Compliance-Programms;
- Die Bemühungen des Unternehmens zur Problembeseitigung, einschließlich der Bemühungen ein Compliance-Programm zu installieren und ein existierendes zu verbessern, die Ersetzung des für die Taten zuständigen Managements, die Disziplinierung oder Kündigung von Tätern, die Zahlung von Schadensersatz und die Kooperation mit allen betroffenen Behörden;
- Kollaterale Konsequenzen, wie überproportionaler Schaden für Aktionäre, Pensionäre, Mitarbeiter und andere nicht beweisbar schuldige Personen;
- Die Angemessenheit der Verfolgung von Personen, die für das Fehlverhalten im Unternehmen verantwortlich sind;
- Die Angemessenheit von Maßnahmen wie zivilrechtlichen oder öffentlich-rechtlichen Konsequenzen.

a) Strafrechtliche Nichtverfolgungsvereinbarungen

47 In den Fällen, in denen das Unternehmen mit behördlichen Ermittlungen kooperiert, kann das Justizministerium eine Vereinbarung der Nichtverfolgung mit dem Unternehmen treffen mit der Konsequenz, dass überhaupt keine Verfolgung mehr erfolgt. Derartige Vereinbarungen sind schriftliche Vereinbarungen, im Normalfall ein Schreiben, welches beinhaltet, dass das Justizministerium die Ermittlungen gegen eine Person oder ein Unternehmen einstellt und im Gegenzug die Betroffenen mit der Untersuchung des DOJ kooperieren und bestimmte Regeln einhalten. Solche Nichtverfolgungsvereinbarungen „bieten effektive Möglichkeiten abzusichern, dass Unternehmen ihr Compliance-System verbessern und Abhilfemaßnahmen treffen" und „garantierten entscheidende Kooperation der Unternehmen in laufenden strafrechtlichen Ermittlungsverfahren …".

Im Rahmen einer Vereinbarung zur Nichtverfolgung werden formelle Anklagen dann nicht erhoben, die Übereinkunft geschieht hauptsächlich zwischen den Parteien und wird nicht bei dem Gericht eingereicht. Strafrechtliche Nichtverfolgungsvereinbarungen sind weniger formal als Zurückstellungen der Strafverfolgung und beschränken sich oft auf ein von beiden Parteien unterzeichnetes Schreiben. Die Nichtverfolgungsvereinbarungen fordern weder ein Schuldeingeständnis, noch müssen sie vom Gericht genehmigt werden.

b) Vereinbarung der Zurückstellung der Strafverfolgung

In den Fällen, in denen Unternehmen mit den strafrechtlichen Ermittlungshandlungen kooperieren, kann das Justizministerium als weitere Variante eine Zurückstellung der Strafverfolgung vereinbaren. Diese Vereinbarung bewirkt, dass das Justizministerium die Strafverfolgung solange einstellt, wie das Unternehmen bestimmte Bedingungen, die in der Vereinbarung selbst definiert sind, einhält. In diesen Fällen wird üblicherweise dem zuständigen Gericht eine Anklageschrift zugestellt. Das Justizministerium stimmt anschließend zu, dass eine Strafverfolgung nicht stattfindet, solange das Unternehmen die Bedingungen der Vereinbarung befolgt. Da eine formelle Anklageschrift besteht und eingelegt ist, wird die Vereinbarung der Zurückstellung der Strafverfolgung ein deutlich komplexeres Regelwerk darstellen als eine Nichtverfolgungsvereinbarung. **48**

Die Bedingungen beinhalten üblicherweise eine Geldstrafe, die Versicherung, dass das Unternehmen keine weiteren strafrechtlichen Handlungen vornehmen wird sowie die Versicherung, dass das Unternehmen keinem der Vorwürfe in der Anklageschrift widerspricht und zusätzlich Vereinbarungen, um das Compliance-Programm der Gesellschaft zu stärken und zur Installation eines unabhängigen Monitors, der das Compliance-Programm überwacht und verbessert. Auch diese Vereinbarungen erfordern nicht die Zustimmung des Gerichts.

c) Geständnisse

Ein Angeklagter kann sich entscheiden, eine Vereinbarung mit den Verfolgungsbehörden zu schließen in deren Rahmen er es unterlässt, strafrechtliche Vorwürfe im Austausch für eine Verurteilung zu geringeren Vorwürfen oder einer bestimmten Urteilshöhe anzugreifen. Es steht dem Ministerium für Justiz zu, die Anklagevorwürfe zu bestimmen. Die Höhe des Urteils wird jedoch durch das Gericht bestimmt. Wenn es zu der Überzeugung kommt, dass die vereinbarte Strafhöhe unangemessen ist, wird es die gesamte Vereinbarung zurückweisen. **49**

d) Strafrechtliche Gerichtsverfahren

Im Rahmen eines Strafverfahrens trägt der Staat die Beweislast für jedes einzelne Merkmal des Vorwurfes und muss dies jenseits vernünftiger Zweifel beweisen. Das Gericht wird dann ein Urteil fällen. Wenn das Gericht zu einer Verurteilung kommt, wird es im nächsten Schritt die angemessene Urteilshöhe festsetzen. Bei den Überlegungen für ein Urteil gegen ein Unternehmen hat das Gericht die Art und Umstände der Straftat ebenso wie die Geschichte und den Charakter des beschuldigten Unternehmens zu bedenken. Zumessungsrelevant ist, ob das Unternehmen eine Compliance-Organisation eingerichtet hat und diejenigen Mitarbeiter, die den Verstoß begangen haben, mit Disziplinarmaßnahmen belegt hat. **50**

Wie bereits dargelegt, beenden Unternehmen die meisten Fälle weit vor einem Gerichtsverfahren durch einen Vergleich. Die Firma Lindsay Manufactoring war das erste

Unternehmen, welches vor dem Hintergrund von Vorwürfen auf Grundlage des FCPA vor Gericht stand und am 10.5.2011 verurteilt wurde. Die Firma stellte Notfallsysteme und andere Geräte für Unternehmen der Elektrobranche her. Die Beweismittel, die in die Hauptverhandlung eingeführt wurden, belegten, dass von Anfang 2002 bis März 2009 die Firma und bestimmte Personen innerhalb der Firma einem Berater 30% Kommission für alle Produkte, die an eine staatlich beherrschte Firma geliefert wurden, zahlten. Dabei ging man davon aus, dass die Kommission ganz oder teilweise gezahlt wurde, um mexikanische Amtsträger zur Vergabe von Verträgen an Lindsay Manufactoring zu bestechen.

Nach dem Urteil führte Assistant Attorney General Lanny A. Breuer aus: „Lindsay Manufactoring ist zwar die erste Firma, die wegen der Verletzung des FCPA vor Gericht stand und verurteilt wurde, aber sicherlich nicht die letzte. Bestechung im Ausland höhlt das Rechtssystem aus, es erstickt Wettbewerb und die Gesundheit der internationalen Märkte ebenso wie die geschäftlichen Interessen Amerikas. Wie diese Strafverfolgung zeigte, sind wir wild entschlossen, sämtliche Beteiligten solcher Bestechungsvorgänge dem Recht zuzuführen – die leitenden Angestellten, die derartige kriminelle Pläne entwickeln, die Menschen, die sie benutzen, um Bestechungen auszuzahlen und die Unternehmen, die bewusst erlauben, dass derartiges Verhalten blüht und gedeiht. Bestechung hat wirkliche Konsequenzen."

51 Verhandlungen vor Gericht sind im Unternehmensbereich schon wegen der Kosten, der zeitlichen Bindung des Managements und der Gefahren für die Reputation selten. Zusätzlich wird der Staat nach Beginn eines Gerichtsverfahrens einem Geständnisvergleich unterhalb der Schwelle des höchsten angeklagten Deliktes dann nicht mehr zustimmen. Wenn sich ein Unternehmen also für das Gerichtsverfahren entscheidet, ist es gezwungen, seine Verteidigung bis zum Ende des Verfahrens durchzuhalten mit den daraus potentiell resultierenden gravierenden Konsequenzen im Rahmen eines Urteils. Mit zunehmender Verfolgung von Straftaten nach dem FCPA und ähnlichen Gesetzen gegenüber Unternehmen mögen Gerichtsverfahren die akzeptable Möglichkeit darstellen, die Beweisführung des Staates anzugreifen.

§ 6. Parallelermittlungen in Deutschland

Deutsche und amerikanische Ermittlungsverfahren können auf verschiedenste Art und Weise aufeinander einwirken. Ihre Interaktionen stellen größte Herausforderungen an das Management eines Verfahrens. Je nachdem, in welchem Stadium sich das Verfahren befindet, welche Behörde tätig wird oder in welchem Land sich erste Erkenntnisse in Richtung einer Problemlage ergeben, muss der Berater unterschiedliche Ansätze verfolgen.

In allen Ermittlungsverfahren bestimmt die Ursprungsentscheidung zu einer bestimmten Strategie in hohem Maße das Endergebnis. Spätere Korrekturen an dem einmal eingeschlagenen Weg sind so gut wie nie problemlos möglich. Dies gilt in besonders hohem Maße, wenn unterschiedliche Prozessordnungen mit ihren jeweils eigenen Anforderungen an strategische Entscheidungen gleichzeitig zu beachten sind. Unabdingbare Voraussetzung ist dabei die enge, offene und vertrauensvolle Zusammenarbeit von Spezialisten im Strafrecht der verschiedenen Länder.

A. Die besten Ermittlungen sind keine Ermittlungen

Das Verhindern von Ermittlungsverfahren erspart hohen personellen und finanziellen Aufwand[1084] für ein Unternehmen und die dort potentiell persönlich Betroffenen. Viele Strafverfahren kündigen sich an, oft zu einem Zeitpunkt und in einem Stadium, in dem sie noch verhindert werden können. Warnhinweise ergeben sich aus der seriösen Presse, Zivilverfahren und dort insbesondere Arbeitsgerichtsprozessen, Meldungen aus dem Compliancesystem oder auch von Ombudsmännern auf vielfache Art und Weise. Kein Unternehmen kann es sich leisten, solche Hinweise nicht ernstzunehmen und darauf nicht zu reagieren. Wer die Signale zu lesen weiß, kann vieles dazu tun, die Entstehung eines Ermittlungsverfahrens zu verhindern oder doch zumindest seinen Verlauf und seine Konsequenzen positiv zu beeinflussen.

I. Strafrechtliche Risikokontrolle

Spätestens seit dem KontraG ist das Erfordernis von Risikokontrolle Gesetz geworden.[1085] Letztlich hatte schon deutlich früher § 130 OWiG die Grundlage geschaffen,[1086] eine Risikokontrolle auch im Strafrecht zumindestens in den Unternehmen zu installieren, die nach ihrer Größe und Organisation von der Leitungsebene nicht ohne weiteres mehr in allen Facetten überblickt werden können. Eine derartige Kontrolle kann sich nicht nur auf die (nachträgliche) Aufklärung mithilfe der Revision beschränken. Sie muss auch darauf ausgerichtet sein, sich potentiell entwickelnde Probleme zu erkennen und behandelbar zu machen.[1087] Die in der Folge geschilder-

---

[1084] Der im Allgemeinen allerdings weit unter dem liegt, welcher aufgewandt werden muss, wenn ein Verfahren in beiden Jurisdiktionen in vollem Umfang durchgeführt werden muss.
[1085] Gesetz zur Kontrolle und Transparenz im Unternehmen, in Kraft getreten am 1.5.1998; s. hierzu *Lingemann/Wasmann*, BB 1998, 853.
[1086] Gesetz über Ordnungswidrigkeiten vom 25.3.1952.
[1087] Vgl. zu Risikomanagementsystemen in mittelständischen Unternehmen *Hahn/Weber/Friedrich*, BB 2000, 2620.

ten Bereiche gehören unter dem Gesichtspunkt strafrechtlicher Risikokontrolle in permanente Beobachtung:

1. Der problematische Mitarbeiter

4 Noch immer entstehen über ein Drittel aller Ermittlungsverfahren, die sich auch gegen Unternehmen richten, aus persönlicher Frustrationen von Mitarbeitern oder deren Lebensgefährten. Dies zeigt sich besonders intensiv im arbeitsrechtlichen Kündigungsverfahren, in dem oft genug seitens der Mitarbeiter jenseits der eigentlichen Rechtsfragen und Tatsachenfeststellungen Druck durch die Behauptung strafrechtlich relevanten Handelns durch das Unternehmen oder dessen Leitungsebene ausgeübt wird.[1088] Dabei ist erstaunlich, inwieweit die Prozessvertretung der Mitarbeiter derartige Vorgehensweisen ohne sichtbare Bedenken mitträgt. Selbst wenn dies erpresserische Züge annimmt, sind derartige Behauptungen durchaus ernstzunehmen. Sie sind immer Anlass dafür, zu prüfen, ob sie möglicherweise berechtigt sind.

Stellt sich heraus, dass tatsächlich in das Strafrecht ragende Verhaltensweisen im Unternehmen festzustellen sind, besteht unmittelbarer Handlungsbedarf. Zuerst ist selbstverständlich jedes inkriminierte Verhalten einzustellen. Staatsanwaltschaften reagieren mit erheblicher Verstärkung ihrer Strafforderung, wenn sie feststellen, dass trotz des Hinweises auf strafbare Handlungen diese fortgesetzt werden. Danach ist die Frage zu klären, wie mit den Mitarbeitern umzugehen ist – Nachgeben im Sinne eines Schweigegeldes ist unter vielen Gesichtspunkten hoch problematisch. Einen gesetzlichen Ausweg bietet in einigen Fällen § 154 c StPO, wonach die Staatsanwaltschaft die Möglichkeit hat, im Falle der Erpressung diejenige Tat, mit der erpresst werden soll, nicht zu verfolgen. Auch die Möglichkeit interner Amnestieverfahren sollte in Betracht gezogen werden.[1089]

2. Der Konkurrent – insbesondere in Kartellverfahren

5 Strafrecht als strategisches Mittel im Konkurrenzkampf ist heute keine Seltenheit mehr. Problematisch wird es, wenn die Möglichkeiten des Strafprozesses zur Angriffswaffe umgeschmiedet werden. Die aus § 160 Abs. 1 StPO der Staatsanwaltschaft erwachsende Pflicht, jeden ihr zur Kenntnis kommenden Sachverhalt formell zu erforschen, kann missbraucht werden – und zwar nicht nur in der Theorie. Den Konkurrenten durch ein publizitätsträchtiges Strafverfahren aus dem Weg zu räumen ist nicht schwer und vergleichsweise risikolos. Der Anzeigende entgeht jeder möglichen Bestrafung beispielsweise aus § 164 StGB wegen falscher Anzeige, wenn er nur geschickt genug unstreitige Tatsachen mit seinen Wertungen mischt und unterlegt.

Auf ein gewisses Verständnis trifft, wenn gesetzestreue Unternehmen, die durch illegal handelnde Konkurrenten aus dem Markt gedrängt werden, zur Abhilfe durch die Staatsanwaltschaft greifen. Auch nachvollziehbar ist es, dass sich Unternehmen von strafrechtlichen Problemlagen im eigenen Betrieb selbst befreien wollen und nicht wie das Kaninchen auf die Schlange der Entdeckung starren wollen. Der Gesetzgeber hat mittlerweile Möglichkeiten geschaffen, vor dem Hintergrund eigenen strafrechtlichen

---

[1088] Zu Whistleblowern und Denunziatoren s. *Deiseroth/Derleder*, ZRP 2008, 248; *Dann*, CCZ 2010, 30.
[1089] Beispiele: Siemens, http://www.wiwo.de/unternehmen/schmiergeldskandal-siemens-lockt-reuige-mitarbeiter-mit-amnestie/5190272.html; MAN, http://www.tagesspiegel.de/wirtschaft/unternehmen/hunderte-wollen-von-man-amnestie-profitieren/1540154.html.

Handelns im Ergebnis straffrei zu werden: Vorreiter[1090] im Wirtschaftsstrafrecht war das Kartellrecht, in dem die Beendigung eigenen Kartellverhaltens durch Offenbarung gegenüber dem Bundeskartellamt (Windhundrennen) zur Bußgeldfreiheit führt.[1091] Im allgemeinen Strafrecht wurde § 46 b StGB geschaffen, der es ermöglicht, im Bereich mittlerer und schwerer Straftaten durch Angabe der Beteiligung anderer Straffreiheit oder Strafmilderung erlangen.[1092] Auch die neu eingefügten §§ 257 b und 257 c StPO zielen in diese Richtung, da sie darauf angelegt sind, durch Dialog der Verfahrensbeteiligten das Ergebnis eines Strafverfahrens im Wege der Verständigung zu finden.[1093] Faktisch bedeutet dies, dass derjenige, der zuerst an die Ermittlungsbehörden herantritt, mit ganz hoher Wahrscheinlichkeit erwarten kann, dass sein eigenes strafrechtliches Fehlverhalten nicht oder nur an der untersten Grenze des Möglichen sanktioniert wird. Dies gilt[1094] im Kartellrecht auch für die mit einem Kartellverstoß notwendig verbundenen allgemeinen Straftaten (Betrug an Kunden – § 263 StGB, wettbewerbsbeschränkende Absprachen bei Ausschreibungen – § 298 StGB), die im Rahmen einer kartellrechtlichen Selbstanzeige von der neben der Kartellbehörde tätig werdenden Staatsanwaltschaft zu verfolgen sind.[1095] Derartige erweiterte Handlungsmöglichkeiten für Konkurrenten müssen berücksichtigt werden, wenn strafrechtliche Problemlagen im Konkurrenzverhältnis sichtbar werden.

3. Strukturprobleme

Manchmal sind gesamte Branchen von spezifischen strafrechtlichen Vorwürfen betroffen. Wenn die Staatsanwaltschaft auf derartige strukturelle Problemlagen stößt, belässt sie es in den seltensten Fällen bei den gerade aktuellen Ermittlungsverfahren gegen einzelne Unternehmen, sondern sie räumt auf. In Deutschland ist das beste Beispiel das sog. „Herzklappenverfahren", in dem ursprünglich 2.700 Personen aus dem Medizinbereich verfolgt wurden. Dies führte über die ursprünglich betroffenen Firmen hinaus zu Ermittlungsverfahren gegen so gut wie alle Firmen der gleichen Branche.[1096] Auch wurden fast alle Lebensversicherungsunternehmen in Ermittlungen einbezogen, die sich gegen Kunden richteten, die mit Schwarzgeld fünf Jahre lang Versicherungsbeiträge zahlten, um sie dann nach 12 Jahren als Versicherungszahlung ungefährdet als weißes Geld entgegenzunehmen.[1097] Auch kleinere Einheiten[1098] kann es treffen: Im Ruhrgebiet gab es eine sog. „Pommes-Connection". Unter diesem Schlagwort wurden nahezu ausnahmslos alle Imbissbuden unter steuerlichen Gesichtspunkten verfolgt.[1099]

6

[1090] Das Betäubungsmittelrecht kennt seit langem in § 31 BtMG eine Kronzeugenregelung.
[1091] Zur Amnestie für aufklärungsbereite Kartellanten vgl. *Lutz*, BB 2000, 677.
[1092] S. zur Kronzeugenregelung unten Rn. 74 ff.
[1093] Zum Verständigungsgesetz vgl. *Kröpil*, JR 2010, 96; *Dießner*, StV 2011, 43.
[1094] Wenngleich nur faktisch: Staatsanwaltschaften geben im Allgemeinen den Kartellbehörden den Vorrang; wenn es in deren Verfahren zu einer Sanktionierung kommt, werden die Verfahren nach allgemeinem Strafrecht meist glimpflich ausgehen oder nach § 154 StPO eingestellt.
[1095] Vgl. zur Zuständigkeitsverteilung zwischen Kartellbehörden und Staatsanwaltschaft *Klusmann*, in: Wiedemann, § 56 Rn. 6 ff.
[1096] Zum Ermittlungsverfahren im Herzklappenskandal s. *Dieners*, in: Dieners, Kap. 1 Rn. 5 ff., sowie *Dieners/Klümper/Oeben*, in: Dieners/Reese, § 12 Rn. 5 ff., und *Dieners/Lembeck/Taschke*, PharmR 1999, 156.
[1097] S. zum sog. „Allianz-Skandal" *Vogt*, in: Herzog/Mülhausen, § 2 Rn. 39.
[1098] Strafrechtlich doch wiederum nicht zu klein, es stellte sich heraus, dass im Schnitt eine sechsstellige Summe pro Jahr an Einkünften nicht erklärt wurden.
[1099] Zu den 1991 stattgefundenen Ermittlungen gegen die sog. „Pommes-Connection", s. den Onlineartikel in der Zeit, abrufbar unter: http://www.zeit.de/1998/51/Die_scharfen_Hunde_vom_Revier.

Wer also als Leiter eines Unternehmens in seinem Bereich erfährt, dass branchenspezifische Strafverfahren existieren, sollte Vorsorge treffen.

4. Presse

7   Vorwürfe in Richtung Untreue, Korruption und Bilanzfälschung in der seriösen Presse aktivieren die Ermittlungspflicht der Staatsanwaltschaft gem. § 160 Abs. 1 StPO unmittelbar. Wenn solche Vorwürfe plausibel und mit einigem Detailwissen dargestellt werden, liegt die Halbwertzeit zwischen dem Presseartikel und den Aktivitäten der Staatsanwaltschaft, zumeist eine Durchsuchung, üblicherweise zwischen zwei und sechs Wochen. Auch und gerade dann, wenn Vorwürfe nicht richtig sind, sie aber nachvollziehbar dargestellt werden, empfiehlt sich schnelles präventives Handeln gegenüber der Staatsanwaltschaft.

II. Verfahrensverhinderung durch aktives Ermittlungsrisikomanagement

8   Die Gefahr zu erkennen, ist Eines. Strategien zur Minimierung potentieller strafrechtlicher Konsequenzen etwas Anderes. Sie stehen im besonderen Verhältnis von Ermittlungsverfahren in mehreren Ländern unter der Prämisse, die jeweiligen Verfahrensordnungen und die sich aus ihnen ergebenden Risiken, aber auch Möglichkeiten, zu harmonisieren. Zuvor jedoch muss der Impuls stehen, aktiv werden zu wollen und nicht nur erduldendes Objekt der Entwicklungen zu sein. Es ist für den strafrechtlichen Berater immer wieder schwer zu verstehen, dass in vielen Fällen angesichts erkannter strafrechtlicher Risiken das Schlange-Kaninchen-Prinzip wirksam wird: Statt eine Strategie zu entwickeln, wie Ermittlungsverfahren vermieden oder unvermeidbare Verfahren aktiv gestaltet werden, erfolgt Schockstarre oder wilder, sich im Kreise drehender Aktionismus, der im besten Fall nichts bewirkt oder im schlechtesten Fall Chancen verspielt und die Ausgangslage verschlechtert. Notwendig ist stattdessen eine kurzfristige, klare Bestandsaufnahme unter Expertenberatung und die Entwicklung einer Verfahrensstrategie. Gilt dies allgemein für jedes Ermittlungsverfahren, so noch mehr für Verfahren, die in mehrere Jurisdiktionen hineinreichen.

B. Von Deutschland ausgehende Ermittlungen

9   Ermittlungen in Deutschland gegen internationale Konzerne vor dem Hintergrund von Korruption beschränken sich schon seit langem nicht mehr allein auf Vorgänge in Deutschland. Die Ausweitung der Strafbarkeit im Korruptionsbereich auf außerdeutsche, europäische und späterhin internationale Vorgänge[1100] war dazu der Anlass. Die in den letzten Jahren stattfindende Öffnung der Nationalstaaten gegenüber der Rechtshilfe hat das ihre dazu beigetragen.[1101] Haben Staatsanwälte bis vor wenigen Jahren noch Ermittlungen außerhalb von Europa für im Ergebnis aussichtslos gehalten, ändert sich jetzt das Bild. Nicht zuletzt Rechtshilfe in Richtung der Vereinigten Staaten gilt unter Strafverfolgern nicht mehr als aussichtslos.

Es kann nicht davon ausgegangen werden, dass deutsche Staatsanwälte Rechtshilfe mit dem Ziel beantragen, amerikanische Ermittlungen auszulösen. Faktisch geschieht

---

[1100] S. dazu *Dann*, § 3 Rn. 44 ff.
[1101] Zur Rechtshilfe s. aus anwaltschaftlicher Sicht *Ahlbrecht*, § 11. Aus staatsanwaltschaftlicher Sicht s. *Loer*, § 10 Rn. 22 ff.

dies aber, wenn ein Rechtshilfeersuchen auf der Grundlage von Bilanzdelikten und/ oder Korruptionsdelikten die Ermittlungsbehörden in den Vereinigten Staaten erreicht und dort erkennbar wird, dass die Ermittlungen in irgendeinem Zusammenhang mit einem dem inneramerikanischen Recht unterworfenen Rechtssubjekt stehen.

Aufgabe der Beratung des Unternehmens ist somit in diesem Punkt, einen Übersprung in das amerikanische Rechtssystem durch Verhinderung der Rechtshilfe auszuschließen. Dies wird immer dann möglich sein, wenn die von der deutschen Staatsanwaltschaft gesuchten Beweisergebnisse auch ohne Rechtshilfe erreichbar sind – z.B. durch Lieferung der Beweise von Seiten der Unternehmensvertreter. In einem derartigen Fall kann es also durchaus Sinn machen, Verteidigungsmöglichkeiten nicht zu nutzen, wenn dies bedeuten würde, dass sich das Verfahren in Richtung der Vereinigten Staaten ausweitet. Nach meiner Erfahrung haben Staatsanwälte auch durchaus Verständnis dafür, die Anrufung amerikanischen Rechts in Deutschland nicht aktiv zu unterstützen, wenn der Verfahrenslauf sie nicht dazu zwingt. Problematisch in diesem Zusammenhang bleibt allerdings, inwieweit eine strafbewehrte Offenbarungspflicht nach amerikanischem Recht besteht.[1102]

10

Eine weitere von Deutschland ausgehende Quelle für amerikanische Ermittlungsverfahren sind frustrierte und mit dem Unternehmen in Streit liegende Mitarbeiter internationaler Unternehmungen. Betriebsangehörige erkennen heute sehr leicht, dass ihr Auftraggeber empfindlich gegenüber Vorwürfen ist, welche die amerikanischen Ermittlungsbehörden auf den Plan rufen. Der Autor hat in mehr als einem Fall erlebt, dass Ermittlungsverfahren in Aussagen von Mitarbeitern im Sinne des Whistleblowings aus Rache ihren Ursprung fanden.

C. Von den Vereinigten Staaten ausgehende Ermittlungen

Verfahren in den Vereinigten Staaten, die deutsche Firmen oder die Töchter amerikanischer Firmen betreffen, werden so gut wie immer im Wege der Rechtshilfe, oft auch vorab durch die internationale Presse, der deutschen Staatsanwaltschaft bekannt. Die amerikanischen Ermittlungsbehörden sind in weiten Bereichen darauf angewiesen, Informationen über in Deutschland ansässige Unternehmen, deren Struktur und deren handelnde Personen, auf dem Wege der Rechtshilfe zu erlangen. Da die Rechtshilfe letztendlich bei den deutschen Ermittlungsbehörden endet, wird es nahezu in jedem Fall vor dem Hintergrund der Ermittlungspflicht der Staatsanwaltschaft nach § 160 Abs. 1 StPO zu einem deutschen Ermittlungsverfahren kommen.

11

Diese Erkenntnis zwingt zu proaktivem Verhalten. Die Kenntnis davon, dass in den Vereinigten Staaten ein Verfahren existiert, zwingt dazu, sich in Deutschland auf ein paralleles Ermittlungsverfahren durch die deutsche Staatsanwaltschaft vorzubereiten. Auftakt eines deutschen Strafverfahrens im Unternehmensbereich ist allzu oft noch die Durchsuchung durch die Staatsanwaltschaft, ein Vorgang, den es wo immer möglich zu verhindern gilt. Das wird nur dann – eventuell – gelingen, wenn man aktiv auf die Staatsanwaltschaft zutritt und den Auftakt des Verfahrens aktiv gestaltet.

[1102] Vgl. oben *DiBianco*, § 2 Rn. 1 ff.

D. Speziell relevantes deutsches Prozessrecht

12 Dieses Buch richtet sich nicht nur an den strafrechtlich spezialisierten Juristen, so dass die wesentlichen relevanten strafprozessualen Strukturen aufgezeigt werden sollen. Dies nicht zuletzt im Hinblick auf die Abweichungen der verschiedenen Prozessordnungen.

I. Persönliche Schuld versus Unternehmensstrafrecht

13 Ein wesentlicher Unterschied zwischen dem deutschen und dem Strafrecht der Vereinigten Staaten ist, dass im anglo-amerikanischen Recht juristische Personen unmittelbares Prozesssubjekt sein können. Mit anderen Worten: Strafverfahren richten sich auch gegen Unternehmen.[1103] Trotz dieses dogmatisch fundamentalen Unterschiedes divergieren die Verfahren in den verschiedenen Ländern in ihren faktischen Auswirkungen auf Unternehmen weniger, als man vermuten mag.

1. Schuldgrundsatz als (angeblich) beherrschendes Prinzip

14 Das deutsche Strafrecht wird von zwei Grundgedanken beherrscht: es soll die materielle Wahrheit des Einzelfalles herausgearbeitet werden und die Sanktionen sollen sich an der Höhe der Schuld des handelnden Individuums ausrichten. Eine Legaldefinition des Begriffs der Schuld kennt das Gesetz zwar nicht, allgemein anerkannt ist aber der sog. normative Schuldbegriff. Danach bedeutet „Schuld" die Vorwerfbarkeit vorsätzlichen oder fahrlässigen Verhaltens.[1104] Da sich darin letztendlich der Grundgedanke von der Willensfreiheit des einzelnen Menschen manifestiert, ist nach diesem Verständnis[1105] Schuld als Bindeglied zwischen strafrechtlich missbilligtem Ergebnis und Handlung nur einem Menschen zuzuweisen. Aus diesem Ergebnis heraus argumentieren auch die Gegner eines Unternehmensstrafrechtes.[1106]

2. Faktisches Unternehmensstrafrecht

15 Die Realität sieht anders aus. In der Praxis existiert seit langen Jahren ein faktisches Unternehmensstrafrecht. Zwar sind in Deutschland Maßnahmen wie die Einsetzung eines Kontrolleurs oder gar die Streichung von der Börse als unmittelbar strafrechtlich geregelte Konsequenz einer unternehmensbasierten Straftat nicht möglich. Staatsanwaltschaft und Gerichte haben jedoch ein umfangreiches Instrumentarium an finanziellen Gestaltungs- und Sanktionsmaßnahmen, welches letztendlich den Charakter einer Bestrafung des Unternehmens annimmt.

16 Beginnend mit § 111 b StPO, der in einem extrem frühen Stadium des Verfahrens zur Sicherung eines – vielleicht – später angeordneten Verfalls (§§ 73 ff. StGB, § 29 OWiG) die Beschlagnahme von Firmenvermögen ermöglicht, über § 30 OWiG, der die Bebußung bis zu € 1 Mio zur Verfügung stellt, bis hin zu der nach §§ 73 ff. StGB oder auch § 29 OWiG (Einziehung, Verfall) möglichen weiten Palette an finanziellen Konsequenzen stehen der Staatsanwaltschaft – und in einem späteren Stadium des Verfah-

---

[1103] S. hierzu *Schneider*, CCZ 2008, 18.
[1104] BGHSt 2, 194, 200 = NJW 1952, 593.
[1105] Z.B. *Achenbach*, StraFo 2011, 422, 428.
[1106] S. zur Diskussion um die Ausweitung der Unternehmungssanktionierung *Wittig*, § 8 Rn. 7 ff. m.w.N.

rens den Gerichten – jede Möglichkeit offen, ein Unternehmen zu treffen, ja, es faktisch vom Markt zu nehmen. Dass Staatsanwaltschaften die juristische Person meinen, wenn sie Maßnahmen vorgeblich an der natürlichen Person festmachen, zeigt sich immer dann, wenn die Relationen nicht mehr stimmen: wenn in einem bundesweit beachteten Umweltverfahren die Staatsanwaltschaft ernsthaft darüber nachdachte, gegen eine dreistellige Millionensumme das Verfahren nach § 153 a StPO einzustellen, wird deutlich, dass nicht die Person, sondern deren Auftraggeber gemeint ist. Die Norm des § 153 a StPO verlangt nämlich für ihre Anwendung, dass auf die finanzielle Leistungskraft des Individuums abgestellt wird,[1107] nicht auf diejenige des multinationalen Konzerns, in dessen Rahmen sie tätig wurde. Finanzielle Konsequenzen, die die Leistungsfähigkeit des Betroffenen evident übersteigen, zeigen auf, wer damit wirklich getroffen werden soll.

Auch das Selbstverständnis der Staatsanwälte neuer Generation geht in Wirtschaftsstrafsachen dahin, das Unternehmen gestaltend und anleitend zu einem anderen Verhalten zu bringen. Das strafrechtliche Interesse an Personen, die aus einem Unternehmen heraus handeln, ist nicht selten weniger stark als dasjenige an der unternehmerischen Einheit, zumindest dann, wenn für die Person keine eigene Bereicherung in Rede steht. Zudem: es waren schon immer die Großwildjäger, die bewundert wurden, nicht die Jäger von Hasen. Damit soll gesagt sein, dass ein Unternehmen sich heute nicht mehr darauf beschränken kann, in seinem Rahmen betroffene Individuen gut verteidigt zu halten, um selbst keinen Schaden zu nehmen. Es muss selbst aktiv werden und auf derartige Verfahren Einfluss nehmen.

17

II. Wesentliche Prozessgrundsätze des Personenstrafrechtes

1. Ermittlungsgrundsatz

Das deutsche Strafverfahren wird von seiner ursprünglichen Konzeption her vom (Amts-)Ermittlungsgrundsatz geprägt.[1108] Strafverfolgungsbehörden (§ 160 Abs. 1 StPO) und Gerichte (§§ 155 Abs. 2, 244 Abs. 2 StPO) sind von Amts wegen verpflichtet, den Sachverhalt, der dem Verdacht einer Straftat zugrunde liegt, aufzuklären. Sie müssen je nach Stadium des Verfahrens von sich aus tätig werden und sind weder auf Initiativen der Verfahrensbeteiligten angewiesen noch an deren Anträge gebunden. Eng verknüpft ist der Ermittlungsgrundsatz mit dem zentralen Anliegen des deutschen reformierten Strafverfahrens: der Aufklärung des wahren Sachverhalts als Grundlage einer materiell richtigen Entscheidung über Schuld oder Unschuld.[1109]

18

Die Aufklärungspflicht erstreckt sich auch auf entlastende Umstände (vgl. § 160 Abs. 2 StPO), so dass die Staatsanwaltschaft ihre in diese Richtung gehende Ermittlungstätigkeit nicht etwa von einem Beweisantrag der Verteidigung abhängig machen darf. In der Realität wird der Anspruch auf Neutralität selten eingelöst und das geflügelte Wort von der Staatsanwaltschaft als „objektivste Behörde der Welt" immer wieder widerlegt. Staatsanwälte sind ihrem eigenen Verständnis nach in erster Linie Strafverfolger und arbeiten auf eine Überführung des Beschuldigten hin.[1110] Vorwerfbar ist das wenig, die gesetzliche Konstruktion läuft auf eine institutionalisierte Schizophre-

19

[1107] Graf/*Beuckelmann*, § 153 a Rn. 26.
[1108] Vgl. z.B. KK-StPO/*Pfeiffer/Hannich*, Einl. Rn. 10.
[1109] BVerfGE 57, 250, 275 = NJW 1981, 1719; BVerfGE 63, 45, 61 = NJW 1983, 1043.
[1110] Vgl. *Wessing*, in: Volk, § 11 Rn. 21.

nie heraus. Vor allen Dingen vor dem Hintergrund des das traditionelle Verfahren immer weiter verdrängenden Deals, den weder die Rechtsprechung noch die letzten Versuche des Gesetzgebers bändigen konnten, stellt sich die Frage, ob nicht auch in Deutschland eine klare Parteistellung der Verfahrenssubjekte Staatsanwaltschaft und Verteidigung die richtige Lösung wäre.

Der Ermittlungsgrundsatz stellt den wesentlichen Unterschied zu dem als Parteiprozess ausgestalteten amerikanischen Strafverfahren dar.[1111] Die Sachverhaltsaufklärung liegt dort in den Händen der beiden Parteien Staatsanwaltschaft und Verteidigung, während sich die Rolle des Gerichts auf die Verfahrensleitung beschränkt. Eine gerichtliche Aufklärungspflicht besteht nicht. Die Parteien müssen die für ihren jeweiligen Standpunkt sprechenden Beweise selbst ermitteln und einführen, beispielsweise durch Ausfindigmachen von Zeugen und deren Ladung. Das amerikanische Strafverfahren steht unter dem Zeichen der – aus dem deutschen Zivilverfahren bekannten – Dispositionsmaxime. Trotz des anders gestalteten – adversatorischen – Prozessmodells verfolgt auch das amerikanische Strafverfahren das Ziel der Wahrheitsfindung,[1112] wählt aber mit der dialektischen Aufklärung durch Staatsanwaltschaft und Verteidigung eine andere Methode, um dahin zu gelangen.[1113]

20   In der Praxis wird der Ermittlungsgrundsatz in vielen Fällen nicht eingehalten. Eine faktische Einschränkung findet er in den seit langem üblichen konsensualen Verfahrenserledigungen, die entweder in Gestalt des § 153 a StPO oder der – seit 2009 in § 257 c StPO gesetzlich geregelten, aber zuvor schon praktizierten – Urteilsabsprache erfolgen. Kernbestandteil einer konsensualen Verfahrenserledigung sind die Einstellung des Verfahrens gegen Geldzahlung (§ 153 a StPO) oder die Zusage einer bestimmten Strafhöhe (Urteilsabsprache) auf der einen und die Einräumung des Tatvorwurfs auf der anderen Seite. Der Gesetzgeber hat zwar bei der Einführung der gesetzlichen Regelungen der Verfahrensabsprachen ausdrücklich verfügt, dass die Amtsaufklärungspflicht unberührt bleiben soll (vgl. § 257 c Abs. 1 S. 2 StPO). Dabei handelt es sich aber um nicht mehr als ein Lippenbekenntnis.[1114] In der Praxis beschränkt man sich auf einen Abgleich des im Rahmen einer Absprache abgegebenen Geständnisses mit dem Inhalt der Ermittlungsakten. Zu einer wirklichen Aufklärung des Sachverhalts kommt es nicht. Diese Vorgehensweise ähnelt inhaltlich schon sehr dem amerikanischen Verfahren des plea bargaining.[1115]

2. Recht auf Verteidigung in jeder Verfahrenslage

21   Die Vorschrift des § 137 Abs. 1 StPO (für Unternehmen: § 434 StPO) gewährt jedem Betroffenen Unterstützung eines Verteidigers in jeglicher Lage des Verfahrens. Wie sich die Unterstützung ausgestalten kann, ist wiederum eine Frage von Einzelnormen. Ausgeprägt sind die Rechte schon aus historischen Gründen nicht besonders: Als der reformierte Strafprozess geschaffen wurde, fand Verteidigung so gut wie ausschließlich in der Hauptverhandlung statt, aktives Einwirken im Stadium des Ermittlungsverfahrens war unüblich und schon deshalb kaum vorgesehen. Diesen Geburtsfehler trägt das deutsche Strafverfahren noch heute mit sich.

[1111] Instruktiv *Trüg*, S. 25 ff. und S. 66 ff.
[1112] *Ransiek*, ZIS 2008, 116 f.; *Trüg*, S. 66.
[1113] Ausf. *Trüg*, S. 67 ff.; s. auch *Salditt*, StV 1988, 75, 79.
[1114] Zum Widerspruch zwischen Aufklärungsgrundsatz und Absprachen vgl. auch *Fischer*, ZRP 2010, 249, 250.
[1115] Zum plea-bargaining-System vgl. *Trüg*, ZStW 120 (2008), S. 331.

a) Anwesenheitsrechte von Verteidigern

aa) Vernehmung

Trotz der herausragenden Bedeutung und verfahrensprägenden Funktion des Ermittlungsverfahrens sind die Anwesenheits- und Einwirkungsrechte des Verteidigers im deutschen Recht unvollkommen geregelt. Ein generelles Anwesenheitsrecht, wie es für die Hauptverhandlung außer Frage steht, existiert für Vernehmungen im Ermittlungsverfahren nicht. Für eine optimale Wahrung der Einflussmöglichkeiten der Verteidigung ist das aber zu fordern.[1116] In einer späteren Hauptverhandlung werden die Vernehmungsergebnisse aus dem Ermittlungsverfahren i.d.R. nur reproduziert. Jeder Verteidiger kennt die Richter, die mit aller ihnen zur Verfügung stehenden prozessualen Macht die Ergebnisse des Ermittlungsverfahrens eins zu eins in das Urteil überführen. Versuche der Verteidigung, frühe belastende Vernehmungen auf den Prüfstand zu stellen oder gar zu widerlegen, sind unwillkommen. Kommt es zu keiner Hauptverhandlung mehr, sind die Vernehmungsergebnisse aus dem Ermittlungsverfahren erst recht zementiert. Sie werden ohne nochmalige richterliche Überprüfung von der Staatsanwaltschaft unmittelbar – zusammen mit den übrigen Beweismitteln – für die Beurteilung der Schuld sowie die Bemessung der Geldzahlung im Rahmen einer Einstellung nach § 153 a StPO herangezogen. **22**

Zu unterscheiden ist zwischen richterlichen, staatsanwaltschaftlichen und polizeilichen Vernehmungen: **23**

Für die richterliche Vernehmung des Beschuldigten, eines Zeugen oder Sachverständigen ist ein Anwesenheitsrecht des Verteidigers in § 168 c Abs. 1 und 2 StPO geregelt. Dieses umfasst das Recht, Fragen zu stellen, Vorhalte zu machen und auf das Abfassen des Vernehmungsprotokolls Einfluss zu nehmen.[1117] Vom Vernehmungstermin ist der Verteidiger gem. § 168 c Abs. 5 S. 1 StPO zu benachrichtigen. Die Benachrichtigung kann nach § 168 c Abs. 5 S. 1 StPO unterbleiben, wenn sie den Untersuchungszweck gefährden würde. Von der Rechtsprechung sind die Voraussetzungen in einem Fall bejaht worden, in dem der Verteidiger auf das Aussageverhalten des zu vernehmenden Zeugen Einfluss nehmen wollte.[1118] Erfährt der nicht benachrichtigte Verteidiger auf andere Weise von der Vernehmung, darf er an ihr teilnehmen. Die Gefährdung des Untersuchungszwecks rechtfertigt nur ein Absehen von der Benachrichtigung des Verteidigers und nicht dessen Ausschluss von der Vernehmung. Letzteres ist gem. § 168 c Abs. 3 StPO nur für den Beschuldigten vorgesehen.[1119]

Nach Auffassung der Rechtsprechung erstreckt sich das Anwesenheitsrecht aus § 168 c StPO nicht auf Vernehmungen von Mitbeschuldigten.[1120] Dieser Standpunkt überzeugt nicht.[1121] Er wird der besonderen Bedeutung richterlicher Vernehmungen, deren Ergebnisse weitgehend in die Hauptverhandlung transportiert werden können, nicht gerecht. Die anders gestaltete Rechtsprechung steht allerdings felsenfest. Zu den nach § 251 Abs. 2 StPO verlesbaren Niederschriften gehören auch solche über die Vernehmung eines Mitbeschuldigten. Zudem besteht ein Widerspruch zu konventions- **24**

[1116] Insoweit ist die Anwesenheit des Verteidigers zumindest im Regelfall zu gestatten, s. *Eisenberg*, Rn. 517.
[1117] *Schlothauer*, in: Widmaier, § 3 Rn. 53; s. auch *Meyer-Goßner*, § 168 c Rn. 1.
[1118] BGHSt 29, 1 = NJW 1980, 1056.
[1119] BGHSt 29, 1 = NJW 1980, 1056, 1057; *Meyer-Goßner*, § 168 c Rn. 5.
[1120] BGHSt 42, 391 = NStZ 1997, 351, 352 f.; *Meyer-Goßner*, § 168 c Rn. 1.
[1121] S. zur Kritik *Schlothauer*, in: Widmaier, § 3 Rn. 54.

rechtlichen Gewährleistungen. Das in Art. 6 Abs. 3 lit. d EMRK garantierte Recht, Fragen an Belastungszeugen zu stellen, umfasst die Befragung von Mitbeschuldigten.[1122] Die restriktive Auslegung der deutschen Rechtsprechung ermöglicht es hingegen den Strafverfolgungsbehörden, in Verfahren gegen eine Mehrzahl von Beschuldigten diese gegeneinander auszuspielen. Der Verteidiger hat keine Handhabe, um auf das Zustandekommen einer seinen Mandanten belastenden Aussage korrigierend einwirken zu können. Das Recht auf effektive Verteidigung – zu dem das BVerfG die materielle Beweisteilhabe, d.h. den Zugang zu den Quellen der Sachverhaltsfeststellung zählt[1123] – wird auf diese Weise im Ermittlungsverfahren desavouiert.

25 Führt die Staatsanwaltschaft eine Vernehmung durch, sieht das Gesetz ein Anwesenheitsrecht des Verteidigers nur für eine solche des eigenen Mandanten vor (§ 163 Abs. 3 S. 2 i.V.m. § 168 c Abs. 1 StPO). Andererseits ist die Anwesenheit des Verteidigers bei staatsanwaltschaftlichen Zeugen- oder Sachverständigenvernehmungen auch nicht vom Gesetz ausgeschlossen.[1124] Die Verteidigung kann daher ihre Anwesenheit bei der Vernehmung anregen, zumal die Chancen für eine zügige und wegen der Arbeitsersparnis in vielen Fällen von der Staatsanwaltschaft favorisierte einverständliche Verfahrensbeendigung bei einer informierten Verteidigung höher sind. Leider verschließen sich Staatsanwälte diesem Gedanken häufig, sie empfinden es als verzögernd und lästig, einen oder womöglich mehrere Verteidiger einzubinden, wohl auch weil sie befürchten müssen, in Anwesenheit eines Verteidigers ein anderes Beweisergebnis zu erhalten. Die Überprüfung der Befragung von Zeugen und Mitbeschuldigten ist ohnehin nicht das Anliegen der Strafjustiz, ein Grund, warum im deutschen Strafprozessrecht von den technischen Möglichkeiten der Dokumentation von Zeugenbefragungen im Ermittlungsverfahren und im Gerichtssaal so gut wie kein Gebrauch gemacht wird.[1125] Nach dem heutigen Stand der Technik wäre es ein Leichtes, Vernehmungen akustisch und optisch zu dokumentieren und das Ergebnis zu den Akten zu nehmen und damit überprüfbar zu machen. Wenn dies nicht geschieht, bleibt kaum eine andere Deutung, als dass die Ermittlungsbehörden die Überprüfbarkeit ihres Vorgehens schlichtweg scheuen.

26 Bei polizeilichen Vernehmungen existiert kein gesetzlich geregeltes Anwesenheitsrecht. Im Gegensatz zur staatsanwaltschaftlichen Vernehmung gibt es keine Norm, die wie § 163 a Abs. 3 S. 2 StPO auf § 168 c Abs. 1 StPO verweist. Das Anwesenheitsrecht kann aber dadurch faktisch durchgesetzt werden, dass dem Vernehmenden eindeutig signalisiert wird, der Beschuldigte werde nur im Beisein seines Verteidigers zu einer polizeilichen Vernehmung erscheinen und dort aussagen.[1126] Die Hoffnung, im Rahmen einer Vernehmung etwas Belastendes zu finden, überwiegt die Abneigung gegen die Verteidigerpräsenz zumeist.

bb) Durchsuchung

27 Im Falle einer Durchsuchung besteht ebenfalls kein gesetzliches Anwesenheitsrecht der Verteidigung. Das ist auch nicht nötig. Die Anwesenheit des Verteidigers lässt sich

---

[1122] *EGMR* NJW 2006, 2753, 2755.
[1123] *BVerfG* NJW 2001, 2245, 2246; 2010, 925.
[1124] Vgl. *Schlothauer*, in: Widmaier, § 3 Rn. 56.
[1125] Daher machte die BRAK 2010 einen Vorschlag zum verstärkten Einsatz von Bild- und Tontechnik im Strafverfahren, abrufbar unter http://www.brak.de/seiten/pdf/Stellungnahmen/2010/Stn1.pdf; vgl. hierzu *Nack/Park/Brauneisen*, NStZ 2011, 310.
[1126] *Dahs*, Rn. 232.

dadurch sicherstellen, dass sein Mandant ihm diese in Ausübung seines Hausrechts gestattet. Die Durchsuchungsbeamten können dem Verteidiger gem. § 164 StPO die Anwesenheit lediglich dann verwehren, wenn dieser die Durchsuchung stört. Allein die Anwesenheit des Verteidigers sowie die Wahrnehmung der gesetzlichen Rechte des Mandanten und die kritische Überprüfung der Durchsuchungsanordnung stellen aber noch keine Störung im Sinne der Vorschrift dar.[1127] Die Anwendung des § 164 StPO dürfte daher kaum relevant werden.

b) Verschwiegenheitspflicht des Verteidigers

Die Pflicht zur Verschwiegenheit gehört zu den Kernpflichten des Verteidigers. Sie ergibt sich für den als Rechtsanwalt zugelassenen Verteidiger aus der berufsrechtlichen Bestimmung des § 43 a Abs. 2 S. 1 BRAO. Strafrechtlich ist sie durch § 203 Abs. 1 Nr. 3 StGB und strafprozessual durch das Zeugnisverweigerungsrecht des § 53 Abs. 1 Nr. 3 StPO abgesichert. Die Wahrung der Verschwiegenheit ist unabdingbare Voraussetzung des für eine effektive Verteidigung erforderlichen Vertrauensverhältnisses zwischen Mandant und Verteidiger. Von der Verschwiegenheitspflicht ist alles erfasst, was dem Verteidiger in Ausübung seines Berufes bekannt geworden ist (§ 43 a Abs. 2 S. 2 BRAO). Darunter fallen Umstände, die unmittelbar das Mandat betreffen sowie sonstige privater, steuerlicher, beruflicher oder geschäftlicher Art.[1128] Auch der Umstand, dass jemand überhaupt einen Verteidiger konsultiert hat, fällt unter die Verschwiegenheitspflicht.[1129] Der Verteidiger ist immer seinem eigenen Mandanten gegenüber zur Verschwiegenheit verpflichtet. Das gilt auch dann, wenn – wie häufig in umfangreichen Wirtschaftsstrafverfahren gegen ein Unternehmen und dessen Führungspersonen beziehungsweise Mitarbeiter – die Mandatierung über das Unternehmen eingeleitet und das Verteidigerhonorar von diesem übernommen wird. Die Verschwiegenheitspflicht gilt auch im Verhältnis mehrerer Verteidiger derselben Sozietät. Sie dürfen ohne Zustimmung des Mandanten untereinander nicht über Umstände aus dem jeweiligen Mandatsverhältnis sprechen.[1130] In der Regel wird aber von einem konkludenten Einverständnis der Mandanten auszugehen sein,[1131] zumindest dann, wenn die Mandatierung mehrerer Anwälte einer Kanzlei auf einen bewussten Akt aller Verteidigten zurückgeht. Dass sich der mandatierte Rechtsanwalt zur Erfüllung seines Auftrages mit Kollegen der Sozietät austauscht und sich der Hilfe von Mitarbeitern bedient, wird der Mandant wissen. Diesem ist in erster Linie daran gelegen, dass vertrauliche Informationen in der Kanzlei bleiben und nicht nach außen dringen. Besondere Beachtung verlangt die Verschwiegenheitspflicht bei der Sockelverteidigung.[1132] Sollte sich ein Interessenwiderstreit zwischen den in einer Sozietät verteidigten Mandanten zeigen, kann dieses Einverständnis – sei es ausdrücklich oder konkludent gegeben – jederzeit widerrufen werden.

Die Verschwiegenheitspflicht bleibt auch nach Beendigung des Mandats bestehen.[1133] Entsprechendes gilt für das strafprozessuale Zeugnisverweigerungsrecht.[1134]

[1127] *Park*, Rn. 187 f.
[1128] *Kleine-Cosack*, § 43 a Rn. 12.
[1129] *Feuerich/Weyland*, § 43 a Rn. 16.
[1130] *Kleine-Cosack*, in: Widmaier, § 56 Rn. 21.
[1131] *Feuerich/Weyland*, § 43 a Rn. 25.
[1132] Dazu unten § 6 Rn. 52.
[1133] S. ausdr. § 2 Abs. 2 BORA.
[1134] *Meyer-Goßner*, § 53 Rn. 10.

§ 6. Parallelermittlungen in Deutschland

Sie erlischt, wenn der Mandant als alleiniger „Herr des Geheimnisses" den Verteidiger davon entbindet.[1135] In diesem Fall entfällt auch das Zeugnisverweigerungsrecht.[1136]

29 Besonderheiten bestehen bei einem vom Unternehmen mandatierten Anwalt, dem sog. Unternehmensverteidiger.[1137] Das Mandatsverhältnis kommt zwischen dem Unternehmen als juristischer Person und dem Anwalt zustande. Von der rechtlichen Begründung des Mandats ist, wie das AG Bonn zutreffend ausgeführt hat, dessen tatsächliche Durchführung zu unterscheiden.[1138] Die Kommunikation innerhalb des Mandatsverhältnisses erfolgt naturgemäß nicht mit der juristischen Person als abstraktem Gebilde, sondern mit den für sie handelnden Personen. In erster Linie sind die Vorstandsmitglieder die Kommunikationspartner des Unternehmensverteidigers. Da aber die Vorstände in den seltensten Fällen die unmittelbare Kommunikation mit der Unternehmensverteidigung durchführen, sondern diese, jedenfalls auf der Arbeitsebene, im Allgemeinen mit der Rechtsabteilung erfolgt, fragt sich hier, wer in den Bereich der geschützten Kommunikation tatsächlich eingebunden ist. Eine gerichtliche Entscheidung hierzu ist nicht bekannt, wir haben es mit juristischem Neuland zu tun, das entstanden ist, als sich die Ermittlungsbehörden den Unternehmen als sie interessierende Strafrechtssubjekte zuwandten. Nach den in den §§ 431 ff. StPO normierten Grundgedanken ist geschützte Kommunikation dort notwendig, wo aktive Verteidigungskommunikation stattfindet. Das geschieht auf der einen Seite durch den Verteidiger, auf der anderen durch diejenigen Angehörigen des Unternehmens, die kraft ihrer Organstellung oder kraft ihrer Funktion dazu berufen sind, das Unternehmen in der Verteidigungssituation zu vertreten. Die Frage danach, wer auf Seiten des Unternehmens zu dem qua Verteidigung geschützten Kommunikationskreis gehört, muss funktional beantwortet werden: Neben den durch Gesetz definierten Organen sind das diejenigen Personen, die in der Vertretung zur Durchführung der Kommunikation faktisch notwendig sind. Das ist in der Regel die Rechtsabteilung.[1139]

Anzuerkennen ist das Interesse, die Privilegierung der Verteidigungskommunikation auf einen klar umgrenzten und funktional notwendigen Personenkreis zu beschränken. Erreicht werden kann dies, wenn in dem Auftrag an den Verteidiger eindeutig diejenigen Personen benannt werden, von denen er Informationen und Weisungen erhält. Eine eher restriktive Liste dieser Person empfiehlt sich. Dieser Personenkreis wiederum ist es, der aus Sicht des Autors auch den Schutz des § 97 Abs. 1 und 2 StPO genießen muss.

30 Ein Sonderthema in dieser Beziehung stellt der Aufsichtsrat dar. Auch er ist Organ, aber nicht Auftraggeber des Unternehmensverteidigers. Er kann selbst einen dann ihm verpflichteten Verteidiger für seine Belange stellen, jedoch nicht den vom Vorstand bestellten Verteidiger. Dieser kann nicht beide Organe vertreten, denn deren Interessenssphären können nicht zuletzt in Strafverfahren durchaus konträr sein. Eine Doppelvertretung wäre ein klassischer Fall der Kollision und des Parteiverrates. Was die Unternehmensverteidiger dem Aufsichtsrat mitteilt, unterliegt daher weder dem

---

[1135] *Feuerich/Weyland*, § 43 a Rn. 24.
[1136] *Meyer-Goßner*, § 53 Rn. 46.
[1137] Hierzu ausf. unter § 6 Rn. 48 ff.
[1138] *AG Bonn* NJW 2010, 1390 (Datenskandal bei der Telekom AG). In dem der Entscheidung zugrunde liegenden Fall ging es nicht um einen Unternehmensverteidiger, sondern um einen Rechtsanwalt für Gesellschaftsrecht. Die Ausführungen des *AG Bonn* sind aber auf die Tätigkeit des Unternehmensverteidigers übertragbar.
[1139] *Minoggio*, Rn. 644, 662, dehnt den Kommunikationsschutz sogar auf den in § 75 StGB genannten Personenkreis sowie mit Einschränkungen auf den Kreis „sonstiger Mitarbeiter" aus.

Beschlagnahmeschutz, noch ist der Aufsichtsrat insoweit zeugnisverweigerungsberechtigt.

Wird der Unternehmensverteidiger von seiner Schweigepflicht entbunden, so ist bei juristischen Personen das Einverständnis durch das vertretungsberechtigte Organ zu erteilen,[1140] also dem Vorstand. Bei zwischenzeitlichem Wechsel in der personellen Zusammensetzung der Führungs- bzw. Aufsichtsebene ist neben der Entbindungserklärung der aktuellen Führungsmitglieder eine solche derjenigen Personen erforderlich, die von dem Unternehmensverteidiger beraten worden sind.[1141]

c) Akteneinsichtsrechte

aa) Akteneinsicht nach § 147 StPO

Das Akteneinsichtsrecht ist das zentrale Informationsrecht und eines der wichtigsten **31** Rechte der Verteidigung überhaupt. Als Ausprägung des verfassungsrechtlichen Anspruchs auf rechtliches Gehör (Art. 103 Abs. 1 GG) ist es gesetzlich in § 147 StPO verankert.[1142] Über die Verweisung in § 46 Abs. 1 OWiG gilt das Akteneinsichtsrecht in dem exakt gleichen Maße im Ordnungswidrigkeitenverfahren, z.B. im Kartellbußgeldverfahren. Berechtigt zur Akteneinsicht ist der Verteidiger der individell betroffenen Personen eines Straf- oder Ordnungswidrigkeitenverfahrens. Im Falle der Beteiligung des Unternehmens am Strafverfahren wegen einer Maßnahme der Einziehung oder des Verfalls oder einer Geldbuße nach § 30 OWiG steht das Akteneinsichtsrecht aufgrund der Verweisung des § 434 Abs. 1 S. 2 StPO (ggf. i.V.m. § 442 Abs. 1 oder § 444 Abs. 2 S. 2 StPO) auf § 147 StPO auch dem Unternehmensverteidiger zu.[1143] Die Gleichstellung des Unternehmensverteidigers mit dem Individualverteidiger ist konsequent, weil die Stellung des von einer Sanktion nach § 30 OWiG betroffenen Unternehmens mit derjenigen eines individuellen Beschuldigten vergleichbar ist und dem Unternehmen notwendig dieselben Verteidigungsrechte zustehen müssen.[1144]

Das Recht auf Akteneinsicht gilt in allen Stadien des Verfahrens und greift mit Beginn des Ermittlungsverfahrens, ggf. schon mit der Einleitung von Vorermittlungen **32** ein.[1145] Die Einsicht in die Akten ist möglichst frühzeitig zu gewähren.[1146] Ein Satz, gegen den in der Praxis der Ermittlungsbehörden sehr gerne verstoßen wird. Zu den Akten, in die Einsicht zu gewähren ist, zählen sämtliche be- und entlastende Ermittlungsergebnisse, die im Laufe der Ermittlungen anfallen.[1147] Mit umfasst sind Computerdateien mit verfahrensbezogenen Informationen,[1148] beigezogene Akten aus anderen Verfahren (z.B. andere Strafakten oder zivilprozessuale Akten) sowie gesondert geführte Akten, wie etwa Finanzermittlungsakten.[1149] Die in Wirtschaftsstrafverfahren üblichen Beweismittelordner, Fall- und Personenakten gehören ebenfalls

---

[1140] *Fischer*, § 203 Rn. 32.
[1141] S. wiederum *AG Bonn* NJW 2010, 1390; dazu auch *Hamm*, NJW 2010, 1332, 1333 f.
[1142] Grundlegend zum Akteneinsichtsrecht *BVerfG* NJW 2006, 1048; LR/*Lüderssen/Jahn*, § 147 Rn. 2.
[1143] S. hierzu auch unten § 6 Rn. 48; vgl. ferner LR/*Gössel*, § 444 Rn. 6; *Meyer-Goßner*, § 147 Rn. 2; *Minoggio*, Rn. 815 f.; Graf/*Wessing*, § 147 Rn. 1.
[1144] *Wessing*, WuW 2010, 1019, 1020 f.
[1145] *BGH* NStZ-RR 2009, 145; LR/*Lüderssen/Jahn*, § 147 Rn. 119 f.; Graf/*Wessing*, § 147 Rn. 4.
[1146] *BVerfG* NJW 1983, 1043, 1044; *Schäfer*, NStZ 1984, 203, 205.
[1147] *Schäfer*, NStZ 1984, 203, 204.
[1148] LR/*Lüderssen/Jahn*, § 147 Rn. 29; Graf/*Wessing*, § 147 Rn. 13.
[1149] BGHSt 30, 131; *BGH* NJW 2007, 3652, 3653; ferner *Knierim*, in: Volk, § 7 Rn. 237; *Schlothauer*, in: Widmaier, § 3 Rn. 37; *Meyer-Goßner*, § 147 Rn. 15 f.; *Minoggio*, Rn. 837.

dazu.[1150] Bei Trennung eines ursprünglich gegen mehrere Beschuldigte einheitlich geführten Verfahrens erstreckt sich das Einsichtsrecht auf die vollständigen Akten bis zur Verfahrenstrennung. Akten, die nach der Trennung in einem abgtrennten Verfahren enstanden sind, werden von der Rechtsprechung als nicht mehr vom Einsichtsrecht umfasste fremde Akten behandelt.[1151] Diese kann der Verteidiger durch begründete Beiziehungsanträge zum Beweisgegenstand seines Verfahrens machen. Davon abweichend hat der Kartellsenat des BGH für das Kartellbußgeldverfahren entschieden, dass sich das Einsichtsrecht auf die nach Verfahrenstrennung in Parallelverfahren entstanden Akten erstreckt, sofern die Verfahren zu einem einheitlichen Gesamtkomplex gehören.[1152]

33 Gem. § 147 Abs. 2 S. 1 StPO darf die Akteneinsicht – nur bis zum Abschluss der Ermittlungen – wegen Gefährdung des Untersuchungszwecks versagt werden. Die Formulierung des Gesetzes (der Verteidiger ist befugt) belegt, dass die Verschaffung der Akteneinsicht durch die Staatsanwaltschaft die Regel, deren Versagung die Ausnahme ist. Dafür muss eine durch Tatsachen belegte Gefahr vorliegen, dass die Ermittlungen aufgrund der durch die Akteneinsicht erlangten Erkenntnisse beeinträchtigt würden.[1153] Die Verweigerung der Einsicht ist von der Staatsanwaltschaft zu begründen.[1154] Die pauschale Wiederholung der Tatbestandsvoraussetzungen des § 147 Abs. 2 S. 1 StPO reicht ebeno wenig wie der alleinige Hinweis auf die noch nicht abgeschlossenen Ermittlungen.[1155] Letzteres zeugt vielmehr von einem grundsätzlichen Fehlverständnis des Akteneinsichtsrechtes.

34 In der Praxis stoßen Akteneinsichtsgesuche immer wieder auf Hindernisse. Bemühungen der Verteidigung um eine möglichst frühzeitige Einsicht wird entgegen gehalten, dass die Ermittlungen noch andauern und nicht abgeschlossen sind. Dies widerspricht nicht nur den engen Voraussetzungen des § 147 Abs. 2 S. 1 StPO, sondern verletzt das Gebot der prozessualen Waffengleichheit zwischen Staatsanwaltschaft und Verteidigung. Die effektive Wahrnehmung von Verteidigungsrechten und die Einflussnahme auf den Verfahrensgang im Ermittlungsverfahren als dem praktisch bedeutsamsten Verfahrensabschnitt werden desavouiert, wenn der Verteidigung die Einsicht in die Akten bis zum Abschluss der Ermittlungen versagt wird.[1156] Das zeigt sich beispielhaft an der zentralen Frage des Einlassungsverhaltens. Ohne Kenntnis der konkreten Tatvorwürfe und der sie stützenden Beweismittel kann die Entscheidung über Reden oder Schweigen nicht seriös getroffen werden. Angaben zur Sache jedweder Art ohne vorherige Akteneinsicht sind in der weit überwiegenden Mehrzahl der Fälle ein anwaltlicher Kunstfehler.[1157]

35 Der „Kampf" um eine möglichst frühzeitige Akteneinsicht steht zu Beginn der Verteidigungstätigkeit im Vordergrund.[1158] Wird die Einsicht – was nicht selten geschieht

---

[1150] *Schäfer*, NJW 1984, 203, 205; *Wessing*, WuW 2010, 1019, 1022.
[1151] *BGH* NJW 2007, 3652, 3653; *OLG Hamm* StV 299, 300 f.; *Meyer-Goßner*, § 147 Rn. 16.
[1152] BGHSt 52, 58 = NJW 2007, 3652 = NStZ 2008, 104; ausf. dazu *Wessing*, WuW 2010, 1019, 1023 f.; s. ferner Graf/*Wessing*, § 147 Rn. 15 b; *Minoggio*, Rn. 818 und 853.
[1153] Bsp. benennt *Meyer-Goßner*, § 147 Rn. 21.
[1154] *Meyer-Goßner*, § 147 Rn. 37, von der Begründung darf gem. Abs. V S. 4 nur abgesehen werden, wenn durch die Offenlegung der Gründe der Untersuchungszweck gefährdet werden könnte.
[1155] *Burkhard*, wistra 1996, 171, 173; *Schlothauer*, in: Widmaier, § 3 Rn. 39.
[1156] Zum Gebot der Waffengleichheit *BVerfG* NJW 1983, 1043 und speziell erörterten Aspekt *Wessing*, WuW 2010, 1019, 1022 ff.
[1157] Vgl. *Minoggio*, Rn. 825 ff.
[1158] So zu Recht *Minnoggio*, Rn. 831 und 848.

– aus logistischen oder organisatorischen Gründen, wie z.B. dem Hinweis auf eine momentane Versendung der Akten, verweigert oder verzögert, muss die Verteidigung beharrlich bleiben. Unter Umständen hilft das Angebot an die Staatsanwaltschaft, die Akten selbst abholen und zeitnah (nach Vollkopie und Scannen)[1159] zurückbringen zu lassen.[1160] Bei der in Wirtschaftsstrafverfahren üblichen Mehrzahl von Beschuldigten empfiehlt es sich, in Abstimmung mit der Staatsanwaltschaft[1161] die gesamten gescannten Akten durch den Unternehmensverteidiger an die Verteidiger der einzelnen Beschuldigten weiterzuleiten.[1162] Das erspart ebenfalls Zeit und stellt sicher, dass alle Verteidiger schnell und zeitgleich berücksichtigt werden. Die aufwändige und zeitraubende Alternative wäre eine Abarbeitung der Einsichtsgesuche jedes einzelnen Verteidigers der Reihe nach. Bis zur vollständigen Erledigung können unter Umständen mehrere Monate vergehen.[1163] Bei der Weiterleitung der Akten durch den Unternehmensverteidiger dürfen jedoch gegen einzelne Beschuldigte eventuell bestehende Einsichtssperren nach § 147 Abs. 2 S. 1 StPO nicht unterlaufen werden.[1164] Die Bearbeitung des Akteneinsichtsgesuchs kann auch durch die Ankündigung einer Stellungnahme zur Sache im Falle der Gewährung der Akteneinsicht beschleunigt werden. Das kann auch im eigenen Interesse der Staatsanwaltschaft liegen, wenn diese bei ihren Ermittlungen auf Sachverhaltsschilderungen der Beschuldigten als unmittelbare Beteiligte der fraglichen Vorgänge angewiesen ist.[1165] Wird die Einsicht trotz aller Bemühungen konsequent wegen angeblicher Gefährdung des Untersuchungszwecks versagt, kann das im Übrigen ein Anhaltspunkt dafür sein, dass Ermittlungsmaßnahmen, wie z.B. Durchsuchung oder Haftbefehl, bevorstehen, die nicht durch Akteneinsicht im Vorfeld offenbart werden sollen.[1166]

bb) Akteneinsichtsrecht nach § 406 e oder § 475 StPO

Ist das Unternehmen potentiell Geschädigter einer Straftat eines Mitarbeiters, kommt als Anknüpfungspunkt für ein Akteneinsichtsbegehren des Unternehmensverteidigers das Akteneinsichtsrecht des Verletzten aus § 406 e StPO in Betracht.[1167] Die Verletzteneigenschaft des Unternehmens kann sich im Korruptionskontext aus einer mit Bestechungshandlungen einhergehenden Untreue (§ 266 StGB) zum Nachteil des Unternehmensvermögens ergeben. Die Untreue ist ein Schwesterdelikt der Korruption. Die Rechtsprechung nimmt Untreuestrafbarkeit bei der Bildung von Schwarzen Kassen und bei Kick-Back-Zahlungen an, über welche die Korruption abgewickelt wird.[1168] Daneben kann ein Akteneinsichtsgesuch unabhängig von einer potentiellen Verletztenstellung auf das allgemeine Auskunftsrecht des § 475 StPO gestützt werden, sofern ein berechtigtes Interesse dargelegt wird. Dieser Weg kommt vor allem in Frage, wenn zi-

36

[1159] Zunehmend heute die Übersendung einer bereits digitalisierten Ermittlungsakte durch die Staatsanwaltschaft, was allerdings immer wieder Fragen der Vollständigkeit der Akte aufwirft.
[1160] *Minoggio*, Rn. 833 f.
[1161] Mag man die Praxis der Verweigerung der Akteneinsicht aus neben dem Gesetz liegenden Gründen auch missbilligen, die Prärogative der Staatsanwaltschaft, wem sie die Akte überlässt, ist zu respektieren.
[1162] *Wessing*, in: Volk, § 11 Rn. 147.
[1163] In Umfangverfahren scheint sich das Problem zu verflüchtigen, auch Staatsanwaltschaften besitzen in der Zwischenzeit Aktenscanner und verteilen Akten auf CD.
[1164] Näher unter § 6 Rn. 61 ff.
[1165] *Minoggio*, Rn. 846 ff.
[1166] *Minoggio*, Rn. 824.
[1167] Vgl. *Kempf*, in: Volk, § 10 Rn. 86 ff.
[1168] Eingehend dazu oben *Dann*, § 3 Rn. 80 ff. m.w.N.

vilrechtliche Schadensersatzansprüche des Unternehmens gegen Mitarbeiter, die sich strafbar gemacht haben, zu prüfen sind.[1169]

Die Einsichtsrechte der §§ 406 e, 475 StPO sind gegenüber demjenigen aus § 147 StPO deutlich schwächer ausgeprägt. Die Versagungsgründe sind im Vergleich zu der engen Regelung des § 147 Abs. 2 S. 1 StPO weiter gefasst. Insbesondere ein überwiegendes schutzwürdiges Interesse des von der Einsicht Betroffenen an der Geheimhaltung ist zwingend vorrangig zu berücksichtigen (vgl. §§ 406 e Abs. 2 S. 1, 475 Abs. 1 S. 2 StPO). Aus Sicht des in ein Strafverfahren involvierten Unternehmens sollte daher das Bemühen um die umfassende Akteneinsicht nach § 147 StPO im Vordergrund stehen, wenn eine prozessuale Beteiligung der juristischen Person nach den Grundsätzen der §§ 431 ff. StPO vorliegt.[1170] Gegenüber Staatsanwälten, welche die Norm nur im Zusammenhang mit dem Individualverteidiger kennen und insoweit von einem ausschließlichen Anwendungsbereich ausgehen, ist auf die eindeutigen Bestimmungen der §§ 434 Abs. 1 S. 2, 444 Abs. 2 S. 2 StPO hinzuweisen.

d) Kommunikationsrechte

37 Vertritt der Anwalt ein Unternehmen, das Beteiligter eines Strafverfahrens geworden ist, so ist eine umfassende Information und Abstimmung des Verteidigers mit seiner Mandantschaft absolute Grundvoraussetzung für die Vertretung und damit die Verteidigung. Der BGH und auch das BVerfG haben immer wieder die Bedeutung der freien Kommunikation zwischen Verteidiger und den von ihm Vertretenen hervorgehoben.[1171] Ohne eine solche Kommunikation kann Verteidigung nicht wirksam werden. § 148 StPO, der den freien Verkehr des Beschuldigten mit dem Verteidiger regelt, ist die Kernnorm der Verteidigungsrechte neben dem Akteneinsichtsrecht. Sie muss auch für die Kommunikation im Rahmen einer Unternehmensverteidigung gelten. Da allerdings die gesamte Materie noch derart neu ist, gibt es über die gesetzlichen Wertungen hinaus und im Rahmen von deren Interpretierbarkeit noch keine feste Grundlage. So eindeutig nach Ansicht des Verfassers die Lage ist – dass diejenigen Mitglieder des Unternehmens, die notwendig in die Kommunikation eingebunden sind, auch den Schutz dieser Kommunikation genießen – so wenig ist dies durch Rechtsprechung abgesichert. Die Frage, wie Kommunikation letztendlich in der Praxis von Verfahren gegen juristische Personen gesichert werden kann, wird also erst in Zukunft entschieden. Bis dahin ist der Kommunikationsschutz insbesondere, was Unterlagen angeht, nur bei dem Unternehmensverteidiger selbst eindeutig und hundertprozentig.

e) Das „Recht" auf Unwahrheit

38 Im deutschen Strafverfahren besteht für den Beschuldigten unbestritten keine Wahrheitspflicht.[1172] Ein Recht zur Lüge folgt daraus materiell-rechtlich nach vorherrschender Auffassung nicht. Erfüllt der Beschuldigte im Rahmen einer Vernehmung durch falsche Angaben die Voraussetzungen eines Straftatbestandes, macht er sich strafbar.[1173] Anders gesagt: Der Beschuldigte muss nichts sagen. Das, was er sagt, muss auch nicht

---

[1169] S. *Kempf*, in: Volk, § 10 Rn. 96 f.
[1170] S. auch *Minoggio*, Rn. 822.
[1171] Vgl. nur *BVerfG* NJW 2006, 2974; 2007, 2749; *BGH* NJW 2005, 1668; *EGMR* NJW 2007, 3409.
[1172] *BGH* NStZ 2005, 517, 518; *Eisenberg*, Rn. 550; *Meyer-Goßner*, § 136 Rn. 18; KK-StPO/*Diemer*, § 136 Rn. 20; eingehend *Fezer*, FS Stree und Wessels, 1993, S. 663 ff.
[1173] *BGH* NStZ 2005, 517, 518; KK-StPO/*Diemer*, § 136 Rn. 20.

wahr sein. Er ist aber, wenn er die Unwahrheit sagt, nicht aufgrund seiner Beschuldigteneigenschaft von Strafbarkeit freigestellt, wenn die Unwahrheit als solche Straftatbestände erfüllt, bestes Beispiel ist die falsche Verdächtigung nach § 164 StGB.

Die Frage, ob es ein prozessuales Recht zur Lüge gibt, wird nach deutschem Recht vor allem im Rahmen der Beweiswürdigung relevant. Die Antwort fällt differenziert aus. Eine unwahre Aussage des Beschuldigten ist – im Gegensatz zu dessen völligem Schweigen[1174] – nicht der freien Beweiswürdigung (§ 261 StPO) entzogen. Sie fließt wie jede andere Angabe des Beschuldigten in die Beweiswürdigung mit ein. Stellt sich die Unwahrheit der Angaben in einem Punkt heraus, dürfen daraus Schlüsse im Hinblick auf die Glaubwürdigkeit des Beschuldigten insgesamt gezogen werden.[1175] Dieser muss damit rechnen, dass seinen Angaben auch in anderen Punkten nicht geglaubt wird. Unzulässig ist es jedoch, aus der Lüge bei der Beweiswürdigung unmittelbar für den Beschuldigten negative Schlussfolgerungen zu knüpfen.[1176] Mit anderen Worten: Allein der Umstand, dass die Aussage des Beschuldigten widerlegt wird, darf das Gericht nicht zur Überzeugung von Täterschaft und Schuld verleiten. Der BGH entscheidet in ständiger Rechtsprechung, dass für widerlegt erachtete Behauptungen eines Beschuldigten nicht Grundlage oder Beweisanzeichen für eine Verurteilung sein können. Aus falschen Angaben des Beschuldigten allein dürfe kein sicherer Schluss auf die Täterschaft gezogen werden.[1177]

Die aufgezeigten Grundsätze des deutschen Strafverfahrens besagen aber noch nichts über die praktischen Vor- und Nachteile wahrer oder unwahrer Angaben des Beschuldigten. Die insbesondere in Wirtschaftsstrafsachen in vielen Fällen sinnvolle und sowohl von der Verteidigung als auch Staatsanwaltschaft angestrebte konsensuale Verfahrenserledigung verlangt auf Sciten des Beschuldigten kooperatives Verhalten. Das bedeutet, dass der Beschuldigte durch seine Angaben zur Aufklärung der Tatvorwürfe beiträgt. Dies kann wiederum nur durch tatsächlich zutreffende Angaben erfolgen. Es gibt kaum etwas, was sich fataler auf Klima und Psychologie des Verfahrens auswirkt als die nachträgliche Erkenntnis der Strafverfolgungsbehörden, dass die als Gegenleistung für die signalisierte Bereitschaft zur Verfahrenseinstellung gemachten Angaben einer Überprüfung nicht standhalten.[1178] Der Weg für eine konsensuale Lösung ist dann für längere Zeit – womöglich auch endgültig – verbaut. Unabhängig vom Fehlen einer prozessualen Wahrheitspflicht kann es mithin aus Sicht des Beschuldigten und der Verteidigung sinnvoll und angezeigt sein, die Wahrheit zu sagen, auch wenn sich der Betroffene dadurch belastet. Das normative Verbot, die Überzeugung von der Schuld allein auf die Widerlegung der Einlassung des Beschuldigten zu stützen, besagt ferner nichts über die nachteiligen faktischen Wirkungen erwiesenermaßen unwahrer Angaben. Es besteht die latente Gefahr, dass die Widerlegung der Aussage unterschwellig sehr wohl als Schuldnachweis angesehen wird. Die Berücksichtigung dieses psychologischen Effekts wird nicht ohne Grund als wichtiger Aspekt bezeichnet, der bei der Entscheidung über das Einlassungsverhalten zu berücksichtigen ist.[1179] Mithin: Eine Einlassung sollte nur dann erfolgen, wenn sie einer kritischen Überprüfung standhält.

[1174] *Fezer*, FS Stree u. Wessels, 1993, S. 678 f.; *Meyer-Goßner*, § 261 Rn. 15 f.; KK-StPO/*Schoreit*, § 261 Rn. 39.
[1175] KK-StPO/*Diemer*, § 136 Rn. 20.
[1176] *Fezer*, FS Stree u. Wessels, 1993, S. 681
[1177] S. z.B. *BGH* NStZ 1986, 325; 2000, 549, 550.
[1178] Vgl. zum Ganzen auch *Sauer*, passim und speziell zum angesprochenen Aspekt z.B. Rn. 512.
[1179] S. dazu *Krause*, in: Widmaier, § 7 Rn. 120.

Bei der Strafzumessung ist die Situation eindeutiger. Wahrheitswidrige Angaben als solche dürfen im deutschen Recht keinesfalls als strafschärfender Umstand i.S.d. § 46 Abs. 2 StGB gewertet werden.[1180] Anders ist dies, wenn durch die wahrheitswidrigen Angaben neues Unrecht geschaffen wird.

40 Die Rechtslage im amerikanischen Strafverfahren weist im Vergleich zu Deutschland Gemeinsamkeiten und Unterschiede auf. Die Gemeinsamkeit besteht in der Geltung des zentralen rechtsstaatlichen Grundsatzes der Selbstbelastungsfreiheit. In den USA ist er im fünften Zusatzartikel der Verfassung (Fifth Amendment) verankert: „No person (…) shall be compelled in any criminal case to be witness against himself." Daraus folgt – wie im deutschen Strafverfahren – das Recht zum Schweigen.[1181] Weiter folgt daraus, dass der Beschuldigte im amerikanischen Strafverfahren grundsätzlich ebenfalls keiner Wahrheitspflicht unterliegt. Wenn der Beschuldigte nicht zur Selbstbelastung gezwungen werden darf, kann er auch nicht zu einer wahrheitsgemäßen (selbstbelastenden) Aussage verpflichtet sein. Ein bedeutsamer Unterschied zur deutschen Rechtslage ergibt sich aufgrund des im amerikanischen Strafverfahren möglichen prozessualen Rollenwechsels des Angeklagten (defendant). Dieser kann im Verfahren gegen sich selbst in die Rolle des Zeugen schlüpfen und vom Verteidiger sowie Staatsanwalt vernommen werden.[1182] In der Eigenschaft als Zeuge besteht auch eine durch den amerikanischen Meineidstatbestand abgesicherte Wahrheitspflicht.[1183] Die Frage, ob der Beschuldigte sich selbst zum Beweismittel machen soll, erfordert mithin im amerikanischen Strafverfahren noch größere Sorgfalt als im deutschen.

3. Unternehmensstrafrecht?

a) Anbindung der „Unternehmensschuld" an die Individualschuld

41 Die gegen das Unternehmen gerichteten Sanktionen des deutschen Straf- und Ordnungswidrigkeitenrechts knüpfen an eine individuelle Schuld an. Ihre Verhängung ist ihrer Art und Höhe nach von einer durch eine natürliche Person begangenen Straftat oder Ordnungswidrigkeit – die sog. Anknüpfungs- bzw. Bezugstat – abhängig. Das ist die Konsequenz daraus, dass es in Deutschland nach wie vor kein originäres Unternehmensstrafrecht gibt. Unternehmen können nicht Beschuldigter und Prozesssubjekt eines Strafverfahrens sein. Stattdessen sind Ermittlungsverfahren gegen individuelle Beschuldigte der Einstieg, um mittelbar das Unternehmen mit Sanktionen zu belegen. In vielen Fällen geht es den Strafverfolgungsbehörden gar nicht darum, das Ausmaß der individuellen Schuld bis ins Letzte auszuleuchten, sondern das Unternehmen als (vermeintlichen) wirtschaftlichen Profiteur von Straftaten zu treffen. Beleg dafür ist die oftmals gegebene Bereitschaft der Staatsanwaltschaft, konsensuale Verfahrenserledigung in Forrm des § 153 a StPO mitzutragen oder die persönlich Betroffenen sogar gänzlich von Konsequenzen freizustellen, sofern am Ende des Verfahrens eine Maßnahme gegen das Unternehmen steht.[1184] Jüngstes Beispiel ist die Beendigung der –

[1180] *Eisenberg*, Rn. 551 m.w.N.
[1181] Vgl. die rechtsvergleichende Arbeit von *Gruber*, S. 336 ff. sowie *Fezer*, FS Stree u. Wessels, 1993, S. 669 f. und dort Fn. 30.
[1182] *Gruber*, S. 323 f. und 348 ff.
[1183] *Gruber*, S. 352 ff. m.N. aus der Rspr. des Supreme Court sowie *Fezer*, FS Stree u. Wessels, 1993, S. 669 f. und dort Fn. 30.
[1184] S. auch *Wessing*, in: Volk, § 11 Rn. 231.

durch die spektakulären Datenaufkäufe ausgelösten – Verfahren gegen Mitarbeiter der LGT Treuhand wegen Beihilfe zur Steuerhinterziehung deutscher Kunden der Bank. Die Verfahren wurden gegen Zahlung einer Rekordsumme von insgesamt € 50 Mio eingestellt. Nur ein geringer Teil wurde von den individuell beschuldigten Mitarbeitern als Geldauflage geleistet. Mehr als € 46 Mio wurden als Geldbuße nach § 30 OWiG von der Bank selbst übernommen. Diese Abwicklung der Verfahren wurde Presseberichten zufolge als Erfolg gewertet – und zwar von beiden Seiten.[1185]

b) Konsequenzen

aa) OWiG

§ 30 OWiG ist die zentrale Norm zur Sanktionierung des Unternehmens. Sanktionsfähig ist das Unternehmen selbst. Voraussetzung ist das Vorliegen einer Anknüpfungstat eines vertretungsberechtigten Organs des Unternehmens oder Mitglieds eines solchen Organs. Dazu zählen insbesondere der Vorstand bzw. ein Vorstandsmitglied einer AG oder der Geschäftsführer einer GmbH. Der potentielle Täterkreis erstreckt sich ferner auf Generalbevollmächtigte, Prokuristen und Handlungsbevollmächtigte. Weiterhin müssen durch die Anknüpfungstat, bei der es sich um eine Straftat oder eine Ordnungswidrigkeit handeln kann, Pflichten des Unternehmens selbst verletzt worden sein. Alternativ dazu ist § 30 OWiG auch gegeben, wenn das Unternehmen durch die Anknüpfungstat bereichert worden ist oder werden sollte.[1186] § 30 OWiG wird oftmals im Zusammenspiel mit § 130 OWiG relevant. Nach letzterer Norm wird das vorsätzliche oder fahrlässige Unterlassen der Verhinderung unternehmensbezogener Zuwiderhandlungen gebüßt, sofern eine solche Zuwiderhandlung begangen wird, die durch gehörige Aufsicht verhindert worden wäre. Die Vorschrift ist an den Inhaber des Unternehmens gerichtet. Bei juristischen Personen wird die Verantwortlichkeit gem. § 9 OWiG auf die vertretungsberechtigten Organe oder Mitglieder solcher Organe übergeleitet, d. h. wiederum auf den Vorstand bzw. das Vorstandsmitglied einer AG oder den Geschäftsführer einer GmbH. Bei Verletzung der Aufsichtspflicht des § 130 OWiG liegt eine unternehmensbezogene Pflichtverletzung i. S. des § 30 OWiG vor. Mit anderen Worten: § 130 OWiG bildet die Anknüpfungstat im Rahmen des § 30 OWiG.[1187] Im Kontext der Korruptionsdelikte kommt eine Geldbuße gegen das Unternehmen aus den §§ 30, 130 OWiG beispielsweise dann in Betracht, wenn Bestechungshandlungen aus dem Unternehmen heraus nicht unterbunden werden.[1188]

Attraktiv an § 30 OWiG ist aus Sicht der Strafverfolgungsbehörden, dass es keiner genauen Individualisierung des Täters der Anknüpfungstat bedarf. Ausreichend ist die Feststellung, dass einer der in § 30 OWiG genannten verantwortlichen Personen die Anknüpfungstat begangen hat.[1189] Der Sachverhalt muss somit nicht bis ins Letzte ausermittelt werden. Die Höhe der Geldbuße bestimmt sich gem. § 30 Abs. 2 OWiG nach der Art der Anknüpfungstat.[1190] Die Anbindung der „Unternehmensschuld" an die Individualschuld zeigt sich hier besonders anschaulich.

42

[1185] S. den Bericht in der Süddeutschen Zeitung vom 16.12.2010, S. 1; s. auch becklink 1008336.
[1186] Zu den Voraussetzungen des § 30 OWiG s. KK-OWiG/*Rogall*, § 30 Rn. 71 ff.; ausf. *Taschke*, § 12 Rn. 46 ff.
[1187] Vgl. KK-OWiG/*Rogall*, § 30 Rn. 75.
[1188] S. zum Ganzen *Greeve/Dörr*, in: Volk, § 19 Rn. 356 ff.
[1189] BGH NStZ 1994, 346; KK-OWiG/*Rogall*, § 30 Rn. 165.
[1190] Näher zum Ganzen *Taschke*, § 12 Rn. 46 ff.; s. auch *Wessing*, in: Volk, § 4 Rn. 228 f.

Daneben sieht das Ordnungswidrigkeitenrecht in § 29 a OWiG die Anordnung des Verfalls vor. Die Ausführungen zum strafrechtlichen Verfall gelten entsprechend. Zu beachten ist, dass die Verfallsanordnung nach § 29 a OWiG und die Geldbuße nach § 30 OWiG zueinander in einem Ausschlussverhältnis stehen (§ 30 Abs. 5 OWiG).

bb) StGB

43 Strafrechtliche Konsequenzen können das Unternehmen über das Instrumentarium der Gewinnabschöpfung treffen.[1191] Der Verfall gem. § 73 StGB kann sich nach Abs. 3 der Vorschrift gegen einen anderen richten, sofern der Täter oder Teilnehmer der Anknüpfungstat für den anderen gehandelt und dieser dadurch etwas erlangt hat (sog. Drittverfall). „Andere" im Sinne der Vorschrift können auch juristische Personen, also Unternehmen sein.[1192] Diese sind dem direkten Zugriff der Strafverfolgungsbehörden ausgesetzt. Der regelmäßige Anwendungsbereich in der Praxis ist gegeben, wenn ein Unternehmen durch Straftaten leitender Mitarbeiter wirtschaftliche Vorteile erlangt.[1193] Bei Korruptionsdelikten unterliegt dem Verfall beispielsweise der wirtschaftliche Wert des durch die Bestechung erlangten Vorteils.[1194] Zu einer empfindlichen Maßnahme wird der Verfall durch die Berechnung der abzuschöpfenden Summen auf der Grundlage des Bruttoprinzips.[1195]

44 Ein weiteres Instrument der Abschöpfung ist die Einziehung von Gegenständen, die Produkt einer Straftat sind oder Mittel zu deren Begehung waren (§ 74 StGB). Über die Regelung des § 75 StGB erstreckt sich die Einziehung auch auf Werte des Unternehmens. Nach dieser Vorschrift kann die Einziehung eines Gegenstandes oder des Wertersatzes auch gegenüber dem Unternehmen erfolgen, wenn der Täter einer Straftat in einer Funktion für das Unternehmen gehandelt hat.[1196]

cc) Ausstrahlung: Korruptionsregister, Gewerbeordnung

45 Straftaten im Korruptionsbereich ziehen nicht nur straf- und ordnungswidrigkeitenrechtliche Sanktionen nach sich, sondern haben Ausstrahlungswirkung in andere Rechtsgebiete.

In einigen Bundesländern wird ein Korruptionsregister geführt. Auf gesetzlicher Ebene ist das derzeit in Berlin[1197] und Nordrhein-Westfalen[1198] der Fall, auf Erlassebene in Baden-Württemberg, Bayern, Bremen, Hessen und Rheinland-Pfalz.[1199] Eine einheitliche gesetzliche Regelung auf Bundesebene ist bislang trotz meherer Anläufe nicht zustande gekommen.[1200] Der Zweck von Korruptionsregistern liegt in der Information öffentlicher Auftraggeber über bekannt gewordene Strafverfahren und Verur-

---

[1191] Hierzu ausf. *Taschke*, § 12 Rn. 91 ff.
[1192] Vgl. *Fischer*, § 73 Rn. 29.
[1193] *Wessing*, in: Volk, § 4 Rn. 217.
[1194] So BGH NStZ 210, 211 f. („Kölner Müllskandal"); s. auch *Greeve/Dörr*, in: Volk, § 19 Rn. 360 ff. Eingehend zum Verfall *Taschke*, § 12 Rn. 91 ff.
[1195] *Greeve/Dörr*, in: Volk, § 19 Rn. 360 ff. Eingehend zum Verfall unten § 12 Rn. 91 ff.
[1196] Vgl. *Wessing*, in: Volk, § 4 Rn. 219.
[1197] Gesetz zur Einrichtung und Führung eines Registers über korruptionsauffällige Unternehmen in Berlin vom 19.4.2006 (Korruptionsregistergesetz).
[1198] Gesetz zur Verbesserung der Korruptionsbekämpfung und zur Errichtung und Führung eines Vergaberegisters in Nordrhein-Westfalen vom 16.12.2004 (Korruptionsbekämpfungsgesetz).
[1199] S. z.B. die Zusammenstellung auf den Internetseiten des brandenburgischen Innenministeriums: www.antikorruption.brandenburg.de/sixcms/detail.php?gsid=bb1.c.181511.de.
[1200] S. zuletzt die Ablehnung eines Gesetzesentwurfs von Bündnis 90/Die Grünen (BT-Drs. 16/9780) im Ausschuss für Wirtschaft und Technologie (BT-Drs. 16/11312); dazu *Dann*, FS Mehle, 2009, S. 127, 128.

D. Speziell relevantes deutsches Prozessrecht

teilungen wegen Korruptionsdelikten. Die Zuverlässigkeit von Unternehmen und der für sie handelnden Personen bei der Vergabe öffentlicher Aufträge soll besser beurteilt werden können. Die Systematik und Reichweite von Korruptionsregistern lässt sich exemplarisch am nordrhein-westfälischen Korruptionsbekämpfungsgesetz aufzeigen. Eingetragen wird die natürliche Person, die eine Verfehlung begangen hat, und das Unternehmen, bei dem die Person beschäftigt ist (§ 4 Abs. 3 NWKorruptionsbG). Zu den die Eintragung auslösenden Verfehlungen im Sinne des Gesetzes zählen Wirtschaftsstraftaten im weiteren Sinne, insbesondere Korruptions-, Vermögens- und Steuerhinterziehungsdelikte (§ 5 Abs. 1 Nr. 1 NWKorruptionsbG) sowie kartellrechtliche Verstöße (§ 5 Abs. 1 Nr. 3 NWKorruptionsbG).[1201]

Der Eintrag ins Korruptionsregister führt zwar nicht zu einer automatischen Sperrwirkung. Nach offiziellem Verständnis handelt es sich beim Korruptionsregister lediglich um einen „verwaltungsinternen Informationspool", d.h. um ein Hilfsmittel bei der Prüfung der Zuverlässigkeit von Bietern.[1202] Für die betroffenen Unternehmen hat die Eintragung dennoch einen faktischen Ausschluss von öffentlichen Vergaben und die Entziehung der wirtschaftlichen Existenz zur Folge.[1203] Verschärft wird die Lage dadurch, dass die Eintragung nicht nur bei rechtswidriger Verurteilung erfolgt, sondern schon bei Anklageerhebung, Erlass eines Strafbefehls, Einstellung des Verfahrens nach § 153 a StPO oder für die Dauer der Durchführung eines Straf- oder Bußgeldverfahrens (§ 5 Abs. 2 NWKorruptionsbG). In all diesen Fällen ist eine Schuldfeststellung durch einen Richter aufgrund seiner in einem geordneten Verfahren gewonnenen vollen Überzeugung nicht erforderlich. Das nährt erhebliche Bedenken im Hinblick auf die verfassungsrechtliche Unschuldsvermutung,[1204] muss aber bei der praktischen Rechtsberatung – insbesondere bei der ansonsten vorteilhaften Einstellung nach § 153 a StPO – als geltende Rechtslage berücksichtigt werden.[1205]   **46**

Eine weitere außerstrafrechtliche Folge kann in der Eintragung in das Gewerbezentralregister liegen. Nach § 149 Abs. 2 S. 1 Nr. 3 GewO werden rechtskräftige Bußgeldentscheidungen wegen Ordnungswidrigkeiten im Zusammenhang mit der Ausübung eines Gewerbes oder einer sonstigen wirtschaftlichen Unternehmung eingetragen, wenn die Geldbuße mehr als € 200 beträgt. Entsprechendes gilt nach Nr. 4 der gleichen Vorschrift für strafgerichtliche Verurteilungen, wenn eine Freiheitsstrafe von mehr als drei Monaten oder eine Geldstrafe von mehr als 90 Tagessätzen verhängt worden ist.[1206] Zudem können Straftaten oder Ordnungswidrigkeiten zu einer Gewerbeuntersagung wegen Unzuverlässigkeit nach § 35 GewO führen.[1207]   **47**

c) Unternehmensverteidigung

Bei der Unternehmensverteidigung handelt es sich um einen neueren Typus der anwaltlichen Beratungstätigkeit in strafrechtlichen Krisen. Aus vielen größeren Wirtschaftsstrafverfahren ist Unternehmensverteidigung nicht mehr wegzudenken. Das gilt   **48**

[1201] S. zum KorruptionsbekämpfungsG auch *Greeve/Dörr*, in: Volk, § 19 Rn. 377; *Winkelbauer/Alexander*, in: Müller-Guggenberger/Bieneck, § 16 Rn. 119 c; *Lantermann*, ZRP 2009, 6.
[1202] So *VG Düsseldorf*, Beschl. v. 13.4.2006, Az. 26 L 464/06 BeckRS 2006, 23371, mit Hinweis auf die amtliche Gesetzesbegründung; krit. dazu *Dann*, FS Mehle, 2009, S. 127, 129.
[1203] Vgl. *Dann*, FS Mehle, 2009, S. 127, 130; *Orthmann*, NZBau 2007, 278, 279.
[1204] *Dann*, FS Mehle, 2009, S. 127, 131 f.
[1205] Vgl. *Püschel/Tsambikakis*, PStR 2007, 232, 238 f.; so auch *Dann*, FS Mehle, 2009, S. 127, 141.
[1206] Dazu auch *Greeve/Dörr*, in: Volk, § 19 Rn. 368; *Winkelbauer/Alexander*, in: Müller-Guggenberger/Bieneck, § 16 Rn. 119 c.
[1207] *Greeve/Dörr*, in: Volk, § 19 Rn. 369.

gerade für die hier erörterten deutsch-amerikanischen Strafverfahren. Ihre Entstehung und Notwendigkeit erklärt sich aus dem Befund, dass sich in Deutschland schon seit längerem faktisch ein Unternehmensstrafrecht herausgebildet hat und das Unternehmen über das Instrumentarium der Verbandsgeldbuße nach § 30 OWiG und des (Dritt-) Verfalls nach § 73 Abs. 3 StGB selbst zum Zielobjekt von Strafverfahren wird.[1208] Das Unternehmen bedarf einer eigenen strafrechtlichen Beratung, die unabhängig von der Individualverteidigung der beschuldigten Unternehmensangehörigen erfolgt. Die Aufarbeitung der den strafrechtlichen Vorwürfen zugrunde liegenden Vorgänge kann nicht von Individualverteidigern geleistet werden. Diese verfügen i.d.R. nicht über einen vollständigen Einblick in die unternehmensinternen Abläufe. Erforderlich ist vielmehr die Beauftragung eines gesonderten und in der Unternehmensverteidigung ausgewiesenen Rechtsanwalts, von dessen Aufarbeitung des gesamten Sachverhalts dann wiederum die Individualverteidiger profitieren können. Hinzu kommt, dass sich zwischen den Interessen des Unternehmens und denen der individuellen Beschuldigten zwar in vielen Fällen ein Gleichlauf einstellen kann, ein solcher aber nicht zwingend ist. So kann beispielsweise dem Unternehmen an einer möglichst schnellen Aufklärung der strafrechtlichen Vorwürfe und Beendigung des Verfahrens gelegen sein, während es sich für einen Beschuldigten anbietet, keine Einlassung abzugeben und nicht an der Sachverhaltsaufklärung mitzuwirken.[1209]

49 Aufgabe des Unternehmensverteidigers ist alleine die Wahrung der Interessen des Unternehmens während eines gegen Unternehmensangehörige gerichteten Ermittlungs- und Strafverfahrens.[1210] Zum Tätigkeitsspektrum zählen die interne Aufklärung der potentiell strafrechtlich relevanten Vorgänge im Unternehmen, die Begleitung bei Durchsuchungen sowie Maßnahmen zu deren Verhinderung oder Eingrenzung und die Verteidigung gegen unternehmensbezogene Sanktionen. Der Unternehmensverteidiger nimmt an der Schnittstelle der Interessen des Unternehmens und der individuell beschuldigten Unternehmensangehörigen die Rolle des Koordinators ein. Ihm obliegt die Erarbeitung einer Gesamtverfahrensstrategie, welche sowohl vom Unternehmen als auch – wenn für alle Beteiligten in der Summe günstig – den individuellen Beschuldigten getragen wird und nach außen gegenüber den Ermittlungsbehörden durchgehalten werden kann. Der Unternehmensverteidiger wird eine eventuell vorhandene Übereinstimmung von Interessen aufzeigen und den Individualverteidigern vermitteln. In Betracht kommt das bei einer drohenden Vermögensabschöpfung nach § 73 StGB oder einer Verbandsgeldbuße nach § 30 OWiG. Diese knüpfen an eine von einer individuellen Person begangene Straftat an.[1211] Die Verteidigung des individuellen Beschuldigten wirkt damit zugleich als Verteidigung des Unternehmens.[1212] Zudem zielen die für Verfahrenseinstellungen nach § 153 a StPO in den Raum gestellten Geldzahlungen oftmals ersichtlich auf die Leistungsfähigkeit des Unternehmens ab und nicht auf die des individuell Beschuldigten.[1213] Eine Gesamterledigung des Verfahrens im Sinne des Unternehmens und der Beschuldigten lässt sich oftmals nur im Zusammenspiel beider und ihrer anwaltlichen Vertreter erzielen. Durch Abstimmung der Interessen und des

---

[1208] S. oben unter § 6 Rn. 15 ff.; ausf. *Taschke*, § 12 Rn. 46 ff.
[1209] Zur Notwendigkeit einer Unternehmensverteidigung *Taschke*, S. 806 f.
[1210] Vgl. zum Aufgabenspektrum *Kempf*, in: Volk, § 10 Rn. 4 ff.; *Taschke*, StV 2007, 495 ff.; *ders.*, FS Hamm, 2008, S. 751, 752 ff.; *ders.*, FS Volk, 2009, S. 801, 807 ff.; *Wessing*, in: Volk, § 4 Rn. 87 ff., 146 ff. und 231 ff.; *ders.*, FS Mehle, 2009, S. 665, 666 ff.
[1211] Oben § 6 Rn. 41; ausf. *Taschke*, § 12 Rn. 46 ff.
[1212] Vgl. *Taschke*, FS Hamm, 2008, S. 751, S. 758; *Wessing*, FS Mehle, 2009, S. 665, 668.
[1213] *Wessing*, in: Volk, § 4 Rn. 243.

Verhaltens gegenüber den Ermittlungsbehörden eröffnen sich Verteidigungsmöglichkeiten im Bereich der einverständlichen Verfahrenserledigung, die bei isoliertem Vorgehen jedes einzelnen Betroffenen nicht möglich wären. Voraussetzung dafür sind eine Strukturierung und Einheitlichkeit des Agierens sowohl für das Unternehmen als auch für die Beschuldigten im Ermittlungsverfahren. Der Unternehmensverteidiger prüft dabei, ob und in welchem Rahmen eine Kooperation mit den Ermittlungsbehörden angezeigt ist, um einverständliche Verfahrenseinstellungen zu erzielen und drohende Zwangsmaßnahmen gegen das Unternehmen (Durchsuchungen, Kontenbeschlagnahmen) schon im Vorfeld zu verhindern. Ihm kommt die weitere Aufgabe zu, die Verteidigung der individuellen Beschuldigten sicherzustellen und zu organisieren.[1214] Das beinhaltet als ersten Schritt Hilfe bei der Auswahl eines Verteidigers und Empfehlung eines als geeignet angesehenen Kollegen, um dessen fachliche Qualität, Zuverlässigkeit und Teamfähigkeit man aus Erfahrungen in früheren Verfahren weiß. Im zweiten Schritt übernimmt der Unternehmensverteidiger die Koordinierung und – bei bleibender Unabhängigkeit jedes Individualverteidigers – die Gesamtleitung der Verteidigung. Die Zusammenarbeit des Unternehmensverteidigers mit den Individualverteidigern ist nichts anderes als eine besondere Form der Sockelverteidigung.[1215]

Nicht übersehen werden sollte, dass es insbesondere in den Verfahren, die US-gesteuert sind, einen gemeinsamen Sockel oft nicht geben kann. Amerikanische Behörden erwarten sehr viel eher als die deutschen, dass Personen, die von ihnen als im Zentrum der Vorwerfbarkeit stehend betrachtet werden, aus dem Unternehmen ohne Rücksicht auf deutsches Arbeitsrecht entfernt werden. Diejenigen Personen, die sich den US-Behörden als Aufklärungshilfe oder als Whistleblower zur Verfügung gestellt haben, genießen deren besonderen Schutz.

Der Unternehmensverteidiger fungiert als Vertreter und Sprecher des Unternehmens nach außen gegenüber Behörden. Über Schriftsätze, Stellungnahmen des Unternehmens und Presseerklärungen[1216] bringt er die Darstellung der fraglichen Vorgänge und Abläufe aus Sicht des Unternehmens ein.[1217] Charakteristisch für den Unternehmensverteidiger ist insgesamt dessen Unabhängigkeit gegenüber den Mitarbeitern des betroffenen Unternehmens einschließlich der Führungsebene. Das verleiht ihm eine besondere Glaubwürdigkeit. Von den Strafverfolgungsbehörden wird er eher als Partner im Ermittlungsverfahren akzeptiert werden als ein allein dem Interesse seines Mandanten verpflichteter Individualverteidiger.[1218]

Über die Rechtsstellung des Unternehmensverteidigers herrschte lange Zeit Unklarheit. Einige Beiträge aus der Literatur dürften aber für Aufschluss gesorgt haben.[1219] Die in der Literatur geleisteten Präzisierungen sind mittlerweile durch die Thesen der Rechtsanwaltskammer zum Unternehmensanwalt im Strafrecht vollauf bestätigt worden.[1220]

[1214] *Kempf*, in: Volk, § 10 Rn. 109; *Taschke*, FS Hamm, 2008, S. 751, 755 f.
[1215] S. zum Ganzen *Kempf*, in: Volk, § 10 Rn. 109 ff.; *Wessing*, in: Volk, § 4 Rn. 218 f. Vgl. auch unten § 6 Rn. 52.
[1216] In den Fällen, in denen das Unternehmen keine eigene Pressestrategie über einen externen Berater oder über einen eigenen Pressesprecher vorhalten kann.
[1217] *Wessing*, FS Mehle, 2009, S. 665, 668 f.; speziell zur Unternehmensstellungnahme *ders.* (o. Fn.), Rn. 234 sowie *Kempf*, in: Volk, § 10 Rn. 123 ff.; *Minoggio*, Rn. 494 ff.
[1218] *Wessing*, in: Volk, § 4 Rn. 148.
[1219] *Taschke*, FS Hamm, 2008, S. 751, 759 ff.; *Kempf*, in: Volk, § 10 Rn. 123 ff.; *Wessing*, in: Volk, § 4 Rn. 149 ff.; *ders.*, FS Mehle, 2009, S. 665, 669 ff.
[1220] BRAK-Stellungnahme-Nr. 35/2010 von November 2010, dort insbesondere These 2 mit Begründung, S. 7 ff. (abrufbar auf den Internetseiten der BRAK).

Ausgangspunkt sind die Vorschriften über die Beteiligung des Unternehmens am Strafverfahren wegen Einziehung beziehungsweise Verfalls (§§ 431 ff., 442 StPO) oder wegen einer Verbandsgeldbuße nach § 30 OWiG (§ 444 StPO).[1221] Diese Maßnahmen kommen in Wirtschaftsstrafverfahren so gut wie immer in Betracht, so dass sich die Rechte des betroffenen Unternehmens und die Rechtsstellung des Unternehmensverteidigers regelmäßig aus den einschlägigen Vorschriften herleiten lassen.[1222] Von zentraler Bedeutung ist folgende Bestimmung: Das betroffene Unternehmen kann sich gem. § 434 Abs. 1 S. 1 StPO (ggf. i.V.m. § 442 Abs. 1 oder § 444 Abs. 2 S. 2 StPO) von einem Rechtsanwalt vertreten lassen. Die Regelung wird einhellig so aufgefasst, dass der Rechtsanwalt auch schon im Ermittlungsverfahren vor der förmlichen Beteiligungsanordnung beauftragt werden kann.[1223] Für dessen Rechtsstellung erklärt § 434 Abs. 1 S. 2 StPO im Wesentlichen die Verteidigervorschriften der §§ 137 ff. StPO für anwendbar. Ausgespart sind lediglich die nicht passenden Vorschriften über die notwendige Verteidigung und den Pflichtverteidiger (§§ 140 bis 145 StPO). Dagegen gelten für den vom Unternehmen mandatierten Rechtsanwalt aber die für die Verteidigung konstitutive Bestimmung des § 137 StPO sowie die zentralen Rechte auf Akteneinsicht (§ 147 StPO) und ungehinderten – schriftlichen und mündlichen – Verkehr mit dem Mandanten (§ 148 StPO). Aus letzterer Vorschrift mit ihrer Gewährleistung eines umfassenden Kommunikationsschutzes lässt sich die Beschlagnahmefreiheit der im Mandatsverhältnis zwischen Unternehmen und seinem Anwalt entstandenen Unterlagen begründen.[1224] Das bedeutet, dass die im Rahmen der Unternehmensverteidigung für ein Unternehmen erlangten und erarbeiteten Erkenntnisse – insbesondere aus internen Untersuchungen – vor dem Zugriff der Strafverfolgungsbehörden geschützt sind.[1225] Zusammenfassend ist zu sagen, dass der Unternehmensverteidiger in Bezug auf seine Rechtsstellung dem Individualverteidiger gleichgestellt ist.[1226]

4. Sockelverteidigung

a) Begrifflichkeiten und Abgrenzung

52 Die Sockelverteidigung ist die Antwort der Verteidigung auf die Herausforderungen, die sich aus den ebenso umfangreichen wie komplexen und gegen eine Mehrzahl von Beschuldigten geführten Wirtschaftsstrafverfahren moderner Prägung ergeben. Insbesondere im Wirtschaftsstrafrecht sind die Delikte durch eine arbeitsteilige Begehungsweise gekennzeichnet. Das Vorgehen der Strafverfolgungsbehörden gegen eine Mehrzahl von Personen erfordert auf Seiten der Verteidigung die Koordination der Tätigkeit und die Kontaktaufnahme der Verteidiger untereinander. Mit der Sockelverteidigung wird die Erkenntnis umgesetzt, dass eine Abstimmung des Verteidigungsverhaltens – immer im Rahmen des Zulässigen – durch die Verteidiger viel mehr zur Wahrung der individuellen Interessen der Beschuldigten beitragen kann als ein isoliertes Vorgehen jedes Einzelnen. Es lässt sich insbesondere vermeiden, dass sich die einzelnen Be-

---

[1221] Aus. dazu und zum Folgenden *Wessing*, FS Mehle, 2009, S. 665, 669 ff.; s. auch BRAK-Stellungnahme-Nr. 35/2010, S. 8 f.
[1222] Vgl. *Wessing*, FS Mehle, 2009, S. 665, 673 ff.
[1223] *Meyer-Goßner*, § 434 Rn. 1; KK-StPO/*Schmidt*, § 434 Rn. 2.
[1224] Eingehend *Wessing*, FS Mehle, 2009, S. 678 ff., und zuvor schon *ders.*, in: Volk, § 4 Rn. 157; s. auch *Minoggio*, Rn. 634 ff.
[1225] *Wessing*, FS Mehle, 2009, S. 678, 684.
[1226] S. auch BRAK-Stellungnahme-Nr. 35/2010, S. 8 (Nr. 4).

schuldigten – in Unkenntnis des Einlassungsverhaltens der anderen – von den Ermittlungsbehörden gegeneinander ausspielen lassen und möglicherweise vorschnell mit der nur zweitbesten Lösung zufrieden geben. Während die Staatsanwaltschaft mit einzelnen Beschuldigten i.d.R. ein leichtes Spiel hat, ist es für sie ungleich schwerer, mit einer geschlossenen Verteidigungslinie fertig zu werden. Die Sockelverteidigung dient durch Bündelung gleichlaufender Individualinteressen der Optimierung der Gesamtverteidigung.[1227] Sie ist der Weg aus dem Gefangenendilemma.[1228]

Zur Beschreibung der Sockelverteidigung kann auf eine Definition des genialischen Kollegen Richter II zurückgegriffen werden, dessen grundlegenden Beiträge die Entwicklung der Thematik maßgeblich beeinflusst haben. Sockelverteidigung ist danach der „Inbegriff für strategische und taktische Gemeinsamkeiten in der Verteidigung mehrerer Beschuldigter – auf Dauer angelegt oder auch nur temporär, flächendeckend oder partiell oder auch nur punktuell."[1229] Konkreter gesagt geht es um die Koordination des Verteidigungsverhaltens durch Zusammenarbeit zwischen den Verteidigern, die Findung einer gemeinsamen Verteidigungslinie und die Vermeidung von Widersprüchen im Verteidigungsverhalten, die den Strafverfolgungsbehörden Angriffspunkte liefern.[1230] Die Inhalte der Sockelverteidigung sind vielgestaltig und hängen naturgemäß vom jeweiligen Tatvorwurf ab. In Betracht kommen beispielsweise die Verständigung auf die einheitliche Verteidigung mit einem bestimmten tatsächlichen oder rechtlichen Argument oder die Konzentration auf Fragen der Rechtswidrigkeit oder Schuld. Zeitpunkt (welcher Beschuldigte zuerst?) und Form (schriftlich oder mündlich?) von Einlassungen können ebenfalls abgesprochen werden. Die Verhinderung der Belastung von Mitbeschuldigten ist ein weiterer wesentlicher Aspekt der Sockelverteidigung und bei deren richtiger Handhabung zugleich einer ihrer größten Vorteile.[1231] Für die Sockelverteidigung ist es gewissermaßen lebensnotwendig, dass nicht Einzelne ausscheren und der Sockel bröckelt. Sie muss daher im Interesse aller ausgestaltet sein und geht nur soweit, wie sie nicht in unlösbaren Konflikt mit den Individualinteressen gerät.[1232]

53

b) § 146 StPO und Zulässigkeit der Sockelverteidigung

Die Sockelverteidigung ist nach einhelliger Auffassung zulässig und verstößt nicht gegen das Verbot der Mehrfachverteidigung gem. § 146 StPO.[1233] Die Vorschrift in ihrer nunmehrigen Fassung[1234] verbietet nur die (gleichzeitige) Verteidigung mehrerer Beschuldigter bei Tat- oder Verfahrensidentität.[1235] Die Sockelverteidigung ist kein Fall der unzulässigen Mehrfachverteidigung, weil jeder Beschuldigte seinen eigenen Verteidiger hat, der nur ihn und nicht die Mitbeschuldigten verteidigt und ausschließlich seine Interessen wahrnimmt. Der Regelungsbereich des § 146 StPO ist zudem nicht

54

[1227] *Kempf*, in: Volk, § 10 Rn. 11.
[1228] Vgl. http://de.wikipedia.org/wiki/Gefangenendilemma. S. zu Kooperation, Tit for Tat und Gefangenendilemma auch *Axelrod*, Die Evolution der Kooperation, München, 6. Aufl. (2005), S. 80 ff.
[1229] *Richter II*, NJW 1993, 2152 f.
[1230] S. auch *Müller*, StV 2001, 649, 651.
[1231] Zu den Vorteilen der Sockelverteidigung *Dahs*, Rn. 68; *Kempf*, in: Volk, § 10 Rn. 111; s. auch *Richter II/Tsambikakis*, in: Widmaier, § 17 Rn. 6.
[1232] *Kempf*, in: Volk, § 10 Rn. 111.
[1233] Aus der Literatur *Beulke/Ruhmannseder*, Rn. 82; *Dahs*, Rn. 68; *Richter II*, NJW 1993, 2152, 2153; *Meyer-Goßner*, § 146 Rn. 3; KK-StPO/*Laufhütte*, § 146 Rn. 6.
[1234] Bis 1974 (Zeit der RAF-Prozesse) war die Mehrfachverteidigung in § 146 StPO grundsätzlich erlaubt; vgl. *Richter II/Tsambikakis*, in: Widmaier, § 17 Rn. 2 f.
[1235] Im Einzelnen *Meyer-Goßner*, § 146 Rn. 13 ff.

berührt, wenn die Verteidiger der Sockelverteidigung derselben Sozietät angehören. Die Norm bezieht sich allein auf die individuelle Person des Verteidigers und nicht auf die Sozietät als Personenvereinigung.[1236] Es müssen aber gesonderte Einzelmandate an die jeweiligen Verteidiger erteilt worden sein. Werden hingegen alle Mitglieder der Sozietät mandatiert, greift § 146 StPO ein.[1237] Zur Vermeidung von Problemen im Hinblick auf das Mehrfachverteidigungsverbot sollten daher von vornherein nicht mehrere Verteidiger derselben Sozietät in der Sockelverteidigung agieren.[1238]

55 In der Rechtsprechung wird die Zulässigkeit einer Sockelverteidigung kaum thematisiert. Die wenigen vorhandenen Äußerungen zeugen von einer allgemeinen Akzeptanz. Schon früh hat das OLG Frankfurt a.M. entschieden, dass die Übersendung des schriftlichen Entwurfs der Einlassung des Mandanten an den Verteidiger des Mitbeschuldigten zulässig ist. Eine auf das Einlassungsverhalten ausgerichtete Verteidigungskoordination und die Kontaktaufnahme unter den Verteidigern zwecks Information sind als sachgerechte Verteidigertätigkeit angesehen worden.[1239] Später hat das KG im Rahmen einer Kostenentscheidung klargestellt, dass die durch Verteidigerbesprechungen entstandenen Kosten zu den notwendigen Auslagen gehören, die im Falle des Freispruchs von der Staatskasse zu erstatten sind. Als notwendig – und damit hinsichtlich ihrer Kosten erstattungsfähig – ist die Sockelverteidigung zweier (oder mehrerer) Beschuldigter nach Ansicht des KG, wenn *„ihre Interessenlage weithin identisch ist, ihre Verteidigungsmöglichkeiten gegen die Vorwürfe der Staatsanwaltschaft sich überwiegend gleichen und die Koordination der tatsächlichen und rechtlichen Durchdringung des Falles und des tatsächlichen Handelns im Prozess geeignet ist (etwa durch Synergieeffekte), die Verteidigungschancen deutlich zu erhöhen."*[1240] Das KG hat mithin nichts anderes gemacht, als das bereits existierende Verständnis von Form und Inhalt der Verteidigung in eine praktikable Definition zu überführen. Weitere Entscheidungen betonen ebenfalls das – durch § 146 StPO nicht eingeschränkte – Recht auf Abstimmung des Verteidigungsverhaltens im Rahmen einer Sockelverteidigung.[1241]

c) Gemeinsame Verteidigeraufgaben und Innenverhältnis

56 Die Verbindung von Verteidigeraktivitäten zu einer gemeinsamen Sockelverteidigung hat zur Folge, dass Aufgaben der Verteidigung von einem bestimmten Verteidiger mit Wirkung auch für die Mitbeschuldigten wahrgenommen werden können. In dem praktisch bedeutsamsten Verfahrensstadium, dem Ermittlungsverfahren, kann beispielsweise die Aufarbeitung einer alle Beschuldigten betreffende materiell-rechtlichen oder prozessualen Rechtsfrage sowie eines bestimmten Sachkomplexes durch einen Verteidiger erfolgen, der in diesem Bereich besonders vertiefte Kenntnisse hat.[1242] In der Hauptverhandlung kann ein Verteidiger Beanstandungen vorbringen und Fragen oder Beweisanträge stellen, wenn es sich (vordergründig) nur um einen den Mitangeklagten betreffenden Komplex handelt.[1243] Insgesamt geht es um Arbeitsteilung, ohne die der gesamte Verfahrensstoff in komplexen Wirtschaftsstrafverfahren von einem Verteidi-

---

[1236] *LG Frankfurt a.M.* NStZ-RR 2008, 205.
[1237] Vgl. *OLG Düsseldorf* NJW 2002, 3267; *Meyer-Goßner*, § 146 Rn. 8.
[1238] Vgl. *Kempf*, in: Volk, § 10 Rn. 114.
[1239] *OLG Frankfurt a.M.* NStZ 1981, 144.
[1240] *KG* StraFo 2003, 147.
[1241] *OLG Düsseldorf* NJW 2002, 3267; *LG Frankfurt a.M.* NStZ-RR 2008, 205.
[1242] *Dahs*, Rn. 63.
[1243] *Richter II/Tsambikakis*, in: Widmaier, § 17 Rn. 35.

D. Speziell relevantes deutsches Prozessrecht

ger allein oftmals gar nicht zu bewältigen ist. Die Zusammenarbeit im Rahmen der Sockelverteidigung schafft ein Gleichgewicht zur Staatsanwaltschaft, die in Wirtschaftsstrafverfahren i.d.R. Wirtschaftsreferenten und externe Gutachter für die Sachverhaltsaufarbeitung einsetzt. Wenn man bedenkt, dass die Sachverhaltsaufbereitung in Wirtschaftsstrafverfahren von Sonderkommissionen der Kriminalpolizei mit vielen Mitgliedern zum Teil über Jahre hinweg erfolgt, weiß man, dass der einzelne Verteidiger, der alleine den gesamten Prozessstoff rechtlich und tatsächlich aufarbeiten soll, auf verlorenem Posten steht. Die Verteilung auf mehrere Schultern macht einen derartig komplexen und umfangreichen Prozessstoff sachlich und rechtlich für die Verteidigung handhabbar.

Das Innenverhältnis der eine Sockelverteidigung bildenden Verteidiger zueinander 57 wird von dem Primat des individuellen Mandanteninteresses, der notwendigen Kooperation mit den Mitverteidigern sowie der anwaltlichen Kollegialität bestimmt. Sockelverteidigung kann nur funktionieren, wenn auf allen Seiten das gleiche Informationsniveau herrscht. Die gegenseitige Information prägt das Innenverhältnis der Sockelverteidigung. Dazu gehören insbesondere Mitteilungen an die Mitverteidiger über alle Kontakte zu den Strafverfolgungsbehörden oder Zeugen. Die Offenheit im Innenverhältnis sorgt für Sicherheit innerhalb der Kooperation, sie zerstreut eventuelle Sorgen einzelner Verteidiger, vom Fluss wesentlicher Informationen abgeschnitten zu sein und vor vollendete Tatsachen gestellt zu werden.

Besondere Fragen wirft die Beendigung der Sockelverteidigung auf. Es ist niemals 58 vorhersehbar, welche ändernden Momente im Rahmen eines Verfahrens auftreten können. Es können die Mandanten mit ihrer manchmal sehr besonderen Persönlichkeit sein, es kann vor allem der Prozessstoff sein. Ausgangspunkt ist immer der Grundsatz, dass der in eine Sockelverteidigung eingebundene Verteidiger vorrangig dem Individualinteresse seines Mandanten verpflichtet ist.[1244] Die Sockelverteidigung ist keine auf Dauer angelegte, irgendwie vertraglich geregelte Bindung, sondern ein jederzeit kündbarer Zusammenschluss. Der Verteidiger und sein Mandant sind nicht starr an die Absprachen im Rahmen einer Sockelverteidigung gebunden.[1245] Es steht dem Verteidiger frei, den gemeinsamen Sockel aufzukündigen und zur Einzelverteidigung überzugehen.[1246] Zwingend wird dies, wenn sich unauflösbare Interessengegensätze im Sockel auftun und das Individualinteresse des Mandanten vernachlässigt zu werden droht.

Staatsanwälte wissen um die Wirkung des Satzes „divide et impera". Wenn sie er- 59 kennen, dass sie vor einer Sockelverteidigung stehen und diese wirksam ist, ist das Gegenmittel gegen diese Wirksamkeit das Herauslösen eines Einzelnen aus dem Sockel. Dies geschieht normalerweise durch eine Taktik von Zuckerbrot und Peitsche: Für den Ausstieg aus der aktiven Verteidigung und den Einstieg in eine unterwerfende Vergleichslösung werden große Vorteile angeboten, für den Fall der Verweigerung ein möglichst intensives Strafmaßszenario aufgebaut. Der Verteidiger muss autonom und nur mit Rücksicht auf das Mandanteninteresse entscheiden, ob das von der Staatsanwaltschaft beispielsweise als Gegenleistung für eine Einstellung nach § 153 a StPO geforderte Geständnis das Verlassen des Sockels erfordert.[1247] Die Notwendigkeit dazu

---

[1244] *Dierlamm*, in: Wabnitz/Janovsky, Kap. 27 Rn. 19; *Minoggio*, Rn. 501.
[1245] *Kempf*, in: Volk, § 10 Rn. 112; *Richter II*, NJW 1993, 2152, 2156; *ders./Tsambikakis*, in: Widmaier, § 17 Rn. 38.
[1246] *Dierlamm*, in: Wabnitz/Janovsky, Kap. 27 Rn. 19.
[1247] Vgl. zu diesem Beispiel *Dierlamm*, in: Wabnitz/Janovsky, Kap. 27 Rn. 20; *Kempf*, in: Volk, § 10 Rn. 112.

kann sich ferner ergeben, wenn eine Strafmilderung nur durch ein frühes Geständnis erreicht werden kann und man unter Umständen anderen – potentiell aussagebereiten – Mitbeschuldigten zuvorkommen muss, bevor der „Run auf das Geständnis" losbricht.[1248] Dieses Problem hat sich durch die (Wieder-)Einführung der Kronzeugenregelung in § 46 b StGB noch verschärft.[1249] Der erfahrene Verteidiger wird allerdings in all diese Bewertungen einbeziehen, dass das Verlassen des Sockels auch vor dem Hintergrund der Lockangebote der Staatsanwaltschaft erhebliche Nachteile mit sich bringen kann. Oft genug wird durch den Zwang zur Offenbarung so viel an zusätzlichem Strafpotenzial in Form von zusätzlichen Straftaten oder intensiverer Tatbegehung offen gelegt, dass die positiven Wirkungen eines Geständnisses aufgewogen oder gar in ihr Gegenteil verkehrt werden. Zudem muss der Verteidiger sich vergegenwärtigen, dass sein nunmehr vereinzelter Mandant nicht zur Wahrscheinlichkeit von allen anderen Mittätern belastet werden wird.

60 Im Falle der (beabsichtigten) Aufkündigung des Sockels wird von einigen Stimmen in der Literatur eine Pflicht des Verteidigers zur Information der Mitverteidiger angenommen.[1250] Die Mitteilung soll möglichst frühzeitig erfolgen – also zum Beispiel nicht erst kurz vor einer anberaumten staatsanwaltschaftlichen Vernehmung –, damit die Mitverteidiger die Gelegenheit haben, sich auf die geänderte Situation einzustellen.[1251] Die Informationspflicht wird zum Teil als Ausdruck der allgemeinen anwaltlichen Berufspflicht (§ 43 BRAO: Pflicht zur gewissenhaften Berufsausübung) angesehen.[1252] Von anderen Autoren wird das vor allem mit Blick auf die schwierige Durchsetzbarkeit einer solchen Rechtspflicht in Frage gestellt.[1253] Daran ist richtig, dass anwaltliche Kollegialität nicht erzwungen werden kann. Es steht jedoch außer Zweifel, dass das Verlassen des gemeinsamen Sockels ohne vorherige Information gegenüber den Mitverteidigern eine Täuschung und einen Vertrauensbruch darstellt. Sich gegenseitig umschleichende und übervorteilende Verteidiger geben auch nach außen kein gutes Bild ab. Zudem relativiert sich die Frage nach einer genuinen Rechtspflicht zur Information der Mitverteidiger durch die faktischen Gegebenheiten der Berufsausübung. Bei einem homogenen Verteidigerteam und professioneller Organisation des Sockels stellt sie sich oftmals schon gar nicht, weil hier die Einsicht in die besseren Chancen einer abgestimmten Verteidigungslinie Auflösungstendenzen überwiegt.[1254] Keiner der professionell Beteiligten, so schreiben Richter II/Tsambikakis, sollte vergessen, *„dass innerhalb der nicht völlig unübersichtlichen Strafverteidigerlandschaft informelle Programme existieren, in denen Erfahrungen mit der Verlässlichkeit und Kollegialität schnell kommuniziert werden."*[1255] Allerdings: Wenn der Mandant es verlangt oder auch wenn dies die einzige absolut sichere Möglichkeit zur Verbesserung der prozessualen Situation des Klienten ist, wird der Anwalt auch ohne Vorankündigung den Sockel verlassen müssen: Mandatspflichten vor Kollegialität.

[1248] *Richter II*, NJW 1993, 2152, 2156.
[1249] Dazu *Dann*, CCZ 2010, 30, 34.
[1250] *Dierlamm*, in: Wabnitz/Janovsky, Kap. 27 Rn. 21; *Richter II*, NJW 1993, 2152, 2156; *ders./ Tsambikakis*, in: Widmaier, § 17 Rn. 39; in diese Richtung wohl auch *Kempf*, in: Volk, § 10 Rn. 112.
[1251] *Dierlamm*, in: Wabnitz/Janovsky, Kap. 27 Rn. 21.
[1252] *Richter II*, NJW 1993, 2152, 2156; *ders./Tsambikakis*, in: Widmaier, § 17 Rn. 39.
[1253] *Müller*, StV 2001, 649, 650; dazu auch *Richter II/Tsambikakis*, in: Widmaier, § 17 Rn. 40 m.w.N.
[1254] Vgl. *Dierlamm*, in: Wabnitz/Janovsky, Kap. 27 Rn. 21.
[1255] *Richter II/Tsambikakis*, in: Widmaier, § 17 Rn. 40 a.E.

d) Grenzen

Trotz ihrer grundsätzlichen Zulässigkeit und praktischen Notwendigkeit sind der Sockelverteidigung Grenzen gezogen. Diese ergeben sich in erster Linie aus materiell-rechtlichen sowie prozessualen Bestimmungen.

aa) Strafvereitelung

Materiell-rechtlich ist der Straftatbestand der Strafvereitelung (§ 258 StGB) zu beachten. In gefestigter Rechtsprechung zur Abgrenzung zwischen erlaubtem und – nach § 258 StGB strafbarem – unerlaubtem Verteidigerverhalten entscheidet der BGH, dass dem Verteidiger jede aktive Verdunkelung und Verzerrung des Sachverhalts zur Erschwerung der Wahrheitserforschung verboten ist. Konkret darf er seinen Mandanten nicht zu falschen Aussagen verleiten, am Aufbau eines Lügengebäudes aktiv mitwirken oder Beweisquellen verfälschen.[1256] Diese Grundsätze hängen mit der Wahrheitspflicht des Verteidigers zusammen, die aus der dem Verteidiger von der herrschenden Auffassung zugemessenen Stellung als Organ der Rechtspflege gefolgert wird.[1257] Die Konsequenz daraus für die Sockelverteidigung hat das OLG Frankfurt a.M. in seiner oben angesprochenen Entscheidung benannt: Der Bereich des nach § 258 StGB strafbaren Verhaltens ist tangiert, wenn die Verteidiger unter Verletzung der ihnen obliegenden Wahrheitspflicht die Absicht verfolgen, dass die Beschuldigten ihre Einlassungen bewusst wahrheitswidrig aufeinander abstimmen.[1258] Insofern bestehen keine Unterschiede zur gewöhnlichen Verteidigertätigkeit; für die Sockelverteidigung bestehen keine Sonderregelungen.[1259] Auch im Rahmen der Sockelverteidigung ist es verboten, wahrheitswidrige Einlassungen des Mandanten zu konstruieren oder zu fördern. Voraussetzung ist, dass der Verteidiger Kenntnis von der Wahrheitswidrigkeit hat. Bei bloßen Zweifeln des Verteidigers ist die Schwelle zur Strafbarkeit noch nicht überschritten.[1260] Strafrechtlich sicher unbedenklich ist auch die Einigung auf eine kollektive Ausübung des Schweigerechts oder auf einen gemeinsamen Zeitpunkt des Geständnisses.[1261]

bb) Parteiverrat

Eine weitere einschlägige materiell-rechtliche Bestimmung ist der Parteiverrat (§ 356 StGB). Strafbar ist die anwaltliche Tätigkeit für mehrere Parteien innerhalb derselben Rechtssache. § 356 StGB ist auch auf Strafverfahren anwendbar. Parteien im Sinne der Vorschrift können mehrere Mitbeschuldigte oder der Beschuldigte und Verletzte der Straftat sein.[1262] Die grundsätzliche Nähe der Sockelverteidigung zu § 356 StGB ist darin begründet, dass die Festlegung des Verteidigungsverhaltens des individuellen Beschuldigten auch am Interesse der Mitbeschuldigten oder des Unternehmens, dessen anwaltlicher Vertreter die Sockelverteidigung koordiniert und leitet, ausgerichtet

---

[1256] BGHSt 38, 345 = NJW 1993, 273, 274; BGHSt 46, 46 = NJW 2000, 2433, 2434; *BGH* NStZ 1999, 188, 189.
[1257] *BGH* NStZ 19999, 188, 189 sowie KK-StPO/*Laufhütte*, Vorb. § 137 Rn. 7 m.w.N.; krit. zur Wahrheitspflicht des Verteidigers wegen der Problematik des Wahrheitsbegriffs *Richter II*, NJW 1993, 2152, 2155.
[1258] *OLG Frankfurt a.M.* NStZ 1981, 144, 145.
[1259] *Richter II/Tsambikakis*, in: Widmaier, § 17 Rn. 17.
[1260] *Müller*, StV 2001, 649, 653.
[1261] *Beulke/Ruhmannseder*, Rn. 83.
[1262] *BGH* NJW 2008, 2723, 2724 f.; *Dahs*, NStZ 1991, 561, 562 ff.; Schönke/Schröder/*Heine*, § 356 Rn. 13.

ist.[1263] Es liegt in der Natur der Sache, dass jeder einzelne Verteidiger im Rahmen eines Sockels auch das Individualinteresse der anderen Beteiligten mit im Auge behalten muss. Dies schon deshalb, um erkennen zu können, ob der Sockel auch tatsächlich steht und ob er im Interesse des Mandanten ist. Das bedeutet nicht, dass auch materielles Verteidigerhandeln für die Mitverteidigten dargelegt wird. Es ist Aufgabe jedes einzelnen Verteidigers, für seinen Mandanten zu entscheiden und aufzutreten, alles andere ist nur – zulässige – Ausstrahlungswirkung. Eins wird allerdings aus dem Vorgesagten klar: Ein derartiger Verteidigungssockel funktioniert nur unter Verteidigern, ein gemischter Sockel mit nicht verteidigten Beschuldigten birgt große Gefahren, weil die Professionalität des Beraters überhaupt erst eine wirksame und dem Gesetz entsprechende Zusammenarbeit ermöglicht.

64 Handfeste Interessengegensätze können sich ergeben, wenn es um das Ausmaß der strafrechtlichen Verantwortlichkeit Beschuldigter auf unterschiedlichen Hierarchiestufen geht (Beispiel: individuelles Verschulden der unmittelbar handelnden Mitarbeiter oder Organisationsverschulden der Führungspersonen?).[1264] Immer dann, wenn zwischen mehreren Beschuldigten ein Über-/Unterordnungsverhältnis besteht, muss der Verteidiger besonders darauf achten, dass das Individualinteresse seines Mandanten nicht einem vermeintlich höherrangigem Kollektiv- oder Unternehmensinteresse geopfert wird.[1265] Keinesfalls darf strafrechtliche Verantwortung bei einzelnen – zumal auf der Hierarchiestufe weiter unten stehenden – Beschuldigten abgeladen werden.[1266]

65 Die von § 356 StGB sanktionierte und durch das Tätigwerden für unterschiedliche Parteiinteressen indizierte Interessenkollision kann durch eine entsprechende Einverständniserklärung des Mandanten ausgeschlossen werden.[1267] Im Wortlaut der Norm ist das im Merkmal der Pflichtwidrigkeit angelegt. Die Sockelverteidigung ist nicht pflichtwidrig, wenn sich der Mandant mit der Ausrichtung seiner Verteidigung auch am Interesse der Mitbeschuldigten und des Unternehmens einverstanden erklärt. Voraussetzung ist selbstverständlich, dass der Mandant über Vorhandensein und Tragweite einer gemeinsamen Sockelbildung mehrerer Beschuldigter beziehungsweise deren Verteidiger vollumfänglich informiert wird.[1268] Insoweit gewinnt wiederum die oben dargelegte Unterrichtungspflicht des Verteidigers an Bedeutung. Fehlt es an der Informierung, wird das Einverständnis durch bewusst falsche Unterrichtung herbeigeführt oder die Sockelverteidigung fortgesetzt, obwohl der Mandantenwille in Richtung einer Einzelverteidigung umschwenkt, ist der Anwendungsbereich des § 356 StGB eröffnet.

cc) Prozessuale Grenzen

66 In prozessualer Hinsicht sind bei der gegenseitigen Abstimmung und Informierung innerhalb der Sockelverteidigung Akteneinsichtssperren nach § 147 Abs. 2 S. 1 StPO zu

---

[1263] S. oben unter § 6 Rn. 48.
[1264] Vgl. *Richter II/Tsambikakis*, in: Widmaier, § 17 Rn. 21 f.
[1265] S. *Müller*, StV 2001, 649, 652; zu möglichen Interessenkonflikten und deren Auflösung auch *Minoggio*, Rn. 521 ff.
[1266] *Kempf*, in: Volk, § 10 Rn. 113.
[1267] *Dahs*, NStZ 1991, 561, 565; MünchKomm-StGB/*Dahs*, § 356 Rn. 51. Dasselbe gilt, wenn man mit Blick auf das Rechtsgut des § 356 StGB (Vertrauen der Allgemeinheit in Zuverlässigkeit und Integrität der Anwaltschaft) ein Einverständnis des Mandanten mangels Dispositionsfähigkeit für unbeachtlich hält. Auch dann schließt die Interessenautonomie des Mandanten die Pflichtwidrigkeit aus; vgl. Schönke/Schröder/*Heine*, § 356 Rn. 20.
[1268] *Dahs*, NStZ 1991, 561, 565; MünchKomm-StGB/*Dahs*, § 356 Rn. 64; Schönke/Schröder/*Heine*, § 356 Rn. 20.

D. Speziell relevantes deutsches Prozessrecht

beachten.[1269] Nach dieser Bestimmung kann im Ermittlungsverfahren dem Verteidiger die Akteneinsicht versagt werden, wenn sie den Untersuchungszweck gefährden kann. Das ist der Fall, wenn zu befürchten ist, dass ein Beschuldigter bei Erlangung von Aktenkenntnis in unzulässiger Weise nachteilig in das Ermittlungsverfahren eingreifen wird, beispielsweise durch Einwirkung auf Mitbeschuldigte oder Zeugen mit der Folge von Verdunkelungshandlungen.[1270] Besteht eine Akteneinsichtssperre für einen Beschuldigten, darf diese nicht dadurch umgangen werden, dass dessen Verteidiger sich eine Kopie der Akte an der Staatsanwaltschaft vorbei beschafft. Damit würde die gesetzlich festgelegte Verfahrensherrschaft der Staatsanwaltschaft unterlaufen.[1271] Dieses Ergebnis entspricht den Thesen des Strafrechtsausschusses der Bundesrechtsanwaltskammer, der eine Weiterleitung von Akten an andere Verteidiger von einer vorherigen Kontaktaufnahme zur Staatsanwaltschaft und Klärung der Bedenken gegen die Weiterleitung abhängig macht.[1272] Das Ergebnis wird zudem strafrechtlich durch § 258 StGB abgesichert. Die Weitergabe von Akten beziehungsweise Aktenauszügen ohne Zustimmung der Staatsanwaltschaft an Verteidiger von Mitbeschuldigten, denen die Akteneinsicht versagt wurde, kann eine Strafvereitelung darstellen.[1273] Akteneinsichtssperren nach § 147 Abs. 2 StPO sind mithin zu respektieren. Ihre Umgehung stellt nicht nur die Seriosität der Sockelverteidigung insgesamt in Frage, sondern führt auch dazu, dass die Staatsanwaltschaft bei entsprechenden Anhaltspunkten die Akteneinsicht an alle Verteidiger wegen Gefährdung des Untersuchungszwecks versagen kann.[1274] Andererseits kann die Versagung der Akteneinsicht an einen Verteidiger kein generelles Verbot der Kommunikation unter den Verfahrensbeteiligten nach sich ziehen. Zulässig ist trotz versagter Akteneinsicht beispielsweise die Mitteilung des eigenen Einlassungsverhaltens.[1275] Auch die generelle, allgemeine, nicht dokumentenbasierte Kommunikation des Akteninhaltes eines Verteidigers an einen anderen kann nicht durch die Versagung der Akteneinsicht an ersteren verboten sein. Wenn die Staatsanwaltschaft einem Verteidiger dessen grundsätzliches Recht auf Einsicht verschafft, muss er in der Lage sein, sämtliche daraus gezogenen Erkenntnisse für die Verteidigung seines Mandanten einzusetzen. Dazu gehört auch der über den Akteninhalt informierende Kontakt mit dem Mitverteidiger.

Schließlich werden der Sockelverteidigung durch die Verschwiegenheitspflicht des Verteidigers Grenzen gesetzt.[1276] Ob und in welchem Umfang der Verteidiger Informationen aus dem Mandantengespräch an die Mitverteidiger weitergeben darf, unterliegt der Disposition des Mandanten. Zu empfehlen ist neben der Einholung der Zustimmung zur Durchführung der Sockelverteidigung überhaupt, eine Entbindung von der Verschwiegenheitspflicht speziell für diese Situation.[1277]

67

[1269] Vgl. MünchKomm-StGB/*Dahs*, § 356 Rn. 68; *Richter II/Tsambikakis*, in: Widmaier, § 17 Rn. 68 ff.
[1270] Vgl. Graf/*Wessing*, § 147 Rn. 5.
[1271] *Richter II/Tsambikakis*, in: Widmaier, § 17 Rn. 69; s. auch MünchKomm-StGB/*Dahs*, § 356 Rn. 68 a.E.
[1272] Schriftenreihe der BRAK, Band 13, Reform der Verteidigung im Ermittlungsverfahren (dort These 70); Wiedergabe bei *Richter II/Tsambikakis*, in: Widmaier, § 17 Rn. 62 f.
[1273] Beulke/Ruhmannseder, Rn. 83 a; s. auch Schönke/Schröder*Stree/Hecker*, § 258 Rn. 20.
[1274] Beulke/Ruhmannseder, Rn. 83a; *Richter II/Tsambikakis*, in: Widmaier, § 17 Rn. 69.
[1275] *Richter II/Tsambikakis*, in: Widmaier, § 17 Rn. 69 f.
[1276] Hierzu oben unter § 6 Rn. 28.
[1277] Vgl. *Richter II/Tsambikakis*, in: Widmaier, § 17 Rn. 19.

5. Das Problemfeld des Individualverteidigers

a) Umgang mit den Erstaussagen

68 Die Befragung der Mitarbeiter ist eine der wichtigsten und aufschlussreichsten Maßnahmen im Rahmen von unternehmensinternen Untersuchungen. Zur Erarbeitung des Sachverhaltes und Verschaffung einer eigenen Infomationsbasis im Hinblick auf das weitere Vorgehen – auch gegenüber den Ermittlungsbehörden – ist sie unerlässlich. Der Vorgehensweise bei Mitarbeiterbefragungen und den auftretenden rechtlichen Problemen ist ein eigenes Kapitel gewidmet.[1278] Hier geht es allein darum, wie die Ermittlungsbehörden mit aus internen Ermittlungen stammenden Aussagen umgehen.[1279]

69 In der Praxis ist zu beobachten, dass die Ermittlungsbehörden mit Skepsis reagieren, wenn ihnen derartige Aussagen als Produkt der unternehmensinternen Sachverhaltsaufklärung präsentiert werden. Die Befragung von Personen, die potentiell als Zeugen oder als Beschuldigte in Betracht kommen, wird als eigene Domäne angesehen. Befragungen durch den Unternehmensverteidiger beziehungsweise durch mit der Sachverhaltsaufklärung beauftragte Kanzleien werden als nicht professionell und in den meisten Fällen als kaum zu verwerten empfunden. Den Inhalten der Aussagen stehen die Ermittlungsbehörden kritisch gegenüber, weil sie auf Form und Ablauf der Befragungen keinen Einfluss hatten. Es gilt dasselbe wie seit jeher für den Problemkomplex der eigenen Ermittlungen im Bereich der klassischen (Individual-)Verteidigung. Aus Sicht der Staatsanwaltschaft schwingt immer die Gefahr mit, dass der selbst ermittelnde Verteidiger Beweisquellen trübt und Aussagen potentieller Zeugen in eine bestimmte Richtung lenkt, die nicht mehr objektiv ist, sondern der eigenen Verteidigungsposition entspricht. Dass diese Gefahr im umgekehrten Falle genauso groß ist, wird dabei leicht und gerne übersehen.

Die Strategie, um den Bedenken der Ermittlungsbehörden die Grundlage zu entziehen, muss darin liegen, bei Mitarbeiterbefragungen offen und transparent vorzugehen. Dazu gehören die vollständige Dokumentation der Kontaktaufnahme zu den Mitarbeitern und des Verlaufs der Befragung. Zudem ist jeder Anschein der Beeinflussung der Mitarbeiter zu vermeiden. Diese dürfen – z.B. durch Androhung arbeitsrechtlicher Konsequenzen – nicht unter Druck gesetzt werden.[1280]

70 Mittlerweile hat sich der Strafrechtsausschuss der Bundesrechtsanwaltskammer mit unternehmensinternen Untersuchungen und speziell mit Mitarbeiterbefragungen befasst. Die einzuhaltenden Standards sind in einem Thesenpapier zusammengefasst.[1281] Danach ist die Sachverhaltserforschung nicht als Ermittlung, sondern als Erhebung zu qualifizieren, um so diese Tätigkeit von denen der Strafverfolgungsbehörden abzugrenzen. Der Unternehmensanwalt hat keinerlei Eingriffs- und Zwangsbefugnisse und muss den Anschein „amtlichen" Handelns vermeiden. Zu Beginn der internen Untersuchung müssen die rechtlichen Bezugspunkte festgelegt und der Unternehmensgegenstand klar definiert werden. Da die interne Untersuchung nicht durch unmittelbare gesetzliche Verfahrensregeln begrenzt wird, muss die Einhaltung bestimmter rechtsstaatlicher Standards gewährleistet sein. Nur dies garantiert, dass der Nemo-Tenetur-Grundsatz nicht unterlaufen wird und die Ergebnisse eine verwertbare Basis für die

---

[1278] S. *Kienast*, § 8.
[1279] S. hierzu aus Sicht der Staatsanwaltschaft auch *Loer*, § 10.
[1280] S. zum Ganzen auch *Kempf*, in: Volk, § 10 Rn. 79; *Wessing*, in: Volk, § 11 Rn. 168; vgl. ausf. auch unten *Kienast*, § 8 Rn. 34 ff.
[1281] BRAK-Stellungnahme 35/2010, These 3 mit Begründung, S. 9 ff.

D. Speziell relevantes deutsches Prozessrecht

Staatsanwaltschaft darstellen. Obwohl die Ausgestaltung der internen Befragung von Mitarbeitern keinen Regeln der Strafprozessordnung unterliegt, sollten auch hier die sich aus der rechtsstaatlichen Ordnung ergebenden Standards eingehalten werden. Hierzu gehört insbesondere das Recht des Mitarbeiters, bei der Befragung einen Anwalt seiner Wahl hinzuziehen zu können. Wie bereits gesagt, ist der Mitarbeiter hierüber vom Unternehmensanwalt zu belehren. Dieser sollte darauf hinwirken, dass die Kosten für den eventuell vom Mitarbeiter hinzugezogenen Beistand im Rahmen des rechtlich Zulässigen vom Unternehmen übernommen werden. Selbstverständlich hat der Unternehmensanwalt unlautere Einwirkungen, wie z.B. die nach § 136 a StPO unzulässigen Methoden, zu vermeiden. Der Mitarbeiter darf keinem unzulässigen Zwang ausgesetzt und nicht bedrängt werden. Außerdem sind sie nach der Stellungnahme der BRAK zu belehren, dass Aufzeichnungen der Befragung ggf. an die Behörden weitergegeben werden und insbesondere – unabhängig von möglichen unternehmensinternen Amnestieprogrammen – eine strafrechtliche Amnestie nicht gewährt werden kann. Die Anhörung des Mitarbeiters ist schriftlich zu dokumentieren.

Die Befolgung der Thesen stellt sicher, dass tragfähige und belastbare Ermittlungsergebnisse produziert werden, die auch von der Staatswaltschaft akzeptiert werden.

b) Widerstand gegen interne Ermittlungen unter strafrechtlichen Gesichtspunkten

Ermittlungen im eigenen Unternehmen, insbesondere wenn sie von externen Personen durchgeführt werden, beunruhigen die Mitarbeiter. Abgesehen davon, dass sich Firmenangehörige allgemein über das Schicksal ihres Arbeitgebers Gedanken machen – Ist das Unternehmen als solches gefährdet? Bedeuten Ermittlungen Veränderungen im Arbeitsablauf oder gar in der Eigentümerstruktur? Bekomme ich einen anderen Chef? – stellen sich Arbeitnehmer auf jeder Stufe, sobald sie in die Ermittlungen einbezogen sind, besorgte Fragen um die eigene Person und den Arbeitsplatz und dies in mehrfacher Hinsicht. Nicht nur derjenige Mitarbeiter, der bei genauerem Nachdenken potentielle strafrechtliche Gefahrenquellen in seinem früheren Verhalten entdeckt, wird die Umsetzung dieser Fragen in sein Aussageverhalten übernehmen. Auch Loyalität und die allgemeine Sorge über den Arbeitsplatz beeinflussen Anhörungen. 71

Damit sind der ermittelnde Anwalt und sein Team in einer ähnlichen Lage wie ein Kriminalbeamter im Rahmen von dessen Ermittlungen. Nur: In den seltensten Fällen sind deutsche Anwälte in Vernehmungssituationen geschult. Auch wenn Strafrechtler dies im Allgemeinen besser beherrschen – sie werden mit dieser Situation mindestens in der Hauptverhandlung häufiger konfrontiert – so sind auch sie wenig erfahren in der Befragung in Erstsituationen. Es ist ein erheblicher Unterschied, ob man im Rahmen einer Hauptverhandlung als Dritter die verfahrensrelevanten Fragen, die eventuell noch übrig sind, zu stellen oder gar gegen als falsch empfundene Aussagen anzufragen hat oder ob man einem Zeugen gegenüber sitzt, dessen Aussage vor dem Hintergrund seiner Persönlichkeit und seiner Interessenlagen erst noch erarbeitet und bewertet werden muss. Primär zivilrechtlich tätige Anwälte haben es noch schwerer, da in ihrem Bereich Befragungen von Zeugen durch sie selbst eher die Ausnahme darstellen. Wer im Rahmen von internen Ermittlungen bei der Zeugenbefragung valide Ergebnisse erhalten will, wird sich mit der Theorie der Zeugenbefragung[1282] beschäftigen und sich ein Befragungskonzept erarbeiten müssen. 72

[1282] Vgl. *Adler/Mermanutz*, Kriminalistik 2009, 535; *Kassebohm*, NJW 2009, 200; *Parigger*, StraFo 2003, 262; *Hermanutz/Litzcke*, Vernehmung in Theorie und Praxis, Stuttgart, 2. Aufl. (2009);

aa) Das Interesse am Erhalt des Arbeitsplatzes

73 Angehörige eines Unternehmens, insbesondere wenn sie langjährig dort tätig sind, machen sich selten Gedanken darüber, ob das, was sie im Rahmen des und im Auftrag des Unternehmens tun, in das Strafrecht hineinragen könnte. Das ändert sich, sobald es interne Ermittlungen gibt. Die Frage, ob man selbst oder der Nachbar am Arbeitsplatz etwas unter strafrechtlichen Gesichtspunkten falsch gemacht haben könnte, stellt sich neu und akut. Sie wird dann oftmals auch anders beantwortet, als es im Rahmen des alltäglichen Trottes eher oberflächlich geschehen ist. Es gibt Faktoren, die Mitarbeiter dahingehend beeinflussen, internen Ermittlungen auszuweichen oder in deren Rahmen sogar falsch zu berichten: Der Schutz eigener Interessen und die Loyalität gegenüber den Kollegen.

Das Zusammengehörigkeitsgefühl von Arbeitsgruppen, das Bedürfnis, nicht als Verräter dazustehen, sollte im Rahmen von Ermittlungen nicht unterschätzt werden. Die Loyalität gegenüber dem gegenüber sitzenden Kollegen, mit dem und dessen Familie man im Sommer gemeinsam im Garten grillt, ist unmittelbarer und akuter als diejenige gegenüber dem eher abstrakten Unternehmen. Je größer ein Arbeitgeber an Personenzahl ist, umso stärker wird sich dies manifestieren. Daher muss der im Interesse des Unternehmens ermittelnde Anwalt immer davon ausgehen, dass er nicht ohne weiteres und unmittelbar eine objektive Aussage erhält, selbst dann, wenn er es mit einem zweifelsfrei nicht in strafrechtliche Probleme verwickelten Zeugen zu tun hat. Es lohnt sich für ihn, sich vor einer Befragungsrunde beispielsweise in einer Abteilung über deren Struktur, persönlichen Zusammenhalt, Freundschaften und Feindschaften so weit wie möglich ein Bild zu verschaffen. Auf dieser Basis sind die dann erfolgenden Aussagen deutlich besser zu bewerten.

Noch deutlich schwieriger ist die Befragung eines Mitarbeiters, bei dem die potentielle Möglichkeit oder gar der akute Verdacht besteht, dass er sich strafrechtlich relevant verhalten hat.

bb) „Kronzeuge" und „Whistleblowing" in Deutschland

74 Das Konzept der Kronzeugenregelung ist dem deutschen Recht über lange Jahre eher fremd gewesen. Während es im anglo-amerikanischen Rechtssystem seit jeher tief verwurzelt ist, fand es den Eingang in das deutsche Recht hauptsächlich über die Terrorismusbekämpfung. Die Vorgängervorschrift[1283] zur heutigen Kronzeugenregelung war eng auf terroristische Straftaten, später auch auf Delikte aus dem Bereich der organisierten Kriminalität, ausgerichtet und daher von nur geringer praktischer Bedeutung.[1284] Als das Kronzeugengesetz am 31.12.1999 ausgelaufen ist, sah man daher fast 10 Jahre keinen Bedarf an einem Wiederaufleben. Während die damalige Kronzeugenregelung dem – unerreichten – Ziel diente, Angehörige terroristischer Vereinigungen oder des organisierten Verbrechens aus diesen Strukturen zu befreien und Perspektiven

---

Hermanutz/Litzcke/Kroll/Adler, Polizeiliche Vernehmung und Glaubhaftigkeit, Stuttgart, 2. Aufl. (2008); *Artkämper/Schilling*, Vernehmungen, Hilden 2010; *Habschick*, Erfolgreich vernehmen, Heidelberg, 2. Aufl. (2010); *Deckers/Köhnken*, Die Erhebung von Zeugenaussagen im Strafprozess, Berlin 2007; *Arntzen*, Psychologie der Zeugenaussage, München, 5. Aufl. (2011), jew. passim. Zur Vernehmungslehre auch *Bender/Nack/Treuer*, S. 185 ff.

[1283] Vom 9.6.1989, geändert am 28.10.1994 durch das Verbrechensbekämpfungsgesetz.

[1284] S. zum alten Kronzeugengesetz, den Änderungen durch das Verbrechensbekämpfungsgesetz sowie den empirischen Daten zur mangelnden Praktikabilität nur Schönke/Schröder/*Kinzig*, § 46 b Rn. 1 m.w.N.

D. Speziell relevantes deutsches Prozessrecht

für eine Rückkehr in die Gesellschaft zu bieten, ist das Ziel der nebenstrafrechtlichen Kronzeugenregelung des § 31 BtMG eine ganz andere. Durch die Aufklärungshilfe des in Betäubungsmitteldelikte verstrickten Täters soll in den illegalen Drogenmarkt eingedrungen werden, um die Strafverfolgung und -verhinderung zu verbessern.[1285] Diese Intention liegt auch der neuen Kronzeugenregelung zugrunde. Dabei werden viele – schon für § 31 BtMG erhobene – Vorwürfe bei einer solchen Zielrichtung wieder aufleben. Denn der Wettlauf der Angeklagten um die Vorteile des § 31 BtMG führte nicht zu verstärkten Anforderungen an die Aufklärungshilfe – im Gegenteil wurden die Anforderungen an den Aufklärungserfolg immer geringer veranschlagt und die Gefahr von Falschbelastungen immer höher.[1286]

Auch im Kartellrecht gibt es mit der „Mitteilung der Kommission über den Erlass und die Ermäßigung von Geldbußen in Kartellsachen" eine Kronzeugenregelung, die der Aufdeckung und Beendigung von Kartellen dienen soll – also als Ermittlungsinstrument der Kommission gedacht ist.[1287] Dabei unterscheidet die Regelung zwischen Totalerlass und Ermäßigung der Geldbuße. Ein Totalerlass kommt nur dann in Betracht, wenn ein Unternehmen der Kommission als erstes Beweise für ein bis dahin unbekanntes Kartell oder erste entscheidende Beweise vorlegt. Ermäßigung können Unternehmen dann beantragen, wenn sie Beweismittel vorlegen, die gegenüber den bereits der Kommission vorliegenden Beweismitteln einen erheblichen Mehrwert haben.[1288] Nach dieser Regelungsstuktur wundert es nicht, dass die meisten „großen" Bußgeldverfahren im Kartellrecht heute durch Kronzeugenanträge ausgelöst werden.[1289] Dadurch sind für die Unternehmen sowohl die Gefahr der Aufdeckung als auch das Risiko drastischer Konsequenzen bei kartellrechtlichen Verstößen deutlich gestiegen[1290] und die Folge liegt auf der Hand: nämlich die Bestrebung, der erste zu sein, der verbotene Praktiken bei der Kommission anzeigt. Dieses Rennen um Platz 1 des Aufklärungshelfers könnte auch im Rahmen der neuen allgemeinen Kronzeugenregelung eine Rolle spielen. **75**

Zentrale Norm des Kronzeugengedankens im deutschen Strafrecht ist § 46 b StGB. Sie ist anwendbar bei besonders schweren Straftaten. Der Täter muss sein Wissen freiwillig offenbaren und damit die Verhinderung oder Aufdeckung einer Tat nach § 100 a Abs. 2 StPO bewirken. Die Norm enthält einen langen Katalog von Straftaten, von Hochverrat über Geldfälschung, Bestechung, Raub, Hehlerei, Betrug und Steuerstraftaten bis zu Verstößen gegen das Waffengesetz. Letztlich findet sich bei allen Wirtschaftsstraftaten eine Anknüpfungstat, so dass das Kronzeugenrecht in diesem Bereich fast universell anwendbar ist. **76**

Die erfolgreiche Aktivierung der Norm bewirkt für den Beschuldigten, dass grundsätzlich die Strafe nach § 49 Abs. 1 StGB zu mildern ist und bei Taten unter Androhung von lebenslanger Freiheitsstrafe die Strafobergrenze von zehn Jahren gilt. Im Einzelnen richtet sich die Höhe der Strafreduzierung letztlich nach der Effizienz und Wichtigkeit der Aufklärung.

Die „Freiwilligkeit" verlangt nicht, dass der Kronzeuge aus einer positiven, rechtsfreundlichen Gesinnung heraus handelt. Sie ist – wie bei § 31 BtMG – schon dann ge- **77**

[1285] *Körner*, § 31 Rn. 5.
[1286] *Körner*, § 31 Rn. 5; a. A. MünchKomm-StGB/*Maier*, § 31 Rn. 13 f.
[1287] Sieber/Brüner/Satzger/von Heintschel-Heinegg/*Wahl*, § 7 Rn. 74.
[1288] Ausf. Sieber/Brüner/Satzger/von Heintschel-Heinegg/*Wahl*, § 7 Rn. 75 f.
[1289] *Bechthold*, NJW 2009, 3699, 3705.
[1290] S. auch *Voet van Vormizelle*, CCZ 2009, 41.

geben, wenn sich der Beschuldigte frei zur Offenbarung entschließen kann. Nur wer glaubt, er könne nicht anders handeln, handelt nicht freiwillig im Sinne des BGH. Prozessuale Auskunftspflichten führen aber nicht zur Unfreiwilligkeit der Aussage, vielmehr bleibt der Zeuge Herr seiner Entschlüsse und seine Aussage beruht auch in diesem Fall auf einem autonomen Entschluss. Anderes gilt nur dann, wenn der Zeuge aufgrund von prozessualen Zwangsmaßnahmen aussagt.[1291] Bemerkenswert ist, dass nach der Rechtsprechung klargestellt ist, dass sich die Kronzeugenregelung nicht auf Taten beschränkt, an denen der Beschuldigte in irgendeiner Form beteiligt war. Auch das Wissen über sonstige Taten, an denen er nicht Tatbeteiligter war, kann zur Strafmaßreduzierung im eigenen Fall verwendet werden. Dies kann dazu führen, dass sich Erkenntnisse über Strafbarkeiten in einem Unternehmen im Sinne von fallenden Dominosteinen weiter fortpflanzen. Mithin: Die Kronzeugenregelung verstärkt die Gefahr, dass durch interne Ermittlungen weit über den ursprünglichen Ermittlungsansatz hinaus Erkenntnisse über im Unternehmen begangene Straftaten zustande kommen.

78 Voraussetzung für die Aktivierung der Norm im Sinne des Beschuldigten ist es, dass dies vor der Eröffnung des Hauptverfahrens durch einen Beschluss erfolgt. Zwar wirken Geständnisse selbstverständlich auch im Rahmen einer Hauptverhandlung noch strafmildernd im Sinne der allgemeinen Vorschrift zur Zumessung (§ 46 StGB); die weite und insbesondere vorgeschriebene (und damit revisionsrechtlich überprüfbare) Milderung und Strafrahmenverschiebung des § 46 b StGB kann damit aber nicht mehr erreicht werden.

Die Möglichkeit, als Kronzeuge aufzutreten, mag verführerisch sein, in deutschen Verfahren ist sie in Beurteilung ihrer Sinnhaftigkeit und Effizienz unter Verteidigern nicht unumstritten. Wie bereits oben zur Sockelverteidigung ausgeführt, kann ein Geständnis in vielen Fällen die Austreibung des Teufels mit Belzebub bedeuten. Die Offenbarung des ganzen Ausmaßes einer strafrechtlich relevanten Handlung kann, trotz der Milderungswirkung, die über die Kronzeugenregelung eintritt, per Saldo zu einer höheren Individualstrafe führen. Zusätzlich sind die arbeitsrechtlichen Konsequenzen in einen Saldo einzustellen: Auch wenn – siehe dazu sogleich – der Kronzeuge eine Kündigung nicht ohne weiteres zu gegenwärtigen hat, so ist doch vielfach das Arbeitsumfeld vergiftet.

79 Das amerikanische Recht schützt den Kronzeugen in hohem Maße. Den Unternehmen wird oftmals verboten, solchen Personen zu kündigen. Doch auch das deutsche Arbeitsrecht lässt in weiten Bereichen zu, dass Unternehmensangehörige Unternehmensinterna an Ermittlungsbehörden weitergeben. Das zeigt sich in der Behandlung von sog. Whistleblowern.[1292]

Bei ihnen wird darüber diskutiert, wie sie rechtlich zu schützen sind.[1293] Dabei muss unterschieden werden zwischen den strafrechtlichen und arbeitsrechtlichen Implikationen. Arbeitsrechtlich haben das BAG und das BVerfG klare Vorgaben gemacht. Während die frühere Rechtsprechung die arbeitnehmerseitige Strafanzeige als Verstoß gegen die Verschwiegenheitspflicht und daher als Kündigungsgrund ansah,[1294] ist nunmehr von der Rechtsprechung anerkannt, dass der Arbeitnehmer mit einer außenwirksamen Strafanzeige prinzipiell eine von der Rechtsordnung erlaubte und geför-

---

[1291] *BGH* NJW 2010, 2741, 2742 = NStZ 2010, 443.
[1292] S. hierzu aus arbeitsrechtlicher Sicht auch *Kienast*, § 8 Rn. 24 ff.
[1293] Vgl. zuletzt *Király*, ZRP 2011, 146; umfassend auch *Fahrig*, NZA 2010, 1223, sowie *Kienast*, § 8 Rn. 24 ff.
[1294] *BAG* DB 1959, 980.

derte Möglichkeit der Rechtsverfolgung wahrnimmt.[1295] Insoweit wird dem innerbetrieblichen Abhilfeversuch auch nicht mehr ein genereller Vorrang eingeräumt. Der Arbeitnehmer muss dem Arbeitgeber unbekannte oder nicht grob fahrlässig unbekannt gebliebene Missstände im Betrieb vielmehr nur dann anzeigen, wenn ihm dieses zumutbar ist. Dies ist dann nicht der Fall, wenn sich der Arbeitnehmer bei Nichtanzeige der Straftat nach § 138 StGB selbst der Strafverfolgung aussetzen würde oder bei schwerwiegenden, vom Arbeitgeber selbst begangenen Straftaten.[1296]

Strafrechtlich wird argumentiert, dass die Anzeige von Straftaten und Dienstvergehen jedem Staatsbürger aus rechtsstaatlichen Gründen frei steht, so dass eine nicht bewusst falsche – also auch die objektiv unrichtige – Behauptung einer strafbaren Handlung gerechtfertigt sein kann, auch wenn der Anzeigende von der angeblichen Tat gar nicht betroffen ist. Den Anzeigenden trifft danach nur eine gewisse Prüfungspflicht bezüglich der Richtigkeit des Anzeigeninhalts. Er müsse zwar nicht positiv von der Richtigkeit der Anzeige überzeugt sein, darf aber einen Verdacht nicht durch unwahre Angaben zu erhärten versuchen.[1297] Am 21.7.2010 hat der EGMR über einen Fall entschieden, in dem die Arbeitnehmerin gegen ihre Arbeitgeberin eine Anzeige wegen Mängeln in der Heimpflege erstattete und diese Mängel öffentlich machte. Daraufhin wurde der Arbeitnehmerin seitens der Arbeitgeberin gekündigt. Die Rechtmäßigkeit der Kündigung wurde vom BAG bestätigt. Der EGMR hat darin eine Verletzung der Meinungsfreiheit gesehen und konstatiert, dass das Whistleblowing der durch Art. 10 EMRK geschützten Meinungsfreiheit unterfalle. Der EGMR hat dies so entschieden, obwohl die Arbeitnehmerin zu keinem Zeitpunkt des Verfahrens Beweise für ihre Behauptung vorlegen konnte. Ausreichend war, dass es keine Anhaltspunkte dafür gegeben haben soll, dass die Arbeitnehmerin „wissentlich" oder „leichtfertig" falsche Angaben gemacht hätte.[1298] **80**

Damit deutet sich an, dass der EGMR den Schutz genau dort zieht, wo bisher die Grenze für die Erstattung von Strafanzeigen gezogen wurde. Strafrechtlich betrachtet lässt sich zusammenfassend sagen, dass unter dieser Rechtsprechung wahrscheinlich ist, dass Whistleblower sich über Art. 10 EMRK auf § 193 StGB berufen können.

E. Besonderheiten der Verfahrensdualität

I. Die Beachtung des US-Prozessrechtes durch den deutschen Anwalt

Der deutsche Anwalt muss sich daran gewöhnen, dass in sein Verfahren auch amerikanisches Prozessrecht hinein regiert. Er muss verstehen, wie seine US-amerikanischen Kollegen vor dem Hintergrund ihres eigenen Verständnisses von Strafprozessrecht agieren werden und reagieren müssen. Trotz der grundsätzlichen Unterschiedlichkeit der Systeme – Parteiverfahren versus Amtsermittlungsgrundsatz – sind dennoch viele Grundstrukturen zumindestens ähnlich. Man versteht sich in beiden Systemen als Organ der Rechtspflege mit klar definierten Aufgaben und auf Seiten des Klienten stehend. Von dort an entwickelte es sich auseinander. **81**

[1295] *BVerfG* NZA 2001, 888, 890; *BAG* NJW 2004, 1547, 1549.
[1296] Vgl. hierzu *Reichhold*, in: Münchener Hdb. z. ArbR, § 48 Rn. 41; *Preis*, in: Erfurter Komm. z. ArbR, § 611 Rd. 716; *Kania*, in: Küttner, Stichwort Verschwiegenheitspflicht Rn. 13.
[1297] *Fischer*, § 193 Rn. 32.
[1298] Vgl. zur Entscheidung des EGMR auch *Ulber*, NZA 2011, 962.

§ 6. Parallelermittlungen in Deutschland

1. Der Einfluss von Discovery

82 Die Verfahren der SEC beginnen regelmäßig mit einer Subpoena. Dies ist eine dem jeweiligen Verfahrenssubjekt oder seinen Vertretern überreichte schriftliche Aufforderung mit zwingendem Charakter, bestimmte Dokumente herauszugeben, sozusagen eine strafbewehrte Anordnung im Ermittlungsverfahren. Durch diese Anordnung zwingt die SEC ihr unterworfene Subjekte dazu, Dokumente oder andere physische Beweismittel zu produzieren. Es handelt sich dabei um ein mächtiges Prozessinstrument, das letztendlich Unternehmen und Personen dazu nötigt, potentiell gegen sie gerichtete Beweismittel zu sichern und der ermittelnden Behörde zu übergeben. Der Fachausdruck ist „duces tecum Subpoena",[1299] der aus dem Latein übersetzt bedeutet „bringe es unter Strafandrohung mit dir". Die unmittelbare Folge einer derartigen Subpoena ist, dass die betroffenen Personen oder Organisationen alle erforderlichen Schritte unternehmen müssen, um die Unversehrtheit der Beweismittel zu garantieren. Praktisch heißt es: Vollsicherung aller Computerdateien und ein Vernichtungsverbot bezüglich aller im Unternehmen vorhandenen Dokumente an alle Mitarbeiter. Die Subpoena wirkt nicht nur innerhalb der Grenzen der Vereinigten Staaten, betroffen sind auch alle Beweismittel, die im Rahmen der Subpoena in anderen Ländern belegen sein können.[1300] In der Praxis kann dies bedeuten, dass wegen einer Untersuchung in den Vereinigten Staaten die Konzernzentrale einer Unternehmung in Deutschland gezwungen ist, sämtliche Dokumente auch über gesetzliche Aufbewahrungsfristen hinaus zu archivieren und sicherzustellen, dass sie für die amerikanische Untersuchung zur Verfügung stehen. Wie ernst dies genommen werden muss, zeigt der Fall von Arthur Andersen. Die Behauptung der Dokumentenvernichtung führte letztendlich zum Untergang einer der big five Prüfungsgesellschaften. Aufgrund der Anweisungen von Firmenjuristin Nancy Temple und David Duncan (Chef des Andersen-Büros in Houston) wurden Unterlagen des Enron-Konzerns vernichtet, obwohl die Mitarbeiter von Arthur Andersen bereits von der Aufnahme einer SEC-Untersuchung gegen Enron informiert waren. Von einer Jury in Houston wurde die Firma deshalb der Behinderung der Justiz schuldig gesprochen. Als das Urteil vom obersten Gerichtshof in Washington DC aufgehoben wurde, war es für die Beratungsfirma längst zu spät.[1301]

83 Obwohl die SEC zumeist sehr breit angelegte Subpoenas erlässt, ist ihnen bis ins Detail zu folgen. Alle Personen, gegen die sich die Subpoena richtet, ebenso wie alle, die im Besitz von Dokumenten sind, auf welche die Anordnung gerichtet ist, sind verpflichtet, die Integrität der Dokumente zu sichern.[1302]

Obwohl die meisten Subpoenas in ihren Anforderungen extrem breit formuliert sind, heißt dies nicht, dass auch alle diese Dokumente an die SEC auszuliefern sind. Das Verlangen nach Dokumenten beschränkt sich seitens der Ermittler im Allgemeinen auf Kerndokumente, die wirklich erforderlich sind, um einen Überblick über das Verfahren zu erhalten. Trotzdem wird immer verlangt werden, dass sämtliche Dokumente bis zum Ende des Verfahrens aufzubewahren sind. Wegen der Menge der Dokumente sind diese im Allgemeinen nicht auf einmal zu übergeben, sondern im Rahmen

---

[1299] Zur Subpoena s. auch *Partsch*, S. 68; ausf. zu Procedere und Folgen auch *Fetterman/Goodman*, § 6:33 ff.
[1300] *Fetterman/Goodman*, § 6:38.
[1301] Kurz zum Fall auch MünchKomm-AktG/*Luttermann*, BilanzR d. AG, B IV Rn. 13; ausf. zum Sachverhalt *Eichenwald/Dierlamm/Emmert/Pfeiffer*, passim; zum Fall Enron und der Umkehrung der Kausalität bei der Rechnungslegung s. *Lüdenbach/Hoffmann*, DB 2002, 1169.
[1302] *Fetterman/Goodman*, § 6:33.

eines rollierenden Systems. Verlangt die SEC alle Dokumente gleichzeitig, ist dies ein deutliches Indiz dafür, dass die Ermittler dem Unternehmen misstrauen.

Um zu garantieren, dass die Verletzung einer Subpoena auch sanktioniert werden kann und sich niemand bezüglich des Umfangs und des Inhaltes einer solchen Anordnung auf Missverständnisse oder Irrtümer berufen kann, versieht die SEC ihre Aufforderung mit Definitionen von Kernbegriffen wie beispielsweise dem Begriff „Dokument".[1303] Die Interpretation der Weite einer Subpoena sollte immer einem Fachmann auf diesem Gebiete aus einer spezialisierten Kanzlei überlassen werden.

2. Das Ende der Verteidigung bei US-Anerkenntnis?

Die überwiegende Zahl der Verfahren der SEC oder des DOJ in den Vereinigten Staaten enden in einem strafrechtlichen Vergleich.[1304] Ob das Ende tatsächlich Vergleichscharakter hat oder eigentlich nur eine Unterwerfung darstellt, richtet sich nach dem Prozessstoff und der dadurch – hoffentlich – gegebenen Möglichkeit der Argumentation der Verteidigung. Zentraler Teil jeglicher Vereinbarung mit den amerikanischen Behörden ist es, dass die von den Behörden festgestellten Tatsachen von den betroffenen Firmen nicht mehr infrage gestellt werden. Nach dem Abschluss einer Vereinbarung steht somit der objektive Sachverhalt, soweit er im Statement Of Facts seinen Niederschlag gefunden hat, eindeutig und unverrückbar fest. Jedes Bestreiten, aber auch schon jede die Fakten verniedlichende Bewertung führt zur sofortigen und heftigen Reaktion der amerikanischen Behörden. Dabei wird den Unternehmen nicht nur originäres eigenes Verhalten wie beispielsweise dasjenige des Pressesprechers der company zugerechnet, sondern auch das Verhalten dritter Personen, soweit sie aus dem Bereich des Unternehmens heraus handeln. Dies betrifft nicht zuletzt auch das Verhalten von Anwälten.[1305] Und, ganz im Sinne des die Landesgrenzen nicht respektierenden Standards dieser US-amerikanischen gesetzlichen Regeln, betrifft dies auch das Verhalten jenseits der Grenzen der Vereinigten Staaten.

a) Das Gebot der Akzeptanz des US Factfindings

aa) Statement of Facts

Die allermeisten Verfahren nach Eingriffen der SEC oder des DOJ enden nicht in einer streitigen Auseinandersetzung. Das Verfahren ist eher auf Unterwerfung als auf Konfrontation ausgerichtet. An seinem Ende steht regelmäßig ein sog. „Statement of Facts", das in einem gewissen Maße ausgehandelt werden kann.[1306] Der Prozess dazu ist langwierig, nahezu eine Geheimwissenschaft, bekannt fast nur den Mitarbeitern der SEC und spezialisierten Anwälten – diese zumeist ehemalige Mitglieder der SEC. An seinem Ende steht aber ein Text, der die Feststellungen der Behörde formuliert und diese Feststellungen für die Zukunft unverrückbar macht. Die dort als Tatsachen beschriebenen Fakten und Wertungen wirken nicht nur für sich und das Verfahren, in dem sie entstanden sind, sondern weit darüber hinaus. Wann immer ein Angehöriger oder Vertreter oder Repräsentant des von dem Statement betroffenen Unternehmens die vom Statement of Facts beschriebenen Vorgänge behandelt, muss er den Inhalt des

---

[1303] Vgl. *Fetterman/Goodman*, § 6:34.
[1304] S. auch *Partsch*, S. 85 f.; *Fetterman/Goodman*, § 6:89.
[1305] Für den Unternehmensanwalt ein nicht zu unterschätzendes Haftungsrisiko.
[1306] Hierzu auch *Reyhn*, CCZ 2011, 48, 52.

Statement of Facts richtig darstellen. Jedwede Abweichung oder auch nur Bagatellisierung auch ohne Veränderung der Fakten wird als Verstoß geahndet. Die Folgen können gravierend sein.

bb) Auswirkungen in andere Ermittlungsverfahren

86 Die von amerikanischen Behörden verfolgten Verhaltensweisen deutscher Unternehmen stellen sich in aller Regel nicht nur in Amerika, sondern auch in anderen Staaten als potentiell strafbare Handlungen dar. Da eine Untersuchung in den Vereinigten Staaten einerseits eine hohe Publizität besitzt, andererseits über Rechtshilfeersuchen in die betroffenen Länder zumeist ein Kontakt zu den betreffenden Ermittlungsbehörden vor Ort hergestellt wird, ergeben sich zwangsläufig lokale Ermittlungsverfahren in diesen Ländern – nicht zuletzt in Deutschland. Die Regeln eines Settlement Agreement schreiben vor, dass sich das betroffene Unternehmen auch in diesen Ländern aufklärend an Untersuchung und Ermittlungsverfahren beteiligt.[1307]

Es beginnt damit, dass grundsätzlich erwartet wird und festgeschrieben ist, dass die Ermittlungsbehörden anderer Länder zu unterstützen sind. Wenn diese Behörden die faktischen Ergebnisse des US-amerikanischen Verfahrens ohne weiteres übernehmen, ist dies zu dulden. Andere, auch bessere Erkenntnisse über den Sachverhalt, die möglicherweise in der Folgeuntersuchung gewonnen worden sind, können nicht im Sinne eines Bestreitens des Statement of Facts artikuliert werden. Darüber hinaus muss den Behörden im Ausland Unterstützung in gleichem Maße zuteil werden, wie dies amerikanische Behörden in ihren Verfahren erwarten.

87 Die Problematik beginnt für deutsche Verfahren damit, dass die Art und Weise der Beweisermittlungen in den Vereinigten Staaten sich von denjenigen in Deutschland und allgemein im kontinentaleuropäischen Rechtskreis erheblich unterscheidet. Zuerst wird das Beweismaterial im Normalfall nicht durch einen staatlichen Eingriff wie Durchsuchung und Beschlagnahme gesichert, vielmehr arbeiten die amerikanischen Behörden mit dem rechtlichen Instrument der Subpoena.[1308] Das ganze Verfahren ist nach dem grundsätzlichen rechtlichen Verständnis des angloamerikanischen Rechtssystems ein Parteiprozess. Dies unterscheidet ihn strukturell von unserem Strafprozess, der vom Amtsermittlungsgrundsatz geprägt ist. Zwar ist beiden Systemen der Wille immanent, den richtigen Sachverhalt aufzuklären, nur ist der Weg völlig unterschiedlich.

88 Aus dieser Unterschiedlichkeit heraus ergeben sich auch die Verteidigungschancen für ein deutsches Unternehmen. Selbstverständlich muss auch dieses die rigorose Verteidigung des Statement of Facts akzeptieren. Allerdings ist es nicht daran gehindert, darauf hinzuweisen, dass die deutschen Ermittlungsbehörden nach den für sie geltenden Prozessgrundsätzen ein eigenes Ergebnis finden müssen. Es ist nach deutschem Prozessverständnis des Strafrechtes nicht möglich, das nach völlig anderen Grundregeln gefundene Ergebnis eines fremden Rechtssystems ohne eigene Kontrolle und Überprüfung anhand der im deutschen Recht geltenden Beweisgrundsätze zu übernehmen. Vielmehr muss die Staatsanwaltschaft insbesondere die Bewertung unter dem Grundsatz in dubio pro reo vornehmen und die Beweisergebnisse selbst ermitteln.[1309] Sie tut dies auch, dem Autor ist kein Verfahren bekannt, in dem die Staatsanwaltschaft

---

[1307] Vgl. *Fetterman/Goodman*, § 6:91; *Wybitul*, BB 2009, 606.

[1308] Generell zu den Subpoenas *Fetterman/Goodman*, § 13:1 ff.

[1309] Zur Bewertung durch die deutsche Staatsanwaltschaft s. auch *Bittmann/Molkenbur*, wistra 2009, 373, 374 u. 377 f.; *Jahn*, StV 2009, 41, 45; vgl. ebenfalls unten *Loer*, § 10 Rn. 39.

E. Besonderheiten der Verfahrensdualität

Ergebnisse von US-amerikanischen Verfahren nahtlos und ohne eigene Kontrolle übernommen hat. Vielmehr ist festzustellen, dass es eine gehörige Skepsis deutscher Ermittlungsbehörden zur Frage der prozessualen Werthaltigkeit von in Amerika gefundenen Beweisergebnissen gibt. Dies gilt insbesondere für Zeugenaussagen, die im Rahmen von internen Ermittlungen zustandegekommen sind. Die Staatsanwaltschaft ist sich sehr wohl bewusst, dass diese Vernehmungssituation durch einen vom Unternehmen beauftragten Rechtsanwalt nicht mit derjenigen durch einen nach deutschem Recht belehrenden und fragenden Staatsanwalt oder Kriminalbeamten zu vergleichen ist. Speziell wenn es sich um Beschuldigte handelt, die im Rahmen des deutschen Strafverfahrens selbstverständlich auch von ihrem Schweigerecht Gebrauch machen können, sind die aus internen Ermittlungen abgeleiteten Ergebnisse der amerikanischen Behörden in Deutschland nicht ohne weiteres übernehmbar. Den deutschen Ermittlungsbehörden ist die Unterschiedlichkeit der Systeme deutlich präsent. Dass in einem Parteiverfahren auch die zu Grunde liegenden Beweismittel anders entstehen und anders zu bewerten sind, als in einem kontinentaleuropäischen, dem Aufklärungsgrundsatz unterliegenden System, wird verstanden. Aufgabe und Chance der Verteidigung des Unternehmens und selbstverständlich auch der individuellen Beschuldigten ist es, diese rechtlichen Differenzierungen herauszuarbeiten und dafür zu sorgen, dass ein nach deutschem Recht prozessordnungsgemäßes Ergebnis gefunden wird.

Sektion 21 a (2) des Securities Exchange Acts von 1934 (EA) stellt die gesetzliche Grundlage der SEC für die Kooperation mit Aufsichtsbehörden anderer Staaten dar. Dabei ist von großer Bedeutung, dass die SEC Unterstützung zusagen kann, unabhängig davon, ob das Unternehmen, das im Mittelpunkt der aufsichtsrechtlichen Untersuchung steht, überhaupt bei der SEC gelistet ist. Dies ist mit einem pragmatischen Ansatz zu begründen. Das Handeln der SEC im Rahmen internationaler Kooperation ist von dem Leitsatz geprägt: je mehr Information die SEC herausgibt, desto mehr muss sie auch von der korrespondierenden Behörde wieder bekommen.[1310] Die SEC wird sämtliche relevanten Dokumente sowie sämtliche gesammelten Aussagen herausgeben, es sei denn, sie ist durch die Zusage des Privileg bezüglich bestimmter von der amerikanischen Unternehmensverteidigung erarbeiteten Erkenntnisse gebunden. Des Weiteren steht es im Ermessen der SEC, auf Anfrage aktiv bei den Ermittlungen zu helfen. Sie wird in diesem Fall eigenständig Informationen zusammentragen und Beweise sichern. Die SEC wird unabhängig davon, ob das Verhalten des Unternehmens gegen US-amerikanisches Recht verstößt, diese Untersuchungen durchführen, wenn die anfragende Behörde zugesichert hat, im umgekehrten Fall ebenfalls zu helfen und wenn die Hilfe das öffentliche Interesse der USA berührt. Sind diese Kriterien erfüllt, besitzt die SEC einen großen Ermessensspielraum, mit welchen Behörden sie kooperiert. Solange zugesagt wird, dass die Geheimhaltung gewahrt wird, kann jede Behörde mit einer aufsichtsrechtlichen Funktion Hilfe erbitten.

Sektion 24 c des EA regelt, inwiefern die SEC Akteneinsicht bezüglich nicht öffentlicher Informationen über ausländische „Personen" gewährt. Auch hier steht der SEC ein Ermessen zu, ob sie bestimmte Informationen zur Verfügung stellt. Hauptkriterium ist, dass die anfragende Behörde einen den Informationen angemessenen Geheimhaltungsstandard aufweist. Außerdem muss die Behörde versichern, die Informationen nicht öffentlich zugänglich zu machen, der SEC mitzuteilen, falls sie rechtlich ver-

---

[1310] International Cooperation in Securities Law Enforcement, S. 2: http://www.sec.gov/about/offices/oia/oia_enforce/intercoop.pdf.

§ 6. Parallelermittlungen in Deutschland

pflichtet ist, die übermittelten Informationen herauszugeben und die Akten nicht ohne Erlaubnis herauszugeben.

Gem. Sektion 24 d des EA gibt die SEC keine geheimen Informationen heraus, die sie selbst lediglich von anderen Aufsichtsbehörden erhalten hat, vorausgesetzt die gebende Behörde hat verdeutlicht, dass eine Veröffentlichung der Information gegen deren nationales Recht verstoßen würde und die SEC die Information im Rahmen des Gesetzesvollzugs oder aufgrund eines Memorandum of Understanding (MoU) erhalten hat.

91 Den rechtlichen Rahmen für den Austausch von Informationen bieten multi- und bilaterale Abkommen sowie teilweise auch ad-hoc Vereinbarungen. Grundsätzlich schließt die SEC mit anderen Staaten ein Memorandum of Understanding, welches die Kooperation präzise regelt. Die SEC bedient sich aber, wenn notwendig, auch aller anderen Möglichkeiten der internationalen Rechtshilfe, sei es mit Hilfe bestehender Rechtshilfeabkommen oder durch Rechtshilfeersuchen zwischen Gerichten.[1311]

Für die Kooperation zwischen Deutschland bzw. der BaFin und der SEC sind drei Abkommen von Relevanz. Das multilaterale Memorandum of Understanding der International Organization of Securities Commissions (MMoU), das Memorandum of Understanding zwischen der SEC und dem Deutschen Bundesaufsichtsamt für den Wertpapierhandel von 1997 (MoU) sowie dessen Erweiterung aus dem Jahr 2007 (MoU II).

92 Als multilaterales Abkommen ist das MMoU von grundlegender Bedeutung für die SEC und die weiteren teilnehmenden Aufsichtsbehörden. Das Abkommen soll zwar die Kooperation der Behörden und den Informationsaustausch verbessern, es sollen aber keine durchsetzbaren Ansprüche oder Verpflichtungen geschaffen werden, die über das nationale Recht hinausgehen.[1312] Die Weitergabe von Informationen kann abgelehnt werden, wenn der gebende Staat durch die Weitergabe nationales Recht verletzen würde. Außerdem kann der Staat die Weitergabe ablehnen, wenn bereits ein laufendes Verfahren in der gleichen Sache gegen die gleiche Person initiiert bzw. bereits rechtskräftig entschieden wurde. Des Weiteren muss einer Anfrage, die nicht den Anforderungen dieses Abkommens entspricht oder wenn das öffentliche Interesse dagegen spräche, nicht gefolgt werden.[1313]

Ziel der Kooperation ist, dass die größtmögliche Unterstützung gewährleistet wird.[1314] Dafür sollen möglichst alle vorhandenen Dokumente herausgegeben und alle weiteren einschlägigen Informationen und Dokumente beschafft werden. Außerdem sollen, wenn möglich, Verhöre durchgeführt und beeidigte Aussagen eingeholt werden.[1315] Dass die in Rede stehende Tat nach nationalem Recht nicht rechtswidrig ist, ist unerheblich.[1316] Im Vordergrund steht tatsächlich stets der pragmatische Ansatz der gegenseitigen Hilfe.

93 Wird die Unterstützung gewährt, übermittelt die SEC die vorhandenen Informationen und Dokumente.[1317] Auf weitere Anfrage wird die SEC benötigte Informationen bezüglich anderer Personen anfordern. Dabei kann die anfragende Behörde entweder

---

[1311] Zur Rechtshilfe ausführlich unten *Ahlbrecht*, § 11.
[1312] § 6 (a) MMOU.
[1313] § 6 (e) MMOU.
[1314] § 7 (a) MMOU.
[1315] § 7 (b) MMOU.
[1316] § 7 (c) MMOU.
[1317] § 9 (a) MMOU.

E. Besonderheiten der Verfahrensdualität

Personen, die im Besitz von Informationen sind, bezeichnen oder die SEC kann nach eigenem Ermessen Informationen von anderen Personen heraus verlangen. Auch kann die SEC weitere Informationen, die von Relevanz sein könnten, beschaffen.[1318] Auf Anfrage wird die SEC Personen, die im Zusammenhang mit der fraglichen Tat stehen, befragen und sofern möglich, beeidigte Aussagen erwirken. Sie wird auch Befragungen vornehmen, die für weitergehende Ermittlungen sachdienlich sein könnten.[1319] Die Ermittlungen werden grundsätzlich gemäß dem für die SEC maßgeblichen US-amerikanischen Verfahrensrecht von Mitarbeitern der SEC durchgeführt.[1320]

Die anfragende Behörde darf die erhaltenen Informationen ausschließlich für die in der Anfrage bezeichneten Zwecke verwenden. Außerdem ist eine Verwendung für Zwecke erlaubt, die mit der Anfrage in Verbindung stehen. Dies trifft auf zivilrechtliche oder verwaltungsrechtliche Vollstreckungsverfahren, Verfahren einer Selbstverwaltungskörperschaft (soweit diese die gleichen Zwecke, wie in der Anfrage dargelegt, verfolgen), Strafverfolgung oder für ein ähnlich gelagertes Verfahren, welches den in der Anfrage dargelegten Zwecken entspricht, zu. In diesem Zusammenhang können die Informationen auch öffentlich gemacht werden.[1321] Sollen die Informationen für andere Zwecke verwendet werden, ist die Zustimmung der SEC im Vorfeld einzuholen.[1322]

Auch ohne vorherige Anfrage kann eine Aufsichtsbehörde Informationen an eine andere Aufsichtsbehörde weiterleiten, wenn sie dies für sachdienlich hält.[1323]

Das Memorandum of Understanding von 1997 geht nicht über das Multilaterale Memorandum of Understanding hinaus. Es hat grundsätzlich den gleichen Regelungsgehalt. Die Erweiterung des Abkommens aus dem Jahr 2007 weist jedoch einige Ergänzungen auf. Das MOU und das MMOU sollten dadurch aber nicht abgeändert oder beeinträchtigt werden. Vielmehr geht es um eine Komplettierung des Informationsaustausches.[1324] Es geht um einen engen Informationsaustausch bezüglich international agierender Unternehmen.[1325]

94

Soweit wie möglich sollen der SEC alle Informationen bereitgestellt werden, die notwendig sind, um ein Unternehmen zu beaufsichtigen und die sie nicht auf anderem Wege erhalten könnte. Das umfasst Informationen über den finanziellen und betrieblichen Zustand eines Unternehmens und Informationen bezüglich der Rechnungslegung und anderen der Publizitätspflicht unterliegenden Auskünften.[1326]

Die SEC kann in Deutschland ansässige Unternehmen vor Ort aufsuchen und Ermittlungen durchführen, soweit der Firmensitz des Unternehmens sich in den USA befindet oder das Unternehmen sowohl der Aufsicht der SEC als auch der BaFin unterfällt.[1327] Es kann sich dabei um eine Routineuntersuchung handeln oder um eine gezielte Ermittlung. Bevor ein derartiger Ortstermin durchgeführt wird, ist die BaFin über dessen Zeitpunkt und Grund zu informieren. Wenn möglich soll die BaFin eine

---

[1318] § 9 (b) MMOU.
[1319] § 9 (c) MMOU.
[1320] § 9 (d) MMOU.
[1321] § 10 (a) MMOU.
[1322] § 10 (b) MMOU.
[1323] § 13 MMOU.
[1324] § 16 MOU II.
[1325] § 20 MOU II.
[1326] § 22 MOU II.
[1327] § 24 MOU II.

§ 6. Parallelermittlungen in Deutschland

Woche vor dem Ortstermin informiert werden. Bei der Durchführung eines Ortstermins sollen sich die Behörden soweit möglich unterstützen.[1328]

In diesem Zusammenhang ist die gestiegene Bereitschaft weltweiter Aufsichts- und Korruptionsbehörden, Korruptionsdelikte zu bekämpfen, hervorzuheben. Das führt dazu, dass die Behörden einem Austausch von Beweismitteln und anderer gegenseitiger Unterstützung grundsätzlich aufgeschlossen gegenüberstehen.[1329]

95 Wenn die SEC international tätig wird, besteht die Gefahr, dass ihr Verhalten im Spannungsverhältnis zum deutschen Recht, insbesondere zu den Persönlichkeitsrechten, steht. Obwohl die SEC dem Grunde nach diese Rechte anerkennt, wird sie den Versuch eines Unternehmens, sich auf Persönlichkeitsrechte zu berufen, vielfach nicht akzeptieren, solange das Unternehmen unter die Aufsicht der SEC fällt. Somit steht das Unternehmen vor der Frage, ob es wagt, sich auf nationales Recht zu berufen und dadurch Strafen von der SEC riskiert oder der SEC Folge leistet und dadurch unter Umständen gegen nationales Recht verstößt.[1330]

Fraglich ist, inwieweit dieses Vorgehen mit den Grundprinzipien des deutschen Verfahrensrechts in Einklang zu bringen ist. Ermittlungen der SEC sind darauf angelegt, dass befragte Mitarbeiter weitreichende Aussagen tätigen. Dadurch steht freilich stets der Gedanke des nemo-tenetur-Grundsatzes im Raum. Dabei wird zwar nach dem Recht der SEC vielfach eine sog. Amnestie angeboten, dieser kann der Mitarbeiter aber schnell verlustig gehen, wenn seine Aussage nicht alles Relevante enthält, sei es mutwillig oder sogar nur fahrlässig.[1331]

96 Dadurch, dass die Befragungen i.d.R. von den „eigenen" Unternehmensanwälten durchgeführt werden, könnte argumentiert werden, dass der Befragte keiner staatlichen Autorität gegenübersteht, mit der Folge, dass der nemo-tenetur-Grundsatz ohnehin nicht greifen könnte.[1332] Allerdings ist das Handeln der Anwälte zumindest mittelbar von den US-amerikanischen Behörden veranlasst worden, so dass man von einem staatlichen Handeln ausgehen könnte. Die Situation ist durchaus vergleichbar. Der Einzelne sieht sich einer Autorität gegenüber, die in der Lage ist, existenzbedrohende Handlungen vorzunehmen. Dabei ist nach dieser Argumentation unerheblich, dass die SEC keine deutsche Behörde ist und damit nicht unmittelbar dem deutschen Recht unterfällt, denn Beweise, die ausländische Behörden unter Missachtung der grundlegenden deutschen Verfahrensrechte und Prinzipien erheben, sind vor deutschen Gerichten nicht verwertbar.[1333] Allerdings: Jedenfalls die h.M. verneint ein staatliches Handeln,[1334] was in der Konsequenz zur Verwertbarkeit führt.

97 Gehen die US-Aufsichtsbehörden im Rahmen eines Rechtshilfeersuchens vor, geschieht dies auf Grundlage des Vertrages zwischen der Bundesrepublik und den USA über Rechtshilfe in Strafsachen vom 14.10.2003 nebst Zusatzverträgen vom 18.4.2006.[1335] Die für die handelnden deutschen Behörden benötigte Rechtsgrundlage stellt sodann das Gesetz über die Internationale Rechtshilfe in Strafsachen (IRG) dar.

[1328] § 25 MOU II.
[1329] *Cohen*, CCZ 2008, S. 7, 8.
[1330] Vgl. *SEC v. Carillo*, 115 F.3d 1540 (11th Cir. 1997); *Arthur Lipper Corp. v. SEC*, 547 F.2d 171, 179 (2nd Cir. 1976).
[1331] Vgl. auch *Jahn*, StV 2009, 41, 42.
[1332] So *Jahn*, StV 2009, 41, 42 f.
[1333] *Wastl/Litzka/Pusch*, NStZ 2009, 68, 69 ff.
[1334] So *Knauer/Buhlmann*, AnwBl 2010, 387, 390; *Momsen*, ZIS 2011, 508, 513; in dieser Schrift *Kienast*, § 8 Rn. 4, 21, sowie *Loer*, § 10 Rn. 41 ff.
[1335] BGBl 2007 II, S. 1618.

E. Besonderheiten der Verfahrensdualität

Von Bedeutung sind dabei, dass die das IRG konkretisierenden Verwaltungsvorschriften, namentlich die Richtlinien für den Verkehr mit dem Ausland in strafrechtlichen Angelegenheiten (RiVAST)[1336] zwar einerseits festlegen, dass den Wünschen des ersuchenden Staates nach Möglichkeit nachgekommen werden soll. Allerdings müssen die dem Ersuchen nachkommenden Tätigkeiten sich an das deutsche Verfahrensrecht halten.[1337] Damit stehen den Befragten aber auch sämtliche Rechte der deutschen Strafprozessordnung zu.

Problematisch ist, inwiefern das Verhalten der US-Aufsichtsbehörden die Souveränität der Bundesrepublik Deutschland verletzen könnte. Hoheitliche Eingriffe dürfen nur vom Belegenheitsstaat selbst durchgeführt werden. Das US-amerikanische Recht legt diesen Grundsatz derart aus, dass zwar eine gerichtliche Anordnung für eine Beweisaufnahme auf fremdem Staatsgebiet unzulässig ist. Wenn aber Beweise aus dem Ausland beschafft werden, liegt darin nach amerikanischem Ansatz kein Verstoß gegen die Staatensouveränität, da trotz einer erteilten gerichtlichen Anordnung nicht von einer gerichtlichen Tätigkeit ausgegangen wird. Dies ist z. B. bei einer pre-trial-discovery der Fall. Der kontinentaleuropäische Ansatz zur Bestimmung einer Souveränitätsverletzung ist hingegen enger. Hier wird in dem Verlangen zur Beweisbeschaffung eine hoheitliche Aufgabe gesehen, so dass diese vom Staat wahrgenommen werden muss. Dabei dürfte es unerheblich sein, dass die tatsächliche Beweisbeschaffung mit Hilfe externer Dritter erfolgt, da letztlich die gerichtliche Anordnung den Anlass zum Handeln gegeben hat.[1338]

98

Des Weiteren stellt sich die Praxis der Antragstellung zur Rechtshilfe als problematisch dar. Das Ersuchen muss die verfolgte Tat möglichst genau beschreiben.[1339] Die SEC übt aber die Praxis aus, dass sie einem Anfangsverdacht folgend, einen möglichst vage formulierten Antrag auf Rechtshilfe stellt und erst dadurch intensive Ermittlungen aufnimmt. Somit führen aber die weiten und unspezifizierten Anfragen der SEC zu einer Umgehung des Rechtshilfeabkommens,[1340] wenn nicht die Verteidigung in Deutschland einfordert, dass die Regeln der zwischenstaatlichen Information durch Rechtshilfe auch eingehalten werden.[1341]

Zur Beurteilung, ob und inwiefern Unternehmensmitarbeitern ein Aussage- bzw. Auskunftsverweigerungsrecht zusteht, ist umstritten und u. a. davon abhängig, ob die Auskunft den vertraglichen Aufgabenbereich betrifft oder nicht.[1342] Im Falle von SEC-Ermittlungen ist dies ebenfalls zu berücksichtigen. Für ein Auskunftsverweigerungsrecht kann ggf. auch sprechen, dass es sich bei SEC-Untersuchungen zunächst um einleitende, ermittelnde Interviews handelt. Außerdem muss berücksichtigt werden, dass das Unternehmen sich freiwillig einer fremden Jurisdiktion aussetzt und es unlauter wäre, wenn die Mitarbeiter des Unternehmens damit automatisch grundlegender Verfahrensrechte verlustig gingen. Wenn die SEC in diesem Zusammenhang von einer „Amnestie" für Mitarbeiter spricht, bietet dies aber allein keinen Schutz vor einer deutschen Strafverfolgung. Vielmehr sind hier wiederum die deutschen Gepflogenheiten maßgeblich. Dies ist auch bei der Frage nach der Beweisverwertung von Mitarbeiter-

99

[1336] S. www.verwaltungsvorschriften-im-internet.de.
[1337] Nr. 22 RiVAST.
[1338] *Wastl/Litzka/Pusch*, NStZ 2009, 68, 72.
[1339] Vgl. Art. 17 IRG.
[1340] *Wastl/Litzka/Pusch*, NStZ 2009, 68, 72.
[1341] Zur Rechtshilfe s. auch *Loer*, § 10 Rn. 22 ff., sowie *Ahlbrecht*, § 11.
[1342] Ausf. *Kienast*, § 8 Rn. 15 ff.

aussagen zu beachten. Denn unabhängig davon, ob diese eine Aussage treffen mussten oder nicht, ist ein Beweisverwertungsverbot im Grundsatz zu verneinen.[1343] Nicht nur, dass es sich regelmäßig um Private handeln wird, die die Interviews durchführen, wird gegen ein Verbot sprechen. Selbst wenn man hier mit der Mindermeinung ein solches konstruiert, so würde dieses nur greifen, wenn die Ermittler die Interviews unter Einsatz von Zwangsmaßnahmen führten.[1344] Schließlich hat die Rechtsprechung noch keine Fernwirkung bei Verstößen gegen § 136 StPO anerkannt, so dass eine Verwertung durch Staatsanwaltschaft und Gericht problemlos möglich ist.[1345] Das Landgericht Mannheim hat nun aber zumindest dann ein Beschlagnahmeverbot angenommen, wenn sich die Unterlagen über Mitarbeitergespräche bei einem Rechtsanwalt befinden (§ 160 a StPO).[1346]

100 Von größter Wichtigkeit ist freilich, inwiefern ein Mitarbeiter im Angesicht einer Befragung Rechtsschutz in Anspruch nehmen kann. Liegt ein direktes staatliches Handeln aufgrund eines Rechtshilfeersuchens vor, steht der Rechtsweg offen. Art. 19 Abs. 4 GG gewährt nach heutiger Auffassung auch Rechtsschutz gegen ausländische hoheitliche Akte.[1347] Bezüglich des Handelns Privater fehlt es aber an einem einschlägigen Rechtsschutzsystem. Argumentiert wird, dass sich ein subjektives Recht auf diplomatische Unterstützung aus Art. 16 GG ergebe, da der Staat verpflichtet sei, die Bürger vor Handlungen zu schützen, die die Souveränität der Bundesrepublik verletzen.[1348] Allerdings ist dem zu entgegnen, dass diplomatischer Schutz originär im Ausland zu erfolgen hat[1349] und nach herrschender Meinung auch lediglich das Recht auf fehlerfreie Ermessensausübung besteht.[1350]

b) Das Gebot weltweiter Aufklärungshilfe

101 Amerikanische Ermittlungsbehörden erwarten aber nach einer einverständlichen Beendigung des Verfahrens vom betroffenen Unternehmen nicht nur die Beachtung des von ihr gefundenen Beweisergebnisses. Darüber hinausgehend wird aktive Unterstützung der Ermittlungsbehörden anderer Staaten erwartet, wenn das Verfahren diese berührt. Dies geht nicht so weit, dass ein aktives Zugehen auf Ermittlungsbehörden anderer Länder Pflicht wäre. Soweit jedoch dort Ermittlungen aufgenommen werden, ist den Behörden zuzuarbeiten. Das heißt allerdings nicht, dass die Vereinbarung eines Privilege mit den Behörden durch den investigative counsel zu Gunsten bestimmter Dokumente, welche die US-Vertretung als eigenes Arbeitsergebnis dem DOJ zur Verfügung gestellt hat, auf Anfrage dritter Staaten aufgegeben werden muss.

c) Der Ausweg aus dem Dilemma

102 Für das deutsche Verfahren kann die aktive Vertretung des Unternehmens nur bedeuten, die in unserem System geltenden Prozessregeln bewusst und kraftvoll zu aktivieren. Es muss von der Staatsanwaltschaft verlangt werden, dass sie sich der Unter-

---

[1343] S. auch *Loer*, § 10 Rn. 49 ff.
[1344] Für ein Beweisverwertungsverbot *Wastl/Litzka/Pusch*, NStZ 2009, 68, 73; dagegen *Jahn*, StV 2009, 41, 45.
[1345] *Wastl/Litzka/Pusch*, NStZ 2009, 68, 73.
[1346] *LG Mannheim*, Beschl. v. 3.7.2012, Az. 24 Qs 1/12, BeckRS 2012, 15309.
[1347] BVerfGE 89, 155 = NJW 1993, 3047.
[1348] *Wastl/Litzka/Pusch*, NStZ 2009, 68, 74.
[1349] Maunz/Dürig/*Randelzhofer*, Art. 16 Rn. 35.
[1350] Maunz/Dürig/*Randelzhofer*, Art. 16 Rn. 35.

E. Besonderheiten der Verfahrensdualität

schiedlichkeit der Systeme bewusst wird und die Beweismittel in eigener Regie nach deutschem Prozessregeln ausschöpft. Der Hinweis darauf, dass in Deutschland deutsches Prozessrecht anzuwenden und einzuhalten ist, kann keine Verletzung der Regeln der strikten Anerkennung des Sachverhaltes aus Settlement Agreements darstellen. Sicherlich ist der Weg schmal, die Neigung jedes deutschen Verteidigers, den Sachverhalt selbst aufzuklären und sein Verständnis eines Tatablaufes mit Verve zu vermitteln, unterstelle ich. Ihr nachzugehen bedeutet aber, die Mandantschaft und letztendlich sich selbst zu gefährden. Ich würde es für einen Haftungsfall des Unternehmensverteidigers halten, wenn er durch seinen Vortrag Sanktionen amerikanischer Behörden gegen seine Mandantschaft auslöst. Zur wirksamen Vertretung muss es in diesem besonderen Kräfteverhältnis ausreichen, auf die Wirksamkeit und Beachtung deutscher Prozessregeln zu vertrauen und mit besonders großer Genauigkeit darüber zu wachen, dass sie auch eingehalten werden. Mithin: Verteidigung ist möglich, sie muss sich allerdings jederzeit der ihr durch das amerikanische Verfahrensrecht gezogenen Grenzen bewusst sein.

II. Anwaltsgeheimnis und Privilege

Die Pflicht, alle Informationen zu Mandat und Mandanten geheim zu halten und nicht ohne Zustimmung des Mandatsträgers nach außen gelangen zu lassen, ist der deutschen wie der US-amerikanischen Rechtsordnung eine Selbstverständlichkeit. Gleiches gilt für die Beschlagnahmefreiheit von Verteidigungsunterlagen. Die Regeln des Privilege stellen sich jedoch für die amerikanischen Kollegen deutlich komplexer.[1351] Es beginnt bereits damit, dass schon bei der Frage, wen ein Anwalt vertritt, die Regeln des Privilege eine Rolle spielen. Grundsätzlich wird nur das Verhältnis mit dem Mandanten, der eine Vollmacht gegeben hatte, geschützt. Wenn Dritte aus diesem Verhältnis Informationen erhalten, kann dies bereits den Schutz des Anwaltsgeheimnisses zerstören. 103

Seit langem ist anerkannt, dass sich dem Grunde nach auch ein Unternehmen auf Privilege berufen kann.[1352] Dabei war aber lange Zeit umstritten, wer genau im Unternehmen dieses Recht für sich in Anspruch nehmen kann, wenn es sich bei dem Unternehmen um eine selbst nicht handlungsfähige juristische Person handelt.[1353] Zunächst ging der Supreme Court davon aus, dass lediglich leitende Angestellte ein Privilege vom Unternehmen ableiten können.[1354] Nunmehr ist es aber herrschende Rechtsprechung, dass alle Angestellten eines Unternehmens vom Privilege des Unternehmens erfasst sind.[1355]

Ist in einem Unternehmen ein Anwalt angestellt, entsteht zwischen ihm und anderen Angestellten kein Privilege, wenn der Jurist nicht primär anwaltlich tätig ist, sondern im Wesentlichen Management-Aufgaben im Unternehmen wahrnimmt bzw. er anderen, nicht rechtlich geprägten Tätigkeiten im Unternehmen, nachgeht.[1356] 104

Umstritten ist, inwiefern Privilege bezüglich Gesprächen zwischen Steuerberater und Mandanten gilt. Häufig wird argumentiert, dass die Mandantengespräche lediglich

---

[1351] Grundlegend zum Privilege: *Upjohn Co. v. United States*, 449 U. S. 383, 389 (1981)
[1352] *United States v. Louisville & Nashville R.R.*, 236 U.S. 318, 336 (1915).
[1353] Vgl etwa: *Radiant Burners, Inc. v. Am. Gas Ass'n*, 320 F.2d 314, 322 (7th Cir. 1963).
[1354] Sog. *Control Group; Vgl. City of Philadelphia v. Westinghouse Elec. Corp.*, 210 F. Supp. 483, 485 (D. Pa. 1962).
[1355] *Upjohn Co. v. United States*, 449 U.S. at 383, 402 (1981).
[1356] Vgl. *North Pacifica, LLC v. City of Pacifica*, 274 F.Supp.2d 1118, 1127 (N.D. Cal 2003).

§ 6. Parallelermittlungen in Deutschland

dazu dienen, eine Steuererklärung abzufassen, die daraufhin ohnehin der IRS übermittelt wird und damit sozusagen dem Staat zur Verfügung gestellt wird. Daher handelt es sich bei den Gesprächen nur um Vorbereitungen für eine Disclosure, sodass folgerichtig die die Disclosure ermöglichenden Gespräche nicht schutzfähig seien.[1357]

105 Anders als in Deutschland kann in Amerika ein Verteidiger mehrere Beschuldigte desselben Verfahrens parallel vertreten.[1358] Ich halte es für ratsam, von dieser Möglichkeit in Verfahren mit Bezug zu Deutschland keinen Gebrauch zu machen, die daraus erwachsenden Schwierigkeiten in Fragen des Anwaltsgeheimnisses dürften im deutschen Recht nur schwierig lösbar sein. Eine Vertretung einerseits des Unternehmens anderseits eines beschuldigten Mitarbeiters des Unternehmens stellt nach deutschem Verständnis fast immer eine Kollision dar, auch dann, wenn die sachlich zusammenhängenden Vorwürfen nicht im gleichen Verfahren erhoben werden (§ 146 S. 2 StPO).

Dokumente verlieren nach amerikanischem Verständnis nicht schon deshalb, weil sie die Sphäre der Verteidiger unmittelbar verlassen haben, ihren Schutz. Anders ist dies, wenn jedermann Zugang zu oder Zugriff auf derartige Dokumente hat. Die Sichtweise ähnelt ein wenig der Regelung in § 17 UWG, wonach ein Geheimnis nur dann vorliegt, wenn es nicht allgemein zugänglich ist und durch besondere Vorkehrungen geschützt ist. In den Vereinigten Staaten ist es eindeutig, dass diejenigen Mitglieder des Unternehmens, die vom anwaltlichen Rat aus handeln müssen, diesen Rat auch privilegiert im Unternehmen diskutieren können. Ein Rechtsrat, der einem anderen Unternehmensangehörigen zur Ausführung mitgeteilt wird, ist ebenso wie die dazu notwendige Kommunikation unter amerikanischem Recht[1359] nach wie vor privilegiert.

106 Die sog. „attorney-client waiver rule" besagt grundsätzlich, dass Privilegierung einer Kommunikation, die in Gegenwart Dritter stattfindet, dadurch endet.[1360] Ausnahme dazu müsste sein, wenn diese Kommunikation zwischen Personen stattfinden würde, die ein gemeinsames Interesse an der Verteidigung haben oder sogar eine Vereinbarung zu einer gemeinsamen Verteidigung geschlossen haben, wie dies in den Vereinigten Staaten häufig geschieht. Allerdings kann ein Gericht diese Vereinbarung überprüfen und für unwirksam erklären, was dann die Aufhebung des Privilege bedeutet. Das sog. joint defense privilege soll sicherstellen, dass sich die Anwälte verschiedener Mandanten mit gleichgelagerten Interessen verständigen können, ohne dass eine Offenlegung der Kommunikation zu befürchten wäre.[1361] Die dazugehörigen joint defense agreements tragen in weiten Bereichen ähnliche Züge wie die informell erarbeiteten Regeln in Deutschland bezogen auf eine sog. Sockelverteidigung.

Keinen Einfluss auf das Privilege hat der Tod des Mandanten. Aufgrund der besonderen Bedeutung des anwaltlichen Vertrauensverhältnisses, wirkt die Geheimhaltung auch posthum fort.[1362] Das Privilege gilt nicht, wenn das Mandantengespräch dazu genutzt wird, eine Straftat zu fördern.[1363]

[1357] *United States v. KPMG LLP*, 237 F. Supp. 2d 35 (D.D.C. 2002)
[1358] In Deutschland steht dem § 146 StPO entgegen.
[1359] *Weeks v. Samsung Heavy Indus.Co.*, No. 93 C 4899, 1996 WL 341537.
[1360] So in *Cherryvale Grain Co. v. First State Bank of Edna*, 25 Kan.App.2d 825, 971 P.2d 1204 (Kan.App. 1999).
[1361] Vgl. *United States v. Schwimmer*, 892 F.2d 237, 243 (2d Cir.1989).
[1362] Grundlegend: *Swidler & Berlin v. United States*, 524 U.S. 399, 403 (1998).
[1363] *Clark v. United States*, 289 U.S. 1, 15 (1933).

Nach amerikanischen Regeln sind Gutachter und Experten, einschließlich der Dolmetscher, durch Privilege geschützt. Dass dies in Deutschland nicht so ist[1364] verblüfft die amerikanischen Kollegen.

Ganz besonders wesentlich ist, dass faktisch die Möglichkeit besteht, mit den amerikanischen Behörden zu vereinbaren, dass bestimmte Materialien, die sich als Ergebnis anwaltlicher Arbeit darstellen, insoweit privilegiert sind, dass sie nicht an Dritte, auch andere Ermittlungsbehörden, weitergegeben werden können.

Das amerikanische Schrifttum befürchtet, dass das Privilege in Zukunft an Bedeutung verlieren könnte. Die Art und Weise wie das DOJ und die SEC ermitteln, könnte dazu führen, dass das Privilege als eines der bedeutendsten Beschuldigtenrechte mehr und mehr ausgehöhlt wird. Im Rahmen einer Untersuchung dieser Behörden ist es vielfach opportun, mit den Ermittlern zu kooperieren. Wer aktiv die Ermittler unterstützt, wird unter Umständen immense Vorteile bei der Strafzumessung erfahren. Dies geht so weit, dass Mitarbeiter als Kronzeugen fungieren können und somit Straffreiheit erlangen. Dieses per se nachvollziehbare Verhalten der Behörden lässt aber vielfach keinen Raum mehr für Privilege. Beschuldigte werden aus Furcht vor erheblich höherer Bestrafung auf ihre Schweigerechte verzichten (waiver) und damit auch sämtliche Inhalte aus den Anwaltsgesprächen offenlegen.[1365]

107

III. Die Zusammenarbeit mit den US-Kollegen

1. Clash der Kulturen?

Können sich Vertreter zweier so unterschiedlicher Systeme wie des US-amerikanischen Parteiverfahrens und des deutschen Amtsermittlungsverfahrens überhaupt verstehen? In den Verfahren, in denen zwei unterschiedliche Jurisdiktionen nebeneinander betroffen sind, müssen sie es. Dabei ist es für den deutschen Juristen wichtig zu wissen, dass bei den Kollegen aus Übersee ein sehr rigides Berufsverständnis herrscht und die Distanz zum Mandanten im Allgemeinen größer ist, als dies in Deutschland üblich ist. In einem Land, in dem ein Verteidiger wegen contempt of court vom Richter disziplinarisch behandelt und sogar in Haft genommen werden kann, ist dies wohl ein notwendiger Schutzmechanismus. Hinzu kommt, dass der Grundsatz des deutschen Rechts, dass niemand gezwungen ist, sich selbst zu belasten und dies bis in die Situation der Aussage vor Ermittlungsbehörden und Gericht hin, bei amerikanischen Kollegen eher blankes Entsetzen auslöst. Ich gebe hier die Zusammenfassung eines amerikanischen Kollegen wieder:

108

„Zwei der schlimmsten Fehler, die ein Klient im Rahmen eines Strafverfahrens machen kann, sind der Versuch, Beweismittel zu vernichten oder die Ermittlungsbehörden während der Ermittlungen anzulügen. Der Verteidiger sollte seinen Klienten raten, sofortige Vorsorge zur Sicherung von Dokumenten sowohl elektronisch als auch physisch zu treffen, zudem muss der Anwalt die Notwendigkeit betonen, insgesamt wahrhaftig in allem und jedem Informationsaustausch mit den Verfolgungsbehörden zu sein, völlig unabhängig davon, ob er sich zur Kooperation bereit erklärt hat."[1366]

[1364] Vgl. *Behrens*, RIV 2009, 22, 28; *Schürrle/Olbers*, CCZ 2010, 102, 105 f.; *Wehnert*, NJW 2009, 1190; *Kübler/Pautke*, BB 2007, 390, 392.
[1365] Ausführlich *Thornburgh*, S. 13 ff. unter http://www.wlf.org/upload/thornburgh.pdf.
[1366] *Fetterman/Goodman*, § 12:22; Übersetzung des Verfassers.

109 Während bei der Vernichtung von Beweismitteln wohl keinerlei Dissens zwischen dem deutschen und dem US-amerikanischen System besteht, ist die Lage bei den Äußerungen des Mandanten im Rahmen des deutschen Verfahrens nicht so eindeutig. Zwar gibt es im deutschen Recht keine eindeutig auf die Vernichtung von Beweismitteln zugeschnittenen Strafnormen, Staatsanwaltschaften reagieren allerdings auf das Geräusch eines Shredders mit dem automatischen Reflex eines Haftbefehls. Dies dürfte für die meisten Verteidigerkollegen in Deutschland Anlass genug sein, ihre Mandanten zur Frage der Behandlung von Dokumenten ähnlich zu beraten, wie dies ein amerikanischer Kollege tun würde. Bei der Frage der Einlassung ist der deutsche Verteidiger hingegen verpflichtet, darauf hinzuweisen, dass durch eine bestimmte vom Mandanten vorgetragene Sachdarstellung dessen prozessuale Chancen steigen, auch wenn die Sachdarstellung nicht richtig ist. Er muss seinem Mandanten auch die Wahl überlassen, ob er sich für eine wahrhaftige Sachverhaltsdarstellung entscheidet oder für die Lüge. Er wird ihm sicherlich die Gefahren einer solchen Verteidigungsstrategie aufzeigen und ihm auch klarmachen, dass bestimmtes Verteidigerverhalten in Kenntnis der Unwahrheit des Sachvortrages nicht möglich, weil nicht mehr zulässig ist. Für ein Unternehmen dürfte im Rahmen von Deutsch/US-amerikanischen Strafverfahren diese Wahl allerdings nicht offen sein.

Wirksam wird die Möglichkeit eines Beschuldigten zur unwahren Aussage allerdings im Rahmen von internen Ermittlungen bei Aussagen von Mitarbeitern des Unternehmens. So rechnet auch der amerikanische Beraterkollege nicht notwendig mit einer von vornherein hundertprozentig wahren Aussage. Die strafrechtlichen Konsequenzen einer falschen Aussage im US-amerikanischen System, mit denen er bestens vertraut ist, lassen ihn allerdings deutlich weniger erwarten, dass ihm die Unwahrheit präsentiert wird.

2. Das Selbstverständnis der US-Kollegen

110 Amerikanische Rechtsanwälte sind sich der ihnen auferlegten Doppelrolle deutlich bewusst. Sie sind eindeutig Vertreter ihres Mandanten und diesem verpflichtet. Andererseits wissen sie sehr genau, dass ihre Arbeitsergebnisse von ihnen irgendwann einmal mit großer Wahrscheinlichkeit einer Untersuchungsbehörde präsentiert werden. Dort wird man nicht nur ihre Mandantschaft prüfen, sondern auch die Gründlichkeit und Wertigkeit der Ermittlungsergebnisse. Diese deutlich nach zwei Seiten gerichtete Rolle, die sich im Rahmen eines Interessenwiderstreites entwickelt, wird im Allgemeinen durch hohe Förmlichkeit bewältigt. Gesetze und Berufsregeln dem Buchstaben nach genau zu beachten, macht sie von beiden Seiten aus – der Mandantschaft und auch den Ermittlungsbehörden – schwer angreifbar. Die Notwendigkeit, nach zwei Seiten hin glaubwürdig und Vertrauen erweckend zu sein, prägt die Handlungsweise der Kollegen. Daraus erklärt sich auch die manchmal in das Penible gehende Akribie, mit der interne Ermittlungen betrieben werden. Aus deutscher Sicht wird dies zum Teil für übertrieben gehalten, zum Teil sogar unterstellt, die umfangreichen Ermittlungen seien primär dem Honorarinteresse der Kanzleien geschuldet. Der amerikanische Kollege sieht aber seine Pflicht darin – sowohl gegenüber der Mandantschaft als auch gegenüber den Behörden – zu einem zu 100% genauen Ergebnis zu kommen. Er weiß, dass er, wenn er dieser Pflicht nicht genügt, seinem Mandanten schadet und seine Reputation sowohl gegenüber potentiellen zukünftigen Mandanten als auch gegenüber den Behörden entscheidend beschädigt. Mithin: Obwohl das amerikanische Rechtssystem den Parteiprozess hat und im deutschen liberalen Strafprozess die Erforschung der Wahrheit angeblich an erster Stelle steht, ist die Intensität der Sachverhaltsermittlung im amerikanischen System deutlich höher. Jedenfalls wird ein amerikanischer Anwalt im Rahmen einer Ermittlung für ein Unternehmen nicht ruhen, bis er jedes auch nur entfernt relevante Dokument gesichtet und jeden auch nur entfernt wesentlichen Zeugen im entferntesten Ausland vernommen hat.

3. Professionalität und Information

Ein negativer Einfluss beider Verfahren aufeinander kann nur dann vermieden bzw. eingedämmt werden, wenn deren Vertreter willens und in der Lage sind, aufeinander einzugehen und sich zu respektieren. Dazu gehört ein Verständnis des jeweils anderen Prozesssystems ebenso wie der materiell-rechtlichen nationalen Vorschriften, wie sie in dieser Schrift vermittelt werden sollen. Man wird auch nicht umhin kommen, sich auf eine gemeinsame Arbeitssprache zu einigen, was in den meisten Fällen die englische Sprache sein wird. Das liegt schlicht daran, dass die wenigsten amerikanischen Kollegen die deutsche Sprache beherrschen, die meisten deutschen Kollegen umgekehrt des Englischen mächtig sind. Vorteilhaft ist es deshalb auch, für die Beratung des amerikanischen Teiles eine Kanzlei auszuwählen, die bereits deutsche Kollegen beschäftigt und einen deutschen Standort besitzt. In derartigen Kanzleien ist die Schnittstelle zwischen deutschen Dokumenten und amerikanischem Recht nichts Unbekanntes mehr und kann deshalb besser bewältigt werden.

111

F. Drittwirkung: Ermittlungsverfahren in weiteren Ländern

Untersuchungen der amerikanischen Behörden von weltweit tätigen Konzernen beschränken sich in ihren Auswirkungen nicht nur auf die Vereinigten Staaten und Deutschland. Speziell in Fällen von Korruption beschränken sich diese im Allgemeinen nicht nur auf einen Staat, sondern finden sich in vielen der Länder mit denen ein Unternehmen handelt oder Lieferbeziehungen hat. In den meisten dieser Länder werden die amerikanischen Behörden nicht selbst aktiv. Kenntnis von dem amerikanischen Ermittlungsverfahren wegen Korruption auch im eigenen Land wird sich jedoch vielfach aus der Presse ergeben. Im Rahmen eines agreement wird immer verlangt werden, dass sich das Unternehmen diesen ausländischen Ermittlungsverfahren stellt und die gehörige Unterstützung in der Aufklärung gewährt.

112

Es kann zu einem Ping Pong Effekt oder Dominoeffekt führen, wenn alle betroffenen Jurisdiktionen untereinander beginnen im Wege der Rechtshilfe Informationen auszutauschen. Es ist in diesen Fällen nötig, früh für jedes Land rechtliche Vertretung im Strafrecht zu installieren, die die jeweiligen Verfahren von Anfang an begleitet und im Sinne des Unternehmens und im Rahmen des jeweiligen Rechts zu beeinflussen versucht. Die Erkenntnisse aus den verschiedenen Verfahren in verschiedenen Ländern müssen zusammengeführt und gepoolt werden, damit ein Gesamtüberblick entsteht und eine Gesamtstrategie entwickelt werden kann. Im Rahmen dieser Strategie muss sich auch der deutsche Verteidiger daran gewöhnen, dass andere Länder nicht nur andere Sitten haben, sondern auch sehr unterschiedliche Prozesssysteme und auch die Kommunikation mit Ermittlungsbehörden durchaus unterschiedlich aussehen kann. Grundsätzliche Strukturen des Rechtssystems des betroffenen Landes wird der deutsche Unternehmensverteidiger sich aneignen müssen, um denkbare Auswirkungen zusammen mit den dort beschäftigten Kollegen für sein eigenes Verfahren vorherzusehen und bewerten zu können.

113 Für die Staatsanwaltschaft werden die Verfahren nicht leichter, wenn sie insoweit in das Ausland übergreifen. Umfangsverfahren mit internationalem Bezug gehen ohnehin an die Leistungsfähigkeit der deutschen Staatsanwaltschaft in personeller und manchmal auch in rechtlicher Hinsicht.[1367] Das steigert das Interesse an einer Verfolgung in sämtlichen Ländern deutlich nicht. Diese Konstellation erleichtert es der Verteidigung, Begrenzung des Verfahrens mit der Staatsanwaltschaft zu diskutieren. Die §§ 154 und 154 a StPO sind sehr geeignete Instrumente, ein ausuferndes Verfahren zu begrenzen und handhabbar zu machen.

In manchen Ländern wird die Staatsanwaltschaft auch aus Gründen des Menschenrechtes davon absehen, dortige Ermittlungen zu fördern oder anzustoßen. Es handelt sich dabei vornehmlich um solche, in denen auch in Korruptionsfällen die Todesstrafe verhängt und vollzogen wird.

G. Strategien

114 Jegliches Strafverfahren erfordert eine Strategie, um es zu bewältigen. Rein reaktive Vorgehensweisen sind einer antizipierenden Planung immer unterlegen. Dies gilt natürlich auch und vielleicht noch mehr für Verfahren, die verschiedene Jurisdiktionen berühren. In derartigen Fällen müssen die manchmal widerstreitenden Verfahrensprinzipien und Verfahrensinteressen soweit harmonisiert werden, wie möglich. Dies bedeutet für beide Verfahren – das US-amerikanische wie das deutsche – vermutlich den Verzicht auf das Optimum. Den Schnittpunkt zu finden, auf den sich beide Verfahren optimal gestalten lassen, ist das Ziel der Strategiefindung. Das bedeutet von vornherein das Verständnis und die Bereitschaft sowohl der amerikanischen wie der deutschen Berater, aufeinander zu zugehen und die jeweils eigene Grundstrategie an der des anderen Beraters abzugleichen.

I. Akutberatung

115 Gerade im Akutfall – eine Subpoena wurde überreicht, eine Durchsuchung durchgeführt – müssen die üblichen Reflexe, die jeder Strafrechtler im nationalen System entwickelt, auf den Prüfstand gestellt werden. Es ist der Moment, in dem erkannt werden muss, dass es sich um ein Verfahren handelt, das über die eigene Jurisdiktion hinausgeht. Umso früher eine Vertretung in beiden Rechtssystemen installiert wird, umso eher die Berater aus beiden Rechtssystemen zueinander finden und gemeinsam eine Strategie entwickeln, umso besser wird es gelingen, dem Verfahren eine eigene Struktur zu geben und es mitgestalten zu können.

1. Keine frühe Festlegung

116 Der deutsche Strafrechtler lernt als Verteidiger, dass frühe Festlegungen auf bestimmte Sachverhalte dem Verfahren seines Mandanten in den seltensten Fällen nützen. Im Normalfall wird es als Kunstfehler betrachtet, wenn ein Verteidiger – das gilt für den Unternehmensverteidiger genauso wie für den individuellen Verteidiger – vor Kenntnis des Akteninhaltes eine Einlassung zur Sache abgibt. Ebenso wie die Individualverteidiger die Erfahrung machen, dass Mandanten aus Gründen der Verdrängung, weil sie meinen, klüger sein zu müssen als ihr Verteidiger, aus Scham oder aus Schutz für

---

[1367] S. hierzu auch unten *Loer*, § 10 Rn. 38.

einen Dritten ihn nicht vollständig informieren oder manchmal gar desinformieren, ebenso weiß der Unternehmensverteidiger, dass er zu Anfang eines Verfahrens auf gar keinen Fall alle notwendigen Informationen hat, um angemessen eine Strategie aufzubauen. Die Fälle, die Anlass zu dieser Schrift gegeben haben, spielen sich alle in großen organisatorischen Einheiten ab. Informationen dort zusammenzutragen bedarf erheblichen Aufwandes, nicht umsonst ist ein ganzes Kapitel dieses Buches den internen Ermittlungen gewidmet. Erst wenn sich der strafrechtliche Berater die notwendigen Informationen soweit verschafft hat, dass er die Struktur und wesentlichen Fakten des Falles durchdrungen hat – eine hundertprozentige Durchdringung wird es so gut wie nie geben – kann er entscheiden, wie sinnvoll vorgegangen werden kann und welche Vorschläge er seiner Mandantschaft für das weitere Vorgehen machen muss. Erst dann ist es auch möglich, die denkbare Strategie unter dem Gesichtspunkt beider Verfahrensordnungen abzugleichen und zu optimieren.

2. Risikoinformation

Ein Strafverfahren, noch dazu ein internationales, kann sich in vielfältigster Weise auf ein Unternehmen auswirken. Wie tief ein solches Ereignis in Abläufe und wirtschaftliche Struktur eines Unternehmens eingreifen kann, ist den Unternehmensleitern in den seltensten Fällen bewusst. Oft genug wird ein Strafverfahren ähnlich eindimensional in der Krisenbewältigung behandelt, wie der Ausfall einer Maschinenstraße. Es ist die Aufgabe des strafrechtlichen Beraters, allen Beteiligten insoweit die Unschuld zu nehmen und darauf hinzuwirken, dass alle notwendigen Konsequenzen gezogen werden. Die Auswirkungen können vielfältig sein, personale Konsequenzen bis hin in die Führungsebene, Umstellung von Produktionsverfahren, Einführung neuer Systeme wie Compliance, Änderung von Abläufen in der Buchhaltung, ja sogar der Bilanz, die Bildung von Rückstellungen, ad hoc Mitteilungen, all dies kann notwendige Folge der Existenz eines Strafverfahrens und der Erkenntnisse, wie dessen Aufarbeitung aussehen soll, sein. Insoweit ist der strafrechtliche Berater, der die Übersicht über strafrechtliche und dadurch bewirkte Konsequenzen hat und haben muss in der Pflicht, das Unternehmen nicht nur über mögliche strafrechtliche Folgen zu informieren, sondern auch die Verarbeitung der Erkenntnisse aus dem Verfahren in allen anderen Bereichen des Unternehmens anzustoßen.

117

3. Zusammenstellung der strafrechtlichen Berater

Das richtige Team ist entscheidend für das Ergebnis auch eines Strafverfahrens. Umso größer ein Team ist, umso wichtiger ist es auch, die Mitglieder fachlich und persönlich kompatibel zu halten. Es ist dann keine valide Strategie, sich auf allen Gebieten die oder den Besten zu holen, wenn sie nicht miteinander arbeiten können. Das wissen wir aus dem Sport: Ein Team von Superstars auf allen Positionen hat weniger Chancen zu gewinnen, als ein harmonisches Team durchgängig guter Mitspieler. Der eine oder andere Star schadet nicht, viele davon bringen mit ihrem Ego häufig das Gesamtgebilde aus dem Takt. Deshalb ist die Teambildung im Strafrecht von hoher Bedeutung, weil in derartigen Fällen ungewöhnlich viele Berater zusammenarbeiten müssen. Neben den Unternehmensverteidigern im amerikanischen und im deutschen System gibt es die Individualverteidiger, da nach deutschem Recht die gemeinsame Verteidigung mehrerer vor dem Hintergrund des gleichen Vorwurfs im gleichen Verfahren nicht möglich ist. Aber nicht nur die Strafverteidiger müssen sich abstimmen, auch die Koordination mit anderen Rechtsgebieten ist unumgänglich. In einem größeren Strafver-

118

fahren auf internationaler Basis tauchen regelmäßig auf: Der Arbeitsrechtler, der Steuerrechtler, der Versicherungsrechtler, und und und. Es ist also keine Seltenheit, dass der Sachverstand von einem halben Dutzend Rechtsgebieten oder mehr zur Klärung einer strategischen Frage benötigt wird. Das bedeutet für die Auswahl der strafrechtlichen Berater, dass Personen gesucht werden, die in der Lage sind, weit über ihren strafrechtlichen Tellerrand hinaus zu sehen. Das Verständnis für die Notwendigkeit an Bedürfnissen anderer Rechtsgebiete muss vorhanden sein.

In größeren Unternehmen wird der strafrechtliche Berater die Berater anderer Rechtsgebiete im Allgemeinen vorfinden. Es gehört zu seinen Aufgaben, diese in ein Team mit einzubinden und für einen harmonischen Ablauf zu sorgen. Idealerweise wird er es auch sein, der Vorschläge für die Individualverteidigung macht.

II. Kontakt zur deutschen Staatsanwaltschaft?

119 Der Dialog im Ermittlungsverfahren ist von der Ausnahme zur Regel geworden, ganz besonders in Ermittlungsverfahren vor dem Hintergrund des Wirtschaftsstrafrechtes. Dieser Dialog, professionell geführt, bringt üblicherweise Vorteile für alle Verfahrensbeteiligten, was ihn so beliebt macht. Die Gefahr in solchen, nicht konfrontatorisch durchgeführten Verfahren liegt allerdings darin, dass es sich die Verfahrensbeteiligten zu leicht machen. Aus der Übung des gegenseitigen Nachgebens ergibt sich manchmal die Neigung, Sachverhalte nicht gründlich auszuermitteln und Rechtsfragen nicht bis ins letzte Detail zu durchdenken. In Verfahren mit deutsch/amerikanischen Hintergrund wird dies allerdings weniger zu befürchten sein, da die amerikanische Seite üblicherweise mit einer für deutsche Verhältnisse eher ungewohnten Akribie an die Ermittlung des Sachverhaltes und Aufklärung aller denkbaren Fakten geht. Es kann in diesen Fällen davon ausgegangen werden, dass die Berater der Unternehmen mindestens so tief im Stoff sind, wie die gründlichste Staatsanwaltschaft. Gespräche mit der Staatsanwaltschaft werden also auf fester Tatsachenbasis stattfinden. Solche Gespräche sind immer sinnvoll, weil sie des Elementes entbehren, welches oft die Kommunikation erschwert: Die Sorge vor der Überraschung aus dem Sachverhalt heraus. Grundsätzlich ist also das Gesprächsangebot an die Ermittlungsbehörden sinnvoll. Verstärkt wird dies durch die Tatsache, dass – wie oben beschrieben – aus Gründen des amerikanischen Verfahrens die deutsche Verteidigung eine Strategie der Blockade gar nicht einnehmen kann.

1. Erörterungen im Ermittlungsverfahren nach § 160 b StPO

120 Gefördert wird die Bereitschaft zum Dialog in jüngster Zeit auch durch den Gesetzgeber, der für das Ermittlungsverfahren in § 160 b StPO niedergelegt hat, was seit langen Jahren schon die Realität der Ermittlungsverfahren ausmacht: Die Abstimmung von Rechtsstandpunkten und Sachverhaltssichtweisen im mündlichen Dialog während des Ermittlungsverfahrens.[1368] Erfahrungsgemäß sind die Verfahren, in denen nicht nur geschrieben sondern auch geredet wird, diejenigen Verfahren, in denen es der Verteidigung am ehesten gelingt, ihre Argumente auch im wahrsten Sinne des Wortes zu Gehör zu bringen. Die in Verfahren mit wirtschaftlichem Hintergrund vielfach anzutreffenden Mammutschriftsätze zeigen oft Wirkung im reziproken Verhältnis zu ihrer Länge. Das soll nicht bedeuten, dass gründliche, analytische und auch dogmatische Schriftsätze in heutigen Verfahren nicht mehr gehört werden, sie werden nur in ihrer Wirkung ver-

---

[1368] Zur Zielsetzung auch *Meyer-Goßner*, § 160 b Rn. 1.

stärkt oder überhaupt erst fruchtbar, wenn sie eingebettet sind in erläuternde Gespräche. Wer nur schreibt, wird nicht wissen können, ob er den Empfängerhorizont auf der anderen Seite überhaupt trifft. Es macht keinen Sinn, mit Schwung die offenen Türen einzurennen, und die verschlossenen zu übersehen.

Wie in den meisten Fällen von widerstreitenden Interessen ist nicht nur wichtig, zu wissen was man selbst will, sondern auch dasjenige zu kennen, was der andere will. Die Kenntnis der Zielprojektion der Staatsanwaltschaft wird es in vielen Fällen überhaupt erst ermöglichen, ein realistisches Verfahrensziel zu definieren oder zu bemerken, dass auf dieser Stufe des Verfahrens das von der Mandantschaft verfolgte Ziel nicht erreicht werden kann. Nach dieser Erkenntnis richten sich dann die strategischen Möglichkeiten.

In Verfahren mit US-Hintergrund kommt hinzu, dass die Problematik von dualen Ermittlungsverfahren der Staatsanwaltschaft zumeist erst vermittelt werden muss. Das gilt wohl nicht für die Staatsanwaltschaft München, dort wird nach dem Abschluss der verschiedenen Verfahren unter dem Etikett „Siemens" ein gehöriges Maß an Knowhow vorhanden sein. Andere Staatsanwaltschaften haben sich mit der Thematik der Einwirkung amerikanischen Verfahrensrechts auf deutsche Verfahren weniger beschäftigt. Dort ist Aufklärungsarbeit auch seitens der Verteidigung zu leisten. Die Vertretung des Unternehmens wird z. B. verdeutlichen müssen, warum bestimmte Argumentationslinien, die ihr in jedem anderen Verfahren offen stehen, wegen eines Settlement Agreement nicht genutzt werden können. Sie wird ganz besonders darauf hinweisen müssen, dass die Staatsanwaltschaft alle Beweisergebnisse, die im Rahmen der internen Ermittlungen gewonnen worden sind, selbst und nach deutschen Prozessregeln wertet und nicht von den Wertungen ausgeht, die amerikanische Behörden daraus gezogen haben. 121

2. Begrenzung des Verfahrensstoffes – § 154 StPO

Die Verpflichtung zur konstruktiven Zusammenarbeit mit den Ermittlungsbehörden anderer Länder, wie sie nach einem amerikanischen Settlement existiert, kann nicht bedeuten, dass prozessuale Möglichkeiten nicht ausgeschöpft werden. Nicht nur die Individualverteidigung, auf die sich die Bindungswirkung eines Settlement des Unternehmens nicht erstreckt, sondern auch die Unternehmensverteidigung kann darauf hin arbeiten, dass der Verfahrensstoff begrenzt wird und bestimmte Vorwürfe aus der Untersuchung der Staatsanwaltschaft ausgeschieden werden. Das Mittel sind die §§ 154 ff. StPO, die im Rahmen von Opportunitätsüberlegungen der Staatsanwaltschaft die Möglichkeit geben, den Verfahrensstoff auf bestimmte Vorwürfe zu konzentrieren.[1369] Dabei sollte die Überschrift des § 154 StPO nicht abschrecken, sie lautet „unwesentliche Nebenstraftaten". Mit der Argumentation, dass nach dieser Vorschrift eingestellt werden sollte, behauptet der Anwalt nicht, dass die Taten in sich gesehen weniger gewichtig sind, sie sind dies nur in Relation zu anderen Taten[1370] und zwar letztlich nach der Beurteilung eines deutschen Staatsanwaltes. Der Verteidiger, der sich auf die Anwendbarkeit dieser Vorschriften beruft, wertet damit nicht die Tat als solche oder die Beteiligung seiner Mandantschaft an ihr ab. Er stellt sie nur in Relation zu anderen Straftaten bzw. aktiviert die im deutschen Recht über die Vorschriften der 122

[1369] Krekeler/Löffelmann/Sommer/*Walther*, § 154 Rn. 1; Dölling/Duttge/Rössner/*Pfordte*, § 154 Rn. 1.
[1370] *Meyer-Goßner*, § 154 Rn. 3; Dölling/Duttge/Rössner/*Pfordte*, § 154 Rn. 6.

§ 6. Parallelermittlungen in Deutschland

§§ 154 ff. StPO mögliche Opportunität. Ähnliches gilt argumentativ für § 154 a StPO: dass eine Straftat, wie es der Gesetzestext ausdrückt, „nicht beträchtlich ins Gewicht" fällt, ist eine Wertung aus dem deutschen Strafprozess heraus, nicht eine Verniedlichung durch Repräsentanten des Unternehmens.

123 Allerdings ist in der schriftlichen Argumentation zur Vorsicht zu raten, der Vorteil der mündlichen Kommunikation mit dem Staatsanwalt in solchen Bereichen ist, dass nicht verschriftlicht wird, was ausländischen Behörden Anlass zu Missverständnissen geben könnte. Der zweite Satz der Vorschrift des § 160 b StPO sollte dabei nicht vergessen werden: Die Staatsanwaltschaft ist im Rahmen von verfahrensfördernden Kontakten mit der Verteidigung gehalten, den wesentlichen Inhalt aktenkundig zu machen. Deshalb ist entweder die Verschriftlichung von Kommunikation durch den Staatsanwalt über die Akteneinsicht zu kontrollieren oder besser noch von vornherein mit ihm zu vereinbaren, dass man sich die gegenseitigen Memos vor Aufnahme in die Akte zur Kenntnis bringt, um Missverständnisse von vornherein auszuschließen.

3. Doppelverfolgung und Verfallsfragen

124 Wenn zwei Strafrechtssysteme den gleichen Sachverhalt aufgreifen besteht die Gefahr, dass zweimal sanktioniert wird. Außerhalb der Geltung des Schengener Abkommens ist dies durchaus möglich.

Gem. § 51 Abs. 3 StGB wird, wenn der Verurteilte wegen derselben Tat im Ausland bestraft worden ist, auf die neue Strafe die ausländische angerechnet, soweit sie vollstreckt ist. Sollte es zur Verhängung einer Unternehmensgeldbuße gegen ein betroffenes Unternehmen kommen, stellt sich die Frage, ob bei deren Bemessung Straf- und Abschöpfungszahlungen in den USA zu berücksichtigen wären. Auch die Frage der Bebußung nach dem Ordnungswidrigkeitengesetz stellt sich. Zudem ist zwischen Verfahren der SEC und des DOJ zu differenzieren.

Den finanziell gefährlichsten Eingriff in die Finanzen eines Unternehmens nach deutschem Strafrecht stellen wohl die Vorschriften des Verfalls nach §§ 73 ff. StGB dar.

a) Grundsätze

125 Die Anordnung des Drittverfalls gem. § 73 Abs. 3 StGB setzt voraus, dass der Täter oder Teilnehmer für einen Dritten gehandelt und dieser dadurch etwas erlangt hat. Die Gefahren und Belastungen des Drittverfalls sollen Unternehmen dazu anhalten, effektive Kontrollen durchzuführen.[1371]

b) Anwendbarkeit der Härtefallvorschrift des § 73 c StGB?

126 Gem. § 73 c Abs. 1 S. 1 StGB wird der Verfall nicht angeordnet, wenn er für den Betroffenen eine unbillige Härte bedeutet (zwingender Ausschluss). Im Kontext dieser Schrift interessiert, ob die Zahlung im Rahmen eines US-Settlements in dieser Frage eine Rolle spielen kann.

aa) Anrechnung einer im DOJ- Verfahren zu zahlenden Geldstrafe

127 Gem. § 51 Abs. 3 StGB wird, wenn der Verurteilte wegen derselben Tat im Ausland bestraft worden ist, auf die neue Strafe die ausländische angerechnet, soweit sie vollstreckt ist. Es stellt sich damit die Frage, ob die in den US-Verfahren zu zahlende Geld-

---

[1371] Vgl. BGHSt 47, 369, 374 f. = NJW 2002, 3339 = NStZ 2003, 37.

strafe in entsprechender Anwendung des § 51 Abs. 3 StGB im Rahmen des Verfalls anzurechnen ist. Dies ist jedoch – folgt man der insoweit maßgeblichen Auffassung der Rechtsprechung – abzulehnen, da der Verfall keine (Geld-)Strafe ist.[1372] Dementsprechend hat auch der BGH entschieden, dass „eine betragsmäßige Anrechnung im Ausland endgültig entzogener Vermögenswerte [...] auf den Verfallbetrag [...] nicht veranlasst" ist. „Das deutsche Strafrecht sieht eine solche Anrechnung nicht vor. Sie lässt sich auch nicht mit einer entsprechenden Anwendung des § 51 Abs. 3 StGB begründen." Die Vermögenseinbuße sei „deshalb allein im Rahmen der Entscheidung nach § 73 c StGB zu berücksichtigen."[1373]

Bei der Prüfung, ob ein Härtefall i.S. des § 73 c Abs. 1 S. 1 StGB vorliegt, ist nach dem LG Darmstadt wie folgt zu differenzieren: Sofern in einer gerichtlichen Entscheidung im Ausland der Verfall angeordnet worden ist, ist dieser bereits abgeschöpfte Betrag (voll) zu berücksichtigen. Die Nichtberücksichtigung würde ansonsten „die Grundsätze der Billigkeit und das Übermaßverbot verletzen". Anders sei dies jedoch bezüglich einer im Ausland verhängten „Strafzahlung" zu beurteilen. Strafmaßnahmen eines anderen Staates seien grundsätzlich zu respektieren. Sie verstießen nicht gegen den deutschen „ordre public" und dürften nicht durch die Anwendung der Härtevorschrift unterlaufen werden.[1374] **128**

Das Urteil des LG Darmstadt ist einerseits im Hinblick auf die Aussage, Strafmaßnahmen eines anderen Staates seien zu respektieren, angesichts der Existenz des § 51 Abs. 3 StGB, der die Anrechnung einer im Ausland verhängten Strafe ausdrücklich vorsieht, wenig überzeugend. Geht man jedoch andererseits mit der vorherrschenden Rechtsprechung davon aus, dass es sich beim Verfall weder um eine Strafe noch um eine strafähnliche Maßnahme handelt,[1375] scheint das LG Darmstadt mit seinem Urteil im Ergebnis lediglich der Unterscheidung von Geldstrafe und Verfall Rechnung zu tragen.

Für die Anrechenbarkeit von Zahlungen, die nach US-amerikanischem Recht als Geldstrafen zu qualifizieren sind, könnte allerdings sprechen, dass eine Korrelation zwischen Höhe der Geldstrafe und Höhe des aus der Tat Erlangten besteht. Ausweislich der US-Federal Sentencing Guidelines spielt es bei der Bemessung einer Geldstrafe eine entscheidende Rolle, wie viel der Täter aus der Tat erlangt hat. Im Ergebnis wird bereits durch die Verhängung einer Geldstrafe sichergestellt, dass dem Betroffenen keine Vorteile aus der Tat verbleiben. Gleichwohl soll es nach US-amerikanischer Rechtsprechung nicht gegen das Verbot der Doppelbestrafung verstoßen, wenn neben einer Geldstrafe der Verfall angeordnet wird. Das spricht dafür, dass auch das US-amerikanische Recht Verfall und Geldstrafe als zwei wesensfremde, jedenfalls aber als zwei unterschiedliche Maßnahmen ansieht. Diese Feststellung steht einer Argumentation, wonach „deutscher Verfall" und „amerikanische Geldstrafe" einander ähneln und deshalb gegeneinander anzurechnen sind, zumindest tendenziell entgegen. Schon mangels einschlägiger Rechtsprechung, die sich für die Anrechenbarkeit ausländischer Geldstrafen ausspricht, ist im Ergebnis aber davon auszugehen, dass die deutschen Behörden in den USA verhängte Geldstrafen außer Acht lassen werden. **129**

[1372] *BVerfG* NJW 2004, 2073, 2074 ff.; BGHSt 47, 260, 265 = NJW 2002, 2257 = NStZ 2002, 477.
[1373] *BGH* NStZ 2005, 455 f.
[1374] vgl. *LG Darmstadt*, Urt. v. 14.5.2007, Az. 712 Js 5213/04, Rn. 172 f., juris.
[1375] *BVerfG* NJW 2004, 2073, 2074 ff.; BGHSt 47, 260, 265 = NJW 2002, 2257 = NStZ 2002, 477.

bb) Unbillige Härte wegen der Kosten der internen Untersuchung?

130 Ob Kosten, die einem Unternehmen bei der internen Untersuchung strafrechtlich relevanter Vorgänge entstanden sind, im Rahmen der Härtefallklausel des § 73 c Abs. 1 S. 1 StGB zu berücksichtigen sind, ist ebenfalls noch nicht höchstrichterlich geklärt. Für eine Anrechnung spricht, dass ein Unternehmen durch eine kostenintensive interne Untersuchung demonstriert, dass es sich um Aufklärung bemüht und von Straftatbegehungen distanziert. Wenn seine Ausgaben, die es für die interne Aufklärung tätigt, die Vorteile aus drittbegünstigenden Straftaten übersteigen, kann nicht der Eindruck entstehen, dass Straftaten sich „lohnen". Im Gegenteil: Der historische Sachverhalt erscheint bei einer Gesamtbetrachtung als Minusgeschäft. Aufgrund der internen Untersuchung bedarf es deshalb keines Verfalls mehr. Dies gilt umso mehr, wenn die Untersuchungsergebnisse den Behörden zur Verfügung gestellt werden.

Für die Annahme eines Härtefalls spricht außerdem, dass es keine Selbstverständlichkeit darstellt, wenn ein Dritter i.S. des § 73 Abs. 3 StGB intensive Aufklärungshilfe leistet und eng mit den Ermittlungsbehörden kooperiert. Immerhin gibt es im deutschen Recht keine entsprechende Kooperationspflicht. Neben der Aufklärungshilfe als solcher ist zu berücksichtigen, dass es sich um einen Ausnahmefall handelt, wenn der Dritte erhebliche Finanzmittel in eine der Polizei zu Gute kommende Sachverhaltsaufklärung steckt. Ließe man diese Aspekte im Rahmen des § 73 c StGB unberücksichtigt, könnte in maßgeblicher Weise einer Kooperationsbereitschaft von Unternehmen und damit einer im öffentlichen Interesse liegenden objektiven Aufklärung einschlägiger Straftaten entgegengewirkt werden.[1376] In diesem Zusammenhang ist auf eine Äußerung des Frankfurter Oberstaatsanwalts Busch hinzuweisen: „Im Gegensatz zu verbreiteten Vorurteilen sind eigene Nachforschungen von betroffenen Unternehmen in konkreten Verdachtsfällen den Strafverfolgungsbehörden nicht grundsätzlich suspekt, sondern ggf. eine wichtige, in Einzelfällen unerlässliche Hilfe zur Aufklärung von Korruptionstaten."[1377]

131 Schließlich ist bei der Berücksichtigung kostenintensiver Aufklärungshilfe in Rechnung zu stellen, dass der Grund, aus dem jemand entreichert ist, Einfluss auf die Anwendung von § 73 c StGB hat.[1378] Während übertrieben eigennützige Motive („Verprassen", Verwendung für Luxus und zum Vergnügen) gegen die Annahme eines Härtefalls sprechen, verhält sich dies bei menschlich nachvollziehbaren Gründen für eine Entreicherung anders. Bei Ausgaben, die eine innere Distanzierung von der Tat erkennen lassen,[1379] muss dies erst recht gelten. Eine solche Distanzierung kommt durch die Durchführung einer ernsthaften, effektiven und kostenintensiven internen Ermittlung in ganz gesteigertem Maße zum Ausdruck.

Da die Ausgaben bei den Verfallsberechnungen der SEC keine Rolle spielen, gibt es einen Bereich, in dem es sich lohnt, diese Argumentation vorzubringen.

132 Problematisch ist allerdings, wenn die Anordnung des Verfalls im Konzern Töchter betrifft, während die Aufklärungs- und Kooperationskosten von der Mutter getragen wurden. Mangels Identität könnte man einen Härtefall in Abrede stellen wollen. Die Aussicht, mit diesem Einwand durchzukommen, würde sich aber signifikant verklei-

---

[1376] Vgl. zu diesem kriminalpolitischen Argumentationsansatz BGHSt 48, 40, 41 = NJW 2003, 300 = NStZ 2003, 257.
[1377] *Busch*, StV 2009, 291, 300.
[1378] Vgl. zu § 73 c Abs. 1 S. 2 StGB: *BGH* wistra 2009, 23, 25.
[1379] Z.B. Zahlung eines das Bestechungsentgelt übersteigenden Betrags an das Rote Kreuz; *OLG Hamm* NJW 1973, 716, 719.

nern, wenn die Töchter die für sie angefallenen Aufklärungskosten in Rechnung gestellt bekommen und bezahlen. Darüber hinaus ließe sich argumentieren, dass durch die Verfallsanordnungen letztlich immer die Konzernmutter getroffen werde und es daher nur gerecht sei, wenn ihr entstandene Aufklärungskosten abgezogen würden. Zwingend ist dies wohl in den Fällen der Gewinnabführung.

cc) Unbillige Härte wegen Kosten für Compliance-Maßnahmen?

Ob Kosten für Compliance-Maßnahmen, die als gezielte und unmittelbare Reaktion auf Strafrechtsfälle installiert wurden, im Rahmen des § 73 c StGB zu berücksichtigen sind, ist in Deutschland ebenfalls noch nicht richterlich geklärt. Gegen eine Berücksichtigungsfähigkeit könnte man einwenden, dass Unternehmen nicht durch Straftaten ihrer Mitarbeiter dazu in die Lage versetzt werden sollen, Compliance-Strukturen zu installieren, wozu sie ohnehin verpflichtet wären. Dem wäre entgegenzuhalten, dass ein Unternehmen sich mit der Verbesserung seines Compliance-Systems nicht nur von Straftatbegehungen distanziert, sondern diese auch verhindern will, was neben dem Unternehmensinteresse eindeutig auch dem öffentlichen Interesse dient. Daher sollte man zumindest versuchen, Ausgaben für Compliance-Maßnahmen in Anschlag zu bringen. Mangels einschlägiger Rechtsprechung sind die Erfolgsaussichten nicht zu prognostizieren. Wegen der eher restriktiven Handhabung des § 73 c StGB werden Compliance-Kosten wahrscheinlich nur in Bündelung mit Aufklärungskosten Berücksichtigung finden. 133

Dass bestimmte Maßnahmen aller Voraussicht nach auch in den USA positiv berücksichtigt werden, steht einer „Doppelverwertung" in Deutschland nicht entgegen: Hält man einen doppelten Verfall in zwei unterschiedlichen Staaten für grundsätzlich zulässig, so muss man auch die für den Betroffenen günstigen Umstände in beiden Jurisdiktionen heranziehen.

dd) Reduzierung in Höhe der bereits gezahlten Steuern, § 73 c Abs. 1 S. 2 StGB

Nach einem Beschluss des 1. Strafsenats des BGH sind bei der Bemessung des Verfallsbetrages bereits bezahlte Steuern „zur Vermeidung einer Doppelbelastung bei der Anwendung der Härtevorschrift des § 73 c StGB zu berücksichtigen. Der Übergang zum Bruttoprinzip änderte hieran nichts."[1380] Allerdings kommt es entscheidend auf die zeitliche Abfolge von Besteuerung und Strafverfahren an.[1381] Das bedeutet, dass eine nur voraussichtliche Besteuerung nicht zum Wegfall des Erlangten führt, sondern eine Anrechnung nur bezüglich bereits gezahlter bzw. bestandskräftig festgesetzten Steuern erfolgen kann.[1382] 134

c) Bußen und Verfall nach Ordnungswidrigkeitenrecht

Das BayObLG hat im Rahmen eines Ordnungswidrigkeitsverfahrens entschieden, dass bei einer vorausgegangenen ausländischen Bußgeldentscheidung, § 51 Abs. 3 StGB analog auf die innerstaatliche Entscheidung anzuwenden ist.[1383] Bereits das OLG Karlsruhe war der Ansicht, dass für den Fall, dass eine Tat in zwei Staaten verfolgt wird, der in § 51 Abs. 3 StGB enthaltene allgemeine Rechtsgedanke die Anrechnung einer im Ausland verhängten Geldbuße gebietet, soweit sie vollstreckt ist. Dies trage 135

[1380] *BGH* StV 2005, 22, 23; NJW 2002, 2257, 2259.
[1381] Vgl. *Fischer*, § 73 c Rn. 4 a.
[1382] *BGH* StV 2005, 22, 23; NJW 2002, 2257, 2259.
[1383] *BayObLG* NJW 1997, 335, 336.

dem Umstand Rechnung, dass das auch im Bußgeldverfahren geltende Verbot der doppelten Bestrafung wegen derselben Tat (Art. 103 Abs. 3 GG) im Verhältnis zur ausländischen Gerichtsbarkeit nicht gilt.[1384]

In diese Richtung gehend hatte der Kartellsenat des BGH im Jahre 1970 festgestellt, es sei „unerträglich und mit dem Grundsatz der Rechtsstaatlichkeit nicht vereinbar, wenn ein deutsches Staatsorgan eine Geldbuße verhängen würde, ohne dabei zu berücksichtigen, dass der Betroffene wegen derselben Tat bereits durch ein Organ der Gemeinschaften mit einer Buße belegt worden ist."[1385] Aus der Summe dieser Äußerungen kann man ableiten, dass Bußgelder, die in den USA gegen ein Unternehmen und dessen Organe verhängt werden, nach § 51 Abs. 3 StGB analog auf in Deutschland zu verhängende Geldbußen im Rahmen des Ordnungswidrigkeitsverfahrens nach §§ 30, 130 OWiG anzurechnen sind.[1386] Bezeichnender Weise differenziert § 51 Abs. 3 StGB nicht danach, ob die Strafe im europäischen oder nicht-europäischen Ausland vollstreckt wurde. Denn es ist ein allgemeines Gebot der Billigkeit, vollzogene Auslandssanktionen im Fall einer nachfolgenden Inlandssanktion anzurechnen.[1387] Eine Geldbuße in Deutschland soll überhaupt nur dann in Betracht kommen, wenn die bereits erfolgte Ahndung der Handlung im Ausland als unzureichend erscheint, da ansonsten nach dem in § 47 OWiG verankerten Opportunitätsprinzip von der Verfolgung im Inland abzusehen ist.[1388]

aa) Anrechnung der im DOJ-Verfahren zu zahlenden Geldstrafe

136 Folgt man der oben dargestellten Rechtsprechung, so wären in dem Fall, dass in einem Ordnungswidrigkeitsverfahren Geldbußen im Raum stehen, die in den USA als Strafen gezahlten Beträge auf den ahndenden Teil einer deutschen Geldbuße anzurechnen. Dem steht nicht entgegen, dass es sich bei den in den USA zu zahlenden Beträgen um Geldstrafen („monetary penalty") handelt, während im Ordnungswidrigkeitsverfahren eine Geldbuße verhängt wird.

Nach der Rechtsprechung des BayObLG sind zwei Strafen nicht deswegen verschiedenartig, weil eine der beiden in einem Verwaltungsstrafverfahren festgesetzt wurde. Es komme nicht darauf an, ob die im Ausland (in diesem Fall Österreich) verhängte Strafe ihrem Wesen nach einer deutschen Kriminalstrafe oder einer Geldbuße vergleichbar ist. Entscheidend sei allein, „dass der Angeklagte auf Grund der [...] Verurteilung eine bestimmte Geldsumme zahlen musste und dass sich dieselbe Rechtsfolge für ihn aus der inländischen Verurteilung zu einer Geldstrafe ergibt."[1389]

Bei Existenz hoher Strafzahlungen in einem US-Verfahren besteht ein starker argumentativer Ansatz, mit dem die zuständige Verfolgungsbehörde im Opportunitätswege von einer Verfahrenseröffnung Abstand nehmen kann (§ 47 OWiG).

bb) Anrechnung der Gewinnabschöpfung im Rahmen eines SEC Verfahrens

137 Da bei der Bemessung der Geldbuße der Verfall zu berücksichtigen ist,[1390] stellt sich die Frage, ob dies auch für den im Ausland angeordneten Verfall gilt. Denn damit wäre

---

[1384] *OLG Karlsruhe* NStZ 87, 371, 372.
[1385] BGHSt 24, 54, 60 f. = NJW 1971, 521.
[1386] Vgl. auch Göhler/*Gürtler*, § 5 Rn. 9; KK-OWiG/*Rogall*, § 5 Rn. 39.
[1387] S. BGHSt 29, 63, 65 = NJW 1979, 2481; LK-StGB/*Theune*, § 51 Rn. 19.
[1388] Göhler/*Gürtler*, § 5 Rn. 9.
[1389] *BayObLG* NJW 1972, 1631, 1632.
[1390] Göhler/*Gürtler*, § 30 Rn. 37.

auch ein im Rahmen des Verfahrens in den USA gezahlter Betrag im deutschen Strafverfahren zu berücksichtigen. Dieser Gedanke gilt nur unter der Prämisse, dass es keine Verfallsanordnung nach § 73 Abs. 3 StGB gibt, innerhalb derer der in den USA angeordnete Verfall berücksichtigt würde.

In § 17 Abs. 4 OWiG hat der Gesetzgeber der Geldbuße ausdrücklich die Funktion der Gewinnabschöpfung zugewiesen. Daraus ergibt sich zugleich der Doppelcharakter der Geldbuße: neben dem ahndenden steht der gewinnabschöpfende Teil der Geldbuße. Aus § 30 Abs. 5 OWiG, der besagt, dass die Anordnung des Verfalls ausgeschlossen ist, sofern eine Geldbuße festgesetzt wurde, ergibt sich, dass der Gesetzgeber die mit dem Verfall verfolgten Zwecke als durch die Geldbuße gewährleistet angesehen hat.[1391]

Wenn demnach Sinn und Zweck der Geldbuße auch die Abschöpfung der Gewinne ist, kann es keinen Unterschied machen, ob eine solche Abschöpfung bereits durch eine Verfallsanordnung im Inland oder im Ausland vorgenommen worden ist. Bereits durch den Auslandsverfall ist sichergestellt, dass der Tatgewinn weder beim Täter, noch bei einem durch die Tat begünstigten Dritten verbleibt. Eine weitere Abschöpfung im Inland würde dem Adressaten mehr als „die Früchte der Tat" entziehen und damit massiv in die Eigentumsrechte der juristischen Person eingreifen.[1392] Demnach wäre die in einem SEC Settlement Paper vorgesehene Gewinnabschöpfung zusätzlich zu den in den USA zu erwartenden Strafzahlungen zu berücksichtigen, nämlich im Rahmen des abschöpfenden Teils der Geldbuße.

Dies ist uneingeschränkt sachgerecht, da der US-amerikanische Verfall ein passendes Gegenstück in dem gewinnabschöpfenden Teil einer deutschen Geldbuße und die US-amerikanische Geldstrafe ihr passendes Gegenstück im ahndenden Teil einer deutschen Geldbuße fände. Höchstrichterlich ist der Fall jedoch noch nicht entschieden.

cc) Zwischenergebnis

Bei der Bemessung der Geldbuße ist als abschöpfender Teil und damit als untere Grenze der Geldbuße der jeweilige Gewinn zugrunde zu legen. Dazu wird als ahndender Teil ein Betrag hinzugerechnet, der maximal € 1 Mio. pro Tat betragen kann, bzw. bei Tatmehrheit als „Gesamtgeldbuße" zu ermitteln ist. Ein nach § 73 Abs. 3 StGB angeordneter Drittverfall wäre auf den abschöpfenden Teil der Geldbuße anzurechnen.

138

Bei der Bemessung des ahndenden Teils kommt es auf den Unrechtsgehalt der Taten an. Erschwerende Umstände können unter anderem ein Organisationsmangel im Betrieb, die Häufigkeit der Taten und die Höhe der Bestechungssummen sein. Als mildernde Umstände können etwa die Kooperation des Unternehmens bei der Aufklärung, die Verbesserung der Compliance-Struktur und personelle Konsequenzen angebracht werden.

Die Zahlungen in den USA sind bei der Bemessung der Geldbuße zu berücksichtigen. Dies gilt nach meiner Ansicht sowohl für die Strafzahlung als auch für die Abschöpfung durch die SEC, wobei letztere Konstellation noch nicht höchstrichterlich entschieden ist, in der Rechtsprechung aber zum Teil Rückhalt findet.

[1391] Göhler/*Gürtler*, § 17 Rn. 37 f.
[1392] Vgl. *Rönnau*, FS Volk, 2009, S. 583, 584.

III. Erledigungsstrategien

139 Deutsche Staatsanwaltschaften zeigen kein besonders gesteigertes Interesse daran, internationale Verfahren vor Gericht auszustreiten, soweit es die Unternehmen selbst betrifft. Anders ist dies mit individuell Beschuldigten, in diesen Fällen gibt es durchaus streitige Hauptverhandlungen und als deren Ergebnis auch Gefängnisstrafen, die nicht zur Bewährung ausgesetzt werden. Für beide – Unternehmen und jeden persönlich Beschuldigten – gilt, dass eine Hauptverhandlung möglichst zu vermeiden ist. Der Schaden an Image und Börsenwert übersteigt in vielen Fällen den Erfolg einer geminderten Sanktion. Das gilt selbst für diejenigen Fälle, in denen nach Überzeugung aller Betroffenen und auch der Berater ein Freispruch nahe liegt. Auch wenn fast alle Richter und Staatsanwälte dies nicht glauben können, ergibt manchmal die Abwägung zwischen einem langen streitig durchgeführten Verfahren und einer finanziellen Sanktion, ja sogar selbst einer Strafe, dass die Vermeidung der Konfrontation vor Gericht die Unterwerfung unter eine derartige Sanktion rechtfertigt. Dabei spielt durchaus eine Rolle, dass durch den Einbruch des Deals im Gewand der Opportunität, nur scheinbar gezähmt durch die gesetzlichen Bemühungen,[1393] unser prozessuales System aus dem Lot geraten ist.

140 Bei Verfahren vor dem Hintergrund amerikanischer Ermittlungen muss zudem beachtet werden, dass die auf den Parteiprozess ausgerichtete amerikanische Justiz den strafrechtlichen Vergleich systemisch schon deutlich mehr verinnerlicht hat. Zudem: Wenn es in den Vereinigten Staaten zu einer Beendigung des Verfahrens durch ein Settlement gekommen ist, ist ein streitiges Verfahren in Deutschland nur schwierig möglich. Auch wenn, wie oben beschrieben, die deutsche Staatsanwaltschaft ihrerseits verpflichtet ist, nach deutschem Prozessrecht zu urteilen und keinesfalls kritiklos die Ergebnisse amerikanischer Settlement übernehmen kann, wirkt doch die Unterwerfung unter einen strafrechtlichen Vergleich, auch wenn er im Ausland geschlossen ist, psychologisch deutlich weiter. Zudem erscheint es schwierig, bei den amerikanischen Behörden nicht den Eindruck zu erwecken, dass man sich an die Verpflichtungen aus den Settlement nicht hält.

141 Für den individuell Beschuldigten ist die Situation einfacher: Er ist durch ein Settlement nicht gebunden, er hat auch nicht zu erwarten, dass ihm aus seinem Bestreiten ein Nachteil erwächst, soweit nicht auch in den Vereinigten Staaten ein Verfahren gegen ihn geführt wird. Ihm steht vielmehr zur Seite, dass viele der Beweismittel und daraus gezogene Folgerungen, die der SEC oder dem DOJ vollkommen als Grundlage für ein Settlement oder sogar eine Anklage ausreichen, keine Grundlage für ein deutsches Strafverfahren sein können. Oft sind sie maximal Indiz. Mit der Zusammenfassung einer Anhörung eines Mitarbeiters durch einen investigative counsel wird sich ein Staatsanwalt nicht zufrieden geben können. Auch der Versuch, über ein Rechtshilfeersuchen die Ergebnisse der Ermittlungen US-amerikanischer Behörden für ein deutsches Verfahren fruchtbar zu machen, wird in den meisten Fällen scheitern.[1394] Deutschen Staatsanwälten ist nicht bewusst, dass sämtliche Beweisergebnisse im Regelfall nicht von den amerikanischen Behörden selbst erhoben werden, sondern aus internen Ermittlungen durch investigative counsel stammen. Diese übermitteln nicht Originaldokumente, sondern maximal Kopien aus einem für das Verfahren eingerichteten Datenspeicher in Form einer Datenbank. Auch kommt es vor, dass die Ergebnisse der Er-

---

[1393] S. zur Verständigung *Eisenberg*, Rn. 42 ff.; *Strate*, NStZ 2010, 362; *Fezer*, NStZ 2010, 177.
[1394] Zur Rechtshilfe ausf. unten *Ahlbrecht*, § 11; s. auch *Loer*, § 10 Rn. 22 ff.

mittlungen von investigative counseln durch eine Vereinbarung eines Privilege vor der Weitergabe an andere Behörden, auch andere Ermittlungsbehörden, geschützt werden. Und nicht zuletzt: Die Beweglichkeit amerikanischer Juristen ist groß, der Wechsel zwischen Staatsanwaltschaft, Anwaltschaft, Regierung und Positionen in der Wirtschaft alles andere als ungewöhnlich, sondern häufig. Nach dem Abschluss eines amerikanischen Verfahrens kommt es oft vor, dass sämtliche Ermittler in andere Positionen gehen und schlichtweg für eine Rechtshilfe nicht mehr zur Verfügung stehen.

IV. Umgang mit den Medien

Geschriebene Regeln für den Umgang mit den Medien gibt es nicht, wer allerdings die ungeschriebenen Regeln nicht beachtet, kann Böses erleben. Die deutsche Presse, insbesondere die Regenbogenpresse, liebt Nachrichten über Strafsachen. Nicht selten ist der Schaden, der durch Presseveröffentlichungen verursacht wird, größer als derjenige, der mit dem Strafverfahren als solchem verursacht wird. Der Strafverteidiger, der die Außenwirkung seines Verhaltens und dasjenige seines Mandanten vernachlässigt, beeinflusst dadurch auch das Strafverfahren negativ. Umso weniger ein Verfahren in der Presse auftaucht, umso leichter sind vermittelnde Lösungen mit der Staatsanwaltschaft möglich. Sobald ein Verfahren zusammen mit der Presse den Volkszorn auf sich gezogen hat, sehen sich Ermittlungsbehörden gehalten, nicht selbst in den Focus eben jenes Zornes zu geraten. Der Vorwurf, mit straffälligen Personen und Unternehmen zu milde umzugehen, ist leicht erhoben und schwer beseitigt. Eine vernünftige Pressestrategie ist notwendige Begleitung und Unterstützung einer professionellen Verfahrensstrategie im Strafrecht.[1395] Dies besonders, wenn Äußerungen der Presse oder in der Presse unmittelbare negative Folgen für das amerikanische Strafverfahren hervorrufen können.

142

1. Allgemein

Es gibt inzwischen auf Krisenbegleitung auch in Strafsachen spezialisierte Medienberater.[1396] Wie überall, so ist auch in diesem Bereich die Bandbreite der Fähigkeiten und des Könnens sehr weit. Wer die Notwendigkeit der Einschaltung eines solchen Spezialisten heraufziehen sieht, sollte sich gründlich auf dem Markt umsehen. Es ist keinesfalls zu viel verlangt, von einem derartigen Berater zu erwarten, dass er ihm den Kontakt zu einem früher von ihm beratenen Unternehmen oder einer Person verschafft. Der erfahrene Verteidiger wird ohnehin in der Lage sein, auf verlässliche und professionelle Berater aus diesem Spezialgebiet zurückzugreifen. Er ist derjenige, der zumeist gefragt ist, wenn das vertretene Unternehmen nicht die finanzielle Möglichkeit hat, sich eine derartige Unterstützung leisten zu können. Er wird jedenfalls verhindern, dass es Fernsehbilder einer in dieser Situation völlig überforderten Person gibt und deren Ausführungen auch noch ausgesprochen tendenziös zurecht geschnitten werden können.

143

2. Die schriftliche Presseerklärung

Der Verteidiger wird sich, wenn eine Äußerung des Unternehmens unumgänglich ist, zwischen die Personen und die Presse schieben. Wenn irgend möglich geschieht dies durch ein schriftliches Statement,[1397] nicht eine verbale Aussage, gar vor einer Kamera.

144

[1395] Anwaltsstrategien im Umgang mit den Medien beschreibt *Hohmann*, NJW 2009, 881.
[1396] Zur verfahrensbegleitenden Medienstrategie s. auch *Ernst*, NJW 2010, 744, 745.
[1397] S. zur schriftlichen Presseerklärung in Wirtschaftsstrafsachen auch *Dierlamm*, in: Wabnitz/Janovsky, Kap. 27 Rn. 14.

Es gibt für die Verfassung einer Presseerklärung einige Grundregeln, die, so beachtet, das Thema Presseöffentlichkeit so weit wie möglich entschärfen. Sie lauten:

145 – **Nichts sagen.** Und das mit möglichst wohlgesetzten Worten. Man muss sich darüber im Klaren sein, dass es den meisten Reportern nicht um den Inhalt dessen geht, was sie sagen, sondern um die Möglichkeit, Bilder und Zeilen zu verkaufen. Fast alle Reporter heute geben sich investigativ, nicht viele sind es wirklich. Der großen Menge reicht es aus, wenn sie ein Statement bekommt, das sie in ein Pressemedium, sei es Print oder Fernsehen oder Funk, transportieren kann. Dazu genügt es, dass eine solche Äußerung auf die konkrete Situation möglichst bildhaft angepasste Allgemeinplätze beinhaltet. Die Kunst besteht also darin, mit vielen Worten so wenig wie möglich zu sagen. Das hat auch einen prozessualen Aspekt: Selbstverständlich wird die Presse in den beteiligten Staatsanwaltschaften mit großem Interesse zur Kenntnis genommen. Festlegungen gegenüber der Presse sind also faktisch auch gleichzeitig Festlegungen gegenüber der Staatsanwaltschaft. Dass man dies in einem frühen Stadium nicht tun sollte, als Individualverteidiger möglicherweise zu keinem Zeitpunkt des Verfahrens, gehört zum Grundwissen professioneller Verteidigung.

– **Nur Positives sagen.** Eine Äußerung wird nicht nur nach dem von ihr sachlich transportierten Inhalt, sondern auch durch die Sprache, in der sie daherkommt, beurteilt. Die Totalität einer Äußerung gegenüber der Presse transportiert oft mehr, als das, was in ihr gesagt wird. Deshalb sind Worte mit negativem Inhalt wie Durchsuchung, Anschuldigung, Verhaftung, zu vermeiden. Nicht: „Es fand eine Durchsuchung statt" sondern „wir haben die Staatsanwaltschaft dabei unterstützt, die erforderlichen Beweismittel zusammenzustellen". Nicht: „Die Anschuldigungen sind falsch" sondern „wir vertrauen darauf, dass die Ermittlungen uns bald entlasten". Auch Angriffe auf die Durchsuchungsbehörden sind negative Äußerungen, man sollte sich verbal hier neben sie stellen.

– **Nichts Falsches sagen.** Es ist für Journalisten ein Fest, wenn sie Äußerungen widerlegen können. Abgesehen davon, dass man – s. oben – ohnehin so wenige Fakten wie möglich liefern sollte, ist es gegenüber der Presse – aber auch gegenüber der mit Interesse beobachtenden Staatsanwaltschaft – äußerst unklug, widerlegbare Tatsachen zu behaupten. Da sich ein Außenstehender, wie ein Verteidiger, zu Beginn der heißen Phase eines Verfahrens, die üblicherweise von der Presse am intensivsten beobachtet wird, kaum ein korrektes Bild über die Tatsachen machen kann und aus Erfahrung weiß, dass die unmittelbar Betroffenen ein selektives Bild von Wahrheiten haben, ist es grundsätzlich immer unklug, sich auf Tatsachen festzulegen; mit Verve vorgetragene Wertungen tun es auch.

3. Stellungnahmen gegenüber der Presse – Die US Behörden beobachten kritisch

146 Neben der oben bereits angesprochenen Staatsanwaltschaft in Deutschland beobachten auch die US-amerikanischen Behörden die Äußerungen in der Presse genau und vor allen Dingen mit dem Blick darauf, ob sie darin eine Perpetuierung eines leugnenden Verhaltens oder gar einen Verstoß gegen die von ihnen festgelegten Tatsachen im Rahmen eines Settlement erblicken können. Dass dies eine Pressestrategie nicht gerade erleichtert, liegt auf der Hand. Es muss darauf geachtet werden, dass sämtliche Tatsachenbehauptungen mit den nach amerikanischem Recht feststehenden Tatsachen abgeglichen werden. Nicht genug damit: Auch ohne Tatsachenbehauptungen verstoßen bereits Wertungen, die Schuld und Unrechtmäßigkeit des Handelns eines Unternehmens bzw. deren Personen mindern oder relativieren, gegen amerikanisches Recht.

4. Abstimmung der Pressekommunikation zwischen den Beteiligten

Viele Köche verderben den Brei – das gilt besonders für eine Pressestrategie. Speziell **147** bei großen Unternehmungen oder der Beteiligung mehrerer juristischer Personen mit eigenem Apparat oder gar Pressesprechern besteht die große Gefahr, dass widersprüchliche Meldungen erfolgen. Es stellt eine unumstößliche Grundregel dar, dass Kommunikation in die Presse hinein nur von einer einzigen Stelle oder Person erfolgen kann. Es gibt nichts Schöneres für die meisten Journalisten, als mit vermeintlichen Widersprüchen eine neue dunkle Story zu generieren. Zudem: Auch Presseäußerungen sind solche, die später einmal Eingang in ein Verfahren im Rahmen einer Hauptverhandlung vor einem Gericht finden können. Auch Staatsanwaltschaften beobachten sie sehr genau und haben kein Problem damit, ihnen nicht genehmen Presseäußerungen aktiv entgegenzutreten. Was natürlich neue Presse erzeugt. Wie oben gesagt, ist das Vermeiden von Presse in den meisten Fällen die richtige Strategie, das funktioniert am besten, wenn der Berichterstattung keine neue Nahrung gegeben wird. Divergierende Äußerungen in die Presse hinein sind Kraftfutter für den nächsten Bericht.

Es soll auch vorgekommen sein, dass Berater im Rahmen eines besonders interessanten Falles sich darüber selbst profilieren wollen und an die Presse herantreten. Auch dies eines der Momente, die zur Intensivierung der Presseberichterstattung führen und unbedingt zu vermeiden sind.

Das Motto lautet also: Sprich mit einer Stimme, wenn du überhaupt sprechen musst. **148** Das ist nur dadurch zu erreichen, dass ein klarer Ablauf und eine unternehmensinterne Strategie zur Behandlung der Presse früh entwickelt werden, möglichst bevor die erste Anfrage für Panik sorgt. Grundstrategie sollte sein, dass eine bestimmte Person oder Stelle ausgesucht wird, die alleine und als einzige berechtigt ist, für das Unternehmen zu sprechen. Dies wird in Unternehmen häufig der Pressesprecher sein, der sich allerdings von seinen üblichen Abläufen verabschieden muss. Das vertraute Gespräch mit den Vertretern der Presse, denen man ja etwas geben will, kann vor dem Hintergrund eines Strafverfahrens nicht mehr das Mittel der Wahl sein. Die Äußerungen des Sprechers des Unternehmens müssen daher bereits vorab darauf überprüft werden, ob sie strafrechtlich und/oder zivilrechtlich neutral und unschädlich sind, also noch bevor sie nach außen kommuniziert werden. Das nimmt natürlich die Spontanität aus den Pressekontakten, ist aber nicht zu vermeiden. Die Gefahr, dass eine unbedachte Äußerung das Verfahren negativ beeinflusst, entsteht besonders daraus, dass in dieser Situation die Äußerung auf die verschiedensten Empfängerhorizonte abgestimmt werden muss. Was für das Strafverfahren gut ist, zerstört möglicherweise den Anspruch gegenüber der Versicherung, was für den Versicherungsanspruch gut ist, fördert das Strafverfahren im Sinne der Staatsanwaltschaft. Erst wenn alle am Verfahren Beteiligten ihre Zustimmung erklärt haben, kann eine Erklärung an die Presse herausgehen. Dass ein solches Verfahren die – eigentlich gewünschte – Schnelligkeit der Reaktion nicht gerade fördert, ist evident. Deshalb gehört es zu einer Pressestrategie, alle Beteiligten, alle die ihren Kommentar in einer Presseäußerung abgeben müssen, auf unmittelbare und sofortige Reaktion nach innen zu verpflichten. Die Abstimmung muss schnell und ohne jede Verzögerung erfolgen, damit die für die Kommunikation nach außen zuständige Stelle schnell reagieren kann. Ein letztes dazu: Der Druck, der aus dem Gegensatz der allseitigen Abstimmungsnotwendigkeit einerseits und der geforderten Schnelligkeit andererseits entsteht, zwingt auch dazu, bei aller geforderten Genauigkeit jegliche Neigung zur Erbsenzählerei oder Besserwisserei zu unterdrücken. Für die Pflege des Ego ist eine solche Abstimmungssituation nicht geeignet.

149 Gelten diese Regeln für jegliches größere deutsche Strafverfahren, an dem unterschiedliche Entscheidungsträger und Berater beteiligt sind, so gilt dies umso mehr für ein Verfahren parallel zu amerikanischen Ermittlungsverfahren. Wie oben bereits ausgeführt,[1398] beobachten amerikanische Ermittlungsbehörden das deutsche Strafverfahren mit Argusaugen darauf hin, ob das Statement of Facts zu 100% beachtet wird und auch keine das Unrecht der Tat herabsetzenden Wertungen erfolgen. Ein „Ausrutscher" in der Presse bleibt nicht folgenlos, er würde unmittelbar durch die amerikanischen Behörden sanktioniert.

[1398] § 6 Rn. 11 ff.

§ 7. Company internal "cross-border" investigations – Unternehmensinterne „cross-border" Untersuchungen

A. Company internal "cross-border" investigations in the USA

I. Expectations of U.S. Authorities

U.S. federal authorities have created structural incentives and issued policy guidance designed to encourage companies to investigate allegations of potential legal violations by their employees and to share their findings with the relevant authorities. SEC and DOJ guidance encourage companies to take these steps voluntarily. The Dodd-Frank Act's incentives for whistleblower complaints provide additional encouragement for companies to investigate allegations of wrongdoing and to disclose their results in a timely fashion.[1399] To understand the expectations of the SEC and DOJ in this context, companies may consult the U.S. Sentencing Guidelines provisions regarding sentencing of organizational defendants, the U.S. Attorneys' Manual provisions regarding the prosecution of business organizations, and the SEC's "Seaboard Report."[1400]

1

1. Internal investigation process

The guidance issued by U.S. authorities reflect their expectation that companies should conduct an impartial review of any alleged wrongdoing. One way to demonstrate the independence of an investigation is to grant authority over the inquiry to a group of independent directors. The SEC has stated expressly that it will consider whether "management, the Board or committees consisting solely of outside directors" supervised the internal review when assessing a company's eligibility for cooperation credit.[1401] For companies organized under U.S. law, the audit committee or subcommittee thereof would frequently be appointed to oversee an investigation.[1402] Under Sarbanes-Oxley, public companies are required to have an audit committee of

2

[1399] See Dodd-Frank Wall Street Reform and Consumer Protection Act, Pub. L. No. 111-203, 124 Stat. 1376, § 922, 1841-1843 (2010); Press Release, U.S. Sec. and Exch. Comm'n, SEC Adopts Rules to Establish Whistleblower Program (May 25, 2011) available at http://www.sec.gov/news/press/2011/2011-116.htm.

[1400] See generally U.S. Sentencing Guidelines manual, §§ 8B-C (2011); Report of Investigation Pursuant to Section 21(a) of the Securities Exchange Act of 1934 and Commission Statement on the Relationship of Cooperation to Agency Enforcement Decisions, Exchange Act Release No. 44969, [hereinafter Seaboard Report], 10 (Oct. 23, 2001) available at http://www.sec.gov/litigation/investreport/34-44969.htm; Dep't of Justice, U.S. Attorneys' manual, ch. 9-28.300, -28.700, -28.720, -28.750 (1997), available at http://www.justice.gov/usao/eousa/foia_reading_room/usam/title9/28mcrm.htm.

[1401] See Seaboard Report, 10; see also Cynthia A. Glassman, Comm'r, U.S. Sec. and Exch. Comm'n, Speech by SEC Commissioner: Remarks Before the European Corporate Governance Summit: An SEC Commissioner's View: The Post-Sarbanes-Oxley Environment for Foreign Issuers (Mar. 2, 2005) available at http://www.sec.gov/news/speech/spch030205cag.htm ("I would suggest that the company consider conducting an independent internal investigation – and I stress the term 'independent,' in definition as well as spirit.").

[1402] See generally Sarbanes-Oxley Act of 2002, Pub. L. No. 107–204, 116 Stat. 745 (2002).

independent directors that will receive, retain, and address complaints regarding accounting, internal control, or auditing issues.[1403] The statute also authorizes audit committees to "engage independent counsel and other advisers, as it determines necessary to carry out its duties."[1404] In the alternative, companies also may appoint a special committee of directors with similar attributes and authority to supervise the inquiry. For companies organized under European law with a Board of Management and Supervisory Board structure, it may be appropriate for the corporate entity to retain external advisors and have the investigation overseen by the Supervisory Board or one of its subcommittees.

3   U.S. regulators expect that a company will appoint sufficiently independent investigators and define an appropriate scope for the internal review. The independence of the individuals that conducted the internal inquiry will be taken into account by the SEC when determining a company's entitlement to cooperation credit.[1405] The SEC and DOJ consider pre-existing relationships between a company and external advisors in assessing the independence of the investigation.[1406] However, it is also recognized that advisors who are familiar with a company can contribute to the thoroughness and efficiency of an inquiry. Another factor that will be considered is whether the company placed any undue restrictions on the scope of review.[1407] The SEC has warned companies about the consequences of conducting too narrow an inquiry. "[W]hen regulators or enforcement authorities ultimately develop the full story, the company's credibility is injured, [and] its attempts to claim credit for cooperation will be jeopardized."[1408]

2. Voluntary disclosures and cooperation

4   As internal investigations have developed into a central component of enforcement efforts, authorities in the U.S. have come to expect the voluntary disclosure of investigation findings and further meaningful cooperation. Both the SEC and DOJ will examine whether the company disclosed the results of its investigation findings when deciding whether to exercise prosecutorial discretion in favor of the company.[1409] DOJ officials have advised companies to disclose wrongdoing and warned of harsher treatment for those companies that refuse.[1410] Apart from divulging the results of the investigation, a company may also receive beneficial treatment for providing other forms of assis-

---

[1403] 15 U.S.C. §78j-1(m)(3)-(4).

[1404] 15 U.S.C. §78j-1(m)(5).

[1405] Seaboard Report, 10 ("Did company employees or outside persons perform the review? If outside persons, had they done other work for the company? Where the review was conducted by outside counsel, had management previously engaged such counsel?").

[1406] See id.

[1407] Id. ("Were scope limitations placed on the review? If so, what were they?").

[1408] Giovanni P. Prezioso, Gen. Counsel, U.S. Sec. and Exch. Comm'n, Speech by SEC Staff: Remarks before the Vanderbilt Director's College (Sep. 23, 2004) available at http://www.sec.gov/news/speech/spch092304gpp.htm.

[1409] See Seaboard Report, 11 ("Did the company promptly make available to our staff the results of its review and provide sufficient documentation reflecting its response to the situation?"); U.S. Attorneys' manual, *supra* note 2, at ch. 9-28.300(A)(4) (listing "the corporation's timely and voluntary disclosure of wrongdoing" among relevant criteria for deciding what action to take against corporation).

[1410] See Lanny A. Breuer, Assistant Attorney Gen., Dep't of Justice, Assistant Attorney General Lanny A. Breuer Speaks at the 24th National Conference on the Foreign Corrupt Practices Act (Nov. 16, 2010) available at http://www.justice.gov/criminal/pr/speeches/2010/crm-speech-101116.html ("[T]here is no doubt that a company that comes forward on its own will see a more favorable resolution than one that doesn't.").

tance.[1411] In short, sharing the results of an investigation and other forms of cooperation may help convince the SEC and DOJ to give preferable treatment to a company under scrutiny.

3. Voluntary disclosure and cooperation considerations

Companies deciding whether to voluntarily investigate potential misconduct and self-report to authorities face a complicated dilemma that depends on a multitude of factors. Among the primary factors are the company's existing relationship with regulators, the likelihood that authorities will otherwise learn of the potential misconduct, the potential benefits of self-reporting, and the collateral consequences of a public settlement or prosecution. It is important to note that while an initial decision not to self-report can be changed – by reporting – a decision to self-report is essentially irreversible. Accordingly, when deliberating whether to self-report and cooperate with authorities, a company and its board should assume that it will be required to cooperate for the duration of the investigation. It is very difficult, mid-stream, to decide that information will no longer be shared with regulators, and ending a company's cooperation risks vitiating the benefits of its initial assistance to authorities.

II. Planning and Execution

Thoughtful preparation is an essential part of any effective internal investigation. Investigators should design a detailed plan to collect all pertinent data and to protect sensitive information to the greatest extent possible. The plan should also account for certain issues that may arise over the course of the investigation involving privilege, reporting, and interviews. Furthermore, the investigation team should account for data privacy protections when gathering information and when preparing the report of its findings. No amount of planning can anticipate every development that may arise during an investigation. If a decision has been made at the outset of the investigation to share information with authorities, investigators should approach unexpected events with the goal of obtaining beneficial treatment from those authorities.

1. Investigation work plan

Investigating counsel should meet with a representative from the company's legal department to formulate a comprehensive plan for the investigation.[1412] The plan should describe the objectives of the inquiry, list the various phases of the investigation in order of importance, and present a completion date for each phase. Counsel should use preliminary facts to inform their determination of which documents should be collected and which employees should be interviewed. The plan should define the chain of command and describe how, and to whom, findings will be communicated. A mechanism for interaction among the investigation team members should also be included.

[1411] See Linda Chatman Thomsen, Dir., Div. of Enforcement, Sec. and Exch. Comm'n, Speech by SEC Staff: Remarks Before the 27th Annual Ray Garrett, Jr. Corporate and Securities Law Institute 2007 (May 4, 2007) available at http://www.sec.gov/news/speech/2007/spch050407lct.htm ("[A]t the SEC, we credit cooperation and the provision of useful information, which of course can benefit companies significantly.").

[1412] See infra § 7 Rn. 17.

2. Investigation privilege issues

8   Under U.S. law, the attorney-client privilege belongs to the entity that obtained outside counsel to conduct the review. Information shared with employees of the company or the management of the company that is not engaged in the investigation risks waiving the privilege.[1413] To avoid risks of waiver, counsel should communicate their findings to their client only and avoid inadvertent disclosures of their findings during interviews with employees.

3. Investigation reporting

9   The investigation team should provide frequent updates to the committee regarding the progress of the investigation consistent with the communication protocols of the investigation plan. These preliminary reports should be delivered orally. Written updates may reflect negatively on the credibility of witnesses or result in potential unfairness to officers and employees that are the subject of preliminary investigative conclusions.[1414]

4. Document gathering

10   To ensure access to relevant information, the investigation team and company representatives should take steps to prevent the destruction of potentially responsive documents. At the outset, the team should consider whether to disseminate a document retention memorandum identifying the relevant categories of documents and ordering employees to refrain from destroying these materials. Such a memorandum usually requires company personnel to preserve documents in both electronic and paper format. Aside from inhibiting the progress of the internal review, destruction of documents relevant to a future investigation by U.S. authorities could be deemed a separate criminal offense.[1415]

11   Not all documents pertinent to the investigation will be in the possession of the company; there may be external sources of relevant information such as banks, vendors, or consultants. The investigation team should consider the strategic advantages and disadvantages of making requests of external parties. If such requests are to be made, counsel should carefully assess whether to divulge any information to outside individuals that would require the company to disclose the information to the public.[1416]

12   The transnational context of internal cross-border investigations presents additional challenges to the document collection process. As discussed below, retrieving documents containing the personal information of an employee based in a foreign country may conflict with the data privacy laws of that country.[1417] The investigation team

---

[1413] See *Ryan v. Gifford*, Civil Action No. 2213-CC, 2007 Del. Ch. LEXIS 168, at *7-14 (Del. Ch. Nov. 30, 2007) (holding that presentation of investigation report to the special committee and board of directors constituted waiver of attorney-client privilege between special committee and outside counsel).

[1414] American College of Trial Lawyers, Recommended Practices for Companies and their Counsel in Conducting Internal Investigations, 46Am. Crim. L. Rev. 73, 86 (2009).

[1415] See 18 U.S.C. § 1519 (providing for criminal penalties for persons who knowingly destroy documents with intent to impede investigation by U.S. agency).

[1416] See 17 C.F.R. § 243.100(a)(2) (unintentional disclosure of material information to certain categories of individuals by person acting on behalf of issuer requires prompt public disclosure of information).

[1417] See infra § 7 Rn. 33; see generally *Lynskey/Robinson/Greenberg*, e-Discovery and legal frameworks governing Privacy and Data Protection in European countries: Implications, at 16 (Rand Europe November 2010).

should be mindful of these possible complications and design the company's document collection strategy accordingly.

5. Document review

As documents are collected, the investigation team reviews them for relevance and for significance in relation to the issues being investigated. Team members should confer with relevant company personnel concerning documents that appear to be particularly important. These discussions should provide insight as to the circumstances in which the documents were created and may refresh employees' memories regarding the events under investigation. The document review process may reveal other groups of relevant documents that will need to be collected. The investigation team should take care to reevaluate and expand document collection efforts in response to discoveries made during the review process. Similar to the document gathering process, counsel should be aware during the review process of the legal protections of the jurisdiction from which the documents originated.

6. Employee interviews

The SEC and DOJ expect that an investigation will include interviews of employees with potentially relevant information. Under U.S. practice and legal precedent, at the beginning of each interview, the interviewer must advise the employee of the nature of their relationship and the protection afforded by the attorney-client privilege.[1418] Counsel must advise the employee that the interviewer is the attorney for the company and not for the employee.[1419] Counsel must also inform the employee that, although witness interviews are generally protected by the attorney-client privilege, the privilege belongs to the company and the company may choose to waive that protection if it so chooses.[1420] In some circumstances, counsel may need to advise the interviewee that he or she may have to obtain representation of their own.[1421] During the interview, counsel should not make any statements that may be interpreted as an attempt to mislead the witness or influence his or her testimony.

Depending on the jurisdiction where interviews are being conducted, the investigation team may have to consult with a workers' representative before beginning interviews.[1422] In some countries, counsel may have a more difficult time gaining the cooperation from employees because of laws prohibiting employers from establishing mandatory reporting policies.[1423]

Under U.S. practice, it is common for counsel to write an interview memorandum. Any memorandum should contain a record of the introductory warnings described

---

[1418] See *U.S. v. Ruehle*, 583 F.3d 600, 604 n.3 (9th Cir. 2009) (describing Upjohn warnings generally given to employees at start of interview conducted pursuant to internal investigation).

[1419] See Model Rules of Prof'l Conduct R. 1.13(f) (2010) ("In dealing with an organization's directors, officers, employees, members, shareholders or other constituents, a lawyer shall explain the identity of the client when the lawyer knows or reasonably should know that the organization's interests are adverse to those of the constituents with whom the lawyer is dealing").

[1420] See *Ruehle*, 583 F.3d at 604 n.3.

[1421] Model Rules of Prof'l Conduct R. 1.13(f) cmt.10 (2010) ("There are times when the organization's interest may be or become adverse to those of one or more of its constituents. In such circumstances the lawyer should advise any constituent, whose interest the lawyer finds adverse to that of the organization ... that such person may wish to obtain independent representation").

[1422] See infra § 7 Rn. 35.

[1423] See id.

above and any mental impressions of the interviewer while noting that the memorandum is not a transcript of the interview.[1424] Further, any memorandum should record and, preferably, attach a copy of all documents and materials reviewed during the interview. Under U.S. law, such memoranda are traditionally considered privileged as attorney work-product or attorney-client communications as long as they are not disclosed to regulators or another third party. Review of the memorandum by the interviewee may breach applicable privileges and could lead to its disclosure during discovery in a U.S. proceeding.[1425] While the SEC or DOJ may ask the company to discuss the facts revealed in these interviews, SEC and DOJ guidance now provide that the company need not turn over interview memoranda in order to obtain cooperation credit.[1426]

In situations where the interview reveals ongoing misconduct by the employee, the company may have to take immediate personnel action up to and including termination. U.S. authorities will evaluate the actions taken by the company subsequent to the discovery of employee misconduct as part of its prosecutorial discretion analysis.[1427] Misconduct involving senior finance, legal, internal audit, or compliance personnel will raise special issues.

III. Involved Parties

16 To investigate possible FCPA or other legal violations, the investigation team may need to interact with a number of constituencies, both internal and external. Within the company, the legal and compliance departments provide invaluable assistance to the team's information-gathering efforts. Officers on the board of management and the audit committee authorize the investigation and monitor the progress of the review. A company's relationships with external parties also could be implicated by the investigation. Counsel may decide to obtain relevant information from the company's commercial partners as part of an internal review. As the investigation progresses, the company should evaluate potential disclosure to external auditors or shareholders.

1. Legal Department

17 Legal department employees possess a familiarity with the company that may be useful in performing a preliminary evaluation of any allegations of wrongdoing.[1428] In-

---

[1424] Such memoranda would likely be protected from disclosure under the work-product doctrine. See *Upjohn Co. v. U.S.*, 449 U.S. 383, 400 (1981) (noting that federal rules provide "special protection to work product revealing the attorney's mental processes[.]").

[1425] See Fed. R. Evid. 612 ("[I]f a witness uses a writing to refresh memory for the purpose of testifying ... an adverse party is entitled to have the writing produced at the hearing, to inspect it, to cross-examine the witness thereon, and to introduce in evidence those portions which relate to the testimony of the witness.").

[1426] Div. of Enforcement, U.S. SEC and Exch. Comm'n, Enforcement Manual, § 4.3 (2011), available at http://www.sec.gov/divisions/enforce/enforcementmanual.pdf; U.S. Attorneys' Manual, *supra* note 2, at ch. 9-28.720.

[1427] See Seaboard Report, 8 ("What steps did the company take upon learning of the misconduct? Did the company immediately stop the misconduct? Are persons responsible for any misconduct still with the company?); U.S. Attorneys' Manual, *supra* note 2, at ch. 9-28.300(A)(6) (listing "the corporation's remedial actions, including any efforts to ... discipline or terminate wrongdoers" among relevant considerations).

[1428] See *Norton*, When Prevention Fails: Internal Investigations and Disclosure Issues, in: The Foreign Corrupt Practices Act, 2009: Coping with heightened Enforcement Risks 366 (Practising Law Institute 2009).

A. Company internal "cross-border" investigations in the USA

house counsel should utilize their institutional knowledge to decide whether the allegations are credible and assess the need to bring in counsel to conduct an investigation.[1429] A company may want to establish a committee of in-house counsel and human resources staff to review such allegations and keep detailed written records of their proceedings.[1430]

If the company decides to bring in outside counsel to investigate, outside counsel should ask company attorneys for help in crafting an investigation plan. Legal department staff can identify employees with relevant information as well as categories of documents that should be examined. Any document retention memorandum should be issued by an officer or executive with sufficient authority to ensure employees' compliance.[1431]

Although company attorneys may be of assistance during some portions of the investigation, consideration should be given to maintaining the independence of the investigation and facilitating cooperation from employees. A company may improve their chances of receiving cooperation credit by demonstrating the impartiality of the persons that conducted its internal investigation.[1432] In particular, when conducting interviews, the SEC and DOJ may expect that internal counsel or internal executives will not participate in interviews. However, local practice and employee rights may militate in favor of the presence of a company representative.

2. Compliance Department

Given recent enhancements in internal compliance programs, the SEC and DOJ expect that an internal investigation will obtain information concerning the company's compliance policies. u.S. officials have stressed the importance of robust compliance programs to its enforcement effort.[1433] Recognizing the vital role of compliance departments, the SEC and DOJ will consider the presence and strength of a company's compliance program when determining the appropriate enforcement action.[1434] In addition, an effective compliance program may reduce any penalties imposed upon the company in a federal sentencing proceeding.[1435] Information on the company's policies from the compliance department may be essential to obtaining a favorable resolution of an enforcement action by U.S. authorities.

18

[1429] Id. at 366-67.

[1430] Id. at 366.

[1431] *Young/Nall/Padian*, Considerations When Conducting an Internal Investigation, in: The Foreign Corrupt Practices Act 2009, *supra* note 30, at 439.

[1432] See Seaboard Report, 10 ("Did company employees or outside persons perform the review? If outside persons, had they done other work for the company?")

[1433] See, e.g., Linda Chatman Thompsen, Dir., Div. of Enforcement, U.S. Sec. and Exch. Comm'n, Speech by SEC Staff: It's Always Something (June 4, 2008) available at http://www.sec.gov/news/speech/2008/spch060408lct.htm ("The Enforcement Division understands and appreciates the critical role compliance departments play in ensuring that employees throughout the firm comply with applicable law").

[1434] See Seaboard Report, 12; U.S. Attorneys' Manual, *supra* note 2, at ch. 9-28.300(A)(5)-(6); see also Breuer, *supra* note 12 (noting the importance of "[e]stablishing a top-notch compliance program" for companies seeking cooperation credit).

[1435] See U.S. Sentencing Guidelines Manual, § 8C2.5(f) (2011) (providing for reduction of culpability score for companies with effective compliance program).

3. Board of Management

19 As the body with ultimate responsibility for the company, the members of the board of management and audit committee may be required to make a number of critical decisions concerning the internal investigation. At the outset, the board should draft a resolution assigning responsibility over the investigation to the audit committee and authorizing the committee members to retain outside counsel if necessary to conduct the inquiry.[1436] After receiving authorization from the board, the audit committee should sign an engagement letter with outside counsel that defines the allegations under review, the scope of the inquiry, and the nature of the legal advice sought.[1437] Committee members should choose the scope of review carefully – U.S. authorities may be less likely to grant a favorable exercise of discretion for a company that defined its investigation parameters too narrowly.[1438] The engagement letter also should specify the procedures for communicating investigation updates.[1439] If necessary, the audit committee may hire other professional consultants, such as forensic accountants, to assist investigating counsel.[1440] Any expert retained should have limited prior experience with the company and should sign a retention agreement noting clearly that the engagement is in contemplation of providing assistance for legal advice.[1441]

4. External Auditors

20 An investigation of potential wrongdoing at a public company will raise issues with respect to deciding whether, and how much, information to share with external auditors. Under the Securities Exchange Act of 1934, all public companies registered with the SEC must have their financial statements audited by an independent accountant.[1442] Under Section 10 A of the Exchange Act, auditors have a duty to ensure that a company's management is adequately responding to the possibility that an alleged illegal act has been committed.[1443] In an effort to satisfy their obligations under U.S. securities laws, auditors frequently request regular briefings regarding the scope and findings of an investigation.

When sharing information with external accountants, a company and its advisors should be cognizant of potential waiver of privilege.[1444] A waiver of these protections may allow third parties to obtain a copy of the materials for use in private suits against the company.[1445] In deciding whether disclosure to external auditors is appropriate, the

---

[1436] American College of Trial Lawyers, *supra* note 16, at 85.

[1437] Id. at 85-86.

[1438] See Prezioso, *supra* note 10.

[1439] *Young, et al.*, Considerations When Conducting an Internal Investigation, in: The Foreign Corrupt Practices Act 2009, *supra* note 30, at 438-39.

[1440] See 15 U.S.C. § 78j-1(m)(5) (granting audit committee authority to engage other advisers needed to fulfill its duties).

[1441] American College of Trial Lawyers, *supra* note 16, at 87.

[1442] See 15 U.S.C. § 77aa(25)-(26).

[1443] 15 U.S.C. § 78j-1(b); see also *Di Bianco/Lawrence*, Investigation and Reporting Obligations Under Section 10 A of the Securities Exchange Act, 40 Rev. Sec & Commodities Reg., Feb. 7, 2007, at 25, available at http://www.skadden.com/content/Publications/Publications1231_0.pdf (discussing nature of auditors' duties).

[1444] See *Mark/Pearson*, Corporate Cooperation During Investigations and Audits, 13 Stan. J. L. Bus. & Fin. 1, 22 (Fall 2007); see also *Medinol, Ltd. v. Boston Scientific Corp.*, 214 F.R.D. 113, 116-17 (S.D.N.Y. 2002) (holding that materials previously disclosed to auditor not protected by work-product doctrine).

[1445] See infra § 7 Rn. 31.

company and its counsel should weigh the possibility of future litigation against the potentially devastating consequences resulting from the auditor's refusal to certify the financial statements.[1446]

5. Commercial counterparties

An investigation of potential misconduct, such as alleged violations of the FCPA, often implicates persons or entities outside the company with whom the company has established commercial relationships. A company may be subject to liability under the FCPA if it authorizes foreign bribery by another entity or provides funds to the foreign entity with knowledge that they will be used to bribe foreign officials.[1447] As a result, the investigation scope may need to include third party commercial partners in order to determine the extent of a company's FCPA-related liability exposure. The nature and scope of contact with third parties is a strategic issue that should be carefully weighed by the investigative team.

21

6. Shareholders – public disclosure obligations

In some situations, a public company may conclude that it is obligated to disclose the fact of an internal investigation to its shareholders. Such an obligation may arise under U.S. federal securities law. For example, a corporation may be required to make a public disclosure when it makes a material representation that is rendered false or misleading by information discovered during the course of an internal review.[1448] When deciding whether disclosure is necessary, counsel should review the company's public statements, evaluate the truthfulness of those statements in light of the information discovered, and assess the consequences to the company resulting from any illegal conduct discovered during the investigation.[1449] The SEC has warned securities issuers to be particularly mindful of their disclosure obligations when they learn of facts that contradict a previous material public representation concerning the company's ignorance of violations of U.S. laws by its employees.[1450]

22

Another potential source of public disclosure obligations can be found in SEC reporting requirements. For example, the SEC requires companies to include in their quarterly and yearly filings "any material pending legal proceedings, other than ordinary routine litigation incidental to the business, to which the registrant or any of its subsidiaries is a party" and "any such proceedings known to be contemplated by governmental authorities."[1451] A company also may need to disclose particularly serious illegality to satisfy other rules regarding disclosure of uncertain events that the company

---

[1446] See American College of Trial Lawyers, *supra* note 16, at 97-98.

[1447] See 15 U.S.C. § 78dd-1(a)(3); see also *Mc Sorley*, Foreign Corrupt Practices Act, 48 Am. Crim. L. Rev. 749, 761 (2011) (discussing possibility of liability for company that either knows or consciously disregards risk that payment to third party will be used to bribe foreign official).

[1448] See 15 U.S.C. § 78j(b); 17 C.F.R. § 240.10b-5 ("It shall be unlawful for any person, directly or indirectly, by the use of any means or instrumentality of interstate commerce, or of the mails or of any facility of any national securities exchange ... [t]o make any untrue statement of a material fact or to omit to state a material fact necessary in order to make the statements made, in the light of the circumstances under which they were made, not misleading.").

[1449] See generally *Basic, Inc. v. Levinson*, 485 U.S. 224, 238-40 (1988) (discussing elements of claim for liability under Rule 10b-5).

[1450] The Titan Corp., Exchange Act Release No. 51283 (March 1, 2005) available at http://www.sec.gov/litigation/investreport/34-51283.htm.

[1451] 17 C.F.R. § 229.103.

expects to have a material affect on earnings.¹⁴⁵² Aside from SEC requirements, the company's stock exchange may have rules under which disclosure of internal investigation findings may be necessary.¹⁴⁵³

IV. Documentation and Protection of Investigation Results

23 The preparation of the final investigation report requires counsel and the client to strike the appropriate balance between the company's interest in protecting sensitive information and its desire to obtain favorable treatment from U.S. authorities. Counsel should account for these often competing interests when determining the proper format for reporting the results of the internal review. When considering whether to draft a written summary of investigation findings for later review by U.S. enforcement authorities, counsel should be cognizant of the discovery protections afforded by the attorney-client privilege and work-product doctrine and potential waiver issues.

1. Form of reporting

24 A report may be presented to the client orally, in written form, or some combination of the two. Regardless of its ultimate form, counsel should deliver the report to the client only or risk losing the protection afforded by the attorney-client privilege.¹⁴⁵⁴

2. Strategic issues regarding written and oral reports

25 In choosing the format of the final investigation report, counsel should consider the probability of an investigation of the company, the potential benefits of sharing a written submission with U.S. authorities, and the collateral consequences of disclosure.

Companies that are conducting an inquiry in which U.S. authorities may become involved may wish to prepare a written summary of their findings. When evaluating eligibility for prosecutorial discretion, the SEC and DOJ will look at whether a company prepared a written report of its investigation findings and shared those findings with authorities.¹⁴⁵⁵ Given the premium placed on disclosure of written reports, a present or future subject of an investigation may have little choice but to prepare a written report. The SEC and DOJ may provide favorable credit for a company's decision to craft and deliver a written investigation report.¹⁴⁵⁶

Although a written report may help the company secure preferential treatment, counsel and the client should consider the risks associated with disclosing a written account of the investigation. Should the company's efforts to obtain favorable treatment fail, the SEC or DOJ could use the report to further investigate, sue, or prosecute the

---

¹⁴⁵² See 17 C.F.R. § 229.303(a)(3)(ii).

¹⁴⁵³ See, e.g. Nyse, Nyse Rule 472(i) available at http://nyserules.nyse.com/nysetools/PlatformViewer.asp?SelectedNode=chp_1_2&manual=/nyse/rules/nyse-rules/ (prohibiting members from issuing communications containing false or misleading material statements).

¹⁴⁵⁴ See *Ryan*, 2007 Del. Ch. Lexis 168, at *7-14.

¹⁴⁵⁵ Seaboard Report, 11; see also U.S. Attorneys' Manual, *supra* note 2, at ch. 9-28.700(A) ("In determining whether to charge a corporation and how to resolve corporate criminal cases, the corporation's timely and voluntary disclosure of wrongdoing and its cooperation with the government's investigation may be relevant factors.").

¹⁴⁵⁶ Should the written report fail to persuade the SEC or DOJ to decline prosecution of the company, a company still may receive a benefit from disclosure of a written report at sentencing. See U.S. Sentencing Guidelines Manual, § 8C2.5(g)(1) and cmt. n.13 (2011) (providing for benefit for company that shares "timely and thorough" report of its misconduct to government authorities before imminent threat of investigation and soon after discovering offense).

company. U.S. authorities may share the report with a foreign enforcement agency that may choose to initiate their own investigation.[1457] In the U.S., civil litigants may be able to obtain a copy of the report for use in a lawsuit against the company.[1458] In addition, disclosing a written report containing personal information of foreign employees may implicate foreign data privacy protections of those employees.[1459]

Considering the possibility that a written investigation report may fall into the hands of various third parties, the investigation team should proceed with caution when drafting the substantive portions of the report.[1460] The author should operate under the assumption that enforcement agencies, customers, employees, shareholders, and even news organizations may eventually read the report.[1461] In addition, poorly chosen words in a final investigation report may lead to inadvertent allegations against the individuals involved that could give rise to a cause of action for libel.[1462]

3. Protection of privilege

Counsel should make every effort to maintain all privileges that apply under U.S. law when contemplating disclosure of the written investigation report. Ordinarily, counsel's investigation findings would be shielded from compelled disclosure by the attorney client privilege and work product doctrine.[1463] If the company decides to share the report with the SEC or DOJ, these protections would be considered waived.[1464] Counsel may increase the company's chances of preserving work-product protection for the report if it is turned over pursuant to a confidentiality agreement.[1465] Even with an agreement in place, however, the report may still be discoverable in private litigation.[1466] Counsel

---

[1457] See infra § 7 Rn. 28.

[1458] See infra § 7 Rn. 31; see also SEC Enforcement Manual, *supra* note 28, at § 4.3 ("In the event a party voluntarily waives the attorney-client privilege or work product protection, the staff cannot assure the party that, as a legal matter, the information provided to the staff during the course of the staff's investigation will not be subject to disclosure pursuant to subpoena, [or] other legal process").

[1459] See infra § 7 Rn. 33.

[1460] See Tarun, The Foreign Corrupt Practice Act Handbook: A practical guide for multinational general counsel, Transactional Lawyers and White Collar Criminal Practitioners, 180 (2010).

[1461] Id.

[1462] See id; *Stoddard v. West Telemarketing, L.P.*, 539 F. Supp. 2d 889, 899 (W.D. Tex. 2008) (overturning jury verdict for plaintiff in libel suit arising out of statements made in internal investigation report).

[1463] See generally *Upjohn*, 449 U.S. at 389-400 (discussing protection afforded by attorney-client privilege and work-product doctrine).

[1464] See In re *Qwest Commc'ns Int'l, Inc.*, 450 F.3d 1179, 1191-1192 (10th Cir. 2006); In re *Columbia/HCA Healthcare Corp. Billing Practices Litig.*, 293 F.3d 289, 302-03, 307 (6th Cir. 2002); *United States v. Mass. Inst. of Tech.*, 129 F.3d 681, 686 (1st Cir. 1997); but see *Diversified Indus., Inc. v. Meredith*, 572 F.2d 596, 611 (8th Cir. 1977) (disclosure of material to SEC did not render documents discoverable by third party litigant).

[1465] See In re *Steinhardt Partners, L.P.*, 9 F.3d 230, 236 (2d Cir. 1993) ("[W]e decline to adopt a *per se* rule that all voluntary disclosures to the government waive work product protection ... [e]stablishing a rigid rule would fail to anticipate ... situations in which the SEC and the disclosing party have entered into an explicit agreement that the SEC will maintain the confidentiality of the disclosed materials.").

[1466] See *Qwest*, 450 F.3d at 1181, 1192 (describing nature of confidentiality agreements pursuant to which materials disclosed to government and declining to protect materials from compelled disclosure to third party under attorney-client or work-product theories); see also Fed. R. Evid. 502 (describing circumstances under which information disclosed to U.S. federal agency pursuant to waiver of attorney-client privilege and work-product protection may be discoverable in U.S. Federal or State proceeding).

§ 7. Unternehmensinterne „cross-border" Untersuchungen

should assess how relevant courts would evaluate claims of privilege over materials shared with U.S. authorities before making a decision on disclosure.[1467]

Aside from civil discovery, the Freedom of Information Act ("FOIA" or "the Act") is another way that third parties could seek to obtain a copy of the report from U.S. authorities. The Act provides a mechanism for individuals to obtain non-public materials from U.S. government authorities.[1468] Certain categories of materials are exempted from production and companies may ask the SEC or DOJ to give confidential treatment to information or documents that fall under these exemptions.[1469] Certain information related to the investigation and enforcement proceedings may be protected from disclosure; however, it is possible that some portions of the materials could be deemed not to be protected.[1470]

V. Strategic Consequences of Investigation Results

27   A company that chooses to share the results of an internal investigation with U.S. authorities should understand the potential results of its decision. The SEC or DOJ may choose to give cooperation credit for reporting the violation or may use the report as a blueprint for further legal action against the company. Aside from the immediate impact on the investigation, there are also collateral consequences. The SEC or DOJ may share the report with other enforcement agencies in the U.S. and abroad resulting in additional investigations and prosecutions. Private litigants may obtain the report in a civil lawsuit against the company. To make an informed decision on this issue, the company and its counsel should understand the potential ramifications of delivering a final investigation report to U.S. authorities.

1. Use of reports by authorities in investigations

28   For companies that share their investigation findings with the SEC or DOJ, the best possible outcome would be the receipt of cooperation credit as a reward for its assistance. Both the SEC and DOJ have stated that a company's voluntary disclosure of its wrongdoing, whether by written report or otherwise, will be a factor in the resolution of an action against the company.[1471] If either agency concludes that the company provided valuable cooperation, there are a range of benefits that may be given in recognition of the company's assistance.[1472]

[1467] *Compare Qwest*, 450 F.3d at 1192 with *Diversified Industries*, 572 F.2d at 611.

[1468] See generally 5 U.S.C. § 552.

[1469] See 5 U.S.C. § 552(b) (listing exemptions); 17 C.F.R. § 200.83 (providing mechanism for requesting confidential treatment).

[1470] SEC FOIA/PA Program, The Freedom of Information & Privacy Act Office: What It Is, What It Does, http://www.sec.gov/foia.shtml (last visited Nov. 30, 2011) ("We will release non-public records, unless the record is protected by one of nine FOIA exemptions. If we can reasonably segregate or delete exempt information from a requested record, we will release to you the rest of the record."); see also Dep't of Justice, *President Obama's FOIA Memorandum and Attorney General Holder's FOIA Guidelines: Creating a "New Era of Open Government,"* http://www.justice.gov/oip/foiapost/2009 foiapost8.htm (outlining DOJ policy presumptively favoring disclosure under FOIA).

[1471] Seaboard Report, 11; U.S. Attorneys' Manual, *supra* note 2, at ch. 9-28.300(A)(4).

[1472] See generally Press Release No. 2010-6, U.S. Sec. and Exch. Comm'n, SEC Announces Initiative to Encourage Individuals and Companies to Cooperate and Assist in Investigations (Jan. 13, 2010) available at http://www.sec.gov/news/press/2010/2010-6.htm (announcing enforcement initiative allowing SEC enforcement staff to use various tools to encourage cooperation with investigations); SEC Enforcement Manual, *supra* note 28, at § 6.2 (listing various forms of cooperation credit that may be

A. Company internal "cross-border" investigations in the USA

One such benefit that may be offered is a deferred prosecution agreement ("DPA").[1473] In May 2011, the SEC entered into its first DPA with Tenaris S.a., a Luxembourg corporation accused of bribing government officials in Uzbekistan.[1474] In announcing the Tenaris DPA, SEC Director of Enforcement Robert Khuzami noted that the company's internal investigation and self-reporting made it a good candidate for this exercise of prosecutorial discretion.[1475]

In a limited number of circumstances, U.S. authorities may reward the disclosure of internal investigation results by declining to prosecute an action against the company.[1476] The DOJ resolved its own investigation of Tenaris S.a. by entering into a non-prosecution agreement ("NPA") with the company.[1477] The SEC recently entered into an NPA with an Atlanta-based clothing marketer, Carter's Inc.[1478] The SEC attributed the use of this novel resolution to the isolated nature of the wrongdoing, the internal investigation performed by the company, and its prompt disclosure of its wrongdoing to the SEC.[1479]

Even if the company cannot avoid prosecution, the SEC or DOJ may choose to settle the enforcement action against the company on more favorable terms. In January 2005, the SEC agreed to settle an FCPA action against Monsanto Company in exchange for a $ 500,000 fine.[1480] The Commission's decision to accept Monsanto's settlement offer was predicated in part on the company's disclosure of its internal review findings.[1481] Other settlements suggest that a company's choice to share its internal review findings may result in a settlement with terms more beneficial to the company than those obtained without such a disclosure.[1482]

---

offered by SEC staff); U.S. Attorney's Manual, *supra* note 2, at ch. 28.200(B) ("In certain instances, it may be appropriate ... to resolve a corporate criminal case by means other than indictment").

[1473] See SEC Enforcement Manual, *supra* note 28, at § 6.2.3; U.S. Attorneys' Manual, *supra* note 2, at ch. 9-28.1000(B).

[1474] Press Release No. 2011-112, U.S. Sec. and Exch. Comm'n, Tenaris to Pay $ 5.4 Million in SEC's First-Ever Deferred Prosecution Agreement (May 17, 2011) available at http://www.sec.gov/news/press/2011/2011-112.htm.

[1475] Id. ("The company's self-reporting [and] thorough internal investigation ... made it an appropriate candidate for the Enforcement Division's first Deferred Prosecution Agreement.").

[1476] SEC Enforcement Manual, *supra* note 28, at § 6.2.4; U.S. Attorneys' Manual, *supra* note 2, at ch. 9-28.1000(B).

[1477] Press Release No. 11-629, Dep't of Justice, Criminal Div., Tenaris S.a. Agrees to Pay $ 3.5 Million Criminal Penalty to Resolve Violations of the Foreign Corrupt Practices Act (May 17, 2011) available at http://www.justice.gov/opa/pr/2011/May/11-crm-629.html.

[1478] Press Release No. 2010-252, U.S. Sec. and Exch. Comm'n, SEC Charges Former Carter's Executive with Fraud and Insider Trading (Dec. 20, 2010) available at http://www.sec.gov/news/press/2010/2010-252.htm.

[1479] Id.

[1480] Litigation Release No. 19023, Sec. and Exch. Comm'n, SEC Sues Monsanto Company for Paying a Bribe (Jan. 6, 2005) available at http://www.sec.gov/litigation/litreleases/lr19023.htm.

[1481] See id. ("In determining to accept Monsanto's settlement offer, the Commission considered the cooperation that Monsanto provided the Commission staff during its investigation."); Monsanto Co., Exchange Act Release No. 50978 (Jan. 6, 2005) available at http://www.sec.gov/litigation/admin/34-50978.htm (noting voluntary disclosure of internal investigation results in cease and desist administrative order accompanying settlement).

[1482] See NATCO Grp., Inc., Exchange Act Release No. 61325 (Jan. 11, 2010) available at http://www.sec.gov/litigation/admin/2010/34-61325.pdf (noting company's disclosure of internal investigation findings to the SEC in order accepting settlement offer); see also Press Release No. 11-446, Dep't of Justice, Criminal Div., Johnson & Johnson Agrees to Pay $ 21.4 Million Criminal Penalty to Resolve Foreign Corrupt Practices Act and Oil for Food Investigations (Apr. 8, 2011) available at http://www.justice.gov/opa/pr/2011/April/11-crm-446.html (noting company's voluntary disclosure of internal investigation results to SEC and DOJ in announcing settlement).

Apart from its impact on the outcome of an investigation, the disclosure of an investigation report to a U.S. enforcement agency also may result in additional inquiries into possible legal violations at the company by other enforcement bodies. In the U.S., the SEC and DOJ have collaborated frequently in investigating and prosecuting companies for FCPA violations.[1483] The SEC and DOJ have also cooperated with authorities in other jurisdictions in investigating foreign corruption.[1484] Considering the working relationships that exist among U.S. and foreign agencies, a company should assume that any information shared with the SEC or DOJ may find its way into the hands of another enforcement agency that may initiate a separate investigation.

2. Use of reports by authorities in trials or other proceedings

30 Although disclosure of investigation findings may help persuade U.S. authorities to settle an action against the company, such a report also may be used against the company in a criminal trial or other adversarial proceeding against the SEC or DOJ. In 2011, Lindsey Manufacturing Company, a California company, was put on trial for alleged FCPA violations.[1485] Although the DOJ did not utilize an internal investigation report when deciding to file criminal charges against the company, the Lindsey matter should nevertheless serve to remind attorneys to consider the possibility that the company may be subject to a criminal trial in a U.S. court.[1486] Both counsel and client should consider the effect that an investigation report would have in such a proceeding when deliberating whether to share their findings with U.S. authorities.

3. Use of reports in civil litigation

31 Despite an entity's efforts to protect applicable privileges, third parties still may obtain a copy of the internal investigation report during the discovery phase as part of a civil lawsuit against a company.[1487] While the FCPA does not provide a private right of action, other U.S. statutes do.[1488] Plaintiffs may assert causes of action under Federal securities, antitrust, or Racketeer-Influenced Corrupt Organizations (RICO) laws or us-

---

[1483] See, e.g., Press Release No. 2010-51, U.S. Sec. and Exch. Comm'n, SEC Charges Daimler AG with Global Bribery (Apr. 1, 2010) available at http://sec.gov/news/press/2010/2010-51.htm (acknowledging cooperation of DOJ Fraud section in SEC investigation of Daimler AG FCPA violations); Press Release No. 08-1105, Dep't of Justice, Criminal Div., Siemens AG and Three Subsidiaries Plead Guilty to Foreign Corrupt Practices Act Violations and Agree to Pay $ 450 Million in Combined Criminal Fines (Dec. 15, 2008) available at http://www.justice.gov/opa/pr/2008/December/08-crm-1105.html (expressing appreciation for "the significant assistance provided by the staff of the SEC during the course of this investigation.").

[1484] See generally infra § 7 Rn. 36; see also Litigation Release No. 21922, Sec. & Exch. Comm'n, Johnson & Johnson to Pay More than $ 70 Million in Settled FCPA Enforcement Action (April 8, 2011) available at http://www.sec.gov/litigation/litreleases/2011/lr21922.htm (recognizing assistance received from UK Serious Fraud Office and Investigation Department of the Regional Prosecutor's Office in Radom, Poland).

[1485] Press Release No. 11-596, Dep't of Justice, Criminal Div., California Company, Its Two Executives and Intermediary Convicted by Federal Jury in Los Angeles on All Counts for Their Involvement in Scheme to Bribe Officials at State-Owned Electrical Facility in Mexico (May 10, 2011) available at http://www.justice.gov/opa/pr/2011/May/11-crm-596.html.

[1486] See Criminal Complaint at 3-24 United States v. Noriega, No. 10-cr-01031-AHM (C.D. Cal. Dec. 29, 2009) (summarizing investigation resulting criminal charges).

[1487] See supra § 7 Rn. 26.

[1488] See *Dean*, The FCPA and Potential Civil Liability: Collateral Damage from Mishandling Intermediaries, in: The Foreign Corrupt Practices Act 2009, *supra* note 30, at 227-30 (collecting cases).

ing state-law unfair competition or tort theories.[1489] Companies may also face civil suits in other jurisdictions that are signatories to the UN Convention Against Corruption and have implemented its private right of action for those that have suffered damages from corruption.[1490] Given the evidentiary value of an internal investigation report, plaintiffs may be expected to make every effort to obtain a copy of it based on a waiver theory.[1491] The company and its counsel should account for the risk of civil litigation against the company and the potential impact of the investigation report when deciding the disclosure question.

VI. Typical Difficulties

To investigate conduct of employees of multinational corporations, the investigation team should be familiar with certain complications associated with a transnational inquiry. These issues arise during most phases of the investigation process, from data collection and review to preparing the final report and deciding whether or not to disclose. Although conducting an inquiry in many jurisdictions may present challenges to an investigation team, such obstacles can be mitigated in the planning stage by recognizing the potential problems and developing strategies to address them.

1. Data protection and privacy restrictions

Many jurisdictions outside the U.S. have enacted legislation imposing strict limitations on the collection, processing, and distribution of personal information. These restrictions are particularly significant for investigations involving citizens of EU countries.[1492] In 1995, the EU adopted Directive 95/46/EC ("the Directive") requiring member states to implement certain measures to secure their citizens' privacy rights.[1493] The Directive obligates member governments to enact legislation that (1) permits processing of personal data only when done confidentially and for legitimate purposes; (2) prohibits the transfer of personal information to non-EU countries unless data receives "adequate protection"; (3) provides for the imposition of sanctions for violators; and (4) creates a national agency to enforce privacy rules.[1494] EU member states have passed legislation putting these protections into effect and have created governmental bodies to ensure compliance with national privacy laws.[1495]

A company may need to satisfy various obligations under EU privacy laws when gathering information on its employees in EU states. Depending on the circumstances,

---

[1489] Id.

[1490] See Id.; see also United Nations Convention Against Corruption, *adopted* Oct. 31, 2003, 2349 U.N.T.S. 41 (requiring parties to convention to ensure that persons that suffered damage from corruption have right to initiate legal proceedings against those responsible).

[1491] See, e.g., Fed. R. Evid. 502; *Qwest*, 450 F.3d at 1192, 1201 (upholding district court order requiring defendants to produce previously-disclosed investigation report in securities action); *Ryan*, 2007 Del. Ch. LEXIS 168, at *7-14 (order compelling disclosure of investigation report in action alleging breach of fiduciary duties by company officers and directors).

[1492] Argentina has adopted privacy laws that are similar to those of EU countries. See Proskauer on Privacy: A Guide to Privacy and Data Security Law in the Information Age, § 14:5.1 (*Mathews* ed., 2011).

[1493] See Directive 95/46/EC, of the European Parliament and of the Council of 24 October 1995 on the protection of individuals with regard to the processing of personal data and on the free movement of such data, adopted Oct. 24, 1995, 1995 O.J. (L 281).

[1494] Id. at 6, 7, 16-17, 25, 28.

[1495] See generally Proskauer on Privacy, *supra* note 94, at § 14:4 (describing privacy regimes of various EU member states).

the investigation team may resolve these issues by: (1) monitoring data collection efforts to ensure that information is only obtained for legitimate purposes; (2) providing a privacy notice to employees involved in investigation; (3) obtaining consent from these employees; (4) protecting confidentiality and security of data collected; and (5) notifying the relevant national authority regarding a company's data collection.[1496] The assistance of local counsel may be appropriate to determine the extent of a company's obligations.[1497]

34 Other laws restricting the transfer of personal information to non-EU member countries may affect other phases of the internal investigation. The general prohibition on transmitting personal information outside the EU could make the document review process more expensive for companies based in the U.S.[1498] To resolve these issues, companies may conduct their review in an EU member state, enter into an EU-approved confidentiality agreement, apply for certification to receive European personal data under the Department of Commerce's "safe harbor" program, or change its corporate bylaws to provide EU-style protection for personal data.[1499] Data transfer restrictions may also frustrate a company's ability to disclose investigation findings to U.S. authorities.[1500]

2. Labor law protections

35 In some jurisdictions, labor laws may restrict investigators' ability to obtain information from foreign employees. European labor rules often prohibit companies from requiring employees to provide information about possible wrongdoing by their coworkers.[1501] In some countries, counsel may have to consult with a representative from the company's Works Council before conducting interviews of employees.[1502] As with data privacy laws, the assistance of local counsel may prove essential to navigating the labyrinth of foreign labor rules.

3. Multi-jurisdictional regulatory concerns

36 Violations of U.S. law by a company's foreign employees may expose the company to enforcement actions not only in the U.S. but in other countries as well. Recognizing the economic and social costs of corruption, a number of nations have pledged to change their domestic laws to criminalize bribery of foreign government officials un-

---

[1496] *Tarun, supra* note 62, at 187.

[1497] See id.

[1498] See Directive 95/46/EC, *supra* note 95, at 45-46 (prohibiting transfer of personal data to non-EU countries unless information adequately protected); Proskauer on Privacy, *supra* note 94, at § 14:3.1 (noting U.S. not on EU Commission official list of countries that provide adequate protection to personal information).

[1499] Proskauer on Privacy, *supra* note 94, at § 14:3.1-3.9 (discussing various options for facilitating data transfer from EU to U.S.).

[1500] See *Peace/Kennedy*, The Impact of EU Data Protection Laws on U.S. Government Enforcement Investigations, 18 Int'l HR J. 1, 4-5 (Winter 2009) (discussing issues associated with EU privacy law compliance when disclosing materials to U.S. agencies).

[1501] See *Pagnattaro*, Between a Rock and a Hard Place: The Conflict Between U.S. Corporate Codes of Conduct and European Privacy and Work Laws, 28 Berkeley J. Emp. & Lab. L. 375, 415-17 (2007) (discussing German court decision invalidating Wal-Mart employee code of conduct under German labor law for violating prohibition against mandatory reporting).

[1502] See *Hodge*, The Treatment of Employees as Stakeholders in the European Union: Current and Future Trends, 38 Syracuse J. Int'l L. & Com. 91, 119 (2010) (discussing consultation rights of European Works Councils).

der the OECD Convention on Combating Bribery of Foreign Public Officials in International Business Transactions ("OECD Convention").[1503] In fulfilling their commitments under the OECD convention, many member countries have implemented statutes that are more stringent than the FCPA in some respects.[1504] As a result of these efforts to combat official corruption, companies with operations in the U.S. and in other countries with anti-bribery statutes may be subject to multiple investigations and prosecutions.

The likelihood of multiple prosecutions has increased with the growth in cooperation among the various authorities charged with enforcing anti-corruption laws. Foreign assistance has been a vital element of enforcement actions by U.S. authorities.[1505] For example, the SEC and DOJ investigations into FCPA violations by employees at Houston-based Kellogg, Brown & Root LLC ("KBR") were initiated as a result of information received from French investigators.[1506] KBR eventually settled both actions by agreeing to pay $ 579 million in fines and disgorgement.[1507] The SEC and DOJ have responded to such efforts by providing reciprocal assistance to foreign authorities that have resulted in the initiation of prosecutions in other countries.[1508]

A company and its counsel should consider the proliferation of anti-corruption legislation and the extensive collaboration among enforcement agencies when deciding whether to disclose the results of an internal investigation. In the current enforcement environment, any information shared with the SEC or DOJ may end up in the possession of authorities in other countries and result in the institution of additional proceedings against the company. Both counsel and client should evaluate the probability of multiple prosecutions when assessing the costs and benefits of self-reporting to authorities in the U.S.

4. Raids and seizure orders

In some instances, non-U.S. authorities may conduct dawn raids of company offices to seize evidence. Evidence obtained as a result of these raids may lead to enforcement

---

[1503] See Organization for Economic Cooperation and Development, OECD Convention on Combating Bribery of Foreign Public Officials in International Business Transactions, arts. 1–2, *adopted* Nov. 21, 1997, 37 I.L.M. 1.

[1504] See *Di Bianco/Madden*, U.K. Parliament Enacts Landmark Anti-Bribery Law, Skadden, (Apr. 15, 2010), http://www.skadden.com/Index.cfm?contentID=51&itemID=2045 (noting that U.K. Anti-Bribery Law more restrictive than FCPA in some respects); see also *Di Bianco/Cowie*, U.K. Bribery Act in Force on July 1, 2011, Skadden, Arps, Late, Meagher & Flom, (Apr. 1, 2011), http://www.skadden.com/Index.cfm?contentID=51&itemID=2386.

[1505] See *Luis A. Aguilar*, Comm'r, U.S. Sec. and Exch. Comm'n, Speech by SEC Commissioner: "Combating Securities Fraud at Home and Abroad" (May 28, 2009) available at http://www.sec.gov/news/speech/2009/spch052809laa.htm ("[F]oreign assistance is increasingly critical to the SEC's ability to bring enforcement actions[.]").

[1506] *Crutchfield George/Lacey*, Symposium 2006: The Changing Face of White-Collar Crime: Investigation of Halliburton Co./TSKJ's Nigerian Business Practices: Model for Analysis of the Current Anti-Corruption Environment on Foreign Corrupt Practices Act Enforcement, 96 J. Crim. L. & Criminology 503, 508 (Winter 2006) (discussing KBR investigation).

[1507] Press Release No. 09-112, U.S. Dep't of Justice, Criminal Div., Kellogg Brown & Root LLC Pleads Guilty to Foreign Bribery Charges and Agrees to Pay $ 402 Million Criminal Fine (Feb. 11, 2009) available at http://www.justice.gov/opa/pr/2009/February/09-crm-112.html.

[1508] Press Release, U.K. Serious Fraud Office, British Executive Jailed for Part in Greek Healthcare Corruption (Apr. 14, 2010) available at http://www.sfo.gov.uk/press-room/latest-press-releases/press-releases-2010/british-executive-jailed-for-part-in-greek-healthcare-corruption.aspx (noting investigation started as a result of a referral from the DOJ).

actions against the company by U.S. authorities. In 2006, the Munich Public Prosecutor's Office conducted a dawn raid of the Munich offices of Siemens.[1509] After a wide ranging investigation, Siemens agreed to pay nearly $ 1.6 billion in penalties to resolve actions by the SEC, DOJ, and German authorities.[1510]

5. Termination of contracts

39 Discovery of a contractual relationship that may expose the company to liability creates a dilemma for the company. Although the company may need to terminate the contract in order to avoid criminal penalties, cutting ties with the problematic entity may have significant consequences for the company. The most obvious of these is the loss of a potentially lucrative business opportunity. Terminating the contract could also create difficulties for an internal investigation by limiting access to relevant information from the company's former commercial partner. In addition, cutting ties with the problematic entity or individual may lead to a breach of contract action against the company in either a U.S. or foreign court.[1511] Available case law suggests that a company may have success in defending against such an action by asserting a right to terminate the agreement based on the plaintiff's violation of the FCPA.[1512] The company and its counsel should take all of these scenarios into account when evaluating the costs and benefits of ending a contractual relationship as part of an effort to limit the company's liability.

B. Deutsche Zusammenfassung des Teils A

40 Die Zusammenfassung lehnt sich eng an den englischen Originaltext an, will aber keine Übersetzung sein. Sie soll einen ersten Einstieg in die Materie erleichtern, Details finden sich im englischen Originaltext. Dort finden sich auch die weiterführenden Hinweise auf die entsprechenden Gesetzesmaterialien in den Fußnoten, die hier nicht wiederholt werden sollen.

I. Grundsätzliche Struktur grenzüberschreitender Untersuchungen

41 Die Zusammenarbeit amerikanischer Bundesbehörden mit Unternehmen vor dem Hintergrund behaupteter Rechtsverletzungen ist durch Regelwerke und strukturelle Anreize geregelt, maßgeblich die Kommunikation der Ergebnisse interner Untersuchungen an die relevanten Behörden. Zu finden ist dies in den einzelnen Regelwerken von SEC und DOJ sowie dem Dodd-Frank Act. Um die Erwartung amerikanischer Behörden an die Selbstaufklärung innerhalb von Konzernen besser zu verstehen, ist ein Blick in das Regelwerk der U.S. Sentencing Guidelines betreffend die Strafhöhen im Unternehmensstrafrecht fruchtbar.

[1509] See Complaint at 8, *Sec. and Exch. Comm'n v. Siemens Aktiengesellschaft*, No. 08-cv-2167 (D.D.C. Dec. 12, 2008).)
[1510] See Press Release No. 08-1105, *supra* note 85 (acknowledging assistance of Munich Prosecutor in achieving record settlement of FCPA-related actions against Siemens).
[1511] See, e.g., *Hijazi Med. Supplies v. AGA Med. Corp.*, 2008 U.S. Dist. LEXIS 91517, at *9-11 (D. Minn. Nov. 10, 2008) (analyzing breach of contract claim by distributor who allegedly conspired to violate FCPA).
[1512] See id. (denying partial summary judgment on breach of contract claim when record supported inference that plaintiff violated FCPA and defendant "may have had the right to immediately terminate the [a]greement").

B. Deutsche Zusammenfassung des Teils A

1. Ablauf interner Untersuchungen

Die von den US-Behörden herausgegebenen Anleitungen (guidelines) gehen davon aus, dass ein Unternehmen eine unabhängige Untersuchung der behaupteten Vorwürfe vornimmt. Wesentlich dazu ist die Unabhängigkeit der Untersuchenden, am besten garantiert durch vom Unternehmen unabhängige Personen. Die SEC macht von der Unabhängigkeit der Untersuchenden die Anwendung positiver Zumessungselemente mit abhängig. Dieser Faktor wird in den Vereinigten Staaten oft im audit committee gesucht, unter der Geltung von Sarbanes-Oxley ist ein solches Komitee verpflichtend, welches dann seinerseits unabhängige, außenstehende Kräfte in die Untersuchung einbindet. Alternativ können Unternehmen einen besonderen Untersuchungsausschuss einrichten, der Art und Ablauf interner Untersuchungen überwacht. Dabei stellen die amerikanischen Behörden durchaus auch darauf ab, ob zwischen den externen Untersuchenden und dem Unternehmen in irgendeiner Weise eine Verbindung besteht. Geprüft wird auch mit Blick darauf, ob der Untersuchungsauftrag nicht zu eng gefasst ist.

42

2. Freiwillige Selbstanzeige und Kooperation

Die Freiwilligkeit einer Offenlegung strafrechtlichen Verhaltens ist eines der zentralen Momente späterer Strafzumessung. Diejenigen Unternehmen, die sich verteidigen und im Rahmen ihrer Verteidigung keine Offenlegung durchführen, werden von den amerikanischen Behörden erheblich härter sanktioniert. Im Gegenzug ist jede Aufklärungshilfe geeignet, zu moderaten Reaktionen von SEC und DOJ zu führen.

43

3. Freiwillige Selbstanzeige und deren Probleme

Trotz aller Anregung und Aufforderung zur Selbstanzeige stellt die Entscheidung, ob eine solche durchgeführt werden soll, die Unternehmen regelmäßig vor ein Dilemma. Die Entscheidung ist von vielen, sehr unterschiedlichen Faktoren abhängig. Dazu gehören der Ruf des Unternehmens bei den Behörden, die Auswirkungen einer Selbstanzeige außerhalb eines strafrechtlichen Verfahrens ebenso wie die erstrebten positiven Zumessungserwägungen als Konsequenz einer Selbstanzeige. Die Entscheidung, keine Selbstanzeige durchzuführen ist revisibel – diejenige, nach vorne zu gehen und sich an die Behörden zu wenden, nicht.

44

II. Planung und Durchführung

Zentrales Element aus US-Sicht ist die Sicherung aller verfahrensrelevanten Daten. Im Rahmen der Verfahrensplanung sollten auch alternative Möglichkeiten der Sachverhaltsentwicklung bedacht werden, ebenso sollten derartige Entwicklungen möglichst positiv mit den Behörden kommuniziert werden.

45

1. Untersuchungsplan

Die Erarbeitung eines gemeinsamen Untersuchungsplanes sollte durch den investigative counsel gemeinsam mit einem Vertreter der Rechtsabteilung erfolgen. Dabei sollte neben einer Zieldefinition auch ein Phasenplan entwickelt werden, der eindeutige Gewichtungen vorsieht. Bereits in einem frühen Stadium sollte festgelegt werden, welches Dokumentenmaterial zu sammeln ist und welche Mitarbeiter des Unternehmens anzuhören sind. Wichtig ist, dass zeitliche Eckpunkte definiert werden. Sowohl die Autorität im Verfahren als auch das Berichtswesen für das Verfahren müssen eindeutig definiert sein.

46

2. Privilegierungsfragen

47 Der Schutz der Verteidigungssphäre, damit auch der Beschlagnahmeschutz und die privilegierte Beziehung zwischen Mandant und Anwalt, muss eindeutig zwischen bestimmten Personen festgelegt werden. Informationen, die an Personen gegeben werden, die nicht in die Aufklärung mit eingebunden sind, liegen den Ermittlungsbehörden offen. Auch mittelbare Einblicke in das Verfahren, beispielsweise bei der Anhörung von Mitarbeitern des Unternehmens, sollten vermieden werden.

3. Berichte

48 Die Kommunikation zwischen dem Untersuchungsteam und der Steuerung des Untersuchungsverfahrens durch die dafür eingerichtete Einheit sollte häufig und intensiv sein, wobei vorläufige Berichte grundsätzlich mündlich erfolgen sollten.

4. Dokumentenzusammenstellung

49 Jede Suche nach verschrifteten Beweismitteln hat mit der Sicherung des Beweispotentials zu beginnen. Die Art und Weise der Sicherung sollte schriftlich an alle Mitarbeiter kommuniziert werden, damit bei Unternehmensmitarbeitern auch keinerlei Missverständnisse mehr eintreten können. Dokumente sowohl in physischer wie in elektronischer Form sind zu sichern. Die Vernichtung von Dokumenten mit Verfahrensrelevanz kann für sich genommen bereits eine weitere Straftat darstellen. Wenn es erforderlich wird, Dokumente zu sichern, die nicht im unmittelbaren Zugriff des Unternehmens – beispielsweise bei Banken oder Beratern – stehen, muss sehr genau bedacht werden, inwieweit durch Anfragen an diese Dritte Informationen an die Öffentlichkeit gelangen können bzw. sogar der Öffentlichkeit offen zu legen sind.

Besondere Probleme bereiten die Unterschiedlichkeiten der Rechtssysteme, wenn beispielsweise nach dem Recht eines nicht amerikanischen Staates durch die Beweismittelsammlung Datenschutzvorschriften verletzt werden können.

5. Auswertung der Dokumente

50 Zuerst sind diejenigen Dokumente zu identifizieren, die für das Verfahren von zentraler Bedeutung sind. Die Bedeutung von Dokumenten wird sich zum Teil nur in Zusammenarbeit von Mitgliedern des Untersuchungsteams mit Mitarbeitern des Unternehmens erschließen. Dabei sollte auch erfasst werden, auf welche Art und Weise und unter welchen Umständen die Dokumente entstanden sind. Dabei führt häufig ein Dokument zum anderen, so dass sich der ursprüngliche Plan zur Sammlung von Dokumenten erweitern kann.

6. Anhörungen

51 SEC und DOJ erwarten über eine Auswertung der Dokumente hinaus auch die Anhörung von Unternehmensangehörigen, die potentiell Informationen zur Verfügung stellen können. Nach amerikanischen Regeln muss zu Beginn jeder Anhörung der Unternehmensmitarbeiter belehrt werden. Diese Belehrung erstreckt sich auf die Stellung des Mitarbeiters im Rahmen des Interviews und die Frage, zu wem ein privilegierendes Anwalts/Mandantenverhältnis entsteht. Dabei muss darauf hingewiesen werden, dass das Privilege dem Unternehmen zusteht und dieses darauf verzichten kann. In bestimmten Situationen sollte der Unternehmenszeuge darauf hingewiesen werden, dass er eine eigene anwaltliche Vertretung hinzuziehen sollte.

B. Deutsche Zusammenfassung des Teils A

Je nachdem, in welchem Rechtssystem die Anhörung durchgeführt wird, sind die jeweiligen lokalen Regelungen auch von amerikanischen Anwälten zu beachten.
Die Ergebnisse der Anhörung werden üblicherweise in einem Memorandum niedergelegt. Dieses sollte die anfänglichen Belehrungen ebenso beinhalten wie die Eindrücke des Anhörenden über die Situation und klarstellen, dass es sich nicht um eine wörtliche Wiedergabe handelt. Alle Dokumente, die im Rahmen der Anhörung eine Rolle spielen und vorgehalten werden, sollten Anlage zu dem Memorandum sein. Nach amerikanischem Rechtsverständnis sind derartige Memoranden grundsätzlich privilegiert, solange sie nicht den Behörden oder Dritten zugänglich gemacht worden sind. Eine Durchsicht des Memorandums durch den Angehörten kann dazu führen, dass sie im Rahmen einer späteren disclosure vorzulegen sind. Eine geänderte Rechtsprechung legt seit neuerem fest, dass die Nichtvorlage derartiger Interviewmemoranden an die Behörden nicht dazu führt, dem Unternehmen die positiven Wirkungen einer Kooperation abzusprechen. 52

Wenn sich anlässlich einer Anhörung herausstellt, dass der Mitarbeiter weiterhin strafbare Handlungen durchführt, wird das Unternehmen unmittelbar reagieren müssen und arbeitsrechtliche Konsequenzen ziehen. Eine klare Reaktion des Unternehmens ist insoweit Grundlage der Zumessungsbewertung für die amerikanischen Behörden.

III. Der Kreis der Mitwirkenden

Auch aus amerikanischer Sicht ist die Zusammenarbeit der im Rahmen einer Untersuchung Beteiligten von ausschlaggebender Bedeutung für den Erfolg der Maßnahme. 53

1. Rechtsabteilung

Die Kenntnis der Rechtsabteilung von den tatsächlichen und rechtlichen Grundlagen des Unternehmens ist unverzichtbar. In größeren Unternehmen kann es sinnvoll sein, einige Mitarbeiter der Rechtsabteilung zu einem Komitee zu formen, welches dann für die Rechtsabteilung exklusiv die Untersuchungen durchführt. 54

Die Entscheidung, externen Rechtsrat einzubinden, bedeutet immer die Zusammenarbeit mit der Rechtsabteilung. Der Untersuchungsplan sollte gemeinsam erarbeitet werden; die Rechtsabteilung ist auch diejenige Stelle des Unternehmens, welche die Sicherung der Beweismittel durchführen muss. Dazu muss sie mit der erforderlichen Autorität durch die Unternehmensführung ausgestattet sein.

Auch wenn Syndici in einigen Bereichen der Untersuchung assistieren können, sollten sie unter dem Gesichtspunkt der Unabhängigkeit der Durchsuchung nicht zu intensiv eingebunden sein. Umso unabhängiger eine Untersuchung durchgeführt wird, umso eher sind die Untersuchungsbehörden bereit, den Ergebnissen einer solchen Aktion zu vertrauen. Dies gilt insbesondere für Anhörungen, die Anwesenheit von Unternehmensangehörigen in diesem Prozess wird seitens der Ermittlungsbehörden ungern gesehen.

2. Compliance-Abteilung

SEC und DOJ werden in allen Fällen erwarten, Informationen über das Complianceprogramm des Unternehmens zu erhalten. Ermittler haben immer wieder die Wichtigkeit, die zentrale Rolle von Compliance betont. Das Vorhandensein einer ausgeprägten Compliance-Organisation bestimmt maßgeblich die Reaktionen der Ermittlungsbehörden. Hinzu kommt, dass die Existenz einer ihrer Struktur nach sinnvollen und intensi- 55 ven Compliance-Organisation ein wesentlicher Faktor in der Frage ist, mit welcher Sanktion oder Auflage das Unternehmen im Rahmen einer Abschlussentscheidung bedacht wird. Die Intensität der Strafen wird ebenso maßgeblich davon bestimmt, ob eine solide Compliance-Organisation existiert.

3. Geschäftsleitung/Vorstand

56 Die jeweilige Unternehmensführung hat letztendlich die Verantwortung für das Unternehmen, sie wird auch bezüglich der Frage, ob und wie eine interne Untersuchung durchgeführt wird, Verantwortung tragen. Sie sollte zu Beginn den Kreis der Personen eindeutig definieren, welche die Verantwortung für die Untersuchung tragen und das Audit Komitee bilden. Nach Ermächtigung durch die Unternehmensführung sollte das Komitee nach geeigneter von außen kommender Beratung suchen und schriftlich festlegen, welche Fragen zu untersuchen sind; die Breite und Tiefe der Untersuchung ist ebenso zu definieren wie der gesuchte Rechtsrat. Gewarnt werden muss dabei, die Untersuchung zu schmal anzulegen. Auch die Kommunikationslinien sind zu definieren. Jeder von außen hinzugezogene Berater sollte nicht zu den regelmäßigen Beratern des Unternehmens zählen.

4. Wirtschaftsprüfer

57 Zu prüfen ist, inwieweit Wirtschaftsprüfer Informationen über interne Untersuchungen erhalten müssen. Nach dem Securities Exchange Act von 1934 müssen alle Finanzauskünfte der Unternehmen durch Wirtschaftsprüfer untersucht werden. Unter amerikanischem Recht (Section 10A Security Exchange Act) sind die Wirtschaftsprüfer auch dazu berufen, zu überprüfen, ob das Unternehmen im Falle strafrechtlicher Vorwürfe adäquat reagiert hat. Sie werden im Rahmen einer laufenden Untersuchung regelmäßig informiert werden wollen. Es besteht allerdings die Problematik, dass durch derartige Informationen das Recht auf Privilege hinsichtlich der offengelegten Umstände verloren gehen kann. Das kann dazu führen, dass im Rahmen einer disclosure Prozessgegner eines Schadensersatzprozesses das Recht gewinnen, auf diese Dokumente zum Zwecke des Prozessverfahrens zugreifen zu können. Letztlich wird das Unternehmen diese Gefahr gegen die verheerenden Wirkungen eines verweigerten Testates aufwiegen müssen.

5. Vertragspartner

58 Strafrechtliche Vorwürfe berühren in vielen Fällen die Rechtssphäre der Geschäftspartner eines Unternehmens. Dies gilt insbesondere für Fälle der Bestechung. Das kann im Extremfall dazu führen, dass, um eine vollständige Aufklärung zu erreichen, auch im Bereich der Geschäftspartner Untersuchungen angestellt werden müssen, mit allen Konsequenzen für Haftung und Verlust von Privilege.

6. Shareholder und Offenlegungspflichten

59 Pflichten zur Offenlegung interner strafrechtlicher Probleme können sich gesetzlich ergeben. Dies ist beispielsweise der Fall, wenn nach außen tatsächliche Behauptungen aufgestellt wurden, die dann als falsch im Rahmen von Untersuchungen erkannt werden. Das bedeutet, dass im Rahmen einer Untersuchung der investigative counsel die Ergebnisse seiner Erkenntnisse auch mit den öffentlichen Bekanntmachungen seines Auftraggebers abgleichen muss. Darauf legt die SEC besonderen Wert. Auch von der

B. Deutsche Zusammenfassung des Teils A

SEC installierte Berichtspflichten bezüglich der Existenz von strafrechtlichen Vorwürfen sind zu beachten. Ferner können sich aus den Börsengesetzen weitere Berichtspflichten ergeben.

IV. Dokumentation und Schutz der Ermittlungsergebnisse

Am Ende der internen Ermittlungen steht der Schlussbericht, bei dem Berater und Klienten die Balance zwischen dem Interesse des Unternehmens am Schutz sensibler Informationen einerseits und dem Interesse, durch größtmögliche Offenlegung eine günstige Behandlung durch die Behörden zu erreichen andererseits finden müssen. In der Erstellung des Schlussberichtes ist erneut darauf zu achten, wie mit den Geheimnisschutzsphären umzugehen ist. 60

1. Form

Unabhängig davon, in welcher Form – schriftlich oder mündlich – der finale Bericht erfolgt, sollte dieser im ersten Schritt nur und ausschließlich dem Klienten gegenüber erfolgen. Jede andere Vorgehensweise riskiert den Verlust des Anwaltsgeheimnisses. 61

2. Strategische Fragen zur Form des Berichtes

Bei der Entscheidung ist in Rechnung zu stellen: Die mögliche Gefahr einer zukünftigen Ermittlung durch US-Behörden, die potentiellen positiven Wirkungen der Übergabe einer schriftlichen Erklärung an diese und die kollateralen Konsequenzen im Rahmen zukünftiger Offenlegungspflichten. 62

Wenn zu erwarten ist, dass US-Behörden in internen Ermittlungen eine Rolle spielen, wird es kaum zu umgehen sein, einen schriftlichen Bericht zu verfassen, da ein derartiges Verhalten ein positives Strafzumessungselement darstellt. Andererseits ist das Risiko nicht zu unterschätzen, mit der Übergabe eines schriftlichen Berichtes die Türe zu öffnen für weitere Ermittlungen sowie der Weitergabe des Berichtes an ausländische Ermittlungsbehörden. Auch können Prozessgegner von Zivilverfahren eine Kopie des Berichtes erlangen und diese im Rahmen eines Rechtsstreites verwenden. Möglicherweise wird auch durch den Bericht offenbar, dass ausländische Gesetze, namentlich Datenschutzgesetze, im Rahmen der Ermittlungen verletzt worden sind. Alle diese Überlegungen zwingen dazu, bei der Abfassung des Berichtes mit höchster Aufmerksamkeit vorzugehen. Der Verfasser sollte sich so verhalten, als ob sicher sei, dass dieser Bericht in die Hände interessierter Dritter fällt, bis hin zur Presse. Unscharf formulierte Schlussberichte können sogar dazu führen, dass die betroffenen Einzelpersonen wegen Verleumdung klagen.

3. Schutz des Privilege

Jede mögliche Anstrengung sollte unternommen werden, um die Privilegierung bestimmter Dokumente und Erkenntnisse zu schützen. Normalerweise würde das Ermittlungsergebnis des investigative counsel durch das Anwalt/Klienten Privilege und die work product doctrine geschützt sein. Die Übermittlung des Berichtes an SEC oder DOJ stellt einen Verzicht auf diese Rechte dar. Die Chancen, die Rechte aus dem Privilege zu wahren, sind deutlich erhöht, wenn die Übergabe im Rahmen einer Vertraulichkeitszusage erfolgt. Selbst dann könnte es sein, dass der Geheimnisschutz im Rahmen zivilrechtlicher Verfahren versagt. Das zwingt dazu, zu prüfen, inwieweit potentiell in der Zukunft zuständige Gerichte die Frage des Geheimnisschutzes bezüglich der Informationen, die an Behörden übergeben wurden, bewerten. 63

Ein weiterer Weg, auf dem Dritte Informationen über den Schlussbericht erhalten könnten, stellt der Freedom of Information Act dar. Aufgrund dieser Regelung steht Individuen nichtöffentliches Material von US-Behörden offen, wenngleich nicht unbegrenzt. Die Unternehmen sollten bei den Behörden beantragen, Vertraulichkeit bezüglich dieser Materialien zu beschließen. Sicherheit ist auf diesem Wege allerdings nicht zu erlangen.

V. Strategische Konsequenzen

64 Jedes Unternehmen, welches sich entschließt, die Ergebnisse interner Untersuchungen an US-Behörden weiterzugeben, muss sich der vielfältigen Konsequenzen bewusst sein. SEC und DOJ können sich dafür entscheiden, Kooperationen positiv zu bewerten, andererseits können sie die Anzeige von Straftaten dazu benutzen, weitere Ermittlungen gegen das Unternehmen durchzuführen. Zudem ist es möglich, dass SEC und DOJ ihre Erkenntnisse mit anderen Verfolgungsbehörden in den Vereinigten Staaten teilen, was seinerseits wiederum erneute Ermittlungsverfahren hervorrufen kann. Auch ausländische Ermittlungsbehörden können durch diese Behörden mit Informationen versorgt werden. Nicht zu vergessen sind zivilrechtliche Konsequenzen aus Schadensersatzklagen gegen die Company.

1. Verwendung der Ermittlungserkenntnisse durch amerikanische Behörden

65 Die beste Konsequenz einer Offenlegung wäre die Zubilligung von Milderungsgründen. Sowohl SEC wie DOJ haben sich darauf festgelegt, dass eine freiwillige Offenlegung, sei es schriftlich oder in anderer Form, ein wesentlicher Faktor in der Endentscheidung des Verfahrens sein wird. Wenn eine der Ermittlungsbehörden entscheidet, dass die Gesellschaft wertvolle Kooperation gezeigt hat, gibt es eine ganze Skala von Vergünstigungen, die im Gegenzug gewährt werden können.

Eine dieser Vergünstigungen, die angeboten werden kann, ist ein deferred prosecution agreement („DPA", Vereinbarung über die Aussetzung der Strafverfolgung). Ein Beispiel: Im Mai des Jahres 2011 gab es ein DPA mit Tenaris S.a., einer luxemburgischen Gesellschaft, die beschuldigt wurde, in Usbekistan Beamten bestochen zu haben. Robert Khuzami, SEC Director of Enforcement, führte dazu aus, dass die freiwillige Offenlegung und die Art der internen Ermittlungen die Firma als guten Kandidaten für ein solches Vorgehen qualifiziere.

In einer begrenzten Anzahl von Fällen können amerikanische Ermittlungsbehörden auch auf die Verfolgung insgesamt verzichten. Das DOJ hat seine Untersuchung von Tenaris durch ein non-prosecution agreement („NPA", Vertrag über die Einstellung der Verfolgung) beendet. Eine ähnliche Regelung hat die SEC kürzlich mit dem in Atlanta beheimateten Kleidungshersteller Carter's Inc. getroffen. Die SEC hat ihr als innovativ anzusehendes Vorgehen damit begründet, dass das Fehlverhalten isoliert stand und eine sofortige Offenlegung erfolgte.

66 Selbst wenn eine Strafverfolgung insgesamt nicht vermieden werden kann, können SEC oder DOJ entscheiden, die Konsequenzen zu mildern. Im Januar 2005 hat die SEC entschieden, ein Verfahren nach dem Foreign Corruption Practices Act („FCPA") gegen Monsanto gegen ein Bußgeld i.H.v. $ 500.000 zu beenden. Auch in diesem Falle war die Entscheidung, Monsanto's Angebot zu akzeptieren, zu einem messbaren Teil durch die Bereitschaft der Gesellschaft, ihre internen Ermittlungen offen zu legen, beeinflusst. Auch andere einverständliche Verfahrensbeendigungen weisen aus, dass Offenlegungen diese positiv beeinflusst haben.

B. Deutsche Zusammenfassung des Teils A

Andererseits besteht die Gefahr erweiterter Ermittlungen: SEC und DOJ haben in vielen bekannten Fällen miteinander zusammen gearbeitet, so dass es in zwei Verfahren zu Konsequenzen kam. Die Zusammenarbeit mit ausländischen Ermittlungsbehörden ist ebenfalls sehr transparent. Es existiert eine gute Zusammenarbeit zwischen amerikanischen und vielen ausländischen Ermittlungsbehörden.

2. Verwendung interner Berichte in strafgerichtlichen Verfahren

Unabhängig von den positiven Auswirkungen eines kooperativen Verfahrens und der Überlassung eines Ermittlungsberichtes an SEC und DOJ im Hinblick auf die Beendigung eines Ermittlungsverfahrens besteht immer die Gefahr, dass das überlassene Material auch im Rahmen eines strafrechtlichen Gerichtsverfahrens verwendet werden kann. Im Jahre 2011 wurde die Lindsay Manufacturing Company einem Gerichtsverfahren wegen behaupteter Verletzung des FCPA ausgesetzt. Obwohl in diesem Fall das DOJ nicht ausdrücklich den internal investigation report nutzte, um eine Verurteilung zu erlangen, sollte dieser Fall trotzdem dazu anhalten, die Möglichkeit einer gerichtlichen Auseinandersetzung auch nach Offenlegung nicht zu unterschätzen. 67

3. Verwendung interner Berichte im Zivilrechtsstreit

Trotz aller Bemühungen zum Schutz von Privilegierungen nach amerikanischem Recht kann es einem Dritten immer noch gelingen, eine Kopie des internen Ermittlungsberichtes im Rahmen der dicovery im Vorfeld eines Zivilrechtsstreites zu erhalten. Während ein Recht auf dieses Dokument sich nicht aus dem FCPA ergibt, kann dies über andere amerikanische Rechtssätze der Fall sein. Grundlage dafür wären Federal securities-, antitrust-, Racketeer-Influenced Corrupt Organizations- (RICO) Gesetze oder der Gebrauch von einzelstaatlichen Wettbewerbsgesetzen und Regelungen aus dem Bereich unerlaubter Handlungen. Unternehmen können auch zivilen Ansprüchen in anderen Jurisdiktionen ausgesetzt sein, wenn diese die UN Konvention gegen Korruption unterzeichnet haben. Wegen der hohen Informations- und Beweiskraft kann erwartet werden, dass jeder Anspruchsteller alles unternehmen wird, um in den Besitz des internen Abschlussberichtes zu gelangen. 68

VI. Typische Problemstellungen

Um das Verhalten von Mitarbeitern und Angestellten multinationaler Unternehmen zu untersuchen, sollte das Untersuchungsteam die grundsätzlichen Problematiken ihrer Tätigkeit kennen. Diese ergeben sich während des gesamten Verlaufs der Untersuchung, von der Zusammenstellung der Beweismittel, deren Untersuchung bis zum Schlussbericht und der Entscheidung, ob gegenüber den Behörden offen gelegt wird. Dazu ist es erforderlich, im Planungsstadium bereits die vorhersehbaren Probleme anzusprechen, zu erkennen und Strategien zu ihrer Bewältigung zu entwickeln. 69

1. Datenschutz

Viele Jurisdiktionen außerhalb der Vereinigten Staaten haben Gesetzgebung, welche strenge Grenzen an die Erfassung, Verarbeitung und Weitergabe von Personendaten ziehen. Dies gilt insbesondere im Rahmen von Untersuchungen innerhalb der Europäischen Union. Die 1995 gesetzte Direktive 95/46/EC ist Grundlage dieser Regelungen. Sie verlangt Vertraulichkeit und eine gesetzliche Grundlage für die Behandlung von Daten und verbietet die Übermittlung persönlicher Daten an nicht EU-Staaten, wenn 70

§ 7. Unternehmensinterne „cross-border" Untersuchungen

diese nicht adäquat geschützt werden. Es existieren Sanktionen und die Installation einer nationalen Behörde zur Überwachung der Regelungen. Umgesetzt ist diese Direktive in den Einzelstaaten der EU.

Deshalb muss ein Unternehmen verschiedene Gesetze beachten, wenn es Informationen bezüglich seiner Mitarbeiter in den EU-Staaten sammeln will. Maßnahmen, um die ordnungsgemäße Informationssammlung zu garantieren sind dabei (1) die Überwachung des Sammelvorganges um zu garantieren, dass Daten nur zu legitimen Zwecken erhoben werden, (2) die Übergabe einer privacy notice an betroffene Mitarbeiter, (3) Einholung der Zustimmung der Mitarbeiter, (4) Schutz der Vertraulichkeit und der Sicherheit der Daten und (5) Information der relevanten nationalen Behörden. Die Einbindung nationaler Rechtsberatung erscheint angemessen.

Das rechtliche Verbot, bestimmte persönliche Daten außerhalb der EU gelangen zu lassen, kann dazu zwingen, kostenerhöhende Maßnahmen durchzuführen. Bestimmte Untersuchungen müssen dann innerhalb der EU durchgeführt werden. Weitere Möglichkeiten sind ein von der EU anerkanntes Vertraulichkeitsprogramm, ein Antrag derartige Daten unter dem Programm „safe harbour" des Wirtschaftsministeriums zu erhalten oder die internen Bestimmungen des Unternehmens derart zu modifizieren, dass EU-analoger Schutz für Daten erreicht wird. Datenschutzgesetze können die Möglichkeit eines Unternehmens, Ermittlungsergebnisse offen zu legen, behindern.

2. Arbeitsrecht

71 In einigen Rechtsordnungen können arbeitsrechtliche Regelungen verhindern, bestimmte Informationen von den Mitarbeitern des Unternehmens zu erhalten. Europäisches Arbeitsrecht verbietet oftmals Arbeitgebern, Mitarbeiter über strafrechtliches Fehlverhalten ihrer Kollegen zu befragen. In einigen Jurisdiktionen ist erforderlich, dass eine Abstimmung mit dem Betriebsrat erfolgt, bevor Befragungen durchgeführt werden. Auch hier wird die Einbindung eines nationalen Beraters erforderlich sein, um durch das Labyrinth der Regelungen zu navigieren.

3. Fortentwicklung des Korruptionsrechts

72 Verletzungen der Rechtsregelungen der Vereinigten Staaten durch Mitarbeiter können nicht nur zur Verfolgung dort, sondern auch zur Verfolgung in anderen Ländern führen. In Anerkennung der ökonomischen und sozialen Kosten der Korruption haben einige Länder beschlossen, ihre nationalen Rechtsordnungen zu ändern und die Bestechung ausländischer Amtsträger zu bestrafen. Grundlage ist die OECD, die Konvention zur Bekämpfung der Bestechung ausländischer Amtsträger. Viele Mitglieder der Konvention haben Regeln aufgestellt, die in manchen Bereichen stringenter sind als diejenigen des FCPA. Dies kann zur multinationalen Verfolgung führen.

Die Wahrscheinlichkeit einer solchen Mehrfachverfolgung hat durch die wachsende Kooperation der Staaten untereinander zugenommen. Rechtshilfe ist zu einem vitalen Element der Rechtsdurchsetzung amerikanischer Behörden geworden. Beispielsweise wurden Untersuchung von SEC und DOJ wegen FCPA Verletzungen durch Mitarbeiter der in Houston basierten Firma Kellogg, Brown & Root LLC in der Folge von Informationen durch französische Ermittlungsbehörden aufgenommen. Die Firma hat letztendlich die Verfahren durch Zahlung von $ 579 Millionen an Bußen und Verfall beendet. Umgekehrt haben SEC und DOJ derartige Vorgänge damit beantwortet, dass sie reziprok ausländischen Ermittlungsbehörden Informationen zur Einleitung dortiger Ermittlungen übermittelt haben.

Die Frage, wie groß die Gefahr ist, dass außerhalb der unmittelbar betroffenen Jurisdiktionen weitere Ermittlungsverfahren entstehen können, ist bei der Frage der Bewertung des Chancen/Risiken-Rasters mit zu berücksichtigen.

4. Durchsuchungen

In einigen Fällen führen Durchsuchungen anderer Ermittlungsbehörden zu Aktivitäten amerikanischer Verfolger. Beispiel hier ist Siemens, das Unternehmen wurde 2006 von der Münchener Staatsanwaltschaft durchsucht. In der Konsequenz und nach intensiven Ermittlungen hat Siemens zugestimmt, nahezu $ 1,6 Milliarden Bußen zu zahlen, um die Verfahren der SEC, des DOJ und der deutschen Behörden zu beenden. 73

5. Beendigung von Vertragsbeziehungen

Es kann notwendig werden, Verträge zu beenden, um weiteren strafrechtlichen Konsequenzen zu entgehen. Dies kann sich für das Unternehmen in erheblicher Weise schädigend auswirken. Dabei ist nicht nur der Verlust eines lukrativen Auftrages zu bedenken, sondern auch der Verlust von Informationen bzw. Informationsmöglichkeiten im Rahmen der internen Aufklärung. Auch Klagen wegen Vertragsverletzungen sind denkbar. Im amerikanischen Recht finden sich Entscheidungen, wonach eine wirkungsvolle Verteidigung gegen den Vorwurf des Vertragsbruchs der Nachweis der Verletzung des FCPA durch den Vertragspartner ist. 74

C. Unternehmensinterne „cross-Border" Untersuchungen aus deutscher Sicht

I. Einleitung

Das US-amerikanische Äquivalent zum deutschen Ermittlungsverfahren sind die durch Subpoena ausgelösten internen Untersuchungen, die üblicherweise durch eine Anwaltskanzlei durchgeführt werden. Das in den Vereinigten Staaten wohlbekannte und seit langer Zeit erprobte Verfahren hat keine Entsprechung im deutschen Prozessrecht. Zwar haben große Unternehmen immer schon bei der Kenntnis von strafrechtlich basierten Problemen im eigenen Hause diese selbst untersucht, üblicherweise durch die Revisionsabteilung. In den letzten Jahren hat man sich bei strafrechtsrelevanten Problemen im eigenen Hause zunehmend auch an strafrechtliche Praktiker gewandt, um deren Kenntnisse sowohl über Strukturen von kriminogenen Situationen als auch deren Bewältigungsstrategien gegenüber den Behörden zu nutzen. Das war und ist bislang allerdings noch sehr weit entfernt von der Rolle des investigative counsel im amerikanischen Recht. Dieser erfüllt in weiten Bereichen faktisch die Aufgaben eines Staatsanwaltes, er ist darauf angewiesen und muss dies auch durchsetzen, einen Vorgang im Detail aufzuklären und die dazugehörigen Beweismittel zu sichern. Er tut dies in einem Maße und mit einer Intensität, die europäische Vorstellungen von Sachverhaltsaufklärung oftmals übersteigt. Der deutsche Strafrechtler muss sich erst daran gewöhnen, dass die Grundsätze von Discovery und E-Discovery nach amerikanischer Vorstellung absolut und rigoros durchzusetzen sind und sich dabei über deutsche Rechtsvorstellungen, insbesondere im Datenschutzrecht, durchaus hinweg setzen können. Langsam entwickeln sich in Deutschland Vorstellungen davon, wie sich der deutsche Anwalt im Rahmen interner Untersuchungen verhalten 75 sollte.[1513] Ein Standard hat sich allerdings noch nicht gebildet. Deshalb ist auch die Vorgehensweise je nach der engagierten Kanzlei ausgesprochen unterschiedlich. Berichtet wird einerseits von Beweissicherung und Verhören, die einem Staatsanwalt den Vorwurf einer nach § 136 a StPO relevanten Vorgehensweise einbringen würden, andererseits von sachlichen, am Grundsatz der Unschuldsvermutung und der Rechtsstaatlichkeit ausgerichteten Vorgehen. In diesem Kapitel sollen mehr die technischen Anforderungen und Abläufe geschildert werden, den Fragen der Kontakte zu Unternehmensangehörigen und internen Ermittlungen ist ein eigenes Kapitel gewidmet.[1514]

II. Planung und Ablauf der unternehmensinternen cross-border Untersuchungen in Deutschland

1. Allgemeines

76 Unternehmen in Deutschland verlassen sich bei internen Untersuchungen üblicherweise auf die Revisionsabteilung. Untersuchungen über die Grenzen hinweg vor dem Hintergrund eines in den Vereinigten Staaten laufenden Ermittlungsverfahrens sind notwendig mehrdimensional. Neben den im Unternehmen eingebundenen Strukturen spielen der investigative counsel und der deutsche strafrechtliche Vertreter eine jeweils mit den anderen handelnden Personen verknüpfte Rolle. Ohne Abstimmung und Planung und dem Versuch der Harmonisierung der Ansprüche beider Verfahrensordnungen kann das Gesamtergebnis nicht optimal sein.

In den allermeisten Fällen wird eine Firma Gelegenheit haben, sich auf ein deutsches Ermittlungsverfahren vorzubereiten, insbesondere dann, wenn die amerikanischen Behörden vor Ort in den Vereinigten Staaten bereits tätig geworden sind. Spätestens dann, wenn aktive Anfragen amerikanischer Behörden oder bereits Subpoenas mit der Aufforderung der Sicherung von Beweismaterial erfolgt sind, müssen die Vorbereitungen getroffen werden, einerseits das amerikanische Ermittlungsverfahren in Deutschland zu begleiten, andererseits Aktivitäten deutscher Ermittlungsbehörden zu erwarten, vorherzusehen und zu bearbeiten. Umgekehrt können sich auch deutsche Ermittlungsverfahren in das Recht der Vereinigten Staaten hinein entwickeln. Immer dann, wenn Verfahren nach § 299 StGB in Deutschland gegen Unternehmen geführt werden, die aufgrund ihrer gesellschaftsrechtlichen oder börsenmäßigen Struktur dem foreign corrupt practices act oder sarbanes oxley unterfallen, liegt es nahe, dass sich die US-amerikanischen Behörden für derartige Verfahren interessieren und eigene Ermittlungen aufnehmen.

2. Arbeitsplan

77 Verfahren im Wirtschaftsstrafrecht müssen behandelt werden wie Großprojekte in der Wirtschaft. Sie müssen geplant sein, die Aufgaben sind zu definieren und zu verteilen. Auch Strafverfahren haben ihr gewöhnliches Ablaufschema, mit dessen Hilfe muss der Plan aufgebaut werden. Er unterteilt sich dabei in mehrere Phasen:

– Durchsuchungsvermeidung
– Beweismittelsicherung

[1513] Zum Unternehmensanwalt im Strafrecht: http://www.brak.de/zur-rechtspolitik/stellungnahmen-pdf/stellungnahmen-deutschland/2010/november/stellungnahme-der-brak-2010-35.pdf.
[1514] S. dazu *Kienast*, § 8.

- Sachverhaltsermittlung
- Strategiefindung
- Umsetzung

Allen diesen Phasen ist gemein, dass sie eine enge Zusammenarbeit des Unternehmens mit allen an dem Projekt „Strafverfahren" Beteiligten erfordern. Das bedeutet Kommunikation, die auf einer regelmäßigen Basis stattfinden sollte. Wenn auf dem großen Herd eines heißen Strafverfahrens jeder nur weiß, was in seinem eigenen Topf brodelt, wird das daraus zu servierende Gericht weder gleichzeitig auf den Tisch kommen, noch werden die einzelnen Zutaten zueinander passen. Bewährt hat sich, einen Jour fixe per Telefonkonferenz einzurichten, an dem Teilnahme Pflicht ist. Auf diese Art ist gewährleistet, dass das Informationsniveau bei allen die gleiche Höhe hat und jeder die aktuellen Arbeiten und Entscheidungen im Bereich eines anderen Beraters kennt und in seine Überlegungen einbeziehen kann. Auch kann auf jede neue Entwicklung und neue Erkenntnis eine gemeinsame Reaktion abgestimmt werden.

Es ist nicht zu unterschätzen, wie stark sich Teile eines großen Unternehmens verselbstständigen können: Plötzlich erfährt man, dass der Zeuge, auf dessen Aussage man wesentliche Teile der Verteidigung aufgebaut hat, betriebsbedingt gekündigt werden soll. Oder die Marketingabteilung überlegt, eine großformatige Anzeige in einer Parteizeitung zu schalten, während sich das Unternehmen gegen Bestechungsvorwürfe in Richtung von Politikern dieser Partei verteidigt. Die Unternehmensverteidigung kann sich also nicht leisten, einen abstrakten Plan zu fahren, sie muss das Unternehmen in seiner Struktur und auch in seinen aktuellen Aktionen monitoren und kennen. Mithin: Auch der Arbeitsplan als generelle Leitlinie und Orientierung ist immer wieder an den realen Gegebenheiten des Unternehmens und genauso an den Entwicklungen des Verfahrens abzugleichen und auf Stand zu bringen. **78**

3. Berichterstattung

Auftraggeber des Unternehmensanwaltes ist im Allgemeinen der Vorstand, in manchen Fällen das Kontrollgremium eines Unternehmens. Während der durchaus oft hektischen und immer sehr arbeitsintensiven Arbeit an einem Verfahren, in der Zusammenarbeit mit den US-amerikanischen Kollegen, der Rechtsabteilung und anderen Beratern verliert sich manchmal der Kontakt zu der Unternehmensführung. Dabei „helfen" die auf dieser Ebene manchmal ausgeprägten Verdrängungseffekte. Das rächt sich spätestens dann, wenn der Unternehmensverteidiger mit schlechten Nachrichten aufwarten muss. Eine stete Einbindung der Leitungsebene eines Unternehmens ist zur Bewältigung eines Strafverfahrens unerlässlich. Jeder Verteidiger weiß, dass sich durch neue Sacherkenntnisse und die Interaktion mit den Ermittlungsbehörden die Situation eines Verfahrens schnell ändern kann. Der Unternehmensverteidiger muss die Firmenleitung auf diese Achterbahn mitnehmen und sie daran gewöhnen, dass dieses Projekt in der Projektsteuerung wenig kalkulierbaren Außeneinflüssen unterliegt. Erst dann wird man sich letztendlich auf seinen Rat verlassen und nicht von vorneherein ein bestimmtes Ergebnis verlangen, wie dies in der Unternehmensteuerung häufig geschieht. **79**

Berichterstattung bedeutet aber auch, dass sich die Lenker des Unternehmens ihrer Verantwortung gegenüber der Einhaltung von Rechtsregeln aus dem Unternehmen heraus bewusst werden und sich nicht später dem Vorwurf eines Fehlverhaltens aus dem Bereich der §§ 30, 130 OWiG aussetzen.

4. Zusammentragen von Unterlagen

80 Spezialisten in der Recherche nach verfahrensrelevanten Unterlagen sind zweifellos die US-amerikanischen Kollegen, die üblicherweise auf eine längere Historie derartiger Verfahren zurückblicken können. Da das amerikanische Recht über das Instrument der Subpoena die Betroffenen zwingt, alle verfahrensrelevanten Dokumente selbst zu produzieren und Fehler dabei auf das heftigste sanktioniert, wird von amerikanischen investigative counsel genauso darauf geachtet, alle denkbar verfahrensrelevanten Unterlagen zu sichern, zusammenzutragen und zu archivieren. Sie übertreffen dabei in der Auflistung und Erfassung aller denkbaren Dokumente und Beweismittel die Ergebnisse auch der gründlichsten staatsanwaltschaftlichen Durchsuchung zumeist bei weitem. In den Fällen, in denen das Verfahren von den Vereinigten Staaten ausgeht und die Dokumentensammlungsphase vor dem Eingriff eines deutschen Staatsanwaltes durchgeführt wird, steht der deutschen Verteidigung durch die üblicherweise in einer Datenbank erfassten Dokumente physischer und elektronischer Art alles dasjenige zur Verfügung, was potentiell auch eine deutsche Staatsanwaltschaft an Beweismitteln entweder durch eine Durchsuchung beschafft oder sich im Wege der freiwilligen Herausgabe beschaffen lässt. Wird das Verfahren hingegen von Deutschland aus betrieben, ist üblicherweise eine der ersten Aktionen der Staatsanwaltschaft die Durchsuchung. Auch wenn heute keine Server mehr abgebaut werden, kann doch die Beschlagnahme wesentlicher schriftlicher Dokumente das Unternehmen sowohl in seiner täglichen Arbeit als auch in seiner Verteidigung erheblich behindern. Aufgabe der Verteidigung ist es dann, gegen den zumeist nicht unerheblichen Widerstand der Ermittlungsbeamten die notwendigen Unterlagen zumindest in verwertbarer Kopie wieder zu beschaffen, die beschlagnahmten Kommunikationsgeräte und Computer herauszuverlangen und auf den verbliebenen elektronischen Medien zu forschen, was das Interesse der Staatsanwaltschaft erwecken könnte. Gleichzeitig wird damit die Grundlage dafür gelegt, das Herausgabeverlangen US-amerikanischer Behörden zu einem späteren Zeitpunkt nach den Buchstaben des amerikanischen Gesetzes befolgen zu können.

81 Auch in Verfahren ohne Beteiligung ausländischer Ermittlungsbehörden hat es sich eingebürgert, alle Daten in einer Datenbank verfügbar zu machen. Bei der unglaublichen Menge an Dokumenten, die im Rahmen eines Umfangsverfahrens relevant werden können – zum Teil werden Lastwagen zum Abtransport des Dokumentenmateriales benötigt – ist ein schneller Zugriff auf relevante Dokumente anders kaum möglich. In diese Datenbanken werden nicht nur die bereits in digitaler Form vorhandenen Dokumente eingestellt, sondern alle verfahrensrelevanten Papierdokumente werden gescannt und über Erkennungsprogramme lesbar gemacht. Das ermöglicht, Informationen aus einer riesigen Datenmenge herauszufiltern, bestimmte Wortkombinationen und Zahlenkombinationen – wie beispielsweise ein Datum – punktgenau zu finden und zu verwerten. Die Erstellung einer derartigen Datenbank ist für größere Verfahren inzwischen unverzichtbar.

III. Kreis der Mitwirkenden

82 Bereits angesprochen wurde, dass nur im geordneten Konzert aller Beteiligten ein chaotisches und ineffizientes Verfahren vermieden werden kann. Dazu gehören neben den für das US-amerikanische Recht zuständigen Kollegen und anderen spezialisierten Rechtsanwälten nicht zuletzt diejenigen Personen, die im Unternehmen selbst betroffen sind oder an der Aufklärung mitarbeiten. Unabhängig von der Frage, wie die jeweilige Kommunikation geschützt werden kann, ist es von erheblicher Bedeutung, wie mit

den einzelnen Untergliederungen eines Unternehmens kommuniziert werden kann und muss. Aus der jeweiligen Aufgabe im Unternehmen ergeben sich unterschiedliche Herangehensweisen an ein strafrechtliches Problem, die Friktionen erzeugen können. Der Unternehmensverteidiger muss also auch nach innen harmonisierend wirken.

1. Rechtsabteilung

Dreh- und Angelpunkt der allermeisten Verfahren ist die Rechtsabteilung. In ihr konzentriert sich nicht nur der juristische Sachverstand des Unternehmens, sie ist auch die Schnittstelle zur Unternehmensleitung. Auch wenn zentrale Fragen und strategische Entscheidungen großer Verfahren im Allgemeinen vom strafrechtlichen Unternehmensvertreter mit Geschäftsführung oder Vorstand besprochen werden, so ist das Tagesgeschäft und die Vermittlung der Information daraus zumeist Aufgabe der Rechtsabteilung. Mit anderen Worten: Die regelmäßige Information der Mandantschaft läuft über diesen Transmissionsriemen, die Qualität der Informationen hängt ab von der Qualität der Kommunikation mit dem Syndikus und seinen Mitarbeitern. Ohne eine enge Einbeziehung dieses Kreises in das Management eines strafrechtlichen Großverfahrens wird es nicht gelingen, die Unternehmensführung angemessen unterrichtet zu halten und wesentliche Entscheidungen zu Strategie und notwendigen Maßnahmen durchzusetzen.

Nicht unterschätzt werden sollte auch, dass die Rechtsabteilung über die Organisationsstruktur und rechtliche Spezialgebiete, in denen das Unternehmen tätig ist und die für ein Ermittlungsverfahren eine Rolle spielen können, die tiefsten Kenntnisse hat und auch die Personen, die im Unternehmen eine Rolle spielen, meist sehr gut kennt. Firmen sind Organismen, die von den Menschen, die in ihnen arbeiten, geprägt sind. Damit gerät die gesamte Palette menschlicher Unzulänglichkeiten mit in das Beurteilungsspektrum des Unternehmensanwaltes. Er wird Konkurrenzdenken innerhalb der Geschäftsführung ebenso in seine Strategie einbeziehen, wie die Mentalität von für das Verfahren wichtigen Personen. Die Zeit, sich selbst ein Bild über die psychologischen Hintergründe zu machen, fehlt ihm vor allen Dingen zu Anfang eines Verfahrens, in dem wesentliche Grundsatzentscheidungen zu fällen sind. Diese Informationen kann die Rechtsabteilung vermitteln und damit wesentliche Grundlagen für die dritte Säule eines Strafverfahrens liefern: Dies ist neben dem Sachverhalt und dem Recht die Verfahrenspsychologie, die sich wiederum an dem Profil aller Beteiligten ausrichtet.

2. Compliance-Abteilung

Der Compliance-Officer hat in derartigen Verfahren keine beneidenswerte Stellung. Alleine schon, dass ein Verfahren existiert, belegt für Außenstehende prima facie, dass das Compliance-System und mit ihm der dafür verantwortliche Officer versagt hat. Gelangen amerikanische Behörden zu der Auffassung, dass dies tatsächlich so sei, werden sie – ohne sich dabei mit Prinzipien des deutschen Arbeitsrechtes zu befassen – seine Entfernung verlangen. Auf der anderen Seite birgt ein derartiges Ermittlungsverfahren auch große Chancen für das Compliance-System: Der Anforderung aus den Vereinigten Staaten, das Compliance-System zu intensivieren oder neu aufzubauen, kann kaum entgangen werden. Intensive und nach außen deutlich sichtbare Bemühungen, die mit einem Ermittlungsverfahren problematisierten Bereiche in Zukunft über funktionierende Compliance aufzufangen, werden seitens der amerikanischen Ermittlungsbehörden positiv aufgenommen und mit erheblichen Abschlägen auf spätere

Sanktionen belohnt.[1515] Damit ist für die strafrechtliche Vertretung des Unternehmens die Chance gegeben, positiv auf die Strafzumessung einzuwirken, ein Effekt, der sich nicht nur im US-amerikanischen Verfahren niederschlägt, sondern auch im deutschen als positives Nachtatverhalten i.S. des § 46 StGB.

Zudem gehört der Compliance-Officer zu demjenigen Personenkreis, der potentielle Problemlagen auf strafrechtlichen Gebieten des Unternehmens kennen sollte und dem Unternehmensverteidiger damit die Richtung weisen kann, wo Verteidigungsansätze notwendig werden.

3. Vorstand

85 Vorstände wollen keinen Rat, sondern Ergebnisse. Dieser apodiktische Satz birgt viel Wahrheit. Wer, wie in großen Unternehmen üblich, für Tausende Personen Verantwortung trägt und täglich weit tragende Entscheidungen treffen muss, gewöhnt sich üblicherweise an, Informationen im Telegrammstil zu verlangen und auf dieser verkürzten Basis Entscheidungen zu treffen. Diskussionen werden nur zu Fragen der Strategie und das meist auch nur untereinander auf Führungsebene zugelassen. Das Denken und Streben ist auf Optimierung des Unternehmenserfolges und oft der Sicherung der eigenen Position ausgerichtet; unproduktive Vorgänge, die kostenträchtig sind, werden ungern wahrgenommen. Dazu gehören auch Strafverfahren, die Geld und Ansehen kosten können, aber niemals zum Ruhme des Unternehmensführers beitragen. Es gibt deshalb viele Vorstände und Geschäftsführer, die sich mit Ermittlungsverfahren nicht beschäftigen mögen und den Unternehmensverteidiger möglichst oft an die Kommunikation mit dem Syndikus verweisen. Derartige Unternehmenslenker sind zudem im Allgemeinen geneigt, jegliche Entscheidung des Unternehmensverteidigers noch einmal vom eigenen Individualverteidiger, so vorhanden, überprüfen zu lassen. Oft versuchen sie sogar, ihren Verteidiger faktisch in die Position des Unternehmensvertreters zu bringen. Umso wichtiger ist es in solchen Fällen, eine funktionierende Sockelverteidigung aufzubauen. Das andere Extrem ist der durch die Konfrontation mit dem Ermittlungsverfahren erschütterte und verschreckte Unternehmensführer, der nunmehr – womöglich nach vorheriger völliger Ignoranz – in allem und jedem strafrechtliche Gefahren sieht und dadurch fast entscheidungsunfähig wird. Jedenfalls lösen Strafverfahren starke Reaktionen aus, der das Unternehmen strafrechtlich vertretende Anwalt wird dies in seine Rechnung einstellen und in seiner Strategie berücksichtigen.

4. Aufsichtsrat und andere Kontrollorgane

86 Üblicherweise wird der Unternehmensvertreter vom Vorstand unter der Geschäftsführung für das Unternehmen mandatiert. Damit richten sich dessen Mandatspflichten voll und ganz auf diese Rechtspersönlichkeit. Das betrifft selbstverständlich auch Schweigepflichten. Wenn, wie zumeist, für den Unternehmensvertreter absehbar ist, dass auch der Aufsichtsrat als Kontrollorgan oder die Anteilseigner den Dialog mit ihm suchen werden, sollte er sich von vornherein durch den Vorstand von seiner Schweigepflicht gegenüber diesen entbinden lassen. Das mag sich anders darstellen, wenn es bereits zu einer Konfrontationsstellung zwischen Vorstand bzw. Geschäftsführung und Kontrollorgan gekommen ist. Der Unternehmensvertreter wird sich dann für jede weitergegebene Information vorab die Entbindung von der Schweigepflicht durch seinen Auftraggeber einholen müssen.

[1515] S. sentencing guidelines § 8 C2.5. Culpability Score.

Vermengungen von mandatsmäßigen Loyalitäten sind in Wirtschaftsstrafsachen noch mehr zu vermeiden, als dies einem Anwalt ohnehin geboten ist. Zu oft kommt es vor, dass ein ursprünglicher Schulterschluss beispielsweise zwischen Aufsichtsrat und Vorstand sich im Laufe eines Verfahrens in eine Konfrontationsstellung wandelt. Wer dann kein klares Mandat geführt hat, ist nicht nur in der Gefahr des Mandatsverlustes sondern auch in derjenigen des Parteiverrates.

5. Externe Wirtschaftsprüfer

Wirtschaftsprüfer können in Strafverfahren von erheblichem Umfang eine bedeutende Rolle spielen, dies in mehrfacher Hinsicht: 87

Als externe Aufklärungshilfe werden sie oftmals eingesetzt, wenn sich die Vorwürfe stark in Richtung Buchführung und Bilanzierung bewegen. Es ist das tägliche Geschäft des Wirtschaftsprüfers, große Datenmassen zu bewegen und zu bewerten. Auch haben sich viele große Wirtschaftsprüfungsgesellschaften inzwischen spezielle Abteilungen zugelegt, die auf Korruptionsprüfungen, Unterschlagungsprüfungen und generell Prüfung von Gesetzesverstößen spezialisiert sind. Diese können beispielsweise im Bereich des investigative counsel eine erhebliche Unterstützung darstellen und wurden in den großen Fällen der jüngeren Vergangenheit regelmäßig eingesetzt. Auch der deutsche Unternehmensverteidiger bedient sich ihrer häufiger, da im Allgemeinen in einer Strafrechtskanzlei weder die Mannschaftsstärke noch die Spezialkenntnisse zur Verfügung stehen, eine derartige, für den Strafrechtler eher atypische Arbeit durchzuführen. Aufgabe der Unternehmensverteidigung in einer derartigen Arbeitsteilung ist dann vor allem, die denkbaren Straftatbestände in den Prüfungsauftrag umzusetzen und zu kontrollieren, dass die strafrechtliche Sichtweise im Rahmen der Prüfung auch durchgehalten wird. Dazu bedarf er eines ständigen Dialoges und des Abgleichs von Zwischenergebnissen.

Wirtschaftsprüfungsgesellschaften sind oftmals das Instrument des Aufsichtsrates oder andere Kontrollorgane, die Arbeit der Unternehmensleitung zu überprüfen. Wie oben zum Vorstand bereits ausgeführt, ergeben sich dort möglicherweise Kommunikationsprobleme, vor allen Dingen dann, wenn das Kontrollorgan den vom Vorstand eingesetzten Anwalt mehr als den Vertreter der dort agierenden Personen sieht als denjenigen des Unternehmens. Die Rolle des Unternehmensanwalts ist allerdings eindeutig und klar: Wenn das Gesamtinteresse des Unternehmens in Konflikt mit den Individualinteressen seiner Leitungsorgane gerät, muss der Anwalt die Interessen des Unternehmens eindeutig und klar vertreten. Ein Grund mehr, sich von Anfang an durch den Vorstand in dessen Organfunktion die Kommunikation mit dem Kontrollorgan freizeichnen zu lassen.

Immer dann, wenn Wirtschaftsprüfungsgesellschaften zur Kontrolle von Vorgängen in der Gesellschaft eingesetzt werden, ist es vorzuziehen, nicht den regelmäßigen Wirtschaftsprüfer der Gesellschaft, der auch die Bilanz erstellt, damit zu betrauen. In vielen Fällen liefe ein solches Mandat auf die Kontrolle der eigenen Tätigkeit zumindestens in mittelbarer Form hinaus. Der externe Wirtschaftsprüfer sollte mithin in keiner Weise mit dem Unternehmen vorbefasst sein.

Der Kontakt zu der Wirtschaftsprüfungsgesellschaft, die regelmäßige Prüferin des vertretenen Unternehmens ist, geschieht automatisch zum Jahresende, wenn die Wirtschaftsprüfungsgesellschaft an alle mit dem Unternehmen verbundenen Vertreter ihre jährlichen Kontrollabfragen sendet. Damit stellt sich die Frage nach den Auswirkungen des Strafverfahrens auf die Bilanz eines Unternehmens, vom strafrechtlichen Ver- 88 treter meist nur schwierig zu beantworten. In den Fällen, in denen die Fragen nach der Höhe eines denkbaren Verfalls nach §§ 73 ff. StGB oder einer Unternehmensgeldbuße nach § 30 StGB gestellt werden, sind sie nur im Sinne einer Bandbreite zu beantworten. Auch wenn sich regelmäßig empfiehlt, vor der Beantwortung dieser Frage gegenüber den Wirtschaftsprüfern die Abstimmung mit der Unternehmensleitung zu suchen, muss davor gewarnt werden, dort gestellten Bilanzwünschen nachzugeben. Je nachdem, ob – in den Augen der Unternehmensleitung – das Unternehmen zu viel oder zu wenig Gewinn erwirtschaftet hat, soll es potentiell keine oder keine gravierende Auswirkungen des Verfahrens geben. Die für den Unternehmensverteidiger haftungsausschließende Auskunft ist eine klare Darstellung der Fakten- und Rechtslage und ein Verzicht auf die eigene Einschätzung.

6. Geschäftspartner

89 Wenn eine Company feststellt, dass sich in das Verhältnis zum Geschäftspartner eine strafrechtliche Komponente eingeschlichen hat, droht der Verlust der Geschäftsbeziehung. Der Vorwurf der Bestechung durch Ermittlungsbehörden impliziert immer, dass entweder das Unternehmen selbst bestochen hat oder Opfer einer Bestechung geworden ist. In beiden Fällen wird dies den jeweils anderen Unternehmen durch die Ermittlungen mit an Sicherheit grenzender Wahrscheinlichkeit offenbar werden. Damit steht die Frage der Fortsetzung der Geschäftsbeziehung und auch die Frage des Schadensersatzes im Raum. Strafrechtliche Vertreter des Unternehmens müssen erkennen, ab wann sie ihr eigenes Terrain verlassen und die Einschaltung eines Zivilrechtlers erforderlich wird. Von diesem Moment an wird sich ein Schulterschluss der Beratung anbieten. Während der Strafrechtler die notwendigen Informationen in vielen Fällen über das Instrument der Akteneinsicht oder durch interne Ermittlungen gemeinsam mit der Revision beschaffen kann, ist die Umsetzung – sei es Abwehr oder Durchsetzung von zivilrechtlichen Ansprüchen – die Aufgabe des zivilrechtlichen, manchmal auch kartellrechtlichen Spezialisten.

Allerdings ist auch hier die Zusammenarbeit von erheblicher Bedeutung: Was strafrechtlich positive Auswirkungen haben könnte – wie beispielsweise das Eingeständnis von Fehlverhalten – könnte zu einer zivilrechtlichen, haftungsrechtlichen Katastrophe führen und jegliche strategischen Möglichkeiten beseitigen.

7. Aktionäre – Öffentliche Mitteilungspflichten

90 Strafverfahren können auf Kapitalgesellschaften massive Auswirkungen haben. Diese können sich in Unterrichtungspflichten nach § 15 WpHG niederschlagen. Nicht unerwähnt soll bleiben, dass in derartigen Fällen auch der Unternehmensvertreter gezwungen sein kann, als Insider ein eigenes Verzeichnis zu führen.

§ 8. Mitarbeiterbefragungen

A. Notwendigkeit

Neben allen anderen Ermittlungsmethoden ist die Befragung, insbesondere die systematische interne Befragung von Mitarbeitern des eigenen Unternehmens (sog. „Interviews") eine der wichtigsten Methoden zur Aufklärung von Sachverhalten.* Das gilt für alle etwaigen Rechtsverstöße in einem Unternehmen, insbesondere aber für die Ermittlung und Aufklärung von behaupteten oder tatsächlichen Compliance-Verstößen im Rahmen von Untersuchungen und Ermittlungen gegen Unternehmen. Unternehmensinterne Mitarbeiterbefragungen stellen ein besonders wichtiges Instrument sowohl zur Verhinderung von Compliance-Verstößen *(„prevent")* als auch zur Aufklärung von tatsächlichen oder vermeintlichen Compliance-Verstößen oder gar Straftaten *(„detect")* dar. Oder um es anders auszudrücken: das Unternehmen ist bei der Aufklärung auf die Mitwirkung der Mitarbeiter angewiesen.[1516]

Der Arbeitgeber hat insbesondere im Rahmen der in diesem Buch dargestellten Ermittlungsverfahren ein besonderes Interesse an der Aufklärung und vollen Offenlegung relevanter Sachverhalte einschließlich Sicherung von Aussagen und Dokumenten.[1517] Der Druck der US-Behörden kann in solchen Fällen enorm sein.[1518] Die Unternehmen müssen handeln, um drohende Schäden abzuwehren. Einerseits geht es dabei um eine zügige Beendigung des Verfahrens zur Vermeidung von Rufschäden und sinkenden Aktienkursen.[1519] Vor allem aber geht es um eine Begrenzung der teilweise existenzbedrohenden Schäden im Hinblick auf die durch die amerikanischen Behörden verhängten Sanktionen. Denn das Maß der Kooperation mit den US-Ermittlern ist ein wichtiger Aspekt bei der Bemessung der gegen das Unternehmen zu verhängenden Strafe.[1520] Zudem können Einigungen mit den US-Behörden ein streitiges Gerichtsverfahren in den USA vermeiden.

Zu Recht wird ferner darauf hingewiesen, dass der Vorstand oder die Geschäftsführung bereits aufgrund ihrer Pflichten als Leitungsorgane zur Klärung von Verdachtsmomenten verpflichtet sind (Pflicht zur sorgfältigen Betreuung des ihnen anvertrauten Vermögens). Eine Missachtung dieser Pflichten kann Schadensersatzansprüche auslösen und sogar den Anfangsverdacht einer strafbaren Pflichtverletzung in Form einer Untreue nach § 266 StGB begründen.[1521]

1

---

* Frau Lioba Grünberg danke ich für die Unterstützung bei der Erstellung dieses Kapitels.
[1516] *Fritz/Nolden*, CCZ 2010, 170, 174; vgl. hierzu auch *Loer*, § 10 Rn. 12.
[1517] Vgl. *Loer*, § 10 Rn. 39.
[1518] Vgl. hierzu auch die grundsätzlichen Ausführungen in der Einleitung; zur Zwangssituation auch deutscher Unternehmen durch eine „Subpoena-Anordnung" der SEC vgl. *Wessing*, § 6 Rn. 82 ff.
[1519] *Göpfert/Landauer*, NZA-Beilage 2011, 16, 18.
[1520] *Wybitul*, BB 2009, 606; *Wessing*, § 7 Rn. 65; auch in Deutschland kann sich eine Aufklärung und Zusammenarbeit mit den Ermittlungsbehörden für die Bestimmung der Sanktionen positiv auswirken, vgl. *Wessing*, § 6 Rn. 9; *Loer*, § 10 Rn. 78 ff.; ferner zur positiven Berücksichtigung interner Unternehmensuntersuchungen im Rahmen der Strafzumessung *Böhme*, § 13 Rn. 16; vgl. auch § 12 zu Sanktionen nach amerikanischem und deutschen Recht.
[1521] *Jahn/Kirsch*, StV 2011, 151, 152.

Diesem Aufklärungsinteresse des Arbeitgebers sowie der Verwertung festgestellter Sachverhalte stehen häufig schutzwürdige Interessen der Mitarbeiter gegenüber. Denn die unternehmensinternen Ermittlungen in deutschen Unternehmen unterliegen deutschem Recht, auch wenn es nicht immer einfach ist, dies US-Behörden zu vermitteln. Insoweit müssen insbesondere die Anforderungen des deutschen Arbeits- und Datenschutzrechts beachtet werden. Dabei stellt sich für die Mitarbeiter regelmäßig die Frage, ob sie uneingeschränkt alle Fragen beantworten müssen und wie sich die wahrheitsgemäße Beantwortung der Fragen auf die bestehenden Arbeitsverhältnisse und ein etwaiges Strafverfahren auswirken wird oder auswirken könnte.

Vergleichbare Fragen stellen sich natürlich auch bei einfacheren Verdachtssachverhalten, die nicht den Umfang oder die Schwere von unternehmensweiten Verdachtsmomenten haben.[1522]

Der Umgang mit derartigen unternehmensinternen Ermittlungen ist im deutschen Recht überwiegend nicht gesetzlich geregelt. Es ist daher Neuland zu betreten und zu gestalten.[1523]

B. Zulässigkeit

2 Arbeitsrechtlich war die Befragung von Mitarbeitern in der Vergangenheit kein größeres Thema. I.d.R. ging es um die Ermittlung von Einzelsachverhalten, etwa bei Verdachtsmomenten für unkorrektes Handeln gegenüber einzelnen Mitarbeitern, allenfalls gegenüber einer Gruppe von Mitarbeitern. Mit der Aufdeckung und Bekämpfung von Korruption gerade in großen multinational tätigen Unternehmen[1524] haben sich jedoch Sichtweise und Umfang von Untersuchungen und Mitarbeiterbefragungen geändert. Es geht nicht mehr um einzelne, durch konkrete Anhaltspunkte begründete Befragungen, sondern um den Einsatz von Mitarbeiterbefragungen als systematische Ermittlungs- und Aufklärungsmethode gegenüber ganzen Abteilungen und Belegschaften.[1525] Hierbei steht die Aufklärung von komplexen, auch länderübergreifenden Sachverhalten im Vordergrund. Durch die Mitarbeiterbefragungen soll festgestellt werden, ob es im Unternehmen überhaupt Compliance-Verstöße gibt, welchen Umfang sie haben und wer daran beteiligt sein könnte.[1526]

Zudem haben sich die Form und die Durchführung der Befragungen wesentlich geändert: Während bei Einzelbefragungen aufgrund konkreter Verdachtsmomente grundsätzlich der Vorgesetzte oder die Personalabteilung die Mitarbeiter befragen und die Mitarbeiter zumeist in etwa wissen, um welche Themen es geht, ist dies bei systematischen Mitarbeiterbefragungen neueren Stils im Rahmen von Korruptions- und Compliance-Untersuchungen regelmäßig anders. Dort werden häufig Externe wie z.B. amerikanische Anwaltskanzleien eingesetzt, die systematisch die Mitarbeiter ganzer Abteilungen befragen; diese Befragungen unterscheiden sich grundlegend von den bis-

---

[1522] Vgl. zur Frage, wann sich interne Untersuchungen empfehlen *Wisskirchen/Glaser*, DB 2011, 1393, 1394, und *Loer*, § 10 Rn. 40.
[1523] Vgl. die grds. Ausführungen *Wessing*, § 1 Rn. 5.
[1524] Als Beispiel mögen hier die Untersuchungen bei der Siemens AG dienen.
[1525] *Jahn*, StV 2009, 41, berichtet von vier- bis fünftausend Vernehmungen von Führungskräften aller Konzernbereiche bei Siemens.
[1526] Nach angloamerikanischer Strafzumessungsdoktrin wirkt sich die Aufarbeitung von verdachtsbegründenden Verhaltensweisen durch das Unternehmen selbst strafmildernd aus, vgl. *Jahn*, StV 2009, 41; vgl. hierzu auch *Wessing*, § 7 Rn. 69.

her gewohnten Befragungen, die einzelfallorientiert anhand konkreter Anhaltspunkte durchgeführt werden. Unterschiede liegen nicht zuletzt darin, dass amerikanische Anwälte regelmäßig stärker die Ermittlungsinteressen des Unternehmens als die Interessen der Mitarbeiter in den Vordergrund stellen. Die Befragungen erfolgen teilweise „verhörsähnlich". Für die Mitarbeiter ist zudem oft nicht klar, was mit Befragungsergebnissen geschieht, insbesondere wie weit diese in die Hände Dritter wie z. B. der Ermittlungsbehörden kommen oder kommen können.[1527]

Trotz dieser Änderungen in der Art der Mitarbeiterbefragungen bestehen aus arbeitsrechtlicher Sicht gegen die Zulässigkeit interner Unternehmensbefragungen keine grundsätzlichen Bedenken. Die Unternehmen sind auch nicht verpflichtet, interne Befragungen gegenüber etwaigen staatlichen Ermittlungen zurückzustellen oder Befragungen einstweilen einzustellen. Vielmehr haben Unternehmen ein berechtigtes Interesse daran, die internen Mitarbeiterbefragungen neben etwaigen staatlichen Ermittlungen eigenständig durchzuführen, zumal interne Mitarbeiterbefragungen – gerade auch im Hinblick auf Ermittlungen amerikanischer Behörden – eine andere Zielrichtung verfolgen und häufig auch sehr viel schneller sind. Den Unternehmen geht es neben einer etwaigen Bestrafung von Verfehlungen vor allem um Aufklärung und Abstellung Compliance-widriger Zustände.

Die Befragung von Mitarbeitern erfolgt durch sog. „Interviews". Interviews beinhalten ein Frage-Antwort-Spiel. Daraus ergibt sich bereits aus der Natur der Sache, dass eine Mitwirkung der Mitarbeiter erforderlich ist. Die zentrale Frage ist daher, in welchem Umfang Auskunftspflichten der Mitarbeiter bestehen und wieweit Mitarbeiter bei internen Befragungen durch Anwesenheit und Beantwortung von Fragen mitwirken müssen.

C. Auskunftspflichten der Mitarbeiter

Für unternehmensinterne Mitarbeiterbefragungen gibt es praktisch keine gesetzlichen Regelungen, insbesondere keine Bestimmungen zu etwaigen Auskunftsverweigerungsrechten[1528] oder Verwertungsverboten im arbeitsrechtlichen Bereich. In den wenigsten Arbeitsverträgen wird zudem eine Regelung über Mitwirkungspflichten bzw. Auskunftspflichten im Rahmen von internen Mitarbeiterbefragungen enthalten sein. Auch insoweit unterscheiden sich interne Mitarbeiterbefragungen von den Ermittlungsmaßnahmen staatlicher Institutionen, insbesondere von strafrechtlichen Ermittlungen, für die es verhältnismäßig detaillierte gesetzliche Regelungen gibt. Für unternehmensinterne Mitarbeiterbefragungen muss deshalb auf allgemeine arbeitsrechtliche Grund-

---

[1527] Zwar ist es nach *Dann/Schmidt*, NJW 2009, 1851, unter amerikanischen Unternehmensanwälten üblich, vor einer Befragung den Mitarbeiter über die Möglichkeit der Weitergabe an in- und ausländische Behörden zu belehren. Vgl. hierzu auch *Schürrle/Olbers*, CCZ 2010, 178, 179. Dies führt aber zum einen umso mehr dazu, dass eine solche Befragung verhörsähnlichen Charakter annehmen kann und zum anderen bleibt weiterhin unklar, inwieweit eine Weitergabe an Ermittlungsbehörden tatsächlich erfolgt. Eine solche Belehrung dient damit nur dazu, dass niemand in Unkenntnis der Möglichkeit der Informationsweitergabe aussagt. In wieweit eine solche Belehrung auch bei Befragungen in Deutschland üblicherweise erteilt wird, ist nicht bekannt.
[1528] Soweit im Folgenden von einem Aussageverweigerungsrecht gesprochen wird, bezieht sich dies sowohl auf das Auskunftsverweigerungsrecht (als Zeuge) nach § 55 StPO als auch auf das Aussageverweigerungsrecht (als Beschuldigter) nach § 136 StPO. In beiden Fällen besteht bei einem rechtzeitigen Widerspruch in einem etwaigen Strafverfahren gegen den aussagenden Mitarbeiter ein Verwertungsverbot.

sätze zurückgegriffen werden, d.h. auf allgemeine Vertragspflichten und Nebenpflichten des Mitarbeiters, die Abwägung der beiderseitigen Interessen einschließlich des Verhältnismäßigkeitsgrundsatzes und die grundlegenden rechtsstaatlichen Prinzipien. Nur so kann man die Befugnisse des Arbeitgebers und der von ihm Beauftragten einerseits und die Pflichten und Rechte der Mitarbeiter im Rahmen solcher interner Mitarbeiterbefragungen andererseits festlegen und gegeneinander abgrenzen.

Unmittelbar mit den Auskunftspflichten verknüpft sind Mitwirkungspflichten des Mitarbeiters: der Mitarbeiter ist verpflichtet, an Befragungen teilzunehmen.[1529] Der Mitarbeiter darf deshalb nicht sein Erscheinen an einer Befragung verweigern oder den Raum verlassen, z.B. weil sein Rechtsanwalt nicht anwesend ist, sofern er nicht ausnahmsweise einen Anspruch auf Hinzuziehung eines Rechtsbeistandes hat.[1530]

Die Auskunfts- und Mitwirkungspflichten der Mitarbeiter finden ihre Grundlage in den arbeitsvertraglichen Pflichten. Dabei wird allgemein von unterschiedlichen Rechtsgrundlagen ausgegangen, je nachdem um welche Fragen und Bereiche es geht. Je weiter die Auskunftspflicht der Mitarbeiter geht, umso stärker sind sie zur Mitarbeit verpflichtet und umso weniger können sie sich auf Auskunftsverweigerungsrechte oder die Beeinträchtigung ihrer eigenen Interessen berufen.

Eine grundsätzliche Unterscheidung wird danach vorgenommen, ob die Fragestellungen und das Interview den eigenen vertraglichen Aufgabenbereich des Mitarbeiters betreffen oder ob es um Fragen außerhalb des eigenen Aufgabenbereichs geht. Im Ausnahmefall kommt eine Auskunftspflicht auch dann in Betracht, wenn den Mitarbeiter unabhängig von einer Befragung eine aktive Anzeigepflicht von Sachverhalten trifft oder getroffen hätte.

I. Auskunftspflichten der Mitarbeiter innerhalb des vertraglichen Aufgabenbereiches

5 Als gesetzliche Grundlage einer Auskunftspflicht innerhalb des vertraglichen Aufgabenbereiches werden allgemein die §§ 675, 666 BGB analog herangezogen. Aus diesen Vorschriften lässt sich eine unbeschränkte Verpflichtung des Mitarbeiters herleiten, Fragen des Arbeitgebers vollständig und wahrheitsgemäß zu beantworten, soweit sie den eigenen vertraglichen Aufgabenbereich des Mitarbeiters betreffen.[1531] Innerhalb des vertraglichen Aufgabenbereiches meint dabei, dass der betroffene Mitarbeiter Auskunft über alle im Zusammenhang mit den ihm übertragenen oder von ihm wahrgenommenen Aufgaben aus dem Geschäftskreis des Arbeitgebers geben muss.[1532] Der Umfang der Auskunftspflicht bestimmt sich nach dem konkreten Aufgabenbereich des betroffenen Mitarbeiters. So erstaunt es nicht, dass für eine Führungskraft andere,

---

[1529] Dies folgt unmittelbar aus dem Weisungsrecht des Arbeitgebers nach § 106 GewO *Rudkowski*, NZA 2011, 612; zutreffend kennzeichnen *Lützeler/Müller-Sartori*, CCZ 2011, 19 Befragungen als Personalgespräch.

[1530] Nach der Rspr. des BAG ist der Mitarbeiter zur Teilnahme an Personalgesprächen verpflichtet. Das gilt ausnahmsweise nicht, wenn der Arbeitgeber mit dem Mitarbeiter lediglich über eine Absenkung der Vergütung sprechen will, *BAG* NJW 2009, 3115, 3116.

[1531] *Oberthür*, ArbBR 2011, 184; *Wisskirchen/Glaser*, DB 2011, 1447, 1448; *Schürrle/Olbers*, CCZ 2010, 178; *Fritz/Nolden*, CCZ 2010, 170; *Wastl/Litzka/Pusch*, NStZ 2009, 68; *Diller*, DB 2004, 313; *Reichold*, in: Münchener Hdb. z. ArbR, § 49 Rn. 7; *Böhm*, WM 2009, 1923, 1924; *Mengel*, Kap. 4 Rn. 20; ebenso lässt sich die Auskunftspflicht auch aus dem Weisungsrecht des Arbeitgebers nach § 106 GewO herleiten, vgl. *Lützeler/Müller-Sartori*, CCZ 2011, 19, 20; zur Auskunftspflicht wegen vermuteten Wettbewerbs vgl. *LAG Hamm*, Urt. v. 3.3.2009, Az. 14 Sa 1689/08, BeckRS 2009, 74015.

[1532] *BGH* DB 1989, 1464; *Fritz/Nolden*, CCZ 2010, 170, 171; *Diller*, DB 2004, 313.

nämlich gesteigerte Auskunftspflichten bestehen, als für sonstige Mitarbeiter.[1533] Diese Auskunftspflicht ist i.d.R. nicht durch Zumutbarkeitserwägungen beschränkt, sondern besteht uneingeschränkt und umfassend; Berichterstattung und Auskunftspflicht sind dabei als Teil der arbeitsvertraglichen Leistungspflicht zu verstehen. Es kommt auch nicht darauf an, ob der Arbeitgeber sich die Informationen unschwer selbst beschaffen könnte. Der Mitarbeiter kann auch nicht die Auskünfte mit dem Hinweis darauf verweigern, ihm stehe ein Auskunftsverweigerungsrecht zu.[1534] Zudem finden Verschwiegenheitspflichten gegenüber Dritten (z.B. aus berufsrechtlichen Vorschriften) keine Anwendung.[1535]

Neben der Auskunftspflicht aus §§ 675, 666 BGB analog lassen sich auch innerhalb des vertraglichen Aufgabenbereiches Auskunftspflichten aus § 241 Abs. 2 BGB (vertragliche Nebenpflicht) oder aus § 242 BGB (Treuepflicht des Mitarbeiters) ableiten, denen jedoch neben §§ 675, 666 BGB analog keine eigenständige Bedeutung zukommt.[1536]

Mit den Auskunftspflichten korrelieren auch weitere Mitwirkungspflichten des Mitarbeiters.[1537] Hierzu gehört z.B. die Pflicht, sich überhaupt einer Befragung zu stellen, also eine Teilnahmepflicht an Befragungen. Wird ein Mitarbeiter nach dem Inhalt bestimmter Unterlagen befragt, folgt aus der Auskunftspflicht auch die Pflicht des Mitarbeiters, diese Unterlagen herbeizuschaffen, soweit ihm das möglich ist oder Kennworte preiszugeben, mit denen die Unterlagen eingesehen werden können.

II. Auskunftspflichten der Mitarbeiter außerhalb des vertraglichen Aufgabenbereiches

Außerhalb seines eigenen vertraglichen Aufgabenbereiches sind die Auskunftspflichten des Mitarbeiters zugleich weiter und enger. Sie sind weiter, weil sie über den eigenen Arbeitsbereich und das eigene Handeln des Mitarbeiters hinausgehen. Sie sind aber auch zugleich enger, weil sie nicht unbegrenzt sind, sondern nach Zumutbarkeitsabwägungen eingeschränkt werden.[1538]

Die Auskunftspflicht ergibt sich hier aus einer vertraglichen Nebenpflicht nach § 241 Abs. 2 BGB. Diese Auskunftspflicht ist dann gegeben, wenn ein Schuldverhältnis zu einer anderen Partei besteht, diese andere Partei in entschuldbarer Weise über Bestehen oder Umfang ihrer Rechte im Ungewissen ist und der auf Auskunft in Anspruch Genommene die zur Beseitigung der Ungewissheit erforderliche Auskunft unschwer geben kann.[1539]

Die Rechtsprechung hat eine Auskunftspflicht z.B. für die Frage nach der DDR-Vergangenheit eines Mitarbeiters,[1540] nach unerlaubten Nebentätigkeiten[1541] oder nach

6

7

[1533] *Lützeler/Müller-Sartori*, CCZ 2011, 19; *Göpfert/Merten/Siegrist*, NJW 2008, 1703, 1706.
[1534] S. unten Rn. 14.
[1535] Vgl. z.B. *BAG* NZA 1989, 726: die einem Steuerberater obliegenden strafrechtlichen oder standesrechtlichen Verschwiegenheitspflichten hindern ihn nicht, Auskunft darüber zu erteilen, mit welchen ehemaligen Mandanten er vertragswidrig Beratungsverträge abgeschlossen hat.
[1536] *Diller*, DB 2004, 313.
[1537] Zu den Mitwirkungspflichten *Schürrle/Olbers*, CCZ 2010, 178.
[1538] Vgl. auch *Wisskirchen/Glaser*, DB 2011, 1447, 1448; *Schürrle/Olbers*, CCZ 2010, 178.
[1539] Vgl. neben *BAG* NZA 1996, 637, auch Palandt/*Heinrichs*, §§ 259 bis 261 Rn. 8 ff.; *Oberthür*, ArbBR 2011, 184; *Fritz/Nolden*, CCZ 2011, 170, 172.
[1540] *BAG* NZA 1996, 637.
[1541] *BAG* NZA 1997, 41.

Verstößen gegen ein Wettbewerbsverbot[1542] bejaht. Für die Auskunftspflicht hat das BAG jedoch einschränkende Voraussetzungen aufgestellt.[1543] Demnach muss der Arbeitgeber ein berechtigtes, billigenswertes und schutzwürdiges Interesse an der Beantwortung der Frage haben. Zudem muss dieses Interesse gerade im Zusammenhang mit dem bestehenden Arbeitsverhältnis und insbesondere auch mit den von dem Mitarbeiter zu erledigenden Aufgaben vorliegen. Des Weiteren verlangt das BAG, dass die Erfüllung der Auskunftsverpflichtung keine übermäßige Belastung für den Mitarbeiter darstellen darf und sie der Bedeutung des Auskunftsinteresses entspricht. Wenn sich der Arbeitgeber die Information auf zumutbare Weise anderweitig verschaffen könne, so sei der Anspruch auf Auskunft ausgeschlossen.[1544] Sofern die Frage in das allgemeine Persönlichkeitsrecht des Mitarbeiters eingreife, müsse dieser Eingriff einer Abwägung der beiderseitigen Interessen nach dem Grundsatz der Verhältnismäßigkeit standhalten. Schließlich darf die gesetzliche Verteilung der Darlegungs- und Beweislast im Kündigungsschutzprozess nicht unzulässig verändert werden. Der Auskunftsanspruch könne nur da ergänzend eingreifen, wo auch die grundsätzliche Verteilung der Darlegungs- und Beweislast einer entsprechenden Korrektur bedarf. Der Mitarbeiter muss also keine Auskunft erteilen, deren Zweck im Wesentlichen darin besteht, einen Kündigungsgrund für den Arbeitgeber zu belegen.[1545]

8 Ferner kann sich eine Auskunftspflicht des Mitarbeiters auch aus der allgemeinen arbeitsvertraglichen Treuepflicht eines Mitarbeiters ergeben, die sich rechtsdogmatisch aus § 242 BGB („Treu und Glauben") ableiten lässt. Der Inhalt der Treuepflicht wird in Rechtsprechung und Schrifttum vielfach dahin umschrieben, der Mitarbeiter habe die Interessen seines Arbeitgebers zu wahren, alles zu unterlassen, was diesen schädigen könne, und ihm drohende Gefahren abzuwenden.[1546] Unter den Begriff „Schaden" fallen nicht nur drohende Schäden aufgrund von Naturgewalten oder Unfallgefahren, sondern auch finanzielle Schäden oder Rufschäden, die dem Arbeitgeber aus behördlichen (Zwangs-)Maßnahmen wie z.B. einer Durchsuchung durch die Strafverfolgungsbehörden entstehen können. Daher ist der Mitarbeiter grundsätzlich verpflichtet, den Arbeitgeber auf einen drohenden Schadenseintritt hinzuweisen, auch wenn Schadensursache und Schadenseintritt außerhalb seines Arbeitsbereiches liegen. Auch diese Auskunftspflicht besteht nicht uneingeschränkt. Die Rechtsprechung erkennt eine Auskunftspflicht aus der Treuepflicht nur dann an, soweit dem Mitarbeiter schadensabwendende Maßnahmen unter Abwägung aller Umstände zumutbar sind. Dabei müssen berücksichtigt und abgewogen werden: die Verantwortungsstufe des Mitarbeiters, die Höhe des drohenden Schadens, das (Mit-)Verschulden des Arbeitgebers und/oder des Mitarbeiters, die möglichen negativen Folgen für den Mitarbeiter sowie das Vorhandensein anderer Mittel der Schadensabwehr.[1547] Die Auskunftspflicht

---

[1542] *BAG* DB 1968, 2041; *LAG Hamm*, Urt. v. 3.3.2009, Az. 14 Sa 1689/08, BeckRS 2009, 74015.
[1543] *BAG* NZA 1996, 637.
[1544] Beispielsweise durch Einsicht in vorhandene Unterlagen oder indem der Arbeitgeber zunächst die mit dem relevanten Sachverhalt damals befassten Berater, Rechtsanwälte oder Wirtschaftsprüfer befragt.
[1545] Die Darlegungs- und Beweislast für Kündigungsgründe nach § 1 KSchG oder nach § 626 BGB liegt beim Arbeitgeber und kann durch eine Auskunftspflicht nicht umgekehrt werden; vgl. auch unten § 8 Rn. 13.
[1546] Vgl. z.B. *BGH* NJW-RR 1989, 614 = DB 1989, 1464; sowie *BAG* NJW 2004, 1547 = NZA 2004, 427; sowie *Lützeler/Müller-Sartori*, CCZ 2011, 19; *Dann/Schmidt*, NJW 2009, 1851; *Diller*, DB 2004, 314; *Mengel/Ullrich*, NZA 2006, 243; *Mengel*, Kap. 4 Rn. 19.
[1547] *Diller*, DB 2004, 313, 314.

geht allerdings nicht soweit, dass der Mitarbeiter jede Unredlichkeit von Arbeitskollegen nach Kräften zu verhindern hätte,[1548] wohl aber gravierende Pflichtverletzungen.

Bekommt zum Beispiel ein Mitarbeiter in der Kantine ein Gespräch zwischen anderen Mitarbeitern mit, in dem es um einen Bestechungsversuch bei einem Kunden geht, gibt es m.E. unter Abwägung der widerstreitenden Interessen eine Anzeigepflicht an den Arbeitgeber. Denn es steht ein erhebliches strafbares Verhalten in Rede.[1549] Fraglich ist nur, inwieweit der Mitarbeiter verpflichtet ist, sich selbst zu bezichtigen.[1550]

Soweit ein Mitarbeiter verpflichtet ist, von sich aus aktiv – auch ohne eine Befragung – einen Sachverhalt dem Arbeitgeber anzuzeigen,[1551] ist er erst recht zur Auskunft verpflichtet.[1552]

Insgesamt ist die sich aus der Treuepflicht ergebende Auskunftspflicht deutlich schwächer ausgestaltet als die Auskunftspflichten aus §§ 675, 666 BGB analog und aus § 241 Abs. 2 BGB. **9**

III. Auskunftspflichten der Mitarbeiter nach Beendigung des Arbeitsverhältnisses

Auch nach Beendigung des Arbeitsverhältnisses kann eine Auskunftspflicht des Mitarbeiters unter dem Gesichtspunkt der nachvertraglichen Treuepflicht bestehen.[1553] **10**
Ansonsten könnte sich ein Mitarbeiter durch Kündigung oder Aufhebungsvertrag jeglichen Auskunftspflichten entziehen. Zudem könnte der Arbeitgeber in vielen Fällen eine Aufklärung gar nicht mehr erfolgreich durchführen, da die maßgeblichen oder mutmaßlichen Wissensträger ausgeschieden sind. Eine Auskunftspflicht muss daher zumindest insoweit bestehen, als der ehemalige Aufgabenbereich des ausgeschiedenen Mitarbeiters betroffen ist.[1554] Hierbei wird man allerdings das Ausscheiden selbst und den Zeitablauf seit dem Ausscheiden nicht außer Acht lassen können. Da der Mitarbeiter nicht mehr im Arbeitsverhältnis steht, handelt es sich nicht mehr um seine unmittelbaren vertraglichen Pflichten, sondern um Nachwirkungen dieser Pflichten im Sinne

---

[1548] *BGH* NJW-RR 1989, 614 = DB 1989, 1464; *Oberthür*, ArbBR 2011, 184, 185.

[1549] Zustimmend *Fritz/Nolden*, CCZ 2010, 170, 172; a.A. *Lützeler/Müller-Sartori*, CCZ 2010, 19, 20 und *Diller*, DB 2004, 313, 315, die in gleich gelagerten Fällen ein Überwiegen des Interesses des Mitarbeiters feststellen, andere Arbeitnehmer nicht anschwärzen zu müssen. Der Arbeitgeber könne sich an den verdächtigten Arbeitnehmer halten.

[1550] S. hierzu unten unter Rn. 14 ff.

[1551] Beispiel: Ein Mitarbeiter einer Klinik erkennt, dass ein Patient dort gravierend falsch behandelt wird. Eindeutig muss er hierauf hinweisen, um einen Gesundheitsschaden vom Patienten abzuwenden, auch wenn die Behandlung des Patienten nicht zu seinen arbeitsvertraglichen Aufgaben gehört; Bsp. aus der Rspr: BAGE 22, 375 = NJW 1970, 1861: Ein kaufmännischer Angestellter eines Versorgungsunternehmens, der mit der Abrechnung der Hauskassierer betraut ist, ist zu einer Meldung an seinen Arbeitgeber verpflichtet, wenn er vermutet, dass einer der Hauskassierer Unterschlagungen begangen hat. Bei Verletzung dieser Pflicht handelt er rechtswidrig und schuldhaft.

[1552] Vgl. hierzu auch unten Rn. 13.

[1553] So auch *Göpfert/Merten/Siegrist*, NJW 2008, 1703; *Diller*, DB 2004, 313; a.A. *Rieble*, ZIP 2003, 1273, 1277, der eine solche Pflicht nur für krasse Ausnahmefälle annimmt, etwa wenn die Existenz des Unternehmens bedroht ist oder schwerste Schäden abzuwenden sind und das Unternehmen hierzu auf die Aussage des ausgeschiedenen Mitarbeiters zwingend angewiesen ist.

[1554] Beispielsweise kann die ausgeschiedene Chefsekretärin eines Vorstandsmitglieds, der unter Korruptionsverdacht geraten ist, möglicherweise als einzige Auskunft über konkrete Abläufe geben, da bei ihr alle Vorgänge über den Tisch liefen. Entfiele hier eine Auskunftspflicht der (ehemaligen) Chefsekretärin, so wäre der Korruptionsverdacht unter Umständen nicht mehr aufklärbar, mit Folgen sowohl für den Vorstand als auch für das Unternehmen.

einer nachvertraglichen Treuepflicht. Daher wird man, um das Interesse des Arbeitgebers an einer Auskunft beurteilen und gegen das des ehemaligen Mitarbeiters abwägen zu können, vor allem auch auf die Schwere der möglichen Compliance-Verstöße, auf die frühere Funktion des Mitarbeiters und auf die sonstigen Möglichkeiten des Arbeitgebers, überhaupt an Informationen zu einem bestimmten Sachverhalt kommen zu können, abstellen müssen. Eine feste Zeitgrenze nach seinem Ausscheiden, nach der eine Auskunftspflicht des Mitarbeiters generell nicht mehr in Betracht kommt, wird man nicht aufstellen können. Es dürfte jedoch gelten: Je länger das Arbeitsverhältnis schon beendet ist, desto schwerer muss das Interesse des Arbeitgebers an den Auskünften dieses (ehemaligen) Mitarbeiters wiegen, um noch eine Auskunftspflicht zu begründen.

IV. Zulässigkeitserweiternde Vereinbarungen

11 Da die Auskunftspflicht für Sachverhalte außerhalb des eigenen Arbeitsbereichs nur begrenzt besteht, stellt sich die Frage, ob man Mitarbeiter über die dargestellten Auskunftspflichten hinaus zur Kooperation mit dem Arbeitgeber und zu weitgehenden Auskünften vertraglich verpflichten kann.[1555] Das ist zu bejahen. Es bestehen keine grundsätzlichen Bedenken, entsprechende Pflichten für Mitarbeiter zu vereinbaren. Eine grenzenlose Verpflichtung wird allerdings nicht möglich sein, da regelmäßig auch die Interessen und Belange der Mitarbeiter zu berücksichtigen sind. So muss eine Weisung des Arbeitgebers immer „billigem Ermessen" entsprechen (§ 106 GewO), eine arbeitsvertragliche Regelung darf den Mitarbeiter nicht „unangemessen benachteiligen" (§§ 305 ff. BGB), Betriebsvereinbarungen müssen den Grundsätzen von Recht und Billigkeit entsprechen und müssen zudem die freie Entfaltung der Persönlichkeit der Mitarbeiter schützen und fördern (§ 75 BetrVG).

Zur Einführung einer weitergehenden Auskunftspflicht wäre eine vertragliche Regelung denkbar, durch welche sich der Mitarbeiter verpflichtet, alle ihm bekannt werdenden Compliance-Verstöße ungefragt anzuzeigen bzw. alle erforderlichen Auskünfte zu etwaigen Compliance-relevanten Sachverhalten zu erteilen. Eine solche vertragliche Regelung könnte folgendermaßen formuliert sein:

> *Der Mitarbeiter ist verpflichtet, Verstöße gegen den Verhaltenskodex/die Ethikrichtlinie/alle Regelungen zur Einhaltung von Compliance im Unternehmen unverzüglich an den Kontrollbeauftragten seiner Geschäftseinheit/die Rechtsabteilung/den Compliance Officer oder seinen Vorgesetzten zu melden.*[1556]
>
> *Der Mitarbeiter ist verpflichtet, aus begründetem Anlass dem Unternehmen und seinen Beauftragten alle Auskünfte bezogen auf seinen Aufgaben- und Wissensbereich zu erteilen, die das Unternehmen benötigt, um Untersuchungen bzgl. des Verdachts eines Gesetzesverstoßes im Unternehmen durchzuführen bzw. die Einhaltung aller Regelungen des Verhaltenskodex/der Ethikrichtlinie/ oder sonstigen Regelungen zur Einhaltung von Compliance im Unternehmen sicherzustellen.*

[1555] Vgl. *Klasen/Schaefer*, BB 2012, 641, 642.
[1556] Angelehnt an eine Klausel in der Ethikrichtline von Honeywell nach *BAG* NZA 2008, 1248; maßgeblich wäre die konkrete Ausgestaltung der jeweiligen Regelungswerke im Unternehmen; zu einer Vertragsklausel s. auch *Schulz*, BB 2011, 629, 634.

C. Auskunftspflichten der Mitarbeiter

> *Dem Mitarbeiter steht auch dann kein Auskunftsverweigerungsrecht zu, wenn er sich durch seine Auskunft in die Gefahr einer Verfolgung wegen einer Straftat oder Ordnungswidrigkeit begeben würde.*[1557]

Die Einführung einer solchen (Verpflichtungs-)Klausel kann aber unter mehreren Gesichtspunkten problematisch sein.[1558] Zunächst müsste sie Inhalt des Arbeitsverhältnisses werden. Unproblematisch kann diese Klausel im Rahmen einer Neueinstellung Vertragsinhalt werden.[1559] Im Rahmen eines bereits bestehenden Arbeitsverhältnisses würde die Einführung als arbeitsvertragliche Regelung eine Vertragsänderung erfordern, die nur mit Zustimmung des Mitarbeiters erreicht werden kann, wenn eine echte Erweiterung von Pflichten herbeigeführt werden soll. Die vorgeschlagene Klausel enthält m.E. eine solche Erweiterung, sie bezweckt diese gerade.[1560] Die Einführung über das Weisungsrecht des Arbeitgebers gem. § 106 S. 1 GewO kommt daher nicht in Betracht. Dieses kann nur bereits vorhandene vertragliche Pflichten konkretisieren,[1561] nicht aber neue vertragliche Pflichten schaffen oder bestehende Pflichten relevant ausweiten. Würde der Mitarbeiter einer Vertragsänderung bzw. -ergänzung im Sinne der o.g. Regelungen nicht zustimmen, wäre theoretisch eine Änderungskündigung möglich; für sie wird aber in aller Regel kein ausreichendes Interesse des Arbeitgebers bestehen.[1562] Allenfalls könnte dieses vielleicht bei gesetzlichen Verpflichtungen oder zwingenden Vorgaben der SEC gegeben sein.[1563]

12

Bei der Einführung einer Verpflichtung zur Anzeige von Compliance-Verstößen wird man zudem von einem Mitbestimmungsrecht des Betriebsrats ausgehen müssen.[1564] Deshalb wird es i.d.R. notwendig sein, solche erweiterten Anzeige- und Auskunftspflichten (zusätzlich oder statt arbeitsvertraglicher Regelungen) durch Betriebsvereinbarung mit dem Betriebsrat etwa im Rahmen der Installation einer Whistleblower-Hotline einzuführen.[1565]

Eine solche Regelung in einer Betriebsvereinbarung ist grundsätzlich zulässig; deshalb sind auch Klauseln zu Meldepflichten in Bezug auf das Fehlverhalten Dritter im Zusammenhang mit der Einführung von Whistleblower-Hotlines grundsätzlich zulässig. Fraglich ist hingegen, ob auch eine Verpflichtung zur uneingeschränkten und nicht einzelfallbezogenen Meldepflicht aller Compliance-Verstöße von Kollegen zulässig wäre.[1566]

[1557] Eine solche Klausel ist m.E. zulässig. Die Ausführungen unter Rn. 14 f., die dem entgegenstehen könnten, beziehen sich auf Konstellationen, in denen Auskunftspflichten gerade nicht ausdrücklich vereinbart sind, vgl. Rn. 4.
[1558] Zur vergleichbaren Einführung einer Ethikrichtline s. auch *Kock*, MDR 2006, 673.
[1559] *Mengel*, Kap. 1 Rn. 33.
[1560] Anders läge es, wenn die Regelung lediglich wiedergibt oder präzisiert, was ohnehin schon der Pflicht des Mitarbeiters entspricht.
[1561] *Tettinger/Wank*, GewO, § 106 Rn. 4; *Mengel/Hagemeister*, BB 2007, 1386, 1387.
[1562] S. zur Möglichkeit einer Änderungskündigung allg. z.B. *Eisemann*, in: Küttner, § 5 m.w.N.
[1563] Weitergehend *Meyer*, NJW 2006, 3605, 3608, für die Einführung einer Ethikrichtlinie durch Änderungskündigung.
[1564] Vgl. BAG NZA 2008, 1248, 1253; LAG Düsseldorf NZA-RR 2006, 81, 84; *Müller-Bonanni/Sagan*, BB-Spezial Nr. 5/2008, S. 28, 31.
[1565] Zur Zulässigkeit der Vereinbarung von Anzeigepflichten in Betriebsvereinbarungen: *Preis*, in: Erfurter Komm. z. ArbR, § 611 BGB Rn. 743.
[1566] Vgl. zu Meldepflichten im Zusammenhang mit Whistleblowing im Einzelnen *Schulz*, BB 2011, 629 m. Rspr. Nachw.

V. Selbstständige Anzeigepflicht der Mitarbeiter

13 In welchen Fällen Mitarbeiter aufgrund von arbeitsvertraglichen Pflichten dem Arbeitgeber oder einem Dritten selbstständig ohne Befragen, also von sich aus, Mitteilung über einen eingetretenen oder bevorstehenden Schaden machen müssen, hängt vom Einzelfall ab. Eine gesetzliche Regelung gibt es auch hier nicht. Allgemein wird von einer Pflicht des Arbeitnehmers ausgegangen, seinen Arbeitgeber auf drohende Schäden hinzuweisen, damit dieser Abwehr- oder Minderungsmaßnahmen ergreifen kann.[1567] Das ist zutreffend. Die Auffassung, der Mitarbeiter habe dem Arbeitgeber jeden Schadenseintritt oder jeden drohenden Schaden anzuzeigen, auch jede ihm bekannt gewordene Unredlichkeit von Arbeitskollegen nach Kräften zu verhindern oder jedenfalls zu melden, dehnt die Anzeigepflicht indes zu weit aus. Von einer solchen weiten Anzeigepflicht kann nicht ausgegangen werden. Andererseits wird man relativ schnell Einigkeit darüber erzielen, dass ein Mitarbeiter, der durch eine Mitteilung an den Arbeitgeber z.B. einen drohenden Personenschaden verhindern kann, zu einer solchen Mitteilung verpflichtet sein muss. Bestes Beispiel ist ein Mitarbeiter einer Klinik, der Kenntnis von einer Falschbehandlung eines Patienten erlangt, die zu einem Schaden für den Patienten zu führen droht. Es dürfte unstreitig sein, dass dieser Mitarbeiter über den Fehler Mitteilung machen muss, um den Schaden des Patienten abzuwenden. Auch ist eine Anzeigepflicht in Bezug auf Fehlverhalten von Untergebenen wohl eher anzunehmen als bei (gleichgestellten) Arbeitskollegen.[1568] Die Interessen des Arbeitgebers können also so stark ins Gewicht fallen, dass aus der Auskunftspflicht des Arbeitnehmers eine eigenständige Anzeigepflicht wird.[1569]

Eine eigenständige Anzeigepflicht außerhalb von Befragungen wird sich dabei zwischen beiden Polen – Interesse Arbeitgeber und Zumutbarkeit für den Mitarbeiter – bewegen müssen. Sie wird im konkreten Einzelfall abhängen von dem Grad der Pflichtverletzung und von dem drohenden Schaden sowie davon, ob der Schaden noch verhindert oder verringert werden kann. M.E. ist ein Mitarbeiter, der Kenntnis von Korruptionshandlungen seiner Kollegen erhält, grundsätzlich selbstständig zur Anzeige verpflichtet. Das ergibt sich aus der Schwere der Pflichtverletzung und dem einem Arbeitgeber drohenden Schaden, zumal sich ein gravierender Schaden auch schon aus externen Ermittlungen gegen den Arbeitgeber ergeben kann. Diese Anzeigepflicht besteht umso eher, je leichter der Arbeitgeber dem Mitarbeiter die Möglichkeit einer Anzeige solcher Pflichtverletzungen anderer Mitarbeiter macht, etwa durch Einrichtung einer Whistleblower-Hotline.[1570] Erst recht gilt dies, wenn eine Whistleblower-Hotline sogar anonyme Anzeigemöglichkeiten zulässt.[1571]

[1567] So z.B. *Oberthür*, ArbBR 2011, 184; *Dann/Schmidt*, NJW 2009, 1851; *Diller*, DB 2004, 314; *Mengel/Ullrich*, NZA 2006, 243, *Mengel*, Kap. 4 Rn. 19; vgl. auch *BGH* NJW-RR 1989, 614 = DB 1989, 1464; sowie *BAG* NJW 2004, 1547 = NZA 2004, 427; *Klasen/Schaefer*, BB 2012, 641, 642 m.w.N.; vgl. ferner oben Rn. 8.

[1568] Erman/*Hanau*, § 611 Rn. 490; *Gach/Rützel*, BB 1997, 1959, 1961. Nach *Böhm*, WM 2009, 1923, 1925, können Gegenstand einer solchen Auskunftspflicht aber nur solche Umstände sein, die einen dienstlichen Bezug haben. Privat erlangte Kenntnisse über Gesetzesverstöße im Unternehmensbereich sollen dieser Auskunftspflicht hingegen nicht unterfallen. Dem wird man in dieser Allgemeinheit nicht zustimmen können.

[1569] *Rudkowski*, NZA 2011, 612, 613.

[1570] Vgl. auch *Bürkle*, DB 2004, 2158 f.; zum Begriff „Whistleblowing" ausf. *Schulz*, BB 2011, 629, 630.

[1571] Offengelassen in *BGH* NJW-RR 1989, 614 = DB 1989, 1464; *BAG* NJW 1970, 1861. Nach der Rspr. des *EGMR* NZA 2011, 1269, kann selbst eine Strafanzeige wegen Missständen am Arbeitsplatz gerechtfertigt sein; eine deshalb ausgesprochene Kündigung verstieß gegen das Recht der Arbeitnehmerin auf freie Meinungsäußerung, Art 10 EMRK.

D. Wahrheitspflicht und Aussageverweigerung

I. Grundsätzliche Wahrheitspflicht

Soweit ein Mitarbeiter zur Auskunft verpflichtet ist, hat er die Auskunft vollständig zu erteilen und Fragen wahrheitsgemäß zu beantworten. Generell ist ein Mitarbeiter nicht berechtigt, bewusst unwahre Antworten zu geben. Es gibt kein „Recht zu lügen".[1572] Sollte im Einzelfall das Interesse des Mitarbeiters an der Nichterteilung einer Auskunft das Interesse des Arbeitgebers an der Auskunft überwiegen, so kann der Mitarbeiter ggf. die Auskunft verweigern.[1573] Er darf jedoch nicht falsche Angaben machen oder Auskünfte so verkürzen, dass der Arbeitgeber hieraus notwendigerweise die falschen Schlüsse zieht und z.B. jemand Drittes belastet wird. Entweder besteht ein Auskunftsverweigerungsrecht; dann muss sich der Mitarbeiter hierauf berufen. Wenn das nicht der Fall ist, muss eine zu erteilende Auskunft vollständig und wahrheitsgemäß sein.

14

II. Pflicht zur Selbstbelastung?

Im Zusammenhang mit einer Auskunftspflicht stellt sich die Frage, ob Mitarbeiter verpflichtet sind, sich selber zu belasten, insbesondere Auskünfte zu erteilen, mit denen sie sich der Gefahr arbeitsrechtlicher Maßnahmen, wie z.B. einer Kündigung oder sogar einer strafrechtlichen Verfolgung aussetzen. Das Arbeitsrecht kennt hierzu keine gesetzlichen Bestimmungen. Hingegen enthält das Strafverfahrensrecht den Grundsatz, dass niemand verpflichtet ist, sich selbst zu bezichtigen (*„nemo tenetur se ipse accusare"*). Dieser gilt für Zeugen wie für Beschuldigte (§§ 55, 136 Abs. 1 StPO). In Fällen, in denen sich Zeugen oder Beschuldigte einer strafrechtlichen Verfolgung aussetzen könnten, dürfen sie schweigen.[1574] Aus dem Schweigen dürfen keine für sie negativen Schlüsse gezogen werden. Diese Grundsätze werden als elementare Wesensmerkmale eines rechtsstaatlichen Verfahrens angesehen.[1575]

15

Es ist deshalb zu fragen, ob die umfassende Auskunftspflicht eines Mitarbeiters im Arbeitsrecht nicht dahin zu beschränken ist, dass dieser sich nicht selbst belasten muss. Denn sonst müsste der Mitarbeiter im arbeitsrechtlichen Pflichtenbereich etwas tun, wozu er im strafrechtlichen Ermittlungsverfahren nicht verpflichtet wäre. Eine solche Beschränkung der Auskunftspflicht kommt insbesondere dann in Betracht, wenn die Ergebnisse und Protokolle einer Befragung, etwa im Rahmen einer umfangreichen Ermittlung durch ausländische Anwälte, bei den deutschen Strafermittlungsbehörden „landen" würden. Praktisch würden dann nämlich die Ermittlungsbehörden über die

---

[1572] *Lützeler/Müller-Sartori*, CCZ 2011, 19, 20. Anders aus strafrechtlicher Sicht *Wessing*, § 6 Rn. 38 ff.
[1573] So auch *Schürrle/Olbers*, CCZ 2010, 178, 179.
[1574] Betroffene wie auch Angeklagte sind nach § 136 Abs. 1 S. 2 StPO, § 46 Abs. 1 OWiG zu Beginn einer jeden Vernehmung auf ihr Schweigerecht hinzuweisen und können von diesem Recht Gebrauch machen, ohne befürchten zu müssen, dass sich dies zu ihren Lasten auswirkt, vgl. *Meyer-Goßner*, § 261 Rn. 15; zur Aussagepflicht aus der Sicht der Staatsanwaltschaft *Loer*, § 10 Rn. 46 f.
[1575] Vgl. z.B. BVerfG NJW 1981, 1431; BVerfG, Beschl. v. 21.4.2010, Az. 2 BvR 504, 1193/08, BeckRS 2010, 49081; BGHSt 52, 11 = NJW 2007, 3138; KG Berlin NJW 2010, 2900; LG Dortmund, Urt. v. 13.11.2007, Az. 37 Ks 23/06, BeckRS 2010, 00996. S. hierzu auch die Regelung zur unbeschränkten Aussagepflicht des Schuldners im Insolvenzverfahren nach § 97 InsO, wonach ein Verwertungsverbot für diese Aussage im Strafrecht besteht.

§ 8. Mitarbeiterbefragungen

„Interviews" im arbeitsrechtlichen Bereich Auskünfte und Informationen erhalten, die sie bei unmittelbarer Befragung der Mitarbeiter im Rahmen eines strafrechtlichen Ermittlungsverfahrens nicht erhalten könnten, weil die Mitarbeiter hier von ihrem Schweigerecht Gebrauch machen könnten.

16 Die Beantwortung dieser Frage ist nicht allgemein möglich und im Übrigen umstritten. Sie dürfte von den Umständen des Einzelfalls abhängen. Die Bundesrechtsanwaltskammer (BRAK) vertritt hierzu in einer von ihrem Strafrechtsausschuss im November 2010 erarbeiteten Stellungnahme die Auffassung, die sich aus der rechtsstaatlichen Ordnung ergebenden Standards seien einzuhalten und zu beachten, damit der Grundsatz der Selbstbelastungsfreiheit nicht unterlaufen werde.[1576] Hierzu zählt der Strafrechtsausschuss in der BRAK-Stellungnahme das Recht eines Mitarbeiters, einen Rechtsanwalt zu konsultieren, unzulässige Einflussnahmen des Befragers auf das Aussageverhalten zu unterlassen, den Mitarbeiter über eine etwaige Weitergabe der Aufzeichnungen der Befragung an Behörden zu belehren, die Anhörung schriftlich zu dokumentieren und den Befragten auf Verlangen Einsicht in entsprechenden Protokolle nehmen zu lassen. Ein ausdrückliches Auskunftsverweigerungsrecht des Mitarbeiters im Falle einer möglichen Selbstbelastung verlangt der Strafrechtsausschuss nicht; zwischen den Zeilen scheint aber deutlich zu werden, dass das Anliegen des Ausschusses genau in diese Richtung zielt.

Das ist die strafrechtliche Sichtweise. Die arbeitsrechtliche Sichtweise ist eine andere. In der überwiegenden arbeitsrechtlichen Literatur und Rechtsprechung wird zutreffend zwischen Auskünften des Mitarbeiters über den vertraglichen Aufgabenbereich und außerhalb des vertraglichen Aufgabenbereichs differenziert.

1. Im vertraglichen Aufgabenbereich

17 Rechtsprechung und herrschende Meinung gehen bei der Auskunftsverpflichtung des Mitarbeiters nach §§ 675, 666 BGB von einer praktisch unbeschränkten Auskunftspflicht aus. Da sich die Auskunft unmittelbar auf den eigenen vertraglichen Aufgabenbereich des Mitarbeiters bezieht, also die Auskunftspflicht eine unmittelbare vertragliche Pflicht darstellt, soll der Mitarbeiter die Auskunft nicht allein mit der Begründung verweigern können, er müsse sich mit dieser selbst belasten.[1577] Das ist zutreffend. Diese Konsequenz ergibt sich daraus, dass die Berichterstattung und Auskunftspflicht gegenüber dem Arbeitgeber im eigenen vertraglichen Aufgabenbereich Teil der arbeitsvertraglichen Pflichten des Mitarbeiters ist. Der Mitarbeiter könnte, wenn er zu einer Auskunftsverweigerung berechtigt wäre, einen Teil seiner Arbeitsleistung aus eigenen persönlichen Interessen verweigern und so seine Pflichten eigenmächtig und einseitig beschränken.[1578] Das Arbeitsvertragsrecht gibt ein solches Recht nicht. Das wäre vor allem aber auch vom Arbeitgeber in keiner Weise zu steuern; eine Leistungskontrolle wäre faktisch nicht mehr möglich.[1579] Es könnte sich sogar ein Mitarbeiter, dessen Aufgabe gerade in der Überwachung und Kontrolle der Tätigkeit anderer Mit-

---

[1576] BRAK-Stellungnahme vom November 2010 Nr. 35/2010, S. 10 f. S. hierzu auch *Wessing*, § 6 Rn. 70.

[1577] *Wastl/Litzka/Pusch*, NStZ 2009, 68; BGHZ 41, 318 = NJW 1964, 1469; *Reichhold*, in: Münchener Hdb. z. ArbR, § 49 Rn. 7; *Böhm*, WM 2009, 1923, 1924; *Lützeler/Müller-Sartori*, CCZ 2011, 19; a.A. *Rudkowski*, NZA 2011 612, 613, und wohl auch *Oberthür*, ArbRB 2011, 184, 185. Hierzu auch *Loer*, § 10 Rn. 46 ff.

[1578] *Diller*, DB 2004, 313, 314.

[1579] *Lützeler/Müller-Sartori*, CCZ 2011, 19, 20.

D. Wahrheitspflicht und Aussageverweigerung

arbeiter besteht (über die er natürlich Auskunft erteilen muss) auf ein Auskunftsverweigerungsrecht berufen, weil er sich durch die Nichterfüllung seiner Kontrollpflichten z.B. der Beihilfe zu einer Korruptionstat schuldig gemacht haben könnte.
Arbeitnehmer haben demnach bei richtiger Betrachtung eine umfassende vertragliche Auskunfts- und Wahrheitspflicht.[1580]
Auch das LAG Hamm hat im März 2009 angenommen, dass die aus einem Wettbewerbsverstoß des Arbeitnehmers hergeleitete Auskunftsverpflichtung nicht durch die Gefahr der Selbstbezichtigung wegen einer strafbaren Handlung beschränkt werde.[1581] Nach Auffassung des LAG Hamm werde der Schutz des Mitarbeiters durch das Bestehen eines strafrechtlichen Verwertungsverbotes erreicht. Das LAG Hamm schränkt indes selbst ein, dass über dessen Reichweite nicht die Arbeitsgerichte, sondern die Strafgerichte in einem ggf. durchzuführenden Strafverfahren zu entscheiden hätten. Derzeit besteht ein gesetzliches Verwertungsverbot für Mitarbeiterauskünfte nicht; ob die Strafgerichte ein solches aus anderen gesetzlichen oder verfassungsrechtlichen Grundsätzen ableiten werden, ist noch völlig ungewiss. Die Staatsanwaltschaften lehnen ein Verwertungsverbot allerdings überwiegend ab.[1582]

Hier ergibt sich mithin für den Arbeitnehmer ein Dilemma: Er ist arbeitsrechtlich in vollem Umfange zur wahrheitsgemäßen Aussage und Aufklärung verpflichtet, ohne sich auf ein Auskunftsverweigerungsrecht wegen möglicher Selbstbelastung berufen zu können. Andererseits hätte er gegenüber den Strafermittlungsbehörden jedenfalls im Falle einer etwaigen Selbstbelastung ein Auskunftsverweigerungsrecht. Dieses Auskunftsverweigerungsrecht wird faktisch unterlaufen, wenn der Arbeitnehmer arbeitsrechtlich unbegrenzt zur Aussage verpflichtet ist, obwohl diese Aussagen auch in die Hände der Strafermittlungsbehörden kommen können.[1583] **18**

Dieses Dilemma lässt sich m.E. nur durch ein mit der Auskunftspflicht korrespondierendes Beweisverwendungsverbot[1584] der Aussagen lösen.[1585] Zum Schutz des auskunftspflichtigen Arbeitnehmers könnte es sich daher anbieten, das Beweisverwendungsverbot des § 97 Abs. 1 S. 3 InsO analog anzuwenden.[1586] Nach § 97 Abs. 1 S. 1 InsO ist der Gemeinschuldner verpflichtet, dem Insolvenzgericht und dem Insolvenzverwalter umfassend über alle das Verfahren betreffenden Verhältnisse Auskunft zu geben. Dabei hat er gemäß der ausdrücklichen gesetzlichen Regelung in § 97 Abs. 1

[1580] Anders im Strafverfahren: Hier besteht für den Beschuldigten keine Wahrheitspflicht; vgl. *Wessing*, § 6 Rn. 38.
[1581] *LAG Hamm*, Urt. v. 3.3.2009, Az. 14 Sa 1689/08, BeckRS 2009, 74015.
[1582] S. nur *Loer*, § 10 Rn. 49 ff.; anders aber *Bittmann/Molkenbur*, wistra 2009, 373, 377 f., die ein Verwertungsverbot bei fehlendem Einverständnis annehmen.
[1583] *Schaefer*, NJW-Spezial 2010, 120, 121; *Fritz/Nolden*, CCZ 2010, 170, 172.
[1584] Ein Beweisverwendungsverbot geht weiter als ein bloßes Beweisverwertungsverbot und bedeutet, dass die erteilte Auskunft auch nicht als Grundlage weiterer Ermittlungen mit dem Ziel der Schaffung selbstständiger Beweismittel eingesetzt werden kann, vgl. MünchKomm-InsO/*Passauer/Stephan*, § 97 Rn. 16; Uhlenbruck/*Uhlenbruck*, § 97 Rn. 10.
[1585] *Knauer/Buhlmann*, AnwBl. 2010, 387, 393, nehmen ebenfalls eine Unverwertbarkeit der unternehmensintern getätigten Angaben im Strafprozess an, da andernfalls der Arbeitnehmer in seinem Recht auf ein faires Verfahren verletzt wäre. Nach *v. Galen*, NJW 2011, 945, liege ein Verwertungsverbot auf der Hand: eine Lösung mit Selbstbezichtigungspflicht und ohne Verwertungsverbot sei verfassungswidrig.
[1586] Vgl. hierzu umfassend *Böhm*, WM 2009, 1923, 1926 ff.; *Maschmann*, AuA 2009, 72, 76, nimmt eine analoge Anwendung hingegen nur bei präventiv angelegten Befragungen, nicht aber bei Befragungen mit repressiven Zielen an; eine analoge Anwendung grundsätzlich ablehnend *LG Hamburg* NJW 2011, 942 = StraFo 2011, 44, 46, im Fall der internen Untersuchungen bei der HSH Nordbank.

S. 2 InsO auch Tatsachen zu offenbaren, die geeignet sind, eine Verfolgung wegen einer Straftat oder einer Ordnungswidrigkeit herbeizuführen. Der Gemeinschuldner muss sich also auch selbst in strafrechtlich relevanter Weise belasten. Jedoch werde – so das BVerfG – das Persönlichkeitsrecht unverhältnismäßig beeinträchtigt, wenn eine unter Zwang herbeigeführte Selbstbezichtigung gegen den Willen des Auskunftspflichtigen der Verwertung für eine Strafverfolgung zugeführt werde.[1587] Auf diese Entscheidung hat der Gesetzgeber mit der Schaffung des § 97 Abs. 1 S. 3 InsO reagiert. Danach dürfen Auskünfte, die der Gemeinschuldner gemäß seiner umfassenden Auskunftsverpflichtung erteilt hat, in einem Straf- oder Ordnungswidrigkeitenverfahren gegen den Gemeinschuldner nur mit seiner Zustimmung verwendet werden. Es besteht also ein Verwendungsverbot von Aussagen des Gemeinschuldners gegen dessen Willen in einem etwaigen Straf-/OWiG-Verfahren.[1588] Dahinter steht eine umfassende, verfassungsrechtlich auch gebotene Interessenabwägung zwischen dem Informationsinteresse des Gläubigers, das nur durch den Gemeinschuldner befriedigt werden kann und dem Interesse des Gemeinschuldners, sich nicht selbst belasten zu müssen.

Die Interessenlage eines auskunftspflichtigen Arbeitnehmers ist dabei ähnlich der des Gemeinschuldners. Der Arbeitnehmer ist in seinem vertraglichen Aufgabenbereich ebenfalls umfassend zur Auskunft verpflichtet, ohne sich – jedenfalls nach der h.M. im Arbeitsrecht – auf ein Auskunftsverweigerungsrecht berufen zu können. Der Arbeitnehmer kann sogar auf Auskunft verklagt werden; ein entsprechendes Auskunftsurteil könnte nach § 888 ZPO gegen den Arbeitnehmer vollstreckt werden.[1589] Damit besteht für den Arbeitnehmer ebenso wie für den Gemeinschuldner ein Zwang zur umfassenden Aufklärung und Aussage, ohne dass der Arbeitnehmer vor einer Strafverfolgung geschützt wäre.[1590] Er unterliegt zwar keinem Zwang eines staatlich geordneten Verfahrens, jedoch können die Maßnahmen durchaus enormen wirtschaftlichen Druck und damit faktischen Zwang ausüben, etwa durch die Androhung von arbeitsrechtlichen Konsequenzen oder Schadensersatzforderungen.[1591] Dieser wirtschaftliche Druck rechtfertigt eine analoge Anwendung des § 97 Abs. 1 S. 3 InsO, so dass aus meiner Sicht bei einer Auskunftspflicht im Falle der Selbstbelastung ein Verwendungsverbot greift.[1592]

[1587] BVerfGE 56, 37 = NJW 1981, 1431 – Gemeinschuldnerbeschluss; *BVerfG* NJW 1997, 1841, 1843.

[1588] Vgl. MünchKomm-InsO/*Passauer/Stephan*, § 97 Rn. 16 ff.; Uhlenbruck/*Uhlenbruck*, § 97 Rn. 9 ff.

[1589] Vgl. *Kienast*, § 13 Rn. 211; so auch *Lützeler/MüllerSartori*, CCZ 2011, 19, 24; *Momsen*, ZIS 2011, 513; a.A. *Fritz/Nolden*, CCZ 2010, 170, 175: Sie sehen eine abweichende Situation von der eines Gemeinschuldners im Insolvenzverfahren, da der Arbeitgeber – ungeachtet § 888 ZPO – keine Zwangsmittel wie ein Insolvenzgericht zur Verfügung hat, mit denen er seinen Auskunftsanspruch durchzusetzen könnte; vgl. auch *Szesny*, GWR 2011, 169.

[1590] Insoweit steht der analogen Anwendung auch nicht das Urteil des OLG Karlsruhe NStZ 1989, 287 f. entgegen, das die Anwendung der Grundsätze des Gemeinschuldnerbeschlusses auf das Arbeitsverhältnis abgelehnt hat, denn in diesem Fall war die Interessenlage auf Grund einer fehlenden Auskunftspflicht nicht vergleichbar.

[1591] Ausf. zur faktischen Zwangssituation *Momsen*, ZIS 2011, 508, 515, und *Knauer/Buhlmann*, AnwBl 2010, 387, 392; eine § 97 InsO vergleichbare Konfliktsituation sehen auch *Jahn/Kirsch*, StV 2011, 151, 152

[1592] So mit ausführl. und zutreffender Begründung *Böhm*, WM 2009, 1923, 1928; vgl. *Wastl/Litzka/Pusch*, NStZ 2009, 68, 71; a.A. *Wessing*, § 6 Rn. 86 ff., der ein Beweisverwertungsverbot ablehnt. Im vorgeschlagenen Sinne sieht der Entwurf eines Gesetzes zur Verbesserung der Rechte von Patientinnen und Patienten der Bundesregierung vom 15.8.2012 (BT-Drs. 17/10488) ein Verwendungsverbot von Auskünften im Strafverfahren vor. Nach § 630 c Abs. 2 BGB-E soll eine Pflicht des behandeln-

D. Wahrheitspflicht und Aussageverweigerung

Gegen eine solche Analogie hat sich das LG Hamburg in einer Entscheidung zur Beschlagnahme von Unterlagen aus internen Audits im Fall einer Bank ausgesprochen.[1593] Nach Auffassung des LG Hamburg bestehe kein Beschlagnahmeverbot zu Gunsten von befragten Mitarbeitern hinsichtlich deren protokollierter Aussagen. Sie seien nicht in das Mandatsverhältnis des Unternehmens zu seinen Rechtsanwälten einbezogen; das Beschlagnahmeverbot des § 97 Abs. 1 StPO gelte für sie nicht. Diese Auffassung ist abzulehnen. Das LG Hamburg berücksichtigt in seiner Entscheidung die verfassungsrechtlich gebotene Interessenabwägung nicht ausreichend.[1594] Denn es will eine vergleichbare Interessenlage zwischen einer gesetzlichen Auskunftspflicht und einer arbeitsvertraglichen Verpflichtung zur Auskunft trotz der – selbst festgestellten – existenziellen Bedeutung der Interessen des jeweiligen Arbeitnehmers nicht anerkennen. Der Arbeitnehmer habe sich freiwillig vertraglich zur Auskunft verpflichtet.[1595] Darin liege der Unterschied. Diese Ansicht ist nicht zutreffend. Dass ein Arbeitnehmer, der sich durch den Abschluss eines Arbeitsvertrages nach überwiegen-

---

den Arztes zur Information des Patienten über erkennbare Behandlungsfehler eingeführt werden. Eine solche Information soll im Strafverfahren zu Beweiszwecken gegen den Arzt, dem der Behandlungsfehler unterlaufen ist, nur mit dessen Zustimmung verwendet werden dürfen. Ausweislich der Gesetzesbegründung soll dies der Beachtung des nemo-tenetur-Grundsatzes dienen (S. 22 der Gesetzesbegründung).

[1593] *LG Hamburg* NJW 2011, 942 = StraFO 2011, 44. Im dortigen Fall hatte die Staatsanwaltschaft ein Ermittlungsverfahren gegen Vorstandsmitglieder der HSH-Nordbank wegen des Verdachts der Untreue betrieben. Die Bank hatte Rechtsanwälte mit einer internen Untersuchung beauftragt. Diese führten Gespräche, auch mit anderen Mitarbeitern. Hierüber wurden u. a. Gesprächsprotokolle erstellt und Aussagen festgehalten. Die Staatsanwaltschaft verlangte Herausgabe der Interviewprotokolle. Die Rechtsanwälte lehnten die Herausgabe ab. Auf Antrag der Staatsanwaltschaft ordnete das Amtsgericht die Beschlagnahme der in den Räumen der Rechtsanwaltskanzlei lagernden Interviewprotokolle an. Das *LG Hamburg* wies die dagegen gerichtete Beschwerde zurück. Anders: *LG Mannheim*, Beschl. v. 3.7.2012, Az. 24 Qs 1/12, BeckRS 2012,15309 m.Anm. *Beukelmann*, NJW Spezial 2012, 504. Das LG Mannheim hat hier entschieden, dass Unterlagen, die aus einer internen Untersuchung hervorgegangen sind und sich bei den beauftragten Rechtsanwälten befinden, dem Beschlagnahmeschutz des § 97 Abs. 1 S. 1 Nr. 3 StPO unterfallen. Zu den beschlagnahmefreien Unterlagen zählen der abschließende Bericht der internen Untersuchung und die vorab erstellten Fragebögen mit den dazugehörenden Antworten. Erforderlich sei jedoch, dass sich die aus der internen Untersuchung hervorgegangenen Dokumente im Gewahrsamsbereich der intern ermittelnden Rechtsanwälte befinden; die Beschlagnahme von Exemplaren des Berichts, die sich im Gewahrsam des Unternehmens befinden, sei hingegen zulässig. Auch dürfe kein Missbrauch vorliegen, etwa indem ein Unternehmen gezielt Unterlagen bei einem Rechtsanwalt in Verwahrung gibt, um sie so einem Zugriff der Strafverfolgungsbehörden zu entziehen. Das ist indes nicht der Fall, wenn sich ein Bericht interner Ermittlungen lediglich bei den ermittelnden Rechtsanwälten befindet. Vgl. zur Thematik auch *LG Bonn*, Beschl. v. 21.6.2012, Az. 27 Qs 2/12. Das LG Bonn hatte hier u. a. über die Beschlagnahme von Unterlagen aus internen von Rechtsanwälten im Auftrag der Muttergesellschaft durchgeführten Ermittlungen zu entscheiden. Das LG macht längere Ausführungen zu §§ 97, 53 StPO beschlagnahmefreien Unterlagen. Es verlangt, dass es sich bei den Unterlagen um solche handeln müsse, die zum Zwecke der Verteidigung in einem strafrechtlichen Ermittlungsverfahren erstellt worden seien. In Zivilverfahren erstellte Unterlagen reichten nicht; auch müsse ein Mandatsverhältnis zwischen den Rechtsanwälten, die die Unterlagen erstellt hätten, und den Beschuldigten des Ermittlungsverfahrens bestehen.

[1594] Zur gebotenen Interessenabwägung zusammenfassend *Galen*, NJW 2011, 945; a.A. *Szesny*, GWR 2011, 169; *Knierim*, FD-StrafR 2011, 314177, nach denen die Beschlagnahme im Fall HSH-Nordbank schon wegen § 160 a Abs. 2 StPO rechtswidrig gewesen sei. Zur Beschlagnahmefreiheit von Unterlagen aus dem Mandatsverhältnis zwischen Unternehmen und seinem Anwalt entstandenen Unterlagen einschließlich Erkenntnissen aus Anhörungen *Wessing*, § 6 Rn. 51.

[1595] So auch *Loer*, § 10 Rn. 50; eine unterschiedliche Betrachtung lässt sich auch nicht mit den Belangen einer funktionierenden Strafrechtspflege begründen, auf sich *Loer*, § 10 Rn. 51 ergänzend stützt.

der Meinung einer umfassenden vertraglichen Auskunftspflicht unterwirft, den grundrechtlichen Schutz seiner Interessen gegenüber ermittelnden staatlichen Behörden „freiwillig" aufgibt und sich fortan – strafprozessual schutzlos – selbst bezichtigen muss, kann wohl kaum angenommen werden.[1596] Von solchen Gedanken geht ein Arbeitnehmer bei Abschluss des Arbeitsvertrages nicht aus. Wenn sich überhaupt jemand Gedanken über Auskunftspflichten und etwaige Auswirkungen macht, dann im Verhältnis zu dem Arbeitgeber, aber nicht im Verhältnis zu Staatsorganen. Da die meisten Menschen Arbeitsverhältnisse abschließen müssen, um ihre wirtschaftliche Existenzgrundlage zu schaffen, sind sie zudem zur Übernahme der arbeitsvertraglichen Verpflichtungen gezwungen. Es kann deshalb keine Rede davon sein, dass sie sozusagen freiwillig eine arbeitsvertragliche Verpflichtung übernommen hätten und deshalb mit dem Gemeinschuldner, der aufgrund gesetzlicher Verpflichtung Auskunft erteilen müsse, nicht vegleichbar wären.

Vielmehr muss auch hier weitergehende eine Abwägung der grundrechtlich geschützten Interessen erfolgen. Diese führt entgegen der Entscheidung des LG Hamburg vom 15.10.2010 zu einem Beschlagnahme- und Verwendungsverbot von Unterlagen über die Aussagen befragter Arbeitnehmer.

19 Das bedeutet: der Mitarbeiter ist unbeschränkt auskunftspflichtig. Er hat kein Auskunftsverweigerungsrecht, auch nicht im Falle einer Selbstbelastung. Aber seine Aussagen dürfen nicht in einem etwaigen Straf-/OWiG-Verfahren gegen ihn verwendet werden.

Das Verwendungsverbot geht weiter als ein bloßes Verwertungsverbot und bedeutet, dass die erteilte Auskunft auch nicht als Grundlage weiterer Ermittlungen mit dem Ziel der Schaffung selbstständiger Beweismittel eingesetzt werden kann.[1597] Insoweit können m. E. weder Wortprotokolle noch Aussagen von Beteiligten in unternehmensinternen Verfahren in ein Strafverfahren eingeführt werden.[1598]

Die Entscheidung des LG Hamburg hat in der Praxis zum Teil dazu geführt, dass Rechtsanwälte ein gemeinsames Mandat eines Unternehmens und des Mitarbeiters übernehmen, um dessen Befragung es im Einzelfall geht. Das Unternehmen möchte dadurch von Informationen und Kenntnissen des Mitarbeiters profitieren; dieser soll jedoch zugleich vor einer eventuellen Strafverfolgung geschützt werden, die sich aus einer wahrheitsgemäßen Aussage ergeben könnte und bei der es zu einer Beschlagnahme des Protokolls seiner Aussage kommen könnte. Bezieht sich das Mandat des Anwalts auch auf die Vertretung des Mitarbeiters, sind etwaige dabei entstandene Unterlagen bei dem Rechtsanwalt durch das Anwaltsgeheimnis vor einer Beschlagnahme durch die Strafverfolgungsbehörden geschützt. Ein solches Anwaltsmandat kann zulässig sein, wenn die Interessen von Unternehmen und Mitarbeiter gleich laufen, insbesondere in einer Aufklärung und Offenbarung bestehen. Dann liegt im Einzelfall für den Anwalt kein Interessengegensatz i.S. von § 43 BRAO i.V.m. § 3 Abs. 2 BORA vor, der die gemeinsame Vertretung bei gegenläufigen Interessen verbieten würde.

[1596] So auch *Galen*, NJW 2011, 945; *Sidhu/v. Saucken/Ruhmannseder*, NJW 2011, 881, 883, die die gebotene Interessenabwägung zudem aus der arbeitsvertraglichen Fürsorgepflicht als Gegenstück zur persönlichen Abhängigkeit des Arbeitnehmers vom Arbeitgeber herleiten; ferner *Momsen*, ZIS 2011, 508, 513, der die notwendige Interessenabwägung aus dem Recht auf ein faires Verfahren als Ausfluss des Rechtsstaatsprinzips i.V.m. Art. 6 Abs. 1 EMRK ableitet; gegen die Auslegung und das Ergebnis des *LG Hamburg* mit ausf. Begründung und Auslegung des § 97 Abs. 1 Nr. 3 StPO *Jahn/Kirsch*, StV 2011, 151, 153.

[1597] Vgl. MünchKomm-InsO/*Passauer/Stephan*, § 97 Rn. 16; Uhlenbruck/*Uhlenbruck*, § 97 Rn. 10.

[1598] Anders aber *Loer*, § 10 Rn. 50.

Das kann sich aber ändern, wenn das Unternehmen an Hand des Gehörten doch Maßnahmen gegen den Mitarbeiter erwägt. Dann nämlich können sich plötzlich doch entgegengesetzte Interessen ergeben, die eine gemeinsame anwaltliche Vertretung ausschließen. Hier ist für alle Beteiligten äußerste Vorsicht geboten, insbesondere für beteiligte Rechtsanwälte. Sie stehen nämlich stets mit einem Bein im Interessengegensatz oder sogar im Verdacht des Parteiverrats.

2. Außerhalb des vertraglichen Aufgabenbereichs

Außerhalb des eigenen Arbeitsbereichs wird man hingegen eine generelle Auskunftsverpflichtung ohne Rücksicht auf eine mögliche Selbstbezichtigung des Mitarbeiters nicht annehmen können. Denn dort beruht die Auskunftspflicht allein auf einer Nebenpflicht oder einer vertraglichen Treuepflicht, aus der sich eine Pflicht, sich selbst zu bezichtigen, nicht herleiten lässt.[1599] Nach der Rechtsprechung des BGH wäre eine Pflicht zur Selbstbezichtigung für den Mitarbeiter unzumutbar und würde die von § 242 BGB (Treu und Glauben) gezogene Grenze der Treuepflicht als vertragliche Nebenpflicht überschreiten.[1600] Deshalb wird es entsprechend der Rechtsprechung des BAG[1601] maßgeblich darauf ankommen, ob die Selbstbelastung dem Mitarbeiter zumutbar wäre.[1602] Dabei hat das BAG entschieden, dass ein Arbeitnehmer in einem gegen ihn gerichteten (konkreten) Aufklärungs- oder Kündigungsverfahren nicht verpflichtet ist, sich selber zu belasten oder sich an der Aufklärung des gegen ihn gerichteten Verdachtes aktiv zu beteiligen; der Arbeitnehmer könne auch nicht gezwungen werden, dem Arbeitgeber Tatsachenmaterial zu liefern, um dessen Kündigung „schlüssig" zu machen.[1603]

20

Diese Grundsätze hat auch das OLG Koblenz in einer Strafsache betont, bei der es um die Verwertung von außerprozessualem Schweigen (nämlich in einer Mitarbeiterbefragung im Anschluss an eine Sachbeschädigung mit erheblichem Ausmaß) ging.[1604] Es bestehe keine Pflicht, von sich aus den selbst verursachten Schaden dem Arbeitgeber anzuzeigen und auch keine daraus ableitbare Pflicht, dem Arbeitgeber entsprechende Fragen zu beantworten. Insoweit stellte das OLG Koblenz aber fest, dass das Schweigen im Zusammenhang mit seinem Gesamtverhalten aus der Mitarbeiterbefragung verwertet werden könne, weil es sich um eine außerprozessuale Situation gehandelt und der Arbeitnehmer nicht als Beschuldigter in einem Strafverfahren geschwiegen habe. Zudem lehnt das Gericht die Anwendung der Grundsätze aus der Gemeinschuldnerentscheidung des BVerfG ab. Der Arbeitnehmer habe vorliegend freiwillig gehandelt, weil gerade keine Auskunftspflicht bestanden habe. Insoweit existiere auch keine Zwangslage des Arbeitnehmers, aus der die Schutzbedürftigkeit herrühren könnte.

[1599] *BGH* NJW-RR 1989, 614; *Diller*, DB 2004, 313; *Dann/Schmidt*, NJW 2009, 1851.
[1600] *BGH* NJW-RR 1989, 614.
[1601] Vgl. die Zumutbarkeitsabwägung bei *BAG* NZA 1996, 637; hierzu s. auch unter § 8 Rn. 6 ff.
[1602] So auch *Rieble*, ZIP 2003, 1273, 1277, der meint, sofern ein Zeugnisverweigerungsrecht bestehe, sei dem Mitarbeiter die Aussage stets unzumutbar; a.A. *Böhm*, WM 2009, 1923, 1925.
[1603] *BAG* NJW 2009, 1897: Allerdings bezieht sich diese Entscheidung nur auf ein gegen den Arbeitnehmer bereits unmittelbar gerichtetes Verfahren; hier muss der Arbeitnehmer nicht mitwirken, um dem Arbeitgeber die Kündigung schlüssig zu machen. Aus dieser Entscheidung kann jedoch nicht der Schluss gezogen werden, der Arbeitnehmer sei generell berechtigt, die Antwort auf Fragen zu verweigern, wenn sich hieraus eine Selbstbelastung ergeben könnte.
[1604] *OLG Koblenz* NStZ 1989, 287 f. mit Anm. *Rogall*.

21 Im Ergebnis wird man daher Mitarbeitern bei Fragen außerhalb des vertraglichen Aufgabenbereichs grundsätzlich ein Auskunftsverweigerungsrecht zubilligen müssen, wenn ernsthaft die Gefahr einer strafrechtlichen Selbstbelastung besteht und die Aussage mit einiger Wahrscheinlichkeit in die Hände der Strafverfolgungsbehörden gelangen kann. Ein generelles Auskunftsverweigerungsrecht ergibt sich hieraus jedoch nicht, insbesondere nicht für lediglich arbeitsrechtlich relevante Vorgänge ohne strafrechtlichen Bezug.

Macht ein Arbeitnehmer von seinem Auskunftsverweigerungsrecht Gebrauch, ist der Arbeitgeber nicht gänzlich ohne Rechte. Für den Arbeitgeber kann ein Auskunfts- bzw. Akteneinsichtsrecht aus dem laufenden Verfahren gem. § 475 StPO oder speziell als Verletzter gem. § 406 e StPO bestehen, wenn er aus dem Bedürfnis der Aufklärung ein berechtigtes Interesse im Sinne der genannten Normen herleiten kann.[1605] Dadurch kann er ebenfalls Informationen erhalten.

III. Anspruch des Arbeitnehmers auf Beistand eines Rechtsanwalts oder Betriebsratsmitgliedes?

22 Grundsätzlich kann ein Mitarbeiter bei einer Befragung nicht die Hinzuziehung eines Rechtsanwalts verlangen. Insbesondere darf er das Erscheinen zu einem Interview nicht mit der Begründung verweigern, sein Rechtsanwalt sei bei der Befragung nicht dabei. Denn kein Mitarbeiter hat einen Anspruch darauf, dass Personalgespräche mit dem Arbeitgeber nur in Anwesenheit eines Rechtsanwalts erfolgen dürften.[1606] Fragen und Befragungen, bei denen es auch um die Einhaltung vertraglicher Pflichten des Mitarbeiters geht, sind aber als Personalgespräch zu qualifizieren, und damit Teil der Abwicklung eines Arbeitsverhältnisses.[1607] Denkbar ist allenfalls, dem Arbeitnehmer ausnahmsweise die Hinzuziehung zu gestatten, wenn er begründet befürchten muss, sich bei der Befragung strafrechtlich zu belasten[1608] oder der Arbeitgeber selbst einen Rechtsanwalt hinzuzieht.[1609] Es kann sich deshalb empfehlen, eine erste Befragung ohne eigenen Rechtsanwalt durchzuführen.

Regelmäßig ist die Zulassung eines Anwalts für den Mitarbeiter durch das Unternehmen aber freiwillig, weil die Befragung nicht mit einem „Beratungs- und Führungsgespräch" oder einer strafrechtlichen Ermittlung vergleichbar ist.[1610] Umgekehrt steht es den Unternehmen frei, den Arbeitnehmern Rechtsanwälte als eine Art „Zeugenbeistand" (vgl. § 68 b StPO) zu organisieren. Ob dies eine unternehmensinterne Er-

---

[1605] Vgl. *BAG* NJW 2009, 1897, 1898.

[1606] *Schürrle/Olbers*, CCZ 2010, 178, 179; *Rudkowski*, NZA 2011, 613, 614; vgl. auch *Kandaouroff/Rose*, DB 2008, 1210, 1213, die einen externen Begleiter nur unter dem Gesichtspunkt der „Waffen- und Chancengleichheit" zulassen wollen. Im Übrigen sei die Pflicht zur Teilnahme an einem Personalgespräch eine Hauptpflicht aus dem Arbeitsverhältnis, die der Mitarbeiter höchstpersönlich wahrzunehmen habe. Daraus folge, dass sowohl die Vertretung durch einen externen Rechtsanwalt oder Gewerkschaftssekretär, als auch die Begleitung durch einen solchen grundsätzlich unzulässig sei. Anders *Wessing*, § 6 Rn. 71 ff., der ein Recht des Mitarbeiters, bei der Befragung einen Rechtsanwalt seiner Wahl hinzuziehen zu können, annimmt.

[1607] So auch *Lützeler/Müller-Sartori*, CCZ 2011, 19.

[1608] *Dann/Schmidt*, NJW 2009, 1851, 1852; *Mengel*, Kap. 4 Rn. 25; *Göpfert/Merten/Siegrist*, NJW 2008, 1703, 1708.

[1609] *Lützeler/Müller-Sartori*, CCZ 2011, 19, 22; *Wisskirchen/Glaser*, DB 2011, 1447, 1448; *Kandaouroff/Rose*, DB 2008, 1210, 1213; *Rudkowski*, NZA 2011, 613, 614.

[1610] *Vogt*, NJOZ 2009, 4206, 4213; im Einzelfall hält das *LAG Hamm* MDR 2001, 1361 = BeckRS 2001, 41047, einen Anspruch auf Zuziehung eines Rechtsanwalts für grundsätzlich möglich, wenn sonst der Grundsatz der Waffengleichheit verletzt wäre.

D. Wahrheitspflicht und Aussageverweigerung

mittlung eher behindert, da insbesondere Konflikte zwischen der arbeitsrechtlichen Auskunftspflicht und dem strafprozessualen Auskunftsverweigerungsrecht zu erwarten sind, oder beflügelt, weil ein Arbeitnehmer dann überhaupt aussagebereit ist, wird man nicht pauschal, sondern nur jeweils im Einzelfall bewerten können. Häufiger anzutreffen ist die Bestellung von Anwälten als Zeugenbeistände für die Mitarbeiter durch das Unternehmen bei Vernehmungen durch die Staatsanwaltschaft.

Nach neuerer Rechtsprechung verschiedener Landesarbeitsgerichte soll ein Mitarbeiter bei der Anhörung zu einer Verdachtskündigung die Anwesenheit seines Rechtsanwaltes verlangen können. Wird dies abgelehnt, liege keine ordnungsgemäße Anhörung des Mitarbeiters zum Verdacht vor und die Verdachtskündigung sei bereits deshalb unwirksam.[1611] Zu begründen sei dies damit, dass sich die Anhörung vor Ausspruch einer Verdachtskündigung von einem üblichen Gespräch über Ausgestaltung und Inhalt des Arbeitsverhältnisses erheblich unterscheide, weil der Arbeitgeber den Bestand des Arbeitsverhältnisses gefährdet sieht.[1612] Denkbar ist, dass die Gerichte diese Rechtsprechung auch für Befragungen heranziehen könnten.[1613] Das wäre aber nicht vergleichbar und damit unzutreffend: im Gegensatz zur Verdachtskündigung, bei der ein dringender, durch Tatsachen begründeter Tatverdacht einer wesentlichen Vertragsverletzung bereits vorliegen muss, zu dem gerade angehört werden soll, ist dies bei einer Befragung zunächst regelmäßig nicht so. Die Situation ist also nicht vergleichbar. Auch steht bei internen Befragungen nicht per se der Bestand des Arbeitsverhältnisses auf dem Spiel. Die Situation kann sich allerdings ändern und der Verdachtsanhörung vergleichbar werden, wenn es um Details einer Tatbeteiligung des Befragten oder Ähnliches geht, also die grundsätzliche Vertragsverletzung bereits feststeht oder sehr wahrscheinlich ist und der Arbeitgeber durch die Befragung weitere Informationen hierzu erlangen will. 23

Ein Anspruch auf Anwesenheit eines Betriebsratsmitgliedes besteht nur, wenn die Befragung zugleich den Charakter eines Beurteilungsgespräches nach § 82 Abs. 2 S. 2 BetrVG hätte.[1614] Das ist zumeist nicht der Fall und sollte vermieden werden. Bei einem Interview geht es auch nicht um eine Bewertung der Leistung des befragten Mitarbeiters und seine berufliche Entwicklung, sondern um die Ermittlung eines Sachverhaltes. Es kann jedoch im Einzelfall sinnvoll sein, dem Wunsch eines Mitarbeiters nach Anwesenheit eines Betriebsratsmitglieds ungeachtet eines fehlenden Rechtsanspruchs stattzugeben, weil dies für die Bereitschaft des Mitarbeiters zur Aussage und zur Kooperation mit dem Arbeitgeber förderlich sein kann.[1615] Sie kann dem Mitarbei- 24

[1611] *LAG Berlin-Brandenburg*, Urt. v. 6.11.2009, Az. 6 Sa 1121/09, BeckRS 2009, 74071; *LAG Hamm* MDR 2001, 1361 = BeckRS 2001, 41047; beiläufig in einem obiter dictum auch *BAG* NZA 2008, 809; höchstrichterlich entschieden ist diese Frage bisher jedoch nicht.
[1612] So *Eylert/Friedrichs*, DB 2007, 2203, 2204, auf die sich das BAG in seinem obiter dictum vom 13.3.2008 bezieht.
[1613] Nach Ansicht des Strafrechtsausschusses der Bundesrechtsanwaltskammer begründet diese Rechtsprechung auch einen Anspruch des Mitarbeiters, einen eigenen Anwalt seiner Wahl und seines Vertrauens zu konsultieren. Zudem sei der Mitarbeiter hierüber auch zu belehren; vgl. BRAK-Stellungnahme-Nr. 35/2010, S. 10. vgl. zu den Thesen des Strafrechtsausschusses *Sidhu/v. Saucken/Ruhmannseder*, NJW 2011, 881 m.w.N.; weitergehend *Wessing*, § 6 Rn. 71 ff., der ein Recht des Mitarbeiters, bei der Befragung einen Rechtsanwalt seiner Wahl hinzuziehen zu können, annimmt.
[1614] Also Leistungen und Möglichkeiten der beruflichen Entwicklung des Arbeitnehmers ganz oder teilweise zum Gegenstand hätte, vgl. *Vogt*, NJOZ 2009, 4206, 4213; *Lützeler/Müller-Sartori*, CCZ 2011, 19, 21; *Wisskirchen/Glaser*, DB 2011, 1447, 1448; *Rudkowski*, NZA 2011, 613, 615; *Grimm/Freh*, ArbRB 2012, 242.
[1615] *Lützeler/Müller-Sartori*, CCZ 2011, 19, 21; *Müller-Bonanni*, AnwBl. 2010, 651, 653.

§ 8. Mitarbeiterbefragungen

ter etwas von seiner Unsicherheit und Sorge nehmen und zudem die Aussagebereitschaft erhöhen. Ferner kann die Anwesenheit eines Betriebsratsmitglieds helfen, einen späteren Vorwurf des Mitarbeiters, er sei bei der Befragung unter Druck gesetzt worden, zu entkräften. Allerdings könnten die Betriebsratsmitglieder in einem eventuellen Strafverfahren als Zeugen über den Inhalt der Mitarbeitererklärungen aussagen müssen. Ein Anspruch auf Hinzuziehung eines Betriebsratsmitglieds besteht aber nicht.

IV. Kronzeugen- und Amnestiezusagen

1. Zulässigkeit und Sinn

25 In der Praxis ergibt sich häufig das Bedürfnis, die Kooperationsbereitschaft und die „Erinnerung" von Mitarbeitern zu erhöhen, indem man diesen Mitarbeitern gegenüber spezielle Zusagen macht, insbesondere zu ihrem Schutz.[1616] Dies kann notwendig werden, weil die Mitarbeiter mit relevantem Wissen erfahrungsgemäß eine Nähe zu Fehlverhalten haben, aus der sich ihr Wissen ergibt. Vielleicht sind sie sogar an Korruption und Ähnlichem beteiligt oder könnten es sein und hätten dann ebenfalls Compliance-Verstöße begangen oder nicht gemeldet. Sie haben daher (berechtigte) Sorge vor Konsequenzen, vor allem vor dem Verlust des Arbeitsplatzes, vor Schadensersatzforderungen, öffentlicher Anprangerung und Strafverfolgung. Das Wissen dieser Mitarbeiter ist aber häufig zwingend notwendig, um Sachverhalte und Compliance-Verstöße aufzudecken oder um der Unternehmensleitung überhaupt erst einen Einstieg in tiefere Ermittlungen zu ermöglichen („besondere Wissensträger").

In diesen Fällen kann sich – nach sorgfältiger Prüfung – ein Amnestieprogramm anbieten. Amnestieprogramme beinhalten typischer Weise Zusagen des Unternehmens an Mitarbeiter, von bestimmten Sanktionen (z.B. Kündigung, Schadensersatz) abzusehen und bestimmte Verpflichtungen (u.a. Vertraulichkeit, Absehen von Strafanzeigen) einzugehen, wenn Mitarbeiter ihr Wissen freiwillig offenbaren. Zusagen und Amnestien sind dabei ein Mittel für die Unternehmen, „Mauern des Schweigens"[1617] zu durchbrechen und an Informationen zu gelangen.

Die Zusage solcher Verzichte auf arbeitsrechtliche Sanktionen etc. ist zulässig, wenn die Unternehmensleitung nach sorgfältiger Prüfung hierin den einzigen Weg sieht, um wesentliche Compliance-Verstöße aufzudecken. Vorstände und Geschäftsführer sind verpflichtet, die Interessen ihrer Unternehmen zu wahren.[1618] Sie dürfen deshalb nicht ohne Not auf mögliche Schadensersatzansprüche oder sonstige arbeitsrechtliche Sanktionsmöglichkeiten verzichten.[1619] Dennoch kann es für ein Unternehmen günstiger sein, gegenüber einzelnen Mitarbeitern oder Mitarbeitergruppen auf Maßnahmen und Ansprüche zu verzichten, wenn deren Aussagebereitschaft es ermöglicht, einen gesamten Sachverhalt aufzuklären. Es kommt im Einzelfall entscheidend darauf an, welche Vorteile das Unternehmen von durch solche Zusagen ermöglichten Aussagen haben kann, welche sonstigen Aufklärungsmethoden zur Verfügung stehen

---

[1616] *Fritz/Nolden*, CCZ 2010, 170, *176; Annuß/Pelz* BB 2010,15 zu Sinn und Inhalten eines Amnestieprogramms.
[1617] So *Breßler/Kuhnke/Schulz/Stein*, NZG 2009, 721.
[1618] § 43 Abs. 2 GmbHG und §§ 116 S. 1, 93 Abs. 2 AktG.
[1619] *Lützeler/Müller-Sartori* CCZ 2011, 19, 25; *Schürrle/Olbers*, CCZ 2010, 178, 181; *Leipold*, NJW-Spezial 2011, 56, 57; zu beachten auch *BGH* NJW 1997, 1997, 1926 – ARAG/Garmenbeck: Grundsätzliche Pflicht des Aufsichtsrats einer AG, durchsetzbare Schadensersatzansprüche gegen Vorstandsmitglieder zu verfolgen.

D. Wahrheitspflicht und Aussageverweigerung

und welches Gewicht die aufzuklärenden Vorwürfe haben. Ein Amnestieprogramm muss daher zur Aufklärung des möglichen Fehlverhaltens erforderlich sein. Die Gründe für ein Amnestieprogramm müssen nachweisbar sein, also auch schriftlich dokumentiert werden.

Es empfiehlt sich, Inhalt und Adressatenkreis der Amnestiezusagen in jedem Einzelfall genau festzulegen, die erfassten Sachverhalte nach Möglichkeit zu definieren, ggf. einzuschränken und Mitarbeitern gegenüber verbindliche, d.h. schriftliche Zusagen zu machen. Weitere Vorraussetzung muss sein, dass sich Mitarbeiter aktiv an der Untersuchung beteiligen, und nach bestem Wissen wahrheitsgemäß und umfassend Auskunft über den Untersuchungsgegenstand geben. Ferner sollte das Erfordernis einer ausdrücklichen Zulassung der Mitarbeiter zum Amnestieprogramm durch das Unternehmen aufgenommen werden. Es sollte eine zeitliche Begrenzung der möglichen Anmeldung zum Amnestieprogramm geschaffen werden. Sonst könnte ein Mitarbeiter noch kurz vor seiner Entdeckung unter die Amnestie schlüpfen, obwohl er zu diesem Zeitpunkt keine Informationen mehr geben konnte, die das Unternehmen nicht ohnehin schon hatte. Auch sollte es Begrenzungen des Adressatenkreises oder eine Differenzierung im Hinblick auf die Schwere des Fehlverhaltens geben, sonst könnten sich auch die „Haupttäter" auf die Amnestie berufen. Ziel der Amnestiezusagen ist es indes nicht, die Hauptverantwortlichen straf- und sanktionsfrei ausgehen zu lassen, sondern die Aussagebereitschaft und die „Erinnerung" zu fördern, um die Haupttaten aufzuklären und die Hauptverantwortlichen zur Verantwortung ziehen zu können.

Aus grundsätzlichen Erwägungen sollte von Amnestiezusagen äußerst vorsichtig **26** Gebrauch gemacht werden. Denn jede Zusage stellt im Ergebnis einen Verzicht auf die (arbeitsrechtliche) Verfolgung von Compliance-Verstößen und sonstigen Pflichtverletzungen dar. Es ist aber regelmäßig Teil eines Compliancesystems, dass sämtliche Verstöße gegen Compliance aufgedeckt und verfolgt werden.[1620] Hieraus ergibt sich für Amnestiezusagen ein Spannungsbogen zwischen Einhaltung der selbst vorgegebenen Ziele (alle haben alle Regeln zu beachten = „Compliance") und den unmittelbaren Vorteilen oder Notwendigkeiten für das Unternehmen, bei besonderen Wissensträgern hiervon Ausnahmen zu machen und Compliance-Verstöße aus pragmatischen anderen Gründen nicht zu verfolgen.[1621] Amnestiezusagen können im Einzelfall der einzige Weg sein, Sachverhalte aufzuklären oder mit Behörden z.B. in Kartellverfahren zusammen zu arbeiten.

Für Unternehmensleitungen empfiehlt es sich dringend, vor solchen Entscheidungen die Gründe hierfür einschließlich der aussichtslos erscheinenden Alternativen und der bisherigen (vergeblichen) Ermittlungsbemühungen genau zu dokumentieren. Nur dann können sie zu einem späteren Zeitpunkt nachweisen, weshalb sie ein Amnestieprogramm berechtigterweise ins Leben gerufen haben.

Amnestieprogramme unterliegen nicht der Mitbestimmung des Betriebsrats, wohl aber ist der Betriebsrat gem. § 80 Abs. 2 S. 1 BetrVG zu unterrichten.[1622]

[1620] Zutreffend weist *Schaupensteiner*, NZA Beilage 2011, 8, 11, eindringlich darauf hin, dass Compliance nicht funktionieren kann, wenn auf Sanktionierung verzichtet wird oder Gesetzesverstöße nur halbherzig aufgeklärt und verfolgt werden.
[1621] *Schürrle/Olbers*, CCZ 2010, 178, 182.
[1622] *Annuß/Pelz*, BB 2010, 15, 20.

2. Mögliche Inhalte

27 Amnestiezusagen können – grundsätzlich weniger problematisch – gegenüber einzelnen (potentiellen) Wissensträgern abgegeben werden, auf deren Wissen sowie Aussage- und Kooperationsbereitschaft das Unternehmen angewiesen zu sein meint. Denkbar ist aber auch, ganze Gruppen von Mitarbeitern von Sanktionen – auch gestaffelt – auszunehmen, wenn sie sich z. B. bis zu einem bestimmten Zeitpunkt zum Amnestieprogramm anmelden, ihr Wissen vollständig offenbaren, an der Aufklärung weiter mitwirken und selbst keine Straftaten begangen haben. Üblich sind folgende Inhalte:[1623]

a) Schutz vor Kündigungen

28 Da bei den internen Untersuchungen typischerweise Compliance-Verstöße betroffen sind und diese zugleich auch Vertragsverletzungen durch die Mitarbeiter darstellen, stehen regelmäßig Kündigungen der direkt oder indirekt beteiligten Mitarbeiter im Raum. Eine Amnestiezusage beinhaltet deshalb regelmäßig einen Verzicht auf den Ausspruch von Kündigungen und/oder Abmahnungen durch den Arbeitgeber (soweit keine Straftaten begangen wurden oder bestimmte Stufen der Vertragsverletzung nicht überschritten sind, also z. B. kein wichtiger Grund nach § 626 Abs. 1 BGB für eine fristlose Kündigung durch den Mitarbeiter gesetzt wurde).

b) Schutz vor Schadensersatzforderungen

29 Im Allgemeinen führen Vertragsverletzungen durch die Mitarbeiter auch zu Schadensersatzansprüchen des Unternehmens. Dabei kann der Schaden schon darin bestehen, dass das Unternehmen gezwungen ist, externe Ermittler wie Rechtsanwälte oder Detektive zur Sachaufklärung einzuschalten und hierfür erhebliche Kosten aufwenden muss.[1624] I. d. R. sagen Unternehmen den Verzicht auf die Geltendmachung von Schadensersatzansprüchen zu. Möglich wäre auch eine Beschränkung des Verzichtes, soweit sich der Mitarbeiter z. B. nicht selbst bereichert hat oder die Beschränkung von Ansprüchen auf Vorteile, die dem Mitarbeiter durch die Verstöße zugeflossen sind (Abschöpfung von Gewinnvorteilen aus den Compliance-Verstößen).

c) Schutz vor Strafverfolgung

30 Mitarbeiter haben grundsätzlich ein besonderes Interesse daran, sich durch ihre Aussagen nicht oder nicht weiter in die Gefahr strafrechtlicher Ermittlungen und etwaiger Strafverfolgung zu bringen. Unternehmen haben zwar keine „Entscheidungshoheit" über die strafrechtlichen Ermittlungsverfahren; diese liegt ausschließlich bei den Strafverfolgungsbehörden und den sonstigen Behörden wie Kartellbehörden, Finanzämtern, ggf. Rechtsanwaltskammern. Unternehmen können aber zusagen, ihrerseits keine Strafanträge zu stellen, den Ermittlungsbehörden mitzuteilen, dass sie an der Verfol-

---

[1623] Aufstellung der einzelnen Zusagen nach *Breßler/Kuhnke/Schulz/Stein*, NZG 2009, 721; die Amnestiezusage, die Siemens seinen Mitarbeitern erteilte, skizziert *Jahn*, StV 2009, 41, 42; zum Inhalt von Amnestiezusagen s. auch *Annuß/Pelz*, BB 2010, 15.

[1624] Die Siemens AG soll für die bei ihr durchgeführten Ermittlungen und Untersuchungen allein ca. 700 Mio € für externe Anwälte gezahlt haben, vgl. *Wastl/Litzka/Pusch*, NStZ 2009, 68, 69. Der Auffassung von *Dann/Schmidt*, NJW 2009, 1851, 1853, bei Bestechung liege möglicherweise gar kein Schaden vor, weil das Unternehmen ja einen Auftrag erhalten habe, kann nicht gefolgt werden. Wie der Fall der Siemens AG zeigt, liegt bereits in dem Verdacht der Bestechung und den dann notwendigen Untersuchungen ein echter Vermögensschaden.

gung mitwirkungsbereiter Mitarbeiter kein Interesse haben und die Behörden auf die Mitwirkung dieser Mitarbeiter und deren Erfolge ausdrücklich hinzuweisen.

d) Freistellung von Verteidigerkosten oder Geldstrafen

Im Zusammenhang mit der Abwehr von Ermittlungsverfahren müssen auch Mitarbeiter häufig Strafverteidiger und Rechtsberater beauftragen. Für spezialisierte Wirtschaftsstrafverteidiger können erhebliche Anwaltskosten anfallen, zumal die Sachverhalte meist eher komplex sind. Die Mitarbeiter haben daher regelmäßig ein Interesse daran, von den sich daraus ergebenden finanziellen Belastungen, die sie der Höhe nach oft auch nicht einschätzen können, freigestellt zu werden. Eine Freistellung, die früher von US-Behörden nicht gerne gesehen wurde, wird heute als zulässig erachtet.[1625] **31**

Ein wesentlicher Hintergrund für die Übernahme der Verfahrenskosten ist, dass sich für die Mitarbeiter durch ihre Aussagebereitschaft die Wahrscheinlichkeit von Ermittlungsverfahren erhöht, in die sie ebenfalls hineingeraten können. Daher besteht bereits deshalb ein besonderes Interesse der Mitarbeiter, durch den Arbeitgeber von den Kosten ihrer Rechtsverteidigung freigestellt zu werden.[1626] Mitarbeiter können prinzipiell auch von etwaigen Geldstrafen, Bußgeldern oder Geldauflagen freigestellt werden. Der BGH hat insoweit klargestellt, dass die Übernahme von Geldstrafen keine Strafvereitelung darstellt.[1627] Allerdings hat der BGH in der gleichen Entscheidung eine Strafbarkeit eines Abwasserverbands wegen Untreue bejaht, wobei sich die hierfür aufgestellten Grundsätze zur Bejahung der Pflichtwidrigkeit nicht ohne weiteres auf privatwirtschaftliche Unternehmen übertragen lassen. Kann bei der Freistellung im Rahmen einer Amnestieregelung davon ausgegangen werden, dass die Zahlung der Geldstrafe oder -buße nach den Grundsätzen ordnungsgemäßer Geschäftsführung für das privatwirtschaftliche Unternehmen sinnvoll ist, so ist eine Pflichtverletzung der Geschäftsführung i.d.R. zu verneinen. Dies wird z.B. anzunehmen sein, wenn ein bewährter Mitarbeiter im Unternehmen gehalten werden oder negative Publizität durch schnelle Beendigung eines Verfahrens vermieden werden soll.[1628] Um allerdings Unsicherheiten in Bezug auf die Pflichtwidrigkeit zu vermeiden, sollte im Falle einer derartigen Klausel in der Amnestieregelung die Zustimmung aller Gesellschafter bzw. der Geschäftsführung oder des Vorstands eingeholt werden.[1629] Die Gründe sollten dokumentiert werden. Zudem sollte im konkreten Fall unbedingt Rechtsrat eingeholt werden.

In zivilrechtlicher Hinsicht bestehen gegen solche Klauseln ebenfalls keine Bedenken. Sofern es um die Problematik der Sittenwidrigkeit von Freistellungs- bzw. Erstattungszusagen geht, betrifft dies regelmäßig nur **vortatliche Klauseln**. Diese werden mit dem Argument als nichtig angesehen, dass sie geeignet sind, die Hemmschwelle des Arbeitnehmers zur Begehung von Straftaten und Ordnungswidrigkeiten herabzusetzen.[1630] Die Amnestieregeln beziehen sich aber auf Vorgänge in der Vergangenheit. Da

---

[1625] Vgl. *Wehnert*, NJW 2009, 1190, 1192; allgemein *Göpfert/Merten/Siegrist*, NJW 2008, 1703, 1704, mit einer Musterformulierung für eine Freistellungsvereinbarung.
[1626] Zweifelhaft ist es aber, wenn gefordert wird, dass ein Unternehmensanwalt auf eine Kostenübernahme durch das Unternehmen **hinwirken** soll; so aber die BRAK-Stellungnahme-Nr. 35/2010, S. 10.
[1627] *BGH* NJW 1991, 990; *Fischer*, § 258 Rn. 32.
[1628] *Minoggio*, Rn. 1162; *BGH* NJW 2006, 522; *Stoffers*, JR 2010, 239, 244 f.
[1629] *Fischer*, § 266 Rn. 113. Allerdings sind die Fälle wirkungsloser, treuwidriger Zustimmung zu beachten, vgl. SSW/*Saliger*, § 266 Rn. 86 ff.; *BGH* NJW 2009, 3666, 3667.
[1630] Vgl. z.B. *BAG* NJW 2001, 1962; *Krause*, BB Spezial 8, S. 2, 9 zu BB 2007, Heft 28.

von ihnen mithin kein Anreiz für die künftige Begehung rechtswidriger Handlungen ausgehen kann, sind sie auch nicht sittenwidrig. Nachtatliche Erstattungszusagen sind daher nach h.M. zulässig und nicht nichtig.[1631]

e) Zusicherung der Vertraulichkeit

32 Amnestiezusagen enthalten meist auch Regelungen zur vertraulichen Behandlung der erhaltenen Informationen und der Tatsache, dass die Mitarbeiter überhaupt Aussagen gemacht haben. Die unmittelbare Zusicherung von Vertraulichkeit von Aussageinhalten ist grundsätzlich nicht möglich; dies liegt – wenn es zu strafrechtlichen Ermittlungsverfahren kommt – auch nicht mehr in der Macht des Unternehmens.[1632] Das Unternehmen kann auch nicht beeinflussen, welche Unterlagen dann von welcher Institution an welche Ermittlungsbehörde weitergegeben werden. Geregelt werden kann jedoch, den Kreis der Empfänger möglichst klein zu halten oder anzugeben, an wen die konkreten Aussagen unternehmensintern weitergegeben werden, wer Kenntnis von der Aussage des Mitarbeiters überhaupt erhält und wer die Gespräche mit den jeweiligen Mitarbeitern führt, also die Interviews durchführt.

3. Keine Bindung für staatliche Ermittlungsmaßnahmen

33 Amnestiezusagen der Unternehmen haben keine Bindungswirkung für die Strafverfolgung. Insoweit ist die Macht der Unternehmen hier sehr begrenzt. Berater von Mitarbeitern, die von diesen zu Rate gezogen werden, müssen dies beachten und mit den Mitarbeitern erörtern. Gleiches wird auch für das Unternehmen gelten.[1633] Ein unmittelbarer Schutz des Mitarbeiters vor den Ermittlungen und der Strafverfolgung, die der Mitarbeiter durch seine Aussagen herbeiführt oder erheblich fördert, lässt sich deshalb nicht erreichen. Das Unternehmen kann sich nur „bemühen". Dennoch haben viele Mitarbeiter das Bedürfnis, nunmehr „reinen Tisch" zu machen und ihr oft unter erheblichen Belastungen geheim gehaltenes Wissen preiszugeben. Das Unternehmen kann und sollte versuchen, solche Mitarbeiter zu schützen. Dass dies trotz aller Zusagen des Unternehmens und seiner Anwälte für den einzelnen Mitarbeiter zu erheblichen strafrechtlichen Konsequenzen führen kann, muss sich dieser jedoch vor Augen halten.

E. Durchführung und Verfahren

34 Die Befragung erfolgt auf Weisung und nach Vorgabe des Arbeitgebers. Als Ausfluss des Direktionsrechts kann dieser sowohl Ort als auch Zeit und vor allem Befrager und zu befragende Mitarbeiter festlegen.[1634]

[1631] *Kapp*, NJW 1992, 2796, 2799; *Krause*, BB Spezial 8, S. 2, 9 zu BB 2007, Heft 28.
[1632] Vgl. zur Beschlagnahme von Gesprächsprotokollen einer unternehmensinternen Untersuchung durch die Staatsanwaltschaft im Fall der HSH Nordbank, bei der den Mitarbeitern Vertraulichkeit zugesagt worden war, *LG Hamburg* NJW 2011, 942 = StraFo 2011, 44 ff., dazu auch oben Rn. 17 f.
[1633] Vgl. auch die BRAK-Stellungnahme-Nr. 35/2010, S. 11; hierauf weisen zu Recht besonders *Knauer/Buhlmann*, AnwBl 2010, 387, 393 hin.
[1634] Zu den Details der Vorbereitung und Durchführung von internen Ermittlungen ausf. *Wisskirchen/Glaser*, DB 2011, 1392, und DB 2011, 1447. Zur Frage, ob und ggf wann sich die Einschaltung der Strafverfolgungsbehörden empfiehlt *Schaupensteiner*, NZA Beilage 2011, 8, 14.

E. Durchführung und Verfahren

I. Praktische Umsetzung der Befragung

Die Befragung erfolgt üblicherweise persönlich; telefonische Befragungen empfehlen sich nicht. Den Ort legt der Arbeitgeber fest. Auch wenn sich die Tatsache einer SEC-Untersuchung bzw. einer größeren internen Ermittlung im Unternehmen kaum geheim halten lässt, kann es sich aber empfehlen, den Befragungsort außerhalb des Unternehmens an einen neutralen Ort zu verlegen. Dann sieht nicht jeder, wer angehört wird. Das sichert für die angehörten Mitarbeiter eine gewisse Vertraulichkeit, die gerade für die ersten Interviews und Informationen wichtig ist; die Beobachtungssituation für aussagebereite Mitarbeiter verringert sich und erleichtert diesen die Aussage. 35

Bei der Reihenfolge der Befragungen wird sich als erstes ein Interview mit dem potentiellen Wissensträger oder einem Beschwerdeführer empfehlen. Hierdurch können am ehesten detaillierte Informationen ermittelt und weitere Mitarbeiter als mögliche Zeugen identifiziert werden. Mögliche Zeugen sollten in der Reihenfolge der erwarteten Ergebnisse und deren Nutzung für weitere Ermittlungen befragt werden. Den oder die Beschuldigten wird man i.d.R. erst danach befragen können, häufig sind dann Rückfragen und Ergänzungen bei den aussagebereiten Zeugen notwendig. Maßgeblich sind die jeweilige Befragungstechnik und die Ermittlungstaktik.[1635]

Es muss bereits vor Beginn der Befragung festgelegt werden, welche Informationen den zu befragenden Mitarbeitern zu Beginn des Interviews gegeben und welche Zusicherungen („Amnestiezusagen") erteilt werden. Die Mitarbeiter müssen über den Zweck der Untersuchung und deren geplanten Ablauf informiert werden.[1636] Ob der genaue Gegenstand der Gesamtuntersuchung mitgeteilt werden soll, ggf. auch Verdachtsmomente, muss situationsbedingt entschieden werden. Bei Mitarbeitern, die mutmaßlich nicht involviert sind, sollte darauf hingewiesen werden, dass sie nicht im Fokus der Untersuchungen stehen, dass man aber im Interesse des Unternehmens auf ihre Mitarbeit und Hilfe angewiesen ist. Bei dem oder den Beschuldigten verlangt der Grundsatz der Fairness, sie von Beginn an darüber zu informieren, dass sie nicht lediglich als Zeugen gehört werden sollen, sondern unter Verdacht stehen oder stehen könnten. Auch hier empfiehlt es sich darauf hinzuweisen, dass noch keine Entscheidung über etwaige Maßnahmen getroffen wurde, sondern lediglich Fakten und Informationen gesammelt werden, um ein objektives Bild von Sachverhalten gewinnen zu können.

Es gibt keine Pflicht zur Belehrung der Mitarbeiter, sie könnten schweigen und müssten sich nicht selbst belasten. Abgesehen davon, dass dies aus arbeitsrechtlicher Sicht – abhängig vom vertraglichen Aufgabenbereich – grundsätzlich nicht zutrifft,[1637] gibt es auch keine Belehrungspflicht des Arbeitgebers und der für ihn handelnden internen oder externen Personen wie bei den Strafverfolgungsbehörden. Es handelt sich eben auch nicht um ein staatliches Ermittlungsverfahren.[1638] Jedoch ist es ein Gebot der Fairness, zu befragende Mitarbeiter darauf hinzuweisen, dass ihre Aussagen an Behörden oder Staatsanwaltschaften weitergegeben werden sollen, so wie dies bei Korruptionsermittlungen häufig geschieht.[1639]

[1635] Zur praktischen Umsetzung der Befragung und zur Fragetechnik ausf. *Wisskirchen/Glaser*, DB 2011, 1447, 1449; zum Krisenmanagement nach Hinweisen auf Straftaten oder Durchsuchungen *Schaupensteiner*, NZA Beilage 2011, 8, 14.
[1636] *Schürrle/Olbers*, CCZ 2010, 178, 179.
[1637] S. oben Rn. 14 ff.
[1638] Zutreffend *Lützeler/Müller-Sartori*, CCZ 2011, 19, 20, 23; *Wisskirchen/Glaser*, DB 2011, 1447, 1448; a.A. aus der Strafverteidigersicht *Leipold*, NJW-Spezial 2011, 56.
[1639] Ebenso *Lützeler/Müller-Sartori*, CCZ 2011, 19, 23.

36 Selbstverständlich muss sichergestellt werden, dass unlautere Einwirkungen, insbesondere Täuschungen oder sogar Einwirkungen nach § 136 a StPO[1640] unterlassen werden. Die Grundsätze eines fairen Verfahrens verbieten, einen Mitarbeiter über die Ermittlungsrichtung (Beschuldigter oder Zeuge) zu täuschen oder ihm falsche Zusagen zu geben, genauso aber ihn zu bedrohen oder unzulässigem Zwang auszusetzen.[1641] Allerdings ist nicht zu verlangen, dass der Befrager seinen Wissensstand dem Befragten zuvor offenbart. Insoweit unterscheidet sich die Befragung von einer Anhörung des beschuldigten Mitarbeiters im Rahmen einer Verdachtskündigung zu den Verdachtsmomenten: dort ist der Mitarbeiter über die Verdachtsmomente konkret zu informieren, ferner über die beabsichtigte Kündigung. Außerdem ist ihm Gelegenheit zur konkreten Stellungnahme zu geben, um Verdachtsmomente aufzuklären oder zu entkräften.[1642]

37 Ob es sich empfiehlt, die Befragung detailliert zu protokollieren, ggf. als Wortprotokoll und dabei Fragen und Antworten zu notieren, ist umstritten[1643] und muss im Einzelfall entschieden werden. Auch wenn dies vorteilhaft sein kann, (z.B. als Grundlage für Schadensersatzansprüche gegen einen Mitarbeiter oder einen Vorstand), ist zu bedenken, dass die Protokolle in einem etwaigen Strafverfahren beschlagnahmt werden könnten.[1644] Bei genauer Protokollierung empfiehlt es sich, wenn zwei Befrager beim Interview anwesend sind.

II. Auskunft auch gegenüber beauftragten Dritten

38 Grundsätzlich besteht aus arbeitsrechtlicher Sicht kein Unterschied, ob der Arbeitgeber Befragungen und Interviews selbst vornimmt oder ob er Dritte, insbesondere auch externe Anwälte beauftragt. Die Mitarbeiter müssen die ihnen vertraglich obliegenden Pflichten nach Weisung des Arbeitgebers erfüllen, also auch gegenüber beauftragten externen Anwälten.[1645]

Praktisch gibt es indes wesentliche Unterschiede. Ein Unterschied besteht in der Art und Weise der Interviews. Amerikanische Anwälte stellen nicht lediglich Fragen, sondern sie führen Interviews nach Art eines Verhörs durch. Die befragten Mitarbeiter gehen in jedem Falle von einer anderen, deutlich unangenehmeren und für sie gefährlicheren Art der Interviews aus, als wenn ein Personalleiter den Mitarbeiter befragt. Dabei weiß ein befragter Mitarbeiter auch nicht, über welche Informationen oder In-

---

[1640] Nach § 136 a StPO ist untersagt, die Freiheit der Willensentschließung und der Willensbetätigung des Beschuldigten durch Misshandlung, durch Ermüdung, durch körperlichen Eingriff, durch Verabreichung von Mitteln, durch Quälerei, durch Täuschung oder durch Hypnose zu beeinträchtigen.

[1641] Vgl. hierzu auch BRAK-Stellungnahme-Nr. 35/2010, S. 11, *Wisskirchen/Glaser*, DB 2011, 1447; *Schürrle/Olbers*, CCZ 2010, 178, 179; *Sidhu/v. Saucken/Ruhmannseder*, NJW 2011, 881, 883; *Leipold*, NJW Spezial 2011, 56, 57.

[1642] BAG NZA 2008, 809; NZA-RR 2008, 344; NZA 2000, 418; 2009, 604; *Lützeler/Müller-Sartori*, CCZ 2011, 19, 20; s. hierzu auch allg. *Eisemann*, in: Küttner, § 431 Rn. 1 ff., und *Müller-Glöge*, in: Erfurter Komm. z. ArbR, § 626 BGB Rn. 173 ff. jew. m.w.N.

[1643] Befürwortend: BRAK-Stellungnahme-Nr. 35/2010, S. 11; *Lützeler/Müller-Sartori*, CCZ 2011, 19, 23; *Wisskirchen/Glaser*, DB 2011, 1447, 1449; ablehnend *Schürrle/Olbers*, CCZ 2010, 178, 179.

[1644] S. LG Hamburg NJW 2011, 942, zur Beschlagnahme von Interviewprotokollen, vgl. hierzu auch unter Rn. 17; s. auch *Schürrle/Olbers*, CCZ 2010, 178, 179, zur möglichen Nutzung von Protokollen als Beweismittel durch die Strafverfolgungsbehörden.

[1645] *Rudkowski*, NZA 2011, 513, 615; zur Aufgabenstellung eines vom Vorstand eines Unternehmens mit Ermittlungsaufgaben beauftragten externen Strafverteidigers vgl. *Leipold*, NJW Spezial 2011, 56.

formationsbruchstücke die Befrager bei einer systematischen Untersuchung schon verfügen. Hinzu kommen evtl. Sprachprobleme.

Von besonderer Bedeutung ist aber – und hier liegt ein wesentlicher Unterschied der Befragungen bei SEC veranlassten Untersuchungen –, dass die Befragungsergebnisse nach amerikanischem Verständnis in jedem Falle zu Behörden und Strafverfolgungsbehörden gelangen.[1646] Das ist nach dortigem Verständnis unproblematisch.

Werden solche Unterlagen, sei es durch amerikanische Behörden oder ermittelnde Rechtsanwälte an deutsche Ermittlungsbehörden gegeben, sind diese nach dem in Deutschland herrschenden Legalitätsprinzip grundsätzlich zur Einleitung von Ermittlungsverfahren verpflichtet. Deshalb ist problematisch, was externe Rechtsanwälte mit den Befragungsergebnissen machen. Durch den Weg zu den deutschen Ermittlungsbehörden wird in der Praxis das Selbstbelastungsverbot im Strafrecht faktisch mehr oder weniger umgangen.[1647] Dies führt aber nicht dazu, dass externe Ermittlungen, bei denen die Ergebnisse auch zu deutschen Ermittlungsbehörden gelangen können oder ziemlich sicher gelangen werden, generell unzulässig wären. Denn dies würde dazu führen, dass der Arbeitgeber selbst keine Befragungen und Ermittlungen mehr durchführen könnte, bei denen die Ergebnisse auch zu Strafverfolgungsbehörden kommen oder kommen könnten. Bei Compliance-Verstößen, die durch Behördenermittlungen von außen zu internen Ermittlungen und Mitarbeiterbefragungen führen, lässt sich dies in der Regel ohnehin nicht vermeiden und ist teilweise – siehe die Mitwirkung von Unternehmen bei SEC veranlassten Verfahren – auch gewollt. Man wird dem nur mit erweiterten Rechten der Mitarbeiter, in bestimmten Situationen zu schweigen und ggf. mit dem Recht auf Beistand durch einen Rechtsanwalt bei der Befragung, im Einzelfall entgegnen können. Zu denken ist zudem an ein Beweisverwendungsverbot nach § 97 Abs. 1 S. 3 InsO analog bezüglich der Strafverfolgung.[1648] Die Tatsache der Weiterleitung von Aussagen an Strafverfolgungsbehörden ist deshalb bei der Interessenabwägung zugunsten der Mitarbeiter zu berücksichtigen.

39

Von praktischer Bedeutung kann die Einschaltung von externen Anwälten auch sein, wenn eine etwaige Weiterleitung an die Behörden noch offen ist und zunächst allein intern ermittelt werden soll.[1649] Einmal können externe Anwälte eine Sichtung und Beurteilung der Erkenntnisse mit mehr Abstand zum Unternehmen und zu den betreffenden Personen vornehmen. Zum anderen unterliegt der Schriftverkehr externer Anwälte dem anwaltlichen Beschlagnahmeverbot, während dies bei einem Unternehmensanwalt nicht der Fall ist.[1650] Hierzu hat der EuGH im September 2010 entschieden, dass

40

[1646] Vgl. zu den Abläufen bei SEC veranlasster Ermittlungen in Deutschland: *Wastl/Litzka/Pusch*, NStZ 2009, 68
[1647] Hierauf weisen *Wastl/Litzka/Pusch*, NStZ 2009, 68, 69 zutreffend hin, die deshalb in dieser Vorgehensweise eine Umgehung des deutschen Rechtsstaatsprinzips sehen; vgl. zur Problematik oben Rn. 18.
[1648] S. ausf. unter Rn. 18.
[1649] Z.B. bei der Durchführung von Compliance-Audits als Vorstufe zu den Investigations, aber auch, wenn die internen Ermittlungen auf Grund von sog. Whistleblowern ausgelöst werden, vgl. hierzu *Wybitul*, BB 2009, 606, 607 f.
[1650] Vgl. aber Rn. 17 zur Beschränkung des Anwaltsprivileg bei internen Untersuchungen *LG Hamburg* NJW 2011, 942 = StraFo 2011, 44, 45. Ein mandatsähnliches Vertrauensverhältnis soll sich regelmäßig nur auf die juristische Person und nicht auf die Organe erstrecken, wenn die Organe selbst Beschuldigte des Verfahrens sind und nicht Auftraggeber des Mandats. Wann ein (geschütztes) anwaltliches Vertrauensverhältnisses vorliegt, bedarf deshalb einer Einzelfallbetrachtung. So hat das *AG Bonn* NJW 2010, 1390 bei internen Untersuchungen einer Aktiengesellschaft ein Vertrauensverhältnis auch gegenüber dem Aufsichtsratsvorsitzenden und dem Vorstandsvorsitzenden angenommen, wenn

der Schriftverkehr zwischen einem Syndikusanwalt und dem Unternehmen nicht dem Schutz der anwaltlichen Vertraulichkeit, dem sog. Anwaltsprivileg unterliegt.[1651] Ein Syndikusanwalt sei persönlich und wirtschaftlich von seinem Arbeitgeber abhängig und daher nicht so unabhängig wie Rechtsanwälte einer externen Kanzlei. Daher unterliege dessen Schriftverkehr nicht dem anwaltlichen Beschlagnahmeverbot. So wenig das Urteil rechtlich auch überzeugt, muss es in der Praxis doch bei der rein internen Kommunikation und Dokumentation berücksichtigt werden, denn diese kann bei etwaigen Durchsuchungen beschlagnahmt werden.[1652]

Dagegen genießt das Verhältnis des Unternehmens mit einer externen Rechtsanwaltskanzlei den Schutz des Anwaltsgeheimnisses. Dieser Schutz kann eine freiere Kommunikation ermöglichen; Beteiligte können sich eher als bei internen Ermittlern auf die Vertraulichkeit ihrer Aussagen und Ermittlungen verlassen. Fraglich ist allerdings die Reichweite des Anwaltsprivilegs. Zwar stellen auch die (deutschen) Anwälte, die die Investigations durchführen, nicht den verlängerten Arm der US-Behörden dar, sondern unterliegen gleichfalls der berufsrechtlichen Verschwiegenheitspflicht. Deshalb sollte eine Entbindung der Schweigepflicht zugunsten der US-Behörden genau überlegt sein.[1653] Jedoch soll sich der Schutz des Anwaltsprivilegs nur auf die Korrespondenz mit einem innerhalb der EU zugelassenen externen Rechtsanwalt beziehen.[1654]

41 Danach gilt grundsätzlich im Arbeitsrecht: Die Mitarbeiter haben auch gegenüber vom Arbeitgeber beauftragten Dritten die gleichen Auskunftspflichten wie in allen anderen Fällen.[1655] Es spielt für ein etwaiges Auskunftsverweigerungsrecht damit keine Rolle, ob der Arbeitgeber die Befragungen selbst durchführt oder damit z.B. eine externe Anwaltskanzlei beauftragt. Die Drittbeauftragung kann Auswirkungen für ein Recht der Mitarbeiter haben, aus dem Gesichtspunkt der „Waffengleichheit" unter geringeren Voraussetzungen die Anwesenheit eines eigenen Rechtsanwalts oder eines Betriebsratsmitgliedes verlangen zu können. Andererseits kann sich ein Schutz von Aussagen und Erkenntnissen durch das Anwaltsgeheimnis ergeben.

III. Schriftliche Aussagen, Einsichtsrechte

42 Von Bedeutung ist auch die Frage, ob die Mitarbeiter sehen und/oder hören können, was als ihre Aussage zu Papier genommen wird. Zumindest in Zivilprozessen werden

---

ihnen gegenüber eine persönliche anwaltliche Beratung erfolgt sei. Dann sei auch zugunsten dieser Personen eine anwaltliche Schweigepflicht gesetzlich begründet worden; zweifelnd *Wessing*, § 6 Rn. 28.

[1651] *EuGH* NJW 2010, 3557: Im Bereich des Wettbewerbsrechts ist der unternehmensinterne Schriftwechsel mit einem Syndikusanwalt nicht durch die Vertraulichkeit der Kommunikation zwischen Mandant und Rechtsanwalt geschützt.

[1652] Vgl. zu einer möglichen Beschlagnahme § 8 Rn. 17.

[1653] Vgl. *Wybitul*, BB 2009, 606, 607.

[1654] Vgl. *Dann*, AnwBl 2009, 84, 87; *Schnichels/Resch*, EuZW 2011, 47, 51 f.

[1655] Ebenso *Göpfert/Merten/Siegrist*, NJW 2008, 1703, 1705, sowie *Mengel*, Kap. 4 Rn. 23. Anders *Jahn*, StV 2009, 41, 44, der davon ausgeht, dass es sich bei von der SEC veranlassten Ermittlungen nicht um ein Vertretungsverhältnis der externen Rechtsanwälte zum Arbeitgeber handelt. Ein solches hätte eine mögliche inhaltliche Beeinflussung der Anwälte durch den Arbeitgeber zur Folge, was dazu führe, dass die SEC die Ermittlungsergebnisse nicht als entlastend anerkenne. Diese Auffassung ist jedoch deutlich zu weitgehend. Sie berücksichtigt nicht, dass der Arbeitgeber gegenüber dem Arbeitnehmer einen vertraglichen Auskunftsanspruch hat. Daher kann der Arbeitgeber auch bestimmen, dass Auskünfte einem Dritten gegenüber zu erteilen sind. Aus welchen Motiven er dies tut, spielt für den Auskunftsanspruch keine Rolle.

die Aussagen der Zeugen vom Gericht für das Protokoll laut diktiert und wörtlich aufgenommen.[1656] Die Aussagenden können also kontrollieren, was als ihre Aussage festgehalten wird. Außerdem können sie sich die Aussage erneut vorlesen lassen; spätere Änderungen durch den vernehmenden Richter sind ausgeschlossen. So wird i.d.R. auch bei polizeilichen Vernehmungen vorgegangen. Dort werden die aufgenommenen Aussagen dem Befragten zum Durchlesen vorgelegt; er unterschreibt sie sodann.

Bei systematischen Interviews im Compliance-Bereich ist dies häufig anders. Dort empfehlen sich förmliche Protokolle nicht generell, sondern nur, wenn konkrete Aussagen wortgenau zu protokollieren sind. Es gibt keinen Anspruch eines Mitarbeiters, dass seine Aussagen wörtlich protokolliert werden oder dass er Einsicht in die Dokumente erhält.[1657] Ein Einsichtsrecht des befragten – und selbst des beschuldigten – Mitarbeiters in die Protokolle besteht nicht. Ein solches gibt es auch nicht unter dem Gesichtspunkt einer Einsicht in Personalakten. Es handelt sich bei solchen Protokollen oder Aufzeichnungen nicht um einen Teil der Personalakte.[1658] Notizen oder Aufzeichnungen der Befrager betreffen nicht die persönlichen und dienstlichen Verhältnisse des Mitarbeiters, wie es sonstige Dokumente in der Personalakte (Bewerbungsunterlagen, Bewertungen, Abmahnungen etc.) typischerweise tun, sondern sie dokumentieren lediglich die Abläufe und ggf. die Ergebnisse oder Nichtergebnisse einer Befragung. Etwaige Aufzeichnungen oder Protokolle verfolgen auch einen anderen Zweck als sonstige Inhalte der Personalakte. Protokolle enthalten häufig zwangsläufig Daten anderer Mitarbeiter; etwaige Einsichtnahmen könnten zudem unter Umständen den Ermittlungszweck gefährden.[1659] Der Befragende muss Aussagen auch noch nicht einmal schriftlich festhalten; er kann sie auch später zu Papier bringen oder sich nur Stichwortnotizen machen. Auch dieser Ablauf unterliegt wie die gesamte Befragung dem Direktionsrecht des Arbeitgebers.

Ein Einsichtsrecht der befragten Mitarbeiter in etwaige Aufzeichnungen über ihre Befragung besteht also nicht.

F. Beteiligung und Mitbestimmungsrechte des Betriebsrates

I. Informationsrechte des Betriebsrates

Der Betriebsrat hat ein Informationsrecht, soweit die Ermittlungsmaßnahmen nicht nur in Einzelfällen, sondern mit kollektivem Bezug durchgeführt werden. Dieses Informationsrecht dient dazu, dem Betriebsrat eine Prüfung seiner Zuständigkeit zu ermöglichen. Das gilt insbesondere für die Frage, ob dem Betriebsrat ein Mitbestimmungsrecht zusteht sowie im Rahmen seiner Überwachungsfunktion zur Einhaltung aller gesetzlichen Bestimmungen (§ 80 Abs. 1 BetrVG). Der Betriebsrat kann selbstständig prüfen, ob sich für ihn aus bestimmten Sachverhalten eine Zuständigkeit ergibt.[1660]

43

[1656] In Strafverfahren ist die wörtliche Protokollierung von Zeugenaussagen in der Hauptverhandlung hingegen nicht vorgesehen, vgl. § 273 StPO.
[1657] *Wisskirchen/Glaser*, DB 2011, 1447, 1449; anders die BRAK-Stellungnahme-Nr. 35/2010, S.11, die eine schriftliche Dokumentation der Anhörung fordert und das Gewähren von Einsicht in das Protokoll sowie dessen Genehmigung durch den Mitarbeiter vorsieht.
[1658] A.A. *Maschmann*, AuA 2009, 72, 76, der ein solches aus § 83 BetrVG ableitet; ebenso *Wuttke*, S. 148; *Fritz/Nolden*, CCZ 2010, 170, 176.
[1659] *Wisskirchen/Glaser*, DB 2011, 1447, 1449.
[1660] *Zimmer/Heymann*, BB 2010, 1853 1855, unter Hinweis auf *BAG* NZA 1999, 1346; *Rudkowski*, NZA 2011, 613, 615.

Wann eine Unterrichtungspflicht des Betriebsrates durch den Arbeitgeber nach den Bestimmungen über dieses Informationsrecht des Betriebsrates besteht, ist nicht klar. Dies hängt jedenfalls nicht allein von der Zahl der befragten oder möglicherweise betroffenen Mitarbeiter ab. Der kollektive Bezug der Befragung von Mitarbeitern ergibt sich vielmehr daraus, dass sie jeden Mitarbeiter treffen kann, der auch nur zufällig in einen Zusammenhang mit dem zu untersuchenden Sachverhalt gerät oder in einer entsprechend befragten Abteilung tätig ist.[1661]

Die Informationsrechte dienen in erster Linie der Prüfung, ob Mitbestimmungsrechte eingreifen (§ 80 Abs. 2 BetrVG). Die Informationsrechte gehen indes nicht dahin, dass dem Betriebsrat die Ergebnisse oder Erkenntnisse der internen Untersuchungen mitgeteilt werden müssten.[1662] Denn Ergebnisse und Erkenntnisse lösen für sich keine Mitbestimmungsrechte des Betriebsrats aus. Erst dann, wenn der Arbeitgeber Konsequenzen aus bestimmten Erkenntnissen ziehen will, etwa eine Kündigung aussprechen oder eine Versetzung vornehmen will, sind die dafür geltenden Beteiligungsrechte des Betriebsrats zu beachten; der Betriebsrat ist entsprechend zu unterrichten. Bei einer beabsichtigten Kündigung ist also z.B. die Anhörung zu einer Kündigung gem. § 102 BetrVG und bei einer beabsichtigten Versetzung das Zustimmungsverfahren nach §§ 99 f. BetrVG durchzuführen.

Es empfiehlt sich für den Arbeitgeber allerdings oft aus praktischen Gründen, die Informationsrechte und Informationsbedürfnisse des Betriebsrats zu erfüllen. Die Erfahrung zeigt, dass ein informierter Betriebsrat weniger gegen einen Arbeitgeber agiert als ein Betriebsrat, der gar nicht weiß, was im Unternehmen vor sich geht oder geplant ist. Wenn sich Mitarbeiter beim Betriebsrat über die Berechtigung einer vom Arbeitgeber angeordneten Befragung erkundigen, erhöht die vorherige Information und Einbindung des Betriebsrats erfahrungsgemäß die Aussagebereitschaft. Mitarbeiter sind eher beruhigt und mitwirkungsbereit, wenn der Betriebsrat informiert ist und nicht ausdrücklich oder konkludent Zweifel an den Maßnahmen äußert oder sogar die Mitarbeiter zur Verweigerung aufruft.

In der Praxis empfiehlt es sich daher im Regelfall, den Betriebsrat über geplante Befragungen und unternehmensinterne Ermittlungen im Grundsatz zu informieren und unterrichtet zu halten.[1663]

II. Mitbestimmungsrechte bei der Durchführung von Befragungen

44 Ob interne Ermittlungen generell Mitbestimmungsrechte des Betriebsrats nach dem BetrVG auslösen können, ist nicht ganz klar. Rechtsprechung speziell zu Befragungen oder Interviews gibt es bisher – soweit ersichtlich – nicht. In der Literatur werden Mitbestimmungsrechte teils abgelehnt, teils werden einzelne Mitbestimmungsrechte des Betriebsrats für gegeben erachtet. Der Meinungsstand ist unübersichtlich.

[1661] Vgl. *BAG* NZA 2006, 568.
[1662] Zutreffend *Rudkowski*, NZA 2011, 613, 615. A.A. offenbar teilweise *Zimmer/Heymann*, BB 2010, 1853, 1855. So sei der Betriebsrat über interne Ermittlungen im Allgemeinen, aber auch über die einzelnen Maßnahmen wie Mitarbeiterinterviews vor und nach deren Durchführung zu unterrichten. Dem Betriebsrat müsse z.B. mitgeteilt werden, welche Mitarbeiter interviewt werden und welche Themen mit ihnen besprochen werden sollen. Nach dem Interview müsse der Betriebsrat darüber unterrichtet werden, welche Erkenntnisse der Arbeitgeber gewonnen habe und welche Schlüsse er daraus ziehe. Nach *Grimm/Freh*, ArbRB 2012, 241 sei der Umfang der Unterrichtung im Einzelfall zu bestimmen.
[1663] *Schürrle/Olbers*, CCZ 2010, 178, 179; auf Vorteile weisen auch *Wybitul/Böhm*, RdA 2011, 362 hin.

F. Beteiligung und Mitbestimmungsrechte des Betriebsrates

M.E. steht dem Betriebsrat kein allgemeines Mitbestimmungsrecht bei systematischen internen Untersuchungen, Befragungen oder Interviews zu.[1664] Dies gilt sowohl für die Frage, ob interne Ermittlungen durchgeführt werden sollen als auch für deren Durchführung selbst sowie dazu, wer befragt werden soll und/oder auf welche Art und Weise dies geschieht. Diese Entscheidungen trifft allein der Arbeitgeber. Sie sind Ausfluss des Direktionsrechtes. Eine Pflicht zur Unterrichtung des Wirtschaftsausschusses in Unternehmen mit mehr als 100 Arbeitnehmern (§ 106 BetrVG) besteht nicht, da i.d.R. die Weitergabe der Information Geschäfts- und Betriebsgeheimnisse gefährden würde (§ 106 Abs. 2 BetrVG). Der Betriebsrat ist aber über die Ermittlungen insgesamt zu unterrichten (§ 80 Abs. 2 BetrVG).

1. Mitbestimmungsrecht aus § 87 Abs. 1 Nr. 1 BetrVG zu Ordnungsverhalten

Ein Mitbestimmungsrecht des Betriebsrats aus § 87 Abs. 1 Nr. 1 BetrVG (Ordnungsverhalten) besteht nicht.[1665] Gegenstand des Mitbestimmungsrechts nach § 87 Abs. 1 Nr. 1 BetrVG ist die Gestaltung des Zusammenlebens und Zusammenwirkens der Mitarbeiter im Betrieb. Es beruht darauf, dass die Mitarbeiter ihre vertraglich geschuldete Leistung innerhalb einer vom Arbeitgeber vorgegebenen Arbeitsorganisation erbringen und deshalb dessen Weisungsrecht unterliegen. Das berechtigt den Arbeitgeber dazu, Regelungen vorzugeben, die das Verhalten der Mitarbeiter im Betrieb beeinflussen und koordinieren sollen. Bei solchen Maßnahmen hat der Betriebsrat mitzubestimmen. Dies solle gewährleisten, dass die Mitarbeiter gleichberechtigt an der Gestaltung des dienstlichen Zusammenlebens teilhaben können.[1666] Mitbestimmungspflichtig ist danach das Ordnungsverhalten.

45

Das Mitbestimmungsrecht erfasst allerdings nicht das bloße Arbeitsverhalten. Dieses ist berührt, wenn der Arbeitgeber kraft seiner Organisations- und Leitungsmacht lediglich näher bestimmt, welche Arbeiten auszuführen sind und in welcher Weise das geschehen soll („Konkretisierung der Arbeitspflicht"). Mitbestimmungsfrei sind deshalb Anordnungen, mit denen nur die geschuldete Arbeitsleistung unmittelbar konkretisiert wird.[1667] Mitbestimmungsfrei sind also solche Maßnahmen des Arbeitgebers, die sich auf die Arbeitsleistung oder in sonstiger Weise auf das Verhalten des einzelnen Mitarbeiters gegenüber dem Arbeitgeber beziehen.

Entscheidend für das Vorliegen oder Nichtvorliegen eines Mitbestimmungsrechts ist demnach, ob sich die unternehmensinternen Befragungen auf das Arbeitsverhalten beziehen oder ob sie dem Ordnungsverhalten zuzurechnen sind.

Nach der Entscheidung des BAG vom 27.9.2005[1668] soll der Erlass von allgemeinen Verfahrensregelungen zur Durchführung einer Befragung das Ordnungsverhalten der

---

[1664] Bei Ermittlungsmaßnahmen ohne kollektiven Charakter kommt ein Mitbestimmungsrecht ohnehin nicht in Betracht.
[1665] Ebenso *Wisskirchen/Glaser*, DB 2011, 1447, 1449; *Rudkowski*, NZA 2011, 613, 615; *Grimm/Freh*, ArbRB 2011, 241; a.A. *Wybitul/Böhm*, RdA 2011, 362, die ein Mitbestimmungsrecht ausdrücklich bejahen und auf mögliche Unterlassungsansprüche des Betriebsrats gegen Ermittlungsmaßnahmen hinweisen.
[1666] *BAG* NZA 2006, 568, unter Hinweis auf BAGE 101, 216 = NZA 2003, 166; *BAG* NZA 2000, 1176 = AP BetrVG 1972 § 87 Überwachung Nr. 33.
[1667] *BAG* NJW 2008, 3731 – Honeywell; *BAG* NZA 2006, 568, unter Hinweis auf BAGE 93, 276 = NZA 2000, 665; vgl. *Richardi/Richardi*, BetrVG, § 87 Rn. 194 ff.; *Kania*, in: Erfurter Komm. z. ArbR, § 87 BetrVG Rn. 21 a.
[1668] *BAG* NZA 2006, 568.

Beschäftigten betreffen. Im konkreten Fall ging es um abstrakte Regelungen durch eine amerikanische Dienststelle der Stationierungsstreitkräfte für die Umsetzung von aus den USA kommenden Ermittlungsersuchen. Der Betriebsrat hatte hier ein Mitbestimmungsrecht aus § 87 Abs. 1 Nr. 1 BetrVG reklamiert. Das BAG hat dem stattgegeben. Danach beträfen Regelungen darüber, mit welchen Maßgaben einem aus den USA kommenden Befragungsersuchen nachzukommen ist, das Ordnungsverhalten der Beschäftigten. Eine Konkretisierung der geschuldeten Arbeitspflicht erfolge hierdurch nicht, da diese Regelungen ein Verhalten außerhalb der vertraglich geschuldeten Arbeitsleistung zum Gegenstand hätten. Das BAG stellt zwar fest, dass die Beschäftigten durch ihre Mitwirkung an der Aufklärung eines Diskriminierungsvorwurfes eine arbeitsvertragliche Nebenpflicht erfüllten; diese sei aber dem Bereich des Ordnungsverhaltens zuzuordnen.

46 Der vom BAG entschiedene Sachverhalt unterscheidet sich jedoch von normalen internen Ermittlungen. Hier legt der Arbeitgeber fest, welche Ermittlungsmaßnahmen er vornehmen will, wie er die Ermittlungen führt und welche Mitarbeiter zu welchen Themenkomplexen Aussagen machen sollen. M.E. betrifft deshalb die Mitwirkungspflicht der einzelnen Mitarbeiter, die auf arbeitsvertraglichen Verpflichtungen beruht, allein deren Arbeitsverhalten. Denn das Arbeitsverhalten umfasst alle „Maßnahmen", mit denen die Arbeitspflicht unmittelbar konkretisiert und abgefordert wird.[1669] Wenn die arbeitsvertragliche Tätigkeit eines Mitarbeiters die Pflicht zur Auskunft über seinen eigenen vertraglichen Aufgabenbereich oder – im Rahmen einer Überwachungspflicht anderer – auch die Pflicht zur Auskunft über deren Tätigkeit beinhaltet, dann kann die Anweisung, hierzu Fragen zu beantworten, nur eine Maßnahme bezüglich des Arbeitsverhaltens sein. Denn dann wird lediglich die arbeitsvertragliche Pflicht zur Auskunft konkretisiert und abgefordert. Das Ordnungsverhalten umfasst dagegen nur das betriebliche Zusammenleben und Zusammenwirken der Mitarbeiter. Die Anordnung zur Teilnahme an einem Interview ist aber die Geltendmachung des individualrechtlichen Anspruchs auf Mitwirkung des Mitarbeiters und fällt damit ebenfalls allein in den Bereich des Arbeitsverhaltens. Es stellt keine Regelung des Zusammenlebens und Zusammenwirkens der Mitarbeiter dar. Deshalb scheidet ein Mitbestimmungsrecht nach § 87 Abs. 1 Nr. 1 BetrVG aus.[1670]

Man könnte – vor allem im Hinblick auf die Entscheidung des BAG vom 27.9.2005 – auch eine andere Ansicht vertreten: Danach sei die Weisung des Arbeitgebers an die Mitarbeiter, Fragen zu beantworten und sich den Ermittlungen zu stellen, eine mitbestimmungspflichtige Maßnahme der Ordnung des Betriebes, wenn der Arbeitgeber generelle Regelungen aufstellt, welche Mitarbeiter an den Interviews teilnehmen und welche Fragen sie beantworten müssen.[1671] Eine solche Auffassung würde m.E. aber ein falsches Bild des Mitbestimmungsrechts widerspiegeln. Lediglich aus Gründen der Rechtssicherheit kann und ggf. sollte die Beteiligung des Betriebsrates nach § 87

[1669] *Zimmer/Heymann*, BB 2010, 1853.

[1670] Ebenso *Zimmer/Heymann*, BB 2010, 1853; *Göpfert/Merten/Siegrist*, NJW 2008, 1703; *Grimm/Freh*, ArbRG 2011, 241, da es nur um die Aufklärung eines feststehenden Sachverhalts gehe und es deshalb an der erforderlichen Gestaltung des Zusammenlebens und -wirkens der Arbeitnehmer im Betrieb fehle; *Mengel*, Kap. 4 Rn. 36, soweit der eigene Arbeitsbereich der Mitarbeiter betroffen ist. A.A. *Wybitul/Böhm*, RdA 2011, 365, die ausdrücklich von mitbestimmungspflichtigem Ordnungsverhalten ausgehen.

[1671] So *Breßler/Kuhnke/Schulz/Stein*, NZG 2009, 721, und *Wisskirchen/Jordan/Bissels*, DB 2005, 2190, die ein Mitbestimmungsrecht hinsichtlich der Regelung des generellen Verfahrens der Mitarbeiterbefragung sehen.

Abs. 1 Nr. 1 BetrVG in Erwägung gezogen werden. Eine solche Beteiligung könnte zudem den Vorteil haben, bei den Mitarbeitern eine höhere Akzeptanz der Maßnahmen zu erreichen. Ein Mitbestimmungsrecht nach § 87 Abs. 1 Nr. 1 BetrVG besteht dagegen nicht.

2. Mitbestimmungsrecht aus § 94 Abs. 1 BetrVG zu Personalfragebögen

Wenn der Arbeitgeber Mitarbeiter schriftlich befragt, um sich einen Überblick zu verschaffen, könnte ein Mitbestimmungsrecht nach § 94 Abs. 1 BetrVG gegeben sein. Hiernach bedarf der Inhalt von Personalfragebögen der Mitbestimmung des Betriebsrats. Der Personalfragebogen wird definiert als die formularmäßige Zusammenfassung von Fragen über die persönlichen Verhältnisse, Kenntnisse und Fähigkeiten einer Person.[1672] Dieses Mitbestimmungsrecht könnte nach Auffassungen in der Literatur in Betracht kommen, wenn die Interviews anhand standardisierter Fragelisten durchgeführt werden und auch Informationen über persönliche Verhältnisse der Mitarbeiter erfasst werden.[1673]

47

Das trifft indes nicht zu. Mit Ausnahme einer etwaigen systematischen Erfassung von persönlichen Merkmalen und Verhältnissen eines Mitarbeiters ist kein Mitbestimmungsrecht gegeben. Selbst die Aufstellung standardisierter Fragen zu eigenem Verhalten oder Kenntnissen des Mitarbeiters ist nicht mitbestimmungspflichtig. Es geht nämlich nicht um das Erfassen persönlicher Verhältnisse, sondern um die Ermittlung von Sachverhalten und Fragen zu diesen Sachverhalten.[1674]

Bei persönlichen Befragungen fehlt es schon an der standardisierten Erfassung von Informationen. Denn jede Befragung entwickelt sich anders; je nach Antworten werden weitere Fragen gestellt. Nur die Themen ähneln sich. Eine Standardisierung scheidet aus, da die aus einer Antwort resultierende Frage im seltensten Falle diejenige sein wird, die als nächstes auf dem standardisierten Fragebogen steht. Sie ergibt sich auch nicht aus etwa gleichen Fragen zu Beginn eines Interviews. Derartige Fragen dienen lediglich der Einleitung des Gesprächs und bilden damit den Einstieg für eine individuelle Befragung. Sie dienen hingegen gerade nicht der Erfassung von Informationen zu persönlichen Verhältnissen.

Weitere standardisierte Fragen zu persönlichen Verhältnissen werden zur Aufklärung eines Sachverhaltes selten notwendig sein. Die Notwendigkeit, weitere Fragen zu persönlichen Verhältnissen zu stellen, wird sich vielmehr i.d.R. erst während des Gesprächs im Einzelfall ergeben. Dies wäre z.B. bei Hinweisen darauf der Fall, dass eine konkrete Pflichtverletzung vorliegt und mögliche Beweggründe hierfür (z.B. finanzielle Schwierigkeiten) ermittelt werden sollen.

[1672] *BAG* AP BetrVG 1972, § 94 Nr. 4; *Kania*, in: Erfurter Komm. z. ArbR, § 94 BetrVG Rn. 2; *Richardi/Thüsing*, § 84 Rn. 5 m.w.N.
[1673] So *Wisskirchen/Glaser*, DB 2011, 1447, 1450; auch *Zimmer/Heymann*, BB 2010, 185. Diese meinen unter Hinweis auf *BAG* NZA 1994, 376, dass der Inhalt der Fragen mitbestimmungspflichtig sei, wenn die Interviews anhand standardisierter Fragelisten durchgeführt und die Antworten schriftlich festgehalten werden. Das beträfe allerdings nur diejenigen Fragen, die für eine größere Gruppe von interviewten Mitarbeitern (kollektiver Bezug) gleich seien. Individuelle Fragen, insbesondere solche, die sich auf den einzelnen Mitarbeiter beziehen oder die sich erst im Laufe des Interviews ergeben, lösten das Mitbestimmungsrecht hingegen nicht aus; ähnlich *Grimm/Freh*, ArbRB 2012, 242.
[1674] Übereinstimmend *Kania*, in: Erfurter Komm. z. ArbR, § 94 BetrVG Rn. 2, der zwar standardisierte Informationserhebungen insgesamt erfasst sieht, jedoch nur, wenn arbeitnehmerbezogene Daten erhoben werden; *Schürrle/Olbers*, CCZ 2010, 178.

§ 8. Mitarbeiterbefragungen

Ein Mitbestimmungsrecht des Betriebsrates nach § 94 Abs. 1 BetrVG besteht damit nicht. Sollte ein solches dennoch angenommen werden, kann es sich auf Grund der Schutzrichtung des § 94 Abs. 1 BetrVG allenfalls auf standardisierte Fragen zu den persönlichen Verhältnissen beziehen, also etwa bei Fragen nach dem Namen und gegebenenfalls der konkreten Tätigkeit und Ausbildung.[1675]

3. Abschluss einer Betriebsvereinbarung

48 Der Abschluss einer Betriebsvereinbarung mit dem Betriebsrat könnte sich empfehlen, um allen Einwänden zum Bestehen oder Nichtbestehen eines etwaigen Mitbestimmungsrechtes entgegen zu wirken. Zudem wird der Betriebsrat auf diese Weise in die Zulässigkeit und den Ablauf der Befragungen einbezogen. Das untermauert einerseits, wie ernsthaft der Arbeitgeber die Untersuchungen durchführt. Zum anderen zeigt dies die Übereinstimmung des Arbeitgebers mit dem Betriebsrat in Sachen Aufklärung und Verfolgung von Verstößen, die in den meisten Fällen von Compliance-Verstößen ohnehin gegeben ist.

Andererseits gibt es gravierende Nachteile einer Betriebsvereinbarung. Hauptproblem ist der Zeitfaktor. Verhandlungen mit dem Betriebsrat über den Abschluss einer Betriebsvereinbarung dauern erfahrungsgemäß lang. Die Untersuchungen sind jedoch in aller Regel eilbedürftig. Zeitverzögerungen können wesentliche Nachteile haben oder sogar eine interne Untersuchung faktisch vereiteln. Zudem können Verhandlungen mit dem Betriebsrat den Kreis derjenigen vergrößern, die Kenntnis des Untersuchungsgegenstandes erhalten. Das erschwert die Geheimhaltung erheblich. Typischerweise werden sich Diskussionen mit dem Betriebsrat ergeben, wer in die Ermittlungen einbezogen werden darf, was Inhalt der Untersuchungen sein soll und sein darf, wie die Untersuchungen ablaufen, wie der Betriebsrat einzubeziehen ist und ob und unter welchen Voraussetzungen die Mitarbeiter ein Betriebsratsmitglied oder einen Rechtsanwalt hinzuziehen können.

Zwar ist es denkbar, im Voraus für den Fall möglicher Untersuchungen eine Betriebsvereinbarung zu schließen. Diese wird sich aber mangels Kenntnis der konkreten Untersuchungssituation auf relativ allgemeine Regelungen beschränken müssen, die im konkreten Fall dann vielleicht doch nicht weiterhelfen. Auch werden bestimmte Situationen problematisiert, die im konkreten Einzelfall kein Problem wären, etwa der Kreis der Beteiligten etc. Der Arbeitgeber wird Mitbestimmungsrechte einräumen müssen, die nach dem Gesetz nicht bestehen oder zumindest fraglich sind. Zudem ist der Arbeitgeber an die Betriebsvereinbarung insgesamt gebunden. Das gilt auch bezüglich der geregelten Bereiche, die tatsächlich keinem Mitbestimmungsrecht des Betriebsrats unterfallen.

Insgesamt empfehlen sich daher Betriebsvereinbarungen eher nicht.[1676]

49 Folgt man der hier vertretenen Auffassung, dass kein Mitbestimmungsrecht des Betriebsrats bei internen Untersuchungen besteht, ergibt sich auch keine Notwendigkeit zum Abschluss einer Betriebsvereinbarung. Dennoch eine Betriebsvereinbarung abzuschließen, könnte aus Gründen der Rechtssicherheit bzw. der Einbindung des Betriebsrates und der größeren Sicherheit/des Vertrauens für die Mitarbeiter erfolgen. Daneben

---

[1675] Ebenso *Breßler/Kuhnke/Schulz/Stein*, NZG 2009, 721, 725.
[1676] Zu den Problemen einer Betriebsvereinbarung auch *Wisskirchen/Glaeser*, DB 2011, 1392, 1393; *Wisskirche/Jordan/Bissels*, DB 2005, 2190; a. A. *Wybitul/Böhm*, RdA 2012, 366, die den Abschluss von Rahmenbetriebsvereinbarungen als effektive Möglichkeit ansehen, auch im Hinblick auf den Datenschutz.

kann der Abschluss einer Betriebsvereinbarung aber auch aus datenschutzrechtlichen Gesichtspunkten nach dem BDSG erfolgen.

Eine etwaige Betriebsvereinbarung oder Regelungsabrede zur Durchführung von Befragungen und Untersuchungen kann u. a. den Kreis der betroffenen Mitarbeiter, den Umfang der Befragung, die Informationsrechte des Betriebsrates (auch hinsichtlich der Untersuchungsergebnisse), die Verfügungsrechte des Arbeitgebers an den erhobenen Daten und eine etwaige Beteiligung von Betriebsratsmitgliedern an Einzelgesprächen regeln.[1677]

G. Mitarbeiterbefragungen und Datenschutz

Arbeitgeber haben nach dem Bundesdatenschutzgesetz (BDSG) den besonderen Schutz personenbezogener Daten in nahezu allen Bereichen zu beachten.[1678] Das gilt auch für Mitarbeiterbefragungen im Rahmen von internen Ermittlungen. Nach § 3 Abs. 1 BDSG sind personenbezogene Daten solche, die Einzelangaben über persönliche oder sachliche Verhältnisse einer bestimmten oder bestimmbaren natürlichen Person enthalten. Derartige Daten werden auch bei Befragungen regelmäßig zumindest in Form von Namensangaben und ggf. Funktionen innerhalb des Unternehmens erhoben und verarbeitet; Befragungsergebnisse können ebenfalls personenbezogene Daten bezogen auf den befragten Mitarbeiter darstellen.[1679] Gleichzeitig wird durch die Bestimmbarkeit des Arbeitnehmers auch ein Personenbezug zu dessen Vorgesetzten oder Mitarbeitern hergestellt, soweit sich die Befragung auch auf dessen bzw. deren Verhalten bezieht. Aufgrund der Regelung des § 32 Abs. 2 BDSG sind dabei nicht nur elektronisch verarbeitete Daten maßgeblich; vielmehr wird jede Form von Daten erfasst, auch z. B. handschriftliche Notizen.[1680] Als Beispiel mag hier bereits die Abfassung eines Protokolls der Befragung dienen. Dieses unterliegt sowohl in Form einer handschriftlichen Notiz in einer Ermittlungsakte als auch in Form eines Word-Dokuments den Bestimmungen des BDSG.

50

Damit stellt sich die Frage, welchen konkreten Beschränkungen die hier dargestellten Mitarbeiterbefragungen aus datenschutzrechtlicher Sicht unterliegen.

51

Zunächst sei darauf hingewiesen, dass personenbezogene Daten gem. § 4 Abs. 2 S. 1 BDSG zwar grundsätzlich beim Betroffenen selbst zu erheben sind. Dies steht einer Mitarbeiterbefragung, welche gerade auch Fragen zum Verhalten von Kollegen zum Gegenstand hat, allerdings nicht entgegen. Nach § 4 Abs. 2 S. 2 Nr. 2 lit. a BDSG ist eine Erhebung ohne Mitwirkung des Betroffenen zulässig, wenn der Geschäftszweck eine Erhebung bei anderen Personen erforderlich macht. Bei unternehmensinternen Ermittlungen zur Erzielung einer umfassenden und verlässlichen Tatsachenbasis zwecks Aufdeckung von Straftaten wird dies regelmäßig der Fall sein, ohne dass schutzwürdige Interessen des Betroffenen überwiegen.[1681]

Auszugehen ist sodann von dem Grundsatz, dass nach § 4 Abs. 1 BDSG die Erhebung, Verarbeitung und Nutzung personenbezogener Daten untersagt ist, soweit nicht

---

[1677] *Mengel*, Kap. 4 Rn. 38.
[1678] Zu Einzelheiten bzgl. datenschutzrechtlicher Fragestellungen jenseits von Mitarbeiterbefragungen s. nachfolgend *Pohle*, § 9.
[1679] Dies gilt beispielsweise soweit die Befragung eines Mitarbeiters ergibt, dass dieser einen Compliance-Verstoß oder eine Straftat begangen hat oder zumindest an ihr beteiligt war.
[1680] Gola/*Schomerus*, § 32 Rn. 7.
[1681] Vgl. *Vogel/Glas*, DB 2009, 1747, 1750.

§ 8. Mitarbeiterbefragungen

das BDSG selbst oder eine andere Rechtsvorschrift dies erlauben oder der Betroffene hierin einwilligt. Dabei stellt die bloße Beteiligung an einer Mitarbeiterbefragung allerdings oftmals schon deswegen keine wirksame Einwilligung dar, weil es im Machtgefälle zwischen Arbeitgeber und Arbeitnehmer regelmäßig an der hierfür erforderlichen Freiwilligkeit i.S. von § 4 a Abs. 1 BDSG fehlt.[1682] Macht der Arbeitnehmer bei der Befragung zudem Angaben über das Verhalten eines Kollegen, so scheidet eine Einwilligung (zu Lasten Dritter) ohnehin aus.

Eine geeignete Erlaubnisnorm kann in Form einer entsprechenden Betriebsvereinbarung mit dem Betriebsrat geschaffen werden.[1683] Hierbei ist allerdings zu gewährleisten, dass das Schutzniveau des Bundesdatenschutzgesetzes nicht unterschritten wird.[1684]

52 Liegt eine entsprechende Betriebsvereinbarung nicht vor, so richtet sich der Umgang mit personenbezogenen Daten im Arbeitsverhältnis nach § 32 BDSG.[1685] Grundsätzlich ist bei der Erhebung der Daten zwischen präventiven Maßnahmen zur Verhinderung von Rechtsverstößen, Maßnahmen zur Aufdeckung von (bloßen) Vertragsverletzungen bzw. Ordnungswidrigkeiten sowie repressiven Maßnahmen zur Aufdeckung von Straftaten zu unterscheiden. Von SEC veranlasste Ermittlungen betreffen hierbei stets den letztgenannten Bereich. Als lex specialis für die Datenerhebung zwecks Aufklärung von Straftaten im Beschäftigungsverhältnis hat sich eine Mitarbeiterbefragung im Rahmen solcher Untersuchungen daher ausschließlich an § 32 Abs. 1 S. 2 BDSG zu messen. Erforderlich sind danach u.a. tatsächliche Anhaltspunkte dahingehend, dass der von der Erhebung, Speicherung oder Verarbeitung seiner Daten Betroffene im Beschäftigungsverhältnis eine Straftat begangen hat. Ein solcher konkreter Anfangsverdacht gegen den Betroffenen wird jedoch zu Beginn der seitens SEC und DOJ veranlassten Ermittlungen regelmäßig (noch) nicht bestehen, vielmehr soll die Mitarbeiterbefragung erst der Verdichtung hin zu einem solchen Verdacht dienen. Das bedeutet aber, dass die Befragung mangels Vorliegen der Voraussetzungen (noch) nicht auf § 32 Abs. 1 S. 2 BDSG gestützt werden kann. Da diese Norm im Hinblick auf die Erhebung, Verarbeitung und Nutzung von Beschäftigtendaten im Rahmen (repressiver) Ermittlungsmaßnahmen als abschließende Sonderregelung aufzufassen ist, kann eine Mitarbeiterbefragung auch nicht auf § 32 Abs. 1 S. 1 BDSG oder § 28 Abs. 1 Nr. 2 BDSG gestützt werden.[1686] Als Ausweg verbleibt die Möglichkeit einer anonymisierten oder jedenfalls pseudonymisierten Durchführung der Mitarbeiterbefragung. Sollten die sich hieraus ergebenden Erkenntnisse im Einzelfall die Voraussetzungen von § 32 Abs. 1 S. 2 BDSG erfüllen, so darf insoweit eine Re-Personalisierung der Daten erfolgen.[1687]

[1682] Eingehend Taeger/Gabel/*Tager*, § 4 a BDSG Rn. 58 ff.; vgl. auch Art. 7 Abs. 4 des Entwurfes der EU-Datenschutz-Grundverordnung (DS-GVO-E), wonach eine Einwilligung bei erheblichem Ungleichgewicht zwischen den Vertragsparteien ausscheide.

[1683] Vgl. *Wybitul*, BB 2009, 1582, 1584; *Olbers*, BB 2010, 844, sowie *Zimmer/Heymann*, BB 2010, 1855.

[1684] Vgl. *Deiters*, ZD 2012, 109, 112 ff.; *Kort*, MMR 2011, 294, 298; *Freckmann/Störing/Müller*, BB 2011, 2549 ff.

[1685] In der Fassung vom 1.9.2009. Mit § 32 BDSG wurde hier erstmals eine Regelung zum Beschäftigtendatenschutz geschaffen. Zuvor wurden arbeitsrechtliche Maßnahmen an der Generalklausel des § 28 BDSG und der entsprechenden Rechtsprechung gemessen.

[1686] Zum Verhältnis zwischen § 32 Abs. 1 S. 1 BDSG und § 32 Abs. 1 S. 2 BDSG sowie § 28 BDSG im Einzelnen s. sogleich *Pohle*, § 9 Rn. 12 ff.

[1687] Vgl. hierzu sogleich *Pohle*, § 9 Rn. 30.

Weniger strenge Anforderungen gelten dagegen bei Maßnahmen zur Vorbeugung oder Aufdeckung von (bloßen) Vertragsverletzungen bzw. Ordnungswidrigkeiten sowie bei Maßnahmen zur Verhinderung von Straftaten. Eine entsprechende Mitarbeiterbefragung kann in solchen Fällen auf § 32 Abs. 1 S. 1 BDSG gestützt werden.[1688] 53

Im Ergebnis sind damit bereits nach aktueller Rechtslage aus datenschutzrechtlicher Sicht Hürden für die Zulässigkeit einer Mitarbeiterbefragung zur Aufdeckung von Straftaten und Compliance-Verstößen zu überwinden, was jedoch nicht dazu führt, dass Befragungen generell oder auch nur im überwiegendem Maße unzulässig sind. Zusammengefasst: Mitarbeiterbefragungen sind auch unter datenschutzrechtlichen Gesichtspunkten zulässig, wenn sie zur Verhinderung oder Aufklärung compliance- bzw. vertragswidriger Zustände erforderlich sind. Im Rahmen der Aufklärung von Straftaten ist eine Befragung jedoch nur dann rechtlich gestattet, wenn bereits ein konkreter Anfangsverdacht gegen einen bestimmten Arbeitnehmer besteht. 54

Aus datenschutzrechtlicher Sicht können sich Probleme bei Mitarbeiterbefragungen aber nicht nur bezüglich der Zulässigkeit der Befragungen selbst ergeben, sondern darüber hinaus auch bezüglich der Weitergabe der ermittelten Daten. Erfolgt diese an einen externen Dienstleister zwecks Auswertung der Daten, so liegt in der Regel eine Übermittlung i.S.d. § 3 Abs. 4 Nr. 3 BDSG vor, welche ebenfalls einer Rechtfertigung bedarf. Eine Privilegierung über den Fall der Auftragsdatenverarbeitung scheidet hier – soweit im internationalen Umfeld überhaupt anwendbar (vgl. § 3 Abs. 8 BDSG) – regelmäßig mangels Weisungsgebundenheit des externen Dritten im Verhältnis zum betroffenen Unternehmen aus. Dies gilt insbesondere für die Fälle der durch SEC-Ermittlungen veranlassten internen Ermittlungen, bei denen regelmäßig eine Weitergabe der Daten an die SEC erfolgt oder erfolgen soll. Hierin kann im Einzelfall ein Verstoß gegen die Bestimmungen aus § 4 b BDSG liegen.[1689]

H. Anhang: Checkliste zum Ablauf von Mitarbeiterbefragungen

✓ Ziele und Konzeption festlegen, über Ermittlungsinhalte und Umfang („Ergebnisse") klar werden 55
✓ Ggf. Grundsätze für Kronzeugen- und Amnestiezusagen aufstellen
✓ Kreis der zu Befragenden festlegen, ggf. in mehreren „Wellen"
✓ Entscheiden, ob Befragung durch Externe (Rechtsanwälte) durchgeführt werden soll oder intern
✓ Verantwortliche festlegen; Befragungsteams aufstellen
✓ Betriebsrat informieren, aber kein Mitbestimmungsrecht
✓ Persönliches Gespräch anstelle von schriftlichen oder telefonischen Befragungen
✓ Reihenfolge der zu befragenden Mitarbeiter festlegen
✓ i.d.R. mit Wissensträgern oder potentiellen Wissensträgern, ggf. auch Beschwerdeführern beginnen
✓ Praktische Durchführung der „Interviews" planen
✓ Ortswahl: auch außerhalb des Unternehmens möglich; Räumlichkeiten buchen
✓ Art und Umfang der Protokollierung der Befragung festlegen
✓ Einleitung der Befragung: Zweck und Gegenstand der Befragung

---

[1688] Vgl. hierzu sogleich Pohle, § 9 Rn. 18 ff. sowie Thüsing, NZA 2009, 865, 868.
[1689] S. im Einzelnen zur datenschutzrechtlichen Zulässigkeit von internen Ermittlungsmaßnahmen und der Übermittlung von Daten ins Ausland Pohle, § 9 Rn. 18 ff., 41 ff.

- ✓ Verdeutlichung, ob der zu befragende Mitarbeiter als Zeuge oder als (möglicher) Beschuldigter befragt werden soll
- ✓ Hinweis auf arbeitsrechtliche Aussagepflicht; nur ggf. Belehrung über Auskunftsverweigerungsrecht
- ✓ Ggf. Gewährung von Rechtsbeistand und Kostenfreistellung
- ✓ Kein Recht auf Unterzeichnung oder Einsichtnahme in das Gesprächsprotokoll
- ✓ Weitere Ermittlung; Auswertung, Konsequenzen

§ 9. Unterlagen-, Daten- und E-Mailauswertung unter Berücksichtigung datenschutzrechtlicher Aspekte

A. Ausgangslage

Grenzüberschreitende Ermittlungen von US- Behörden – sei es nun, das Department of Justice (DOJ) oder die US Security and Exchange Commission (SEC) – entfalten einen erheblichen rechtlichen, aber auch faktischen Druck auf Unternehmen bzw. Unternehmensteile in Deutschland. Unter anderem fordern DOJ und SEC von den betroffenen Unternehmen oder Unternehmensteilen eine umfassende Kooperation im Vorfeld der Entscheidung über weitere Maßnahmen in dem jeweiligen Ermittlungsverfahren, wie beispielsweise einer Anklageerhebung.[1690] Ausgehend hiervon wird die umfassende Einsichtnahme, Herausgabe, bzw. Bewertung von in betroffenen Unternehmen vorhandenen Unterlagen gefordert, unabhängig davon, ob diese in elektronischer Form oder als herkömmliche Papierdokumente vorhanden sind und davon, ob diese in „Klarschrift" oder in anonymisierter Form Informationen enthalten.[1691] Dabei werden für die notwendigen unternehmensinternen Untersuchungen und Dokumentauswertungen externe Dienstleister hinzugezogen, seien es international tätige Anwaltskanzleien, Wirtschaftsprüfungsgesellschaften oder sonstige IT-Dienstleister, die als „Forensic Services" eine IT-gestützte systematische Erfassung und Auswertung von Dokumenten in elektronischer Form anbieten und vollziehen. Diese Dienstleister werden dabei nicht selten von den US-Ermittlungsbehörden vorgegeben, insbesondere wird den Unternehmen auferlegt, unter Verzicht auf das Client-Attorney-Privilege bzw. das Work-Product-Privilege Unterlagen und Daten, die Gegenstand der Untersuchungstätigkeit der genannten Dienstleister waren, ebenso wie die von diesen verfassten Abschlussberichte, den US-Ermittlungsbehörden zur Verfügung zu stellen.[1692] 1

Gleichzeitig finden sich in den betroffenen Unternehmen selbst oder bei ihrerseits beauftragten IT-Dienstleistern regelmäßig eine Vielzahl von Unterlagen und Dokumenten in tradierter Papierform, wie stets weiter zunehmend große und größte Datenbestände mit Informationen zu nahezu ausnahmslos allen Unternehmensbereichen. Faktisch werden in allen von Ermittlungen durch US-Behörden betroffenen Unternehmen und Unternehmensteilen sog. Enterprise-Resources-Programme (ERP) implementiert sein, die das Unternehmen mit all seinen organisatorischen Untergliederungen IT-technisch abbilden und so detaillierte Informationen aus Finanz- und Rechnungswesen, Controlling, Personalwirtschaft, Verkauf und Marketing, Materialwirtschaft usw. enthalten. Hinzu treten umfängliche Datenbestände aus oder im Zusammenhang mit Unternehmenskommunikation, sei es intern oder extern, insbesondere in Gestalt von elektronischer Post (E-Mail) nebst dazugehörigen automatisierten Archivierungslösungen sowie Aufzeichnungen von Telekommunikationseinrichtun- 2

[1690] Vgl. *Wehnert*, NJW 2009, 1190 auf die Inhalte des *Thompson*-Memorandums; *Wybitul*, BB 2009, 606, 607; *von Rosen*, BB 2009, 230.
[1691] S. *Wybitul*, BB 2009, 606, 607 (Rn. 18) unter Hinweis auf sog. *Redaction*, d.h. Schwärzung in elektronischen Dokumenten nach einem zuvor festgelegten Protokoll.
[1692] Vgl. *Wehnert*, NJW 2009, 1190; *Wybitul*, BB 2009, 606, 607; *von Rosen*, BB 2009, 230.

gen. Schließlich existieren in nahezu allen modern organisierten Unternehmen EDV-technische Aufzeichnungen über das (Bewegungs-)Verhalten einzelner Mitarbeiter, wie Zugangs- bzw. Zutrittskontrollen, sowie sonstige Einrichtungen zur Gewährleistung von IT-Sicherheit im Unternehmen, die Datenbestände generieren. All diese Datensammlungen, Datenbanken und -aufzeichnungen enthalten Daten, die natürliche Personen betreffen, seien es Mitarbeiter oder seien es Kunden bzw. Dienstleister des Unternehmens. Entsprechend stellen sie für sich aber auch in Gesamtheit eine wesentliche, wenn nicht die zentrale Erkenntnisquelle dar, die insbesondere im Wege von Datenabgleichen und strukturierten Auswertungen von E-Mails ein straf- bzw. sonst ordnungsrechtlich relevantes Fehlverhalten von Angehörigen dieser Unternehmen und mithin des Unternehmens offenlegen und belegen können. Datensammlungen und insbesondere E-Mails als zentrales und dokumentiertes Kommunikationsmittel der modernen Arbeit sind für den Erfolg bzw. Misserfolg der Ermittlungen der US-Behörden unverzichtbar.

3 Diese Unterlagen, Datensammlungen, und Datenbanken im Allgemeinen und gespeicherte bzw. archivierte E-Mails sind rechtlich deshalb von besonderer Brisanz, weil sie ausnahmslos Informationen über das Verhalten bzw. die persönlichen Verhältnisse einer bestimmten oder bestimmbaren natürlichen Person enthalten, sie mithin im Sinne der Legaldefinition des § 3 Abs. 1 BDSG personenbezogene Daten beinhalten. Ihre Auswertung und sonstige Nutzung gleich in welcher Form, gleich mit welchen technischen Hilfsmitteln berührt folglich eine in Deutschland und der europäischen Union[1693] besonders wichtige und zentral und grundrechtlich geschützte Rechtsposition, das Recht auf informationelle Selbstbestimmung. Ausgehend hiervon, ergeben sich eine Vielzahl rechtlich problematischer Fragen, wenn es darum geht, dass Unternehmen bzw. auf deren Geheiß tätige Dienstleister (Anwaltskanzleien, Wirtschaftsprüfungsgesellschaften, IT-Dienstleister) Unterlagen, Dateien und E-Mails des Unternehmens auf Weisung von DOJ und SEC umfassend auswerten, untereinander abgleichen und die Ergebnisse in einem Bericht zusammenfassen, der alsdann – zusammen mit einzelnen Unterlagen, Daten- und E-Mail-Kopien – an die US-Ermittlungsbehörden übermittelt wird. Diese Rechtsfragen betreffen dabei mitnichten ausschließlich Fragen des eigentlichen Datenschutzrechts, sondern soweit es die Auswertung von E-Mails betrifft, regelmäßig auch das Fernmeldegeheimnis als weitere grundrechtlich geschützte Position sowie Fragen des betrieblichen und persönlichen Geheimnisschutzes. Diese gewinnen noch dadurch an Schärfe, dass externe dritte Dienstleister in den Auswertungs- bzw. Untersuchungsprozess ebenso einbezogen werden, wie zu dessen Abschluss eine Übermittlung von Untersuchungsergebnissen bzw. darin eingeschlossen oder gesondert einzelne Daten- bzw. E-Mail-Sätze in die USA stattfindet.

B. Datenschutzrecht

4 Unterlagen, Datensammlungen, insbesondere elektronische Dateien und Datenbanken enthalten ebenso wie gespeicherte oder sonst archivierte E-Mails eine Vielzahl von Daten, in aller Regel auch solche mit Bezug auf eine bestimmte oder bestimmbare natürliche Person. Man denke nur an die Empfänger- und Senderadressen, die notwendigerweise in einer E-Mail enthalten sind oder E-Mail-Signaturen und sonstige Daten

---

[1693] Vgl. Datenschutzkonvention des Europarates v. 28.1.1981 und Richtlinie 95/46/EG des Europäischen Parlaments und des -rates v. 24.10.1995 (Datenschutzrichtlinie).

rund um den E-Mail-Versand. Auch übrige unternehmensrelevante Unterlagen enthalten – und sei es nur beiläufig – Bezüge zu einzelnen natürlichen Personen, ihrem Status oder ihrem Verhalten. Im Sinne der Legaldefinition des § 3 Abs. 1 BDSG handelt es sich mithin aus dem Blickwinkel deutschen Datenschutzrechts um personenbezogene Daten.

I. Internationale Anwendbarkeit deutschen Datenschutzrechts

Deutsches Datenschutzrecht und maßgeblich das Bundesdatenschutzgesetz gilt, wenn die verantwortliche Stelle ihren Sitz in der Bundesrepublik Deutschland hat und hier selbst oder durch einen Auftragsdatenverarbeiter Daten erhebt, verarbeitet oder nutzt. Dies ist Konsequenz und Ausdruck des für das BDSG geltenden Territorialitätsprinzips.[1694] Entsprechend unterliegen Informationen, die in im Inland belegenen Unterlagen, Dateien, Datenbanken und E-Mails von Unternehmen enthalten sind, dem sachlichen Anwendungsbereich des deutschen Datenschutzrechts, wenn und soweit diese personenbezogene Daten i.S.d. § 3 BDSG enthalten. An der Anwendbarkeit deutschen Datenschutzrechts ändert sich auch nichts, wenn dieserart Unterlagen, Dateien, Datenbanken und E-Mails von Unternehmen auf Veranlassung von Behörden in den USA, sei es DOJ oder SEC, im Rahmen von Ermittlungen durch das Unternehmen selbst oder in seinem Auftrag tätige dritte Dienstleister (Anwaltskanzleien, Wirtschaftsprüfungsgesellschaften, IT-Dienstleister) gesichtet, ausgewertet, aufbereitet und schließlich in die USA übermittelt werden. Nach dem Territorialitätsprinzip ist dies jedenfalls dann und solange zu bejahen, als die Untersuchung in Deutschland selbst durchgeführt wird, mithin Unterlagen, Dateien, Datenbanken und E-Mails gesichtet und ausgewertet werden, die rein räumlich in Deutschland gelegen sind, insbesondere auf hier verorteten IT-Systemen.[1695] Ob dies auf Veranlassung einer ausländischen, außerhalb der europäischen Union belegenen Stelle geschieht, ist solange rechtlich unerheblich, als das im Inland ansässige Unternehmen, das die Untersuchung durchführt, wie regelmäßig bei Veranlassung unternehmensinterner Untersuchung auf Geheiß von US-Ermittlungsbehörden, verantwortliche Stelle i.S.d. § 3 Abs. 7 BDSG ist und bleibt. Denn mag die unternehmensinterne Untersuchung auch von außen durch die US-Ermittlungsbehörde veranlasst sein, die Nutzung der Unterlagen, Dateien, Datenbanken und E-Mails des Unternehmens erfolgt doch in der Praxis ausschließlich auf Entschluss und im Beherrschungsbereich des inländischen Unternehmens „für sich selbst" um der Kooperation mit den US-Ermittlungsbehörden Willen.

Nichts anderes gilt im Ergebnis, wenn die i.S.d. § 3 Abs. 7 BDSG für die Nutzung von Unterlagen, Dateien, Datenbanken und E-Mails eines Unternehmens verantwortliche Stelle außerhalb der Europäischen Union, mithin den USA ihren Sitz hat. Deutsches Datenschutzrecht findet in diesen Fällen nach § 1 Abs. 5 S. 2 BDSG Anwendung, wenn die außerhalb der europäischen Union oder eines Vertragsstaates über das Abkommen über den europäischen Wirtschaftsraum ansässige verantwortliche Stelle personenbezogene Daten im Inland erhebt, verarbeitet oder nutzt. Entsprechend unterfallen auch diejenigen Daten, Datenbänke und E-Mails deutschem Datenschutzrecht, die für ein in den USA ansässiges Unternehmen als verantwortliche Stelle in Deutschland im Zuge des IT-Outsourcing verarbeitet werden – sei es konzernintern bei einer

---

[1694] Vgl. statt vieler Taeger/Gabel/*Gabel*, § 1 BDSG Rn. 48 m.w.N.
[1695] Vgl. *Wybitul*, BB 2009, 606, 607; s. auch *von Rosen*, BB 2009, 230, 232.

Tochtergesellschaft oder extern durch einen dritten IT-Dienstleister.[1696] Dies gilt selbstverständlich erst Recht für jedwede Datenverarbeitung durch rechtlich unselbstständige Unternehmensteile (Niederlassungen) von US-Unternehmen in Deutschland.

7 Umgekehrt findet deutsches Datenschutzrecht dann Anwendung, wenn das Unternehmen oder der Unternehmensteil, der in die Ermittlungsmaßnahme von US-Behörden einbezogen wird, als verantwortliche Stelle i.S.d. § 3 Abs. 7 BDSG in Deutschland ansässig ist, die fraglichen Daten, Datenbänke oder E-Mails unter Zuhilfenahme eines konzerninternen oder -externen Dienstleisters im Rahmen eines IT-Outsourcing innerhalb der europäischen Union im Zuge der Auftragsdatenverarbeitung gem. § 11 BDSG verarbeitet und nutzt.[1697]

II. Sachlicher Anwendungsbereich des Datenschutzrechts

8 Wie bereits im Einzelnen ausgeführt, enthalten Unterlagen, Dokumente, Dateien, Datenbanken und E-Mails, die Gegenstand einer unternehmensinternen Untersuchung auf Veranlassung US-amerikanischer Behörden werden können, in aller Regel eine Vielzahl von Einzelangaben über persönliche und sachliche Verhältnisse einer bestimmten oder bestimmbaren natürlichen Person, mithin personenbezogener Daten i.S.d. § 3 Abs. 1 BDSG. Man denke nur an E-Mail-Adressen und Telefonnummern von Mitarbeitern des Unternehmens, Dienstleistern oder Kunden sowie Personal- und Finanzdaten.

9 Mit diesem Faktum ist jedoch noch nichts darüber gesagt, ob und inwieweit datenschutzrechtliche Vorschriften auf die dargestellte Gesamtheit der für die Untersuchungen in einem Unternehmen aufzufindenden Erkenntnisquellen (Unterlagen, Dokumente, Dateien, Datenbanken und E-Mails) Anwendung finden. § 1 Abs. 2 Nr. 3 BDSG bestimmt ebenso wie § 27 Abs. 1 S. 1 BDSG den Einsatz von Datenverarbeitungsanlagen für den Bereich der nicht-öffentlichen Stellen als Voraussetzung für die Anwendung des BDSG. Um solche nicht-öffentlichen Stellen i.S.d. § 2 Abs. 4 BDSG handelt es sich bei Unternehmen, die Gegenstand von Ermittlungsmaßnahmen auf Veranlassung von DOJ und SEC werden können. § 3 Abs. 2 BDSG setzt das Tatbestandsmerkmal des Einsatzes von Datenverarbeitungsanlagen bei nicht-öffentlichen Stellen mit dem Begriff der automatisierten Datenverarbeitung gleich.[1698] Dabei setzt eine automatisierte Verarbeitung im Gesetzessinne voraus, dass neben der durch technische Anlagen erfolgenden Erhebung und Speicherung auch eine automatisierte Auswertung der Daten, d.h. ein Nutzen der Daten ermöglicht wird.[1699] Hierzu zählen beispielsweise Netzwerke, autonome Personal Computer, Groß- und Kleincomputer, (Tele-)Kommunikationssysteme, Zutrittskontroll- und Zeiterfassungssysteme und digitale Bildverarbeitungssysteme.[1700] Hieraus folgt, dass Unterlagen und Dokumente, die im Unternehmen ausschließlich in tradierter Papierform vorhanden sind – was rein tatsächlich die Ausnahme sein wird – jedenfalls dann dem Geltungsbereich des Datenschutzrechtes unterworfen werden, wenn sie – wie häufig – im Zuge der Ermittlungsmaßnahmen gescannt, hierdurch in Dateiform gebracht werden und im weiteren

---

[1696] S. *von Rosen*, BB 2009, 230, 232; Taeger/Gabel/*Gabel*, § 1 BDSG Rn. 57 ff.
[1697] Vgl. Taeger/Gabel/*Gabel*, § 1 BDSG Rn. 56.
[1698] S. *Gola/Schomerus*, § 3 Rn. 15; Taeger/Gabel/*Buchner*, § 3 BDSG Rn. 21.
[1699] Vgl. § 46 Abs. 1 BDSG sowie *Gola/Schomerus*, § 3 Rn. 13 a; Taeger/Gabel/*Buchner*, § 3 BDSG Rn. 22 m.w.N.
[1700] Taeger/Gabel/*Buchner*, § 3 BDSG Rn. 22.

Verlauf unter Einsatz von Datenverarbeitungsanlagen verarbeitet, genutzt und insbesondere einer automatisierten Auswertung zugeführt werden.

Auch können in Unternehmen nicht mittels Datenverarbeitungsanlagen verarbeitete Datensammlungen den Begriff der nicht automatisierten Datei i.S.d. § 3 Abs. 2 BDSG erfüllen, mit der Folge der Anwendbarkeit der datenschutzrechtlichen Vorschriften im Bereich der nicht-öffentlichen Stellen, §§ 1 Abs. 2 Nr. 3, 27 BDSG.

Sachlich weitergehend ist der Anwendungsbereich des BDSG jedoch im Zusammenhang mit personenbezogenen Daten von Beschäftigten i.S.d. § 3 Abs. 11 BDSG, mithin allen abhängig Beschäftigten eines Unternehmens, d.h. Arbeitnehmer, Auszubildende, arbeitnehmerähnliche Personen, Bewerber und ausgeschiedene Beschäftigte.[1701] Nicht erfasst werden lediglich Leiharbeitnehmer[1702] und Organmitglieder von Gesellschaften.[1703] Hinsichtlich der in § 3 Abs. 11 BDSG genannten Beschäftigten bestimmt § 32 Abs. 2 BDSG, dass die Regelungen des Beschäftigtendatenschutzes gem. § 32 Abs. 1 BDSG auch dann anzuwenden sind, wenn personenbezogene Daten erhoben, verarbeitet oder genutzt werden, ohne dass sie automatisiert verarbeitet oder in bzw. aus einer nicht automatisierten Datei verarbeitet, genutzt oder für die Verarbeitung oder Nutzung in einer solchen Datei erhoben werden. Ein Dateibezug ist im Beschäftigtenverhältnis mithin nicht gefordert, um die datenschutzrechtlichen Vorschriften zur Geltung zu bringen, erfasst werden also auch einfache Personalakten. Der Beschäftigtendatenschutz ist sachlich umfassend – online wie offline.[1704]

III. Rechtmäßigkeit der Auswertung von Unterlagen, Dateien und E-Mail nach dem BDSG

1. Tatsächlicher Ausgangspunkt

Bei der datenschutzrechtlichen Beurteilung von Ermittlungsmaßnahmen in Unternehmen oder Unternehmensteilen, die sich in Deutschland befinden und von US-amerikanischen Ermittlungsbehörden angestoßen werden, ist hinsichtlich der Nutzung der Daten des Unternehmens bzw. Unternehmensteils regelmäßig folgender tatsächlicher Ablauf relevant:

Zunächst werden im Zuge der sog. Data Collection nach Vorgaben der US-Ermittler umfassend Daten im Unternehmen gesammelt, die für den weiteren Verlauf der Untersuchung von Bedeutung, mithin für die in Rede stehenden Vorwürfe oder Verdachtsmomente relevant sein können.[1705] Dies betrifft neben elektronischen Dokumenten gerade auch Kommunikationsdaten im weitesten Sinn (u.a. E-Mails, Serverprotokolle, Verbindungsdaten von Telekommunikationsvorgängen), Zutrittsdaten und Bestandsdaten von Beschäftigten und Dritten (u.a. Adress- und Kontendaten). Zudem werden in diesem Verfahrensschritt Dokumente, so sie nicht in elektronischer Form verfügbar sind (handschriftliche Notizen etc.), für die Nutzung im elektronischen Umfeld präpariert, mithin eingescannt und in elektronischer Form in Datenbanken eingestellt.[1706] Unabhängig davon, dass rein praktisch in diesem Verfahrensschritt unter anderem fest-

---

[1701] Vgl. Taeger/Gabel/*Zöll*, § 32 BDSG Rn. 13; *Gola/Schomerus*, § 32 Rn. 4.
[1702] Hier greift der Beschäftigtendatenschutz über § 32 BDSG im Verhältnis zum entleihenden Unternehmen, vgl. *Gola/Schomerus*, § 32 Rn. 5
[1703] Vgl. Taeger/Gabel/*Zöll*, § 32 BDSG Rn. 13 m.w.N.
[1704] S. Taeger/Gabel/*Zöll*, § 32 BDSG Rn. 47 m.w.N.
[1705] Vgl. *Wybitul*, BB 2009, 606, 610.
[1706] *Wybitul*, BB 2009, 606, 610.

gelegt wird, ob das Unternehmen technisch auf all diese Daten zugreifen kann, stellt sich naturgemäß die Frage, ob und in welchem Umfang das Unternehmen rechtlich auf diese Daten zugreifen darf, um den Vorgaben der US-Ermittler zu genügen.[1707]

In einem zweiten Schritt werden die identifizierten und zusammengestellten Daten konkret im Rahmen der Untersuchung verarbeitet und genutzt. Im Zuge des sog. Data Review bzw. Document Review gleichen Spezialisten unter Nutzung speziell entwickelter Softwareprogramme und spezifischer Verfahren die zusammengestellten Daten meist im Zuge von Massendatenanalysen (Datenabgleiche, Datenscreenings) ab und werten diese im Hinblick auf den konkreten Untersuchungsgegenstand aus. Alsdann werden die gewonnenen Ergebnisse von den für das Unternehmen auf Vorschlag von DOJ oder SEC tätigen Rechtsanwälten ausgewertet und anschließend in Berichtsform an die betreffende US-Ermittlungsbehörde übermittelt.[1708]

2. Rechtliche Rahmenbedingungen für die Verarbeitung und Nutzung von personenbezogenen Daten für unternehmensinterne Ermittlungen

12   Die Verarbeitung und Nutzung von Unterlagen, Dateien und E-Mails eines Unternehmens für die Zwecke unternehmensinterner Ermittlungen auf Verlangen von US-Ermittlungsbehörden ist nur dann und insoweit zulässig als dem BDSG im Einzelfall Rechnung getragen ist. Grundsätzlich bestimmt das BDSG in § 4, dass dies nur dann der Fall ist, soweit das BDSG, eine andere Rechtsvorschrift oder Anordnung dies erlaubt oder der Betroffene unter Beachtung der gesetzlichen Vorgaben des § 4 a BDSG eingewilligt hat. Dies gilt auch im Regelungsbereich des Beschäftigtendatenschutzes, d.h. im Anwendungsbereich des § 32 BDSG.[1709]

In der Praxis wird dabei die Auswertung von Unterlagen, Dateien und E-Mails im Zuge von Ermittlungsmaßnahmen im Zusammenhang mit unternehmensinternen Ermittlungen auf Grundlage der Einwilligung des Betroffenen in aller Regel zu vernachlässigen sein. Unabhängig von der Problematik der Wirksamkeit sowie jederzeitigen Widerrufbarkeit einer Einwilligung von Arbeitnehmern in Datenverarbeitungsmaßnahmen des Arbeitgebers,[1710] werden solcherart Einwilligungserklärungen in der Praxis für den vorliegend in Rede stehenden Zweck selten vorliegen. Ermittlungsmaßnahmen von DOJ oder SEC sind repressiver Natur, es ist mithin für den Regelfall davon auszugehen, dass die betroffenen Unternehmen nicht vorab umfassend – sei es von ihren Beschäftigten oder außenstehenden Dritten (Dienstleistern oder Kunden) – entsprechende rechtsbeständige, d.h. insbesondere zweckgebundene Einwilligungserklärungen eingeholt haben werden. Auch werden die betroffenen Unternehmen zur Sicherstellung der Rechtmäßigkeit einer Datennutzung im Rahmen von Ermittlungsmaßnahmen von DOJ oder SEC selten auf Betriebsvereinbarungen zurückgreifen können, die jedenfalls im Zusammenhang mit der Nutzung von Beschäftigtendaten im Regelungsbereich des § 32 BDSG einen Erlaubnistatbestand im Rahmen des § 4 Abs. 1 BDSG darstellen können und es potentiell betroffenen Unternehmen durchaus angera-

---

[1707] S. *Wybitul*, BB 2009, 606, 610.
[1708] Vgl. *Wybitul*, BB 2009, 606, 610 f.; s. auch *Heinson/Schmidt*, CR 2010, 540, 541 ff.; *Heinson/Yannikos/Winter/Schneider*, DuD 2010, 75, 76 ff.
[1709] S. BT-Drs. 16/13657, S. 35.
[1710] Eingehend Taeger/Gabel/*Tager*, § 4 a BDSG Rn. 58 ff.; vgl. auch Art. 7 Abs. 4 des Entwurfes der EU-Datenschutz-Grundverordnung (DS-GVO-E), wonach eine Einwilligung bei erheblichem Ungleichgewicht zwischen den Vertragsparteien ausscheidet.

ten sein kann, für die Zukunft entsprechende Vorkehrungen zum Abschluss solcher Betriebsvereinbarungen zu treffen.[1711]

Für die Auswertung von Unterlagen, Dateien, Datenbanken und E-Mails im Zuge unternehmensinterner Ermittlungen auf Veranlassung von DOJ und SEC kommt als gesetzlicher Erlaubnistatbestand grundsätzlich § 32 Abs. 1 BDSG in Betracht, sofern personenbezogene Daten von Beschäftigten des betroffenen Unternehmens in Rede stehen. Für die Erhebung, Verarbeitung und Nutzung personenbezogener Daten nicht im Unternehmen beschäftigter Dritter sowie – zumindest denkbar – von personenbezogenen Daten von Beschäftigten des Unternehmens, die nicht als Beschäftigtendaten i.S.d. § 32 Abs. 1 BDSG zu qualifizieren sind,[1712] greift ggf. § 28 Abs. 1 S. 1 BDSG.

a) Verarbeitung und Nutzung von Beschäftigtendaten für unternehmensinterne Ermittlungen

Die Zulässigkeit der Verarbeitung und Nutzung personenbezogener Daten eines Beschäftigten eines Unternehmens im Zuge der unternehmensinternen Ermittlungen auf Veranlassung von DOJ oder SEC bestimmt sich nach § 32 Abs. 1 BDSG, ergänzend ggf. nach § 28 Abs. 1 BDSG. Die gesetzliche Regelung des § 32 BDSG, in Kraft getreten mit der Novelle II zum BDSG zum 1.9.2009, enthält zwei Regelungsalternativen. § 32 Abs. 1 S. 2 BDSG legt die rechtlichen Voraussetzungen fest, unter denen personenbezogene Daten eines Beschäftigten zur Aufdeckung von Straftaten erhoben, genutzt oder verarbeitet werden dürfen, die im Beschäftigungsverhältnis begangen wurden. Der Grundtatbestand des § 32 Abs. 1 S. 1 BDSG regelt allgemein, dass Beschäftigungsdaten für die Zwecke des Beschäftigungsverhältnisses erhoben, verarbeitet und genutzt werden dürfen, wenn dies unter anderem für die Durchführung des Beschäftigungsverhältnisses erforderlich ist. Schließlich kann im Einzelfall § 28 Abs. 1 BDSG für die Bearbeitung von personenbezogenen Daten von Beschäftigten greifen, hier ist jedoch im Einzelfall genau zu prüfen, ob und in welchem Umfang diese gesetzliche Regelung neben derjenigen des § 32 BDSG überhaupt anwendbar ist. 13

aa) Sachlicher Anwendungsbereich

In sachlicher Hinsicht erfasst § 32 BDSG umfassend sämtliche personenbezogenen Daten eines Beschäftigten i.S.d. § 3 Abs. 11 BDSG. Diese Norm bestimmt im Sinne einer Legaldefinition, dass letztlich alle abhängigen Beschäftigten dem Schutzbereich des § 32 BDSG unterfallen. Lediglich Leiharbeitnehmer und Organmitglieder von Gesellschaften fallen aus diesem Schutzbereich heraus, für sie gilt weiterhin § 28 BDSG.[1713] 14

bb) Erlaubnistatbestand des § 32 Abs. 1 S. 2 BDSG

Die im Regelungsgefüge des § 32 Abs. 1 BDSG relativ speziellere gesetzliche Regelung des § 32 Abs. 1 S. 2 BDSG gestattet die Nutzung von personenbezogenen Daten des Beschäftigten, d.h. unter anderem Daten wie Name, Geburtsjahr, Anschrift und Kontoverbindung im Rahmen unternehmensinterner Ermittlungen, wenn dies der Auf- 15

[1711] Vgl. *Deiters*, ZD 2012, 109, 112 ff.; *Kort*, MMR 2011, 294, 298 f.; *ders.*, NZA 2011, 1319, 1322; *Tinnefeld/Petri/Brink*, MMR 2011, 427 f.; *Heinson*, BB 2010, 3084, 3085; *Gaul/Koehler*, BB 2011, 2229, 2234; *Freckmann/Störing/Müller*, BB 2011, 2549 ff. mit Blick auf die geplante gesetzliche Verankerung im neuen § 4 Abs. 1 BDSG-E.

[1712] Zum Streitstand sogleich unter Rn. 15.

[1713] Vgl. *Gola/Schomerus*, § 32 Rn. 4 f.; *Taeger/Gabel/Zöll*, § 32 BDSG Rn. 13 m.w.N.

deckung einer im Beschäftigungsverhältnis begangenen Straftat dient und diesbezüglich bereits ein konkreter Verdacht gegen den betreffenden Beschäftigten besteht. Der Umstand des Bestehens eines konkreten Verdachts, der sich aus den zu dokumentierenden tatsächlichen Anhaltspunkten ergibt, rechtfertigt die Nutzung von Beschäftigtendaten im Zusammenhang mit Ermittlungsmaßnahmen, die der Aufdeckung einer bereits begangenen Straftat dienen, also repressiver Natur sind.[1714] Insoweit bedarf es hinreichender Indizien, bloße Vermutungen oder denktheoretische Möglichkeiten reichen nicht aus.[1715] Ferner muss sich der Verdacht auf eine Straftat beziehen, eine Ordnungswidrigkeit oder schlichte Vertragsverletzung ist nicht ausreichend. Da dem Wortlaut sowie den Gesetzesmaterialien kein einschlägiger Hinweis zu entnehmen ist, ist zweifelhaft, ob insoweit eine nach ausländischer Rechtsordnung als Straftat zu qualifizierende Handlung ausreicht, um den Erlaubnistatbestand des § 32 Abs. 1 S. 2 BDSG zu begründen. Die Beantwortung dieser Frage ist jedoch mit Blick auf unternehmensinterne Ermittlungen mittelbar initiiert von US-Behörden von Relevanz, beziehen sich diese Ermittlungen doch auf in den USA verwirklichte Straftatbestände. Ausgehend von dem Gedanken der Einheit der Rechtsordnung ist diese Frage jedoch jedenfalls dann zu bejahen, wenn für derartige Auslandstaten eine Strafbarkeit im Inland nach §§ 5 ff. StGB begründet ist. Aber auch jenseits einer inländischen Strafbarkeit von Auslandstaten sollte eine nach ausländischer Rechtsordnung als Straftat zu qualifizierende Handlung ausreichen, die Anwendbarkeit des § 32 Abs. 1 S. 2 BDSG zu begründen, da nach der Gesamtregelung des § 32 Abs. 1 S. 2 BDSG dem berechtigten Schutzinteresse des Betroffenen hinreichend Rechnung getragen ist und zudem als weiterer Schutzwall die datenschutzrechtlich gesonderte Fragestellung zu beantworten ist, ob und in welchem Umfang die verarbeiteten und genutzten Daten sowie die hieraus gewonnenen Erkenntnisse ins Ausland übermittelt werden dürfen.[1716]

16 Hinzu tritt eine umfassende Abwägung der widerstreitenden Interessen, d.h. denen des Arbeitgebers an der Aufdeckung der Straftat wider denjenigen des Beschäftigten am Ausschluss mit dem Umgang der Daten.[1717] Wenn und soweit diese zugunsten des Arbeitgebers ausfällt, dürfen Beschäftigtendaten vom Arbeitgeber für repressive Ermittlungszwecke genutzt werden – allerdings nur gegen die jeweils konkret verdächtige Person.[1718] Ob diese Ermittlungen dabei vom Arbeigeber selbst oder von dritten, ausländischen Stellen, wie DOJ oder SEC angestoßen wurden, ist dann unerheblich.

17 Begreift man § 32 Abs. 1 S. 2 BDSG als Norm zur Regelung der Verarbeitung und Nutzung von Beschäftigtendaten im Rahmen (repressiver) Ermittlungsmaßnahmen im Unternehmen, die restriktiv und abschließend die einschlägigen Voraussetzungen festlegt und § 32 Abs. 1 S. 1 BDSG oder auch § 28 Abs. 1 S. Nr. 2 BDSG hinsichtlich der Nutzung von Beschäftigtendaten insoweit verdrängt, werden die Möglichkeiten der systematischen Auswertung von Unternehmensdaten im Zuge von durch US-Ermittlungsbehörden veranlassten unternehmensinternen Ermittlungsmaßnahmen in erheblicher Weise eingeschränkt. Entsprechend soll diese, für die Frage der Zulässigkeit der

---

[1714] S. *Schneider*, NZG 2010, 1201, 1206; *Bierekoven*, CR 2010, 203, 206; *Brink/Schmidt*, MMR 2010, 592, 594; *Gola/Schomerus*, § 32 Rn. 24 f.
[1715] Vgl. Taeger/Gabel/*Zöll*, § 32 BDSG Rn. 44 m.w.N.
[1716] Hierzu sogleich unter Rn. 18.
[1717] Vgl. *Bierekoven*, CR 2010, 203, 206 f.; Taeger/Gabel/*Zöll*, § 32 BDSG Rn. 46; *Gola/Schomerus*, § 32 Rn. 24 f.
[1718] S. *Gola/Schomerus*, § 32 Rn. 27.

Verarbeitung von Beschäftigtendaten im Rahmen unternehmensinterner Ermittlungen auf Veranlassung von US-Ermittlungsbehörden wesentliche Rechtsfrage näher beleuchtet werden.

cc) Nutzung und Verarbeitung von Beschäftigtendaten nach § 32 Abs. 1 S. 1 BDSG

Nach dem für den Beschäftigtendatenschutz grundlegenden gesetzlichen Erlaubnistatbestand des § 32 Abs. 1 S. 1 BDSG dürfen personenbezogene Daten von Beschäftigten unter anderem verarbeitet oder genutzt werden, wenn dies für die Begründung, Durchführung oder Beendigung eines Beschäftigungsverhältnisses erforderlich ist. Diese Regelung gestattet nach ihrem Wortlaut, insbesondere jedoch auch nach der Gesetzesbegründung die Erhebung, Verarbeitung und Nutzung von Beschäftigtendaten im Rahmen von Kontrollmaßnahmen mit der Zielsetzung, aus Sicht des Arbeitgebers festzustellen, ob der Beschäftigte seinen arbeitsvertraglich geschuldeten Pflichten und der Vermeidung entsprechender Pflichtverletzungen nachkommt oder nicht (Zeiterfassung, offene Videoüberwachung etc.).[1719] Wenn mithin § 32 Abs. 1 S. 1 BDSG den rechtlichen Rahmen für die Erhebung, Verarbeitung und Nutzung von Beschäftigtendaten zur Vorbeugung oder Aufdeckung von Vertragsbrüchen oder auch Ordnungswidrigkeiten von Beschäftigten setzt,[1720] ist damit noch nichts darüber gesagt, ob die Erhebung, Verarbeitung und Nutzung von Beschäftigungsdaten im Rahmen präventiver, d.h. der Verhinderung von Straftaten dienenden Kontrollmaßnahmen, oder – und dies ist für die Beurteilung der Rechtmäßigkeit auch von Ermittlungsmaßnahmen auf Veranlassung von US-Behörden von zentraler Bedeutung – im Rahmen von repressiven Ermittlungsmaßnahmen zur Aufdeckung von Straftaten von Beschäftigten ohne konkreten, individuellen Verdacht gegenüber einem Beschäftigten zulässig ist. Im Rahmen dieser Fragestellung ist die Zulässigkeit der Nutzung von Beschäftigtendaten für präventive Kontrollmaßnahmen unter den Voraussetzungen des § 32 Abs. 1 S. 1 BDSG zu bejahen.[1721]

Soweit es die für unternehmensinterne Ermittlungen auf Veranlassung von DOJ oder SEC häufig wesentliche Frage anbetrifft, ob § 32 Abs. 1 S. 1 BDSG die Nutzung von Beschäftigtendaten ohne bereits bestehenden, konkreten Verdacht gegen einen Beschäftigten mit der Zielsetzung der Aufdeckung einer Straftat legitimiert, ist diese differenzierter zu betrachten. Die Gesetzesbegründung und Systematik des § 32 BDSG legt den Schluss nahe, § 32 Abs. 1 S. 2 BDSG als lex specialis hinsichtlich der Datenverarbeitung zur Aufdeckung von Straftaten sowohl im Verhältnis zu § 32 Abs. 1 S. 1 BDSG als auch zu § 28 Abs. 1 S. Nr. 2 BDSG zu begreifen.[1722] Dieser Argumentation ist nicht ohne weiteres mit der Sichtweise zu begegnen, dass jedwede Datenverarbeitung zur Ermittlung von Verdachtsfällen für strafrechtlich relevantes Verhalten von Beschäftigten von § 32 Abs. 1 S. 1 BDSG gestattet ist mit dem Hinweis, dass der Gesetzgeber mit Einführung des § 32 BDSG keine weitergehenden Restriktionen gegenüber

---

[1719] Vgl. BT-Drs. 16/13657, S. 36; *Gola/Schomerus*, § 32 Rn. 17, 24 f.; *Taeger/Gabel/Zöll*, § 32 BDSG Rn. 24; *Schneider*, NZG 2010, 1201, 1206.
[1720] S. *Taeger/Gabel/Zöll*, § 32 BDSG Rn. 39.
[1721] Vgl. BT-Drs. 16/13657, S. 36; *Kort*, DB 2011, 651; *Bierekoven*, CR 2010, 203, 204; *Schneider*, NZG 2010, 1201, 1206; *Schmidt*, RDV 2009, 193, 197 f.; *Gola/Schomerus*, § 32 Rn. 17 ff.; *Taeger/Gabel/Zöll*, § 32 BDSG Rn. 24; anders noch *Schneider*, NZG, 2009, 1321, 1326; einschränkend *Thüsing*, NZA 2009, 865, 868.
[1722] S. *Schneider*, NZG, 2009, 1321, 1326; *Erfurth*, NJOZ 2009, 2914, 2921 f.; *Wybitul*, BB 2009, 1582, 1584; *Bierekoven*, CR 2010, 203, 204 ff.

der bisherigen Rechtslage unter § 28 Abs. 1 S. 1 Nr. 1 bis Nr. 3 einführen wollte.[1723] Auch der Umstand, dass einem Unternehmen bzw. Arbeitgeber, bei einer streng an Wortlaut, Systematik und Gesetzesbegründung des § 32 BDSG orientierten restriktiven Sichtweise eine echte Compliance unmöglich gemacht würde, vermag im Ergebnis nicht zu überzeugen. Entsprechend ist es abzulehnen, die Verarbeitung von Beschäftigtendaten im Rahmen verdachtsunabhängiger Ermittlungen unter den Voraussetzungen des § 32 Abs. 1 S. 1 BDSG zuzulassen, sei es beschränkt auf die Ermittlung von Verdachtsfällen, deren Weiterverfolgung bei Bestehen eines konkreten Verdachts gegen einen Beschäftigten dann an § 32 Abs. 1 S. 2 BDSG zu messen ist,[1724] oder von vornherein eingeschränkt auf eine positive Interessenabwägung zugunsten des Arbeitgebers anhand der Maßstäbe des § 32 Abs. 1 S. 2 BDSG.[1725] Hinzu kommt, dass im Bereich verdachtsunabhängiger Ermittlungen regelmäßig Lösungen erarbeitet werden können, die unter Nutzung pseudonymisierter Daten jedenfalls solche Resultate hervorbringen sollten, unter deren Nutzung alsdann unter den Voraussetzungen des § 32 Abs. 1 S. 2 BDSG unter Echtdatennutzung im weiteren Verlauf einer Ermittlung gearbeitet werden kann.[1726]

20 Ob ggf. Beschäftigtendaten im Übrigen für unternehmensinterne Ermittlungen auf Veranlassung von US-Ermittlungsbehörden mit dem Ziel der Aufdeckung von Straftaten außenstehender Dritter genutzt werden dürfen, an denen Beschäftigte des Unternehmens nicht oder nicht in strafrechtlich relevanter Weise beteiligt sind, ist mit der Diskussion um den Geltungsbereich des § 32 Abs. 1 BDSG und seiner unterschiedlichen Anwendungsfälle nicht gesagt.[1727] Denn insoweit legt § 32 Abs. 1 S. 2 BDSG den Zweck der Datenverarbeitung mit der Aufdeckung von Straftaten eines Beschäftigten im Beschäftigungsverhältnis ebenso fest wie § 32 Abs. 1 S. 1 BDSG mit der Zweckbestimmung, dass die Erhebung, Verarbeitung und Nutzung von Beschäftigtendaten nur im Rahmen der Begründung, Durchführung und Beendigung des jeweils konkret betroffenen beschäftigten Individuums erforderlich ist.

dd) Anwendbarkeit des § 28 Abs. 1 BDSG neben § 32 BDSG

21 Grundsätzlich sperrt § 32 Abs. 1 BDSG als lex specialis die Anwendbarkeit des § 28 Abs. 1 S. 1 Nr. 1 BDSG im Rahmen von Beschäftigungsverhältnissen hinsichtlich der Verarbeitung personenbezogener Daten von Beschäftigten.[1728] § 28 Abs. 1 S. 1 Nr. 1 BDSG bleibt jedoch jedenfalls dann anwendbar, wenn und soweit neben einem Beschäftigungsverhältnis zwischen Arbeitgeber und Arbeitnehmern laufende Schuldverhältnisse durchgeführt werden, selbst dann, wenn diese Schuldverhältnisse im unmittelbaren Zusammenhang mit dem Arbeitsverhältnis stehen (z.B. Kauf von Mahlzeiten in der Kantine usw.).[1729] Insoweit richtet sich die Frage der Zulässigkeit der Verarbeitung und Nutzung von personenbezogenen Daten im Rahmen von Ermittlungsmaßnahmen auf Veranlassung von US-Behörden ausschließlich nach dieser gesetzlichen Norm.

[1723] Vgl. *Gola/Schomerus*, § 32 Rn. 24 f.; *Schmidt*, RDV 2009, 193, 197 f.; *Diller*, BB 2009, 438, 439.
[1724] S. *Schmidt*, RDV 2009, 193, 197 f.
[1725] Vgl. *Thüsing*, NZA 2009, 865, 868; Taeger/Gabel/*Zöll*, § 32 BDSG Rn. 41.
[1726] Vgl. *Heinson/Schmidt*, CR 2010, 540, 543.
[1727] Hierzu sogleich unter Rn. 21.
[1728] S. BT-Drs. 16/13657, S. 34; *Bierekoven*, CR 2010, 203, 204 m.w.N.
[1729] *Gola/Schomerus*, § 32 Rn. 31.

Problematisch ist hingegen die Frage, ob und inwieweit ein Anwendungsbereich des 22
§ 28 Abs. 1 S. 1 Nr. 2 BDSG neben dem des § 32 Abs. 1 BDSG eröffnet ist. Dies wird
für Fälle bejaht, in denen die Erhebung, Verarbeitung und Nutzung von personenbezogenen Daten von Beschäftigten nicht der Durchführung des Arbeitsverhältnisses dient, dies mithin in keinem beschäftigungsvertraglichem Zusammenhang erfolgt, aber gleichwohl im Zusammenhang mit einem Arbeitsverhältnis steht. Wollte man dieser Auffassung folgen, kann § 28 Abs. 1 S. 1 Nr. 2 BDSG jedoch nur für solche Vorgänge neben § 32 BDSG greifen, die bei enger Interpretation nicht mehr der Zweckbestimmung des Beschäftigungsvertragshältnisses zuzuordnen sind, wie beispielsweise konzerninterner Datenfluss oder Datenübermittlung zum Zwecke von Due Diligence Prüfungen.[1730]

Problematisch ist jedoch ein weitergehender Rückgriff auf § 28 Abs. 1 S. 1 Nr. 2 23
BDSG namentlich im Zusammenhang mit unternehmensinternen Ermittlungen beispielsweise um ausschließlich ein strafrechtlich relevantes Verhalten im Verhältnis zum datenschutzrechtlich betroffenen Individuum dritter Beschäftigter des Unternehmens oder von Lieferanten oder Dienstleistern zu ermitteln, insbesondere in Fällen, in denen insoweit bereits ein konkreter Verdacht besteht. Wollte man dies bejahen, könnte man mit der Gesetzesbegründung zu § 32 BDSG argumentieren, die ausdrücklich nur die Anwendbarkeit des § 28 Abs. 1 S. 1 Nr. 1 BDSG ausschließt, nicht jedoch auch diejenige des § 28 Abs. 1 S. 1 Nr. 2 BDSG soweit es nicht „Zwecke des Beschäftigungsverhältnisses" des jeweils konkreten Beschäftigten betrifft. Ein Rückgriff auf § 28 Abs. 1 S. 1 Nr. 2 BDSG könnte zulässig sein, wenn die Datenverarbeitung „anderen Zwecken" dient.[1731] Umgekehrt erlaubt die Gesetzesbegründung auch die diametral entgegengesetzte Argumentation. Eine Anwendung von § 28 Abs. 1 S. 1 Nr. 2 BDSG ist neben § 32 Abs. 1 BDSG und namentlich im Zusammenhang mit unternehmensinternen Ermittlungsmaßnahmen insgesamt nicht zulässig, da unternehmensinterne Ermittlungsmaßnahmen, die die personenbezogenen Daten von Beschäftigten nutzen, letztlich stets im Zusammenhang mit dem Beschäftigungsverhältnis und den ausschließlich für diese Zwecke erhobenen, verarbeiteten und genutzten Daten erfolgen.[1732] Im Ergebnis dürfte der letztgenannte Argumentationsstrang vorzugswürdig sein. Die Gesetzesbegründung mag in sich widersprüchlich sein und zur Problemlösung wenig Entscheidendes beitragen. Es besteht jedoch Einigkeit, dass unternehmensinterne Ermittlungsmaßnahmen zum Zwecke der Aufdeckung und des Nachweises einer Straftat zu Lasten eines Beschäftigten ausschließlich nach den Voraussetzungen des § 32 Abs. 1 BDSG unter Nutzung von Beschäftigtendaten und deren Verarbeitung datenschutzrechtlich zulässig sind und dies unabhängig von dem Streitstand zur Zulässigkeit verdachtsunabhängiger Ermittlungen im Rahmen des § 32 Abs. 1 BDSG.[1733] Faktisch wie rechtlich ist es jedoch unmöglich, es von vorneherein und für den vollständigen Ablauf eines unternehmensinternen Ermittlungsverfahrens auszuschließen, ob sich eine Ermittlungsmaßnahme, die zunächst ausschließlich gegen dritte Beschäftigte oder Externe gerichtet war, nicht zu irgendeinem Zeitpunkt des Verfahrens zumindest auch gegen den datenschutzrechtlich betroffenen Beschäftigten richtet oder

---

[1730] Vgl. *Gola/Schomerus*, § 32 Rn. 33; *Kort*, DB 2011, 651 f.; *Gaul/Koehler*, BB 2011, 2229, 2232; *Bierekoven*, CR 2010, 203, 205 f. m.w.N.
[1731] S. BT-Drs. 16/13657 v. 1.7.2009, S. 35; *Schmidt*, RDV 2009, 193, 198; *Erfurth*, NJOZ 2009, 2914, 2922.
[1732] Vgl. *Bierekoven*, CR 2010, 203, 205 f.; krit. auch Taeger/Gabel/*Zöll*, § 32 BDSG Rn. 40.
[1733] Hierzu oben unter Rn. 15.

§ 9. Unterlagen-, Daten- und E-Mailauswertung und datenschutzrechtliche Aspekte

richten wird und entsprechend dem Zweck der Aufdeckung einer Straftat aus dem Beschäftigungsverhältnis dient. Dann aber kann allein § 32 Abs. 1 S. 2 BDSG der umfassende datenschutzrechtliche Maßstab für die Nutzung von Beschäftigtendaten sein, um letztlich die Umgehung seines Schutzzwecks zu vermeiden. Dies zumal auch in dem hier in Rede stehenden Sachzusammenhang unter Nutzung pseudonymisierter Daten jedenfalls solche Resultate zu erzielen sein sollten, die dem Ermittlungsziel unmittelbar dienlich sind.

24 Entsprechend legitimiert § 28 Abs. 1 S. 1 Nr. 2 im Ergebnis nicht die Verarbeitung von Beschäftigtendaten im Zuge unternehmensinterner Ermittlungen auf Veranlassung von US-Behörden, die sich weder gegen den Beschäftigten des Unternehmens selbst richten noch mit deren Beschäftigungsverhältnis selbst etwas zu tun haben, sondern vielmehr ausschließlich der repressiven Ermittlungstätigkeit gegen dritte Beschäftigte oder außenstehende Dritte, wie z. B. Kunden dienen.

Schließlich bleibt § 28 BDSG hinsichtlich der Regelung in § 28 Abs. 2 Nr. 1 und Nr. 3 sowie hinsichtlich der besonderen Bestimmung zur Verarbeitung besonderer Arten von Daten i. S. d. § 3 Abs. 9 BDSG nach § 28 Abs. 6 BDSG anwendbar.[1734]

b) Nutzung und Verarbeitung sonstiger personenbezogener Daten für unternehmensinterne Ermittlungen

25 Für die Nutzung und Verarbeitung personenbezogener Daten eines Unternehmens für unternehmensinterne Ermittlungen auf Veranlassung von US-Ermittlungsbehörden im Übrigen gilt § 28 BDSG. Dabei ist es im Ergebnis unerheblich, ob man die Durchführung einer unternehmensinternen Ermittlungsmaßnahme als eigenen Geschäftszweck i. S. d. § 28 Abs. 1 BDSG erfasst oder als anderen Zweck i. S. d. § 28 Abs. 2 BDSG. Im Ergebnis sind auch jenseits des Anwendungsbereichs des § 28 Abs. 1 S. 1 Nr. 1 BDSG die materiellen Voraussetzungen des Erlaubnistatbestandes über § 28 Abs. 1 Nr. 2 BDSG auch dann identisch, wenn sie letztendlich über § 28 Abs. 2 Nr. 1 BDSG zur Anwendung gelangen. Unter diesen Voraussetzungen ist insbesondere die ausschließliche Nutzung und Verarbeitung personenbezogener Daten außenstehender, sog. mitbetroffener Dritter im Zuge unternehmensinterner Ermittlungen auf Veranlassung von US-Ermittlungsbehörden zulässig, d. h. insbesondere Kunden oder Dienstleistern.[1735] Entsprechend ist das Erheben, Speichern, Verändern oder Übermitteln personenbezogener Daten oder ihre Nutzung für die Erfüllung eigener Geschäftszwecke oder anderer Zwecke dann zulässig, soweit es zur Wahrung berechtigter Interessen des Unternehmens erforderlich ist und kein Grund zu der Annahme besteht, dass das schutzwürdige Interesse des Betroffenen an dem Ausschluss der Verarbeitung oder Nutzung überwiegt.

3. Datenschutzrechtliche Zulässigkeit einzelner Ermittlungsmaßnahmen

26 Ausgehend von den zuvor gefundenen Ergebnissen zu den grundsätzlichen datenschutzrechtlichen Rahmenbedingungen der Nutzung von in Unternehmen verfügbaren, personenenbezogenen Daten für unternehmensinterne Ermittlungen auf Veranlassung von US-Ermittlungsbehörden, sollen im Folgenden einzelne, im Zusammenhang mit solcherart Ermittlungen häufig anzutreffende Ermittlungsmaßnahmen auf ihre datenschutzrechtliche Zulässigkeit hin beurteilt werden.

[1734] Vgl. *Gola/Schomerus*, § 32 Rn. 36 ff.
[1735] Vgl. *Heinson*, BB 2010, 3084, 3085; *Heinson/Schmidt*, CR 2010, 540, 545.

B. Datenschutzrecht

a) Nutzung von Personalakten

Im Zuge unternehmensinterner Ermittlungen auf Veranlassung von US-Behörden dürfen Personalakten – in elektronischer Form oder in Papierform – unter den Voraussetzungen des § 32 Abs. 1 S. 2 BDSG eingesehen und die dort niedergelegten Daten von Beschäftigten genutzt werden. Im Rahmen der Abwägung der widerstreitenden Interessen ist in diesem Zusammenhang das Persönlichkeitsrecht des betroffenen Arbeitnehmers auch insoweit zu beachten, als es um die Bestimmung des Kreises der Zugriffsberechtigten geht. Dabei kann der Kreis der Zugreifenden durchaus über den engen Kreis der üblicherweise Zugriffsberechtigten (Geschäftsführung, Personalabteilung) hinausgehen, wenn und soweit sichergestellt ist, dass die Zugriffsberechtigten in diesen Akten enthaltene sensible Informationen vertraulich behandeln und eine unbefugte Offenlegung der gewonnenen Erkenntnisse nicht zu befürchten ist.[1736] Ob insbesondere letztere Voraussetzung im Falle unternehmsinterner Ermittlungen auf Veranlassung von DOJ oder SEC unter Einbeziehung dritter Dienstleister gegeben ist, ist höchst fraglich und im Einzelfall genauestens zu prüfen.

27

b) Datenscreenings

Auf Grundlage des § 32 BDSG und des § 28 BDSG beurteilt sich die Zulässigkeit von Datenscreenings im Zusammenhang mit unternehmensinternen Ermittlungen auf Veranlassung von US-Ermittlungsbehörden. Solche Maßnahmen können auch aufgrund von Einwilligungen der jeweils betroffenen Beschäftigten oder Dritten gem. § 4 a BDSG oder hinsichtlich betroffener Beschäftigter aufgrund Betriebsvereinbarungen zulässig sein, dies wird jedoch in der Praxis in Ermangelung einschlägiger Regelungen und Vereinbarungen die Ausnahme sein, selbst wenn man davon ausgehen wollte, dass solcherart Einwilligungen im Falle von Datenscreenings rechtswirksam möglich sind.[1737] Auch Betriebsvereinbarungen, als Rechtsgrundlage für Datenscreenings durchaus denkbar, unterliegen insofern besonderen Voraussetzungen.[1738]

28

Im Zuge eines Datenscreenings vergleicht ein Unternehmen unter Zuhilfenahme spezieller Computerprogramme große bei ihm vorhandene Datenmengen von Beschäftigten, Lieferanten und/oder Dienstleistern automatisiert auf das Vorliegen bestimmter Anhaltspunkte oder Merkmale.[1739] Mit Blick auf die Masse der regelmäßig vorhandenen Rohdaten sowie dem Umstand, dass diese nahezu aus sämtlichen Unternehmensbereichen herrühren, handelt es sich bei diesen Screenings um ein zentral wichtiges Ermittlungswerkzeug, um Indizien für eine Abweichung von einem regelmäßigen Verhalten durch Beschäftigte zutage zu fördern, was alsdann gemeinsam mit weitergehenden Ermittlungsmethoden und -ergebnissen den gewünschten Rückschluss auf ein strafbares bzw. rechtlich nicht zu beanstandendes Verhalten als Ergebnis der unternehmensinternen Maßnahme zulässt.[1740]

Datenschutzrechtlich problematisch ist in diesem Zusammenhang, dass diese Screenings in aller Regel allenfalls aufgrund eines vagen, regelmäßig jedoch nicht konkreten Verdachts auf eine betriebliche Unregelmäßigkeit oder gar die Verwirklichung eines Straftatbestandes oder sonstigen rechtswidrigen Verhaltens in die Wege geleitet wer-

29

[1736] Vgl. *Vogt*, NJOZ 2009, 4206, 4210 f.
[1737] S. oben Rn. 8 ff.; sowie *Brink/Schmidt*, MMR 2010, 592.
[1738] Vgl. *Brink/Schmidt*, MMR 2010, 592; *Freckmann/Störing/Müller*, BB 2011, 2549, 2550.
[1739] Vgl. *Wybitul*, BW 2009, 606, 610; *Vogt*, NJOZ 2009, 4206, 4214; *Müller-Bonanni*, AnwBl 2010, 651, 653.
[1740] S. *Heinson*, BB 2010, 3084; *Wybitul*, BB 2009, 606, 610.

den. Hinzu kommt, dass meist eine undifferenzierte Vielzahl von Daten unter Einschluss der personenbezogenen Daten von Beschäftigten des Unternehmens ebenso wie außenstehenden Dritten genutzt werden, von denen praktisch schon vor Beginn des Datenscreenings feststeht, dass hinsichtlich dieser Personen kein Verdacht einer Straftat besteht und je bestehen wird. Dies obgleich im Zuge eines vorgeschalteten Data Reviews bzw. Documents Reviews aus der Masse der insgesamt verfügbaren Daten ggf. die als relevant für den Gegenstand der unternehmensinternen Untersuchung herausgefiltert werden oder zumindest herausgefiltert werden sollten oder könnten.[1741] Aber selbst wenn im Einzelfall bereits der konkrete, an tatsächlichen Anhaltspunkten festzumachende Verdacht eines strafrechtlich relevanten Verhaltens eines Beschäftigten besteht, werden Datenscreenings zu einem Zeitpunkt im Zuge der unternehmensinternen Ermittlungen durchgeführt, als sich dieser Verdacht noch nicht auf eine konkrete Person eingegrenzt hat. Entsprechend sind solche umfassenden Datenabgleiche im Sinne eines verdachtsunabhängigen Massendatenscreenings vor dem Hintergrund der Regelungen des § 32 Abs. 1 S. 2 BDSG im Rahmen von unternehmensinternen Ermittlungen auf Veranlassung von US-Ermittlungsbehörden datenschutzrechtlich nicht zulässig, wenn und soweit, wie regelmäßig, Beschäftigtendaten in diesem Datenscreening verarbeitet werden.[1742] Vielmehr bedarf es zur Durchführung solcher Datenscreenings der vollständigen Erfüllung der Voraussetzungen des § 32 Abs. 1 S. 2 BDSG, wenn – wie regelmäßig – in solcherlei Datenscreenings Beschäftigtendaten, wie z.B. die Bankverbindungsdaten von Arbeitnehmern, einbezogen werden. Mithin sind solche Datenscreenings überhaupt nur dann und insoweit datenschutzrechtlich zulässig, als sich bereits ein konkreter, an tatsächlichen Anhaltspunkten festzumachender Verdacht einer Straftat gegenüber einem bestimmten Beschäftigten manifestiert hat.[1743]

30 Dieser rechtliche Befund ist faktisch und rechtlich misslich, als er eine zentral wichtige Erkenntnisquelle im Zusammenhang mit unternehmensinternen Untersuchungen auf Veranlassung von US-Ermittlungsbehörden zunichte zu machen droht, zumal Datenscreenings ohne Verarbeitung personenbezogener Daten von Beschäftigten des Unternehmens i.S.d. § 32 BDSG faktisch nicht vorstellbar sind. Denn besteht bereits ein konkreter, an tatsächlichen Anhaltspunkten festzumachender Verdacht einer Straftat gegenüber einem bestimmten Beschäftigten, ist ein Datenscreening zur weiteren Manifestation zwar hilfreich, aber als Ermittlungsmaßnahme nicht annähernd so wertvoll, wie zu einem früheren Stadium der Ermittlungen, in dem ein solcher konkreter Verdacht überhaupt nicht oder jedenfalls gegenüber einem bestimmten Beschäftigten noch nicht besteht. Hinzu kommt, dass selbst in dem Fall, dass ein konkreter, an tatsächlichen Anhaltspunkten festzumachender Verdacht einer Straftat gegenüber einem bestimmten Beschäftigten besteht, im Rahmen des Datenscreenings bestimmungsgemäß auch personenbezogene Daten mitbetroffener dritter Beschäftigter, Lieferanten oder Dienstleister verarbeitet werden, bezüglich derer kein Verdacht besteht.

31 Einzig gangbarer Ausweg zur Ermöglichung von Datenscreenings und zur Nutzbarmachung der dadurch erzeugten Ergebnisse erscheint die vorbeugende Anonymisierung oder jedenfalls Pseudonymisierung der im Zuge des Datenabgleichs zu verarbeitenden bzw. zu nutzenden personenbezogenen Daten. Tatsächlich werden hier

---

[1741] *Wybitul*, BB 2009, 606, 610.
[1742] Vgl. auch *Roeder/Buhr*, BB 2011, 1333, 1336 zum Terror-Listenscreening.
[1743] Vgl. *Kort*, DB 2011, 651, 653; *Bierekoven*, CR 2010, 203, 207; *Wybitul*, BB 2009, 1582, 1584; *Heinson*, BB 2010, 3084, 3087 f.; *Müller-Bonanni*, AnwBl. 2010, 651, 654; *Brink/Schmidt*, MMR 2010, 592, 594; a.A. *Gola/Schomerus*, § 32 Rn. 25 f.

personenbezogene Daten von Beschäftigten im Vorfeld eines Datenscreenings durch Pseudonyme ersetzt oder gar insgesamt anonymisiert.[1744] Nur betreffend derjenigen Datensätze, hinsichtlich derer sich im anschließenden Datenabgleich konkrete Anhaltspunkte für strafbare Handlungen ergeben, werden alsdann die jeweiligen Datensätze re-anonymisiert bzw. re-pseudonymisiert.[1745] Im Ergebnis wird hier über den gesetzlichen Gestaltungsspielraum unter Nutzbarmachung der Regelungen des § 3 Abs. 6 BDSG und des § 3 Abs. 6 lit. a BDSG ein Datenabgleich dadurch rechtlich ermöglicht, als der Datenabgleich als solcher tatsächlich derart gestaltet wird, dass in diesem keine personenbezogenen Daten im Sinne des BDSG mehr enthalten sind.[1746] Erforderlich ist jedoch zur Sicherstellung einer gesetzeskonformen Anonymisierung bzw. Pseudonymisierung, dass ausschließlich eine unabhängige dritte Person Zugriff auf die Zuordnungsregelungen zur Re-Anonymsierung bzw. Re-Pseudonymisierung erhält.[1747] Die Re-Personalisierung von Beschäftigtendaten darf jedoch nur und insoweit erfolgen, als im Einzelfall nicht nur die tatsächlichen Voraussetzungen des § 32 Abs. 1 S. 2 BDSG erfüllt sind, d.h. sich tatsächliche Anhaltspunkte für den Verdacht einer Straftat ergeben haben, die zu dokumentieren sind,[1748] sondern darüber hinaus auch die vom Gesetz geforderte Interessenabwägung zugunsten des Unternehmens ausfällt.[1749] Diesen Lösungsansatz greift § 32 d Abs. 3 des Entwurfes der Bundesregierung zur Regelung des Beschäftigtendatenschutzes auf, der bestimmt, dass automatisierte Abgleiche von anonymisierten oder pseudonymisierten Beschäftigtendaten zur Aufdeckung von Straftaten oder anderen schwerwiegenden Pflichtverletzungen durch Beschäftigte durchgeführt werden dürfen und für den Fall, dass sich als Ergebnis solcher Datenabgleiche ein Verdachtsfall ergibt, diese Daten re-personalisiert werden dürfen.[1750]

Außerhalb des Geltungsbereichs des § 32 Abs. 1 S. 2 BDSG, d.h. für solche Datensätze des Unternehmens, die keinerlei personenbezogene Daten von Beschäftigten enthalten, bestimmt sich die Zulässigkeit von Datenabgleichen nach § 28 Abs. 1 S. 1 Nr. 1 BDSG, alternativ nach § 28 Abs. 1 Nr. 2 BDSG respektive § 28 Abs. 2 Nr. 1 BDSG. Sollte im Einzelfall infolge des Fehlens der tatbestandlichen Voraussetzungen des § 28 Abs. 1 S. 1 Nr. 1 BDSG ein Rückgriff auf § 28 Abs. 1 Nr. 2 BDSG respektive § 28 Abs. 2 Nr. 1 BDSG notwendig werden, ist im Rahmen der Anwendung dieser Regelungen im konkreten Einzelfall zu prüfen und zu entscheiden, ob und inwieweit hinsichtlich der Nutzung und Verarbeitung von personenbezogenen Daten mitbetroffener externer Dritter, wie Kunden und Dienstleistern des intern auf Veranlassung der US-Ermittlungsbehörden ermittelnden Unternehmens ein Grund zu der Annahme besteht, dass die schutzwürdigen Interessen der konkret betroffenen Individuen das berechtigte Interesse des Unternehmens an dem Datenabgleich überwiegen. Selbstverständlich haben in dieser Abwägung auch Aspekte der Erforderlichkeit und der Verhältnismäßig-

32

[1744] Vgl. *Geschonneck/Meyer/Scheben*, BB 2011, 2677.
[1745] S. zu den Einzelheiten *Heinson/Schmidt*, CR 2010, 540, 543 f.
[1746] Vgl. zum Lösungsansatz *Wybitul*, BB 2009, 1582, 1584; *Bierekoven*, CR 2010, 203, 207 f.; *Heinson*, BB 2010, 3084, 3088 f.; *Müller-Bonanni*, AnwBl. 2010, 651, 654; *Kort*, DB 2011, 651, 653; differenzierend *Heinson/Schmidt*, CR 2010, 540, 547 f.
[1747] S. *Heinson*, BB 2010, 3084, 3088 f.; *Heinson/Schmidt*, CR 2010, 540, 543 f.
[1748] Vgl. *Wybitul*, BB 2009, 1582, 1584.
[1749] Im Ergebnis ähnlich *Heinson/Schmidt*, CR 2010, 540, 547 f.
[1750] Entwurf eines Gesetzes zur Regelung des Beschäftigtendatenschutzes der Bundesregierung, Stand 24.8.2010, abrufbar unter www.BMI.Bund.de; zum Lösungsansatz *Kort*, DB 2011, 651, 653; *Heinson/Sörup/Wybitul*, CR 2010, 751, 754 f.

keit des Datenabgleichs Eingang zu finden, insbesondere sofern es den Umfang und die Art und Weise des jeweiligen Datenabgleichs, d.h. konkret die Auswahl und die Art der Verarbeitung der ausgewählten personenbezogenen Daten betrifft. Dass eine von US-Ermittlungsbehörden veranlasste unternehmensinterne Ermittlung ein berechtigtes Interesse des betroffenen Unternehmens i.S.d. § 28 Abs. 1 S. 2 BDSG darstellt, ist in diesem Zusammenhang evident, reicht hier doch neben rechtlichen Interessen jedes nicht von der Rechtsordnung missbilligtes wirtschaftliche oder ideelle Interesse des Unternehmens aus.[1751]

c) Datenschutzrechtliche Aspekte der Auswertung von E-Mail und sonstiger Telekommunikationsdaten

33 Aus datenschutzrechtlicher Sicht ist eine Auswertung von Kommunikationsdaten, die sich rund um E-Mail-Kommunikation und sonstige Telekommunikation im Unternehmen, insbesondere Sprachtelefonie, ergeben, zunächst ebenfalls an den Vorgaben des § 32 Abs. 1 S. 2 BDSG zu messen, soweit es unternehmensinterne Ermittlungen auf Veranlassung von US-Ermittlungsbehörden betrifft. In der Praxis ist es nahezu undenkbar, dass die Auswertung von E-Mail-Korrespondenz und sonstigen Telekommunikationsdaten nicht diesen besonderen datenschutzrechtlichen Vorgaben unterfällt, da eine E-Mail neben entsprechenden Daten außenstehender, mitbetroffener Dritter in aller Regel wesentliche geschäftliche Kontaktdaten des jeweiligen Mitarbeiters, wie dienstliche E-Mail-Adresse und/oder Signatur einschließlich der jeweiligen Kommunikationsdaten enthält. Dies gilt sinngemäß für sonstige Telekommunikationsvorgänge im Unternehmen. Entsprechend ist auch insoweit eine Auswertung von E-Mail und sonstigen Telekommunikationsdaten datenschutzrechtlich nur dann rechtlich zulässig, als hinsichtlich eines bestimmten Mitarbeiters hinreichend konkrete tatsächliche Anhaltspunkte für eine im Beschäftigungsverhältnis begangene Straftat vorliegen, die zudem zu dokumentieren sind. Daneben ist die einzelfallbezogene anfängliche Interessenabwägung in der nach § 32 Abs. 1 S. 2 BDSG vorgegebenen Art vorzunehmen. Sind die rechtlichen Voraussetzungen des § 32 Abs. 1 S. 2 BDSG im Einzelfall nicht erfüllt, fehlt es insbesondere zum Zeitpunkt der Auswertung eines E-Mail- oder sonstigen Telekommunikationsvorgangs an einem konkreten, anhand tatsächlicher Umstände festzumachenden Verdachts gegenüber einem bestimmten Beschäftigten, bleibt datenschutzrechtlich wiederum zunächst nur der Weg der Pseudonymisierung und anschließender Re-Pseudonymisierung zu einem Zeitpunkt, zu dem die rechtlichen Vorgaben des § 32 Abs. 1 S. 2 BDSG erfüllt sind.[1752]

34 Aus datenschutzrechlicher Sicht kann zudem im Einzelfall hinsichtlich der Auswertung der eigentlichen Kommunikationsdaten im Zusammenhang mit E-Mail-Kommunikation und sonstiger Telekommunikationsdaten von Beschäftigten des Unternehmens, insbesondere im Zusammenhang mit Sprachtelefonie, die telekommunikationsdatenschutzrechtliche Regelung des § 96 TKG von Relevanz sein. Denn soweit den Beschäftigten des Unternehmens die private Nutzung von E-Mails gestattet ist, greifen die besonderen rechtlichen Regelungen des TKG ein.[1753] Entsprechend sind Verkehrsdaten i.S.d. § 3 Nr. 30 TKG, d.h. Daten die bei der Erbringung eines Telekommunikationsdienstes erhoben, verarbeitet oder genutzt werden, grundsätzlich mit

---

[1751] Vgl. *Gola/Schomerus*, § 28 Rn. 33; Taeger/Gabel/*Taeger*, § 28 BDSG Rn. 55 m.w.N.
[1752] S. insoweit die Ausführungen zu Datenscreenings zuvor in Rn. 27 ff.
[1753] Vgl. Taeger/Gabel/*Munz*, § 91 TKG Rn. 8, 10, § 88 TKG Rn. 13 m.w.N.; Einzelheiten zur Gestattung der privaten Nutzung von E-Mail im Unternehmen unten Rn. 45 ff.

dem Ende der Verbindung zu löschen, § 96 Abs. 2 TKG. Hierzu zählen auch entsprechende Kommunikationsdaten im Zusammenhang mit E-Mail-Kommunikation und sonstiger Telekommunikation von Beschäftigten, insbesondere Telefonummern, IP-Adressen, Datenmengen und Zeitpunkte des Kommunikationsvorgangs.[1754] Zwar legitimiert § 100 Abs. 3 S. 1 TKG die Erhebung und Verwendung von bis zu sechs Monate alten Verkehrsdaten, wenn zu dokumentierende tatsächliche Anhaltspunkte dafür vorliegen, dass Telekommunikationsdienste oder -netze rechtswidrig in Anspruch genommen worden sind. Insofern ist jedoch fraglich, ob diese Fallvariante diejenigen Fälle erfasst, in denen keine telekommunikationsdienstspezifischen Straftaten unter Nutzung von Telekommunikationsdiensten oder -netzen begangen werden, sondern Telekommunikationsdienste oder -netze lediglich mittelbar Mittel zum Zweck der Anbahnung oder Begehung von Straftaten sind, wie es hinsichtlich Untreue, Bestechung usw. im Zusammenhang mit unternehmensinternen Ermittlungen auf Veranlassung von US-Behörden in aller Regel der Fall ist.[1755] In jedem Fall sind die tatbestandlichen Voraussetzungen des § 100 Abs. 3 S. 1 TKG entsprechend denen des § 31 Abs. 1 S. 2 BDSG ausgestaltet, so dass auch insoweit verdachtsunabhängige Ermittlungsmaßnahmen mit Echtdaten ausscheiden. Auch insoweit bedarf es eines Ausweichkonzepts unter Nutzung jedenfalls pseudonymisierter Daten, um den datenschutzrechtlichen Anforderungen zu genügen.

Soweit im Einzelfall eine spezifische oder eine im Zuge eines Datenabgleichs vorgenommene Auswertung personenbezogener Daten rund um die E-Mail-Kommunikation und sonstige Telekommunikation im Unternehmen datenschutzrechtlich zulässig ist, ist über deren rechtliche Zulässigkeit im Übrigen, d.h. insbesondere zur rechtlichen Zulässigkeit der Kenntnisnahme des Inhalts noch nichts gesagt. Denn mit Blick auf die potentielle telekommunikationsrechtliche Relevanz von E-Mails im Einzelfall aufgrund der jeweiligen Regelungen und Praxis ist in einem Unternehmen zu prüfen, ob und inwieweit die Bestimmungen des Fernmeldegeheimnisses die Auswertung der E-Mail-Korrespondenz von solchen, die im Unternehmen generiert wurden, zulässt oder dieser entgegensteht.[1756]

4. Durchführung der Ermittlungsmaßnahmen durch externe Dienstleister

Datenschutzrechtlich von Relevanz ist ferner der in der Praxis regelmäßig anzutreffende Umstand, dass unternehmensinterne Ermittlungen auf Geheiß von US-Ermittlungsbehörden häufig von externen Dienstleistern, so z.B. Anwaltskanzleien, Wirtschaftsprüfern oder IT-Dienstleistern durchgeführt werden bzw. solcher Art Dienstleister in die Ermittlungsmaßnahmen einbezogen sind. Dies hat zunächst faktisch zur Folge, dass diese Dienstleister nicht nur regelmäßig Zugang zu personenbezogenen Daten von Beschäftigten des Unternehmens, Kunden und anderen, dritten Dienstleistern erhalten und solch personenbezogene Daten auf IT-Systeme dieser externen Dienstleister übermittelt werden. Diese faktische Weitergabe von Daten an externe Dritte respektive deren Bereithaltung zur Einsichtnahme kann im Einzelfall begrifflich eine Übermittlung personenbezogener Daten i.S.d. § 3 Abs. 4 Nr. 3 BDSG darstellen. Eine solche Übermittlung wiederum ist als Datenverarbeitung nach § 4 Abs. 1 BDSG nur dann zulässig, soweit dies gesetzlich gestattet ist oder der Betroffene eingewilligt hat.

35

[1754] Vgl. statt vieler Geppert/Piepenbrock/Schütz/Schuster/*Robert*, § 96 Rn. 3 ff.
[1755] Im letztgenannten Sinn wohl Geppert/Piepenbrock/Schütz/Schuster/*Robert*, § 100 Rn. 10; a.A. BeckOK-TKG/*Graf*, § 100 Rn. 1.
[1756] Vgl. hierzu unten Rn. 44 ff.

§ 9. Unterlagen-, Daten- und E-Mailauswertung und datenschutzrechtliche Aspekte

a) Auftragsdatenverarbeitung

36 Eine Übermittlung i. S. d. § 4 Abs. 1 BDSG liegt dann nicht vor, wenn der externe Dienstleister als Auftragsdatenverarbeiter i. S. des § 11 BDSG anzusehen ist und die Vereinbarung zwischen dem Unternehmen und dem externen Dienstleister über die entfaltete Tätigkeit formell und materiell den Voraussetzungen des § 11 Abs. 2 BDSG genügt.

37 Aus § 3 Abs. 8 BDSG folgt, dass eine Auftragsdatenverarbeitung und die daraus folgende datenschutzrechtliche Privilegierung der faktischen Übermittlung personenbezogener Daten vom Auftraggeber an den Auftragnehmer dann nicht eingreift, wenn der Auftragnehmer, sprich die in den unternehmensinternen Ermittlungsvorgang einbezogene Anwaltskanzlei, der Wirtschaftsprüfer bzw. der IT-Dienstleister, die ihnen zugänglichen oder übermittelten Daten nicht innerhalb der Europäischen Union oder in einem anderen Vertragsstaat des Abkommens über den Europäischen Wirtschaftsraum tatsächlich verarbeiten oder nutzen. Der Ausschluss einer Datenverarbeitung im Auftrag außerhalb der Europäischen Union wird aufgrund der im Einzelfall spezifischen Vorgaben von SEC und DOJ zur Auswahl der einzubeziehenden Anwaltskanzlei, dem Wirtschaftsprüfer sowie etwaigen IT-Dienstleistern genauestens zu prüfen sein.

38 Entsprechendes gilt hinsichtlich der von § 11 Abs. 3 BDSG vorgegebenen Weisungsgebundenheit des Auftragsdatenverarbeiters an die Weisungen seines Auftraggebers. Die Erfüllung dieser datenschutzrechtlichen Vorgabe ist aufgrund des Umstandes, dass die entsprechenden Dienstleister nicht selten von SEC und DOJ vorgegeben werden, ebenso alles andere als zu unterstellen, wie der zumindest faktische Einfluss von SEC und DOJ auf Untersuchungsablauf, -auswertung und -ergebnis. Denn eine Auftragsdatenverarbeitung gem. § 11 BDSG setzt die Weisungsgebundenheit des Auftragnehmers gegenüber dem Auftraggeber voraus,[1757] nicht jedoch gegenüber Dritten wie DOJ oder SEC. Schließlich ist selbst bei formaler Weisungsgebundenheit der externen Dienstleister im Verhältnis zum ermittelnden Unternehmen zu berücksichtigen, dass die betreffenden Dienstleister letztendlich – und sei es auch nur im Auftrag des betroffenen Unternehmens – gegenüber DOJ oder SEC Bericht erstatten, bei welchem eine bestimmte Berichtsqualität inhaltlicher und formaler Art erwartet wird. Dies führt letztlich zu einem eigenen Gestaltungs- und Einschätzungsspielraum der Dienstleister hinsichtlich der Durchführung und Auswertung der Untersuchungsmaßnahmen. Dann liegt jedoch keine reine datenverarbeitende Hilfsfunktion dieser Dienstleister im Verhältnis zum formal ermittelnden Unternehmen mehr vor, es wird in solcherart Fällen nur ein kurzer Weg sein, eine Funktionsübertragung durch das intern ermittelnde Unternehmen an diese externen Dienstleister anzunehmen.[1758] Sollte eine solche Funktionsübertragung im Einzelfall hinsichtlich der Einbeziehung dritter Dienstleister in den Ermittlungsvorgang des Unternehmens zu bejahen sein, was der sorgfältigen Prüfung bedarf, steht dieser Befund per Definition einer Annahme einer Datenauftragsverarbeitung nach § 11 BDSG und der sich daraus über § 3 Abs. 8 BDSG ergebenden Privilegierung hinsichtlich des Merkmals des Übermittelns von Daten entgegen.

[1757] Vgl. *Gola/Schomerus* § 11 Rn. 3; Taeger/Gabel/*Gabel*, § 11 BDSG Rn. 12.
[1758] Zur Abgrenzung von Auftragsdatenverarbeitung zur Funktionsübertragung vgl. *Gola/Schomerus*, § 11 Rn. 9; Taeger/Gabel/*Gabel*, § 11 BDSG Rn. 14 ff. (auch zu der im Vordringen befindlichen Vertragstheorie).

b) Übermittlung von personenbezogenen Daten an externe Dienstleister

Sofern das Übermitteln von personenbezogenen Daten von Beschäftigten, Kunden oder Dienstleistern des ermittelnden Unternehmens im Einzelfall nicht über § 3 Abs. 8 BDSG unter dem Gesichtspunkt der Auftragsdatenverarbeitung privilegiert ist, bedarf es auch insofern einer ausdrücklichen gesetzlichen Erlaubnis, personenbezogene Daten von Betroffenen an externe Dienstleister i.S. des § 3 Abs. 2 BDSG zu übermitteln, die in die unternehmensinterne Untersuchung unterstützend einbezogen sind. Als Erlaubnistatbestände könnten auch hier hinsichtlich personenbezogener Daten von Mitarbeitern aus dem Beschäftigungsverhältnis § 32 BDSG einerseits, andererseits hinsichtlich der Daten mitbetroffener Dritter, wie Kunden und Dienstleister des ermittelnden Unternehmens im Übrigen § 28 Abs. 1 S. 1 Nr. 1 und Nr. 2 BDSG bzw. § 28 Abs. 2 Nr. 1 BDSG heranzuziehen sein. Entsprechend ist die Übermittlung an einen im Verhältnis zum beauftragenden, ermittelnden Unternehmen weisungsunabhängigen, ermittlungsunterstützenden externen Dienstleister mit Blick auf den repressiven Charakter der von den US-Ermittlungsbehörden angestoßenen unternehmensinternen Ermittlungen nur unter den strengen Voraussetzungen des § 32 Abs. 1 S. 2 BDSG zulässig. Entsprechend bedarf es auch insoweit bereits eines auf Tatsachen gründenden konkreten Verdachts einer Straftat zu Lasten eines bestimmten Beschäftigten und zudem einer umfassenden Interessenabwägung zugunsten des ermittelnden Unternehmens; anderenfalls bleibt nur der Weg über die Anonymisierung und Pseudonymisierung.[1759] Die entgegenstehende Auffassung, die insoweit undifferenziert § 28 Abs. 2 Nr. 2 lit. b BDSG heranziehen will,[1760] verkennt neben der Zweckbestimmung dieses Übermittlungsvorgangs auch in diesem Zusammenhang den Anwendungsbereich des § 32 Abs. 1 S. 2 BDSG. Zwar ist § 28 Abs. 2 Nr. 2 lit. b BDSG neben § 32 BDSG anwendbar,[1761] doch nicht zur Rechtfertigung der Übermittlung von Beschäftigtendaten an externe Dienstleister zu unternehmensinternen Ermittlungszwecken. Anderenfalls würde der Schutzzweck des § 32 Abs. 1 BDSG bereits zu einem Zeitpunkt und hinsichtlich mitbetroffener dritter Beschäftigter vereitelt, zu dem nicht einmal ein konkreter Verdacht einer Straftat zu Lasten eines Beschäftigten besteht. Gestärkt wird diese Sichtweise durch den Umstand, dass auch in der ersten Alternative des § 28 Abs. 2 Nr. 2 lit. b BDSG, der Übermittlung zur Gefahrenabwehr, eine konkrete Gefährdung gefordert ist, um die Datenübermittlung zu rechtfertigen.[1762]

Hinsichtlich der personenbezogenen Daten sonstiger dritter Mitbetroffener wie Kunden und Dienstleistern des ermittelnden Unternehmens sind die Anforderungen im Rahmen der § 28 Abs. 1 S. 1 Nr. 1 und Nr. 2 BDSG bzw. § 28 Abs. 2 Nr. 1 BDSG weniger restriktiv, wenngleich auch hier im Einzelfall eine umfassende Abwägung der widerstreitenden Interessen vorzunehmen ist.[1763]

Schließlich ist zu beachten, dass im Fall der Übermittlung von Daten an ermittlungsunterstützende externe Dienstleister die Unterrichtungspflicht nach § 28 Abs. 5 S. 3 BDSG ebenso begründet wird, wie die Zweckbindung gem. § 28 Abs. 5 S. 1 BDSG. Dies gilt auch für den Bereich der Beschäftigtendaten i.S.d. § 32 BDSG.[1764]

[1759] Im Einzelnen oben Rn. 27 ff.
[1760] Vgl. *Kort*, DB 2011, 651, 654; *Vogel/Glas*, DB 2009, 1747, 1749, 1754; vgl. auch *Schmidt*, ZD 2012, 63, 65 ff.
[1761] S. Taeger/Gabel/*Taeger*, § 28 BDSG Rn. 142 m.w.N.
[1762] Vgl. Taeger/Gabel/*Taeger*, § 28 BDSG Rn. 143 m.w.N.
[1763] Im Einzelnen oben Rn. 27 ff.
[1764] Vgl. *Gola/Schomerus*, § 32 Rn. 32.

5. Übermittlung von Ermittlungsergebnissen und Daten an die US-Ermittlungsbehörden

42 Schließlich ist die Übermittlung der Ergebnisse unternehmensinterner Ermittlungen auf Veranlassung von DOJ oder SEC durch das betroffene Unternehmen respektive in dessen Namen tätigen Dienstleistern, wie eine externe Wirtschaftsprüfungsgesellschaft oder Anwaltskanzlei, datenschutzrechtlich zu hinterfragen. Dies gilt unabhängig davon, dass für die Übermittlung an die US-amerikanischen Ermittlungsbehörden DOJ und SEC als Dritte i. S. d. § 3 Abs. 4 Nr. 3 BDSG an sich gem. § 4 BDSG die Einwilligung des jeweils Betroffenen oder das Eingreifen eines gesetzlichen Erlaubnistatbestands erforderlich ist. Denn insoweit gilt im Grundsatz nichts anderes als für die Verarbeitung und Nutzung von Beschäftigtendaten oder die personenbezogenen Daten mitbeteiligter Dritter im Zuge der Durchführung der eigentlichen unternehmensinternen Ermittlungsmaßnahmen in Deutschland. Die Zulässigkeit einer Übermittlung bestimmt sich nach § 32 Abs. 1 S. 2 BDSG hinsichtlich der Übermittlung von Beschäftigtendaten sowie § 28 Abs. 1 S. 1 Nr. 1 und Nr. 2 BDSG bzw. § 28 Abs. 2 Nr. 1 und Nr. 2 lit. b BDSG hinsichtlich der Übermittlung personenbezogener Daten mitbetroffener Dritter.

43 Seine besondere datenschutzrechtliche Relevanz erlangt die Übermittlung des regelmäßig mit personenbezogenen Daten von Beschäftigten bzw. mitbetroffenen Dritten durchsetzten Abschlussberichts der unternehmensinternen Ermittlung nebst Beweismitteln an US-Ermittlungsbehörden deshalb, weil hier eine Übermittlung personenbezogener Daten in die USA, mithin ein Land außerhalb der europäischen Union, erfolgt. Eine solche Übermittlung ist gem. § 4 b Abs. 2 BDSG nicht zulässig, soweit der Betroffene ein schutzwürdiges Interesse an dem Ausschluss der Übermittlung hat. Dies ist nach dem Gesetzeswortlaut dann der Fall, wenn die Stelle in den USA, an die die betreffenden personenbezogenen Daten übermittelt werden, ein angemessenes Datenschutzniveau nicht gewährleistet – sei es die US-Ermittlungsbehörde unmittelbar oder sei es mittelbar ein Konzernunternehmen, das die personenbezogenen Daten dann in einem zweiten Schritt an die US-Ermittlungsbehörden weiterreicht. Ein angemessenes Datenschutzniveau ist bei einer Übermittlung der Ergebnisse der unternehmensinternen Ermittlung an US-Ermittlungsbehörden in den USA jedoch grundsätzlich nicht gegeben.[1765]

44 Die unmittelbare oder mittelbare Übermittlung personenbezogener Daten an US-Ermittlungsbehörden wird auch nicht über die Ausnahmetatbestände des § 4 c Abs. 1 BDSG legitimiert. Die Übermittlung wird nicht zur Wahrung eines wichtigen öffentlichen Interesses gem. § 4 c Abs. 1 Nr. 4 Var. 1 BDSG erforderlich sein. Ein solches Interesse wird für einen übermittelnden Privaten – im Gegensatz zu der empfangenden öffentlichen Stelle – nur selten bestehen. Im Falle strafrechtlicher Ermittlungen wäre dies lediglich dann zu bejahen, wenn auch in Deutschland ein entsprechendes Verfahren anhängig ist.[1766] Dann wäre jedoch eine Übermittlung an die inländischen Behörden ausreichend, mithin eine Weitergabe an DOJ oder SEC nicht erforderlich. Entsprechendes gilt im Ergebnis für den Ausnahmetatbestand des § 4 c Abs. 1 Nr. 4 Var. 2 BDSG. Auch er gestattet eine Übermittlung von personenbezogenen Daten in Abschlussberichten zu internen Ermittlungsmaßnahmen auf Geheiß von US-Ermittlungsbehörden unter dem Aspekt der Verteidigung von Rechtsansprüchen vor Gericht im

---

[1765] Vgl. statt vieler *Gola/Schomerus*, § 4 b Rn. 14 m.w.N.
[1766] Vgl. *Becker/Nikolaeva*, CR 2012, 170, 173 m.w.N.

B. Datenschutzrecht

Ergebnis nicht. Nach Inkrafttreten des Vertrages über die Rechtshilfe in Strafsachen ist eine direkte Übermittlung von personenbezogenen Daten an das DOJ unzulässig, warum etwas anderes für die SEC gelten soll, ist nicht ersichtlich.[1767]

Es bleibt die Frage, ob im Einzelfall ein angemessenes Datenschutzniveau im Zusammenhang mit der Übermittlung personenbezogener Daten an US-Ermittlungsbehörden hergestellt werden kann mit der Folge, dass die Übermittlung personenbezogener Daten im Rahmen des § 4 b Abs. 2 BDSG zulässig werden kann. Zwar kann zugunsten eines zertifizierten amerikanischen Unternehmens, mithin auch eines Konzernunternehmens, unter der Aufsicht der Federal Trade Commission (FTC) die Anwendung der „Safe Harbour"-Regeln[1768] mit dem Ergebnis einer datenschutzrechtlich zulässigen Übermittlung in die USA erfolgen. Diese rechtlich jedenfalls nicht unumstrittene Option[1769] kann jedoch im Hinblick darauf, dass es sich sowohl bei der DOJ als auch der SEC um eine staatliche Einrichtung handelt, bei unmittelbarer Übermittlung an diese Stellen nicht nutzbar gemacht werden. Die „Safe Harbour"-Regeln richten sich nur an privatwirtschaftliche Unternehmen, die insoweit der Kontrolle der FTC unterstehen. Erfolgt die Datenübermittlung jedoch mittelbar unter Einschaltung eines Konzernunternehmens des in Deutschland ermittelnden Unternehmens in den USA, wären die Safe Harbor Regeln im Grundsatz ebenso anwendbar, wie sie eine Übermittlung in die USA im Rahmen des § 4 b Abs. 2 BDSG legitimieren könnten. Entsprechendes gilt bei Einsatz von Standardvertragsklauseln der EU-Kommission oder sog. Binding Corporate Rules (BCR). Gleichwohl wird man auch in diesen Fällen eine Rechtfertigung einer Übermittlung personenbezogener Daten an US-Ermittlungsbehörden insgesamt für nicht zulässig erachten müssen, da in diesen Fällen die schutzwürdigen Interessen des Betroffenen im Rahmen der Wertung nach § 32 Abs. 1 S. 2 BDSG überwiegen. Dies folgt insbesondere auch im Fall der mittelbaren Übermittlung personenbezogener Daten an US-Ermittlungsbehörden unter Einschaltung eines Konzernunternehmens in den USA aus der Wertung der § 4 b Abs. 2 BDSG und insbesondere § 4 c Abs. 1 BDSG zur grundsätzlichen Unzulässigkeit einer Übermittlung personenbezogener Daten an US-Ermittlungsbehörden. Die Legitimierung der Übermittlung personenbezogener Daten an US-Ermittlungsbehörden insbesondere unter Einschaltung eines US-Konzernunternehmens des in Deutschland von den Ermittlungsmaßnahmen betroffenen Unternehmens über die „Safe Harbour"-Regeln, EU-Standardvertragsklauseln oder sog. Binding Corporate Rules (BCR) würde diese gesetzliche Wertung insgesamt systemwidrig unterlaufen.[1770]

Es bleibt die Möglichkeit der Ausnahmegenehmigung durch die Aufsichtsbehörde gem. § 4 c Abs. 2 BDSG.[1771] Hier wäre eine Orientierung an dem von den Aufsichtsbehörden geübten zweistufigen Verfahren, wie es im Zusammenhang mit Vorlageverlangen von Beweismitteln, die personenbezogene Daten enthalten, im Zusammenhang mit der zivilprozessual zu veranlassten Pre-Trial-Discovery, der sog. e-Discovery, zu erwägen. Dieses sieht zunächst eine pseudonymisierte Übermittlung von Daten vor, gefolgt von einer offenen Datenübermittlung im Bedarfsfall.[1772] Denn nur auf diese Art

45

[1767] S. *Gola/Schomerus*, § 4 c Rn. 7 m.w.N.; vgl. auch Taeger/Gabel/*Gabel*, § 4 c BDSG Rn. 10 f.
[1768] Zu den Einzelheiten *Gola/Schomerus*, § 4 b Rn. 15 m.w.N.; *Becker/Nikolaeva*, CR 2012, 170, 174 m.w.N.
[1769] Vgl. statt vieler *Gola/Schomerus*, § 4 b Rn. 15 m.w.N.
[1770] Vgl. *Becker/Nikolaeva*, CR 2012, 170, 174; vgl. auch *Gola/Schomerus*, § 4 c Rn. 7 m.w.N.; Taeger/Gabel/*Gabel*, § 4 c BDSG Rn. 10 f.
[1771] Vgl. *Becker/Nikolaeva*, CR 2012, 170, 173 f.
[1772] Vgl. auch Taeger/Gabel/*Gabel*, § 4 c BDSG Rn. 11 m.w.N.

und Weise kann das von dem Ermittlungsverlangen der US-Behörden betroffene Unternehmen dem eingangs beschriebenen Zwiespalt begegnen, einerseits den inländischen datenschutzrechtlichen Vorgaben zu genügen und andererseits seine Zielsetzung, die US-Ermittlungsbehörden durch umfassende Kooperation im Vorfeld der Entscheidung über eine Anklageerhebung zur Vermeidung einschneidender Sanktionen positiv zu beeinflussen, nicht aus den Augen zu verlieren. Der Übernahme dieser Lösungsoption für den Bereich der e-Discovery steht aber aus Sicht der Betroffenen der weit wesentlichere Umstand entgegen, dass es sich bei den Ermittlungen von DOJ und SEC um solche strafrechtlichen Inhalts handelt und diese nicht ausschließlich zivilprozessual veranlasst sind. Entsprechend scheint dieser pragmatische und die Rechte der Betroffenen hinreichend gewährleistende Weg, den die Aufsichtsbehörden im Zusammenhang mit e-Discovery gehen, für die Frage der Übermittlung personenbezogener Daten in die USA veranlasst durch Ermittlungen von DOJ oder SEC jedenfalls fragwürdig.[1773] Es bleibt der Weg über die Rechtshilfeabkommen. Die Schwierigkeiten in der Praxis im Einzelfall und die für die betroffenen Unternehmen in den USA verbundenen potentiellen Rechtsnachteile liegen damit auf der Hand.

C. Fernmeldegeheimnis

46 Im Zuge unternehmensinterner Ermittlungen veranlasst von DOJ oder SEC ist die Auswertung personenbezogener Daten generiert durch Telekommunikationsvorgänge wie Telefonate oder das Versenden bzw. Empfangen von E-Mails sicherlich wichtig. Von zentraler Bedeutung für das Ergebnis solcher Ermittlungen sind jedoch die Inhalte von Telefonaten und E-Mails, die im Unternehmen generiert werden. Mag die Auswertung solcher Telekommunikation im Unternehmen im Einzelfall datenschutzrechtlich zulässig sein,[1774] stellt sich vor dem Hintergrund der grundrechtlichen Gewährleistung des Art. 10 GG die Frage, ob und unter welchen Voraussetzungen Unternehmen und die von ihnen beauftragten externen Dienstleister wie Wirtschaftsprüfer oder Anwälte, im Zusammenhang mit Ermittlungen, die von DOJ oder SEC veranlasst sind, auf die Inhalte betrieblicher Telefonate oder E-Mail-Korrespondenz zurückgreifen und diese auswerten dürfen.

I. Inhaltliche Auswertung von E-Mails

47 Das zentrale Problem zur Frage, ob es dem Arbeitgeber gestattet ist, dienstliche E-Mails seiner Beschäftigten einzusehen und deren Inhalt im Zuge unternehmensinterner Ermittlungen auszuwerten, macht sich an der Frage fest, ob das Fernmeldegeheimnis nach § 88 TKG als einfachgesetzliche Ausprägung der grundrechtlichen Gewährleistung aus Art. 10 GG und abgesichert über den Straftatbestand des § 206 StGB[1775] einschlägig ist.

§ 88 Abs. 3 S. 1 TKG verbietet jedem Diensteanbieter, sich oder anderen über das für die geschäftsmäßige Erbringung von Telekommunikation einschließlich des Schutzes der technischen Systeme erforderliche Maß hinaus Kenntnis vom Inhalt und den näheren Umständen der Telekommunikation zu verschaffen. Ergänzend statuiert § 88 Abs. 3 S. 2 TKG, dass die Diensteanbieter Kenntnis über Tatsachen, die dem Fernmel-

---

[1773] Vgl. hierzu auch *von Rosen*, BB 2009, 230, 232.
[1774] Hierzu auch oben unter Rn. 32 f.
[1775] Vgl. *Kempermann*, ZD 2012, 12; *Wybitul*, ZD 2011, 69, 70 ff.

C. Fernmeldegeheimnis

degeheimnis unterliegen, nur für den in § 88 Abs. 3 S. 1 TKG genannten Zweck verwenden dürfen.

Wenn Unternehmen ihren Beschäftigten die private betriebliche Nutzung von Telekommunikationseinrichtungen wie Telefon oder E-Mail gestatten oder, präziser ausgedrückt, nicht verbieten, erfüllen sie nach herrschender, jedoch jüngst ohne nähere, geschweige denn überzeugende Begründung in der arbeitsgerichtlichen Rechtsprechung in Abrede gestellter Ansicht, die Eigenschaft eines Diensteanbieters im vorgenannten Sinn.[1776] Denn in diesem Fall erbringen die Unternehmen Telekommunikationsdienste i.S.d. § 3 Nr. 6 lit. a TKG, da es für die Erbringung von Telekommunikationsdiensten weder nach §§ 3 Nr. 6 lit. a, 20 TKG noch im Zusammenhang mit dem geschäftsmäßigen Erbringen von Telekommunikationsdiensten nach §§ 88 Abs. 3 S. 1, 3 Nr. 10 TKG weder einer Entgeltlichkeit der Dienste noch einer Gewinnerzielungsabsicht bedarf. Als Dritte im Sinne dieser telekommunikationsrechtlichen Regelungen sind bei privater Nutzung die Beschäftigten anzusehen.[1777] Für dieses Auslegungsergebnis spricht insbesondere die eindeutige Gesetzesbegründung des TKG,[1778] die gerade von der einschlägigen arbeitsrechtlichen Rechtsprechung und Literatur häufig übersehen wird. Entsprechend unterliegt die private E-Mail-Korrespondenz der Beschäftigten dem Fernmeldegeheimnis nach § 88 TKG mit der Folge, dass der Arbeitgeber von den Inhalten dieser E-Mails keine Kenntnis nehmen darf.[1779] Dieses Kenntnisnahmeverbot strahlt auf die dienstliche E-Mail-Korrespondenz aus, sofern diese nicht technisch und räumlich klar und für jedermann erkennbar von der privaten E-Mail-Korrespondenz getrennt ist.[1780] Denn in diesen Fällen sind dienstliche und private E-Mail-Korrespondenz nicht voneinander zu trennen und die private E-Mail-Korrespondenz kann nicht von der dienstlichen getrennt werden, wenn sie nicht – verbotenermaßen – inhaltlich geprüft und alsdann gefiltert wird.[1781] Bei der – sei es auch nur geduldeten – Gestattung privater E-Mail-Korrespondenz im Unternehmen ist es dem Unternehmen gem. § 88 TKG dem Grunde nach verwehrt, zum Zwecke unternehmensinterner Ermittlungen auf die E-Mail-Korrespondenz ihrer Mitarbeiter zuzugreifen. Dieses Verbot wird zugleich strafrechtlich über § 206 Abs. 1 StGB abgesichert.[1782] Die grundsätzliche Anwendbarkeit beider Normen kann mangels Regelungsbefugnis der Beteiligten auch nicht durch eine Betriebsvereinbarung ausgeschlossen werden.[1783]

In zeitlicher und technischer Hinsicht streitet das Fernmeldegeheimnis zugunsten des Beschäftigten in den Fällen der Gestattung der privaten E-Mail-Korrespondenz in betrieblichem Umfeld solange, als die Übertragung der E-Mail nicht beendet ist, mithin die E-Mail nicht im alleinigen Herrschaftsbereich des jeweiligen Beschäftigten ist.

[1776] Vgl. etwa *Braun/Hoppe*, MMR 2010, 80, 81; *Deutsch/Diller*, DB 2009, 1462, 1465; *Rath/Karner*, K&R 2007, 446, 450; *Ernst*, NZA 2002, 585, 587; *Mengel*, BB 2004, 2014, 2017; a.A. LAG Niedersachen MMR 2010, 639 m. Anm. *Tiedemann*; *LAG Berlin Brandenburg* ZD 2011, 43 m. Anm. *Tiedemann*; s. auch *Panzer-Heemeier*, DuD 2012, 50 m.w.N.

[1777] Vgl. zum Ganzen BeckOK-TKG/*Bock*, § 88 Rn. 22 ff.; Taeger/Gabel/*Munz*, § 88 TKG Rn. 13, 20.

[1778] Vgl. BT-Drs. 13/3609, S. 53: „... dem Fernmeldegeheimnis unterliegen damit z.B. (...) Betriebe [...], soweit sie dem Beschäftigten zur privaten Nutzung zur Verfügung gestellt sind."

[1779] *Schneider*, NZG 2010, 1201, 1205 f.; *de Wolf*, NZA 2010, 1206, 1208 ff. m.w.N.; Taeger/Gabel/*Munz*, § 88 TKG Rn. 20 m.w.N.

[1780] Vgl. *Vietmeyer/Byers*, MMR 2010, 807, 809.

[1781] Vgl. *Scherp/Stief*, BKR 2009, 404, 408 m.w.N.; Taeger/Gabel/*Munz*, § 88 TKG Rn. 20 m.w.N.

[1782] Vgl. *Wybitul*, ZD 2011, 69, 70.

[1783] Vgl. *Kort*, DB 2011, 2092, 2093 f.

Das ist jedenfalls solange nicht der Fall, als sie in einem Postfach befindlich ist, das über das Unternehmensnetzwerk geöffnet werden kann oder ausschließlich auf einem dienstlichen Endgerät (PC oder Laptop) ohne Ablage in einem ausdrücklich als Privat gekennzeichneten Ordner gespeichert sind, dessen Herausgabe das Unternehmen jederzeit verlangen kann.[1784] Nicht gefolgt werden kann insoweit der jüngeren arbeitsrechtlichen Rechtsprechung und namentlich einer Entscheidung des LAG Berlin-Brandenburg aus 2011, wonach der zeitliche Schutz des Fernmeldegeheimnisses ab dem Eingang der E-Mail beim Empfänger auch dann ende, wenn die E-Mail weiterhin auf dem Unternehmensserver bereitgehalten wird.[1785] Denn in einer solchen Situation befindet sich die E-Mail gerade nicht und schon gar nicht in jedem Fall im alleinigen und ausschließlichen Herrschaftsbereich des jeweiligen Beschäftigten. Dies wird bereits daran deutlich, dass in dem vom LAG Berlin-Brandenburg entschiedenen Fall die IT-Abteilung trotz Setzung eines Passwortes durch den Mitarbeiter auf dessen PC weiterhin zugreifen konnte. Das Urteil des LAG steht zudem im Widerspruch zu einer Entscheidung des BVerfG aus 2009, wonach das Fernmeldegeheimnis des Art. 10 GG vor dem Hintergrund der aktuellen technischen Ausgestaltung von E-Mail-Systemen auch einen Schutz der „ruhenden Kommunikation" gewährleistet und insoweit die auf einem Server zwischengespeicherten E-Mails mitumfasst.[1786] Die einfach-gesetzliche Verankerung in § 88 TKG wird sich an dieser Auslegung zu messen haben. Hierbei kann es im Hinblick auf dieselbe Schutzbedürftigkeit keine Rolle spielen, ob es sich um einen Server des Mailproviders oder einen Unternehmensserver handelt. Letztlich endet der Schutz damit erst, sobald der Empfänger die E-Mail endgültig vom Server entfernt.[1787] Die bloße Möglichkeit des Zugriffs reicht hingegen nicht, den Schutzbereich des Fernmeldegeheimnisses zu beenden, da Arbeitnehmer in der Praxis oft bereits aus technischer Sicht keine endgültige Löschung der E-Mail vom Server vornehmen können.[1788]

50   Eine Einsichtnahme in betriebliche E-Mail-Korrespondenz wird auch nicht über § 88 Abs. 3 S. 3 TKG durch die gesetzliche Verpflichtung aus § 91 Abs. 3 AktG sowie die datenschutzrechtliche Regelung des § 32 Abs. 1 S. 2 BDSG zulässig. Denn die genannten Regelungen des AktG und des BDSG stellen i.S.d. § 88 Abs. 3 S. 3 TKG keine gesetzlichen Vorschriften dar, die ausdrücklich unter Bezugnahme auf Telekommunikationsvorgänge Eingriffe in das Fernmeldegeheimnis gestatten.[1789]

51   Im Ergebnis steht damit die auch nur geduldete Gestattung privater E-Mail-Korrespondenz im Unternehmen aus Gründen des Fernmeldegeheimnisses der Auswertung der E-Mail-Korrespondenz des Unternehmens im Rahmen von unternehmensinternen Ermittlungen auf Veranlassung von US-Behörden entgegen. Ein möglicher Ausweg, diese wesentliche Erkenntnisquelle nutzbar zu machen, ist die Einwilligung des jeweiligen Beschäftigten – die die Möglichkeit der rechtmäßigen Erteilung einer solchen Einwilligung voraussetzt.[1790] Ob daneben die faktischen und technischen Möglichkeiten der Trennung von privaten und dienstlichen E-Mails ausreichen, im Einzelfall

---

[1784] S. *de Wolf*, NZA 2010, 1206, 1209 m.w.N.; Taeger/Gabel/*Munz*, § 88 TKG Rn. 20 m.w.N.; a.A. *Behling*, BB 2010, 892, 893 f.
[1785] *LAG Berlin Brandenburg* ZD 2011, 43 m. Anm. *Tiedemann*; vgl. auch *LAG Niedersachen* MMR 2010, 639 m. Anm. *Tiedemann*.
[1786] Vgl. *BVerfG* MMR 2009, 673, 674 m. Anm. *Krüger*.
[1787] Vgl. *BVerfG* MMR 2009, 673, 675 m. Anm. *Krüger*.
[1788] Vgl. *Hoppe/Braun*, MMR 2010, 80, 82; *Kremer/Mayer-van Raay*, ITRB 2010, 133, 135.
[1789] Vgl. *de Wolf*, NZA 2010, 1206, 1209 f.
[1790] Taeger/Gabel/*Munz*, § 88 TKG Rn. 21.

dem Geltungsbereich des § 88 TKG zu entkommen,[1791] ist sorgfältig zu prüfen und unterliegt in Ermangelung belastbarer Aussagen der Aufsichtsbehörden rechtlichen Zweifeln.

Ist die private E-Mail-Korrespondenz unter Nutzung betrieblicher Einrichtungen nicht gestattet oder auch nur geduldet, ist das Unternehmen unter dem Aspekt des Fernmeldegeheimnisses nicht gehindert, auf die insofern ausschließlich dienstliche E-Mail-Korrespondenz der Beschäftigten zuzugreifen.[1792] Zu beachten sind jedoch die datenschutzrechtlichen Vorgaben.[1793] Die Einwilligung des anderen, externen E-Mail Kommunikationspartners ist im Zusammenhang mit dienstlicher Kommunikation und dem Umstand, dass von jeher dienstliche Korrespondenz vom Arbeitgeber eingesehen wird und eingesehen werden darf, zu vermuten.[1794] **52**

II. Auswertung dienstlicher Telefonate

Das Aufzeichnen und Mithören eines dienstlichen Telefonats ist grundsätzlich und unabhängig von der Frage, ob die private Nutzung des Diensttelefons gestattet ist oder nicht, unzulässig und kann infolge der Schwere des Eingriffs in das Persönlichkeitsrecht[1795] des Beschäftigten bzw. mit Blick auf das Fernmeldegeheimnis im Falle gestatteter privater Nutzung auch nicht vor dem Hintergrund der Missbrauchskontrolle oder der Ermittlung eines strafrechtlich relevanten Verhaltens gerechtfertigt werden. Dies kann im Einzelfall anders zu beurteilen sein, wenn das Mithören von Telefonaten zuvor bekannt gemacht worden ist.[1796] Unternehmen ist es mithin verwehrt, im Rahmen von Ermittlungen auf Geheiß von US-Behörden auf die Inhalte von Telefonaten von Beschäftigten zuzugreifen. **53**

[1791] Vgl. *Scherp/Stief*, BKR 2009, 404, 408; *de Wolf*, NZA 2010, 1206, 1210 f. m.w.N.

[1792] S. Taeger/Gabel/*Munz*, § 88 TKG Rn. 20 m.w.N.; *Scherp/Stief*, BKR 2009, 404, 408 f.

[1793] Vgl. *Scherp/Stief*, BKR 2009, 404; s. auch Gola/Schomerus, § 32 Rn. 18 m.w.N. sowie oben Rn. 32 f.

[1794] Taeger/Gabel/*Munz*, § 88 TKG Rn. 21.

[1795] *Oberwetter*, NZA 2008, 609, 611; *Mengel*, BB 2004, 1445, 1451.

[1796] Vgl. *Vogt*, NJOZ 2009, 4206, 4213; *Schneider*, NZG 2010, 1201, 1207.

§ 10. Grenzüberschreitende Korruptionsermittlungen aus Sicht der Staatsanwaltschaft

A. Einleitung

Im Anschluss an den weltweiten politischen Wandel infolge des Zusammenbruchs des Ostblocks und des Endes des Kalten Krieges hat in den letzten zwanzig Jahren eine fortschreitende Globalisierung der wirtschaftlichen Betätigung nicht nur deutscher Großunternehmen, sondern zunehmend auch mittelständischer und kleinerer Unternehmen eingesetzt, motiviert durch besondere Wachstumschancen und erhebliche Kostenvorteile bei der Verlagerung von Produktionskapazitäten ins Ausland, insbesondere in den Staaten des früheren Ostblocks und den sog. Schwellenländern, aber auch in einer Reihe von Entwicklungsländern. Dabei wurden und werden diese Unternehmen konfrontiert mit der dort häufig in besonderem Maße vorherrschenden Korruption in Staat und Wirtschaft.

Zu den wichtigsten Wirtschaftsnationen und den Ländern mit den größten Wachstumschancen gehören heute eine Reihe von Staaten, die sich alljährlich im von Transparency International herausgegebenen Corruption-Perception-Index (CPI),[1797] der sich insbesondere auf Erfahrungen von Geschäftsleuten mit Vertretern von Behörden und Unternehmen mit Korruption in diesen Ländern bezieht, auf den hinteren Plätzen wiederfinden.[1798] Umgekehrt rangiert zwar Deutschland im CPI mit Platz 14 und im sog. „Bribe-Payers-Index",[1799] der ebenfalls von Transparency International erhoben und veröffentlicht wird[1800] und auf einer Befragung von internationalen Experten zu ihren Erfahrungen mit der Bereitschaft von Unternehmen, sich im Ausland Vorteile durch Bestechungsgelder zu verschaffen, beruht, bei 22 untersuchten Industrie- und Schwellenländern immerhin auf Platz 4.[1801]

Bis Ende der 90er Jahre war die korruptive Betätigung deutscher Firmen im Ausland für die deutschen Ermittlungsbehörden nicht von Interesse. Bestechungszahlungen im Ausland wurden bis 1995 gar steuerlich gefördert.[1802] Tatsächlich ist der Anteil der Ermittlungsverfahren wegen des Verdachts der Bestechung im internationalen Geschäftsverkehr in Deutschland von der reinen Anzahl her gegenüber den Ermittlungs- und Strafverfahren wegen Korruptionsstraftaten im Inland gering. Allerdings ist insoweit mit einigen Jahren Verzögerung nach dem Inkrafttreten des Internationalen Bestechungsgesetzes (IntBestG) und des EU-Bestechungsgesetzes (EUBestG) im Jahre 1998 sowie der Einführung des § 299 Abs. 3 StGB im Jahre 2002 in der Bundesrepu-

---

[1797] Korruptionswahrnehmungsindex.
[1798] Transparency International, Corruption Perceptions Index 2012, www.transparency.de/Tabellarisches-Ranking.2197.0.html.
[1799] Bestecherindex.
[1800] Vgl. Transparency International, Bribe Payers Index 2011, www.transparency.de/uploads/media/BPI-2011-REPORT.pdf (in englischer Sprache).
[1801] Auf Platz 1 befinden sich in den Indexen die Länder mit der geringsten Verbreitung von Korruption bzw. Bereitschaft zu Schmiergeldzahlungen.
[1802] S. zur geschichtlichen Entwicklung der steuerlichen Behandlung von Schmiergeldzahlungen oben *Biesgen*, § 4 Rn. 1.

blik ein stetiger Anstieg an Verfahren wegen des Vorwurfs der Bestechung im internationalen Geschäftsverkehr zu verzeichnen. So waren im Jahre 2011 nach dem Bundeslagebild Korruption des BKA hier 50 Straftaten nach dem IntBestG (2009 und 2010: je 69) und 5 Straftaten nach dem EUBestG (2009: 40, 2010: 10) zu verzeichnen.[1803] Zum Vergleich: Im Jahr 2003 wurden ganze 3 Ermittlungsverfahren wegen des Verstoßes gegen das IntBestG und kein einziger Fall nach dem EUBestG gemeldet.[1804] Dass hier die Dunkelziffer deutlich höher ist, liegt auf der Hand. Nach einer aktuellen Umfrage der Wirtschaftsberatungsgesellschaft Ernst & Young[1805] ist jeder fünfte Angestellte europäischer Großunternehmen und sind mehr als 10% der hierzu befragten Deutschen bereit, bei Geschäften mit Bestechung nachzuhelfen. Zwei Drittel der Befragten insgesamt und knapp die Hälfte der Befragten halten Korruption in ihrem Herkunftsland für gängige Praxis.

3 Auch in den Medien wurde in den letzten Jahren vermehrt über Verdachtsfälle berichtet, in denen deutschen Unternehmen vorgeworfen wird, sich durch Schmiergeldzahlungen im Ausland in erheblichem Umfang geschäftliche Vorteile, insbesondere lukrative Aufträge, verschafft zu haben.[1806]

Es liegt allerdings nahe, dass, wie in anderen Deliktsbereichen auch, trotz der zunehmenden internationalen Betätigung deutscher Unternehmen in den letzten Jahrzehnten der Anstieg der Verfahrenszahlen und die vermehrte Medienberichterstattung in Deutschland nicht zwingend auf einer Zunahme der tatsächlichen Fallzahlen beruht, sondern in erster Linie auf einer zunehmenden Sensibilität für die Risiken und Probleme korruptiver Betätigung im Ausland in den Unternehmen und in den Medien.

4 Wie in den Jahren zuvor gehörte Deutschland im Jahre 2010 zu den 7 (von 37) OECD-Mitgliedsländern, in denen Auslandsbestechung aktiv bekämpft wurde. In 9 OECD-Ländern fand eine moderate Verfolgung statt, in den übrigen OECD-Ländern gab es nach den Ergebnissen entsprechender Evaluierungen kaum oder gar keine Verfolgung in diesem Bereich.[1807] Im letzten Bericht der OECD-Arbeitsgruppe gegen Korruption vom 17.3.2011, dem ebenfalls eine Evaluierung von Justiz und Wirtschaft in Deutschland vorausging, wurde Deutschland, bei einiger Kritik im Detail, für seine Anstrengungen im Bereich der Strafverfolgung in Fällen internationaler Korruption ausdrücklich gelobt.[1808] Hervorgehoben wurden in dem Bericht auch die Bemühungen deutscher Unternehmen um Korruptionsprävention.[1809]

[1803] Bundeslagebild Korruption 2011 unter www.bka.de (Publikationen/Lagebilder Korruption).
[1804] BKA Bundeslagebild 2003, s. www.bka.de/lageberichte/ko/blkorruption2003.pdf.
[1805] European Fraud Survey 2011, s. www.ey.com.
[1806] Z.B. zu MAN s. Spiegel-Online v. 7.5.2009; zur DB International GmbH, Der Spiegel v. 8.6.2009; vgl. zu MAN-Ferrostal Der Spiegel v. 21.6.2010. Zur Daimler AG s. Der Spiegel v. 29.3.2010 sowie Spiegel-Online v. 25.3. und 21.11.2010, oder zuletzt zur Korruption in Griechenland s. Spiegel-Online vom 27.9.2011, zum Motorenhersteller Tognum s. Spiegel online v. 24.10.2011; zu Heckler und Koch Spiegel-online vom 10.11.2011; zu Siemens (Medizintechnik) Der Spiegel v. 14.11.2011; entsprechende Berichte erfolgten in kurzen Abständen etwa auch im Manager-Magazin, der Zeitschrift „DIE ZEIT" und sämtlichen Tageszeitungen).
[1807] Progress report 2011 enforcement of the OECD Anti-Bribery Convention; vgl. www.transparency.de/fileadmin/pdfs/Themen/Internationales/OECD-Progress-Report-2011.pdf.
[1808] S. auch Süddeutsche Zeitung v. 12.1.2011, S. 26.
[1809] Germany: phase 3 report on the application of the convention on combating bribery of foreign public officials in international business transactions and the 2009 revised recommendation on combating bribery in international business transactions, abzurufen unter http://www.oecd.org/dataoecd/6/46/47413672.pdf (in englischer Sprache).

B. Spezialisierung der Ermittlungsbehörden auf internationale Korruptionsverfahren

Kriminalitätsbekämpfung und Strafverfolgung sind angesichts der föderalen Ordnung in Deutschland grundsätzlich Ländersache, innerhalb der Bundesländer finden sie in aller Regel dezentral in den einzelnen Landgerichtsbezirken und Polizeidirektionen statt. Das ist bürgernah und für den überwiegenden Teil der zu verfolgenden Straftaten auch sachdienlich. Im Bereich struktureller überörtlicher Korruption oder sonstiger organisierter Wirtschaftskriminalität wird dieser Aufbau aber den Anforderungen an eine sinnvolle und effektive Tätigkeit der Strafverfolgungsbehörden nicht gerecht. Die Ermittlungen sind regelmäßig überregional zu führen und erfordern zur Gewährleistung einer dem gesetzlichen Auftrag der Strafverfolgungsbehörden gerecht werdenden Sachbearbeitung ein erhebliches Spezial- und Erfahrungswissen. 5

I. Besonderheiten von Ermittlungsverfahren wegen Korruptionsverdachts

Schon Ermittlungsverfahren wegen des Verdachts von Schmiergeldzahlungen oder sonstigen Zuwendungen i.S. der §§ 299 ff., 331 ff. StGB, insbesondere wenn sie Fälle struktureller Korruption im Bereich der Privatwirtschaft betreffen, weisen typischerweise eine Reihe von Besonderheiten auf, die nachfolgend kurz skizziert werden sollen. 6

1. Erhebliche Unschärfen bei wichtigen Tatbestandsmerkmalen

Hinsichtlich einer Vielzahl von Tatbestandsmerkmalen der relevanten Strafvorschriften ist die Frage der richtigen Auslegung in der höchstrichterlichen Rechtsprechung ebenso wie in der Literatur nicht endgültig geklärt. 7

a) So liegen zwar zu der entweder für die Prüfung der Strafbarkeit überhaupt oder für die Abgrenzung zwischen der Amtsträgerbestechlichkeit und -bestechung (§§ 331 ff. StGB) und der Bestechlichkeit und Bestechung im geschäftlichen Verkehr (§§ 299 ff. StGB) mit ihren unterschiedlichen Strafrahmen bedeutsamen Frage der **Amtsträgereigenschaft** nach § 11 Abs. 1 Nr. 2 lit. c StGB bei Mitarbeitern privatrechtlich organisierter Unternehmen, die öffentliche Aufgaben wahrnehmen, fünfzehn Jahre nach Novellierung dieser Vorschrift durch das Korruptionsbekämpfungsgesetz vom 13.8.1997, eine Vielzahl höchstrichterlicher Entscheidungen vor.[1810] Gleichwohl lässt sich immer wieder in dem seitens des Staatsanwalts, des Verteidigers oder des Tatrichters zu bearbeitenden Einzelfall eine einigermaßen verlässliche Prognose über eine etwaige Revisionsentscheidung des BGH zur Qualifizierung einer Organisation als sog. „sonstige Stelle" und damit zur Amtsträgereigenschaft ihrer Mitarbeiter gerade nicht treffen. 8

b) Umgekehrt liegt zur Frage der **Sozialadäquanz** und ihrer Bedeutung sowie zu den Anforderungen an den konkreten Gegenstand einer (gelockerten) **Unrechtsvereinbarung** bei den Delikten der Vorteilsgewährung und -annahme (§§ 331, 333 StGB) nur wenig, insbesondere keine höchstrichterliche Rechtsprechung vor, die auch nur annähernd für Rechtssicherheit sorgen würde, etwa bei der Frage, ob Einladungen oder sonstige Hospitalityaktionen von Unternehmen gegenüber Amtsträgern (noch) legal 9

[1810] Im Einzelnen m.w.N. *Fischer*, § 11 Rn. 22 a ff.

sind oder (schon) eine Vorteilsgewährung darstellen. Viel mehr als eine recht schwammige Definition der Sozialadäquanz steht hier zur Orientierung kaum zur Verfügung. Ausnahmen bilden etwa die Fälle „Kremendahl"[1811] und „Utz Claasen",[1812] bei deren voreiliger Heranziehung zur Beurteilung zukünftiger Fälle jedoch durchaus Vorsicht geboten erscheint.

10 c) Bei der in § 299 StGB geregelten Angestelltenbestechlichkeit/-bestechung wiederum bedarf es insbesondere bei einer Prüfung des Tatbestandsmerkmals **„unlautere Bevorzugung im Wettbewerb"** als Gegenstand einer Unrechtsvereinbarung einer vertieften Befassung mit der hierzu vorliegenden Rechtsprechung, um einigermaßen festes Land bei der rechtlichen Beurteilung eines konkreten Lebenssachverhaltes unter die Füße zu bekommen.

2. Schwierigkeiten bei der Beweisführung

11 Die Auslöser für staatsanwaltliche Ermittlungen wegen des Verdachts der Bestechlichkeit bzw. der Bestechung (gleich nach welcher Vorschrift) sind vielfältiger Natur: In nicht abschließender Aufzählung zu nennen sind hier Medienberichterstattung, Geldwäscheverdachtsanzeigen, Mitteilungen der Finanz- und Steuerbehörden, anonyme Hinweise, namentliche Strafanzeigen, zur strafrechtlichen Würdigung überlassene Sachverhaltsmitteilungen von betroffenen Unternehmen oder Behörden und deren Mitarbeitern, Anzeigen von Konkurrenten und Whistleblower-Hinweise unterschiedlichster Qualität. Vom Anfangsverdacht i.S. von § 152 StPO bis zum Nachweis konkreter Straftaten ist es regelmäßig ein weiter Weg.

Eine zuverlässige Prognose über die Entwicklung, die Dauer und den Ausgang der Ermittlungen lässt sich regelmäßig zu deren Beginn aufgrund einer Vielzahl von Unwägbarkeiten tatsächlicher und/oder rechtlicher Art selten stellen. Fälle, die mit dem Verdacht eher unbedeutender Zuwendungen beginnen, erweisen sich immer wieder im Verlaufe der Ermittlungen als solche struktureller, d.h. auf lange Dauer angelegter und von einer Vielzahl von Beteiligten betriebener Korruption. Umgekehrt können bei Beginn der Ermittlungen Hinweise auf eine Vielzahl korruptiver Verbindungen und Transaktionen vorliegen, die sich dann nicht bestätigen, sich nicht beweisen lassen oder sich schnell als legale, strafrechtlich irrelevante Geschäftstätigkeit erweisen.

Oft geschickt verschleierte Schmiergeldzahlungen oder sonstige Zuwendungen sind bei den Ermittlungen aus einer Vielzahl von zunächst unklaren Geschäftsvorgängen herauszufiltern. Vorliegen sowie Zeitpunkt und Gegenstand einer Unrechtsvereinbarung wollen nachgewiesen werden. Der Kreis der straf- oder ordnungswidrigkeitsrechtlich relevanten Beteiligten ist von den sonstigen Teilnehmern an den zu untersuchenden Vorgängen zu unterscheiden.

Hier ist schon die besonders sorgfältige Prüfung des Vorliegens eines strafrechtlichen Anfangsverdachts notwendig, um einerseits die knappen polizeilichen und staatsanwaltschaftlichen Ressourcen zu schonen und andererseits zu vermeiden, dass unschuldige Personen langwierigen Ermittlungsverfahren ausgesetzt werden, die sie häufig aufgrund ihrer Folgen für die soziale, wirtschaftliche und berufliche Situation besonders belasten.

[1811] *BGH* NStZ 2005, 509 (Kremendahl I); *BGH* NStZ 2008, 33 (Kremendahl II).
[1812] *BGH* NStZ 2008, 688.

B. Spezialisierung der Ermittlungsbehörden auf internationale Korruptionsverfahren

3. Komplexität der Verfahren und der Ermittlungen

Umfangreiche verfahrensgegenständliche Sachverhalte,[1813] spezielle, den Ermittlungsbeamten unbekannte Branchen und deren besondere (legale wie illegale) geschäftlichen Usancen sowie geschickte Maßnahmen der Täter zur Verschleierung von Schmiergeldzahlungen, etwa durch Verwendung von Scheinrechnungen oder -firmen, haben unabhängig vom späteren Ergebnis erheblichen Ermittlungsaufwand zur Folge. Ohne verlässliche weiterführende Angaben von Beschuldigten und Zeugen erfordert die Sachaufklärung gerade in Korruptionsverfahren die zeit- und personalaufwendige Auswertung von Unmengen von im Rahmen von Durchsuchungen erfolgten Beschlagnahmen oder durch freiwillige Kooperation von Beteiligten erlangten Unterlagen und Computerdateien, deren tatsächliche Verfahrensrelevanz sich häufig erst aufgrund der weiteren Ermittlungen beurteilen lässt. 12

Gerade in Fällen struktureller Korruption werden die Korruptionsdelikte nicht nur von Steuerstraftaten begleitet, sondern auch von Betrugs- und/oder Untreuehandlungen zur Generierung von Schmiergeldern oder zur Absicherung der persönlichen Bereicherung aller an den Straftaten Beteiligten. Da diese Straftaten im Wege des kollusiven Zusammenwirkens zwischen Vorteilsgebern und im Lager des Geschädigten agierenden Vorteilsnehmern begangen werden und es sich bei den Tätern regelmäßig um solche von hoher Intelligenz und Fachkompetenz handelt, bereitet gerade der Nachweis der Vermögensdelikte und hier jeweils die Feststellung und die Bezifferung eines konkreten Schadens erhebliche Probleme.

Zudem treffen die Ermittlungsbehörden in Verfahren gegen Verantwortliche von Großunternehmen regelmäßig auf erfahrene und auf das Wirtschafts- und Korruptionsstrafrecht spezialisierte Verteidiger. Diese sind regelmäßig bemüht, die Verteidigung der einzelnen Beschuldigten zu koordinieren, unter Umständen eine sog. Sockelverteidigung für die Beschuldigten auf Seiten eines Unternehmens auf die Beine zu stellen, um für andere Beschuldigte nachteilige Einlassungen einzelner Mitbeschuldigter zu verhindern.[1814] Sorgfältig begründete Beschwerden gegen Ermittlungsmaßnahmen sind an der Tagesordnung und die hierzu erforderlichen Stellungnahmen bereiten unabhängig von ihren Erfolgsaussichten eine nicht unerhebliche Mühe. 13

Die Ermittlungsbehörden treffen nicht nur auf Beschuldigte, sondern auch auf Zeugen, die erkennbar gezielt auf ihre Vernehmung vorbereitet wurden. Mitarbeitern, die nicht zum Kreis der Beschuldigten gehören, wird nach Möglichkeit bei Vernehmungen vom Unternehmen ein Zeugenbeistand zur Seite gestellt.[1815] Unbefangene Einlassungen und Zeugenaussagen werden damit immer seltener, diese werden vielmehr sowohl am eigenen als auch am (vermeintlichen) Interesse des Unternehmens und der Kollegen ausgerichtet. Hinzu kommt, dass die im Raume stehenden Vermögensschäden und die damit verbundenen möglichen, für die Betroffenen oft die Existenz gefährdenden Schadensersatzansprüche einerseits und die Gefahr des Verlustes des Arbeitsplatzes andererseits die Bereitschaft der Beteiligten zur Mitwirkung an der rückhaltlosen Aufklärung eines Sachverhaltes regelmäßig erheblich einschränken.

Die allgemein für die Ermittlungstätigkeit der Staatsanwaltschaft zunehmende Bedeutung erlangende und gerade in Korruptionsverfahren besonders gebotene Gewinn- 14

[1813] S. hierzu *Bannenberg*, in: Wabnitz/Janovsky, Kap. 10 Rn. 147 ff.
[1814] S. etwa die Empfehlungen oben *Wessing*, § 6 Rn. 52 ff.; vgl. ferner *Salditt*, in: Widmaier, § 9 Rn. 11 ff.; *Taschke*, in: Dölling, § 11 Rn. 23; *Dierlamm*, in: Wabnitz/Janovski, Kap. 27 Rn. 18.
[1815] Zu dieser Praxis instruktiv die Kritik von *Dahs*, NStZ 2011, 200.

abschöpfung (bzw. Rückgewinnungshilfe) erfordert vertiefte Kenntnisse sowohl der komplexen Regelungen der §§ 111 b ff. StPO zur vorläufigen Sicherung des durch die Tat(en) Erlangten mit ihren vielfältigen Bezügen zum Zivil- und Zivilprozessrecht als auch der materiell-rechtlichen Vorschriften der §§ 73 ff. StGB.[1816] Die Ermittlung des Erlangten i.S. von § 73 StGB, dessen Gegenstand selbst innerhalb der verschiedenen Senate des BGH im Streit steht,[1817] und das Aufspüren der bei den Beschuldigten noch vorhandenen Vermögenswerte erfordert oft erheblichen Aufwand. Insbesondere für Dezernenten, die sich nicht regelmäßig mit dieser Materie befassen, bedeuten Arreste und Pfändungen, die häufig in der „heißen Phase" eines Ermittlungsverfahrens anstehen, eine hohe zeitliche Belastung und bergen ein erhebliches Fehlerpotential. Auslandsermittlungen und Maßnahmen nach §§ 111 b ff. StPO in bestimmten Ländern sind an der Tagesordnung. Auch hier bedeuten Erfahrung und nach und nach aufgebaute Kontakte zu den Erledigungsbehörden für die erforderlichen Rechtshilfeersuchen eine erhebliche Arbeitserleichterung und Beschleunigung des Verfahrens.

4. Besonderheiten bei den Tatverdächtigen

15   Die Probleme für die Ermittlungsbehörden bestehen bei dem Verdacht der Korruption i.d.R. nicht darin, die am Geschehen Beteiligten zu ermitteln, sondern in der Klärung der Frage, ob und/oder in welchem Umfang gegen sie mit der für eine Anklageerhebung erforderlichen Sicherheit strafrechtlich relevante Vorwürfe zu erheben sind und welche Straftatbestände im einzelnen Fall verwirklicht wurden. Die Beschuldigten sind strafrechtlich in der Vergangenheit nicht in Erscheinung getreten, verfügen über einen (jedenfalls bis zum Bekanntwerden des jeweiligen Verdachtsfalls) sicheren Arbeitsplatz und sind in einem grundsätzlich rechtstreuen Umfeld sozial integriert. Schon die Konfrontation mit einem Ermittlungsverfahren wegen des Vorwurfs der Korruption sowie das Bekanntwerden eines solchen in ihrem Umfeld und/oder in der Öffentlichkeit stellt für sie eine Bedrohung ihrer wirtschaftlichen und sozialen Lebensgrundlagen dar. Im Falle einer rechtskräftigen Verurteilung ist ein Erhalt des Arbeitsplatzes unwahrscheinlich. Darüber hinaus drohen in vielen Fallkonstellationen erhebliche wirtschaftliche Probleme aufgrund von Schadensersatzforderungen oder Verfallsentscheidungen.

Jedenfalls in Fällen struktureller Korruption droht aufgrund des Umfangs und der Komplexität der Ermittlungen ein über mehrere Jahre andauerndes Ermittlungs- und ggf. Strafverfahren. Dies bedeutet für die Beschuldigten über einen langen Zeitraum hinweg mit dem Damoklesschwert einer drohenden Verurteilung mit ihren vielfältigen Folgen leben zu müssen, im Falle eines sich später als unbegründet erweisenden Verdachts, sich in dieser Zeit zu Unrecht erhobener Vorwürfe erwehren zu müssen.

II. Ermittlungs- und Beweisschwierigkeiten bei Bestechung im Ausland

16   Die im vorigen Abschnitt skizzierten Schwierigkeiten potenzieren sich noch bei Ermittlungsverfahren wegen Bestechung im internationalen Bereich.

[1816] So auch *Bachmann/Prüfer*, ZRP 2005, 109, 110.
[1817] S. hierzu zuletzt *Schlösser*, NStZ 2011, 121 m.w.N.

B. Spezialisierung der Ermittlungsbehörden auf internationale Korruptionsverfahren

1. Korruption im Ausland – Erweiterung der Strafbarkeit

Die deutschen Gesetze zur Umsetzung internationaler Übereinkommen zur strafrechtlichen Korruptionsbekämpfung sind unübersichtlich, die Vorschriften des IntBestG, des EUBestG und des § 299 Abs. 3 StGB weisen sowohl untereinander als auch gegenüber den Regelungen für Inlandsfälle erhebliche Unterschiede auf:[1818] 17

a) Das **IntBestG**[1819] erfasst gem. Art. 2 § 1 nur solche Zuwendungen an ausländische Amtsträger (und Richter), die sich auf künftige Diensthandlungen beziehen und im internationalen Geschäftsverkehr dem Zweck dienen, „sich einen Auftrag oder einen sonstigen unbilligen Vorteil zu verschaffen oder zu sichern". Bei der Auslegung der Tatbestandsmerkmale ist regelmäßig ein Rückgriff auf die dem Gesetz zugrunde liegende OECD-Konvention,[1820] deren Hintergründe sowie die Begründung des Regierungsentwurfs zum Vertragsgesetz[1821] erforderlich. Danach ist der Begriff des sonstigen Vorteils weit zu verstehen, dazu gehören z. B. auch Genehmigungen, die Voraussetzungen für einen Auftrag oder eine Investition sind. Höchstrichterliche Rechtsprechung zu den sich bei der Auslegung der Tatbestandsmerkmale stellenden Rechtsfragen liegt bislang nur wenig vor. 18

Art. 2 § 2 IntBestG erweitert die Strafbarkeit auf Bestechungshandlungen gegenüber Mitgliedern von ausländischen Gesetzgebungsorganen oder parlamentarischen Versammlungen internationaler Organisationen, was zu einem erheblichen Wertungswiderspruch zur nur rudimentär gegebenen Strafbarkeit der Bestechung von Abgeordneten in deutschen Parlamenten (und von Europaabgeordneten) nach § 108 e StGB führt.[1822]

Zur Frage des Begriffs der Amtsträgereigenschaft nach dem IntBestG hat der BGH in seiner viel diskutierten Siemens-Entscheidung vom 29.8.2009 klargestellt, dass sich die Frage der Amtsträgereigenschaft weder nach dem Amtsträgerbegriff im Fremdstaat noch nach dem in Deutschland richtet, sondern nach dem autonomen Amtsträgerbegriff der OECD.[1823]

Der Bezug zum internationalen Geschäftsverkehr ist dabei jedenfalls nicht nur dann gegeben, wenn die versprochene, geforderte oder erbrachte pflichtwidrige oder ermessensfehlerhafte Diensthandlung des Zuwendungsempfängers sich unmittelbar auf ein konkretes Rechtsgeschäft bezieht und einen irgendwie gearteten Wettbewerbsbezug aufweist. Es genügt vielmehr, dass die Handlung des Zuwendungsempfängers, die Gegenstand der Unrechtsvereinbarung ist, in sonstiger Weise der internationalen Geschäftstätigkeit des Zuwendungsgebers dient.[1824]

b) Das **EUBestG**[1825] erklärt in § 1 Abs. 1 die deutschen Regelungen für die Bestechung und die Bestechlichkeit von Amtsträgern und Richtern in Mitgliedsländern und 19

[1818] S. auch die Gegenüberstellung bei *Dann*, § 3 Rn. 24. Die Sonderregelungen für die Bestechung von Amtsträgern des Internationalen Strafgerichtshofs (Art. 2 § 2 Nr. 2 IStGH) bleiben im nachfolgenden unberücksichtigt.
[1819] Vgl. im Einzelnen MünchKomm-StGB/*Korte*, § 332 Rn. 14 ff.; *Mohrenschläger*, in: Dölling, § 8 Rn. 363 ff.; *Tinkl*, wistra 2006, 126, 128.
[1820] OECD-Übereinkommen v. 17.12.1997 über die Bekämpfung der Bestechung ausländischer Amtsträger im internationalen Geschäftsverkehr, mit den offiziellen Erläuterungen, abgedruckt in BT-Drs. 269/98.
[1821] BT-Drs. 13/10428.
[1822] S. hierzu auch *Dann*, § 3 Rn. 19.
[1823] *BGH* NJW 2009, 89, 94; s. hierzu auch unten Rn. 27, sowie *Dann*, § 3 Rn. 22.
[1824] Vgl. *Möhrenschläger*, in: Dölling, § 8 Rn. 347; *Klengel/Dymek*, HRRS 2011, 22, 23.
[1825] Ausf. *Möhrenschläger*, in: Dölling, § 8 Rn. 363 ff.

in Organen der Europäischen Union für künftige Diensthandlungen ohne jegliche weitere Einschränkung bei Zuwendungen an die dort als Empfänger in Betracht kommenden Personen für strafbar. Dies bedeutet, dass hier ein Bezug zum Geschäftsverkehr und zum Wettbewerb nicht erforderlich ist. Anders als beim IntBestG wird hier auch die passive Seite nach deutschem Recht unter Strafe gestellt.

Die Frage der Amtsträgereigenschaft des Zuwendungsempfängers richtet sich durch einen Verweis auf § 11 Abs. 1 Nr. 2 StGB hier nach deutschem Recht (§ 1 Abs. 1 Nr. 2 lit. a EUBestG).

20 c) Bei der **Angestelltenbestechung** beschränkt sich der Gesetzgeber in § 299 Abs. 3 StGB zwar darauf, die Regelungen der Abs. 1 und 2 auch im Ausland für anwendbar zu erklären, anders als im IntBestG (Art. 2 § 3) und im EUBestG (Art. 2 § 2) verzichtet der Gesetzgeber aber darauf, die Geltung der deutschen Vorschrift unabhängig vom Recht des Auslands für anwendbar zu erklären, so dass hier die allgemeinen Regelungen des Strafanwendungsrechts (§§ 3 bis 7, 9 StGB) zu beachten sind.[1826] Gem. § 7 Abs. 2 StGB ist daher im Verlaufe eines Ermittlungsverfahrens jeweils zu prüfen, ob denn die Tathandlung, für die je nachdem ein Anfangs-, dringender oder hinreichender Tatverdacht besteht, unter Strafe gestellt ist. Es reicht dabei allerdings aus, dass diese Handlung am Tatort unter irgendeinem Gesichtspunkt unter Strafe gestellt ist, ob dort eine dem § 299 StGB auch nur ähnliche Vorschrift existiert, ist unerheblich[1827].

2. Notwendigkeit von Auslandsermittlungen

21 Die vorstehend nur angerissenen Eigentümlichkeiten der einzelnen Tatbestände bedingt von Beginn der Ermittlungen an eine Befassung mit den allgemeinen tatsächlichen und rechtlichen Gegebenheiten im jeweiligen Fremdstaat: Liegen Erkenntnisse über die Verbreitung des Schmiergeldunwesens im jeweiligen Land vor? Stellen Bargeldtransaktionen hier bereits einen aussagekräftigen Hinweis auf Schmiergeldzahlungen dar oder sind Barzahlungen im Empfängerland üblich? Ist die Einschaltung von Vermittlern und Beratern dort tatsächlich unerlässliche Voraussetzung für die Erlangung eines Auftrages? Wie ist die Wirtschaft im Empfängerland organisiert? Zählt die Institution des mutmaßlichen Schmiergeldempfängers bzw. die als Schmiergeldempfänger in Betracht kommende Person zum öffentlich-rechtlichen oder privatwirtschaftlichen Sektor? Kommt nur eine Strafbarkeit nach § 299 StGB in Betracht, bedarf es frühzeitig der Klärung der Frage, ob die im Raume stehenden Bestechungshandlungen auch im jeweiligen Ausland strafbewehrt sind.

Regelmäßig lässt sich der Geldfluss bei verdächtigen Transaktionen anhand sichergestellter Unterlagen lediglich bis zu einem im Ausland befindlichen Kreditinstitut, einer Niederlassung des Unternehmens der Vorteilsgeber oder einem (angeblichen oder tatsächlichen) Berater oder Vermittler zurückverfolgen. Gerade in Ländern, in denen Schmiergeldzahlungen im geschäftlichen Verkehr an der Tagesordnung sind, erweisen sich die Ermittlungen im Ausland besonders schwierig. Häufiger als bei Inlandsfällen stellt die Ermittlung des Schmiergeldempfängers immer wieder das entscheidende Problem dar.

[1826] *Möhrenschläger*, in: Dölling, § 8 Rn. 394; oben *Dann*, § 3 Rn. 5 ff.
[1827] BGHSt 2, 161; *BGH* StV 1997, 70, 71; *OLG Celle* JR 2002, 33.

B. Spezialisierung der Ermittlungsbehörden auf internationale Korruptionsverfahren

3. Schwierigkeiten bei der Rechtshilfe

Rechtshilfe wird in Abhängigkeit von dem jeweiligen Land auf ganz unterschiedliche Art und Weise gewährt.[1828] 22

In ihrer einfachsten Form findet eine unmittelbare Kommunikation zwischen der ermittelnden Staatsanwaltschaft und der Behörde im Ausland statt, welche das jeweilige Rechtshilfeersuchen bearbeitet. In diesen Fällen wird das Ersuchen direkt an die für die erforderlichen Ermittlungshandlungen zuständigen Justizbehörden gerichtet. Dies gilt insbesondere für alle Länder innerhalb der Europäischen Union, hier kann unterstützend auf Eurojust[1829] und das Europäische Justizielle Netz (EJN)[1830] zurückgegriffen werden[1831].

Aufgrund einer entsprechenden Vereinbarung im Jahre 1999 wurde **Eurojust** mit Beschluss des Rates der Europäischen Union vom 28.2.2002 gegründet und nahm im Dezember 2002 die Arbeit auf. Jedes EU-Mitgliedsland sendet ein nationales Mitglied, meistens einen Richter oder Staatsanwalt zu Eurojust, die dort das leitende Kollegium bilden und gleichzeitig die Verbindung zum Justizapparat ihres Landes herstellen. Zu den Aufgaben von Eurojust gehört hauptsächlich, bei bestimmten Delikten der schweren und insbesondere der organisierten Kriminalität, zu der auch Fälle der Wirtschaftskriminalität zählen können, und bei denen zwei oder mehr Mitgliedsstaaten betroffen sind, 23

– die in den Mitgliedsstaaten laufenden Ermittlungen und Strafverfolgungsmaßnahmen zwischen den zuständigen nationalen Behörden zu koordinieren,
– die Zusammenarbeit zwischen den nationalen Behörden zu verbessern, insbesondere die Durchführung internationaler Rechtshilfe und die Erledigung von Auslieferungsersuchen zu fördern und
– die nationalen Behörden anderweitig mit dem Ziel zu unterstützen, die Wirksamkeit ihrer Ermittlungen und Strafverfolgungsmaßnahmen zu erhöhen.

Unterstützt wird Eurojust vom **EJN**. Dieses wurde von der Europäischen Union im Jahre 1998 gegründet und stellt ein Netz justizieller Kontaktstellen zwischen den EU-Mitgliedsstaaten dar. Aufgabe von EJN ist insbesondere eine bessere Abwicklung von Rechtshilfeersuchen, aber auch allgemein eine Verbesserung der justiziellen Zusammenarbeit zwischen den Mitgliedsstaaten der EU durch rechtliche und praktische Information und Schulungen. Darüber hinaus kooperiert EJN mit anderen justiziellen Netzen und Drittländern. In der Bundesrepublik gibt es Kontaktstellen in den Generalbundesanwaltschaften der Bundesländer, beim Generalbundesanwalt und beim Bundesamt für Justiz. Anders als Eurojust verfügt EJN nicht über eine zentrale Organisation. Die Beamten der Kontaktstellen kommen regelmäßig zu gemeinsamen Treffen zusammen. 24

Können Ersuchen nicht auf dem unmittelbaren Geschäftsweg übersandt werden, erfolgt die Rechtshilfe entweder auf dem ministeriellen oder dem diplomatischen Weg, d.h. das Ersuchen wird im Berichtswege über die Generalstaatsanwaltschaft an das 25

[1828] Vgl. insg. zur Rechtshilfe auch unten *Ahlbrecht*, § 11.
[1829] Nähere Informationen zu Eurojust unter der Adresse www.eurojust.europa.eu.
[1830] Zu dem Europäischen Justiziellen Netz vgl. die Informationen unter www.ejn-crimjust.europa.eu; s. auch *Müller*, transparency, S. 40, abrufbar unter http://www.transparency.de/fileadmin/pdfs/Themen/Justiz/DokuTRANSPARENCY-DINA5-klein.pdf.
[1831] S. hierzu Ziff. 149 ff. RiVASt (Richtlinien für den Verkehr mit dem Ausland in strafrechtlichen Angelegenheiten).

Loer 343

Landesjustizministerium und ggf. das Bundesamt für Justiz sowie – im diplomatischen Geschäftsweg – zusätzlich über das Auswärtige Amt und die Deutsche Botschaft an das zuständige Ministerium im Ausland und von dort je nach lokaler Staatsorganisation wiederum über mehrere Behörden der Behörde zugeleitet, die das Rechtshilfeersuchen zu erledigen hat (Nr. 5 RiVASt).

Teilweise findet die Rechtshilfe aufgrund entsprechender bi- oder multilateraler Vereinbarungen zwischen den jeweiligen Staaten statt. Mit den übrigen Ländern findet die Rechtshilfe auf vertragsloser Basis statt oder eben nicht. Letzteres gilt besonders häufig für solche Länder, in denen Korruption nach dem Korruptionswahrnehmungsindex von Transparency International besonders verbreitet ist. In anderen Ländern unterbleibt im Einzelfall seitens des Auswärtigen Amtes die Weiterleitung von Rechtshilfeersuchen, wenn zu befürchten steht, dass das Ersuchen dort zur Einleitung eines Ermittlungsverfahrens im Ausland führen könnte, etwa insbesondere wenn dort für die konkreten Tatvorwürfe die Todesstrafe droht.

26 Selbst bei den OECD-Vertragsstaaten erfolgt, soweit sie nicht der EU angehören, die Rechtshilfe mehrheitlich auf dem diplomatischen Weg. Die OECD-Länder haben sich zwar in Art. 2 Nr. 9 verpflichtet, im Anwendungsbereich der OECD-Konvention[1832] gegenseitig Rechtshilfe in größtmöglichem Umfang zu leisten, allerdings nur in den Grenzen ihres jeweiligen nationalen Rechts.

Darüber hinaus ist zwar eine Strafbarkeit von in Deutschland verfolgbaren Straftaten nach dem IntBestG – anders als bei § 299 StGB – nicht davon abhängig, ob die konkrete Tat auch im Ausland unter irgendeinem Gesichtspunkt mit Strafe bedroht ist. Das ersuchte Land wird jedoch regelmäßig die Gewährung der Rechtshilfe ablehnen, wenn es eine strafrechtliche Relevanz des in einem Rechtshilfeersuchen mitgeteilten Sachverhaltes nicht erkennt.

Bei vielen Ländern, mit denen der Rechtshilfeverkehr vertragslos stattfindet, kann nicht zuverlässig abgesehen werden, ob, in welcher Zeit und in welcher Qualität ein Rechtshilfeersuchen erledigt wird. Selbst mit Ländern, mit denen eine vertragliche Grundlage besteht und der unmittelbare Geschäftsweg eröffnet ist, stellt die Durchführung eines Rechtshilfeersuchens eine erhebliche Erschwernis für eine zügige und effektive Erledigung eines Ermittlungsverfahrens dar.

4. Ermittlungs- und Beweisschwierigkeiten aufgrund materiell-rechtlicher und tatsächlicher Besonderheiten

a) Amtsträger im Sinne des IntBestG und des EUBestG

27 Die Amtsträgereigenschaft bestimmt sich bei Fällen nach dem IntBestG nach dem autonomen Begriff in Art. 1 Abs. 4 des OECD-Übereinkommens.[1833] Danach handelt es sich bei einem Amtsträger „um eine Person, die in einem anderen Staat durch Ernennung oder Wahl ein Amt im Bereich der Verwaltung oder der Justiz inne hat".[1834]

Dieser gleichgestellt sind in § 1 Nr. 2 lit. b IntBestG Personen, die beauftragt sind, für ein öffentliches Unternehmen mit Sitz im Ausland oder sonst öffentliche Aufgaben für einen ausländischen Staat wahrzunehmen. Diese Vorschrift ähnelt § 11 Nr. 2 lit. c

---

[1832] § 9 des Übereinkommens über die Bekämpfung der Bestechung ausländischer Amtsträger im internationalen Geschäftsverkehr v. 17.12.1997 in BT-Drs. 13/10428 v. 20.4.1998.
[1833] *BGH* NJW 2009, 89, 94.
[1834] *Möhrenschläger*, in: Dölling, § 8 Rn. 352; *Schuster/Rübenstahl*, wistra 2008, 201, 203; *BGH* NJW 2009, 80, 89.

B. Spezialisierung der Ermittlungsbehörden auf internationale Korruptionsverfahren

StGB. Zur Beantwortung der Frage, wann dies der Fall ist, ist wiederum die amtliche Auslegungshilfe heranzuziehen.[1835] Nach Nr. 12 und Nr. 15 der Auslegungshilfe ist eine solche Person ein Angestellter eines öffentlichen Unternehmens, der öffentliche Aufgaben wahrnimmt. Öffentliche Aufgaben sind alle Handlungen im öffentlichen Interesse, die im Auftrag des anderen Staates wahrgenommen werden. Ausgenommen sind allerdings solche Unternehmen, die in dem betreffenden Markt auf einer geschäftlichen Grundlage agieren, die der eines privatwirtschaftlichen Unternehmens ohne bevorzugende Subventionen oder sonstige Vorrechte im Wesentlichen gleichkommt.

Auch hier wird die Klärung der relevanten Fragen gerade in den von Korruption besonders betroffenen Ländern besondere Schwierigkeiten bereiten. Teilweise können notwendige Erkenntnisse im Internet gewonnen werden. Allerdings wird schon dies häufig ohne eine Heranziehung von Dolmetschern und Auskunfteien nicht möglich sein, was schon in der Frühphase eines Ermittlungsverfahrens erhebliche Kosten verursachen kann. Daneben können Auskünfte von Verbindungsbeamten und diplomatischen Vertretungen im Ausland eingeholt werden. Allerdings sind diesen Erkenntnisquellen aufgrund fehlender eigener Ermittlungsbefugnisse enge Grenzen gesetzt. Vereinfacht werden diese Ermittlungen unter Umständen dann, wenn auf Erkenntnisse von in Deutschland oder auch in Drittstaaten bereits in der Vergangenheit geführten oder gleichzeitigen Ermittlungen zurückgegriffen werden kann. Ansonsten bleibt schon hier oft nur der mühsame Weg der Rechtshilfe. 28

b) Ermittlung des Vorteilsempfängers

Bei Ermittlungen wegen des Verdachts von Bestechungshandlungen im Ausland lassen sich Zahlungsflüsse aufgrund von Erkenntnissen aus inländischen Ermittlungen, insbesondere Vernehmungen und der Auswertung von Konto- oder sonstigen Unterlagen bzw. Daten, regelmäßig nur bis zu einem bestimmten Punkt, sei es einer Person, der Bargeld gegeben wurde, oder einem Bankkonto im Ausland, nachvollziehen. Dieser Empfänger des Bargelds oder der Kontoinhaber scheiden aber selbst regelmäßig als taugliche Täter aus. 29

Bei der Frage nach dem endgültigen Empfänger des Geldes verstummen die Vernehmungspersonen häufig, gleich ob sie als Beschuldigte oder als Zeugen gehört werden, und berufen sich entweder auf von Beginn an fehlende Kenntnis oder auf zwischenzeitliche Erinnerungslücken. Selten wird hier mehr als ein Wissen vom Hörensagen oder eine Vermutung aufgrund bestimmter Rückschlüsse geäußert. Korruptive Geschäftsbeziehungen im Ausland werden in Unternehmen – offensichtlich beruhend auf der historischen Straflosigkeit von Bestechungshandlungen im Ausland nach deutschem Recht bis vor wenigen Jahren – häufig offen kommuniziert. Mitarbeiter dieser Unternehmen werden daher, soweit sie nicht gleich als Beschuldigte zu erfassen sind, jedenfalls als Zeugen nach § 55 StPO zu belehren sein. Ihre Bereitschaft zu unbefangenen und wahrheitsgemäßen Angaben wird hierdurch nicht gefördert.

Abhilfe kann hier gelegentlich über die Kronzeugenregelung (§ 46 b StGB) geschaffen werden, eine Vorschrift, die in Verteidigerkreisen auf wenig Gegenliebe stößt.[1836] Die jedenfalls teilweise zu recht gegen die Aussagen von Kronzeugen geäußerten Bedenken führen aber unter Umständen dazu, dass alleine mit deren Aussage eine Sachverhaltsaufklärung mit der für eine etwaige Anklageerhebung bzw. spätere Verurteilung erforderlichen Sicherheit nicht geleistet werden kann. 30

[1835] In BT-Drs. 13/10428 v. 20.4.1998 a. E.
[1836] S. etwa *Dann*, CCZ 2010, 30.

c) Der Nachweis einer strafbaren Unrechtsvereinbarung

31 Im Rahmen von Art. 2 § 1 IntBestG muss die Bestechung im Unterschied zu § 334 StGB und dem EUBestG zu dem Zweck erfolgen, sich oder einem Dritten einen Auftrag oder einen unbilligen Vorteil im internationalen geschäftlichen Verkehr zu verschaffen oder zu sichern. Erfolgt die Bestechungshandlung nicht unmittelbar zur Auftragserlangung stellt sich die tatsächliche Frage, in welchen Fällen einer Bestechung ein sonstiger Zusammenhang mit dem geschäftlichen Verkehr besteht und das rechtliche Problem, wann der erstrebte Vorteil als „unbillig" anzusehen ist. Hier beschränkt sich die amtliche Auslegungshilfe unter Nr. 5 auf ein Beispiel, die Erteilung einer Genehmigung für eine nicht den gesetzlichen Anforderungen entsprechende Fabrik, um das Tatbestandsmerkmal des unbilligen Vorteils zu veranschaulichen. Rechtsprechung liegt hierzu bislang nicht vor. Bei Diensthandlungen des Amtsträgers, die gegen im jeweiligen Drittland geltendes Recht verstoßen, wird i.d.R. ein unbilliger Vorteil gegeben sein, die Beantwortung der Frage aber, ob eine Diensthandlung rechtswidrig ist oder die Bestechungshandlung lediglich dazu dient, den Empfänger zur Wahrnehmung seiner Aufgaben zu veranlassen und damit straflos ist (Nr. 5 der Auslegungshilfe), ist nach dem jeweiligen Landesrecht zu beurteilen.

III. Einrichtung von Schwerpunkt-Staatsanwaltschaften und zunehmende Spezialisierung auf Ermittlungsseite

1. Notwendigkeit zur Konzentration der Ermittlungstätigkeit

32 Eine Spezialisierung von Ermittlungsbehörden im Bereich der Korruptionsbekämpfung wird in der Literatur seit längerem zu Recht gefordert.[1837] Dies gilt aufgrund der vorstehend dargelegten Komplexität von Untersuchungen in Verfahren wegen internationaler Korruption noch viel mehr. Effektive Ermittlungen in diesem Bereich erfordern bei den staatsanwaltschaftlichen und polizeilichen Ermittlungskräften sowohl vertiefte Kenntnisse hinsichtlich der materiell-rechtlichen Grundlagen dieser Sachverhalte als auch ein solides Erfahrungswissen betreffend die Bearbeitung solcher Verfahren.

Um etwa Durchsuchungen sachgemäß, d.h. einerseits erfolgreich im Sinne der Ermittlungen, andererseits aber auch möglichst schonend für die Tatverdächtigen und die betroffenen Unternehmen durchführen zu können, benötigt man eine ausreichende Anzahl fach- und sachkundiger Ermittlungspersonen. Die Sichtung und Auswertung sicherzustellender bzw. sichergestellter oder beschlagnahmter Unterlagen erfordert sowohl den Einsatz erfahrener Kriminalisten als auch Wirtschaftsprüfer, die in der Lage sind, zügig aus einer regelmäßig gewaltigen Menge an Unterlagen und Dateien die entscheidenden herauszufiltern.

Internationale Ermittlungen setzen grundsätzlich eine länderübergreifende Zusammenarbeit von Justiz- und Polizeibehörden voraus. Eine solche kommt faktisch schon nur mit einer begrenzten Anzahl von Staaten, insbesondere in Europa und Nordamerika, vereinzelt aber auch mit Staaten auf anderen Kontinenten, in Betracht. Aber auch hier setzt eine effektive Ermittlungstätigkeit eine Kenntnis der Gegebenheiten in den einzelnen Ländern und den Aufbau dauerhafter Kontakte voraus.

[1837] *Bachmann/Prüfer*, ZRP 2005, 110, 113; *Schaupensteiner*, NStZ 1996, 409, 412; *Bannenberg*, in: Wabnitz/Janovsky, Kap. 10 Rn. 144, 152; *Busch*, StV Beil. 6/2009, 291, 299.

B. Spezialisierung der Ermittlungsbehörden auf internationale Korruptionsverfahren

Auch wenn die Zahl der Ermittlungsverfahren in dem Bereich der internationalen Korruption in den letzten Jahren erheblich angestiegen ist, werden sich diese Voraussetzungen bei einer bundesweiten Verteilung dieser Verfahren auf eine Vielzahl von landgerichtlichen Staatsanwaltschaften und Polizeidirektionen allenfalls bei den Behörden in Ballungsgebieten gewährleisten lassen. Dieses Problem relativiert sich auch nicht etwa dadurch, dass derartige Verfahren ohnehin nur bei Behörden in den deutschen Wirtschaftszentren anhängig würden. Im Zuge der Globalisierung sind mehr und mehr auch kleinere und insbesondere mittelständische Unternehmen im Ausland tätig und von dem Problem der korruptiven Verseuchung weiter Teile des Globus betroffen. Daher sind zunehmend auch Regionen außerhalb der Ballungszentren Gegenstand von Ermittlungen wegen des Verdachts der Bestechung im Ausland.

Die einzelnen Bundesländer haben die Verfolgung von Korruptionsstraftaten unterschiedlich organisiert.[1838] Hierbei können drei Gruppen unterschieden werden:

In Baden-Württemberg, Bayern, Mecklenburg-Vorpommern, Rheinland-Pfalz, dem Saarland, Sachsen und Sachsen-Anhalt gibt es keine Schwerpunktstaatsanwaltschaften für Korruptionsdelikte. Teilweise sind Schwerpunktstaatsanwaltschaften oder Zentralstellen für Wirtschaftsstrafsachen eingerichtet, die im Einzelfall auch Korruptionsverfahren aus dem Zuständigkeitsbereich der jeweils zugeordneten landgerichtlichen Staatsanwaltschaften bearbeiten. In den Stadtstaaten Berlin, Bremen und Hamburg gibt es jeweils Sonderabteilungen für die Bearbeitung von Korruptionsstrafsachen. Bei der Staatsanwaltschaft München I ist bundesweit die größte Anzahl von Staatsanwälten mit der Bearbeitung von Korruptionsverfahren befasst.

In Brandenburg, Hessen, Niedersachsen und Nordrhein-Westfalen wurden Schwerpunktstaatsanwaltschaften eingerichtet, die in unterschiedlichem Umfang grundsätzlich für die Bearbeitung von Korruptionsverfahren zuständig sind. So werden in Hessen seit drei Jahren neben sämtlichen größeren Verfahren wegen Bestechung und Bestechlichkeit im geschäftlichen Verkehr und allen Verfahren wegen wettbewerbswidriger Preisabsprachen insbesondere landesweit alle Verfahren wegen Auslandsbestechung nach dem IntBestG, dem EUBestG und nach § 299 Abs. 3 StGB in den beiden Spezialabteilungen für Korruptionsdelikte bei der Schwerpunktstaatsanwaltschaft für Wirtschafts- und Umweltstrafsachen in Frankfurt am Main bearbeitet.

In Brandenburg, Sachsen und Schleswig-Holstein wurden in unterschiedlichen Formen landesweit zuständige ressortübergreifende Ermittlungseinheiten zur Korruptionsbekämpfung gegründet. Hierdurch wird eine optimale Zusammenarbeit von Staatsanwaltschaft, Polizei und Finanzbehörden, die teilweise noch durch Fachpersonal für wirtschaftliche Fragen unterstützt werden, gewährleistet. Derartige ressortübergreifende, dauerhafte Kooperationen konnten sich aber bundesweit nicht durchsetzen.

So wurde etwa in Hessen die Zuständigkeitskonzentration bei der Bearbeitung von Korruptionsverfahren im Bereich der Staatsanwaltschaft von polizeilicher Seite bislang nicht nachvollzogen, so dass gerade im Bereich der Bearbeitung von Ermittlungsverfahren wegen Auslandsbestechung zwischenzeitlich spezialisierte Staatsanwälte außerhalb des Polizeipräsidiums Frankfurt am Main grundsätzlich auf die Zuarbeit von wechselnden kleineren mit solchen Ermittlungen bislang nicht befassten Polizeidienststellen angewiesen sind. Dies stellt die betroffenen Dienststellen in fachlicher und personeller Hinsicht vor erhebliche Herausforderungen.

[1838] Im Einzelnen hierzu *Löhe*, Dokument abrufbar unter http://www.transparency.de/fileadmin/pdfs/Themen/Justiz/Korruptionsbekaempfung-in-Deutschland-Vergleich-Bundeslaender.pdf.

2. Ressourcenprobleme

38 Jede Spezialisierung vermag aber nur dann die mit ihr erhofften Ziele zu erreichen, wenn eine entsprechende Zahl qualifizierter Ermittlungsbeamte zur Verfügung steht. In Zeiten zunehmend knapper öffentlicher Haushalte sind die personellen Ressourcen sowohl bei der Polizei als auch in der Justiz nicht beliebig erweiterbar. Größere Wirtschaftsstrafverfahren können aber überhaupt nur dann sinnvoll geführt und innerhalb eines vertretbaren Zeitraums bearbeitet und abgeschlossen werden, wenn für die Durchführung der konkret notwendigen Ermittlungen ausreichendes Personal zur Verfügung steht. Sich wegen fehlenden Personals über viele Jahre hinziehende Ermittlungsverfahren bedeuten nicht nur für die Beschuldigten eine erhebliche Belastung und führen regelmäßig zu dem jeweiligen Tatvorwurf nicht angemessener Strafen,[1839] sondern sind auch unökonomisch, da diese Verfahren im Laufe der Zeit immer wieder eine erneute Einarbeitung der Sachbearbeiter in dieselben Sachverhalte und in dem nicht seltenen Fall personeller Fluktuation, zu einer Befassung wechselnder Sachbearbeiter mit dem Verfahrensstoff führen. Darüber hinaus hat fehlendes qualifiziertes Personal Defizite im Bereich der unmittelbar der Staatskasse zufließenden Gewinnabschöpfung zur Folge.

C. Untersuchungen in Unternehmen aus staatsanwaltschaftlicher Sicht

I. Bewertung interner Ermittlungen

1. Die Durchführung interner Ermittlungen als unternehmerische Entscheidung

39 Die Beantwortung der Frage der Zweckmäßigkeit oder Notwendigkeit eigener Untersuchungen durch von Korruptionsverdachtsfällen betroffene Unternehmen, gleich ob diese unabhängig von staatlichen Ermittlungsverfahren geführt werden, sie diesen vorgelagert sind oder in Abstimmung mit den Ermittlungsbehörden während eines bereits laufenden Ermittlungsverfahrens erfolgen, erfordert für die jeweiligen Entscheidungsträger die Berücksichtigung einer Vielzahl von in vielerlei Hinsicht gegenläufigen Faktoren. Diese sind – insbesondere im Anschluss an das Siemens-Verfahren der Staatsanwaltschaft München – in zahlreichen Veröffentlichungen im Rahmen der Compliance- und Internal-Investigation-Diskussionen der letzten Jahre sowohl aus der straf- und strafprozessrechtlichen Perspektive[1840] als auch aus anderen Blickwinkeln tatsächlicher und rechtlicher Art (z.B. des individuellen und kollektiven Arbeitsrechts, des Datenschutzrechts, des Gesellschaftsrechts und der zivilrechtlichen Haftung von Unternehmensverantwortlichen und des Unternehmens)[1841] beleuchtet worden. Außerrechtliche, unternehmensstrategische Perspektiven (z.B. Kosten, Öffentlichkeitswir-

---

[1839] S. hierzu *BGH* NStZ 2010, 2110, 2112; *Bannenberg*, in: Wabnitz/Janovsky, Kap. 10 Rn. 44.
[1840] Vgl. z.B. *Behrens*, RIW 2009, 22; *Bittmann/Molkenbur*, wistra 2010, 373; *Dann/Schmidt*, NJW 2009, 1851; *Jahn*, StV 2009, 41; *Joussen*, passim; *Knierim*, StV Beil. 6/2009, 324; *Wastl*, ZRP 2011, 57; *Wastl/Litzka/Pusch*, NStZ 2009, 68; *Hamm*, NJW 2010, 1332; *Schaupensteiner*, NZA Beil. 2011, 8; *Pforde*, FS Arbeitsgemeinschaft StrafR, 2009, S. 740; *von Rosen*, BB 2009, 230; *Wehnert*, NJW 2009, 1190.
[1841] S. z.B. *Kolbe*, NZA 2009, 228; *Krause*, NStZ 2011, 57; *Rieder/Schoenemann*, NJW 2011, 1169; *Salvenmoser*, NJW 2010, 331; *Schürrle/Olbers*, CCZ 2010, 178; *Wagner*, CCZ 2009, 8; *Vogt*, NJOZ 2009, 4206; *Zimmer/Stetter*, BB 2006, 1445.

kung, Auswirkungen auf den zukünftigen Unternehmenserfolg, vergaberechtliche Folgen, aber auch Folgen für das Betriebsklima) können für die Entscheidungsträger daneben nicht außer Acht bleiben.

Soweit ein Unternehmen seine Entscheidungsträger bzw. Organe nicht durch verbindliche Richtlinien, etwa im Rahmen ihres Compliance-Programms, bereits vor dem Auftreten des Verdachtsfalles gebunden hat, wird die Entscheidung über die Durchführung eigener Ermittlungen von Fall zu Fall unterschiedlich ausfallen. Für Aktiengesellschaften wird gar eine gesetzliche Verpflichtung des Vorstandes zur Durchführung eigener Ermittlungen, die sich aus den §§ 76, 93 AktG ergeben soll, diskutiert.[1842] 40

Häufig bereitet eine Entscheidungsfindung im Unternehmen schon deswegen Probleme, weil ein bestimmtes Interesse des Unternehmens als Einheit nur sehr schwer festgestellt werden kann, da innerhalb dieser Einheit stark divergierende, teilweise sich diametral gegenüber stehende Interessen ihrer einzelnen Vertreter bestehen.[1843] Dies gilt insbesondere für als Aktiengesellschaften organisierte Großunternehmen. Hier bestehen schon unterschiedliche rechtliche Pflichten aber auch Interessen zwischen den einzelnen Organen (Vorstand, Aufsichtsrat, Hauptversammlung, Anteilseigner), ggf. auch zwischen den einzelnen Mitgliedern dieser Organe. Bei Konzernen sind hier wiederum unterschiedliche Interessen zwischen der Tochtergesellschaft und der Konzernmutter bzw. zwischen deren jeweiligen Verantwortlichen an der Tagesordnung.

2. Sachverhaltsaufklärung als Aufgabe der Staatsanwaltschaft

Unstreitig sieht die Strafprozessordnung eine Kompetenzverlagerung von hoheitlicher Ermittlungstätigkeit auf private inländische oder ausländische Institutionen nicht vor.[1844] Der Staatsanwaltschaft ist nicht nur die Anklageerhebung vorbehalten (§ 152 Abs. 1 StPO) sondern § 160 StPO bestimmt unmissverständlich, dass die Staatsanwaltschaft bei Kenntniserlangung von dem Verdacht einer Straftat auch zunächst den Sachverhalt zu erforschen hat. Hierzu bedient sie sich der Polizei und im Rahmen der Einholung von Auskünften der staatlichen Behörden (§§ 161 Abs. 1, 163 Abs. 1 StPO) sowie ggf. der Gerichtshilfe (§ 160 Abs. 1 S. 2 StPO). 41

Zwar können sich die Ermittlungsbehörden für die Sachverhaltsaufklärung und Beweisführung durchaus der Mitwirkung Privater bedienen und diese sind bei Vorliegen der gesetzlichen Voraussetzungen zur Mitwirkung verpflichtet. Die Staatsanwaltschaft kann Zeugen und Sachverständige vorladen, die diesen Ladungen Folge zu leisten und grundsätzlich auch auszusagen und ihre Gutachten zu erstatten haben (§ 161 a Abs. 1 StPO). Nr. 67 RiStBV bestimmt ergänzend, dass der Zeuge sich zunächst auch schriftlich äußern kann, insbesondere wenn er für seine Angaben auf Akten, Geschäftsbücher oder andere umfangreiche Schriftstücke zurückgreifen muss. Die Befolgung der Mitwirkungspflichten kann zwangsweise durch Vorführung und die Zwangsmittel des Ordnungsgeldes und der Ordnungshaft erzwungen werden (§ 161 a Abs. 2 i.V.m. §§ 51, 70, 77 StPO). Die beauftragten Sachverständigen (§§ 71 ff. StPO) können diese Aufträge nur ausnahmsweise ablehnen (§ 75 StPO).

Personen, die Beweismittel in ihrem Besitz haben, können zur Herausgabe aufgefordert werden und haben dieser Aufforderung grundsätzlich zu folgen (§ 95 Abs. 1

[1842] *Wagner*, CCZ 2009, 8.
[1843] *Sidhu*, NJW 2011, 881; *Dann/Schmidt*, NJW 2009, 1851; *Pfordte*, FS Arbeitsgemeinschaft StrafR, 2009, S. 740, 742 ff.
[1844] *Von Rosen*, BB 2009, 230.

StPO). Erforderlichenfalls kann die Staatsanwaltschaft die Betroffenen mit Zwangsmitteln zur Erfüllung ihrer Herausgabepflicht veranlassen (§ 95 Abs. 2 S. 1 StPO) oder sich mit Hilfe eines gerichtlichen Durchsuchungsbeschlusses gem. § 103 StPO die Beweismittel selbst beschaffen.

Weitere Mitwirkungspflichten für private Betreiber bestimmter technischer Anlagen sind etwa bei der Telefonüberwachung (§ 100 b Abs. 3 StPO), § 100 g Abs. 3 StPO (für die Erhebung von Telekommunikationsverkehrsdaten) und § 100 i Abs. 3 StPO (für die Feststellung des Aufenthaltes einer Person mit dem sog. IMSI-Catcher) für den Einsatz technischer Mittel geregelt.

Ferner können sich die Ermittlungsbehörden unter bestimmten Voraussetzungen Privatpersonen als sog. V-Leuten oder auch als sog. „agent provocateur" bedienen, soweit diese hierzu bereit sind.

42 Vorrangig gilt aber der Amtsermittlungsgrundsatz, der bestimmt, dass strafrechtliche Ermittlungen durch die staatlichen Ermittlungsbehörden durchzuführen sind und mit dem eine weitgehende Delegation der erforderlichen Untersuchungen auf Private nicht vereinbar ist. Insoweit gilt selbstverständlich für Korruptions- und sonstige Wirtschaftsstraftaten nichts anderes als bei anderen Delikten.

Durchbrochen wird dieser Grundsatz lediglich für ausdrücklich im Strafgesetzbuch oder in der Strafprozessordnung aufgeführte Straftatbestände. Dies gilt bei den Korruptionsstrafvorschriften lediglich für den Tatbestand der Angestelltenbestechlichkeit- und Bestechung: Diese wird von der Staatsanwaltschaft nur verfolgt, wenn entweder seitens eines Berechtigten Strafantrag gestellt wurde oder die Staatsanwaltschaft ein öffentliches Interesse an der Strafverfolgung annimmt (§ 301 Abs. 1 StGB). Wurde Strafantrag gestellt und die Staatsanwaltschaft verneint das öffentliche Interesse, ist der Antragsteller, der zu den Berechtigten i.S. von § 301 Abs. 2 StGB gehört, gem. § 376 StPO i.V m. § 374 Abs. 1 Nr. 5 lit. a StPO auf den Privatklageweg zu verweisen, wobei dieser aber den Privatklageweg auch ohne diese Verweisung beschreiten kann.

3. Ermittlungstätigkeit als Jedermannsrecht

43 Eine über die vorstehend genannten Mitwirkungspflichten hinausgehende Verpflichtung Privater, an staatlichen Ermittlungen teilzunehmen besteht ebenso wenig, wie eine Verpflichtung, ihre Kenntnis von bereits begangenen Straftaten an die staatlichen Ermittlungsbehörden weiterzugeben. Es steht aber jedem frei, wenn er Kenntnis von einer Straftat oder dem Verdacht einer Straftat hat, seine Kenntnisse den Ermittlungsbehörden mitzuteilen, in seinem Besitz befindliche vermeintliche oder tatsächliche Beweismittel freiwillig und ohne vorherige Aufforderung an die Ermittlungsbehörden zu übergeben oder auch (in der Praxis eher abwegig) seine Sachkenntnis durch die Fertigung und Übergabe eines Gutachtens den Ermittlungsbehörden zur Verfügung zu stellen.

Schließlich ist es grundsätzlich auch niemandem verwehrt, im Rahmen der geltenden Gesetze wegen jedweder Sachverhalte zu ermitteln oder durch private Dritte ermitteln zu lassen,[1845] d.h. z.B. Personen zu ihren Beobachtungen zu befragen, diese um Herausgabe von Unterlagen und sonstigen Gegenständen/Beweismitteln zu bitten oder Sachverständige mit der Erstattung von Gutachten zu beauftragen, sei es, um eine Zivil- oder Privatklage vorzubereiten, sei es, um die dabei gewonnenen Erkenntnisse den

---

[1845] *Bittmann/Molkenbur*, wistra 2010, 373, 374; *Knierim*, StV Beil. 6/2009, 324, 329.

Ermittlungsbehörden zur Verfügung zu stellen. Dies gilt auch unabhängig davon, ob die Untersuchungen unabhängig von einem staatlichen Ermittlungsverfahren oder parallel hierzu durchgeführt werden.[1846]

Die Zwangsmaßnahmen der Strafprozessordnung, die dem staatlichen Gewaltmonopol unterliegen, stehen Privaten aber bei ihren Untersuchungen selbstverständlich nicht zur Verfügung.

In diesem Rahmen bleibt es auch Unternehmen und ihren Verantwortlichen unbenommen, bei Auftreten eines Verdachtsfalles für eine im Unternehmen oder aus dem Unternehmen heraus begangene Straftat im Rahmen der gesetzlichen Regelungen selbstständig Untersuchungen vorzunehmen und ihre Ergebnisse den Ermittlungsbehörden zur Verfügung zu stellen oder Staatsanwaltschaft und Polizei bei deren Ermittlungen durch eigene Untersuchungen zu unterstützen, wenngleich ein solches Vorgehen innerhalb der einschlägigen Fachliteratur kontrovers diskutiert wird.[1847]

44

Grenzen sind ihnen hier aber vielfältig, insbesondere durch datenschutz- und arbeitsrechtliche Regelungen, gesetzt.[1848]

Ob und in welchem Umfang sie die bei ihren Untersuchungen gewonnenen Erkenntnisse den staatlichen Ermittlungsbehörden mitteilen, obliegt ihrer freien Entscheidung.[1849] Eine Kooperationspflicht besteht anders als etwa im Steuerrecht nicht.

II. Besondere Rechtsprobleme bei Ermittlungen gegen Unternehmen und deren Verantwortliche

1. Mitarbeitergespräche und staatsanwaltschaftliche Ermittlungen

Insbesondere anlässlich des Siemens-Verfahrens unter Beteiligung der US-amerikanischen SEC ist das Verhältnis zwischen staatsanwaltschaftlichen Ermittlungsverfahren und eigenen Untersuchungen von Korruptionsverdachtsfällen durch Unternehmen oder von ihnen beauftragte Rechtsanwaltskanzleien zum Gegenstand einer Vielzahl von Veröffentlichungen in der Fachliteratur geworden.[1850] Im Fokus stehen dabei die Befragungen von Mitarbeitern.[1851] Diese werfen insbesondere zwei miteinander verbundene Rechtsfragen auf:

45

1. Ist der Arbeitnehmer – und wenn ja in welchem Umfang – verpflichtet, seinem Arbeitgeber auch dann Auskünfte zu erteilen, wenn er sich durch deren wahrheitsgemäße Erteilung in arbeits-, haftungs- oder strafrechtlicher Hinsicht selbst belasten müsste?
2. Können die entsprechenden Angaben des Arbeitnehmers im Wege eines Zugriffs auf hierüber gefertigte Protokolle oder die Vernehmung der Befragungsperson in einem Ermittlungs- und Strafverfahren verwertet werden oder steht dem der Nemo-Tenetur-Grundsatz entgegen?

[1846] S. hierzu *Jahn*, StV 2009, 41, 43 m.w.N.; *BGH* StV 2003, 602.
[1847] S. etwa *Hamm*, NJW 2010, 1332; *Pfordte*, FS Arbeitsgemeinschaft StrafR, 2009, S. 740.
[1848] S. hierzu oben *Kienast*, § 8 Rn. 42 ff., und *Pohle*, § 9; *Joussen*, S. 75 ff., 157 ff.
[1849] Zur Honorierung der Kooperation durch Staatsanwaltschaft und Gericht s. unten Rn. 78 ff.
[1850] *Roxin*, StV 2012, 116; *Wastl*, ZRP 2011, 57; *Schürrle/Olbers*, CCZ 1010, 178; *Jahn*, StV 2009, 41; *Dann/Schmidt*, NJW 2009, 1851; *Klengel/Mückenberger*, CCZ 2009, 81.
[1851] Insg. hierzu oben *Kienast* § 8; ferner *Theile*, StV 2011, 381; *Momsen*, ZIS 2011, 508; *Knauer/Buhlmann*, AnwBl. 2010, 381; *Bittmann/Molkenbur*, wistra 2010, 373; *Schürrle/Obers*, CCZ 2010, 178; *Vogt*, NJOZ 2009, 4209; *Dann/Schmidt*, NJW 2009, 1851, 1852; *Wastl/Litzka/Pusch*, NJW 2009, 68, 70; *Göpfert/Mertens/Siegrist*, NJW 2008, 1703.

Beantwortet man Frage 1 dahingehend, dass für den Arbeitnehmer in diesen Fällen keinerlei Auskunftspflicht gegenüber seinem Arbeitgeber besteht und er ohne die Befürchtung arbeitsrechtlicher Sanktionen jegliche Angaben verweigern kann, steht die Selbstbelastungsfreiheit der Verwertung von Angaben von Mitarbeitern durch die staatlichen Ermittlungsbehörden nicht entgegen, da die Auskunft dann freiwillig erfolgt und die Frage 2 ist bereits beantwortet. Umgekehrt kommt der Frage der strafprozessualen Verwertbarkeit Bedeutung für die Frage zu, in welchem Umfang der Arbeitnehmer seinem Arbeitgeber gegenüber Auskunft zu erteilen hat.

a) Auskunftspflicht gegenüber dem Arbeitgeber trotz Selbstbelastungsgefahr?

46   Ob und inwieweit die Mitarbeiter eines Unternehmens dazu verpflichtet sind, dessen interne Untersuchungen trotz der damit verbundenen Gefahr einer Selbstbelastung durch die Erteilung von Auskünften zu unterstützen, ist umstritten.

Nach der Rechtsprechung des BAG[1852] und des BGH[1853] ebenso wie nach der h.M. im Schrifttum[1854] ist der Mitarbeiter gem. §§ 666, 675 BGB verpflichtet, über seine Wahrnehmungen, die unmittelbar im Zusammenhang mit seiner Arbeitsleistung stehen, wahrheitsgemäß und vollständig Auskunft zu geben, auch wenn er sich hierdurch selbst einer Straftat bezichtigen müsste. Andernfalls würde die dem Arbeitnehmer obliegende Auskunftspflicht im Krisenfall gerade in denjenigen Fällen wegfallen, in denen er sich eines besonders schweren Pflichtverstoßes schuldig gemacht hätte;[1855] der in strafrechtlich relevanter Art und Weise im Rahmen seiner Tätigkeit für das Unternehmen pflichtwidrig handelnde Mitarbeiter würde besser gestellt als derjenige, der sich keiner oder einer nur arbeitsrechtlich aber nicht strafrechtlich relevanten Pflichtverletzung schuldig gemacht hätte.

Dem steht auch nicht der in § 136 StPO und weiteren Vorschriften der Strafprozessordnung normierte, verfassungsrechtlich in Art. 1 und 2 GG sowie dem Rechtsstaatsgebot verankerte Grundsatz „nemo tenetur se ipse accusare" entgegen, dessen Geltungsbereich über das unmittelbare Staat-Bürger-Verhältnis hinaus in Rechtsprechung und Literatur unterschiedlich beurteilt wird. Mit Abschluss des Arbeitsvertrags hat sich aber der Arbeitnehmer gegenüber seinem Arbeitgeber freiwillig nicht nur zur Erbringung der Arbeitsleistung, sondern über die Regelung der §§ 666, 675 BGB auch zur Auskunftserteilung in dem oben genannten Umfang verpflichtet. Er kann sich dann im Krisenfall seinem Arbeitgeber gegenüber nicht ohne weiteres darauf berufen, er sei zu keiner Selbstbelastung verpflichtet.

47   Soweit unter Berufung auf eine Entscheidung des BAG[1856] die Auffassung vertreten wird, eine Auskunftspflicht bestehe auch hinsichtlich des unmittelbaren Arbeitsbereiches des Arbeitnehmers ausnahmsweise dort nicht, wo der Arbeitnehmer mit der Erteilung einer wahrheitsgemäßen Auskunft dem Arbeitgeber eine Grundlage für den Ausspruch einer außerordentlichen Kündigung liefere, da in diesen Fällen mit der An-

---

[1852] *BAG* NJW 1996, 637; so auch *LAG Hamm*, Urt. v. 3.3.2009, Az. 14 Sa 1689/08, BeckRS 2009, 74015.

[1853] *BGH* NJW 1964, 1469; NJW-RR 1989, 614.

[1854] S. oben *Kienast*, § 8 Rdnr. 16; *Bittmann/Molkenbur*, wistra 2010, 373, 376; *Göpfert/Siegrist/Mertens*, NJW 2008, 1703, 1705; *Vogt*, NJOZ 2009, 4209; *Schürrle/Olbers*, CCZ 2010, 178; a.A. aber *Rudkowski*, NZA 2011, 612, 613, *Dann/Schmidt*, NJW 2009, 1851, 1853; *Wastl/Litzka/Pusch*, NStZ 2009, 68.

[1855] *BGH* NJW 1964, 1469, 1470; *LAG Hamm*, Urt. v. 3.3.2009, Az.14 Sa 1689/08, BeckRS 2009, 74015.

[1856] NZA 1996, 637.

nahme einer Auskunftspflicht eine Verschiebung der prozessualen Darlegungs- und Beweislast nach § 1 Abs. 2 S. 4 KSchG verbunden sei,[1857] kann dieser Auffassung in dieser Allgemeinheit nicht beigetreten werden.

Zunächst führt sie im Ergebnis dazu, dass eine Auskunftspflicht in den hier interessierenden Fällen i.d.R. nur dort in Betracht kommt, wo der Arbeitgeber dem Arbeitnehmer mit der Aufforderung zur Auskunftserteilung den Verzicht auf eine Kündigung zusagt, da ansonsten der Arbeitnehmer unter Hinweis auf eine im Falle einer wahrheitsgemäßen Antwort bestehenden Gefahr einer Kündigung eine Auskunft ohne weiteres verweigern könnte. Sie findet auch keine Grundlage in der in Bezug genommenen Entscheidung des BAG. Diese betrifft nämlich nicht eine Auskunftspflicht nach § 666 BGB, sondern eine aus § 242 BGB hergeleitete allgemeine arbeitsvertragliche Nebenpflicht des Arbeitnehmers, seinem Arbeitgeber zu solchen Umständen Auskunft zu erteilen, die außerhalb seines unmittelbaren Arbeitsbereiches liegen, aber im Zusammenhang mit dem bestehenden Arbeitsverhältnis stehen.

Es erscheint allerdings angezeigt, die Auskunftspflicht nach § 666 BGB dann zu verneinen, wenn die begehrte Auskunft unter Umgehung des § 1 Abs. 2 S. 4 KSchG ausschließlich deshalb begehrt wird, um die Beweislage für eine Kündigung des betroffenen Mitarbeiters zu verbessern oder die Voraussetzungen für seine Kündigung überhaupt erst zu schaffen, oder zu dem Zweck unter Umgehung der zivilprozessualen Beweislastregeln einen Schadensersatzanspruch gegen diesen Mitarbeiter durchzusetzen, insbesondere, wenn das Unternehmen die zur Wahrnehmung seiner berechtigten Interessen notwendigen Erkenntnisse aus anderen Quellen gewinnen kann.

Für die Fälle, in denen sich die Auskunftspflicht lediglich aus § 242 BGB herleitet, ist allerdings eine weitergehende Einschränkung geboten. Nach Treu und Glauben besteht unter Vertragsparteien allgemein eine Auskunftspflicht, wenn die zwischen ihnen bestehenden Rechtsbeziehungen es mit sich bringen, dass der Berechtigte in entschuldbarer Weise über Bestehen oder Umfang seines Rechts im Ungewissen ist und der Verpflichtete die zur Beseitigung der Unwissenheit erforderliche Auskunft unschwer geben kann. Bei einem Arbeitsvertrag wird der Inhalt dieser Nebenpflicht durch eine besondere persönliche Bindung der Vertragspartner geprägt. Das Arbeitsverhältnis beinhaltet spezifische Pflichten zur Rücksichtnahme auf die Interessen des jeweiligen Vertragspartners.[1858] Hier ist für die Frage des Bestehens und der Reichweite einer Auskunftspflicht eine Abwägung der regelmäßig divergierenden Interessen der Vertragsparteien erforderlich. Der Arbeitgeber muss ein berechtigtes, billigenswertes und schutzwürdiges Interesse an der Beantwortung der Frage haben und die Auskunftsverpflichtung darf keine übermäßige Belastung für den Arbeitnehmer darstellen. Insbesondere das Persönlichkeitsrecht des Arbeitnehmers, also auch das daraus abgeleitete Recht, sich nicht selbst belasten zu müssen, ist im Rahmen der Interessenabwägung zu beachten.[1859] Hier wird eine Auskunftspflicht trotz Gefahr der Selbstbelastung nur ausnahmsweise in Betracht kommen.

48

[1857] So *Rudkowski*, NZA 2011, 161, 162; *Joussen*, Rn. 331.
[1858] *BAG* NZA 1996, 637; *BGH* NJW-RR 1989, 614 (zum Fall eines freien Mitarbeiters).
[1859] S. hierzu oben *Kienast*, § 8 Rn. 17 m.w.N., ferner *Göpfert/Merten/Siegrist*, NJW 2008, 1703, 1705; *Dann/Schmidt*, NJW 2009, 1851; *Bittmann/Molkenbur*, wistra 2010, 373, 376; *Vogt*, NJOZ 2009, 4206, 4207.

b) Verwertungs- oder Verwendungsverbot?

49 Die Frage nach der Verwertbarkeit der Angaben der Befragten in solchen Interviews in einem gegen sie gerichteten Ermittlungsverfahren wird innerhalb der Literatur unterschiedlich beantwortet. Ihre Beantwortung hängt naturgemäß zunächst davon ab, ob und in welchem Umfang man eine arbeitsrechtliche Verpflichtung zur Auskunftserteilung gegenüber dem Arbeitgeber annimmt. Soweit man eine solche ablehnt, kommt ein Verwertungsverbot von vornherein nicht in Betracht, da dann von einem gesetzlichen Aussagezwang unter keinem Gesichtspunkt gesprochen werden kann. Gleichwohl wird aber auch für diese Ausgangslage aufgrund des „faktischen Zwangs" noch ein Beweisverwertungsverbot diskutiert.[1860]

50 Aber auch soweit – wie hier – eine grundsätzliche Auskunftspflicht angenommen wird, gehen die Meinungen über die Verwertbarkeit dieser Aussage in der Literatur auseinander. Die überwiegende Literaturmeinung lehnt eine Verwertbarkeit oder weitergehend gar eine Verwendbarkeit ab.[1861] Sie beruft sich dabei insbesondere auf den sog. Gemeinschuldnerbeschluss des BVerfG aus dem Jahre 1981[1862] oder schlägt eine analoge Anwendung des aufgrund dieser Entscheidung eingeführten § 97 Abs. 1 S. 3 InsO vor,[1863] nach der von einem Gemeinschuldner in einem Insolvenzverfahren aufgrund seiner dort bestehenden umfassenden Auskunftspflicht erteilte Auskünfte nur mit seiner Zustimmung in einem Strafverfahren verwendet werden dürfen. Die im Gemeinschuldnerbeschluss bzw. § 93 Abs. 1 InsO zum Ausdruck gekommene Rechtsauffassung zur verfassungsrechtlich verankerten Selbstbelastungsfreiheit erfordert hiernach ihre Geltung gegenüber den staatlichen Ermittlungsbehörden auch dann, wenn eine Auskunft aufgrund einer arbeitsrechtlichen Verpflichtung erteilt werde, die Interessenlage der Betroffenen sei strukturell vergleichbar.[1864]

Richtig ist, dass der Auskunftsanspruch nach § 666 BGB zivilrechtlich eingeklagt und mit Zwangsmitteln durchgesetzt werden kann. Jedoch liegt bei einer arbeitsrechtlich geschuldeten Auskunftspflicht ein erheblicher Unterschied zum Fall des Gemeinschuldners vor. Die Auskunftspflicht stellt eine von dem Arbeitnehmer mit dem freiwilligen Abschluss des Arbeitsvertrags im Zusammenhang mit der geschuldeten Arbeitsleistung für die Zukunft eingegangene Verpflichtung dar, auf die er sich bei der Erbringung der geschuldeten Arbeitsleistung einstellen kann, die sich nach der hier vertretenen Auffassung lediglich auf den Kern der vom Arbeitnehmer vertraglich geschuldeten Dienstleistung bezieht und bei der ein berechtigtes Interesse des Arbeitgebers an der konkreten Auskunft vorhanden sein muss. Die beschränkte Verpflichtung zur Erteilung der Auskunft beruht auf einem privatautonom abgeschlossenen Vertrag.[1865] Es besteht daher anders als bei unmittelbar staatlich angeordneten, sich unmittelbar aus dem Gesetz ergebenden Auskunfts- und Mitwirkungspflichten auch kein Anlass, hier aufgrund der Selbstbelastungsfreiheit, die auf das Verhältnis Staat-Bürger ausgerichtet ist, ein Verwertungsverbot anzunehmen. Dem kann auch nicht entgegen-

---

[1860] *Momsen*, ZIS 2011, 517 (514); *Knauer/Buhlmann*, AnwBl. 2010, 387.
[1861] *Dingeldey*, NStZ 1984, 529, 532; *Bittmann/Molkenbur*, wistra 2009, 373, 378; *Wastl/Litzka/Pusch*, NStZ 2009, 68; *Jahn/Kirsch*, NStZ 2011, 155; *Knauer/Buhlmann*, AnwBl. 2010, 387, 383; *Momsen*, ZIS 2011, 517 (514); *Roxin*, StV 2012, 116, 120; *Theile*, StV 2011, 381, 383, der nicht nur ein Beweisverwertungs- sondern auch ein Beweisverwendungsverbot annimmt. So auch *Kienast*, § 8 Rn. 17.
[1862] BVerfG NJW 1981, 1431.
[1863] Oben *Kienast*, § 8 Rn. 17 m.w.N.
[1864] *Jahn/Kirsch*, StV 2011, 151, 155.
[1865] *Momsen*, ZIS 2011, 507, 513; *Knauer/Buhlmann*, AnwBl 2010, 387, 389.

gehalten werden, die mit dem Abschluss des Arbeitsvertrages übernommene Auskunftspflicht sei nicht mit einem Verzicht auf die strafprozessuale Selbstbelastungsfreiheit gleichzusetzen.[1866] Dies ändert nämlich nichts daran, dass die Übernahme der Auskunftspflicht freiwillig erfolgte und diese nicht auf staatlichem Zwang beruht.

Gerichtliche Entscheidungen zu diesem Rechtsproblem sind bislang nur vereinzelt 51 ergangen. Während das LAG Hamm unlängst die umfassende Auskunftspflicht eines Arbeitnehmers gegenüber seinem Arbeitgeber auch damit gerechtfertigt hat, dass diese Angaben strafrechtlich nicht verwertbar seien, wobei es gleichzeitig zutreffend darauf hinwies, dass diese Frage aber von den zuständigen Fachgerichten zu entscheiden sei,[1867] hat das LG Hamburg kürzlich aus teilweise den gleichen, wie den hier vertretenen Gründen heraus, ein Verwertungsverbot abgelehnt.[1868]

Es lässt sich dem Gemeinschuldnerbeschluss gerade nicht entnehmen, dass das BVerfG ein Verwertungsverbot auch für rechtsgeschäftlich und nicht gesetzlich begründete Auskunftspflichten verlangt.[1869] Das BVerfG spricht zwar in den Entscheidungsgründen u. a. auch die sich aus Rechtsgeschäft ergebende Verpflichtung zur Auskunftserteilung an,[1870] zitiert aber lediglich in allgemeiner Form hierzu in der Literatur vertretene Auffassungen und befasst sich in der Folge ausschließlich mit der Situation des Gemeinschuldners, der aufgrund gesetzlichen Zwanges, nicht aber wegen einer freiwillig eingegangenen rechtsgeschäftlichen Verpflichtung zur Auskunft verpflichtet ist.

Eine neuere Literaturmeinung nimmt unter Bezugnahme auf eine Entscheidung des 52 BGH zur Hörfalle[1871] ein Verwertungsverbot für arbeitsrechtliche Anhörungen jedenfalls in Einzelfällen aufgrund des Fair-trail-Grundsatzes, der aus dem Rechtsstaatsprinzip, den allgemeinen Freiheitsgrundrechten sowie der Verpflichtung des Staates zur Achtung der Menschenwürde hergeleitet wird und in § 6 EMRK einfachgesetzlich normiert ist, an.[1872] Begründet wurde die Unverwertbarkeit der Ergebnisse einer Telefonüberwachung damit, dass durch diese aufgrund der besonderen Situation des Angeklagten gleich zwei unverzichtbare Rechtsgrundsätze, nämlich § 136 a StPO und die Selbstbelastungsfreiheit, zwar jeweils für sich betrachtet nicht in einer zum Verwertungsverbot führenden Art und Weise verletzt seien, in einer erforderlichen Gesamtschau die strafprozessuale Maßnahme aber einen Verstoß gegen das Recht des Angeklagten auf ein faires Verfahren darstelle.[1873]

Diese Entscheidung ist aber für die hier interessierende Konstellation nicht einschlägig: Bei der Anhörung des Mitarbeiters handelt es sich eben nicht um eine staatliche, der Strafprozessordnung unterliegende Maßnahme. Allgemein richten sich die Vorschriften der Strafprozessordnung nach der ständigen Rechtsprechung des BVerfG zur Beweiserhebung und -verwertung nach Systematik, Wortlaut und Zweck ausschließlich an die staatlichen Strafverfolgungsorgane. Beweismittel, die von Privaten erlangt wurden, sind – selbst wenn dies in strafbewehrter Weise erfolgte – grundsätz-

---

[1866] So *Roxin*, StV 2012, 161, 120; *v. Galen*, NJW 2011, 945; *Sidhu/v. Saucken/Rohmannseder*, NJW 2011, 881, 883.
[1867] *LAG Hamm*, Urt. v. 3.3.2009, Az. 14 Sa 1689/08, BeckRS 2009, 74015.
[1868] *LG Hamburg* NJW 2011, 942.
[1869] Anders aber die Anm. *von Galen*, NJW 2011, 945.
[1870] NJW 1981, 1431, 1432.
[1871] *BGH* NStZ 2009, 519 ff.
[1872] *Momsen*, ZIS 2011, 507, 513; *Knauer/Buhlmann*, AnwBl 2010, 387, 390.
[1873] *BGH* NStZ 2009, 519, 520; *Knauer/Buhlmann*, AnwBl 2010, 387, 392.

lich verwertbar.[1874] Somit kann auch § 136 a StPO weder eine unmittelbare noch eine analoge Anwendung finden.[1875] Die Anwendung der Vorschrift auf Private kommt von vorherein nicht in Betracht, soweit diese nicht auf Veranlassung der Ermittlungsbehörde[1876] oder unter besonders krassem Verstoß gegen die Menschenwürde tätig werden.[1877] Von Letzterem wird bei der Geltendmachung vertraglicher Ansprüche durch den Arbeitgeber im Regelfall keine Rede sein können. Dann liegt es aber fern, § 136 a StPO auf dem Umweg über den Fair-trail-Grundsatz hier zur Anwendung zu bringen.

53 Die Auffassungen, die ein vollständiges oder weitgehendes Verwertungsverbot befürworten, blenden überwiegend einen anderen, vom BVerfG gerade in jüngster Zeit wiederholt hervorgehobenen Aspekt des Rechtsstaatsprinzips aus. Dieses verlangt gerade bei der Frage des Vorliegens von Beweisverwertungsverboten die Berücksichtigung der Belange einer funktionstüchtigen Strafrechtspflege, da ein Rechtsstaat nur da existiert, wo ausreichende Vorkehrungen dafür getroffen sind, dass Straftäter im Rahmen der geltenden Gesetze verfolgt, abgeurteilt und einer gerechten Bestrafung zugeführt werden können.[1878] Zu den wesentlichen Prinzipien des Strafverfahrensrechts gehört danach der Grundsatz, dass das Gericht die Wahrheit zu erforschen und dazu die Beweisaufnahme von Amts wegen auf alle Tatsachen und Beweismittel zu erstrecken hat, die von Bedeutung sind.[1879]
Schon gar nicht mit diesen Rechtsgrundsätzen vereinbar ist die Annahme eines Verwendungsverbotes,[1880] wobei schon die Bedeutung eines solchen in der Literatur gerade im Zusammenhang mit § 97 Abs. 1 S. 3 InsO unterschiedlich verstanden wird.[1881] Unabhängig von der jeweiligen Reichweite eines Beweisverbots wären mit ihm ganz erhebliche praktische Probleme und Unsicherheiten für alle Beteiligte verbunden.
Diskutiert wird die Anwendung des nemo-tenetur-Grundsatzes auf die für Arbeitsverträge geltenden Auskunftspflichten vorrangig im Zusammenhang mit den sog. „internal investigations". Auch wenn hierzu mittlerweile eine Vielzahl von Veröffentlichungen vorliegen, aus denen ein gewisser Mindeststandard solcher Untersuchungen herausgelesen werden kann,[1882] handelt es sich hierbei letztlich um beliebige Vorgehensweisen ohne jede Verfahrensordnung. Es bestehen keinerlei verbindliche Belehrungs- oder Dokumentationspflichten. Es lässt sich daher häufig nicht oder nur mit Schwierigkeiten nachträglich feststellen, ob ein Mitarbeiter eine Auskunft „unfreiwillig" aufgrund seiner zivilrechtlichen Verpflichtung oder unabhängig hiervon aufgrund eines eigenen Interesses an einer Sachaufklärung oder aus ethisch-moralischen Gründen heraus erteilt hat, oder er bei der Erteilung der Auskunft irrtümlich davon ausging, sich im Rahmen seiner Beteiligung an den Sachverhalten, die Gegenstand der Untersuchungen sind, nicht in strafrechtlich relevanter Weise verhalten zu haben. In all diesen Fällen kann der Selbstbelastungsfreiheit von vornherein keine Bedeutung zukom-

---

[1874] *BVerfG* NStZ 2011, 103, 106.
[1875] So auch *Momsen*, ZIS 507, 514.
[1876] *Meyer-Goßner*, § 136 a Rn. 3; KK-StPO/*Diemer*, § 136 a Rn. 3, *BGH* NStZ 1999, 147, 148.
[1877] *Meyer-Goßner*, § 136 a Rn. 3; *OLG Celle* NJW 1985, 1640, 1641.
[1878] *BVerfG* NStZ 2011, 103, 105; NJW 2009, 3225; NJW 2008, 3053, 3054.
[1879] Zuletzt *BVerfG*, Beschl. v. 24.2.2011, Az. 2 BvR 1596/10 u.a., BeckRS 2011, 48523.
[1880] *Theile*, StV 2011, 386; *Kienast*, § 8 Rn. 18.
[1881] S. *Bader*, NZI 2009, 416; *Hefendehl*, wistra 2003, 1, 3 ff.
[1882] S. oben *Kienast*, § 8 Rn. 34; *Wessing*, § 6 Rn. 70 zur BRAK-Stellungnahme 35/2010, These 3 mit Begründung, S. 9 ff., ferner z.B. *Klengel/Mückenberger*, CCZ 2009, 81-120; *Brückner*, BB Special 4 zu BB 2010, 21.

men, da hier von dem Druck einer Verpflichtung keine Rede sein kann. Andernfalls würde der Grundsatz der Selbstbelastungsfreiheit endgültig dahingehend überspannt, dass er nicht mehr dem Schutz des Beschuldigten vor einem Zwang zur Selbstbelastung gegenüber staatlichen Behörden, sondern dem Zweck dient, Straftäter davor zu bewahren, durch jegliches eigenes Handeln zu einer Überführung durch die Ermittlungsbehörden beizutragen.

Unklar ist bislang auch, wie nach der Vorstellung der Vertreter eines Verwendungsverbotes mit den Ergebnissen interner Untersuchungen, die auf einer Auskunft des jeweiligen sich selbst belastenden Mitarbeiters beruhen, umgegangen werden soll. Sollen auch diese Ergebnisse für die Ermittlungsbehörden nicht verwendbar sein? Damit würde das nach ständiger Rechtsprechung von BGH und BVerfG schon dem deutschen Strafprozessrecht grundsätzlich fremde Rechtsprinzip der Fernwirkung von Beweisverboten (Verbot der sog. „Frucht des verbotenen Baumes"),[1883] auf außerstrafprozessuale, in keiner Weise gesetzlich geregelte Untersuchungen ausstrahlen. Damit würde dieser Bereich der Wirtschaftskriminalität faktisch einer effektiven Bekämpfung mit den Mitteln des Strafrechts entzogen. Dies ist aber mit dem zum Rechtsstaatsprinzip zählenden Gebot einer effektiven Strafverfolgung, dem gerade für die Wirtschaftskriminalität mit ihren ganz erheblichen materiellen und immateriellen Schäden eine besondere Bedeutung zukommt, nicht vereinbar. 54

Ein für die Praxis tauglicher und rundum zufriedenstellender Ausgleich der widerstreitenden Belange einer effektiven Strafverfolgung auch im Bereich der aus Unternehmen heraus verübten Wirtschaftsstraftaten und der rechtlich schützenswerten Interessen von durch interne Ermittlungen von Unternehmen betroffene Mitarbeiter ist nur bedingt möglich. Aufgrund der aktuellen gesetzlichen Regelungen und unter Berücksichtigung der einschlägigen Rechtsprechung des BVerfG zum „Nemo-tenetur"-Grundsatz und zu Beweisverwertungsverboten ist ein allgemeines Verwertungsverbot (und erst recht ein Verwendungsverbot) für Mitarbeiterbefragungen seitens von Unternehmen oder von diesen beauftragten Rechtsanwaltskanzleien zu verneinen. Den rechtlich geschützten Interessen des Arbeitnehmers ist im Rahmen der Bestimmung des Umfangs der arbeitsrechtlichen Auskunftspflicht Rechnung zu tragen.

Mit der hier vertretenen Lösung einer grundsätzlichen, aber nicht uneingeschränkten Auskunftspflicht des Mitarbeiters im Kernbereich seiner vertraglich geschuldeten Tätigkeit aus § 666 BGB, die aber im Fall einer freiwilligen Herausgabe des Befragungsprotokolls durch den Arbeitgeber oder dessen Beschlagnahme durch die Ermittlungsbehörden, der durch die Regelung der § 97 StPO und neuerdings § 160a StPO Grenzen gesetzt sind, oder entsprechender zeugenschaftlicher Angaben der Befragungspersonen im Ermittlungs- und Strafverfahren verwertbar sind, werden die beiden dem Rechtsstaatsprinzip zuzuordnenden Grundsätze der Selbstbelastungsfreiheit einerseits und der effektiven Strafverfolgung (gerade auch in Wirtschaftsstrafsachen) andererseits in einen ausgewogenen Einklang gebracht.[1884] Ob aus rechtspolitischen Erwägungen oder auch aus Gründen der Rechtssicherheit heraus eine gesetzliche Regelung des erörterten Problembereichs wünschenswert wäre, ist eine andere Frage.

[1883] BGHSt 27, 355, 358 = NJW 1978, 1390; BGHSt 34, 362 = NJW 1987, 2525; *BGH* NStZ 1984, 275; *Meyer-Goßner*, § 136 a Rn. 31 m.w.N.
[1884] Zur Beurteilung bei unternehmensinternen Untersuchungen im Rahmen staatsanwaltschaftlicher Ermittlungen s. unten Rn. 78 ff.

c) Besonderheiten in Verfahren unter Beteiligung US-amerikanischer und britischer Behörden

55 In den vergangenen Jahren galt bei der Frage der Verwertbarkeit der Ergebnisse interner Untersuchungen das besondere Interesse der Veröffentlichungen der Verwertbarkeit von Erkenntnissen, die aus solchen Untersuchungen stammten, die aufgrund von in den USA bei dem dortigen Department of Justice (DOJ) oder der Stock Exchange Commission (SEC) gegen deutsche Unternehmen anhängige Verfahren seitens US-amerikanischer Anwaltskanzleien durchgeführt wurden.[1885] Diese Anwaltskanzleien haben ihre Untersuchungsergebnisse sowohl den US-Behörden als auch der zuständigen Staatsanwaltschaft in Deutschland zur Verfügung gestellt. Insbesondere die strafrechtliche Aufarbeitung der Siemens-Korruptionsaffäre in Deutschland und der USA hat bei vielen Unternehmen und den sie im Rahmen von Compliance-Bemühungen und beim Auftreten eines Korruptionsverdachts beratenden Rechtsanwälten zu einer erheblichen Unruhe geführt.[1886]

56 Mit Inkrafttreten des lange erwarteten United Kingdom Bribery Act (Bribery Act) am 1.7.2011 liegt eine weitere ausländische Gesetzgebung vor, die deutsche Unternehmen bei ihrer internationalen Geschäftstätigkeit erheblichen Strafbarkeitsrisiken aussetzt. Der Bribery Act geht in verschiedener Hinsicht noch über den FCPA hinaus: so sieht er die Verhängung von Geldbußen gegenüber Unternehmen in unbegrenzter Höhe vor. Auch der Bribery Act enthält eine Reihe von Regelungen, die es dem britischen Serious Fraud Office (SFO) ähnlich wie dem DOJ und der SEC in den USA ermöglichen, ausländische und damit auch deutsche Unternehmen strafrechtlich zu belangen.[1887] Zwar liegen noch keine Erfahrungen mit der Anwendung der Regelungen des Bribery Act durch die britischen Behörden vor, es wird jedoch befürchtet, dass er denjenigen ausländischen Unternehmen, auf die er Anwendung findet, noch mehr Probleme bereiten wird, als dies bei dem FCPA der Fall ist.[1888] Insbesondere werden im Bribery Act von den der britischen Jurisdiktion unterliegenden Unternehmen massive, strafbewehrte Compliance-Vorkehrungen verlangt. Ob sich unter der Geltung des Bribery Acts auch deutsche Unternehmen verstärkt zur Aufklärung von Korruptionsverdachtsfällen veranlasst sehen werden, bleibt abzuwarten.

Der entscheidende Unterschied zur Situation in Deutschland besteht weniger in der deutlich höheren Strafandrohung in beiden angelsächsischen Rechtsordnungen im Vergleich zum deutschen Recht. Der insoweit wesentliche Unterschied besteht – neben grundsätzlichen prozessualen Unterschieden – vielmehr darin, dass sowohl der FCPA als auch der Bribery Act Straftatbestände enthalten, die dem deutschen Recht unbekannt sind und bei denen den Ermittlungsbehörden der Nachweis einer Straftat regelmäßig deutlich leichter fällt, als dies nach dem deutschen Recht der Fall ist.

57 Eine strafrechtliche Haftung der Unternehmensleitung droht nach dem US-Bilanzrecht und dem Sarbanes-Oxley Act von Juli 2002[1889] bereits dann, wenn die nach US-

---

[1885] Zum US-Prozessrecht s. oben *Di Bianco*, § 2; *Wessing*, § 6 Rn. 81.
[1886] S. die umfangreiche Lit., z.B. *Theile*, StV 2011, 382; *Engelhart*, NZG 2011, 126; *Wastl*, ZRP 2011, 57; *Spies*, MMR-Aktuell 2010, 305998; *Dann/Schmidt*, NJW 2009, 1851; *Wehnert*, NJW 2009, 1190; *Spies*, MMR 1/2009, XIII; *Jahn*, StV 2009, 41; *Behrens*, RIW 2009, 22; *Wastl/Litzka/Pusch*, NStZ 2009, 68; *Göpfert/Merten/Siegrist*, NJW 2008, 1703.
[1887] *Daniel/Rubner*, NJW-Spezial 2011, 335; *Klengel/Dymnek*, HRRS 2011, 22.
[1888] *Pörnbacher/Mark*, NZG 2010, 1372; *Walther/Zimmer*, RIW 2011, 199; *Hugger/Röhrich*, BB 2010, 2643.
[1889] S. hierzu *Bannenberg*, in: Wabnitz/Janovsky, § 10 Rn. 142 ff.; sowie oben *DiBianco* § 2 Rn. 1 ff.

Recht abzugebenden schriftlichen Versicherungen über die Richtigkeit und Vollständigkeit des Geschäftsabschlusses sowie über die Einrichtung eines funktionierenden Kontrollsystems falsch sind. Eine Bilanz ist danach z.B. bereits dann falsch, wenn Zahlungen an der Buchführung vorbei getätigt werden, etwa indem sie durch Scheinrechnungen oder unzutreffende Belege verschleiert wurden. Ebenso genügt nach dem FCPA zur Begründung einer Strafbarkeit bereits der Nachweis, dass Zahlungen an einen Agenten oder sonstigen Mittelsmann in der Annahme geleistet werden, dass diese als Schmiergelder an einen geeigneten (End-Empfänger) weitergeleitet werden. Der oft schwierige Nachweis, dass es sich bei diesen Zahlungen tatsächlich um Schmiergelder handelte, wer der (End-)Empfänger war und zu welchem Zweck die Schmiergelder gezahlt wurden, ist für eine Sanktionierung des Unternehmens und seiner Verantwortlichen nicht notwendig.[1890]

Eine Verpflichtung zur Durchführung interner Ermittlungen oder auch nur zur Kooperation mit den Ermittlungsbehörden besteht aber weder nach dem US-amerikanischen noch nach dem britischen Recht.[1891] Die Situation der Unternehmen bei der Entscheidung der Frage, ob sie eigene Ermittlungen durchführen und mit den Ermittlungsbehörden kooperieren, weist in den USA (und Großbritannien) strukturell keinen entscheidenden Unterschied zu derjenigen in der Bundesrepublik auf, wenngleich die den diesen Jurisdiktionen unterliegenden Unternehmen sich häufiger veranlasst sehen mögen, zur Ermäßigung etwaiger Sanktionen umfassender mit den dortigen Behörden zu kooperieren, als dies nach deutschem Recht der Fall ist. Es besteht deswegen auch kein Anlass, die Frage der Verwertbarkeit von Angaben von Mitarbeitern eines Unternehmens im Rahmen von internen Untersuchungen bei einer Unterwerfung von Unternehmen auch unter die jeweilige ausländische Jurisdiktion anders zu beurteilen, als wenn diese und ihre Mitarbeiter nur dem deutschen Straf- bzw. Ordnungswidrigkeitsrecht unterliegen. Soweit die jeweiligen Unternehmen ihre internen Untersuchungsergebnisse nur den US-Behörden, aber nicht den deutschen Ermittlungsbehörden zur Verfügung stellen, können daher auch keine Bedenken dagegen bestehen, dass die deutschen Ermittlungsbehörden im Wege der Rechtshilfe auf diese Ergebnisse zugreifen[1892].

58

Bei der Beurteilung der Beweiskraft dieser Ergebnisse ist aber – wie bei anderen im Wege der Rechtshilfe gewonnenen Erkenntnissen auch – die unterschiedliche Art und Weise der Erkenntnisgewinnung (Parteienprozess gegenüber Untersuchungsgrundsatz) zu berücksichtigen und besonders kritisch zu prüfen, ob die seitens der Unternehmen und ihren Verantwortlichen/Mitarbeiter den US- bzw. UK-Behörden erteilten Auskünfte mit den weiteren durch die Ermittlungen gewonnenen Erkenntnissen in Einklang stehen, durch weitere Ermittlungsergebnisse belegbar sind oder weitere Ermittlungen hierzu erforderlich sind.

Spätestens in einer etwaigen Hauptverhandlung ist gemäß den allgemeinen Grundsätzen darauf hinzuwirken, dass eine Vernehmung insbesondere von Belastungszeugen in öffentlicher Hauptverhandlung erfolgt und der Angeklagte und sein Verteidiger die Gelegenheit erhalten, diese zu befragen. Ist dies nicht möglich, bedarf die Heranziehung der gewonnenen Erkenntnisse wiederum der besonders kritischen Prüfung.[1893]

[1890] S. hierzu etwa die Bsp. bei *Spies*, MMR 2009, XIII; MMR aktuell 2010, 305998.
[1891] *Behrens*, RIW 2009, 22, 23; *Wehnert*, NJW 2009, 1190, 1193; *Dann/Schmidt*, NJW 2009, 1851, 1852.
[1892] So auch *Knauer/Buhlmann*, AnwBl. 2010, 387, 390; *Momsen*, ZIS 2011, 508, 513.
[1893] S. *BGH* NStZ 2010, 410, 412; *EGMR* NJW 2006, 2753, 2755.

2. Auswertung von E-Mail-Konten durch die Staatsanwaltschaft

59 Die Auswertung des E-Mail-Verkehrs zwischen den Beteiligten hat gerade in Wirtschaftsstrafsachen in den vergangenen Jahren mehr und mehr an Bedeutung gewonnen.[1894] E-Mail-Korrespondenz als schnelle, weltweit einsetzbare und jederzeit verfügbare Kommunikationsform ersetzt heute vielfach einerseits telefonische Kontakte, andererseits den klassischen Schriftverkehr in Papierform. Die Nutzung dieses modernen Mediums hat bei internen Untersuchungen von Unternehmen zu einer Vielzahl arbeits- und datenschutzrechtlicher Probleme, aber auch in staatlichen Ermittlungsverfahren zu entsprechenden strafprozessualen Fragestellungen geführt. Daneben stellen die in größeren Ermittlungsverfahren als Beweismittel in Betracht kommenden Datenmengen die Ermittlungsbehörden regelmäßig vor erhebliche praktische Probleme.

a) Rechtliche Rahmenbedingungen für den Zugriff auf E-Mails

60 Beim Zugriff auf E-Mail-Korrespondenz von Beschuldigten, Zeugen und Unternehmen im Rahmen von Ermittlungsverfahren, stellt sich stets die Frage nach der einschlägigen Eingriffsnorm. Hierbei ist zwischen den verschiedenen Phasen von der Erstellung einer E-Mail durch deren Verfasser bis zur Abspeicherung der Nachricht durch den Empfänger oder einen von diesem beauftragten Dienstleister zu unterscheiden.[1895]

Eine Vielzahl der hierzu in der Vergangenheit aufgeworfenen Rechtsfragen ist mit der sehr ausführlichen und instruktiven Entscheidung des BVerfG vom 16.6.2009 beantwortet.[1896] Danach ist wie folgt zu differenzieren:

61 *aa)* Soll auf der **Festplatte** eines Beschuldigten oder auch eines sonstigen Dritten, etwa bei einem Webmail-Dienstleister, auf gespeicherte E-Mails zugegriffen werden, gleich, ob diese vom Adressaten empfangen oder vom Absender erstellt, aber noch nicht gesendet wurden, genügt unstreitig eine Beschlagnahme der Daten gem. §§ 94, 98 StPO. Mit dem Eingang der E-Mails beim Empfänger endet der Schutzbereich des Fernmeldegeheimnisses (Art. 10 GG) und die Dateien sind „nur" durch das subsidiäre allgemeine Recht auf informationelle Selbstbestimmung gem. Art. 2 Abs. 1 i.V.m. Art. 1 Abs. 1 GG, nicht aber durch Art. 10 GG verfassungsrechtlich geschützt. Insoweit unterscheidet sich die Rechtslage nicht von derjenigen bei körperlichen Dokumenten und sonstigen Beweisgegenständen. Darüber bestand schon vor der oben genannten Entscheidung des BVerfG in Rechtsprechung und Schrifttum weitgehende Einigkeit.[1897]

62 *bb)* Betrifft der Zugriff die eigentliche **dynamische Übersendung** einer E-Mail als eine Art der unkörperlichen Übermittlung von Informationen mit Hilfe des Telekommunikationsverkehrs, stellt dies einen Eingriff in den Schutzbereich des Art. 10 GG dar und die Maßnahme kann nur unter den deutlich engeren materiellen und formalen Voraussetzungen der §§ 100 a, 100 b StPO zulässig sein.[1898] Dies gilt sowohl für die Übersendung einer E-Mail vom Absender an den jeweiligen Provider, d.h. für die Zeit vom Absenden der E-Mail bis zu ihrer Ankunft auf dem Speicher des Providers, also auch

---

[1894] Zur E-Mail-Auswertung im Rahmen interner Ermittlungen s. ausf. oben *Pohle*, § 9.
[1895] In der einschlägigen Fachliteratur gehen hierbei die Auffassungen über die Anzahl und die Abgrenzung der einzelnen Phasen auseinander. S. außerdem BeckOK-StPO/*Graf*, § 100 a; KK-StPO/*Nack*, § 100 a.
[1896] NJW 2009, 2431.
[1897] *BVerfG* NJW 2005, 1917, 1919 f.; NJW 2006, 976, 980; NJW 2007, 3343; *Meyer-Goßner*, § 94 Rn. 16 a; BeckOK-StPO/*Graf*, § 100 a Rn. 27, 30 a.
[1898] *Klein*, NJW 2009, 2996; *BVerfG* NJW 2005, 2603, 2609; NJW 2008, 822, 825, 833.

für das Abrufen der E-Mail von dem Speicher des Providers durch den Empfänger, d.h. bis zur Abspeicherung der E-Mail auf dessen Speicher. Dies entsprach schon vor der Entscheidung des BVerfG vom 16.6.2009 der ganz h.M.[1899]

cc) Soweit ein Zugriff der Ermittlungsbehörden auf E-Mailkonten jedoch zu dem Zeitpunkt erfolgen sollte, als sich die jeweiligen Daten **end- oder zwischengespeichert auf dem Server des Providers** befanden, wurden in Rechtsprechung und Literatur unterschiedlichste Auffassungen zur einschlägigen Eingriffsnorm vertreten.[1900] **63**

Diese Streitfrage kann mit der vorstehend genannten Entscheidung des BVerfG als geklärt gelten. Danach unterliegen zwar die beim Provider „ruhenden" Daten auch dem Schutz des Art. 10 GG, da der Nutzer nur über eine Internetverbindung auf diese zugreifen kann. Bereits die Vorschriften der §§ 94 ff. StPO genügen jedoch gleichwohl den verfassungsrechtlichen Anforderungen, die an eine gesetzliche Ermächtigung für Eingriffe der genannten Art in das Fernmeldegeheimnis zu stellen sind.[1901] Es bedarf daher weder einer Katalogtat nach § 100 a Abs. 2 StPO, noch müssen die weiteren verschärften Voraussetzungen des § 100 Abs. 1 Nr. 1 StPO erfüllt sein.

Entscheidendes Kriterium für diese Bewertung war für das BVerfG, dass in dem konkret zu entscheidenden Fall die Beschlagnahme für den betroffenen Beschuldigten offen beantragt und angeordnet war. In der Begründung der Entscheidung wird unter Bezugnahme auf vorangegangene Entscheidungen ausgeführt, dass sich die Schwere des Eingriffs erhöhe, wenn dieser heimlich und längerfristig in einen laufenden Telekommunikationsvorgang erfolge.[1902] Im Bereich der Strafverfolgung seien daher bei heimlichen Eingriffen in das Fernmeldegeheimnis besonders hohe Anforderungen an die Bedeutung der zu verfolgenden Straftat und den erforderlichen Grad des Tatverdachts zu stellen, da diese wegen der erst nachträglich möglichen Kontrolle durch Rechtsmittel besondere Risiken für die Rechte der Betroffenen in sich bergen würden.[1903]

Aus dieser Begründung wird in der Literatur gefolgert, dass dann, wenn die Beschlagname von E-Mail-Konten beim Provider nicht offen, sondern verdeckt ohne Wissen des Betroffenen erfolgt, die Voraussetzungen des § 100 a StPO erfüllt sein müssen.[1904] Diese Folgerung ist aber mit den weiteren Ausführungen des BVerfG in der Begründung seiner Entscheidung nicht vereinbar. Das BVerfG hat sich nämlich in seiner Entscheidung auch eindeutig zu der Frage der Notwendigkeit der Unterrichtung des Betroffenen von der Beschlagnahme von E-Mails auf dem Server des Postfachinhabers geäußert: Grundsätzlich ist dieser vor der Sicherstellung der Daten von dieser zu unterrichten. Etwas anderes gilt aber dann, wenn der Zweck der Sicherstellung durch eine Information des Betroffenen vor der Sichtung der Daten gefährdet wäre. Dann ist von einer Unterrichtung abzusehen. In diesem Fall ist der Betroffene so früh, wie es die wirksame Verfolgung des Ermittlungszwecks erlaubt, von der Sicherstellung zu unterrichten.[1905] Wäre das BVerfG von § 100 a StPO als Eingriffsermächtigung für die auf dem Mailserver des Providers ruhenden E-Mails ausgegangen, hätte es dieser Ausführungen nicht bedurft. **64**

[1899] Vgl. nur *Meyer-Goßner*, 100 a Rn. 6 b.
[1900] S. hierzu etwa KK-StPO/*Nack*, § 100 a Rn. 19; BeckOK-StPO/*Graf*, § 100 a Rn. 30; *Jahn*, JuS 2006, 491, 491, jew. m.w.N.
[1901] *BVerfG* NJW 2009, 2431, 2432 ff.
[1902] *BVerfG* NJW 2003, 1787; 2004, 2213; 2005, 2603; 2006, 976; 2008, 822.
[1903] *BVerfG* NJW 2009, 2431, 2434 f.
[1904] *Klein*, NJW 2009, 2996, 2998; so auch *Meyer-Goßner*, § 100 a Rn. 6.
[1905] *BVerfG* NJW 2009, 2431, 2437.

65 Unter Zugrundelegung der Entscheidungsgründe des BVerfG ist vielmehr wie folgt zu verfahren:

Beabsichtigt die Staatsanwaltschaft, auf E-Mails zuzugreifen, die auf dem Mailserver des Providers gespeichert sind, beantragt sie bei dem zuständigen AG gem. §§ 94, 98 StPO zunächst einen Beschluss, mit dem die vorläufige Sicherstellung der entsprechenden Daten angeordnet wird. Im Eilfall, der in den hier interessierenden Fällen heute nur noch selten gegeben sein wird, trifft sie diese Anordnung selbst.

Soweit nicht der Ermittlungszweck hierdurch gefährdet wird, unterrichtet sie den Betroffenen so rechtzeitig, dass dieser vor einem Zugriff auf die Daten Rechtsmittel gegen die Sicherstellung einlegen kann.

Sodann sind die E-Mail-Konten gem. § 110 StPO durch die Staatsanwaltschaft oder ihre Ermittlungspersonen zu sichten. Daten, die keine Verfahrensrelevanz besitzen, sind herauszugeben bzw. zu löschen. Soweit Daten festgestellt werden, die für das Ermittlungsverfahren beweisrelevant sind, ist die Beschlagnahme dieser Daten zu beantragen. Spätestens zu diesem Zeitpunkt ist der Betroffene von dem Zugriff auf die Daten und die beabsichtigte Beantragung der Beschlagnahme zu unterrichten. Eine weitere Zurückstellung der Benachrichtigung des Betroffenen ist nicht zulässig.[1906]

Erklärt sich der Betroffene daraufhin mit der Sicherstellung einverstanden, ist die Beschlagnahme nicht mehr erforderlich. Andernfalls kann er sich gegen die Beschlagnahme im Wege einer entsprechenden Stellungnahme zur Wehr setzen und ggf. gegen eine Beschlagnahmeanordnung Beschwerde einlegen.

b) Verhältnismäßigkeit

66 Auch wenn für die Prüfung der Rechtmäßigkeit eines Zugriffs auf nicht auf dem Übertragungswege befindliche E-Mails § 94 StPO die zutreffende Eingriffsnorm ist, unabhängig davon, ob diese auf dem Speicher des Providers oder der Festplatte des Betroffenen „ruhen", macht das BVerfG vor dem Hintergrund der Geltung des Schutzbereichs des Art. 10 GG für diese Daten eine Reihe von restriktiven Vorgaben dahingehend, dass an die Verhältnismäßigkeit sowohl bei dem Erlass der Sicherstellungsanordnung für diese Daten als auch bei der Durchführung der Zwangsmaßnahme besondere, über sonstige Anordnungen nach § 94 StPO hinaus gehende Anforderungen zu stellen sind.[1907] Diese führen trotz des Verzichts auf die Voraussetzung des Vorliegens einer Katalogtat zu einer gewissen Annäherung an die sonstigen materiellen Voraussetzungen des § 100 a StPO.

67 *aa)* Die Maßnahme muss in einem angemessenen Verhältnis zur Schwere der Straftat und der Stärke des Tatverdachts stehen, wobei sowohl auf die Bedeutung des potentiellen Beweismittels für das Strafverfahren als auch den Grad des Verdachts für das Auffinden relevanter Beweismittel abzustellen ist. Die Geringfügigkeit der zu ermittelnden Straftat kann der Zulässigkeit der Maßnahme ebenso entgegenstehen, wie eine geringe Beweisbedeutung der E-Mails, auf die zugegriffen werden soll, oder ein zu vager Auffindeverdacht.

68 *bb)* Dem Schutz des Fernmeldegeheimnisses muss, soweit dies ohne Gefährdung des Untersuchungszwecks möglich ist, schon bei der Abfassung der Anordnung dadurch Rechnung getragen werden, dass Vorgaben zur Beschränkung des Beweismaterials auf den tatsächlich erforderlichen Umfang, etwa durch zeitliche oder inhaltliche Beschränkungen, gemacht werden.

[1906] *Meyer-Goßner*, § 98 Rn. 10.
[1907] *BVerfG* NJW 2009, 2431, 2435.

cc) Bei dem Vollzug der Maßnahme sind die für die Durchsuchung und Beschlagnahme umfangreicher elektronischer Datenbestände allgemein vom BVerfG entwickelten verfassungsrechtlichen Grundsätze zu berücksichtigen.[1908] Dazu gehört insbesondere die frühzeitige Prüfung und Durchsicht des Datenträgers darauf hin, ob eine Sicherstellung des Datenträgers selbst und aller darauf vorhandenen E-Mails erforderlich oder eine Beschränkung auf bestimmte Bereiche und eine Trennung zwischen potentiell erheblichen und sonstigen Daten möglich ist. Ist eine Beschränkung der Maßnahme nicht möglich, ist zu prüfen, ob der notwendige umfassende Zugriff mit dem Übermaßverbot in Einklang zu bringen ist.[1909]

3. Verhältnis von internen Untersuchungen und staatsanwaltschaftlichen Ermittlungen

a) Berücksichtigung der unterschiedlichen Interessenlagen

Regelmäßig ist die objektive oder subjektive Interessenlage der von einem Verdachtsfall betroffenen Unternehmen bzw. ihrer Verantwortlichen eine völlig andere, als diejenige der Ermittlungsbehörden. Dies gilt zwar auch in den Fällen, in denen der Verdacht besteht, dass ein Unternehmen Angriffsziel korruptiver Aktivitäten wurde, also Verantwortliche des eigenen Unternehmens bestochen wurden und das Unternehmen durch Untreue- und/oder Betrugshandlungen geschädigt wurde. Insbesondere gilt es jedoch dann, wenn der Vorwurf im Raum steht, aus den Reihen des Unternehmens seien Bestechungshandlungen und ggf. Betrugshandlungen vorgenommen worden, wie es in den Fällen, in denen deutsche Staatsanwaltschaften wegen des Verdachts von Straftaten nach dem IntBestG, EU-BestG und § 299 Abs. 3 StGB ermitteln, der Fall ist.

Ausschließliche Aufgabe (und damit Interesse) der Staatsanwaltschaft ist es nach dem insoweit eindeutigen Gesetzeswortlaut, bei Kenntniserlangung von dem Verdacht einer Straftat mit den Behörden und Beamten des Polizeidienstes den Sachverhalt zu erforschen. Dabei muss sie mit Hilfe der ihr in der Strafprozessordnung zur Verfügung gestellten Ermittlungshandlungen zur Be- und Entlastung der Verdächtigen dienende Umstände ermitteln und für die Erhebung der Beweise Sorge tragen, deren Verlust droht und aufgrund der dabei gewonnenen Erkenntnisse über die Erhebung der öffentlichen Klage entscheiden (§§ 160 Abs. 1 u. 2, 161 StPO).[1910]

Demgegenüber unterscheiden sich die Interessenlagen bei den betroffenen Unternehmen und ihren Verantwortlichen von Fall zu Fall und sind regelmäßig heterogen. Innerhalb des Unternehmens variiert die Interessenlage insbesondere bei Großunternehmen ebenfalls erheblich: Interessenkollisionen zwischen Konzernleitung und Tochterunternehmen, Aufsichtsrat und Vorstand, Geschäftsführung und Mitarbeitern liegen auf der Hand.[1911] Es liegt nahe, dass die Führung eines Unternehmens daran interessiert ist, die Ermittlungsbehörden und ggf. das Gericht davon zu überzeugen, dass die Verantwortung für aus seinen Reihen heraus begangene Straftaten vorrangig bei solchen Mitarbeitern liegt, die nicht zum Kreis der Führungskräfte i. S. von § 30 OWiG gehören. Ein Unternehmen wird also zu vermeiden versuchen, dass die Staatsanwaltschaft ein Organisationsverschulden oder eine Aufsichtspflichtverletzung als ursäch-

---

[1908] S. hierzu auch *BVerfG* NJW 2005, 1917.
[1909] *BVerfG* NJW 2005, 1917, 1921.
[1910] Vgl. zu dieser Thematik auch *Bittmann/Molkenbur*, wistra 2009, 373, 374.
[1911] S. hierzu *Sidhu/v. Saucken/Ruhmannseder*, NJW 2011, 881.

lich für etwaige Straftaten annimmt oder gar strafrechtlich relevantes Fehlverhalten seiner Führungskräfte nachweist.

Ein eigenes Interesse an einer Feststellung des vollständigen tatsächlichen Sachverhalts mag grundsätzlich noch gegeben sein. Ein Interesse an einer Kenntniserlangung der Ermittlungsbehörden oder privater Dritter von diesem Sachverhalt unter Umständen nicht. Drohende straf- und privatrechtliche Folgen können dem entgegenstehen, die befürchtete Öffentlichkeitswirkung mag in dem einen Fall für, in dem anderen gegen eine vollständige Transparenz sprechen. Für die Ermittlungsbehörden sind diese Interessenkonstellationen jedenfalls zu Beginn der Ermittlungen nicht durchschaubar.

73 Der Ermittlungsauftrag der Ermittlungsbehörden und das Interesse der Unternehmen und ihrer Verantwortlichen können daher übereinstimmen, in der Mehrzahl der Fälle wird dies aber nicht der Fall sein.

b) Gefährdung des Ermittlungszwecks

74 Aber auch wenn die Untersuchungen des Unternehmens unter Hintanstellung sonstiger Interessen von den ausschließlichen Bemühungen um eine Aufklärung des Verdachtsfalles bestimmt sind, stellen diese für die Ermittlungsbehörden keineswegs regelmäßig und vorrangig eine Erleichterung oder Unterstützung ihrer Ermittlungen dar. Vielmehr sind sie immer wieder geeignet, den Erfolg von staatsanwaltschaftlichen und polizeilichen Ermittlungen – sei es gewollt oder ungewollt – von vornherein zu gefährden oder gar zu verhindern. Die den Unternehmen zur Verfügung stehenden (legalen) Untersuchungshandlungen sind ggü. denjenigen der Ermittlungsbehörden begrenzt. Sie beschränken sich im Wesentlichen auf die Befragung von Mitarbeitern und die Auswertung eigener Unterlagen und Daten, ggf. kann dabei noch auf Mitarbeiter, Unterlagen und Daten von Vertragspartnern zurückgegriffen werden. Die Zwangsmaßnahmen der Strafprozessordnung, die den staatlichen Ermittlungen regelmäßig zum entscheidenden Erfolg verhelfen, stehen hier nicht zur Verfügung. Vielmehr unterliegen die Untersuchungen durch die Unternehmen selbst und ihre Gehilfen nicht unerheblichen arbeits- und datenschutzrechtlichen Restriktionen.

75 Die Untersuchung konkreter Sachverhalte in einem Unternehmen ohne eine Kenntniserlangung seitens der hieran Beteiligten ist über eine erste Plausibilitätsprüfung hinaus nur in Ausnahmefällen möglich. Sie ist stets mit der Gefahr verbunden, dass die Beteiligten von der Verdachtsschöpfung Kenntnis erlangen. Der Grad der Gefahr hängt insbesondere davon ab, inwieweit das jeweilige Unternehmen aufgrund entsprechender Compliance-Vorkehrungen in der Lage ist, in einem Verdachtsfall ohne Einbindung eines größeren Personenkreises qualifizierte und erfolgversprechende Untersuchungen vorzunehmen. Soweit den Untersuchungen aber nicht qualifizierte Whistleblower-Hinweise, geständige Angaben von Tatbeteiligten oder bereits Erkenntnisse von Ermittlungsbehörden zugrunde liegen, werden verdeckte Untersuchungen, jedenfalls was Bestechungshandlungen betrifft, in den seltensten Fällen zu einer vollständigen Aufklärung des Sachverhalts im Sinne eines strafprozessualen Tatnachweises führen.

76 Schon mit der Kenntniserlangung von den internen Untersuchungen ist die konkrete Gefahr verbunden, dass es zwischen den Beteiligten zu Absprachen über ihr Verhalten sowohl ggü. dem Unternehmen als auch ggü. den Ermittlungsbehörden, Einflussnahmen auf andere Tatbeteiligte, zur Beseitigung oder Manipulation von Beweismaterial und sonstigen Verschleierungshandlungen kommt. Unabhängig davon, ob derartige Handlungen angesichts der hohen Anforderungen der Rechtsprechung an den Haftgrund der Verdunkelungsgefahr im Einzelfall geeignet sind, den Erlass eines Haftbe-

fehls nach § 112 Abs. 2 Nr. 2 StPO zu begründen, sind sie jedenfalls geeignet, die Ermittlungsbehörden bei der Erfüllung ihres gesetzlichen Wahrheitsermittlungsauftrags zu behindern und durch diese soweit als möglich zu unterbinden.

c) Keine Delegation vollständiger Ermittlungen auf Private

Die Ermittlungsbehörden haben daher bei Bekanntwerden eines Anfangsverdachts bestrebt zu sein, zunächst schon vor einem eigenen Tätigwerden der Unternehmen die wesentlichen Beweismittel für eine Aufklärung des Tatverdachts zu sichern, die wesentlichen Zeugen zu vernehmen und den Tatverdächtigen rechtliches Gehör zu gewähren, um im weitest möglichen Umfang eine unbefangene, nicht von Interessen einzelner Verfahrensbeteiligter geleitete Erkenntnisgewinnung zu gewährleisten. 77

Gegen die spätere Delegation bestimmter Ermittlungstätigkeiten auf kooperationsbereite Unternehmen oder auf von diesen beauftragte Dienstleister bestehen hingegen keine Bedenken, soweit eine interessengeleitete Beeinflussung der Ergebnisse nicht zu befürchten ist und darauf geachtet wird, dass keine verfassungsrechtlich verankerten oder strafprozessualen Schutzvorkehrungen für die Betroffenen ausgehebelt werden. Nur insoweit kann eine den staatlichen Ermittlungsbehörden zuzurechnende und somit das Ermittlungs- bzw. Strafverfahren unmittelbar tangierende und ein Beweiswertungsverbot begründende Verletzung des Gebots eines fairen Verfahrens in Betracht kommen.

Sollen hingegen im Rahmen eines staatlichen Ermittlungsverfahrens auf Anregung oder im Auftrag der Staatsanwaltschaft interne Untersuchungen und insbesondere Befragungen von als Tatbeteiligte in Betracht kommenden Mitarbeitern durch Verantwortliche oder Beauftragte eines Unternehmens stattfinden, so ist seitens der Staatsanwaltschaft darauf hinzuwirken, dass diese ggf. sowohl auf die beabsichtigte Weitergabe von Informationen an die Ermittlungsbehörden als auch ihre diesen gegenüber zustehenden Rechte, die Aussage oder die Mitwirkung an der Sachverhaltsaufklärung zu verweigern, hingewiesen werden und diese Hinweise aussagekräftig dokumentiert werden. Hierdurch wird den vielfach geäußerten Bedenken gegen die Gefahr einer Umgehung rechtsstaatlicher Mindeststandards durch interne Untersuchungen von Unternehmen[1912] in dem notwendigen Maße Rechnung getragen.

III. Honorierung der Kooperation durch Unternehmen

1. Anmerkungen zur Verbandsgeldbuße

Anders etwa als das US-amerikanische, das britische, das französische oder niederländische Recht, kennt das deutsche Recht bislang trotz entsprechender Forderungen in der Literatur und internationaler Kritik an ihrem Fehlen keine Unternehmensstrafe. Stattdessen kommt in Fällen, in denen eine in § 30 Abs. 1 OWiG näher definierte Leitungsperson eine Straftat oder eine Ordnungswidrigkeit begangen hat, durch die das Unternehmen treffende Pflichten verletzt worden sind oder das Unternehmen bereichert wurde oder bereichert werden sollte, die Verhängung einer Geldbuße von bis zu € 1 Mio. in Betracht. Als Ordnungswidrigkeit kommt in den hier interessierenden Fällen vorrangig eine solche nach § 130 OWiG in Betracht. Nach dieser Vorschrift handelt der **Inhaber** eines Betriebes oder eines Unternehmens **ordnungswidrig**, wenn er vorsätzlich oder fahrlässig die Aufsichtsmaßnahmen unterlässt, die erforderlich 78

[1912] Vgl, etwa *Wastl/Litzka/Pusch*, NStZ 2009, 68.

sind, um in dem Betrieb oder Unternehmen Zuwiderhandlungen gegen Pflichten zu verhindern, die den Inhaber treffen und deren Verletzung mit Strafe oder Geldbuße bedroht ist. Danach wäre der Kreis der eine Sanktionierung des Unternehmens über § 30 OWiG verursachenden Personen sehr weit eingeschränkt, bei Publikumsgesellschaften etwa liefe die Vorschrift ins Leere. Über § 9 OWiG wird aber die Anwendbarkeit des § 130 OWiG und damit wiederum von § 30 OWiG im Wesentlichen auf den in Abs. 1 der Vorschrift genannten Personenkreis erstreckt.[1913]

Der Verbandsgeldbuße kommen entsprechend den Geldbußen gegen natürliche Personen sowohl repressive als auch präventive Zwecke zu. Einerseits sollen die Gesetzesverletzung sanktioniert werden, die von den Organen des Verbandes begangen wurde, und die erlangten Vorteile aus der Straftat oder Ordnungswidrigkeit abgeschöpft werden. Gleichzeitig sollen die Vertreter des Verbandes auch zu einer sorgfältigen Auswahl und Überwachung ihrer Repräsentanten veranlasst werden.[1914]

79 Zwar mutet die Höhe der in § 30 OWiG angedrohten Sanktion in Form einer Geldbuße von bis zu € 1 Mio im Vergleich mit den US-Regelungen oder dem UK-Bribery-Act doch eher bescheiden an.

Die Geldbuße ist gem. § 20 OWiG aber für jede Anknüpfungstat festzusetzen, ohne dass das Ordnungswidrigkeitsrecht eine Gesamtstrafenbildung kennt (Kumulationsprinzip). Während bei Geldstrafen gegen natürliche Personen für jede Tat die Anzahl der Tagessätze gem. § 40 Abs. 1 StGB auf 360 Tagessätze und bei mehreren Taten gem. § 54 Abs. 2 S. 2 StGB auf höchstens 720 Tagessätze beschränkt ist, bleiben die Geldbußen für selbstständige Anknüpfungstaten nebeneinander stehen, so dass sich die Höhe des gesamten Bußgeldbetrages aus einer schlichten Addition der einzelnen Geldbußen ergibt. In einem einzelnen Verfahren können daher bei mehreren selbstständigen Anknüpfungstaten gegen ein Unternehmen – auch unabhängig von einer möglichen Gewinnabschöpfung – Geldbußen in Höhe von deutlich mehr als einer Million Euro in Betracht kommen.

Allerdings ist insoweit zu differenzieren: Ist die Anknüpfungstat für die Geldbuße nicht eine Straftat oder eine sonstige Ordnungswidrigkeit einer Leitungsperson sondern **eine** Organisations- oder Aufsichtspflichtverletzung einer Leitungsperson i.S. von § 130 OWiG,[1915] die für mehrere Straftaten sonstiger Mitarbeiter geführt hat, so liegt nur eine Anknüpfungstat vor, die nur zu **einer** Geldbuße führen kann. Das gleiche gilt, wenn mehrere Leitungspersonen an einer Anknüpfungstat oder einer Organisations- oder Aufsichtspflichtverletzung, die zu mehreren Straftaten führte, beteiligt waren. Mehrere Anknüpfungstaten liegen nur dann vor, wenn eine oder mehrere Leitungspersonen selbst an mehreren Straftaten oder Ordnungswidrigkeiten beteiligt waren.

80 Darüber hinaus kann gem. §§ 30 Abs. 3, 17 Abs. 4 OWiG die Geldbuße den Höchstbetrag von einer Million Euro übersteigen, wenn dies erforderlich ist, um den Unternehmen den aus den Straftaten zugeflossenen wirtschaftlichen Vorteil zu entziehen, wobei die Bedeutung dieser Regelung dadurch eingeschränkt wird, dass gem. § 30 Abs. 5 OWiG für jede Tat eine Geldbuße dann ausscheidet, wenn wegen derselben Tat eine Verfallsanordnung nach §§ 73, 73 a StGB oder § 29 a OWiG ergeht.

[1913] S. ausf. unten *Taschke*, § 12 Rn. 52 ff.
[1914] vgl. hierzu *Taschke* § 12 Rn. 59 ff.; *Göhler*, Vorb. § 29 a Rn. 8 ff.
[1915] Vgl. hierzu *Taschke*, § 12 Rn. 59 ff.

2. Die Bemessung der Verbandsgeldbuße

Anders als etwa in den USA fehlt es in Deutschland an verbindlichen Regelungen wie dem „United States Sentencing Commission's Guidelines for the Sentencing of Organizations"[1916] oder dem „Seaboard Report"[1917] der dortigen Börsenaufsichtsbehörde SEC für die Bemessung von Sanktionen gegen Unternehmen. Lediglich für Kartellverstöße nach § 81 Abs. 4 S. 2 GWB wurden seitens des Bundeskartellamts verbindliche Bußgeldleitlinien sowie für Unternehmen, die freiwillig ihre Teilnahme an einem Kartell offenbaren, eine sog. Bonusregelung bekanntgemacht.[1918] **81**

Allerdings lassen sich losgelöst von der mehr dogmatischen Frage, inwieweit § 17 Abs. 3 OWiG und § 46 StGB für die Bemessung von Geldbußen nach §§ 30, 130 OWiG entsprechende Anwendung finden,[1919] auch nach deutschem Recht für die Bemessung von Sanktionen gegen Unternehmen und ihre Verantwortlichen nach §§ 30, 130 OWiG und die Bewertung von Bemühungen um Sachaufklärung und Kooperation seitens des Unternehmens verallgemeinerungsfähige Aussagen treffen.

Die Geldbuße setzt sich zusammen aus einem Ahndungs- und einem Abschöpfungsteil. Für die Bemessung der Höhe des Abschöpfungsteils hat das Verhalten des Unternehmens und seiner Verantwortlichen im Rahmen der behördlichen Ermittlungen keinerlei Bedeutung, er bemisst sich alleine danach, was der Verband durch die Straftat erlangt hat.[1920] Es mag den legitimen Hoffnungen der Verantwortlichen eines Unternehmens entsprechen, durch Kooperation mit den Ermittlungsbehörden und eigene Untersuchungen zur Berechnung des durch die Straftat Erlangten, etwa des Wertes eines durch Schmiergeldzahlungen erlangten Auftrags, die Feststellungen der Staatsanwaltschaft und dann des Gerichts im Sinne des Unternehmens beeinflussen zu können. In der Praxis ist bei einvernehmlichen Verfahrenserledigungen, denen regelmäßig eine Kooperation der Unternehmen vorausgegangen ist, angesichts der tatsächlichen Probleme bei der Feststellung des Wertes eines durch Korruption erlangten Auftrages und der bei diesem Thema noch ungeklärten Rechtsfragen die Bemessung des Abschöpfungsteils ohnehin Gegenstand von Verhandlungen aufgrund teilweise doch recht grober Schätzungen. Die objektive Feststellung des tatsächlich Erlangten hat aber gleichwohl Gegenstand der staatsanwaltschaftlichen Ermittlungen zu sein.

Für die Bestimmung des Ahndungsteiles sind hinsichtlich der repressiven Funktion der Vorschrift nach gängiger Formulierung der Unrechtsgehalt der Tat, Gewicht und Ausmaß der Pflichtverletzung, deren Häufigkeit sowie die Schwere des Schadens und die weiteren Auswirkungen des Verstoßes von Bedeutung.[1921] Hierbei kommt eine Berücksichtigung der Kooperation insoweit Bedeutung zu, als hierdurch die Folgen der Bezugstat abgemildert werden können und die Kooperation für das Unternehmen erhebliche wirtschaftliche Nachteile zur Folge haben kann. Soweit bei der Bestimmung der Höhe der Geldbuße der präventive Zweck der Vorschrift zu berücksichtigen ist, das Unternehmen und seine Verantwortlichen durch die Verhängung der Geldbuße zu einer Verhaltensänderung zu bewegen, lässt eine aktive und vorbehaltlose Mitwirkung des Unternehmens bei der Sachverhaltsaufklärung den Schluss darauf zu, dass das Fehl- **82**

[1916] Text abrufbar unter www.ussc.gov.
[1917] Abrufbar unter www.sec.gov.
[1918] Veröffentlicht unter www.bundeskartellamt.de – Rechtsgrundlagen.
[1919] S. KK-OWiG/*Mitsch*, § 17 Rn. 32, § 30 Rn. 115.
[1920] S. hierzu *Taschke*, § 12 Rn. 91.
[1921] S. hierzu KK-OWiG/*Mitsch*, § 30 Rn. 117 m.w.N.

verhalten seiner Verantwortlichen in der Vergangenheit erkannt wurde und zukünftig dafür Sorge getragen wird, dass keine entsprechenden Straftaten mehr aus dem Unternehmen heraus begangen werden. Dies gilt naturgemäß insbesondere dann, wenn die Zeit bis zu einem Abschluss des Verfahrens genutzt wird, um die bei den Ermittlungen der staatlichen Behörden und den internen Untersuchungen gewonnenen Erkenntnisse in konsequente personelle und organisatorische Maßnahmen umzusetzen. Die Geldbuße wird dann entsprechend niedriger zu bemessen sein.

Dienen interne Untersuchungen und eine Kooperation mit den Ermittlungsbehörden nachweislich aber nicht dem Zweck, an einer vorbehaltslosen Sachverhaltsaufklärung mitzuwirken, sondern, wie in der Praxis nicht selten zu beobachten, dem Ziel, die Tatsachenfeststellungen der Ermittlungsbehörden bzw. des Gerichts durch falschen Tatsachenvortrag im Rahmen von Stellungnahmen oder gar durch eine Manipulation der Untersuchungsergebnisse dahingehend zu beeinflussen, entgegen dem wirklichen Geschehen von einem für das Unternehmen günstigeren Sachverhalt auszugehen, ist diese Form der Kooperation selbstverständlich nicht geeignet, eine Reduzierung einer etwaigen Geldbuße nach § 30 OWiG zu bewirken.

83 Ähnliches gilt übrigens auch für die Berücksichtigung von Compliance-Maßnahmen eines Unternehmens bei der Verhängung einer Verbandsgeldbuße. Zwar sind diese grundsätzlich geeignet, trotz Vorliegens einer Anknüpfungstat eine Geldbuße zu vermeiden bzw. deren Höhe zu reduzieren, soweit nicht eine unmittelbare Tatbeteiligung einer Leitungsperson vorliegt.[1922]

Dienen diese, wie es gerade bei Ermittlungen gegen die Verantwortlichen mittelständischer Unternehmen immer wieder zu Tage tritt, nicht der Verhinderung von Straftaten, sondern lediglich der Erfüllung der Anforderungen öffentlicher und sonstiger Auftraggeber oder gesellschaftsrechtlicher oder z.B. auch US-amerikanischer oder britischer Vorschriften, und bezwecken sie tatsächlich lediglich die Gewährleistung einer buchhalterisch regelkonformen Abwicklung von Korruptions- oder sonstigen Wirtschaftsstraftaten und der Reduzierung des Entdeckungsrisikos, sind sie letztlich Ausdruck einer besonders hohen kriminellen Energie der Beteiligten und nach einer Tatentdeckung bei der Bemessung von Sanktionen gegen das Unternehmen ebenso wie gegen seine Verantwortlichen strafschärfend zu berücksichtigen.

D. Fazit und Ausblick

84 Schon aufgrund des hohen Dunkelfeldes im Bereich der Korruptionsstraftaten liegt es auf der Hand, dass wirksame Korruptionsbekämpfung nur durch eine verbesserte Prävention sowohl in der Verwaltung als auch in der Privatwirtschaft erfolgen kann. Hierzu genügt nicht die standardisierte Implementierung von Compliance-Programmen, sondern es ist die Schaffung eines Bewusstseins für die mit der Korruption verbundenen Schäden und Risiken für die Allgemeinheit ebenso wie für eine nachhaltige Unternehmensentwicklung erforderlich. Zu dieser Prävention gehört neben der Implementierung von Compliance-Programmen insbesondere die Schaffung eines Bewusstseins der mit Korruption verbundenen Schäden für die Allgemeinheit und Risiken für eine nachhaltige Unternehmensentwicklung.

Das Strafrecht kann nur ein weiterer Baustein bei den Bemühungen um eine Eindämmung des Schmiergeldunwesens sein. Dies gilt angesichts der den Ermittlungsbe-

---

[1922] S. hierzu ausf. *Taschke*, § 12 Rn. 66 ff.

D. Fazit und Ausblick

hörden hier faktisch gesetzten Grenzen insbesondere für den internationalen Geschäftsverkehr. Eine entscheidende Verbesserung der Situation in den besonders von Korruption betroffenen Ländern und eine größere Effektivität von in Deutschland geführten Ermittlungsverfahren in diesem Bereich werden sich nicht durch Gesetzesänderungen in Deutschland, sondern nur durch politische Veränderungen in diesen Ländern und eine Spezialisierung der Ermittlungsbehörden und eine Intensivierung der internationalen Zusammenarbeit bei der Strafverfolgung erreichen lassen.

Der Gesetzgeber hat in Deutschland bislang davon abgesehen, alleine das Unterlassen von Präventionsmaßnahmen straf- oder auch nur ordnungswidrigkeitsrechtlich zu sanktionieren. Jedoch bestehen insoweit Pflichten und Obliegenheiten der Führungskräfte in Unternehmen.

Unternehmen sind zunehmend motiviert, bei auftretenden Verdachtsfällen frühzeitig und eigenständig zu ermitteln. Die vorbehaltlose Aufklärung von Straftaten ist aber auch in Fällen der Wirtschaftskriminalität gesetzliche Aufgabe von Staatsanwaltschaft und Polizei. Alleine den Ermittlungsbehörden stehen die Möglichkeiten und Zwangsmittel der Strafprozessordnung zur Verfügung. Gegenüber internen Untersuchungen eines Unternehmens ist bei der staatlichen Ermittlungstätigkeit die Gefahr der Beeinflussung der Durchführung der Untersuchung und deren Ergebnisse durch die Interessen einzelner Beteiligter deutlich geringer. **85**

Die Befassung mit Fällen von Korruption im internationalen Geschäftsverkehr erfordert sowohl für betroffene Unternehmen und ihre Rechtsberater als auch für die Ermittlungsbehörden die Berücksichtigung einer Vielzahl von tatsächlichen und rechtlichen Schwierigkeiten. Dies gilt in rechtlicher Hinsicht insbesondere bei Fällen, die Bezüge zu den USA oder neuerdings auch Großbritannien aufweisen. Dabei darf aber auch die Bedeutung der angelsächsischen Regelungen und der auf ihnen beruhenden Verfahren für deutsche Ermittlungsverfahren nicht überbewertet werden.

Eine eigenständige Aufklärungsarbeit eines Unternehmens, das im Sinne einer rückhaltlosen Aufklärung des Sachverhaltes mit den Ermittlungsbehörden kooperieren will, sollte sich zunächst auf die Frühphase eines Verdachtsfalles beschränken. Konkretisiert sich der Verdacht soweit, dass von einem Anfangsverdacht i.S. von § 152 StPO gesprochen werden kann, sollte die Staatsanwaltschaft eingeschaltet und dieser und ihren Hilfsorganen die weitere Ermittlungstätigkeit jedenfalls so lange überlassen bleiben, bis sämtliche Beweise gesichert wurden und den Beschuldigten rechtliches Gehör gewährt worden ist. Nur so ist zu gewährleisten, dass keine Beweismittel beseitigt oder manipuliert werden, den berechtigten, im Einzelfall ganz unterschiedlich gelagerten Interessen aller Beteiligten und den für sie streitenden Rechtsgrundsätzen Rechnung getragen wird und die wesentlichen Ermittlungen unparteiisch und unabhängig von einem Einzelinteresse an dem Ausgang des Verfahrens geführt werden. Gegen eine Unterstützung dieser Ermittlungen durch eigene Ermittlungen seitens betroffener Unternehmen bestehen keine durchgreifenden Bedenken. Es muss jedoch gewährleistet sein, dass die Unterstützung ohne Gefährdung des Ermittlungszweckes, insbesondere der Feststellung des tatsächlichen vefahrensgegenständlichen Sachverhaltes, durch das Unternehmen bzw. seine Verantwortlichen erfolgt. **86**

Dass eine Kooperation in diesem Sinne nicht in jedem Fall dem Interesse eines Unternehmens bzw. seiner Verantwortlichen entspricht, liegt auf der Hand. Hierauf haben sich die Ermittlungsbehörden bei der Gestaltung ihrer Ermittlungen und dem Umgang mit den betroffenen Unternehmen einzustellen.

Die oben dargestellten tatsächlichen und rechtlichen Probleme bei Ermittlungsverfahren wegen des Verdachts der Korruption im internationalen Geschäftsverkehr und die allgemein beschränkten personellen, polizeilichen und justiziellen Ressourcen führen dazu, dass die Ermittlungsbehörden ebenso wie die Gerichte an einer (echten) Kooperation der Unternehmen bzw. ihrer Verantwortlichen und Mitarbeiter in besonderem Maße interessiert und bereit sind, eine solche Kooperation bei der Bemessung etwaiger Sanktionen sowohl gegen die einzelnen Beschuldigten als auch gegen die betroffenen Unternehmen in einem besonderen Maße zu honorieren. Diese Chance gilt es zu nutzen.

§ 11. Rechtshilfe aus anwaltlicher Sicht: Grenzüberschreitende Ermittlungen der SEC und der Strafverfolgungsbehörden

A. Rechtsgrundlagen

Die Rechtsgrundlagen für die Rechtshilfe zwischen der Bundesrepublik Deutschland 1
und den Vereinigten Staaten von Amerika bilden drei völkerrechtliche Verträge:
- das Abkommen vom 25.6.2003 zwischen der Europäischen Union und den Vereinigten Staaten von Amerika über Rechtshilfe (= EU-US RhÜbk),[1923]
- der Vertrag vom 14.10.2003 zwischen der Bundesrepublik Deutschland und den Vereinigten Staaten von Amerika über die Rechtshilfe in Strafsachen[1924] (= RhV D-USA) sowie
- der Zusatzvertrag vom 18.4.2006 zum Vertrag zwischen der Bundesrepublik Deutschland und den Vereinigten Staaten von Amerika über die Rechtshilfe in Strafsachen (= ZV RhV D-USA).[1925]

Alle Abkommen sind durch Parlamentsgesetz vom 26.10.2007[1926] in deutsches Recht umgesetzt worden, so dass die Regelungen unmittelbar anwendbares innerstaatliches Recht sind.

Das „Abkommen zwischen der Europäischen Union und den Vereinigten Staaten von Amerika über Rechtshilfe" stellt eine Art Rahmenvertrag hinsichtlich der Rechtshilfe zwischen den Mitgliedstaaten der Europäischen Union und den USA dar, der nur Teilbereiche des Rechtshilferechts regelt, indem er die zwischen den einzelnen Mitgliedstaaten und den USA bestehenden bilateralen Verträge ergänzt bzw. diese in bestimmten Bereichen modifiziert. Auf diese Weise wird ein gewisses Maß an Einheitlichkeit in der Ausgestaltung der Rechtshilfe in Strafsachen innerhalb der europäischen Union erreicht und damit die strafverfahrensrechtliche Zusammenarbeit zwischen den EU-Mitgliedstaaten und den USA harmonisiert.

Im Einzelnen normiert sind die Voraussetzungen eines Rechtshilfeersuchens zwi- 2
schen den USA und der Bundesrepublik Deutschland sowie die aufgrund dessen zulässigen Maßnahmen in dem „Vertrag zwischen der Bundesrepublik Deutschland und den Vereinigten Staaten von Amerika über die Rechtshilfe in Strafsachen". Da der Vertragsinhalt bereits mit Abschluss der diesbezüglichen Vertragsverhandlungen im Frühjahr 2003, d.h. vor der Unterzeichnung des zwischen der EU und den USA getroffenen Abkommens, verbindlich feststand, wurde der „Zusatzvertrag vom 18.4.2006 zum Vertrag zwischen der Bundesrepublik Deutschland und den Vereinigten Staaten von Amerika über die Rechtshilfe in Strafsachen" abgeschlossen. Dieser ergänzt den bilateralen Vertrag, indem die Vorgaben des amerikanisch-europäischen Abkommens durch das Einfügen neuer Artikel und Absätze in die ursprüngliche Vertragsvereinbarung umgesetzt wurden. Dies betraf insbesondere Regelungen zu gemeinsamen Er-

---

[1923] BGBl. 2007 II, S. 1652.
[1924] BGBl. 2007 II, S. 1620.
[1925] BGBl. 2007 II, S. 1637.
[1926] BGBl. 2007 II, S. 1618.

mittlungsgruppen, Videovernehmungen, verdeckten Ermittlungen oder die Erteilung von Bankauskünften.

3   Das Abkommen zwischen der EU und den USA dient dazu, bereits aufgrund bilateraler Verträge bestehende Befugnisse in bestimmten Bereichen zu ergänzen bzw. zu erweitern (vgl. Art. 3 Abs. 1). Hierdurch wird zum einen ein Mindestmaß an im Rahmen eines Rechtshilfeersuchens möglicher, von den Vertragsparteien als besonders relevant erachteter Maßnahmen festgelegt, die unabhängig von darüber hinaus getroffenen Einzelregelungen zwischen jedem Mitgliedstaat der europäischen Union und den USA Anwendung finden. Zum anderen dient der amerikanisch-europäische Vertrag als Grundlage für die Rechtshilfe mit solchen bestehenden oder neuen Mitgliedstaaten der EU, die kein eigenständiges bilaterales Rechtshilfeabkommen mit den USA geschlossen haben (vgl. Art. 3 Abs. 3). Demgemäß stellt das Abkommen keinen den bilateralen Verträgen insgesamt vorgehenden Regelungskomplex dar. Da es nur in Teilbereichen Regelungen hinsichtlich der formellen und materiellen Voraussetzungen für die Durchführung einer Ermittlungshandlung auf Grundlage eines Rechtshilfeersuchens enthält und die im ersuchten Staat möglichen Ermittlungsmaßnahmen nicht abschließend aufführt, handelt es sich vielmehr um den völkerrechtlichen Vertrag zwischen dem jeweiligen europäischen Mitgliedstaat und den USA ergänzende Zusatzbestimmungen.

4   Das EU-US RhÜbk sowie der RhV D-USA nebst Zusatzvertrag stehen völkerrechtlich nebeneinander. Nachdem mit dem Zusatzvertrag aber alle wesentlichen Änderungen, die sich aus dem EU-US RhÜbk ergaben, in das bilaterale Vertragsverhältnis übernommen wurden, besteht zwischen dem RhV D-USA und dem EU-US RhÜbk Kohärenz.[1927]

B. Regelungsinhalte

I. EU-US RhÜbk

5   Das EU-US RhÜbk enthält vier Regelungskomplexe: Allgemeine Vorschriften (Art. 1 bis 3), Regelungen über den Umfang der Rechtshilfe (Art. 4 bis 6), Vorschriften hinsichtlich der formellen Anforderungen eines Rechtshilfeersuchens und der Verwendung aufgrund des Ersuchens erlangter Informationen oder Beweismittel (Art. 7 bis 10) sowie die Geltung des Abkommens betreffende Regelungen (Art. 11 bis 18).

1. Allgemeine Vorschriften

6   Die Art. 1 bis 3 beinhalten allgemeine Vorschriften über Gegenstand und Zweck, Begriffsbestimmungen sowie den Anwendungsbereich des Abkommens. Art. 3 führt im Einzelnen auf, in welcher Weise bereits bestehende bilaterale Rechtshilfeverträge zwischen einem Mitgliedstaat der EU und den USA durch die nachstehenden Artikel modifiziert werden. Für den Fall, dass ein solcher Vertrag nicht besteht, finden gem. Art. 3 Abs. 3 allein die Regelungen des Abkommens zwischen der EU und den USA Anwendung. Weiterhin stellt Art. 3 Abs. 5 klar, dass das Abkommen ausschließlich die Rechtshilfe zwischen Staaten betrifft und keinerlei subjektive Rechte zugunsten von Privatpersonen begründet.

[1927] Vgl. Grützner/Pötz/Kreß/*Jacoby*, USA – II V 10 Rn. 33.

B. Regelungsinhalte

2. Umfang der Ermittlungsmaßnahmen

In Art. 4 bis 6 sind die im Rahmen der sonstigen Rechtshilfe zu ergreifenden Ermittlungsmaßnahmen normiert. Die Vertragsparteien sind gem. Art. 4 Abs. 1 verpflichtet, die vorhandenen Bankkonten einer Person, die einer Straftat verdächtig oder angeklagt ist, zu ermitteln und dem ersuchenden Staat die Ergebnisse der Ermittlungen unverzüglich mitzuteilen. Die Erfüllung dieser Verpflichtung kann der ersuchte Staat nicht aus Gründen des Bankgeheimnisses ablehnen (Art. 4 Abs. 5). Allerdings gewährt Art. 4 Abs. 4 den Staaten die Möglichkeit, ihre nach diesem Artikel bestehende Verpflichtung auf die Verfolgung solcher Taten zu begrenzen, die mit Freiheitsstrafe von einem bestimmten Höchstmaß bedroht sind oder eine bestimmte Schwere aufweisen. 7

Art. 5 ermöglicht die Bildung gemeinsamer Ermittlungsteams, deren Mitglieder die zuständige Behörde ihres Staates um die erforderlichen innerstaatlichen Ermittlungsmaßnahmen ersuchen können, ohne dass es eines erneuten förmlichen Rechtshilfeersuchens des anderen Staates bedarf. In Art. 6 verpflichten sich die Vertragsparteien, die Vorkehrungen zu treffen, die notwendig sind, um die Voraussetzungen für eine Vernehmung von Zeugen und Sachverständigen per Videokonferenz zu schaffen. Hinsichtlich der erforderlichen Voraussetzungen für die Durchführung einer Zeugen- bzw. Sachverständigenvernehmung im Rahmen eines Rechtshilfeersuchens verweist Art. 6 Abs. 1 S. 2 auf die Bestimmungen eines gegebenenfalls bestehenden bilateralen Vertrages zwischen den betroffenen Staaten bzw. im Falle von dessen Nichtexistenz auf das nationale Recht des ersuchten Staates.

3. Formelle Anforderungen

Um die durch ein Rechtshilfeersuchen ohnehin eintretende zeitliche Verzögerung möglichst gering zu halten, kann das Ersuchen nach Art. 7 zunächst auch per Fax oder elektronischer Post erfolgen und erst nachfolgend auf Verlangen des ersuchten Staates formell bestätigt werden. Art. 8 erweitert den Kreis der zu einem Ersuchen berechtigten Behörden auf die Verwaltungsbehörden. Diese Berechtigung besteht aber nur dann, wenn die Verwaltungsbehörde im Rahmen ihrer gesetzlichen Befugnisse Ermittlungen mit Blick auf die strafrechtliche Verfolgung einer Handlung oder deren Verweisung an die Strafverfolgungsbehörden führt. Die umfangreichen datenschutzrechtlichen Bestimmungen in Art. 9 legen fest, für welche Zwecke die im Rahmen eines Rechtshilfeersuchens gewonnenen Informationen und Beweismittel verwendet werden dürfen. Zudem ist es gem. Art. 9 Abs. 2 in Ausnahmefällen möglich, die Erledigung eines Ersuchens von bestimmten Bedingungen abhängig zu machen und im Anschluss an dessen Erledigung Auskunft über die Verwendung der übermittelten Informationen und Beweismittel zu verlangen. Darüber hinaus trägt Art. 9 Abs. 5 den in einigen bilateralen Abkommen enthaltenen Ablehnungsvorbehalten für Fiskaldelikte Rechnung, indem er den europäischen Mitgliedstaaten die Möglichkeit eröffnet, gegenüber den USA die Verwendung der übermittelten Daten für bestimmte Steuerzuwiderhandlung weiterhin auszuschließen. In engem Zusammenhang hiermit steht Art. 10, nach dem sich der ersuchte Staat auf entsprechenden Wunsch des ersuchenden Staates hinsichtlich des Rechtshilfeersuchens und dessen Inhalt um Vertraulichkeit zu bemühen hat. 8

4. Geltung des Abkommens

Die Art. 11 bis 18 treffen Regelungen über die Geltung des amerikanisch-europäischen Abkommens. Durch dieses Abkommen bleibt – wie Art. 13 ausdrücklich festschreibt – die Möglichkeit eines Staates unberührt, ein Rechtshilfeersuchen aus Grün- 9 den, die sich aus einem bilateralen Vertrag über Rechtshilfe oder grundlegenden Interessen des ersuchten Staates ergeben, abzulehnen. Zudem besteht nach wie vor die Möglichkeit, bilaterale Rechtshilfeabkommen zwischen den USA und einem Mitgliedstaat der EU zu schließen, wenn diese mit dem amerikanisch-europäischen Abkommen in Einklang stehen (Art. 14).

II. RhV D-USA

10 Der Vertrag zwischen der Bundesrepublik Deutschland und den Vereinigten Staaten von Amerika über die Rechtshilfe in Strafsachen, der umfassende Regelungen hinsichtlich der formellen und materiellen Voraussetzungen aufgrund eines Rechtshilfeersuchens vorzunehmenden Ermittlungsmaßnahmen sowie deren Umfangs enthält, wird durch den Zusatzvertrag zu dem vorbezeichneten Vertrag ergänzt. Durch diesen Zusatzvertrag wurden die Regelungen des europäisch-amerikanischen Abkommens in den deutsch-amerikanischen Vertrag übernommen. Die nachfolgende Darstellung orientiert sich an der konsolidierten Fassung des RhV D-USA in der Fassung des Zusatzvertrages vom 18.4.2006,[1928] soweit erforderlich, wird auf die Regelungen oder Erklärungen zu dem EU-US RhÜbk hingewiesen.

1. Gegenseitige Verpflichtung zur umfassenden Rechtshilfe in Straf- und Ordnungswidrigkeitenverfahren

11 Die gegenseitige Rechtshilfeverpflichtung beschreibt in Art. 1 Abs. 1 S. 1 RhV D-USA ein umfassendes Spektrum an Verfahren, in denen sich die deutschen und U.S.-amerikanischen Behörden einander „so weit wie möglich" Rechtshilfe leisten können. Per definitionem lässt sich kaum eine Verfahrensart mit irgendwie geartetem Sanktionscharakter ausschließen. Die Rechtshilfeverpflichtung besteht zunächst in strafrechtlichen Ermittlungsverfahren und in Strafverfahren, einschließlich solcher wegen Zoll-, Abgaben- und Steuerstraftaten. Strafrechtliche Ermittlungsverfahren bzw. Strafverfahren umfassen darüber hinaus:

– **Nr. 1:** Ermittlungen und Verfahren wegen Ordnungswidrigkeiten nach dem deutschen Kartellrecht;
– **Nr. 2:** Ermittlungen und Verfahren wegen Ordnungswidrigkeiten, soweit sie im ersuchenden Staat zu Gerichts- oder Strafverfahren führen können und soweit sie im ersuchten Staat Straftaten darstellen würden;
– **Nr. 3:** Ermittlungen und Verfahren einer nationalen Verwaltungsbehörde, die Ermittlungen zu Handlungen mit Blick auf eine strafrechtliche Verfolgung oder Verweisung an die Ermittlungs- oder Strafverfolgungsbehörden führt und diese Ermittlungen aufgrund ihrer spezifischen verwaltungsrechtlichen oder gesetzlichen Befugnis führt. Unter solchen Umständen kann Rechtshilfe auch anderen Verwaltungsbehörden gewährt werden.

12 Für Rechtshilfeverfahren der SEC sowie der US-amerikanischen Federal Trade Commission, die in ihrer Zuständigkeit kartell- und wettbewerbsrechtliche Verstöße verfolgt, ist Art. 1 Abs. 1 S. 1 Nr. 2 RhV D-USA die einschlägige Rechtsgrundlage.[1929] Die umfassend mögliche Rechtshilfe beschreibt Art. 1 Abs. 2 RhV D-USA mit einer

---

[1928] So auch abgedruckt bei Schomburg/Lagodny/Gleß/Hackner, IRG, V B a.
[1929] Vgl. Grützner/Pötz/Kreß/*Jacoby*, USA – II V 10 Rn. 36.

B. Regelungsinhalte

abschließenden Öffnungsklausel – nur strafprozessual Verbotenes ist von der Rechtshilfe ausgeschlossen:

- Fahndung nach und Identifizierung von Personen oder Gegenständen;
- Zustellung von Urkunden;
- Abnahme von Aussagen oder anderen Erklärungen;
- Überstellung von Häftlingen zur Zeugenaussage oder zu anderen Zwecken;
- Überlassung von Urkunden, Akten und anderen Gegenständen;
- Durchsuchung und Beschlagnahme;
- besondere Ermittlungsmethoden wie zum Beispiel Überwachung des Fernmeldeverkehrs, verdeckte Ermittlungen und kontrollierte Lieferungen;
- Unterstützung bei Verfahren in Bezug auf Sicherstellung und Einziehung von Vermögenswerten, Rückerstattung, Beitreibung von Geldstrafen; und
- jede andere Form der Rechtshilfe, die nicht nach dem Recht des ersuchten Staates verboten ist.

Der RhV D-USA verzichtet in der Konsequenz der umfassenden Rechtshilfekooperation explizit auf das rechtshilferechtliche, primär in Auslieferungsverfahren, anzutreffende Institut der beiderseitigen Strafbarkeit („double criminality"): Sofern keine ausdrückliche anderweitige Bestimmung in dem Vertrag enthalten ist, wird die Rechtshilfe unabhängig davon geleistet, ob die Handlung, die Gegenstand des Ermittlungs- oder Strafverfahrens ist, nach dem Recht des ersuchten Staates eine Straftat oder Ordnungswidrigkeit darstellt (Art. 1 Abs. 4 RhV D-USA). Auf strafrechtliche Ermittlungs- und Strafverfahren wegen Devisenstraftaten wird Rechtshilfe gem. Art. 1 Abs. 7 RhV D-USA nur geleistet, wenn dies von den Vertragsparteien durch Austausch von Noten auf diplomatischem Weg vereinbart worden ist; dies ist bislang noch nicht der Fall (Stand: Mai 2012). 13

2. Zentrale Behörden

Zuständig für das Einreichen und die Entgegennahme von Rechtshilfeersuchen ist nach Art. 2 Abs. 1, 2 RhV D-USA als zentrale Behörde für die Vereinigten Staaten von Amerika der Justizminister, dort das „Office for International Affairs (= OIA)", und der oberste Staatsanwalt (Attorney General) oder eine von beiden bestimmte Person; für die Bundesrepublik Deutschland das Bundesministerium der Justiz. Jedoch kann ein Ersuchen in dringenden Fällen auch unmittelbar von den Justizministerien der Länder oder dem deutschen Bundeskartellamt an die zentrale Behörde der USA übermittelt werden (Art. 2 Abs. 4 RhV D-USA). 14

3. Ablehnung der Rechtshilfe aus Staats(schutz)interessen

Trotz des umfassenden Kooperationsansatzes des Abkommens sieht Art. 3 RhV D-USA eine Ablehnungsmöglichkeit der Rechtshilfe aus Staatsschutzinteressen vor. Hiernach können die Vertragsstaaten ein Ersuchen trotz generell bestehender Pflicht zur Gewährung von Rechtshilfe ablehnen, wenn durch dessen Erledigung die Souveränität, die Sicherheit oder andere wesentliche Interessen des ersuchten Staates beeinträchtigt würden. In diesen Fällen kann die Rechtshilfe verweigert werden. 15

Art. 15 Abs. 1 RhV D-USA legt dem ersuchenden Staat die Pflicht auf, in den Fällen, in denen die Rechtshilfe nach Art. 3 RhV D-USA wegen einer Beeinträchtigung der Souveränität, der Sicherheit oder anderer wesentlicher Interessen abgelehnt werden kann, zu prüfen, ob anstelle einer Ablehnung die Erledigung des Ersuchens von

Bedingungen abhängig gemacht werden kann. Nimmt der ersuchende Staat die an Bedingungen geknüpfte Rechtshilfe an, hat er diese Bedingungen zu erfüllen (Art. 15 Abs. 1 S. 2 RhV D-USA) – es handelt sich um einen rechtshilfevertraglichen Vorbehalt.

4. Ladung von Zeugen, Sachverständigen und Beschuldigten

16 Neben der allgemeinen Regelung über die Zustellung von Urkunden nach Art. 4 Abs. 1 RhV D-USA bestimmt Art. 5 RhV D-USA die Zustellung von Ladungen an Zeugen und Sachverständige. Auf diese Bestimmungen nimmt Art. 6 RhV D-USA Bezug, der Zeugen und Sachverständigen, die sich aufgrund einer ihnen im Rahmen der Rechtshilfe zugestellten Ladung in den ersuchenden Staat begeben, sicheres Geleit gewährt. So dürfen Zeugen und Sachverständige wegen einer vor ihrer Abreise aus dem ersuchenden Staat liegenden Handlung oder Verurteilung weder verfolgt noch in Haft genommen werden (Art. 6 Abs. 1 RhV D-USA).

Die Regelung ist Ausdruck der Freiwilligkeit des Erscheinens von Zeugen oder Sachverständigen, die grundsätzlich keine Verpflichtung haben, einer rechtshilferechtlichen Zeugenvorladung Folge zu leisten. Dementsprechend ist es angeraten, sich im Falle eines aussagebereiten Mandanten des sicheren Geleits zu versichern und vor der Einreise in die USA ein Schreiben der SEC einzufordern, in dem das sichere Geleit für die Dauer des Aufenthalts gewährleistet und der Verzicht auf Einleitung strafrechtlicher Ermittlungen während der Dauer des Aufenthalts erklärt wird („waiver"). Üblicherweise, insbesondere dann, wenn der Zeuge sich strafrechtlich nicht belastet hat, erhält man nach der Vernehmung eine weitere Erklärung der SEC, in der festgehalten wird, dass sich aus der Vernehmung keine Anhaltspunkte zur Einleitung eines Strafverfahrens ergeben haben.

17 In eingeschränkter Weise gilt der Geleitschutz im Sinne des Spezialitätsgrundsatzes auch für Beschuldigte, die im Wege der Rechtshilfe vorgeladen werden. Diese haben sich im Falle ihres Erscheinens nur für die in der Ladung angeführten Handlungen oder Verurteilungen zu verantworten und dürfen nicht wegen anderer, nicht in der Ladung bezeichneter Taten aus der Zeit vor ihrer Abreise aus dem ersuchten Staat verfolgt oder in Haft gehalten noch einer sonstigen Beschränkung ihrer persönlichen Freiheit unterworfen werden (Art. 6 Abs. 2 RhV D-USA). Für den Fall, dass sich ein Zeuge oder Beschuldigter, um dessen Erscheinen ersucht wurde, in einem der Vertragsstaaten in Haft befindet, wird er nach Art. 7 RhV D-USA überstellt, wenn die Negativvoraussetzungen des Art. 7 Abs. 3 RhV D-USA nicht vorliegen. Nach diesen scheidet eine Überstellung aus, wenn die in Haft befindliche Person nicht zustimmt oder zwingende Gründe der Überstellung entgegenstehen.

5. Überlassung öffentlicher Unterlagen

18 Insbesondere in wirtschaftsstrafrechtlichen Ermittlungsverfahren benötigen die Ermittlungsbehörden oftmals den Zugriff auf öffentliche Unterlagen wie Jahresabschlüsse, handelsregisterrechtliche Eintragungen oder Informationen aus dem Grundbuch.[1930] Für derartige Anfragen regelt Art. 9 die Überlassung amtlicher Unterlagen an den ersuchenden Staat, wobei eine Unterscheidung zwischen öffentlich zugänglichen Urkun-

---

[1930] Für Ersuchen um Erteilung von Auskünften aus dem Strafregister ist der unmittelbare Geschäftsweg zwischen dem Bundeskriminalamt und dem Legal Attaché bei der US-Botschaft in Berlin eröffnet, RiVASt II – Länderteil Vereinigte Staaten III.2.

B. *Regelungsinhalte*

den, die zwingend zu überlassen sind (Art. 9 Abs. 1 RhV D-USA), und nicht öffentlich zugänglichen Urkunden, deren Überlassung in das Ermessen des ersuchten Staates gestellt ist (Art. 9 Abs. 2 RhV D-USA), getroffen wird. Der ersuchte Staat kann die Rechtshilfe an die gleichen Voraussetzungen knüpfen, die auch in einem innerstaatlichen Verfahren gelten würden, wie bspw. die Vorschriften der §§ 474 ff. StPO.

6. Ermittlung von Bankinformationen

In Umsetzung des europäisch-amerikanischen Rechtshilfeabkommens ermöglicht   19
Art. 9 RhV D-USA grenzüberschreitende Auskünfte über Bankkonten, insbesondere zur Eigentümerstellung, wirtschaftlichen Berechtigung und zu Kontobevollmächtigten. Innerstaatlich entspricht dies dem Auskunftsverfahren nach § 24 c Abs. 3 S. 1 Nr. 2 KWG. Die entsprechenden Rechtshilfehandlungen werden jedoch nur in Bezug auf Geldwäsche und terroristische Handlungen, die nach dem Recht beider beteiligten Staaten strafbar sind, sowie in Bezug auf andere kriminelle Handlungen, die die Vertragsstaaten einander notifizieren, gewährt (Art. 9bis Abs. 4 RhV D-USA). Zudem umfasst die Regelung des Art. 9bis RhV D-USA nicht die Beschaffung/Bereitstellung von Kontoauszügen oder konkreten auf den Konten abgebildeten Finanztransaktionen (Art. 9bis Abs. 5 RhV D-USA). Derartige Beweiserhebungen müssen über Durchsuchung und Beschlagnahme oder über die Vorschriften eines schlichten Herausgabeersuchens als mildestes Mittel erfolgen.

7. Vernehmung von Zeugen

Ersuchen um die kommissarische Vernehmung eines Zeugen oder die Vorlage von als   20
Beweismittel relevanten Unterlagen oder Gegenständen im Rahmen der Vernehmung (Vorhalt) behandelt die Regelung des Art. 10 RhV D-USA. Zur Erledigung eines US-amerikanischen Ersuchens um Zeugenvernehmung können für den Fall des Nichterscheinens oder der unberechtigten Aussageverweigerung dieselben Zwangsmittel angedroht werden wie im nationalen Strafverfahren (Art. 10 Abs. 1 RhV D-USA), in Deutschland nach den §§ 51 ff. StPO (zwangsweise Vorführung, Androhung/Verhängung von Zwangsgeld, Zwangshaft).

Der deutsche bzw. in Deutschland lebende Zeuge ist verpflichtet, einer Ladung zur Vernehmung durch ein deutsches Gericht (üblicherweise durch einen Amtsrichter) Folge zu leisten und auszusagen. In gleicher Weise ist er zur Beeidigung seiner Aussage verpflichtet, sollte der ersuchende Staat eine eidliche Vernehmung des Zeugen oder Sachverständigen wünschen (Art. 10 Abs. 2 RhV D-USA). Der Zeuge unterliegt wie im deutschen Ermittlungsverfahren der Wahrheitspflicht, weshalb bei einer falschen uneidlichen Aussage im Rahmen einer rechtshilferechtlichen Vernehmung grundsätzlich eine Strafbarkeit gem. § 154 StGB wegen falscher uneidlicher Aussage oder wegen Meineids gem. § 155 StGB in Betracht kommt. Der Zeuge muss sich allerdings nicht selbst belasten, ihm steht das Auskunftsverweigerungsrecht nach § 55 StPO ebenso zur Seite wie ein etwaiges Zeugnisverweigerungsrecht nach § 53 StPO.

Gem. Art. 10 Abs. 3 RhV D-USA ist den in dem Ersuchen genannten Verfahrensbe-   21
teiligten die Anwesenheit bei der Durchführung der Zeugen- bzw. Sachverständigenvernehmung gestattet. Verfahrensbeteiligte sind nicht nur die nach deutschem Recht „klassischen" Ermittlungsbeamten, Staatsanwälte, Strafverteidiger oder Adhäsionskläger, sondern können auch solche Beamte oder Beauftragte sein, die der US-amerikanischen Definition des Verfahrensbeteiligten entsprechen.

Im Rahmen der Befragung können diese Verfahrensbeteiligten an die Aussageperson zu richtende Fragen vorschlagen, während ein eigenes Fragerecht nicht besteht. Streng formalrechtlich führt der Amtsrichter die Befragung durch und besitzt das exklusive Fragerecht – üblicherweise liegen ihm ein Fragenkatalog und entsprechende Beweiskopien zum Vorhalt vor.[1931] Rein tatsächlich leitet der Amtsrichter sein Fragerecht bei derartigen Vernehmungen im Wege der Rechtshilfe oft direkt an die ausländischen Ermittlungsbeamten und anwaltlichen Verteidiger/Beistände über – der Amtsrichter „vermittelt" die Fragestellung.

22 Den strengen Formvorschriften des amerikanischen Strafprozessrechts trägt Art. 10 Abs. 6 RhV D-USA Rechnung, wonach die Echtheit, das Vorhandensein oder das Nichtvorhandensein von Urkunden des Ausgangsstrafverfahrens bzw. deren (Nicht-) Vorhalt dokumentiert werden.[1932]

23 Neben der kommissarischen Vernehmung kann gemäß dem aufgrund des Abkommens zwischen den USA und der EU eingefügten Art. 10bis RhV D-USA die Vernehmung eines Zeugen oder Sachverständigen auch per Videokonferenz erfolgen. Der Zeuge ist in derartigen Vernehmungen in gleicher Weise zur Wahrheit verpflichtet, so dass bei einer Falschaussage grundsätzlich eine strafrechtliche Verantwortlichkeit (auch) im ersuchten Staat gem. Art. 10bis Abs. 3 RhV D-USA in Betracht kommt.

Deutsche Konsularbeamte in den Vereinigten Staaten sind nur bei Freiwilligkeit der Betroffenen berechtigt, Personen ohne Rücksicht auf ihre Staatsangehörigkeit – ggf. eidlich – zu vernehmen und ihnen Urkunden und Schriftstücke jeder Art zuzustellen. Im Falle der Vernehmung durch Konsularbeamte außerhalb der Räumlichkeiten der Auslandsvertretungen sowie in Fällen einer Teilnahme Verfahrensbeteiligter aus Deutschland ist das amerikanische Justizministerium über die deutsche Botschaft in Washington rechtzeitig vorab über die Absicht der Vernehmung in Kenntnis zu setzen. Auf dem Amtshilfeweg gestellte formlose Zustellungsersuchen, deren Erledigung durch die deutsche Auslandsvertretung – z.B. wegen Annahmeverweigerung oder Nichtabholung – fehlgeschlagen ist, werden von der deutschen Botschaft in Washington als förmliche Zustellungsersuchen an das U.S.-amerikanische Justizministerium weitergeleitet, wenn englische Übersetzungen vorliegen bzw. auf Anforderung nachgereicht werden.[1933]

8. Durchsuchung und Beschlagnahme

24 Als eine der zentralen rechtshilferechtlichen Bestimmungen regelt Art. 11 RhV D-USA die Voraussetzungen, unter denen eine Durchsuchung sowie die Beschlagnahme und Herausgabe von Gegenständen an den ersuchenden Staat im Rahmen der Rechtshilfe durchgeführt werden. Nach Art. 11 Abs. 1 RhV D-USA erledigt der ersuchte Staat Rechtshilfeersuchen um Durchsuchung, Beschlagnahme und Herausgabe von Gegenständen an den ersuchenden Staat, wenn

---

[1931] RiVASt II – Länderteil Vereinigte Staaten III.1: Bei Ersuchen um Vernehmung von Beschuldigten oder Zeugen ist ausdrücklich anzugeben, ob eine – ggf. eidliche – Vernehmung durch einen von einem Gericht beauftragten Staatsanwalt („commissioner") oder eine – uneidliche – polizeiliche Vernehmung gewünscht wird. Im ersten Fall ist ferner anzugeben, ob ein zusammenfassendes Protokoll oder ein – kostenpflichtiges – Wortprotokoll gefertigt werden soll. Allen Vernehmungsersuchen sind umfassende Fragenkataloge beizufügen; hierauf kann nur in begründeten Ausnahmefällen verzichtet werden.
[1932] Grützner/Pötz/Kreß/*Jacoby*, USA – II V 10 Rn. 31: Durch Regierungsvereinbarung vom 24.5.2004 wurde die Verwendung der Formblätter A-D für dieses Verfahren vereinbart.
[1933] RiVASt II – Länderteil Vereinigte Staaten IV.1.

B. Regelungsinhalte

1. die dem Ersuchen zugrunde liegende Handlung ihrer Art nach sowohl nach dem Recht des ersuchenden Staates als auch nach dem des ersuchten Staates strafbar oder nach deutschem Recht mit Bußgeld bewehrt ist,
2. das Ersuchen Angaben enthält, die eine solche Maßnahme nach dem Recht des ersuchten Staates rechtfertigen, und
3. ein Beschlagnahmebeschluss einer zuständigen Behörde oder eine Erklärung der zentralen Behörde des ersuchenden Staates beigefügt oder im Ersuchen enthalten ist, woraus hervorgeht, dass die Pflicht zur Herausgabe oder Beschlagnahme gegeben wäre, wenn sich der Gegenstand im ersuchenden Staat befände.

Der Grundsatz der beiderseitigen Strafbarkeit muss eingehalten sein, um in Umsetzung eines US-amerikanischen Rechtshilfeersuchens einen entsprechenden deutschen (Rechtshilfe-)Durchsuchungsbeschluss erwirken zu können, der als innerstaatliches Pendant zu dem ausländischen Durchsuchungsbeschluss nach Art. 11 Abs. 1 RhV D-USA ausgestaltet ist. Eine rechtshilferechtliche Durchsuchung erfordert das Vorliegen eines hinreichenden Tatverdachts (probable cause) und die entsprechende Darstellung in dem Rechtshilfeersuchen nach Art. 11 Abs. 2 RhV D-USA. Im Rahmen der Darlegung des „hinreichenden Tatverdachts" ist es erforderlich, die Beweislage möglichst ausführlich darzulegen und auszuführen, dass die Informationen glaubhaft sind.[1934]

Der rechtshilferechtliche Sachverhalt muss schlüssig sein und die verfahrensgegenständlichen Vorwürfe unterlegen. Ersuchen um Durchsuchung, Beschlagnahme und Herausgabe von Gegenständen erfordern nach U.S.-amerikanischem Strafverfahrensrecht eine sehr umfangreiche Sachverhaltsdarstellung, in der die einzelnen Beweismittel detailliert erläutert werden, ohne Schlussfolgerungen zu ziehen.[1935] Eine derartige Glaubhaftmachung erfolgt auf US-amerikanischer Seite oft durch das Vorlegen polizeilicher oder (seltener) staatsanwaltschaftlicher eidesstattlicher Erklärungen zum Verfahrensstand und dessen Bewertung (affidavit).

9. Besondere Ermittlungsmethoden

Eine wesentliche Neuerung durch die rechtshilferechtlichen Übereinkommen mit den USA besteht in der Regelung der besonderen Ermittlungsmethoden nach Art. 12 RhV D-USA. Hiernach kann der ersuchte Staat auf entsprechende rechtshilferechtliche Anfrage im innerstaatlich rechtlich zulässigen Rahmen

1. die notwendigen Schritte für die Überwachung der Telekommunikation einleiten,
2. die Vornahme strafrechtlicher Ermittlungen durch unter verdeckter oder falscher Identität handelnder Strafverfolgungsbeamter der anderen Vertragspartei in ihrem Hoheitsgebiet gestatten, und
3. im Zusammenhang mit strafrechtlichen Ermittlungen kontrollierte Lieferungen in ihrem Hoheitsgebiet gestatten.

Der in Deutschland rechtlich zulässige Rahmen für derartige Ermittlungshandlungen richtet sich für die Überwachung der Telekommunikation[1936] nach §§ 100 a, 100 b, 101 StPO und für verdeckte Ermittlungen nach §§ 110 a f. StPO. Kontrollierte Lieferungen

---
[1934] Grützner/Pötz/Kreß/*Jacoby*, USA – II V 10 Rn. 46.
[1935] RiVASt II – Länderteil Vereinigte Staaten III.1.
[1936] Zur Telekommunikationsüberwachung in grenzüberschreitenden Strafverfahren vgl. *Schuster*, NStZ 2006, 657.

stellen einen Unterfall der Observation dar, so dass der Prüfungsmaßstab der §§ 161, 163, 163 f. StPO gilt.

10. Rechtshilfe bei Einziehungsverfahren

27 Im Rahmen von Einziehungsverfahren unterstützen die USA und Deutschland einander (Art. 13 RhV D-USA), wobei gem. Art. 13 Abs. 2 S. 2 RhV D-USA auch die vorläufige Sicherstellung von Erträgen oder Tatwerkzeugen möglich ist. Erlangt die zentrale Behörde einer Vertragspartei Kenntnis von aus Straftaten stammenden Erträgen oder von Tatwerkzeugen, die sich im Hoheitsgebiet der anderen Vertragspartei befinden und nach dem Recht dieser Vertragspartei der Einziehung oder sonstigen Beschlagnahme unterliegen, kann sie die zentrale Behörde der anderen Vertragspartei davon unterrichten. Ist die andere Vertragspartei diesbezüglich zuständig, so kann sie diese Auskünfte an ihre Behörden weitergeben, um prüfen zu lassen, ob Maßnahmen zu ergreifen sind. Diese Behörden treffen ihre Entscheidung nach dem Recht ihres Staates und unterrichten über ihre zentrale Behörde die andere Vertragspartei von der getroffenen Maßnahme.

11. Vertraulichkeit der im Wege der Rechtshilfe gewonnenen Erkenntnisse

28 Die Art. 14 bis 16 RhV D-USA regeln, inwieweit Rechtshilfeersuchen sowie die aufgrund eines solchen Ersuchens erlangten Erkenntnisse vertraulich zu behandeln sind und für welche Zwecke übermittelte Informationen und Beweismittel verwendet werden dürfen. Art. 14 RhV D-USA enthält eine Absichtserklärung der Vertragsparteien, sich hinsichtlich eines Ersuchens und seines Inhalts (Abs. 1) bzw. der überlassenen Beweismittel oder Auskünfte (Abs. 2) um Vertraulichkeit zu bemühen, sofern ein Vertragsstaat dies beantragt. In dem Fall, dass der ersuchte Staat die Verwertung der von ihm überlassenen Beweismittel oder Auskünfte von bestimmten Bedingungen abhängig macht, hat sich der ersuchende Staat nach besten Kräften zu bemühen, diese Bedingungen zu erfüllen (Abs. 2 S. 1, 2).

29 Die umfassende Regelung des Art. 15 RhV D-USA legt im Einzelnen fest, für welche Zwecke eine Verwertung der erlangten Beweismittel und Informationen zulässig ist. Ein bloßes Bemühen genügt hier – anders als im Falle des Art. 14 Abs. 2 RhV D-USA nicht. Im Übrigen dürfen Beweismittel und Auskünfte über den in dem Ersuchen beschriebenen Zweck hinaus nur mit vorheriger Zustimmung des ersuchenden Staates (Art. 15 Abs. 2 RhV D-USA) oder zu den in Art. 15 Abs. 3 RhV D-USA abschließend aufgeführten Zwecken verwendet werden. Ohne Zustimmung des ersuchenden Staates können Beweismittel und Informationen im ersuchten Staat verwendet werden:

1. für Zwecke seiner strafrechtlichen Ermittlungsverfahren und Strafverfahren;
2. zur Abwendung einer unmittelbaren und ernsthaften Bedrohung seiner öffentlichen Sicherheit, wobei dies, für die Zwecke dieses Vertrags, die Verhinderung der Begehung schwerer Straftaten einschließt;
3. in seinen nicht strafrechtlichen Gerichts- und Verwaltungsverfahren, die sich unmittelbar auf einen unter Nummer 1 genannten Zweck beziehen;
4. für jeden anderen Zweck, wenn die Auskünfte oder Beweismittel im Rahmen der Verfahren, für die sie übermittelt wurden, oder in einem der unter den Nummern 1, 2 und 3 genannten Fälle öffentlich bekannt wurden.

Aufgrund der weiten Fassung des Art. 15 Abs. 3 RhV D-USA, der sowohl repressive als auch präventive Zwecke umfasst, ist die Verwertungsmöglichkeit erlangter Informationen zu anderen als dem Rechtshilfeersuchen zugrunde liegenden Zwecken ohne ausdrückliche Begrenzung durch den ersuchten Staat faktisch nur geringfügig eingeschränkt.

Art. 16 trifft eine Sonderregelung für im Rahmen von kartellrechtlichen Verfahren **30** und Ermittlungen erlangte Auskünfte und Beweismittel, die ausschließlich für die Verfolgung kartellrechtlicher Verstöße und die in Art. 15 Abs. 3 Nrn. 1, 2 RhV D-USA genannten Zwecke verwendet werden dürfen (Art. 16 S. 2, 5 RhV D-USA). In diesen Verfahren beinhalten die Verfahrensakten bzw. die dem Verfahren zugeordneten Beweismittel sensible wirtschaftliche und unternehmerische Daten, oftmals in der rechtlichen Qualität von Betriebs- und Geschäftsgeheimnissen. Den vorsichtigen Umgang mit diesen Informationen, insbesondere bei der nach nationalem Recht zu beantwortenden Frage des Akteneinsichtsrechts für betroffene Unternehmen/Individuen, ermöglicht diese Norm. Zudem steht dem ersuchten Staat in Ausnahmefällen ein Widerspruchsrecht hinsichtlich der Offenbarung dieser Auskünfte und Beweismittel zu (Art. 16 S. 3, 4 RhV D-USA).

12. Inhalt und Form von Rechtshilfeersuchen

Die Art. 17 bis 23 RhV D-USA treffen Regelungen über die Einreichung und die Erledigung eines Rechtshilfeersuchens. Den zwingend notwendigen Inhalt eines Rechtshilfeersuchens bestimmt Art. 17 Abs. 1 RhV D-USA, während die Angaben nach Abs. 2 nur soweit möglich enthalten sein sollen. Ein Ersuchen hat nach Art. 17 Abs. 1 RhV D-USA folgendes zu enthalten: **31**

1. die Bezeichnung der das Ersuchen stellenden Behörde;
2. die Bezeichnung der Behörde, die das dem Ersuchen zugrundeliegende strafrechtliche Ermittlungsverfahren oder Strafverfahren führt;
3. die Beschreibung des Gegenstands und der Art des strafrechtlichen Ermittlungsverfahrens oder Strafverfahrens einschließlich
   a) einer zusammenfassenden Darstellung des Sachverhalts,
   b) des Wortlauts der anwendbaren strafrechtlichen Bestimmungen
   und
   c) sofern bekannt, der Identität der Person, auf die sich das strafrechtliche Ermittlungsverfahren oder Strafverfahren bezieht;
4. die Beschreibung der erbetenen Beweismittel oder Auskünfte oder der vorzunehmenden Handlungen sowie
5. die Angabe des Zweckes, für den die Beweismittel, Auskünfte oder Handlungen erbeten werden.

Darüber hinaus sollte ein Rechtshilfeersuchen gem. Art. 17 Abs. 2 RhV D-USA folgendes enthalten: **32**

1. Angaben zur Identität oder Beschreibung und vermuteter Aufenthalts- beziehungsweise Fundort einer gesuchten Person beziehungsweise eines gesuchten Gegenstands;
2. Angaben zu Identität und Aufenthalt eines Zustellungsempfängers, zum Zusammenhang zwischen dieser Person und dem strafrechtlichen Ermittlungsverfahren oder Strafverfahren und zur Art und Weise der Zustellung;
3. Identität und Aufenthalt der Personen, die vernommen werden sollen, eine Beschreibung, auf welche Weise eine Aussage oder Erklärung entgegen genommen und festgehalten werden soll, und eine Beschreibung der erbetenen Aussage oder

Erklärung, möglicherweise einschließlich einer Liste von Fragen, die beantwortet werden sollen;
4. eine genaue Beschreibung der zu durchsuchenden Örtlichkeit oder Person und des zu beschlagnahmenden Gegenstands;
5. eine Beschreibung eines bestimmten, bei der Erledigung des Ersuchens anzuwendenden Verfahrens;
6. Angaben zu Vergütungen und Spesen, auf die eine im ersuchenden Staat erscheinende Person Anspruch hat und
7. sonstige Angaben, die dem ersuchten Staat zur leichteren Erledigung des Ersuchens dienlich sein können.

33   In Umsetzung des amerikanisch-europäischen Abkommens können Ersuchen mithilfe beschleunigter Kommunikationsmittel wie Fax oder elektronischer Post erfolgen und erst nachfolgend im Falle eines entsprechenden Verlangens des ersuchten Staates formell bestätigt werden (Art. 17 Abs. 3 S. 1 RhV D-USA). In dringenden Fällen ist auch eine mündliche Stellung des Ersuchens möglich, die jedoch regelmäßig innerhalb von zehn Tagen schriftlich zu bestätigen ist (Art. 17 Abs. 3 S. 2 RhV D-USA). Das Ersuchen kann nach Art. 18 RhV D-USA in der Sprache des ersuchenden Staates mit beigefügter Übersetzung oder in der Sprache des ersuchten Staates gestellt werden.

34   In den Art. 19 bis 23 RhV D-USA wird die Art und Weise der Erledigung eines Ersuchens, d.h. unter anderem das zu beachtende Verfahren sowie bestehende Unterrichtungspflichten (Art. 19 RhV D-USA), die Rückgabe überlassener Gegenstände (Art. 20 RhV D-USA) sowie die Kostentragungspflichten (Art. 21 RhV D-USA), geregelt. Rechtshilfeersuchen sollen so weit wie möglich nach den Formvorschriften des ersuchenden Staates erledigt werden. Auf diese Weise soll sichergestellt werden, dass die im Wege der Rechtshilfe erlangten Beweismittel in ein späteres Strafverfahren im ersuchenden Staat eingeführt werden können.

Im Rahmen eines Rechtshilfeersuchens sind die Gerichte des ersuchten Staates gem. Art. 19 Abs. 3 S. 2 RhV D-USA befugt, die für die Erledigung des Ersuchens erforderlichen Beschlüsse einschließlich Durchsuchungsbeschlüsse zu erlassen. Die bei der Erledigung eines Ersuchens entstehenden Kosten trägt mit Ausnahme der in Art. 21 Abs. 1 RhV D-USA enumerativ aufgeführten Positionen der ersuchte Staat.

13. Verhältnis zu anderen Übereinkünften

35   Die in diesem Abkommen aufgeführten Rechtshilfehandlungen sind nicht abschließend. Vielmehr können die USA und Deutschland nach Art. 25 Abs. 1 RhV D-USA einander Rechtshilfe auch nach anderen internationalen Übereinkünften, bilateralen Verträgen oder nach ihrem innerstaatlichen Recht leisten.

Für Steuerstraftaten enthält Art. 25 Abs. 2 RhV D-USA einen Ablehnungsvorbehalt, nach dem die Rechtshilfe abgelehnt werden kann, wenn die Steuerstraftat nach Auffassung des ersuchten Staates auf einer Besteuerung im ersuchenden Staat gründet, die den Bestimmungen einer Übereinkunft zur Vermeidung der Doppelbesteuerung, bei dem beide Staaten Vertragspartei sind, widerspricht (Nr. 1) oder bei nicht von einer solchen Übereinkunft erfassten Steuern auf einer Besteuerung im ersuchenden Staat gründet, die seinen wesentlichen Steuergrundsätzen widerspricht (Nr. 2).

36   Die Polizeibehörden der Vertragsstaaten können sich im Rahmen ihrer Zuständigkeit unmittelbar um Rechtshilfe ersuchen, wenn sich die Rechtshilfe nur auf die Erlangung von Auskünften, die Herausgabe polizeilicher Unterlagen, die Fahndung nach Personen oder die polizeiliche Vernehmung bezieht (Art. 25 Abs. 3 RhV D-USA). Die

Ersuchen deutscher Polizeibehörden werden an das Nationale Zentralbüro der Internationalen Kriminalpolizeilichen Organisation (Interpol) in Washington, D.C. oder an das Federal Bureau of Investigation der Vereinigten Staaten von Amerika gerichtet;[1937] Ersuchen der U.S.-amerikanischen Polizeibehörden an das Bundeskriminalamt der Bundesrepublik Deutschland (Art. 25 Abs. 3 S. 2 RhV D-USA).

C. Umsetzung von Rechtshilfeersuchen unter dem RhV D-USA nach IRG

I. Einleitung

Der RhV D-USA enthält ein Vielzahl spezifischer Regelungen, die als lex specialis dem allgemeinen deutschen Rechtshilferecht des IRG vorgehen.[1938] Dies betrifft jedoch nicht die Ausgestaltung des innerstaatlichen Rechtshilfeverfahrens nach dem IRG, also die grundsätzliche prozessuale Umsetzung von Rechtshilfeverfahren in Deutschland. Bestimmte innerstaatliche Verfahrensgarantien wie der Ordre Public (§ 73 IRG) oder die ausnahmsweise Tatverdachtsprüfung gem. § 10 Abs. 2 IRG gelten auch im Rahmen eines US-amerikanischen Rechtshilfeersuchens. 37

Die Vorschriften zur sonstigen Rechtshilfe sind im Fünften Teil des IRG in den §§ 59 ff. IRG enthalten. Sonstige Rechtshilfe gem. § 59 Abs. 2 IRG ist jede Unterstützung, die für ein ausländisches Strafverfahren gewährt wird. Der weite und bewusst offen gehaltene Begriff „jede Unterstützung" zeigt, dass sämtliche denkbaren strafverfahrensrechtlichen Maßnahmen gemeint sind, einen abschließenden Katalog gibt es nicht – dies entspricht der nicht abschließenden Regelung des Art. 1 Abs. 2 RhV D-USA ebenso wie der in § 59 Abs. 3 IRG formulierten Schranke: Rechtshilfe darf nur geleistet werden, wenn sie sowohl im ersuchten, wie auch im ersuchenden Staat verfahrensrechtlich zulässig und möglich ist. 38

Die sonstige Rechtshilfe hängt gem. Art. 1 Abs. 4 RhV D-USA nicht von einem Gegenseitigkeitsverhältnis der Staaten ab. Der beiderseitigen Strafbarkeit der verfolgten Tat bedarf es nur bei der Durchsuchung sowie der Beschlagnahme und Herausgabe von Gegenständen gem. §§ 66 ff. IRG (vgl. Art. 11 Abs. 1 RhV D-USA). Vergleichbar zu § 7 StGB bedarf es hier jedoch nicht einer identischen Strafnorm, sondern es kommt lediglich darauf an, dass die Tat gem. § 66 Abs. 2 Nr. 1 IRG auch nach deutschem Recht „den Tatbestand eines Strafgesetzes oder eines Gesetzes verwirklicht, das die Ahndung mit einer Geldbuße zulässt" (vgl. Art. 11 Abs. 2 RhV D-USA).

Ausgeschlossen ist die Leistung von Rechtshilfe im Fall eines Verstoßes gegen den Grundsatz des Ordre Public (§ 73 IRG). Dieser ist beispielsweise dann erfüllt, wenn die Rechtshilfe im konkreten Einzelfall zu elementaren verfassungsrechtlichen oder völkerrechtlichen Geboten des Grundrechts- bzw. Menschenrechtsschutzes in Widerspruch steht. Ferner führt die Unverhältnismäßigkeit der Durchführung eines Rechtshilfeersuchens dazu, dass die Rechtshilfe als unzulässig abzulehnen ist.[1939] 39

[1937] III.2 der Richtlinie für den Verkehr mit dem Ausland in strafrechtlichen Angelegenheiten, Anlage II – Länderteil, Vereinigte Staaten.
[1938] Ergänzt wird das IRG durch die sog. Richtlinien für den Verkehr mit dem Ausland in strafrechtlichen Angelegenheiten (=RiVASt), abrufbar unter http://www.bmj.de/SiteGlobals/Functions/ThemenIndex/themenIndex_RiVASt.html?isOverview=true.
[1939] Vgl. Schomburg/Lagodny/Gleß/Hackner/*Lagodny*, IRG § 73 Rn. 1 ff.

40 Ein US-amerikanisches Rechtshilfeersuchen wird nach deutschen Recht (locus regit actum) durchgeführt, so dass die Regelungen der Strafprozessordnung zu beachten sind, also jede Rechtshilfehandlung unter dem strafprozessualen „Schutzschirm" des deutschen Strafverfahrensrechts erfolgt. Damit die Beweiserhebung dem Recht des ersuchenden Staates entspricht und nicht Beweisverwertungs-/-erhebungsverboten unterliegt, wird dessen Verfahrensrecht – soweit möglich – bei der Beweiserhebung berücksichtigt. Dies führt dazu, dass die Verletzung von Verfahrensvorschriften des ersuchenden Staates die prinzipielle Verwertbarkeit der erhobenen Beweise grundsätzlich auch dann unberührt lässt, wenn prozessuale Rechte Verfahrensbeteiligter betroffen sind.[1940] Unterschiede im Verfahrensrecht können grundsätzlich nur innerhalb der nationalen Beweiswürdigung Berücksichtigung finden.[1941]

Das Verfahren der sonstigen Rechtshilfe sieht zwei Stufen für die Behandlung in Deutschland eingehender Rechtshilfeersuchen vor, das Bewilligungsverfahren und das Vornahmeverfahren, vgl. auch Nr. 16 ff. RiVASt.[1942]

II. Zweistufiges Verfahren – Bewilligungsverfahren/Vornahmeverfahren

41 Im Bewilligungsverfahren, das dem Vornahmeverfahren grundsätzlich vorgeschaltet ist,[1943] wird geprüft, ob es eine innerstaatliche Leistungsermächtigung für die Leistung der Rechtshilfe gibt und ob diese gegenüber dem ersuchenden Staat bewilligt werden kann. Die zuständige Bewilligungsbehörde i.S. des § 74 IRG ist nach Art. 2 Abs. 2 RhV D-USA das Bundesministerium der Justiz, das jedoch innerstaatliche Delegationsmöglichkeiten entsprechend der Zuständigkeitsvereinbarung vom 1.8.1993[1944] in Verbindung mit den Regelungen der einzelnen Bundesländer hat; in den meisten Bundesländern ist die Generalstaatsanwaltschaft beim Landgericht die zuständige Bewilligungsbehörde.

Innerstaatlich handelt es sich bei dem Bewilligungsverfahren um ein Verwaltungsverfahren des Bundes mit der Folge, dass verfahrensrechtliche Garantien des VwVfG, die zumindest im Rechtsstaatsprinzip oder in verfahrensrechtlichen Komponenten der Grundrechte wurzeln, im Bewilligungsverfahren einzuhalten sind.[1945] An die Entscheidung der Bewilligungsbehörde ist die für die Leistung der Rechtshilfe zuständige Behörde, die sog. Vornahmebehörde, gebunden (§ 60 S. 1, 2. Halbs. IRG). Dies gilt gem. § 60 S. 2 IRG jedoch dann nicht, wenn ein Gericht für die Vornahme der Rechtshilfe zuständig ist.

42 Nach Erteilung der rechtshilferechtlichen Bewilligung führt die Vornahmebehörde oder das Vornahmegericht die notwendige Rechtshilfehandlung durch. Maßgeblich ist das deutsche Verfahrensrecht, also insbesondere die Vorschriften der Strafprozessordnung, soweit das IRG nichts anderes bestimmt (§ 77 IRG, Nr. 22 Abs. 1 RiVASt). Über die Voraussetzungen der Erledigung des Ersuchens (Vornahmeermächtigung), wie etwa die Voraussetzungen einer Zeugenvernehmung, entscheiden die Vornahmebehörde oder das Vornahmegericht eigenverantwortlich.

[1940] *Hackner/Schomburg/Lagodny/Wolf*, S. 120 ff.
[1941] Zu Ausnahmen s. *BGH* NStZ 92, 394.
[1942] S. hierzu wie auch im Folgenden *Hackner/Schomburg/Lagodny/Wolf*, S. 123, und Schomburg/Lagodny/Gleß/Hackner/*Lagodny*, IRG Vorb. § 59 Rn. 6 ff.
[1943] Bei Gefahr im Verzug darf ein Rechtshilfeersuchen ausnahmsweise vor der Bewilligung erledigt werden, wenn gegen die Gewährung keine Bedenken bestehen. Die Bewilligungsbehörde ist nach Vornahme der Rechtshilfe zu unterrichten (vgl. Nr. 22 Abs. 2 RiVASt).
[1944] BAnz, S. 6383.
[1945] Schomburg/Lagodny/Gleß/Hackner/*Lagodny*, IRG, Einl. Rn. 115 ff. m.w.N.

C. Umsetzung von Rechtshilfeersuchen unter dem RhV D-USA nach IRG

Leistungsermächtigung und Vornahmeermächtigung sind inhaltlich miteinander verknüpft: Fehlt es an der Leistungsermächtigung, so kann aus Verhältnismäßigkeitsgründen auch keine Vornahmeermächtigung bestehen, weil deren Zweck nicht erreicht werden kann (Rechtsgedanke des § 15 Abs. 2 IRG). Über die Generalverweisungsnorm des § 59 Abs. 3 IRG ist sichergestellt, dass bei fehlender Vornahmeermächtigung konsequenterweise auch keine Leistungsermächtigung existiert.[1946]

III. Rechtsschutz gegen Bewilligung der Rechtshilfe/Leistungsermächtigung

Die §§ 59 ff. IRG sehen hinsichtlich der Leistungsermächtigung kein Offizialverfahren vor. Nur der von einer Rechtshilfeleistung nach § 66 IRG Betroffene (Herausgabe von Gegenständen) hat nach § 61 Abs. 1 S. 2 Alt. 2 IRG die Möglichkeit, das OLG direkt anzurufen, um die Leistungsermächtigung gerichtlich überprüfen zu lassen. Im Übrigen hat § 61 IRG keinen individualrechtsschützenden Charakter, so dass es in den anderen Fällen des § 61 IRG darauf ankommt, ob das Vornahmegericht oder die Generalstaatsanwaltschaft das OLG einschalten. 43

Hat das Vornahmegericht Zweifel an der Bewilligungsfähigkeit (also der Leistungsermächtigung) des Ersuchens, so muss es gem. § 61 Abs. 1 S. 1 IRG das OLG anrufen. Die zweifelnde Vornahmebehörde kann entweder eine sie abschließend bindende Entscheidung der Bewilligungsbehörde gem. § 60 IRG einholen oder regt bei der Generalstaatsanwaltschaft die Herbeiführung einer Entscheidung des OLG gem. § 61 Abs. 1 S. 2 Alt. 1 IRG an. Die Entscheidung des OLG bindet die Bewilligungsbehörde lediglich hinsichtlich der Bewilligungsfähigkeit und erstreckt sich nicht auf die Vornahmeermächtigung. An die Bewilligungsentscheidung des OLG sind Vornahmegericht und Vornahmebehörde gleichermaßen gebunden.

Die Möglichkeit, bei dem Vornahmegericht oder der Vornahmebehörde die Überprüfung der Bewilligungsentscheidung anzuregen, reicht nicht aus, um einen Art. 19 Abs. 4 GG gerecht werdenden effektiven Rechtsschutz[1947] zu garantieren. Mangels eines gesetzlichen Rechtsmittels vertritt das BVerfG daher im Rahmen der sog. Integrationslösung die Auffassung, dass es eines in den Vornahmerechtsschutz integrierten Rechtsschutzes hinsichtlich der Leistungsermächtigung bedarf.[1948] 44

Auf diesem Wege können (juristische) Personen, die von der Rechtshilfe außerhalb der §§ 61, 66 IRG betroffen sind, Einwendungen gegen die Unzulässigkeit der Rechtshilfe im Rahmen des Rechtsschutzes gegen Vornahmehandlungen vorbringen.[1949] Um eine gerichtliche Befassung des OLG mit der Leistungsermächtigung zu erreichen, muss die Vornahmehandlung ebenso angegriffen werden wie die Leistungsermächti-

---

[1946] Schomburg/Lagodny/Gleß/Hackner/*Lagodny*, IRG, Vorb. § 59 Rn. 10.
[1947] BVerfGE 8, 274, 326 = NJW 1959, 475; BVerfGE 67, 43, 58; 96, 27, 39 = NJW 1997, 2163 = NStZ 1997, 447; BVerfGE 104, 220, 231 = NJW 2002, 2456 und st. Rspr.
[1948] *BVerfG* EzSt IRG § 61 Nr. 2, und *BVerfG*, Beschl. v. 16.7.1987, Az. 2 BvR 682/87; so zuletzt auch *OLG Frankfurt a.M.* NStZ 2005, 349, 350; vgl. hierzu auch *Wilkitzki*, in: Grützner/Pötz/Kreß, IRG § 61 Rn. 9 m.w.N. Entsprechend verneint das BVerwG den Verwaltungsrechtsweg für rechtshilfebezogene Einwendungen (NJW 1991, 649); a.A. *Vogler*, FG Söllner, 1990, S. 595 ff.
[1949] Da nicht jede Vornahmehandlung aus ihrer Natur heraus automatisch einer gerichtlichen Überprüfbarkeit unterliegt, ist diese spätestens über § 23 EGGVG zu erlangen, vgl. *Lagodny*, in: Schomburg/Lagodny/Gleß/Hackner, IRG, Vorb. 59 Rn. 27 m.w.N. A.A. LR/*Böttcher*, § 23 EGGVG Rn. 39 m.w.N., der in Bezug auf eingehende Rechtshilfeersuchen davon ausgeht, dass ein Antrag nach § 23 EGGVG nicht möglich ist, da Entscheidungen über die Gewährung internationaler Rechtshilfe in erster Linie der Pflege internationaler Beziehungen dienen und infolgedessen nicht auf dem Gebiet der Strafrechtspflege getroffen werden.

gung. Das angerufene Gericht entscheidet sodann über die Rechtmäßigkeit der Vornahmehandlung und hat hinsichtlich der rechtshilferechtlichen Leistungsermächtigung das Verfahren dem OLG gem. § 61 Abs. 1 S. 1 IRG vorzulegen.[1950] Der Vornahmerechtsschutz umfasst damit auch den Leistungsrechtschutz des Einzelnen außerhalb von §§ 61 Abs. 1 S. 1 u. 2, 66 IRG.[1951] Exemplarisch: Bei einer Beschwerde nach § 304 StPO gegen die Nichtgewährung eines Aussageverweigerungsrechts nach § 55 StPO hat das LG, wenn auch die Gewährung der Rechtshilfe als solche in Frage gestellt wird, diese Frage dem OLG vorzulegen, nicht jedoch die Frage zum Aussageverweigerungsrecht nach § 55 StPO.

45   Das Bewilligungsverfahren ist eine black-box für den anwaltlichen Beistand. Er erhält grundsätzlich keine Akteneinsicht in die Bewilligungsakte und muss um jede Information aus der Bewilligungsphase ringen. Vereinfacht gesagt beruft sich die Bewilligungsbehörde für diese Phase beziehungsweise den Akt der Rechtshilfe-Bewilligung auf außenpolitische Aspekte der internationalen Rechtshilfe, in denen individualbeschwerende Situationen keine Rolle spielen. Den vom Beistand kreativ zu führenden Kampf um die Leistungsermächtigung entscheidet letztlich das OLG. Angriffspunkte bieten immer wieder veraltete ausländische Beschlüsse, die nach deutschem Strafprozessrecht ihr Haltbarkeitsdatum überschritten hätten und veraltete Sachverhaltsumstände schildern.

IV. Rechtsschutz gegen das Vornahmeverfahren

46   Für Entscheidungen, die allein das Vornahmeverfahren betreffen, besteht keine Entscheidungszuständigkeit des OLG nach § 61 IRG. Der Rechtsschutz richtet sich nach der einschlägigen nationalen Verfahrensordnung, in den meisten Fällen der Beschwerde nach § 304 StPO. Diese Unterscheidung wird besonders deutlich an der folgenden Sachverhaltskonstellation:

Der Zeuge Z wird aufgrund eines Rechtshilfeersuchens der SEC durch das AG Essen vernommen. Nach einer mehrstündigen Vernehmung zur Sache beruft er sich auf sein Auskunftsverweigerungsrecht gem. § 55 StPO, erklärt sich aber mit der Verwertung seiner bis dahin gemachten Aussagen einverstanden. Das AG Essen gesteht dem Zeugen ein Aussageverweigerungsrecht nach § 55 StPO zu, obwohl die Voraussetzungen der Norm nicht erfüllt sind. Die US-amerikanische Verteidigung oder auch die SEC möchte hiergegen vorgehen.

Der Beschluss des AG Essen bezieht sich vorliegend allein auf die Ausgestaltung des „Wie" der Ausführung der erbetenen Rechtshilfe. Zwar betrifft die Frage des Vorliegens eines Auskunftsverweigerungsrechts rein faktisch die Pflicht und damit das „Ob" der Zeugenaussage. Ob jedoch ein Auskunftsverweigerungsrecht tatsächlich vorliegt und ein darauf gerichtetes Zugeständnis zulässig ist, bezieht sich allein auf die innerstaatliche Ausgestaltung der für zulässig befundenen Rechtshilfe durch Zeugenvernehmung. Insofern kommt als Rechtsbehelf gegen den Beschluss des AG Essen allein die allgemeine Beschwerde nach § 304 StPO i.V.m. § 77 IRG in Betracht und bei ablehnender Entscheidung des Landgerichts die Verfassungsbeschwerde.[1952]

[1950] Schomburg/Lagodny/Gleß/Hackner/*Lagodny*, IRG, Vorb. § 59 Rn. 39.
[1951] Vgl. so auch Schomburg/Lagodny/Gleß/Hackner/*Lagodny*, Vorb. § 59 IRG Rn. 25.
[1952] Vgl. zu dieser Konstellation *Ahlbrecht/Börgers*, ZIS 2008, 218.

V. Einzelthemen

1. Durchsuchung und Beweismittelbeschlagnahme

Die strafprozessualen Zwangsmaßnahmen der Durchsuchung und Beschlagnahme haben ihre allgemeine Regelung in § 67 IRG, der die Vornahmeermächtigung für prozessuale Zwangsmaßnahmen zur Erledigung von Rechtshilfeersuchen um Herausgabe (Abs. 1) bzw. zur Erledigung anderweitiger Rechthilfeersuchen (Abs. 2) in Verbindung mit Art. 11 RhV D-USA bildet. Daneben gelten für die Durchführung dieser Maßnahmen über § 77 IRG die allgemeinen Regelungen der §§ 94 ff., 102 ff. StPO in vollem Umfang. Abgesehen von den speziellen Zwecken nach Abs. 1 und Abs. 2 schafft § 67 IRG kein „Sonderbeschlagnahme- bzw. -durchsuchungsrecht", das geringeren Anforderungen unterliegt als im rein innerstaatlichen Strafverfahren.[1953]

Ein auf eine Durchsuchung/Beschlagnahme gerichtetes Rechtshilfeersuchen, welches nicht in Zusammenhang mit einer späteren Herausgabe nach § 66 IRG gebracht werden kann, ist zwar möglich, muss jedoch ebenfalls den Anforderungen gem. § 66 Abs. 1 Nr. 1, Abs. 2 Nr. 1 IRG (Dienlichkeit des Beweismittels und beiderseitige Strafbarkeit), genügen (§ 67 Abs. 2 S. 1 IRG).[1954] Das Amtsgericht, in dessen Bezirk die Handlungen vorzunehmen sind, ordnet durch Beschluss (§§ 98, 105 StPO) die Maßnahme an (67 Abs. 3 IRG); bei Gefahr im Verzug sind ausnahmsweise auch die Staatsanwaltschaft bzw. ihre Ermittlungspersonen hierzu befugt (§ 67 Abs. 4 IRG).[1955]

Die nach § 67 IRG möglichen Zwangsmaßnahmen gehören zum innerstaatlichen Vornahmeverfahren, in dem das Amtsgericht jedoch nicht nur die innerstaatliche Vornahmeermächtigung, sondern auch die Leistungsermächtigung prüfen muss.[1956] Soweit das Amtsgericht die Voraussetzungen der Leistungsermächtigung verneinen will, muss es nach § 61 Abs. 1 Nr. 1 IRG das OLG anrufen.[1957]

Grundsätzliches Rechtsschutzinstrument ist die Beschwerde nach § 304 StPO, die darauf gestützt werden kann, dass entweder die Vornahme- oder die Leistungsermächtigung fehlt. Während im ersten Fall das Landgericht über die Beschwerde zu entscheiden hat, müsste das Amtsgericht bei Nichtvorlage der Leistungsermächtigung über § 61 Abs. 1 S. 1 IRG das OLG anrufen.

2. Herausgabe von Gegenständen, Schriftstücken und Akten zu Beweiszwecken

Die isolierte Herausgabe von Gegenständen, d.h. solcher, die nicht als Nebenleistungen bei einer Aus- oder Durchlieferung begehrt werden,[1958] ist in § 66 IRG geregelt. In den meisten Fällen handelt es sich um solche Gegenstände, die zuvor über ein rechtshilferechtliches Ersuchen nach § 67 IRG (s.o.) beschlagnahmt worden sind. Über ihre Zulässigkeit entscheidet die Staatsanwaltschaft. Sie veranlasst bei dem Landgericht, dass die Gegenstände sichergestellt oder beschlagnahmt werden (Nr. 76 RiVASt). Ört-

---

[1953] Schomburg/Lagodny/Gleß/Hackner/*Lagodny*, IRG § 67 Rn. 2.
[1954] Zur Durchsuchung im Auftrag der Europäischen Kommission vgl. *Toepel*, NStZ 2003, 631, und *AG Bonn* NStZ 2003, 688.
[1955] Ob diese vorliegt, richtet sich nach den allgemeinen Anforderungen an den Durchsuchungsbeschluss bei Gefahr im Verzug Schomburg/Lagodny/Gleß/Hackner/*Lagodny*, IRG § 67 Rn. 26.
[1956] Schomburg/Lagodny/Gleß/Hackner/*Lagodny*, IRG § 67 Rn. 14.
[1957] Grützner/Pötz/Kreß/*Wilkitzki*, IRG § 66 Rn. 21 Fn. 10, und Schomburg/Lagodny/Gleß/Hackner/*Lagodny*, IRG § 67 Rn. 22; a.A. *OLG Stuttgart* NJW 1989, 3104.
[1958] Grützner/Pötz/Kreß/*Wilkitzki*, IRG § 66 Rn. 1.

lich zuständig ist die Staatsanwaltschaft bei dem Landgericht, in dessen Bezirk sich die herausverlangten Gegenstände befinden. Der Begriff des „Gegenstandes" i. S. des § 66 IRG ist extensiv zu verstehen. Darunter fallen nicht nur körperliche Sachen, sondern insbesondere auch Forderungen und überweisungsfähige Rechte an Sachen.[1959]

Die Herausgabe ist entsprechend der enumerativen Aufzählung in § 66 Abs. 1 IRG nur dann möglich, wenn es sich bei dem betreffenden Gegenstand entweder um ein Beweismittel handelt, das in einem ausländischen Verfahren dienlich sein kann (Nr. 1) oder um das aus der Tat Erlangte (Beute) bzw. das Entgelt (Beutesurrogat) der Tat (Nr. 2). Diese Anforderungen an den Herausgabezweck werden weit ausgelegt und können nach der Rechtsprechung des BGH[1960] nur dann verneint werden, wenn die Beweiserheblichkeit völlig ausgeschlossen ist.[1961] So soll es im Hinblick auf § 66 Abs. 1 Nr. 2 IRG ausreichen, dass der fragliche Gegenstand möglicherweise durch die Straftat erlangt worden ist.[1962]

50 § 66 Abs. 2 IRG regelt die Zulässigkeitsvoraussetzungen für die Gewährung der Rechtshilfe. Dies erfordert zum einen beiderseitige Strafbarkeit der konkreten Tat (Nr. 1). Hinzu treten muss in formeller Hinsicht gem. § 66 Abs. 2 Nr. 2 IRG eine Beschlagnahmeanordnung einer zuständigen Stelle des ersuchenden Staates bzw. eine diese ersetzende Erklärung, die die jeweiligen Gegenstände so genau wie möglich zu bezeichnen und ihre Funktion als Beweismittel in dem konkreten Strafverfahren zu begründen hat. Dahinter verbirgt sich der Zweck, dass im Zeitpunkt der Herausgabe im ersuchenden Staat die Voraussetzungen für diese Maßnahme vorliegen.[1963]

Eine besondere Zulässigkeitsvoraussetzung enthält § 66 Abs. 1 Nr. 3 IRG, wonach u. a. gewährleistet sein muss, „dass Rechte Dritter[1964] unberührt bleiben", gemeint sind alle grundrechtsrelevanten Eingriffe.[1965] Anerkanntermaßen fällt unter § 66 Abs. 1 Nr. 3 IRG nicht nur eine mögliche Verletzung dinglicher Rechte an dem Gegenstand der Herausgabe, sondern umfasst sind vielmehr auch Vermögensschutz-, Urheber- und Geheimhaltungsrechte[1966] sowie ein in Deutschland erwirktes Pfändungspfandrecht.[1967]

3. Akteneinsicht

51 Das Recht auf Akteneinsicht im Bereich der sonstigen Rechtshilfe ähnelt zumeist einem zahnlosen Tiger: die deutsche Verfahrensakte ist vergleichsweise dünn und ent-

---

[1959] Schomburg/Lagodny/Gleß/Hackner/*Lagodny*, IRG § 66 Rn. 7; Grützner/Pötz/Kreß/*Wilkitzki*, IRG § 66 Rn. 9. Umstritten ist in diesem Zusammenhang die Anwendbarkeit des § 66 IRG in Abgrenzung zum bloßen Auskunftsersuchen auf die Herausgabe von Kopien (die Herausgabe bejaht BGHSt 33, 196 = NJW 1985, 2096 = NStZ 1985, 553).
[1960] BGHSt 20, 170, 173 = NJW 1965, 1143; BGHSt 27, 222, 227 = NJW 1977, 2036, bestätigt durch *BVerfG* NStZ-RR 2002, 16.
[1961] Grützner/Pötz/Kreß/*Wilkitzki*, IRG § 66 Rn. 10.
[1962] Grützner/Pötz/Kreß/Gleß/Hackner/*Lagodny*, IRG § 66 Rn. 16.
[1963] Schomburg/Lagodny/Gleß/Hackner/*Lagodny*, IRG § 66 Rn. 32.
[1964] „Dritter" ist jeder, der nicht Verfolgter in dem ausländischen Strafverfahren ist, in dem das Rechtshilfeersuchen gestellt wurde (*OLG Köln*, Beschl. v. 27.7.2004, Az. Ausl 92/04).
[1965] Schomburg/Lagodny/Gleß/Hackner/*Lagodny*, IRG § 66 Rn. 27. Er weist jedoch in Rn. 29 darauf hin, dass der betroffene Dritte die zeitweise Beschränkung von Besitz- und Nutzungsrechten hinzunehmen hat (so auch Grützner/Pötz/Kreß/*Wilkitzki*, IRG § 66 Rn. 19). Um jedoch den Verhältnismäßigkeitsgrundsatz zu wahren, müsse in so einem Fall die Rückgabe unverzüglich erfolgen (Lagodny a. a. O.). Vgl. zur Grundrechtsbindung im Zusammenhang mit der Rechtshilfe nach §§ 59 ff. IRG *Eilers/Roeder*, wistra 1987, 92.
[1966] BGHSt 33, 196, 215 = NJW 1985, 2096 = NStZ 1985, 553.
[1967] Schomburg/Lagodny/Gleß/Hackner/*Lagodny*, IRG § 66 Rn. 27.

hält nicht viel mehr als das Rechtshilfeersuchen und – nicht immer – deren dokumentierte Bewilligung. Das Recht des Beschuldigtenbeistandes auf Akteneinsicht in die in der Bundesrepublik vorhandenen Verfahrensakten ergibt sich aus § 77 Abs. 1 IRG i.V.m. § 147 StPO.[1968] Bezüglich eines beispielsweise von einer Durchsuchung betroffenen Unternehmens ist das Akteneinsichtsrecht entweder über die Normenkette des § 77 IRG i.V.m. § 406e StPO bzw. § 475 StPO oder über § 77 IRG i.V.m. §§ 434 ff., 147 StPO herzuleiten.[1969]

Selbst wenn die Staatsanwaltschaft keine Probleme bei der Akteneinsichtsgewährung bereiten sollte, hilft die Akte zumeist nicht viel, wenn der Beistand nicht unmittelbar Akteneinsicht beantragt und das Akteneinsichtsrecht durchsetzt, um die Leistungsermächtigung anzugreifen und Zweifel an der Bewilligungsfähigkeit der Rechtshilfe zu thematisieren. Die ausländische Verfahrensakte ist sonst bereits wieder zurückversandt an den ersuchenden Staat, wenn sie überhaupt – und sei es nur auszugsweise – in Deutschland war. Der Beistand muss über einen einzuschaltenden US-amerikanischen Kollegen schnellstmöglich versuchen, Akteneinsicht im US-Verfahren zu erhalten, wenn er das OLG nicht überzeugen kann, dass die ausländische Akte von dort aus angefordert wird.

D. Interne Ermittlungen für die SEC vs. Rechtshilfe

Die oft in SEC-Verfahren zu beobachtenden internen Ermittlungen in Unternehmen, die ihre Kooperationsbereitschaft gegenüber der SEC mit dem Ziel einer möglichst gnädigen Behandlung unterlegen, sind rechtshilferechtlich nicht unterlegt, könnten also nicht im Wege der Rechtshilfe erzwungen werden. Sie stellen faktisch ein Outsourcing prozessualer Ermittlungsaktivitäten nach den Regeln der SEC dar. Derartige Ermittlungen können nach dem deutschen Strafverfahrensrecht einem Unternehmen nicht auferlegt werden, weil es hierfür keine rechtliche Grundlage in Deutschland gibt. Rechtshilferechtlich sind derartige Ermittlungen daher ein Nullum. 52

Dementsprechend besteht trotz eines US-amerikanischen SEC-Verfahrens gegen ein an der US-amerikanischen Börse gelistetes Unternehmen auch keine Verpflichtung einer deutschen (Tochter-)Gesellschaft, der SEC bestimmte Unterlagen zur Verfügung zu stellen oder Mitarbeiter zu befragen oder von der SEC befragen zu lassen. Das Eingehen auf derartige Begehrlichkeiten mag strategischen Erwägungen geschuldet sein, basiert jedoch auf keiner (rechtshilfe-)rechtlichen Grundlage. Faktisch stellt sich ein derartiges Entgegenkommen als Aushöhlung der Rechtshilfe dar. Die völkerrechtliche Souveränität der Bundesrepublik Deutschland und der Vereinigten Staaten von Amerika wird durch eine derartige, letztlich wirtschaftlich motivierte, private und „freiwillige" Unternehmensentscheidung jedoch nicht tangiert.

Rechtshilferechtlich allein denkbar ist, dass Ergebnisse der Ermittlungen oder auch die für Zwecke der internen Ermittlungen im Unternehmen zusammengeführten Unterlagen im Wege der sonstigen Rechtshilfe nach dem RhV D-US beschlagnahmt und Unternehmensmitarbeiter im Wege der Rechtshilfe befragt werden. Dieser Weg wird jedoch von der SEC üblicherweise als zeitlich und logistisch umständlich bewertet, weil gerade in Umfangsverfahren die Bearbeitung von Rechtshilfeersuchen aus Sicht 53

[1968] Grützner/Pötz/Kreß/*Vogler*, IRG § 77 Rn. 28.
[1969] So auch Schomburg/Lagodny/Gleß/Hackner/*Lagodny/Hackner/Trautmann*, IRG § 77 Rn. 12 und 7 ff. m.w.N.

der Behörde unnötige Ressourcen bindet. Zudem münden derartige Rechtshilfeersuchen nahezu zwangsläufig in der Einleitung eines deutschen „Korrespondenz"-Ermittlungsverfahrens, in denen Mitarbeiter des Unternehmens zu Beschuldigten werden und das deutsche Unternehmen in den Fokus möglicher Sanktionen nach §§ 30, 130 OWiG gerät. Die damit einhergehenden strafprozessualen Rechtspositionen der deutschen Beschuldigten[1970] und des deutschen Unternehmens hemmen aus Sicht der SEC die als notwendig erachteten internen Ermittlungen.

[1970] Vgl. hierzu *Litzka*, WiJ 2012, 79 ff.

§ 12. Unternehmensbezogene „Sanktionen"

A. US-Sanktionen

U.S. regulators possess a broad array of sanctions for punishing entities that are found   1
to have violated U.S. law. Available sanctions include civil fines, civil disgorgement, injunctions, criminal fines, and criminal probation, although punishments for each case differ depending on the specific violations and regulatory agencies involved.

I. Civil monetary penalty

The SEC is empowered to seek from federal courts civil monetary penalties against   2
any person or entity that the SEC claims has violated any statute within, or rule or regulation adopted under the Exchange Act.[1971] The SEC has frequently sought, and obtained, civil monetary penalties, in FCPA enforcement actions. The penalty is paid to the U.S. Treasury, or, in certain circumstances, added to a fund for the benefit of the victims of such violation.[1972] Only the SEC can seek the imposition of such penalties – private citizens cannot.[1973]

The Exchange Act contains multiple rules that dictate the size of any civil monetary penalty. Notably, the maximum penalties for violating the anti-bribery provisions of the FCPA are less than those for the accounting provisions.

For anti-bribery actions, the maximum civil penalty under the FCPA is $[1974] 16.000   3
per violation for both individuals and corporations.[1975] Violations of the FCPA's accounting provisions fall under the SEC's general statutory authority to obtain civil penalties. Under this law, there is a three-tier structure that dictates the size of civil monetary penalties, which are dependent on the gravity of the violation and the violator's level of intent.[1976] The chart below sets forth the standards for applying each tier and

---

[1971] See Securities Act § 20(d)(1), 15 U.S.C. § 77t(d)(1); Exchange Act § 21(d)(3)(A), 15 U.S.C. § 78u(d)(3)(A); Investment Company Act § 42(e), 15 U.S.C. § 80a-41(e)(1); Investment Advisers Act § 209(e), 15 U.S.C. § 80b-9(e)(1). Note that, prior to the Dodd-Frank Wall Street Reform and Consumer Protection Act of 2010, the SEC could only impose a civil penalty in an administrative proceeding against an individual associated with a regulated entity, such as a broker-dealer or an investment adviser. As a result, the SEC was required to file an action in federal district court to seek a civil penalty against a person not associated with a regulated entity, such as a public company or its officers or employees in FCPA matters. Dodd-Frank authorized the SEC to seek a civil penalty against any person in an administrative proceeding.

[1972] See Sarbanes-Oxley Act § 308(a), 15 U.S.C. § 7246(a). In cases where the Commission obtains disgorgement and a penalty, Section 308(a) provides that "the amount of such civil penalty shall, on the motion or at the direction of the Commission, be added to and become part of the disgorgement fund for the benefit of the victims of such violation."

[1973] See Securities Act § 20(d), 15 U.S.C. § 77t(d); Exchange Act § 21(d), 15 U.S.C. § 78u(d). Note that the DOJ is empowered to bring civil actions against individuals and entities not regulated by the SEC, with civil penalties of up to $ 10.000 per violation of the anti-bribery provisions. 15 U.S.C. §§ 78dd-1, 78dd-2, 78dd-3, 78ff.

[1974] $ = USD.

[1975] 15 U.S.C. § 78ff(c)(1)(B), (c)(2)(B); 17 C.F.R. § 201.1003.

[1976] See Securities Enforcement Remedies and Penny Stock Reform Act of 1990, Pub. L. No. 101-429, 104 Stat. 931.

the respective maximum available penalty. Note that these amounts are *per violation*, which can rapidly result in substantial total penalties in FCPA matters.

Tier	Standard	Size of Penalty
First Tier[1977]	Imposed where violation involves no fraud.	The greater of (1) $ 7.500 for an individual or $ 75.000 for any other person, or (2) the gross amount of money gained through the violation.
Second Tier[1978]	The violation involves "fraud, deceit, manipulation, or deliberate or reckless disregard of a regulatory requirement."	The greater of (1) $ 75.000 for an individual or $ 375.000 for any other person, or (2) the gross amount of the financial gain to the defendant as a result of the violation.
Third Tier[1979]	The violation involves "fraud, deceit, manipulation, or deliberate or reckless disregard of a regulatory requirement, and [the] violation directly or indirectly resulted in substantial losses or created a significant risk of substantial losses to [others]."	The greater of (1) $ 150.000 for an individual or $ 725.000 for any other person, or (2) the gross amount of pecuniary gain to the defendant as a result of the violation.

Furthermore, a person who controls those who violate the Exchange Act may be liable for civil monetary penalties, even where the control person did not directly violate the Act. Specifically, section 20(a) of the Exchange Act provides that controlling persons "shall also be liable jointly and severally with and to the same extent" as the liable controlled person, "unless the controlling person acted in good faith and did not directly or indirectly induce the act or acts constituting the violation or cause of action."[1980]

4   The SEC has applied control person liability in at least one FCPA enforcement action. In 2009, the SEC charged both an issuer and officers of that company for violating the internal controls provisions of the Exchange Act.[1981] The SEC alleged that the individuals, as control persons, failed to supervise personnel and did not have adequate policies to ensure the maintenance of proper books and records and internal controls. In

---

[1977] See Securities Act § 20(d)(2)(A), 15 U.S.C. § 77t(d)(2)(A); Exchange Act § 21(d)(3)(B)(i), 15 U.S.C. § 78u(d)(3)(B)(i). The penalty amounts have been adjusted for inflation pursuant to the Debt Collection Improvement Act of 1996. See 17 C.F.R. § 201.1004.

[1978] See Securities Act § 20(d)(2)(B), 15 U.S.C. § 77t(d)(2)(B); Exchange Act § 21(d)(3)(B)(ii), 15 U.S.C. § 78u(d)(3)(B)(ii). The penalty amounts have been adjusted for inflation pursuant to the Debt Collection Improvement Act of 1996. See 17 C.F.R. § 201.1004.

[1979] See Securities Act § 20(d)(2)(C), 15 U.S.C. § 77t(d)(2)(C); Exchange Act § 21(d)(3)(B)(iii), 15 U.S.C. § 78u(d)(3)(B)(iii). The penalty amounts have been adjusted for inflation pursuant to the Debt Collection Improvement Act of 1996. See 17 C.F.R. § 201.1004.

[1980] Exchange Act § 20(a), 15 U.S.C. § 78t(a); see also *SEC v. First Jersey Sec., Inc.*, 101 F.3d 1450, 1472 (2d Cir. 1996) (recognizing "the SEC's authority to pursue an enforcement action under § 20(a)"); *SEC v. Smith*, No. C2-CV-04-739, 2005 WL 2373849 (S.D. Ohio Sept. 27, 2005) ("SEC may pursue an enforcement action pursuant to Section 20(a).").

[1981] See *SEC v. Nature's Sunshine Products, Inc.*, Douglas Faggioli, and Craig D. Huff, No. 2:09cv0672 (D. Utah July 31, 2009).

their settlements with the SEC, the company paid a civil penalty of $ 600.000, and the individual officers each paid $ 25.000.[1982]

The SEC often seeks civil monetary penalties in conjunction with other sanctions, such as disgorgement, injunctive relief, or other equitable and statutory remedies.[1983] A defendant's payment of a civil monetary penalty does not bar the SEC from seeking imposition of other remedies.[1984]

II. Civil disgorgement

Disgorgement is a form of punishment through which the Commission is allowed to recover any ill-gotten profits received as the result of improper or corrupt actions.[1985] Under general principals of equity, courts have ordered disgorgement in addition to injunctive and other forms of monetary relief.[1986]

[1982] See SEC Litig. Release No. 21162, "SEC Charges Nature's Sunshine Products, Inc. With Making Illegal Foreign Payments" (July 31, 2009).

[1983] Civil monetary penalty actions can be brought "in addition to any other action" that the Commission or the U.S. Attorney General may bring. Exchange Act § 21(d)(3)(C)(iii), 15 U.S.C. § 78u(d)(3)(C)(iii).

[1984] See Securities Act § 20(d)(3)(C), 15 U.S.C. § 77t(d)(3)(C); Exchange Act § 21(d)(3)(C)(iii), 15 U.S.C. § 78u(d)(3)(C)(iii).

[1985] See, e.g., *SEC v. Platforms Wireless Int'l Corp.* 617 F.3d 1072, 1096-98 (9th Cir. 2010) (affirming district court's order that defendants disgorge all proceeds from illegal sale of securities); *SEC v. Cavanagh*, 445 F.3d 105, 120 (2d Cir. 2006) (affirming district court's equitable power to order defendants to disgorge all profits from fraudulent scheme); *SEC v. George*, 426 F.3d 786, 798 (6th Cir. 2005) (affirming disgorgement order against each "relief defendant" who "received ill-gotten funds and had no legitimate claim to those funds"); *SEC v. Posner*, 16 F.3d 520, 522 (2d Cir. 1994) (upholding the district court's order that defendants disgorge of income earned as officers and directors of the company at issue); *SEC v. Solow*, 682 F. Supp.2d 1312, 1325, 1334 (S.D. Fla. 2010) (finding defendant in contempt of court for disposing of funds in order to avoid court's disgorgement order). As the Ninth Circuit explained: "A district court has broad equity powers to order the disgorgement of ill-gotten gains obtained through the violation of the securities laws. Disgorgement is designed to deprive a wrongdoer of unjust enrichment, and to deter others from violating securities laws by making violations unprofitable. The amount of disgorgement should include all gains flowing from the illegal activities. Disgorgement need be only a reasonable approximation of profits causally connected to the violation." *SEC v. Platforms Wireless Int'l Corp.* 617 F.3d 1072, 1096 (9th Cir. 2010) (quotation marks, editing marks, and citations omitted); see also *SEC v. Gemstar-TV Guide Int'l, Inc.*, 401 F.3d 1031, 1047 (9th Cir. 2005) ("Disgorgement plays a central role in the enforcement of the securities laws. The effective enforcement of the federal securities laws requires that the Commission be able to make violations unprofitable. The deterrent effect of a Commission enforcement action would be greatly undermined if securities law violators were not required to disgorge illicit profits. By deterring violations of the securities laws, disgorgement actions further the Commission's public policy mission of protecting investors and safeguarding the integrity of the markets. Although the Commission at times may use the disgorged proceeds to compensate injured victims, this does not detract from the public nature of Commission enforcement actions: the touchstone remains the fact that public policies are served and the public interest is advanced by the litigation.").

[1986] See *SEC v. Huff*, No. 08-60315-CIV., 2010 WL 3860721, *66 (S.D. Fla. Sept. 30, 2010) (imposing permanent injunction and ordering disgorgement with prejudgment interest and civil penalties); see also *SEC v. AGCO Corp.*, No. 1:09-cv-1865-RMU (D.D.C. Nov. 4, 2009) (ECF No. 2) (FCPA consent judgment ordering disgorgement with prejudgment interest, civil penalties, and permanent injunction); *SEC v. Meza*, No. 1:09-01648 (D.D.C. Aug. 28, 2009) (ECF No. 3) (FCPA consent judgment ordering disgorgement with prejudgment interest, civil penalties, and permanent injunction).

§ 12. Unternehmensbezogene „Sanktionen"

The disgorgement remedy has been applied frequently by the SEC in FCPA settlements.[1987] Based upon publicly-available information, between 1996 and 2010, the SEC obtained disgorgement in approximately half of all cases that it settled with companies. The total disgorgement plus prejudgment interest during that time exceeded $ 1 billion, with over 80% of that total from settlements in 2007 to 2010.[1988]

6   The SEC typically calculates disgorgement as the amount of money a violator obtained as a result of improper payments.[1989] In FCPA cases, disgorgement is usually based upon the profits realized from any contract or agreement at issue that was obtained as a result of improper payments.[1990] The SEC takes the position that profit is calculated as the revenue earned from the contract, minus direct expenses; administrative costs and other general overhead are not deducted from revenue.

Although conceptually disgorgement is similar to restitution, they are in fact separate remedies.[1991] While restitution is based on the injury imposed,[1992] disgorgement is

---

[1987] See, e.g., *SEC v. ENI, S.p.A., Snamprogetti Netherlands B.V.*, No. 4:10-CV-02414 (S.D. Tex. July 7, 2010) (USD $ 125 million in disgorgement); SEC v. Technip, No. 4:10-CV-02289 (S.D. Tex. June 28, 2010) (USD $ 98 million in disgorgement and prejudgment interest); *SEC v. Innospec, Inc.*, No. 1:10-CV-00448 (D.D.C. Mar. 18, 2010) (SEC alleged profits of USD $ 60 million obtained through improper means; company greed to pay this amount in disgorgement); *SEC v. Siemens AG*, No. 1:08-CV-02167 (D.D.C. Dec. 15, 2008) (Siemens consented to judgment in a civil case by the SEC alleging that Siemens violated the FCPA's anti-bribery, books and records, and internal controls provisions, and agreed to pay disgorgement of USD $ 350.000.000); *SEC v. AGCO Corp.*, No. 1:09-cv-1865-RMU (D.D.C. Nov. 4, 2009) (ECF No. 2) (FCPA consent judgment ordering disgorgement of $ 13.907.393 and prejudgment interest of $ 2.000.000); *SEC v. Meza*, No. 1:09-01648 (D.D.C. Aug. 28, 2009) (ECF No. 3) (FCPA consent judgment ordering individual corporate officer to disgorge $ 19.720 with $ 6.987 in prejudgment interest).

[1988] See also, e.g., Business Law Monographs § 1.03, 1 (Matthew Bender 2010) ("In recent years, the SEC has pursued the disgorgement remedy aggressively.").

[1989] See Business Law Monographs § 8.04 2005, 100 (Matthew Bender 2010).

[1990] See id; see also *SEC v. Titan Corp.*, Lit. Rel. No. 19107 (D.D.C. Mar. 1, 2005) (Titan disgorged the $ 12.6 million it obtained in profit plus prejudgment interest from improper financing of an election campaign of Benin's then-incumbent president); In the Matter of InVision Tech., Lit. Rel. No. 19078 (N.D. Cal. Feb. 14, 2005) (InVision disgorged the $ 589.000 it obtained in profit along with approximately $ 28.700 in prejudgment interest for improper payments to foreign officials to obtain business for its product sales to several international airports).

[1991] See, e.g., *SEC v. Cavanagh*, 445 F.3d 105, 117 (2d Cir. 2006) ("In a securities enforcement action, as in other contexts, 'disgorgement' is not available primarily to compensate victims. Instead, disgorgement has been used by the SEC and courts to prevent wrongdoers from unjustly enriching themselves through violations, which has the effect of deterring subsequent fraud." (footnote omitted)); *SEC v. Fischbach Corp.*, 133 F.3d 170, 176 (2d Cir. 1997) ("[T]he measure of disgorgement need not be tied to the losses suffered by defrauded investors, and a district court may order disgorgement regardless of whether the disgorged funds will be paid to such investors as restitution ...") (internal citations omitted); *SEC v. Solow*, 682 F. Supp.2d 1312, 1325 (S.D. Fla. 2010) ("Disgorgement is not precisely restitution; it wrests ill-gotten gains from the hands of a wrongdoer."); *SEC v. The Better Life Club of Am., Inc.*, 995 F. Supp. 167, 179 (D.D.C. 1998) (noting that disgorgement is "specifically aimed at ill-gotten profits, [and] is only to be exercised over property 'causally related to the wrongdoing'" whereas restitution "is appropriate to compensate the victims of defendants' wrongful acts"); *SEC v. Credit Bancorp, Ltd.*, No. 99 Civ. 11395, 2010 WL 3582906, *13 (S.D.N.Y. Sept. 13, 2010) (ordering "[t]o the extent that [defendant] has paid or pays the amount owed in restitution [in parallel criminal proceeding], the amount of his disgorgement obligation may be offset accordingly").

[1992] See *Official Comm. of Unsecured Creditors of Worldcom, Inc. v. SEC*, 467 F.3d 73, 81 (2d Cir. 2006) ("Given that compensation of fraud victims is a 'secondary goal,' the size of a disgorgement order 'need not be tied to the losses suffered by defrauded investors.'") (quoting Fischbach Corp., 133 F.3d at 175-76); *SEC v. Cavanagh*, 445 F.3d 105, 117 (2d Cir. 2006) ("In the words of Judge Friendly, '[T]he primary purpose of disgorgement is not to compensate investors. Unlike damages, it

A. US-Sanktionen

based on the amount of the ill-gotten gains or losses avoided through the violation.[1993] Similarly, courts have ordered disgorgement even where they found that an injunction was unwarranted.[1994] The disgorgement and injuctive remedies are separate because disgorgement is not tied to the need to prevent future violations.[1995]

The SEC may even obtain disgorgement from a company or individual that is not named as a defendant in a civil action. U.S. courts can order disgorgement against both the defendant and against a person who "(1) has received ill-gotten funds and (2) does not have a legitimate claim to those funds."[1996] The SEC often seeks to return funds recovered as a result of disgorgement orders to harmed investors through court-approved distribution plans. When multiple defendants have been found liable and apportionment of the disgorgement is not feasible, courts may impose joint and several liability on each defendant.[1997]

Further, because there is often a time lapse between when a defendant obtains the money to be disgorged and the disgorgement itself, the Commission routinely seeks payment of interest on amounts to be disgorged.[1998] Courts have the power to set the

7

---

is a method of forcing a defendant to give up the amount by which he was unjustly enriched.' The emphasis on public protection, as opposed to simple compensatory relief, illustrates the equitable nature of the remedy." (internal citation omitted) (quoting Commonwealth Chem. Sec., Inc., 574 F.2d 90, 102 (2d Cir.1978).

[1993] See, e.g., *SEC v. Platforms Wireless Int'l Corp.* 617 F.3d 1072, 1096 (9th Cir. 2010) ("The amount of disgorgement should include all gains flowing from the illegal activities. Disgorgement need be only a reasonable approximation of profits causally connected to the violation." (internal quotation marks, editing marks, and citation omitted)). The SEC bears the initial burden to demonstrate that the amount of disgorgement is a reasonable approximation of the ill-gotten proceeds. *Id.* The defendant would then have the burden of showing the approximation is inaccurate. *Id.* (noting that "[W]e place this burden on the defendants because information is not obtainable at negligible cost. The defendants are more likely than the SEC to have access to evidence establishing what they paid for the securities, if anything, to whom the proceeds from the sales were distributed, and for what purposes the proceeds were used. And although placing the burden on the defendants of rebutting the SEC's showing of actual profits may result in actual profits becoming the typical disgorgement measure, we conclude that the risk of uncertainty should fall on the wrongdoer whose illegal conduct created that uncertainty." (internal quotation marks, editing marks, and citation omitted)); SEC v. World-Wide Coin Inv. Ltd., 567 F.Supp. 724, 760-61 (N.D. Ga. 1983) (ordering disgorgement of proceeds traceable to violation of FCPA books and records provisions).

[1994] See, e.g., *SEC v. Aragon Capital Mgmt., LLC*, 672 F.Supp.2d 421, 435-38 (S.D.N.Y. 2009).

[1995] See *SEC v. First Jersey Sec., Inc.*, 101 F.3d 1450, 1475 (2d Cir. 1996).

[1996] *Cavanagh*, 155 F.3d at 136; see also *SEC v. JT Wallenbrock & Assocs.*, 440 F.3d 1109, 1117 n.15 (9th Cir. 2006) (holding that nominal defendants may be held jointly and severally liable for disgorgement with defendants actually found liable for securities law violation); *SEC v. George*, 426 F.3d 786, 798 (6th Cir. 2005) ("A relief defendant (sometimes referred to as a nominal defendant) may 'be joined to aid the recovery of relief' and 'has no ownership interest in the property which is the subject of litigation.'" (quoting *SEC v. Cherif*, 933 F.2d 403, 414 (7th Cir.1991)).

[1997] See *SEC v. Platforms Wireless Int'l Corp.* 617 F.3d 1072, 1098 (9th Cir. 2010) (affirming district court order holding corporation and former officer jointly and severally liable for disgorgement).

[1998] See *SEC v. GE, Ionics, Inc., and Amersham plv*, No. 1:10-CV-01258 (D.D.C. 2010) (GE agreed to pay $ 18,397,949 in disgorgement of profits and $ 4,080,665 in prejudgment interest); *SEC v. AGCO Corp.*, No. 1:09-CV-01865 (D.D.C. 2009) (AGCO agreed to pay $ 13.907.393 in disgorgement of profits and $ 2 million in prejudgment interest); *SEC v. Avery Dennison Corp.*, No. 09-CV-05493 (C.D. Cal 2009) (Avery Dennison agreed to pay $ 273.213 in disgorgement of profits and $ 45,257 in prejudgment interest).

applicable interest rate.[1999] When disgorgement is ordered in conjunction with an injunction, courts enforce the disgorgement order through their civil contempt powers.[2000]

III. Relief against future civil violations

8 The SEC has two fora in which it may seek relief against future civil violations. It can proceed either civilly through U.S. federal courts, or it may proceed administratively through the agency's administrative hearing process. The DOJ also has the power to seek civil injunctions in U.S. federal court.

1. Court injunctions sought by the SEC

9 Through its enforcement actions, the SEC frequently seeks injunctive relief against defendants, which either temporarily or permanently prohibits the defendants from committing any act or practice that violates securities laws.[2001] To obtain this remedy, the SEC must make a strong showing that the defendant has violated securities laws and is reasonably likely to violate those laws again in the future.[2002] Courts most often judge this using a "preponderance of the evidence" test.[2003] Essentially, courts look to whether there is a reasonable likelihood that the defendant, if not enjoined, will again violate the securities laws.[2004] Some U.S. courts, however, have held that the Commis-

---

[1999] See, e.g., *SEC v. Platform Wireless Int'l Corp.*, 617 F.3d 1072, 1099 (9th Cir. 2010) ("The district court did not abuse its discretion by calculating prejudgment interest based on the tax-underpayment rate. The SEC has adopted the tax underpayment rate for prejudgment interest on orders of disgorgement in all administrative proceedings." (citing SEC Rules and Regulations, 60 Fed.Reg. 32,738, 32,788 (June 23, 1995) (codified at 17 C.F.R. § 201.600(b))); *SEC v. Rubin*, No. 91 Civ. 6531 (MBM), 1993 WL 405428, at *7 (S.D.N.Y. Oct. 8, 1993) (imposing a nine percent interest rate on the disgorgement for a defendant that profited from insider trading, but no interest on the disgorgement of a co-defendant who "received neither the profits resulting from his tip nor any other discernible benefit").

[2000] See, e.g., *SEC v. Solow*, 682 F. Supp.2d 1312, 1325 (S.D. Fla. 2010) ("Disgorgement is an equitable remedy designed to deprive a wrongdoer of his unjust enrichment and to deter others from violating the securities laws. A disgorgement order is more like an injunction for the public interest than a money judgment ... It is this feature, the similarity to an injunction, that allows disgorgement orders, unlike judgments, to be enforced by civil contempt." (internal citation omitted)); *SEC v. Showalter*, 227 F. Supp. 2d 110 (D.D.C. 2002); *SEC v. Bilzerian*, 112 F. Supp. 2d 12 (D.D.C. 2000); *SEC v. Musella*, 818 F. Supp. 600 (S.D.N.Y. 1993).

[2001] See, e.g., Securities Act § 20(b), 15 U.S.C. § 77t(b); Exchange Act § 21(d), 15 U.S.C.§ 78u(d).

[2002] See *SEC v. Calvo*, 378 F.3d 1211, 1216 (11th Cir. 2004) ("The SEC is entitled to injunctive relief when it establishes (1) a prima facie case of previous violations of federal securities laws, and (2) a reasonable likelihood that the wrong will be repeated."); *SEC v. Aragon Capital Mgmt., LLC*, 672 F. Supp.2d 421, 436 (S.D.N.Y. 2009) ("To obtain an injunction, the Commission thus 'must demonstrate that there is a substantial likelihood of future violations of illegal securities conduct.'" (quoting *SEC v. Cavanagh*, 155 F.3d 129, 135 (2d Cir.1998)); *SEC v. World-Wide Coin Invs., Ltd.*, 567 F. Supp. 724, 760 (N.D. Ga. 1983) (ordering injunction based on finding of likelihood of future violations of accounting control provisions of FCPA).

[2003] See *SEC v. U.S. Pension Trust Corp.*, No. 07-22570-CIV., 2010 WL 3894082, *22 (S.D. Fla. Sept. 30, 2010); see also *SEC v. Koenig*, 532 F. Supp. 2d 987, 993 (N.D. Ill. 2007) (finding "that there is a reasonable likelihood of future violations sufficient to warrant a permanent injunction").

[2004] See *SEC v. Cavanagh*, 153 F.3d 129, 135 (2d Cir. 1998) (holding that to obtain injunction "SEC must demonstrate that there is a substantial likelihood of future violations of illegal securities conduct"). With regard to the factors courts consider in making this finding, One circuit court has stated: Indicia that a wrong will be repeated include the "egregiousness of the defendant's actions, the isolated or recurrent nature of the infraction, the degree of scienter involved, the sincerity of the defendant's assurances against future violations, the defendant's recognition of the wrongful nature of the conduct, and the likelihood that the defendant's occupation will present opportunities for future viola-

A. US-Sanktionen

sion, unlike other litigants, does not have to show that the injunction will avoid an irreparable injury or that there is an inadequate legal remedy.[2005]

U.S. case law sets forth a number of factors for courts to consider when determining whether to enjoin a defendant. These factors include the seriousness of the securities law violations,[2006] the impact of the requested injunction on the defendant,[2007] and the degree of the defendant's culpability.[2008] U.S. courts also consider whether the viola-

---

tions." *SEC v. Calvo*, 378 F.3d 1211, 1216 (11th Cir. 2004) (quoting *SEC v. Carriba Air, Inc.*, 681 F.2d 1318, 1322 (11th Cir. 1982)). And in the Second Circuit, to determine the likelihood of future violations of the securities laws, courts regularly look to the factors set forth in SEC v. Commonwealth Chem. Sec., Inc., 574 F.2d 90, 100 (2d Cir.1978), quoted in *SEC v. Cavanagh*, 153 F.3d 129, 135 (2d Cir. 1998): [T]he fact that the defendant has been found liable for illegal conduct; the degree of scienter involved; whether the infraction is an "isolated occurrence;" whether defendant continues to maintain that his past conduct was blameless; and whether, because of his professional occupation, the defendant might be in a position where future violations could be anticipated. (quoting *SEC v. Commonwealth Chem. Sec., Inc.*, 410 F.Supp. 1002, 1020 (S.D.N.Y. 1976)). See also *SEC v. Gann*, 565 F.3d 932, 940 (5th Cir. 2009) ("In imposing a permanent injunction, the district court must consider a number of factors, including the (1) egregiousness of the defendant's conduct, (2) isolated or recurrent nature of the violation, (3) degree of scienter, (4) sincerity of defendant's recognition of his transgression, and (5) likelihood of the defendant's job providing opportunities for future violations."); *SEC v. M & A West Inc.*, 538 F.3d 1043, 1055 (9th Cir. 2008) ("To justify an injunction, there must be a reasonable likelihood of future violations of the securities laws. In predicting this likelihood a court should consider the totality of the circumstances, including: (1) the degree of scienter involved; (2) the isolated or recurrent nature of the infraction; (3) the defendant's recognition of the wrongful nature of his conduct; (4) the likelihood, because of defendant's professional occupation, that future violations might occur; (5) and the sincerity of his assurances against future violations." (internal citation and quotation marks omitted)); *SEC v. Sargent*, 329 F.3d 34, 39 (1st Cir. 2003) ("The reasonable likelihood of future violations is typically assessed by looking at several factors, none of which is determinative. Courts consider, among other things, the nature of the violation, including its egregiousness and its isolated or repeated nature, as well as whether the defendants will, owing to their occupation, be in a position to violate again." (citation omitted)).

[2005] See *City of New York v. Golden Feather Smoke Shop, Inc.*, 597 F.3d 115, 120-21 (2d Cir. 2010); see also *S.E.C. v. Montle*, 65 Fed.Appx. 749, 753 (2d Cir. 2003) ("A preliminary injunction enjoining violations of the securities laws is appropriate where the SEC makes a substantial showing of its likelihood of success as to both a current violation and the risk of repetition ... Unlike a private litigant, the SEC need not show that it would face irreparable harm were the injunction not to issue."); *SEC v. U.S. Pension Trust Corp.*, No. 07-22570-CIV., 2010 WL 3894082, *22 (S.D. Fla. Sept. 30, 2010) ("The Commission does not have to show irreparable injury or a balance of the equities in the Commission's favour."). But see *SEC v. Fife*, 311 F.3d 1, 8 (1st Cir. 2002) ("Unlike the Second Circuit, we have not removed irreparable harm from the preliminary injunction inquiry in SEC preliminary injunction actions.").

[2006] See, e.g., *SEC v. Calvo*, 378 F.3d 1211, 1216 (11th Cir. 2004) ("[i]ndicia that a wrong will be repeated include the 'egregiousness of the defendant's actions'" (quoting *SEC v. Carriba Air, Inc.*, 681 F.2d 1318, 1322 (11th Cir. 1982)); *SEC v. Cavanagh*, 155 F.3d 129, 135?36 (2d Cir. 1998) (affirming the district court's grant of a preliminary injunction and noting, inter alia, that the defendant "displayed a general lack of concern for the seriousness of the charges"); *SEC v. Huff*, No. 08-60315-CIV., 2010 WL 3860721, *57 (S.D. Fla. Sept. 30, 2010) (finding that "far-reaching" nature of defendant's fraudulent scheme weighed in favour of injunction).

[2007] See, e.g., *U.S. v. Broccolo*, No. 06-CV-2812 (KMK), 2006 WL 3690648, at *4 (S.D.N.Y. Dec. 13, 2006) ("[T]he Court is willing to consider, as a 'traditional concern of equity courts, the impact of an injunction on [the defendant]'s business and person.'") (citing *SEC v. Manor Nursing Ctrs., Inc.*, 458 F.2d 1082, 1102 (2d Cir. 1972)); *SEC v. Pros Int'l, Inc.*, 994 F.2d 767, 769 (10th Cir. 1996) (affirming district court denial of permanent injunction and noting that "[a] permanent injunction can have severe economic and professional consequences for an accountant").

[2008] See, e.g., *SEC v. Aragon Capital Mgmt.*, LLC, 672 F.Supp.2d 421, 436 (S.D.N.Y. 2009) ("[i]n deciding whether to issue an injunction, and if so its scope, a court may examine the level of the defendant's culpability"); *SEC v. Huff*, No. 08-60315-CIV., 2010 WL 3860721, *56-57 (S.D. Fla. Sept.

§ 12. Unternehmensbezogene „Sanktionen"

tion was an isolated incident, whether the defendant is sincere in claims not to re-offend, whether the defendant recognizes the wrongfulness of the acts, and whether the defendant's occupation allows opportunities to commit future violations.[2009] A violation of securities laws alone is insufficient grounds for an injunction.[2010]

11 Injunctions are generally issued without expiration.[2011] Although U.S. courts possess the power to modify or dissolve them,[2012] the SEC often opposes motions to do

---

30, 2010) (ordering injunction based on findings including that "violations involved a substantial degree of scienter ... [and] to this day, [defendant] has completely failed to acknowledge any aspect of his wrongful conduct.").

[2009] See *SEC v. Aragon Capital Mgmt., LLC*, 672 F. Supp.2d 421, 436 (S.D.N.Y. 2009); *SEC v. Huff*, No. 08-60315-CIV., 2010 WL 3860721, *56-57 (S.D. Fla. Sept. 30, 2010); see also, e.g., *SEC v. Colonial Inv. Mgmt LLC*, 381 Fed.Appx. 27, 31-32 (2d Cir. 2010) (affirming district court injunction order and explaining that "violations at issue here were in no way 'isolated'; indeed, defendants admitted to seven violations of the Rule and were found liable for eighteen" and "pattern of defendants' transactions, which, the district concluded, was intended to mask the defendants' violations of the Rule, supported the court's conclusion that defendants acted with a high degree of scienter."); *SEC v. Global Express Capital Real Estate Inv. Fund, I, LLC*, 289 Fed.Appx. 183, 189 (9th Cir. 2008) (affirming injunction on district court findings that defendant "acted with the 'highest degree of scienter' in keeping the investment scheme alive for over a year, despite knowing that [fund's] assets were non-performing and that the interest generated was insufficient to cover the monthly returns"); *SEC v. M & A West Inc.*, 538 F.3d 1043, 1055 (9th Cir. 2008) (vacating district court's order granting permanent injunction at summary judgment where genuine dispute of material fact existed as to whether defendant "acted in good faith and was unaware that he was violating securities laws"); *SEC v. Wash. Inv. Network*, 475 F.3d 392, 407 (D.C. Cir. 2007) (upholding injunction noting that "[s]ignificantly, we are not presented here with an isolated event or a violation that is technical in nature"); *SEC v. Sargent*, 329 F.3d 34, 39-40 (1st Cir. 2003) (affirming district court's refusal to issue permanent injunction where each individual defendant's violation was "first-time violation" or "isolated and unsophisticated"); *SEC v. Pros Int'l, Inc.*, 994 F.2d 767, 769 (10th Cir. 1996) (affirming denial of permanent injunction where defendant's violation was "isolated" and defendant "was not a knowing participant in a fraudulent scheme" and "[a]lthough his actions were clearly negligent, and probably reckless, there [was] no showing that [defendant] intended to defraud investors."); *SEC v. Huff*, No. 08-60315-CIV., 2010 WL 3860721, *56-57 (S.D. Fla. Sept. 30, 2010) (ordering injunction based on findings including that "violations involved a substantial degree of scienter ... [and] to this day, [defendant] has completely failed to acknowledge any aspect of his wrongful conduct."); *SEC v. Miller*, No. 1:04-cv-01655, 2010 WL 3906790, *9 (N.D. Ga. Sept. 30 2010) (issuing injunction where defendant's scienter was established by jury verdict that "found him liable on three counts of fraud, including the scienter-based count of Section 10(b) of the Exchange Act, based on his having made false statements of material fact"); *SEC v. Shehyn*, No. 04 CV 2003(LAP), 2010 WL 3290977, *6 (S.D.N.Y. Aug. 9, 2010) (ordering injunction where defendant "acted willingly and knowingly, and the scheme was not the result of one isolated incident but instead lasted more than two years.").

[2010] See, e.g., *SEC v. Gann*, 565 F.3d 932, 940 (5th Cir. 2009) ("Without more, a defendant's past violation of the securities laws here at issue is insufficient to support permanent injunctive relief."); *SEC v. Pros Intern., Inc.*, 994 F.2d 767, 769 (10th Cir. 1993) (holding that a defendant's "violat[ion of] several basic auditing standards" was not sufficient to justify an injunction, because a court must "look beyond alleged violations of professional standards and determine whether there is a reasonable likelihood that the defendant, if not enjoined, will again engage in the illegal conduct") (internal quotation marks omitted); *SEC v. Aragon Capital Mgmt., LLC*, 672 F. Supp.2d 421, 436 (S.D.N.Y. 2009) (denying injunction where SEC failed to establish likelihood that defendant would commit future violations); see also *S.E.C. v. Johnson*, 595 F. Supp.2d 40, 43-46 (D.D.C. 2009) (limiting injunction to five years because SEC failed to establish likelihood of future violation of securities laws sufficient to support permanent injunction).

[2011] See, e.g., *Swift & Co. v. U.S.*, 276 U.S. 311, 331-32 (1928); see also *SEC v. Huff*, No. 08-60315-CIV., 2010 WL 3860721, *66 (S.D. Fla. Sept. 30, 2010) (order enjoining defendant "from violating Section 17(a) of the Securities Act, Section 10(b) of the Ex-change Act, and Rule 10b-5 promulgated thereunder"); *SEC v. AGCO Corp.*, No. 1:09-cv-1865-RMU (D.D.C. Nov. 4, 2009) (ECF No. 2) (consent judgment permanently enjoining defendant from violating books and records and ac-

A. US-Sanktionen

so.[2013] There have been numerous recent examples of FCPA settlements whereby both companies and individuals have consented to permanent injunctions.[2014]

Because injunctions bar people from violating securities laws, something that people are already prohibited from doing, injunctions in essence are a means for the SEC to bypass the standard and lengthy tradition civil court process and instead simply petition the court to hold the offender in contempt of court for committing another violation.[2015]

2. Permanent cease-and-desist orders by the SEC

Another remedy available to the Commission is the power to enter a "cease-and-desist" order against those subject to its jurisdiction. Because this is an administrative action, the SEC may seek such a order without approval of a U.S. court; rather, after notice and opportunity for a hearing, the Commission may enter a cease-and-desist order against any person who has violated, or is about to violate, any provision of federal securities laws, as well as any person who has or would cause a violation where that person knew or should have known that his or her act or omission would contribute to the violation.[2016] A cease-and-desist order is subject to the Commission's internal review process, and ultimately, after exhausting that process, a defendant may appeal to a U.S court to review the Commission's decision.[2017]

---

counting control provisions of FCPA); *SEC v. Meza*, No. 1:09-01648 (D.D.C. Aug. 28, 2009) (ECF No. 3) (consent judgment permanently enjoining individual corporate officer from violation bribery, books and records, and accounting control provisions of FCPA); but see *S.E.C. v. Johnson*, 595 F. Supp.2d 40, 43-46 (D.D.C. 2009) (limiting injunction to five years).

[2012] See Fed. R. Civ. P. 60(b)(5). See, e.g., *SEC v. Worthen*, 98 F.3d 480, 482 (9th Cir. 1996) (upholding district court's denial of motion for relief from permanent injunction entered twenty-one years earlier); *SEC v. Warren*, 583 F.2d 115, 122 (3d Cir. 1978) (affirming the district court's vacating of a permanent injunction in an action brought by the Commission); *SEC v. Lewis*, 423 F. Supp. 2d 337, 342 (S.D.N.Y. 2006) (vacating an injunction issued sixteen years earlier, in light of the defendant's intervening compliance with securities laws and presidential pardon).

[2013] See, e.g., *SEC v. Coldicutt*, 258 F.3d 939, 943, 945 (9th Cir. 2001) (denying the defendant's motion to terminate an injunction entered nine years earlier, holding "that an extended period of compliance is a factor supporting termination of an injunction, but more is required"); *Worthen*, 98 F.3d at 482 (holding that the district court did not abuse its discretion in denying the defendant's motion for relief from a permanent injunction, noting that "[t]he mere passage of time ... does not constitute a ground for relief from an 'obey the law' injunction or a reason why prospective application of a judgment is no longer equitable[, because] ... [c]ompliance is just what the law expects." (footnote, internal quotation marks and citation omitted)).

[2014] See *SEC v. Alliance One Int'l Inc.*, No. 1:10-CV-01319 (D.D.C. Aug. 6, 2010) (company agreed to the entry of a consent order permanently enjoining it from violating the FCPA); *SEC v. Universal Corp.*, No. 1:10-CV-01318 (D.D.C. Aug. 6, 2010) (same); *SEC v. Innospec, Inc.*, No. 1:10-CV-00448 (D.D.C. Mar. 18, 2010) (same); SEC v. Meza, No. 1:09-01648 (D.D.C. Aug. 28, 2009) (vice president, alleged to have authorized bribery payments to obtain contracts, consented to the entry of a final judgment that permanently enjoined him from future FCPA violations); *SEC v. Wurzel*, No. 1:09-CV-1005 (D.D.C. 2009) (company president was alleged to have authorized multiple payments to an agent to secure a contract; president consented to the entry of a final judgment permanently enjoining him from future violations of the FCPA); *SEC v. Stanley*, No. 08-CV-697 (S.D. Tex. 2008) (former officer and director admitted to having approved paying bribes to government officials consented to an entry of final judgment that permanently enjoined him from further committing violations of the FCPA).

[2015] See 15 U.S.C. § 78dd-2(d)(3) ("Any failure to obey [a permanent injunction] order by the court may be punished by such court as contempt thereof.").

[2016] See 15 U.S.C. § 78u-3.

[2017] See 17 C.F.R. §§ 201.410, 411; 5 U.S.C. § 704; 15 U.S.C. § 78y(a)(1).

§ 12. Unternehmensbezogene „Sanktionen"

14 If the Commission discovers "that any person is violating, has violated, or is about to violate any provision of" the Securities Act, the Exchange Act, the Investment Company Act, the Investment Advisers Act, or any rule or regulation adopted thereunder, and provides notice and an opportunity for a hearing, the Commission may publish its findings and enter an order directing the recipient "to cease and desist from committing or causing such violation and any future violation of the same provision, rule, or regulation."[2018] Cease-and-desist orders apply not only to those who violate the Acts, but also to "any other person that is, was, or would be a cause of the violation, due to an act or omission the person knew or should have known would contribute to such violation …".[2019]

15 In addition to ordering a respondent to refrain from violating the Acts, the SEC is also empowered to order the respondent to take specific steps "to effect compliance … within such time as the Commission may specify …" and "require future compliance or steps to effect future compliance …"[2020] Furthermore, the Commission may prohibit persons from serving as officers or directors, either "conditionally or unconditionally, and permanently or for such period of time as it shall determine" in any cease-and-desist proceedings under certain provisions of the Securities Act and the Exchange Act.[2021]

16 The SEC frequently issues cease-and-desist orders against companies in connection with FCPA enforcement matters. Typically, the orders are consented to by the company in connection with a settlement with the SEC. Like injunctive relief, the cease-and-desist orders in these matters generally prohibit the settling company from committing future violations of the FCPA.[2022]

If the SEC finds that a respondent has violated a cease-and-desist order, the SEC can seek to enforce it in U.S. federal district court by requesting that the court issue an or-

---

[2018] Exchange Act § 21C(a), 15 U.S.C. § 78u-3(a); Securities Act § 8A(a), 15 U.S.C. § 77h-1(a); Investment Company Act § 9(f)(1), 15 U.S.C. § 80a-9(f)(1); Investment Advisers Act § 203(k)(1), 15 U.S.C. § 80b-3(k)(1).

[2019] Exchange Act § 21C(a), 15 U.S.C. § 78u-3(a); Securities Act § 8A(a), 15 U.S.C. § 77h-1(a); Investment Company Act § 9(f)(1), 15 U.S.C. § 80a-9(f)(1); Investment Advisers Act § 203(k)(1), 15 U.S.C. § 80b-3(k)(1).

[2020] Exchange Act § 21C(a), 15 U.S.C. § 78u-3(a); Securities Act § 8A(a), 15 U.S.C. § 77h-1(a); Investment Company Act § 9(f)(1), 15 U.S.C. § 80a-9(f)(1); Investment Advisers Act § 203(k)(1), 15 U.S.C. § 80b-3(k)(1).

[2021] Sarbanes-Oxley Act § 1105(a) (amending 15 U.S.C. § 78u-3 to add 15 U.S.C. § 78u-3(f)); Sarbanes-Oxley Act § 1105(b) (amending 15 U.S.C. § 77h-1 to add 15 U.S.C. § 77h-1(f)).

[2022] See, e.g., *SEC v. NATCO Group Inc.*, No. 4:10-CV-98 (S.D. Tex. Jan 11, 2010) (company consented to the issuance of an order requiring it to cease and desist from violating the anti-bribery, books-and-records, and internal controls provisions of the FCPA); In the Matter of Helmerich & Payne, Inc., Exch. Act Rel. No. 60400 (July 30, 2009) (in connection with FCPA settlement, company consented to an order requiring it to cease and desist from any future violations of the Exchange Act); *SEC v. Avery Dennison Corp.*, No. 09-CV-05493 (C.D. Cal July 28, 2009) (foreign subsidiary of U.S. company allegedly made improper payments, which were inaccurately recorded in the company's books and records and failed to maintain an adequate system of internal controls; company agreed to order directing it to cease-and-desist from this conduct); *SEC v. Con-Way Inc.*, Lit. Rel. No. 20690 (Aug. 27, 2008) (company's subsidiary allegedly made improper payments to foreign officials; company consented to an order requiring it to cease and desist from future violations of the books and records and internal control provisions of the federal securities laws); In the Matter of Immucor, Inc. and Gioacchino De Chirico, Exch. Act Rel. No. 56558 (Sept. 27, 2007) (U.S. company's Italian subsidiary involved in alleged bribery activity; company consented, without admitting or denying the SEC's allegations, to a cease-and-desist order prohibiting it from future violations of the anti-bribery, books-and-records, and internal controls provisions of the FCPA).

der directing compliance and imposing civil monetary penalties.[2023] For purposes of the penalty provisions, each violation is a separate offense "except that in the case of a violation through a continuing failure to comply with the order, each day of the failure to comply" is a separate offense.[2024] The Commission does not have direct authority to impose a civil monetary penalty for violation of a cease-and-desist order.[2025] If a respondent believes that a cease-and-desist order was wrongfully issued, the order (other than a temporary cease-and-desist order) may be appealed to the appropriate federal court of appeals.[2026]

3. Injunctions sought by the DOJ

When it appears that a U.S. corporation has engaged in, or is about to engage in, any act that violates an FCPA provision, the U.S. Attorney General may bring a civil action to enjoin this activity.[2027] If an injunction is issued by a court, a company is subject to contempt of court for any failure to obey that order.[2028]

In most FCPA matters, the SEC and DOJ bring parallel enforcements. In such joint actions it is the SEC that typically seeks an injunction against a defendant. While the DOJ has sought injunctions against companies in the FCPA context, it has not done so frequently, particularly in recent years.[2029] Furthermore, the DOJ often seeks either a deferred prosecution agreement or a non-prosecution agreements, which, as discussed above, have a similar result to an injunction – albeit for a finite time frame.

IV. Criminal fines

If a defendant is found guilty in a U.S. court of violating the FCPA, the statute imposes maximum levels of punishment based upon the types of activity involved. The FCPA's anti-bribery provisions allow for criminal fines of up to $ 2 million per violation for covered U.S. and foreign companies, and criminal fines of up to $ 100.000 and impris-

---

[2023] See Exchange Act § 21(d)(3)(A), 15 U.S.C. § 78u(d)(3)(A); Securities Act § 20(d)(1), 15 U.S.C. § 77t(d)(1); Investment Company Act § 42(e)(1), 15 U.S.C. § 80a-41(e)(1); Investment Advisers Act § 209(e)(1), 15 U.S.C. § 80b-9(e)(1).

[2024] xchange Act § 21(d)(3)(D), 15 U.S.C. § 78u(d)(3)(D); Investment Company Act § 42(e)(4), 15 U.S.C. § 80a-41(e)(4); Investment Advisers Act § 209(e)(4), 15 U.S.C. § 80b-9(e)(4); see also Securities Act § 20(d)(4), 15 U.S.C. § 77t(d)(4).

[2025] See Exchange Act § 15(b)(4), (6), 15 U.S.C. § 78o(b)(4), (6).

[2026] See Exchange Act § 25(a)(1), 15 U.S.C. § 78y(a)(1); Securities Act § 9(a), 15 U.S.C. § 77i(a); Investment Company Act § 43(a), 15 U.S.C. § 80a-42(a); Investment Advisors Act § 213(a), 15 U.S.C. § 80b-13(a).

[2027] 15 U.S.C. §§ 78dd-2(d)(1), 78dd-3(d)(1).

[2028] 15 U.S.C. § 78dd-2(d)(3).

[2029] See, e.g., *U.S. v. Metcalf & Eddy*, Civ. Act. No. 99-12566, D. Mass. 1999 (as part of settlement with DOJ for alleged activity in violation of the FCPA, company consented to the entry of an injunction permanently in joining it from future FCPA violations.); *U.S. v. Eagle Bus Mfg. Inc.*, No. B-91-171 (S.D. Tex. 1991) (company pled guilty to the single count of conspiracy to violate the FCPA and was sentenced to three years' probation; in a related civil action, Eagle consented to the entry of a permanent injunction prohibiting future conspiracy to violate the FCPA); *U.S. v. Silicon Contractors, Inc.*, No. 85-251 (E.D. La. 1985) (company pled guilty to a single count of bribery under the FCPA, was fined $ 150,000, and agreed to the entry of a permanent injunction prohibiting future violations of the FCPA's anti-bribery provision); *U.S. v. Applied Process Prods. Overseas, Inc.*, No. 83-00004 (D.D.C. 1983) (company pled guilty to the single bribery count under the FCPA, was fined $ 5.000, and consented to a permanent injunction prohibiting it from future violations of the FCPA's anti-bribery provision).

onment for up to 5 years per violation for covered individuals.[2030] Violating the FCPA's accounting provisions could result in criminal fines of up to $ 25 million for covered U.S. and foreign companies, and up to $ 5 million and imprisonment for up to 20 years for individuals.[2031]

Moreover, the Alternative Fines Act-as its name suggests-provides an alternative to FCPA's criminal fine thresholds. Under this statute, a corporate or individual violator may be charged up two twice the benefit or anticipated benefit from the improper payment.[2032]

19 Maximum sentences are not always imposed. To determine the sentence for the offense of conviction, the sentencing court conducts a calculation using the U.S. Sentencing Guidelines.[2033] The Sentencing Guidelines comprise a series of steps that convert an offense of conviction and certain other relevant conduct into a numeric score, which the court then can use to determine the potential range of fines or terms of imprisonment with which to sentence the defendant.[2034] While the Guidelines are not mandatory, U.S. federal courts generally follow them in the absence of special, individual circumstances.[2035]

20 The Sentencing Guidelines calculation results in a range of possible fines or terms of imprisonment to which the court can sentence the defendant. After conducting the calculation, the court selects a fine or prison term from within the range. In making this determination, the court will consider several factors.

Specifically, in considering imposing a sentence on a corporation, the court must consider the nature and circumstances of the offense and the history and characteristics of the defendant.[2036] In addition, the sentence should: reflect the seriousness of the offense, promote respect for the law, provide just punishment for the offense, and be serious enough to deter future criminal conduct and to protect the public from further crimes of the defendant.[2037]

21 In making these determinations, the court will consider whether the company has implemented any compliance organizational and internal controls or disciplined the

---

[2030] See 15 U.S.C. §§ 78dd-2(g), 78dd-3(e), 78ff(c).

[2031] See 15 U.S.C. § 78ff(a).

[2032] See 18 U.S.C § 3571(c)(2), (d).

[2033] See generally U.S. Sentencing Guideline Manual; *U.S. v. Kay*, 513 F.3d 432, 459-61 (5th Cir. 2007) (affirming application of U.S. Sentencing Guideline Manual § 3B1.3 enhancement to FCPA conviction).

[2034] See 18 U.S.C. § 3553(a)(1); see also U.S. Sentencing Guidelines Manual ch. 8.

[2035] See *U.S. v. Booker*, 543 U.S. 220 (2005).

[2036] 18 U.S.C. § 3553(a)(1); see also U.S. Sentencing Guidelines Manual ch. 8; *U.S. v. Four Pillars Enter. Co.*, 253 Fed. Appx. 502, 513 (6th Cir. 2007) (rejecting corporate defendant's procedural challenge to sentence and explaining that "district court ... considered the 'nature and circumstances of the offense and the history and characteristics of the defendant,' § 3553(a)(1), the need for the sentence to 'reflect the seriousness of the offense, to promote respect for the law, and to provide just punishment for the offense,' § 3553(a)(2)(A), and the need to provide 'adequate deterrence to criminal conduct,' § 3553(a)(2)(B)"); *U.S. v. Patient Transfer Service, Inc.*, 413 F.3d 734, 744 (8th Cir. 2005) (stating that "Chapter 8 of the United States Sentencing Guidelines Manual (U.S.S.G.) has a complex system for determining the size of a fine for a convicted organization" and providing sample of calculation); *U.S. v. Purdue Frederick Co., Inc.*, 459 F. Supp.2d 569, 572 (W.D. Va. 2007) (holding that court should follow 18 U.S.C. § 3553 in deciding whether to approve plea agreement between corporate defendant and government).

[2037] See 18 U.S.C. § 3553(a)(2)(A)-(C); see also U.S. Sentencing Guidelines Manual ch. 8, Four Pillars Enter. Co., 253 Fed. Appx. at 513.

A. US-Sanktionen

employees who were responsible for the misconduct.[2038] Strong internal controls and appropriate disciplinary measures may result in a lower range under the Guidelines.[2039]

After a company discovers criminal conduct, the Guidelines provide that the organization should take several steps, including "assessing the compliance and ethics program and making modifications necessary to ensure the program is effective ... and may include the use of an outside professional advisor to ensure adequate assessment and implementation of any modifications."[2040] An effective compliance and ethics program can entitle an organization to a reduction in its culpability score under the Sentencing Guidelines. This reduction may be withdrawn if specific senior management "participated in, condoned, or was willfully ignorant of" the improper activities.[2041]

Even if there was such senior management involvement or willful ignorance, however, the Sentencing Guidelines provide a safety valve for situations meeting the following four criteria:

1. "the individual or individuals with operational responsibility for the compliance and ethics program (see § 8 B2.1(b)(2)(C)) have direct reporting obligations to the organization's governing authority or appropriate subgroup thereof (e.g., an audit committee of the board of directors)";[2042]
2. "the compliance and ethics program detected the offense before discovery outside the organization or before such discovery was reasonably likely";[2043]
3. "the organization promptly reported the offense to the appropriate governmental authorities";[2044] and
4. "no individual with operational responsibility for the compliance and ethics program participated in, condoned, or was willfully ignorant of the offense."[2045]

Thus, the Guidelines provide a strong incentive for organization to have a thorough, independent, and effective compliance program. Furthermore, the Guidelines provide further opportunity for a company to reduce its culpability score where it disclosed the issue to the relevant governmental authorities, cooperated fully with any government investigation, and demonstrated recognition and acceptance of its responsibility for the criminal conduct.[2046]

Indeed, the DOJ has frequently highlighted enhanced compliance and cooperation in connection with an FCPA investigation as a basis for the company receiving diminished criminal penalties. For example, in *United States v. Siemens A.G.*, Siemens was accused of a massive violation of numerous provisions of the FCPA, among other laws.

[2038] U.S. Sentencing Guidelines Manual §§ 8B2.1, 8C2.5(f); see also *U.S. v. Guidant LLC*, 708 F. Supp.2d 903, 919 (D. Minn. 2010) (rejecting plea agreement between corporate defendant and government in part because agreement did not include term of probation with requirement for compliance and ethics program under U.S. Sentencing Guidelines Manual § 8D1.1); *U.S. v. Guidant*, 10-mj-00067 (DWF), at 3 (D. Minn. Jan. 13, 2011) (ECF No. 42) (court sentencing corporate defendant to probation including requirement to "comply with recommendations and requirements of the Court with respect to ensuring that any compliance program will adequately prevent or detect any further violations of law").
[2039] U.S. Sentencing Guidelines Manual §§ 8B2.1, 8C2.5(f).
[2040] U.S. Sentencing Guidelines Manual § 8B2.1 cmt. 6.
[2041] U.S. Sentencing Guidelines Manual § 8C2.5(f).
[2042] U.S. Sentencing Guidelines Manual § 8C2.5(f)(3)(C)(i).
[2043] U.S. Sentencing Guidelines Manual § 8C2.5(f)(3)(C)(ii).
[2044] U.S. Sentencing Guidelines Manual § 8C2.5(f)(3)(C)(iii).
[2045] U.S. Sentencing Guidelines Manual § 8C2.5(f)(3)(C)(iv).
[2046] U.S. Sentencing Guidelines Manual § 8C2.5(g).

After a several-year investigation, in 2008, Siemens agreed to settle criminal claims with the DOJ. Related settlement papers filed with the court detail that, based upon the conduct with which Siemens was charged, the Sentencing Guidelines' criminal fine range for Siemens' conduct was between $ 1.35 and $ 2.7 billion U.S. dollars.[2047] The DOJ, however, agreed to a $ 450 million fine.[2048] The DOJ explained that such a downward departure from the Sentencing Guidelines was appropriate because of several factors, including: Siemens' assistance in investigations of itself, individuals and other organizations; its payments of penalties in other proceedings; its compliance and remediation efforts; and its "extraordinary rehabilitation."[2049]

26 Finally, although it is not empowered to enforce alleged criminal violations of law, it is notable that the SEC can and does routinely make referrals to the DOJ in the event it learns of possible violations of criminal laws through the SEC's enforcement activities.[2050] In determining whether to make a referral to criminal authorities, the Commission staff may consider "the egregiousness of the conduct, whether recidivism is a factor, whether the involvement of criminal authorities will provide additional meaningful protection to investors," and jurisdictional issues.[2051]

V. Corporate probation

27 Under the U.S. Sentencing Guidelines, a court may impose probation on an organizational defendant adjudicated guilty of a crime.[2052] The Guidelines offer courts several reasons to impose probation, including not having an effective compliance program, to allow time to make restitution payments, if there was high-level management participation in the conduct at issue, and to allow an organization time to implement changes to "reduce the likelihood of future criminal conduct."[2053] The court may impose up to

---

[2047] U.S. v. Siemens AG, 1:08-cr-00367-RJL, at 12 (Dec. 12, 2008) (ECF No. 3) (DOJ sentencing memorandum); U.S. v. Siemens AG, 1:08-cr-00367-RJL, ¶ 4 (Dec. 15, 2008) (ECF No. 14) (plea agreement calculating reduction in culpability score given defendant's full cooperation and acceptance of responsibility pursuant to U.S. Sentencing Guidelines Manual § 8C2.5(g)).).

[2048] U.S. v. Siemens AG, 1:08-cr-00367-RJL, at 14, 25 (Dec. 12, 2008) (ECF No. 3) (DOJ sentencing memorandum); U.S. v. Siemens AG, 1:08-cr-00367-RJL, ¶ 5 (Dec. 15, 2008) (ECF No. 14) (plea agreement).

[2049] U.S. v. Siemens AG, 1:08-cr-00367-RJL, at 14 (Dec. 12, 2008) (ECF No. 3) (DOJ sentencing memorandum); U.S. v. Siemens AG, 1:08-cr-00367-RJL, 5 (Dec. 15, 2008) (ECF No. 14) (plea agreement). The DOJ further explained that a downward departure from the Sentencing Guidelines range was warranted, under 18 U.S.C. § 3553(b)(1), because the "mitigating circumstances [were] 'of a kind, or to a degree, not adequately taken into consideration by the United States Sentencing Commission.'" U.S. v. Siemens AG, 1:08-cr-00367-RJL, at 14 (Dec. 12, 2008) (ECF No. 3) (DOJ sentencing memorandum); U.S. v. Siemens AG, 1:08-cr-00367-RJL, 5 (Dec. 15, 2008) (ECF No. 14) (plea agreement).

[2050] See Exchange Act § 21(d)(1), 15 U.S.C. § 78u(d)(1); Securities Act § 20(b), 15 U.S.C. § 77t(b); see also SEC Division of Enforcement, Enforcement Manual § 5.6.1 (Jan. 13, 2010), ("Informal Referrals to Criminal Authorities"); U.S. v. Stringer, 535 F.3d 929, 938 (9th Cir. 2008) (holding that the defendants waived their Fifth Amendment right against self-incrimination because they were advised that statements made during an SEC investigation "could be used in a criminal investigation"); see also SEC v. Dresser Indus., Inc., 628 F.2d 1368 (D.C. Cir. 1980) (discussing issues concerning parallel investigations by SEC and DOJ).

[2051] See SEC Division of Enforcement, Enforcement Manual § 5.6.1 (Jan. 13, 2010) ("Informal Referrals to Criminal Authorities").

[2052] U.S. Sentencing Guidelines Manual §8D1.1(a). Note that a court is required to order probation if the guilty organization is not given a fine. See 18 U.S.C. § 3551(c).

[2053] U.S. Sentencing Guidelines Manual § 8D1.1.

A. US-Sanktionen

five years of probation onto an organization.[2054] The term of probation is to be "sufficient, but not more than necessary, to accomplish the court's specific objectives in imposing the term of probation."[2055]

A mandatory condition of probation is that the organization defendant may not commit another federal, state, or local crime during the term of probation.[2056] The court generally must also order the defendant to pay restitution or provide community service.[2057] The court may also impose other terms that are "are reasonably related to the nature and circumstances of the offense or the history and characteristics of the organization."[2058]

Especially salient in corporate FCPA prosecutions, the Sentencing Guidelines provide the court with non-binding recommendations for terms of organizational probation.[2059] These include, among others:

- developing an "effective" compliance and ethics program based upon a court-imposed timetable;[2060]
- making periodic submissions to the court regarding the company's operations;[2061]
- opening its books and records to unannounced examinations by court-appointed experts, and allowing questioning of knowledge employees;[2062] and
- publicizing the company's criminal conduct and conviction.[2063]

The expenses of any such terms, including inspection by external experts, are borne by the company.[2064] There have been numerous examples in the last few years of companies receiving probation after pleading guilty to violations of the FCPA.[2065]

VI. Deutsche Zusammenfassung

Den US-Behörden steht eine breite Palette von Sanktionsmöglichkeiten zur Verfügung, um Unternehmen wegen Gesetzesverletzungen zu disziplinieren. Die konkrete Maßnahme hängt von der spezifischen Rechtsverletzung und der beteiligten US-Behörde ab.

[2054] U.S. Sentencing Guidelines Manual §8D1.2.
[2055] U.S. Sentencing Guidelines Manual § 8D1.2 (commentary).
[2056] U.S. Sentencing Guidelines Manual § 8D1.3(a).
[2057] U.S. Sentencing Guidelines Manual § 8D1.3(b).
[2058] U.S. Sentencing Guidelines Manual § 8D1.3(c).
[2059] U.S. Sentencing Guidelines Manual § 8D1.4.
[2060] U.S. Sentencing Guidelines Manual § 8D1.4(b)(1).
[2061] U.S. Sentencing Guidelines Manual § 8D1.4(b)(3).
[2062] U.S. Sentencing Guidelines Manual § 8D1.4(b)(5).
[2063] U.S. Sentencing Guidelines Manual § 8D1.4(a).
[2064] U.S. Sentencing Guidelines Manual § 8D1.4; see also *U.S. v. Guidant LLC*, 708 F.Supp.2d 903, 918-20 (D. Minn. 2010) (discussing application of U.S. Sentencing Guidelines Manual § 8D1.4).
[2065] See, e.g., *U.S. v. Control Components, Inc.*, No. 8:09-CR-00162-JVS (C.D. Cal. July 31, 2009) (company pleaded guilty to violating the FCPA's anti-bribery provision, was criminally fined $ 18.2 million, and agreed to serve a three-year term of organizational probation; company also agreed to create, implement and maintain a comprehensive FCPA compliance program and agreed to retain a compliance monitor for three years); *U.S. v. Baker Hughes Servs. Int'l, Inc.*, No. 07-CR-129 (S.D. Tex. 2007) and *U.S. v. Baker Hughes Inc.*, No. 07-CR-130 (S.D. Tex. 2007) (subsidiary pleaded guilty to violations of the FCPA's anti-bribery and books and records provisions, agreed to an $ 11 million criminal fine, and agreed to a three-year term of organizational probation and to adopt a comprehensive anti-bribery compliance program); *U.S. v. Saybolt North Am. Inc.*, No. 98-CR-10266 (D. Mass. 1998) (parent and subsidiary pleaded guilty to FCPA anti-bribery violations and were held jointly and severally liable for a $ 1.5 million fine, an $ 800 special assessment, and a five-year probation term; subsidiary was also required to establish and maintain an effective compliance program regarding the operation of its qualitative inspection and testing services).

1. Zivilrechtliche Geldbußen

31 Die SEC kann Bundesgerichte um die Verhängung zivilrechtlicher Geldbußen gegen jede Person oder jedes Unternehmen ersuchen, wenn eine Verletzung von Börsenbestimmungen vorgeworfen wird. Die Höhe der Strafen bemisst sich nach den detaillierten Regelungen des Börsengesetzes. Für Bestechungshandlungen ist unter der Geltung des FCPA sowohl für Personen als auch Unternehmen eine Höchstgrenze von $ 16.000 vorgesehen. Für Verletzungen der Rechnungslegungsvorschriften des FCPA ist ein Dreistufenmodell vorgesehen. Dieses gilt für jede einzelne Rechtsverletzung gesondert, so dass die Gesamtsanktion in FCPA-Verfahren erheblichen Umfang erreichen kann. Welche Stufe einschlägig ist, richtet sich danach, ob die Rechtsverletzung eine Täuschungs- oder Betrugshandlung beinhaltet; ferner danach, ob sie einen erheblichen Schaden bzw. die Gefahr eines solchen Schadens verursacht hat. Mit jeder Stufe steigt der Rahmen für die zu findende Geldstrafe. Diese kann – insoweit parallel zu der deutschen Vorschrift des § 17 Abs. 4 OWiG – auch in Höhe der Summe ausgesprochen werden, die dem durch die Rechtsverletzung erlangten Betrag entspricht. Neben den Unternehmen können auch die aufsichtspflichtigen Personen – i.d.R. die Mitglieder der Führungsebene – zur Verantwortung gezogen werden, selbst wenn sie an den Rechtsverstößen nicht beteiligt waren. Sanktionsfrei sind Aufsichtspersonen nur dann, wenn sie auf die Einhaltung der gesetzlichen Bestimmungen vertrauen durften und deren Verletzung weder direkt noch indirekt veranlasst haben. Die SEC hat zumindest in einem Fall auf die Verantwortlichkeit der Aufsichtspersonen abgestellt und diesen die Verletzung der im Börsengesetz geregelten internen Kontrollpflichten vorgeworfen. Der mit der SEC geschlossene Vergleich sah Geldstrafen in Höhe von $ 600.000 für das Unternehmen sowie in Höhe von jeweils $ 25.000 für die einzelnen Vorstandsmitglieder vor.

2. Zivilrechtliche Abschöpfungen

32 Die zivilrechtliche Abschöpfung dient der Wiedererlangung der durch korruptive oder sonst unzulässige Handlungen illegal erlangten Gewinne. Eine Abschöpfung kann auch gegen am Verfahren nicht beteiligte Dritte angeordnet werden. Trotz einer grundsätzlichen Vergleichbarkeit ist das Mittel der Abschöpfung von dem der Restitution zu unterscheiden. Letzteres verfolgt ein anderes Ziel. Die Restitution bedeutet für den Schädiger die Auferlegung einer Schadensersatzpflicht, weist Strafcharakter auf und dient der Prävention künftiger Rechtsverletzung *(Anm: Insofern eine Parallele zur deutschen Rechtslage mit ihrer Differenzierung zwischen Strafe und Verfall als Maßnahme eigener Art)*.

33 Im Rahmen von FCPA-Vergleichen kommt es oft zu Abschöpfungen. Gestützt auf öffentlich zugängliche Informationen wurde eine Abschöpfung im Zeitraum von 1996 bis 2010 in annährend der Hälfte aller Verfahren mit Vergleichsabschluss erwirkt. Der erzielte Gesamtbetrag übersteigt $ 1 Milliarde, wobei über 80% hiervon aus Vergleichen aus den Jahren 2007 bis 2010 resultieren. Die Abschöpfungssumme wird in FCPA-Verfahren i.d.R. nach den Gewinnen bemessen, die aus den durch unrechtmäßige Zahlungen abgeschlossenen Verträgen oder Vereinbarungen stammen. Die Verwaltungs- und sonstigen Kosten sind nach Auffassung der SEC nicht abzuziehen *(Anm.: Insofern eine Berechnungsweise, die dem Bruttoprinzip in Deutschland nahe kommt)*.

34 Für den Fall, dass mehrere beklagte Unternehmen als verantwortlich ausgemacht werden und eine Aufteilung der Abschöpfung nicht durchführbar ist, können Gerichte

jeden einzelnen Verantwortlichen mit einer Gesamthaftung belegen. Weiterhin verlangt die SEC die Zahlung von Zinsen für die Zeit, in der das abzuschöpfende Vermögen beim beklagten Unternehmen verblieben ist. Die Festsetzung eines angemessenen Zinssatzes liegt in der Hand der Gerichte. Ihnen obliegt auch die Durchsetzung der Abschöpfungsmaßnahme für den Fall, dass eine Abschöpfung neben einer Verurteilung zu Schadensersatz angeordnet worden ist.

3. Schutz gegen künftige Verletzungen zivilrechtlicher Bestimmungen
a) Von der SEC erwirkte gerichtliche Anordnungen

Die SEC kann eine gerichtliche Unterlassungsanordnung erwirken, um künftige Rechtsverletzungen zu unterbinden. Die Anordnung untersagt dem Unternehmen entweder zeitweilig oder dauerhaft jedwedes gegen die Börsenbestimmungen verstoßendes Verhalten. Dafür muss die SEC die bereits eingetretene Rechtsverletzung sowie die Wiederholungsgefahr glaubhaft darlegen. Die Gerichte prüfen, ob es eine hinreichende Wahrscheinlichkeit dafür gibt, dass das beklagte Unternehmen ohne gerichtliche Ermahnung die Gesetze wieder verletzen wird. Einige US-Gerichte haben in der Vergangenheit jedoch die Auffassung vertreten, dass die SEC nicht die gleichen Darlegungsanforderungen erfüllen muss, wie sie sonst für Parteien in einem Rechtsstreit gelten. Durch Case-Law hat sich eine Reihe von maßgeblichen Kriterien für den Erlass einer Untersagungsanordnung herausgebildet. Dazu zählen die Schwere des Verstoßes gegen die Börsenbestimmungen, die Auswirkungen der beantragten Anordnung auf das beklagte Unternehmen und der Grad des Verschuldens. Weiterhin beziehen die US-Gerichte in die Beurteilung mit ein, ob es sich bei der Rechtsverletzung um einen Einzelfall gehandelt hat, ob die Bekundung, nicht wieder gegen Bestimmungen zu verstoßen, aufrichtig ist, ob das Unternehmen Einsicht in das Fehlverhalten zeigt und ob die Branche des Unternehmens Gelegenheiten für künftige Rechtsverletzungen schafft. Ein Verstoß gegen die Börsenbestimmungen allein – d.h. ohne Wiederholungsgefahr – ist keine hinreichende Grundlage für eine Untersagungsanordnung. Die Anordnungen werden gewöhnlich unbefristet erlassen. In vielen FCPA-Vergleichen aus der jüngeren Zeit haben sich jedoch sowohl Unternehmen als auch Individualpersonen mit einer dauerhaften Untersagungsverfügung einverstanden erklärt. 35

Die Erwirkung gerichtlicher Anordnungen ist für die SEC letztlich ein Mittel, um den regelmäßig vorgesehenen und langwierigen Weg eines Zivilprozesses dadurch zu umgehen, dass der Verantwortliche wegen Missachtung des Gerichts belangt wird. Mit anderen Worten: Mit der gerichtlichen Untersagungsverfügung erhält die SEC so etwas wie einen Vollstreckungstitel an die Hand, den sie ansonsten erst in einem Zivilverfahren erstreiten müsste.

b) Unterlassungsverfügungen der SEC

Weiterhin kann die SEC kraft eigener Kompetenz eine Unterlassungsverfügung – eine *cease-and-desist order* – erlassen. Weil es sich um eine verwaltungsrechtliche Maßnahme handelt, bedarf es nicht der Mitwirkung eines Gerichts. Nach Mitteilung und Gelegenheit zur Stellungnahme kann die cease-and-desist order gegen jeden erlassen werden, der Börsenbestimmungen verletzt hat oder zu verletzen im Begriff ist. Gleiches gilt für Personen, die durch ihr Handeln oder Unterlassen zu der Rechtsverletzung beigetragen haben und dies wussten oder hätten wissen müssen. Die cease-and-desist order ergeht während des Überprüfungsverfahrens durch die SEC und ähnelt damit einer Unterlassungsverfügung im vorläufigen Rechtsschutz. Nach dessen Abschluss 36

§ 12. Unternehmensbezogene „Sanktionen"

kann der Betroffene eine gerichtliche Überprüfung der Verfügung beantragen. Zusätzlich zur Unterlassung von Gesetzesverstößen kann die SEC vom Betroffenen die Einleitung von Compliance-Maßnahmen verlangen. Weiterhin kann sie Personen dauerhaft oder befristet die Ausübung der Vorstandstätigkeit verbieten.

Unterlassungsverfügungen werden oftmals in FCPA-Verfahren erlassen. Typischerweise stimmen die Unternehmen den Unterlassungsverfügungen im Rahmen eines Vergleichs zu. Ebenso wie die gerichtlichen Anordnungen verbieten die Unterlassungsverfügungen der SEC dem Unternehmen künftige Verstöße gegen den FCPA. Im Falle eines Verstoßes gegen die Unterlassungsverfügung kann die SEC bei einem US-Bundesbezirksgericht beantragen, das Unternehmen zu Compliance-Maßnahmen anzuweisen und gegen dieses eine zivilrechtliche Geldstrafe zu verhängen. Eine eigene Kompetenz zur Verhängung von Geldstrafen wegen Verstoßes gegen eine cease-and-desist order hat die SEC nicht.

c) Vom DOJ erwirkte Maßnahmen

37   Wenn ein amerikanisches Unternehmen an den Verstößen gegen den FCPA beteiligt ist oder im Begriff ist, dies zu tun, kann der US-Generalbundesanwalt eine Zivilklage erheben, um die Aktivitäten zu unterbinden. Für den Fall, dass eine gerichtliche Anordnung ergeht, wird das Unternehmen bei jeder Nichtbefolgung wegen Missachtung des Gerichts belangt. In den meisten FCPA-Verfahren werden die SEC und das DOJ parallel tätig. Im Rahmen des gemeinsamen Vorgehens strengt für gewöhnlich die SEC eine gerichtliche Anordnung gegen den Betroffenen an. Das DOJ ist in den letzten Jahren selten in diese Richtung tätig geworden. Es strebt Vereinbarungen an, in denen die Strafverfolgung entweder aufgeschoben oder ausgeschlossen wird. Diese Vereinbarungen haben eine ähnliche Wirkung wie gerichtliche Anordnungen, wenn auch für einen begrenzten Zeitraum.

4. Strafrechtliche Sanktionen

38   Die Anti-Korruptionsbestimmungen des FCPA ermöglichen Geldstrafen bis zu $ 2 Mio. je Verstoß gegen die betreffenden amerikanischen oder ausländischen Unternehmen sowie Geldstrafen bis zu $ 100.000 oder Freiheitsstrafen bis zu fünf Jahren gegen natürliche Personen. Verstöße gegen die Rechnungslegungsvorschriften des FCPA können mit Geldstrafen bis zu $ 25 Mio. für Unternehmen sowie mit Geldstrafen bis zu $ 5 Mio. oder Freiheitsstrafen bis zu 20 Jahren für natürliche Personen geahndet werden. Darüber hinaus können auf der Grundlage des Alternative Fines Act noch höhere Strafen verhängt werden.

39   Die Festlegung der Strafe erfolgt unter Heranziehung der U.S. Sentencing Guidelines. Diese wandeln in einer Abfolge mehrerer Schritte den Verstoß sowie andere relevante Verhaltensweisen in einen numerischen Schlüssel um, den das Gericht bei der Bemessung der Geld- oder Freiheitsstrafe anwenden kann. Obwohl die Guidelines nicht verbindlich sind, folgen die US-Bundesgerichte ihnen i.d.R., wenn nicht im Einzelfall besondere Umstände vorliegen. Die Anwendung der Sentencing Guidelines eröffnet zunächst einen bestimmten Rahmen, innerhalb dessen das Gericht die Strafe festlegen kann. Bei der konkreten Bestimmung berücksichtigt das Gericht eine Reihe von Gesichtspunkten: Bei Zumessung der Strafe gegen ein Unternehmen muss das Gericht den Grund und die Umstände des Verstoßes ebenso würdigen wie die Geschichte und die Charakteristika des Unternehmens. Insgesamt soll die Strafe gerecht sein, das Gewicht des Verstoßes widerspiegeln und präventive Wirkung entfalten. Bei der Straf-

A. US-Sanktionen

zumessung berücksichtigt das Gericht ferner, ob das Unternehmen eine Compliance-Organisation und interne Kontrolle eingeführt oder Schritte gegen die für das Fehlverhalten verantwortlichen Mitarbeiter eingeleitet hat. Wirksame interne Kontrollen und angemessene arbeitsrechtliche Maßnahmen können zur Herabsenkung des Strafrahmens führen.

Die Guidelines sehen eine Reihe von Maßnahmen vor, die das Unternehmen bei Aufdeckung kriminellen Verhaltens durchführen soll. Diese umfassen vor allem die Bewertung und – zumeist – Modifikation des Compliance-Programms und der Ethikrichtlinien. Zur Durchsetzung ist die Einschaltung eines externen Beraters häufige Methode, um eine angemessene Bewertung und vor allem Implementierung der Modifikationen sicherzustellen.

Letztlich wirkt das System durch eine Art Bilanzierung von pro und contra: Ein Beispiel: Vorhandene effektive Compliance-Programme und Ethikrichtlinien können einen Anspruch des Unternehmens auf eine Minderung der anhand der Guidelines errechneten Punktzahl begründen. Die Minderung kann verwehrt werden, wenn Führungspersonen des Unternehmens an den unrechtmäßigen Handlungen teilgenommen, diese gebilligt oder wissentlich ignoriert haben. Selbst wenn es eine solche Beteiligung der Führungsebene gegeben hat, bieten die Sentencing Guidelines aber einen Weg, um einer Bestrafung zu entgehen. Dafür müssen bestimmte Voraussetzungen erfüllt sein. Diese lassen sich dahingehend zusammenfassen, dass das Compliance-System als solches intakt war, die Kontroll- und Berichtspflichten eingehalten wurden und es sich um das Fehlverhalten Einzelner gehandelt hat. 40

Die Guidelines bilden für die Unternehmen einen starken Ansporn für die Etablierung eines unabhängigen und effektiven Compliance-Programms. Sie bieten eine Möglichkeit der Reduzierung des Umfangs des eigenen Verschuldens und damit der Sanktionen durch Aufdeckung des Sachverhalts gegenüber den Behörden, vollumfängliche Kooperationen mit den amtlichen Ermittlungen und Anerkennung der Verantwortung für das kriminelle Verhalten. Das DOJ hat oftmals im Zusammenhang mit FCPA-Verfahren eine verbesserte Compliance als Anlass für eine Milderung der zu verhängenden Sanktionen hervorgehoben. Das mit einem Vergleich abgeschlossene Siemens-Verfahren ist ein Beispiel dafür. In den bei Gericht eingereichten Vergleichsunterlagen wurde genau dargelegt, dass sich die Geldstrafe wegen der Siemens vorgeworfenen Verstöße bei Anwendung der Sentencing Guidelines in einem Rahmen von $ 1,35 bis 2,7 Milliarden bewegte. Gleichwohl stimmte das DOJ einer Geldstrafe in Höhe von $ 450 Mio. zu und erklärte, dass die Absenkung aufgrund mehrerer Umstände angemessen sei. Dazu zählten die von Siemens geleistete Hilfe bei den Ermittlungen gegen das eigene Unternehmen sowie gegen individuelle Personen und andere Unternehmen; ferner die Begleichung von Geldbußen in anderen Verfahren, die unternommenen Compliance-Anstrengungen und die „außergewöhnliche Rehabilitation" des Unternehmens. 41

Zu erwähnen bleibt noch, dass die SEC – obwohl selbst nicht zur Verfolgung strafrechtlicher Verstöße ermächtigt –, dem DOJ bei Bekanntwerden solcher Verstöße regelmäßig berichtet.

5. Anordnung einer Bewährung für Unternehmen

Auf der Grundlage der Sentencing Guidelines kann ein Gericht ein wegen einer Straftat verurteiltes Unternehmen unter Bewährung stellen. Anlass hierfür besteht, wenn ein effektives Compliance-Programm fehlt oder wenn dem Unternehmen ein Zeitraum 42 für Wiedergutmachungszahlungen oder für Veränderungen zur Reduzierung der Gefahr der Wahrscheinlichkeit künftiger Straftaten gewährt werden soll. Die Bewährungszeit kann bis zu fünf Jahre betragen. Eine zwingende Voraussetzung für die (erfolgreiche) Bewährung ist, dass das Unternehmen keine weitere Straftat während der Bewährungszeit begeht. Das Gericht muss zudem Wiedergutmachungszahlungen oder das Leisten gemeinnütziger Arbeit anordnen. Daneben kann das Gericht weitere Auflagen verhängen, die in einem sinnvollen Zusammenhang mit dem Anlass und den Umständen des Verstoßes oder mit der Geschichte und den Charakteristika des Unternehmens stehen.

43 Die Sentencing Guidelines bieten den Gerichten bei der Strafverfolgung in FCPA-Verfahren die Möglichkeit, während der Bewährungszeit unverbindliche Empfehlungen auszusprechen. Dazu gehören die Entwicklung eines effektiven Compliance- und Ethikprogramms innerhalb eines vom Gericht bestimmten Zeitraums, die regelmäßige Berichterstattung an das Gericht über die Unternehmensaktivitäten, die Vorlage von Büchern und Akten bei unangekündigter Überprüfung durch gerichtlich benannte Fachleute, das Zulassen der Befragung von Mitarbeitern sowie die Veröffentlichung des Fehlverhaltens und der Verurteilung des Unternehmens.

44 Die Kosten für die Erfüllung der Auflagen, einschließlich der Untersuchung durch externe Experten, sind vom Unternehmen zu tragen. In den vergangenen Jahren hat es zahlreiche Beispiele dafür gegeben, dass Unternehmen nach Eingeständnis der Verletzung des FCPA eine Bewährung bewilligt worden ist.

6. Stellungnahme

45 Die Möglichkeiten amerikanischer Behörden, gegen Unternehmen wegen Gesetzesverletzungen vorzugehen, die aus ihnen heraus begangen wurden, sind sicher intensiver als die deutsche Reaktionsskala. Besonders die Möglichkeiten des Eingriffs in die personelle Struktur einer Organisation kennt das deutsche Recht nicht. Jedoch: Vieles ähnelt sich zumindest. Auch deutsche Gerichte haben das Vorhandensein von „guter" Compliance als Strafmilderung behandelt, das Windhundrennen und die Bonusregelung des Kartellrechtes[2066] sind dem amerikanischen System der Strafmilderung durch Selbstanzeige und den sentencing guidelines durchaus ähnlich. Mit Vorschriften wie dem dinglichen Arrest nach § 111 d StPO können auch in Deutschland bereits lange vor einer strafgerichtlichen Endentscheidung harte Fakten gegen eine Firma geschaffen werden. In der Praxis hat sich herauskristallisiert, dass sehr ähnliche Verhaltensweisen, wie sie in den Vereinigten Staaten als Strafzumessungsgründe normiert sind, in Deutschland auch ohne Gesetzesgrundlage[2067] zumessungsrelevant wirken. Damit lassen sich gestaltbare Zumessungsgründe – Aufbau oder Ausbau eines Compliance-Systems, personelle Konsequenzen oder auch Schadenswiedergutmachung als Beispiele – in beiden Systemen zur Wirkung bringen.

[2066] Das BKartA hat am 7.3.2006 eine neue Bonusregelung veröffentlicht. Mit dem neu geschaffenen Regelwerk sichert das BKartA denjenigen Kartellteilnehmern, die aus einem Kartell aussteigen und mit der Behörde bei dessen Aufdeckung zusammenarbeiten, den Erlass und/oder die Reduktion des zu verhängenden Bußgelds zu.

[2067] Es sei den man nimmt die Generalklausel des § 46 StGB als Basis.

B. Deutsche Sanktionen*

I. Grundsatz individualstrafrechtlicher Verantwortlichkeit im deutschen Strafrecht

Die strafrechtliche Verantwortlichkeit ist im deutschen Strafrecht – bei zunehmender Tendenz zu einer Verbandsstrafe im europäischen Rechtsraum – weiterhin auf natürliche Personen beschränkt. Grundlage dieser Beschränkung ist insbesondere das individualistische Zurechnungskonzept, welches die subjektive Zurechnung zu einem Kollektiv verbietet. Danach sind **Unternehmen als solche im strafrechtlichen Sinne weder handlungs- noch schuldfähig**. Die Verhängung einer Kriminalstrafe wäre also mit dem Verfassungsrang genießenden Schuldgrundsatz unvereinbar.[2068] Folglich können juristische Personen und Personenverbände nicht Subjekt einer strafrechtlichen Sanktion sein – *societas delinquere non potest*[2069] – sondern haften lediglich als Konsequenz der von Unternehmensmitarbeitern begangenen Straftaten.

46

Blickt man nun auf den gesamteuropäischen Rechtsraum wie auch in die Vereinigten Staaten, so stellt sich die Ablehnung der Unternehmensstrafbarkeit – wie bereits angedeutet – zunehmend als Auffassung einer Staatenminderheit dar.[2070] Neben den USA, in denen sich die strafrechtliche Verantwortlichkeit von Unternehmen schon seit Beginn des 20. Jahrhunderts etabliert hat,[2071] können nun auch in Großbritannien, in den Niederlanden, Norwegen, Frankreich, Finnland, Slowenien, Belgien, in der Schweiz und jüngst auch in Luxemburg (seit März 2010) Unternehmen im Wege einer strafrechtlichen Sanktionierung zur Verantwortung gezogen werden.

47

Zurückzuführen ist dies auf die gesteigerte internationale Zusammenarbeit, die auf die Einführung gewisser Standards abzielt und die nationalen Gesetzgeber zu einer Ausweitung der Verantwortlichkeit und effektiven Sanktionierung von juristischen Personen und Personenverbänden aufruft.[2072] Maßgeblich im Rahmen dieser Standardisierung und verstärkten Inanspruchnahme der Unternehmen sind insbesondere das Übereinkommen über den Schutz der finanziellen Interessen der Europäischen Gemeinschaften vom 26.7.1995 (ABl L 63 vom 6.3.1997, S. 11) und das Übereinkommen zur Bekämpfung von Bestechung von ausländischen Amtsträgern im internationalen Geschäftsverkehr der OECD vom 17.12.1997 (BT-Drs. 13/10428), welches durch das IntBestG vom 10.9.1998 umgesetzt wurde. Darüber hinaus sind das Strafrechtsübereinkommen über Korruption des Europarats von 1999 (ETS Nr. 173), das Zusatzprotokoll zum Strafrechtsübereinkommen (2003; ETS Nr. 191), wie auch der Rahmenbeschluss 2003/568/JI vom 22.7.2003 zur Bekämpfung der Bestechung im privaten Sektor (ABl EU Nr. L 192, S. 54) und der UN-Konvention gegen Korruption aus dem Jahr 2003 (Chapter XVIII Treaty 18 UNTS; BGBl. III Nr. 47/2006) bedeutsame Rechtsgrundlagen. Die meisten dieser Richtlinien sind mittlerweile europaweit umgesetzt worden. Dabei besteht jedoch aufgrund der erzielten internationalen Vereinbarungen keine bindende Verpflichtung zur Einführung strafrechtlicher Verbandssank-

---

* Frau Isabelle-Carmen Weis danke ich herzlich für die Mitwirkung.
[2068] Vgl. BVerfGE 25, 269 = NJW 1969, 1059; BVerfGE 95, 96 = NJW 1997, 929.
[2069] Zur aktuellen Diskussion über die Einführung der Strafbarkeit von Personenverbänden s. *Peglau*, ZRP 2001, 406 ff., wie auch *Hetzer*, EuZW 2007, 75 ff. und *Trüg*, wistra 2010, 241 ff.
[2070] Kritik bei *Hetzer*, EuZW 2007, 75, 76.
[2071] MünchKomm-StGB/*Joecks*, Vorb. § 25 Rn. 16.
[2072] Schönke/Schröder/*Cramer/Heine*, Vorb. §§ 25 ff. Rn. 124.

tionen.²⁰⁷³ Vielmehr haben diese Rechtsakte entweder nur Empfehlungscharakter oder ermöglichen den Erlass von Sanktionen strafrechtlicher wie auch nichtstrafrechtlicher Natur.²⁰⁷⁴ Demnach genügen auch nationale Verwaltungsvorschriften bzw. die Ansiedlung der Unternehmenssanktionierung im Ordnungwidrigkeitenrecht den supra- und internationalen Anforderungen.²⁰⁷⁵

48 In der Strafverfolgungspraxis in Deutschland hat die Unterscheidung zwischen einer Kriminalstrafe und einer Bebußung nach Ordnungswidrigkeitenrecht keine besondere Bedeutung. Mag schon zweifelhaft sein, ob mit der Verhängung einer Kriminalstrafe und der damit zwangsläufig verbundenen strafrechtlichen Verurteilung ein „höheres" Unwerturteil verbunden ist als mit der Bebußung nach Ordnungswidrigkeitenrecht, spielt es **wirtschaftlich** überhaupt keine Rolle, welche Rechtsnatur die Sanktion hat. Immerhin ist die Geldbuße mit ihrem Sanktionsanteil begrenzt auf € 500.000 (bei fahrlässigen Straftaten) und € 1 Mio. (bei vorsätzlichen Straftaten).²⁰⁷⁶ Eine ähnliche Wirkung wäre unter Rechtsstaatsgesichtspunkten und bei Ausgestaltung der Sanktion als (Kriminal-) Strafe erforderlich. So sieht insbesondere auch § 40 StGB einen Höchstbetrag für Geldstrafen vor – höchstens dreihundertsechzig volle Tagessätze bei höchstens dreißigtausend Euro. Obwohl die Sanktionen nach deutschem Ordnungswidrigkeitenrecht und Sanktionen nach US Recht nur sehr bedingt vergleichbar sind,²⁰⁷⁷ mag in diesem Zusammenhang darauf hingewiesen werden, dass die Sanktionen gegen die Siemens AG wegen der Korruptionszahlungen in den Jahren 1999 bis 2006 in Deutschland wesentlich höher als in den USA ausgefallen sind.²⁰⁷⁸ Unter Reputationsgesichtspunkten – intern und extern – spielt die Unterscheidung „Kriminalstrafe vs. Verbandsgeldbuße nach Ordnungswidrigkeitenrecht" ebenso wenig eine Rolle wie unter Kapitalmarktaspekten oder mit Blick auf die Eintragungen im sog. Korruptionsregister: Die Auswirkung einer Verbandsgeldbuße wirkt ebenso gravierend wie eine Kriminalsanktion. Unter praktischen Gesichtspunkten bedarf es daher der „Umwandlung" der Verbandsgeldbuße in eine Kriminalstrafe nicht.

II. Unternehmens-/Verbandsgeldbuße im deutschen Recht

49 Die in Deutschland verfügbaren Instrumentarien zur Verhängung von **Sanktionen gegen Unternehmen,** deren Mitarbeiter Straftaten oder Ordnungswidrigkeiten begangen haben, sollen nachstehend kurz skizziert werden.

1. Unternehmens-/Verbandsgeldbuße gemäß § 30 OWiG

a) Allgemeines

50 Nach § 30 OWiG kann das Unternehmen mit einer **Verbandsgeldbuße** belegt werden. Der kriminalpolitische **Zweck** dieser Regelung liegt vor allem darin, die bei einer juristische Person, einem nicht rechtsfähigen Verein oder einer rechtsfähigen Personen-

---

[2073] Vgl. auch *Peglau,* ZRP 2001, 406; *Fromm,* ZIS 2007, 279.
[2074] Sehr ausf. zum Ganzen *Schmitz/Taschke,* WiB 1997, 1169; *Achenbach,* in: Achenbach/Wannemacher, § 3.
[2075] Schönke/Schröder/*Cramer/Heine,* Vorb. §§ 25 ff. Rn. 124.
[2076] § 30 Abs. 2 S. 1 Nrn. 1, 2 OWiG.
[2077] S. zu den Sanktionen nach US Recht *DiBianco,* § 12 Rn. 1 ff.
[2078] Unter Berücksichtigung des Gewinnabschöpfungsanteils ergeben sich folgende Beträge: in Deutschland ca. € 600 Mio und USA ca. € 350 Mio, Quelle: http://www.compliancemagazin.de/markt/unternehmen/siemens171208.html.

B. Deutsche Sanktionen

gesellschaft entstandenen Vorteile abzuschöpfen, die diesen wegen einer in ihrem Interesse begangenen Straftat oder Ordnungswidrigkeit zugeflossen sind. Darüber hinaus soll § 30 OWiG auch eine generalpräventive Funktion erfüllen: Die Unternehmensinhaber sowie deren Organe und Vertreter sollen dazu angehalten werden, dafür Sorge zu tragen, dass die Pflichten des Unternehmens befolgt werden.[2079] Erleichtert wird die Vollstreckung der Geldbuße – und somit die Zweckerreichung der Norm – durch den EU-Rahmenbeschluss 2005/214/JI zur gegenseitigen Anerkennung von Geldstrafen und Geldbußen, der in Deutschland bereits umgesetzt wurde.[2080] Hierdurch sollen Hindernisse bei der grenzüberschreitenden Vollstreckung von Geldsanktionen innerhalb der Europäischen Union beseitigt werden.

Im Einzelnen setzt § 30 OWiG voraus, dass eine Straftat oder eine Ordnungswidrigkeit einer natürlichen Person vorliegt (**sog. Bezugstat**), der Täter dieser Bezugstat zu dem in § 30 Abs. 1 Nrn. 1–4 OWiG genannten Personenkreis gehört und durch die Bezugstat Pflichten der Personenvereinigung verletzt worden sind oder diese durch die Tat bereichert worden ist oder werden sollte. **51**

b) Der Personenkreis des § 30 Abs. 1 Nrn. 1–4 OWiG

Eine Verbandsgeldbuße kann nur gegen die in § 30 Abs. 1 Nrn. 1–4 OWiG **ausdrücklich erwähnten Personenverbände** verhängt werden. Daher scheidet unter anderem die Verhängung einer Verbandsgeldbuße gegen einen Einzelkaufmann bei Zuwiderhandlungen von Mitarbeitern von vornherein aus.[2081] **52**

aa) Vertretungsberechtigtes Organ einer juristischen Person oder Mitglied eines solchen (Nr. 1)

Juristische Personen sind alle Personengesamtheiten, denen auf Grund der Rechtsordnung die Fähigkeit zuerkannt ist, Inhaber von Rechten und Pflichten zu sein. Dazu gehören in erster Linie die AG, die GmbH und der rechtsfähige Verein. In der AG findet die Vertretung nach §§ 78 Abs. 1, 82 AktG durch den Vorstand und deren Stellvertreter (§ 94 AktG) statt. Das gilt auch dann, wenn in der Satzung ein Zustimmungserfordernis des Aufsichtsrats vorgesehen ist. Die vertretungsberechtigten Organe der GmbH sind gem. § 35 Abs. 1 GmbHG die Geschäftsführer sowie nach § 44 GmbHG deren Stellvertreter. Im rechtsfähigen Verein sind nach § 26 Abs. 2 BGB die Vorstandsmitglieder vertretungsberechtigt. Ob auch juristische Personen des öffentlichen Rechts von der Verbandsgeldbuße erfasst werden können, ist umstritten, wird aber überwiegend bejaht.[2082] Deren Vertretungsbefugnis ergibt sich aus dem öffentlich-rechtlichen Organisationsrecht. **53**

bb) Vorstand eines nicht rechtsfähigen Vereins oder Mitglied eines solchen (Nr. 2)

Der nicht rechtsfähige Verein nach § 54 BGB (wichtige Beispiele: Arbeitgeberverbände und Gewerkschaften, wie auch Kartelle und Syndikate) ist primär dadurch gekennzeichnet, dass sein Hauptzweck **nicht auf einen wirtschaftlichen Geschäftsbe- 54**

[2079] Vgl. KK-OWiG/*Rogall*, § 30 Rn. 16.
[2080] Gesetz zur Umsetzung des Rahmenbeschlusses 2005/214/JI des Rates vom 24.2.2005 über die Anwendung des Grundsatzes der gegenseitigen Anerkennung von Geldstrafen und Geldbußen vom 18.10.2010 (BGBl. I 1408).
[2081] Vgl. KK-OWiG/*Rogall*, § 30 Rn. 30; zur Einbeziehung von Vorgesellschaften und fehlerhaften Gesellschaften s. KK-OWiG/*Rogall*, § 30 Rn. 40 ff.
[2082] *OLG Frankfurt a.M.* NJW 1976, 1276; KK-OWiG/*Rogall*, § 30 Rn. 32; Bohnert/*Bohnert*, § 30 Rn. 12; *Többens*, NStZ 1999, 1, 6; *Göhler*, § 30 Rn. 2 m.w.N.

trieb gerichtet sein muss, aber sein kann.[2083] Aufgrund der fehlenden Rechtsfähigkeit kann er nicht als juristische Person eingestuft werden. Da er aber körperschaftlich strukturiert ist und i.d.R. über ein bedeutendes zweckgebundenes Vermögen verfügt, ist auch er als Haftungssubjekt in § 30 Abs. 1 Nr. 2 OWiG aufgeführt.

cc) Vertretungsberechtigte Gesellschafter einer Personenhandelsgesellschaft (Nr. 3)

55 Als **Personenhandelsgesellschaften,** deren Hauptzweck in der Erzielung wirtschaftlicher Vorteile liegt, sind unter anderem die OHG (§§ 105 ff. HGB) und die KG (§§ 161 ff. HGB) unter Einbeziehung der GmbH & Co. KG wie auch die nach der Rechtsprechung des BGH teilrechtsfähige Gesellschaft bürgerlichen Rechts[2084] anzusehen. Vertretungsberechtigt sind in der OHG nach § 125 Abs. 1 HGB grundsätzlich alle Gesellschafter, sofern der Gesellschaftsvertrag nicht eine abweichende Regelung vorsieht. Eine derartige abweichende Regelung kann allerdings wegen des Grundsatzes der Selbstorganschaft nicht dazu führen, dass alle Gesellschafter von der Vertretung ausgeschlossen werden. Anzumerken ist vor allem auch, dass selbst die Gesellschafter, die durch den Gesellschaftsvertrag von der Vertretung ausgeschlossen sind, unter den tauglichen Täterkreis fallen.[2085] Dies gilt gleichermaßen für die KG. Zu beachten ist hierbei allerdings, dass nach § 170 HGB der Kommanditist von der Vertretung ausgeschlossen ist, so dass nur Komplementäre vertretungsberechtigt sein können. Da Kommanditisten aber gewillkürte Vertreter der KG werden können und ihnen ebenfalls Prokura erteilt werden kann, kommt eine Anwendung der Nr. 4 in Betracht.

dd) Generalbevollmächtigte, Prokuristen oder Handlungsbevollmächtigte in leitender Stellung (Nr. 4)

56 Bei den in Nr. 4 genannten Personen ergibt sich die **Vertretungsmacht** aus §§ 164 ff. BGB bzw. §§ 48, 54 HGB. Dabei soll es nach h.M. aber nicht auf die Wirksamkeit des zivilrechtlichen Bestellungsakts ankommen. Wegen der maßgeblichen faktischen Betrachtungsweise soll vielmehr die tatsächliche Innehabung und Ausübung der Funktion entscheidend sein. Generalbevollmächtigte zeichnen sich durch die grundsätzlich unbeschränkte Vertretungsmacht aus. Bei Prokuristen und Handlungsbevollmächtigten ist zwar die Vertretungsmacht gesetzlich beschränkt, jedoch soll es für die Anwendung des § 30 OWiG keine Rolle spielen, ob sie im Rahmen ihrer Vertretungsmacht handeln.[2086] Ob die genannten Personen eine leitende Stellung innehaben, ist anhand der Organisationsstruktur des Unternehmens und der im Rahmen der Geschäftsführung und Vertretung eingeräumten Kompetenzen zu ermitteln.[2087]

c) Anknüpfungs-/Bezugstat

57 Voraussetzung der Verhängung einer Geldbuße gegen juristische Personen und Personenvereinigungen ist, dass eine zum Adressatenkreis gehörige Person rechtswidrig und schuldhaft (vorwerfbar) eine **Straftat oder Ordnungswidrigkeit** begangen hat[2088] –

[2083] Bohnert/*Bohnert*, § 30 Rn. 13.
[2084] Vgl. *BGH* NJW 2001, 1056; 2002, 1207.
[2085] KK-OWiG/*Rogall*, § 30 Rn. 62.
[2086] KK-OWiG/*Rogall*, § 30 Rn. 67.
[2087] KK-OWiG/*Rogall*, § 30 Rn. 67.
[2088] Laut statistischer Erhebungen wird innerhalb von 24 Monaten jedes zweite Unternehmen Opfer einer Straftat, die meist durch die eigenen Mitarbeiter verübt wird, s. *Kempf*, in: Volk, § 10 Rn. 66 f.

die konkrete Identifizierung des Täters ist dabei nicht notwendig.[2089] Der Täter muss durch diese (Anknüpfungs- oder Bezugs-)Tat entweder eine „betriebsbezogene Pflicht" verletzt haben, also eine solche, die gerade die Personenvereinigung trifft (**1. Alt.**), oder die Personenvereinigung muss durch die Tat bereichert oder deren Bereicherung zumindest beabsichtigt gewesen sein (**2. Alt.**). Umstritten ist dabei weiterhin, ob Straftaten von Mitarbeitern zum Nachteil des arbeitgebenden Unternehmens als Anknüpfungs-/Bezugstat in diesem Sinne anzusehen sind.[2090]

Die Anknüpfung an eine Bezugstat, wie dies in Deutschland geschieht, ist dem in den USA im Wesentlichen geltenden akzessorischen Haftungsmodell (Zurechnungsmodell) nicht unähnlich. Danach wird das Unternehmen durch Zurechnung des strafbaren Verhaltens eines Beschäftigten sanktioniert. Nach jüngerer Rechtsprechung der US-Bundesgerichte kann es hierbei allerdings als ausreichend erachtet werden, wenn mehrere Mitarbeiter den subjektiven Tatbestand gemeinsam erfüllen (sog. strategischer Vorsatz, *strategic mens rea*).[2091] **58**

aa) 1. Alternative: Die Verletzung der Aufsichtspflicht nach § 130 OWiG als Bezugstat

Als „**betriebsbezogene Pflichten**" kommen zum einen gesetzliche Pflichten in Betracht, die sich gerade an juristische Personen als Normadressaten wenden, weil sie deren Wirkungs- oder Geschäftsbereich betreffen. Zum anderen sind aber auch solche Pflichten gemeint, die sich aus Allgemeindelikten ergeben und sich an jedermann richten, wobei aber im letzteren Fall die Betriebsbezogenheit der Pflicht sorgfältig zu prüfen ist.[2092] Als Grundlage dieser Prüfung kann unter anderem auf die im Rahmen des § 13 StGB entwickelte Systematik hinsichtlich der Garantenstellung und -pflichten abgestellt werden.[2093] Die Zuwiderhandlung gegen diese Pflichten muss im Geschäfts- und Wirkungsbereich der Gesellschaft begangen worden sein. **59**

Das Gesetz nennt als Beispiel einer betriebsbezogenen Pflicht („insbesondere") die Aufsichtspflichtverletzung nach § 130 OWiG. Nach § 130 Abs. 1 OWiG muss im Unternehmen eine Zuwiderhandlung gegen Pflichten begangen werden, die den Inhaber des Unternehmens treffen (**betriebsbezogene Pflicht**) und deren Verletzung mit Strafe oder Geldbuße bedroht ist. Bei den betriebsbezogenen Pflichten i.S. des § 130 Abs. 1 OWiG werden neben den Sonderdelikten überwiegend auch Allgemeindelikte einbezogen, sofern sie im Zusammenhang mit der Führung des Unternehmens bzw. Betriebes stehen.[2094] Es kommt nicht darauf an, ob diese konkrete Zuwiderhandlung für den Aufsichtspflichtigen vorhersehbar war (sog. objektive Bedingung der Ahndung). Es muss aber ein ursächlicher Zusammenhang zwischen der Aufsichtspflichtverletzung und der Zuwiderhandlung bestehen.[2095] **60**

In der Praxis ist die Verletzung der Aufsichtspflicht zu einer „Auffangsbezugstat" des § 30 OWiG geworden: Soweit Pflichtverstöße nachgeordneter Unternehmensmitarbeiter (bis hin zum Prokuristen) vorliegen und nachgewiesen werden können, wird **61**

[2089] *BGH* NStZ 1994, 346.
[2090] Vgl. *OLG Celle* wistra 2005, 160; *Helmrich*, wistra 2010, 331.
[2091] Vgl. *Trüg*, wistra 2010, 241, 242.
[2092] KK-OWiG/*Rogall*, § 30 Rn. 72, 76.
[2093] *Britz*, in: Volk, § 5 Rn. 18.
[2094] *Göhler*, § 130 Rn. 18; *Többens*, NStZ 1999, 1, 5; a.A. KK-OWiG/*Rogall*, § 130 Rn. 84 ff., der für eine von § 30 OWiG abweichende Bestimmung der betriebsbezogenen Pflicht plädiert und im Rahmen des § 130 OWiG nur Sonderdelikte einbezieht.
[2095] Zu dessen näherer Bestimmung s. KK-OWiG/*Rogall*, § 130 Rn. 97 ff.

dies im Regelfall zu einer Verletzung der Aufsichtspflicht als Bezugstat führen, die Grundlage für eine Verbandsgeldbuße wird. Es muss dabei nicht einmal festgestellt werden, welcher Unternehmensmitarbeiter tatsächlich gehandelt und die Straftat oder Ordnungswidrigkeit begangen hat.[2096] Wie bereits beschrieben, kann selbst die Identifizierung der für die Verletzung der Aufsichtspflicht verantwortlichen Leitungsperson unterbleiben. Das Gesetz ermöglicht insoweit auch die Unternehmensbebußung im selbstständigen Verfahren (§ 30 Abs. 4 OWiG).[2097]

62 Die Verletzung der Aufsichtspflicht spielt praktisch in zwei Fallkonstellationen eine Rolle:
Erstens: Wenn Mitarbeiter unterhalb der in § 30 Abs. 1 OWiG genannten Hierarchieebenen gehandelt haben, dann kann nur über die Verletzung der Aufsichtspflicht eine Verbandsgeldbuße verhängt werden. Zweitens: bei einer Vielzahl von Zuwiderhandlungen – etwa einer Reihe von Korruptionsstraftaten – kann es unter Verfolgungsgesichtspunkten effektiver sein, auf **eine** Aufsichtspflichtverletzung des (nicht tatbeteiligten) Vorstands abzustellen, um den Sanktionsgehalt der Tat und die Gewinnabschöpfung nach § 17 Abs. 4 OWiG zutreffend bestimmen zu können. Da die Aufsichtspflichtverletzung ihrerseits nur auf der Grundlage von Bezugstaten angenommen werden kann, wird der Verteidiger bei einem solchen Vorgehen der Staatsanwaltschaft wie der Ordnungswidrigkeitenbehörde darauf zu achten haben, dass die Bezugstaten auch tatsächlich (prozess-) ordnungsgemäß festgestellt sind oder werden könnten und nicht pauschal Hochrechnungen ohne tragfähige Grundlage angenommen werden.

63 **Zweck des § 130 OWiG.** § 130 OWiG trägt der Notwendigkeit der Arbeitsteilung innerhalb eines Unternehmens Rechnung. Einen Unternehmensinhaber treffen eine Vielzahl von Pflichten, die er faktisch nicht alle persönlich erfüllen kann. Er muss sie daher im Wege der Delegation seinen Mitarbeitern übertragen. Dies führt zu einem Auseinanderfallen von Verantwortung und Handlung und letztlich zu einem System der Dezentralisierung, in dem tatsächlich manchmal nur schwer eine Verantwortungszurechnung zu einer Person festgestellt werden kann. § 130 OWiG verpflichtet den Unternehmensinhaber daher, dass er durch Aufsichtsmaßnahmen Vorkehrungen trifft, dass alle betriebsbezogenen Vorschriften eingehalten werden. Es handelt sich um ein echtes Unterlassungsdelikt. Sanktioniert wird also das Unterlassen von Aufsichtsmaßnahmen, die erforderlich sind, um Zuwiderhandlungen zu verhindern, die den Inhaber treffen und deren Verletzung mit Strafe oder Geldbuße bedroht ist.

64 **Normadressaten des § 130 OWiG.** Als Normadressat nennt § 130 OWiG ausdrücklich den Inhaber eines Betriebs oder Unternehmens. Aufgrund dieser Begrenzung des Täterkreises handelt es sich um ein Sonderdelikt. Inhaber ist dabei derjenige, den die betriebs- oder unternehmensbezogenen Pflichten treffen, bei juristischen Personen also die Organe des Verbandes selbst und nicht etwa die Gesellschafter.[2098] Der Täterkreis wird allerdings durch § 9 OWiG erweitert. Deshalb gehören auch das vertretungsberechtigte Organ einer juristischen Person bzw. das Mitglied eines solchen Organs, die vertretungsberechtigten Gesellschafter einer Personenhandelsgesellschaft, die gesetzlichen Vertreter eines Unternehmensinhabers, sowie diejenigen Personen zu den Normadressaten des § 130 OWiG, die beauftragt sind, den Betrieb ganz oder zum Teil zu leiten, oder Aufgaben, die dem Inhaber des Betriebs obliegen, in eigener Ver-

---

[2096] KK-OWiG/*Rogall*, § 130 Rn. 94; *Többens*, NStZ 1999, 1, 5.
[2097] Vgl. *Britz*, in: Volk, § 5 Rn. 31 f.
[2098] KK-OWiG/*Rogall*, § 130 Rn. 23.

antwortung wahrzunehmen. § 130 Abs. 2 OWiG bezieht öffentliche Unternehmen ausdrücklich mit ein.

Aufsichtspflichtverletzung. § 130 Abs. 1 OWiG bestimmt die den Unternehmensinhaber treffenden Aufsichtspflichten nicht abschließend. Nach § 130 Abs. 1 S. 2 OWiG gehören dazu jedenfalls „auch die Bestellung, sorgfältige Auswahl und Überwachung von Aufsichtspersonen". Welche weiteren Aufsichtspflichten „erforderlich" und auch zumutbar sind, bestimmt die Rechtsprechung anhand von Umständen des Einzelfalls, wobei unter anderem die Unternehmensgröße, die Organisation, der Geschäftsbereich und die Bedeutung der sich daraus ergebenden und zu beachtenden Rechtsvorschriften zu berücksichtigen sind.[2099]

65

bb) Der Entlastungsbeweis bei der Verletzung der Aufsichtspflicht

Straftaten oder Ordnungswidrigkeiten von Mitarbeitern können nur dann Bezugstat einer Verletzung der Aufsichtspflicht (und damit der Bezugstat bei Festsetzung einer Verbandsgeldbuße) sein, **soweit** gehörige Aufsichtsmaßnahmen die Straftaten oder Ordnungswidrigkeiten verhindert oder wesentlich erschwert hätten („wenn eine solche Zuwiderhandlung [gegen Pflichten, die den Inhaber treffen und deren Verletzung mit Strafe oder Geldbuße bedroht ist] begangen wird, die durch gehörige Aufsicht verhindert oder wesentlich erschwert worden wäre", § 130 Abs. 1 S. 1 OWiG).[2100] Dem betroffenen Vorstand und dem Unternehmen steht damit der Entlastungsbeweis offen. In der Praxis der Unternehmensberatung und -verteidigung spielt deshalb der Hinweis auf funktionierende Compliance-Programme[2101] eine große Rolle. Vorstand und Unternehmen werden bemüht sein, den Nachweis zu führen, dass hinreichende Aufsichtsmaßnahmen erfolgt sind oder – falls Defizite im Aufsichtssystem festgestellt werden – dass weitere Aufsichtsmaßnahmen die Begehung der Bezugstaten nicht verhindert hätten.

66

cc) Fehlender Entlastungsbeweis bei § 130 OWiG

Bemerkenswert ist in diesem Zusammenhang ein gesetzgeberischer Wertungswiderspruch: Nur bei der Verletzung der Aufsichtspflicht nach § 130 OWiG kann der Entlastungsbeweis[2102] vom Vorstand in seiner Verteidigung gegen den Vorwurf der Verletzung der Aufsichtspflicht und vom Unternehmen in seiner Verteidigung gegen das Vorliegen der Bezugstat „Verletzung der Aufsichtspflicht" geführt werden. Bei den sonstigen Bezugstaten nach § 30 OWiG ist der Entlastungsbeweis **nicht** möglich. Das bedeutet, dass bei Straftaten und Ordnungswidrigkeiten von Mitarbeitern, die sich nach § 30 Abs. 1 Nrn. 1–4 OWiG qualifizieren, bis hin zum Prokuristen, ein Entlastungsbeweis, etwa unter Hinweis auf ein funktionierendes Compliance-System, nicht geführt werden kann.[2103] Die Korruptionsstraftat eines Prokuristen ist daher ebenso taugliche Bezugstat einer Verbandsgeldbuße wie die fahrlässige Umweltstraftat eines Prokuristen, der in einem Augenblicksversagen eine falsche Entscheidung trifft, ohne dass es auf funktionierende Kontrollsysteme, Anweisungen, Belehrungen oder Prozesse zur Risikominimierung ankäme. Dass diese unternehmensseitigen Anstrengun-

67

[2099] KK-OWiG/*Rogall*, § 130 Rn. 41 m. z. Rspr.-N.; *Többens*, NStZ 1999, 1, 4.
[2100] *OLG Köln*, Beschl. v. 29.1.2010, Az. III-1 RBs 24/10 = BeckRS 2010, 0718 m. Anm. *Zimmermann*, FD-StrafR 2010, 301354.
[2101] Vgl. zu Compliance in der pharmazeutischen Industrie *Leipold*, in: Hauschka, § 33 und zu Compliance im Gesundheitswesen generell *Dieners*, in: Dieners; s. auch nachstehend Rn. 70 ff.
[2102] S. vorstehend Rn. 66.
[2103] Dies kann allenfalls bei der Bemessung der Geldbuße berücksichtigt werden.

gen zur Einhaltung der gesetzlichen Vorschriften nur bei der Bemessung der Geldbuße eine Rolle spielen sollen, während bei Verletzung der Aufsichtspflicht der Entlastungsbeweis vollumfänglich möglich sein soll, ist ein gesetzgeberisch nur schwer nachvollziehbarer Wertungswiderspruch. Ein gesetzgeberischer Impuls zur Schaffung effektiver Compliance-Systeme wird damit nicht gegeben.

68 Von zunehmender Bedeutung bei Erbringung des Entlastungsbeweises im Rahmen des § 130 OWiG ist die Einrichtung sog. Compliance-Management-Systeme. Durch diese Compliance-Management-Systeme sollen Regelverstöße verhindert und rechtstreues Verhalten gefördert werden.

69 Erkennbar wird die Bedeutung von Compliance-Management-Systemen auch insoweit, als eine Treuepflichtverletzung im Rahmen der Untreue nach § 266 Abs. 1 Alt. 2 StGB bei einer Zuwiderhandlung gegen Compliancevorgaben gegeben sein soll.[2104] Jedoch gibt es nur vereinzelt ausdrückliche Verpflichtungen zur Errichtung von Compliance-Systemen in Unternehmen,[2105] so dass zu der ordnungsgemäßen Erfüllung der Organisations- und Koordinationspflicht gerade nicht die Einrichtung eines solchen Systems erforderlich ist.

dd) Die Rolle von sog. Compliance-Management-Systemen bei der Verletzung der Aufsichtspflicht

70 In den Überlegungen zur Schaffung eines neuen Prüfungsstandards kommt auch zu kurz, dass ein effektives Compliance-System nach derzeitiger gesetzlicher Regelung tatbestandsausschließend nur bei dem Vorwurf der Verletzung der Aufsichtspflicht wirkt, nicht in den sonstigen Fällen.[2106] Dies mag sicher kein durchgreifender Grund **gegen** die Etablierung effektiver Compliance-Systeme sein, allerdings sollte diese nicht als ein umfassender Schutz vor einer Verbandsgeldbuße gesehen werden: Das ist es nicht.

ee) Compliance-Systeme im internationalen Bezug

71 Allerdings kann die Einrichtung einer dauerhaften und wirksamen Compliance-Struktur auch für die Haftung des Unternehmens im internationalen Zusammenhang von Bedeutung sein. Zu nennen ist auf internationaler Ebene zunächst der amerikanische FCPA.[2107] Dieser erfasst sowohl die Bestechung von ausländischen Amtsträgern mit der Absicht der Erlangung eines geschäftlichen Vorteils, als auch Verstöße gegen Aufzeichnungs- und Buchführungspflichten. Subjekt der Regelung können auch nichtamerikanische Staatsbürger und Unternehmen sein. Darüber hinaus können auch Unternehmen, die keine US-Emittenten sind, dem FCPA unterfallen.[2108]

72 Auch der am 1.7.2011 in Kraft getretene UK Bribery Act sieht Sanktionen im Bereich extraterritorialer Zusammenhänge vor.[2109] Von Bedeutung ist bei diesem Rege-

---

[2104] BGHSt 52, 323, 335 = NJW 2009, 89 = NStZ 2009, 151; dies ist umstritten: so spricht sich *Theile* (wistra 2010, 457) aufgrund der fehlenden gesellschaftsrechtlichen Verpflichtung gegen die Annahme einer Untreuestrafbarkeit unter dem Gesichtspunkt der Nichteinrichtung einer Compliance-Organisation aus; krit. auch *Michalke*, StV 2011, 245 zur Herleitung einer Unternehmensbetreuungspflicht aus Compliance-Regeln.
[2105] Vgl. insb. § 33 WpHG.
[2106] S. vorstehend Rn. 67.
[2107] Ausf. hierzu vorstehend *Di Bianco*, § 12 Rn. 1 ff.
[2108] „Panalpina-Fall", Anklage der SEC im Volltext unter http://www.sec.gov/litigation/complaints/2010/comp21727.pdf.
[2109] Vgl. hierzu zusammenfassend *Klengel*, DB 2010, S. M 18.

lungswerk, dass erstmals ein Entschuldigungsgrund für die Verletzung der Aufsichtspflicht des Unternehmens vorgesehen ist. Danach soll die Unternehmenshaftung entfallen, wenn geeignete Maßnahmen zur Verhinderung von Bestechungshandlungen getroffen wurden (*„adequate procedures"*). Die beiden aufgezeigten internationalen Regelungswerke veranschaulichen die verstärkte Relevanz eines Compliance-Management-Systems und die zunehmenden hieran zu stellenden Anforderungen auch im deutschen Rechtsraum.

ff) Anforderungen an ein Compliance-System

Welche Anforderungen an ein Compliance-System zu stellen sind, wird kontrovers diskutiert.[2110] Im Zusammenhang mit dem hier behandelten § 130 OWiG sollten die Compliance-Systeme jedenfalls folgende im Rahmen dieser Vorschrift geltende Aufsichtspflichten abdecken:

73

– **Organisations- und Koordinationspflicht:** Die Personalstruktur und der Betriebsablauf müssen organisiert werden. Die Mitarbeiter sollten sorgfältig ausgewählt und die Aufgaben (lückenlos) verteilt sein. Das Maß der dabei anzuwendenden Sorgfalt ist entscheidend von der mit der zu besetzenden Stelle verbundenen Verantwortung abhängig. In Abhängigkeit von der Unternehmensgröße sollten die Aufsichtsmaßnahmen auf mehrere Ebenen verteilt werden. Dabei verbleibt die Oberaufsicht auch bei Bestellung von Aufsichtspersonen bei dem Betriebsinhaber. Danach sind die Aufsichtspersonen durch den Inhaber des Unternehmens zu überwachen.[2111]

74

– **Leitungspflicht:** Die Mitarbeiter sind fortlaufend darüber aufzuklären, für welchen Teil des Betriebsablaufs sie verantwortlich sind, welche gesetzlichen Vorschriften sie dabei im Einzelnen einzuhalten und welche Gesetzesänderungen sie zu berücksichtigen haben. Der pauschale Hinweis, keine Gesetze zu verletzen, soll dazu nicht genügen. Im Einzelfall soll auch ein wiederholter oder mehrfacher Hinweis erforderlich sein.

– **Kontrollpflicht:** Der Betriebsablauf ist regelmäßig stichprobenartig zu überprüfen. Die geforderten Kontrollintervalle bestimmen sich wiederum nach den besonderen Umständen, insbesondere nach der Bedeutung der zu überwachenden Pflichten und dem damit verbundenen Gefährdungspotenzial. Gegen Verstöße ist einzuschreiten und mit den im Einzelfall gebotenen (und zulässigen) Mitteln (Abmahnung, Versetzung, Kündigung etc.) zu reagieren.

Begrenzt wird die Aufsichtspflicht durch den **Vertrauensgrundsatz** und die **Zumutbarkeit**. Der Unternehmer darf grundsätzlich darauf vertrauen, dass seine Mitarbeiter ihren Pflichten nachkommen.[2112] Sind bereits Zuwiderhandlungen festgestellt worden oder liegen aus anderen Gründen besondere Umstände vor, etwa Zweifel an der fachlichen Geeignetheit und Zuverlässigkeit von Mitarbeitern, so können allerdings verschärfte Aufsichtsmaßnahmen, z.B. häufigere und umfangreichere Kontrollen, geboten sein.[2113] Jedoch dürfen auch keine unzumutbaren Anforderungen an die Aufsichtspflicht gestellt werden, denn auch die Würde der Betriebsangehörigen und die Wahrung des Betriebsklimas sind zu berücksichtigen.[2114] Eine den Betriebsfrieden störende lückenlose

75

[2110] Dieners/*Dieners*/*Lembeck*, S. 123 ff; *Hauschka*, NJW 2004, 257; *Fleischer*, AG 2003, 291.
[2111] *BayObLG* NJW 2002, 766.
[2112] KK-OWiG/*Rogall*, § 130 Rn. 40.
[2113] Vgl. *Többens*, NStZ 1999, 1, 4.
[2114] KK-OWiG/*Rogall*, § 130 Rn. 49.

Bespitzelung oder andere schikanöse oder entwürdigende Maßnahmen sind daher weder erforderlich noch zumutbar.[2115] Ebenso sollte eine Beeinträchtigung der Effektivität durch eine übermäßige Bürokratisierung vermieden werden.[2116]

76 Kritik wurde in diesem Zusammenhang gegenüber den umfassenden Maßnahmen zur Korruptionsbekämpfung der Deutschen Bahn aus dem Jahr 2003 geäußert. Die Deutsche Bahn hatte eine Privatfirma beauftragt, ein sog. Mitarbeiter- und Lieferantenscreening durchzuführen, welches dem Abgleich von Mitarbeiterdaten (Adresse und Konto) mit denen der Lieferanten diente. Zudem soll auch E-Mail Verkehr der Mitarbeiter untersucht worden sein.[2117] Eine derart umfangreiche Maßnahme ist neben datenschutzrechtlichen Aspekten auch hinsichtlich des naheliegenden Vorwurfs der Bespitzelung im Rahmen rasterfahndungsähnlicher Methoden bedenklich.[2118] Nicht zuletzt kann hierdurch das Betriebsklima nachhaltig geschädigt sein.

77 Als Leitlinie zum Aufbau und zur Umsetzung von entsprechenden Compliance-Systemen wurde am 11.3.2011 ein neuer Compliance-Prüfungsstandard (PS 980) seitens des IDW veröffentlicht. Hierdurch soll ein einheitliches, nachvollziehbares Verfahren zur Verfügung stehen. Ob diesem Prüfungsstandard in der Unternehmenspraxis besondere Bedeutung zukommen kann, ist umstritten. In diesem Zusammenhang wird die Einbindung von Wirtschaftsprüfern in den Prozess der Überprüfung von Compliance-Systemen unter Hinweis darauf kritisiert, dass ein Wirtschaftsprüfer zwar mit den unternehmensinternen Prozessen und Abläufen vertraut sei, aber häufig nicht die erforderliche rechtliche Sachkunde und juristische Expertise besäße, um die rechtlich anspruchsvollen und facettenreichen Themen zu behandeln, die im Rahmen der Compliance-Struktur Beachtung finden müssen.[2119] Aufgrund dessen wird empfohlen einen mit der Thematik vertrauten Anwalt in den Überprüfungs- und Etablierungsprozess des Compliance-Programms einzubinden.[2120]

78 Als **Grundelemente eines Compliance-Systems** werden genannt:

1. **Compliance-Kultur**: hierunter ist insbesondere die Integrität der gesetzlichen Vertreter und das Bekenntnis des Managements zur Bedeutung eines verantwortungsvollen Verhaltens im Einklang mit den zu beachtenden Rollen zu verstehen;
2. **Compliance-Ziele**: durch die gesetzlichen Vertreter werden die Ziele festgelegt, die mit dem Compliance-System zu erreichen sind. Dies enthält die Abgrenzung in Teilbereiche und Definition der in diesen Teilbereichen geltenden Regeln. Weiterhin ist der anzulegende Sicherheitsgrad zur Verhinderung von Regelverstößen zu bestimmen;
3. **Compliance-Organisation**: klare Festlegung von Rollen und Verantwortlichkeiten, Aufbau- und Ablauforganisation, sowie entsprechende Ressourcenzuteilung im Rahmen des Systems;
4. **Compliance-Risiken**: enthält für die abgegrenzten Teilbereiche eine Risikoanalyse für Regelverstöße als kontinuierlichen Prozess, beispielsweise in Form von Work-

---

[2115] Vgl. *Többens*, NStZ 1999, 1, 4; KK-OWiG/*Rogall*, § 130 Rn. 49.
[2116] KK-OWiG/*Rogall*, § 130 Rn. 49.
[2117] http://www.stern.de/politik/deutschland/spitzel-skandal-der-deutschen-bahn-mehdorns-flucht-nach-vorne-653339.html; *Schneider*, NZG 2010, 1201, 1203.
[2118] Vgl. *Schneider*, NZG 2010, 1201 ff.
[2119] *Schemmel/Minhoff*, CCZ 2012, 49, 51; *Rieder/Jerg*, CCZ 2010, 201, 204; *Böttcher*, NZG 2011, 1054, 1057; *Withus/Hein*, CCZ 2011, 125; vgl. auch *von Busekist/Hein*, CCZ 2012, 41, 42.
[2120] *Rieder*, CCZ 2010, 201; *Willems/Schreiner*, CCZ 2010, 214; *Horney/Kuhlmann*, CCZ 2010, 192; *Gelhausen/Wermelt*, CCZ 2010, 208.

shops und Interviews. Die identifizierten Risiken werden hinsichtlich der Wahrscheinlichkeit ihres Eintritts und ihrer möglichen Folgen analysiert;
5. **Compliance-Programm**: setzt sich aus den Grundsätzen und Maßnahmen zusammen, die auf die Begrenzung der Compliance-Risiken und somit regelkonformes Verhalten gerichtet sind;
6. **Compliance-Kommunikation**: dieser Abschnitt betrifft die Kommunikation der in den Teilbereichen zu beachtenden Regeln wie auch die Festlegung der Berichtswege und Berichtspflichten für die Kommunikation von Compliance-Risiken;
7. **Compliance-Überwachung und Verbesserung**: durch prozessunabhängige Stellen, wie beispielsweise die interne Revision.

Festzustellen ist, dass nicht jeder Verstoß gegen die Vorgaben eines Compliance-Systems zugleich einen Verstoß gegen § 130 OWiG darstellt.

gg) 2. Alternative: Bereicherung des Unternehmens

Wird mit der begangenen Straftat nicht gegen eine betriebsbezogene Pflicht verstoßen, so kann nach § 30 Abs. 1 OWiG auch dann gegen das Unternehmen eine Geldbuße verhängt werden, wenn es durch die Bezugstat bereichert worden ist oder bereichert werden sollte. Durch die Formulierungen „als vertretungsberechtigtes Organ" etc. wird aber auch hier ein **funktionaler Zusammenhang** zwischen der Anknüpfungstat und dem Wirkungsbereich der Personenvereinigung hergestellt. Unter Bereicherung versteht man jede Erhöhung des wirtschaftlichen Wertes des Vermögens. Darunter soll auch eine mittelbare Erhöhung – wie etwa durch die Verbesserung der Wettbewerbssituation auf Grund von Zuwendungen, die gegen § 299 StGB oder §§ 331 ff. StGB verstoßen – fallen.[2121] **79**

d) Handlung „als" Organ, Vertreter oder Bevollmächtigter

Als Abgrenzungsmerkmal des Vertreterhandelns vom Handeln als Privatperson dient der funktionale Zusammenhang.[2122] Dieser muss zwischen Bezugstat und dem Aufgabenkreis des Täters bestehen und ist gegeben, wenn der Täter in Wahrnehmung der Angelegenheiten der Personenvereinigung und nicht nur bei bloßer Gelegenheit der Vertreterstellung gehandelt hat.[2123] Ein bedeutender Anhaltspunkt ist dabei, ob er (auch) im Interesse des Verbands tätig wurde.[2124] **80**

e) Höhe der Geldbuße/Steuerliche Aspekte

Die **Höchstgrenze** der Geldbuße, die gegen das Unternehmen festgesetzt werden kann, ergibt sich zunächst aus § 30 Abs. 2 OWiG. Maßgeblich ist danach der Charakter der Bezugstat. Wurde mit ihr gegen den Tatbestand einer Ordnungswidrigkeit verstoßen, so bestimmt sich auch das Höchstmaß der Verbandsgeldbuße nach der für die Ordnungswidrigkeit angedrohten Geldbuße. Ist die Bezugstat eine vorsätzliche Straftat, beträgt das Höchstmaß der Verbandsgeldbuße € 1 Mio., bei einer fahrlässigen Straftat € 500.000. Ist die Bezugstat gleichzeitig eine Straftat und eine Ordnungswidrigkeit und übersteigt das für die Ordnungswidrigkeit angedrohte Höchstmaß das vorgenannte Höchstmaß für die Straftat, so ist das höhere Höchstmaß der begangenen Ordnungs- **81**

[2121] KK-OWiG/*Rogall*, § 30 Rn. 82.
[2122] *Többens*, NStZ 1999, 1, 7.
[2123] KK-OWiG/*Rogall*, § 30 Rn. 90.
[2124] KK-OWiG/*Rogall*, § 30 Rn. 93.

widrigkeit maßgeblich. Bei der Bestimmung der höchstmöglichen Verbandsgeldbuße ist aber auch § 30 Abs. 3 i.V.m. § 17 Abs. 4 OWiG zu beachten. Danach soll die Geldbuße den durch die Tat erlangten wirtschaftlichen Vorteil übersteigen. Zu diesem Zweck der Gewinnabschöpfung kann auch das gesetzliche Höchstmaß überschritten werden.

82 Bei der konkreten **Bemessung der Geldbuße** differenziert man zwischen dem ahndenden und dem gewinnabschöpfenden Teil.

83 Nach §§ 30 Abs. 3, 17 Abs. 4 OWiG soll mit der Geldbuße der durch die Tat erlangte Gewinn überschritten und damit eine **Gewinnabschöpfung** erzielt werden. Maßgeblich ist dabei der Reingewinn, der nach dem Grundsatz der Gesamtsaldierung zu ermitteln ist. Im Rahmen des § 30 OWiG gilt folglich aufgrund der Gleichstellung mit § 17 StGB – im Gegensatz zum Bruttoprinzip, das bei dem Verfall nach §§ 73 ff. StGB Anwendung findet – das Nettoprinzip.[2125] Danach werden von den Vorteilen, zu denen auch solche gehören sollen, die nicht unmittelbar in Geld bestehen (z.B. Wettbewerbsvorteile), alle Kosten und Aufwendungen abgezogen, unabhängig davon, ob sie von der Rechtsordnung gebilligt werden.[2126] Hypothetische Gewinne, also solche, die bei rechtmäßigem Verhalten erzielbar gewesen wären, sollen nach überwiegender Auffassung als angeblich rein spekulative Faktoren keine Berücksichtigung finden und daher nicht abzugsfähig sein.[2127] Auch zivilrechtliche Ersatzansprüche Dritter werden überwiegend nicht berücksichtigt, da eine § 73 Abs. 1 S. 2 StGB entsprechende Regelung fehlt und das OWiG stattdessen in § 99 Abs. 2 OWiG eine vollstreckungsrechtliche Lösung enthält, die ggf. analog angewendet wird.[2128]

84 Die Feststellung des Gewinns zur Bestimmung des gewinnabschöpfenden Teils der Geldbuße kann in der Praxis äußerst schwierig sein. Dies bietet auch eine Reihe von Verteidigungsmöglichkeiten. Der unternehmensverteidigende Anwalt hat dafür Sorge zu tragen, dass alle entlastenden Faktoren in das Verfahren eingeführt werden. Unternehmerisches Handeln ist immer vielschichtig wie auch Ergebnisbeurteilungen komplex sein können. Dem trägt die Rechtsprechung Rechnung, indem sie die Einschaltung von Sachverständigen fordert, wenn nur mit deren Hilfe schwierige wirtschaftliche Fragestellungen zutreffend beantwortet werden können.[2129] Beim **ahndenden Teil** der Geldbuße sind der Unrechtsgehalt der zugrunde liegenden Bezugstat und deren Folgen von Bedeutung. Außerdem sind das Maß der Organisations-, Vorsorge- und Kontrollmängel sowie die wirtschaftlichen Verhältnisse des Verbands zu berücksichtigen, insbesondere hierbei wird ein effektives Compliance-Systems hilfreich bei der Reduzierung des Sanktionsanteils sein. Bei der Verteidigung wird es deshalb besonders darauf ankommen, die Bezugstat für die Verbandsgeldbuße im richtigen Kontext zu würdigen: Sind es isolierte Einzelfälle oder handelt es sich um Ausprägung der Geschäftspolitik des Unternehmens? Der Anwalt hat die Compliancekultur im Unternehmen darzustellen, die Complianceanstrengungen nachvollziehbar für die jeweilige Verfolgungsbehörde zu dokumentieren und die Einordnung der Bedeutung der Verstöße für den Unternehmenserfolg zu ermöglichen – hingen wesentliche Geschäftser-

---

[2125] Bohnert/*Bohnert*, OWiG, § 30 Rn. 42.
[2126] KK-OWiG/*Rogall*, § 30 Rn. 122 ff.
[2127] *OLG Oldenburg* wistra 2009, 328.
[2128] KK-OWiG/*Rogall*, § 30 Rn. 127.
[2129] Vgl. *BGH* NStZ 2006, 210, 213 – „Kölner Müllskandal"; *BVerfG* NJW 2010, 626, 630 – Etablierung und Aufrechterhaltung schwarzer Kassen im Fall „Siemens" und „Berliner Fall" zu Risikogeschäften bei Kreditvergabe; *BGH* NStZ 2011, 37, 39 – Beeinflussung von Betriebsratszahlen im Fall „Schelsky".

B. Deutsche Sanktionen

folge von behaupteten Taten ab oder betraf es eher untergeordnete Geschäftsbereiche, die nicht wesentlich zum Geschäftserfolg beigetragen haben – u. a.

Eine möglichst umfassende Darlegung der entlastenden Aspekte sollte eine Grundlage sein, den ahndenen Teil der Geldbuße im jeweiligen Bußgeldrahmen an der richtigen Stelle zu lokalisieren.[2130] **85**

Da die Geldbuße wie auch der Verfall (dazu nachstehend Rn. 91 ff.) den Zweck hat, von dem Unternehmen den erlangten Gewinn abzuschöpfen, schließt § 30 Abs. 5 OWiG bei Festsetzung einer Geldbuße gegen ein Unternehmen die Anordnung des Verfalls nach den §§ 73, 73 a StGB oder nach § 29 a OWiG wegen derselben Tat aus und **vermeidet** damit eine **doppelte Gewinnabschöpfung**. **86**

Steuerliche Aspekte bieten gleichfalls Handlungsmöglichkeiten bei der wirtschaftlichen Verteidigung von Unternehmen: Der Sanktionsanteil einer Geldbuße ist steuerlich nicht absetzbar (§ 4 Abs. 5 S. 1 Nr. 8 EStG). Dies gilt nicht für den gewinnabschöpfenden Teil, der in vollem Umfang steuerlich wirksam abgesetzt werden kann.[2131] Ansonsten würde ein Gewinn, der bereits versteuert ist, dem Unternehmen nochmals im Wege der Gewinnabschöpfung in vollem Umfang weggenommen. In der Praxis wird dem aus Vereinfachungsgründen manchmal dergestalt Rechnung getragen, dass nur der nach Steuern verbleibende Gewinn in die Verbandsgeldbuße einfließt – mit der Konsequenz, dass dann der Betriebsausgabenabzug versagt bleiben muss. Aus Gründen der Klarstellung und zur Vermeidung von Erörterungen mit der Betriebsprüfung oder der Finanzverwaltung empfiehlt es sich für den Berater, darauf hinzuwirken, dass im Bußgeldbescheid klar festgehalten wird, was der Sanktionsanteil ist, wie hoch der gewinnabschöpfende Teil ausfällt und ob abgezahlte Steuern berücksichtig sind. **87**

f) Festsetzung im selbstständigen Verfahren

Grundsätzlich erfolgt die Festsetzung der Verbandsgeldbuße innerhalb des Verfahrens gegen den Täter der Bezugstat. Nach § 30 Abs. 4 OWiG ist aber auch eine **selbstständige Festsetzung** der Verbandsgeldbuße möglich, wenn gegen den Täter der Bezugstat – in erster Linie aus Opportunitätsgründen – kein Verfahren eingeleitet, es eingestellt oder von Strafe abgesehen wird. Unzulässig ist das nach § 30 Abs. 4 S. 3 OWiG aber dann, wenn die Bezugstat aus rechtlichen Gründen (z.B. Verjährung, Fehlen eines Strafantrags oder Rechtskraft, nicht aber Tod oder Verhandlungsunfähigkeit)[2132] nicht verfolgt werden kann. Von Bedeutung ist das selbstständige Verfahren vor allem, wenn die Identität des Täters nicht feststeht, weil etwa offen bleibt, welches von mehreren Organen/Organmitgliedern pflichtwidrig gehandelt hat. In diesen Fällen darf auch ohne sichere Identität des Täters eine Verbandsgeldbuße festgesetzt werden, wenn mit an Sicherheit grenzender Wahrscheinlichkeit feststeht, dass jedenfalls ein Organ(-mitglied) schuldhaft bzw. vorwerfbar gehandelt hat.[2133] Auch insoweit bestehen Verteidigungsmöglichkeiten: Die Bereitschaft eines Unternehmens, eine Verbandsgeldbuße zu akzeptieren, steigt mitunter beträchtlich, wenn damit keine Feststellung einer Individualverantwortlichkeit im Vorstand einhergeht. **88**

[2130] Vgl. zu den Maßnahmen nach Einleitung eines Verfahrens *Taschke*, in: Dölling, S. 652 f.
[2131] BVerfGE 81, 228 = NJW 1990, 1900 = NStZ 1990, 393; Immenga/Mestmäcker/*Dannecker/Biermann*, GWB, § 81 Rn. 447; vgl. zu den steuerlichen Aspekten hinsichtlich des Verfalls *Sedemund*, DB 2003, 323, 328.
[2132] KK-OWiG/*Rogall*, § 30 Rn. 169.
[2133] *BGH* NStZ 1994, 346.

89 Ist gegen den Vertreter eine rechtskräftige Bußgeldentscheidung ergangen, kommt dagegen eine nachträgliche Verbandsgeldbuße gegen die Personenvereinigung nicht mehr in Betracht, denn insoweit fehlt es an den genannten Voraussetzungen. Ein dennoch ergehender Bußgeldbescheid ist aber nicht nichtig, sondern seine Aufhebung muss durch Einlegung eines Einspruchs, ggf. auch durch eine Wiederaufnahme des Verfahrens nach § 85 OWiG, bewirkt werden.[2134]

g) Sonstige verfahrensrechtliche Besonderheiten

90 Sofern die Verbandsgeldbuße nicht im selbstständigen Verfahren festgesetzt wird, richten sich die **Beteiligungsrechte des Unternehmens** nach dem für die Bezugstat maßgeblichen Verfahrensrecht, im Strafverfahren also nach § 444 StPO. Nach §§ 444 Abs. 2 S. 2, 432 StPO sind die Vertreter des Unternehmens zu hören, wenn sich Anhaltspunkte dafür ergeben, dass die Festsetzung einer Verbandsgeldbuße in Betracht kommt. Werden dabei Einwendungen gegen die Verhängung einer Verbandsgeldbuße vorgebracht, so sind die Vorschriften über die Vernehmung des Beschuldigten entsprechend anzuwenden. Nach Erhebung der öffentlichen Klage ist eine Beteiligungsanordnung zwingende Voraussetzung für die Festsetzung der Verbandsgeldbuße. Die Vertretungsbefugnisse innerhalb des Unternehmens ergeben sich aus den zivilrechtlichen Grundsätzen, wobei aber das Organ, gegen das sich das Verfahren richtet, wegen des bestehenden Interessenkonflikts von der Vertretung ausgeschlossen sein sollte, so dass ggf. ein anderer Vertreter bestimmt werden muss.[2135]

2. Gewinnabschöpfung durch Verfall

a) Verfall nach §§ 73 ff. StGB

aa) Allgemeines

91 Ein weiteres Haftungsrisiko für Unternehmen ergibt sich aus der Möglichkeit der Gewinnabschöpfung durch den sog. „Verfall". Der Verfall wird von der Rechtsprechung als Maßnahme eigener Art eingestuft, der gerade kein Strafcharakter beizumessen sei.[2136] Hieraus folgert der BGH[2137] ebenfalls, dass Vermögenswerte, die für verfallen erklärt wurden, grundsätzlich als steuermindernd geltend gemacht werden können.[2138] Bedeutend für die Präzisierung der Voraussetzungen des Verfalls bei unternehmensbezogenen Straftaten waren drei Entscheidungen des BGH aus den Jahren 2002,[2139] 2004[2140] und 2006.[2141] Insbesondere wurde durch diese Entscheidungen die Geltung des Bruttoprinzips bestätigt. So hat der BGH verdeutlicht, dass der Verfall unter Anwendung des Bruttoprinzips als probates Mittel anzusehen ist, Unternehmen zu rechts-

---

[2134] KK-OWiG/*Rogall*, § 30 Rn. 161 f.

[2135] KK-OWiG/*Rogall*, § 30 Rn. 179; zu weiteren verfahrensrechtlichen Einzelheiten s. KK-OWiG/*Rogall*, § 30 Rn. 172 ff.

[2136] Vgl. u. a. *BGH* NJW 2002, 3339; *BVerfG* NJW 2004, 2073; BGHSt 51, 65 = NJW 2006, 2500 = NStZ 2006, 683; in der Lit. wird dem Verfall eher Strafcharakter zugewiesen, vgl. die Zusammenfassung in NK/*Herzog*, Vorb. §§ 73 ff. Rn. 5.

[2137] BGHSt 51, 65 ff. = NJW 2006, 2500 = NStZ 2006, 683.

[2138] Vgl. *BGH* NStZ 2002, 477, 478.

[2139] BGHSt 47, 369 ff. = NJW 2002, 3339 ff.; *BGH* wistra 2004, 465 f.; dazu *Sedemund*, DB 2004, 2256 f.

[2140] *BGH* NStZ-RR 2004, 214 f.

[2141] *BGH* NJW 2006, 925 ff. = StV 2006, 126 f.

treuem Verhalten und zur Etablierung entsprechender Kontrollmechanismen anzuhalten:[2142]

„Nur so kann das Bewusstsein dafür geschärft werden, dass sich derartige Geschäfte nicht lohnen, Aufwendungen hierzu nutzlos sind und dass es deshalb auch wirtschaftlicher ist, wirksame Kontrollmechanismen zur Verhinderung solcher Straftaten einzurichten."[2143]

Weiterhin wurden in letzterer Entscheidung wie auch in der Entscheidung des BGH vom 29.6.2010[2144] klarstellende Berechnungsanweisungen für das „Erlangte" i.S. des § 73 Abs. 1 StGB gegeben. Insbesondere wurde in dem Urteil vom 29.6.2010 auch festgestellt, dass das aus einem Versuch Erlangte ebenfalls der Verfallsanordnung unterliegt. 92

Die Anordnung des Verfalls dient dabei der Abschöpfung **unrechtmäßig erlangter Vermögensvorteile**. Es handelt sich nicht um eine vom Verschulden des Täters abhängige Sanktion. Durch die Verfallsanordnung geht das Eigentum an der Sache bzw. das verfallene Recht mit der Rechtskraft der Entscheidung auf den Staat über, wobei Rechte Dritter (z.B. Pfandrechte) bestehen bleiben (§ 73 Abs. 1 StGB). Von der Verfallsanordnung können alle Vermögenswerte erfasst werden, die durch eine rechtswidrige Tat erlangt wurden, einschließlich der gezogenen Nutzungen. Die Verfallsanordnung kann sich zunächst nach § 73 Abs. 1 StGB gegen einen Tatbeteiligten richten. Bei Straftaten durch Unternehmensmitarbeiter ist vor allem § 73 Abs. 3 StGB bedeutsam, wonach der Verfall auch gegen denjenigen angeordnet werden kann, für den der Täter oder Teilnehmer gehandelt hat. Der Präventionszweck dieser Verfallsanordnung gegen Drittbegünstigte wird von dem BGH in dem Urteil vom 21.8.2002[2145] wie folgt beschrieben: 93

„Die den Dritten treffende Folge, dass auch seine Aufwendungen nutzlos waren, kann und soll bewirken, dass der Dritte, namentlich ein hierarchisch organisiertes Unternehmen, Kontrollmechanismen zur Verhinderung solcher Straftaten errichtet und auf deren Einhaltung achtet. Darin liegt der Präventionszweck des Verfalls gegen den Drittbegünstigten."

Auf die Verfallsanordnung gegen den Drittbegünstigten wird sogleich näher eingegangen.

bb) Die Voraussetzungen des Verfalls nach § 73 Abs. 1 StGB

§ 73 Abs. 1 StGB setzt zunächst eine rechtswidrige (nicht notwendig auch schuldhafte) **Anknüpfungstat** voraus. Die Anordnung des Verfalls kann dabei auch lediglich an eine versuchte Tat anknüpfen.[2146] 94

cc) Verfall bei Drittbegünstigung nach § 73 Abs. 3 StGB

Der Täter muss nach § 73 Abs. 3 StGB **für einen anderen** gehandelt haben. Das ist dann der Fall, wenn durch die Tat objektiv die Bereicherung des anderen bewirkt wird und der Handelnde diese auch in dessen Interesse bezweckt. Dabei soll es auf die Rechtsform der Beziehung zum anderen nicht ankommen und auch ein faktisches 95

[2142] Vgl. hierzu auch *Taschke*, S. 140.
[2143] *BGH* NStZ-RR 2004, 214, 215.
[2144] *BGH*, NStZ 2011, 83; Bespr. des Urteils s. *Rübenstahl*, HRRS 2010, 505.
[2145] BGHSt 47, 369 = NJW 2002, 3339 = NStZ 2003, 37.
[2146] *BGH* NStZ 2011, 83.

Handeln im Interesse des anderen ausreichen. Dass der Handelnde im Einflussbereich des Vorteilsempfängers steht, wird überwiegend nicht vorausgesetzt. Schließlich muss derjenige, für den der Täter gehandelt hat, „etwas" durch die Tat erlangt haben.

dd) Umfang der Verfallsanordnung

96 Der Verfall erfasst alles, was aus der Tat oder für die Tat erlangt wurde. **„Für" die Tat** bedeutet als Gegenleistung für die Tatbegehung (z.B. Bestechungslohn als Tatentgelt). **„Aus" der Tat** erlangt ist alles, das dem Dritten unmittelbar aus der Tatbegehung zufließt. Bei mehreren Tätern und/oder Teilnehmern ist es ausreichend, dass diese zumindest eine faktische Mitverfügungsmacht über den Vermögensgegenstand erlangt haben.[2147] § 73 Abs. 2 StGB erfasst auch die gezogenen Nutzungen und bestimmte Surrogate eines aus einer Tat erlangten Gegenstands. Sonstige mittelbare Gewinne können dagegen nicht für verfallen erklärt werden. Uneinigkeit hinsichtlich des aus der Tat Erlangten besteht bei Auftragserteilungen durch korruptives Verhalten. Nach der Auslegung des 5. Strafsenats ist hier gerade nicht der gesamte vereinbarte Werklohn, sondern nur die Auftragserteilung im Sinne einer bemakelten Gewinnexpektanz erfasst.[2148] Demgegenüber möchte der 1. Strafsenats den gesamten Betrag für verfallen erklären,[2149] um zu verhindern, dass durch die Beschränkung auf den Gewinn als Saldo aus Leistung und Gegenleistung im Ergebnis das Brutto- wieder durch das Nettoprinzip ersetzt würde.[2150] Zum Hintergrund dieser Diskussion[2151]:

97 Bei Bestimmung des konkreten Umfangs der Verfallsanordnung ist seit der von dem Willen des Gesetzgebers getragenen Novellierung des § 73 StGB im Jahr 1992 das Bruttoprinzip maßgeblich.[2152] Das Bruttoprinzip gilt dabei allgemein für alle Deliktsbereiche.[2153] Der Abzug getätigter Aufwendungen und Gegenleistungen ist also grundsätzlich ausgeschlossen. Demnach ist alles, was der Täter aus der Tat oder für diese erlangt hat, wie auch dasjenige, was er durch die Tat erspart hat, für verfallen zu erklären.[2154] Durch die Anwendung des Bruttoprinzips sollten insbesondere die sich bei der Anwendung des Nettoprinzips ergebenden Schwierigkeiten bei Ermittlung der Verfallsvoraussetzungen vermindert werden, auch wenn das erlangte Etwas nach wie vor genau zu bestimmen ist.[2155] Zudem sollte der Rechtsgedanke des § 817 S. 2 BGB, wonach die im Rahmen eines verbotenen Geschäfts erbrachten Leistungen unwiederbringlich verloren sind, zur Vermeidung von Wertungswidersprüchen auch im Rahmen des Verfalls Anwendung finden. Schließlich sei der mit der Verfallsanordnung verfolgte Präventionszweck ad absurdum geführt, würde dem Betroffenen nur die Abschöpfung des Nettogewinns drohen, sodass sich die Tat für ihn als finanziell risikolos darstellte. In der Literatur wird zum Teil differenziert und die Anwendung des Nettoprinzips jedenfalls bei der Anordnung des Verfalls gegen Drittempfänger[2156] oder für die

---

[2147] So die st. Rspr., vgl. hierzu u.a. *BGH* NStZ 2008, 623; NStZ-RR 2009, 320; NStZ 2010, 390.
[2148] BGHSt 50, 299, 309 f. = NJW 2006, 925 = NStZ 2006, 210; *BGH* NStZ-RR 2002, 208 f.; *Winkler*, NStZ 2003, 247, 250; *Wehnert/Mosiek*, StV 2005, 568; krit. hierzu *Saliger*, NJW 2006, 3377, 3380 f.
[2149] BGHSt 51, 65 = NJW 2006, 2500 = NStZ 2006, 683.
[2150] *BGH* NStZ 2011, 83; *Fischer*, § 73 Rn. 11.
[2151] Ausf. hierzu auch *Schlösser*, NStZ 2011, 121.
[2152] Vgl. *BGH* NStZ 1994, 123; so auch *Lackner/Kühl*, § 73 Rn. 4 und *Fischer*, § 73 Rn. 3.
[2153] *Fischer*, § 73 Rn. 8.
[2154] Vgl. *BGH* NStZ 1995, 491; *BGH*, Beschl. v. 3.12.2000, Az. 1 StR 547/00, BeckRS 2000, 30149499; *BGH*, Urt. v. 20.03.2001, Az. 1 StR 12/01, BeckRS 2001, 30168508.
[2155] *Fischer*, § 73 Rn. 8.
[2156] KK-OWiG/*Mitsch*, § 29 a Rn. 45.

Fälle einer nicht schuldhaften Anknüpfungstat gefordert.[2157] Nach § 73 b StGB können der Umfang des Erlangten und dessen Wert geschätzt werden.

ee) Beschränkung und Ausschluss des Verfalls

Nach § 73 Abs. 1 S. 2 StGB ist die Anordnung des Verfalls ausgeschlossen, soweit **dem Verletzten aus der Tat ein Anspruch erwachsen** ist, dessen Erfüllung dem Täter oder Teilnehmer den Wert des aus der Tat Erlangten entziehen würde. Dadurch soll insbesondere die doppelte Inanspruchnahme des Täters aufgrund eines identischen Lebenssachverhalts ausgeschlossen werden.[2158] Ferner ist zu verhindern, dass durch die Verfallsanordnung des Gerichts die Erfüllung des zivilrechtlichen Anspruchs des Verletzten vereitelt wird. Der Anspruch des Verletzten muss aber gerade auf Grund der Tat als solcher und nicht erst auf Grund einer nachträglichen Vereinbarung entstanden sein. **Verletzter** ist diejenige bestimmbare natürliche oder juristische Person, deren Individualinteressen durch den vom Täter verletzten Tatbestand geschützt werden sollen. Erreicht der Anspruch des Verletzten nur einen Teil des Erlangten, so ist nur in diesem Maß die Anordnung des Verfalls ausgeschlossen und der verbleibende Teil kann für verfallen erklärt werden.

98

§ 73 c StGB trägt etwaigen **Härtefällen,** die sich wegen des grundsätzlich zwingend anzuordnenden Verfalls ergeben können, Rechnung. Wenn der Verfall für den Betroffenen eine unbillige Härte wäre, darf er daher nach § 73 c Abs. 1 S. 1 StGB nicht angeordnet werden. Insbesondere kann die Verfallsanordnung eine unbillige Härte darstellen und so gegen das Übermaßverbot verstoßen, wenn einem Unternehmen aufgrund der Gewinnabschöpfung die zur Betriebsfortführung erforderlichen Mittel entzogen wären und so binnen kürzester Zeit die Insolvenz drohen würde.[2159] Außerdem kann die Anordnung des Verfalls nach § 73 c Abs. 1 S. 2 StGB unterbleiben, soweit der Wert des Erlangten zur Zeit der Anordnung in dem Vermögen des Betroffenen nicht mehr vorhanden ist oder wenn das Erlangte einen geringeren Wert hat. Zu beachten ist hierbei allerdings, dass es bei der Feststellung der Entreicherung grundsätzlich nicht darauf ankommt, ob das vorhandene Vermögen einen Bezug zu der rechtswidrigen Tat aufweist.[2160] Demnach kann sich der Betroffene nicht auf den Eintritt der Entreicherung berufen, solange und soweit dieser über Vermögen verfügt, das wertmäßig den „verfallbaren" Betrag zumindest erreicht.[2161] Eine Einschränkung dieses Grundsatzes ist allerdings dann vorzunehmen, wenn ohne jeden Zweifel feststeht, dass der fragliche Vermögenswert nicht im Zusammenhang mit den abgeurteilten Straftaten erlangt wurde. Die Ermessensentscheidung aufgrund eingetretener Entreicherung kann insoweit nicht ausgeschlossen werden.[2162] Nach §§ 73 c Abs. 2, 42 StGB können dem Betroffenen auch Zahlungserleichterungen bewilligt werden.

99

ff) Verfahrensrechtliches

Der Verfall gegen den Drittbegünstigten nach § 73 Abs. 3 StGB wird **im Verfahren gegen den Handelnden** ausgesprochen, wobei der Drittbegünstigte nach § 442 Abs. 2

100

[2157] Schönke/Schröder/*Eser*, § 73 Rn. 17 a; KK-OWiG/*Mitsch*, § 29 a Rn. 45; *Achenbach*, in: Achenbach/Wannemacher, § 3 Rn. 29.
[2158] *Fischer*, § 73 Rn. 17.
[2159] Herzog/Mühlhausen/*Pauly*, § 28 Rn. 75.
[2160] Vgl. *BGH* NJW 2006, 2500.
[2161] BGHSt 48, 40 = NJW 2003, 300 = NStZ 2003, 257.
[2162] *BGH* NStZ-RR 2009, 234.

StPO zu beteiligen ist. Nach §§ 76, 76 a StGB kann in Ausnahmefällen auch eine nachträgliche oder selbstständige Verfallsanordnung in Betracht kommen.

b) Verfall nach § 29 a OWiG

aa) Allgemeines

101 Da im Ordnungswidrigkeitenrecht schon die Geldbuße nach § 17 Abs. 4 OWiG u.a. die Abschöpfung des durch die Tat erlangten wirtschaftlichen Vorteils bezweckt, erscheint die Regelung des § 29 a OWiG auf den ersten Blick überflüssig. Bedeutung erlangt die Vorschrift aber bei rechtswidrigen und nicht vorwerfbaren Taten, sowie bei der Abschöpfung von Gewinnen, die bei einem Dritten eingetreten sind, sofern die Voraussetzungen des § 30 OWiG nicht gegeben sind. § 29 a OWiG hat also insoweit eine **lückenschließende Funktion.**[2163] Die Regelung des § 29 a Abs. 2 OWiG, wonach der Verfall auch gegenüber einem Dritten angeordnet werden kann (Ermessensentscheidung),[2164] wenn der Täter für diesen gehandelt und dieser dadurch etwas erlangt hat, stimmt im Wesentlichen mit der des § 73 Abs. 3 StGB überein. Anders als im Strafrecht ist im Ordnungswidrigkeitenrecht die Entscheidung über Grund und Höhe des Verfalls in das Ermessen der entscheidenden Behörde gestellt. Daher ist auch eine § 73 c StGB entsprechende Härtevorschrift überflüssig. Nachstehend wird wegen der besonderen Bedeutung für Unternehmen wiederum nur auf § 29 a Abs. 2 OWiG näher eingegangen.

bb) Voraussetzungen des § 29 a Abs. 2 OWiG

102 § 29 a Abs. 2 OWiG setzt zunächst eine **mit Geldbuße bedrohte** rechtswidrige aber nicht notwendig vorwerfbare[2165] **Handlung (Anknüpfungsordnungswidrigkeit)** voraus. Dass bei einer vorwerfbaren Handlung eine Geldbuße gegen den Täter festgesetzt wird, schließt eine Anordnung des Verfalls nach § 29 a Abs. 2 OWiG nicht aus, da der Gewinn des Dritten mit dieser Geldbuße nicht abgeschöpft werden kann. Etwas anderes gilt aber nach § 30 Abs. 5 OWiG bei Verhängung einer Verbandsgeldbuße.

103 Das **Handeln für einen anderen** setzt ein Näheverhältnis zwischen dem Handelnden und dem Dritten voraus. Er muss objektiv und subjektiv dessen Angelegenheiten wahrnehmen, wobei der Dritte weder persönlich in den Tathergang einbezogen sein, noch von dem fremdnützigen Handeln Kenntnis haben muss. „Anderer" kann dabei jede nicht tatbeteiligte natürliche oder juristische Person sein.[2166] Sie muss mit dem Vorteilsempfänger identisch sein, so dass etwa eine Verfallsanordnung gegen eine GmbH z.B. nicht in Betracht kommt, wenn der Vorteil dem Privatvermögen des Geschäftsführers zukommt.[2167] Allein die Tatsache des Vorteilszuflusses ist aber nicht ausreichend.[2168]

104 Schließlich muss der **Dritte etwas erlangt** haben, wobei nur Gegenstände mit wirtschaftlichem – also nicht nur ideellem – Wert in Betracht kommen.[2169] Das können alle

---

[2163] *KK-OWiG/Mitsch*, § 29 a Rn. 2.
[2164] *OLG Zweibrücken*, Beschl. v. 14.9.2010, Az. 1 SsRs 21/10: „§ 29a Abs. 2 OWiG räumt ein Ermessen darüber ein, ob Verfall angeordnet werden soll; das tatrichterliche Urteil muss ergeben, dass das Gericht sich dessen bewusst war und sich nicht nur auf die Überprüfung der Ermessensentscheidung der Verwaltung beschränkt hat."
[2165] *KK-OWiG/Mitsch*, § 29 a Rn. 8.
[2166] *Bohnert/Bohnert*, § 29 a Rn. 18.
[2167] *KK-OWiG/Mitsch*, § 29 a Rn. 37.
[2168] *KK-OWiG/Mitsch*, § 29 a Rn. 36.
[2169] *Bohnert/Bohnert*, § 29 a Rn. 5.

B. Deutsche Sanktionen

beweglichen Sachen und Grundstücke, aber auch Rechte, Nutzungen, Gebrauchsmöglichkeiten oder ersparte Kosten und Aufwendungen sein.[2170] „Erlangt" ist der Gegenstand, wenn er wirtschaftlich vorteilhaft genutzt werden kann. Die Erlangung des Vermögensvorteils muss dabei unmittelbar tatabgeleitet sein,[2171] was etwa dann nicht der Fall ist, wenn der Vorteil erst durch zwischengeschaltete Handlungen eintritt.

cc) Höhe des Verfalls

Anders als bei § 73 StGB erfasst die Verfallsanordnung **nicht den erlangten Gegenstand selbst,** sondern richtet sich auf einen Geldbetrag, dessen Obergrenze der Wert des erlangten Gegenstands bildet.[2172] Maßgeblicher Zeitpunkt für die Wertberechnung ist zunächst derjenige der Erlangung; Wertsteigerungen bis zum Zeitpunkt der Entscheidung über die Anordnung des Verfalls werden berücksichtigt, nicht dagegen Wertminderungen.[2173] 105

Auch im Rahmen des § 29 a OWiG gilt das Bruttoprinzip.[2174] Nach § 29 a Abs. 3 OWiG können der Umfang und der Wert des Erlangten von der Verwaltungsbehörde geschätzt werden.

dd) Beschränkungen und Ausschluss des Verfalls

Nach § 30 Abs. 5 OWiG schließt die Verhängung einer Geldbuße gegen den Dritten eine Verfallsanordnung sowohl nach §§ 73 und 73 a StGB wie auch nach § 29 a OWiG aus. Hieraus ist allerdings nicht die Subsidiarität des § 29 a OWiG gegenüber § 30 OWiG abzuleiten.[2175] Vielmehr kann auch bei fehlender Einleitung eines Bußgeldverfahrens der Verfall im Wege des selbstständigen Verfahrens angeordnet werden. Ist der Verfall einmal angeordnet, so ergibt sich aus dem Wortlaut des Gesetzes nicht, dass die Einleitung eines Bußgeldverfahrens ausgeschlossen wäre. Demnach steht eine vorangegangene Anordnung des Verfalls einer nachträglichen Festsetzung einer Verbandsgeldbuße nicht entgegen, wobei die durch den Verfall bereits bewirkte Gewinnabschöpfung als auch Verhältnismäßigkeitserwägungen zu berücksichtigen sind, so dass nur noch der **reine Sanktionsteil der Geldbuße** festgesetzt werden kann. 106

ee) Verfahrensrechtliches

Das Unternehmen ist als Dritter nach § 46 Abs. 1 OWiG, § 442 Abs. 2 StPO am Verfahren gegen den Täter zu beteiligen. Nach § 29 a Abs. 4 OWiG kann der Verfall selbstständig angeordnet werden und zwar mangels einer § 30 Abs. 3 S. 3 OWiG entsprechenden Vorschrift auch dann, wenn die Ordnungswidrigkeit gegen den Täter aus rechtlichen Gründen nicht verfolgt werden kann. Wurde im Bußgeldverfahren aber eine Sachentscheidung über die Tat getroffen, so kommt eine nachträgliche Anordnung des Verfalls nicht in Betracht.[2176] 107

[2170] KK-OWiG/*Mitsch*, § 29 a Rn. 29.
[2171] KK-OWiG/*Mitsch*, § 29 a Rn. 40.
[2172] KK-OWiG/*Mitsch*, § 29 a Rn. 41.
[2173] KK-OWiG/*Mitsch*, § 29 a Rn. 42.
[2174] Bohnert/*Bohnert*, § 29 a Rn. 4.
[2175] *Brenner*, NStZ 2004, 256, 258 f.; *AG Montabaur*, Urt. v. 7.6.2006, Az. 2040 Js 10038/06 13 OWi.
[2176] KK-OWiG/*Mitsch*, § 29 a Rn. 48.

§ 13. Weitere Konsequenzen im Unternehmensbereich

A. Consequences imposed by the U.S. authorities

In FCPA cases, making monetary payments to regulators often does not end the matter. Increasingly, organizations are required to retain – at their expense – independent monitors to ensure compliance with the terms of any settlement. Also, a company may be required to revamp its corporate compliance structure to address deficiencies identified during the investigation into alleged improper activity. Further, a company seeking to resolve FCPA allegations must carefully consider whether any settlement, or possible conviction, may impact its ability to conduct future business with government entities.

I. Monitors

Federal courts have historically used their inherent equitable powers to grant remedies ancillary to their injunctive powers where necessary to deter future violations of the federal securities laws.[2177] Sarbanes-Oxley amended the Exchange Act to provide specifically that "the Commission may seek, and any Federal court may grant, any equitable relief that may be appropriate or necessary for the benefit of investors."[2178] Ancillary remedies include, among others, the appointment of special professionals to ensure compliance with the securities laws.[2179]

Other remedies are often negotiated as part of a settlement agreement, including initiation of specific training programs, appointment of independent special counsel to conduct investigations, adoption of supervisory and compliance procedures, removal of certain officers and directors and appointment of new ones, and creation of oversight

---

[2177] See *Sherman v. SEC*, 491 F.3d 948, 959 (9th Cir. 2007) (stating that the "federal courts have inherent equitable authority to issue a variety of ancillary relief measures in actions brought by the SEC to enforce the federal securities laws" and that a court may impose a receivership and grant other forms of relief) (citation omitted); *SEC v. Hickey*, 322 F.3d 1123, 1131 (9th Cir. 2003) (concluding "that the district court's broad equitable powers, drawn from a tradition of allowing courts to reach third parties in order to effect orders in securities fraud enforcement actions," authorized the district court to freeze the assets of a third-party corporation) (citation omitted); *SEC v. Wencke*, 622 F.2d 1363, 1369 (9th Cir. 1980) ("The power of a district court to impose a receivership or grant other forms of ancillary relief does not in the first instance depend on a statutory grant of power from the securities laws. Rather, the authority derives from the inherent power of a court of equity to fashion effective relief."); *Tex. Gulf Sulphur Co.*, 446 F.2d at 1307-08 (holding that Section 21(e) of the Exchange Act does not restrict ancillary remedies the SEC can pursue, in addition to injunctive relief).

[2178] Sarbanes-Oxley Act § 305(b) (amending 15 U.S.C. § 78u(d) to add 15 U.S.C. § 78u(d)(5)); 15 U.S.C. § 78u(d)(5); see also *SEC v. Lauer*, 445 F. Supp. 2d 1362, 1367 (S.D. Fla. 2006) (explaining that "[t]he Sarbanes-Oxley Act of 2002 amended section 21(d) of the Exchange Act to also allow any federal court to grant 'any equitable relief that may be appropriate or necessary'").

[2179] See, e.g., *SEC v. Beisinger Indus. Corp.*, 552 F.2d 15, 18-19 (1st Cir. 1977) (affirming the district court's appointment of a "special agent"); *SEC v. WorldCom*, Nos. Civ. 02-CV-4963 (JSR), 02 Civ. 4963 (JSR), 02-13533 (AJG), 2002 WL 31748604, at *3-4, *6 (S.D.N.Y. Aug. 27, 2002) (appointing a "Corporate Monitor" to review the effectiveness of WorldCom's internal control structure and policies).

committees composed of independent directors.[2180] Significantly, both the SEC and DOJ have increasingly required defendant-companies, in connection with FCPA settlements, to engage independent outside monitors to review compliance programs.[2181]

3 When a company-defendant consents to a settlement or compliance monitor, that monitor must still be selected and agreed to among the company and the government regulators. To assist this process, the DOJ has issued guidance regarding the selection and use of monitors in settlements with organizational defendants.[2182] Key points include:

– The DOJ and the corporation should discuss the necessary qualifications of a monitor. The chief objectives when selecting a monitor include avoiding potential and actual conflicts of interest, identifying respected and well-qualified individuals, and maintaining public confidence during the selection process.[2183]
– A monitor is an independent third-party, not an employee or agent of the corporation or of the DOJ.[2184]
– A monitor's primary responsibility, tailored to the specific deferred or non-prosecution agreement, is to assess and monitor the corporation's internal controls and compliance improvements to reduce the risk of future misconduct.[2185]
– Communication between the DOJ, the corporation, and the monitor is in the interest of all parties throughout the duration of the agreement.[2186]
– A monitor should have discretion to report undisclosed misconduct to the DOJ, the corporation, or both.[2187]

[2180] See *SEC v. Galleon Management, LP, Litig. Release.* No. 21493 (April 20, 2010) (pursuant to an agreement between Schottenfeld Group and the SEC, the court entered an order requiring Schottenfeld to, *inter alia*, implement enhanced policies and procedures to prevent future violations of the anti-fraud provisions of the federal securities laws, including retaining an independent consultant to review its policies and procedures within one year, and to report its findings to the Commission staff); *SEC v. Halliburton Company and KBR*, Final Judgment as to Def. KBR, Inc. at 5-11, SEC v. Halliburton Co., No. 4:09-399 (S.D. Tex. Feb. 17, 2009); Final Judgment as to Def. Halliburton Co. at 2-5, *SEC v. Halliburton Co.*, No. 4:09-399 (S.D. Tex. Feb. 17, 2009) (pursuant to a settlement agreement, the court entered an order against KBR and Halliburton that imposed permanent injunctions; ordered disgorgement; imposed an independent monitor for KBR for a period of three years to review its FCPA compliance program; and imposed an independent consultant for Halliburton to review its policies and procedures as they related to compliance with the FCPA); *SEC v. Parmalat Finanziaria, S.p.A. Lit.*, Release. No. 18803 (July 28, 2004) (Parmalat consented to a settlement requiring it to, *inter alia*, implement a variety of cooperate governance reforms, including: (i) adopting by-laws providing for a shareholder-elected board, the majority of which must consist of independent director, and which specifically delineate the duties of the board; (ii) adopting a Code of Conduct, a Code of Insider Dealing and a Code of Ethics; and (iii) establishing an Internal Control and Governance Committee comprised of independent directors).

[2181] See, e.g., *U.S. v. Willbros Group Inc., and Willbros Int'l Inc.*, No. H-08-287 (S.D. Tex. 2009); *SEC v. Halliburton Co. and KBR, Inc.*, No. 09-CV-399 (S.D. Tex. 2009); *U.S. v. Ingersoll-Rand Co.*, No. 07-CR-294 (D.D.C. 2007); *SEC v. GE InVision*, No. 05-CV-0660 (N.D. Cal. 2005).

[2182] Memorandum from Craig S. Morford, Acting Deputy Att'y Gen. to Heads of Department Components and United States Attorneys, Selection and Use of Monitors in Deferred Prosecution Agreements and Non-Prosecution Agreements with Corporations (Mar. 7, 2008), *available at* http://www.justice.gov/dag/morforduseofmonitorsmemo-03072008.pdf.

[2183] Id.
[2184] Id.
[2185] Id.
[2186] Id.
[2187] Id.

A. Consequences imposed by the U.S. authorities

- The following criteria should be considered when determining the agreement's duration:[2188]
  1. The nature and seriousness of the misconduct;
  2. The pervasiveness and duration of misconduct within the corporation, including the complicity or involvement of senior management;
  3. Any history of similar misconduct;
  4. The nature of the corporate culture;
  5. The scale and complexity of any remedial measures contemplated by the agreement, including the size of the entity or business unit; and
  6. The stage of design and implementation of remedial measures when the monitor's term commences.
- A monitor's term should be flexible to allow for both an extension of the term if the corporation has not satisfied its obligations under the agreement, as well as for early termination there exists a change in circumstances sufficient to eliminate the need for a monitor.[2189]

Once a monitor is in place, disagreements between the company and its monitor may arise. To help resolve such disputes in a consistent manner, the DOJ has also provided process guidelines for DOJ personnel reviewing those disputes.[2190] Signficant points of the guidelines are:

- Federal prosecutors should explain to corporations what role the DOJ could play in resolving disputes between a monitor and a corporation by including dispute resolution language in the deferred or non-prosecution agreements.[2191]
- For any monitor recommendation that the corporation considers to be unduly burdensome, impractical, unduly expensive, or otherwise inadvisable, it need not adopt the recommendation immediately, but may instead propose an alternative option.[2192]
- If the corporation and monitor disagree on a recommendation, the views of both shall promptly be brought to the attention of the DOJ, which may consider the recommendation and the corporation's reasons for not adopting it in determining whether the company has fully complied with its obligations.[2193]

The costs of monitors are bourne by the defendant-corporation. These costs are often substantial. At least one court has recently questioned the DOJ's insistance of imposing a corporate monitor, noting the costs and criticizing the DOJ for not placing limits on what compliance monitors could be paid.[2194]

[2188] Id.
[2189] Id.
[2190] Memorandum from Gary G. Grindler, Acting Deputy Att'y Gen., to Heads of Department Components and United States Attorneys, Additional Guidance on the Use of Monitors in Deferred Prosecution Agreements and Non-Prosecution Agreements with Corporations (May 25, 2010), available at http://www.justice.gov/dag/dag-memo-guidance-monitors.html.
[2191] Id.
[2192] Id.
[2193] Id.
[2194] See *United States v. Innospec*, No. 1:10-CR-00061 (D.D.C. 2010); *Mathews*, Judge Blasts Compliance Monitors at Innospec Plea Hearing, available at www.mainjustice.com (Mar. 18, 2010) (expressing concern while presiding over the Innospec hearing, stating "I don't know how in the world [monitors] could be paid $ 50 million").

II. Compliance undertakings – enhancement of compliance structures

5 Since 2005, most FCPA-related settlements with the SEC and DOJ have required companies to enhance and maintain effective compliance structures.[2195] Specific enhancements may include:

- Terminating relationships with select third parties and employees;
- Increased controls over approving, recording, and making payments to vendors, agents, and employees;
- New or more effective policies regarding due diligence of agents, vendors, and other third parties;
- Stricter requirements regarding written contracts with third parties, and generally requiring compliance language, such as anti-bribery representations and warranties, provisions requiring compliance with anti-corruption laws, and audit rights;
- Committing to increased and more effective employee training on compliance policies and procedures;
- Ensuring an adequate and independant compliance structure within the company; and
- Having a process to continually monitor and review the effectiveness of the compliance program, and to update and enhance the program as warranted.

Often, these enhancements are supervised by an independent compliance monitor, as discussed above. In certain instances, however, the DOJ and SEC have permitted companies to "self-monitor" their implementation of enhanced FCPA controls, rather than hire an independent external monitor.[2196] In these cases, DOJ and SEC noted that the companies had voluntarily disclosed the FCPA problems at issue, cooperated with the

---

[2195] See, e.g., United States v. Alcatel-Lucent S.a., No. 10-CR-20907 (S.D. Fla. Dec. 27, 2010) (in addition to the monetary penalty, defendant and its three subsidiaries agreed to implement rigorous compliance enhancements, to retain a compliance monitor for a three-year period to oversee the company's implementation and maintenance of an enhanced FCPA compliance program, and to submit yearly reports to the DOJ); United States v. Innospec, Inc., No. 1:10-CR-00061 (D.D.C. Mar. 18, 2010) (in settlement regarding FCPA violations and other charges, defendant company agreed to retain an independent compliance monitor for a minimum of three years to oversee the implementation of a anti-corruption and export control compliance program, to report periodically to the DOJ on that program, and to cooperate with the DOJ and other U.S. and foreign authorities in ongoing investigations of corrupt payments by Innospec employees and hired agents); SEC v. Con-Way Inc., Lit. Rel. No. 20690 (Aug. 27, 2008) (SEC alleged that defendant company knowingly failed to implement a system of internal accounting controls over its captive shipping and freight company; in settlement, defendant agreed to a civil penalty and several control enhancements, including heightened financial reporting and compliance requirements on its freight company, providing additional FCPA training and education to its employees, and strengthening its regulatory compliance program).

[2196] Non-Prosecution Agreement between *DOJ and Helmerich & Payne*, Inc. (July 29, 2009) (oil drilling company Helmerich & Payne, which allegedly made over $ 170.000 in improper payments through its customs brokers to customs officials in Argentina and Venezuela to import and export goods that were not within regulations or could not lawfully be imported, and to evade higher duties and taxes, was permitted to file its own reports to the government every six months following its settlement of the FCPA charges); Non-Prosecution Agreement between *DOJ and UTStarcom*, Inc. (Dec. 31, 2009) (California telecommunications company UTStarcom settled FCPA charges with the DOJ and SEC related to payments for trips for employees of state-owned companies, jobs for relatives of government-owned customers, gifts of wine, and entertainment, and was permitted to submit its own reports to the government regarding its progress in implementing improved FCPA controls and procedures).

A. Consequences imposed by the U.S. authorities

government's investigation, and made their own improvements to their FCPA compliance regimes prior to and during the course of the investigation.[2197]

III. Suspension and debarment risks

If a company is found in violation of the FCPA, it may also be suspended or barred from government procurement contracts. Suspension from a contract is a temporary action, often while debarment proceedings are ongoing.[2198] Simply being indicted, but not yet adjudicated guilty, of an FCPA violation can lead to suspension from doing business with the U.S. government.[2199] Indeed, a company may be debarred or suspended from a government contract if it has failed to disclose an FCPA violation to the U.S. government agency with which the company contracts.[2200]

If one government agency suspends or bars business with a company under such circumstances, that suspension typically may bar the company from doing business with any other agency of the U.S. government.[2201] The lead government agency with which the defendant contracts will determine whether the government may continue to contract with the defendant.[2202] The purpose behind such "debarment" is to protect the government, not to impose additional punishment on the defendant.[2203] If the lead agency determines that the defendant is a responsible contractor, despite the conviction, then it should not bar the contractor from future business.[2204]

As a result, companies facing FCPA enforcement actions must carefully consider and manage their response. Aside from debarment risks from convictions, plea bargains and settlement agreements – if not properly structured – may result in debarment as well.

6

IV. Deutsche Zusammenfassung

Die Beendigung eines Verfahrens wegen Verstoßes gegen den FCPA ist für die betroffenen Unternehmen nicht nur mit Geldzahlungen verbunden. Zunehmend wird ihnen durch die Gerichte aber auch im Rahmen eines Vergleichs von der SEC und dem DOJ zur Auflage gemacht, einen Aufseher – den *Compliance-Monitor* – einzusetzen. Zusätzlich oder auch für sich alleine werden weitere Auflagen gemacht: Trainingsprogramme, Umgestaltung und Ausbau des Compliance-Programms, Absetzung von Organen der Gesellschaft oder Kündigung von Mitarbeitern; auch Kontrollgremien bestehend aus unabhängigen Dritten sind als Auflage möglich.

7

1. Compliance-Monitore

Für die Auswahl und den Einsatz von Compliance-Monitoren hat das DOJ Richtlinien herausgegeben. Zentrale Aspekte bei der Auswahl sind die Vermeidung von potentiel-

8

[2197] Id.
[2198] U.S. Federal Acquisition Regulation (FAR) 9.406-4, 9.407-4.
[2199] See FAR 9.406-2.
[2200] FAR 9.406(b)(1)(vi)(A)-(C).
[2201] FAR 9.406-1(b), 9.407-1(c).
[2202] FAR 9.406-3.
[2203] FAR 9.402(b) (stating that the serious nature of debarment and suspension requires that these sanctions be imposed only in the public interest for the government's protection and not for purposes of punishment).
[2204] See FAR 9.406-1(a) (because of the serious nature of debarment, imposing debarrment is a discretionary decision: the seriousness of the defendant's acts or omissions and any mitigating factors should be considered in making any debarment decision).

len und aktuellen Interessenkonflikten sowie die fachliche und persönliche Eignung der Person. Beim Compliance-Monitor muss es sich um einen unabhängigen Dritten handeln. Er darf nicht Mitarbeiter oder Beauftragter des Unternehmens oder des DOJ sein. Seine Hauptaufgabe ist die Bewertung und Überwachung der internen Kontrollmechanismen und Verbesserungen der Compliance-Struktur. Über bislang nicht aufgedeckte Verfehlungen berichtet er nach eigenem Ermessen an das DOJ oder das Unternehmen. Für die Bestimmung der Dauer der Tätigkeit des Compliance-Monitors sind das Gewicht, Ausmaß und Dauer der Verfehlungen – einschließlich einer etwaigen Beteiligung der Führungsebene – ausschlaggebend. Ähnliche Verfehlungen in der Vergangenheit und die Größe des Unternehmens spielen ebenfalls eine Rolle. Die Einsetzung des Compliance-Monitors ist zeitlich flexibel zu gestalten, um gegebenenfalls sowohl eine Verlängerung als auch eine vorzeitige Beendigung seiner Tätigkeit zu ermöglichen.

Für den Fall von Meinungsverschiedenheiten zwischen dem Compliance-Monitor und dem Unternehmen hat das DOJ ebenfalls bestimmte Verfahrensweisen vorgegeben. Dem Unternehmen wird die Möglichkeit eingeräumt, bei als ungeeignet angesehenen Empfehlungen eigene Alternativvorschläge zu unterbreiten. Bei verbleibenden Unstimmigkeiten ist das DOJ einzuschalten, das entscheidet, ob das Unternehmen seinen Verpflichtungen vollständig nachgekommen ist. Die oftmals erheblichen Kosten für den Compliance-Monitor sind vom Unternehmen zu tragen. Es ist aber eine Gerichtsentscheidung aus den USA zu verzeichnen, die das Beharren des DOJ auf der Kostentragungspflicht des Unternehmens sowie die unterbliebene Angabe einer Höchstgrenze für die Kosten kritisiert.[2205]

2. Compliance-Maßnahmen

9 Weiterhin wird seit 2005 in den meisten Vergleichen mit der SEC und dem DOJ die Aufrechterhaltung und Verbesserung der Compliance-Struktur gefordert. Einzelne Maßnahmen können beispielsweise sein:

– die Trennung von Mitarbeitern,
– eine stärkere Kontrolle der Zahlungen an Lieferanten, Vermittler und Mitarbeiter,
– strengere Anforderungen an die Abfassung von Verträgen mit Dritten (z.B. Aufnahme von Klauseln zur Beachtung der Antikorruptionsgesetze),
– die Intensivierung von Mitarbeiterschulungen sowie
– ein Verfahren zur fortlaufenden Kontrolle der Effektivität des Compliance-Programms.

Die Durchführung der genannten Maßnahmen wird i.d.R. vom Compliance-Monitor überwacht. In bestimmten Fällen haben das DOJ und die SEC den Unternehmen aber eine Selbstüberwachung gestattet. Dabei handelte es sich um die Anerkennung der Kooperation von Unternehmen bei den amtlichen Untersuchungen.

3. Marktmaßnahmen

10 Als Folge festgestellter Verstöße gegen den FCPA kann das Unternehmen schließlich von der Vergabe öffentlicher Aufträge ausgeschlossen werden. Schon der Umstand, dass wegen eines FCPA-Verstoßes Anklage erhoben worden ist, kann – noch vor ge-

---

[2205] Informationen über das Verfahren *United States v. Innospec*, No. 1:10-CR-00061 (D.D.C. 2010) sind abrufbar unter: http://www.justice.gov/criminal/pr/documents/03-18-10innospec-information.pdf; s. außerdem *Mathews*, Judge Blasts Compliance Monitors at Innospec Plea Hearing, abrufbar unter: www.mainjustice.com.

richtlicher Schuldfeststellung – geschäftlichen Beziehungen mit der US-Regierung entgegenstehen. Typischerweise wirkt sich der Ausschluss des Unternehmens durch eine US-Behörde auf Geschäftsbeziehungen zu allen anderen Behörden aus. Um zusätzliche Sanktionen zu vermeiden, kann die primär handelnde Behörde jedoch festlegen, dass das Unternehmen trotz des Verstoßes ein seriöser Geschäftspartner ist und von zukünftigen Geschäften nicht ausgeschlossen werden soll.

Als Konsequenz müssen Unternehmen, die von Maßnahmen zur Durchsetzung des FCPA betroffen sind, ihre Verfahrensstrategie sehr sorgfältig planen und neben den strafrechtlichen Konsequenzen auch die denkbaren weiteren Folgen in wirtschaftlicher Hinsicht bedenken und einbeziehen. Nicht nur Verurteilungen, auch unsachgemäß strukturierte Verfahrensabsprachen und Vergleichsvereinbarungen können bereits zum Ausschluss von der Auftragsvergabe führen.

B. Zivil- und gesellschaftsrechtliche Haftungsfragen: Haftung von Vorstand, Geschäftsführung oder Aufsichtsrat

Korruptionsfälle in Unternehmen können nicht nur zu einer strafrechtlichen Haftung **11** der handelnden Mitarbeiter, einer Haftung des Unternehmens nach US-Strafrecht oder aufgrund deutschen Ordnungswidrigkeitsrechts führen. Zunehmend tritt auch die zivilrechtliche Gremienhaftung in den Fokus der allgemeinen Aufmerksamkeit. Es zählt zu den originären Aufgaben der Unternehmensleitung, sei es Vorstand oder Geschäftsführung, sicherzustellen, dass die von ihr verantwortete Geschäftstätigkeit im Einklang mit anwendbarem Recht steht. Auch den Aufsichtsrat trifft eine, wenn auch anders ausgestaltete, Verantwortung, die unternehmerischen Aktivitäten zu überwachen und rechtswidriges Verhalten im Unternehmen zu verhindern.

Nachfolgend werden zunächst die (Organisations-)Pflichten der verschiedenen Organmitglieder im Hinblick auf eine ordnungsgemäße Unternehmensführung und die Rechtsfolgen von Pflichtverletzungen dargestellt. Im Anschluss daran wird der Frage nachgegangen, ob und inwiefern Aktionärsklagen in den USA zu einer Haftung von Organmitgliedern deutscher Aktiengesellschaften führen können.

I. Haftung von Vorstandsmitgliedern oder Geschäftsführern

Eine zivilrechtliche Inanspruchnahme der Unternehmensleitung im Rahmen von Kor- **12** ruptionsverfahren kann vor allem auf folgenden Anspruchsgrundlagen beruhen:[2206]
– Schadensersatzpflicht nach § 93 Abs. 2 AktG (für den Vorstand einer Aktiengesellschaft) bzw. § 43 Abs. 2 GmbHG (für den Geschäftsführer einer GmbH);
– Haftung wegen Verletzung des Anstellungsvertrages;
– deliktische Schadensersatzhaftung aus § 823 Abs. 2 BGB i.V.m. der Verletzung eines Schutzgesetzes.

[2206] Je nach Sachlage kann daneben z.B. auch ein dem Rechtsgedanken des § 667 BGB entsprechender selbstständiger Herausgabeanspruch der Gesellschaft bestehen, wenn Unternehmensleiter treuwidrig Provisionen, Schmiergeldzahlungen oder andere Sondervorteile entgegen genommen haben; vgl. für die GmbH Baumbach/Hueck/*Zöllner/Noack*, § 43 Rn. 62. Bei der AG kann vorsätzlich schädigende Einflussnahme auf die Gesellschaft zu einer eigenen Haftung von Vorstands- und Aufsichtsratmitgliedern gegenüber der Gesellschaft und den Aktionären führen (§ 117 AktG). Zur möglichen persönlichen Haftung der Geschäftsführung im Zusammenhang mit steuerlichen Pflichten der Gesellschaft vgl. *Biesgen*, § 4 Rn. 77. Zur Schadensersatzpflicht von Arbeitnehmern vgl. grds. *Kienast*, § 13 Rn. 229, sowie *ders.*, § 8 Rn. 28 im Rahmen von Kronzeugen- und Amnestiezusagen.

§ 13. Weitere Konsequenzen im Unternehmensbereich

1. Haftung wegen Pflichtverletzung gem. § 93 Abs. 2 AktG bzw. § 43 Abs. 2 GmbHG

13 Unternehmensleiter, die ihre Pflichten verletzen, sind der Gesellschaft nach § 93 Abs. 2 S. 1 AktG bzw. § 43 Abs. 2 GmbHG zum Ersatz des daraus entstehenden Schadens als Gesamtschuldner verpflichtet. Entscheidend für die Frage nach einer Pflichtverletzung ist, ob das jeweilige Mitglied der Unternehmensleitung bei der Erfüllung seiner Pflichten die ihm gem. § 93 Abs. 1 S. 1 AktG bzw. § 43 Abs. 1 GmbHG obliegende **Sorgfalt eines ordentlichen und gewissenhaften Geschäftsleiters** angewendet hat. Maßstab für die Beurteilung ist hierbei, wie ein pflichtbewusster selbstständig tätiger Leiter eines Unternehmens der konkreten Art, der nicht mit eigenen Mitteln wirtschaftet, sondern ähnlich wie ein Treuhänder fremden Vermögensinteressen verpflichtet ist, zu handeln hat.[2207]

14 Diese Sorgfaltspflicht gilt jedoch nicht ohne Einschränkungen. Für **unternehmerische Entscheidungen** bestimmt § 93 Abs. 1 S. 2 AktG, dass eine Pflichtverletzung nicht vorliegt, wenn das Vorstandsmitglied vernünftigerweise annehmen durfte, auf der Grundlage angemessener Information zum Wohl der Gesellschaft zu handeln. Diese Regelung basiert auf der vorangegangenen Rechtsprechung des BGH, nach der jede Leitungsentscheidung mit einem unternehmerischen Ermessensspielraum *(safe harbour)* korrespondieren muss, da ansonsten jede Fehlentscheidung zu einer Haftung des Vorstands führen könnte.[2208] Die Norm ähnelt der sog. *business judgment rule* des US-amerikanischen Rechts. Bei GmbH-Geschäftsführern wird sie entsprechend angewendet.[2209] Für die Anforderungen an die Sorgfaltspflicht im konkreten Fall ist stets eine Betrachtungsweise *ex ante* geboten, d.h. die Perspektive des Unternehmensleiters im Zeitpunkt der Handlung oder Unterlassung ist entscheidend.[2210]

Die Schadensersatzpflicht der Unternehmensleiter ist als reine **Binnenhaftung** gegenüber der Gesellschaft ausgestaltet. Gläubiger der Gesellschaft oder sonstige Dritte können hieraus keine Rechte herleiten. Die Schadensersatzpflicht tritt nur ein, wenn die Pflichtverletzung schuldhaft war und adäquat kausal zu einem Schaden der Gesellschaft geführt hat. Für den Begriff des Schadens sind insoweit die §§ 249 ff. BGB maßgeblich.

a) Sorgfaltspflichtverletzung

15 Pflichten der Unternehmensleiter ergeben sich aus deren Leitungsaufgabe (§ 76 Abs. 1 AktG bzw. §§ 35, 37 GmbHG[2211]), aus organschaftlichen Treubindungen basierend auf dem Umgang mit fremden Vermögen und Geschäftschancen, aus gesetzlichen Einzelvorschriften (z.B. §§ 80, 81, 83, 88, 90, 92 AktG oder §§ 35 a, 37, 39,

---

[2207] So oder sinngleich *OLG Düsseldorf* AG 1997, 231, 235; BGHZ 129, 30, 34 = NJW 1995, 1290, 1291; *Hüffer*, § 93 Rn. 4; Baumbach/Hueck/*Zöllner/Noack*, § 43 Rn. 9 (letztere jew. m.w.N.).
[2208] Vgl. BGHZ 135, 244, 253 = NJW 1997, 1926, 1927 – ARAG/Garmenbeck.
[2209] BGHZ 152, 280, 284 = NJW 2003, 358, 359 (m. Verweis auf BGHZ 135, 244, 253 = NJW 1997, 1926, 1927); Großkomm-GmbHG/*Paefgen*, § 43 Rn. 22, 52; Baumbach/Hueck/*Zöllner/Noack*, § 43 Rn. 22; *Schneider/Schneider*, GmbHR 2005, 1229, 1230.
[2210] *Hüffer*, § 93 Rn. 4 g; Baumbach/Hueck/*Zöllner/Noack*, § 43 Rn. 22, 22 c; *Fleischer*, NJW 2009, 2337, 2338; *Wiesner*, in: Hoffmann-Becking, § 25 Rn. 2.
[2211] Das GmbHG weist den Geschäftsführern nicht explizit die Geschäftsleitung zu, doch ergibt sich dies – wenn nicht schon aus ihrer Bezeichnung – mittelbar aus § 6 Abs. 4 und 5 GmbHG sowie § 37 GmbHG, dessen Beschränkungen nur auf Basis einer an sich bestehenden weitreichenden Geschäftsführungsbefugnis denkbar sind, vgl. auch Baumbach/Hueck/*Zöllner/Noack*, § 35 Rn. 28.

49, 51 a GmbHG) sowie aus der allgemeinen Sorgfaltspflicht eines ordentlichen und gewissenhaften Geschäftsleiters, wie sie § 93 Abs. 1 S. 1 AktG bzw. § 43 Abs. 1 GmbHG vorsehen.[2212]

aa) Legalitätspflicht

Aus der grundsätzlichen Verpflichtung zu ordentlichem und gewissenhaftem Handeln ergibt sich als eine Hauptpflicht der Unternehmensleiter die **eigene Rechtstreue und die Sorge für regelkonformes Verhalten der Gesellschaft** (sog. Legalitätspflicht).[2213] Diese bezieht sich nicht nur auf gesellschaftsinterne Pflichten, z.B. aus dem Aktien- oder GmbH-Gesetz. Sie umfasst vielmehr **auch externe Pflichten**, u. a. aus dem Zivil- und Wirtschaftsrecht, dem öffentlichen Recht sowie dem Straf- und Ordnungswidrigkeitenrecht, und solche, die primär die Gesellschaft als Rechtssubjekt treffen.[2214] Dabei hat die Unternehmensleitung **auch auf die Einhaltung ausländischen Rechts** zu achten, jedenfalls dann, wenn sich die Anwendbarkeit des ausländischen Rechts aus deutschen Kollisionsnormen herleiten lässt[2215] oder das Handeln der Gesellschaft ausländischem Recht unterworfen ist.[2216] 16

Im Rahmen von deutsch-amerikanischen Korruptionsverfahren kommen neben Verstößen gegen §§ 299, 333, 334 StGB (Bestechlichkeit, Bestechung und Vorteilsgewährung), den Untreuetatbestand (§ 266 StGB), die Aufsichtspflicht nach §§ 30 Abs. 1 Nr. 1, 130 OWiG und Rechnungslegungsvorschriften der §§ 238 ff. HGB[2217] daher vor allem auch Verletzungen des FCPA in Betracht.[2218]

Eine Pflichtverletzung der Unternehmensleiter kann sich insbesondere ergeben, wenn ein Vorstandsmitglied oder Geschäftsführer in die den Gesetzesverstoß begründende Handlung entweder unmittelbar involviert war oder sie kannte und nicht unterbunden hat.[2219] Gesetzliche Verhaltenspflichten, denen die Gesellschaft oder die Unternehmensleiter im Außenverhältnis gegenüber Dritten unterliegen, verpflichten die Unternehmensleitung auch im Innenverhältnis gegenüber der Gesellschaft. Rechtswid- 17

[2212] Nach ganz h.M. geben § 93 Abs. 1 S. 1 AktG bzw. § 43 Abs. 1 GmbHG nicht nur den Verschuldensmaßstab, der bei Pflichtverletzungen anzulegen ist, sondern auch objektive Verhaltenspflichten in Form einer Generalklausel vor, vgl. MünchKomm-AktG/*Spindler*, § 93 Rn. 20; Kölner-Komm-AktG/*Mertens/Cahn*, § 93 Rn. 11; Großkomm-AktG/*Hopt*, § 93 Rn. 19; Großkomm-GmbHG/*Paefgen*, § 43 Rn. 3, 85; Michalski/*Haas/Ziemons*, § 43 Rn. 40; *Wiesner*, in: Hoffmann-Becking, § 25 Rn. 3 a.E.; a.A. unter Hinw. auf die Geschäftsführungsaufgabe und § 76 Abs. 1 AktG Baumbach/Hueck/*Zöllner/Noack*, § 43 Rn. 8 und wohl auch *Hüffer*, § 93 Rn. 3 a a.E., jedoch jew. m. Hinw. auf die rein theoretische Natur des Streits.
[2213] MünchKomm-AktG/*Spindler*, § 93 Rn. 63 f.; Großkomm-AktG/*Hopt*, § 93 Rn. 98 ff.; Kölner-Komm-AktG/*Mertens/Cahn*, § 93 Rn. 67 ff.; *Hüffer*, § 76 Rn. 9 a, § 93 Rn 4; Großkomm-GmbHG/*Paefgen*, § 43 Rn. 23 ff.; Michalski/*Haas/Ziemons*, § 43 Rn. 44 ff.; Baumbach/Hueck/*Zöllner/Noack*, § 43 Rn. 17; *Thole*, ZHR 173 (2009), 505, 509; *Reichert/Ott*, ZIP 2009, 2173; *Fleischer*, CCZ 2008, 1 f.
[2214] MünchKomm-AktG/*Spindler*, § 93 Rn. 63 f.; Baumbach/Hueck/*Zöllner/Noack*, § 43 Rn. 17.
[2215] Großkomm-GmbHG/*Paefgen*, § 43 Rn. 33; Baumbach/Hueck/*Zöllner/Noack*, § 43 Rn. 23; MünchKomm-AktG/*Spindler*, § 93 Rn. 79; *Riegger/Götze*, in: Krieger/Schneider, § 26 Rn. 49.
[2216] KölnerKomm-AktG/*Mertens/Cahn*, § 93 Rn. 73; *Fleischer*, CCZ 2008, 1, 6; *Wiesner*, in: Hoffmann-Becking, § 25 Rn. 4 mit besonderem Hinw. auf das US-amerikanische Recht und dessen Tendenz zur extraterritorialen Anwendung.
[2217] Dies hätte nach §§ 331, 334 HGB, § 400 AktG, § 82 GmbHG gleichfalls eine straf- oder ordnungswidrigkeitsrechtliche Verantwortung zur Folge.
[2218] Zum FCPA vgl. hierzu näher DiBianco, § 2 Rn. 2, 27, 31 und zu ausgewählten deutschen Normen *Dann*, § 3 Rn. 19 ff. sowie *Taschke* § 12 Rn. 50 ff.
[2219] Eine persönliche Strafbarkeit kann sich in diesen Fällen je nach Sachlage unter Beihilfegesichtspunkten oder im Rahmen der Unterlassensstrafbarkeit ergeben.

§ 13. Weitere Konsequenzen im Unternehmensbereich

riges Verhalten der Unternehmensleiter im Außenverhältnis stellt nach h.M. daher stets auch eine Pflichtverletzung im Innenverhältnis zur Gesellschaft dar.[2220] Eine Berufung auf die *business judgment rule* ist für die Unternehmensleiter nicht möglich, da die Beachtung von Recht und Gesetz nicht im unternehmerischen Ermessen steht.[2221]

18 Im Hinblick auf bis vor einigen Jahren noch als „nützliche Aufwendungen" bekannte Schmiergelder stellt sich die Frage, ob dies auch dann gilt, wenn ein Gesetzesbruch aus *ex ante*-Sicht dem wirtschaftlichen Nutzen der Gesellschaft dienen soll und das Entdeckungs- oder Verfolgungsrisiko gering erscheint oder der erwartete Gewinn die angedrohte Sanktion wirtschaftlich auffangen soll. Auch in diesen Fällen **vermeintlich „nützlicher Pflichtverletzungen"** steht das gesetzestreue Verhalten jedoch nicht im Ermessen der Unternehmensleitung.[2222] Strafbare Schmiergeldzahlungen, die Vorstandsmitglieder oder Geschäftsführer aus dem Gesellschaftsvermögen erbringen, sind daher eine Pflichtverletzung i.S. des § 93 Abs. 2 S. 1 AktG bzw. § 43 Abs. 2 GmbHG.[2223]

19 In der Praxis wird es allerdings oft schwer sein, hinreichende Beweise dafür zu erbringen, dass Mitglieder des Vorstands oder der Geschäftsführung unmittelbar oder mittelbar, etwa durch Anstiftung oder Beihilfe, an konkreten Bestechungshandlungen oder anderweitigen Gesetzesverstößen beteiligt waren. Vielmehr finden die einschlägigen Tathandlungen zumeist auf Ebenen nachgeordneter Mitarbeiter statt. Eine Haftung nach § 93 Abs. 2 S. 1 AktG bzw. § 43 Abs. 2 GmbHG besteht allerdings nur im Falle der **Verletzung eigener Pflichten**. Es findet keine Zurechnung von Pflichtwidrigkeiten Anderer statt. Eine Zurechnung des Verschuldens über §§ 278 oder 831 BGB scheidet aus, weil sowohl Vorstandskollegen oder Mitgeschäftsführer als auch nachgeordnete Mitarbeiter und externe Dritte keine Erfüllungs- oder Verrichtungsgehilfen des Organmitglieds sind.[2224] Mitarbeiter sind Gehilfen der Gesellschaft, die stets „Geschäftsher-

---

[2220] Großkomm-AktG/*Hopt*, § 93 Rn. 98; KölnerKomm-AktG/*Mertens/Cahn*, § 93 Rn. 71; Baumbach/Hueck/*Zöllner/Noack*, § 43 Rn. 17; *Riegger/Götze*, in: Krieger/Schneider, § 26 Rn. 54; *Bayer*, FS Schmidt, 2009, S. 85, 89.

[2221] Baumbach/Hueck/*Zöllner/Noack*, § 43 Rn. 23; *Riegger/Götze*, in: Krieger/Schneider, § 26 Rn. 38; *Bayer*, FS Schmidt, 2009, S. 85, 91 f.; *Fleischer*, NJW 2009, 2337, 2338; zu möglichen Aufweichungen bei unbestimmten Rechtsbegriffen und Rechtsunsicherheiten vgl. KölnerKomm-AktG/*Mertens/Cahn*, § 93 Rn. 75; *Wiesner*, in: Hoffmann-Becking, § 25 Rn. 4; *Bayer*, FS Schmidt, 2009, S. 85, 92 f.; *Thole*, ZHR 173 (2009), 505, 518 f., 521 ff. und *Fleischer*, ZIP 2005, 141, 149 f. auch zur Aufweichung des Legalitätsprinzips bei Vertragsbindungen; MünchKomm-AktG/*Spindler*, § 93 Rn. 65 ff. und 80 f. speziell zu ausländischem Recht.

[2222] Großkomm-AktG/*Hopt*, § 93 Rn. 99; KölnerKomm-AktG/*Mertens/Cahn*, § 93 Rn. 71; Baumbach/Hueck/*Zöllner/Noack*, § 43 Rn. 22, 23; Michalski/*Haas/Ziemons*, § 43 Rn. 51; *Riegger/Götze*, in: Krieger/Schneider, § 26 Rn. 38; *Wiesner*, in: Hoffmann-Becking, § 25 Rn. 4; *Thole*, ZHR 173 (2009), 505, 513, 517; *Bayer*, FS Schmidt, 2009, S. 85, 91; *Reichert/Ott*, ZIP 2009, 2173; *Fleischer*, CCZ 2008, 1; a.A. *Sieg/Zeidler* in: Hauschka, § 3 Rn. 20.

[2223] So explizit für Schmiergeldzahlungen *Hüffer*, § 93 Rn 13; Roth/Altmeppen/*Altmeppen*, § 43 Rn. 6; *Lohse*, FS Hüffer, 2010, S. 581, 584. Für GmbH-Geschäftsführer, die den **Weisungen der Gesellschafterversammlung** grds. Folge leisten müssen, ergibt sich auch im Falle der Weisung, Schmiergeld zu zahlen, keine andere Beurteilung. Die Folgepflicht erstreckt sich nach ganz h.M. nicht auf gesetzeswidrige Beschlüsse, vgl. nur Baumbach/Hueck/*Zöllner/Noack*, § 37 Rn. 22, § 43 Rn. 35 m.w.N. Sofern der Gesellschafterbeschluss einstimmig gefasst wurde, kann der Geltendmachung eines Schadensersatzanspruchs gegen den oder die Geschäftsführer jedoch die Arglisteinrede entgegenstehen, vgl. Baumbach/Hueck/*Zöllner/Noack*, § 43 Rn. 35; Großkomm-GmbHG/*Paefgen*, § 43 Rn. 116; Michalski/*Haas/Ziemons*, § 43 Rn. 234 f.

[2224] *Schmidt-Husson*, in: Hauschka, § 7 Rn. 9; *Hüffer*, § 93 Rn 14; MünchKomm-AktG/*Spindler*, § 93 Rn. 161; KölnerKomm-AktG/*Mertens/Cahn*, § 93 Rn. 48; Baumbach/Hueck/*Zöllner/Noack*, § 43 Rn. 17, 28; Großkomm-GmbHG/*Paefgen*, § 43 Rn. 15 f., 224; *Fleischer*, AG 2003, 291, 292.

B. Zivil- und gesellschaftsrechtliche Haftungsfragen

rin" bleibt. Andere Organmitglieder erfüllen ihre eigenen organschaftlichen Pflichten gegenüber der Gesellschaft und sind untereinander gleichberechtigt.

Mögliche Vorwürfe werden sich daher regelmäßig auf die Frage konzentrieren, ob die Unternehmensleitung oder einzelne ihrer Mitglieder, Unternehmensstrukturen gefördert, zugelassen oder nicht verhindert haben, die die inkriminierten Verhaltensweisen durch Unternehmensangehörige ermöglicht oder begünstigt haben. Die Unternehmensleitung könnte ein Organisationsverschulden treffen und sich deswegen auch ohne eigene unmittelbare oder mittelbare (Anstiftung oder Beihilfe) Beteiligung an korruptiven Geschäftspraktiken pflichtwidrig verhalten haben. Im Bereich der „organisatorisch geprägten Legalitätspflicht", in dem es um die Durchsetzung der Regeltreue auf nachgeordneten Ebenen geht,[2225] überschneiden sich die Pflichten der Unternehmensleitung aus der allgemeinen Sorgfaltspflicht mit denjenigen Pflichten, die sich aus ihrer Geschäftsleitungsaufgabe ergeben.

bb) Leitungspflicht

Bei der Geschäftsleitung handelt es sich um die Führungsfunktion der Unternehmensleiter als herausgehobenen Teilbereich der Geschäftsführung, worunter jedwede tatsächliche oder rechtsgeschäftliche Tätigkeit für die Gesellschaft fällt.[2226] Maßnahmen der Geschäftsleitung können nicht an nachgeordnete Mitarbeiter delegiert werden.[2227] Zu den zentralen Pflichten einer sorgfältigen Geschäftsleitung gehört neben der Unternehmensplanung u. a. auch die **Unternehmenskontrolle** und in ihrem Rahmen die Verpflichtung, geeignete Strukturen im Unternehmen zu schaffen, die einen möglichst reibungslosen Ablauf der Unternehmensprozesse unter Beachtung der rechtlichen Vorgaben gewährleisten.[2228] Treten korruptive Geschäftspraktiken zu Tage und fehlt es im Unternehmen an einer auf Schadensprävention und Risikokontrolle angelegten speziellen Compliance-Organisation, könnte dies eine für einen Schaden kausale Verletzung der Leitungspflicht von Vorstand bzw. Geschäftsführern darstellen. 20

Die Frage, ob die Unternehmensleitung verpflichtet ist, eine **eigenständige Compliance-Organisation** einzurichten, wird in der Literatur nach wie vor diskutiert. Unbestritten ist in diesem Zusammenhang, **dass** Vorstand und Geschäftsführung sich **damit auseinandersetzen müssen**, wie sie Regeltreue im Unternehmen gewährleisten, Gesetzesverstöße vermeiden bzw. aufdecken und abstellen.[2229] Zutreffend wird jedoch darauf hingewiesen, dass es grds. im **Ermessen** der Leitungsorgane steht, welche organisatorischen Maßnahmen sie ergreifen, insbesondere, ob sie eine spezielle Organisation zur Sicherstellung der Einhaltung der gesetzlichen Vorschriften und unternehmensinternen Regelwerke durch die Gesellschaft und die für sie handelnden Personen einrich- 21

[2225] *Hüffer*, § 76 Rn. 9 a, § 93 Rn. 4; Baumbach/Hueck/*Zöllner/Noack*, § 43 Rn. 17; *Bayer*, FS Schmidt, 2009, S. 85, 88; *Thole*, ZHR 173 (2009), 505, 509 f.; KölnerKomm-AktG/*Mertens/Cahn*, § 93 Rn. 67, 83; *Fleischer*, BB 2008, 1070, 1071.

[2226] *Hüffer*, § 76 Rn. 7; KölnerKomm-AktG/*Mertens/Cahn*, §§ 76 Rn. 4, 77 Rn. 2; MünchKomm-AktG/*Spindler*, § 76 Rn. 18; *Wiesner*, in: Hoffmann-Becking, § 19 Rn. 13.

[2227] *Hüffer*, § 76 Rn. 7; *Schmidt-Husson*, in: Hauschka, § 7 Rn. 15; *Wiesner*, in: Hoffmann-Becking, § 19 Rn. 13, § 25 Rn. 7; *Hauschka*, AG 2004, 461, 467.

[2228] Großkomm-AktG/*Hopt*, § 93 Rn. 89 ff., 107; KölnerKomm-AktG/*Mertens/Cahn*, § 93 Rn. 67, 80; *Casper*, FS Schmidt, 2009, S. 199, 205 f.; *Reichert/Ott*, ZIP 2009, 2173; *Fleischer*, NJW 2009, 2337, 2338.

[2229] *Hüffer*, § 76 Rn. 9 a; Baumbach/Hueck/*Zöllner/Noack*, § 43 Rn. 17; *Moosmayer*, S. 5; *Dreher*, FS Hüffer, 2010, S. 161, 168 ff. (der insoweit von der Pflicht einer „Compliance-Funktion" spricht).

§ 13. Weitere Konsequenzen im Unternehmensbereich

ten.[2230] Weder aus § 91 Abs. 2 AktG, §§ 130, 30 OWiG, Ziffer 4.1.3. DCGK noch über Analogien zu spezialgesetzlichen Bestimmungen wie § 33 Abs. 1 Nr. 1 WpHG, § 25 a KWG oder § 64 a VAG lässt sich eine allgemeine, für alle Unternehmen bestehende Pflicht der Geschäftsleitung zur Einrichtung einer förmlichen Compliance-Organisation herleiten. Allein das Fehlen einer eigenen Stabsabteilung für Compliance stellt also noch keine Pflichtverletzung der Unternehmensleitung dar. Wenn sich die Unternehmensleitung allerdings zur Frage der Sicherstellung der Einhaltung gesetzlicher Vorschriften und interner Regelwerke keine (nachvollziehbaren) Gedanken macht, liegt die Pflichtverletzung auf der Hand.

22   Bei der **Ermessensausübung** wird die Unternehmensleitung regelmäßig Art und Größe des betreffenden Unternehmens, dessen Tätigkeitsfelder, Umfang und Bedeutung der zu beachtenden rechtlichen Regelungen sowie die Höhe des Verletzungsrisikos zu beachten haben.[2231] Das Risikopotential wiederum kann von einer Vielzahl weiterer Faktoren abhängen, z.B. Anzahl der Mitarbeiter, geographischer Tätigkeitsbereich, Auftreten und Häufigkeit früherer Missstände und Verfehlungen. Eine Rechtspflicht der Unternehmensleiter zur Einrichtung einer förmlichen Compliance-Organisation (d.h. eine Ermessensreduzierung auf Null) wird im Schrifttum angenommen, soweit ein besonderes Gefahren- bzw. Risikopotential erreicht ist (Erforderlichkeit) und der Aufwand zumutbar ist.[2232] Für die Praxis bedeutet dies, dass angesichts des Aufwands und der mit der Etablierung einer Compliance-Organisation einhergehenden Kosten insbesondere kleine und mittlere Unternehmen auch eine Wahrnehmung der Compliance-Aufgaben durch die Rechtsabteilung vorsehen können.[2233] Zur Vermeidung von Interessenkonflikten und zur Sicherung der Unabhängigkeit und Effektivität ist eine Kopplung der Compliance-Funktion jedoch insbesondere weder mit dem Vertrieb noch mit der internen Revision angebracht. Demgegenüber werden es Unternehmensleiter mit zunehmender Betriebsgröße, Komplexität der Unternehmensaktivitäten und internationaler Ausrichtung des Tätigkeitsfeldes schwer haben, im Falle der Nichteinrichtung einer förmlichen Compliance-Organisation eine sachgerechte Ermessensausübung darzulegen. Die Beachtung gesetzlicher Vorschriften wird in diesen Fällen mehr als nur ein Mindestmaß an organisatorischer Verankerung erfordern. Im Rahmen von Korruptionsverfahren gilt das umso mehr, wenn es in der Vergangenheit bereits zu korruptiven Geschäftspraktiken und Unregelmäßigkeiten im Unternehmen gekommen ist, die die bisherigen Maßnahmen zur Sicherstellung der Regeltreue nicht verhindern konnten. Hat es die Unternehmensleitung ungeachtet der Gefahrenlage und des Risikograds versäumt, eine förmliche Compliance-Organisation einzurichten, kann darin eine Pflichtverletzung liegen.

[2230] *Hauschka*, in: Hauschka, § 1 Rn. 23; *Sieg/Zeidler*, in: Hauschka, § 3 Rn. 24; *Thole*, ZHR 173 (2009), 505, 510; *Dreher*, FS Hüffer, 2010, S. 161, 172; *Moosmayer*, S. 5; *Hüffer*, § 76 Rn. 9 a; Baumbach/Hueck/*Zöllner/Noack*, § 43 Rn. 17; MünchKomm-AktG/*Spindler*, § 91 Rn. 36; Großkomm-AktG/*Kort*, § 91 Rn. 65 ff.; *Fleischer*, CCZ 2008, 1, 2 f.; a.A. *Schneider*, ZIP 2003, 645, 648 ff.; *Schneider/Schneider*, AG 2005, 57, 59; *Bürkle*, BB 2007, 1797, 1799 (für die AG).

[2231] Sinngemäß *Hüffer*, § 76 Rn. 9 a; Baumbach/Hueck/*Zöllner/Noack*, § 43 Rn. 17, § 35 Rn. 68 a; *Hauschka*, in: Hauschka, § 1 Rn. 23; *Dreher*, FS Hüffer, 2010, S. 161, 173; *Thole*, ZHR 173 (2009), 505, 510; *Fleischer*, CCZ 2008, 1, 2.

[2232] Sinngemäß *Reichert/Ott*, ZIP 2009, 2173, 2174; *Fleischer*, AG 2003, 291, 300; Baumbach/Hueck/*Zöllner/Noack*, § 43 Rn. 17, § 35 Rn. 68 a; *Kiethe*, GmbHR 2007, 393, 397; *Fleischer*, CCZ 2008, 1, 2 f.; *Bayer*, FS Schmidt, 2009, S. 85, 89 („bei entsprechender Gefahrenlage").

[2233] Vgl. *Dreher*, FS Hüffer, 2010, S. 161, 172 m.w.N.; *Bürkle*, CCZ 2008, 50, 53 (für den Versicherungssektor).

Dabei ist jedoch zu beachten, dass die Frage der Pflichtverletzung aus **ex ante-Sicht** zu beantworten ist.[2234] Die Unternehmensleitung trifft mit der Auswahl der organisatorischen Maßnahmen, die regelkonformes Verhalten im Unternehmen sicherstellen sollen, eine unternehmerische Entscheidung. Die heute geltenden Maßstäbe für sachgerechte Ermessensausübung und Anforderungen an Systeme effektiver Unternehmensüberwachung können daher nicht ohne weiteres auf Sachverhalte in der Vergangenheit übertragen werden. Corporate Governance- und Compliance-Themen werden international und auch in Deutschland erst seit etwa Mitte der 1990er Jahre systematisch diskutiert.[2235] Schwerpunktmäßig in den Blickpunkt gerückt sind die Themen in Deutschland besonders durch in die Tagespresse geratene größere Fälle des Wirtschaftsstrafrechts[2236] sowie im Rahmen der Finanzmarktkrise ab 2008. Durch die in den letzten Jahren immer intensiver geführte Compliance-Debatte sind die Anforderungen an die Unternehmensleitung im Hinblick auf die Einrichtung effizienter Compliance-Systeme stetig gestiegen. 23

Verfügt ein Unternehmen über eine **förmliche Compliance-Organisation** und kommt es **dennoch zu Gesetzes- oder Regelverstößen**, fragt sich, ob ein Organisationsverschulden damit begründet werden kann, dass eine **fehlerhafte oder unzureichende Compliance-Organisation** eingerichtet wurde. Gegen eine derart pauschale Argumentation spricht, dass nicht jedes Fehlverhalten Unternehmensangehöriger notwendig den Schluss auf ein Defizit der Compliance-Organisation zulässt. Es wäre der Unternehmensleitung zuviel abverlangt, jegliche von Mitarbeitern auf betrieblicher Ebene ausgehende Pflichtwidrigkeit zu verhindern. Dies gilt insbesondere für individuelle, vorsätzliche Zuwiderhandlungen von Unternehmensangehörigen. Etwas anderes könnte sich ergeben, wenn bestehende systemische Risiken Gesetzes- oder Regelverstöße ermöglicht oder begünstigt haben. Zu denken ist z. B. an quantitativ und/oder qualitativ unzureichende Ausstattung der Compliance-Organisation mit Sach- und Personalmitteln oder ein Berichtswesen, das das zuständige Mitglied der Unternehmensleitung über Unregelmäßigkeiten in Unkenntnis lässt. Hier ließe sich – je nach Sachlage – argumentieren, dass die Tragweite der im Raum stehenden Probleme der Unternehmensleitung bekannt gewesen sein muss bzw. hätte sein müssen. Die mangelnde Einrichtung einer im Grundsatz leistungsfähigen Compliance-Organisation bzw. die fehlende Anpassung der Compliance-Organisation stellt in diesem Fall eine fehlerhafte Ermessensausübung und damit einen Pflichtverstoß der Unternehmensleitung dar. 24

cc) Pflicht zur ordnungsgemäßen Unternehmensführung

Darüber hinaus kann jedoch auch individuelles, vorsätzliches Fehlverhalten von Unternehmensangehörigen eine Pflichtverletzung von Mitgliedern der Unternehmensleitung begründen. Ein **Organisationsverschulden** könnte etwa darin liegen, dass die Unternehmensleitung ungeeignete Mitarbeiter ausgewählt, die Mitarbeiter nicht hinreichend in ihre Aufgaben eingewiesen oder sie nur unzureichend überwacht hat. Während die Entscheidung, welche Maßnahmen zur Sicherstellung regelkonformen Verhaltens getrof- 25

[2234] Vgl. dazu § 13 Rn. 13 f.
[2235] *Hauschka*, in: Hauschka, § 1 Rn. 1. Eine Ausnahme stellen Kartellrechtsverstöße dar, die in der Literatur ein gewisses Eigenleben führen.
[2236] Erinnert sei hier nur an das Mannesmann-Verfahren, Unregelmäßigkeiten beim Bau der Allianz-Arena und die Schmiergeldaffären bei der Siemens AG, Daimler AG und MAN AG in den Jahren 2003 bis 2009.

§ 13. Weitere Konsequenzen im Unternehmensbereich

fen werden, eine nicht delegierbare Leitungsaufgabe der Unternehmensführung darstellt, kann die konkrete Durchführung der Compliance-Aufgabe, u. a. die Auswahl, Information und Beratung der Mitarbeiter, die Überwachung und die Aufklärung von Gesetzes- und Regelverstößen sowie deren sachgerechte Sanktionierung, an nachgeordnete Mitarbeiter delegiert werden. Gleiches gilt für die tatsächliche Führung der Geschäfte der Gesellschaft auf operativer Ebene.

26 Die Befugnis zur Wahrnehmung der Angelegenheiten der Gesellschaft liegt zwar grds. beim Vorstand bzw. den Geschäftsführern. Für die AG sieht § 77 Abs. 1 S. 2 AktG jedoch eine Abweichung vom gesetzlichen Modell der Gesamtgeschäftsführung mit Einstimmigkeitserfordernis (§ 77 Abs. 1 S. 1 AktG) zugunsten einer Geschäftsverteilung vor.[2237] Auch für die GmbH ist allgemein anerkannt, dass bestimmte Geschäftsbereiche verschiedenen Mitgliedern der Geschäftsführung zugewiesen werden können (horizontale Delegation).[2238] Die Anforderungen des modernen Wirtschaftslebens erfordern außerdem eine Delegation von Pflichten durch das zuständige Organmitglied an nachgeordnete Mitarbeiter (vertikale Delegation). Sowohl das Aktien- als auch das GmbH-Gesetz schweigen zu dieser Möglichkeit der Arbeitsteilung, die jedoch unstreitig statthaft ist.[2239] Weder die horizontale noch die vertikale Aufgabendelegation befreien die Mitglieder der Unternehmensleitung jedoch von ihrer Verantwortung für die Geschäftsführung, vielmehr wandelt sich ihre Geschäftsführungspflicht inhaltlich je nach Sachlage in eine Auswahl-, Einweisungs- und/oder Überwachungspflicht.

27 (1) Im Falle **vertikaler Geschäftsverteilung** auf untergeordnete Ebenen entscheidet über die Delegation das Mitglied der Unternehmensleitung, dem die Verantwortung des Geschäftsbereichs anvertraut wurde (**Ressortverantwortung**), sonst das gesamte Leitungsorgan. Ressortverantwortung bedingt für das jeweilige Organmitglied Einzelgeschäftsführungsbefugnis, er oder sie kann in seinem/ihrem Bereich grds. eigene Entscheidungen treffen, ohne dass dies eine Abstimmung mit den anderen Organmitgliedern erfordert.[2240] Bei zulässiger Ressortverteilung ist danach primär der Ressortinhaber für die Verletzung der in seinen Bereich fallenden Pflichten verantwortlich.[2241] Die Haftung setzt voraus, dass das Organmitglied seine verbleibende Auswahl-, Einweisungs- und Überwachungspflicht[2242] schuldhaft verletzt hat.[2243]

[2237] Dazu ausf. KölnerKomm-AktG/*Mertens/Cahn*, § 77 Rn. 10, 15 ff.; MünchKomm-AktG/*Spindler*, § 77 Rn. 10, 34 ff.; *Hüffer*, § 77 Rn. 9 ff.

[2238] Baumbach/Hueck/*Zöllner/Noack*, § 35 Rn. 33, § 37 Rn. 32, § 43 Rn. 17, 26; Roth/Altmeppen/*Altmeppen*, § 37 Rn. 33 f.; Michalski/*Lenz*, § 37 Rn. 30 ff.; *Schneider/Schneider*, GmbHR 2005, 1229, 1230.

[2239] Vgl. nur KölnerKomm-AktG/*Mertens/Cahn*, § 93 Rn. 84; Großkomm-AktG/*Hopt*, § 93 Rn. 55; *Hüffer*, § 76 Rn. 7; Baumbach/Hueck/*Zöllner/Noack*, § 43 Rn. 26; *Schneider/Schneider*, GmbHR 2005, 1229, 1231.

[2240] *Hüffer*, § 76 Rn. 3, § 77 Rn. 10; Baumbach/Hueck/*Zöllner/Noack*, § 37 Rn. 32; *Pelz*, in: Hauschka, § 6 Rn. 38; MünchKomm-AktG/*Spindler*, § 77 Rn. 58; *Vetter*, in: Krieger/Schneider, § 18 Rn. 17.

[2241] Baumbach/Hueck/*Zöllner/Noack*, § 43 Rn. 26; *Schneider/Schneider*, GmbHR 2005, 1229, 1230.

[2242] BGHZ 127, 336, 347 = NJW 1995, 326, 329 (zur GmbH); Großkomm-AktG/*Hopt*, § 93 Rn. 59; *Hüffer*, § 93 Rn. 14 a.E; Baumbach/Hueck/*Zöllner/Noack*, § 43 Rn. 26; *Schneider/Schneider*, GmbHR 2005, 1229, 1231; *Fleischer*, AG 2003, 291, 293 ff.; Fleischer/*Fleischer*, § 8 Rn. 28 ff.; *Pelz*, in: Hauschka, § 6 Rn. 39; *Schmidt-Husson*, in: Hauschka, § 7 Rn. 21 m.w.N.

[2243] Neben einer fehlerhaften Delegation kann auch die unzulässige Delegation von Pflichten aus der Geschäftsleitungsaufgabe sowie solchen, die explizit unmittelbar der Geschäftsleitung zugewiesen sind, eine Haftung des delegierenden Organmitglieds auslösen. Vgl. dazu ausf. *Schmidt-Husson*,

B. Zivil- und gesellschaftsrechtliche Haftungsfragen

(a) Bei der **Auswahl** der für die Aufgabenerfüllung verantwortlichen Mitarbeiter ist darauf zu achten, dass die Bewerber die erforderlichen persönlichen und fachlichen Qualifikationen besitzen, um die zugewiesenen Aufgaben ordnungsgemäß zu erfüllen.[2244] Das konkrete Anforderungsprofil hängt von der jeweiligen Aufgabenstellung ab und lässt sich schwer verallgemeinern. Eine Pflichtverletzung liegt jedenfalls dann vor, wenn der eingesetzte Mitarbeiter erkennbar überfordert ist, die ihm übertragenen Pflichten zu erfüllen.[2245] Grds. steigen die Anforderungen an die anzuwendende Auswahlsorgfalt je komplexer die Aufgabe und der bei Schlechterfüllung drohende Schaden sind.[2246]

28

Im Gegensatz zu den USA, wo über sog. *background checks* regelmäßig, oft über externe Service-Anbieter, Erkenntnisse über Charakter, Fähigkeiten, Zuverlässigkeit, sozialen und wirtschaftlichen Hintergrund und Integrität eines Bewerbers eingeholt werden, sind der Einholung derartig umfassender Informationen in Deutschland insbesondere über das Allgemeine Persönlichkeitsrecht des Bewerbers, das AGG und das BDSG Grenzen gesetzt.[2247] Zulässig sind nach der Rechtsprechung des BAG jedoch Fragen nach Informationen, an denen der Arbeitgeber ein berechtigtes, billigenswertes und schutzwürdiges Interesse hat, d.h. die für den angestrebten Arbeitsplatz und die zu verrichtende Tätigkeit selbst von Bedeutung sind.[2248] Das gilt auch für Fragen nach Straftaten und laufenden Ermittlungsverfahren, so dass z.B. nach Vermögensdelikten bei Beschäftigten in Finanzabteilungen oder verkehrsrechtlichen Vorstrafen eines Kraftfahrers gefragt werden darf.[2249] Im Rahmen unternehmerischer Korruptionsprävention erscheint danach die Einholung von Informationen über die Beteiligung an korruptiven Geschäftspraktiken bei der Einstellung von Führungskräften und leitenden Angestellten zumindest im Einkaufs- und Vertriebsbereich zulässig, sachgerecht und erforderlich.[2250]

29

(b) Eine ordnungsgemäße Delegation findet ihre Fortsetzung in einer sorgfältigen **Anleitung**. Zu diesem Zweck sind den Mitarbeitern die übertragenen Aufgaben sowie die unternehmensinternen Abläufe, einschließlich Berichtslinien genau zu erläutern.[2251] Dazu gehört auch die nachdrückliche Aufforderung, über bekannt gewordene

30

---

in: Hauschka, § 7 Rn. 13 ff. Korruptive Geschäftspraktiken zählen jedoch weder zu diesen Geschäftsleitungspflichten noch treten sie regelmäßig im Zusammenhang mit diesen, sondern im Rahmen des operativen Geschäfts auf.

[2244] Großkomm-AktG/*Hopt*, § 93 Rn. 59 m.w.N.; *Fleischer*, AG 2003, 291, 293; *Pelz*, in: Hauschka, § 6 Rn. 20; *Schmidt-Husson*, in: Hauschka, § 7 Rn. 22.

[2245] *Bussmann/Matschke*, CCZ 2009, 132, 134; *Hauschka*, AG 2004, 461, 467; *Pelz*, in: Hauschka, § 6 Rn. 20 (jew. m.w.N.).

[2246] *Fleischer*, AG 2003, 291, 293; *Schmidt-Husson*, in: Hauschka, § 7 Rn. 22.

[2247] Vgl. hierzu ausf. *Hohenstatt/Stamer/Hinrichs*, NZA 2006, 1065 ff.; *Thum/Szczesny*, BB 2007, 2405 ff.; für zukünftige Entwicklungen vgl. den Gesetzentwurf der Bundesregierung zum Beschäftigtendatenschutz, BT-Drs. 17/4230 v. 15.12.2010, insbesondere S. 5 ff., abrufbar unter http://drucksachen.bundestag.de/drucksachen/index.php.

[2248] *Preis*, in: Erfurter Komm. z. ArbR, § 611 BGB Rn. 271 m.w.N.

[2249] *Preis*, in: Erfurter Komm. z. ArbR, § 611 BGB Rn. 281 m.w.N. Bei der allgemeinen Aufforderung nach einem polizeilichen Führungszeugnis ist zu beachten, dass darin ggf. auch Vorstrafen enthalten sind, die in keinem Bezug zur auszuübenden Tätigkeit stehen.

[2250] Sinngemäß *Fleischer*, AG 2003, 291, 293 (tätigkeitsspezifische Informationen über Vorstrafen sind einzuholen). Eine vergleichbare, wenngleich nicht auf gesetzeswidrige Verhaltensweisen beschränkte, Regelung enthält auch § 8 B2.1(b)(3) USSG. Die USSG sind abrufbar unter http://www.ussc.gov. Weiterführend zum USSG oben *DiBianco*, § 12 Rn. 18 ff.

[2251] *Fleischer*, AG 2003, 291, 293; *Schmidt-Husson*, in: Hauschka, § 7 Rn. 23; vgl. auch BGHZ 134, 304, 314 = NJW 1997, 1237, 1239 (zur GmbH); Großkomm-AktG/*Hopt*, § 93 Rn. 59 m.w.N.

§ 13. Weitere Konsequenzen im Unternehmensbereich

Compliance-Probleme Bericht zu erstatten. Die Zuständigkeiten müssen eindeutig und überschneidungsfrei zugeordnet sein, so dass sich niemand auf Wahrnehmung durch einen anderen berufen kann.[2252] Auf besondere Risiken und Gefahrenmomente ist hinzuweisen, wozu auch zu beachtende Vorschriften und typische Rechtsverletzungen zählen.[2253] Vor allem im Einkaufs- und Vertriebsbereich beinhaltet dies die Aufklärung über einschlägige Korruptionsvorschriften. Dies kann auch im Wege einer unternehmensinternen Richtlinie (oft Verhaltenskodex, Ethik- oder Compliance-Richtlinie, *integrity code* oder *code of conduct* genannt) geschehen. Dabei ist sicherzustellen, dass die betreffenden Mitarbeiter die Informationen und Instruktionen auch verstanden haben und in der Lage sind, sie in der Praxis umzusetzen; in diesem Sinne sind regelmäßig Schulungen durchzuführen.[2254] Nach heute geltenden Maßstäben muss speziell bei im Ausland in besonders korruptionsanfälligen Ländern tätigen Mitarbeitern intensiv dafür gesorgt werden, dass sich die Mitarbeiter der einzuhaltenden Ge- und Verbote bewusst sind. Über Neuerungen und Änderungen, einschließlich Rechtsänderungen, ist grds. durch Fortbildungen zu informieren.[2255] Schließlich erfordert die Einweisungssorgfalt auch, dass den Mitarbeitern die zur Bewältigung der Aufgabe erforderlichen Befugnisse, Sach- und Personalmittel zur Verfügung gestellt werden.[2256]

31 (c) Im Anschluss an sorgfältige Auswahl und Einweisung sind die Mitarbeiter laufend zu **überwachen**, um sicherzustellen, dass sie den ihnen übertragenen Aufgaben ordnungsgemäß nachkommen.[2257] Die Überwachungspflicht besteht durchgängig und setzt nicht erst dann ein, wenn Zweifel bestehen oder Missstände entdeckt wurden.[2258] Zur laufenden Kontrolle sind stichprobenartige, überraschende Prüfungen erforderlich und regelmäßig ausreichend, sofern sie den Unternehmensangehörigen verdeutlichen, dass Verstöße entdeckt und geahndet werden. Mangelt es an letzterem, so können überraschend umfassende Geschäftsprüfungen durchzuführen sein.[2259] Die Häufigkeit der laufenden Kontrollmaßnahmen lässt sich schwer allgemein bestimmen. Sie müssen grds. hinreichend oft durchgeführt werden, so dass ernsthaft mit der Entdeckung von Zuwiderhandlungen zu rechnen ist.[2260] Dies schließt sporadische Maßnahmen aus.[2261] Es hat sich in der Praxis als sinnvoll erwiesen, auch die Compliance-Abteilung regelmäßig durch die interne Revision überprüfen zu lassen, und zwar ungeachtet einer möglichen Überprüfung des Compliance-Systems durch den Abschlussprüfer.[2262]

[2252] *Pelz*, in: Hauschka, § 6 Rn. 19; *Hauschka*, AG 2004, 461, 466; *Schmidt-Husson*, in: Hauschka, § 7 Rn. 20 m.w.N.

[2253] Fleischer/*Fleischer*, § 8 Rn. 31; *Fleischer*, AG 2003, 291, 293; *Schmidt-Husson*, in: Hauschka, § 7 Rn. 23.

[2254] *Bussmann/Matschke*, CCZ 2009, 132, 135; *Pelz*, in: Hauschka, § 6 Rn. 21 m.w.N.

[2255] Fleischer/*Fleischer*, § 8 Rn. 31; *Fleischer*, AG 2003, 291, 293.

[2256] *Schmidt-Husson*, in: Hauschka, § 7 Rn. 23; *Hauschka*, AG 2004, 461, 466.

[2257] Großkomm-AktG/*Hopt*, § 93 Rn. 59 m.w.N.; *Fleischer*, AG 2003, 291, 293; *Pelz*, in: Hauschka, § 6 Rn. 23.

[2258] *Schmidt-Husson*, in: Hauschka, § 7 Rn. 24; *Pelz*, in: Hauschka, § 6 Rn. 23; *Fleischer*, AG 2003, 291, 294; *Fleischer*, CCZ 2008, 1, 2; *Kapp/Gärtner*, CCZ 2009, 168, 169.

[2259] *Fleischer*, AG 2003, 291, 294; *Fleischer*, CCZ 2008, 1, 2; *Bussmann/Matschke*, CCZ 2009, 132, 135; *Pelz*, in: Hauschka, § 6 Rn. 25 m.w.N.

[2260] BGH NStZ 1986, 34; vgl. auch Fleischer/*Spindler*, § 15 Rn. 118 („geeignet [sei], mit erheblicher Wahrscheinlichkeit Verstöße aufzudecken").

[2261] *Schmidt-Husson*, in: Hauschka, § 7 Rn. 26; zur Kasuistik der Rspr. vgl. *Pelz*, in: Hauschka, § 6 Rn. 26 m.w.N.

[2262] Zu letzterem vgl. § 13 Rn. 126.

B. Zivil- und gesellschaftsrechtliche Haftungsfragen

Weitere Anhaltspunkte für den Umfang und die konkrete Ausgestaltung der Überwachungs- und Aufsichtsmaßnahmen ergeben sich aus unternehmens-, aufgaben- und personenbezogenen Parametern. Mitbestimmend für das Ausmaß der Überwachungspflicht können Art, Größe und Organisation des Unternehmens sowie die Vielzahl der von ihm zu beachtenden Normen sein.[2263] Kam es in der Vergangenheit bereits zu Unregelmäßigkeiten und Pflichtverstößen im Unternehmen, besteht eine **gesteigerte Überwachungspflicht**.[2264] Gleiches gilt im Fall der Delegation bedeutender Aufgaben, deren Verletzung besonders schwerwiegende Folgen haben kann.[2265] Werden Aufgaben einem neu eingestellten oder auf dem Gebiet noch unerfahrenen oder nur in Grundzügen qualifizierten Mitarbeiter anvertraut, steigen die Anforderungen an die Überwachung ebenfalls; das Gegenteil ist der Fall, wenn bereits eine langjährige vertrauensvolle Zusammenarbeit besteht.[2266] Auch in letzterem Fall darf der Aufsichtspflichtige allerdings nicht ganz auf Überwachung verzichten.[2267] Die gesteigerte Überwachungspflicht dauert solange fort, bis die laufenden Kontrollen keinen Anlass für Beanstandungen mehr geben und die Gewissheit sorgfältiger Pflichterfüllung besteht.[2268] Im Nachgang zu festgestellten Unregelmäßigkeiten und Pflichtverstößen genügen damit nicht allein personelle Konsequenzen, um das Maß der Überwachung wieder sinken zu lassen.[2269]

32

Bei der Bestimmung des Umfangs der Überwachungspflicht sind schließlich auch die **Grenzen** des für den Aufsichtspflichtigen Möglichen und Zumutbaren zu beachten. Er oder sie darf die Eigenverantwortung der Unternehmensangehörigen[2270] sowie den bei Arbeitsteilung geltenden Vertrauensgrundsatz, dass übertragene Aufgaben pflichtgemäß erfüllt werden,[2271] berücksichtigen. Außerdem muss er/sie in die Abwägung einbeziehen, „dass überzogene, von zu starkem Misstrauen geprägte Aufsichtsmaßnahmen den Betriebsfrieden stören und die Würde des Arbeitnehmers verletzen können".[2272] Insofern ist die Unternehmensleitung nicht gehalten, ein um jeden Preis flächendeckendes Kontrollsystem einzurichten.[2273] Grds. nicht umfasst von der Aufsichtspflicht ist die Tätigkeit von **Subunternehmern**, weil diese nicht mit innerbetrieblichen Aufgaben betraut sind, sondern im eigenen Interesse handeln.[2274] Dabei

33

[2263] *OLG Düsseldorf* NStZ-RR 1999, 151; Fleischer/*Fleischer*, § 8 Rn. 33; *Fleischer*, AG 2003, 291, 293; *Fleischer*, CCZ 2008, 1, 2.
[2264] *BayObLG* NJW 2002, 766, 767; *Fleischer*, AG 2003, 291, 295; *Fleischer*, CCZ 2008, 1, 2; *Kapp/Gärtner*, CCZ 2009, 168, 169; *Moosmayer*, S. 6; *Pelz*, in: Hauschka, § 6 Rn. 27 (der eine gesteigerte Kontrollpflicht schon generell bei einer gesamten Branche verbreiteten Missständen anerkennt).
[2265] *Fleischer*, AG 2003, 291, 293; *Pelz*, in: Hauschka, § 6 Rn. 27.
[2266] *BayObLG* NJW 2002, 766; *Fleischer*, AG 2003, 291, 293 f.; Fleischer/*Fleischer*, § 8 Rn. 33.
[2267] *BayObLG* NJW 2002, 766; *Hauschka*, AG 2004, 461, 467.
[2268] BayObLGSt 1988, 94, 97.
[2269] *BayObLG* NJW 2002, 766, 767; *Bussmann/Matschke*, CCZ 2009, 132, 133; *Pelz*, in: Hauschka, § 6 Rn. 28.
[2270] *BGH*, Beschl. v. 11.3.1986, Az. KRB 7/85, BeckRS 1986, 31168713; *Fleischer*, AG 2003, 291, 295.
[2271] *Fleischer*, AG 2003, 291, 295; *Bussmann/Matschke*, CCZ 2009, 132, 133; *Schmidt-Husson*, in: Hauschka, § 7 Rn. 11; MünchKomm-AktG/*Spindler*, § 93 Rn. 136 (allg. zur Relevanz des Vertrauensgrundsatzes); a.A. *Pelz*, in: Hauschka, § 6 Rn. 39.
[2272] *BGH*, Beschl. v. 11.3.1986, Az. KRB 7/85, BeckRS 1986, 31168713.
[2273] *Pelz*, in: Hauschka, § 6 Rn. 15; *Fleischer*, AG 2003, 291, 295 (jew. m.w.N.).
[2274] Ausnahmen gelten insbesondere im Fall der Auftragsdatenverarbeitung nach § 11 BDSG sowie bei der Ausgliederung von Tätigkeiten von Banken oder Versicherungen gem. den Vorgaben der BaFin für die Ausgestaltung des Risikomanagements (MaRisk [BA], MaRisk [VA]). Aufsichtspflichten können sich außerdem aus allgemeinen Verkehrssicherungspflichten ergeben, vgl. *Bussmann/Matschke*, CCZ 2009, 132; *Pelz*, in: Hauschka, § 6 Rn. 16 (jew. m.w.N.).

§ 13. Weitere Konsequenzen im Unternehmensbereich

ist jedoch zu beachten, dass die ordnungsgemäße Auswahl und Beauftragung der Subunternehmer zur innerbetrieblichen Sphäre des Hauptunternehmers zählen, d.h. diesbezüglich eine Überwachungspflicht auf Basis der vorstehenden Grundsätze besteht.

34 Mit der **Identifizierung möglicher Unregelmäßigkeiten** oder feststehender Pflichtverstöße ist die Grenze der Überwachungspflicht noch nicht erreicht. Hinweisen auf Unregelmäßigkeiten ist unverzüglich nachzugehen und gegen Pflichtverletzungen muss eingeschritten werden.[2275] Dabei ist der Sachverhalt umfassend zu ermitteln,[2276] ggf. sind Maßnahmen zur Beseitigung von Missständen einzuleiten und Vorkehrungen gegen weitere Pflichtverstöße zu treffen.[2277] Beteiligte Mitarbeiter sind im Rahmen des anwendbaren Arbeitsrechts konsequent zur Verantwortung zu ziehen, da unterbliebene oder ungewöhnlich milde Sanktionen als stillschweigende Duldung der Unternehmensleitung gewertet werden können.[2278] Auf Unkenntnis von Unregelmäßigkeiten und insbesondere rechtswidrigem Handeln nachgeordneter Mitarbeiter kann sich das zuständige Organmitglied nicht berufen, wenn es sich entsprechenden Verdachtsmomenten bewusst verschlossen hat.[2279]

35 Je nach Größe des Unternehmens und Komplexität der anfallenden Aufgaben kann es dem zuständigen Organmitglied jedoch tatsächlich unmöglich sein, all diejenigen persönlich zu überwachen, die an seiner Stelle handeln. Es ist ihm daher erlaubt und wird ihm oftmals sogar zur Pflicht werden, ein **mehrstufiges Überwachungssystem** einzurichten und die Überwachung zumindest zum Teil ebenfalls an Spezialisten zu delegieren. In diesem Fall reicht es nicht aus, die aufsichtspflichtige Person zu bestimmen, sondern das zuständige Organmitglied ist seinerseits verpflichtet, die Aufsichtsperson sorgfältig auszuwählen, einzuweisen und zu überwachen.[2280] Gleiches gilt, wenn **mehrere hierarchische Führungsebenen** existieren. Die entsprechenden Aufsichtspflichten bestehen auf jeder Hierarchiestufe für die jeweils nachgeordnete Ebene.[2281] Die „Oberaufsicht" und letzte Verantwortlichkeit verbleibt in allen Fällen auf Ebene der Unternehmensleitung.[2282]

Besteht danach für das zuständige Organmitglied kein konkreter Anlass, an der pflichtgemäßen Aufgabenerfüllung der ordnungsgemäß eingesetzten Delegatare bzw. deren Überwacher zu zweifeln, und ist durch ein funktionierendes Berichts- und Kontrollsystem eine zuverlässige und frühzeitige Information über Missstände grds. sicher-

---

[2275] *BGH* GmbHR 1985, 143, 144; *Moosmayer*, S. 5; *Fleischer*, AG 2003, 291, 294 m.w.N.

[2276] Zu Umfang und Grundsätzen der Durchführung hierzu notwendiger interner Erhebungen s. die „Thesen der Bundesrechtsanwaltskammer zum Unternehmensanwalt im Strafrecht", die im November 2010 veröffentlicht wurden (BRAK-Stellungnahme-Nr. 35/2010), http://www.brak.de/seiten/pdf/Stellungnahmen/2010/Stn35.pdf; vgl. auch *Kienast*, § 8 (Mitarbeiterbefragungen) mit z.T. gerechtfertigter Kritik und *Pohle*, § 9 (Unterlagen-, Daten- und E-Mailauswertung).

[2277] *OLG Koblenz* ZIP 1991, 870, 871; *Fleischer*, AG 2003, 291, 294.

[2278] *BGH* NStZ 1986, 34, 35; *Bussmann/Matschke*, CCZ 2009, 132, 136; *Pelz*, in: Hauschka, § 6 Rn. 29; ähnl. *Krieger*, in: Krieger/Schneider, § 3 Rn. 6 a.E.; vgl. *Kienast*, § 13 Rn. 201 ff. zu möglichen arbeitsrechtlichen Maßnahmen sowie *Kienast*, § 8 Rn. 24 ff. zu Kronzeugen- und Amnestiezusagen.

[2279] *OLG Düsseldorf* ZIP 2008, 1922, 1924 (zum Aufsichtsrat).

[2280] *Schmidt-Husson*, in: Hauschka, § 7 Rn. 27, 28 m.w.N.; *Fleischer*, AG 2003, 291, 295; sinngemäß auch *Pelz*, in: Hauschka, § 6 Rn. 23; *Schneider/Schneider*, GmbHR 2005, 1229, 1231.

[2281] MünchKomm-AktG/*Spindler*, § 91 Rn. 19; *Pelz*, in: Hauschka, § 6 Rn. 30; Fleischer/*Fleischer*, § 8 Rn. 39.

[2282] *Pelz*, in: Hauschka, § 6 Rn. 13; *Fleischer*, AG 2003, 291, 295; Fleischer/*Fleischer*, § 8 Rn. 39; *Vetter*, in: Krieger/Schneider, § 18 Rn. 65 m.w.N.

B. Zivil- und gesellschaftsrechtliche Haftungsfragen

gestellt, darf das Organmitglied auf das Funktionieren einer auch ansonsten sachgerecht eingerichteten Organisation vertrauen und wird regelmäßig nicht für Fehlverhalten der unmittelbar Handelnden haftbar gemacht werden können.[2283]

(2) Kommt es bei Geschäftsverteilung innerhalb des Vorstands- bzw. Geschäftsführerkollegiums in einem oder mehreren Ressorts durch und im Zusammenhang mit korruptiven Geschäftspraktiken nachgeordneter Mitarbeiter zu Pflichtverletzungen, sind auch die übrigen im Rahmen der **horizontalen Delegation** nicht unmittelbar für das bzw. die Ressorts zuständigen Organmitglieder einer möglichen Haftung ausgesetzt. Diese kann auf fehlerhafter Geschäftsverteilung[2284] sowie einer Verletzung der verbleibenden Überwachungspflicht der nicht unmittelbar zuständigen Organmitglieder beruhen.[2285] **36**

(a) Eine fehlerhafte **Geschäftsverteilung** kann vorliegen, wenn bei der Ressortzuweisung ein Auswahlverschulden vorliegt, weil das mit der Aufgabe betraute Organmitglied erkennbar nicht die erforderlichen fachlichen und persönlichen Qualifikationen zur ordnungsgemäßen Erfüllung der Aufgaben besitzt.[2286] Für die horizontale Geschäftsverteilung ist außerdem strittig, ob sie formfrei erfolgen kann oder zur Modifizierung der Sorgfaltspflichten der Organmitglieder die Einhaltung der Schriftform geboten ist. Die überwiegende Meinung in der Literatur verlangt Förmliches, sogar Schriftliches, und lässt eine rein faktische Zuteilung bestimmter Entscheidungsbereiche nicht genügen.[2287] Auch die Rechtsprechung tendiert dazu, zumindest eine schriftliche Niederlegung der Geschäftsverteilung zu fordern.[2288] Erfolgte die Geschäftsverteilung formlos, können sich Organmitglieder demnach nicht auf einen auf die organinterne Überwachungspflicht reduzierten Pflichtenkatalog und die entsprechende Haftungsbegrenzung berufen. Bei den im Rahmen korruptiver Geschäftspraktiken zuvorderst betroffenen Ressorts Einkauf und Vertrieb handelt es sich jedoch um Kernbereiche des unternehmerischen Handels, deren Zuordnung bei nicht ganz kleinen Unternehmen in der Praxis zumindest über Organigramme und Stellenbeschreibungen schriftlich fixiert ist. **37**

(b) Auch wenn die Geschäftsverteilung ordnungsgemäß erfolgte, enthebt diese die nicht unmittelbar zuständigen Organmitglieder nicht von ihrer Verantwortung für die Geschäftsführung im Ganzen. Aus der Gesamtverantwortung folgt, dass bei ressortmäßiger Aufgabenverteilung den Organmitgliedern hinsichtlich der fremden Ressorts **38**

[2283] In diesem Sinn auch *Schmidt-Husson*, in: Hauschka, § 7 Rn. 29; *Wiesner*, in: Hoffmann-Becking, § 25 Rn. 7 a.E.
[2284] Eine Haftung nicht zuständiger Organmitglieder kann grds. auch auf unzulässiger Geschäftsverteilung, d.h. horizontaler Delegation von Aufgaben, die in die unmittelbare Entscheidungs- und Handlungskompetenz des geschäftsführenden Gremiums gehören, beruhen. Mangels Relevanz für die Frage nach möglicher Haftung infolge korruptiver Geschäftspraktiken durch Unternehmensangehörige werden Einzelheiten hier nicht dargestellt. Zu nicht ressortfähigen Pflichten vgl. *Schmidt-Husson*, in: Hauschka, § 7 Rn. 13 ff.
[2285] Die einzelnen Unternehmensleiter haften auch im Rahmen der horizontalen Geschäftsverteilung nur für eigenes Verschulden, vgl. § 13 Rn. 19.
[2286] *Schneider/Schneider*, GmbHR 2005, 1229, 1230; *Fleischer/Fleischer*, § 8 Rn. 15 m.w.N.; vgl. auch Baumbach/Hueck/*Zöllner/Noack*, § 43 Rn. 17 (pflichtwidrige Auswahl eines Ressortleiters); *BGH* NJW 1995, 2850, 2851 (sachgerechte Auswahl des zuständigen Geschäftsführers).
[2287] *Schneider/Schneider*, GmbHR 2005, 1229, 1230; Großkomm-AktG/*Kort*, § 77 Rn. 78; Großkomm-AktG/*Hopt*, § 93 Rn. 65; KölnerKomm-AktG/*Mertens/Cahn*, § 77 Rn. 56, § 93 Rn. 93; *Fleischer/Fleischer*, § 8 Rn. 15; a.A. MünchKomm-AktG/*Spindler*, § 93 Rn. 133, 166 (formlose Geschäftsaufteilung ist möglich, jedoch gleichzeitig Indiz für Organisationspflichtverletzung).
[2288] *BFH* GmbHR 1985, 30, 32; *BFH* GmbHR 1989, 170, 171; *OLG Koblenz* NZG 1998, 953, 954.

§ 13. Weitere Konsequenzen im Unternehmensbereich

eine **Überwachungspflicht** obliegt.[2289] Ergeben sich Anhaltspunkte, dass das zuständige Organmitglied die Geschäfte nicht „ordnungsgemäß"[2290] oder „sorgfaltswidrig"[2291] führt, seinen „Pflichten nicht nachkommt"[2292] oder „die Erfüllung der der Gesellschaft obliegenden Aufgaben [...] nicht mehr gewährleistet"[2293] ist, besteht die Pflicht, einzugreifen. Die organinterne Überwachungspflicht entfällt nicht etwa dadurch, dass im Unternehmen ein umfassendes Controlling-System besteht,[2294] kann nicht durch Delegation anderen, einschließlich einem organinternen „Kontrollressort", übertragen werden[2295] und besteht in gleichem Maße für alle Organmitglieder. Eine weitergehende Überwachungspflicht und Haftungsverschärfung für Inhaber „sachnaher", „verbundener" Ressorts ist abzulehnen.[2296]

39 Die konkreten Anforderungen an die Überwachungspflicht hängen von den Umständen des Einzelfalls ab. Bei **regelmäßigem Geschäftsverlauf**, d.h. solange keine Anhaltspunkte für eine sorgfaltswidrige Geschäftsführung vorliegen, ist ein Organmitglied nicht gehalten, Aufsichtsmaßnahmen in Bezug auf ein Nachbarressort zu ergreifen.[2297] Ohne besonderen Anlass besteht daher keine Pflicht, aktive Nachforschungen hinsichtlich eines fremden Ressorts anzustellen,[2298] d.h. das Organmitglied darf sich dann nicht aktiv in den Bereich eines fremden Ressorts „einmischen".[2299] Die Ressortinhaber sind aber gehalten, sich gegenseitig über Angelegenheiten ihres Ressorts zu berichten, jedenfalls soweit es sich um wesentliche Angelegenheiten handelt. Zur Sicherstellung bedarf es eines zweckmäßigen Berichtssystems, in das alle Organmitglieder eingebunden sind, dessen konkrete Ausgestaltung jedoch dem Ermessen der Unternehmensleitung unterliegt.[2300] Dem kann auch durch regelmäßige Berichterstattung

---

[2289] *BGH* NJW 2004, 1111, 1112 (Pflicht zu „geeigneten Kontrollmaßnahmen"); *BGH* NJW 1997, 130, 132; *Hüffer*, § 91 Rn. 3, § 77 Rn. 15, § 93 Rn. 13 a; KölnerKomm-AktG/*Mertens/Cahn*, § 77 Rn. 26, § 93 Rn. 92; MünchKomm-AktG/*Spindler*, § 77 Rn. 59, § 93 Rn. 132; Baumbach/Hueck/ *Zöllner/Noack*, § 37 Rn. 32, § 43 Rn. 17, 26; *Wiesner*, in: Hoffmann-Becking, § 22 Rn. 15; *Schmidt-Husson*, in: Hauschka, § 7 Rn. 24 f.; *Fleischer/Fleischer*, § 8 Rn. 10.

[2290] *OLG Koblenz* NZG 2008, 397, 399; *BGH* NJW-RR 1986, 1293; Baumbach/Hueck/Zöllner/Noack, § 35 Rn. 33; *Schneider/Schneider*, GmbHR 2005, 1229, 1230 f.; *Wiesner*, in: Hoffmann-Becking, § 25 Rn. 5.

[2291] *OLG Köln* NZG 2001, 135, 136; MünchKomm-AktG/*Spindler*, § 93 Rn. 138.

[2292] *Hüffer*, § 93 Rn. 13 a; vgl. auch KölnerKomm-AktG/*Mertens/Cahn*, § 93 Rn. 92; Großkomm-GmbHG/*Paefgen*, § 43 Rn. 26.

[2293] *OLG Frankfurt a.M.* NZG 2004, 388.

[2294] *Vetter*, in: Krieger/Schneider, § 17 Rn. 20 m.w.N.

[2295] MünchKomm-AktG/*Spindler*, § 77 Rn. 63; *Fleischer/Fleischer*, § 8 Rn. 10; *Schmidt-Husson*, in: Hauschka, § 7 Rn. 31 f. m.w.N.; a.A. KölnerKomm-AktG/*Mertens/Cahn*, § 77 Rn. 25; *Wiesner*, in: Hoffmann-Becking, § 22 Rn. 16.

[2296] *Hüffer*, § 93 Rn. 13 a; MünchKomm-AktG/*Spindler*, § 93 Rn. 138 m.w.N.; Baumbach/Hueck/ Zöllner/Noack, § 43 Rn. 17 Fn. 140; Großkomm-GmbHG/*Paefgen*, § 35 Rn. 108, § 43 Rn. 26; *Habersack*, WM 2005, 2360, 2363 f.; *Schmidt-Husson*, in: Hauschka, § 7 Rn. 11 m.w.N.; a.A. VG Frankfurt a.M. WM 2004, 2157, 2161.

[2297] *OLG Köln* NZG 2001, 135, 136; *Hauschka*, AG 2004, 461, 462; MünchKomm-AktG/*Spindler*, § 93 Rn. 138; KölnerKomm-AktG/*Mertens/Cahn*, § 77 Rn. 26 m.w.N.

[2298] Großkomm-AktG/*Hopt*, § 93 Rn. 62; MünchKomm-AktG/*Spindler*, § 93 Rn. 143; *Hauschka*, AG 2004, 461, 462 (keine „allg. gegenseitige Überwachungspflicht").

[2299] *OLG Koblenz* NZG 2008, 397, 399; Großkomm-GmbHG/*Paefgen*, § 35 Rn. 108; Kölner-Komm-AktG/*Mertens/Cahn*, § 77 Rn. 26; *Schmidt-Husson*, in: Hauschka, § 7 Rn. 25 m.w.N.

[2300] KölnerKomm-AktG/*Mertens/Cahn*, § 77 Rn. 27 a.E.; *Fleischer/Fleischer*, § 8 Rn. 21; Baumbach/Hueck/*Zöllner/Noack*, § 37 Rn. 32; *Wiesner*, in: Hoffmann-Becking, § 22 Rn. 16; *Schmidt-Husson*, in: Hauschka, § 7 Rn. 24 m.w.N.

B. Zivil- und gesellschaftsrechtliche Haftungsfragen

in den Sitzungen des Gesamtgremiums entsprochen werden.[2301] Grds. dürfen die Organmitglieder dabei auf die ordnungsgemäße Wahrnehmung der Aufgaben, einschließlich der Berichtspflicht, durch die übrigen Mitglieder der Unternehmensleitung vertrauen.[2302]

Die Überwachungspflicht kann jedoch in **besonderen Situationen** stärker ausgeprägt sein. So steigen beispielsweise die Anforderungen, je größer die Bedeutung der übertragenen Aufgabe[2303] oder je unerfahrener ein Organmitglied im Hinblick auf das ihm übertragene Ressort[2304] ist. Die Überwachung ist außerdem zu intensivieren, wenn sich eine Situation abzeichnet, die außerhalb des normalen Geschäftsbetriebs liegt.[2305] Im Hinblick auf Korruptionsverfahren lässt sich dies etwa für die Eröffnung eines Untersuchungsverfahrens durch die SEC und das DOJ und je nach Schwere des Vorwurfs und dem Umfang der Ermittlungen auch für Ermittlungen der deutschen Staatsanwaltschaft bejahen. In diesen Fällen hat das Geschäftsleitungsgremium sicherzustellen, dass die Vorwürfe aufgeklärt[2306] und konkrete Missstände in den betroffenen Ressorts beendet sowie allgemein Maßnahmen zur weiteren Verbesserung der Compliance im Unternehmen ergriffen werden. Es kann z.B. angezeigt sein, sich von den zuständigen Organmitgliedern Arbeitspläne für die Untersuchungen und ergänzende Compliance-Trainingsmaßnahmen vorlegen zu lassen.

40

Gesteigerte Überwachungspflichten bestehen auch, wenn ein gewissenhafter Geschäftsleiter Zweifel an der ordnungsgemäßen Wahrnehmung der Aufgaben durch einen Ressortinhaber haben muss. Dies kann z.B. aufgrund von Lücken oder Plausibilitätsdefiziten in Berichten des Organmitglieds der Fall sein. Woher die Hinweise auf Unregelmäßigkeiten oder Fehlentwicklungen stammen, ist unerheblich.[2307] Wenn der Verdacht besteht, dass ein Organmitglied den ihm obliegenden Verpflichtungen nicht oder in unzureichendem Maße nachkommt, sind die übrigen Organmitglieder zu Nachforschungen verpflichtet.[2308] Sie haben dabei das Recht und sind, wenn dies erforderlich erscheint, sogar verpflichtet, Mitarbeiter und Dritte zu befragen, um den Sachverhalt zu klären.[2309]

41

[2301] *Hüffer*, § 77 Rn. 15; *Wiesner*, in: Hoffmann-Becking, § 22 Rn. 16; MünchKomm-AktG/*Spindler*, § 93 Rn. 142 a.E., 143; Großkomm-AktG/*Hopt*, § 93 Rn. 62; Großkomm-AktG/*Kort*, § 77 Rn. 35, 40; krit. KölnerKomm-AktG/*Mertens/Cahn*, § 93 Rn. 92; *Hüffer*, § 93 Rn. 13 a.
[2302] *Pelz*, in: Hauschka, § 6 Rn. 38; *Schmidt-Husson*, in: Hauschka, § 7 Rn. 11; *Vetter*, in: Krieger/Schneider, § 18 Rn. 20; *Habersack*, WM 2005, 2360, 2362; MünchKomm-AktG/*Spindler*, § 93 Rn. 136; Großkomm-AktG/*Hopt*, § 93 Rn. 62; krit. KölnerKomm-AktG/*Mertens/Cahn*, § 93 Rn. 92; *Hüffer*, § 93 Rn. 13 a.
[2303] BGH GRUR 1980, 242, 245; MünchKomm-AktG/*Spindler*, § 93 Rn. 135.
[2304] *Vetter*, in: Krieger/Schneider, § 17 Rn. 20; vgl. auch *LG Düsseldorf* ZIP 1995, 1985, 1993 (Vertrauen auf Angaben eines „seit Jahren bewährten Mitglieds des Vorstands" zulässig).
[2305] Fleischer/*Fleischer*, § 8 Rn. 20 m.w.N.
[2306] Zu Umfang und Grundsätzen der Durchführung hierzu notwendiger interner Erhebungen s. nochmals die BRAK-Stellungnahme-Nr. 35/2010, http://www.brak.de/seiten/pdf/Stellungnahmen/2010/Stn35.pdf sowie *Kienast*, § 8 (Mitarbeiterbefragungen) mit z.T. gerechtfertigter Kritik und *Pohle*, § 9 (Unterlagen-, Daten- und E-Mailauswertung).
[2307] Großkomm-AktG/*Hopt*, § 93 Rn. 74 (zu außerdienstlich erlangter Information über Missstände); KölnerKomm-AktG/*Mertens/Cahn*, § 93 Rn. 92 („Daten und Informationen jeder Art"); *Vetter*, in: Krieger/Schneider, § 17 Rn. 21 (zu substantiierten Hinw. von Dritten).
[2308] BGH NJW-RR 1986, 1293, 1294; OLG Koblenz NZG 2008, 397, 399; *Schmidt-Husson*, in: Hauschka, § 7 Rn. 25 (unverzügliches Nachgehen); OLG Frankfurt a.M. NZG 2004, 388 f. (Pflicht zur Überprüfung).
[2309] OLG Koblenz NZG 2008, 397, 399; BGH NJW-RR 1986, 1293, 1294; Baumbach/Hueck/*Zöllner/Noack*, § 35 Rn. 62, § 37 Rn. 32; OLG Frankfurt a.M. NZG 2004, 388, 389 (Rückversicherung bei der Einzugsstelle für Sozialversicherungsbeiträge); BGH NJW 2001, 969, 971 (Befragung der Bank des Unternehmens).

Wer trotz begründeten Verdachts eine Aufklärung unterlässt, kann sich später nicht auf fehlende Kenntnis von Missständen berufen.[2310] Gleiches gilt für denjenigen, der sich entsprechenden Verdachtsmomenten bewusst verschließt. Ein bewusstes Sichverschließen kann vorliegen, wenn jemand trotz „starke[r] Verdachtsmomente [...] eine sich ihm bietende Möglichkeit, sich Klarheit zu verschaffen, bewusst nicht wahrnimmt, weil er gerade vermeiden will, dass aus einem begründeten Verdacht Gewissheit wird".[2311] Bestehen also greifbare Anhaltspunkte dafür, dass ein Organmitglied unmittelbaren Hinweisen auf konkrete strafbare Handlungen durch Unternehmensangehörige innerhalb seines Verantwortungsbereichs nicht oder nicht ausreichend nachgeht, sind die übrigen Organmitglieder gehalten, dem nachzugehen und ggf. Abhilfe zu schaffen, wenn sie sich nicht selbst einer Haftung aussetzen wollen.

42 Wenn sich der Verdacht auf Unregelmäßigkeiten oder Fehlverhalten bestätigt, ist der zuständige Ressortinhaber zunächst aufzufordern, dem abzuhelfen.[2312] Führt dies nicht zum Erfolg, ist die entsprechende Maßnahme aus der Ressort- in die Gesamtzuständigkeit und damit in das Gesamtgremium zur Entscheidung zurückzuholen.[2313] Hiergegen kann nicht eingewandt werden, dass das betroffene Organmitglied eine dominierende Stellung im Gesamtgremium einnimmt, so dass Entscheidungen gegen sein Votum praktisch ausgeschlossen seien.[2314] Wenn der oder die beanstandenden Organmitglieder im Geschäftsleiterkollegium mit ihrem Einschreiten nicht durchdringen, sind bei schwerwiegenden Verstößen und drohenden schweren Nachteilen für die Gesellschaft notfalls der Aufsichtsrat bzw. die GmbH-Gesellschafter zu unterrichten.[2315]

43 Wenn die organinterne Überwachung nach den vorstehenden Grundsätzen ordnungsgemäß erfolgte und keine Hinweise auf Pflichtverletzungen bestehen, denen die ressortfremden Organmitglieder nachgehen müssten, ist eine Haftung der überwachenden Organmitglieder für Fehlverhalten in einem Nachbarressort grds. zu verneinen. Eine ordnungsgemäße und sachgerecht durchgeführte Geschäftsverteilung führt so zu einer erheblichen Beschränkung des Haftungsrisikos.

dd) Konzernleitungspflicht

44 Innerhalb eines Konzerns sind auf der Ebene der einzelnen Konzernunternehmen die geschäftsführenden Organe ihrer jeweiligen Gesellschaft gegenüber für eigene Beteiligung an Pflichtverstößen sowie, nach Maßgabe der vorstehenden Ausführungen, für Fehlverhalten von Unternehmensangehörigen verantwortlich. Die Pflichtenbindung der Leitungsorgane der konzernierten Gesellschaften gegenüber der eigenen Gesellschaft bleibt auch im Rahmen einer Konzernlage erhalten.[2316] Bei konzernierten Unter-

---

[2310] *BGH* NJW 1994, 2289, 2291.
[2311] Vgl. *OLG Düsseldorf* ZIP 2008, 1922, 1924 zu dem zu einer Außenhaftung nach §§ 826, 830 BGB führenden Beihilfevorsatz eines Aufsichtsratsmitglieds im Falle des Sichverschließens gegenüber kriminellen Handlungen des Vorstands einer AG.
[2312] *Schneider/Schneider*, GmbHR 2005, 1229, 1231; *Schmidt-Husson*, in: Hauschka, § 7 Rn. 25.
[2313] *BGH* NJW-RR 1986, 1293, 1294; Baumbach/Hueck/*Zöllner/Noack*, § 35 Rn. 33; Großkomm-AktG/*Kort*, § 77 Rn. 38; *Hüffer*, § 91 Rn. 3; *Wiesner*, in: Hoffmann-Becking, § 22 Rn. 15; *Schneider/ Schneider*, GmbHR 2005, 1229, 1231; Großkomm-GmbHG/*Paefgen*, § 35 Rn. 108; *Schmidt-Husson*, in: Hauschka, § 7 Rn. 25.
[2314] *BGH* NJW 1990, 2560, 2565 – Lederspray.
[2315] MünchKomm-AktG/*Spindler*, § 93 Rn. 144; Großkomm-AktG/*Hopt*, § 93 Rn. 52 f.; *Hüffer*, § 77 Rn. 15, § 91 Rn. 3; *Schneider/Schneider*, GmbHR 2005, 1229, 1231.
[2316] Vgl. dazu ausf. *Schneider/Schneider*, AG 2005, 57, 63 f.

B. Zivil- und gesellschaftsrechtliche Haftungsfragen

nehmen stellt sich darüber hinaus die Frage, ob und inwieweit die Unternehmensleitung der Konzernobergesellschaft auch für regelkonformes Verhalten durch die zum Konzern gehörenden Einzelunternehmen zu sorgen hat und damit möglicherweise für Fehlverhalten der Leitungsorgane oder Mitarbeiter der nachgeordneten Konzernunternehmen im Rahmen eines Organisationsverschuldens haftet.[2317]

Nach wohl überwiegender Meinung trifft die Unternehmensleitung der Konzernmutter gegenüber ihrer Gesellschaft[2318] eine auch die nachgeordneten Konzernunternehmen miteinbeziehende sog. „Konzernleitungspflicht".[2319] Über den genauen Umfang und die Intensität dieser Pflicht bestehen in der Literatur geteilte Ansichten, zumal für die Ausgestaltung der Konzernleitung auch der unternehmerische Ermessensspielraum der *business judgment rule* gilt.[2320] Weitgehend einig ist man sich, dass jedenfalls die Verantwortung der Unternehmensleitung der Obergesellschaft für die **Sicherstellung gesetzmäßigen Handelns** eine konzernweite Leitungsaufgabe ist.[2321] Dabei besteht kein Unterschied zwischen inländischen und ausländischen Konzerngesellschaften.[2322] Dies bedeutet jedoch nicht, dass die Konzernleitung z.B. für eine ordnungsgemäße Auswahl, Einweisung und Überwachung der Mitarbeiter der nachgeordneten Konzernunternehmen unmittelbar einzustehen hat. Nach h.M. verlangt die Konzernleitungspflicht keine dem Standard des § 76 Abs. 1 AktG entsprechende umfassende Leitung.[2323] Die Konzernleitungspflicht bezieht sich auf den reinen Konzernbereich, nicht auf die Binnenaufsicht der juristisch selbstständigen Konzernunternehmen.[2324] Die Konzernleitung muss daher grds. auch weder die Einzelheiten lokaler Compliance Regelungen vorschreiben noch Pflichtverstöße auf Ebene der nachgeordneten Konzernunternehmen in allen Einzelheiten aufklären. Vielmehr obliegt ihr eine

45

[2317] Organmitglieder der Obergesellschaft, die als mittelbarer Täter oder als Teilnehmer Gesetzesverstöße durch Organmitglieder oder Mitarbeiter von Konzernunternehmen veranlassen bzw. daran beteiligt sind, haften im Falle eines kausalen Schadens der Obergesellschaft schon aufgrund Verletzung der eigenen Legalitätspflicht, die für jede Tätigkeit im Zusammenhang mit der Führung des Unternehmens gilt.

[2318] Die h.M. lehnt konzerninterne Pflichten zwischen der Muttergesellschaft und/oder ihrer Leitung im Verhältnis zu und im Interesse der Konzernunternehmen ab, vgl. *Fleischer*, CCZ 2008, 1, 3; *Thole*, ZHR 173 (2009), 504, 512; *Krieger*, in: Hoffmann-Becking, § 69 Rn. 24; MünchKomm-AktG/ *Altmeppen*, § 309 Rn. 52, 55; *Schneider/Schneider*, ZIP 2007, 2061, 2065, m.w.N. auch zur u.a. von Uwe H. Schneider vertretenen Gegenmeinung.

[2319] *OLG Düsseldorf* AG 1997, 231, 235; *BGH* NJW 1987, 1077 f. (für die GmbH); KölnerKomm-AktG/*Mertens/Cahn*, § 76 Rn. 65; Großkomm-AktG/*Hopt*, § 93 Rn. 98, 114; MünchKomm-AktG/ *Spindler*, § 76 Rn. 49; *Krieger*, in: Hoffmann-Becking, § 69 Rn. 24; *Fleischer*, CCZ 2008, 1, 3; *Schneider/Schneider*, AG 2005, 57, 58 m.w.N.

[2320] Vgl. etwa MünchKomm-AktG/*Spindler*, § 76 Rn. 49 m.w.N.; KölnerKomm-AktG/*Mertens/ Cahn*, § 76 Rn. 65; *Fleischer*, CCZ 2008, 1, 3; *Schneider/Schneider*, GmbHR 2005, 1229, 1232 f.; *Schneider/Schneider*, AG 2005, 57, 58 f. m.w.N.

[2321] *Winter*, FS Hüffer, 2010, S. 1103, 1106, 1108; *Lutter*, FS Hüffer, 2010, S. 617, 618 m.w.N.; *Fleischer*, CCZ 2008, 1, 4 f.; *Moosmayer*, S. 6; *Schneider/Schneider*, ZIP 2007, 2061, 2063 f.; *Thole*, ZHR 173 (2009), 504, 511; Großkomm-AktG/*Hopt*, § 93 Rn. 98; *Kremer/Klahold*, in: Krieger/ Schneider, § 21 Rn. 8 ff.; vgl. auch Ziffer 4.1.3 DCGK: „Der Vorstand hat für die Einhaltung der gesetzlichen Bestimmungen und der unternehmensinternen Richtlinien zu sorgen und wirkt auf deren Beachtung durch die Konzernunternehmen hin (Compliance)", abrufbar unter http://www.corporate-governance-code.de; zurückhaltender *Hüffer*, § 76 Rn. 9 a.E.

[2322] So zutreffend *Fleischer*, CCZ 2008, 1, 6 mit dem Hinw., dass die Legalitätspflicht auch ausländisches Recht umfasst. Vgl. dazu auch § 13 Rn. 16.

[2323] Vgl. *Schneider/Schneider*, AG 2005, 57, 58; KölnerKomm-AktG/*Mertens/Cahn*, § 76 Rn. 65; *Hüffer*, § 76 Rn. 17 m.w.N.

[2324] *Pelz*, in: Hauschka, § 6 Rn. 17 m.w.N.

konzernweite Überwachungs- und Organisationspflicht zur Sicherstellung gesetzmäßigen Handelns.[2325]

46 Während die Geschäftsleiter der einzelnen Konzernunternehmen sich damit auseinandersetzen, wie sie Regeltreue in ihrem Unternehmen gewährleisten, muss die Konzernleitung grds. darüber wachen, dass eine solche Auseinandersetzung mit dem Thema überhaupt auf Ebene der nachgeordneten Konzernunternehmen stattfindet.[2326] Inhaltlich genügt die Konzernleitung dabei ihrer Leitungsverantwortung, wenn sie über konzernweite Leitlinien auf wesentliche Schwerpunkte der lokalen Diskussion und einheitliche Mindeststandards Einfluss nimmt.[2327] Dazu sind aufgestellte Leitlinien auch konzernweit bekannt zu machen und, falls zum Verständnis erforderlich, im Rahmen von Schulungsmaßnahmen zu erläutern. Auf organisatorischer Ebene ist vor allem für ein konzernweit funktionierendes Berichtswesen zu sorgen, um Regelverstöße zu verhindern bzw. aufdecken zu können und die Effektivität der Compliance-Maßnahmen zu überwachen.[2328] Die genaue Ausgestaltung des Berichtssystems liegt im unternehmerischen Ermessen der Konzernleitung und hängt maßgeblich von der Organisationsstruktur und den Besonderheiten des jeweiligen Konzerns ab. Entscheidend ist, dass die Konzernleitung am oberen Ende eines Berichtswesens als „Oberaufsicht" unmittelbar in das Informationssystem eingebunden ist und laufend über Compliance-Risiken, deren Begrenzung sowie mögliche und festgestellte schwere Verstöße und deren Aufarbeitung informiert wird.[2329]

47 Sofern systematisches oder schwerwiegendes Fehlverhalten in einem Konzernunternehmen entdeckt wird, ist es Aufgabe der Konzernleitung im Rahmen einer Risikoanalyse andere Konzernunternehmen mit vergleichbarem Risikopotential auszumachen und dort eine entsprechende Überprüfung und ggf. Aufarbeitung, einschließlich Nachjustierung der Maßnahmen zur Sicherstellung regelkonformen Verhaltens zu veranlassen. Selbstverständlich ist außerdem auf angemessene Aufarbeitung innerhalb des betroffenen Konzernunternehmens zu achten. Auch wenn lediglich ein Verdacht auf schwere Rechts- oder Regelverstöße in einem Konzernunternehmen besteht, hat die Konzernleitung über eine angemessene Überprüfung und Aufarbeitung zu wachen und ggf. leitend einzuschreiten. Darüber hinaus sollte die Konzernleitung im Rahmen ihrer Überwachungspflicht aber auch bei den übrigen Konzernunternehmen auf regelmäßige Kontrolle der Einhaltung der gesetzlichen und konzerninternen Vorgaben hinwirken.

[2325] Sinngemäß *Fleischer*, CCZ 2008, 1, 6; *Winter*, FS Hüffer, 2010, S. 1103, 1106; *Schneider/Schneider*, GmbHR 2005, 1229, 1232 f.; *Schneider/Schneider*, ZIP 2007, 2061, 2063, 2065; *OLG Jena* NZG 2010, 226, 227 (Pflicht zur Einrichtung eines konzernweiten Kontrollsystems zur Unterbindung von Scheinrechnungen).

[2326] Zu weitgehend erscheint die Ansicht von *Schneider/Schneider*, ZIP 2007, 2061, 2065 wonach die Konzernleitung darüber zu wachen hat, dass die Konzernunternehmen über eine „angemessene Compliance-Organisation" verfügen, die u. a. einen Compliance-Beauftragten erfordert (S. 2064). Die Konzernierung als solche vermag das **Ermessen** der Leitungsorgane, welche organisatorischen Maßnahmen sie zur Sicherstellung regelkonformen Verhaltens ergreifen (z. B. Einrichtung einer speziellen Stabsorganisation für Compliance) nicht auf Null zu reduzieren.

[2327] Sinngemäß *Fleischer*, CCZ 2008, 1, 5 („Verabschiedung einheitlicher Konzernrichtlinien, welche die Grundlage für eine konzernweite Compliance-Ordnung bilden"); *Winter*, FS Hüffer, 2010, S. 1103, 1106 (Festlegung der „Leitlinien einer Compliance-Organisation"); *Schneider/Schneider*, ZIP 2007, 2061, 2065 (Erstellung eines „konzernweiten Pflichtenhefts").

[2328] *Winter*, FS Hüffer, 2010, S. 1103, 1106; *Schneider/Schneider*, ZIP 2007, 2061, 2065; *Fleischer*, CCZ 2008, 1, 6 m.w.N.

[2329] Vgl. *Fleischer*, CCZ 2008, 1, 6.

B. Zivil- und gesellschaftsrechtliche Haftungsfragen

Die **Einwirkungsmöglichkeiten** der Konzernleitung hängen maßgeblich von den verschiedenen Konzernierungsformen ab, die der Obergesellschaft unterschiedliche rechtliche Einflussmöglichkeiten auf die nachgeordneten Konzernunternehmen gewähren. Die konkreten Anforderungen an die Art und Weise der Ausübung der konzernweiten Überwachungs- und Organisationspflicht können dabei nicht weiter reichen, als die rechtlichen Grenzen es zulassen. Im Vertrags- oder Eingliederungskonzern kann die Konzernleitung Berichts- oder Überwachungsanforderungen durch entsprechende Weisungen gegenüber den Konzernunternehmen umsetzen (§§ 308, 323 AktG). Im Rahmen ihrer Konzernleitungspflicht kann sie gehalten sein, davon Gebrauch zu machen, wenn Informationen sonst nicht zu erlangen oder notwendige Maßnahmen nicht durchzusetzen sind. Demgegenüber sind die rechtlichen Einflussmöglichkeiten im faktischen Aktienkonzern begrenzt, insbesondere gibt es weder eine allgemeine Mitwirkungspflicht der abhängigen Gesellschaft, noch muss diese Prüfungshandlungen der Obergesellschaft dulden.[2330] Die Konzernleitung ist jedoch gehalten, sämtliche Einflussmöglichkeiten zu nutzen, u. a. von Personalkompetenz Gebrauch zu machen, den Dialog mit der Leitung von Konzernunternehmen zu suchen und Beteiligungsrechte auszuüben. Zum Zwecke der Haftungsvermeidung sollte dabei seitens der Konzernleitung stets für eine ausreichende Dokumentation gesorgt werden. Denn wenn die Konzernleitung ihrer Pflicht, für rechtmäßiges Verhalten auf allen Konzernebenen zu sorgen, durch im Rahmen des Innenrechts des Konzerns bestmögliche Ausübung ihrer Überwachungs- und Organisationspflicht nachkommt, haftet sie nicht für Fehlverhalten der Leitungsorgane oder Mitarbeiter der nachgeordneten Konzernunternehmen.

48

b) Verschulden

§ 93 Abs. 2 S. 1 AktG und § 43 Abs. 2 GmbHG setzen für die Organhaftung bei der Pflichtwidrigkeit eines (schädigenden) Verhaltens an, erfordern aber zusätzlich zum Pflichtverstoß ein Verschulden.[2331] Das geht aus dem Wortlaut der Normen nicht unmittelbar hervor, ergibt sich aber unstreitig aus dem Sorgfaltsmaßstab des § 93 Abs. 1 S. 1 AktG bzw. § 43 Abs. 1 GmbHG. Der Vorstand bzw. Geschäftsführer handelt danach dann schuldhaft, wenn er oder sie vorsätzlich oder fahrlässig die Sorgfalt eines ordentlichen und gewissenhaften Geschäftsleiters missachtet.[2332] Aufgrund dieses **typisierten Verschuldensmaßstabs** können sich einzelne Organmitglieder nicht damit entlasten, im Vergleich zu einem objektiven Geschäftsleiter über geringere Kenntnisse oder Fähigkeiten zu verfügen.[2333] Auf die individuellen Eigenschaften einer Person, u. a. auch Alter oder Unerfahrenheit, kommt es bei der Beurteilung der Einhaltung des Sorgfaltsmaßstabs nicht an. Auch Usancen in dem betroffenen Unternehmen[2334] und Arbeitsüberlastung oder Überforderung[2335] bleiben unberücksichtigt.

49

[2330] *Fleischer*, CCZ 2008, 1, 4, 6; vgl. auch MünchKomm-AktG/*Bayer*, § 18 Rn. 9, 20; *Hüffer*, § 76 Rn. 19; *Emmerich/Habersack*, § 311 Rn. 10 m.w.N.

[2331] Vgl. nur MünchKomm-AktG/*Spindler*, § 93 Rn. 158; *Hüffer*, § 93 Rn. 14; *Wiesner*, in: Hoffmann-Becking, § 26 Rn. 5, 9; Baumbach/Hueck/*Zöllner/Noack*, § 43 Rn. 8 ff.

[2332] Schuldfähigkeit und Fehlen von Entschuldigungsgründen müssen auch vorliegen, werden hier vorausgesetzt.

[2333] RGZ 163, 200, 208; BGH NJW 1995, 1290, 1291; Großkomm-AktG/*Hopt*, § 93 Rn. 79; MünchKomm-AktG/*Spindler*, § 93 Rn. 24, 159 f.; *Hüffer*, § 93 Rn. 14; Fleischer/*Fleischer*, § 11 Rn. 55; *Wiesner*, in: Hoffmann-Becking, § 26 Rn. 9; Großkomm-GmbHG/*Paefgen*, § 43 Rn. 18, 86; Baumbach/Hueck/*Zöllner/Noack*, § 43 Rn. 11 m.w.N.

[2334] *Hüffer*, § 93 Rn. 4; *Wiesner*, in: Hoffmann-Becking, § 25 Rn. 2.

[2335] Baumbach/Hueck/*Zöllner/Noack*, § 43 Rn. 11.

§ 13. Weitere Konsequenzen im Unternehmensbereich

Einfache Fahrlässigkeit (§ 276 Abs. 2 BGB) ist für das Vorliegen des Verschuldens ausreichend.[2336] Die arbeitsrechtlichen Grundsätze zur Haftungsmilderung im Fall von Schäden, die bei betrieblich veranlasster Tätigkeit entstanden sind, greifen nicht ein.[2337] Ebenso wenig bringt Ehrenamtlichkeit oder Nebenamtlichkeit der Organstellung Sorgfaltserleichterungen mit sich.[2338]

50 Eine **Zurechnung** von Fremdverschulden findet nicht statt. Das jeweilige Organmitglied haftet nur für eigenes Verschulden, nicht für jenes von Vorstandskollegen, Mitgeschäftsführern oder nachgeordneten Mitarbeitern.[2339] Deren Pflichtverletzung kann jedoch als eigenes Verschulden zu würdigen sein, z.B. bei der Auswahl ungeeigneter Mitarbeiter oder unzureichender Einweisung oder Überwachung.

Ein Organmitglied kann sich zu seiner Entlastung nicht auf das **Mitverschulden** anderer Vorstandskollegen bzw. Geschäftsführer berufen. Die Anordnung „gesamtschuldnerischer" bzw. „solidarischer" Haftung in § 93 Abs. 2 S. 1 AktG und § 43 Abs. 2 GmbHG hat zur Folge, dass jedes mithaftende Organmitglied von der Gesellschaft für den entstandenen Schaden in vollem Umfang in Anspruch genommen werden kann (§ 421 BGB).[2340] Unterschiede, wie z.B. die Art der Pflichtverletzung, sind dabei ohne Belang: Der unmittelbar verantwortliche Ressortinhaber haftet ebenso wie derjenige, der seine organinterne Überwachungspflicht verletzt hat.[2341] Das Maß der Mitverantwortung findet nur im Rahmen des nach § 426 BGB vorzunehmenden Innenausgleichs unter den Gesamtschuldnern Berücksichtigung.[2342] Ebenso wenig kommt einem ersatzpflichtigen Vorstandsmitglied oder Geschäftsführer ein Überwachungsverschulden von Aufsichtsrat bzw. Gesellschafterversammlung zugute.[2343]

51 Gem. § 426 Abs. 1 S. 1 BGB sind Gesamtschuldner untereinander zu gleichen Teilen ausgleichspflichtig, soweit nicht ein anderes bestimmt ist. Ein solch anderer Verteilungsmaßstab kann sich aus Satzung, Anstellungsvertrag oder analog § 254 BGB aus dem unterschiedlichen Maß der Mitverantwortung ergeben. Es ist umstritten, ob im Fall der ausschließlich auf Verletzung der Überwachungspflicht bestehenden Haftung eines Organmitglieds die Haftung im **Innenverhältnis** allein den unmittelbar verantwortlichen Ressortinhaber trifft oder ob dieser lediglich stärker haftet. Entsprechendes gilt auch, wenn neben Mitgliedern der Unternehmensleitung Aufsichtsratsmitglieder haften. Für eine Mithaftung des Organmitglieds, das „nur" seine Überwachungspflicht verletzt hat, spricht vor allem die verhaltenssteuernde Funktion des § 93 AktG und § 43 GmbHG.[2344]

[2336] Großkomm-AktG/*Hopt*, § 93 Rn. 253; *Wiesner*, in: Hoffmann-Becking, § 26 Rn. 9.

[2337] Großkomm-AktG/*Hopt*, § 93 Rn. 254; MünchKomm-AktG/*Spindler*, § 93 Rn. 159; *Hüffer*, § 93 Rn. 14; *Wiesner*, in: Hoffmann-Becking, § 26 Rn. 10; Großkomm-GmbHG/*Paefgen*, § 43 Rn. 21; ausf. dazu Baumbach/Hueck/*Zöllner/Noack*, § 43 Rn. 6 m.w.N.

[2338] Großkomm-GmbHG/*Paefgen*, § 43 Rn. 19; Baumbach/Hueck/*Zöllner/Noack*, § 43 Rn. 9 m.w.N.

[2339] Vgl. § 13 Rn. 19.

[2340] *BGH* NZG 2008, 105; *Wiesner*, in: Hoffmann-Becking, § 26 Rn. 13; Baumbach/Hueck/*Zöllner/Noack*, § 43 Rn. 29, 45.

[2341] MünchKomm-AktG/*Spindler*, § 93 Rn. 127; Großkomm-AktG/*Hopt*, § 93 Rn. 299; Fleischer/*Fleischer*, § 11 Rn. 81; *Wiesner*, in: Hoffmann-Becking, § 26 Rn. 13.

[2342] Großkomm-AktG/*Hopt*, § 93 Rn. 301; KölnerKomm-AktG/*Mertens/Cahn*, § 93 Rn. 50; *Hüffer*, § 93 Rn. 18.

[2343] *BGH* NJW 1983, 1856; Baumbach/Hueck/*Zöllner/Noack*, § 43 Rn. 45; *Wiesner*, in: Hoffmann-Becking, § 26 Rn. 13 a.E.; *Fleischer*, NJW 2009, 2337, 2340; Großkomm-AktG/*Hopt*, § 93 Rn. 259, 298; KölnerKomm-AktG/*Mertens/Cahn*, § 93 Rn. 50.

[2344] So auch Großkomm-AktG/*Hopt*, § 93 Rn. 301; KölnerKomm-AktG/*Mertens/Cahn*, § 93 Rn. 50; wohl auch *Hüffer*, § 93 Rn. 18 (unter Verweis auf KölnerKomm); a.A. Großkomm-GmbHG/*Paefgen*, § 43 Rn. 103 m.w.N.; Baumbach/Hueck/*Zöllner/Noack*, § 43 Rn. 29; Fleischer/*Fleischer*, § 11 Rn. 82 unter Hinw. auf die Wertung des § 840 Abs. 2 BGB.

B. Zivil- und gesellschaftsrechtliche Haftungsfragen

Auch ein ehrenamtlich tätiges Organmitglied kann im Vergleich zum hauptamtlich tätigen und vergüteten Vorstand oder Geschäftsführer im Innenverhältnis einen geringeren Haftungsanteil tragen.[2345]

Verschulden setzt schließlich nicht voraus, dass das haftende Organmitglied das Bewusstsein hatte, die Gesellschaft zu schädigen. Bezugspunkt des Verschuldens ist allein die Pflichtverletzung, d.h. das Verschulden richtet sich nur auf diese, nicht auch auf den Schadenseintritt.[2346] Insofern kann sich ein Organmitglied z.B. nicht damit entlasten, dass, wie im Fall sog. „nützlicher Pflichtverletzungen", ein Gesetzesbruch dem wirtschaftlichen Nutzen der Gesellschaft dienen sollte.

c) Schaden

Die Ersatzpflicht nach § 93 Abs. 2 S. 1 AktG und § 43 Abs. 2 GmbHG setzt voraus, 52
dass der Gesellschaft durch die schuldhafte Pflichtverletzung des Vorstandsmitglieds bzw. Geschäftsführers ein adäquat kausaler Schaden entstanden ist. Die Feststellung, ob ein Schaden entstanden ist, erfolgt nach der sog. **Differenzhypothese** des Schadensbegriffs der §§ 249 ff. BGB.[2347] Danach liegt ein Schaden vor, wenn der aktuelle Wert des Gesellschaftsvermögens geringer ist als der Wert, den das Vermögen unter Hinwegdenken der pflichtwidrigen Handlung entwickelt hätte. Erfasst wird auch der entgangene Gewinn (§ 252 BGB).

aa) Schadenspositionen

Im Rahmen von Korruptionssachverhalten kommen als Schadenspositionen insbesondere die Gewährung von Vorteilen, einschließlich Zahlungen, sowie daraus resultierende negative finanzielle Folgen, die Belastung der Gesellschaft mit Schadensersatzansprüchen Dritter, Kosten im Zusammenhang mit der internen Aufklärung des Sachverhalts, inklusive Gebühren für externe Beratung und Vertretung, sowie Geldbußen, Strafzahlungen und Verfall sowie spezielle Aufwendungen im Zusammenhang mit Vergleichsvereinbarungen in Betracht.[2348]

(1) Eine **Zahlung** aus dem Gesellschaftsvermögen an Dritte, die ohne Rechtsgrundlage geleistet wird, wie z.B. die Zahlung aufgrund einer nach den §§ 134, 138 BGB nichtigen Schmiergeldabrede zur Erlangung eines Auftrags, stellt einen Schaden in

---

[2345] Vgl. *BGH* DStR 2004, 513, 515, 517 (zur Genossenschaft); Baumbach/Hueck/*Zöllner/Noack*, § 43 Rn. 29.

[2346] *Wiesner*, in: Hoffmann-Becking, § 26 Rn. 10; Baumbach/Hueck/*Zöllner/Noack*, § 43 Rn. 12 m.w.N.

[2347] *BGH* NZG 2008, 314, 315; Großkomm-AktG/*Hopt*, § 93 Rn. 261; *Hüffer*, § 93 Rn. 15; *Wiesner*, in: Hoffmann-Becking, § 26 Rn. 7; *Bayer*, FS Schmidt, 2009, S. 85, 93 f.; *Krieger*, in: Krieger/Schneider, § 3 Rn. 39; Baumbach/Hueck/*Zöllner/Noack*, § 43 Rn. 15; Fleischer/*Fleischer*, § 11 Rn. 60 f.; letztere beide mit zutreffenden Ausführungen zur M.M., die eine dem Gesellschaftszweck widersprechende Vermögensbeeinträchtigung fordert.

[2348] Aufgrund eines infolge Korruption entstehenden **Reputationsschadens** in der Öffentlichkeit ist auch ein Schaden in Form von **Umsatzrückgängen** denkbar. Die hierbei bestehenden Schwierigkeiten für den Nachweis von Schadenshöhe und vor allem Kausalität werden jedoch regelmäßig für eine geringe Bedeutung in der Praxis sorgen. Umsatzverluste und andere Vermögensminderungen können sich außerdem durch einen möglichen **Ausschluss von Finanzierungsangeboten**, z.B. durch Einrichtungen des Bundes, der EU oder der Weltbank, ergeben. Die Euler Hermes Kreditversicherungs-AG macht die Vergabe von Exportkreditgarantien des Bundes von der Abgabe einer schriftlichen Bestätigung des Antragstellers abhängig, dass die zu versichernden Geschäfte nicht auf Bestechung basieren. Erweist sich diese Erklärung als unwahr, kann sich der Bund auf **Haftungsbefreiung** berufen.

Form der Vermögensminderung der Gesellschaft dar.[2349] Gleiches gilt für Zahlungen, die zwar formal eine Rechtsgrundlage haben, denen jedoch keine adäquate Leistung des Vertragspartners gegenübersteht.[2350] Hier ist u. a. an Berater-, Vermittler- oder andere Dienstleistungsverträge zu denken, bei denen die im Vertrag vorgesehene Gegenleistung gar nicht erbracht wurde oder in unangemessenem Verhältnis zur Zahlung steht, d. h. eine überhöhte Vergütung gezahlt wurde. Ein Schaden der Gesellschaft kann sich in diesem Zusammenhang darüber hinaus ergeben, wenn aufgrund der Berichtigung fehlerhaft klassifizierter Zahlungen gegenüber dem Finanzamt für die Gesellschaft **zusätzliche Steuerbelastungen** entstehen und die daraus resultierende Steuerlast das betroffene Geschäft ggf. sogar zu einem Verlustgeschäft macht.[2351] Werden z. B. ursprünglich als Provisionen eingestufte Zahlungen später den Finanzbehörden im Wege der Selbstanzeige als Schmiergelder offen gelegt, entfällt aufgrund deren steuerlicher Nichtabzugsfähigkeit ihre einkommensmildernde Wirkung und es kommt zu einer nachträglichen Erhöhung des zu versteuernden Einkommens.

55 Auch bei Leistungen an Dritte zu unüblichen Konditionen kann ein Schaden in Form der Vermögensminderung vorliegen, z. B. wenn ungerechtfertigt Sonderrabatte eingeräumt oder Serviceleistungen erbracht werden. Ein Schaden kann desweiteren durch Gewährung sonstiger **Vorteile** an Dritte entstehen, z. B. durch aus dem Gesellschaftsvermögen finanzierte Einladungen, Kostenübernahmen oder Geschenke.

Wenn die einem Mitarbeiter eines Geschäftspartners oder einem von ihm begünstigten Dritten gewährten Vorteile wirtschaftlich vom Geschäftspartner getragen werden (sog. **kick-backs** oder Rückvergütungen), kann es ebenfalls zu einem Schaden der Gesellschaft kommen. Werden Vorteile z. B. über vom Geschäftspartner zu zahlende fingierte Rechnungsposten oder Preisaufschläge finanziert, kann dieser seinerseits Schadensersatzansprüche gegen die Gesellschaft geltend machen und die Rückzahlung ungerechtfertigter Rechnungsposten und ggf. weiterer Schäden (z. B. weil Aufträge nicht zu günstigeren Konditionen anderweitig vergeben wurden oder weil er selbst wegen Zurechnung des Verhaltens seiner eigenen Mitarbeiter Schadensersatzforderungen von bei Auftragsvergabe nicht berücksichtigten Wettbewerbern der Gesellschaft ausgesetzt ist) verlangen.[2352] Nach der Rechtsprechung des BGH ist eine Rechnung, die lediglich fingierte Positionen enthält und mit der unerlaubte Zuwendungen zumindest teilweise abgedeckt werden sollen, sittenwidrig, mit der Konsequenz, dass die Zahlung der Rechnung einen Rückzahlungsanspruch aus § 826 BGB begründet.[2353]

56 Im umgekehrten Fall, wenn ein Mitarbeiter der Gesellschaft **unerlaubte Zuwendungen entgegennimmt**, entsteht der Gesellschaft ebenfalls ein Schaden in mindestens der Höhe des gewährten Vorteils. Nach der Lebenserfahrung ist davon auszugehen, dass

---

[2349] Einem bereicherungsrechtlichen Rückgewähranspruch wird regelmäßig § 817 BGB entgegenstehen. Vgl. in diesem Zusammenhang auch die Ausführungen zur Untreue *Dann*, § 3 Rn. 65 ff.
[2350] Vgl. etwa MünchKomm-BGB/*Oetker*, § 249 Rn. 28; Baumbach/Hueck/*Zöllner/Noack*, § 43 Rn. 15.
[2351] *Riegger/Götze*, in: Krieger/Schneider, § 26 Rn. 55; zur grds. Schadensqualität einer zusätzlichen steuerlichen Belastung vgl. *BGH* DStR 2002, 227 m. Anm. *Goette*; ausf. zum Abzugsverbot des § 4 Abs. 5 S. 1 Nr. 10 EStG *Biesgen*, § 4 Rn. 1 ff.
[2352] Aufgrund der Zurechnung des Verhaltens der eigenen Mitarbeiter ist an eine Minderung der Ersatzpflicht durch Mitverschulden zu denken.
[2353] *BGH* NJW 2000, 2896, 2897. Daneben sind insbesondere Ansprüche aus §§ 280 Abs. 1, 241 Abs. 2, 311 Abs. 2 BGB; § 823 Abs. 2 BGB i.V.m. §§ 263, 299, 333, 334 StGB denkbar. Zur möglichen Strafbarkeit wegen Untreue im Fall von *kickbacks*, Schmiergeld und schwarzen Kassen vgl. *Dann*, § 3 Rn. 80 ff.

B. Zivil- und gesellschaftsrechtliche Haftungsfragen

ohne die Zuwendung ein Vertrag mit anderem Inhalt, insbesondere einer höheren Gegenleistung, zustande gekommen wäre (Anscheinsbeweis).[2354]

Wenn es zur **Rückabwicklung** eines infolge korruptiver Anbahnung nichtigen oder anfechtbaren Vertrages kommt, können auch daraus ggf. entstehende Kosten einen Schaden der Gesellschaft darstellen.[2355] Gleiches gilt für mögliche finanzielle Folgen, die aus dem **Ausschluss aus Ausschreibungen oder sonstigen Auftragsvergaben** resultieren.[2356] Zu denken ist je nach Verfahrensstand und -inhalt insbesondere an durch Beteiligung an der Ausschreibung entstandene Aufwendungen (Ersatz des negativen Interesses) oder den wegen des unterbliebenen Zuschlags entgangenen Gewinn. Nach der Rechtsprechung kann derjenige, der nachweist, dass ein Vertrag bei Aufrechterhaltung der (öffentlichen) Ausschreibung und Fortsetzung des Verfahrens bei ordnungsgemäßer Erteilung des Zuschlags mit ihm zustande gekommen wäre, das positive Interesse (Erfüllungsinteresse) ersetzt verlangen.[2357] Dies setzt jedoch voraus, dass der ausgeschriebene Auftrag letztendlich tatsächlich auch (an einen Mitbewerber) erteilt worden ist.[2358] 57

(2) Ein Schaden in dieser Form kann auch Wettbewerber treffen, die bei durch Bestechung beeinflussten Ausschreibungen oder sonstigen Auftragsvergaben nicht berücksichtigt wurden. Neben den oben genannten möglichen Vermögensminderungen infolge von Schadensersatzansprüchen von Geschäftspartnern aufgrund von *kickbacks*, können die Gesellschaft daher auch **Schadensersatzansprüche** von Wettbewerbern treffen. Denkbar sind in diesem Zusammenhang darüber hinaus Schadensersatzansprüche von den ausschreibenden Unternehmen bzw. Behörden, die ihrerseits von Wettbewerbern in Anspruch genommen werden können.[2359] 58

Wenn die Gesellschaft gem. § 31 BGB für im Rahmen der dienstlichen Tätigkeit verwirklichtes Fehlverhalten ihrer Vorstandsmitglieder oder Geschäftsführer[2360] gegenüber Dritten haftet, kann auch diese Belastung mit Schadensersatzansprüchen einen Schaden in Höhe des Haftungsbetrages darstellen.[2361] Bei Schadensersatzansprüchen von Aktionären und Gesellschaftern ist dabei zu beachten, dass diese nach h. M. nur Ersatzleistung in das Vermögen der Gesellschaft verlangen können, wenn sich ihr Schaden mit demjenigen der Gesellschaft deckt (sog. Doppelschaden, Reflexschaden oder mittelbarer Schaden).[2362] Dies ist insbesondere der Fall, wenn aufgrund des Scha- 59

[2354] *BGH* NJW 1962, 1099; *OLG Zweibrücken*, Urt. v. 12.3.2009, Az. 4 U 68/08, BeckRS 2009, 10754; Palandt/*Grüneberg*, Vorb. § 249 BGB Rn. 134; Baumbach/Hueck/*Zöllner/Noack*, § 43 Rn. 15, 37; Michalski/*Haas/Ziemons*, § 43 Rn. 254 a; Großkomm-GmbHG/*Paefgen*, § 43 Rn. 110; Großkomm-AktG/*Hopt*, § 93 Rn. 281; *Riegger/Götze*, in: Krieger/Schneider, § 26 Rn. 57.

[2355] *Riegger/Götze*, in: Krieger/Schneider, § 26 Rn. 55, auch m. Anm. zu den streitigen Positionen hinsichtlich der Rechtsfolgen einer gem. §§ 134, 138 BGB nichtigen Schmiergeldabrede auf den Hauptvertrag.

[2356] *Moosmayer*, S. 14 ff., 20; vgl. dazu auch *Wessing*, § 6 Rn. 45 ff., und *DiBianco*, § 13 Rn. 6, 10, sowie zum Bieterausschluss in Deutschland ausf. *Jakoby*, § 13 Rn. 145 ff.

[2357] *BGH* NJW 1993, 520, 521.

[2358] *BGH* NJW 2004, 2165; 1998, 3636, 3638 f.

[2359] Aufgrund der Zurechnung des Verhaltens der eigenen Mitarbeiter ist hier jedoch an eine Minderung der Ersatzpflicht durch Mitverschulden zu denken.

[2360] Gleiches gilt für andere Repräsentanten/leitende Angestellte der Gesellschaft, vgl. MünchKomm-BGB/*Reuter*, § 31 Rn. 20.

[2361] Großkomm-GmbHG/*Paefgen*, § 43 Rn. 95; Baumbach/Hueck/*Zöllner/Noack*, § 43 Rn. 15; *Hüffer*, § 93 Rn. 20 a. E.

[2362] MünchKomm-AktG/*Spindler*, § 93 Rn. 282 ff.; Großkomm-AktG/*Hopt*, § 93 Rn. 487; Kölner-Komm-AktG/*Mertens/Cahn*, § 93 Rn. 208; Baumbach/Hueck/*Zöllner/Noack*, § 43 Rn. 64.; Baumbach/Hueck/*Hueck/Fastrich*, § 13 Rn. 16; Großkomm-GmbHG/*Paefgen*, § 43 Rn. 187; *Wiesner*, in:

dens der Gesellschaft ein Schaden des Aktionärs oder Gesellschafters in Form der Wertminderung der Aktie (Kursverlust) bzw. des GmbH-Anteils vorliegt.[2363] Eine Belastung der Gesellschaft über § 31 BGB scheidet insofern aus. Anders liegt der Fall, wenn der Aktionär oder Gesellschafter einen ihm gesondert und unmittelbar entstandenen Schaden geltend macht, der nicht nur den Schaden der Gesellschaft widerspiegelt.[2364]

60 (3) Im Rahmen der **internen Aufklärung** eines Korruptionssachverhalts entstehen einer Gesellschaft je nach Sachlage vielfältige **Kosten**, z.B. für externe Beratung, Gebühren für eine rechtliche Vertretung der Gesellschaft oder für Rechtsverteidigung, zusätzlich eingestelltes Personal oder umfangreiche Datensicherung und -aufbewahrung. Obwohl diese Kosten auf dem Handeln der geschädigten Gesellschaft beruhen, ist es möglich, dass sie ersatzfähig sind. Denn Aufwendungen, die der Geschädigte zur Abwendung oder Geringhaltung des Schadens sowie zur Rechtsverfolgung tätigt, können im Verhältnis zum Schädiger als Schaden zu qualifizieren sein.

61 (a) Wenn der Geschädigte **Aufwendungen zur Schadensabwehr oder -minderung** vornimmt, muss der Schädiger diese ersetzen, soweit sie „ein vernünftiger, wirtschaftlich denkender Mensch nach den Umständen des Falles [...] nicht nur als zweckmäßig, sondern als erforderlich" angesehen hätte.[2365] Dies gilt sowohl für die Art der Aufwendung als auch für deren Umfang.[2366] Die Aufwendungen müssen dabei im Hinblick auf eine konkret drohende Schädigung gemacht werden.[2367] Sofern Geschäftspartner, Wettbewerber oder sonstige Dritte wegen korruptiven Verhaltens Schadensersatzforderungen gegen die Gesellschaft geltend machen oder der Ausschluss aus Vergabeverfahren droht, können in diesem Zusammenhang gemachte Aufwendungen, z.B. für **Rechtsberatung und -vertretung**, daher einen ersatzfähigen Schaden der Gesellschaft darstellen. Es hängt dabei vom jeweiligen Einzelfall ab, ob es erforderlich ist, die Arbeit extern zu vergeben anstatt z.B. auf die interne Rechtsabteilung zurückzugreifen. Da es sich hierbei jedoch nicht um alltäglich anfallende Fragen des gewöhnlichen Tagesgeschäfts einer Rechtsabteilung handelt, wird auch bei größeren Unternehmen die Beauftragung externer Rechtsanwälte regelmäßig schwer angreifbar sein. Gleiches ist für die **Einschaltung steuerlicher Berater** hinsichtlich der Frage einer möglichen Selbstanzeige bei den Finanzbehörden zur Begrenzung des Steuerschadens anzunehmen. Auch Kosten für Rechtsberatung oder -vertretung, die im Zusammenhang mit seitens der Behörden wie SEC, DOJ oder Staatsanwaltschaft angestrengten Untersuchungen stattfindet, stellen im Hinblick auf die dem Unternehmen wegen der korruptiven Geschäftspraktiken drohenden Geldbußen, Strafzahlungen und Verfall, Aufwen-

---

Hoffmann-Becking, § 26 Rn. 32; *Altmeppen*, in: Krieger/Schneider, § 7 Rn. 34 ff.; Roth/Altmeppen/*Altmeppen*, § 13 Rn. 152; *Hüffer*, § 93 Rn. 19 letztere beide m.w.N. zur Rspr.; a.A. *OLG München* NJW-RR 1991, 928, 929 (für GmbH).

[2363] Für Ansprüche im Rahmen des § 823 Abs. 1 BGB wegen Verletzung des Mitgliedschaftsrechts in der Körperschaft als „sonstiges Recht" wird vertreten, dass schon kein Eingriff in die geschützte Rechtsposition vorliegt, wenn eine Schädigung der Gesellschaft beim Aktionär/Gesellschafter reflexartig eine Wertminderung seiner Anteile bewirkt. Vgl. MünchKomm-AktG/*Spindler*, § 93 Rn. 268; Großkomm-AktG/*Hopt*, § 93 Rn. 471; MünchKomm-BGB/*Wagner*, § 823 Rn. 172; Fleischer/*Spindler*, § 13 Rn. 36; unentschieden Baumbach/Hueck/*Haas*, § 64 Rn. 162; a.A. *OLG München* NJW-RR 1991, 928, 929 (für GmbH).

[2364] Vgl. hierzu weitergehend § 13 Rn. 100 ff.

[2365] *BGH* NZA 2009, 1300, 1301; NJW 1976, 1198, 1200; vgl. auch Palandt/*Grüneberg*, Vorb. § 249 Rn. 44; MünchKomm-BGB/*Oetker*, § 249 Rn. 172 m.w.N.

[2366] *BGH* NJW 1990, 2060, 2062.

[2367] *BGH* NJW 1992, 1043, 1044.

B. Zivil- und gesellschaftsrechtliche Haftungsfragen

dungen zur Schadensabwehr und -minimierung dar. Bei Untersuchungsverfahren der SEC und des DOJ erscheint für deutsche Unternehmen schon aufgrund der Anwendung ausländischen Rechts und der Interaktion mit ausländischen Behörden die Beauftragung externer, darauf spezialisierter Rechtsanwälte aus dem In- oder Ausland erforderlich.

Insbesondere im Zusammenhang mit Untersuchungen der SEC und des DOJ führen Unternehmen parallel eine **umfassende interne Untersuchung des Sachverhalts** durch. Dabei entstehen Kosten, z.B. für Hinzuziehung externer Berater aus den Bereichen Forensic Accounting und Forensic Technologies oder Übertragung ganzer Untersuchungsteile an externe Kanzleien. Zusätzlich eingestelltes Personal, umfangreiche Datensicherung und -aufbewahrung und vermehrte Reisetätigkeit zu Niederlassungen oder Tochtergesellschaften stellen ebenfalls Aufwendungen zur Schadensabwehr und -minimierung dar. Die unmittelbare Durchführung einer umfassenden internen Untersuchung wird von der **SEC** ausdrücklich als einer der Faktoren genannt, die bei der Entscheidung über den Ausgang eines Verfahrens zu Gunsten einer Gesellschaft berücksichtigt werden.[2368] Dabei macht die SEC deutlich, dass sie eine unabhängige interne Untersuchung erwartet und Beschränkungen des Untersuchungsumfangs kritisch hinterfragen wird.[2369] Auch das **DOJ** nennt die Bereitschaft einer Gesellschaft, Fakten rund um das mögliche Fehlverhalten gegenüber der Behörde zeitnah offenzulegen, als einen maßgeblichen Faktor bei der Bewertung der Kooperation des Unternehmens und der Entscheidung, ob Anklage erhoben wird bzw. in welcher Form das Verfahren beendet wird.[2370] Dabei weist es explizit darauf hin, dass die Fakten häufig durch interne Untersuchungen unter der Verantwortung beauftragter Rechtsanwälte zusammengetragen werden. Die USSG schließlich würdigen Kooperation der Unternehmen in Form von Bereitstellung aller relevanten Informationen rund um die Rechtsverletzung mit einem im Rahmen eines Punktesystems sogar konkret messbaren Abzug bei der Bestimmung der Schwere der Schuld *(culpability score)*.[2371] Die geforderten Informationen wird eine Gesellschaft regelmäßig nur über eine interne Untersuchung zusammentragen können. Davon gehen auch die USSG aus, wenn sie im Zusammenhang mit der

62

[2368] Vgl. SEC Enforcement Manual, August 2, 2011, abrufbar unter http://www.sec.gov/divisions/enforce/enforcementmanual.pdf, Abschnitt 6.1.2 mit Verweis auf Report of Investigation Pursuant to Section 21(a) of the Securities Exchange Act of 1934 and Commission Statement on the Relationship of Cooperation to Agency Enforcement Decisions, SEC Rel. Nos. 34-44969 („Seaboard Report") and AAERR-1470 (Oct. 23, 2001), abrufbar unter http://www.sec.gov/litigation/investreport/34-44969.htm.

[2369] Seaboard Report, Abschnitt 10; vgl. ausf. dazu oben *DiBianco*, § 7 Rn. 2 f.

[2370] Vgl. DOJ, Principles of Federal Prosecution of Business Organizations, United States Attorneys Manual §§ 9-28.000 et seq. (Aug. 28, 2008), abrufbar unter http://www.justice.gov/opa/documents/corp-charging-guidelines.pdf; vgl. auch oben *Di Bianco*, § 7 Rn. 4. Für Bsp. von Geldbußen, die explizit aufgrund der Kooperation der Unternehmen und ihrer umfassenden internen Untersuchungen erheblich unterhalb des möglichen Bußgeldrahmens blieben s. Siemens und Daimler Sentencing Memorandum, jew. S. 14 f., abrufbar unter http://www.justice.gov/opa/documents/siemens-sentencing-memo.pdf und http://www.justice.gov/criminal/fraud/fcpa/cases/daimler/03-24-10daimlerchinasent.pdf; vgl. dazu auch *DiBianco*, § 12 Rn. 26.

[2371] Vgl. § 8C2.5(g) USSG und dessen offizielle Kommentierung, in der es heißt: *„To qualify for a reduction under subsection (g)(1) or (g)(2), cooperation must be both timely and thorough. [...] To be thorough, the cooperation should include the disclosure of all pertinent information known by the organization. A prime test of whether the organization has disclosed all pertinent information is whether the information is sufficient for law enforcement personnel to identify the nature and extent of the offense and the individual(s) responsible for the criminal conduct."*; zur Anwendung der USSG näher *DiBianco*, § 12 Rn. 18 ff.

§ 13. Weitere Konsequenzen im Unternehmensbereich

Frage einer rechtzeitigen Selbstanzeige den Unternehmen eine „angemessene Zeit für die Durchführung einer internen Untersuchung gewähren".[2372]

63 Auch bei **deutschen Behörden** finden sich in jüngerer Zeit Ansätze, die für eine ähnlich positive Berücksichtigung interner Untersuchungen im Rahmen der Strafzumessung sprechen.[2373] Laut dem veröffentlichten Entwurf des das Verfahren gegen die Siemens AG in der sog. „Korruptionsaffäre" abschließenden Bußgeldbescheids der Staatsanwaltschaft München I aus Dezember 2008 wurde bei der Bemessung der Geldbuße „zugunsten der Siemens AG [...] erheblich mildernd berücksichtigt [...], dass sie während den Ermittlungen in außergewöhnlich großem Umfang mit den Ermittlungsbehörden kooperiert hat und ihnen jede Unterstützung bei der Aufklärung der Vorwürfe gewährt hat".[2374] Auch die im Rahmen der mildernden Umstände hervorgehobenen „erheblich[n] personelle[n] Konsequenzen", die Siemens gezogen hat, erforderten seitens des Unternehmens eine interne Untersuchung zur sachgerechten Aufarbeitung des individuell arbeitsrechtlich vorwerfbaren Sachverhalts. Im Rahmen des Kartellrechts verabschiedete das Bundeskartellamt schon Ende September 2006 „Leitlinien über die Festsetzung von Geldbußen", die „das Nachtatverhalten" als mildernden Umstand bei der Bußgeldbemessung nennen.[2375] Aufgrund der Orientierung der Leitlinien „an der Praxis des Europäischen Gerichtshofs und der Kommission"[2376] kann für weitergehende Erläuterungen auf die überarbeiteten Leitlinien der Europäischen Kommission zur Festsetzung von Geldbußen bei Kartellverstößen vom 1.9.2006 zurückgegriffen werden.[2377] Danach gelten als mildernde Umstände beispielsweise „vom Unternehmen beigebrachte Beweise, dass die Zuwiderhandlung aus Fahrlässigkeit begangen wurde" oder die „aktive Zusammenarbeit des Unternehmens mit der Kommission [...] über die rechtliche Verpflichtung hinaus". Beide Punkte werden regelmäßig eine interne Untersuchung durch das Unternehmen erfordern, durch die es notwendige Informationen zusammenträgt.

64 Im **deutschen Vergaberecht** schließlich besteht die Möglichkeit, auch bei rechtskräftiger Verurteilung vom zwingenden Ausschluss des Unternehmens von Vergabeverfahren abzusehen, sofern eine „Selbstreinigung" durchgeführt wurde. Dies erfordert ebenfalls, dass sich das Unternehmen ernsthaft und nachhaltig darum bemüht, den in Frage stehenden Sachverhalt aufzuklären und die erforderlichen personellen und organisatorischen Konsequenzen zu ziehen.[2378]

Ob auch der Umfang der im Rahmen der internen Untersuchung gemachten Aufwendungen aus Sicht eines verständigen Menschen in der Lage der Gesellschaft zur

---

[2372] Vgl. § 82C2.5(f)(2) USSG und dessen offizielle Kommentierung, in der es heißt: „*Subsection (f)(2) contemplates that the organization will be allowed a reasonable period of time to conduct an internal investigation.*"

[2373] Vgl. dazu auch *Wessing*, § 6 Rn. 138, sowie *Loer*, § 10 Rn. 78 ff.

[2374] Der Entwurf des Bußgeldbescheids der Staatsanwaltschaft München I gegen die Siemens AG aus Dezember 2008 ist abrufbar unter http://www.siemens.com/press/pool/de/events/2008-12-PK/MucStaats.pdf.

[2375] Bekanntmachung Nr. 38/2006 des Bundeskartellamtes – Bußgeldleitlinien – v. 15.9.2006, abrufbar unter http://www.bundeskartellamt.de/wDeutsch/download/pdf/Bussgeldleitlinien.pdf.

[2376] Vgl. hierzu die Pressemeldung des Bundeskartellamtes zur Verabschiedung der Bußgeldleitlinien v. 26.9.2006, abrufbar unter http://www.bundeskartellamt.de/wDeutsch/archiv/PressemeldArchiv/2006/2006_09_26.php.

[2377] Die Leitlinien für das Verfahren zur Festsetzung von Geldbußen gem. Art. 23 Abs. 2 lit. a der Verordnung (EG) Nr. 1/2003 sind abrufbar unter http://eur-lex.europa.eu/LexUriServ/LexUriServ.do?uri=CELEX:52006XC0901%2801%29:EN:NOT.

[2378] Vgl. *Jakoby*, § 13 Rn. 177 ff. m.w.N., § 13 Rn. 174, sowie § 13 Rn. 187 a.E. und 188 f.

B. Zivil- und gesellschaftsrechtliche Haftungsfragen

sachgerechten Wahrnehmung der Schadensabwehr und -minimierung erforderlich ist, hängt letztendlich vom jeweiligen Einzelfall ab. In Anbetracht der Höhe der drohenden Strafen und Bußgelder, insbesondere durch die US-Behörden, sowie der positiven Erfahrungswerte einer internen Untersuchung in derartigen Verfahren erscheinen aber grds. umfangreiche Aufwendungen nicht wirtschaftlich unvernünftig.[2379]

(b) Auch sofern Dritte der Gesellschaft gegenüber keine Schadensersatzforderungen geltend machen und keine behördlichen Untersuchungen der korruptiven Geschäftspraktiken stattfinden, sondern die Gesellschaft Aufwendungen der oben genannten Art tätigt, **um eigene Schadensersatzansprüche gegenüber Organmitgliedern zu verfolgen**, können die Kosten einen ersatzfähigen Schaden darstellen. Unbestritten zählen zu den ersatzpflichtigen Aufwendungen des Geschädigten grds. auch die durch das Schadensereignis erforderlich gewordenen **Rechtsverfolgungskosten**.[2380] Dies sind zuvorderst die Kosten für einen vom Geschädigten zur gerichtlichen sowie außergerichtlichen Schadensregulierung beauftragten **Rechtsanwalt**.[2381] Abgesehen von einem möglichen Interessenkonflikt ist die Notwendigkeit der externen Beauftragung bei der Frage möglicher Organhaftung regelmäßig schon deswegen nicht zweifelhaft, weil es sich nicht um einen einfach gelagerten oder alltäglichen Fall handelt, der bei größeren Unternehmen auch durch die eigene Rechtsabteilung bearbeitet werden kann. Gleiches gilt für die Notwendigkeit der Einschaltung eines externen **Steuerberaters** zur Ermittlung des Steuerschadens. Auch die Kosten dessen Beauftragung gehören grds. zu den erforderlichen Aufwendungen der Rechtsverfolgung.[2382]

65

Zu den ersatzfähigen Rechtsverfolgungskosten zählen auch Aufwendungen zur **Sachverhaltsaufklärung**. So sind dem Geschädigten z.B. die Kosten eines zur Schadensfeststellung (insbesondere zu Schadensumfang, -höhe und -ursache) eingeholten Sachverständigengutachtens sowie die im Rahmen der Ermittlung des Schädigers (z.B. durch Beauftragung eines Detektivs oder Beanspruchung einer Kreditauskunftei), durch ein selbstständiges Beweissicherungsverfahren (§§ 485 ff. ZPO) oder durch Maßnahmen zum Auffinden von Zeugen entstehenden Kosten zu erstatten.[2383] Dem liegt der Gedanke zugrunde, dass der Schädiger den Geschädigten erst in den Stand versetzt hat, überlegen zu müssen, wie das Schadensereignis zuzuordnen ist und in welchem Umfang es zu beziffern ist.[2384] Somit können auch im Rahmen einer internen Aufklärung entstandene Sachkosten, z.B. für die Hinzuziehung externer Spezialisten aus den Bereichen Forensic Accounting und Forensic Technologies oder die Übertragung von Untersuchungsteilen an externe Kanzleien, umfangreiche Datensicherung und -aufbewahrung oder vermehrte Reisetätigkeit zu Niederlassungen oder Tochterge-

66

[2379] Vgl. auch *Kienast*, § 8 Rn. 28.
[2380] *BGH* NJW 2006, 1065; MünchKomm-BGB/*Oetker*, § 249 Rn. 174 („notwendige" Rechtsverfolgungskosten); Palandt/*Grüneberg*, § 249 Rn. 56 (jew. m.w.N.).
[2381] *BGH* NJW 2006, 1065; MünchKomm-BGB/*Oetker*, § 249 Rn. 174; Palandt/*Grüneberg*, § 249 Rn. 57 (jew. m.w.N.); zur problematischen Erstattungsfähigkeit von Kosten für **Rechtsgutachten** vgl. *OLG Stuttgart* NJW-RR 1999, 1374 (regelmäßig keine Erstattung); *OLG Jena* OLG-NL 2005, 270, 271 („nicht erstattungsfähig"); MünchKomm-BGB/*Oetker*, § 249 Rn. 176 a.E. (im Einzelfall ersatzfähig); hinsichtlich der vom Aufsichtsrat im Rahmen der zu prüfenden tatsächlichen und rechtlichen Erfolgsaussichten der Anspruchsverfolgung gegen Vorstandsmitglieder eingeholten Gutachten vgl. *Meier-Greve*, BB 2009, 2555, 2558 (Erstattungsfähigkeit „jedenfalls problematisch"); *OLG Stuttgart* NJW-RR 1999, 1374 (Kosten für Gutachten, bei dem es um die Beurteilung der Aussichten einer gerichtlichen Inanspruchnahme geht, sind nicht erstattungsfähig).
[2382] *BGH* NZA 2003, 268, 270.
[2383] MünchKomm-BGB/*Oetker*, § 249 Rn. 179, 371 m.w.N.
[2384] *OLG Jena* OLG-NL 2005, 270, 271.

§ 13. Weitere Konsequenzen im Unternehmensbereich

sellschaften, grds. einen erstattungsfähigen Schaden darstellen.[2385] Entscheidend ist, dass die Aufwendungen im jeweiligen Einzelfall „aus Sicht des Geschädigten zur Wahrnehmung seiner Rechte erforderlich und zweckmäßig waren".[2386]

67 Dem steht nicht entgegen, dass die Unternehmensleitung auch aufgrund ihrer Überwachungspflicht gehalten ist, den Sachverhalt umfassend zu ermitteln, um Missstände zu beseitigen und weiteren Pflichtverstößen vorzubeugen.[2387] Gleiches gilt für die dem Aufsichtsrat obliegende Pflicht, im Rahmen der Prüfung von Schadensersatzansprüchen gegenüber Vorstandsmitgliedern eigenverantwortlich den Sachverhalt festzustellen. Wenn die Aufwendungen zur Rechtsverfolgung notwendig sind, vermag die Tatsache, dass die Sachverhaltsaufklärung gleichzeitig eine gesonderte Pflichterfüllung der Unternehmensleitung und des Aufsichtsrats darstellt, dies nicht zu schmälern. Eine Pflicht zur Schadensbehebung und -vorbeugung, die aufgrund einer gesellschaftsrechtlichen Überwachungspflicht oder z. B. einer Verkehrssicherungspflicht des Geschädigten besteht, kann dem Schädiger insoweit auch nicht zum Vorteil gereichen, wenn die Wandlung zur konkreten Handlungspflicht unmittelbar auf dem Verhalten des Schädigers beruht. Das Bestehen einer Handlungspflicht muss auch nicht zwingend mit der Kostentragungspflicht einhergehen, wie z. B. die Aufwendungsersatzansprüche des Garanten zeigen.

68 Nach der Rechtsprechung des BGH kann der Geschädigte i. d. R. aber keinen Ersatz für den **eigenen Zeitaufwand bei der Schadensermittlung** und außergerichtlichen Abwicklung des Schadensersatzanspruchs verlangen.[2388] Diese Rechtsprechung beruht nach dem BGH darauf, dass es sich um Fälle handelt, bei denen der „erforderliche Zeitaufwand kalkulierbar" und der auf den einzelnen Sachverhalt „entfallende[n] Kostenanteil geringfügig" ist,[2389] es sich somit um „gewöhnliche eigene Mühewaltung des Geschädigten"[2390] handelt. Davon kann zumindest bei umfangreichen Korruptionsuntersuchungen jedoch nicht die Rede sein. Vielmehr dürften hierbei „ein keineswegs alltägliches oder kalkulierbares Ereignis" und ein „ungewöhnlich hoher Arbeitsaufwand" vorliegen, für die auch der BGH Bedenken gegenüber der Anwendung des oben genannten Grundsatzes äußert.[2391] Sofern die internen Aufklärungsmaßnahmen somit „besondere Mühewaltung" darstellen und z. B. durch aufgrund des Umfangs der notwendigen Untersuchungen erforderliche Aufstockung der internen Revision und/oder der Compliance-Abteilung ungewöhnliche Belastungen entstehen, können auch diese **zusätzlichen Personalkosten** einen ersatzfähigen Schaden darstellen.[2392]

69 (4) Eine Vermögensminderung kann sich auch daraus ergeben, dass der Gesellschaft aufgrund der korruptiven Geschäftspraktiken **Geldbußen** oder andere **Strafzahlungen** auferlegt werden oder der **Verfall** des aus der Tat rechtswidrig Erlangten angeordnet wird. Im Rahmen von Vergleichsvereinbarungen auftretende spezielle Aufwendungen kommen ebenfalls als Schadensposition in Betracht.

70 (a) Die US-Behörden haben in Korruptionsfällen die Möglichkeit, sowohl Geldbußen *(civil fines* oder *civil monetary penalties)* und Strafzahlungen *(criminal fines)* zu

---

[2385] Vgl. *Moosmayer*, S. 20 (für durch Anwälte durchgeführte interne Aufklärung).
[2386] *BGH* NJW 1995, 446; 2006, 1065 (jew. m. w. N.).
[2387] Vgl. § 13 Rn. 34.
[2388] *BGH* NJW 1980, 1518, 1519; 1976, 1256, 1257; MünchKomm-BGB/*Oetker*, § 249 Rn. 83.
[2389] *BGH* NJW 1980, 1518, 1519.
[2390] *BGH* NJW 1976, 1256, 1257.
[2391] *BGH* NJW 1980, 1518, 1519 (Ausführungen hinsichtlich notwendiger Revisionsarbeiten infolge fortgesetzter Entwendungen aus einem öffentlichen Archiv).
[2392] Vgl. MünchKomm-BGB/*Oetker*, § 249 Rn. 84.

B. Zivil- und gesellschaftsrechtliche Haftungsfragen

verhängen als auch Gewinne abzuschöpfen *(civil disgorgement)*.[2393] Dies gilt nicht nur im Falle einer Verurteilung der Unternehmen, sondern auch im Rahmen von zivil- und strafrechtlichen Vergleichsvereinbarungen.[2394]

Bei einvernehmlicher Verfahrensbeendigung fordern US-Behörden außerdem immer häufiger, dass Gesellschaften auf ihre Kosten einen unabhängigen Aufseher *(independent monitor)* beauftragen, um die Einhaltung der Vereinbarung zu überwachen.[2395] Dies bedeutet in der Praxis, dass über einen Zeitraum von regelmäßig zwei bis vier Jahren erhebliche Kosten zusammenkommen, da der *monitor* seine komplexe Aufgabe nur mit Hilfe eines mit ihm arbeitenden Teams sachgerecht erfüllen kann.[2396]

Ähnlich der Kosten bei der internen Aufklärung eines Korruptionssachverhalts beruhen auch Zahlungen, die infolge eines **Vergleichs** oder einer sonstigen Vereinbarung des Geschädigten entstehen, auf einem eigenen Willensakt des Geschädigten. Sie sind als adäquat kausaler Schaden jedoch dann ersatzfähig, wenn die Beendigung einer rechtlichen Auseinandersetzung durch Vergleich „ein sachgemäßes Verhalten" darstellt, d.h. auf einer „vertretbaren Entschließung, die nicht aus dem Rahmen des Üblichen fällt", beruht.[2397] Dabei sind die Erfolgsaussichten des Geschädigten im Rahmen einer gerichtlichen Entscheidung[2398] aber auch das legitime Interesse an einer raschen Streitbeilegung zu berücksichtigen.[2399] Bei durch SEC und DOJ betriebenen Korruptionsverfahren handelt es sich bei einvernehmlichen Verfahrensabschlüssen nicht um eine ungewöhnliche Reaktion eines betroffenen Unternehmens. Die Zustimmung zu einem Vergleich wird regelmäßig eine angemessene – wenn nicht sogar zur Schadensminderung gebotene – Reaktion auf die prozessuale Lage des Unternehmens, einschließlich der mit einem langwierigen Gerichtsverfahren in den USA und möglichen Höchststrafen verbundenen Risiken, darstellen. **71**

(b) Auch das deutsche Recht ermöglicht mit §§ 30, 130 OWiG die Bebußung eines Unternehmens. Gem. § 30 Abs. 1 OWiG kann gegen ein Unternehmen eine Geldbuße festgesetzt werden, wenn das vertretungsberechtigte Organ oder eines seiner Mitglieder, ein Generalbevollmächtigter, ein in leitender Stellung tätiger Prokurist oder Handlungsbevollmächtigter oder eine sonstige Person mit Leitungs- oder Kontrollbefugnissen eine Straftat oder Ordnungswidrigkeit begangen hat (sog. Anknüpfungs- oder Bezugstat), durch die eine das Unternehmen treffende Pflicht verletzt oder das Unternehmen bereichert wurde. Die den Betriebsinhaber und über § 9 Abs. 1 OWiG auch die Organe und Organmitglieder juristischer Personen treffende Aufsichtspflichtverletzung nach § 130 OWiG stellt als betriebsbezogene Ordnungswidrigkeit die in der Praxis bedeutsamste Anknüpfungstat dar.[2400] Sowohl das deutsche Strafrecht als auch das Ordnungswidrigkeitenrecht ermöglichen ferner die Abschöpfung deliktisch erlangter Gewinne (§§ 73 ff. StGB, § 29 a OWiG). Ist der Gewinn nicht unmittelbar dem Täter zugeflossen, sondern einem anderen, für den er oder sie gehandelt hat, richtet **72**

[2393] Zu Einzelheiten vgl. *DiBianco*, § 12 Rn. 1 ff.
[2394] Zu den verschiedenen Formen der Verfahrensbeendigung vgl. *DiBianco*, § 5 Rn. 16 ff. (SEC-Verfahren) und § 5 Rn. 41 ff. (DOJ-Verfahren).
[2395] Zu Einzelheiten vgl. *DiBianco*, § 13 Rn. 2 ff.
[2396] Vgl. das Bsp. in *DiBianco*, § 13 Rn. 4.
[2397] *BGH* NJW 1993, 1139, 1141 m.w.N.; im Grundsatz übereinstimmend auch MünchKomm-BGB/*Oetker*, § 249 Rn. 139, 162; für Verbandsbuße auch Michalski/*Haas/Ziemons*, § 43 Rn. 205 a.
[2398] *BGH* NJW 1999, 1391, 1392 m.w.N.
[2399] BeckOK-BGB/*Schubert*, § 249 Rn. 87.
[2400] KK-OWiG/*Rogall*, § 30 Rn. 72, 75. Hierzu näher *Taschke*, § 12 Rn. 59 ff. Zu Bedeutung, Inhalt und Auslegung des § 130 OWiG im Rahmen des deutschen Vergaberechts vgl. *Jakoby*, § 13 Rn. 156.

§ 13. Weitere Konsequenzen im Unternehmensbereich

sich die Anordnung des Verfalls gegen diesen (§ 73 Abs. 3 StGB, § 29 a Abs. 2 OWiG). „Anderer" i.S. der genannten Vorschriften kann jede natürliche oder juristische Person sein,[2401] mithin auch das Unternehmen selbst.[2402]

73 (c) Im Hinblick auf **Unternehmens-Bußgelder** wird jedoch vor allem im kartellrechtlichen Schrifttum diskutiert, ob ein **Rückgriff** gegen pflichtwidrig handelnde Mitglieder der Unternehmensleitung generell ausgeschlossen oder nur begrenzt möglich ist. Die Argumentation lässt sich grds. auch auf Bußgelder außerhalb des Kartellrechts übertragen. Zum Teil wird vertreten, dass ein Regress dem **Sanktionszweck** des Bußgeldes zuwider laufe, insbesondere dort, wo neben dem Unternehmen auch den Mitgliedern der Unternehmensleitung separat ein Bußgeld auferlegt werden kann und dies einem anderen Bußgeldrahmen unterliegt.[2403] Entscheidungen zu Auswahl und Umfang von Ahndungsmöglichkeiten, die auf der hoheitlichen Rechtsfolgenseite getroffen werden, sind jedoch von den für die Frage nach dem Bestehen eines Ersatzanspruchs relevanten Regelungen des bürgerlichen Rechts zu trennen. Im allgemeinen Zivilrecht ist anerkannt, dass eine Geldbuße oder -strafe einen Vermögensnachteil und grds. ersatzfähigen Haftungsschaden darstellt.[2404] Auch das Strafrecht widerspricht dem nicht; nach h.M. stellt die Zahlung von Geldbußen durch Dritte keine Strafvereitelung und die Erstattung keine strafbare Begünstigung des Bebußten dar.[2405] Den Bedenken gegen einen Rückgriff, die vor allem auf der Berücksichtigung der unterschiedlichen wirtschaftlichen Leistungsfähigkeit von Unternehmen und Privatperson beruhen, ist daher nicht durch einen generellen Regressausschluss Rechnung zu tragen.

74 In der Literatur wird versucht, eine Korrektur über eine **summenmäßige Begrenzung** des Regressanspruchs der Gesellschaft zu erreichen. Dabei wird teilweise auf einen in der entsprechenden Situation für natürliche Personen geltenden Bußgeldrahmen als Obergrenze für den Innenregress zurückgegriffen.[2406] Dies setzt jedoch zunächst voraus, dass eine eigenständige Außenhaftung der Unternehmensleitung jeweils existiert. Ist dies der Fall, erscheint es jedenfalls zweifelhaft, einen an sich bestehenden privatrechtlichen Schadensersatzanspruch über öffentlich-rechtliche Maßstäbe der Bußgeldbemessung zu kürzen. Unter Hinweis auf den dogmatisch saubereren Weg über das Gesellschaftsrecht wird so auch von einem Teil der Literatur aufgrund der Fürsorgepflicht der Aktiengesellschaft für ihre Organe eine Begrenzung des Rückgriffs der Gesellschaft auf einen „angemessenen Rahmen" vertreten.[2407] Rechtsprechung liegt zu der Frage einer möglichen summenmäßigen Begrenzung des Rückgriffs auf Mitglieder

---

[2401] Schönke/Schröder/*Eser*, § 73 Rn. 35; KK-OWiG/*Mitsch*, § 29 a Rn. 35 (jew. m.w.N.).

[2402] Zu Einzelheiten des Verfalls vgl. *Taschke*, § 12 Rn. 91 ff.; zum Nebeneinander der Geldbuße vgl. *Taschke*, § 12 Rn. 86.

[2403] *Horn*, ZIP 1997, 1129, 1136; *Dreher*, FS Konzen, 2006, S. 85, 104 ff.; *Krause*, BB-Special 8, 2007, 2, 13; vergleichbar unter Hinw. auf die Höchstpersönlichkeit von Strafzahlungen auch Staudinger/*Schiemann*, § 249 Rn. 203, wobei Ersatzfähigkeit in Fällen „bloßer Ordnungswidrigkeiten" oder „geringfügigen kriminellen Unrechts" wohl anerkannt wird.

[2404] *BGH* NJW 1997, 518, 519; 1957, 586.

[2405] *BGH* NJW 1997, 518, 519 m.w.N.

[2406] *Fleischer*, BB 2008, 1070, 1073; *Thole*, ZHR 173 (2009), 504, 531 f.; *Dreher*, FS Konzen, 2006, S. 85, 105 (grds. Regressausschluss, jedenfalls aber persönlicher Bußgeldrahmen als Obergrenze für Regressansprüche); *Krause*, BB-Spezial 8, 2007, 2, 13 (m. Hinw. auf „rechtlich nicht gesichertes Terrain").

[2407] *Bayer*, FS Schmidt, 2009, S. 85, 97; in diesem Sinn auch *Hüffer*, § 93 Rn. 15 (Regressnahme ist dem Umfang nach „angemessen zu begrenzen", um den organschaftlichen Treubindungen zwischen AG und Vorstand Rechnung zu tragen).

B. Zivil- und gesellschaftsrechtliche Haftungsfragen

der Unternehmensleitung im Falle von Unternehmensgeldbußen bisher soweit ersichtlich noch nicht vor. Eine abschließende Aussage ist daher an dieser Stelle nicht möglich. Jedoch verliert die Frage nach einer Begrenzung des Rückgriffs an Bedeutung, sofern man auch im Rahmen der Geschäftsleiterhaftung bei der Schadensfeststellung eine **Vorteilsanrechung** durchführt.[2408] In diesem Fall besteht ein ersatzfähiger Schaden der Gesellschaft nur, wenn und insoweit die Geldbuße über den durch das schädigende Ereignis erwirtschafteten Gewinn hinausgeht.[2409]

bb) Vorteilsausgleichung

Im Zusammenhang mit einer schädigenden Handlung können zugunsten des Geschädigten zugleich Vorteile eintreten. Im Fall korruptiver Geschäftspraktiken ist vor allem an mögliche Gewinne zu denken, die aus den erlangten Aufträgen erwachsen. Das allgemeine Schadensersatzrecht der §§ 249 ff. BGB erlaubt es grds., dem Geschädigten die ihm aufgrund des schädigenden Ereignisses zugute kommenden Vorteile anzurechnen, d.h. sie reduzieren den Schaden und damit den vom Schädiger zu leistenden Schadensersatz. Jedoch sind nicht schlechthin alle im Rahmen des Schadensereignisses entstehenden Vorteile berücksichtigungsfähig. Der BGH setzt für eine solche Vorteilsausgleichung voraus, dass zwischen dem Vorteil und dem Schadensereignis ein adäquater Zusammenhang besteht und die Anrechnung mit dem jeweiligen Zweck des Ersatzanspruchs übereinstimmt, d.h. dem Geschädigten zumutbar ist und den Schädiger nicht unangemessen entlastet.[2410]

75

Die Grundsätze der Vorteilsausgleichung sind grds. auch im Organhaftungsrecht beachtlich und nicht generell ausgeschlossen, so dass Vorteile, die der Gesellschaft durch eine pflichtwidrige Handlung zufließen, den eingetretenen Schaden mindern können.[2411] Ob und inwieweit dies auch im Fall **externer Pflichtverletzungen, insbesondere sog. „nützlicher Pflichtverletzungen"**, gilt, ist im Schrifttum umstritten. Es wird diskutiert, ob im Rahmen einer wertenden Betrachtung aus Gründen des öffentlichen Interesses den Vorstandsmitgliedern bzw. Geschäftsführern die Vorteilsanrechnung verwehrt werden muss. So führen z.B. Korruption oder Kartellverstöße zu Wettbewerbsverzerrungen und damit zu Schäden an einem Rechtsgut der Allgemeinheit.

Im Kartellrecht wird mehrheitlich eine Vorteilsausgleichung zwischen aufgrund des Kartellverstoßes verhängten Unternehmensbußgeldern und den der Gesellschaft als Folge ihres kartellrechtswidrigen Verhaltens erwachsenen Gewinnen zugelassen.[2412] Auch das allgemeine gesellschaftsrechtliche Schrifttum spricht sich vermehrt für eine

76

[2408] Hierzu näher § 13 Rn. 75 ff.
[2409] *Kapp/Gärtner*, CCZ 2009, 168, 170; *Zimmermann*, WM 2008, 433, 439; *Horn*, ZIP 1997, 1129, 1136; *Krause*, BB-Special 8, 2007, 2, 13; *Krieger*, in: Krieger/Schneider, § 3 Rn. 39; *Glöckner/Müller-Tautphaeus*, AG 2001, 344, 346.
[2410] St. Rspr.; vgl. *BGH* NJW 1984, 2457, 2458; 1990, 1360; 1997, 2378; NZG 2006, 186.
[2411] Vgl. *OLG Hamburg* NZG 2010, 309, 310; *BGH* NJW-RR 1994, 806 (kein Schaden durch zweckwidrige Verwendung von Geldern durch Geschäftsführer, wenn andere Gesellschaftsschulden beglichen oder gleichwertige Vermögensgegenstände angeschafft werden); *BGH* NZG 2010, 1186, 1187 (kein Schaden der Gesellschaft i.S. des § 93 Abs. 2 AktG, wenn durch verbotswidrige Zahlungen Verbindlichkeiten der Gesellschaft erfüllt werden); *Fleischer*, DStR 2009, 1204, 1207; *Bayer*, FS Schmidt, 2009, S. 85, 94; MünchKomm-AktG/*Spindler*, § 93 Rn. 205; Großkomm-AktG/*Hopt*, § 93 Rn. 240; KölnerKomm-AktG/*Mertens/Cahn*, § 93 Rn. 56, 63; Großkomm-GmbHG/*Paefgen*, § 43 Rn. 94; Michalski/*Haas/Ziemons*, § 43 Rn. 205 a, 211.
[2412] So ausdr. *Bayer*, FS Schmidt, 2009, S. 85, 94 f.; *Zimmermann*, WM 2008, 433, 439; *Glöckner/Müller-Tautphaeus*, AG 2001, 344, 346; *Kapp/Gärtner*, CCZ 2009, 168, 170; zustimmend *Fleischer*, DStR 2009, 1204, 1210; stillschweigend wohl auch *Horn*, ZIP 1997, 1129, 1136.

§ 13. Weitere Konsequenzen im Unternehmensbereich

Berücksichtigung auch von rechtswidrig erlangten Vorteilen bei der Schadensermittlung im Rahmen der Organhaftung aus.[2413] Begründet wird dies u. a. mit einer ansonsten stattfindenden systemwidrigen Verschiebung des wesentlichen Haftungsgrundes des § 93 Abs. 2 AktG bzw. § 43 Abs. 2 GmbHG von der Schadenskompensation hin zu einer Norm mit Straf- oder Bußcharakter.[2414] Auch sei es nicht Zweck des Regresses, dass die unrechtmäßig erzielten (Wettbewerbs-)Vorteile über den Schadensersatz letztlich doch bei der Gesellschaft verblieben.[2415]

77 Abstellend auf den Zweck der verletzten Pflicht, die dem Schadensersatzanspruch zugrunde liegt, spricht sich ein Teil der Literatur gegen eine Vorteilsausgleichung im Falle der Verletzung der Legalitätspflicht aus.[2416] Letztere diene nicht dazu, das Vermögen des Geschädigten zu wahren, so dass auch keine Vorteilsausgleichung vorgenommen werden müsse, wenn der Schädiger das Vermögen gemehrt habe. Zudem wird darauf hingewiesen, dass ansonsten die Steuerungsfunktion der Organhaftung leer liefe, da es aufgrund der die Schmiergeldzahlungen regelmäßig übersteigenden Gewinne nicht zu einer Haftung der Organwalter komme.[2417] Hiergegen lässt sich anführen, dass die Verhaltenssteuerung im Schadensersatzrecht über den Ausgleich von Vermögenseinbußen geschieht, nicht jedoch darüber hinaus. Außerdem stehen neben Strafe und Bußgeld im Straf- und Ordnungswidrigkeitenrecht mit Abberufung und Kündigung sowie z. B. durch Ausgestaltung der Vergütungsebene auch auf Ebene des Gesellschaftsrechts Mittel zum Setzen von Verhaltensanreizen für gesetzeskonforme Unternehmensführung der Organwalter zur Verfügung. Aus Sicht der Allgemeinheit spricht daher nichts dagegen, den Vorteilsausgleich zuzulassen.

78 Auch diejenigen, die eine Vorteilsausgleichung im Rahmen „nützlicher Pflichtverletzungen" ganz oder zum Teil ablehnen, schränken dies jedoch hinsichtlich der **Gewinnabschöpfung durch Geldbuße oder Verfall** ein.[2418] Soweit es heißt, die Gesellschaft habe in diesem Fall keinen Vorteil erlangt,[2419] basiert dies auf einer Anrechnung der Gewinne auf die in Form der Abschöpfung stattfindende Vermögensminderung. Die Diskussion um die Zulässigkeit einer Vorteilsausgleichung reduziert sich damit auf die Frage, wie nicht abgeschöpfte oder nicht abschöpfbare Vorteile zu behandeln sind. Rechtsprechung liegt soweit ersichtlich zu dieser Fragestellung noch nicht vor. Im Rahmen größerer Korruptionsverfahren unter Beteiligung von SEC, DOJ und deutscher Staatsanwaltschaft wird es in der Praxis im Falle festgestellter Verstöße jedoch

---

[2413] *Wilsing*, in: Krieger/Schneider, § 27 Rn. 34, 37 f.; *Krieger*, in: Krieger/Schneider, § 3 Rn. 39 a. E.; KölnerKomm-AktG/*Mertens/Cahn*, § 93 Rn. 63 (auch wissentliche Gesetzesverletzung schließt Vorteilsanrechnung nicht durchweg aus, grds. Einzelfallentscheidung nach Billigkeits- und Zumutbarkeitsgesichtspunkten); Michalski/*Haas/Ziemons*, § 43 Rn. 212; einschränkend *Thole*, ZHR 173 (2009), 504, 530 (Versagung der Vorteilsausgleichung „wo die [...] Rechtsbindung einem qualifizierten öffentlichen Interesse dient", z. B. „im Kartellrecht" oder „bei Verstößen gegen Umweltvorschriften"); zurückhaltend auch MünchKomm-AktG/*Spindler*, § 93 Rn. 77 (Präventionswirkung und Gläubigerschutz „würde[n] tendenziell unterminiert, wenn die Gesellschaft sich sämtliche derartige Vorteile anrechnen lassen müsste".)
[2414] In diese Richtung *Fleischer*, ZIP 2005, 141, 151 f. für die AG.
[2415] *Bayer*, FS Schmidt, 2009, S. 85, 95; *Fleischer*, DStR 2009, 1204, 1210; *Wilsing*, in: Krieger/Schneider, § 27 Rn. 37; *Zimmermann*, WM 2008, 433, 439.
[2416] *Lohse*, FS Hüffer, 2010, S. 581, 597 f.; darauf verweisend *Hüffer*, § 93 Rn. 15; a. A. aber wohl BGH, der auf den „Zweck des Schadensersatzes" (*BGH* NZG 2006, 186) bzw. „Zweck des Ersatzanspruchs" (*BGH* NJW 1990, 1360) abstellt.
[2417] *Lohse*, FS Hüffer, 2010, S. 581, 597 f.; ähnlich *Spindler*, FS Canaris, Bd. II, 2007, S. 403, 426.
[2418] *Thole*, ZHR 173 (2009), 504, 528.
[2419] *Lohse*, FS Hüffer, 2010, S. 581, 585 Fn. 24.

regelmäßig zur Abschöpfung der in diesem Zusammenhang erlangten Vorteile durch Verfall oder Ahndung als Teil einer Strafzahlung oder eines Bußgeldes kommen. Der Gesellschaft sollten daher keine Vorteile verbleiben und damit für die Organwalter kein Raum für die Anrechnung erzielter Gewinne auf mögliche Schadenspositionen (außerhalb der Abschöpfung) bestehen. Sofern infolge ungenauer Abschöpfung oder aufgrund fehlender rechtlicher Instrumente zur Abschöpfung dennoch Vorteile beim Unternehmen verbleiben, sprechen, wie oben dargestellt, gute Gründe dafür, eine Vorteilsausgleichung zuzulassen.

d) Kausalität

aa) Adäquat kausale Verursachung der Pflichtverletzung

Sofern im Zusammenhang mit einer Pflichtverletzung eines Vorstandsmitglieds oder Geschäftsführers ein Schaden der Gesellschaft entsteht, setzt eine Haftung voraus, dass dieser durch die Pflichtverletzung adäquat kausal verursacht wurde.[2420] Ein derartiger Ursachenzusammenhang bemisst sich auch im Organhaftungsrecht nach den **allgemeinen schadensrechtlichen Grundsätzen**.[2421] Danach ist ein schädigendes Ereignis adäquat kausal, wenn es im Allgemeinen und nicht nur unter besonders eigenartigen oder unwahrscheinlichen oder nach dem gewöhnlichen Verlauf der Dinge außer Betracht zu lassenden Umständen geeignet ist, einen Erfolg der eingetretenen Art herbeizuführen.[2422] Mit dem Erfordernis der Adäquanz werden somit (nur) ganz außerhalb des zu erwartenden Verlaufs stehende Schädigungen herausgefiltert. 79

Für die haftungsrechtliche Verantwortlichkeit genügt es, wenn ein Ereignis **mitursächlich** war.[2423] Dies schließt den Fall ein, dass die Handlung des Schadensverursachers den Schaden nicht alleine verursacht hat, sondern es dazu des Hinzutretens weiterer Ursachen bedurfte.[2424] Hat jemand die Pflicht, eine Schadenszufügung durch Dritte zu verhindern, so entfällt der Zurechnungszusammenhang insbesondere nicht schon deshalb, weil ein Dritter durch sein Eingreifen einen solchen Schaden herbeigeführt hat.[2425] Ein Organmitglied kann daher nicht einwenden, entscheidend für den Schaden sei nicht sein Organisationsverschulden, z.B. in Form der fehlerhaften Ermessensausübung hinsichtlich der Einrichtung und konkreten Ausgestaltung einer Compliance-Organisation oder der Auswahl ungeeigneter Mitarbeiter, gewesen, sondern vielmehr das Fehlverhalten nachgeordneter Mitarbeiter. Der Schadenszurechnung steht dabei nicht entgegen, dass der Mitarbeiter rechtswidrig gehandelt hat.[2426] Auch die Tatsache, dass ein eingreifender Dritter selbst eine vorsätzliche Straftat begeht, schließt die Zurechnung nicht per se aus.[2427] 80

[2420] *Hüffer*, § 93 Rn. 15; *Krieger*, in: Krieger/Schneider, § 3 Rn. 40; Baumbach/Hueck/*Zöllner/Noack*, § 43 Rn. 16; Roth/Altmeppen/*Altmeppen*, § 43 Rn. 97.

[2421] Allg. M.; vgl. MünchKomm-AktG/*Spindler*, § 93 Rn. 156; Großkomm-AktG/*Hopt*, § 93 Rn. 266; KölnerKomm-AktG/*Mertens/Cahn*, § 93 Rn. 5; *Wiesner*, in: Hoffmann-Becking, § 26 Rn. 8; Fleischer/*Fleischer*, § 11 Rn. 64; Großkomm-GmbHG/*Paefgen*, § 43 Rn. 100.

[2422] St. Rspr.; vgl. *BGH* NJW 2002, 2232, 2233 m.w.N.

[2423] *BGH* NJW-RR 2005, 897, 898 m.w.N.

[2424] *BGH* NJW 1990, 2882, 2883 f.; MünchKomm-BGB/*Oetker*, § 249 Rn. 130 (jew. m.w.N.).

[2425] *BGH* NJW 1980, 223, 224.

[2426] Vgl. *BGH* NJW 1972, 904, 906; *OLG München* NJW-RR 1992, 788, 789; MünchKomm-BGB/*Oetker*, § 249 Rn. 151 m.w.N.

[2427] *BGH* NJW 1997, 865, 866; 1992, 1381, 1382 m.w.N.; MünchKomm-BGB/*Oetker*, § 249 Rn. 151; Palandt/*Grüneberg*, Vorb. § 249 Rn. 49.

§ 13. Weitere Konsequenzen im Unternehmensbereich

Das Organmitglied kann sich jedoch darauf berufen, dass der Schaden auch bei pflichtgemäßem Verhalten eingetreten wäre. Die Rechtsfigur des **rechtmäßigen Alternativverhaltens**, die dem Schädiger diesen haftungsbefreienden Einwand erlaubt, wird grundsätzlich auch im Organhaftungsrecht zugelassen.[2428] Dabei muss jedoch **seitens des Schädigers** der **sichere Nachweis** erbracht werden, dass der Schaden auf jeden Fall eingetreten wäre, die bloße Möglichkeit des Schadenseintritts genügt nicht.[2429] Somit gehen Unsicherheiten, die sich aufgrund mangelnder Vorhersehbarkeit des hypothetischen Geschehensablaufs ergeben können, zu Lasten des betroffenen Organmitglieds. Der Geschäftsleiter kann sich nicht damit verteidigen, dass der Schaden bei eigenem pflichtgemäßem Verhalten „wahrscheinlich" ebenfalls entstanden wäre. Im Bereich der Organisationsmaßnahmen wird es jedoch schwer sein, zu beweisen, dass der Schaden „sicher" auch eingetreten wäre, wenn eine effektivere Organisation zur Schadensprävention und Risikominimierung eingerichtet gewesen wäre und u. a. strengere Auswahlkriterien für Mitarbeiter gegolten hätten, umfassendere Maßnahmen zur Verhaltenssteuerung (z. B. vermehrte Informationsveranstaltungen und Compliance-Trainings) eingesetzt oder engmaschigere Überprüfungen durchgeführt worden wären. Daher werden sich Organmitglieder in diesen Fällen in der Praxis regelmäßig darauf konzentrieren, nachzuweisen, dass ein solches Maß an Organisation und Kontrolle die Anforderungen an die Sorgfalt eines ordentlichen und gewissenhaften Geschäftsleiters überschreitet und die gewählten Organisationsmaßnahmen der Sorgfaltspflicht des § 93 Abs. 1 S. 1 AktG bzw. § 43 Abs. 1 GmbHG hinreichend nachkommen, so dass keine fehlerhafte Ermessensausübung und Sorgfaltspflichtverletzung vorliegt.[2430]

bb) Pflichtverletzung durch Unterlassen

81 Sofern die Pflichtverletzung des Organmitglieds in einem **Unterlassen** besteht, z.B. in fehlender bzw. unzureichender Überwachung oder Einweisung eines Mitarbeiters, ist der Ursachenzusammenhang nach anerkannten Grundsätzen dann nachgewiesen, wenn pflichtgemäßes Handeln den Eintritt des Schadens verhindert hätte.[2431] Dabei ist es, wie beim schadensstiftenden positiven Tun, Sache der Gesellschaft, neben dem Schaden auch darzulegen und zu beweisen, dass dieser ihr durch ein in den Pflichtenkreis des Organmitglieds fallendes Verhalten erwachsen ist.[2432] Der Nachweis bloßer Möglichkeit eines Ursachenzusammenhangs genügt nicht,[2433] jedoch greifen die **Be-**

[2428] BGH DStR 2003, 124, 125; MünchKomm-AktG/*Spindler*, § 93 Rn. 156; Großkomm-AktG/*Hopt*, § 93 Rn. 268; KölnerKomm-AktG/*Mertens/Cahn*, § 93 Rn. 55; *Hüffer*, § 93 Rn. 15; Baumbach/Hueck/*Zöllner/Noack*, § 43 Rn. 16; Roth/Altmeppen/*Altmeppen*, § 43 Rn. 98; *Krieger*, in: Krieger/Schneider, § 3 Rn. 40; *Wiesner*, in: Hoffmann-Becking, § 26 Rn. 8. Zur umstrittenen Zulässigkeit im Falle von Kompetenzüberschreitungen und Verfahrensverstößen vgl. etwa *Fleischer*, DStR 2009, 1204, 1207 f.; Roth/Altmeppen/*Altmeppen*, § 43 Rn. 98 f.; Baumbach/Hueck/*Zöllner/Noack*, § 43 Rn. 16.
[2429] MünchKomm-BGB/*Oetker*, § 249 Rn. 215 a.E.; MünchKomm-AktG/*Spindler*, § 93 Rn. 156; Großkomm-AktG/*Hopt*, § 93 Rn. 268; KölnerKomm-AktG/*Mertens/Cahn*, § 93 Rn. 55; Großkomm-GmbHG/*Paefgen*, § 43 Rn. 100; Baumbach/Hueck/*Zöllner/Noack*, § 43 Rn. 16; *Wiesner*, in: Hoffmann-Becking, § 26 Rn. 8; *Fleischer*, DStR 2009, 1204, 1208.
[2430] Vgl. zur Darlegungs- und Beweislast weitergehend § 13 Rn. 85.
[2431] BGH NJW 2003, 295, 296 m.w.N.; Baumbach/Hueck/*Zöllner/Noack*, § 43 Rn. 42.
[2432] BGH DStR 2003, 124, 125; *Hüffer*, § 93 Rn. 16; MünchKomm-AktG/*Spindler*, § 93 Rn. 167; Baumbach/Hueck/*Zöllner/Noack*, § 43 Rn. 36, 42; Fleischer/*Fleischer*, § 11 Rn. 71; *Kurzwelly*, in: Krieger/Schneider, § 12 Rn. 6 a.E.
[2433] Baumbach/Hueck/*Zöllner/Noack*, § 43 Rn. 37; Großkomm-GmbHG/*Paefgen*, § 43 Rn. 106.

B. Zivil- und gesellschaftsrechtliche Haftungsfragen

weiserleichterungen des § 287 ZPO sowie des Anscheinsbeweises.[2434] Aus einem feststehenden Schaden kann sich aufgrund seiner Art die tatsächliche Vermutung ergeben, dass dieser auf nicht sorgfaltspflichtgemäßes Verhalten eines Organmitglieds zurückzuführen ist.[2435] So lassen Warenvorrats- oder Kassenfehlbestände regelmäßig den Schluss auf eine hierfür ursächliche Pflichtwidrigkeit des dafür zuständigen Organmitglieds in Gestalt eines eigenen Handelns oder unzureichender Überwachung zu.[2436] Liegt der Sorgfaltspflichtverstoß in unzureichender Überwachung von Mitarbeitern bzw. nicht hinreichend effektiver Organisation der zu einer ausreichenden Kontrolle notwendigen betriebsinternen Abläufe, ist davon auszugehen, dass bei einer wesentlich strengeren Überwachung die Unregelmäßigkeiten und daraus resultierenden Vermögensminderungen verhindert bzw. zeitnah entdeckt und daraufhin unterbunden worden wären.[2437] Jedenfalls ist anzunehmen, dass zumindest ein über einen längeren Zeitraum anhaltendes Fehlverhalten bestimmter Mitarbeiter nicht unentdeckt geblieben wäre.[2438] Entsprechend ist im Rahmen unterlassener Überwachung anderer Organmitglieder aus der Tatsache, dass ein Schaden durch diese herbeigeführt wurde, auf unterlassene Kontrolle zu schließen; dass hinreichende Überwachung zur Verhinderung der Schädigung geführt hätte, wird im Regelfall ebenfalls zu vermuten sein.[2439]

Auch wenn die Pflichtverletzung in einem Unterlassen besteht, kann das Organmitglied einwenden, dass der **Schaden auch bei pflichtgemäßem Handeln** eingetreten wäre. In diesem Fall bestreitet der betroffene Geschäftsleiter die **Ursächlichkeit** der von ihm zu verantwortenden Unterlassung für den geltend gemachten Schaden. Die Verteilung der Darlegungs- und Beweislast folgt daher nicht den Regeln des rechtmäßigen Alternativverhaltens, was voraussetzt, dass das vom Schädiger zu vertretende Verhalten für den Schaden kausal geworden ist, sondern den allgemeinen Grundsätzen der Zurechnung eines schadensstiftenden Unterlassens.[2440] Stellt sich der Einwand des Organmitglieds als qualifiziertes Bestreiten des Ursachenzusammenhangs dar, ist es grds. **Sache der Gesellschaft** mittels konkreten Sachvortrags auf diesen Vortrag zu reagieren und den Kausalzusammenhang zwischen Schaden und pflichtwidrigem Unterlassen des Organmitglieds darzulegen. 82

Nach anderer Ansicht gilt auch dann, wenn dem Geschäftsleiter das (pflichtwidrige) Unterlassen einer bestimmten Maßnahme vorgeworfen wird, dass **der Geschäftsleiter** entweder die Einhaltung bzw. schuldlose Nichteinhaltung seiner Sorgfaltspflichten darlegen und beweisen muss, oder dass der Schaden auch bei pflichtgemäßem Alterna- 83

[2434] *BGH* DStR 2003, 124, 125 f.; NJW 2009, 850, 853 m.w.N.; *Kurzwelly*, in: Krieger/Schneider, § 12 Rn. 8 f.; *Bayer*, FS Schmidt, 2009, S. 85, 98 (jew. zu § 287 ZPO); Baumbach/Hueck/*Zöllner/Noack*, § 43 Rn. 37; MünchKomm-AktG/*Spindler*, § 93 Rn. 168; Michalski/*Haas/Ziemons*, § 43 Rn. 255; Fleischer/*Fleischer*, § 11 Rn. 70; ähnlich *Wiesner*, in: Hoffmann-Becking, § 26 Rn. 11 („An die Nachweispflicht der Gesellschaft dürfen keine allzu strengen Anforderungen gestellt werden"); Großkomm-AktG/*Hopt*, § 93 Rn. 281 f.
[2435] Baumbach/Hueck/*Zöllner/Noack*, § 43 Rn. 39; Roth/Altmeppen/*Altmeppen*, § 43 Rn. 106; MünchKomm-AktG/*Spindler*, § 93 Rn. 168; *Hüffer*, § 93 Rn. 17.
[2436] Vgl. *BGH* NJW 1986, 54, 55; Baumbach/Hueck/*Zöllner/Noack*, § 43 Rn. 39; *Hüffer*, § 93 Rn. 17; Großkomm-AktG/*Hopt*, § 93 Rn. 289; *Wiesner*, in: Hoffmann-Becking, § 26 Rn. 11.
[2437] *OLG Koblenz*, Urt. v. 5.2.2009, Az. 6 U 1626/07, BeckRS 2009, 25729.
[2438] *OLG Koblenz*, Urt. v. 5.2.2009, Az. 6 U 1626/07, BeckRS 2009, 25729.
[2439] Baumbach/Hueck/*Zöllner/Noack*, § 43 Rn. 43 (für die GmbH).
[2440] *BGH* NJW-RR 2010, 351, 352; 2008, 195, 197 (jew. VI. Zivilsenat); *BGH* NJW 2003, 295, 296 (IX. Zivilsenat); *OLG Stuttgart*, Urt. v. 27.10.2009, Az. 6 U 60/09, BeckRS 2010, 00901; *OLG Saarbrücken* NZG 2007, 105, 106 f.

tivverhalten eingetreten wäre.[2441] Diese Beweiserleichterung zu Gunsten der Gesellschaft wird damit begründet, dass im Fall des (pflichtwidrigen) Unterlassens „die Abgrenzung gegenüber der Pflichtwidrigkeit einer stattdessen vorgenommenen Handlung häufig fließend ist".[2442]

84 In der **Praxis** dürften sich die Auswirkungen der gegenteiligen Meinungen jedoch in Grenzen halten, wenn man beachtet, dass ein **qualifiziertes Bestreiten** des Kausalzusammenhangs zwischen Schaden und pflichtwidrigem Unterlassen des Organmitglieds nicht durch pauschales, unbestimmtes Bestreiten der Kausalität, sondern durch **substantiierten Gegenvortrag** zu erfolgen hat. Das Organmitglied wird hier Tatsachen vorzutragen haben, die eine Kausalität entgegen der tatsächlichen Vermutung ausschließen. Eine Verteidigung unter Hinweis darauf, dass der Schaden bei eigenem pflichtgemäßem Verhalten „wahrscheinlich" ebenfalls entstanden wäre, dürfte daher auch hier nicht ausreichend sein.

e) Darlegungs- und Beweislast

aa) Grundsätze

85 Wie im Rahmen des Kausalitätsnachweises schon deutlich wurde, kommt der Darlegungs- und Beweislast bei der Prüfung möglicher Organhaftung eine nicht unwesentliche Rolle zu. Grds. obliegt es der **Gesellschaft**, Eintritt und Höhe des Schadens und dessen Verursachung durch ein „Verhalten des Geschäftsleiters in seinem Pflichtenkreis, das als pflichtwidrig überhaupt in Betracht kommt, sich also insofern als „möglicherweise" pflichtwidrig darstellt", darzulegen und zu beweisen.[2443] Dabei ist es unerheblich, ob man das Verhalten des Geschäftsleiters als positives Tun oder Unterlassen wertet.[2444] Die an die Gesellschaft insoweit zu stellenden Darlegungsanforderungen (Substantiierungslast) hängen maßgeblich vom Einzelfall ab. So kann sich aus der Art des Schadens bereits die tatsächliche Vermutung ergeben, dass dieser auf nicht sorgfaltspflichtgemäßes Verhalten eines Organmitglieds zurückzuführen ist.[2445] Besteht der Vorwurf in einer Schadensverursachung durch Unterlassen, wird es für die Gesellschaft aufgrund der schier unbegrenzten Zahl unterlassener Verhaltensweisen grds. geboten sein, darzulegen, auf welche konkret unterlassene Handlung sie ihren Anspruch stützt und gegen welche Handlungspflicht das Organmitglied durch die Untätigkeit verstoßen haben soll.[2446] Neben der Kausalität zwischen pflichtwidrigem Verhalten und Schaden[2447] ist dabei auch der darzulegende Schaden selbst Beweiserleichterungen wie Anscheinsbeweis oder Schadensschätzung nach § 287 ZPO zu-

---

[2441] *BGH* DStR 2003, 124, 125 (II. Zivilsenat); *OLG Koblenz*, Urt. v. 5.2.2009, Az. 6 U 1626/07, BeckRS 2009, 25729; *OLG Frankfurt a.M.* NZG 1999, 947, 948; Baumbach/Hueck/*Zöllner/Noack*, § 43 Rn. 42.
[2442] *BGH* DStR 2003, 124, 125 (II. Zivilsenat); vgl. auch Baumbach/Hueck/*Zöllner/Noack*, § 43 Rn. 42.
[2443] *BGH* DStR 2003, 124, 125; vgl. auch *Hüffer*, § 93 Rn. 16; MünchKomm-AktG/*Spindler*, § 93 Rn. 167; KölnerKomm-AktG/*Mertens/Cahn*, § 93 Rn. 140; Baumbach/Hueck/*Zöllner/Noack*, § 43 Rn. 36, 38; *Wiesner*, in: Hofmann-Becking, § 26 Rn. 11; Fleischer/*Fleischer*, § 11 Rn. 70.
[2444] *BGH* DStR 2003, 124, 125; *Hüffer*, § 93 Rn. 16; MünchKomm-AktG/*Spindler*, § 93 Rn. 167; Baumbach/Hueck/*Zöllner/Noack*, § 43 Rn. 36, 42; Fleischer/*Fleischer*, § 11 Rn. 71.
[2445] Baumbach/Hueck/*Zöllner/Noack*, § 43 Rn. 39; Roth/Altmeppen/*Altmeppen*, § 43 Rn. 106; MünchKomm-AktG/*Spindler*, § 93 Rn. 168; *Hüffer*, § 93 Rn. 17; vgl. weitergehend § 13 Rn. 81.
[2446] Baumbach/Hueck/*Zöllner/Noack*, § 43 Rn. 42.
[2447] Vgl. dazu § 13 Rn. 81.

gänglich.²⁴⁴⁸ Allerdings ist in der Praxis insbesondere bei Bestechungszahlungen, die über Dritte, z.B. über Provisionszahlungen an Vermittler, geleistet werden, mit erheblichen Darlegungs- und Beweisproblemen hinsichtlich des endgültigen Empfängers der Zahlungen zu rechnen, da in vielen Fällen der endgültige Verbleib der Zahlungen nur schwer ermittelbar sein wird. Beweiserleichternd können sich aufgrund weiterreichender Ermittlungsbefugnisse parallele staatsanwaltliche Ermittlungen auswirken.

Das betroffene **Organmitglied** muss gem. § 93 Abs. 2 S. 2 AktG seinerseits beweisen und darlegen, dass sein Verhalten nicht pflichtwidrig war, d.h. er oder sie die Sorgfalt eines ordentlichen und gewissenhaften Geschäftsleiters angewandt hat oder schuldlos nicht anwenden konnte.²⁴⁴⁹ Dies betrifft auch den Geschäftsführer einer GmbH.²⁴⁵⁰ Es stellt eine Abweichung vom Grundsatz dar, dass jede Partei die Voraussetzungen der ihr günstigen Norm, d.h. der Anspruchsteller die anspruchsbegründenden Umstände, darzulegen und zu beweisen hat. Es rechtfertigt sich aus der Erwägung heraus, dass das jeweilige Organmitglied die Umstände seines Verhaltens und damit auch die Gesichtspunkte seines Verhaltens überschauen kann, die für die Beurteilung der Pflichtwidrigkeit seines Verhaltens sprechen; die Gesellschaft wäre an diesem Punkt immer in Beweisnot.²⁴⁵¹ Ein Organmitglied, das sich auf sorgfaltspflichtkonformes Verhalten nach der *business judgment rule* beruft, muss demnach durch entsprechenden Tatsachenvortrag darlegen und ggf. beweisen, dass er oder sie das unternehmerische Ermessen fehlerfrei ausgeübt hat.²⁴⁵² Daneben trägt das Organmitglied nicht nur die Darlegungs- und Beweislast dafür, dass der Schaden auch bei rechtmäßigem Alternativverhalten eingetreten wäre,²⁴⁵³ sondern als (möglicher) Schädiger ebenfalls für die Voraussetzungen des Vorteilsausgleichs.²⁴⁵⁴ 86

Die genannten Grundsätze gelten im Wesentlichen auch für **ausgeschiedene Organmitglieder**.²⁴⁵⁵ In diesem Fall ist die Gesellschaft jedoch verpflichtet, dem Organmitglied, soweit zu seiner Verteidigung erforderlich, Einsicht in die dafür maßgeblichen Unterlagen der Gesellschaft zu gewähren.²⁴⁵⁶ 87

---

²⁴⁴⁸ Baumbach/Hueck/*Zöllner/Noack*, § 43 Rn. 37; MünchKomm-AktG/*Spindler*, § 93 Rn. 168; *Kurzwelly*, in: Krieger/Schneider, § 12 Rn. 9; Fleischer/*Fleischer*, § 11 Rn. 70; BGH DStR 2003, 124, 126 (zu § 287 ZPO).

²⁴⁴⁹ Ganz h.M.; vgl. Großkomm-AktG/*Hopt*, § 93 Rn. 285; KölnerKomm-AktG/*Mertens/Cahn*, § 93 Rn. 140; MünchKomm-AktG/*Spindler*, § 93 Rn. 163, 167; *Hüffer*, § 93 Rn. 16; *Wiesner*, in: Hoffmann-Becking, § 26 Rn. 11; Fleischer/*Fleischer*, § 11 Rn. 71; *Bayer*, FS Schmidt, 2009, S. 85, 98.

²⁴⁵⁰ BGH DStR 2003, 124, 125 (Geltung „jedenfalls dann, wenn er nach eigenem Gutdünken und nicht auf konkrete Weisung der Gesellschafter gehandelt hat"); OLG Koblenz, Urt. v. 5.2.2009, Az. 6 U 1626/07, BeckRS 2009, 25729; Roth/Altmeppen/*Altmeppen*, § 43 Rn. 104; Baumbach/Hueck/*Zöllner/Noack*, § 43 Rn. 36, 38 (jew. m.w.N.).

²⁴⁵¹ BGH DStR 2003, 124, 125; OLG Düsseldorf, Urt. v. 9.6.2005, Az. 6 U 112/04, BeckRS 2006, 01779; s. auch MünchKomm-AktG/*Spindler*, § 93 Rn. 163; Fleischer/*Fleischer*, § 11 Rn. 69.

²⁴⁵² Baumbach/Hueck/*Zöllner/Noack*, § 43 Rn. 40; *Hüffer*, § 93 Rn. 16 a (jew. m.w.N.); Fleischer/*Fleischer*, § 11 Rn. 71; *Kurzwelly*, in: Krieger/Schneider, § 12 Rn. 10 ff.

²⁴⁵³ Vgl. insoweit § 13 Rn. 82.

²⁴⁵⁴ MünchKomm-BGB/*Oetker*, § 249 Rn. 267; Palandt/*Grüneberg*, Vorb. § 249 Rn. 75; Fleischer/*Fleischer*, § 7 Rn. 24; *Bayer*, FS Schmidt, 2009, S. 85, 98; BGH NJW-RR 2004, 79, 81 (m. dem Hinw. auf mögliche Beweiserleichterungen bei der Berücksichtigung von Steuervorteilen).

²⁴⁵⁵ Dies betrifft **nicht** den **Gesamtrechtsnachfolger** eines zum Schadensersatz verpflichteten Organmitglieds; es gelten insoweit die allgemeinen Beweislastgrundsätze, vgl. MünchKomm-AktG/*Spindler*, § 93 Rn. 170; KölnerKomm-AktG/*Mertens/Cahn*, § 93 Rn. 146; Fleischer/*Fleischer*, § 11 Rn. 73; a.A. *Kurzwelly*, in: Krieger/Schneider, § 12 Rn. 16.

²⁴⁵⁶ BGH DStR 2003, 124, 125 a.E.; KölnerKomm-AktG/*Mertens/Cahn*, § 93 Rn. 147; MünchKomm-AktG/*Spindler*, § 93 Rn. 170; Fleischer/*Fleischer*, § 11 Rn. 73; *Wiesner*, in: Hoffmann-Be-

§ 13. Weitere Konsequenzen im Unternehmensbereich

bb) Verweis auf Verfahrensbeendigung mit US-Behörden, Strafurteile oder Bußgeldbescheide

88 Im Hinblick auf mögliche vorgelagerte **Verfahrensbeendigungen** mit den US-Behörden sowie **Strafurteile** oder **Bußgeldbescheide** stellt sich die Frage, ob und inwieweit die Gesellschaft ihrer Darlegungs- und Beweislast nachkommt, wenn sie auf deren Inhalt und Entscheidungsgründe als tauglichen Beweis für die Verursachung des Schadens durch ein pflichtwidriges Verhalten des betroffenen Organmitglieds verweist. Eine Bindung des Zivilrichters an strafgerichtliche Urteile ist im deutschen Recht nicht normiert. Ein entsprechender Vorschlag der Bundesregierung im Jahr 2003, wonach rechtskräftige Urteile über Straftaten und Ordnungswidrigkeiten den vollen Beweis der darin für erwiesen erachteten Tatsachen erbringen sollten, wurde nicht Gesetz.[2457] Nach derzeit geltender Rechtslage spricht u. a. der das Zivilprozessrecht beherrschende Grundsatz freier Beweiswürdigung gegen eine solche Bindungswirkung.[2458] Das Strafurteil hat daher **für den Zivilrichter keine rechtlich bindende Wirkung,** dieser ist vielmehr gehalten, sich seine Überzeugung selbst zu bilden, und ist regelmäßig nicht an Tatsachenfeststellungen eines Strafurteils gebunden.[2459] Entsprechendes gilt für die einem Bußgeldbescheid[2460] oder Verfahrensbeendigungen mit den US-Behörden zugrunde liegenden Tatsachen und Entscheidungsgründe.

89 Dies spricht jedoch nicht dagegen, dass die Gesellschaft als Partei eines Zivilprozesses im Rahmen ihrer **Darlegungslast** ihrem Vorbringen die Darstellung in einem Strafurteil oder Bußgeldbescheid zugrunde legt.[2461] Auch der Umstand, dass insbesondere im Verhältnis zu den US-Behörden ergangene Entscheidungen und Vereinbarungen möglicherweise das Ergebnis von Verhandlungen sind, steht der Erfüllung der Darlegungslast nicht per se entgegen, sondern bedeutet allenfalls eine Einschränkung der Beweiskraft.[2462] Wird ein Strafurteil, Bußgeldbescheid oder eine anderweitige den Korruptionssachverhalt betreffende Verfahrensbeendigung, z.B. mit den US-Behörden, in den Zivilprozess eingeführt, müssen sich die Parteien und der Zivilrichter damit nach den Regeln der Darlegungs- und Beweislast sowie der Beweiswürdigung auseinandersetzen.

90 Der Zivilrichter darf dabei bei engem rechtlichem Zusammenhang von Zivil- und Strafverfahren rechtskräftige Strafurteile nicht völlig unberücksichtigt lassen.[2463] Die tatsächlichen Feststellungen in einem Strafurteil, Bußgeldbescheid oder einer Verfahrensbeendigung mit den US-Behörden können so **im Rahmen der eigenen freien Beweiswürdigung** und der Überzeugung des Zivilrichters i. S. von § 286 Abs. 1 ZPO **Be-**

---

cking, § 26 Rn. 12; *Kurzwelly,* in: Krieger/Schneider, § 12 Rn. 15; *Krieger,* in: Krieger/Schneider, § 3 Rn. 42; Baumbach/Hueck/*Zöllner/Noack,* § 43 Rn. 44; krit. Michalski/*Haas/Ziemons,* § 43 Rn. 256; *Hüffer,* § 93 Rn. 17 a.E. („jedenfalls geboten [sind] Beweiserleichterungen nach [dem] Prinzip der Tatsachennähe").

[2457] *Hiebl/Becker,* in: Widmaier, § 30 Rn. 7 f.
[2458] BGH NJW-RR 2005, 1024; *LG Karlsruhe,* Urt. v. 23.10.2009, Az. 6 O 15/09, BeckRS 2009, 87773.
[2459] BGH NJW-RR 2005, 1024, 1025; NJW 1995, 1025, 1026; *KG* NJOZ 2006, 1189, 1190; *Hiebl/Becker,* in: Widmaier, § 30 Rn. 2; MünchKomm-ZPO/*Gottwald,* § 322 Rn. 75.
[2460] *Bayer,* FS Schmidt, 2009, S. 85, 98.
[2461] *OLG München* NJOZ 2007, 2163, 2164 (zum Strafurteil).
[2462] Vgl. BGH NJW 1995, 1025, 1026 zum Strafurteil, das „möglicherweise das Ergebnis eines „deals" dargestellt hat".
[2463] BGH NJW-RR 2005, 1024, 1025; *LG Karlsruhe,* Urt. v. 23.10.2009, Az. 6 O 15/09, BeckRS 2009, 87773.

B. Zivil- und gesellschaftsrechtliche Haftungsfragen

rücksichtigung finden.[2464] Dabei wird hinsichtlich strafgerichtlicher Feststellungen zum Teil vertreten, dass diesen im Rahmen der eigenen Beweiswürdigung des Zivilgerichts i.d.R. zu folgen sei, sofern nicht gewichtige Gründe für deren Unrichtigkeit vorgebracht würden.[2465] Das Gericht muss sich jedoch stets mit der für eine Verurteilung erforderlichen persönlichen Gewissheit davon überzeugen, dass die anspruchsbegründenden Tatsachen vorliegen. Dies verlangt, dass der Zivilrichter die getroffenen Feststellungen nicht ungeprüft übernimmt, sondern sie einer eigenen **kritischen Überprüfung** unterzieht.[2466]

Insbesondere im Hinblick auf die **Sachverhaltsdarstellungen und Entscheidungsgründe in im Verhältnis zu den US-Behörden ergangenen Entscheidungen und Vereinbarungen** ist insofern Vorsicht geboten. Die Sachverhaltsfeststellungen verzichten, insbesondere wenn es um eine Strafbarkeit des Unternehmens geht, vielfach auf eine detaillierte Darstellung und spezifische Zuordnung der individuellen Verantwortlichkeit einzelner Personen, die jedoch für die Frage der Geltendmachung von Schadensersatzansprüchen gegen einzelne Organmitglieder auch im Rahmen eines Organisationsverschuldens entscheidend sind. Je nach Einzelfall kann daher die alleinige Bezugnahme auf die genannten Sachverhaltsdarstellungen schon der Darlegungslast der Gesellschaft nicht genügen. Darüber hinaus verfügt das US-Recht im Vergleich zu den maßgeblichen Vorschriften deutschen Rechts zum Teil über ein unterschiedliches Beweisrecht, u.a. mit weitreichenden Vermutungswirkungen, das eine anders gelagerte Darstellung der tatsächlichen und rechtlichen Vorwürfe zur Folge haben kann, als es nach deutschem Recht angezeigt wäre.[2467] So reicht z.B. nach dem FCPA für die Kenntnis, dass Vorteile einem Amtsträger zugute kommen, bereits eine auf den Umständen des Einzelfalls basierende „hohe Wahrscheinlichkeit" aus.[2468] Auch liegt bei den Verfahrensbeendigungen, die das Ergebnis von Verhandlungen sind, der Schwerpunkt der Darstellungen i.d.R. auf den belastenden Umständen, so dass mangels Möglichkeit einer eigenen rechtlichen Gesamtbeurteilung für das Zivilgericht regelmäßig eine Einschränkung ihrer Beweiskraft vorliegen wird. Trotz der indiziellen Wirkung für die Richtigkeit der dargestellten Tatsachen werden die Sachverhaltsdarstellungen und Entscheidungsgründe von SEC und DOJ alleine daher regelmäßig nicht geeignet sein, eine etwaige Pflichtverletzung von Vorstandsmitgliedern oder Geschäftsführern i.S. von § 93 Abs. 2 AktG bzw. § 43 Abs. 2 GmbHG nach Maßstäben deutschen Rechts zu begründen. Das Zivilgericht wird die maßgeblichen Sachverhalte zum Zwecke der eigenen Überzeugungsbildung einer selbstständigen und umfassenden rechtlichen Würdigung zu unterziehen haben und kann seine Überzeugung nicht allein auf die Darstellung und Prüfung durch die US-Behörden stützen.[2469]

91

[2464] Für das Strafurteil *OLG Zweibrücken*, Urt. v. 1.7.2010, Az. 4 U 7/10, BeckRS 2010, 21764; BGH NJW-RR 2005, 1024, 1025; *Hiebl/Becker*, in: Widmaier, § 30 Rn. 3.
[2465] KG NJOZ 2006, 1189, 1190 f.; *LG Mainz*, Urt. v. 12.9.2002, Az. 1 O 92/96, abrufbar unter http://www.justiz.rlp.de/icc/justiz/nav/704/70479ed1-9880-11d4-a735-0050045687ab.htm; *OLG Köln* FamRZ 1991, 580 f.; *OLG Koblenz* AnwBl. 1990, 215, 216; zustimmend wohl auch Münch-Komm-ZPO/*Rauscher*, Einl. Rn. 4 a.E.
[2466] BGH WM 1973, 560, 561 (hinsichtlich zweier Zivilprozesse); *OLG Zweibrücken*, Urt. v. 1.7.2010, Az. 4 U 7/10, BeckRS 2010, 21764.
[2467] Zu Ermittlungs- und Beweisschwierigkeiten bei Bestechung im Ausland nach deutschem Recht vgl. *Loer*, § 10 Rn. 16 ff.
[2468] 15 U.S.C.§§ 78dd-1(f)(2), 78dd-2(h)(3), 78dd-3(f)(3); vgl. dazu ausf. oben *DiBianco*, § 2 Rn. 24.
[2469] Zur vergleichbaren Situation der deutschen Behörden im **Ermittlungsverfahren** vgl. *Wessing*, § 6 Rn. 86 ff.; zum deutschen **Vergabeverfahren** vgl. *Jakoby*, § 13 Rn. 155, 156, 165 f.

f) Verjährung

aa) Grundsätze

92 Bis einschließlich 14.12.2010 galt für Ersatzansprüche gegen Vorstandsmitglieder und Geschäftsführer aus §§ 93 Abs. 2 AktG, 43 Abs. 2 GmbHG eine gem. §§ 93 Abs. 6 AktG a.F., 43 Abs. 4 GmbHG fünfjährige Verjährungsfrist. Nach der Neufassung des § 93 Abs. 6 AktG durch das Gesetz zur Restrukturierung und geordneten Abwicklung von Kreditinstituten, zur Errichtung eines Restrukturierungsfonds für Kreditinstitute und zur Verlängerung der Verjährungsfrist der aktienrechtlichen Organhaftung (Restrukturierungsgesetz) verjähren Ansprüche bei **zum Zeitpunkt der Pflichtverletzung börsennotierten Aktiengesellschaften** seit dem 15.12.2010 in **zehn Jahren**. Ausweislich der Gesetzesbegründung ist der Begriff der Börsennotierung i.S. von § 3 Abs. 2 AktG zu verstehen und erfasst alle Gesellschaften, deren Aktien zum Handel an einem regulierten Markt (§§ 32 ff. BörsG) zugelassen sind, wobei auch die Zulassung an einer ausländischen Börse mit vergleichbarer Notierung ausreicht.[2470] Die Verlängerung der Verjährungsfrist von Organhaftungsansprüchen für zum Zeitpunkt der Pflichtverletzung börsennotierte Aktiengesellschaften ist gem. § 24 EG-AktG auch auf die vor dem 15.12.2010 entstandenen und noch nicht verjährten Ansprüche anzuwenden. Für **andere anspruchsberechtigte Aktiengesellschaften sowie Gesellschaften mit beschränkter Haftung** bleibt es hingegen **grds. bei der Verjährungsfrist von fünf Jahren**.[2471]

93 Die Frage einer möglichen **Verlängerung oder Verkürzung** der Verjährungsfrist durch Vertrag oder Satzung wird im Rahmen der Gesetzesnovellierung nicht (ausdrücklich) aufgegriffen. Soweit in der Gesetzesbegründung zum Restrukturierungsgesetz jedoch darauf verwiesen wird, dass die Durchsetzung von Organhaftungsansprüchen nicht an zu kurzen Verjährungsfristen scheitern dürfe und „eine Inanspruchnahme de facto aber erst durch personelle Veränderungen im Aufsichtsrat oder im Vorstand in Betracht kommt", spricht vieles dafür, dass der Gesetzgeber von einem zwingenden Charakter der fünf- bzw. zehnjährigen Frist ausgeht.[2472] Dieses Verständnis entspricht der im Aktienrecht bisher h.M.[2473] Demgegenüber wird eine Fristverlängerung und -abkürzung, auch mittels Statuierung einer Ausschlussfrist, in Satzung oder Anstellungsvertrag im GmbH-Recht innerhalb der Grenzen des § 202 BGB und soweit nicht die Sondersituation des § 43 Abs. 3 GmbHG vorhanden ist, überwiegend für grds. zulässig erachtet.[2474]

[2470] BT-Drs. 17/3024, S. 82.
[2471] Eine **Ausnahme** bilden in der Rechtsform einer AG oder GmbH geführte **Kreditinstitute** i.S. von § 1 Abs. 1 KWG, welche abweichend von den allgemeinen Regeln generell und rechtsformunabhängig einer zehnjährigen sektorspezifischen Verjährung für Organhaftungsansprüche nach dem ebenfalls durch das Restrukturierungsgesetz neugeschaffenen § 52 a Abs. 1 KWG unterliegen.
[2472] BT-Drs. 17/3024, S. 43.
[2473] Vgl. MünchKomm-AktG/*Spindler*, § 93 Rn. 254; KölnerKomm-AktG/*Mertens/Cahn*, § 93 Rn. 199; Spindler/Stilz/*Fleischer*, § 93 Rn. 301; Fleischer/*Fleischer*, § 11 Rn. 120; *Wiesner*, in: Hoffmann-Becking, § 26 Rn. 21.
[2474] BGH NJW 2002, 3777 f.; NJW-RR 2008, 905, 906; Baumbach/Hueck/*Zöllner/Noack*, § 43 Rn. 60 (entsprechender Gesellschafterbeschluss muss vorliegen); Roth/Altmeppen/*Altmeppen*, § 43 Rn. 139 ff. (Fristverkürzung bei Zustimmung der Gesellschafter möglich, Ausnahme bei Geschäftsleiterhaftung wegen gröblichen Verstoßes gegen die unternehmerische Sorgfalt); Großkomm-GmbHG/*Paefgen*, § 43 Rn. 164 f. m.w.N.

bb) Verjährungsbeginn

Der **Beginn** der fünf- bzw. zehnjährigen Verjährungsfrist der §§ 93 Abs. 6 AktG, 43 Abs. 4 GmbHG bestimmt sich rein **objektiv**. Maßgeblich ist gem. § 198 BGB a.F., Art. 229 § 6 Abs. 1 S. 2 EGBGB sowohl für spätestens am 31.12.2001 bestehende Ansprüche als auch gem. § 200 BGB für frühestens am 1.1.2002 bestehende Ansprüche die **Entstehung des Schadensersatzanspruchs**.[2475] Dies setzt voraus, dass der Schaden dem Grunde nach eingetreten ist, ohne dass der Schaden in dieser Phase schon bezifferbar sein muss; es reicht aus, dass die Gesellschaft zumindest Feststellungsklage gegen das Vorstandsmitglied bzw. den Geschäftsführer erheben kann.[2476] Ist hingegen noch offen, ob pflichtwidriges, risikobehaftetes Verhalten überhaupt zu einem Schaden führt, ist die Voraussetzung für die Entstehung eines Schadens nicht erfüllt.[2477] Auf die Kenntnis der Gesellschafter oder der Gesellschaft von den anspruchsbegründenden Tatsachen kommt es selbst dann nicht an, wenn der Geschäftsleiter sie verheimlicht.[2478]

94

Um den Fristlauf in Gang zu setzen, muss der Schaden entstanden, braucht aber in seiner Entwicklung noch nicht abgeschlossen zu sein.[2479] Der aus der pflichtwidrigen Handlung erwachsene Schaden stellt eine Einheit dar und erstreckt sich auch auf **spätere Schadensfolgen**, wenn mit ihnen bei Auftritt des ersten Schadens auf Grund verständiger Würdigung zu rechnen ist.[2480] Für nicht vorhersehbare Schäden beginnt mit ihrem Eintritt eine neue Verjährung. Auch wenn der (Gesamt-)Schaden auf **mehreren selbstständigen Pflichtverletzungen** beruht, beginnt die Verjährungsfrist mit den jeweiligen dadurch verursachten Schäden gesondert zu laufen.[2481]

95

Im Rahmen von Korruptionsuntersuchungen wird es sich in der Praxis bei den der Unternehmensleitung vorgeworfenen Pflichtverletzungen regelmäßig um **pflichtwidrige Unterlassungen** handeln, z.B. unterlassenes Einschreiten gegenüber inkriminierten Geschäftspraktiken durch Unternehmensangehörige und mangelnder Aufbau einer internen Unternehmensstruktur, insbesondere eines leistungsfähigen Compliance-Systems, zur Verhinderung derartiger Verhaltensweisen. Wann die Verjährung im Fall pflichtwidrigen Unterlassens beginnt, ist umstritten. Nach einer Ansicht beginnt die Verjährung, wenn durch die Unterlassung ein Schaden entstanden ist, im Falle einer Vergrößerung des Schadens durch fortgesetztes Nichthandeln jedoch grds. erst mit dem Ende des pflichtwidrigen Unterlassens.[2482] Dabei seien „zeitliche Einschnitte zu beachten", beispielsweise der Ablauf des betreffenden Geschäftsjahres hinsichtlich der

96

[2475] *BGH* NJW 2009, 68, 70 (zur GmbH); Baumbach/Hueck/*Zöllner/Noack*, § 43 Rn. 57; MünchKomm-AktG/*Spindler*, § 93 Rn. 255; *Hüffer*, § 93 Rn. 37; *Wiesner*, in: Hoffmann-Becking, § 26 Rn. 21; *Fleischer*, NJW 2009, 2337, 2340 (anders noch Fleischer/*Fleischer*, § 11 Rn. 121: Fristbeginn gem. § 199 Abs. 1 BGB).

[2476] *BGH* NJW 2009, 68, 70 (zur GmbH); Baumbach/Hueck/*Zöllner/Noack*, § 43 Rn. 57; *Hüffer*, § 93 Rn. 37; *Wiesner*, in: Hoffmann-Becking, § 26 Rn. 21 (jew. m.w.N.).

[2477] *BGH* NJW 1994, 323, 325 m.w.N.

[2478] *BGH* NJW 2009, 68, 70 (zur GmbH); Baumbach/Hueck/*Zöllner/Noack*, § 43 Rn. 57; *Fleischer*, NJW 2009, 2337, 2340.

[2479] *Hüffer*, § 93 Rn. 37 m.w.N.

[2480] MünchKomm-AktG/*Spindler*, § 93 Rn. 256; KölnerKomm-AktG/*Mertens/Cahn*, § 93 Rn. 200, 202; Baumbach/Hueck/*Zöllner/Noack*, § 43 Rn. 57 (jew. m.w.N. auch zur Rspr.).

[2481] MünchKomm-AktG/*Spindler*, § 93 Rn. 256; KölnerKomm-AktG/*Mertens/Cahn*, § 93 Rn. 202; Großkomm-AktG/*Hopt*, § 93 Rn. 437; Baumbach/Hueck/*Zöllner/Noack*, § 43 Rn. 57 (jew. m.w.N.).

[2482] MünchKomm-AktG/*Spindler*, § 93 Rn. 257; KölnerKomm-AktG/*Mertens/Cahn*, § 93 Rn. 203; Großkomm-GmbHG/*Paefgen*, § 43 Rn. 160.

Überwachung der Geschäftsführung des Vorstands durch den Aufsichtsrat, es sei denn ein Ereignis, das hätte verhindert werden müssen, ist schon vorher eingetreten.[2483] Eine solche Zäsur könnte außerdem das Ausscheiden aus dem Vorstand bzw. die Beendigung der Geschäftsführertätigkeit darstellen.[2484] Andere Teile der Literatur sehen bei pflichtwidrigem Unterlassen den Zeitpunkt, an dem die (unterlassene) Handlung spätestens hätte vorgenommen werden müssen, um noch pflichtgemäß zu sein, als maßgeblich für den Beginn der Verjährungsfrist.[2485] Im Falle des Nichtverhinderns des Handelns eines Dritten soll der Zeitpunkt erreicht sein, wenn die zu verhindernde Handlung erfolgt ist.[2486]

97 Auf Grundlage der vorstehenden Ansichten beginnt die Verjährung **frühestens** zum Zeitpunkt der **pflichtwidrigen Handlung des Unternehmensangehörigen**, welche die Geschäftsleitung hätte verhindern sollen und die im Fall von Korruptionssachverhalten, z. B. bei Leistung unrechtmäßiger Zahlungen, Vorteilsgewährung oder -annahme, gleichzeitig den Zeitpunkt des ersten Schadenseintritts darstellen kann. Stuft man das pflichtwidrige Unterlassen der Geschäftsleitung als Fall des „fortgesetzten Nichthandelns" ein, ließe sich argumentieren, dass die Verjährung erst mit der tatsächlichen Abstellung der inkriminierten Geschäftspraktiken durch Implementierung eines leistungsfähigen Compliance-Systems beginne. Sinn und Zweck der Regeln über die Verjährung, die durch den Gedanken des Schuldnerschutzes sowie des Rechtsfriedens und der Rechtssicherheit gekennzeichnet sind und Schwierigkeiten Rechnung tragen, die mit der zuverlässigen Feststellung länger zurückliegender Tatsachen unvermeidlich verbunden sind, sprechen jedoch gegen ein Hinausschieben des Verjährungsbeginns, wenn die Voraussetzungen, gegen den Ersatzpflichtigen klageweise vorzugehen, schon zu einem früheren Zeitpunkt gegeben sind.[2487] Es erscheint sachgerechter, jede Verwirklichung eines inkriminierten Tatbestandes durch Unternehmensangehörige als zu verhinderndes Ereignis und damit als Zäsur, welche den Beginn der Verjährung diesbezüglicher Ersatzansprüche in Gang setzt, zu bewerten. Dafür spricht auch, dass ein später implementiertes leistungsfähiges Compliance-System weder am Eintritt der bereits vollendeten Korruptionshandlung noch an in Bezug auf diese später eintretenden vorhersehbaren Schadensvertiefungen, z. B. in Gestalt von Untersuchungskosten oder Strafzahlungen, etwas ändern kann.

cc) Kumulierte Schadenspositionen

98 Im Hinblick auf letztgenannte Schadenspositionen ist zu beachten, dass diese im Rahmen umfassender Korruptionsuntersuchungen auch bereits verjährten Pflichtverletzungen zuzuordnen sein können. Insbesondere der von den US-Behörden, aber auch der intern von den Unternehmen im Zuge der Aufarbeitung untersuchte Zeitrahmen erstreckt sich teilweise über einen Zeitraum von mehr als fünf bzw. zehn Jahren. Sofern sich Untersuchungskosten, Gebühren für externe Berater oder Strafzahlungen auf Pflichtverletzungen beziehen, die in bereits verjährten Zeiträumen stattfanden, sind diese nicht ersetzbar. Je nach Sachlage und Dokumentation kann es schwierig

---

[2483] KölnerKomm-AktG/*Mertens/Cahn*, § 93 Rn. 203; ähnl. Großkomm-GmbHG/*Paefgen*, § 43 Rn. 160.
[2484] Vgl. *BGH* NJW-RR 1989, 1255, 1256.
[2485] Großkomm-AktG/*Hopt*, § 93 Rn. 442.
[2486] Großkomm-AktG/*Hopt*, § 93 Rn. 443.
[2487] Vgl. *BGH* EuZW 2009, 865, 869 (Annahme des Vorliegens mehrfacher, wiederholter Handlungen anstelle einer „in einer Unterlassung bestehende[n] Dauerhandlung").

2. Haftung wegen Verletzung des Anstellungsvertrages

Sofern festgestellte Pflichtverletzungen zu einer Schadensersatzhaftung der Unternehmensleiter gem. § 93 Abs. 2 AktG bzw. § 43 Abs. 2 GmbHG führen, liegt i.d.R. auch eine Verletzung dienstvertraglicher Pflichten vor.[2489] Die Gesellschaft könnte daher aufgrund der Verletzung einer Pflicht aus einem Schuldverhältnis (dem Anstellungsvertrag) einen Schadensersatzanspruch gegen den Vorstand bzw. Geschäftsführer gem. § 280 Abs. 1 BGB haben.[2490] Gesellschafter und sonstige Dritte können aus einer Verletzung des Anstellungsvertrages keine eigenen Ansprüche herleiten. Der Anstellungsvertrag mit der Gesellschaft hat grds. keine Schutzwirkung zu Gunsten der Gesellschafter oder außenstehender Dritter.[2491]

99

Dem möglichen Anspruch der Gesellschaft aus § 280 Abs. 1 BGB wird jedoch zum Teil unter Hinweis auf § 93 Abs. 2 AktG bzw. § 43 Abs. 2 GmbHG als Fall der gesetzlichen Spezialregelung eine eigenständige haftungsrechtliche Bedeutung abgesprochen.[2492] Im Falle der anderweitig angenommenen Anspruchskonkurrenz unterfallen die Ansprüche aus positiver Verletzung des Anstellungsvertrages nach h.M. der Verjährungsregelung des § 93 Abs. 6 AktG bzw. § 43 Abs. 4 GmbHG.[2493] Im Ergebnis bleibt daher sowohl die Meinungsverschiedenheit als auch die möglicherweise neben § 93 Abs. 2 AktG bzw. § 43 Abs. 2 GmbHG bestehende vertragliche Haftung des Vorstands bzw. Geschäftsführers ohne praktische Relevanz.

3. Deliktische Schadensersatzhaftung aus § 823 Abs. 2 BGB i.V.m. der Verletzung eines Schutzgesetzes

Eine persönliche Inanspruchnahme der Unternehmensleitung kann sich sowohl gegenüber der Gesellschaft als auch gegenüber Dritten, einschließlich Gesellschaftern, aufgrund deliktischer Verantwortlichkeit ergeben. Im Rahmen von Korruptionsverfahren kommt vor allem eine Schadensersatzhaftung nach § 823 Abs. 2 BGB in Betracht.[2494]

100

[2488] Zur **Geltendmachung des Schadensersatzanspruchs** s. z.B. Baumbach/Hueck/*Zöllner/Noack*, § 43 Rn. 30 für die GmbH und *Krieger*, in: Krieger/Schneider, § 3 Rn. 47 ff. oder *Wiesner*, in: Hoffmann-Becking, § 26 Rn. 23 ff. für die AG.
[2489] *Wiesner*, in: Hoffmann-Becking, § 26 Rn. 4.
[2490] Gem. Art. 229 § 5 S. 2 EGBGB gilt auch für Dauerschuldverhältnisse, die vor dem 1.1.2002 entstanden sind, ab dem 1.1.2003 das BGB in der dann geltenden Fassung.
[2491] *Altmeppen*, in: Krieger/Schneider, § 7 Rn. 4 m.w.N. und Hinw. zur Ausnahme, die hinsichtlich des Anstellungsvertrages des Geschäftsleiters einer Komplementär-Gesellschaft zu Gunsten der Kommanditgesellschaft befürwortet wird.
[2492] Großkomm-AktG/*Hopt*, § 93 Rn. 226 f.; *Wiesner*, in: Hoffmann-Becking, § 26 Rn. 4; Baumbach/Hueck/*Zöllner/Noack*, § 43 Rn. 4 m.w.N. auch zur Rspr.
[2493] MünchKomm-AktG/*Spindler*, § 93 Rn. 253; KölnerKomm-AktG/*Mertens/Cahn*, § 93 Rn. 195; Hüffer, § 93 Rn. 11; Großkomm-GmbHG/*Paefgen*, § 43 Rn. 154; Michalski/*Haas/Ziemons*, § 43 Rn. 231; vgl. auch Großkomm-AktG/*Hopt*, § 93 Rn. 427 und Baumbach/Hueck/*Zöllner/Noack*, § 43 Rn. 4, 58 jew. m.w.N. auch zu dieser Ansicht.
[2494] Die geringere Praxisrelevanz weiterer deliktischer Haftungsgrundlagen beruht in diesem Fall u.a. auf Folgendem: Das als „sonstiges Recht" i.S. des **§ 823 Abs. 1 BGB** anerkannte Recht am eingerichteten und ausgeübten Gewerbebetrieb steht nicht den Gesellschaftern der Gesellschaft zu (*Altmeppen*, in: Krieger/Schneider, § 7 Rn. 30 m.w.N.), die Mitgliedschaft in der Gesellschaft ist zwar als „sonstiges Recht" des Gesellschafters anerkannt, erfasst jedoch keine reinen Vermögensschäden, wie sie durch eine Schädigung der Gesellschaft reflexiv beim Mitglied durch die Wertminderung des

§ 13. Weitere Konsequenzen im Unternehmensbereich

a) Schutzgesetzverletzung

101 Dies setzt voraus, dass ein gerade auch den Schutz des Verletzten bezweckendes Gesetz (**Schutzgesetz**) verletzt wurde und der Schutzbereich der Norm die konkrete Art der Schadenszufügung umfasst. Dabei ist es unschädlich, wenn der Individualschutz nicht der ausschließliche Zweck des Gesetzes ist und die Rechtsnorm sogar in erster Linie das Interesse der Allgemeinheit im Auge hat, solange der Individualschutz nicht nur reflexartig durch Befolgung der Norm entsteht, sondern im Aufgabenbereich der Norm liegt.[2495] Die Schaffung eines individuellen Schadensersatzanspruchs muss außerdem „sinnvoll und im Licht des haftungsrechtlichen Gesamtsystems tragbar erscheinen".[2496] Entscheidend ist nach der neuesten Rechtsprechung des BGH, „ob der Gesetzgeber bei Erlass des Gesetzes gerade einen Rechtsschutz, wie er wegen der behaupteten Verletzung in Anspruch genommen wird, zu Gunsten von Einzelpersonen oder bestimmten Personenkreisen gewollt oder doch mit gewollt hat".[2497] Der Schutzgesetzcharakter einer Norm ist daher jeweils im Einzelfall zu bestimmen.

Einigkeit besteht dahingehend, dass die Regelungen über die interne Sorgfaltspflicht bei der Geschäftsführung in § 93 Abs. 1 AktG und § 43 Abs. 1 GmbHG keine Schutzgesetze i.S. des § 823 Abs. 2 BGB zu Gunsten der Gesellschafter oder sonstiger Dritter sind.[2498] Auch § 130 OWiG stellt generell kein Schutzgesetz i.S. des § 823 Abs. 2 BGB dar.[2499]

102 Im Falle von **Korruptionssachverhalten** sind jedoch insbesondere auch Verstöße gegen §§ 299, 333, 334 StGB (Bestechlichkeit, Bestechung und Vorteilsgewährung), den Untreuetatbestand (§ 266 StGB) und § 400 AktG (unrichtige Darstellung der Verhältnisse der Gesellschaft) denkbar.[2500] Letztere Norm ist als Schutzgesetz anerkannt und

---

Anteils hervorgerufen werden (MünchKomm-AktG/*Spindler*, § 93 Rn. 268 m.w.N. auch zur GmbH; vgl. auch Fn. 2363) und sowohl das Vermögen als solches als auch Forderungen gehören nach h.M. nicht zu den „sonstigen Rechten". Die Haftung nach **§ 826 BGB** wiederum setzt den Nachweis eines Schädigungsvorsatzes des Vorstands bzw. Geschäftsführers voraus. Eine Einstandspflicht der Unternehmensleiter gem. **§ 831 Abs. 1 und 2 BGB** lehnt die ganz h.M. grds. ab, da die Gesellschaft stets Geschäftsherrin bleibt und die Unternehmensleiter die Pflichten des § 831 Abs. 1 BGB aufgrund der Organstellung und grds. nur gegenüber der Gesellschaft innehaben (vgl. *Altmeppen*, in: Krieger/Schneider, § 7 Rn. 58 ff., auch zu der von ihm vertretenen M.M.).

[2495] *BGH* NJW 2008, 2245, 2249; MünchKomm-BGB/*Wagner*, § 823 Rn. 346 f. m.w.N.
[2496] *BGH* NJW 2008, 2245, 2249.
[2497] *BGH* NJW 2010, 3651, 3652.
[2498] Für die AG vgl. *Hüffer*, § 93 Rn. 19 f.; MünchKomm-AktG/*Spindler*, § 93 Rn. 273; Großkomm-AktG/*Hopt*, § 93 Rn. 467, 469, 492, 501; für die GmbH vgl. Baumbach/Hueck/*Zöllner/Noack*, § 43 Rn. 64, 79; sowie generell *Altmeppen*, in: Krieger/Schneider, § 7 Rn. 50 m.w.N.; *BGH* NJW 1994, 1801, 1803.
[2499] *BGH* NJW 1994, 1801, 1804 (m. der Einschränkung, dass sich „eine Haftung des Geschäftsführers auch aus § 130 OWiG i.V.m. § 823 II BGB ergeben kann, wenn im Unternehmen Schutzgesetze verletzt werden, die das Insolvenzrisiko der Gesellschaftsgläubiger betreffen"); Fleischer/*Spindler*, § 13 Rn. 45 f.; Grosskomm-GmbHG/*Paefgen*, § 43 Rn. 221; Baumbach/Hueck/*Zöllner/Noack*, § 43 Rn. 85; Roth/Altmeppen/*Altmeppen*, § 43 Rn. 63; a.A. KölnerKomm-AktG/*Mertens/Cahn*, § 93 Rn. 225 (Schutzgesetz, sofern die sanktionierte Pflicht ihrerseits Schutzgesetzcharakter hat); Großkomm-AktG/*Hopt*, § 93 Rn. 501 (Schutzgesetz, wenn die verletzte Vorschrift ebenfalls Schutzgesetz ist); Michalski/*Haas/Ziemons*, § 43 Rn. 334 f.
[2500] Zu den Details einzelner Tatbestände vgl. näher *Dann*, § 3 Rn. 19 ff.; zur Untreue im Hinblick auf die Führung „verdeckter Kassen" vgl. insbesondere auch *BGH* NJW 2009, 89 ff. – Siemens; zur heftig umstrittenen Frage, ob und inwieweit gesellschaftsrechtliche Organisationspflichten und Leitungskompetenzen zu einer deliktischen Haftung der Geschäftsführung für Fehlverhalten von Mitarbeitern führen können bzw. eine Garantenstellung zu Gunsten Dritter begründen, vgl. *Altmeppen*, in: Krieger/Schneider, § 7 Rn. 38 ff.; MünchKomm-AktG/*Spindler*, § 93 Rn. 287; *BGH* NJW 1990, 976,

B. Zivil- und gesellschaftsrechtliche Haftungsfragen

schützt das Vertrauen in die Richtigkeit und Vollständigkeit bestimmter Angaben über die Geschäftsverhältnisse, wie sie z.b. in ad-hoc Meldungen, Geschäftsberichten oder auch in mündlichen Erklärungen im Rahmen der Hauptversammlung vorkommen können. In den Schutzbereich des § 400 AktG fallen neben potentiellen Anlegern und gegenwärtigen Aktionären[2501] auch die Gesellschaft selbst, die Gesellschaftsgläubiger, die Arbeitnehmer und in bestimmten Fällen andere Geschäftspartner.[2502] Auch § 299 StGB wird Schutzgesetzcharakter zuerkannt,[2503] da neben dem Allgemeininteresse an lauterem Wettbewerb u.a. auch potentielle Vermögensinteressen von Mitbewerbern und Geschäftsherren geschützt werden.[2504] Dies gilt in Parallele zu § 299 StGB auch für §§ 333, 334 StGB.[2505] Dass hier zuvorderst die Funktionsfähigkeit des Staates und das Vertrauen in ordnungsgemäße Verwaltung geschützt wird, steht, wie oben dargestellt, der Anerkennung des Schutzgesetzcharakters nicht per se entgegen.

Auch § 266 StGB wird zum Teil als Schutzgesetz zu Gunsten der Gesellschaft und der Gesellschafter eingestuft.[2506] Dabei wird jedoch übersehen, dass die Vermögensbetreuungspflicht der Unternehmensleitung gegenüber der Gesellschaft besteht. In den Schutzbereich des § 266 StGB fallen daher weder die Gesellschafter noch sonstige Dritte.[2507]

103

b) Weitere Haftungsvoraussetzungen

Liegt ein Verstoß gegen ein Schutzgesetz vor, dass auch den Verletzten und gerade dessen verletztes Interesse schützen soll, begründet dies regelmäßig die **Rechtswidrigkeit**.[2508] Auch das **Verschulden** wird grds. gegeben sein, da es sich nur auf den Verstoß gegen das Schutzgesetz, nicht aber den daraus resultierenden **adäquat kausalen Schaden** bezieht.[2509] Beim Schaden ist im Verhältnis zu Aktionären und Gesellschaftern zu beachten, dass diese, wenn sich ihr Schaden mit demjenigen der Gesellschaft deckt, nach h.M. nur Ersatzleistung in das Vermögen der Gesellschaft verlangen können.[2510] Dies ist insbesondere der Fall, wenn aufgrund des Schadens der Gesellschaft ein Schaden des Aktionärs oder Gesellschafters in Form der Wertminderung der Aktie (Kursverlust) bzw. des GmbH-Anteils vorliegt.

104

Hinsichtlich der **Beweislastverteilung** ist bedeutsam, dass die im Rahmen der organschaftlichen Haftung nach § 93 Abs. 2 AktG und § 43 Abs. 2 GmbHG geltenden Erleichterungen der Darlegungs- und Beweislast zugunsten der klagenden Gesell-

---

[977] f. (zur GmbH); in diesem Zusammenhang ist auch § 830 Abs. 2 BGB zu beachten, wonach ein strafrechtlich Beteiligter ebenfalls für einen durch eine unerlaubte Handlung verursachten Schaden verantwortlich ist.
[2501] *BGH* NJW 2005, 2450, 2451.
[2502] MünchKomm-AktG/*Kropff*, § 400 Rn. 3; MüKo-StGB/*Kiethe/Hohmann*, AktG § 400 Rn. 2 (jew. m.w.N.); Großkomm-AktG/*Hopt*, § 93 Rn. 501 Fn. 1532 (keine Beschränkung der „Dritten" auf Aktionäre und Gesellschaftsgläubiger).
[2503] MünchKomm-BGB/*Wagner*, § 823 Rn. 369 a.E.
[2504] MüKo-StGB/*Diemer/Krick*, § 299 Rn. 2; Schönke/Schröder/*Heine*, § 299 Rn. 2 m.w.N.
[2505] Vgl. Schönke/Schröder/*Heine*, §§ 333 Rn. 1, 331 Rn. 3 a.E. m. Verweis auf § 299 Rn. 2.
[2506] *Hüffer*, § 93 Rn. 19; wohl auch Großkomm-GmbHG/*Paefgen*, § 43 Rn. 155.
[2507] *Altmeppen*, in: Krieger/Schneider, § 7 Rn. 52; MünchKomm-AktG/*Spindler*, § 93 Rn. 276, 290; Großkomm-AktG/*Hopt*, § 93 Rn. 476; Baumbach/Hueck/*Zöllner/Noack*, § 43 Rn. 64, 80 m.w.N.; zur Treuepflichtverletzung bei Compliance-Verstößen vgl. *Taschke*, § 12 Rn. 131.
[2508] *BGH* NJW 1993, 1580, 1581; Jauernig/*Teichmann*, § 823 Rn. 48 ff. m.w.N.
[2509] MünchKomm-BGB/*Wagner*, § 823 Rn. 358 m.w.N.
[2510] MünchKomm-AktG/*Spindler*, § 93 Rn. 282 ff.; Baumbach/Hueck/*Zöllner/Noack*, § 43 Rn. 64.; vgl. weiter Fn. 2362 und 2363.

§ 13. Weitere Konsequenzen im Unternehmensbereich

schaft[2511] nicht auf die deliktische Haftung übertragbar sind.[2512] Die Darlegungs- und Beweislast für die deliktischen Ansprüche liegt vollständig bei der klagenden Gesellschaft bzw. dem jeweiligen Dritt-Kläger.

c) Verjährung

105 Ansprüche nach § 823 Abs. 2 BGB verjähren gem. §§ 195, 199 Abs. 1 Nrn. 1 und 2 BGB grds. **drei Jahre** nach dem Schluss des Jahres, in dem der Anspruch entstanden ist[2513] und der Gläubiger von den den Anspruch begründenden Umständen und der Person des Schuldners **Kenntnis** erlangt oder ohne grobe Fahrlässigkeit erlangen müsste.[2514] **Grobe Fahrlässigkeit** liegt in diesem Zusammenhang vor, „wenn die im Verkehr erforderliche Sorgfalt in ungewöhnlich großem Maße verletzt worden ist, ganz naheliegende Überlegungen nicht angestellt oder beiseitegeschoben wurden und dasjenige unbeachtet geblieben ist, was im gegebenen Fall jedem hätte einleuchten müssen".[2515] Der Gläubiger ist demgemäß u. a. gehalten, leicht zugängliche Informationsquellen zu nutzen,[2516] einem sich aufdrängenden Verdacht nachzugehen[2517] und auf der Hand liegende Erkenntnismöglichkeiten wahrzunehmen.[2518] Auf die rechtlich zutreffende Würdigung des Sachverhalts durch den Gläubiger kommt es nicht an.[2519] Nach der Rechtsprechung können auch schwerwiegende rechtliche Zweifel nur im Falle einer unübersichtlichen oder zweifelhaften Rechtslage, die „selbst ein rechtskundiger Dritter nicht zuverlässig hätte einschätzen können" ausnahmsweise den Verjährungsbeginn bis zur Klärung der Fragen hinausschieben.[2520]

106 Bei **juristischen Personen** ist für die Person des Gläubigers grds. auf die Kenntniserlangung durch deren vertretungsberechtigte Organe abzustellen[2521] bzw. innerhalb arbeitsteilig aufgestellter Unternehmen auf die Kenntnis bzw. grob fahrlässige Unkenntnis des im Allgemeinen nach der betrieblichen Organisation zuständigen Mitarbeiters,[2522] d.h. vorliegend desjenigen, der für die Vorbereitung von Schadensersatzansprüchen und -klagen verantwortlich ist.

[2511] Vgl. § 13 Rn. 85.
[2512] *BGH* NJW 2002, 3777, 3778.
[2513] Zur Anspruchsentstehung vgl. § 13 Rn. 94.
[2514] Eine analoge Anwendung der gesellschaftsrechtlichen Verjährungsregelungen der §§ 93 Abs. 6 AktG, 43 Abs. 4 GmbHG wird im Grundsatz überwiegend abgelehnt, vgl. etwa MünchKomm-AktG/*Spindler*, § 93 Rn. 259; KölnerKomm-AktG/*Mertens/Cahn*, § 93 Rn. 195; Großkomm-AktG/*Hopt*, § 93 Rn. 428; Großkomm-GmbHG/*Paefgen*, § 43 Rn. 155 und Michalski/*Haas/Ziemons*, § 43 Rn. 231 a (jew. m. der **Ausnahme**, wenn die Verletzung eines gesellschaftsrechtlichen Schutzgesetzes alleinige Grundlage der deliktischen Haftung ist); *BGH* DStR 2005, 659, 660 (zu § 43 Abs. 2 GmbHG).
[2515] Begr. RegE zum Gesetz zur Modernisierung des Schuldrechts, BT-Drs. 14/6040 v. 14.5.2001, S. 108, abrufbar unter http://drucksachen.bundestag.de/drucksachen/index.php, m. Verweis auf ausgiebige BGH-Rspr.; vgl. auch *BGH* NJW 2009, 587, 588.
[2516] *OLG Saarbrücken* NZG 2008, 638, 640.
[2517] Palandt/*Ellenberger*, § 199 Rn. 40 m.w.N.
[2518] MünchKomm-BGB/*Grothe*, § 199 Rn. 28 m.w.N.
[2519] MünchKomm-BGB/*Grothe*, § 199 Rn. 26; Jauernig/*Jauernig*, § 199 Rn. 5; *BGH* NJW 2008, 2576, 2578.
[2520] *BGH*, Hinweisbeschl. v. 23.6.2009, Az. EnZR 49/08, BeckRS 2009, 22099; vgl. auch *BGH* NJW 1999, 2041, 2042 m.w.N.; *OLG Hamm*, Urt. v. 28.1.2009, Az. 8 U 98/08, BeckRS 2009, 23146.
[2521] *BGH* NJW-RR 1989, 1255, 1258 (zur GmbH); MünchKomm-BGB/*Grothe*, § 199 Rn. 33.
[2522] MünchKomm-BGB/*Grothe*, § 199 Rn. 35; BeckOK-BGB/*Henrich/Spindler*, § 199 Rn. 37 m.w.N.; *BGH* NJW 2007, 834, 835 (zu Behörden und jur. Personen des öffentlichen Rechts); zur darüber hinausgehenden **Wissenszurechnung** vgl. MünchKomm-BGB/*Grothe*, § 199 Rn. 34 f.; BeckOK-BGB/*Henrich/Spindler*, § 199 Rn. 34; *BGH* NJW 2007, 834, 835.

B. Zivil- und gesellschaftsrechtliche Haftungsfragen

Eine Ausnahme gilt jedoch bei **Ansprüchen der juristischen Person gegen ihre eigenen gesetzlichen Vertreter**. Die Kenntnis eines Organmitglieds, das selbst als Täter oder Mittäter einer unerlaubten Handlung in Betracht kommt, kann die Verjährungsfrist nicht in Gang setzen. In diesem Fall kommt es auf Kenntnis bzw. Kennenmüssen der anderen gesetzlichen Vertreter[2523] bzw. desjenigen Organs, das die juristische Person gegenüber dem Schuldner vertritt, für die Aktiengesellschaft damit gem. § 112 AktG den **Aufsichtsrat**,[2524] an. Bei der GmbH genügt die Kenntnis bzw. grob fahrlässige Unkenntnis eines **weiteren Geschäftsführers** selbst dann, wenn er nur zur Gesamtvertretung berechtigt ist, da er die Gesellschafter unterrichten und einen Beschluss gem. § 46 Nr. 8 GmbHG (Geltendmachung von Ersatzansprüchen gegen Geschäftsführer) herbeiführen kann.[2525]

Im Fall von Korruptionsverfahren und internen Untersuchungen ist daher jeweils im Einzelfall festzustellen, ob und ab welchem Zeitpunkt die in der Untersuchung festgestellten Tatsachen einen deliktischen Anspruch gegen die Unternehmensleitung hinreichend begründen können. Grds. kann auch ein weiter zurückliegender Sachverhalt eine Haftung begründen, wenn die relevanten Umstände erst im Rahmen der späteren Untersuchungen aufgedeckt und zur Kenntnis des Aufsichtsrats bzw. der weiteren Geschäftsführer kommen. **107**

Ohne Rücksicht auf Kenntnis bzw. grob fahrlässige Unkenntnis verjähren Ansprüche nach § 823 Abs. 2 BGB gem. § 199 Abs. 3 S. 1 Nr. 1 BGB **spätestens** 10 Jahre nach ihrer Entstehung[2526] bzw. gem. § 199 Abs. 3 S. 1 Nr. 2 BGB dreißig Jahre nach Begehung der unerlaubten Handlung.

II. Besonderheiten der Aufsichtsratshaftung

Wie unter Abschnitt I dargelegt, liegt die Verantwortung für gesetzes- und regelkonformes Verhalten im Unternehmen in erster Linie bei der Unternehmensleitung, d.h. Vorstand oder Geschäftsführer. Jedoch kann die Frage nach der Verantwortlichkeit der Gesellschaftsorgane insbesondere im deutschen Aktienrecht hier nicht aufhören. Die duale Unternehmensverfassung sieht mit dem für die Aktiengesellschaft obligatorischen Aufsichtsrat ein Organ vor, das Fehler und Fehlentwicklungen in der Geschäftsführung durch den Vorstand durch Überwachung vermeiden soll. Kommt es mithin zu Korruptionsfällen im Unternehmen, stellt sich die Frage, ob auch die Mitglieder des Aufsichtsrats in Haftung genommen werden können und, wenn ja, wann eine zur Haftung führende Pflichtverletzung vorliegt. **108**

[2523] *BGH* NJW-RR 1989, 1255, 1259 (zur GmbH).
[2524] *Wiesner*, in: Hoffmann-Becking, § 26 Rn. 22; MünchKomm-BGB/*Grothe*, § 199 Rn. 33 a m.w.N.
[2525] *BGH* NJW-RR 1989, 1255, 1259; MünchKomm-BGB/*Grothe*, § 199 Rn. 33 a (m. Hinw., dass bei nur einem Geschäftsführer (gesetzlichen Vertreter) die Schaffung einer Prozessvertretung der jur. Person entscheidend ist).
[2526] Gem. Art. 229 § 6 Abs. 4 EGBGB gilt diese Frist auch für bis zum 31.12.2001 entstandene und zu diesem Zeitpunkt noch nicht verjährte Ansprüche, wobei die Frist nicht mit der Entstehung des Anspruchs beginnt, sondern am 1.1.2002, so dass diese **Altansprüche** spätestens zum 31.12.2011 verjähren. Bis dahin gilt gem. Art. 229 § 6 Abs. 1 S. 1 EGBGB grds. das aktuell geltende Verjährungsrecht, wobei gem. Art. 229 § 6 Abs. 1 S. 2 EGBGB für den Beginn der Frist § 852 Abs. 1 BGB a.F. und damit einzig Kenntnis des Gläubigers maßgeblich ist.

§ 13. Weitere Konsequenzen im Unternehmensbereich

1. Haftung wegen Pflichtverletzung gem. §§ 116 S. 1, 93 Abs. 2 AktG

109 Gemäß § 116 S. 1 AktG gelten für die Sorgfaltspflicht und Verantwortlichkeit der Aufsichtsratsmitglieder die Regelungen des § 93 AktG zur Vorstandshaftung sinngemäß. Auf die obigen Ausführungen kann daher grds. verwiesen werden.

Für den freiwilligen **Aufsichtsrat einer GmbH** sieht § 52 Abs. 1 GmbHG eine entsprechende Anwendung ausgewählter aktienrechtlicher Regelungen vor, insbesondere auch von §§ 116, 93 Abs. 1, Abs. 2 S. 1 und 2 AktG, wobei dies jedoch nicht zwingend ist und im Gesellschaftsvertrag grds. anders geregelt werden kann. Bei dem gem. § 1 Abs. 1 Nr. 3 S. 2 DrittelbG obligatorischen GmbH-Aufsichtsrat wird ebenfalls auf die, in diesem Fall nicht abdingbaren, Regelungen des Aktiengesetzes, u.a. § 116 AktG (und damit auch § 93 AktG), verwiesen. Gleiches gilt für die nach § 25 Abs. 1 S. 1 Nr. 2 MitbestG, § 3 Abs. 2 MontanMitbestG und § 3 Abs. 1 S. 2 MitbestErgG mitbestimmte GmbH und den nach § 6 Abs. 2 S. 2 InvG bei Kapitalanlagegesellschaften in Form einer GmbH vorgeschriebenen Aufsichtsrat. Sofern nachfolgend daher der Vorstand genannt wird, gilt die Aussage bei der GmbH sinngemäß für die Geschäftsführer.

Im Folgenden werden im Vergleich zur Geschäftsleiterhaftung bestehende **Besonderheiten der Aufsichtsratshaftung** dargestellt, die mit der unterschiedlichen Stellung und den anders ausgestalteten Verpflichtungen des Aufsichtsrats im Unternehmen zusammenhängen. Den Ausgangspunkt der Betrachtung bilden die auf den obligatorischen Aufsichtsrat der Aktiengesellschaft anwendbaren Vorschriften. Auf maßgeblich abweichende Regelungen für den Aufsichtsrat der GmbH wird jeweils in der Fußnote hingewiesen.

Grds. ist anzumerken, dass Fragen einer persönlichen Haftung eines Aufsichtsratsmitglieds aus §§ 116 S. 1, 93 Abs. 2 S. 1 AktG bislang nicht häufig vor Gericht entschieden wurden, es daher an einer gefestigten Rechtsprechung fehlt.[2527]

a) Sorgfaltsmaßstab

110 In sinngemäßer Anwendung des § 93 Abs. 1 S. 1 AktG gilt, dass die Mitglieder des Aufsichtsrats bei ihrer Tätigkeit die Sorgfalt eines ordentlichen und gewissenhaften **Aufsichtsratsmitglieds** anwenden müssen.[2528] Dieser Maßstab gilt grds. für **alle** Aufsichtsratsmitglieder, gleichgültig ob Arbeitnehmer- oder Anteilseignervertreter.[2529] Anhaltspunkte für den Verhaltensstandard des ordentlichen Aufsichtsratsmitglieds liefern in Ermangelung umfassender Rechtsprechungskasuistik neben der Literatur auch die Empfehlungen zum Aufsichtsrat in Abschnitt 5 des DCGK. Allerdings ist dabei zu beachten, dass diese heute geltenden, gesetzesergänzenden Standards grds. nicht auf länger zurückliegende Sachverhalte der Vergangenheit angewendet werden können. Jedenfalls gilt aber auch für Aufsichtsratsmitglieder, dass sie in entsprechender Anwendung des § 93 Abs. 1 S. 2 AktG nicht pflichtwidrig handeln, wenn das Aufsichtsratsmitglied bei einer unternehmerischen Entscheidung vernünftigerweise an-

---

[2527] Zu Bsp. der Rspr. vgl. *Hoffmann-Becking*, in: Hoffmann-Becking, § 33 Rn. 57 Fn. 98.
[2528] *Hüffer*, § 116 Rn. 2; KölnerKomm-AktG/*Mertens*, § 116 Rn. 2; Roth/Altmeppen/*Altmeppen*, § 52 Rn. 32; Baumbach/Hueck/*Zöllner/Noack*, § 52 Rn. 72; Michalski/*Giedinghagen*, § 52 Rn. 177; *Hoffmann-Becking*, in: Hoffmann-Becking, § 33 Rn. 58 m.w.N.
[2529] Heute h.M., vgl. Michalski/*Giedinghagen*, § 52 Rn. 177, 304; *Hüffer*, § 116 Rn. 2 (jew. m.w.N.). Zur Frage, ob für einzelne Aufsichtsratsmitglieder aufgrund besonderer Fachkenntnisse und Fähigkeiten höhere Sorgfaltsanforderungen gelten, vgl. den Diskussionsstand bei *Hüffer*, § 116 Rn. 3 und *Hoffmann-Becking*, in: Hoffmann-Becking, § 33 Rn. 61 (jew. m.w.N.) sowie zum Sonderwissen aus früherer Vorstandstätigkeit *Winter*, FS Hüffer, 2010, S. 1103, 1123 f.

B. Zivil- und gesellschaftsrechtliche Haftungsfragen

nehmen durfte, auf der Grundlage angemessener Informationen zum Wohle der Gesellschaft zu handeln.[2530]

b) Sorgfaltspflichtverletzung

Die Aufgaben des aktienrechtlichen Aufsichtsrats sind vielfältig und beinhalten u.a. **111**
Personal- und personalbezogene Entscheidungen (z.b. Bestellung und Abberufung des Vorstands, § 84 AktG), organisatorische Zuständigkeiten (z.B. Einberufung der Hauptversammlung gem. § 111 Abs. 3 AktG), Prüfungspflichten (z.b. von Jahresabschluss, Lagebericht und Gewinnverwendungsvorschlag, § 171 Abs. 1 AktG) und Mitentscheidungsrechte (z.b. über die Ausnutzung genehmigten Kapitals, § 202 Abs. 3 S. 2, 204 Abs. 1 S. 2 AktG).[2531] Der Schwerpunkt der Aufsichtsratstätigkeit liegt jedoch in der Überwachung der Geschäftsführung (§ 111 Abs. 1 AktG). Darüber hinaus gelten auch für Aufsichtsratsmitglieder die sich aus § 93 Abs. 1 S. 1 AktG ergebenden objektiven Verhaltenspflichten.[2532]

aa) Legalitätspflicht

Aus der grundsätzlichen Verpflichtung zu ordentlichem und gewissenhaftem Handeln, ergibt sich auch für Aufsichtsratsmitglieder die Pflicht, sich selbst regelgerecht zu verhalten (eigene Rechtstreue).[2533] Eine Pflichtverletzung kann sich daher auch für Aufsichtsratsmitglieder insbesondere ergeben, wenn sie in eine den Gesetzesverstoß begründende Handlung entweder unmittelbar involviert waren oder sie kannten und nicht mit allen ihnen zur Verfügung stehenden Mitteln unterbunden haben.[2534] Eingriffsmöglichkeiten zur Verhinderung regelwidrigen Verhaltens bieten vor allem Meinungsäußerungen gegenüber dem Vorstand,[2535] ggf. in Form formeller „Meinungsäußerungsbeschlüsse",[2536] aber auch die Einführung eines Zustimmungsvorbehaltes für bestimmte Geschäfte (§ 111 Abs. 4 S. 2 AktG)[2537] oder, noch **112**

[2530] Zum Grundsatz näher § 13 Rn. 13 f.; speziell zur Aufsichtsratstätigkeit *Hüffer*, § 116 Rn. 8; *Hoffmann-Becking*, in: Hoffmann-Becking, § 33 Rn. 60; Großkomm-AktG/*Hopt/Roth*, § 116 Rn. 105 ff.; für die GmbH vgl. Michalski/*Giedinghagen*, § 52 Rn. 182 a m.w.N.
[2531] Bei der **GmbH** verbleibt die Personalkompetenz außer im Falle eines nach MitbestG, MontanMitbestG und MitbestErgG eingerichteten Aufsichtsrats (§§ 31 Abs. 1 MitbestG, 12 MontanMitbestG, 13 MitbestErgG i.V.m. 84 AktG) grds. bei den Gesellschaftern (§§ 6 Abs. 3 S. 2, 46 Nr. 5 GmbHG), kann jedoch auch den Aufsichtsrat übertragen werden; vgl. *OLG Brandenburg* NZG 1999, 210, 211; Großkomm-GmbHG/*Raiser/Heermann*, § 52 Rn. 104, 109; Michalski/*Giedinghagen*, § 52 Rn. 212, 267. Dagegen verweisen GmbHG, DrittelbG, MitbestG, MontanMitbestG, MitbestErgG und InvG u.a. auf § 90 Abs. 3, 4, 5 und §§ 111, 112, 171 AktG, wobei dies jedoch für den nach § 52 GmbHG fakultativen Aufsichtsrat im Gesellschaftsvertrag abweichend geregelt werden kann.
[2532] Vgl. § 13 Rn. 15, sowie MünchKomm-AktG/*Habersack*, § 116 Rn. 2 m.w.N.
[2533] Vgl. § 13 Rn. 16 ff.
[2534] *Riegger/Götze*, in: Krieger/Schneider, § 26 Rn.58; *Krieger*, in: Krieger/Schneider, § 3 Rn. 25; Michalski/*Giedinghagen*, § 52 Rn. 219, 225 a.E.; vgl. auch *OLG Düsseldorf* ZIP 2008, 1922, 1923 (Haftung, wenn strafbares oder sittenwidriges Verhalten des Vorstands vorsätzlich veranlasst oder aktiv unterstützt wird).
[2535] *Hüffer*, § 116 Rn. 9; *Winter*, FS Hüffer, 2010, S. 1103, 1110; *Hoffmann-Becking*, in: Hoffmann-Becking, § 29 Rn. 28; Großkomm-GmbHG/*Raiser/Heermann*, § 52 Rn. 88; Michalski/*Giedinghagen*, § 52 Rn. 217 („zukunftsgerichtete Beratung").
[2536] Großkomm-AktG/*Hopt/Roth*, § 111 Rn. 334; *Winter*, FS Hüffer, 2010, S. 1103, 1120; *Hoffmann-Becking*, in: Hoffmann-Becking, § 29 Rn. 31.
[2537] Vgl. BGHZ 124, 111, 127 = NJW 1994, 520, 524; *LG Bielefeld* ZIP 2000, 20, 25 – Balsam AG; für den fakultativen **GmbH-Aufsichtsrat** kann ein solches Recht bzw. die Pflicht durch die Satzung eingeschränkt oder ausgeschlossen werden; vgl. Baumbach/Hueck/*Zöllner/Noack*, § 52 Rn. 123; Michalski/*Giedinghagen*, § 52 Rn. 237 m.w.N.

weitergehend, die Abberufung als pflichtvergessen erkannter Vorstandsmitglieder (§ 84 Abs. 3 AktG).[2538]

bb) Überwachungspflicht

113 Sofern im Rahmen eines Korruptionsverfahrens Regelverstöße im Unternehmen bekannt werden, die der Aufsichtsrat weder mitgetragen noch geduldet hat, stellt sich die Frage, ob er sie hätte verhindern bzw. von ihnen hätte wissen können, d. h. ob der Aufsichtsrat und seine einzelnen Mitglieder ihrer Überwachungspflicht nachgekommen sind.

114 (1) Gem. § 111 Abs. 1 AktG hat der Aufsichtsrats die **Geschäftsführung** zu überwachen. Der Begriff wird dabei nach allgemeiner Meinung restriktiv ausgelegt und umfasst nur **Leitungsmaßnahmen** des Vorstands.[2539] Der Aufsichtsrat ist mithin nicht verpflichtet, alle Geschäftsführungsmaßnahmen des Vorstands (Tagesgeschäft) und die Einzelheiten der Durchführung der Leitungtätigkeit zu kontrollieren. Darüber hinaus beschränkt sich die Überwachung grds. auf den **Vorstand** an sich. Nur für den Fall, dass Führungsentscheidungen ausnahmsweise auf nachgeordneten Ebenen getroffen werden, wird in der Literatur die Erstreckung der Aufsichtspflicht auf verantwortliche Personen unterhalb der Vorstandsebene diskutiert.[2540]

Wie bereits dargelegt, wird es in der Praxis allerdings oft schwer sein, hinreichende Beweise dafür zu erbringen, dass Mitglieder des Vorstands oder der nachgeordneten Führungsebene unmittelbar oder mittelbar an konkreten Bestechungshandlungen oder anderweitigen Gesetzesverstößen beteiligt waren. Vielmehr finden die einschlägigen Tathandlungen zumeist auf Ebenen nachgeordneter Mitarbeiter statt, auf die sich die Überwachungsaufgabe des Aufsichtsrats nicht erstreckt.

115 (2) **Fehlverhalten auf unteren Ebenen** wirft jedoch die Frage auf, ob der Vorstand die Einrichtung angemessener und effektiver Strukturen zur Verhinderung und Identifizierung von korruptiven und anderweitigen sanktionsbewehrten Verhaltensweisen veranlasst hat sowie seiner Auswahl-, Einweisungs- und Überwachungspflicht hinreichend nachgekommen ist. Auch dies hat der Aufsichtsrat zu kontrollieren. Zur Konkretisierung der vom Aufsichtsrat zu überwachenden Vorstandstätigkeit kann auf die gem. § 90 Abs. 1 AktG vom Vorstand zu berichtenden Themen zurückgegriffen werden.[2541] Unstreitig gehört zu den zu überwachenden Leitungsmaßnahmen des Vorstands auch die **angemessene Wahrnehmung der Compliance-Aufgabe**, d.h. (oftmals) die Einrichtung und Kontrolle einer den Verhältnissen des Unternehmens entsprechen-

---

[2538] *BGH* AG 2009, 404, 405 m.w.N. Für die **GmbH** vgl. § 13 Rn. 111, Fn. 2531; bei mangelnder Personalkompetenz muss der Aufsichtsrat „bei erheblichen Pflichtwidrigkeiten der Geschäftsführung oder in der Krise" regelmäßig die Gesellschafterversammlung als kompetentes Organ einberufen, vgl. Roth/Altmeppen/*Altmeppen*, § 52 Rn. 30; Michalski/*Giedinghagen*, § 52 Rn. 283 m.w.N.

[2539] MünchKomm-AktG/*Habersack*, § 111 Rn. 20; Großkomm-AktG/*Hopt/Roth*, § 111 Rn. 160; *Hüffer*, § 111 Rn. 3; *Krieger*, in: Krieger/Schneider, § 3 Rn. 24; *Hoffmann-Becking*, in: Hoffmann-Becking, § 29 Rn. 23; *Winter*, FS Hüffer, 2010, S. 1103, 1108; *Krause*, NStZ 2011, 57, 58; *Behringer*, ZRFC 2011, 127, 128.

[2540] Dagegen *Lutter*, FS Hüffer, 2010, S. 617; *Krieger*, in: Krieger/Schneider, § 3 Rn. 24; Kölner-Komm-AktG/*Mertens*, § 111 Rn. 21; *Hoffmann-Becking*, in: Hoffmann-Becking, § 29 Rn. 24; OLG Köln AG 1978, 17, 21; wohl auch MünchKomm-AktG/*Habersack*, § 111 Rn. 21, 25; dafür *Hüffer*, § 111 Rn. 3 a.E.; Großkomm-AktG/*Hopt/Roth*, § 111 Rn. 161, 252; Michalski/*Giedinghagen*, § 52 Rn. 217.

[2541] *Hüffer*, § 111 Rn. 3; MünchKomm-AktG/*Habersack*, § 111 Rn. 22; *Hoffmann-Becking*, in: Hoffmann-Becking, § 29 Rn. 23 (jew. m.w.N.).

B. Zivil- und gesellschaftsrechtliche Haftungsfragen

den Compliance-Organisation.[2542] Ziffer 5.3.2 DCGK bestätigt dies, indem die Einrichtung eines Prüfungsausschusses empfohlen wird, der sich u. a. auch mit Fragen „des Risikomanagements und der Compliance" befassen soll. Wie § 90 Abs. 1 S. 2 AktG verdeutlicht, erfasst die Überwachung des Aufsichtsrats einer Konzernobergesellschaft auch die konzernleitende Tätigkeit des Vorstands der Obergesellschaft[2543] und damit die **konzernweite** Sicherstellung gesetzmäßigen Verhaltens durch den Vorstand der Obergesellschaft.[2544]

(a) In diesem Zusammenhang ist entscheidend, dass sich die Überwachungsaufgabe des Aufsichtsrats nicht auf „Rechtsaufsicht" beschränkt, sondern über die Recht- und Ordnungsmäßigkeit der Geschäftsführung hinaus **auch die Zweckmäßigkeit und Wirtschaftlichkeit** der Leitungsmaßnahmen erfasst.[2545] Auf die Sicherung der Legalität im Unternehmen bezogen bedeutet dies, dass sich der Aufsichtsrat nicht allein damit begnügen kann festzustellen, dass sich der Vorstand überhaupt damit auseinandersetzt, wie Regeltreue gewährleistet und Gesetzesverstöße vermieden bzw. aufgedeckt und abgestellt werden können. Der Aufsichtsrat ist insbesondere gehalten, auch die **Angemessenheit und Effizienz der ausgewählten organisatorischen Maßnahmen**, die regelkonformes Verhalten sicherstellen sollen, zu überprüfen.[2546] Dies bedeutet nicht, dass der Aufsichtsrat verpflichtet ist, seine eigenen Vorstellungen zur Sicherstellung der Legalität im Unternehmen durchzusetzen.[2547] Ein Weisungsrecht gegenüber dem Vorstand besitzt der Aufsichtsrat dementsprechend auch nicht. Vielmehr gehört die Sicherstellung regelkonformen Verhaltens durch das Unternehmen und seine Mitarbeiter zu den Kernverantwortlichkeiten der Geschäftsleitung. Der Aufsichtsrat hat jedoch einzugreifen, wenn der Vorstand seine Pflichten verletzt, d.h. sein Ermessen bei der Auswahl der Compliance-Maßnahmen fehlerhaft ausübt, oder Pflichten unzureichend oder gar nicht nachkommt, z. B. die Implementierung der grds. angemessenen und effektiven Maßahmen nicht oder nur unzureichend nachhält. In diesem Sinne muss der Aufsichtsrat prüfen, ob und welche organisatorischen Anforderungen erfüllt werden

116

[2542] *Hüffer*, § 111 Rn. 3, § 76 Rn. 9 a; MünchKomm-AktG/*Habersack*, § 111 Rn. 20 a. E., 51; *Krieger*, in: Krieger/Schneider, § 3 Rn. 24 a. E., 25; *Winter*, FS Hüffer, 2010, S. 1103, 1108; *Lutter*, FS Hüffer, 2010, S. 617, 619 ff.; *Riegger/Götze*, in: Krieger/Schneider, § 26 Rn. 58 a. E.; *Behringer*, ZRFC 2011, 127, 128; *Krause*, NStZ 2011, 57, 58; BeckOK-GmbHG/*Jaeger*, § 52 Rn. 28 m. w. N.; ähnl. auch Großkomm-AktG/*Hopt/Roth*, § 111 Rn. 246.
[2543] MünchKomm-AktG/*Habersack*, § 111 Rn. 52 ff.; Großkomm-AktG/*Hopt/Roth*, § 111 Rn. 369; KölnerKomm-AktG/*Mertens*, § 111 Rn. 23; *Hüffer*, § 111 Rn. 10; *Hoffmann-Becking*, in: Hoffmann-Becking, § 29 Rn. 25 m. w. N.; Großkomm-GmbHG/*Raiser/Heermann*, § 52 Rn. 93; Michalski/*Giedinghagen*, § 52 Rn. 218 m. w. N.
[2544] Vgl. § 13 Rn. 44 ff.; so explizit auch *Lutter*, FS Hüffer, 2010, S. 617, 618; MünchKomm-AktG/*Habersack*, § 111 Rn. 55 (Kontrolle des „konzernweiten Berichts- und Überwachungssystems"); *Krieger*, in: Krieger/Schneider, § 3 Rn. 24; ausf. zur Aufsichtsratshaftung im Konzern *Schneider*, in: Krieger/Schneider, § 9.
[2545] BGHZ 114, 127, 129 = NJW 1991, 1830, 1831; KölnerKomm-AktG/*Mertens*, § 111 Rn. 11; Großkomm-AktG/*Hopt/Roth*, § 111 Rn. 306; MünchKomm-AktG/*Habersack*, § 111 Rn. 42 f.; *Hüffer*, § 111 Rn. 6; *Hoffmann-Becking*, in: Hoffmann-Becking, § 29 Rn. 26; *Krieger*, in: Krieger/Schneider, § 3 Rn. 25; *Lutter*, FS Hüffer, 2010, S. 617, 619 ff.; *Winter*, FS Hüffer, 2010, S. 1103, 1109; Roth/Altmeppen/*Altmeppen*, § 52 Rn. 25; Baumbach/Hueck/Zöllner/*Noack*, § 52 Rn. 100; Michalski/*Giedinghagen*, § 52 Rn. 218.
[2546] *Hüffer*, § 111 Rn. 3, 4, 12; MünchKomm-AktG/*Habersack*, § 111 Rn. 42; *Nonnenmacher/Pohle/Werder*, DB 2009, 1447, 1452 (zum Prüfungsausschuss).
[2547] *Winter*, FS Hüffer, 2010, S. 1103, 1109; in diesem Sinn auch Großkomm-GmbHG/*Raiser/Heermann*, § 52 Rn. 88; MünchKomm-AktG/*Habersack*, § 111 Rn. 12 a. E., 29, 43; KölnerKomm-AktG/*Mertens*, § 111 Rn. 32.

müssen, ob die ausgewählten Maßnahmen des Vorstands plausibel und ausreichend sowie in der Praxis auch wirksam sind, d.h. die Umsetzung durch den Vorstand hinreichend nachgehalten wird.[2548]

117 (b) Neben der Validierung der Compliance-Strukturen im Unternehmen gehört zu der **präventiven**, auf die Verhinderung zukünftiger Fehlentwicklungen ausgerichteten **Kontrolle** durch den Aufsichtsrat auch die Prüfung, ob und wie der Vorstand **Compliance-Verstöße der Vergangenheit aufarbeitet**, sanktioniert und bei der Anpassung der organisatorischen Maßnahmen berücksichtigt.[2549] Ohne konsequente Ahndung von Regelverstößen und die gesamthafte Einbeziehung des etablierten Katalogs möglicher Personalmaßnahmen wird jede auf dem Papier noch so ausgereifte Compliance-Maßnahme und jedes Compliance-System ad absurdum geführt; gleiches gilt, wenn im Unternehmen z.B. Vergütungssysteme bestehen, die aufgrund der schieren Höhe ausgelobter Prämien oder auffallend praxisferner Umsatz- oder Verkaufsvorgaben die Ernsthaftigkeit des Anliegens regelkonformen Verhaltens in Frage stellen.[2550] Auch hierbei gilt jedoch, dass sich der Aufsichtsrat nicht mit allen Vorfällen und deren Einzelheiten befassen, geschweige denn sie selbst aufklären oder ahnden muss. Jedoch hat sich der Aufsichtsrat über Compliance-Verstöße von „nicht untergeordneter Bedeutung" zu informieren.[2551] Insbesondere wenn hinter Compliance-Verstößen möglicherweise ein System von Rechtsverletzungen steckt,[2552] unmittelbar nachgeordnete oder leitende Führungskräfte involviert sind oder – wie z.B. im Fall von bedeutenden Korruptions- oder Kartellverfahren, Umwelt- oder Produkthaftungsfällen – besonders hohe finanzielle Schäden und Imageverluste drohen, gehört es zur Überwachungsaufgabe des Aufsichtsrats, sich von der sachgerechten Aufarbeitung der Vorfälle, einschließlich einer möglichen Anpassung von internen Kontrollen, Richtlinien und Vorgaben durch den Vorstand zu überzeugen. Im Rahmen von Korruptionsverfahren liegt daher ein Risiko möglicher Haftung des Aufsichtsrats auch in Fällen unrechtmäßigen Verhaltens, die nach Einleitung der Untersuchung und Feststellung von Verstößen im Laufe des Verfahrens auftreten und Zweifel an der Angemessenheit und Effektivität der Abhilfemaßnahmen des Vorstands entstehen lassen.

118 (c) Entscheidend bei der Frage nach der Haftung der Mitglieder des Aufsichtsrats ist, welcher **Informationsstand** von einem ordentlich und gewissenhaft arbeitenden Aufsichtsrat erwartet werden darf. Dabei ist zu beachten, dass die Überwachungspflicht auf Leitungsmaßnahmen des Vorstands beschränkt ist und die Aufsichtsratstätigkeit entgegen der des Vorstands als Nebenamt ausgelegt ist, was ebenfalls zu einer Begrenzung des Pflichtenumfangs führt.[2553] Dies bedeutet, dass ein Organisationsfehler oder sonstiger Sorgfaltspflichtverstoß des Vorstands nicht zwangsläufig den Rück-

---

[2548] *Hüffer*, § 111 Rn. 4, 12; *Lutter*, FS Hüffer, 2010, S. 617, 619 f.; ähnl. *Winter*, FS Hüffer, 2010, S. 1103, 1119 f.
[2549] *Winter*, FS Hüffer, 2010, S. 1103, 1120; *Behringer*, ZRFC 2011, 127, 128; *Nonnenmacher/Pohle/Werder*, DB 2009, 1447, 1452 (zum Prüfungsausschuss); für die Unternehmensleitung vgl. § 13 Rn. 34.
[2550] Ähnl. *Lutter*, FS Hüffer, 2010, S. 617, 620.
[2551] *Winter*, FS Hüffer, 2010, S. 1103, 1120; *Nonnenmacher/Pohle/Werder*, DB 2009, 1447, 1452 (Befassung des Prüfungsausschusses mit den „wichtigsten Einzelvorfällen (Verstöße oder Verdachtsmomente)").
[2552] *Winter*, FS Hüffer, 2010, S. 1103, 1120.
[2553] MünchKomm-AktG/*Habersack*, § 111 Rn. 19; KölnerKomm-AktG/*Mertens*, § 116 Rn. 5; Großkomm-AktG/*Hopt/Roth*, § 111 Rn. 132; Michalski/*Giedinghagen*, § 52 Rn. 223; *Winter*, FS Hüffer, 2010, S. 1103, 1111.

B. Zivil- und gesellschaftsrechtliche Haftungsfragen

schluss auf einen Pflichtverstoß des Aufsichtsrats zulässt.[2554] Vielmehr ist individuell zu untersuchen, was der Aufsichtsrat wusste, hätte wissen müssen und was für seine Mitglieder auch bei sorgfältiger Überwachung der Vorstandstätigkeit nicht zu erkennen war.

Grds. erhält der Aufsichtsrat seine Informationen über die gesetzlich vorgeschriebene Berichterstattung durch den Vorstand, die periodisch und auf Initiative des Vorstands erfolgt (§ 90 Abs. 1 und 2 AktG).[2555] Dabei handelt es sich um eine Art „Bringschuld" des Vorstands.[2556] Im **Normalfall** genügt der Aufsichtsrat seiner Überwachungspflicht, wenn er (neben den Prüfungspflichten aus § 171 AktG) die Regelberichte des Vorstands sorgfältig prüft und mit dem Vorstand erörtert.[2557] Dabei dürfen die Aufsichtsratsmitglieder den Berichten des Vorstands grds. Glauben schenken und auf deren Richtig- und Vollständigkeit vertrauen.[2558] Das bedeutet, lediglich bei „defizitärer Berichterstattung", wenn Berichte „unklar, unvollständig oder erkennbar unrichtig" sind, sich „Bedenken ergeben" oder der Aufsichtsrat „glaubwürdige Hinweise auf ein Fehlverhalten des Vorstands erhält", ist der Aufsichtsrat gehalten, weitere Informationen einzuholen und ggf. die Kontrolle zu verschärfen.[2559]

Sofern die Regelberichte jedoch derartige Zweifel oder Unklarheiten aufkommen lassen, ist es die **Pflicht** des Aufsichtsrats, sich zusätzliche Informationen zu beschaffen,[2560] insbesondere über die Anforderung von Sonderberichten (§ 90 Abs. 3 AktG) und die Ausübung des Einsichts- und Prüfungsrechts nach § 111 Abs. 2 S. 1 und 2 AktG.[2561] Darauf aufbauend kann er sodann vor allem über Meinungsäußerungen, die Einführung von Zustimmungsvorbehalten (§ 111 Abs. 4 S. 2 AktG) und die Ausübung

119

[2554] *Winter*, FS Hüffer, 2010, S. 1103, 1112, 1119.
[2555] Dies gilt mangels Verweis auf § 90 Abs. 1 und 2 AktG nicht für den fakultativen **GmbH-Aufsichtsrat** sowie den obligatorischen Aufsichtsrat nach dem DrittelbG, MitbestG und InvG. Lediglich die Vorschriften über die Montanmitbestimmung sehen durch entsprechende Verweis auf die aktienrechtlichen Regelungen eine aktive Berichterstattungspflicht der Geschäftsführer vor (§ 3 Abs. 2 MontanMitbestG und § 3 Abs. 1 S. 2 MitbestErgG i.V.m. § 3 Abs. 2 MontanMitbestG). Eine derartige Verpflichtung kann aber stets durch Regelung in der Satzung begründet werden.
[2556] *Hoffmann-Becking*, in: Hoffmann-Becking, § 33 Rn. 62 a.; *Nonnenmacher/Pohle/Werder*, DB 2009, 1447, 1452.
[2557] *Krieger*, in: Krieger/Schneider, § 3 Rn. 26; *Winter*, FS Hüffer, 2010, S. 1103, 1110; *Behringer*, ZRFC 2011, 127, 130; MünchKomm-AktG/*Habersack*, § 111 Rn. 44; Großkomm-AktG/*Hopt/Roth*, § 111 Rn. 174 f., 323 f.; *OLG Düsseldorf* ZIP 2008, 1922, 1923; *OLG Brandenburg* DB 2009, 784, 787.
[2558] *Krieger*, in: Krieger/Schneider, § 3 Rn. 26; *Hoffmann-Becking*, in: Hoffmann-Becking, § 33 Rn. 62 a, § 29 Rn. 29; *Winter*, FS Hüffer, 2010, S. 1103, 1121; *Behringer*, ZRFC 2011, 127, 130; *OLG Düsseldorf* ZIP 2008, 1922, 1923.
[2559] *Hüffer*, § 90 Rn. 1 a; *Krieger*, in: Krieger/Schneider, § 3 Rn. 26; *Hoffmann-Becking*, in: Hoffmann-Becking, § 33 Rn. 60, 62 a m.w.N., § 29 Rn. 29; vgl. auch *Winter*, FS Hüffer, 2010, S. 1103, 1121 f.; Großkomm-AktG/*Hopt/Roth*, § 111 Rn. 173, 238 ff., § 116 Rn. 126 ff.; *LG Bielefeld* ZIP 2000, 20, 24 f. - Balsam AG.
[2560] MünchKomm-AktG/*Habersack*, § 111 Rn. 44 a.E., 47, 61; *Hüffer*, § 90 Rn. 1 a m.w.N.; *Nonnenmacher/Pohle/Werder*, DB 2009, 1447, 1452 (zum Prüfungsausschuss).
[2561] Sofern die Satzung keine entsprechende Regelung oder Anwendung des § 90 Abs. 1 und 2 AktG vorsieht, ist der Aufsichtsrat der **GmbH** grds. gehalten, von diesen Informationsmitteln Gebrauch zu machen. Er hat die **Pflicht**, sich „hinreichend zu informieren", darf sich nicht darauf verlassen, dass die Geschäftsführung „in guten Händen" liegt; so Baumbach/Hueck/*Zöllner/Noack*, § 52 Rn. 69 m.w.N.; vgl. auch Großkomm-GmbHG/*Raiser/Heermann*, § 52 Rn. 90; Roth/Altmeppen/*Altmeppen*, § 52 Rn. 30; Michalski/*Giedinghagen*, § 52 Rn. 225, 253. Eine Beschränkung dieser Informationsrechte ist grds. nicht möglich; vgl. Baumbach/Hueck/*Zöllner/Noack*, § 52 Rn. 135, 137; Großkomm-GmbHG/*Raiser/Heermann*, § 52 Rn. 96.

§ 13. Weitere Konsequenzen im Unternehmensbereich

seiner Personalhoheit (§ 84 AktG) die Überwachung intensivieren.[2562] Mithin kann sich der Aufsichtsrat grds. nicht allein unter Berufung auf nachlässige Informationsversorgung durch den Vorstand seiner Verantwortung für gewissenhafte Überwachung entziehen. In diesem Sinne ist auch Ziffer 3.4 Abs. 1 des DCGK zu verstehen, wonach die ausreichende Informationsversorgung des Aufsichtsrats „gemeinsame Aufgabe von Vorstand und Aufsichtsrat" ist.

120 (d) Die **Intensität der Überwachung** durch den Aufsichtsrat hängt somit von der jeweiligen Risikolage ab (sog. abgestufte Überwachungspflicht).[2563] Bei **regelmäßigem Geschäftsverlauf** bedeutet dies, dass der Aufsichtsrat sich die vom Vorstand geplanten organisatorischen Maßnahmen zur Sicherstellung der Einhaltung der gesetzlichen Vorschriften und unternehmensinternen Regelwerke bei deren Einführung schriftlich vorlegen und erläutern lassen muss;[2564] gleiches gilt im weiteren Verlauf bei wesentlichen Änderungen sowohl inhaltlicher als auch struktureller Art.[2565] Darüber hinaus ist Compliance im Rahmen der laufenden Überwachung regelmäßig in den Befragungen des Vorstands aufzugreifen.[2566] Damit stellt der Aufsichtsrat sicher, dass die vorgestellten Maßnahmen vom Vorstand auch umgesetzt, überwacht und, wenn nötig, angepasst werden.

121 Der Aufsichtsrat kann grds. nicht unmittelbar auf Mitarbeiter unterhalb der Vorstandsebene zugreifen,[2567] auch nicht auf einen hier angesiedelten Leiter der Compliance-Abteilung *(Chief Compliance Officer)*. Jedoch bleibt es ihm unbenommen, den Vorstand zu bitten, den Compliance-Verantwortlichen in der nächsten Aufsichtsratssitzung selbst vortragen zu lassen. Angesichts der Bedeutung von Engagement und Vorbildfunktion der Führungskräfte im Bereich Compliance sowie unmittelbar vermittelter Eindrücke und Erfahrungen ist dem Aufsichtsrat dringend anzuraten, diesem Vorgehen in regelmäßigen Abständen zu folgen.[2568] In der Praxis berichtet heute der Leiter der Compliance-Abteilung regelmäßig und unmittelbar an den Aufsichtsrat bzw. dessen Prüfungsausschuss. Lediglich für den Fall, dass ein „dringender Verdacht" einer erheblichen Pflichtverletzung durch den Vorstand selbst besteht und keine andere Abhilfe über Herantreten an den (restlichen) Vorstand möglich bzw. der Untersu-

---

[2562] Für die **GmbH** vgl. § 13 Rn. 111, Fn. 2531; bei mangelnder Personalkompetenz muss der Aufsichtsrat „bei erheblichen Pflichtverletzungen der Geschäftsführung oder in der Krise" regelmäßig die Gesellschafterversammlung als kompetentes Organ einberufen, vgl. Roth/Altmeppen/*Altmeppen*, § 52 Rn. 30.
[2563] *Hüffer*, § 111 Rn. 7; *Hoffmann-Becking*, in: Hoffmann-Becking, § 29 Rn. 27 b m.w.N.; MünchKomm-AktG/*Habersack*, § 111 Rn. 46; ähnl. *Lutter*, FS Hüffer, 2010, S. 617, 619 mit Hinw. auf „Gefahrenpotential im Unternehmen"; *Winter*, FS Hüffer, 2010, S. 1103, 1111 mit Verweis auf Anpassung der Überwachungstätigkeit an die Lage der Gesellschaft.
[2564] *Lutter*, FS Hüffer, 2010, S. 617, 619.
[2565] Ähnl. *Winter*, FS Hüffer, 2010, S. 1103, 1114.
[2566] *Behringer*, ZRFC 2011, 127, 130; *Lutter*, FS Hüffer, 2010, S. 617, 619; vgl. auch *Winter*, FS Hüffer, 2010, S. 1103, 1114 (regelmäßige Information über konkrete Compliance-relevante Fragestellungen).
[2567] KölnerKomm-AktG/*Mertens/Cahn*, § 90 Rn. 52; MünchKomm-AktG/*Spindler*, § 90 Rn. 38; Großkomm-AktG/*Kort*, § 90 Rn. 94, 97; *Hüffer*, § 90 Rn. 11; Michalski/*Giedinghagen*, § 52 Rn. 255; BeckOK-GmbHG/*Jaeger*, § 52 Rn. 32 m.w.N.; *Hoffmann-Becking*, in: Hoffmann-Becking, § 29 Rn. 24; *Winter*, FS Hüffer, 2010, S. 1103, 1116; a.A. MünchKomm-AktG/*Habersack*, § 111 Rn. 21 a.E., 68; wohl auch *Behringer*, ZRFC 2011, 127, 131; *Nonnenmacher/Pohle/Werder*, DB 2009, 1447, 1452 (Befragung des Chief Compliance Officer in Abwesenheit des Vorstands).
[2568] So auch *Lutter*, FS Hüffer, 2010, S. 617, 619 m.w.N.

B. Zivil- und gesellschaftsrechtliche Haftungsfragen

chungszweck gefährdet ist, wird dem Aufsichtsrat das Recht zugebilligt, unmittelbare Berichterstattung durch Angestellte der Gesellschaft zu verlangen.[2569]

In **besonderen Risikolagen** ist der Aufsichtsrat gehalten, seine Überwachungstätigkeit zu intensivieren. Dies gilt insbesondere in einer **Krisensituation** des Unternehmens.[2570] Dort hat er „alle ihm nach §§ 90 Abs. 3, 111 Abs. 2 AktG zur Verfügung stehenden Erkenntnisquellen aus[zu]schöpfen".[2571] Das betrifft nicht nur wirtschaftlich prekäre Situationen, z.B. bei Verschlechterung der Ertrags- oder Finanzlage. Auch im Falle einer Häufung von Missständen und Regelverstößen und nachhaltigen Fehlentwicklungen in bestimmten Unternehmensbereichen besteht eine **gesteigerte Überwachungspflicht** des Aufsichtsrats.[2572] Ebenso erfordert die Aufdeckung von nicht unerheblichen Compliance-Verstößen in der Vergangenheit eine Intensivierung der Überwachungstätigkeit durch den Aufsichtsrat, um sicherzustellen, dass sachgerechte Abhilfemaßnahmen getroffen und umgesetzt wurden bzw. werden. Damit wird der Aufsichtsrat bei größeren und vor allem internationalen Korruptionsverfahren nicht umhinkommen, seine Überwachungsintensität zu erhöhen, ohne sich selbst einer Pflichtverletzung auszusetzen. Gleiches gilt, wenn Anzeichen dafür vorliegen, dass der Vorstand selbst pflichtwidrig gehandelt hat.[2573]

122

(e) Die Quelle der Informationen ist bei der Bestimmung des **Umfangs und der konkreten Ausgestaltung** der gesteigerten Überwachungspflicht des Aufsichtsrats nicht entscheidend.[2574] Hinweise auf besondere Risikolagen oder Pflichtverletzungen des Vorstands können u.a. aus den Vorstandsberichten selbst, mangelnder Auskunftswilligkeit des Vorstands, den Medien, Informationen seitens Angestellter des Unternehmens oder externer Dritter stammen. Der Aufsichtsrat ist in diesen Fällen grds. gehalten, sich mit Berichten des Vorstands zu den entsprechenden Themen besonders intensiv zu beschäftigen und häufiger zu Sitzungen zusammenzukommen.[2575] Neben der Anforderung weiterer Informationen über Sonderberichte des Vorstands (§ 90 Abs. 3 AktG), der Aufnahme einzelner Themen als dauernde Tagesordnungspunkte der Aufsichtsratssitzungen[2576] und der Konfrontation des Vorstands mit Gegenvorstellungen[2577] kann der Aufsichtsrat auch verpflichtet sein, eigene Ermittlungen anzustellen.

123

Allerdings erfordert nicht jeder beliebige Hinweis **eigenständige Untersuchungen** des Aufsichtsrats; dies würde eine vertrauensvolle Zusammenarbeit der Organe unmöglich machen. Da die Verschwiegenheitspflicht aus § 93 Abs. 1 S. 3 AktG nicht ge-

124

[2569] KölnerKomm-AktG/*Mertens/Cahn*, § 90 Rn. 52; MünchKomm-AktG/*Spindler*, § 90 Rn. 38; Großkomm-AktG/*Kort*, § 90 Rn. 98; *Hüffer*, § 90 Rn. 11; ähnl. *Winter*, FS Hüffer, 2010, S. 1103, 1116; *Hoffmann-Becking*, in: Hoffmann-Becking, § 29 Rn. 24; Michalski/*Giedinghagen*, § 52 Rn. 255 (für „außergewöhnliche Situationen").
[2570] MünchKomm-AktG/*Habersack*, § 111 Rn. 46; Großkomm-AktG/*Hopt/Roth*, § 111 Rn. 317 ff. m.w.N.; *Winter*, FS Hüffer, 2010, S. 1103, 1110; *OLG Brandenburg* DB 2009, 784, 787 (zum fakultativen Aufsichtsrat der GmbH).
[2571] *BGH* AG 2009, 404, 405; vgl. auch MünchKomm-AktG/*Habersack*, § 111 Rn. 46 a.E.
[2572] *Winter*, FS Hüffer, 2010, S. 1103, 1111; *Behringer*, ZRFC 2011, 127, 130; Großkomm-AktG/*Hopt/Roth*, § 111 Rn. 180.
[2573] *Winter*, FS Hüffer, 2010, S. 1103, 1111; MünchKomm-AktG/*Habersack*, § 111 Rn. 46, 47.
[2574] Großkomm-AktG/*Hopt/Roth*, § 111 Rn. 180, 239; KölnerKomm-AktG/*Mertens*, § 111 Rn. 117.
[2575] Großkomm-AktG/*Hopt/Roth*, § 111 Rn. 319; ähnl. MünchKomm-AktG/*Habersack*, § 116 Rn. 37.
[2576] *Winter*, FS Hüffer, 2010, S. 1103, 1116.
[2577] Vgl. § 13 Rn. 112.

§ 13. Weitere Konsequenzen im Unternehmensbereich

genüber dem Aufsichtsrat gilt[2578] und der Vorstand zur Offenheit verpflichtet ist,[2579] darf der Aufsichtsrat bei „bloß mögliche[m] Fehlverhalten" einer „nachvollziehbar erscheinenden Erklärung" des Vorstands grds. vertrauen.[2580] Andererseits hat er bei „konkrete[m] Anlass", insbesondere bei „Vorliegen konkreter Verdachtsmomente gegen den Vorstand" von seinem Einsichts- und Prüfungsrecht Gebrauch zu machen.[2581] Dies gilt insbesondere dann, wenn Zweifel an der Offenheit und Glaubwürdigkeit des Vorstands im Raum stehen. Der Aufsichtsrat kann in dieser Situation nicht mehr ohne weiteres davon ausgehen, auf der Grundlage angemessener Informationen zu handeln, so dass sein Kontrollermessen sich zur Handlungspflicht verdichtet.[2582] Auch Hinweisen von Quellen mit hohem Glaubwürdigkeitsgrad ist durch entsprechende eigene Überprüfung der Informationen nachzugehen, insbesondere wenn sich, ggf. in Kombination mit weiteren Geschehnissen, der Verdacht aufdrängt, dass der Vorstand seiner unbedingten Offenheitspflicht nicht nachgekommen ist.[2583] Wer trotz begründeten Verdachts eine Aufklärung unterlässt, kann sich später nicht auf fehlende Kenntnis von Missständen berufen.[2584] Gleiches gilt für denjenigen, der sich entsprechenden Verdachtsmomenten bewusst verschließt. Ein bewusstes Sichverschließen kann vorliegen, wenn jemand trotz „starke[r] Verdachtsmomente [...] eine sich ihm bietende Möglichkeit, sich Klarheit zu verschaffen, bewusst nicht wahrnimmt, weil er gerade vermeiden will, dass aus einem begründeten Verdacht Gewissheit wird".[2585]

125 Zur weitergehenden Aufklärung des Sachverhalts kann der Aufsichtsrat **eigene Prüfungen** vornehmen (§ 111 Abs. 2 S. 1 AktG) oder einzelne Mitarbeiter oder **Sachverständige** mit einer Sonderprüfung (§ 111 Abs. 2 S. 2 AktG) beauftragen. Insbesondere bei größeren Korruptions- oder Kartellverfahren, bei denen es um die Aufdeckung möglicher systemischer Missstände und Evaluierung komplexer juristischer Sachverhalte und Fragestellungen geht, kann es für den Aufsichtsrat durchaus Veranlassung geben, externe Berater (z.B. Wirtschaftsprüfer und/oder Rechtsanwälte) zu engagieren.[2586] Gleiches gilt, wenn das Compliance-Programm eines Unternehmens ganzheitlich überarbeitet wird oder wesentliche Elemente neu aufgesetzt werden. In dem Fall kann der Aufsichtsrat z.B. Unternehmensberater oder Compliance-Experten zur Prüfung hinzuziehen.[2587] Entscheidend ist, dass der Aufsichtsrat einen sachlich

---

[2578] BGHZ 135, 48, 56 = NJW 1997, 1985, 1987.
[2579] Dies gilt auch für die zutreffende Sachverhaltsdarstellung in Fällen möglicher Schadensersatzpflicht oder Strafbarkeit des Vorstands; vgl. *Winter*, FS Hüffer, 2010, S. 1103, 1115. Zur vergleichbaren Fragestellung im Rahmen der Auskunftspflicht des Mitarbeiters vgl. *Kienast*, § 8 Rn. 14 f. und *Loer*, § 10 Rn. 46.
[2580] Großkomm-AktG/*Hopt/Roth*, § 111 Rn. 239; *Winter*, FS Hüffer, 2010, S. 1103, 1121.
[2581] *Winter*, FS Hüffer, 2010, S. 1103, 1110, 1122; Großkomm-AktG/*Hopt/Roth*, § 111 Rn. 418.
[2582] So erkennt das LG Bielefeld eine Veranlassung des Aufsichtsrats zu eigenen weitergehenden Prüfungen auch bei nur vagen Gerüchten, wenn diese in Kombination mit „mangelnder Offenheit des Vorstands" diesbezüglich auftreten; vgl. *LG Bielefeld* ZIP 2000, 20, 24 – Balsam AG; *LG Bielefeld* ZIP 2000, 20 m. Anm. *Westermann*, 25, 26; Großkomm-AktG/*Hopt/Roth*, § 111 Rn. 240.
[2583] *LG Bielefeld* ZIP 2000, 20, 24 f. – Balsam AG; Großkomm-AktG/*Hopt/Roth*, § 111 Rn. 240; *Winter*, FS Hüffer, 2010, S. 1103, 1122.
[2584] *BGH* NJW 1994, 2289, 2291.
[2585] Vgl. *OLG Düsseldorf* ZIP 2008, 1922, 1924 zu dem zu einer Außenhaftung nach §§ 826, 830 BGB führenden Beihilfevorsatz eines Aufsichtsratsmitglieds im Falle des Sichverschließens gegenüber kriminellen Handlungen des Vorstands einer AG.
[2586] *Krieger*, in: Krieger/Schneider, § 3 Rn. 26 a.E. erkennt eine Pflichtwidrigkeit des Aufsichtsrats, „wenn dieser sich trotz Unerfahrenheit nicht von Spezialisten beraten lässt"; ähnl. Michalski/*Giedinghagen*, § 52 Rn. 173.
[2587] Vgl. *Nonnenmacher/Pohle/Werder*, DB 2009, 1447, 1451 (zum Prüfungsausschuss).

B. Zivil- und gesellschaftsrechtliche Haftungsfragen

begrenzten Prüfungsauftrag erteilt; nicht möglich ist die allgemeine Übertragung des Einsichts- und Prüfungsrechts an Dritte.[2588] Auch bestehen keine Einsichts- und Prüfungsrechte hinsichtlich Konzerngesellschaften.[2589] Durch die Beauftragung externer Sachverständiger kann sich der Aufsichtsrat außerdem nicht vollständig von seiner Überwachungspflicht befreien. Vielmehr ist er gehalten, die Tatsachenfeststellungen auf Plausibilität zu prüfen und sich ein eigenes abschließendes Urteil über den Prüfungsgegenstand zu bilden.[2590]

Als weitere unabhängige Informationsquelle für den Aufsichtsrat spielt der **Abschlussprüfer** eine wichtige Rolle – auch in Sachen Compliance. Er wird der Hauptversammlung vom Aufsichtsrat zur Wahl vorgeschlagen (§ 124 Abs. 3 S. 1 AktG), erhält seinen Prüfungsauftrag vom Aufsichtsrat (§ 111 Abs. 2 S. 3 AktG) und berichtet auch an diesen (§ 321 Abs. 5 S. 2 HGB).[2591] Zwar erstreckt sich seine gesetzlich vorgegebene Prüfungs- und Berichtspflicht nicht auf die Etablierung und Umsetzung von Compliance-Maßnahmen und die Aufdeckung von und den Umgang mit Compliance-Verstößen.[2592] Jedoch hat er gem. § 321 Abs. 1 S. 3 HGB „über bei Durchführung der Prüfung festgestellte Unrichtigkeiten oder Verstöße gegen gesetzliche Vorschriften […] zu berichten". Darüber hinaus kann der Aufsichtsrat über die Vereinbarung besonderer, auch zusätzlicher, Prüfungsschwerpunkte die Compliance im Unternehmen zum Prüfungsgegenstand machen.[2593]

126

Bestätigen die Untersuchungen des Aufsichtsrats besondere Risikolagen, drohende oder gar erfolgte Pflichtverletzungen des Vorstands, ist der Aufsichtsrat verpflichtet, **weitere Überwachungsmaßnahmen**, insbesondere zur Verhinderung anstehender bzw. weiterer Regelverstöße, vorzunehmen. Mögliche Instrumente sind die Einführung von Zustimmungsvorbehalten (§ 111 Abs. 4 S. 2 AktG) und die Ausübung der Personalhoheit (§ 84 AktG).[2594] Dabei kann sich das Ermessen des Aufsichtsrats zur Anordnung von Zustimmungsvorbehalten zu einer Pflicht verdichten, wenn der Aufsichtsrat rechts-

127

[2588] Großkomm-AktG/*Hopt/Roth*, § 111 Rn. 424; *Hüffer*, § 111 Rn. 12; *Hoffmann-Becking*, in: Hoffmann-Becking, § 29 Rn. 33, 37 m.w.N.
[2589] *Winter*, FS Hüffer, 2010, S. 1103, 1110, 1117; *Hüffer*, § 111 Rn. 11; *Hoffmann-Becking*, in: Hoffmann-Becking, § 29 Rn. 36 m.w.N.
[2590] KölnerKomm-AktG/*Mertens*, § 111 Rn. 56; MünchKomm-AktG/*Habersack*, § 111 Rn. 77; Großkomm-AktG/*Hopt/Roth*, § 111 Rn. 431 m.w.N.
[2591] Für mittelgroße und große Kapitalanlagegesellschaften, auch in Form der **GmbH**, ist gem. §§ 316 Abs. 1 S. 1, 267 HGB der Jahresabschluss und der Lagebericht durch den Abschlussprüfer zu prüfen; für die Wahl des Abschlussprüfers ist grds. die Gesellschafterversammlung zuständig; der Gesellschaftsvertrag kann jedoch etwas anderes bestimmen (§ 318 Abs. 1 S. 1 und 2 HGB). Die Regelung der Erteilung des Prüfungsauftrags für den Jahresabschluss durch den Aufsichtsrat (§ 111 Abs. 2 S. 3 AktG) ist für den fakultativen Aufsichtsrat abdingbar (§ 52 Abs. 1 GmHG); vgl. Baumbach/Hueck/*Zöllner/Noack*, § 52 Rn. 114; Michalski/*Giedinghagen*, § 52 Rn. 249.
[2592] *Lutter*, FS Hüffer, 2010, S. 617, 622; *Winter*, FS Hüffer, 2010, S. 1103, 1118; a.A. *Behringer*, ZRFC 2011, 127, 131.
[2593] Großkomm-AktG/*Hopt/Roth*, § 111 Rn. 176; *Hüffer*, § 111 Rn. 12 d; MünchKomm-AktG/*Habersack*, § 111 Rn. 78, 84 (jew. zur grds. Möglichkeit der Vereinbarung besonderer Prüfungsschwerpunkte); *Winter*, FS Hüffer, 2010, S. 1103, 1117 f.; *Nonnenmacher/Pohle/Werder*, DB 2009, 1447, 1451 (zum Prüfungsausschuss); vgl. auch *Lutter*, FS Hüffer, 2010, S. 617, 622 f., der bei großen, insbesondere börsengelisteten Gesellschaften und Konzernen sogar eine Verpflichtung des Aufsichtsrats zur Erweiterung des Prüfungsumfangs auf Compliance sieht.
[2594] BGH AG 2009, 404, 405 m.w.N. Für die **GmbH** vgl. § 13 Rn. 111, Fn. 2531; bei mangelnder Personalkompetenz muss der Aufsichtsrat „bei erheblichen Pflichtverletzungen der Geschäftsführung oder in der Krise" regelmäßig die Gesellschafterversammlung als kompetentes Organ einberufen, vgl. Roth/Altmeppen/*Altmeppen*, § 52 Rn. 30.

§ 13. Weitere Konsequenzen im Unternehmensbereich

widrige Geschäftsführungsmaßnahmen nur noch so verhindern kann.[2595] Auch die Kompetenz des Aufsichtsrats zur Regelung, und damit auch zur Änderung, der Geschäftsordnung und Geschäftsverteilung des Vorstands (§ 77 Abs. 2 S. 1 AktG) kann als Mittel der Überwachung genutzt werden.[2596]

128 (f) Bei der Frage, ob das Unterlassen weitergehender Überwachungs- und Untersuchungsmaßnahmen eine Sorgfaltspflichtverletzung des Aufsichtsrats darstellt, ist, wie bei der entsprechenden Begutachtung des Geschäftsleiterhandelns, stets eine **Betrachtungsweise ex ante** geboten, d.h. die Perspektive des Aufsichtsrats im Zeitpunkt der Unterlassung ist entscheidend.[2597] Von im Rahmen internationaler Korruptionsverfahren nachträglich aufgedeckten systemimmanenten Missständen und/oder massiven Regelverstößen kann daher nicht automatisch auf eine Überwachungspflichtverletzung des Aufsichtsrats geschlossen werden. Es ist individuell festzustellen, ob die Berichte des Vorstands oder anderweitige Geschehnisse Hinweise auf mögliche derartige Probleme enthielten, die für den Aufsichtsrat bei Anwendung der gebotenen Sorgfalt hinreichend erkennbar waren bzw. gewesen wären. Sowohl Vorstandsberichte, die Compliance-Themen lückenhaft behandeln als auch gehäuftes Auftreten von berichteten Compliance-Fällen im Unternehmen (oder ggf. bei Wettbewerbern) können jedoch ausreichend Anlass sein, dass der Aufsichtsrat zumindest zusätzliche Informationen zum Umgang des Unternehmens mit derartigen Compliance-Themen einholt.

129 (g) Der DCGK empfahl dem Aufsichtsrat bereits in der Erstfassung aus dem Jahr 2002 in Ziff. 5.3.2 die Einrichtung eines **Prüfungsausschusses** *(Audit Committee)*, an den **einzelne Überwachungsaufgaben** – und seit der Neufassung vom 14.6.2007 auch „Fragen […] der Compliance" – delegiert werden sollten. 2009 war die Einrichtung eines Prüfungsausschusses bereits bei allen DAX- und MDAX-Gesellschaften sowie bei 75% der SDAX-Gesellschaften Standard.[2598] Durch das Bilanzrechtsmodernisierungsgesetz wurde 2009 die Möglichkeit der Bestellung eines Prüfungsausschusses in § 107 Abs. 3 S. 2 AktG auch gesetzlich kodifiziert, wobei Compliance-Themen nicht explizit zum Katalog der dort aufgeführten Aufgaben gehören.[2599] In der Praxis wird Compliance jedoch regelmäßig in die Zuständigkeit eines bestehenden Prüfungsausschusses fallen. In diesem Fall finden sowohl die Berichterstattung des Vorstands als auch die Entscheidung und Umsetzung weiterer Überwachungsmaßnahmen im Prüfungs-

---

[2595] BGHZ 124, 111, 127 = NJW 1994, 520, 524; *LG Bielefeld* ZIP 2000, 20, 25 – Balsam AG; MünchKomm-AktG/*Habersack*, § 111 Rn. 115; *Hüffer*, § 111 Rn. 17; *Hoffmann-Becking*, in: Hoffmann-Becking, § 29 Rn. 42 f. (letztere jew. m.w.N.); für die **GmbH** (einschließlich fakultativem Aufsichtsrat, sofern das Recht nicht abbedungen wurde) Roth/Altmeppen/*Altmeppen*, § 52 Rn. 23; Baumbach/Hueck/*Zöllner/Noack*, § 52 Rn. 123; Michalski/*Giedinghagen*, § 52 Rn. 230.
[2596] Mangels Verweis auf § 77 Abs. 2 S. 1 AktG gilt dies ohne entsprechende Satzungsermächtigung nicht für den Aufsichtsrat in der **GmbH**, auch nicht im Falle der Mitbestimmung; vgl. Michalski/*Giedinghagen*, § 52 Rn. 227; Baumbach/Hueck/*Zöllner/Noack*, § 37 Rn. 29 (jew. m.w.N.).
[2597] Allgemein zu § 93 Abs. 1 S. 2 AktG vgl. § 13 Rn. 14, Fn. 2210 und § 13 Rn. 23; speziell zum Aufsichtsrat *Winter*, FS Hüffer, 2010, S. 1103, 1122.
[2598] *Nonnenmacher/Pohle/Werder*, DB 2009, 1147.
[2599] Gem. § 324 Abs. 1 S. 1 HGB sind Kapitalgesellschaften i.S. des § 264 d HGB, die keinen Aufsichts- oder Verwaltungsrat haben, der die Voraussetzungen des § 100 Abs. 5 AktG erfüllen muss, grds. **verpflichtet**, einen Prüfungsausschuss einzurichten (z.B. eine mitbestimmungsfreie GmbH). Für den fakultativen Aufsichtsrat der **GmbH** gilt mangels entsprechenden Verweises in § 52 Abs. 1 GmbHG der § 107 Abs. 3 S. 2 AktG nicht. Jedoch kann u.a. auch die innere Ordnung und Beschlussfassung des fakultativen GmbH-Aufsichtsrats durch die Satzung frei gestaltet werden; vgl. Michalski/*Giedinghagen*, § 52 Rn. 9 a.E., 16, 384; Baumbach/Hueck/*Zöllner/Noack*, § 52 Rn. 24, 99; Großkomm-GmbHG/*Raiser/Heermann*, § 52 Rn. 74.

ausschuss statt. Dem Aufsichtsrat ist sodann regelmäßig über die Arbeit des Ausschusses zu berichten (§ 107 Abs. 3 S. 4 AktG). Darüber hinaus bedürfen Beschlüsse, dass bestimmte Arten von Geschäften nur mit Zustimmung des Aufsichtsrats vorgenommen werden dürfen, zwingend einer Entscheidung des Gesamtaufsichtsrats (§ 107 Abs. 3 S. 3 AktG).

Die Übertragung der Überwachungspflichten auf den Prüfungsausschuss wirkt dementsprechend für die übrigen Mitglieder des Aufsichtsrats auch nicht grds. enthaftend. Vielmehr bedingt die **Gesamtverantwortung** des Aufsichtsrats, dass sich das Gesamtorgan von der ordnungsgemäßen Wahrnehmung der delegierten Aufgaben überzeugen muss.[2600] Die bloße Entgegennahme von Berichten des Prüfungsausschusses ohne **Plausibilitätsprüfung und eigenständige Meinungsbildung** genügt jedenfalls in wesentlichen Fragen nicht.[2601] Anders herum ausgedrückt dürfen sich die Aufsichtsratsmitglieder auf die Beurteilung der Mitglieder des Prüfungsausschusses verlassen, soweit diese plausibel und in sich folgerichtig ist.[2602] Bestehen Anhaltspunkte, dass der Prüfungsausschuss seinen weitergehenden Pflichten nicht hinreichend nachkommt, ist der Gesamtaufsichtsrat befugt und ggf. auch verpflichtet, die Überwachungsaufgabe wieder ins Plenum zu ziehen.[2603]

130

cc) Verfolgung von Schadensersatzansprüchen gegen den Vorstand, § 112 AktG

Neben der oben dargestellten präventiv ausgerichteten Überwachung obliegt dem Aufsichtsrat außerdem eine **vergangenheitsbezogene Kontrolle**. Erlangt der Aufsichtsrat z.B. im Rahmen eines Korruptionsverfahrens im Nachhinein Kenntnis von nicht unbedeutenden Compliance-Verstößen im Unternehmen, hat er zu prüfen, ob der Vorstand sich selbst rechtmäßig verhalten und bei der Auswahl und Umsetzung der zur Legalitätssicherung im Unternehmen getroffenen Maßnahmen sorgfältig gehandelt hat, d.h. seinen Pflichten nachgekommen ist. Gegen rechtswidrige Maßnahmen des Vorstands muss der Aufsichtsrat einschreiten.[2604] Sofern Pflichtverletzungen des Vorstands im Raum stehen, hat der Aufsichtsrat Bestand und Durchsetzbarkeit sowie Verfolgung möglicher Ersatzansprüche zu prüfen.[2605] Gem. § 112 AktG vertritt der Aufsichtsrat die Gesellschaft gegenüber den Vorstandsmitgliedern gerichtlich und außergericht-

131

[2600] *Winter*, FS Hüffer, 2010, S. 1103, 1125; ähnl. Großkomm-AktG/*Hopt/Roth*, § 111 Rn. 110; MünchKomm-AktG/*Habersack*, § 107 Rn. 159, § 111 Rn 49, § 116 Rn. 26; Michalski/*Giedinghagen*, § 52 Rn. 304; Roth/Altmeppen/*Altmeppen*, § 52 Rn. 32 („sorgfältige Kontrolle und Information").

[2601] *Hüffer*, § 116 Rn. 9; Spindler/Stilz/*Spindler*, § 116 Rn. 45 (Schlüssigkeitsprüfung).

[2602] *Schmidt-Husson*, in: Hauschka, § 7 Rn. 39; *Hoffmann-Becking*, in: Hoffmann-Becking, § 33 Rn. 61 m.w.N.; ähnl. Michalski/*Giedinghagen*, § 52 Rn. 179 (Überprüfung auf Vertretbarkeit).

[2603] *Winter*, FS Hüffer, 2010, S. 1103, 1125; Michalski/*Giedinghagen*, § 52 Rn. 304 a.E. m.w.N.

[2604] *Hüffer*, § 111 Rn. 4; *Winter*, FS Hüffer, 2010, S. 1103, 1119 m.w.N.

[2605] Vgl. BGHZ 135, 244, 253 = NJW 1997, 1926, 127 – ARAG/Garmenbeck; *Hüffer*, § 111 Rn. 4 a; *Kapp/Gärtner*, CCZ 2009, 168, 171 f.; ausf. dazu *Krieger*, in: Krieger/Schneider, § 3 Rn. 47 ff.; MünchKomm-AktG/*Habersack*, § 111 Rn. 34 ff.; Großkomm-AktG/*Hopt/Roth*, § 111 Rn. 352 ff. Die **GmbH** sieht für die der Vertretung vorgelagerte Entscheidung, ob Ersatzansprüche geltend gemacht werden sollen, die Zuständigkeit der Gesellschafterversammlung vor (§ 46 Nr. 8 Alt. 1 GmbHG). Diese Entscheidungszuständigkeit gilt auch, wenn ein fakultativer Aufsichtsrat besteht und ist für den mitbestimmten Aufsichtsrat umstritten; vgl. Baumbach/Hueck/*Zöllner*, § 46 Rn. 59; Roth/Altmeppen/*Roth*, § 46 Rn. 66 a.E.; Michalski/*Römermann*, § 46 Rn. 395 m.w.N. Die Regelung ist jedoch dispositiv und kann in der Satzung abbedungen werden; vgl. Michalski/*Römermann*, § 46 Rn. 462; Großkomm-GmbHG/*Hüffer*, § 46 Rn. 117; Roth/Altmeppen/*Roth*, § 46 Rn. 66; Baumbach/Hueck/*Zöllner/Noack*, § 52 Rn. 73. Ist die Gesellschafterversammlung zuständig, so trifft den Aufsichtsrat die Pflicht, sie unverzüglich über mögliche oder bestehende Ansprüche zu informieren und für Beweissicherung zu sorgen; vgl. Baumbach/Hueck/*Zöllner/Noack*, § 52 Rn. 108.

§ 13. Weitere Konsequenzen im Unternehmensbereich

lich.[2606] Verzichtet der Aufsichtsrat daher unberechtigt auf die Geltendmachung von Schadensersatzansprüchen gegen Vorstandsmitglieder, handelt er selbst pflichtwidrig i.S. der §§ 116 S. 1, 93 Abs. 2 AktG.

c) Weitere Haftungsvoraussetzungen

132 Entsprechend der Ersatzpflicht nach § 93 Abs. 2 S. 1 AktG erfordert auch der Schadensersatzanspruch gegen Aufsichtsratsmitglieder nach §§ 116 S. 1, 93 Abs. 2 AktG, dass der Gesellschaft durch die Pflichtverletzung ein adäquat kausaler Schaden entstanden ist und das Aufsichtsratsmitglied schuldhaft gehandelt hat. Im Hinblick auf diese weiteren Voraussetzungen kann, wie bereits gesagt, auf die vorstehenden Ausführungen zur Vorstandshaftung verwiesen werden.

d) Verjährung

133 Eine Besonderheit ergibt sich im Rahmen der **Verjährung** für die **GmbH**.[2607] Gem. § 52 Abs. 3 GmbHG verjähren Schadensersatzansprüche gegen die Mitglieder des fakultativen Aufsichtsrats wegen Verletzung ihrer Obliegenheiten in fünf Jahren.[2608] Auch Ansprüche gegen die Mitglieder eines nach dem DrittelbG, MitbestG, MontanMitbestG, MitbestErgG oder InvG obligatorischen GmbH-Aufsichtsrats werden nicht von der aktienrechtlichen Verlängerung der Verjährungsfrist auf zehn Jahre erfasst. Denn bei der Verweisung des § 116 AktG handelt es sich um eine Rechtsgrundverweisung auf § 93 Abs. 6 AktG und bei der GmbH mangelt es an der notwendigen Börsennotierung i.S. von § 3 Abs. 2 AktG.

2. Haftung wegen Verletzung des Anstellungsvertrages

134 Im Gegensatz zu Vorstandsmitgliedern haben Aufsichtsratsmitglieder nach heute überwiegender Auffassung keinen eigenständigen Anstellungsvertrag mit der Gesellschaft. Mit der Wahl bzw. Entsendung (Bestellung) und ihrer Annahme entsteht zwischen dem Aufsichtsratsmitglied und der Gesellschaft ein **korporationsrechtliches Verhältnis**.[2609] Zu einem zusätzlichen vertraglichen Anstellungsverhältnis zwischen der Gesellschaft und dem Aufsichtsratsmitglied kommt es nicht.[2610] Daher entfällt für Auf-

---

[2606] Dies gilt aufgrund Verweises von GmbHG, DrittelbG, MitbestG, MontanMitbestG, MitbestErgG und InvG auf § 112 AktG auch für den Aufsichtsrat der **GmbH**, wobei für den nach § 52 GmbHG fakultativen Aufsichtsrat im Gesellschaftsvertrag eine abweichende Regelung getroffen werden kann.

[2607] Eine **Ausnahme** bilden dabei auch hier die in der Rechtsform einer GmbH geführten **Kreditinstitute** i.S. von § 1 Abs. 1 KWG, welche abweichend von den allgemeinen Regeln generell und rechtsformunabhängig einer zehnjährigen sektorspezifischen Verjährung für Organhaftungsansprüche nach dem durch das Restrukturierungsgesetz neugeschaffenen § 52 a Abs. 1 KWG unterliegen.

[2608] Zur strittigen Frage, ob diese Regelung dispositiv ist, vgl. Baumbach/Hueck/*Zöllner/Noack*, § 52 Rn. 24, 78; Großkomm-GmbHG/*Raiser/Heermann*, § 52 Rn. 153 (jew. bejahend); Roth/Altmeppen/*Altmeppen*, § 52 Rn. 38 (einschränkend auf disponiblen Ersatzanspruch), jew. m.w.N. auch zu a. A.

[2609] Dabei wird z.T. ein rein korporationsrechtliches Verhältnis, z.T. ein Verhältnis mit korporations- und schuldrechtlicher Doppelnatur oder ein paralleles gesetzliches Schuldverhältnis angenommen.

[2610] MünchKomm-AktG/*Habersack*, § 101 Rn. 67; Spindler/Stilz/*Spindler*, § 101 Rn. 9; Großkomm-AktG/*Hopt/Roth*, § 101 Rn. 92; *Hüffer*, § 101 Rn. 2 a.E.; *Schneider*, in: Krieger/Schneider, § 9 Rn. 11; *Hoffmann-Becking*, in: Hoffmann-Becking, § 33 Rn. 10; KölnerKomm-AktG/*Mertens*, § 101 Rn. 5, 8; für die **GmbH** Roth/Altmeppen/*Altmeppen*, § 52 Rn. 16, 18; Baumbach/Hueck/*Zöllner/Noack*, § 52 Rn. 59, 62; Michalski/*Giedinghagen*, § 52 Rn. 171 (jew. m. Hinw. auf möglichen ergänzenden – aber nicht konkludenten – schuldrechtlichen Vertrag, den *Giedinghagen* zu Recht als „unnötig und absolut unüblich" qualifiziert).

sichtsratsmitglieder eine Haftung wegen möglicher Verletzung schuldrechtlicher Pflichten aus dem Anstellungsvertrag.[2611]

3. Deliktische Schadensersatzhaftung

Eine deliktische Schadensersatzhaftung kommt, wie bei der Unternehmensleitung, beim Aufsichtsrat sowohl gegenüber der Gesellschaft als auch gegenüber Dritten, einschließlich Gesellschaftern, in Betracht. Im Rahmen der Aufarbeitung von **Korruptionssachverhalten** steht auch hier i.d.R. der Anspruch aus § 823 Abs. 2 BGB i.V.m. der Verletzung eines Schutzgesetzes im Mittelpunkt. Die §§ 116, 93 AktG sind dabei keine Schutzgesetze i.S. des § 823 Abs. 2 BGB zu Gunsten der Gesellschafter oder sonstiger Dritter.[2612] Schutzgesetzcharakter haben jedoch erneut insbesondere §§ 299, 333, 334 StGB, § 400 AktG sowie gegenüber der Gesellschaft § 266 StGB.[2613]

135

Zu **§ 266 StGB** wird in der Literatur kontrovers diskutiert, ob jede gesellschaftsrechtliche Pflichtverletzung der Aufsichtsratsmitglieder im Rahmen der Überwachungstätigkeit zu einer relevanten Verletzung der Vermögensbetreuungspflicht des § 266 StGB führt, oder ob dies eine „gravierende Pflichtverletzung" erfordert.[2614] Jedenfalls wird es in diesem Zusammenhang immer einer separaten strafrechtlichen Bewertung bedürfen. Neben dieser Frage ist entscheidend, ob Aufsichtsratsmitglieder § 266 StBG auch durch Unterlassen verwirklichen können, d.h. wenn sie gegen ihnen bekannte Rechtsverletzungen der Unternehmensleitung nicht einschreiten. Dazu müssten die Aufsichtsratsmitglieder zunächst eine Garantenstellung innehaben, die zumindest dem aktienrechtlichen Aufsichtsrat ein Großteil der Literatur auch zuschreibt.[2615] Der sich daraus ergebende konkrete Umfang der Garantenpflicht wird im Schrifttum ebenfalls ausgiebig diskutiert. Einigkeit dürfte jedoch insoweit bestehen, dass die Garantenpflicht gegenüber der Gesellschaft besteht, deren Rechts- und Vermögenslage die Aufsichtsratsmitglieder durch Überwachung der Geschäftsleitung schützen sollen, und dass sie jedenfalls dann greift, wenn Aufsichtsratsmitglieder im Rahmen ihrer Überwachungstätigkeit Kenntnis von Rechtsverletzungen durch die Unternehmensleitung erhalten, die gerade die Rechts- und Vermögenslage der Gesellschaft schädigen.[2616] Dies bedeutet, dass der Aufsichtsrat gegen seine Garantenpflicht verstößt und sich im Falle eines unmittelbaren Vermögensnachteils der Gesellschaft dem Untreuevorwurf aussetzt, wenn er erkennt, dass die Geschäftsleiter die Compliance-Aufgabe, einschließlich einzelner Compliance-Maßnahmen, nicht bzw. nicht in ausreichender Form wahrnehmen und er hiergegen nicht mit allen ihm zur Verfügung stehenden Mitteln eingreift.[2617] In gleicher Weise kann – bei Erfüllung der weiteren Tatbestandsvoraussetzungen – das vorsätzliche Unterlassen der Geltendmachung bestehender Schadensersatzansprüche gegen Mitglieder der Unternehmensleitung eine

136

[2611] Zu Fällen, in denen das Aufsichtsratsmitglied der Tochtergesellschaft zugleich als Vorstandsmitglied oder Geschäftsführer der Muttergesellschaft einen Dienstvertrag hat oder als leitender Angestellter Arbeitnehmer der Muttergesellschaft ist, vgl. *Schneider*, in: Krieger/Schneider, § 9 Rn. 11; Baumbach/Hueck/*Zöllner/Noack*, § 52 Rn. 76.
[2612] MünchKomm-AktG/*Habersack*, § 116 Rn. 77, 79; *Hoffmann-Becking*, in: Hoffmann-Becking, § 33 Rn. 56 (jew. m.w.N.).
[2613] Vgl. dazu § 13 Rn. 101 ff.
[2614] Vgl. den Überblick bei *Krause*, NStZ 2011, 57, 59.
[2615] Spindler/Stilz/*Spindler*, § 116 Rn. 205; *Krause*, NStZ 2011, 57, 59 (jew. m.w.N.); zur **GmbH**: BeckOK-GmbHG/*Dannecker/N. Müller*, § 82 Rn. 135.
[2616] Vgl. *Krause*, NStZ 2011, 57, 60 f.
[2617] *Krause*, NStZ 2011, 57, 61.

Untreue und in Verbindung mit § 823 Abs. 2 BGB eine zivilrechtliche Haftung der Aufsichtsratsmitglieder begründen.[2618]

137 Darüber hinaus ist im gerade genannten Fall des bewussten Absehens von der Geltendmachung bestehender Schadensersatzansprüche gegen die Unternehmensleitung ein Anspruch der Aktionäre aus **§ 826 BGB** möglich.[2619]
Wie die Entscheidung des OLG Düsseldorf aus dem Jahr 2008 zu dem zu einer Außenhaftung nach §§ 826, 830 BGB führenden Beihilfevorsatz eines Aufsichtsratsmitglieds im Falle des Sichverschließens gegenüber kriminellen Handlungen des Vorstands einer AG zeigt,[2620] kommt für Aufsichtsratsmitglieder außerdem auch eine **Haftung als Teilnehmer** (Gehilfe oder Anstifter) an Delikten der Geschäftsleiter in Betracht. Dies führt gem. § 830 Abs. 2 BGB zur Haftung gleich einem Mittäter. Schreiten Aufsichtsratsmitglieder mithin wissentlich nicht gegen korruptives Verhalten der Unternehmensleitung ein, können sie sich wegen Beihilfe strafbar und damit auch zivilrechtlich haftbar machen. Dabei ist jedoch zu beachten, dass entsprechend den Voraussetzungen der Teilnehmerhaftung dies neben einer vorsätzlichen Teilnahme auch eine vorsätzliche Begehung der Haupttat durch die Geschäftsleiter erfordert.[2621]

III. Organhaftung aufgrund von Aktionärsklagen aus den USA?

138 Die Frage der Organhaftung infolge von Compliance-Verstößen im Unternehmen berührt durch die zunehmende Globalisierung nicht mehr allein nationales Recht. Im Hinblick auf die Themenstellung dieses Buchs wird im Folgenden dargestellt, ob und inwiefern im Rahmen deutsch-amerikanischer Korruptionsverfahren Aktionärsklagen in den USA zu einer Haftung von Organmitgliedern deutscher Aktiengesellschaften führen können.

1. Fallgestaltung

139 Bei der Aktionärsklage *(derivative shareholder action/suit)* handelt es sich um eine abgeleitete Klagemöglichkeit, d.h. der Aktionär macht keine eigenen (Mitgliedschafts-) Rechte, sondern **Ansprüche der Gesellschaft** geltend, z.B. wenn die Gesellschaft durch pflichtwidrige Handlungen von Organmitgliedern *(directors* und *officers)* geschädigt wurde.[2622] Die Früchte dieses Verfahrens erhält die Gesellschaft.
Die langjährige Entwicklung des Compliance-Managements in den USA, die zunehmenden FCPA-Untersuchungen und deren öffentliche Bekanntmachung durch das DOJ und/oder die SEC und nicht zuletzt die von DOJ und SEC verhängten Geldbußen und gewinnabschöpfenden Maßnahmen in Millionenhöhe haben in den USA in den letzten Jahren das Bewusstsein für die Existenz dieses Rechtsmittels geschärft. Eine solche Klage kann den Gesellschaftern ermöglichen, sich von der Geschäftsleitung des Unternehmens zu distanzieren, einen Reputationsschaden zu begrenzen, die Verluste des Unternehmens zu mindern und damit ihre Investition zu schützen. Der FCPA selbst gewährt kein privates Klagerecht.[2623] Jedoch bestätigt das DOJ im *„Lay Person's*

[2618] *Krause*, NStZ 2011, 57, 62; zur **GmbH** vgl. § 13 Rn. 131, Fn. 2605.
[2619] KölnerKomm-AktG/*Mertens*, § 116 Rn. 61 a.E.; Großkomm-AktG/*Hopt/Roth*, § 116 Rn. 311; Spindler/Stilz/*Spindler*, § 116 Rn. 194.
[2620] *OLG Düsseldorf* ZIP 2008, 1922 ff.
[2621] Palandt/*Sprau*, § 830 Rn. 4; *Altmeppen*, in: Krieger/Schneider, § 7 Rn. 84 m.w.N.
[2622] Vgl. näher zur Terminologie „Aktionärsklage" im deutschen Recht *Wiesner*, in: Hoffmann-Becking, § 17 Rn. 5.
[2623] Vgl. etwa *Lamb v. Phillip Morris, Inc.*, 915 F.2d 1024 (6th Cir. 1990).

B. Zivil- und gesellschaftsrechtliche Haftungsfragen

Guide" zum FCPA, dass im Falle der Verletzung des FCPA auch private Klagerechte aufgrund bundes- oder bundesstaatlichen Rechts bestehen können:
„*Conduct that violates the anti-bribery provisions of the FCPA may also give rise to a private cause of action for treble damages under the Racketeer Influenced and Corrupt Organizations Act (RICO), or to actions under other federal or state laws.*"[2624]

Nachdem sich die Titan Corporation, eine nach US-Recht gegründete Gesellschaft, im März 2005 vor einem US-Gericht u. a. wegen Verletzung des FCPA-Bestechungsverbots für schuldig bekannt hatte, verklagten so die Gesellschafter *directors* und *officers* der Gesellschaft wegen Verletzung ihrer gesellschaftsrechtlichen Treuepflichten, namentlich da sie es versäumt hatten, ein Compliance-Programm aufzusetzen, welches die FCPA-Verstöße verhinderte.[2625]

2. „Internal Affairs Doctrine"

Entscheidend bei der Frage, ob und inwiefern eine solche in den USA anhängig gemachte Aktionärsklage zu einer **Haftung von Organmitgliedern deutscher Aktiengesellschaften** führen kann, ist, nach welchem Recht ein **US-Gericht** die Klage prüfen wird.[2626] US-Gerichte wenden hierbei die sog. *„internal affairs doctrine"* an. Danach unterliegen die inneren Angelegenheiten einer Gesellschaft, wie z.B. Fragen zum Verhältnis der Gesellschaft zu ihren Organen und Gesellschaftern, grds. dem **Recht des Gründungsstaates** der Gesellschaft.[2627] Dieser Grundsatz gilt auch für ausländische Gesellschaften, solange die Anwendung des ausländischen Rechts nicht gegen die *ordre public (public order)* der USA verstößt.

Im Fall BAE Systems Plc., einer in England und Wales eingetragenen Gesellschaft, bestätigte ein US-Bundesberufungsgericht im Dezember 2009 die Entscheidung des US-Bezirksgerichts, dass die Klage eines US-amerikanischen Pensionsfonds gegen ehemalige und damalige *officers* und *directors* von BAE nach dem anwendbaren englischen Recht ausgeschlossen ist.[2628] Der Kläger warf den Beklagten u. a. vor, durch in den USA erfolgte Zahlungen von mehr als € 2 Milliarden Bestechungsgelder an einen saudi-arabischen Prinzen im Zusammenhang mit der Vergabe eines Großauftrags des saudi-arabischen Verteidigungsministeriums nicht nur US-Recht, sondern auch ihre gesellschaftsrechtlichen Treuepflichten verletzt und Gesellschaftsvermögen missbräuchlich verwendet zu haben. Unter Anwendung einer englischen Entscheidung aus dem Jahr 1843 (der UK Companies Act aus dem Jahr 2006 fand keine rückwirkende Anwendung auf den Sachverhalt) entschieden beide Gerichte, dass die Kläger nicht klageberechtigt waren. Das Berufungsgericht sah auch keine Notwendigkeit, die US-Aktionäre (und die Gesellschaft) im Hinblick auf die US-*ordre public* durch eine Ausnahmeregelung und die Anwendung des lokalen US-Bundesstaatsrechts weitergehend zu schützen und die Klage zuzulassen.

140

[2624] Der „Lay Person's Guide" ist abrufbar unter http://www.justice.gov/criminal/fraud/fcpa/docs/lay-persons-guide.pdf.
[2625] Fourth Amended Shareholder Derivative and Class Action Complaint in *Ridgeway v. Ray*, Civil Action No. 542-N, 2005 WL 3737840 (Del. Ch. June 3, 2005); die Parteien verglichen sich letztendlich.
[2626] Die Zuständigkeit eines US-Gerichts wird hier unterstellt und ist gesondert zu prüfen.
[2627] *Batchelder v. Kawamoto*, 147 F.3d 919 (9th Cir. 1998).
[2628] *City of Harper Woods Employees' Retirement System v. Olver*, No. 08-7101 (D.C. Cir. Dec. 29, 2009).

§ 13. Weitere Konsequenzen im Unternehmensbereich

141 Aufgrund des vergleichbar weiten Anwendungsbereichs des FCPA und der US-amerikanischen Wertpapiergesetze sowie der Tatsache, dass die US-Behörden in jüngster Zeit Korruptionsverfahren verstärkt auch gegen ausländische Unternehmen führen,[2629] stellt sich die Frage, ob in Zukunft nicht doch mit einem Rückgriff auf die **ordre public-Ausnahme** und der **Anwendung US-amerikanischen Rechts** zu rechnen ist (zumindest in Fällen, in denen eine Aktionärsklage in den USA infolge Anwendung ausländischen Rechts nicht einmal zugelassen wird). Es ließe sich z.B. argumentieren, dass eine Verurteilung oder ein Vergleich eines ausländischen Unternehmens mit US-Behörden betreffend Verstößen gegen US-Recht auch hinsichtlich der diesbezüglichen gesellschaftsrechtlichen Haftung der beteiligten Organe eine „bedeutendere Verbindung" *(more significant relationship)* zu den USA begründet und diese ein „vorrangiges Interesse" *(overriding interest)* am Fall haben.

142 In einer Grundsatzentscheidung, die zwar nicht zum Gesellschaftsrecht, sondern zum **US-Wertpapierhandelsrecht** erging, drückte der **US Supreme Court** jedoch jüngst erhebliche Zurückhaltung bei der extraterritorialen Anwendung von US-Recht in Fällen mit starkem Auslandsbezug aus.[2630] In dem Fall klagte ein australischer Anleger, gestützt auf US-Wertpapierhandelsrecht, gegen eine australische Gesellschaft, die nicht an einer US-Börse notiert war, deren CEO, eine US-Tochtergesellschaft und drei ihrer Führungskräfte auf Schadensersatz wegen vorsätzlicher Falschinformation (in Form von Bilanzmanipulationen und zu später Bekanntgabe der Abwertung der US-Tochtergesellschaft) und sich anschließende Kursverluste der australischen Gesellschaft. US-Instanzgerichte hatten zuvor über Jahrzehnte die US-Vorschriften zur Marktmanipulation auch bei unrechtmäßigem Verhalten in den USA *(„conduct test")* sowie im Falle erheblicher Auswirkung des Verhaltens in den USA oder für Einwohner der USA *(„effects test")* angewandt. Unter Hinweis darauf, dass **die extraterritoriale Anwendung von US-Recht einer ausdrücklichen Anordnung des Gesetzgebers bedürfe**, diese beim maßgeblichen US Securities Exchange Act (SEA) fehle und der Fokus des SEA „nicht an dem Ort, wo die Täuschung begründet ist, sondern auf Käufen und Verkäufen von Wertpapieren in den USA" liege, wies das oberste Bundesgericht der USA die Klage ohne Anwendung der oben genannten *tests* ab.[2631]

[2629] S. hierzu etwa *A. S. Fisher* (Assistant Attorney General, DOJ), Prepared Remarks at the American Bar Association National Institute on the FCPA, v. 16.10.2006, abrufbar unter http://www.justice.gov/criminal/fraud/pr/speech/2006/10-16-06AAGFCPASpeech.pdf, wo sie bekräftigt, dass das DOJ nicht zögern werde, den FCPA gegenüber US-amerikanischen und ausländischen Unternehmen gleichermaßen durchzusetzen.

[2630] *Morrison v. National Australia Bank, Ltd.*, 130 S. Ct. 2869 (2010).

[2631] Im Hinblick auf eine mögliche, **auf US-Wertpapierhandelsrecht basierende Haftung** von Organmitgliedern, z.B. im Falle eines Kursrückgangs nach verspäteter oder fehlerhafter Information über die Verletzung der Buchführungsvorschriften des FCPA und ausreichende interne Kontrollen *(direct shareholder litigation under §§ 10(b) and 20(a) SEA of 1934 and SEC Rule 10b-5*, direkte Aktionärsklage), erscheint auch die Aussage des US Supreme Court, dass das Manipulations- und Insiderhandelsverbot nur für „Transaktionen von Wertpapieren, die an inländischen Börsen notiert sind, und inländische Transaktionen anderer Wertpapiere" gilt *(„transactional test")*, beachtenswert. Ausländische Gesellschaften, deren Wertpapiere nicht an US-Börsen notiert sind oder (trotz Notierung) nicht an einer Börse in den USA ge- oder verkauft wurden, können sich Hoffnung machen, den US-Vorschriften zur Marktmanipulation nicht zu unterfallen, selbst gegenüber US-amerikanischen Anspruchstellern. Da die beschriebene *„control persons liability"* von Organmitgliedern notwendigerweise eine Verletzung des US-Wertpapierhandelsrechts (durch die Gesellschaft) voraussetzt (und meist die Vorschriften zur Marktmanipulation herangezogen werden), könnten so auch Organmitglieder deutscher Aktiengesellschaften den Haftungsbestimmungen des US-Wertpapierhandelsrechts zunehmend entzogen sein.

Inwieweit die tragenden Grundsätze dieser zum Wertpapierhandelsrecht ergangenen **143** Entscheidung, insbesondere die Zurückhaltung bei der extraterritorialen Anwendung von US-Recht, tatsächlich auf **gesellschaftsrechtliche Fragestellungen** übertragbar sind, bleibt letztendlich abzuwarten. Die grundsätzliche Bereitschaft US-amerikanischer Gerichte der vom US Supreme Court vorgegebenen restriktiveren Anwendung von US-Recht auf (zivilrechtliche) Sachverhalte mit starkem Auslandsbezug zu folgen, zeigen jedoch bereits verschiedene, im Nachgang zur US Supreme Court Entscheidung ergangene erstinstanzliche Urteile.[2632] Es erscheint daher nicht fernliegend, dass die US-Gerichte auch bei gesellschaftsrechtlichen Fragestellungen dieser **restriktiven Leitlinie weiter folgen**. Eine Abkehr von der strikten Anwendung der *„internal affairs doctrine"* zugunsten der *ordre public*-Ausnahme und damit einhergehenden Anwendung von US-Recht ist derzeit bei in den USA eingereichten Aktionärsklagen gegen Organmitglieder ausländischer Unternehmen nicht erkennbar, auch nicht in Fällen möglicher Haftung infolge von FCPA-Verletzungen.

3. Fazit

Ob im Rahmen deutsch-amerikanischer Korruptionsverfahren eine Aktionärsklage vor **144** einem Gericht in den USA zu einer **Haftung von Organmitgliedern deutscher Aktiengesellschaften** führt, hängt somit grds. vom **deutschen Recht** ab. Wenn

– die Gesellschaft nach deutschem Aktienrecht bestehende und durchsetzbare Schadensersatzansprüche gegen Organmitglieder hat[2633]
– **und** diese von Aktionären im Wege der gesetzlichen Prozessstandschaft für die Gesellschaft unter den Voraussetzungen der Aktionärsklage (§§ 148, 149 AktG) geltend gemacht werden können,[2634]

ist zu erwarten, dass auch ein (unterstellt) zuständiges US-Gericht einer entsprechenden in den USA anhängig gemachten Aktionärsklage stattgeben wird.[2635]

C. Vergaberechtliche Aspekte

I. Einleitung

Ob Siemens, MAN oder Daimler: Global aufgestellte deutsche Großunternehmen, **145** aber auch der sehr erfolgreiche international ausgerichtete deutsche Mittelstand, stellen zunehmend fest, dass die Vorzüge ihrer internationalen Tätigkeiten mit der Erschließung und dem Ausbau neuer Märkte im Ausland im Zeitalter der Globalisierung auch mit relevanten negativen Begleiterscheinungen verbunden sind. Dies als solches

---

[2632] Vgl. u.a. *Sgalambo v. McKenzie*, 09 CV 10087, 2010 WL 3119349, (S.D.N.Y. Aug. 6, 2010); *In re Alstom SA Sec. Litig.*, 03 Civ. 6596, 2010 WL 3718863, (S.D.N.Y. Sept. 14, 2010); *In re Société Générale Sec. Litig.*, 08 Civ. 2495 (RMB), (S.D.N.Y. Sept. 29, 2010); *Plumbers' Union Local No. 12 Pension Fund v. Swiss Reinsurance Co.*, 08 Civ. 1958 (JGK), (S.D.N.Y. Oct. 4, 2010).
[2633] Vgl. hierzu § 13 Rn. 12 ff. und 108 ff.
[2634] Vgl. näher zu den Voraussetzungen der Aktionärsklage nach §§ 148, 149 AktG *Heider*, in: Henn/Frodermann/Jannott, Kap. 10 Rn. 112 ff.; sowie *Bayer*, FS Schmidt, 2009, S. 85, 100 f. zu Einzelheiten im Fall von Kartellrechtsverstößen.
[2635] Zur sehr streitigen Frage der Möglichkeit einzelner GmbH-Gesellschafter oder Gesellschafterminderheiten Ersatzansprüche der **GmbH** für diese unmittelbar in Prozessstandschaft geltend zu machen Baumbach/Hueck/*Zöllner/Noack*, § 43 Rn. 32; Baumbach/Hueck/*Hueck/Fastrich* § 13 Rn. 39; Großkomm-GmbHG/*Paefgen*, § 43 Rn. 173; Großkomm-GmbHG/*Hüffer*, § 46 Rn. 112 ff.

§ 13. Weitere Konsequenzen im Unternehmensbereich

sind natürlich keine neuen Erkenntnisse, „neu" scheint allerdings zu sein, dass einzelne dieser negativen Begleiterscheinungen ihrerseits schnell internationales Ausmaß annehmen und damit die betroffenen Unternehmen hart und durchaus schnell treffen können. Nachfolgend soll beispielhaft anhand der möglichen vergaberechtlichen Auswirkungen korruptiven Verhaltens im Ausland veranschaulicht werden, welche Auswirkungen in den USA durchgeführte oder auch nur eingeleitete Strafverfahren gegen deutsche Unternehmen auf öffentliche Vergabeverfahren in Deutschland haben können.*

Das Auftragsvolumen öffentlicher Aufträge in Deutschland belief sich im Jahre 2010 auf 360 Milliarden Euro,[2636] mithin auf rund 14,4 Prozent des deutschen Bruttoinlandsprodukts.[2637] Rund jeder siebte Euro wurde also durch einen öffentlichen Auftrag in Deutschland verdient. Deutsche Unternehmen, die einen relevanten Anteil ihres Umsatzes und Gewinns in Deutschland mit öffentlichen Aufträgen machen, sei es mittels der Lieferung von Waren angefangen von solchen der IT-Technik, über Fahrzeuge für öffentliche Fuhrparks bis hin zu solchen für Militärzwecke, oder aber durch die Erbringung von Dienstleistungen oder Baumaßnahmen für die öffentliche Hand, mithin Unternehmen, die sich täglich bei Ausschreibungen von angefragten Leistungen der öffentlichen Hand beteiligen, müssen ihre Marktanteile in diesem Segment ständig neu erarbeiten und sich gegen starke Konkurrenz aus dem In- und Ausland durchsetzen. Solche Unternehmen haben nicht selten eine große Mitarbeiterzahl in 3 bis 5-stelliger Höhe. Sie wollen und können es sich im Zweifel nicht leisten, dass ihnen wegen nie 100 Prozent sicher auszuschließender korruptiver Fehltritte einzelner Mitarbeiter oder Mitarbeiterteams im In- oder Ausland womöglich der gesamte Heimatmarkt und darüber hinaus womöglich auch ausländische Märkte im Bereich der öffentlichen Aufträge für Jahre wegbrechen.

146 Während die Risiken hierfür in Deutschland auf den ersten Blick nicht so hoch erscheinen mögen, da in Deutschland die Korruption im klassischen Sinne zumindest keinen bedeutsamen Raum einnimmt,[2638] potenzieren sich diese Risiken allerdings, wenn man ergänzend berücksichtigt, dass in vielen ausländischen Märkten, in denen auch deutsche Unternehmen tätig sind, die Korruption eine größere Bedeutung hat bis hin zu Staaten, wo diese sozusagen an der Tagesordnung ist und mit ihr bei nüchterner Betrachtung natürlich auch dort tätige deutsche Unternehmen täglich in irgend einer Weise in Berührung kommen. Sollte es dann trotz aller Bemühungen der deutschen Unternehmen um korrektes Verhalten auch ihrer dort tätigen Mitarbeiter tatsächlich einmal wegen eines korruptiven Verhaltens der Mitarbeiter im Ausland zu einer rechtskräftigen Verurteilung der betreffenden Person(en) oder gar auch des Anstellungsunternehmens im (In- oder) Ausland kommen, führt dies – wie zu zeigen sein wird – im

---

* An dieser Stelle möchte ich meiner Kollegin Katharina Metz, LL.M. herzlich für ihre unterstützenden Tätigkeiten bei der Manuskripterstellung danken.

[2636] Hantschel/*Schlange-Schöningen*, Auftragsberatungszentrum Bayern, Merkblatt öffentliche Aufträge, München, August 2011, S. 2.

[2637] Das deutsche Bruttoinlandsprodukt betrug im Jahr 2010 laut dem Statistischen Bundesamt € 2.497,60 Mrd. S. auch „Begleitmaterial zur Pressekonferenz am 12.1.2011 in Wiesbaden", Statistisches Bundesamt, Januar 2011.

[2638] Nach Maßgabe einer Untersuchung von 183 Ländern durch Transparency International von Ende November 2011, hier zitiert nach Online Money v. 2.12.2011, kommt Deutschland auf den 14. Platz im Europäischen Mittelfeld. Problematischer sind süd- und osteuropäische Länder wie Ungarn, Kroatien, Tschechien und Italien. Korruptestes Europäisches Land soll danach Griechenland sein; USA kommt auf den 24. Rang, als korruptestes Land überhaupt wird Somalia eingestuft.

C. Vergaberechtliche Aspekte

Zweifel für einen nicht unerheblichen Zeitraum zu einem zwingenden Ausschluss des betreffenden deutschen Anstellungsunternehmens bei öffentlichen Vergabeverfahren gerade auch in Deutschland, wo das in Rede stehende korruptive Verhalten gar nicht stattgefunden hat! Hier wird bereits die eingangs angesprochene mögliche internationale Dimension der Problematik sichtbar und weist damit auf die Bedeutung der Thematik für die erforderliche Risikobewertung international aufgestellter Unternehmen.

Dabei sei ergänzend angemerkt, dass man sich entgegen der womöglich naheliegenden ersten pragmatischen Risikobewertung gerade nicht (mehr) darauf „verlassen" kann, dass in eher als korrupt eingestuften Ländern eine Verurteilung wegen Korruptionstaten im Allgemeinen wohl auch eher die Ausnahme sein wird. Sogar wenn diese Bewertung durchaus zutreffend sein sollte, zeigt der Blick auf die USA, dass es hier in den letzten Jahren wiederholt vorgekommen ist, dass amerikanischen Ermittlungsbehörden, d.h. die US-Staatsanwaltschaft (nachfolgend auch „Department of Justice" oder „DOJ") und die US-Börsenaufsicht (nachfolgend auch „U.S. Securities and Exchange Commission" oder „SEC") betreffend deutsche Unternehmen, die auch in Amerika an einer der Börsen gelistet sind,[2639] wegen im Ausland vermeintlich begangener Korruptionstaten ermittelt haben. Jüngstes der deutschen Presse[2640] zu entnehmendes Beispiel ist das durch eine Zahlung in hoher zweistelliger Dollar-Millionenhöhe beendete Ermittlungsverfahren der SEC gegen die Deutsche Telekom wegen Bestechungsvorwürfen aus den Jahren 2005/2006 in Mazedonien. In den USA besteht mithin im Zweifel alleine aus dem Umstand der dortigen Börsen-Listung des deutschen Unternehmens, wobei die Listung der Konzernmutter ausreichen kann, eine ausreichende Anknüpfung für eine dortige strafrechtliche Anklage oder auch eine Klage der SEC, selbst wenn die in Rede stehende Tat eigentlich gar keinen direkten Bezug zu den USA hatte. Der Bezug wird durch die seitens der Ermittlungsbehörden erfolgende Bejahung oder aber zumindest Untersuchung der vermeintlich nicht zureichenden Aufsichtsmaßnahmen hergestellt. Weg von dem Beispiel aus der Tagespresse geht es hier darum aufzuzeigen, dass im Einzelfall also ein strafrechtliches Ermittlungsverfahren und eine Verurteilung in den USA u.a. wegen einer Korruptionstat in einem „Drittland" erfolgen kann und in der Folge zu einem Ausschluss des Anstellungsunternehmens der betroffenen Person bei öffentlichen Vergabeverfahren nicht nur in dem Drittland und/oder der USA, sondern gerade auch in Deutschland, natürlich auch darüber hinaus insbesondere auch (aber nicht nur) in anderen EU-Mitgliedsstaaten, führt.

Allgemeiner gesprochen muss also pars pro toto deutschen Unternehmen, aber generell international tätigen Unternehmen, klar sein, dass, wenn heutzutage – an welchem Ort der Welt auch immer – Korruptionsvorwürfe gegen Mitarbeiter dieses Unternehmens zu Tage treten, diese neben möglichen strafrechtlichen Konsequenzen für die beteiligten natürlichen Personen und womöglich auch das Anstellungsunternehmen selbst an dem betreffenden vermeintlichen Tatort und Land zusätzlich gerade auch internationale vergaberechtliche Auswirkungen auf die Tagesordnung bringen.

Nachfolgend werden aufgrund des Gebots zur Kürze des Beitrags nur die möglichen negativen vergaberechtlichen Auswirkungen von Ermittlungsverfahren und Verurteilungen in den USA auf Vergabeverfahren in Deutschland erörtert. Zum Einstieg stellen

---

[2639] Das waren im Dezember 2011 aus Deutschland insbesondere folgende Unternehmen: Allianz SE, Deutsche Bank AG, Fresenius Medical Care AG & Co. KGaA, SAP AG und Siemens AG. Unternehmen wie die Daimler AG und die Deutsche Telekom AG, die mit den US-Behörden Konflikte hatten, haben sich gegen eine Fortsetzung ihrer Listung entschieden.

[2640] Tagesspiegel v. 30.12.2011, S. 14.

§ 13. Weitere Konsequenzen im Unternehmensbereich

wir uns hierzu folgenden fiktiven Fall vor, auf den wir im Rahmen der Erörterung der Thematik dann immer wieder zurückkommen werden:

149 **Beispielsfall:** Die Mitarbeiter A und B des deutschen Unternehmens C, das auch in den USA in einem der dortigen Aktienindices gelistet ist, haben in Griechenland einen Amtsträger einer Kommune erfolgreich bestochen, die Produkte des Unternehmens C bei einer Vergabe (Lieferauftrag) einem Konkurrenzunternehmen vorzuziehen. A und B sind geständig, der Amtsträger bestreitet sein rechtswidriges Verhalten. In griechischen, deutschen und amerikanischen Medien wird über den 5 Jahre zurückliegenden Vorgang mit Schlagzeilen aktuell berichtet. A und B wurden in den USA bereits rechtskräftig verurteilt. Die US-Staatsanwaltschaft hat nun auch Anklage in den USA gegen das Unternehmen C erhoben wegen des der Bestechung gem. § 334 StGB vergleichbaren US-Straftatbestands, da den Taten auch Aufsichtspflichtverstöße zugrunde gelegen hätten, was das Unternehmen bestreitet. Das Unternehmen C möchte sich in dieser Situation in Deutschland bei einem Vergabeverfahren bewerben und ihre Produkte einer Kommune, die ein Vergabeverfahren ausgeschrieben hat, anbieten.

Fragen:

1. Muss oder kann das Unternehmen vergaberechtlich in Deutschland bei einem oberschwelligen Lieferauftrag ausgeschlossen werden?
2. Spielt es für die Beantwortung der 1. Frage eine Rolle,
   – ob das Unternehmen sich von seinen verurteilten Mitarbeitern getrennt hat?
   – welche Position die verurteilten Mitarbeiter in dem Unternehmen bekleidet haben?
   – ob auch ein Aufsichts- oder Organisationsverschulden eine Rolle gespielt hat?
   – ob das Unternehmen seine Struktur im Hinblick auf die bekannt gewordenen Vorgänge überprüft und verbessert hat?
   – ob das Unternehmen mit den Ermittlungsbehörden zusammenarbeitet?
   – wie lange die Tat, deretwegen ermittelt wird, zeitlich zurück liegt?
3. Muss das Unternehmen C den „Vorgang" von sich aus ungefragt der jeweiligen deutschen Vergabestelle mitteilen?
4. Welche Maßnahmen sind dem Unternehmen C generell anzuraten, um in der gegebenen Situation vergaberechtlich bestmöglich zu agieren?

II. Vergaberechtliche Ausgangslage in Deutschland

1. Unterschiedliche Verordnungen mit gleicher Regelungssystematik betreffend den Bieterausschluss

150 Das deutsche Vergaberecht enthält von seiner Systematik her zwei Regelungsvarianten, die je nach Fallkonstellation entweder den zwingenden Ausschluss oder den nur fakultativen, d.h. in das Ermessen des öffentlichen Auftraggebers gestellten Ausschluss von an dem öffentlichen Auftrag interessierten Bietern vorsehen. Die Vorschriften sind dabei je nach der Art der von der öffentlichen Hand einzukaufenden Leistungen in unterschiedlichen Normwerken auf Basis der Ermächtigungsgrundlagen aus § 97 Abs. 6 GWB und § 127 Nr. 2 GWB durch Rechtsverordnung geregelt: Bei der Lieferung von Waren und Dienstleistungen ist dies i.d.R. die Vergabe- und Vertragsordnung für Leistungen (VOL/A), bei Dienstleitungen, die im Rahmen einer freiberuflichen Tätigkeit erbracht oder im Wettbewerb mit freiberuflich Tätigen für nicht vorab eindeutig oder abschließend beschreibbare Lösungen angeboten werden, ist es die Vergabeordnung für freiberufliche Leistungen (VOF), bei Bauleistungen die Vergabe- und Vertragsordnung für Bauleistungen (VOB/A), bei sog. Sektorentätigkeiten, d.h. Auf-

C. Vergaberechtliche Aspekte

trägen im Zusammenhang mit Tätigkeiten auf dem Gebiet des Verkehrs, der Trinkwasser- und der Energieversorgung die Verordnung über die Vergabe von Aufträgen im Bereich des Verkehrs, der Trinkwasserversorgung und der Energieversorgung (SektVO). Die Vorschriften, die sich mit dem Ausschluss von Bietern befassen, sind dabei im ganz Wesentlichen[2641] inhaltsgleich. Nachfolgend wird die Rechtslage daher exemplarisch nur anhand des Regelwerks der VOL/A dargestellt.

2. Regelungen betreffend Bieterausschluss in der VOL/A

Die VOL/A enthält in seiner aktuellen Fassung[2642] zwei unterschiedliche und sich wechselseitig ausschließende Regelwerke, die abhängig davon einschlägig sind, ob es sich in dem zu beurteilenden Vergabeverfahren um ein solches unterhalb oder ab dem sog. „Schwellenwert" des Auftrags von derzeit € 200.000 aufwärts handelt; in Konstellationen unterhalb des Schwellenwertes, die nachfolgend „unterschwellige Vergabeverfahren" genannt werden, ist dann alleinig der 1. Abschnitt der VOL/A anwendbar. Handelt es sich dagegen um Aufträge ab Erreichen des Schwellenwertes, die nachfolgend auch „Europaweite Vergabeverfahren" genannt werden, ist nur der 2. Abschnitt der VOL/A,[2643] die sog. VOL/A-EG anwendbar.[2644]   151

Für unterschwellige Vergabeverfahren kennt § 6 Abs. 5 VOL/A[2645] überhaupt „nur" fakultative, d.h. im Ermessen der Vergabestelle stehende Ausschlussgründe. Demgegenüber sieht die VOL-EG für europaweite Vergabeverfahren ein zweigeteiltes Sanktionsinstrumentarium vor: § 6 Abs. 4 EG regelt als lex specialis den grundsätzlich zwingenden Ausschluss von Vergabeverfahren bei bereits rechtskräftig erfolgter strafrechtlicher Verurteilung wegen einer der enumerativ aufgelisteten (Katalog-)Straftaten wie bspw. dem der Bestechung gem. § 334 StGB. Eine Ausnahme vom Ausschluss des Bieters kommt bei diesen Konstellationen nur bei Vorliegen einer der beiden Tatbestände aus § 6 Abs. 5 EG[2646] in Betracht, was in der Praxis – soweit ersichtlich – praktisch durchgehend nur in Form der sog. „Selbstreinigung" (Var. 2) vorkommt, jedenfalls erörtert wird; bei tatsächlichem Vorliegen der besonderen Fallkonstellationen von § 6 Abs. 5 Var. 2 EG ist dann allerdings der Ausschluss des Bieters nicht etwa unzuläs-   152

[2641] Die SektVO enthält in § 21 im Unterschied zu den Regelungen der VOL/A, VOB/A und VOF als sog. „Katalogtat", deretwegen bei rechtskräftiger Verurteilung grundsätzlich zwingend der Ausschluss von künftigen Vergabeverfahren erfolgen muss, auch § 299 StGB („Bestechlichkeit und Bestechung im geschäftlichen Verkehr"), demgegenüber jedoch nicht § 263 StGB und § 370 AO.

[2642] VOL/A v. 20.11.2009, in Kraft getreten am 11.6.2010.

[2643] Die VOB/A bleibt demgegenüber weiterhin bei der bis zur Neufassung auch bei der VOL/A enthaltenen Systematik eines Regelwerkes, bei der allerdings bei Vergabeverfahren ab dem dortigen (höheren) Schwellenwert soweit normiert als lex specialis jeweils die sog. „A-Paragraphen" der betreffenden Norm anzuwenden sind.

[2644] Die Paragraphen der VOL/A-EG werden als „§ 1 EG" ff. zitiert.

[2645] § 6 Abs. 5 VOL/A hat folgenden Wortlaut: „Von der Teilnahme am Wettbewerb können Bewerber ausgeschlossen werden, (a) über deren Vermögen das Insolvenzverfahren oder ein vergleichbares gesetzliches Verfahren eröffnet wurde oder die Eröffnung beantragt oder dieser Antrag mangels Masse abgelehnt worden ist, (b) die sich in Liquidation befinden, (c) die nachweislich eine schwere Verfehlung begangen haben, die ihre Zuverlässigkeit als Bewerber in Frage stellt, (d) die ihre Verpflichtung zur Zahlung von Steuern und Abgaben sowie der Beiträge zur gesetzlichen Sozialversicherung nicht ordnungsgemäß erfüllt haben, (e) die im Vergabeverfahren unzutreffende Erklärungen in Bezug auf ihre Eignung abgegeben haben."

[2646] § 6 Abs. 5 EG hat folgenden Wortlaut: „Von einem Ausschluss nach Abs. 4 kann nur abgesehen werden, wenn zwingende Gründe des Allgemeininteresses vorliegen und andere Unternehmen die Leistung nicht angemessen erbringen können oder wenn aufgrund besonderer Umstände des Einzelfalls der Verstoß die Zuverlässigkeit des Unternehmens nicht in Frage stellt."

§ 13. Weitere Konsequenzen im Unternehmensbereich

sig, er steht dann vielmehr jedenfalls grundsätzlich im Ermessen der Vergabestelle, sofern nicht in Einzelfällen eine Ermessensreduzierung auf Null vorliegen sollte.

153 § 6 Abs. 6 EG regelt demgegenüber – regelungstechnisch inhaltsgleich mit § 6 Abs. 5 VOL/A[2647] (nicht zu verwechseln mit § 6 Abs. 5 EG!) für unterschwellige Vergabeverfahren – als neben und nach § 6 Abs. 4 EG subsidiär anzuwendender[2648] lex generalis den grundsätzlich in das Ermessen des öffentlichen Auftraggebers gestellten Ausschluss, der insbesondere bei vom Bewerber „nachweislich begangenen schweren Verfehlungen" in Betracht kommt. Was genauer unter diese „schweren Verfehlungen" fällt, wird dabei nicht näher ausgeführt, es können Taten außerhalb der Katalogtaten aus § 6 Abs. 4 EG sein oder aber auch innerhalb derselben, aber vor diesbezüglicher rechtskräftiger Verurteilung – womöglich aber auch noch nach Einstellung gegen Geldbuße –, da eine Verurteilung wegen einer Tat nach ganz h. M. für die Anwendung der Norm nicht zwingend erforderlich ist, wenn auch an den „Nachweis" der Begehung hohe Anforderungen geknüpft werden, die auf Seiten der Vergabestelle einer projizierten richterlichen Überzeugung von der betreffenden Verfehlung jedenfalls sehr nahe kommen muss.

Nachfolgend werden die Regelungen der VOL/A-EG für überschwellige Vergaben näher betrachtet, zumal die Regelungen für unterschwellige Vergaben sachlich inhaltsgleich mit § 6 Abs. 6 EG sind.

a) Zwingender Ausschluss von Vergabeverfahren gem. § 6 Abs. 4 EG

aa) Rechtskräftige Verurteilung wegen einer Katalogtat

154 § 6 Abs. 4 EG[2649] setzt zunächst die rechtskräftige Verurteilung wegen einer der dort geregelten Katalogstraftaten voraus. Der Katalog umfasst neben Delikten wie der Bildung krimineller und terroristischer Vereinigungen insbesondere die Bestechung von deutschen und über die Gleichstellungsnormen auch von Amtsträgern anderer Staaten

---

[2647] VOL/A v. 20.11.2009, in Kraft getreten am 11.6.2010.
[2648] *KG* NZBau 2008, 466; *VK Brandenburg*, Beschl. v. 18.10.2007, Az. VK 38/07.
[2649] § 6 Abs. 4 EG hat folgenden Wortlaut: „Ein Unternehmen ist von der Teilnahme an einem Vergabeverfahren wegen Unzuverlässigkeit auszuschließen, wenn der Auftraggeber Kenntnis davon hat, dass eine Person, deren Verhalten dem Unternehmer zuzurechnen ist, rechtskräftig verurteilt ist wegen: (a) § 129 StGB (Bildung krimineller Vereinigungen), § 129 a StGB (Bildung terroristischer Vereinigungen), § 129 b StGB (kriminelle und terroristische Vereinigungen im Ausland), (b) § 261 StGB (Geldwäsche, Verschleierung unrechtmäßig erlangter Vermögenswerte), (c) § 263 StGB (Betrug), soweit sich die Straftat gegen den Haushalt der Europäischen Gemeinschaften oder gegen Haushalte richtet, die von den Europäischen Gemeinschaften oder in deren Auftrag verwaltet werden; (d) § 264 StGB (Subventionsbetrug), soweit sich die Straftat gegen den Haushalt der Europäischen Gemeinschaften oder gegen Haushalte richtet, die von den Europäischen Gemeinschaften oder in deren Auftrag verwaltet werden, (e) § 334 StGB (Bestechung), auch i.V.m. Art. 2 EUBestG, Art. 2 § 1 IntBestG, Art. 7 Abs. 2 Nr. 10 des Vierten Strafrechtsänderungsgesetzes und § 2 des Gesetzes über das Ruhen der Verfolgungsverjährung und die Gleichstellung der Richter und Bediensteten des Internationalen Strafgerichtshofes, (f) Art. 2 § 2 IntBestG (Bestechung ausländischer Abgeordneter im Zusammenhang mit internationalem Geschäftsverkehr) oder (g) § 370 AO, auch i.V.m. § 12 des Gesetzes zur Durchführung der gemeinsamen Marktorganisation und der Direktzahlungen (MOG), soweit sich die Straftat gegen den Haushalt der Europäischen Gemeinschaften oder gegen Haushalte richtet, die von den Europäischen Gemeinschaften oder in deren Auftrag verwaltet werden. Einem Verstoß gegen die eben zitierten Vorschriften gleichgesetzt sind Verstöße gegen entsprechende Strafnormen anderer Staaten. Ein Verhalten einer rechtskräftig verurteilten Person ist einem Unternehmen zuzurechnen, wenn sie für dieses Unternehmen bei der Führung der Geschäfte selbst verantwortlich gehandelt hat oder ein Aufsichts- oder Organisationsverschulden gem. § 130 des Gesetzes über Ordnungswidrigkeiten (OWiG) einer Person im Hinblick auf das Verhalten einer anderen für das Unternehmen handelnden, rechtskräftig verurteilten Person vorliegt."

C. Vergaberechtliche Aspekte

und Institutionen sowie Vermögensdelikte wie Geldwäsche, Verschleierung unrechtmäßig erlangter Vermögenswerte und (nur) bestimmte Arten des Betrugs und Subventionsbetrugs. § 6 Abs. 4 EG ist auf der anderen Seite also von vornherein nicht einschlägig, sofern und solange noch keine rechtskräftige Verurteilung vorliegen sollte. Laufen mithin bislang nur behördliche Ermittlungsmaßnahmen oder liegt zwar eine Verurteilung wegen einer Katalogtat vor, die aber noch nicht rechtskräftig ist, dürfen sich Vergabestellen in ihrer Bewertung für das konkrete Vergabeverfahren jedenfalls nicht auf § 6 Abs. 4 EG stützen. Tritt die Rechtskraft einer Verurteilung wegen einer Katalogtat allerdings noch während eines laufenden Vergabeverfahrens ein und erhält die Vergabestelle hiervon verlässlich Kenntnis, muss dies noch im bereits laufenden Vergabeverfahren berücksichtigt werden, da die Zuverlässigkeit eines Bieters bzw. diesbezügliche Veränderungen bis zum Zuschlag von der Vergabestelle zu berücksichtigen sind.[2650] Bei Vorliegen einer rechtskräftigen (ggf. auch einer nicht rechtskräftigen) Verurteilung wegen einer anderen Straftat als einer der Katalogstraftaten aus § 6 Abs. 4 EG kommt wegen des pönalen Charakters der Vorschrift eine erweiternde analoge Anwendung dieser Norm nicht in Betracht.[2651] Allerdings ist dann im Einzelfall genau zu prüfen, ob womöglich ein Ausschluss von dem Vergabeverfahren gem. § 6 Abs. 6 EG in Betracht kommt.

bb) Gleichstellung von Auslands- und Inlandstaten

Gem. § 6 Abs. 4 S. 2 EG werden Verstöße gegen die in § 6 Abs. 4 S. 1 EG genannten deutschen Katalog-Straftatbestände Verstöße gegen entsprechende Strafnormen anderer Staaten gleichgestellt. Hierdurch wird der als solcher zu begrüßende internationale Ansatz des deutschen Vergaberechts deutlich.[2652] Auch derartige kriminelle Verstöße im Ausland – wobei die Vergleichbarkeit der Norm im Einzelfall genau zu analysieren ist – sollen bei entsprechender rechtskräftiger Verurteilung im Ausland grundsätzlich zu einem Ausschluss der verurteilten Person und unter den weiter darzustellenden Voraussetzungen der Zurechnung an dessen Arbeitgeber auch zu dessen Ausschluss führen.

155

Zu unserem *Beispielsfall* bleibt an dieser Stelle festzuhalten, dass A und B rechtskräftig wegen einer Katalogtat verurteilt wurden, da der Bestechungstatbestand nach der Strafnorm des FCPA im US-Recht zur Bestechung von Amtsträgern vergleichbar dem der Bestechung gem. § 334 StGB i.V.m. Art. 2 § 1 IntBestG ist und damit eine vergleichbare Strafnorm i.S. von § 6 Abs. 4 lit. e EG darstellt.[2653] Weiter zu prüfen ist allerdings (neben weiteren Aspekten), ob überhaupt das Verhalten von A und B dem Unternehmen im vergaberechtlichen Sinne von § 6 Abs. 4 S. 3 EG zuzurechnen ist? Die Frage 1 kann mithin noch nicht beantwortet werden.

[2650] *OLG Düsseldorf*, Beschl. v. 4.12.2002, Az. Verg 45/01, IBRRS 40226.
[2651] Soweit ersichtlich ganz allg. Meinung, vgl. *KG* NZBau 2008, 466; *VK Brandenburg*, Beschl. v. 18.10.2007, Az. VK 38/07; vgl. auch Juris-PK-VergR/*Summa*, § 6 a VOB/A Rn. 9; *Leinemann*, Rn. 1025, 1513f. und Willenbruch/Wiedekind/*Werner*, § 6 a VOB/A Rn. 2.
[2652] Die fehlende einschränkende Regelung eines Art ordre public bei etwaigen Verurteilungen in Staaten, die nach deutscher Einschätzung womöglich nicht rechtsstaatlichen Grundsätzen entsprach, kann im Einzelfall jedenfalls über die Regelung aus § 6 Abs. 5 EG „elegant" gelöst werden.
[2653] Der U.S. FCPA regelt die Bestechung ausländischer, d.h. nicht U.S.-amerikanischer Amtsträger im geschäftlichen Verkehr. Er wurde 1977 zur Bekämpfung der Bestechung ausländischer Amtsträger im Geschäftsverkehr eingeführt. 20 Jahre später unterzeichnete Deutschland im Jahre 1997 als eines von 29 Ländern die OECD-Konvention zur Bekämpfung der Bestechung ausländischer Amtsträger und führte in der Folge mit dem IntBestG v. 10.9.1998 den Straftatbestand der Bestechung ausländischer Amtsträger im internationalen Geschäftsverkehr ein. S. zum FCPA *DiBianco*, § 2 Rn. 41 ff. und zum IntBestG *Dann*, § 3 Rn. 21 ff., 25 ff., insbesondere § 3 Rn. 35 ff. zur Vergleichbarkeit von § 334 StGB i.V.m. Art. 2 § 1 IntBestG mit dem FCPA.

cc) Zurechnung von Verhalten einer natürlichen Person gegenüber dem Anstellungsunternehmen

156 Da das deutsche Strafrecht anders als das deutsche Ordnungswidrigkeitenrecht und teilweise das Strafrecht ausländischer Rechtsordnungen wie bspw. auch das der USA nur das strafbare Verhalten von natürlichen Personen kennt, regelt § 6 Abs. 4 S. 3 EG näher, unter welchen Voraussetzungen Verhalten von natürlichen Personen dem jeweiligen Anstellungsunternehmen, das hiernach als interessierter Bieter in einem Vergabeverfahren auftritt, zurechenbar ist. Dies ist gem. § 6 Abs. 4 S. 3 EG dann der Fall, wenn entweder a) die Person für dieses Unternehmen „bei Führung der Geschäfte selbst verantwortlich" gehandelt hat oder aber b) wenn ein „Aufsichts- oder Organisationsverschulden gem. § 130 OWiG einer Person im Hinblick auf das Verhalten einer anderen Person" vorgelegen hat. Sofern und soweit ausländische Rechtsordnungen auch eine strafrechtliche Verurteilung von Unternehmen als solchen kennen, müssen bei der vergaberechtlichen Beurteilung von Auswirkungen diese einschränkenden Zurechnungsvoraussetzungen aus § 6 Abs. 4 S. 3 EG auch bei isolierter Bejahung des Vorliegens einer der den Katalogtaten vergleichbaren Tat Berücksichtigung finden, d.h. es muss im Einzelfall geprüft werden, ob nach der ausländischen Rechtsordnung eine Verurteilung erfolgt ist, obwohl womöglich diese für die Zuordnung i.S. von § 6 Abs. 4 EG maßgebliche Zurechnungsvoraussetzung nicht vorgelegen hat.[2654]

157 (1) **Bei der Führung des Geschäftes selbst verantwortlich handelnde Person.** Die VOL/A und die anderen Regelwerke betreffend Vergabeverfahren in Deutschland enthalten keine konkretisierenden Aspekte zur Beantwortung der Fragen, wann und aufgrund welcher Kriterien innerhalb eines Unternehmens von einer für die Führung der Geschäfte des Unternehmens verantwortlichen Person im hier maßgeblichen vergaberechtlichen Sinne gesprochen werden kann. Klar ist, dass der Inhaber eines Einzelunternehmens wie auch der Geschäftsführer einer GmbH und das Vorstandsmitglied einer Aktiengesellschaft zu dem relevanten Personenkreis gehören, da zu deren klassischen Kernfunktionen die Vertretung und Repräsentation der betreffenden Unternehmen nach außen gehört.[2655] Die VOL/A spricht allerdings nicht von dem „vertreten", sondern „nur" von dem selbst verantwortlichen Handeln bei der Führung der Geschäfte des Unternehmens.

Unterhalb dieser originären Repräsentanten/Organe der Unternehmen ist die Eingrenzung des maßgeblichen Personenkreises nicht einfach. Recht klar ist noch, dass es wohl nicht darauf ankommen kann, ob ein Unternehmen Personen als „Führungskräfte" tituliert oder eingruppiert, da dies nicht selten schon bei einer relativ niedrigen Positionierung innerhalb der Hierarchie aus verschiedenen Gründen der Unternehmenskultur sowie der Personalführung und -motivation erfolgt.

[2654] Das wäre denkbar bspw. der Fall, wenn zwar eine rechtskräftige Verurteilung des Unternehmens erfolgt ist, weil eine natürliche Person eine Katalogtat begangen hatte, obwohl diese Person nicht bei Führung der Geschäfte selbst verantwortlich gehandelt hat und auch kein Fall des Aufsichts- oder Organisationsverschulden vorlag. Dann wäre im Ergebnis § 6 Abs. 4 EG nicht einschlägig, was allerdings nicht automatisch hieße, dass diese Tat und Verurteilung dann vergaberechtlich irrelevant wäre. Es müsste dann vielmehr im Rahmen des § 6 Abs. 6 EG geprüft werden, ob es sich um eine (nachweislich) „schwere Verfehlung" handelt, die die Zuverlässigkeit des Bieters im konkreten Vergabeverfahren in Deutschland in Frage stellt, was eine Frage des Einzelfalles ist.

[2655] Davon wird man auch nicht die Fälle auszunehmen haben, bei denen einer von mehreren Geschäftsführern entsprechend dem gesetzlichen Normalfall aus § 35 Abs. 2 S. 1 GmbHG keine Einzelvertretungsbefugnis hat bzw. bei Vorständen einer AG im Hinblick darauf, dass nur der Vorstand insgesamt und nicht das einzelne Vorstandsmitglied zur Vertretung des Unternehmens befugt ist.

C. Vergaberechtliche Aspekte

Seitens der Rechtsprechung liegen hierzu bislang – soweit ersichtlich – keine belastbaren Ausführungen oder Klarstellungen in veröffentlichten Entscheidungen vor. Insbesondere wurde bislang noch nicht entschieden, ob Prokuristen oder Personen mit Handlungsvollmacht zu dem Kreis der „bei der Führung der Geschäfte selbst verantwortlich handelnden" Personen zählen. Entschieden wurden praktisch durchgängig Fälle derzeitiger oder früherer Geschäftsführer oder Unternehmensinhaber.[2656]   **158**

Die Thematik wird erstaunlicher Weise auch im Schrifttum bislang soweit ersichtlich nicht breit und tiefgehend erörtert. Von der h.M. wird der Kreis der in Betracht kommenden führungsverantwortlichen Personen nicht auf die gesetzlichen Vertretungsorgane beschränkt.[2657] Auf der anderen Seite bleibt weithin unklar, ob jedenfalls alle Personen mit Vertretungsmacht im Außenverhältnis, wie Prokuristen oder Handlungsbevollmächtigte gem. § 54 HGB zu dem Kreis der selbst verantwortlich Handelnden zählen. Betrachtet man die Entstehungsgeschichte der Regelung aus § 6 Abs. 4 S. 3 EG, so wird deutlich, dass Hintergrund der nicht eindeutigen Gesetzesformulierung des deutschen Gesetzgebers die europarechtliche Vorgabe aus der Sektoren- und Vergabekoordinationsrichtlinie jeweils aus dem Jahre 2004 ist.[2658] Die Richtlinie spricht einerseits mehr von einer tatsächlichen oder „faktischen"[2659] Position des „Unternehmensleiters" als von einer rechtlichen, andererseits allerdings auch von „jeder anderen" mit Vertretungsmacht versehenen Person, was auf eine rein formelle Betrachtung hindeutet und auf den ersten Blick dafür sprechen könnte, generell Prokuristen, aber auch Handlungsbevollmächtigte i.S. von § 54 HGB zu dem Kreis der führungsverantwortlichen Personen i.S. von § 6 Abs. 4 S. 3 EG zu zählen.

Im Schrifttum wird mehrfach darauf abgestellt, im Wege richtlinienkonformer Auslegung den Kreis der verantwortlichen Personen in drei Gruppen aufzugliedern: in Führungskräfte, vertretungsberechtigte Personen und Kontroll-/Aufsichtsorgane.[2660]

Allerdings spricht meines Erachtens gegen die generelle Einbeziehung jeder vertretungsberechtigten Person bereits die Formulierung der Richtlinie, die durch die Formulierung „ggf. auch die Unternehmensleiter …" vom Text her offen bleibt, die Zuordnungsthematik nur anreißt und erkennbar der maßgeblichen Ausgestaltung durch den nationalen Gesetzgeber zuweist. Der deutsche Gesetzgeber spricht in seiner Formulierung aber nicht schlicht davon, dass jemand für ein Unternehmen verantwortlich gehandelt haben muss, sondern vielmehr, dass er dies „bei der Führung der Geschäfte"   **159**

[2656] Das *OLG Düsseldorf*, Beschl. v. 28.7.2005, Az. Verg 42/05, BeckRS 2005, 11753, hat bspw. in einer Konstellation, bei der ein Gesellschafter-Geschäftsführer eines Unternehmens formell seine Geschäftsanteile übertragen hatte und formell auch nicht mehr Geschäftsführer war, aber über Treuhandverträge wirtschaftlich weiter die Anteile hielt und faktisch agierte, diese Person als im vergaberechtlichen Sinne weiterhin verantwortliche Person eingestuft.

[2657] Kulartz/Marx/Portz/Prieß/*Hausmann/von Hoff*, § 6 EG Rn. 52; Müller-Wrede/*Müller-Wrede*, § 6 EG Rn. 36; *Leinemann*, Rn. 1514.

[2658] Art. 54 Abs. 4 der Sektorenrichtlinie (17/2004/EG) verweist insoweit auf Art. 45 Abs. 1 und 2 der Vergabekoordinationsrichtlinie (18/2004/EG), wo es im Kontext der Frage nach Nachweisen betreffend die Zuverlässigkeit heißt: „Nach Maßgabe des nationalen Rechts des Mitgliedstaates, in dem der Bewerber oder Bieter ansässig ist, betreffen diese Ersuchen juristische und/oder natürliche Personen, ggf. auch die jeweiligen Unternehmensleiter oder jede andere Person, die befugt ist, den Bewerber oder Bieter zu vertreten, in seinem Namen Entscheidungen zu treffen oder ihn zu kontrollieren."

[2659] So auch das Verständnis in der Kommentierung bei Ingenstau/Korbion/Schranner zu dem insoweit vergleichbaren § 6 a VOB/A Rn. 8.

[2660] Vgl. in diese Richtung bspw. Kulartz/Marx/Portz/Prieß/*Hausmann/von Hoff*, § 6 EG Rn. 52: „§ 6 Abs. 4 S. 3 VOL/A EG ist in diesem Sinne richtlinienkonform dahingehend auszulegen, dass das Handeln von Führungspersonal, vertretungsberechtigten Personen und Mitgliedern der Kontroll- und Aufsichtsorgane grundsätzlich dem Bewerber/Bieter zugerechnet werden kann."

§ 13. Weitere Konsequenzen im Unternehmensbereich

gemacht haben muss und zwar nicht irgendwie sondern „selbst verantwortlich" handelnd. Diese Aspekte der „Führung der Geschäfte" in einem Unternehmen und des dabei „selbst verantwortlichen" Handelns deuten nicht auf eine rein formale Betrachtung eines rechtlichen Vertretenkönnens im Sinne einer Vertretungsmacht hin, sondern auf das Bild einer Person mit Führungsverantwortung in dem Unternehmen. Diese Anhaltspunkte im Wortlaut der Normen gebieten gerade auch im Hinblick auf die gravierenden Folgen der Anwendung der pönal wirkenden Vorschrift aus § 6 Abs. 4 EG unter ergänzender Berücksichtigung des auch im Vergaberecht geltenden Verhältnismäßigkeitsgrundsatzes (vgl. Erwägungsgrund Nr. 2 der Richtlinie 2004/18/EG) eine restriktive Auslegung der Norm. Dies alles spricht dafür, dass eben nicht jede Form der rechtlichen Vertretungsmöglichkeit eines Unternehmens ausreichend sein kann, sondern unabhängig von der Frage der Vertretungsmacht oder -befugnis die Handlungszuständigkeit aus einer im betreffenden Unternehmen faktisch hoch angesiedelten Person mit tatsächlicher Verantwortung eines „Entscheiders" für nicht irrelevante Bereiche. Dies wird häufig bei Fällen der Prokura anzunehmen sein und kann in Einzelfällen auch bei einer Handlungsvollmacht gegeben sein; es kann eben aber auch bei Fällen der Prokura und der Handlungsvollmacht im Einzelfall fehlen. Im Ergebnis kommt meines Erachtens daher für ein selbst verantwortliches Handeln im Sinne der 1. Alternative von § 6 Abs. 4 S. 4 EG nur ein solches des Unternehmensinhabers, gesetzlicher Vertretungsorgane und unterhalb der Vertretungsorgane unabhängig von der Frage der rechtlichen Vertretungsbefugnis von Personen in Betracht, die in der faktischen Unternehmenshierarchie hoch angesiedelt sind mit eigener Entscheidungszuständigkeit für bestimmte Bereiche oder Angelegenheiten von nicht unerheblichem Gewicht.[2661]

160 Übertragen auf unseren *Beispielsfall* bleibt hier zunächst offen, ob ein Fall von § 6 Abs. 4 EG vorliegt. Zwar sind A und B wegen einer Katalogtat auch rechtskräftig verurteilt worden, die Frage der vergaberechtlichen Zurechnung bleibt aber offen, da der Sachverhalt offen lässt, ob sie „bei der Führung der Geschäfte selbst verantwortlich" gehandelt haben. Die Vergabestelle darf das Vorliegen dieser tatbestandlichen Zurechnungsvoraussetzung aber nicht von sich aus bspw. aus dem Umstand der Verurteilung als solcher „mutmaßen". Es könnte nämlich auch so sein, dass es sich um „andere" Personen des Unternehmens gehandelt hat, bei denen nur bei gleichzeitigem Vorliegen eines Aufsichtspflichtverstoßes gem. § 6 Abs. 4 S. 3 Alt. 2 EG ein Ausschluss gem. § 6 Abs. 4 EG zulässig wäre. Die Vergabestelle muss hierzu also eine eigene belastbare Einschätzung haben. Hat sie diese aus eigener Anschauung und der ihr vorliegenden Unterlagen und Informationen[2662] nicht, so kann sie einen Ausschluss des Bieters nicht zulässiger Weise auf § 6 Abs. 4 EG stützen. Eine eigenständige langwierige Untersuchung ist nicht Aufgabe einer Vergabestelle. Diese soll aufgrund der sich ihr präsentierenden Dinge auf Basis der von den Unternehmen geforderten Angaben und Nachweise zeitnahe Entscheidungen treffen, um die Vergabeverfahren zu befördern. Auf der anderen Seite seien Unternehmen gewarnt, zu versuchen, mit unzutreffenden Angaben sich sozusagen eine Zeit lang „durch zu manövrieren", bis die volle Erkenntnis bei den Vergabestellen vorliegt. Sollten bis dahin in

---

[2661] Da die Thematik noch nicht höchstrichterlich entschieden ist, können sich Unternehmen nicht auf die hier vertretene Auffassung verlassen, sondern müssen als worst-case-Szenario auch den Fall einkalkulieren, dass Vergabestellen und Gerichte womöglich jeden Prokuristen oder Handlungsbevollmächtigten, womöglich sogar noch weitergehend jede Person, die tatsächlich das Unternehmen im Außenverhältnis vertreten konnte, als eine „bei Führung der Geschäfte selbst verantwortlich handelnde" Person i.S. von § 6 Abs. 4 EG einstufen könnte. Sollte dies erfolgen, sollte dann natürlich überlegt werden, ob gegen eine solche Bewertung seitens einer Vergabestelle bei drohendem oder erfolgtem Ausschluss des Bieters im Nachprüfungsverfahren vorzugehen ist, was naheliegend wäre, falls nicht unternehmenspolitische Gründe im Einzelfall dagegen sprechen sollten.

[2662] Anders wäre dies allerdings bei diesbezüglich nachgefragt oder nicht nachgefragt bewusst falscher Information seitens des betroffenen Unternehmens, wie sich auch aus dem insoweit anwendbaren § 6 Abs. 6 lit. e EG ergibt.

C. Vergaberechtliche Aspekte

Vergabeverfahren falsche Angaben gemacht worden sein, fällt ihnen das spätestens bei dem nächsten und dann folgenden Vergabeverfahren gem. § 6 Abs. 6 lit. e EG wieder hart auf die Füße. Es muss daher wohl bedacht und genau abgewogen werden, was das betreffende Unternehmen „in der Krise" gegenüber Vergabestellen kommuniziert.

(2) Aufsichts- oder Organisationsverschulden einer Person im Hinblick auf das Verhalten einer anderen Person gem. § 130 OWiG. Die 2. Alternative von § 6 Abs. 4 S. 4 EG knüpft an das Aufsichts- oder Organisationsverschulden einer Person im Hinblick auf das Verhalten einer anderen für das Unternehmen handelnden, rechtskräftig wegen einer Katalogtat verurteilten Person gem. § 130 OWiG[2663] an. Anders als bei der 1. Variante von § 6 Abs. 4 S. 3 EG kann es sich bei der zweiten Variante bei der handelnden, rechtskräftig verurteilten Person gerade auch um eine nicht führungsverantwortliche Person gehandelt haben. **161**

Das Organisations- oder Aufsichtsverschulden kann neben den Unternehmensinhabern bei Einzelunternehmen insbesondere persönlich haftende Gesellschafter einer OHG und die Komplementäre einer KG[2664] treffen. Aber auch Geschäftsführer bei der GmbH und Vorstandsmitglieder bei der Aktiengesellschaft fallen darunter, da nach der ganz überwiegenden Auffassung im Schrifttum der Unternehmensbegriff des § 130 OWiG auch juristische Personen und Konzerne[2665] umfasst, was aus der Gleichstellung bestimmter Funktionsträger der juristischen Personen mit dem Inhaber eines Betriebs gem. § 9 OWiG geschlossen wird.[2666] Da gem. § 9 OWiG bei juristischen Personen allerdings nur solche Personen dem Inhaber gleichgestellt werden, die als Organe, Vertreter oder Beauftragte anzusehen sind, die in eigener Verantwortung Aufgaben wahrnehmen, weil sie die gesetzliche oder gewillkürte Vertretung für das Unternehmen ausüben, wird die Auffassung vertreten, dass dies bei einer AG nur der Vorstand, nicht aber ein Aufsichtsorgan wie der Aufsichtsrat sein könne.[2667] Letzteres überzeugt nicht, da § 130 OWiG nicht ausdrücklich auf § 9 OWiG verweist und angesichts der gesetzlich geregelten Überwachungszuständigkeiten des Aufsichtsrats gegenüber dem Vorstand im Aktiengesetz nach Sinn und Zweck der Vorschrift aus § 6 Abs. 4 S. 3 EG nicht ersichtlich ist, weswegen nicht zumindest denkbar auch ein Aufsichtspflichtverstoß eines Aufsichtsrates bei einer Verurteilung eines Vorstandsmitglieds wegen einer Katalogtat in Betracht käme. **162**

In der Praxis mehr im Vordergrund steht allerdings die Frage, ob und welche leitenden Angestellten unterhalb der Organebene, die grundsätzlich nach Maßgabe von § 9 **163**

[2663] § 130 Abs. 1 OWiG normiert das Organisations- und Aufsichtsverschulden wie folgt: „Wer als Inhaber eines Betriebes oder Unternehmens vorsätzlich oder fahrlässig die Aufsichtsmaßnahmen unterlässt, die erforderlich sind, um in dem Betrieb oder Unternehmen Zuwiderhandlungen gegen Pflichten zu verhindern, die den Inhaber treffen und deren Verletzung mit Strafe oder Geldbuße bedroht ist, handelt ordnungswidrig, wenn eine solche Zuwiderhandlung begangen wird, die durch die gehörige Aufsicht verhindert oder wesentlich erschwert worden wäre. Zu den erforderlichen Aufsichtsmaßnahmen gehören auch die Bestellung, sorgfältige Auswahl und Überwachung von Aufsichtspersonen."
[2664] Sind diese ihrerseits juristische Personen, trifft die Pflicht deren Organe.
[2665] Vgl. KK-OWiG/*Rogall*, § 130 Rn. 25. Von der Rspr. ist die Frage, ob der Unternehmensbegriff des § 130 Abs. 1 OWiG auch den Konzern umfasst – soweit ersichtlich – bislang nicht behandelt und entschieden worden.Vgl. zu dem Kontext auch *Egger*, Rn. 1109; *Williams/Sope*, The mandatory exclusions for corruption in the new EC Procurement Directives, european law review, N° 5, 2006, S. 711, 722 ff.; Juris-PK-VergR/*Summa*, § 6 a VOB/A Rn. 27.
[2666] Vgl. KK-OWiG/*Rogall*, § 130 Rn. 31; Kulartz/Marx/Portz/Prieß/*Hausmann/von Hoff*, § 6 EG Rn. 59.
[2667] Kulartz/Marx/Portz/Prieß/*Hausmann/von Hoff*, § 6 EG Rn. 61.

§ 13. Weitere Konsequenzen im Unternehmensbereich

Abs. 2 OWiG Aufsichtspflichten haben können, rechtliche und tatsächliche Einflussnahmemöglichkeiten gegenüber den rechtskräftig verurteilten Personen hatten, die ihrerseits keine Führungsverantwortlichen des Unternehmens waren.

Die Beurteilung des maßgeblichen Umfangs der erforderlichen Aufsichts- und Organisationspflichten ist in § 130 OWiG nicht näher bestimmt. Die Fragen zur richtigen Auswahl der Mitarbeiter, ggf. der Bestellung von Aufsichtspersonen, der sachgerechten Organisation und Aufgabenverteilung, der Aufklärung, Belehrung und Instruktion sowie der Überwachung der Mitarbeiter und Aufsichtspersonen hängen von den Umständen des Einzelfalls ab.[2668] Konkretisierende Rechtsprechung hierzu fehlt bislang, gerade auch zum Umfang der Aufsichtspflichten innerhalb eines Konzerns.

164 An die Aufsichtspflichten dürfen allerdings nach offenbar allgemeiner Auffassung auch keine überspannten Anforderungen gestellt werden. Daher soll die Aufsichtspflicht durch den Vertrauensgrundsatz ihre Begrenzung finden.[2669] Dies gilt gerade auch innerhalb von Konzernen. So soll die Konzernspitze grundsätzlich von der Zuverlässigkeit der Vorstände der abhängigen Unternehmen ausgehen dürfen. Etwas anderes gilt hinsichtlich der Überwachungspflichten allerdings dann, wenn es im Unternehmen bereits zu Unregelmäßigkeiten gekommen sein sollte.[2670] Dann muss naturgemäß für eine gewisse Zeit genauer überwacht und kontrolliert werden.

In einem Konzern soll zudem entscheidend sein, welchen Spielraum zu eigener Willensbildung die einzelnen Unternehmen haben und in welchem Umfang die Konzernspitze von ihren Durchgriffsmöglichkeiten tatsächlich Gebrauch macht.[2671] Dabei sind die Größe und Organisation des Unternehmens, die Vielfalt und Bedeutung der zu beachtenden Vorschriften, die unterschiedlichen Überwachungsmöglichkeiten und im Konzern vor allem auch die tatsächlichen Verhältnisse zu berücksichtigen.[2672]

165 **(3) Kenntnis der Vergabestelle von allen für den Unternehmensausschluss erforderlichen Umständen.** Anknüpfungspunkt für die Unzuverlässigkeit eines bietenden Unternehmens ist bei § 6 Abs. 4 S. 3 Alt. 1 EG die „Kenntnis" der Vergabestelle von der Verurteilung wegen einer Katalogtat, begangen durch eine bei der Führung der Geschäfte selbst verantwortlich handelnde Person. Bei der 2. Alternative von § 6 Abs. 4 S. 3 EG muss sich die Kenntnis neben dem Vorliegen der rechtskräftigen Katalogtat durch eine in besagtem Sinne nicht führungsverantwortliche Person auch auf das Aufsichts- und/oder Organisationsverschulden gem. § 130 OWiG beziehen.

Mit der Formulierung der Kenntnis sollte daher klargestellt werden, dass die Vergabestelle nicht berechtigt oder gar verpflichtet ist, ins Blaue hinein zu ermitteln oder auf Basis ungesicherter Erkenntnisse die Unzuverlässigkeit eines Bieters anzunehmen. Erst und nur wenn sie konkrete Anhaltspunkte für einen Ausschlussgrund hat, muss die Vergabestelle dem überhaupt nachgehen, um diese für sich belastbar zu verifizieren und darauf hin zu überprüfen, ob sie aktuell einen Ausschlussgrund darstellen können.[2673] Reine Verdachtsmomente oder Mutmaßungen der Vergabestelle oder nicht näher verifizierte und analysierte Medienberichte oder Mitteilungen von dritter Seite genügen also sachlich nicht, um seitens der Vergabestelle einen Ausschluss des Unter-

---

[2668] Vgl. *König*, in: Göhler, § 130 Rn. 11 m.w.N.
[2669] So KK-OWiG/*Rogall*, § 130 Rn. 25; vgl. auch Willenbruch/Wiedekind/*Werner*, § 6 a VOB/A, Rn. 8.
[2670] Kulartz/Marx/Portz/Prieß/*Hausmann/von Hoff*, § 6 EG Rn. 65.
[2671] KK-OWiG/*Rogall*, § 130 Rn. 25.
[2672] Vgl. KK-OWiG/*Rogall*, § 130 Rn. 25 und 37 ff.; Kulartz/Marx/Portz/Prieß/*Hausmann/von Hoff*, § 6 EG Rn. 65.
[2673] JurisPK-VergR/*Summa*, § 6 a VOB/A Rn. 32; *Egger*, Rn. 1107.

C. Vergaberechtliche Aspekte

nehmens zu rechtfertigen.[2674] Sie berechtigen die Vergabestelle aber dazu, bei dem Unternehmen selbst oder Dritten konkret nachzufragen, um eine klare Entscheidungsbasis zu bekommen.

Schauen wir auf unseren *Beispielsfall*, so bleibt nach dem Sachverhalt offen, ob tatsächlich ein relevanter Aufsichtspflichtverstoß vorliegt. Zwar vertritt diese Auffassung offenbar das DOJ, ob diese Auffassung aber überhaupt zutrifft und auch dem Aufsichts- oder Organisationsverschulden i.S. von § 6 Abs. 4 S. 3 Alt. 2 EG entspricht, lässt der Sachverhalt völlig offen. Das müsste also die Vergabestelle prüfen. Sollten ihr hierzu in gebotener Zeit ohne größeren Aufwand – sie hat ja keine Funktion einer Art Ersatzstaatsanwaltschaft – keine weiteren belastbaren Erkenntnisse vorliegen, kann sie den Bewerber nicht von dem Vergabeverfahren ausschließen und sollte das entsprechend dokumentieren.

166

b) Informationspflichten und Gebot wahrheitsgemäßer Angaben gegenüber Vergabestellen

Aus der VOL/A ergibt sich an keiner Stelle, dass eine Pflicht der an der Vergabe interessierten Bewerber zur ungefragten Offenlegung von rechtskräftigen Verurteilungen i.S. von § 6 Abs. 4 EG besteht. Im Gegenteil sprechen einzelne Regelungen wie § 7 Abs. 6 EG dafür, dass „nur" eine Pflicht zur wahrheitsgemäßen Angabe von seitens der Vergabestelle gefragten Dingen besteht. Gem. § 7 Abs. 6 EG muss die Vergabestelle als Nachweis dafür, dass die vermeintliche Kenntnis der Vergabestelle zu § 6 Abs. 4 EG betreffend den Bewerber unrichtig ist, bei einem in Deutschland ansässigen Unternehmen einen Auszug aus dem Bundeszentralregister akzeptieren, bei ausländischen Unternehmen entsprechende gleichwertige ausländische Dokumente. Dies deutet also darauf hin, dass zunächst die Vergabestelle einen entsprechenden Vorwurf der Unzuverlässigkeit erheben oder aber konkrete Fragen stellen muss, bevor der Bieter hierauf sachlich richtig und vollständig reagieren und seine Auskunft auch entsprechend beweisen muss.

167

Nur kurz angemerkt sei in dem Kontext, dass zwar gem. § 54 BZRG Urteile ausländischer Gerichte gegen deutsche natürliche Personen in das Bundeszentralregister eingetragen werden. Es werden aber keine strafrechtlichen Verurteilungen von Unternehmen als solchen aufgenommen, da das deutsche Recht diese nicht kennt. Es würde aber dem Zweck der Vorschrift des § 6 Abs. 4 EG widersprechen, wenn die Vergabestelle im Falle tatsächlicher Kenntnis einer maßgeblichen rechtskräftigen Verurteilung eines Unternehmens wegen einer Katalogtat dies allein deshalb ignorieren müsste, weil diese Verurteilung mangels Möglichkeit nicht im Bundeszentralregisterauszug stehen könnte.

168

Soweit Vergabestellen wie im praktischen Regelfall gem. § 7 Abs. 1 S. 2 EG von den Unternehmen nach Maßgabe der Vergabeunterlagen standardmäßig zumindest auch Eigenerklärungen betreffend ihrer Eignung verlangen, d.h. betreffend ihrer Fachkunde, Leistungsfähigkeit und Zuverlässigkeit, stellt sich natürlich die Frage, ob und wann Unternehmen angeben dürfen, dass keine zurechenbaren Verurteilungen i.S. von § 6 Abs. 4 EG vorliegen.

169

In der Praxis werden von den Vergabestellen dabei nicht selten vergaberechtlich unpräzise Fragen gestellt, z.B. wenn ohne jegliche Einschränkung oder Spezifizierung eine Eigenerklärung von Unternehmen dazu abverlangt wird „ob strafrechtliche Verurteilungen" vorliegen. Für die Unternehmen und deren Berater stellen sich hier

170

[2674] *BGH*, Urt. v. 26.10.1999, Az. X ZR 13/98; *OLG Brandenburg*, Beschl. v. 14.12.2007, Az. Verg W 21/07; *OLG Saarbrücken* NZBau 2004, 346 = ZfBR 2004, 490; Willenbruch/Wiedekind/*Werner*, § 6 a VOB/A, Rn. 5.

eine Vielzahl von Fragen wie die, ob diese Vorgaben der Vergabestellen „vergaberechtlich korrekt" (um)interpretiert und dann entsprechend „eingeschränkt" beantwortet werden dürfen oder nicht? Hierzu gibt es bislang nur wenig Rechtsprechung. Es spricht aber vieles dafür, dass Bieter bei vergaberechtlich falschen, unpräzisen oder zu weit gehenden Fragen Angaben jeweils nur soweit machen müssen, wie sie vergaberechtlich korrekt von der Vergabestelle erfragt und verlangt werden dürfen, so dass dem betreffenden Unternehmen also aus der entsprechend korrekt eingeschränkten Antwort kein Nachteil erwachsen dürfte. Allerdings muss man eben aufpassen, dass man wirklich genau sieht, was die Vergabestelle korrekter Weise fragen durfte und man muss die Risiken bei der Beantwortung abwägen, da wie gesagt Rechtsprechung hierzu kaum existiert. Eine wichtige Entscheidung der VK Brandenburg[2675] gibt es dann aber doch zu der Gesamtthematik. Die Vergabekammer vertritt dort die Auffassung, dass es nach durchgeführter Selbstreinigung einem Unternehmen gestattet sein müsste, die nach der Zuverlässigkeit gestellte Frage in der Eigenerklärung uneingeschränkt zu bejahen, da bei andernfalls möglicher Annahme eines zwingenden Ausschlussgrundes die einem Bieter für die Wiederherstellung der Zuverlässigkeit einhellig anerkannte Möglichkeit der erfolgreichen Selbstreinigung letztlich leer liefe. Auch wenn ein Bewerber natürlich bei Angabe der Tat und der erfolgten Selbstreinigung versuchen könnte, sich gegen den dann drohenden Ausschluss zu wehren und bei Zugrundelegung eines nicht ganz so engen Verständnisses zur Anwendbarkeit von § 6 Abs. 5 EG oder auch im Rahmen des Ermessens bei § 6 Abs. 6 EG bei tatsächlich erfolgter Selbstreinigung immerhin auch nennenswerte Chancen haben sollte, auch erfolgreich zu sein, ist die Grundüberlegung der Vergabekammer zutreffend. Wenn ein Institut der Selbstreinigung anerkannt ist, muss nach „selbst" erfolgter „Reinigung" auch angegeben werden können, „rein" zu sein. Alles andere führt auch zu nicht unerheblichem bürokratischem Aufwand bei Unternehmen, die alltäglich in Vergabeverfahren unterwegs sind. Sie müssen ja andernfalls permanent „Ja-aber-Erklärungen" gegenüber Vergabestellen in dem Sinne abgeben, dass zwar etwas vorgefallen sei, sie sich aber gereinigt hätten, was sie entsprechend belegen müssten. Bei dann im Zweifel vorprogrammierten weiteren Nachfragen der Vergabestelle wird dadurch schnell eine Zuhilfenahme der Rechtsabteilung und der externen Rechtsberater erforderlich, die hier ansonsten nicht von Nöten hätte sein müssen.

171 Für die Praxis bedarf es dringend der Klärung, wie lange Bieter bei Vorliegen einer rechtskräftigen Verurteilung wegen einer Katalogtat und einem Fall der wirksamen Zurechnung zum Unternehmen diese Verurteilung (ggf. nebst Aufsichtspflichtverstoß/Organisationsverschulden) der Vergabestelle im Rahmen einer abgeforderten Eigenerklärung auch noch zeitlich nach aus Unternehmenssicht erfolgreich durchgeführter Selbstreinigungsmaßnahmen ungefragt oder gefragt mitteilen müssen. Die VOL/A gibt hierzu keine Antwort. Die Problematik verschärft sich in der Praxis bei den internationalen Fallkonstellationen, wo es nicht selten vorkommt, dass erst fünf oder mehr Jahre nach Vorliegen einer Korruptionstat im Ausland und erfolgter Kenntniserlangung durch die Unternehmensführung die Ermittlungen im Ausland wie bspw. den USA betreffend dieser Vorgänge aus einem anderen Kontinent zu „verwertbaren" Ergebnissen führen. Diese können schlicht Verurteilungen sein oder aber z.B. in den USA nicht selten anzutreffende auch komplex ausgearbeitete Abstimmungen der Un-

---

[2675] *VK Brandenburg*, Urt. v. 16.10.2007, Az. VK 38/07, IBRRS 78988, S. 16.

C. Vergaberechtliche Aspekte

ternehmen und ihrer Berater mit dem DOJ einerseits und der SEC andererseits sein, die im Kern nennenswerte „Bußgeldzahlungen" zur Vermeidung von möglichen strafrechtlichen Verurteilungen der Unternehmen selbst beinhalten; teilweise werden aus Unternehmenssicht solche Abstimmungen auch „nur" vorgenommen, um trotz aus Unternehmenssicht nicht oder nicht in dem vorgeworfenen Ausmaß berechtigter Vorwürfe zu vermeiden, diesbezüglich langwierige öffentlichkeitswirksame Strafprozesse durchführen zu müssen, die für diese Unternehmen katastrophale Auswirkungen im Ansehen, allerdings bei Berücksichtigung von nicht leicht einzuschätzenden Verurteilungsrisiken auch für deren zukünftiges Geschäft, weltweit haben könnten.

Diese langen Zeitschienen zwischen Entdecken rechtswidriger Zustände und Ahndung derselben, insbesondere durch Ermittlungsbehörden anderer Staaten, führen nicht selten dazu, dass Unternehmen, die bereits seit Jahr und Tag Selbstreinigungsmaßnahmen durchgeführt und sich zeitnah von den besagten Personen getrennt haben, noch Jahre später mit möglichen Verurteilungen früherer Mitarbeiter (oder des Unternehmens selbst) konfrontiert werden. Dabei haben die Unternehmen womöglich die Machenschaften von Mitarbeitern vor Jahren selbst aufgedeckt und zur Anzeige gebracht und/oder von sich aus Strukturüberprüfungen und -verbesserungen durchgeführt und umgesetzt und den Ermittlungsbehörden kooperativ zur Verfügung gestanden. Nichts desto trotz würde bei strikter Anwendung der deutschen vergaberechtlichen Vorschriften im Falle der Verurteilung wegen einer Katalogtat im Normalfall der zwingende Ausschluss des Unternehmens womöglich für weitere ein bis vielleicht drei Jahre gerechnet von der Verurteilung die Folge sein können. Hier müssen Regelungen vom Gesetzgeber geschaffen werden, die deutlich mehr Rechtsklarheit und Rechtssicherheit für Unternehmen bringen und eine stärkere Berücksichtigung der Umstände des jeweiligen Einzelfalles vorsehen.[2676] Zu denken wäre zudem an die Einrichtung zentraler Stellen, bei denen Unternehmen außerhalb konkreter Vergabeverfahren vertraulich die Thematiken von Verurteilungen/Verfehlungen und diesbezüglich erfolgter Selbstreinigungsmaßnahmen etc. ausführlich darlegen und Nachweise etc. hinterlegen könnten. Innerhalb des bzw. der dortigen Prozesse könnten die Unternehmen im Ergebnis Klarheit darüber bekommen, ob sie sich bereits jetzt oder ab wann und ggf. mit welchen Einschränkungen oder unter welchen weiteren Voraussetzungen künftig unproblematisch als zuverlässig bezeichnen können. Von diesem Zeitpunkt an könnten Fragen nach dem Vorliegen einschlägiger Verurteilungen und/oder schwerer Verfehlungen verneint werden ohne Gefahr zu laufen, durch falsche oder unvollständige Angaben in dem betreffenden Verfahren erneut einen Vergabeverstoß zu begehen, der seinerseits mit dem Ausschluss von dem Verfahren bedroht ist. Vergabestellen könnten im Einzelfall bei Nachfragen auf diese Stellen verwiesen werden und dadurch auch womöglich schnell zu komplexen Prozessen belastbare Auskünfte von neutraler Stelle bekommen.

Was die zeitliche Komponente anbelangt, könnte vielleicht an einen Regelzeitraum für einen Ausschluss von ein bis maximal drei Jahren, gerechnet von der Verurteilung wegen einer Katalogtat, gedacht werden, wobei Zeiten von dem Beginn der konse-

172

[2676] In einem Richtlinienentwurf für 2004/18 (Art. 46 des Richtlinienentwurfs vom 30.8.2000, KOM [2000] 275) war vorgesehen, Bewerber auszuschließen, die in den letzten 5 der Ausschreibung vorangegangenen Jahren strafrechtlich verurteilt wurden. Dies wurde aber gerade bei Fällen von Selbstreinigungsmaßnahmen als zu langwierig angesehen (Stellungnahme des Ausschusses der Regionen v. 13.12.2000, AdR/2000/312, COM-6/023, ABl. EG v. 16.5.2001, C 144/09 Punkt 2.5.2) und wurde dann fallengelassen, ohne die Frage zu regeln.

§ 13. Weitere Konsequenzen im Unternehmensbereich

quenten Selbstreinigungsmaßnahmen des Unternehmens nach Bekanntwerden der in Rede stehenden Tat Anrechnung finden sollten.[2677]

173 De lege lata sollte es m.E. jedenfalls nach Vollendung eines solchen Zeitraums in aller Regel angebracht sein, auch bei Vorliegen einer Katalogtat aus § 6 Abs. 4 EG regelmäßig davon ausgehen zu können, dass besondere Umstände i.S. von § 6 Abs. 5 Alt. 2 EG vorliegen, die das Ermessen dahingehend nahelegen, das Unternehmen nicht auszuschließen. Andernfalls würden langwierige Ermittlungen auf anderen Kontinenten die Unternehmenstätigkeit zeitlich praktisch bis zur Verjährung hin unbegrenzt nach hinten belasten. Die hiesige Auffassung würde Unternehmen den Rücken stärken, sich womöglich auch einmal gegen zu forsche, unberechtigte Beschuldigungen in den USA zur Wehr zu setzen.

174 In unserem *Beispielsfall* kann die Frage 3 auf Basis der vorliegenden Informationen verneint werden: Eine Pflicht zur ungefragten Information gibt es generell nicht, aber auch die Frage der Erwähnung der Verurteilungen in Eigenerklärungen des Unternehmens hängt davon ab, ob es sich bei A und C um Personen handelt, deren Verhalten gem. § 6 Abs. 4 S. 3 Var. 1 EG zuzurechnen ist und ob – falls nein – ein Aufsichtspflichtverstoß gem. § 6 Abs. 4 S. 3 Var. 2 EG vorliegt.

c) Ausnahmen von dem zwingenden Ausschluss gem. § 6 Abs. 5 EG

175 Wie bereits kurz angesprochen, kommt bei rechtskräftiger Verurteilung einer der Katalogtaten aus § 6 Abs. 4 EG oder einer vergleichbaren ausländischen Norm nur bei zusätzlichem Vorliegen einer der beiden Ausnahmetatbestände aus § 6 Abs. 5 EG[2678] eine Ausnahme von dem Ausschluss in Betracht.

aa) Zwingende Gründe des Allgemeininteresses (§ 6 Abs. 5 Var. 1 EG)

176 In der 1. Variante von § 6 Abs. 5 EG müssten „zwingende Gründe des Allgemeininteresses vorliegen und andere Unternehmen die Leistung nicht angemessen erbringen können". Dies ist praktisch nur in Ausnahmekonstellationen denkbar, wenn in der konkreten Bedarfssituation der Vergabestelle ein Alleinstellungsmerkmal bei dem an sich auszuschließenden Unternehmen vorliegt und aufgrund des Allgemeininteresses an der Leistungserbringung der an sich aufgrund der Verurteilung gebotene Ausschluss des Unternehmens wegen der nachteiligen Folgen für die Allgemeinheit, die größer wiegen müssen, hinten angestellt wird. Die Anwendung dieser Variante scheitert in der Praxis in aller Regel daran, dass meist schon das Alleinstellungsmerkmal des Bieters nicht vorliegt.

bb) Selbstreinigung (§ 6 Abs. 5 Var. 2 EG)

177 Nach der 2. Variante kann ein Unternehmensausschluss unterbleiben „... wenn aufgrund besonderer Umstände des Einzelfalls der Verstoß die Zuverlässigkeit des Unternehmens nicht in Frage stellt."

Diese besonderen Umstände können insbesondere in Form der sog. „Selbstreinigung" des Unternehmens vorliegen.[2679] Nach der für die Praxis allerdings unmittelbar

---

[2677] Ähnlich *Ax/Schneider/Scheffen*, Rn. 302, die sich für eine Auftragssperre von 6 Monaten bis 2 Jahren aussprechen.

[2678] § 6 Abs. 5 EG hat folgenden Wortlaut: „Von einem Ausschluss nach Abs. 4 kann nur abgesehen werden, wenn zwingende Gründe des Allgemeininteresses vorliegen und andere Unternehmen die Leistung nicht angemessen erbringen können oder wenn aufgrund besonderer Umstände des Einzelfalls der Verstoß die Zuverlässigkeit des Unternehmens nicht in Frage stellt."

[2679] Zur Definition der „Selbstreinigung" und Selbstreinigungsmaßnahmen s. auch *Ax/Schneider/Scheffen*, Rn. 399 ff.

C. Vergaberechtliche Aspekte

zu § 7 Abs. 5 lit. c VOL/A a.F. (gleichlautend dem § 6 Abs. 6 EG) herausgebildeten, aber ohne weiteres übertragbaren maßgeblichen Rechtsprechung der Oberlandesgerichte[2680] ist für eine Selbstreinigung erforderlich, dass sich ein Unternehmen ernsthaft und nachhaltig darum bemüht, den in Frage stehenden Sachverhalt aufzuklären und die erforderlichen personellen und organisatorischen Konsequenzen zu ziehen. Dies kann insbesondere durch die Veranlassung einer gesonderten Untersuchung, die Zusammenarbeit mit den Ermittlungsbehörden, die konsequente Verfolgung aller Verdachtsmomente und konsequente Personalmaßnahmen unterschiedlicher Art erreicht werden.

Wenn teilweise im Schrifttum die Auffassung vertreten wird, dass für die Selbstreinigung generell bereits das bloße Trennen des Unternehmens von der verurteilten Person ausreichen würde, da die Unzuverlässigkeit an die Person und nicht an das Unternehmen als künstliches rechtliches Gebilde anknüpfen würde,[2681] überzeugt das nicht. Abgesehen davon, dass bei Zugrundelegung dieser Auffassung klar der vom Gesetzgeber gewollte pönale Charakter der Norm des § 6 Abs. 4 EG, die der vorbeugenden Verbrechensbekämpfung dienen soll,[2682] unterlaufen würde, liefe § 6 Abs. 4 EG faktisch leer, da das bei natürlicher Betrachtung selbstverständliche Verhalten des Unternehmens in Form der Trennung von der rechtskräftig wegen einer der Katalogtaten verurteilten Person bereits der „besondere Umstand" wäre. Der Sache nach geht es um die Beurteilung der Zuverlässigkeit des Bieters, d.h. regelmäßig von Unternehmen, die sich durch das Verhalten der für dieses tätigen Personen nach außen verkörpert und dem das Verhalten dieser Personen aufgrund normierter Aspekte auch zugerechnet wird. Diese Zurechnung erfolgt im Rahmen von § 6 Abs. 4 EG grundsätzlich unabhängig davon, ob die Person tatsächlich noch bei dem Unternehmen tätig ist oder nicht mehr. Im Übrigen wird die gegenläufige Auffassung im Regelfall auch nicht dem Aspekt gerecht, dass das Unternehmen durch die Art und Dauer des Wirkens der in Rede stehenden Person im Zweifel in gewisser Hinsicht geprägt war; sofern das der Fall ist, wirkt das betreffende Verhalten im Unternehmen regelmäßig auch noch nach dem Ausscheiden der Person eine gewisse Zeit nach. **178**

Bei mittelständigen oder Großunternehmen wird also alleinig das arbeitsrechtliche und/oder zumindest faktische Trennen[2683] von einer Person, die strafrechtlich wegen einer der in Rede stehenden Katalogtaten rechtskräftig verurteilt wurde, im Zweifel wohl noch nicht ausreichen, um bereits einen „besonderen Umstand" des Einzelfalls darzustellen. Etwas anderes als das jedenfalls faktische Trennen von einer wegen einer Katalogtat rechtskräftig verurteilten Person wird – von sauber zu analysierenden Konstellationen abgesehen, bei denen trotz Weiterbeschäftigung der Person der Vergabestelle sicher nachgewiesen werden könnte, dass ein ähnliches Verhalten in dem Unternehmen aufgrund veränderter Strukturen pp. nach möglicher Vorausschau nicht mehr vorkommen kann –, praktisch kaum denkbar sein, wenn sich das Anstellungsunternehmen künftig nahtlos erfolgreich an öffentlichen Vergaben in Deutschland beteiligen möchte. Ob das harte Durchgreifen einer Kündigung auch in jedem Einzelfall betref- **179**

[2680] *OLG Düsseldorf*, Beschl. v. 9.4.2003, Az. Verg 43/02, IBRRS 41698; NZBau 2003, 578; *OLG Frankfurt a.M.*, Beschl. v. 20.7.2004, Az. 11 Verg 6/04, IBRRS 48263.
[2681] So Müller-Wrede/*Greb*, 2007, § 7 a Rn. 30; anders nunmehr Müller-Wrede/*Müller-Wrede*, 2010, § 6 EG Rn. 42.
[2682] Vgl. Erwägungsgrund Nr. 43 der Richtinie 18/2004.
[2683] Denkbar in Konstellationen, die arbeitsrechtlich ungeklärt sind, wenn sich bspw. ein Arbeitnehmer gegen eine Kündigung wehrt.

§ 13. Weitere Konsequenzen im Unternehmensbereich

fend Personen gelten muss, die gegen Aufsichtspflichten verstoßen haben, bspw. auch den Konstellationen des Aufsichtspflichtverstoßes in einer Konzernmutter gegenüber der Konzerntochter, hängt von der Schwere des in Rede stehenden Aufsichtspflichtverstoßes und den Umständen des Einzelfalls ab.[2684] Hier fehlen bislang praktische Erfahrungswerte, da sich soweit ersichtlich in den bekannt gewordenen Fällen die Unternehmen bereits im Vorfeld von rechtskräftigen Verurteilungen auch von den konkret in die betreffende Kritik gekommenen Aufsichtsorganen getrennt haben. Für das Erfordernis einer Trennung spricht, dass es sich in solchen Konstellationen regelmäßig – aber eben nicht immer – um Personen auf sehr hoher Unternehmens- und/oder Konzernebene handelt, die regelmäßig auch einen nicht unerheblichen Einfluss auf die Geschicke des Unternehmens haben können.

180 Neben der Frage der erforderlichen unmittelbaren personellen Maßnahmen wird man alle Umstände des Einzelfalles mit zu berücksichtigen haben, ob, was und wie das Unternehmen über die Trennung von der bzw. den relevanten Personen hinausgehend strukturell getan oder in die Wege geleitet hat, um künftig vergleichbares Verhalten bestmöglich auszuschließen und ob es sich kooperativ mit Ermittlungsbehörden gezeigt hat.[2685] Es spielt also auch eine Rolle, ob und inwieweit das Unternehmen die Vorgänge und Abläufe innerhalb des Unternehmens überprüft und belastbar verbessert (hat), um der Möglichkeit eines ähnlich gelagerten Verhaltens in der konkreten Situation überzeugend und nachhaltig vorzubeugen.

Auf der anderen Seite ist aber aufgrund des zu beachtenden Verhältnismäßigkeitsgrundsatzes dabei von der Vergabestelle auch zu berücksichtigen, dass letztlich Unternehmen trotz aller vorbeugenden Maßnahmen und Schulungen nie sicher werden ausschließen können, dass einzelne Mitarbeiter sich dann doch strafrechtlich relevant einschlägig verhalten.

181 Unklar und soweit ersichtlich noch nicht entschieden ist dabei die Frage, ob den Vergabestellen auf der Tatbestandsseite bei der Frage des Vorliegens von „besonderen Umständen" ein gewisser Beurteilungsspielraum zugebilligt werden wird, der der gerichtlichen Kontrolle entzogen wäre. Wegen der Regelungssystematik und nach Sinn und Zweck ist das wohl zu verneinen; da auf der Rechtsfolgenseite aber ein Ermessen der Behörde steht, hat die Frage für die Rechtspraxis wohl keine große Bedeutung, da die Gerichte nur im Ausnahmefall eine Ermessensreduzierung auf Null annehmen werden und den Vergabestellen generell im Rahmen der Eignung bislang einen recht weiten „Spielraum" einräumen.

182 Im Rahmen der Ermessensausübung ist aus hiesiger Sicht jedenfalls mit einzustellen, ob die betreffende Person überhaupt im Rahmen des öffentlichen Auftragsrechts tätig war, ob und wie das betreffende Unternehmen womöglich bereits durch die in Rede stehende Tat unmittelbar beeinträchtigt war bzw. ist, die Größe des Unternehmens, der örtliche Bezug zum aktuellen Vergabeverfahren bzw. dessen Fehlen. Zwar soll hier nicht postuliert werden, dass strafrechtlich relevantes Verhalten im Ausland kein im Inland zu berücksichtigendes Übel darstellen würde, zumal der deutsche Gesetzgeber in seiner europarechtlichen Einbettung das Gegenteil als Normalfall vorgesehen hat. Es geht aber auch im Vergaberecht darum, dem Einzelfall gerecht zu

---

[2684] Zu den personellen und arbeitsrechtlichen Maßnahmen gegenüber Mitarbeitern bei erwiesenem Korruptionsvorwurf siehe ergänzend auch *Ax/Schneider/Scheffen*, Rn. 402.
[2685] So auch Kulartz/Marx/Portz/Prieß/*Hausmann/von Hoff*, § 6 EG Rn. 79; *Leinemann*, Rn. 1520; vgl. aus der Rspr. in diese Richtung gehend *OLG Brandenburg*, Beschl. v. 14.12.2007, Az. Verg W 21/07; *OLG Düsseldorf*, Beschl. v. 28.7.2005, Az. Verg 42/05, IBRRS 52099.

werden, wofür der Gesetzgeber für begründete Konstellationen eben auch eine Öffnungsklausel vorgesehen hat. Zu einer überzeugenden Lesart des Regel-Ausnahmeverhältnisses im Rahmen von § 6 Abs. 5 EG gehören daher m.E. auch eine faire Bewertung des früheren Verhaltens im vergaberechtlichen Kontext; neben den bereits angesprochenen personellen Aspekten und denen der übergreifenden Selbstreinigung sind dies auch die Berücksichtigung des äußeren Umfeldes, in dem das strafbare Verhalten zutage getreten ist, wie auch der Blick auf das konkrete Vergabeverfahren, in dem sich das Unternehmen aktuell bewirbt. Eine andere Bewertung würde zur Konsequenz haben, dass Unternehmen, die international aufgestellt sind, strukturell einen zwar formell, aber sachlich nicht nachvollziehbaren Nachteil gegenüber solchen hätten, die lediglich regional in Deutschland tätig sind.

Einen Rechtsanspruch im Sinne einer rechtlichen Ermessensreduzierung auf Null gibt es im Zweifel zwar nicht, da der Gesetzgeber den Ausschluss als gesetzlichen Normalfall geregelt hat und nur bei Vorliegen besonderer Umstände ein „Aufbrechen" der gesetzlichen Automatik wollte, also eine enge Auslegung der Ausnahme geboten erscheint.[2686] Es ist auf der anderen Seite aber eben auch zu berücksichtigen, dass in § 6 Abs. 5 Var. 2 EG eben gleichwohl „nur" von „besonderen Umständen" die Rede ist und nicht von einer echten gesetzlichen „Ausnahme". Sofern also tatsächlich im Einzelfall aus rein vergaberechtlicher Betrachtung auf die anstehende Vergabe besondere Umstände vorhanden sind und sich das betreffende Unternehmen seit Bekanntwerden der in Rede stehenden Vorwürfe ernsthaft und nachhaltig bemüht hat, die erforderlichen Selbstreinigungsmaßnahmen in die Wege zu leiten, sollten Vergabestellen im Rahmen der Ermessensausübung im Zweifel wohlwollend zugunsten von Unternehmen abwägen, um den Unternehmen im Zweifel eine Chance zu geben, ihre fortdauernde Zuverlässigkeit zu beweisen. 183

Bezogen auf unseren Beispielsfall sind die noch nicht beantworteten Teilfragen zu Nr. 2 zu bejahen. Es ist für die Frage der Selbstreinigung wichtig, ob das Unternehmen sich von seinen verurteilten Mitarbeitern getrennt hat oder nicht und ob das Unternehmen seine Struktur im Hinblick auf die bekannt gewordenen Vorgänge überprüft und verbessert hat sowie, ob das Unternehmen mit den Ermittlungsbehörden zusammengearbeitet hat. M.E. muss im Ergebnis auch eine Rolle spielen, wie lange die Tat, deretwegen ermittelt/verurteilt wird, zeitlich zurück liegt, jedenfalls wenn bereits seit Jahr und Tag nach Aufdecken derselben Selbstreinigungsmaßnahmen durchgeführt wurden. 184

d) Im Ermessen stehender Ausschluss gem. § 6 Abs. 6 EG

Gem. § 6 Abs. 6 EG[2687] in der Fassung vom 20.11.2010 (inhaltsgleich zuvor geregelt in § 7 Nr. 5 VOL/A) können Bewerber von der Teilnahme am Wettbewerb insbesondere ausgeschlossen werden, wenn sie (lit. c) „nachweislich eine schwere Verfehlung begangen haben, die ihre Zuverlässigkeit als Bewerber in Frage stellt." 185

[2686] Vgl. *KG* NZBau 2008, 466; *VK Brandenburg*, Beschl. v. 16.10.2007, Az. VK 38/07, IBRRS 78988.

[2687] § 6 Abs. 6 EG hat folgenden Wortlaut: „Von der Teilnahme am Wettbewerb können Bewerber ausgeschlossen werden, (a) über deren Vermögen das Insolvenzverfahren oder ein vergleichbares gesetzliches Verfahren eröffnet oder die Eröffnung beantragt oder dieser Antrag mangels Masse abgelehnt worden ist, (b) die sich in Liquidation befinden, (c) die nachweislich eine schwere Verfehlung begangen haben, die ihre Zuverlässigkeit als Bewerber in Frage stellt, (d) die ihre Verpflichtung zur Zahlung von Steuern und Abgaben sowie der Beiträge zur gesetzlichen Sozialversicherung nicht ordnungsgemäß erfüllt haben, (e) die in Vergabeverfahren vorsätzlich unzutreffende Erklärungen in Bezug auf ihre Eignung abgegeben haben."

§ 13. Weitere Konsequenzen im Unternehmensbereich

aa) Nachweislich begangene schwere Verfehlung

186 Der Begriff der „schweren Verfehlung" stellt einen unbestimmten Rechtsbegriff dar, bei dessen Auslegung der Vergabestelle ein Beurteilungsspielraum zuerkannt wird.[2688] Im Unterschied zu § 6 Abs. 4 EG ist nicht unbedingt erforderlich oder als solches ausreichend, dass überhaupt eine strafrechtliche Verurteilung wegen einer der Katalogtaten aus § 6 Abs. 4 EG oder einer sonstigen Straftat vorliegt.[2689]

In Betracht kommen i.d.R. gleichwohl geschäftsverkehrsbezogene Verstöße gegen strafrechtliche Bestimmungen wie z.B. auch die noch nicht rechtskräftige oder bspw. durch nicht gem. § 6 Abs. 4 EG zuzurechnende Personen begangene Bestechung oder sonstige schwerwiegende Rechtsverstöße gegen Normen, die grundlegende Prinzipien des Vergaberechts, wie den Wettbewerb oder die Gleichbehandlung, schützen.[2690] Denkbar ist auch, dass ein Aufsichtspflichtverstoß oder ein Organisationsverschulden, der bzw. das zu einer gewichtigen Tat geführt hat, als schwere Verfehlung eingestuft werden könnte. Rechtsprechung fehlt zu letztem Aspekt aber gänzlich. Die bisher ergangenen Entscheidungen, die sich mit Verfehlungen bei juristischen Personen auseinander zu setzen hatten, betrafen durchgehend Fälle, in denen der Vorstand oder Geschäftsführer unmittelbar eine schwere Verfehlung wie z.B. eine Bestechung begangen hatte.[2691]

Wegen des Aspektes, dass die schwere Verfehlung „nachweislich begangen" sein muss, wird auf die vorstehenden Ausführungen zur Kenntnis der Vergabestelle bei § 6 Abs. 4 EG verwiesen, die hier entsprechend gelten. Die Vergabestelle braucht handfeste belastbare Fakten, wenn sie einen interessierten Bewerber vom Vergabeverfahren – ggf. sogar ohne jegliche Verurteilung – ausschließen möchte.

bb) Zuverlässigkeit als Bewerber durch die schwere Verfehlung in Frage gestellt

187 Anders als bei § 6 Abs. 4 EG, wo dies qua Gesetz durch die Tatbestandsverwirklichung als solches vorausgesetzt wird und nur gem. § 6 Abs. 5 EG im Einzelfall bei Vorliegen der dortigen besonderen Voraussetzungen entkräftet werden kann, ist bei § 6 Abs. 6 EG zu prüfende Tatbestandsvoraussetzung, dass kausal durch die nachweislich begangene schwere Verfehlung des Unternehmens (bzw. diesem zurechenbar) die Zuverlässigkeit als Bewerber aktuell in Frage gestellt ist.[2692] Dabei ist die Zuverlässigkeit nach dem Tatbestand des § 6 Abs. 6 lit. c EG jeweils leistungsbezogen, d.h. im Sinne einer Prognose für den konkreten Auftrag zu beurteilen. Diese Prognose kann durchaus unterschiedlich ausfallen, je nachdem, um was für eine Verfehlung es sich handelt, wo, wann, wie und durch wen sie begangen wurde. So kann im Rahmen von § 6 Abs. 6 EG unzweifelhaft der komplett fehlende örtliche Bezug einer als solchen durchaus schweren, dem Bewerber zurechenbaren Verfehlung im Einzelfall dazu führen, dass die Vergabestelle überhaupt keinen Zweifel daran hat, dass der Bewerber im hiesigen konkreten Vergabeverfahren problemlos als zuverlässig einzustufen ist. Auch hier

---

[2688] *VK Düsseldorf*, Beschl. v. 31.10.2005, Az. VK 30/05; Kulartz/Marx/Portz/Prieß/*Hausmann/ von Hoff*, § 6 EG Rn. 94, 103.
[2689] *VK Düsseldorf*, Beschl. v. 31.10.2005, Az. VK 30/05 B; *OLG Saarbrücken* NZBau 2004, 346.
[2690] Kulartz/Marx/Portz/Prieß/*Hausmann/von Hoff*, § 6 EG Rn. 103 f.; *Noch*, Rn. 338 f.
[2691] *OLG Düsseldorf* NZBau 2003, 578; *OLG Saarbrücken* NZBau 2004, 346.
[2692] *KG* NZBau 2008, 466; *OLG Brandenburg*, Beschl. v. 14.12.2007, Az. Verg W 21/07; *VK Bund*, Beschl v. 20.7.2005, Az. VK-2 72/05; *OLG Frankfurt a.M.*, Beschl. v. 20.7.2004, Az. 11 Verg 6/04, IBRRS 48263; *OLG Düsseldorf*, Beschl. v. 9.4.2003, Az. Verg 43/02, IBRRS 41698; NZBau 2003, 578.

C. Vergaberechtliche Aspekte

kann es selbstverständlich im Einzelfall darauf ankommen, ob und wie das betroffene Unternehmen nach Bekanntwerden der die schwere Verfehlung darstellenden Umstände mit dieser Situation umgegangen ist, ob es personelle und/oder organisatorische Maßnahmen gab, Stichwort: ob es eine diesbezügliche Selbstreinigung gab.

cc) Ermessen

Grundsätzlich soll es dem Ermessen der Vergabestelle überlassen sein, ob sie bei Vorliegen der Voraussetzungen, bei denen ihr im Rahmen der schweren Verfehlung sogar ein gewisser Beurteilungsspielraum zukommen soll, einen Bewerber ausschließt oder nicht. Dem kann wegen der Tragweite eines Ausschlusses in dieser Weite nicht zugestimmt werden. Die Vergabestelle muss gerade auch vor dem Hintergrund der Überprüfbarkeit seiner Entscheidung im vergaberechtlichen Nachprüfungsverfahren klare sachliche Erwägungen auf belastbaren Fakten anstellen, diese darlegen und auch gem. § 24 Abs. 1 EG dokumentieren, die für oder gegen einen Ausschluss sprechen. Alles andere würde gegen das Gebot der Gleichbehandlung der Bewerber verstoßen. Sofern und soweit zum Zeitpunkt des konkreten Vergabeverfahrens noch sachlich nachvollziehbare Zweifel an der Fortdauer oder der Wiedererlangung der Zuverlässigkeit bestehen sollten, ist ein Ausschluss des Bewerbers im Zweifel ermessensfehlerfrei, wie es auch ermessensfehlerfrei wäre, wenn die Vergabestelle den Bewerber in einer solchen Konstellation nicht ausschließt, weil sie davon überzeugt ist, aufgrund der konkret darzulegenden Umstände des Einzelfalles das Vergabeverfahren mit diesem Bewerber problemlos bewältigen zu können.

188

Hat das Unternehmen dagegen zu diesem Zeitpunkt bereits ernsthaft und nachhaltig Selbstreinigungsmaßnahmen durchgeführt, so dass seine Zuverlässigkeit aktuell sachlich nicht mehr in Frage gestellt werden kann, muss die Vergabestelle dies schon wegen der möglichen gravierenden Folgen eines Ausschlusses für das bietende Unternehmen berücksichtigen[2693] und kann eine sog. Ermessensreduzierung auf Null dahingehend vorliegen, dass der Bewerber nicht ausgeschlossen werden darf.

189

Eine „negative" Ermessensreduzierung auf Null mit einem Zwang zum Ausschluss liegt demgegenüber jedenfalls im Regelfall nicht vor. Sie würde sachlich voraussetzen, dass besondere Umstände vorliegen, die eine zuverlässige Leistungserbringung durch den Bewerber konkret unwahrscheinlich machen oder die ähnliche Verfehlungen oder Straftaten im Rahmen der aktuell zu beurteilenden Auftragsdurchführung erwarten lassen.[2694]

III. Erfordernis der vorbeugenden vergaberechtlichen Konfliktvermeidung und -begrenzung

Wie anhand der Ausführungen zur Rechtslage und mittels des *Beispielfalls* angerissen, sollte die komplexe Thematik der möglichen Folgewirkungen bekannt werdender korruptiver Tätigkeiten von Unternehmensmitarbeitern im In- wie Ausland wegen der unternehmensrelevanten Dimension möglicher worst-case-Szenarien in den Führungsetagen jedes im öffentlichen Vergaberecht und international tätigen Unternehmens analysiert werden und hiernach für die sich dann unweigerlich stellenden Themen ein Notfallplan oder -maßnahmenkatalog erarbeitet werden.

190

[2693] *OLG Frankfurt a.M.*, Beschl. v. 20.7.2004, Az. 11 Verg 6/04, IBRRS 48263; *OLG Düsseldorf* NZBau 2003, 578; *OLG Brandenburg*, Beschl. v. 14.12.2007, Az. 7 Verg W 21/07.
[2694] *KG* NZBau 2008, 466 m.w.N.

§ 13. Weitere Konsequenzen im Unternehmensbereich

Die deutschen Unternehmen und ihre Berater haben nicht zuletzt auch aufgrund der in den Medien breit erörterten Korruptionsvorwürfe einzelner großer deutscher und ausländischer Unternehmen bereits einiges dazu gelernt. Heutzutage haben praktisch alle Dax-Unternehmen eine eigene Compliance-Abteilung, die sich mit Fragen der Unternehmenskultur im weiteren Sinne, aber auch mit Fragen der Vorbeuge von korruptivem Verhalten beschäftigt.[2695] Dies ist uneingeschränkt zu begrüßen. Allerdings sind bei vielen Unternehmen noch keine ausreichenden organisatorischen Strukturen und personellen Ressourcen vorhanden, die sich professionell und diversifiziert mit der Thematik befassen, was zu tun ist, wenn gleichwohl Korruptionsfälle auftreten. Hier herrscht dann nicht selten noch eine gewisse Planlosigkeit und es wird dann gelegentlich schlicht gehofft, dass es für das Unternehmen als solches im Ergebnis doch glimpflich ausgehen werde, ja müsse, da es „gefühlt" doch nicht sein könne, dass ein großes Unternehmen durch Einzeltäter sozusagen für eine gewisse Zeit völlig „verbrannt" werde. Da diese Hoffnung sehr wohl aufgrund der geltenden Gesetze enttäuscht werden kann, ist es ratsam, sich Strukturen aufzubauen, um professionell auch in dieser Hinsicht agieren zu können.

1. Konfliktvermeidung – Vorbeugemaßnahmen

191 Natürlich beginnt jede sinnvolle Schadensbegrenzung mit der optimalen Vorbeuge, dass es möglichst gar nicht erst zu relevanten rechtswidrigen Verstößen im In- und Ausland kommt. Es reicht dabei nicht mehr aus, auf hochglanzpolierten Broschüren sich und den Mitarbeitern vorzubeten, wie korrekt wir Mitarbeiter des Unternehmens X uns doch verhalten und das wir ein bestimmtes skizziertes vorbildliches Unternehmensleitverhalten haben. Es muss vielmehr den Mitarbeitern verdeutlicht werden, welchen wirtschaftlichen Gefahren sie und das Unternehmen permanent ausgesetzt sind, wenn man sich trotz harten Wettbewerbs und womöglich tatsächlich oder gemutmaßt anzutreffender unseriöser Machenschaften von Mitbewerbern nicht uneingeschränkt an einen korrekten Verhaltenscodex hält. Die aus den Medien bekannt gewordenen Fälle können da eine erste Anschauungshilfe geben.

Es ist anzuraten, für die Mitarbeiter regelmäßig konkrete Fälle durchzuspielen und anhand derer Verhaltensweisen zu erörtern, die je nach Land und Region, in dem bzw. der die Mitarbeiter tätig sind, durchaus graduell unterschiedlich sein können, damit die Mitarbeiter nicht das Gefühl bekommen, hier nur eine akademische Pflichtstunde abzusitzen, die mit ihrer Lebenswirklichkeit und der Kommunikation mit den öffentlichen Vergabestellen in der von ihnen bearbeiteten Region nichts wirklich zu tun hat. Die Mitarbeiter müssen dabei auch dauerhaft in dem Sinne eingebunden werden, dass sie selbst als die vor Ort Tätigen mit Informationen die Schulungs- und Erörterungsprogramme verfeinern und verbessern.

192 Es sollten weiter klare Strukturen der internen Kommunikation geschaffen werden, um Unternehmensmitarbeitern für Fälle, die aus den üblichen oder jedenfalls bekannten/trainierten Verhaltensschemata fallen oder sonstige ähnlich gelagerte Situationen

---

[2695] *KPMG AG Wirtschaftsprüfungsgesellschaft*, Compliance-Management in Deutschland – Ergebnisse einer EMNID-Umfrage, 2007. Laut einer aktuellen KPMG Compliance Benchmark Studie bei den DAX 30 Unternehmen ist in deutschen Großunternehmen die Einhaltung von Gesetzen und internen Richtlinien inzwischen Chefsache: Fast die Hälfte (45 %) hat ein eigenes Vorstandsressort „Compliance" eingerichtet oder die Zuständigkeit direkt dem Vorstandschef zugeordnet. 46 % haben einen Chief Compliance Officer, *vgl.* Compliance – Modeerscheinung oder Chefsache? Wie sich deutsche Großkonzerne der Herausforderung stellen, August 2011.

der Verunsicherung von Mitarbeitern, kompetenten Rat von diesbezüglich geschulten Compliance-Mitarbeitern des Unternehmens zur Verfügung zu stellen. Wenn Mitarbeiter merken, dass Unternehmen solche Strukturen nicht nur formell installieren, um im Zweifel nach außen das weiße Hemd vorweisen zu können, wenn es einmal „knallt", sondern die Unternehmensleitung eine wirkliche Vorbildfunktion annimmt und trotz Kosten und Aufwand der Sache nach wirklich zu diesen Programmen und Strukturen steht, besteht die gute Chance, dass ein guter Coporate Governance Codex von den Mitarbeitern weltweit gelebt wird und kritische Situationen gemeistert werden können. Da Vertrauen bekanntlich schneller verspielt ist als es aufgebaut wird, müssen Unternehmen hier einen langen Atem haben und an ihren Programmen permanent arbeiten, um die Mitarbeiter, die in korruptionsbelasteten Regionen arbeiten, wirklich sinnvoll „abzuholen".

2. Konfliktbegrenzung – Notfallplan

Die Unternehmen sollten mit ihren internen und externen Beratern gemeinsam Notfallpläne ausarbeiten, die möglichst alle vorhersehbaren Themen abdecken. Dazu zählen insbesondere: **193**

- die unverzügliche Aufstellung eines Teams, das ab Eintritt des Ernstfalls sofort alle Notfallmaßnahmen für das Unternehmen koordiniert und gegenüber der Unternehmensleitung kommuniziert; es müssen Personen vorher darauf vorbereitet werden, damit sie in der Situation ruhig und effizient die notwendigen Maßnahmen ergreifen;
- die Aufstellung eines Teams, das im Ernstfall unverzüglich eine interne bestmögliche Aufklärung der im Raum stehenden Vorwürfe ggf. mit Unterstützung von externen Beratern vornimmt, damit im Einsatzfall sogleich anfangen wird, mögliche Lücken in der Struktur zu eruieren, die zu verbessern sind; hierfür müssen Mitarbeiter geschult und vorbereitet werden, damit sie im Ernstfall gleich voll einsatzfähig sind;
- die Vorbereitung der unverzüglichen Mitteilung an vermeintlich involvierte Ermittlungsbehörden, um mit ihnen bestmöglich zusammen zu arbeiten und ihnen für Rückfragen zur Verfügung zu stehen; hier muss insbesondere festgelegt werden, wer intern die betreffende Kommunikationsperson für diesen Zweck ist, wem diese Person intern berichtet und wie die Person nach außen kommuniziert; es erscheint ratsam, auch einen erfahrenen Strafverteidiger mit in das Notfallteam einzubinden, der bei denkbaren strafrechtlichen Verfahren gegen das Unternehmen als solches im Ausland im Ernstfall die Verteidigung des Unternehmens im Zusammenwirken mit Verteidiger-Kollegen in den USA organisiert;
- die für den Ernstfall unverzügliche Organisation bzw. Unterstützung der Mitarbeiter, denen rechtswidriges Verhalten vorgeworfen wird, bei der Gewinnung guter Rechtsbeistände; soweit möglich sollte mit den Rechtsbeiständen auch bei möglicherweise teilweise sich aufzeigenden widersprüchlichen Interessen ein professioneller Verkehr gepflegt werden, da es bspw. gerade auch für das Unternehmen weitreichende Folgen haben kann, wie und welche Verteidigungsstrategie im Ernstfall von den Rechtsbeiständen der Mitarbeiter „gefahren" wird;[2696]

[2696] So führt bspw. in Berlin die Eintragung einer Einstellung des Strafverfahrens gem. § 153 a StPO gegen einen Unternehmensmitarbeiter zu einer zwingenden Eintragung des Anstellungsunternehmens in das Korruptionsregister des Landes.

§ 13. Weitere Konsequenzen im Unternehmensbereich

– je nach Vorfall unabhängig von dem vorigen Punkt die Prüfung, ob eine unverzügliche arbeitsrechtliche Trennung von bestimmten Mitarbeitern angezeigt und möglich ist und/oder ob zumindest eine befristete Freistellung sinnvoll erscheint, bis im Raum stehende Vorwürfe in die eine oder andere Richtung klarer eingeschätzt werden können; die entsprechende arbeitsrechtliche Expertise ist durch Personal- und Rechtsabteilung sowie ggf. externe Berater sicherzustellen.

194 Es hat sich bei Unternehmen als sinnvoll herausgestellt, nach Analyse der jeweiligen Unternehmensstruktur für die unterschiedlichen Personen im Unternehmen Kommunikationsmuster zu entwickeln und zu entwerfen, mit deren Verwendung nach Anpassung auf den Einzelfall im Notfall dann schnell zu bestimmten Themen nach außen und innen möglichst vergaberechtlich „sicher und zutreffend" kommuniziert werden kann.[2697]

195 Weiter sollte dafür gesorgt werden, dass nicht aus dem Unternehmen sachlich unterschiedliche Aussagen nach außen dringen, was die Außenwelt im Zweifel weiter verunsichert und regelmäßig dann der Fall ist, wenn das Unternehmen nicht auf den Ernstfall vorbereitet ist. Mithin müssen bspw. mögliche Erklärungen oder Erklärungsweisen von Unternehmenssprechern und Presseabteilungen mit diesen abgestimmt werden, was zumeist das leichteste Unterfangen ist, da diese ja in der Kommunikation regelmäßig Profis sind. Es muss aber auch Vertriebsmitarbeitern vor Ort im Ernstfall etwas „Verständliches" an die Hand gegeben werden, wie sie z. B. bei in der Presse auftretenden „Gerüchten" über mögliche Ermittlungen im In- oder Ausland gegen Mitarbeiter des Unternehmens oder Konzerns möglichst klar und sicher kommunizieren können (und müssen), zumal sie regelmäßig die ersten sind, die mit „ihren" Vergabestellen, mit denen sie permanent bei Vergabeverfahren in Kontakt kommen, diesbezüglich in irgendeiner Weise innerhalb oder außerhalb eines Vergabeverfahrens kommunizieren müssen.

Es muss geklärt werden, ob und wenn ja wie ab sofort oder ab bestimmt zu bezeichnenden Situationen häufig verwendete Muster-Eigenerklärungen des Unternehmens zur Zuverlässigkeit modifiziert zu verwenden sind. Bei komplexer oder tiefergehenden Nachfragen oder überhaupt Kommunikation der Vergabestelle mit dem Vertrieb muss nicht zuletzt zum Schutz auch der Vertriebsmitarbeiter sichergestellt werden, wie und an wen dies unternehmensintern eskaliert wird, damit von Seiten häufig der Compliance- oder Rechtsabteilung ggf. mit Unterstützung durch die externen Berater mit mehr Inhalt und ggf. ersten rechtlichen Ausführungen auf die Thematik eingegangen wird.

196 Bei für das Unternehmen besonders wichtigen Vergabestellen ist auch zu überdenken und im Ernstfall je nach Einzelfall und dessen Entwicklung von dem Notfallteam auch zu entscheiden, ob und wann aktiv vom Unternehmen aus außerhalb konkreter Vergabeverfahren mit der betreffenden Vergabestelle das Gespräch gesucht wird, um der Vergabestelle so eine möglichst befriedigende Transparenz und Information zu den im Raum stehenden Vorwürfen und Vorgängen zu geben, um vorzubeugen, dass diese Vergabestelle durch Gerüchte oder Falschdarstellungen in Medien negativ beeinflusst werden. Dabei muss natürlich in der Vorgehensweise unbedingt aufgepasst werden, dass die Informationsweise nicht ihrerseits als unseriöse Verhaltensweise angesehen werden könnte, sondern in jeder Hinsicht professionell erfolgt.

[2697] Dieser Ansicht ist der Verfasser dieses Kapitels aufgrund seiner Erfahrung mit derartigen Konstellationen in der Praxis.

C. Vergaberechtliche Aspekte

Sollte alles Bemühen um sinnvolle Kommunikation nicht fruchten und es dann im Ernstfall je nach Fallkonstellation zu mitgeteilten Absichten des Ausschlusses des Unternehmens von einem Vergabeverfahren oder dem Ausschluss als solchen kommen, müssen spätestens die Rechtsberater förmlich bei der betreffenden Stelle schriftlich vorstellig werden und erforderlichenfalls nach Abstimmung mit dem Unternehmen auch ein Nachprüfungsverfahren eingeleitet werden, um zu versuchen, den Ausschluss von dem Vergabeverfahren zu vermeiden.

Insgesamt erscheint es auch sinnvoll zu sein, mit Mitarbeitern aller betroffenen Unternehmensebenen Schulungen durchzuführen, um darin – wenn auch nicht in jeder Verästelung – ein solches Notfallthema durchzuspielen, da es ihnen im Zweifel eine zusätzliche Sicherheit gibt, zu wissen, wie sie sich im hoffentlich nie auftretenden Ernstfall vom Grundsatz her verhalten sollen. 197

Auf unseren *Beispielsfall* übertragen sollte das Unternehmen seinen Notfallplan zu Rate ziehen, hat es einen solchen nicht, sollte schnellstmöglich mit Beratern ein solcher erarbeitet werden und die angerissenen Thematiken versucht werden zu koordinieren. 198

IV. Zusammenfassung

Deutsche, international aufgestellte Unternehmen kommen aktuell nicht mehr alleinig mit einem als solchem zu begrüßenden eigenen Corporate Governance Codex im Sinne klarer seriöser Unternehmensvorgaben dahingehend aus, dass sich ihre Mitarbeiter generell nur ethisch verantwortungsvoll im fairen Wettbewerb mit Dritten am Markt zu betätigen haben. Der Codex muss zum einen aktiv gelebt werden und erkennbar auch die Bedürfnisse und konkreten Aspekte der Mitarbeiter in den jeweiligen Regionen und Ländern berücksichtigen. Es muss regelmäßig Schulungen und klare Anweisungen für die Mitarbeiter geben, wie sie sich in bestimmten Konstellationen verhalten sollen und es muss Hilfestellungen für diese bei auftretenden Fragen geben. 199

Über diese sinnvollen generell vorbeugenden Maßnahmen hinaus ist heute aber unbedingt zusätzlich erforderlich, sich auch mit den gleichwohl nie sicher ausschließbaren Ernstfällen vorbeugend zu befassen. Neben anderen sich dann stellenden Themen müssen insbesondere auch mögliche vergaberechtliche Auswirkungen überdacht werden, die dem Unternehmen künftig an seinen jeweiligen Standorten drohen, wenn Verstöße und rechtskräftige Verurteilungen betreffend Katalogtaten aus § 6 Abs. 4 EG oder den Katalogtaten vergleichbaren Normen anderer Staaten erfolgen oder aber sonstige schwere Verfehlungen gem. § 6 Abs. 6 EG begangen werden sollten. Die Unternehmen sollten hierfür Notfallpläne ausarbeiten und entsprechende Mitarbeiter für die sich dann stellenden Aufgaben gerade auch aus vergaberechtlicher Sicht professionell vorbereiten.

Das deutsche Vergaberecht gibt den Unternehmen und Vergabestellen bislang zu wenig Rechtssicherheit, wie sie bei eintretenden Ernstfällen von Ermittlungsverfahren und Verurteilungen von Unternehmensmitarbeitern zu verfahren haben. Rechtsprechung ist nur zu wenigen Einzelthemen vorhanden, so dass noch viel Unsicherheit auch bei den externen Beratern vorherrscht. Klar ist, dass im Einzelfall sehr genau gearbeitet und kommuniziert werden muss, um womöglich große Schäden von den Unternehmen abzuwenden zu versuchen. Die Notfallpläne für die jeweiligen Unternehmen sollten regelmäßig mit diesbezüglich zu bildenden Teams in den Unternehmen aktiv erörtert werden. Mit Hilfe dieser Notfallpläne kann professionell versucht werden, die Schäden, die über die nicht mehr vermeidbaren gerade eintretenden Primärschäden wirtschaftlicher Art nebst Rufschaden noch zusätzlich als Folgeschaden in 200

Form vermeintlicher ab sofort drohender künftiger Ausschlüsse von öffentlichen Vergabeverfahren zu begegnen. Wie auch sonst im Leben können gute Notfallpläne gerade unter dem im Ernstfall typischen Zeitdruck sehr gut helfen, die Situation zumindest deutlich besser zu bewältigen, auch wenn sie naturgemäß nicht den Eintritt jeder schwer wiegenden nachteiligen Folgen vermeiden können. Die Pläne sollten regelmäßig überprüft und die auch im Personenbestand wechselnden Teams in zeitlichen Abständen geschult werden. Notfallteams sollten dabei zweckmäßigerweise aus internen und externen Fachleuten zusammengesetzt sein, um zum einen die interne Unternehmensseite immer aktuell abzudecken, gleichzeitig aber auch den unabhängigen Blick von außen auf das Unternehmen zu haben.

Auch die internationale Vernetzung der Teams intern wie extern an den Unternehmensstandorten sollte dabei bedacht und berücksichtigt werden. Es gilt also, die Thematik entsprechend der Unternehmensausrichtung global zu erörtern und die sinnvollen Maßnahmen auf jede Region abgestimmt zu durchdenken und in Einzelaspekten durchaus auch simuliert zu trainieren.

D. Arbeitsrechtliche Maßnahmen

201 Kommen Mitarbeiter ihren arbeitsvertraglichen Auskunftspflichten zur Erteilung von Auskünften nicht nach oder ergeben die unternehmensinternen Ermittlungen relevante Pflichtverstöße, insbesondere Vertragsverletzungen von Mitarbeitern, so stellt sich die Frage nach arbeitsrechtlichen Maßnahmen des Unternehmens gegen diese Mitarbeiter. Hierzu gilt grundsätzlich: sämtliche vom Arbeitsrecht bei Arbeitspflichtverletzungen zur Verfügung gestellten Instrumente kommen in Betracht. Spezielle arbeitsrechtliche Maßnahmen für Auskunftsverweigerungen oder Compliance-Verstöße etc. gibt es nicht. Es ist mithin auf die allgemein möglichen arbeitsrechtlichen Maßnahmen zurückzugreifen, so dass auch die allgemeinen arbeitsrechtlichen Maßstäbe zur Zulässigkeit und zu den Konsequenzen anwendbar sind.

I. Sanktionen wegen verweigerter Auskünfte

202 Verweigert ein Mitarbeiter trotz bestehender arbeitsrechtlicher Pflicht die Auskunft, erscheint er zu einer Befragung nicht oder verlässt er diese vorzeitig, so liegt hierin eine arbeitsvertragliche Pflichtverletzung. Auf diese Pflichtverletzung kann der Arbeitgeber mit den üblichen arbeitsrechtlichen Instrumenten reagieren, wie wenn der Mitarbeiter sonstige arbeitsrechtliche Pflichten verletzt hätte. Besondere Sorgfalt ist aber auf die Prüfung zu verwenden, ob tatsächlich eine Pflichtverletzung durch Nichterteilung von Auskünften vorliegt oder ob dem Mitarbeiter unter Berücksichtigung der Umstände des Einzelfalls nicht vielleicht ein Auskunftsverweigerungsrecht zusteht, z.B. wegen ansonsten erfolgender Selbstbelastung. Auch individuelle oder an Gruppen von Mitarbeitern erteilte Amnestiezusagen können arbeitsrechtliche Maßnahmen des Arbeitgebers unzulässig machen.[2698] Je nach Inhalt der Zusagen gilt dies aber häufig nicht, wenn dem Mitarbeiter gravierende Compliance-Verstöße, insbesondere eine aktive Täterschaft bei Korruptionsdelikten zur Last gelegt wird.[2699]

203 Abzugrenzen ist eine Pflichtverletzung auch von fehlender Erinnerung, auf die sich Mitarbeiter bei Befragungen häufig berufen. Hier obläge es bei arbeitsrechtlichen

---

[2698] Vgl. zu Amnestieprogrammen oben *Kienast*, § 8 Rn. 26 ff.
[2699] Maßgeblich sind die Inhalte der konkreten Amnestiezusage.

D. Arbeitsrechtliche Maßnahmen

Maßnahmen dem Arbeitgeber, die Pflichtwidrigkeit des Mitarbeiterhandelns darzulegen und zu beweisen, also insbesondere die Möglichkeit zur Auskunftserteilung sowie die Pflicht hierzu unter Berücksichtigung der Umstände des Einzelfalls. Wie bei allen anderen arbeitsrechtlichen Maßnahmen trifft die Darlegungs- und Beweislast für die Pflichtwidrigkeit verweigerter Auskünfte den Arbeitgeber. Dieser wird – wenn sich ein Mitarbeiter konsequent auf Erinnerungslücken beruft – eben diese Einlassung in vielen Fällen nicht widerlegen können. Dann kommt allenfalls eine Verdachtskündigung in Betracht, deren Voraussetzungen in solchen Fällen aber regelmäßig nicht darzulegen sind. Auch deshalb ist es so wichtig, dass ein Sachverhalt unter verschiedenen Aspekten, also unter Berücksichtigung von Aussagen anderer Beteiligter, Dokumenten sowie E-Mails und Schriftverkehr untersucht und ggf. belegt wird.

Generell gilt, dass die möglichen arbeitsrechtlichen Maßnahmen bei direkten oder indirekten Verstößen gegen die Auskunftspflicht nur bedingt wirksam sind, soweit jedenfalls der Mitarbeiter die Auskunft nicht generell und pauschal verweigert. Ein vernünftig beratener Mitarbeiter wird dies indes nicht tun; er wird vielmehr den Eindruck erwecken, als bemühe er sich um vollständige und bestmögliche Aufklärung. Das Gegenteil wird ihm ein Arbeitgeber in vielen Fällen nicht beweisen können. **204**

1. Abmahnung wegen Pflichtverletzung

Nach allgemeinen arbeitsrechtlichen Grundsätzen ist ein Arbeitgeber berechtigt, einen Mitarbeiter wegen schuldhafter Verletzung seiner Pflichten abzumahnen. Dabei beinhaltet die Abmahnung die Beanstandung eines pflichtwidrigen Verhaltens, die Aufforderung, solch pflichtwidriges Verhalten für die Zukunft zu unterlassen und sich pflichtgemäß zu verhalten sowie die Androhung, bei weiterem pflichtwidrigen Verhalten mit einer Kündigung des Arbeitsverhältnisses rechnen zu müssen.[2700] Da zu Unrecht verweigerte Auskünfte regelmäßig Pflichtverletzungen darstellen, kann ein Mitarbeiter deshalb i.d.R. abgemahnt werden.[2701] Damit kann der Arbeitgeber versuchen, eine pflichtgemäße Aussagebereitschaft beim Mitarbeiter herbeizuführen. Eine Abmahnung ist typischerweise erforderlich, wenn der Arbeitgeber beabsichtigt, bei weiter bestehender Auskunftsverweigerung oder sonstigen gravierenden Verstößen gegen die Auskunftspflichten eine Kündigung des Arbeitsverhältnisses auszusprechen. Nach ständiger Rechtsprechung des BAG muss ein Mitarbeiter vor Ausspruch einer verhaltensbedingten Kündigung gem. § 1 KSchG regelmäßig zuvor abgemahnt werden, um ihm die Folgen weiterer Pflichtverstöße vor Augen zu führen. Deshalb setzt eine Kündigung wegen einer Vertragspflichtverletzung regelmäßig eine Abmahnung voraus. Das gilt nur dann nicht, wenn eine Verhaltensänderung des Mitarbeiters in Zukunft trotz einer Abmahnung nicht erwartet werden kann oder es sich um eine solch schwere Pflichtverletzung handelt, dass deren Rechtswidrigkeit dem Mitarbeiter ohne weiteres erkennbar ist, und bei der die Hinnahme des Verhaltens durch den Arbeitgeber offensichtlich ausgeschlossen ist.[2702] Insoweit ist die Abmahnung die Vorstufe zur Kündigung. Dem Mitarbeiter wird damit deutlich vor Augen geführt, dass er bei einem weiteren Verstoß gegen Auskunftspflichten den Bestand des Arbeitsverhältnisses aufs Spiel setzt. **205**

[2700] Die praktische Erfahrung zeigt, dass Abmahnungen häufig wegen fehlender Kündigungsandrohung fehlerhaft sind.
[2701] S. allgemein zum Thema Abmahnung z.B. *Eisemann*, in: Küttner, § 2 Rn. 1 ff.; *Müller-Glöge*, in: Erfurter Komm. z. ArbR, § 626 BGB Rn. 25 ff.
[2702] *BAG* NJW 1994, 2783; 2009, 1897.

§ 13. Weitere Konsequenzen im Unternehmensbereich

2. Zurückbehaltung von Vergütungsteilen

206 Gem. § 273 BGB ist ein Vertragspartner berechtigt, seine Leistung zurückzubehalten, solange der andere Vertragspartner die ihm obliegenden Verpflichtungen nicht erfüllt hat. Ein solches Zurückbehaltungsrecht ist grundsätzlich auch im Arbeitsverhältnis möglich. Ist der Mitarbeiter zur Auskunft oder zur Mitwirkung im Rahmen von unternehmensinternen Ermittlungen verpflichtet und verweigert er diese Auskunft oder Mitwirkung schuldhaft, so verletzt er eine seiner vertraglichen Pflichten. Der Arbeitgeber kann in diesem Fall einen Teil der Vergütungszahlung nach § 273 Abs. 1 BGB zurückhalten, bis der Mitarbeiter seinen Pflichten nachkommt.[2703] Der Anspruch des Arbeitgebers auf Auskunft und Mitwirkungshandlungen und der Anspruch des Mitarbeiters auf Gehaltszahlung beruhen auf dem Arbeitsverhältnis, mithin auf demselben rechtlichen Verhältnis i.S. des § 273 Abs. 1 BGB. Allerdings ist der Arbeitgeber verpflichtet, Pfändungsfreigrenzen einzuhalten. Das gilt gleichermaßen wie bei Pfändungen oder Aufrechnungen.[2704]

207 Aus US-amerikanischer Sicht wird gelegentlich nach der Möglichkeit gefragt, Mitarbeiter durch Androhung der Kürzung ihrer betrieblichen Altersversorgung zur Aussage zu bewegen.[2705] Eine solche Möglichkeit besteht nach deutschem Arbeitsrecht nicht. Eine Kürzung oder der Widerruf von betrieblichen Altersversorgungsansprüchen sind nur in ganz gravierenden Fällen möglich; denn Betriebsrenten sind Entgelt für bereits geleistete Arbeit und schon erbrachte Treue. Ein Ausnahmefall könnte vorliegen, wenn ein ganz besonders gewichtiger Verstoß gegen Dienstpflichten vorliegt oder ein schwerer, nahezu Existenz bedrohender Schaden für das Unternehmen entsteht und eine daraus resultierende Wertlosigkeit der erbrachten Betriebstreue eintäte, wobei die ordnungsgemäß verbrachte Betriebszugehörigkeit entsprechend zu berücksichtigen wäre.[2706] Solche Ausnahmevoraussetzungen sind jedenfalls in Fällen von Auskunftsverweigerungen oder verweigerten Mitwirkungen bei Ermittlungshandlungen nicht gegeben und auch kaum vorstellbar.

3. Kürzung oder Verwirkung von Gratifikationen oder Boni

208 Pflichtwidrige Auskunftsverweigerungen können unter Umständen bei der Festlegung von variablen Vergütungsbestandteilen berücksichtigt werden. Maßgeblich ist die konkrete vertragliche Vereinbarung für die Gewährung einer Gratifikation/Boni/sonstigen Erfolgsbeteiligungen. Typischerweise stellen entsprechende Vertragsklauseln nicht auf die Erfüllung von Auskunftspflichten oder sonstige vertraglichen Nebenpflichten ab. Vielmehr ist Basis einer variablen Vergütung häufig das Erreichen bestimmter Ziele, sei es als Erfolgsfaktor bei der eigenen Leistung eines Mitarbeiters, sei es als Erfolg des Unternehmens. Zahlreiche verschiedene vertragliche Regelungen und Anknüpfungspunkte sind üblich und in der arbeitsrechtlichen Praxis verbreitet.

Lediglich dann, wenn die Gewährung einer Gratifikation in das pflichtgemäße Ermessen eines Arbeitgebers gestellt ist, kann eine Kürzung oder sogar ein Ausschluss einer Gratifikation bei pflichtwidrigen Verhalten des Mitarbeiters in Betracht kommen. Hier ist jedoch genau die vertragliche Regelung zu prüfen: Meist wird nicht an das Ver-

---

[2703] *Wisskirchen/Glaser*, DB 2011, 1447, 1448; *Lützeler/Müller-Sartori*, CCZ 2011, 19, 24; *Göpfert/Merten/Siegrist*, NJW 2008, 1706; *Dann/Schmidt*, NJW 2009, 1854.
[2704] Pfändungsfreigrenzen nach §§ 850 c ff. ZPO.
[2705] *Rieble*, ZIP 2003, 1276.
[2706] MünchKomm-BGB/*Müller-Glöge*, § 611 Rn. 1347 f.; *Schlegel*, in: Küttner, § 102 Rn. 77.

D. Arbeitsrechtliche Maßnahmen

halten des Mitarbeiters angeknüpft, sondern an Leistung und/oder Erfolg. Unter Umständen kann man als Arbeitgeber aber argumentieren, dass der Mitarbeiter durch eine pflichtwidrige Verweigerung von Auskünften oder Mitwirkungen einer Schadensminderungspflicht nicht nachgekommen ist. Dies kann – je nach vertraglicher Regelung – bei der Festlegung einer Gratifikation durch den Arbeitgeber berücksichtigt werden. In der Praxis kann ein Hinweis auf Probleme mit einer entsprechenden Gratifikationsgewährung, wenn der Arbeitsvertrag so etwas grundsätzlich zuließe, die Auskunftsbereitschaft von Mitarbeitern fördern.

Ein Arbeitgeber wird nicht berechtigt sein, einem Mitarbeiter für eine Aussage eine Art Prämie oder zusätzliche Vergütung zu zahlen.[2707] Er ist auch nicht berechtigt, den Mitarbeiter mit Hinweisen auf eine sonst nicht gezahlte Gratifikation unter Druck zu setzen. Der Einzelfall ist maßgeblich.

4. Kündigung wegen Verstoßes gegen Auskunftspflichten

Für Kündigungen gilt Vergleichbares wie für eine Abmahnung. Je nach Schwere der Vertragsverletzung kann eine Abmahnung, eine ordentliche oder eine außerordentliche Kündigung in Betracht kommen.[2708] Nach allgemeinen Kündigungsgrundsätzen ist eine verhaltensbedingte Kündigung i.d.R. nur nach vorheriger Abmahnung oder sogar mehreren Abmahnungen zulässig. Das gilt nicht, wenn die Pflichtverletzung so gravierend ist, dass der Mitarbeiter nicht ernsthaft mit einer Akzeptanz dieses Handelns oder Unterlassens durch den Arbeitgeber rechnen konnte.[2709] Ob eine ordentliche Kündigung nach § 1 KSchG oder eine außerordentliche Kündigung nach § 626 BGB in Betracht kommt, hängt ebenfalls von der Schwere der Pflichtverletzung, den Auswirkungen und einer Interessenabwägung ab. Nach § 626 BGB kann das Arbeitsverhältnis aus wichtigem Grund ohne Einhaltung einer Kündigungsfrist (fristlos) gekündigt werden, wenn Tatsachen vorliegen, aufgrund derer dem Kündigenden unter Berücksichtigung aller Umstände des Einzelfalls und unter Abwägung der Interessen beider Vertragsteile die Fortsetzung des Arbeitsverhältnisses bis zum Ablauf der Kündigungsfrist nicht zugemutet werden kann. Das entspricht den allgemeinen Grundsätzen des Kündigungsrechtes.

209

Bei Verstößen gegen Auskunftspflichten wird allerdings grundsätzlich kein wichtiger Grund vorliegen, so dass eine mögliche Kündigung nicht fristlos erfolgen kann. Zwar verstößt der Mitarbeiter gegen seine Vertragspflichten, wenn er trotz des Bestehens einer Auskunftspflicht eine solche nicht erteilt; es wird dem Arbeitgeber aber zumeist nicht unzumutbar sein, das Arbeitsverhältnis bis zum Ende der ordentlichen Kündigungsfrist fortzuführen. Denn so gravierend ist eine Pflichtwidrigkeit wegen

---

[2707] A.A. *Diller*, DB 2004, 313, der keine Bedenken hat, die Aussagebereitschaft eines ausgeschiedenen Mitarbeiters finanziell zu honorieren. Der BGH hat die Frage der Zulässigkeit der Bindung von Geldzahlungen an ein Aussageverhalten offen gelassen (*BGH* NStZ 2001, 143), da zwar einerseits die Gefahr der Trübung einer wesentlichen Beweisquelle bestehe, der Strafverteidiger auf der anderen Seite aber verpflichtet ist, alle möglicherweise entlastenden Beweismittel vorzubringen. In einer früheren Entscheidung (BGHSt 10, 392 = NJW 1957, 1808) hatte er dagegen die Strafbarkeit eines solchen Verhaltens erwogen, wenn durch die Geldzahlung die Entscheidungsfreiheit des Zeugen unzulässig beeinträchtigt werde. Hierzu auch *Müller*, in: Widmaier, § 55 Rn. 42 ff., der die Zulässigkeit von Geldzuwendungen an Zeugen nach einer Gesamtwürdigung aller Umstände des Einzelfalles beurteilen will. Grundvoraussetzung sei jedenfalls, dass von der Richtigkeit der Aussage ausgegangen wird und die Geldzahlung sich als notwendig darstellt, um Zugang zu den Beweismitteln zu erhalten.

[2708] S. hierzu allgemein *Eisemann*, in: Küttner, §§ 256, 257, 260; *Müller-Glöge*, in: Erfurter Komm. z. ArbR, § 620 BGB; *Oetker*, in: Erfurter Komm. z. ArbR, § 1 KSchG.

[2709] Vgl. oben unter § 13 Rn. 205.

Verstoßes gegen die Auskunftspflicht in aller Regel nicht, Ausnahmen sind aber denkbar. Zu beachten ist, dass der Arbeitgeber sich entscheiden muss, ob er eine Abmahnung oder eine Kündigung ausspricht. Hat der Arbeitgeber den Mitarbeiter wegen einer Pflichtverletzung abgemahnt, so ist diese Pflichtverletzung „verbraucht". Sie kann nicht noch einmal als Grund für eine Kündigung herangezogen werden.[2710] Mit der Entscheidung, abzumahnen und nicht zu kündigen, hat der Arbeitgeber deutlich gemacht, dass er einen bestimmten Sachverhalt nicht für eine Kündigung heranziehen will. Daran bleibt er gebunden.

210 Ist eine Kündigung wegen rechtswidrigem und vorwerfbarem Verstoß gegen die Auskunftspflicht grundsätzlich begründet, so kann ein Verstoß des Arbeitgebers gegen das sog. Maßregelungsverbot des § 612a BGB im Regelfall nicht in Betracht kommen.[2711] Maßnahmen des Arbeitgebers gegen einen nicht kooperierenden Arbeitnehmer, dem jedoch ein Auskunftsverweigerungsrecht zusteht und der deshalb berechtigt ist, die Beantwortung von Fragen zu verweigern, sind indes nicht begründet.

5. Klage auf Auskunft gegen den Mitarbeiter

211 Ein Arbeitgeber kann einen Auskunftsanspruch auch im Wege der Klage gegen den Mitarbeiter geltend machen.[2712] Zuständig sind die Arbeitsgerichte. Allerdings muss der Arbeitgeber im Klageantrag detailliert angeben, welche Auskunft er verlangt. Das mag noch umsetzbar sein für einzelne Fragen, z.B. ob der Mitarbeiter eine bestimmte Handlung vorgenommen hat, ob er von einem bestimmten Kunden Leistungen entgegengenommen hat oder auf wessen Veranlassung er bestimmte Zahlungen durchgeführt hat. Da Befragungen und Ermittlungen durch Interviews aber davon leben, dass der Befrager auf Antworten sofort eingehen und weiterfragen oder bei Zögern oder ausweichenden Antworten sofort nachhaken kann, ist eine Klage auf Auskunft nicht vergleichbar effektiv. Mit ihr können im günstigsten Fall einzelne Fragen geltend gemacht werden; echte Ermittlungen, insbesondere wenn zunächst erst ein Verdacht oder ein unklarer Sachverhalt näher untersucht werden sollen, sind im Wege der Auskunftsklage nicht umsetzbar.

Darüber hinaus dauert eine Auskunftsklage unverhältnismäßig lange Zeit. Die Auskunft muss erst erteilt werden, wenn der Klage rechtskräftig stattgegeben ist, also wenn der Mitarbeiter rechtskräftig zur Auskunft verurteilt ist. Auch bei den Arbeitsgerichten dauert dies allein für zwei Instanzen erfahrungsgemäß mindestens ein Jahr. Auch dieser Zeitbedarf zeigt, dass Auskunftsklagen nur die Ausnahme sein können. Ein effektives Mittel zur Aufklärung von komplexeren Sachverhalten mit mehreren Beteiligten sind sie nicht. Der Arbeitgeber kann aber mit einer Klage auf Auskunft drohen. Die Drohung ist häufig wirksamer als das Erheben und Führen der Klage selbst.

212 Schließlich spricht gegen eine Auskunftsklage, dass diese nicht effektiv vollstreckt werden kann. Zwar kann der Arbeitgeber bei gewonnener Auskunftsklage nach den Regelungen der ZPO vollstrecken. Die Vollstreckung erfolgt nach § 888 ZPO als höchstpersönliche Handlung des Beklagten, d.h. der Mitarbeiter wird zur Vornahme der Auskunft durch Zwangsgeld und ersatzweise für den Fall, dass dieses nicht beige-

---

[2710] *BAG* NZA 1989, 633; 2008, 403.
[2711] Dies erörtern *Dann/Schmidt*, NJW 2009, 1851.
[2712] Als Beispiel für eine Auskunftsklage – allerdings nur gegen einen einzelnen Mitarbeiter gerichtet – mag die Entscheidung des LAG *Hamm*, Urt. v. 3.3.2009, Az. 14 Sa 1689/08, BeckRS 2009, 74015 dienen.

trieben werden kann, durch Zwangshaft angehalten. Wenn der verurteilte Mitarbeiter Auskunft erteilt, diese Auskunft jedoch inhaltlich wertlos ist oder nur in einem bloßen Ja oder Nein besteht, dann ist die Auskunftsverpflichtung formal erfüllt. Die Auskunft ist dann allerdings möglicherweise nichts sagend; der Mitarbeiter könnte aber nicht wegen Nichtbeachtung eines Auskunftsurteils belangt werden. Ob der Verpflichtete ein Auskunftsurteil erfüllt hat oder nicht, entscheidet sich inhaltlich in einem unter Umständen langwierigen Vollstreckungsverfahren. Insgesamt ist die Drohung mit einer Auskunftsklage wahrscheinlich wirkungsvoller als die Klage und ihre etwaige Vollstreckung selbst, ausgenommen konkrete, begrenzte Auskunftsverlangen.

II. Sanktionen wegen festgestellter Vertragsverletzungen

Stellt sich bei den unternehmensinternen Ermittlungen heraus, dass Mitarbeiter Compliance-Verstöße begangen haben oder in sonstiger Weise ihre vertraglichen Pflichten verletzt haben, stehen dem Arbeitgeber auch hier die üblichen arbeitsrechtlichen Sanktionsmöglichkeiten zu. Weitere spezielle arbeitsrechtliche Maßnahmen sind von Gesetzes wegen nicht vorgesehen. **213**

1. Abmahnung

Für eine Abmahnung wegen Pflichtverletzungen gelten die oben dargestellten Grundsätze.[2713] Eine Abmahnung ist möglich, wenn der Mitarbeiter seine Pflichten schuldhaft verletzt hat. Eine Abmahnung wird i.d.R. Voraussetzung für eine verhaltensbedingte Kündigung sein. **214**

2. Ordentliche und außerordentliche Kündigung

Auch für eine mögliche Kündigung wegen festgestellter schuldhafter Pflichtverletzungen gilt das bereits oben schon zur Kündigung wegen Verstoßes gegen Auskunftspflichten Gesagte.[2714] Allerdings kommt bei gravierenden Pflichtverstößen – anders als im Regelfall bei Verstößen gegen die Auskunftspflicht – auch eine fristlose Kündigung in Betracht. Je nach den Umständen des Einzelfalles ist eine fristlose Kündigung aus wichtigem Grund bei einer schwerwiegenden Pflichtverletzung möglich, wenn weder eine Abmahnung noch eine ordentliche Kündigung ausreichend sind und dem Arbeitgeber die Fortsetzung des Arbeitsverhältnisses bis zum Ablauf der ordentlichen Kündigungsfrist nicht zugemutet werden kann. **215**

Im Bereich von Compliance und Korruption kommt insbesondere eine Kündigung wegen Bestechung, Bestechlichkeit oder anderer Korruptionsdelikte in Betracht. Die Annahme oder das Anbieten von Schmiergeldern wird grundsätzlich als außerordentlicher Kündigungsgrund angesehen.[2715] Denn durch dieses Verhalten wird das Vertrauen des Arbeitgebers in die ordnungsgemäße Ausführung der Pflichten des Mitarbeiters, in seine Zuverlässigkeit und Redlichkeit zerstört. Bereits die einmalige Annahme eines Schmiergeldes wird i.d.R. ausreichen; eine Abmahnung ist in diesen Fällen nicht erforderlich.[2716]

[2713] Vgl. oben unter § 13 Rn. 205.
[2714] Vgl. oben unter § 13 Rn. 209.
[2715] *BAG* AP Nr. 175 zu § 626 BGB; NZA 2002, 232; NJW 1996, 1556; AP Nr. 65 zu § 626 BGB.
[2716] *BAG* NZA 2002, 232; nach der Rspr. des BAG bedarf es einer Abmahnung nicht, wenn es sich um eine solch schwere Pflichtverletzung handelt, deren Rechtswidrigkeit dem Arbeitnehmer ohne weiteres erkennbar ist und bei der die Hinnahme des Verhaltens durch den Arbeitgeber offensichtlich ausgeschlossen ist, st. Rspr. des BAG, vgl. oben unter § 13 Rn. 209.

216 Allerdings ist die Entscheidung des BAG vom 10.6.2010 („Emmely") zu berücksichtigen.[2717] Nach dieser Entscheidung blieb es zwar bei der ständigen Rechtsprechung des BAG, dass rechtswidrige und vorsätzliche – ggf. strafbare – Handlungen gegen das Vermögen des Arbeitgebers grundsätzlich einen wichtigen Grund zur fristlosen Kündigung darstellen. Allerdings betont das BAG in dieser Entscheidung die notwendige Interessenabwägung. Es komme darauf an, wie weit trotz der Pflichtverletzung noch Vertrauen verblieben sei und ob dieses Vertrauen nicht doch noch wieder hergestellt werden könne. Die erforderliche Interessenabwägung fällt demnach in solchen Fällen nicht mehr quasi automatisch zu Gunsten des Arbeitgebers aus. Vielmehr ist auch bei Vertragspflichtverletzungen des Mitarbeiters gegen die Vermögensinteressen des Arbeitgebers zwingend eine sorgfältige Abwägung der Interessen vorzunehmen, und zu prüfen, ob nicht ein im Vergleich zur Kündigung milderes Mittel zur Wahrung der Interessen des Arbeitgebers geeignet ist. So etwa eine Abmahnung oder auch eine Versetzung in einen anderen Bereich.[2718]

217 Eine Sondersituation kann auch in Fällen vorliegen, in denen der Mitarbeiter aufgrund einer Anweisung oder mit vollem Wissen eines Vorgesetzten gehandelt hat, obwohl diese Handlung den Konzern- oder Unternehmensregeln widersprach. Eine solche Konfliktsituation muss sich nach einer Entscheidung des ArbG München auch auf die Beurteilung einer Kündigung auswirken.[2719] Das ArbG München hielt sowohl die außerordentliche als auch die hilfsweise erklärte ordentliche, auf Korruptionsvorwürfe gestützte Kündigung eines Projektleiters wegen widersprüchlichen Verhaltens des Arbeitgebers für unwirksam. Die Beteiligung an der Überführung von Firmengeldern an sog. „Schwarze Kassen" sei unter Mitwirkung, Initiierung oder zumindest Duldung des Unternehmens erfolgt, so dass die Kündigung gegen das Verbot widersprüchlichen Verhaltens verstoße und deswegen unverhältnismäßig und treuwidrig sei. Danach kann eine schuldhafte Verstrickung des Arbeitgebers oder seiner leitenden Mitarbeiter in das pflichtwidrige Verhalten des Arbeitnehmers die Wirksamkeit einer Kündigung gegen den Mitarbeiter in Frage stellen.

3. Verdachtskündigung

218 In vielen Fällen hat der Arbeitgeber gravierende Verdachtsmomente für eine schwere Pflichtverletzung des Mitarbeiters. Oft genug gelingt es allerdings nicht, auch den Vorsatz des Mitarbeiters für diese Pflichtverletzung nachzuweisen. In einer solchen Situation besteht im Arbeitsrecht die Möglichkeit einer sog. Verdachtskündigung. Bei diesem Sonderfall der verhaltensbedingten Kündigung wird die Kündigung nicht auf die erwiesene Tat, also z.B. die nachgewiesene Bestechung,[2720] sondern stattdessen auf den dringenden Verdacht dieser Bestechung gestützt. Nach der ständigen Rechtsprechung des BAG können nicht nur erwiesene Pflichtverletzungen, sondern auch der dringende Verdacht einer entsprechenden Pflichtverletzung eine Kündigung rechtfertigen, wenn bereits durch den Verdacht das erforderliche Vertrauensverhältnis zwischen Arbeitgeber und Mitarbeiter endgültig zerstört wird. Dabei ist eine Ver-

---

[2717] *BAG* NZA 2010, 1227 – Emmely.
[2718] Vgl. auch zu den Auswirkungen dieser Rspr. *Fuhltrott*, ArbRAktuell 2010, 514.
[2719] *ArbG München*, NZA-RR 2009, 134 – Siemens; s. auch *Dann/Schmidt*, NJW 2009, 1851, 1854.
[2720] Dann müsste auch der subjektive Tatbestand der Bestechung, also „Bestechungsabsicht" nachgewiesen werden.

D. Arbeitsrechtliche Maßnahmen

dachtskündigung nur gerechtfertigt, wenn ein durch Tatsachen belegter und begründeter dringender Tatverdacht besteht, durch diesen Verdacht das für das Arbeitsverhältnis erforderliche Vertrauen zerstört wird und wenn der Arbeitgeber alle ihm zumutbaren Maßnahmen ergriffen hat, um den Sachverhalt aufzuklären, insbesondere den Arbeitnehmer angehört und ihm Gelegenheit gegeben hatte, den Tatverdacht zu entkräften.[2721]

Verdachtskündigungen sind im Bereich gravierender Pflichtverletzungen, insbesondere im Bereich von Straftaten und Compliance-Verstößen ein häufig gebrauchtes arbeitsrechtliches Instrument.[2722] Ihre Besonderheit besteht darin, dass der dringende Tatverdacht zur Begründung einer Kündigung ausreichen kann, während etwa im Strafrecht ein dringender Tatverdacht zur Verurteilung nicht ausreichend wäre. Strafrechtlich wäre ein Mitarbeiter nach dem Grundsatz „im Zweifel für den Angeklagten" bei Nichterweislichkeit der Tat und der entsprechenden Tatbestandsmerkmale freizusprechen.

Zwingende Voraussetzung für eine Verdachtskündigung ist die vorherige Anhörung des Mitarbeiters; diesem muss Gelegenheit gegeben werden, zu den Verdachtsmomenten Stellung nehmen zu können. Der Betriebsrat muss wie bei jeder Kündigung gem. § 102 BetrVG angehört werden, bei der Verdachtskündigung unter Benennung der dringenden Verdachtsmomente und der Stellungnahme des Mitarbeiters. Im Falle einer außerordentlichen Kündigung muss die Verdachtskündigung binnen zwei Wochen ab dem Zeitpunkt ausgesprochen werden, in dem der Arbeitgeber die wesentlichen Tatsachen kennt (§ 626 Abs. 2 BGB). Eine notwendige Anhörung des Mitarbeiters hemmt diese Zweiwochenfrist, nicht jedoch die erforderliche Anhörung des Betriebsrates.

4. Versetzung

Als gegenüber der Kündigung weniger einschneidende Maßnahme kommt auch eine Versetzung des Mitarbeiters in Betracht. Diese kann durch Ausübung des Direktionsrechtes gem. § 106 GewO erfolgen. Das Direktionsrecht gibt dem Arbeitgeber das Recht, im Rahmen der arbeitsvertraglichen Vereinbarungen, der Gesetze und der kollektivrechtlichen Normen das Weisungsrecht hinsichtlich Art, Zeit und Ort der Tätigkeit auszuüben.[2723] Der Arbeitgeber kann deshalb dem Mitarbeiter einen anderen Arbeitsplatz zuweisen. Allerdings muss der Arbeitsplatz vergleichbar sein; insbesondere ist die Versetzung auf einen geringerwertigen Arbeitsplatz oder eine geringere Bezahlung im Rahmen des Direktionsrechtes nicht zulässig. Darüber hinaus muss der Arbeitgeber sein Direktionsrecht nach billigem Ermessen unter Berücksichtigung der Interessen des Mitarbeiters ausüben.

219

Im Zusammenhang mit Compliance-Verstößen kommt insbesondere eine Versetzung auf Arbeitsplätze in Betracht, bei denen der Mitarbeiter keinen Kundenkontakt mehr hat oder bei denen er nicht mehr mit Zahlungen oder Geldflüssen zu tun hat.

[2721] Zur Verdachtskündigung und deren Voraussetzungen *Eisemann*, in: Küttner, § 430 Rn. 1 ff.; *Müller-Glöge*, in: Erfurter Komm. z. ArbR, § 626 BGB Rn. 173 ff.; *BAG NZA* 2000, 421; *Rudkowski*, NZA 2011, 612, 613.
[2722] *Göpfert/Landauer*, NZA-Beilage 2011, 16, 18.
[2723] Vgl. zum Direktionsrecht und zur Versetzung etwa *Reinecke*, in: Küttner, § 438 Rn. 1 ff.; *Preis*, in: Erfurter Komm. z. ArbR, § 106 GewO Rn. 11 ff.

5. Freistellung

220 Während laufender Ermittlungen bzw. nach Ausspruch einer Kündigung[2724] ist der Arbeitgeber regelmäßig berechtigt, einen Mitarbeiter, dem gegenüber ein konkreter Verdacht eines Compliance-Verstoßes oder sogar der Bestechung besteht, freizustellen.

Es kommt insbesondere eine vorübergehende Freistellung bis zur Aufklärung von Vorwürfen oder Verdachtsmomenten in Betracht. Gerade in diesen Fällen versuchen Mitarbeiter immer wieder, im Wege einer einstweiligen Verfügung vor dem Arbeitsgericht eine tatsächliche Weiterbeschäftigung zu erzwingen. Solche einstweiligen Verfügungen sind zulässig und werden von den Arbeitsgerichten auch tatsächlich erlassen, weil Mitarbeiter generell einen Rechtsanspruch auf tatsächliche Beschäftigung haben.[2725] Der Arbeitgeber muss im Falle eines einstweiligen Verfügungsantrages[2726] gegenüber dem Arbeitsgericht darlegen und glaubhaft machen, dass er Gründe für eine vorübergehende Freistellung hat. Das können ernst zu nehmende Verdachtsmomente oder Vorwürfe von Compliance-Verstöße sein, die der Mitarbeiter begangen habe oder an denen er beteiligt sei oder sogar, dass Kündigungsgründe vorliegen, die eine weitere tatsächliche Beschäftigung im Unternehmen bis zum Abschluss der Ermittlungen oder dem Ablauf der Kündigungsfrist unzumutbar machen. Ebenso kann ein Mitarbeiter freigestellt werden, wenn seine Anwesenheit im Unternehmen den Ermittlungen entgegenstehen könnte oder die Gefahr von Manipulationen besteht.[2727] Auch hier ist dem Arbeitgeber dringend eine umfassende Dokumentation der zeitlichen Abläufe, der Vorwürfe, der Ermittlungen und ihrer Ergebnisse zu empfehlen.

6. Schadensersatz

221 Es bleibt dem Arbeitgeber unbenommen, wegen schuldhafter Pflicht- und Vertragsverletzungen des Arbeitnehmers, von diesem Schadensersatz zu fordern.[2728] Im Bereich Compliance können derartige Pflichtverstöße einen Schadensersatzanspruch aus § 280 Abs. 1 BGB und §§ 823 ff. BGB begründen. Das ist vor allem bei Korruptionsdelikten der Fall. Bei der Geltendmachung von Schadensersatzansprüchen muss der Arbeitgeber aber individual- oder tarifvertragliche Ausschlussfristen beachten. Die im Arbeitsrecht häufig verwendeten Ausschlussfristen sind sog. Verfallfristen. Durch sie erlöschen Ansprüche aus dem Arbeitsverhältnis nach Ablauf einer bestimmten Frist, die typischerweise zwischen einem und sechs Monate beträgt, wenn sie nicht zuvor in einer bestimmten Weise (meist schriftlich oder durch Klage) gegenüber dem Arbeitsvertragspartner geltend gemacht wurden. Sie stellen damit faktisch eine erheblich ver-

---

[2724] Das spielt nur bei einer ordentlichen Kündigung eine Rolle; bei einer fristlosen Kündigung endet das Arbeitsverhältnis – Wirksamkeit der Kündigung unterstellt – mit Zugang der Kündigung.

[2725] *BAG* NJW 1985, 2968; *Reinhard/Kliemt*, NZA 2005, 545; *Reidel*, NZA 2000, 454; *Clemenz*, NZA 2005, 129.

[2726] Die Arbeitsgerichte können eine einstweilige Verfügung im Sinne des Mitarbeiters auch ohne vorherige Anhörung des Arbeitgebers und ohne vorherige mündliche Verhandlung erlassen. Es bietet sich daher an, bei dem zuständigen Arbeitsgericht eine Schutzschrift zu hinterlegen, in der der Sachverhalt und die Freistellungsgründe aus der Sicht des Arbeitgebers dargestellt sind. Häufig veranlasst eine solche Schutzschrift die Gerichte, nicht ohne mündliche Verhandlung über den einstweiligen Verfügungsantrag zu entscheiden.

[2727] Als Beispiel mag ein Chefarzt einer Klinik dienen, dem gegenüber Mitarbeiter massive Vorwürfe von Behandlungsfehlern erheben. Hier kann der Chefarzt freigestellt werden, bis die Vorwürfe oder die Verdachtsmomente untersucht sind.

[2728] Zu Schadensersatz wegen Pflichtverletzungen von Vorstandsmitgliedern, Aufsichtsratsmitgliedern und Organen vgl. *Böhme*, § 13 Rn. 12 ff., Rn. 108 ff., Rn. 138 ff.

D. Arbeitsrechtliche Maßnahmen

kürzte Verjährungsfrist dar, werden aber durch die Gerichte von Amts wegen berücksichtigt.[2729] Ausschlussfristen können in Arbeitsverträgen, Tarifverträgen oder Betriebsvereinbarungen vereinbart werden. Ihr Ziel ist es, für schnelle Rechtssicherheit und Klarheit während des Bestehens und nach der Beendigung von Arbeitsverhältnissen zu sorgen. Eine Ausschlussfrist beginnt mit der Fälligkeit des Anspruchs, um dessen Geltendmachung es geht. Ein Schadensersatzanspruch ist fällig, wenn ein Schadenseintritt als sicher anzunehmen ist und der Schaden annähernd, durch Nennung einer ungefähren Größenordnung, bezifferbar ist.[2730] Der Arbeitgeber muss solche Ausschlussfristen stets im Auge behalten und rechtzeitig wahren. Zwar kann an sich ein Anspruch aus vorsätzlicher Schädigung durch eine individual- oder tarifvertragliche Ausschlussfrist nicht ausgeschlossen werden;[2731] insoweit gilt § 309 Nr. 7 lit. b BGB. Jedoch kann sich der Arbeitgeber auf eine etwaige Unwirksamkeit des Ausschlusses vorsätzlicher Schadensersatzansprüche aus einer Ausschlussfrist nicht berufen. Er muss die Ausschlussfrist in jedem Falle einhalten.[2732] Die Schadensersatzansprüche aus § 280 Abs. 1 BGB und §§ 823 ff. BGB unterliegen der Regelverjährung von drei Jahren gem. §§ 195, 199 Abs. 1 BGB.[2733]

III. Fazit

Als Fazit ist festzuhalten, dass die arbeitsrechtlichen Sanktionen im Zusammenhang mit unternehmensinternen Ermittlungen nur bedingt geeignet sind. Sie bilden meistens kein wirksames Instrument, einen potentiellen Informationsträger zur Aussage zu bewegen. Sie geben zwar Möglichkeiten, sich von Mitarbeitern zu trennen. Im Verhältnis zu unternehmensinternen Ermittlungen ist dies aber erst der zweite Schritt. Der erste Schritt ist zunächst die Ermittlung des Sachverhaltes, insbesondere die Feststellung, ob es Compliance-Verstöße gibt, welchen Umfang diese haben, wer hieran beteiligt ist und wie solche Verstöße abgestellt und zukünftig verhindert werden können. Für diese Fragen bilden die allgemeinen arbeitsrechtlichen Sanktionsmöglichkeiten kein geeignetes Instrumentarium. Deutlich effektiver sind Amnestieprogramme.

222

[2729] *BAG* NJW 1963, 1566; *Eisemann*, in Küttner, § 85 Rn. 1.
[2730] *BAG* NZA 2006, 257; 2005, 516; umfassende Darstellung zum Schadensbegriff vgl. *Böhme*, § 13 Rn. 52 ff.
[2731] *BAG* NZA 2009, 864; 2007, 1154; *Eisemann*, in: Küttner, § 85 Rn. 6, 12.
[2732] Es verstößt gegen das Gebot von Treu und Glauben, § 242 BGB, wenn der Arbeitgeber auch vorsätzliche Schädigungen in eine Ausschlussfrist fasst, sich anschließend aber auf die Unwirksamkeit der Klausel wegen § 309 Nr. 7 lit. b BGB beruft. Dies kann eine unzulässige Rechtsausübung darstellen.
[2733] Zur Verjährung von Schadensersatzansprüchen *Böhme*, § 13 Rn. 12 ff.

Anhang

Linksammlung

Bundesamt für Justiz	www.bundesamt.de
Bundeskriminalamt	www.bka.de
Bundesministerium der Justiz	www.bmj.de
Bundesrechtsanwaltskammer	www.brak.de
Deutscher Bundestag (Drs., Gesetze)	www.bundestag.de/dokumente/drucksachen/-index.html
DiBianco/Madden U.K. Parliament Enacts Landmark Anti-Bribery Law	www.skadden.com/Index.cfm?contentID=51&itemID=2045
DiBianco/Cowie U.K. Bribery Act in Force on Juli 1, 2011	www.skadden.com/Index.cfm?contendID51&itemID=2386
Europäische Union	www.europa.ecu
Juristische Datenbanken	www.beck.de; www.juris.de
Matthews, Judge Blasts Compliance Monitors at Innospec Plea Hearing	www.mainjustice.com
OECD Report on the Application of the Convention on Combating Bribery of Foreign Public ...	www.oecd.org/dataoecd/10/49/46213841.pdf
Regierungskommission Deutscher Corporate Governance Kodex	www.corporate-governence-code.de
Sammlung von Links des Deutsch-Europäischen Juridicums	www.jurbib.jura.uni-sb.de/html/info/links.html
U.S. Securities and Exchange Commission	www.sec.gov
SEC FOIA/PA Programm	www.sec.gov/foia.shtml
The Investors Advocate	www.sec.gov/about/whatwedo/shtml
Final Rule	www.sec.gov/rules/final/33-8238.htm
United States Sentencing Commission	www.ussc.gov
The United States Department of Justice	www.justice.gov
Fraud Section	www.justice.gov/criminal/fraud/
President Obama's FOIA Memorandum	www.justice.gov/oip/foiapost/2009foiapost8.html
Transparency International	www.transparency.org/
Transparency International Deutschland e.V.	www.transparency.de
Verwaltungsvorschriften	www.verwaltungsvorschriften-im-internet.de/

Sachverzeichnis

Fette Zahlen = Paragrafen, magere Zahlen = Randnummern.

Abmahnung **13**.205, **13**.214
Abzugsverbot
– Anfangsverdacht **4**.28 ff.
– Anwendungsbereich **4**.5, **4**.15
– Aufwendungen nach § 299 StGB **4**.8
– Bestechungsgeld **4**.2
– Betriebsausgaben **4**.9
– Beweisanforderungen **4**.17
– Feststellungslast **4**.16
– Genehmigung der Vorteilsgewährung **4**.13
– Gesetzgebungsgeschichte **4**.1 f.
– Gewerbesteuer **4**.1
– Körperschaftsteuer **4**.1
– Nachweis der Tat **4**.16 f.
– Ordnungswidrigkeiten **4**.5
– rechtswidrige Handlung **4**.13
– schuldhaftes Verhalten **4**.14
– Sorgfaltspflichtverletzung **4**.14
– Strafantrag **4**.15
– strafbare Zuwendungen **4**.1, **4**.5
– Umsatzsteuer **4**.1
– Voraussetzungen **4**.10
– vorsätzliches Handeln **4**.14
– Werbungskosten **4**.9
– Zahlungen in den USA **4**.8
– Zuwendung von Vorteilen **4**.12
Akteneinsicht
– Ermittlungsverfahren **6**.32
– Gefährdung des Untersuchungszwecks **6**.33
– nach § 147 StPO **6**.31 ff.
– nach § 406 e StPO **6**.36
– nach § 475 StPO **6**.36
– Ordnungswidrigkeitenverfahren **6**.31
– Rechtshilfe **11**.30, **11**.51
– SEC **6**.90
– Sockelverteidigung **6**.66 f.
– Umfang **6**.32
– Unternehmensverteidiger **6**.31
– Verfahrenstrennung **6**.32
– Verweigerung **6**.34
– Wirtschaftsstrafverfahren **6**.35
Aktionäre **7**.90, **13**.59, **13**.137
Aktionärsklage **13**.138 ff.
Amnestie **6**.4, **6**.49, **8**.24 ff.
Amtsermittlungsgrundsatz **6**.18 ff., **10**.42
Amtsermittlungspflicht
– eingeschränkte **4**.71
– Finanzamt **4**.68 f.

Amtshilfe
– Auskunftsersuchen **4**.51 ff., **4**.55
– Doppelbesteuerungsabkommen **4**.44
– Festsetzung von Steuern **4**.51
– Geheimhaltungsverpflichtung **4**.58
– Mitteilung der Finanzbehörde **4**.51
– nach § 117 AO **4**.60 ff.
– Rechtsakt der EG **4**.59
– Spontanauskunft **4**.52 f., **4**.62
– Verwaltungsvereinbarung **4**.56
– Zustellungsersuchen **11**.23
Amtsträger
– ausländischer **2**.13, **2**.63, **3**.3, **3**.22
– Bestechung **3**.9 ff., **10**. 8, **10**.18 f., **10**.27
– Diensthandlung **3**.19, **10**.18
– EuBestG **3**.19, **3**.21, **10**.2, **10**.19
– FCPA **2**.13, **2**.63
– IntBestG **3**.19, **3**.22, **10**.2, **10**.18
– Steuergeheimnis **4**.19
Anerkenntnis
– USA **6**.84
Anfangsverdacht
– Ermittlungsverfahren **10**.11
– Mitteilungspflicht der Finanzbehörde **4**.28 ff.
– Rechtshilfe **6**.98
– SEC-Ermittlungen **8**.51
Anhörung
s. auch Mitarbeiterbefragung
– interne Ermittlungen **7**.14 f., **7**.51 f.
– Unternehmensvertreter **12**.90
– Verwaltungsverfahren **5**.10 f., **5**.35 f.
– Zivilverfahren **5**.7, **5**.32
Anknüpfungstat **12**.57 f., **12**.94, **13**.72
Anwaltsgeheimnis **6**.103 ff.
Anwesenheitsrechte
– Durchsuchung **6**.27
– Verfahrensbeteiligte **11**.21
– Verteidiger **6**.22 ff.
Anzeigepflicht **3**.125, **4**.3, **8**.11, **8**.13, **8**.19
Arbeitgeber
– Direktionsrecht **8**.33, **13**.219
– Maßregelungsverbot **13**.210
Arbeitsrecht
– Auskunftspflichten der Mitarbeiter **8**.4 ff.
– interne Ermittlungen **8**. 1 ff., **7**.35, **7**.71
– Sanktionen **13**.213 ff.

539

Arbeitsverhältnis
- Abmahnung **13.**205, **13.**214
- Compliance-Verstöße **12.**213 ff.
- Freistellung **12.**221
- Gratifikation **13.**208
- Kündigung **13.**215 ff.
- Pflichtverletzung **13.**202 ff., **13.**213 ff.
- Schadensersatz **13.**221
- Verdachtskündigung **13.**218
- Verjährung **13.**221
- Versetzung **13.**219
- Vertragsverletzung **13.**12 ff., **13.**99, **13.**134, **13.**213 ff.

attorney-client waiver rule 6.106

Aufklärungshilfe 6.101

Aufklärungsinteresse 8.1

Aufklärungspflicht 6.19, **13.**41

Aufsichtsbehörden
- Ausnahmegenehmigung 9.44
- Beweisbeschaffung 6.98
- Informationsaustausch 6.91 ff.
- Rechtshilfe 6.97

Aufsichtspflicht 6.42, **12.**59 ff., **12.**65 f., **12.**70, **12.**75, **13.**35, **13.**72, **13.**156 ff., **13.**179

Aufsichtsrat
- Abschlussprüfer **13.**126
- Bilanzeid 3.108
- Compliance **13.**115 ff.
- Haftung **13.**108 ff., **13.**132
- Informationsstand **13.**118 f.
- Kenntnis **13.**106
- Pflichtverletzung **13.**109 ff., **13.**136
- Prüfungsausschuss **13.**129 f.
- Sachverhaltsaufklärung **13.**124 f.
- Sorgfaltsmaßstab **13.**110, **13.**128
- Überwachungspflichten **13.**113, **13.**118 ff., **13.**127 ff.
- Unternehmensverteidiger 6.30, 7.86
- Untreue **13.**136
- Verfolgung von Schadensersatzansprüchen **13.**131

Auftragsdatenverarbeitung 8.53, 9.7, 9.35 ff.

Auftragsvergabe
- Allgemeininteresse **13.**176
- Auslandsdelikte **13.**182
- Ausschluss **13.**6, **13.**10, **13.**57, **13.**150 ff., **13.**172 ff.
- Bauleistungen **13.**150
- Dienstleistungen **13.**150
- Ermessen **13.**152, **13.**185 ff.
- Schwellenwert **13.**151
- schwere Verfehlung **13.**186
- Sektorentätigkeit **13.**150
- Selbstreinigung **13.**152, **13.**170 f., **13.**177 f., **13.**189
- Zurechenbarkeit **13.**156, **13.**161 ff.
- Zuverlässigkeit **13.**165, **13.**178, **13.**185 ff.

Auftragsvolumen **13.**145

Aufwendungen
- Darlegung des Steuerpflichtigen 4.66

Aufzeichnungspflicht
- nach § 90 Abs. 3 AO 4.76

Auskunftsersuchen
- Amtshilfe 4.51 ff., 4.55
- Betriebsausgaben 4.63
- Dritte 4.67
- einstweilige Anordnung 4.55
- IRS 4.63, 4.65
- nach § 117 AO 4.60 f.
- Rechtshilfe 11.1 ff.
- Spontanauskunft 4.54
- Steuerstrafverfahren 4.64
- Unterlassungsklage 4.55
- USA 4.47, 4.57, 4.63 ff.
- Verwaltungsvereinbarung 4.56
- Zulässigkeit 4.67
- zwischenstaatliche 4.62

Auskunftsklage **13.**211 f.

Auskunftsklausel
- Doppelbesteuerungsabkommen 4.23, 4.44
- OECD-Musterabkommen 2010 4.45
- USA 4.23 ff.

Auskunftspflicht
- Abmahnung **13.**209
- außervertraglicher Aufgabenbereich 8.6 ff., 8.19 ff.
- Dritte 8.37 ff.
- Kündigung **13.**209
- Mitarbeiterbefragung 8.4 ff.
- nach Beendigung des Arbeitsverhältnisses 8.10
- Pflichtverletzung **13.**208 f.
- Selbstbelastung 8.14
- Steuerpflichtiger 4.68
- Treuepflicht 8.8
- vertragliche Regelung 8.11 ff.
- vertraglicher Aufgabenbereich 8.5, 8.16 f.
- Verweigerung **13.**202

Auskunftsverweigerungsrecht 6.99, 8.17, 8.20, 11.20, **13.**202

Ausländerbehörde
- Steuergeheimnis 4.25

Auslandskorruption
- ausländischer Wettbewerb 3.57
- Bestechung 10.9, 10.16 ff.
- Bilanzdelikte 3.116
- Diensthandlung 3.19, 10.18
- Ermittlungsverfahren 3.2, 10. 1 ff.
- Geldwäsche 3.105 f.
- Rechtfertigungsgründe 3. 118 f.
- Rechtsvergleichung 3.4
- Sachverhaltsaufklärung 10.12 ff., 10.21, 10.27 f.
- Steuerrecht 4.6 ff.

Sachverzeichnis

- Strafanwendungsrecht 3.5, 3.59, **10**.20
- Teilnahme **3**.7
- Unrechtsvereinbarung **3**.19, **10**.9 f., **10**.18, **10**.31
- Untreue **3**.88
- vergaberechtliche Auswirkungen **13**.145 ff.
- Zahlung mit Auslandsbezug **4**.6 ff., **10**.9

Auslandssachverhalt
- Auskunftspflicht **4**.68
- Ermittlungsverfahren **10**.1 ff.
- Mitwirkungspflicht **4**.70 ff.
- Rechtshilfe **11**.1 ff.
- unwesentliche Besteuerung **4**.73

Auslegung, restriktive **3**.67, **3**.72, **3**.76

Ausschreibung
 s. Auftragsvergabe

Basisgesellschaft **4**.72

Beamte
- Steuergeheimnis **4**.24

Beauftragte
- i.S. des § 299 Abs. 1 StGB **3**.46

Behörden
- DOJ **2**.42 ff., **2**.89 ff.
- SEC **2**.46 ff., **2**.93 ff.

Beihilfe
- berufstypische Handlungen **3**.14 ff.
- im Unternehmen **3**.12
- Steuergefährdung **4**.30
- Steuerhinterziehung **4**.30
- Vorsatz **3**.14
- Wirtschaftsstrafrecht **3**.12

Belehrung
- Mitteilungspflicht **4**.31
- Selbstbelastung **4**.31

Beratung
- Akutberatung **6**.115 ff.
- Unternehmensverteidiger **6**.48 ff.
- unterschiedliche Rechtsordnungen **1**.3

Bereicherung **12**.79

Bericht
- Berichtssystem **13**.46
- interne Ermittlungen **7**.9, **7**.23 ff., **7**.48, **7**.60, **7**.79
- Verwendung im Strafverfahren **7**.67

Berichtigungserklärung
- Selbstanzeige **4**.89

Berichtspflichten
- SOX **2**.37 ff., **2**.84 ff.

Berufskammer
- Mitteilung an **4**.25

Berufspflichtverletzung
- Steuerhinterziehung **4**.25

Beschäftigtendatenschutz **9**.10, **9**.13 ff., **9**.24 ff.

Bescheid
- SEC **5**.4, **5**.29

Beschlagnahme **6**.16, **6**.51, **8**.18, **11**.24 f., **11**.47 f.

Beschlagnahmeverbot **6**.99, **8**.39

Beschuldigter
- Unwahrheit **6**.38 ff.

Bestechlichkeit und Bestechung im geschäftlichen Verkehr
- Angestellter **3**.45
- Anwendbarkeit des § 299 Abs. 3 StGB **4**.7
- ausländischer Wettbewerb **3**.9, **3**.57 f., **4**.6, **10**.10
- Auslandstat **3**.59, **4**.7
- Beauftragte **3**.46
- Handeln im geschäftlichen Verkehr **3**.49
- Nichtabzugsfähigkeit der Aufwendungen **4**.8 ff.
- Prüfungsschema **3**.64
- Rechtsgüterschutz **3**.9
- Strafanwendungsrecht **3**.6, **3**.59
- Täter **3**.44, **3**.47
- Tathandlung **3**.56
- Tatortstrafbarkeit **3**.60
- Teilnahme **3**.48, **3**.59
- unlautere Bevorzugung **10**.10
- Unrechtsvereinbarung **3**.52 ff.
- Verjährung **3**.121
- Vorteilsbegriff **3**.50
- Zahlungen mit Auslandsbezug **4**.6

Bestechung
- Ausland **3**.26, **10**.20, **10**.29
- Beihilfe **3**.12
- EuBestG **3**.2 f.
- IntBestG **3**.35 ff.
- Diensthandlung **3**.30, **3**.34
- Prüfungsschema **3**.42
- Rechtsgüterschutz **3**.9 ff.
- Sozialadäquanz **10**.9
- Tathandlungen **3**.29
- Unrechtsvereinbarung **3**.25, **3**.31, **10**.9 f., **10**.18, **10**.31
- Verjährung **3**.120
- Vorteil **3**.26, **10**.9, **10**.29

Bestechungsgeld
- Basisgesellschaft **4**.72
- Betriebsausgaben **4**.2, **4**.84
- Selbstanzeige **4**.40, **4**.87
- Steuerhinterziehung **4**.77
- Verwertungsverbot nach § 393 Abs. 2 S. 1 AO **4**.33

Besteuerungsverfahren
- Beweisanforderungen **4**.17
- Mitwirkungspflicht **4**.17, **4**.37 ff., **4**.41
- unwesentliche Besteuerung **4**.73
- zulässige Offenbarung **4**.21 ff.

Betäubungsmitteldelikte
- Kronzeugenregelung **6**.74

betriebliche Altersvorsorge **13**.207

541

Betriebsausgaben
– Abziehbarkeit 4.8
– Abzugsverbot 4.9
– Auskunftsersuchen 4.63
– Bestechungsgeld 4.2 f., 4.84
– Darlegung 4.66
– Definition 4.10
– Mitteilungspflicht 4.29
– Verdacht der Straftat 4.17
– Zwangsmittel 4.68
Betriebsrat
– Anhörung 13.218
– Informationsrechte 8.42
– Mitarbeiterbefragung 8.21 ff.
– Mitbestimmung 8.12, 8.42 ff.
Betriebsvereinbarung 8.11 f., 8.47 f., 9.12
Beweisanforderungen
– Abzugsverbot 4.17
– Beweiserleichterungen 13.81 ff.
– Entlastungsbeweis 12.66 ff.
Beweisbeschaffung 6.98, 11.28 ff., 11.40
Beweislast
– Kausalität 13.85 ff.
– Organhaftung 13.85 ff.
– Pflichtverletzung 13.203
– Steuerpflichtiger 4.69
– Umkehr 13.104
– USA 5.50
– Verfahrensbeendigung 13.88 ff.
Beweismittel
– Herausgabe 11.49 f.
– SEC 5.6, 5.31, 6.82 f.
– Subpoena 6.38
– Vernichtung 6.109
– Vertraulichkeit 11.28 ff.
Beweisverwendungsverbot 8.17 f., 8.38, 10.49 ff.
Beweisverwertungsverbot 6.99, 8.18, 10.45, 10.49 ff.
Beweiswürdigung 6.88
Bilanzdelikte
– Auslandssachverhalte 3.116
– Bilanzeid 3.112 f.
– Prüfungsschema 3.117
– SOX 10.57
– unrichtige Darstellung 3.108 f.
– Verjährung 3.124
Bilanzeid
– Auslandstat 3.10
– Rechtsgüterschutz 3.10 ff.
– subjektiver Tatbestand 3.115
– Täterkreis 3.113
– unrichtige Angabe 3.114
– Vorstandsverantwortlichkeit 3.115
Binding Corporate Rules 9.43
Boni 13.208
Bribery Act 10.56, 12.72

Buchführung
– SOX 2.40, 2.87
Buchhaltung
– FCPA 2.31 ff., 2.78 ff.
Bundesrechtsanwaltskammer
– interne Ermittlungen 6.70
Bußgeldbescheid 13.88 f.

Compliance-Abteilung 7.18, 7.55, 7.84, 13.31, 13.121
Compliance-Management-System 12.68 ff.
Compliance-Maßnahmen 6.133, 8.1 ff., 8.53, 10.83, 12.21 ff., 12.40 f., 12.27 ff., 12.45, 12.78, 13.5, 13.9, 13.46, 13.116, 13.120, 13.126 ff.
Compliance-Monitore 13.1 ff., 13.7 f.
Compliance-Officer
– Garantenpflicht 3.15 ff.
– Pflichtverletzung 13.121
Compliance-Programm/System
– Anforderungen 12.73 ff.
– Bribery Act 12.72
– Einrichtung 13.21 f.
– Entlastungsbeweis 12.66 ff.
– Ermessen 13.21 f.
– FCPA 12.71
– internationaler Bezug 12.71
– Kontrollpflicht 12.74
– Koordinationspflicht 12.74
– Leitungspflicht 12.74
– Organisationspflicht 12.74, 12.78, 13.115
– Programmüberarbeitung 13.125
– Prüfungsstandard 12.74
– Überwachungspflicht 13.31 ff., 13.113, 13.118 ff.
– Verbesserung 5.22, 5.47, 12.78
Compliance-Verantwortlichkeit
– Ahndung von Verstößen 13.117
– Amnestiezusagen 8.24
– Aufsichtspflichtverletzung 12.59 ff., 12.70
– Entlastungsbeweis 12.66 ff.
– Freistellung 13.220
– Garantenpflicht 3.15
– Kausalität 3.18
– Organisationsverschulden 13.24 ff.
– Pflichtverletzung 3.15, 12.59 ff., 13.13 ff., 13.215 ff.
– Überwachungspflicht 13.31 ff.
– Versetzung 13.219
– Vertrag 3.17
– Vorsatz 3.18
cross-border-Untersuchungen 7.1 ff.

Darlegungslast
– Kausalität 13.85 ff.
– Organhaftung 13.85 ff.

Sachverzeichnis

- Pflichtverletzung 13.203
- Verfahrensbeendigung 13.88 ff.

data collection 9.11
data review 9.11
Datenauswertung
- Einwilligung 9.1 ff., 9.12
- Rechtmäßigkeit 9.11

Datenschutz
- Anwendbarkeit 9.5 ff.
- Auftragsdatenverarbeitung 9.35 ff.
- Datennutzung 9.13 ff., 9.24 ff.
- Datenscreening 9.27 ff.
- Datenübermittlung 9.38 ff.
- Datenverarbeitung 9.13 ff., 9.24 ff., 9.34 ff.
- Datenverarbeitungsanlage 9.1 ff., 9.9
- Deutsche Bundesbahn 12.76
- e-Discovery 9.44
- E-Mail 9.32 f., 9.46 ff., 10.59 ff.
- Ermittlungsmaßnahmen 9.25 ff.
- externe Dienstleister 9.34 ff.
- interne Ermittlungen 7.33 f., 7.70, 9.13 ff.
- Mitarbeiter 8.49 ff., 9.10
- nicht-öffentliche Stelle 9.9
- Personalakte 9.26
- personenbezogene Daten 8.50 ff., 9.3, 9.8, 9.21 ff., 9.34, 9.38 ff.
- rechtliche Rahmenbedingungen 9.12
- sachlicher Anwendungsbereich 9.8 ff.
- SEC 9.51
- Telekommunikation 9.32 f., 9.45 ff.
- USA 9.15
- Vertragsverletzung 8.52

Datenscreening 9.27 ff.

Delikt
- Schadensersatz 13.100 ff., 13.135 ff.

Diensthandlung
- Beschleunigungszahlungen 3.38
- Erleichterungszahlungen 3.38
- FCPA 2.67
- IntBestG 3.36
- künftige 3.34
- Pflichtwidrigkeit 3.19 ff., 3.29 ff., 3.36 f., 4.4, 10.18 f.
- Tatort 3.6

Direktionsrecht 8.33, 13.219
Discovery 6.82 f., 7.75
DOJ
- Ablauf der Verfahren 5.1 ff., 5.88 ff.
- Compliance-Maßnahmen 13.5, 13.9
- Compliance-Monitore 13.1 ff., 13.7 f.
- Datenschutz 9.1 ff.
- FCPA 5.16 ff., 5.41 ff., 11.17, 11.37
- Geldbuße 6.127
- Geldstrafe 6.136, 12.25 f., 12.41
- Geständnis 5.24, 5.49
- Marktmaßnahmen 13.6, 13.10
- Milderungsgründe 7.28 f., 7.65 f., 13.61 f.
- Sachverhaltsfeststellungen 13.92
- strafrechtliche Ermittlungen 5.18, 5.43, 13.40
- strafrechtliche Gerichtsverfahren 5.25 f., 5.50 f.
- strafrechtliche Nichtverfolgungsvereinbarung 5.22, 5.47
- strafrechtliche Zuständigkeit 2.42 ff., 2.89 ff.
- Strafverfolgung 2.45, 2.82, 5.23, 5.48, 12.17, 12.37
- Vergleich 13.71
- Verwertbarkeit interner Ermittlungsergebnisse 10.55 ff.

Dokumentation
- interne Ermittlungen 7.23 ff., 7.60 ff.
- Mitarbeiterbefragung 8.36

Dokumente
- Auswertung 7.13, 7.50
- Beschaffung 8.5
- Beschlagnahme 6.51
- Einsichtsrechte 8.41
- elektronische 9.1
- Herausgabe 6.82
- Schutz 6.105
- SEC 5.5, 5.30, 6.93, 11.18
- Zusammenstellung 7.10 f., 7.49, 7.80

Doppelbesteuerungsabkommen
- Auskunftsklausel 4.23
- Mitteilungen der Finanzbehörde 4.44 f.
- USA 4.46

Doppelverfolgung 6.124 ff.
Drittländer 6.112 f.
Drittvorteil
- Bestechlichkeit und Bestechung im geschäftlichen Verkehr 3.51
- Bestechung 3.28

Durchsuchung 7.38, 7.73
- Anwesenheitsrecht 6.27 f.
- Rechtshilfe 11.24 f., 11.47 f.
- Zufallsfund 4.39

E-Discovery 9.44
EDV-Anlagen 9.2
Einsichtsrechte 8.41
Einstellung des Verfahrens 6.16, 6.20, 6.49
einstweilige Anordnung
- nach § 114 FGO 4.55

einstweilige Verfügung
- SEC 2.51, 2.98, 5.14 f., 5.38 f.

Einverständnis
- Untreue 3.74 f.

Einwilligung
- Datenauswertung 9.12, 9.32 f., 9.50
- rechtfertigende 3.119, 9.50
- Rechtshilfe 11.27

543

Sachverzeichnis

Einziehung
- SEC 2.51, 2.98
- Staatsanwaltschaft 6.16, 6.44

E-Mail
- Auswertung 9.1 ff., 9.32 f., 9.46 ff., 10.59 ff.
- Datenschutz 9.32 f.
- Einwilligung 9.50
- Fernmeldegeheimnis 9.45 ff.
- Verhältnismäßigkeitsgrundsatz 10.66 ff.

Emittent
- Definition im FCPA 2.7, 2.58
- Tochtergesellschaft 2.29, 2.76

Enterprise-Recources-Programme 9.2
Entlastungsbeweis 12.66 ff.
Erledigung des Verfahrens 6.20
Erledigungsstrategien 6.139 ff.

Ermessensentscheidung
- Compliance-Organisation 13.21 f., 13.126 ff.
- Haftungsbescheid 4.85
- SEC 6.89
- Selbstanzeige USA 4.93
- Vergabestelle 13.152, 13.181 ff., 13.185 ff.

Ermittlungen
- SEC 2.50, 2.97, 11.18, 11.52 f.

Ermittlungsarbeit
- Aufklärungshilfe 6.101
- Datenschutz 9.5, 9.25 ff.
- externe Dienstleister 9.34 ff.
- IT-Dienstleister 9.35 ff.
- Kooperation 1.4, 13.61 f.
- US-Behörden 1.4, 9.20, 9.24
- verdachtsunabhängige 9.19, 9.22

Ermittlungsgrundsatz 6.18 ff.

Ermittlungsverfahren
- Abschluss 5.8 ff., 5.32 ff.
- Akteneinsicht 6.32
- Auslandsermittlungen 10.1 ff., 10.16 ff., 10.27 f., 11.1 ff.
- Bankinformation 11.19
- Beendigungsformen 5.21, 5.46
- Begrenzung 6.122 f.
- Beweisführung 10.11
- Beweismittel 11.28 ff.
- Datenschutz 9.12 f.
- DOJ 5.18, 5.43
- Dokumente 11.18
- Drittländer 6.112 f.
- Durchsuchung 7.38, 7.73
- E-Mail-Auswertung 10.59 ff.
- Erörterung nach § 160 b StPO 6.120 f.
- FCPA 5.27
- Finanzbehörde 4.3
- Gefährdung des Ermittlungszwecks 10.74 ff., 10.86
- Gewinnabschöpfung 10.14, 10.79
- Herzklappenskandal 6.6
- Kontakt zur Staatsanwaltschaft 6.119
- Ladung 11.16 f.
- Lebensversicherungsunternehmen 6.6
- Mitarbeiter 6.4
- Mitteilungen 13.193
- Mitwirkungspflichten 10.41
- Parallelermittlungen in Deutschland 6.1 ff.
- Pommes-Connection 6.6
- Presse 6.7
- Rechtshilfe 10.14, 10.22 ff., 11.1 ff.
- Risikomanagement 6.8
- SEC 5.1, 5.27, 6.89, 11.52 f.
- Staatsanwaltschaft 4.31, 10.1 ff.
- Überwachungspflicht 13.40
- USA 6.9, 6.11, 6.86 ff.
- vergaberechtliche Auswirkungen 13.148
- Verteidigung 6.21, 6.49
- Zeugenvernehmung 10.13, 11.20 ff.
- zwei Ermittlungsverfahren 1.5

Erörterung
- nach § 160 b StPO 6.120 f.

EuBestG
- Amtsträger 3.9, 3.19 ff., 4.4, 10.2, 10.19, 10.27
- Auslandstat 3.8
- Gesetzgebung 3.2 f.
- Klimapflege 3.32

Europäische Gemeinschaft
- Amtshilfe 4.51
- EU-US RhÜk 11.5 ff.
- Mitteilungen der Finanzbehörde 4.59
- Rechtshilfe 11.1 ff.
- Spontanauskunft 4.52 f.
- Vergabeverfahren 13.151 f., 13.158

Fahrlässigkeit 13.49
- grobe 4.84

Faires Verfahren 8.35, 10.52
Falschaussage 11.20, 11.23

FCPA
- Acting in an Official Capacity 2.16, 2.65
- Agency or Instrumentality 2.15, 2.64
- Aktionärsklage 13.141 f.
- amerikanisches Unternehmen 2.8, 2.58
- Anti-Bribery Regeln 2.4 f., 2.55 f.
- Anwendungsbereich 2.6, 2.57
- Beeinflussen 2.10, 2.61, 2.67
- Buchführungskontrollen 2.28, 2.75
- Buchhaltungsvorschriften 2.31 ff., 2.78 ff.
- business purpose 2.21 ff., 2.68 ff.
- Compliance-System 12.71, 13.1 ff., 13.5, 13.7 ff.
- Emittent 2.7, 2.29 f., 2.58, 2.76 f.
- Empfänger 2.13, 2.63
- Erhalt eines Geschäfts 2.21 ff., 2.68 ff.
- Erlangung eines Geschäfts 2.21 ff., 2.68 ff.
- erlaubte Zuwendungen 2.25, 2.73

544

Sachverzeichnis

- Ermittlungsverfahren **5**.1, **5**.27, **10**.56
- foreign officials **2**.13 ff., **2**.19, **2**.63 ff. **2**.66
- Gerichtsverfahren **5**.25 f., **5**.50 f.
- Gesetzgebungsgeschichte **2**.4 f., **2**.55 f.
- Grundlagen **2**.2 f., **2**.53 f.
- interne Kontrollen **2**.27, **2**.75
- Jurisdiction **2**.6, **2**.57
- Kenntnis **2**.24, **2**.71
- Nationalitätsprinzip **2**.10, **2**.60
- Officer or Employee **2**.14, **2**.64
- Political Parties and candidates for political office **2**.18, **2**.65
- Public International Organizations **2**.17, **2**.65
- Rechtfertigung **2**.26, **2**.74
- strafrechtliche Sanktion **12**.18, **12**.38
- subjektiver Tatbestand **2**.24, **2**.71
- Territorialprinzip **2**.9, **2**.59
- Unterlassungsverfügung **12**.13 ff., **12**.36
- Veranlassung **2**.20, **2**.67
- Verletzungen **5**.16 ff., **5**.41
- Vorsatz **2**.11, **2**.61
- Zahlung **2**.12, **2**.62
- zivilrechtliche Abschöpfung **12**.5 ff., **12**.32 ff.
- zivilrechtliche Geldbuße **12**.2 ff., **12**.31
- Zuwendung durch Dritte **2**.12, **2**.62

Fernmeldegeheimnis **9**.33, **9**.45 ff., **10**.63

Feststellungslast
- Abzugsverbot **4**.16
- Finanzbehörde **4**.30

Finanzbehörde
- Amtsermittlungspflicht **4**.68 f.
- Amtshilfe **4**.51
- Anzeigepflicht **4**.3
- Auskunft nach § 117 AO **4**.60 ff.
- Auskunftsersuchen **4**.62 ff.
- Auskunftsklausel **4**.23, **4**.44 ff.
- Belehrung **4**.31
- Doppelbesteuerungsabkommen **4**.44
- Ermittlungen **4**.3
- Feststellungslast **4**.30
- Geldwäsche **4**.34
- grenzüberschreitende Mitteilung **4**.42
- Mitteilungen **4**.18, **4**.26
- Mitteilungspflicht **4**.28 ff.
- Rechtsakte der EG **4**.59
- USA **4**.20
- zwischenstaatliche Auskunftsersuchen **4**.62 ff.

Finanzdienstleistungen
- Steuerstrafverfahren **4**.25

Firmenvermögen
- Beschlagnahme **6**.16

Freistellung
- Arbeitsverhältnis **13**.220
- Geldstrafe **8**.30
- Verteidigerkosten **8**.30

Garantenstellung
- Compliance-Officer **3**.16
- Innenrevision **3**.16

Gehaltskürzung **13**.208

Geldbuße
s. auch Verbandsgeldbuße
- Anknüpfungstat **10**.79, **12**.57 f.
- Aufsichtspflichtverletzung **12**.59 ff., **13**.72
- Bemessung **10**.81, **12**.48, **12**.82 ff.
- Bereicherung **12**.79
- betriebsbezogene Pflichten **12**.59 f.
- Doppelverfolgung **6**.124 ff.
- Gewinnabschöpfung **12**.83 f., **12**.86
- Höhe **10**.78 ff., **12**.81, **13**.63
- interne Ermittlungen **13**.63
- Ordnungswidrigkeit **6**.16, **6**.135 ff., **10**.78 ff., **12**.50 ff., **12**.59 f., **13**.72
- Regress **13**.73 f.
- Steuern **12**.87
- Unternehmen **6**.42, **10**.78, **12**.50 ff., **13**.72 f.
- Verfall **12**.91 ff.
- zivilrechtliche **12**.2 ff., **12**.31

Geldstrafe
- Bemessung **10**.79, **12**.18 ff., **12**.27 ff., **12**.38 ff., **12**.45, **12**.48
- DOJ **6**.136
- Freistellung **8**.30
- USA **6**.129
- Zivilgericht in USA **2**.51, **2**.98

Geldwäsche
- Auslandssachverhalte **3**.105 f.
- Gegenstand **3**.92
- herrühren **3**.97 ff.
- Korruptionssachverhalte **3**.90
- Mitwirkungspflicht nach § 31 b AO **4**.34
- persönlicher Strafaufhebungsgrund **3**.104
- Prüfungsschema **3**.107
- Rechtsgüterschutz **3**.9
- Steuerhinterziehung **4**.35 f.
- subjektiver Tatbestand **3**.103
- Systematik **3**.91
- Tatbestandseinschränkung **3**.102
- Tathandlung **3**.100 f.
- Tatort **3**.6
- Verdacht **4**.35
- Verjährung **3**.123
- Vortaten **3**.93 ff., **4**.35

Gemeinschuldnerbeschluss **8**.17, **8**.38, **10**.50

Gesamtschuldner **13**.51

Geschäftsführer
- Geldbuße **12**.53
- grobe Fahrlässigkeit **4**.84
- Kenntnis **13**.106

545

- Legalitätspflicht **13**.16 ff.
- Leitungspflicht **13**.16 ff.
- Pflichten aus § 34 AO **4**.78 ff.
- Pflichtverletzung **13**.13 f., **13**.16 ff.
- Pflichtverletzung nach § 69 AO **4**.81 ff.
- Ressortverantwortung **13**.27 ff.
- Schadensersatz **13**.12 ff.
- Steuerhinterziehung **4**.77
- Überwachungspflicht **4**.78 ff.
- Vergaberecht **13**.158 f.
- Verjährung **13**.92
- Verschulden **13**.49
- Vertrag **4**.79 ff.

Geschäftsherrenhaftung **3**.12 f.
Geschäftsleitung **7**.19, **7**.56
Geschäftspartner **7**.89
Geschäftsverteilung **4**.80 ff., **13**.27 ff., **13**.36
Gesellschafter **13**.59
Geständnis **5**.24, **5**.49, **6**.59, **6**.62
Gewerbe
- Untersagungsverfahren **4**.42
- Unzuverlässigkeit **4**.42

Gewerbesteuer
- Abzugsverbot **4**.1

Gewerbezentralregister **4**.26, **6**.47
Gewinnabschöpfung
- Drittverfall **6**.43 ff.
- Einziehung **6**.44
- SEC **6**.137, **12**.5 ff., **12**.32
- Staatsanwaltschaft **10**.14, **10**.79
- Verfall **6**.43 f., **12**.101 ff., **13**.72, **13**.78

Grand Jury **5**.19 f., **5**.44 f.
Gratifikation **13**.208
grobe Fahrlässigkeit
- Pflichtwidrigkeit **4**.77, **4**.84, **13**.105

Haftung
- Anstellungsvertrag **13**.12 ff., **13**.99
- Delikt **13**.12 ff.
- Geschäftsführer **13**.12 ff.
- Haftungsbescheid **4**.85
- Innenverhältnis **13**.51
- nach § 69 AO **4**.81 ff.
- Vorstand **13**.12 ff.

Herausgabeverlangen
- Beweismittel **5**.6, **5**.31, **11**.49 f.
- Dokumente **5**.5, **5**.30

Herzklappenskandal **6**.6 f.

in dubio pro reo **6**.88
Informationsaustausch **6**.90 ff.
- Finanzbehörde und Staatsanwaltschaft **4**.23
- Informationssystem **13**.46
- Rechtsakte der EG **4**.59
- Rechtshilfe **4**.49 f., **10**.22 ff.
- USA **4**.46 ff.

informationelle Selbstbestimmung **9**.3

Informationsrechte
- Betriebsrat **8**.42

Innenrevision
- Garantenpflicht **3**.16 ff.

IntBestG
- Amtsträger **3**.9, **3**.19, **3**.22, **4**.4, **10**.2, **10**.27
- Auftrag **3**.39
- Diensthandlung **3**.36, **10**.18
- internationaler Geschäftsverkehr **3**.40 f.
- unbilliger Vorteil **3**.39
- Unrechtsvereibarung **10**.31
- Unternehmen **3**.23

internal affairs doctrine **13**.140 ff.
interne Kontrolle
- SOX **2**.35 ff., **2**.81 ff.

interne Ermittlungen
- Ablauf **7**.2 f.
- Arbeitsplan **7**.77
- Arbeitsrecht **7**.35, **7**.71
- Auskunftsverweigerungsrecht **6**.99
- Berichte **7**.9, **7**.30, **7**.48, **7**.67 f., **7**.79
- Betriebsvereinbarung **8**.47 ff.
- Beweiskraft **10**.58
- Bundesrechtsanwaltskammer **6**.70
- Datennutzung **9**.13 ff., **9**.24 ff.
- Datenschutz **7**.33 f., **7**.70, **9**.12, **9**.13 ff.
- Datenscreening **9**.27
- Datenübermittlung **9**.38 ff.
- Datenverarbeitung **9**.13 ff., **9**.34 ff.
- Dokumentation **7**.23 ff., **7**.60 ff.
- Dokumente **7**.10, **7**.49, **7**.80
- Durchführung **7**.75
- externe Diensteanbieter **9**.34 ff., **10**.77
- grenzüberschreitende **7**.1 ff., **7**.40 ff.
- Jedermannsrecht **10**.43 f.
- Kooperation **10**.44, **10**.58, **10**.85 f., **10**.70 ff.
- Kostenberücksichtigung **6**.130 ff., **13**.60 ff.
- Milderungsgründe **7**.28 f., **7**.65 f., **12**.18 ff., **12**.39 ff.
- Mitarbeiterbefragung **6**.68 ff., **7**.14 f., **7**.51 f., **8**.1 ff.
- Mitbestimmung **8**.43 ff.
- Mitwirkende **7**.16 f., **7**.53 ff., **7**.53 ff.
- Notwendigkeit **10**.39 f.
- Planung **7**.6 f., **7**.45 f., **7**.76
- Privilegierung **7**.8, **7**.47
- Rechtshilfe **11**.52 f.
- Sachverhaltsaufklärung **10**.41 ff.
- SEC **11**.52 f.
- staatsanwaltliche Sicht **10**.39 ff., **10**.74 ff.
- Standards **6**.70
- Strategie **7**.27 f., **7**.64 ff.
- Teambildung **13**.193
- Unternehmensverteidiger **6**.49
- US-Anwälte **6**.110, **13**.193
- vergaberechtliche Auswirkungen **13**.1 ff., **13**.193

Sachverzeichnis

– Vernehmungssituation 6.88
– Verwertbarkeit 10.45 ff., 10.55 ff.
Interviews
s. Mitarbeiterbefragung
IRS
– Auskunftsersuchen 4.47 f., 4.55 f., 4.63, 4.65, 4.68
– Selbstanzeige 4.93
IT-Dienstleister 9.2, 9.35 ff.

juristische Person 4.77, 6.16, 6.29, 12.53, 13.106

Kartellverfahren 6.5, 6.75, 11.11, 11.30, 13.76
Kausalität
– Bestreiten 13.82 ff.
– Beweislast 13.85 ff.
– Compliance-Verantwortlichkeit 3.18
– Darlegungslast 13.85 ff.
– Mitursächlichkeit 13.80
– rechtmäßiges Alternativverhalten 13.80
– Voraussetzungen 13.79
Kick-Back-Zahlungen 2.15, 2.64, 3.84 ff., 13.55
Klimapflege 3.31 f., 3.52
Kommunikationsdaten 9.11
Kommunikationsrechte 6.37, 6.105 f.
Kontrollpflichten 2.35 ff., 2.81 ff.
Konzern
– Einwirkungsmöglichkeit 13.48
– Ermittlungen im Tochterunternehmen 1.5
Konzernleitungspflicht 13.44 ff.
Körperschaftsteuer
– Abzugsverbot 4.1
Korruption
– Anzeigepflicht 3.125
– Auslandskorruption 3.2, 10.1 ff., 10. 16 ff., 10.27 f., 13.171
– FCPA 2.4 f., 2.55 f.
– Finanzbehörde 4.3
– Geldwäsche 3.90
– Kündigung 13.215 ff.
– Prävention 10.84
– Rechtsfortbildung 7.36 f., 7.72
– Rechtsvergleich 3.4
– Ressortprinzip 3.13
– Sachverhaltsermittlung 3.2
– Schadensersatz 13.221
– Schutzgesetzverletzung 13.102 f.
– Schwerpunktstaatsanwaltschaft 10.32 ff.
– Strafanwendungsrecht 3.6, 10.20
– Teilnahme 3.7
– Verantwortungsaufteilung 3.13
– vergaberechtliche Auswirkungen 13.145 ff., 13.152, 13.190
Korruptionsregister 6.45 f.

Kreditinstitute
– Steuerstrafverfahren 4.25
Kronzeugenregelung 3.91, 3.104, 6.5, 6.59, 6.74 ff., 8.24 ff., 10.30
Kündigung 6.79 f., 8.22, 8.27, 10.47, 13.205, 13.209, 13.215 ff.

Ladung 6.19, 10.41, 11.16 f., 11.20
Lebensversicherung 6.6 ff.
Legalitätspflicht 13.16 ff., 13.77, 13.112
Leitungspflicht 13.16 ff., 13.46, 13.114, 13.116
Lüge 6.109
– Mitteilung an IRS 6.38 ff.
– Strafzumessung 6.40

Maßregelungsverbot 13.210
Medien 6.142 ff., 10.3
s. auch Presse
Mehrfachtäter 6.122 f.
Mehrfachverteidigung 6.54 f.
Meldepflicht 3.16, 4.34 f., 8.12
Memorandum 5.4, 5.8, 5.29, 5.33
Memorandum of Understanding 6.90 ff.
Missbrauchstatbestand 3.70
Mitarbeiter
– Abmahnung 13.205, 13.209
– Amnestie 6.4 ff.
– Anforderungsprofil 13.28 f.
– Anleitung 13.30
– Anzeigepflicht 8.13, 8.19
– Arbeitsplatz 6.73
– Aufsichtspflichtverletzung 12.61 ff., 13.163
– background checks 13.29
– Datenschutz 9.10
– Dokumentenbeschaffung 8.5
– Einsichtsrechte 8.41
– Ermittlungsverfahren 6.4
– Kronzeuge 6.74 ff.
– Kündigung 6.4
– Pflichtverletzung 12.61 ff., 13.205 ff., 13.213 ff.
– Rechtsbeistand 13.193
– Rechtsschutz 6.100
– Schulung 13.191 f., 13.197 f.
– Überwachung 13.31 ff.
– Whistleblowing 6.74 ff., 8.12
Mitarbeiterbefragung
– Auskunftspflicht 8.4 f., 8.37, 10.45 ff., 13.202
– Auskunftsverweigerungsrecht 6.99, 8.17, 8.20, 13.202, 13.205
– Befragungspflicht 13.41
– Betriebsrat 8.21 ff.
– Bundesrechtsanwaltskammer 8.15
– Checkliste 8.54
– Datenschutz 8.49 ff.

547

- Durchführung 7.14 f., 7.51 f., 8.1 ff., 8.34 ff.
- Erinnerungslücken 13.203
- faires Verfahren 8.1, 8.35
- Individualverteidigung 6.68 ff.
- Mitwirkungspflicht 8.4
- Pflichtverletzung 13.203
- Protokollierung 8.36, 8.41
- Rechtsbeistand 8.21 ff.
- schriftliche Aussage 8.41
- Selbstbelastung 8.14 ff., 10.45 ff., 13.203
- Unternehmensverteidiger 6.68 ff.
- Vernehmungssituation 6.72, 10.13
- Vertragsverletzung 8.52
- Wahrheitspflicht 8.13
- Zulässigkeit 8.2 ff.

Mitbeschuldigter
- Vernehmung 6.24

Mitbestimmung
- Betriebsrat 8.12, 8.42 ff.
- interne Ermittlungen 8.43 ff.

Mitteilungspflicht
- Aktionär 7.90
- Amtshilfe 4.51
- Belehrung 4.31
- Betriebsausgaben 4.29
- Finanzbehörde 4.28 ff.
- Geldwäsche 4.34
- Gericht 4.32
- Gewerbeuntersagungsverfahren 4.42
- grenzüberschreitende 4.43 ff.
- Spontanauskunft 4.54
- Staatsanwaltschaft 4.32, 13.193

Mitwirkungspflicht
- Auskunftpflicht 13.206
- Auslandssachverhalte 4.70 ff.
- Besteuerungsverfahren 4.17, 4.41
- erhöhte 4.75
- Ermittlungsverfahren 10.41
- Geldwäsche 4.34
- Inlandssachverhalte 4.66
- Mitarbeiterbefragung 8.4
- nach § 90 Abs. 2 S. 2 AO 4.37
- Steuergeheimnis 4.38 ff.
- Steuerpflichtiger 4.66 ff.
- Steuerschätzung 4.74
- Zwangsmittel 4.67 f.

Nationalitätsprinzip
- FCPA 2.10, 2.60

nemo-tenetur-Grundsatz
s. Selbstbelastung

Notstand 3.118

OECD-Übereinkommen
- Amtsträger 3.22, 10.4, 10.18, 10.26
- Musterabkommen 2010 4.45
- öffentliches Unternehmen 3.23

- Pflichtwidrigkeit 3.37
- Umsetzung 12.47

Offenlegungspflichten
- Shareholder 7.23, 7.59

Ordnungsverhalten 8.44 ff.

Ordnungswidrigkeiten
- Abzugsverbot 4.5
- Akteneinsicht 6.31
- Aufsichtspflichtverletzung 6.42
- Geldbuße 6.42, 6.135 ff., 12.48
- Gewerbezentralregister 6.47
- Rechtshilfe 11.1 ff.
- Sanktionierung 6.42, 11.47
- Steuerordnungswidrigkeit 4.22
- Verfall 6.42, 6.135 ff., 12.101 ff.

Organhaftung
- Aktionärsklage 13.138 ff.
- Beweislast 13.85 ff.
- Compliance-Verstöße 13.138 ff.
- Darlegungslast 13.85 ff.
- internal affairs doctrin 13.140 ff.
- Kausalität 13.79 ff.
- Schadensersatz 13.12 ff., 13.65
- Verhaltenssteuerung 13.77
- Vorteilsausgleich 13.75 ff.

Organisationsherrschaft 3.13 f.

Organisationsverschulden 13.24 ff., 13.44, 13.156 ff., 13.161 ff., 13.186

Parteiprozess 6.19, 6.88

Parteiverrat 6.63 ff.

Personalakte 8.41, 9.26

Personalfragebögen 8.46

Personalitätsprinzip 3.60

Personenhandelsgesellschaft 12.55

Persönlichkeitsrecht 8.17, 10.48, 13.29

Pflichtverletzung
s. auch Sorgfaltspflichtverletzung
- Abmahnung bei 13.205
- Anstellungsvertrag 13.99, 13.202
- Anzeigepflicht 8.13
- Aufsichtsrat 13.109
- Auskunftsverweigerung 13.205 ff.
- Auswahlverschulden 13.37, 13.42
- Beseitigungsmaßnahmen 13.34
- Beweislast 13.202
- Darlegungslast 13.202
- Einschreiten 13.34
- Einverständnis 3.74 f.
- ex ante Sicht 13.23
- externe 13.75
- Geschäftsführer 4.81 ff.
- Geschäftsverteilungsfehler 13.36
- gravierende 3.73
- Haftung nach § 69 AO 4.81
- Kausalität 13.79 ff.
- Konzern 13.44 ff.

Sachverzeichnis

- Kündigung **13**.215 ff.
- nach § 34 AO **4**.81 ff.
- ordnungsgemäße Unternehmensführung **13**.25 ff.
- Schaden **13**.52 ff., **13**.79 ff., **13**.94
- schuldhafte **13**.49 ff.
- Überwachungspflicht **13**.31 ff., **13**.38 ff., **13**.45 ff.
- Unmittelbarkeitskriterium **3**.76
- Unterlassung **13**.81 f. **13**.96
- Untreue **3**.70 ff., **13**.136
- Vorstand **4**.81

Pflichtwidrigkeit
- ausländischer Amtsträger **3**.36 f.
- Beschleunigungszahlungen **3**.38
- Diensthandlung **3**.30, **3**.36
- Erleichterungszahlungen **3**.38
- Untreue **3**.72

plea bargaining **6**.20
Pommes-Connection **6**.6
Presse **6**.7, **6**.142 ff., **10**.3, **13**.195
Presseerklärung **6**.144 ff.
Privilege **6**.103, **7**.26, **7**.63
Protokollierung **8**.36, **8**.41
Provision
- Bestechungsgeld **4**.72

Rechtfertigungsgründe
- Auslandskorruption **3**.118 f.
- Einwilligung **3**.119
- FCPA **2**.26, **2**.74
- Notstand **3**.118

Rechtsabteilung **7**.17, **7**.54, **7**.83
Rechtsanwalt
- Kosten **13**.61
- Steuergeheimnis **4**.25

Rechtsbeistand **8**.21 ff., **10**.13, **13**.193
Rechtsgüterschutz
- ausländischer Amtsträger **3**.9
- ausländischer Wettbewerb **3**.9
- Geldwäsche im Ausland **3**.9
- inländische Rechtsgüter **4**.5
- Untreue **3**.10

Rechtshilfe
- Ablehnung **11**.13
- Akteneinsicht **11**.30, **11**.51
- Antragstellung **6**.98
- Auskunft **11**.28 ff.
- Beschlagnahme **11**.24 f., **11**.47 f.
- Beweiserhebung **11**.40
- Beweismittel **11**.28 ff.
- Bewilligungsverfahren **11**.41 f.
- Doppelbesteuerungsabkommen **4**.44
- Drittländer **6**.112 f.
- Durchsuchung **11**.24 f., **11**.47 f.
- Einziehungsverfahren **11**.27
- EJN **10**.24
- Ermittlungsverfahren **10**.22 ff., **11**.1 ff., **11**.26
- Ersuchen **11**.31 ff.
- Eurojust **10**.23
- EU-US RhÜk **11**.5 ff.
- Herausgabeanspruch **11**.49 f.
- Informationsaustausch **4**.49
- interne Ermittlungen **11**.52 f.
- IRG **11**.37 ff.
- Kartellrecht **11**.30
- Ladung **11**.16 f.
- nach § 117AO **4**.60 f.
- Polizei **11**.36
- Rechtsgrundlagen **11**.1 ff.
- Rechtsschutz **6**.100, **11**.43 ff., **11**.46
- RhV D-USA **11**.10 ff.
- SEC **11**.12 f.
- Staatsanwaltschaft **6**.9, **10**.14
- Steuerstraftaten **4**.50, **11**.35
- US-Aufsichtsbehörden **6**.97
- Verhinderung **6**.10
- Videokonferenz **11**.23
- Vornahmeverfahren **11**.41 f., **11**.46 f.
- Zeugenvernehmung **11**.20 ff.

Rechtsschutz **6**.100, **11**.43 ff., **11**.46
Regressanspruch **13**.73 f.
Ressortverantwortung **3**.13, **13**.27 ff., **13**.37
Risikokontrolle
- Risikobewertung **13**.147
- Risikogeschäft **3**.75, **3**.78
- Risikoinformation **6**.117
- strafrechtliche **6**.3 ff.

Risikomanagement **6**.8, **12**.74, **12**.78

Sachverhaltsaufklärung
- Aufsichtsrat **13**.124 f.
- Auskunftsersuchen **4**.67
- Mitarbeiterbefragung **6**.68 ff., **8**.1 ff.
- Mitwirkung **13**.67
- Mitwirkungspflicht **4**.66
- Staatsanwaltschaft **10**.1 ff., **10**.41 ff.
- US-Behörden **13**.91

Sanktionen
- Geldstrafe vor Zivilgericht der USA **2**.51, **2**.98, **12**.1 ff., **12**.31 ff.
- Höhe **12**.18 ff., **12**.38, **12**.48
- nach § 30 OWiG **6**.16, **6**.31, **6**.42, **6**.49, **10**.72, **10**.78 f., **10**.82, **12**.50 ff.
- SOX **2**.36, **2**.83
- strafrechtliche **12**.18 ff., **12**.27 ff., **12**.38 ff., **12**.45
- Unternehmen **6**.41, **12**.1 ff., **12**.46 ff.

Safe-Harbour-Regeln **9**.43
Schadensermittlung **13**.68
Schadensersatz
- Aktionäre **13**.59, **13**.157
- Amnestiezusage **8**.28

549

- Anrechnung 13.68 f.
- Anspruchsverfolgung 13.131
- Anstellungsvertrag 13.99, 13.134, 13.221
- Aufklärungskosten 13.60 ff.
- Delikt 13.12 ff., 13.100 ff., 13.135 ff.
- Geschäftsführer 13.12 ff.
- Gesellschafter 13.59
- kick-back-Zahlungen 13.55
- Korruption 13.221
- Personalkosten 13.68
- Rechtsverfolgungskosten 13.65
- Sachverhaltsaufklärung 13.66
- Schadensabwehr 13.61
- Schadensentstehung 13.94 f.
- Schadenspositionen 13.52 ff., 13.98
- Steuern 13.54
- Vergleich 13.71
- Verjährung 13.92 ff., 13.105, 13.133
- Vorstand 13.12 ff.
- Vorteilsausgleich 13.75 ff.
- Wettbewerber 13.58
- Zuwendungen 13.56

Schmiergeld 3.84 ff., 4.1, 10.11, 10.21, 10.57, 13.18

Schuldgrundsatz 6.14, 6.41, 12.46

Schulungen 13.191 f., 13.197 f.

Schutzgesetz
- Beweislastumkehr 13.104
- Haftungsvoraussetzungen 13.104
- Verletzung 13.100 ff.

Schwarze Kassen 3.81 ff., 3.109

Schweigepflicht 6.28

Schwellenwert 13.151

SEC
- Ablauf des Verfahrens 5.1 ff., 5.27 ff.
- administrative Maßnahmen 2.50, 2.97
- Akteneinsicht 6.90
- Anhörungen 5.7, 5.32
- Auftragsdatenverarbeitung 9.35 ff.
- Auskunftsverweigerungsrecht 6.99
- Bestrafung 5.14, 5.38 f.
- Compliance-Maßnahmen 13.1 ff., 13.5, 13.7 ff.
- Datenschutz 8.51, 9.1 ff., 9.38 ff.
- Dokumente 5.5, 5.30, 6.93
- Ermittlungen 2.50, 2.97, 6.93 ff.
- Ermittlungsverfahren 5.1, 5.27, 6.82 ff., 13.147
- formaler Bescheid 5.4, 5.29
- Geldbuße 12.2 ff., 12.31
- Gewinnabschöpfung 6.137, 12.5 ff., 12.32
- Informationsaustausch 6.90 ff.
- informelle Anfrage 5.2, 5.28
- internationale Kooperation 6.89 f.
- Ladung 11.16 f.
- Marktmaßnahmen 13.6, 13.10
- Memorandum 5.4, 5.29
- Memorandum of Understanding 6.90 ff.
- Milderungsgründe 7.28 f., 7.65 f., 13.61 f.
- Rechtshilfe 11.1 ff., 11.12 f., 11.52 f.
- Sachverhaltsfeststellungen 13.92
- Selbstbelastungsfreiheit 6.95 f.
- Statement of Facts 6.85
- Steuergeheimnis 4.20
- Strafverfolgung 5.9, 5.34
- Struktur der Kommission 2.47, 2.94
- Unterlassungsanordnung 12.8 ff., 12.35
- Unterlassungsverfügung 12.13 ff., 12.36
- Untersuchung 2.48, 2.95
- Verfall 5.14 f., 5.38 f.
- vergaberechtliche Auswirkungen 13.45, 13.171
- Vergleich 13.71
- Verwaltungsverfahren 5.10 ff., 5.35 ff.
- Verwertbarkeit interner Ermittlungsergebnisse 10.55 ff.
- Vollstreckungsabteilung 2.48, 2.95
- Vollstreckungsantrag 5.15, 5.40
- Wells Notice 5.8, 5.33
- Zeugenaussagen 5.7, 5.32
- zivile Untersuchungen 5.28 ff., 5.2 ff.
- Zivilgericht 2.51, 2.98
- zivilrechtliche Verfügungen 5.14 f., 5. 38 f.
- Zuständigkeit 2.49, 2.96

Selbstanzeige 7.4 f., 7.43 f.
- Berichtigungserklärung 4.89
- Bestechungsgeld 4.40 ff.
- Mittäter 4.91
- Sperrgründe 4.90 ff.
- Steuerhinterziehung 4.40, 4.86 ff.
- Tatentdeckung 4.91
- USA 4.91
- Voraussetzungen 4.88 f.

Selbstbelastung
- amerikanisches Strafverfahren 6.60
- Belehrung 4.31
- deutsches Strafverfahren 6.40 f.
- Mitarbeiterbefragung 8.14 ff., 8.38, 10.45 ff., 13.202
- SEC-Ermittlungen 6.95 f.

Selbstreinigung 13.64, 13.170 ff., 13.177 f., 13.189

Settlement 2.16, 6.86, 6.102, 6.121 f., 6.126, 6.137, 6.140 f., 6.146, 7.5, 7.29, 12.4 f., 12.11, 12.16, 12.25, 13.1 ff.

Shareholder
- Offenlegungspflicht 7.22, 7.59

Siemens 2.23, 2.70, 3.78, 3.81, 3.83, 7.73, 12.41, 13.63

Sockelverteidigung
- Abgrenzung 6.52 f.
- Akteneinsichtssperren 6.66
- Beendigung 6.58, 6.60

Sachverzeichnis

- Begrifflichkeit **6**.52 f.
- gemeinsame Verteidigeraufgaben **6**.56 ff.
- Grenzen **6**.61 ff.
- Innenverhältnis **6**.56 ff.
- Kronzeugenregelung **6**.59
- Parteiverrat **6**.63 ff.
- prozessuale Grenzen **6**.66 f.
- Regelung des § 146 StPO **6**.54 f.
- Strafvereitelung **6**.62
- Verschwiegenheitspflicht **6**.67
- Zulässigkeit **6**.54

Sorgfaltspflichtverletzung
s. auch Pflichtverletzung
- Abzugsverbot **4**.14
- Aufsichtsrat **13**.111 ff., **13**.128
- Geschäftsleiter **13**.13
- Legalitätspflicht **13**.16 ff.
- Leitungspflicht **13**.16 ff.
- Organisationsmaßnahmen **13**.80
- unternehmerische Entscheidung **13**.14

SOX
- Beglaubigung **2**.36, **2**.82
- Bericht **2**.37, **2**.84
- Buchführung **2**.40, **2**.87, **10**.57
- Emittenten **2**.35, **2**.81
- interne Kontrollen **2**.38, **2**.85
- Kontrollen **2**.35 ff., **2**.81 ff
- Sanktionen **2**.36, **2**.83
- Veröffentlichungspflichten **2**.38, **2**.85
- Zulassungen **2**.35 ff., **2**.81 ff.

Sozialadäquanz **2**.26, **2**.74, **3**.33, **3**.50, **3**.62, **10**.9

Sozialbehörden
- Mitteilungen **4**.26

Sozietät
- Verschwiegenheitspflicht **6**.28

Sperrgründe
- Betrag von € 50.000 **4**.92
- Mittäter **4**.91
- Selbstanzeige **4**.90

Spontanauskunft
- nach § 117 Abs. 1 AO **4**.62

Staatsangehörigkeit **3**.6

Staatsanwaltschaft
- Aufklärungspflicht **6**.19
- Ermittlungsverfahren **4**.31, **10**.1 ff.
- Kontakt **6**.119
- Mitteilungen an Behörden **4**.18
- Mitteilungspflicht **4**.23, **13**.193
- Rechtshilfe **6**.9, **10**.14, **10**.22 ff.
- Ressourcenprobleme **10**.38
- Spezialisierung **10**.5 ff., **10**.32 ff.
- Steuergeheimnis **4**.21 ff.

Statement of Facts **6**.85

Steuerbehörde
- USA **4**.20

Steuerberater
- Kosten **13**.61
- Steuergeheimnis **4**.25

Steuerentlastungsgesetz **4**.3

Steuererklärung
- des Unternehmens **4**.77
- Haftung nach § 69 AO **4**.81 ff.
- Pflichten aus § 34 AO **4**.78 ff.

Steuerfestsetzung
- Amtshilfe **4**.51

Steuergefährdung
- Beihilfe **4**.30
- USA **4**.30

Steuergeheimnis
- Amtshilfe **4**.23
- Amtsträger **4**.19
- Auskunftsklausel **4**.23
- Ausländerbehörde **4**.24
- Beamte **4**.24
- Berufskammer **4**.25
- freiwillige Angaben **4**.39
- Geheimhaltungsinteresse **4**.27
- Geldwäsche **4**.34
- grenzüberschreitende Mitteilungspflicht **4**.43
- Mitteilung an Sozialbehörden **4**.26
- Mitwirkungspflicht **4**.38
- Rechtshilfe **4**.23
- SEC **4**.20
- unbefugtes Offenbaren **4**.20
- USA **4**.20, **4**.23
- Wahrung **4**.19
- zulässige Offenbarung **4**.21 ff.

Steuerhinterziehung
- Aufwendungen nach § 299 StGB **4**.8
- Beihilfe **4**.30
- Berufspflichtverletzung **4**.25
- Ermittlung der Finanzbehörde **4**.3
- Geldwäsche **3**.95 f., **4**.35 f.
- Geschäftsführer **4**.77
- Pflichtverletzung **4**.83
- Selbstanzeige **4**.40, **4**.86
- Tatentdeckung **4**.91
- USA **4**.30
- Verletzung der Pflicht aus § 90 AO **4**.69
- Verschleierung von Bestechungszahlung **4**.3

Steuern
- Geldbuße **12**.87
- Schaden **13**.54
- USA **4**.46
- Verfall **6**.134

Steuerordnungswidrigkeit **4**.22

Steuerschätzung **4**.74

Steuerstrafverfahren
- Amtshilfe **4**.52 f.
- Auskunftsersuchen **4**.64
- freiwillige Angaben **4**.39

551

– Korruption **10**.12
– Kredit- und Finanzdienstleistungsinstitute **4**.25
– Mitwirkungspflichten **4**.38
– Rechtshilfe **4**.50, **11**.35
– Spontanauskunft **4**.52 f.
– Steuergeheimnis **4**.25
– USA **4**.47 f.
– Verwendung von Informationen **4**.23
– Zufallsfund **4**.39
– zulässiges Offenbaren **4**.21
Steuerverkürzung **4**.54
Strafantrag **10**.42
– Abzugsverbot **4**.15
Strafanwendungsrecht
– Bestechung und Bestechlichkeit im geschäftlichen Verkehr **3**.6, **3**.59
– Geldwäsche **3**.6
– Korruption **3**.5 ff.
– Personalitätsprinzip **3**.60
– Tatort **3**.6, **3**.60
– Teilnahme **3**.7
– Untreue **3**.6
Strafanzeige **6**.79 f.
Strafklageverbrauch **4**.90
Strafrecht
– Deutschland **3**.1 ff.
– USA **5**.16 ff., **5**.41 ff.
Strafvereitelung
– Sockelverteidigung **6**.62
Strafverfahren
– Berichte **7**.30, **7**.67
– branchenspezifische **6**.6
– Kartellverstoß **6**.5
– Konkurrent **6**.5
– Rechtshilfe **11**.1 ff.
– Steuergeheimnis **4**.23
– Strategien **6**.114 ff.
– Verwertbarkeit interner Ermittlungsergebnisse **10**.55 ff.
Strafverfolgung
– Amnestie **8**.29
– DOJ **2**.45, **2**.92, **5**.22 f., **5**.47 f., **12**.17, **12**.37
– Ordnungswidrigkeit **12**.48
– Staatsanwaltschaft **10**.1 ff.
– Zurückstellung **5**.9, **5**.34
Strafverteidiger s. Verteidiger
Strafzumessung
– Geldwäsche **3**.91
– Milderung **12**.18 ff., **12**.27 ff., **12**.39 ff., **12**.45, **13**.63
– U.S. Sentencing Guidelines **12**.19 ff., **12**.39 ff.
– wahrheitswidrige Angaben **6**.39
Subpoena **5**.4, **5**.6, **5**.19, **5**.29, **5**.31, **5**.44, **6**.82, **6**.97, **7**.75, **7**.80
Subunternehmen **13**.33

Tatort
– Ausland **3**.8
– Geldwäsche **3**.6
– Tathandlung **3**.6
– Unrechtsvereinbarung **3**.6
– Untreue **3**.6
Tatverdacht **4**.15, **4**.32, **4**.91, **8**.22, **10**.20, **10**.63, **10**.67, **6**.77, **11**.25, **11**.37, **13**.218
Teambildung **6**.118, **13**.193
Teilnahme **3**.12
– Bestechlichkeit und Bestechung im geschäftlichen Verkehr **3**.59
– Strafanwendungsrecht **3**.7
Telekommunikation **9**.32 f., **9**.45 ff., **9**.52
Territorialprinzip **2**.9, **2**.59
Treuebruchtatbestand **3**.70 ff.
Treuepflicht **8**.8 f., **8**.19, **10**.47

Überwachungspflicht **4**.78 ff., **13**.31 ff., **13**.38 ff., **13**.45, **13**.67, **13**.113, **13**.118 ff., **13**.127 ff.
Umsatzsteuer **4**.1
Umweltverfahren **6**.16
Unrechtsvereinbarung
– Ausland **3**.19
– Bestechlichkeit und Bestechung im geschäftlichen Verkehr **3**.52 ff., **10**.10, **10**.31
– Bestechung **3**.25, **10**.9, **10**.18
– Fallgruppen **3**.31
– Nachweis **10**.31
– sozialadäquate Zuwendungen **3**.33, **10**.9
– Tatortbestimmung **3**.6
– Zweifelsfälle **3**.32
Unterlagen
s. Dokumente
Unterlassungsbefehl
– SEC **2**.51, **2**.98
Unterlassungsdelikt **12**.63, **13**.81 f.
Unterlassungsklage
– des Steuerpflichtigen **4**.55
Unternehmen
– Aufsichtspflichtverletzung **12**.59 ff.
– Beteiligungsrechte **12**.90
– betriebsbezogene Pflichten **12**.59 f.
– Ermittlungsverfahren **6**.86 ff.
– Geldbuße **6**.42, **12**.1 f., **12**.50 f., **13**.73 f.
– öffentliche **3**.23
– ordnungsgemäße Unternehmensführung **13**.25 ff.
– Organisationsverschulden **13**.24 ff.
– private **3**.23
– Regress **13**.73 f.
– Ressortverantwortung **13**.27 ff.
– Sanktion **6**.41
– Steuererklärung **4**.77
– strafrechtliche Risikokontrolle **6**.3 ff.

Sachverzeichnis

- Strukurprobleme 6.6
- Überwachungspflichten 13.31 ff., 13.38 ff.

Unternehmensstrafrecht
- Deutschland 3.11, 6.13 ff., 12.46
- Handeln zu Gunsten des Unternehmens 2.2, 2.53
- Schuld 6.41
- subjektiver Tatbestand 2.3, 2.54
- USA 2.2 f., 2.53 f., 12.47

Unternehmensverteidigung
- Akteneinsicht 6.31
- aktive Vertretung 6.101
- Akutberatung 6.115 ff.
- Aufsichtsrat 6.30
- Beratung 6.48 ff., 6.109
- Berichterstattung 7.79
- Erledigungsstrategien 6.139 ff.
- Ermittlungsverfahren 6.49
- interne Aufklärung 6.49
- Kommunikationsrechte 6.29, 6.37
- Kontakt zur Staatsanwaltschaft 6.119
- Koordination 6.49, 10.13
- Mandatsverhältnis 6.29
- Mitarbeiterbefragung 6.68 ff.
- Rechtshilfe 6.10
- Rechtsstellung 6.51
- Risikoinformation 6.117
- Teambildung 6.118
- Umgang mit Medien 6.142 ff.
- USA 6.50, 6.108 ff.
- Verschwiegenheitspflicht 6.29

Unterrichtungspflicht 11.34

Untersuchung
- Gefährdung des Untersuchungszwecks 6.66
- SEC 2.48, 2.95

Untreue
- Auslandstat 3.10 ff., 3.88
- Compliance-Verstöße 12.69
- Einverständnis 3.74 f.
- Geldwäsche 3.95
- Kick-Back-Zahlungen 3.84 ff.
- Missbrauchstatbestand 3.70
- Pflichtverletzung 3.70 ff., 13.136
- Prüfungsschema 3.89
- Rechtsgüterschutz 3.10
- Schmiergeld 3.87
- Schwarze Kassen 3.81 ff.
- Strafanwendungsrecht 3.6
- Systematik 3.66
- Treuebruchtatbestand 3.71 ff.
- Unbestimmtheit 3.65
- Verjährung 3.122
- Vermögensbetreuungspflicht 3.67
- Vermögensnachteil 3.77 ff.

Unwahrheit 6.109
- Beschuldigter 6.38 ff.

Urteilsabsprache 6.20

USA
- Aktionärsklage 13.138 ff.
- Anerkenntnis 6.84
- Angestelltenbestechung 4.7
- Aufsichtsbehörden 6.97
- Auskunftsersuchen 4.57, 4.63 ff., 4.68
- Auskunftsklausel 4.23
- betriebliche Altersvorsorge 13.207
- Datenschutz 9.5
- Dokumente 6.105
- Doppelbesteuerungsabkommen 4.46
- Ermittlungsverfahren 6.9, 6.11, 6.86 ff., 8.37 ff.
- Geldstrafe 6.129
- Korruptionsbekämpfung 1.2
- Kronzeuge 6.79
- Mitteilung an IRS 4.56
- Parteiprozess 6.19
- Prozessrecht 6.81 ff.
- Rechtsanwälte 6.108 ff., 13.193
- Rechtshilfe 4.49 f., 6.97, 11.1 ff.
- Selbstanzeige 4.93
- Selbstbelastung 6.40
- Steuergefährdung 4.30
- Steuergeheimnis 4.20
- Steuerhinterziehung 4.30
- Steuern 4.46
- Steuerstrafverfahren 4.47 f., 4.65
- Strafrecht 5.17 ff., 5.41 ff.
- Unternehmensverteidigung 6.50
- Vergleich 6.84
- Wertpapierhandelsrecht 13.141 f.
- Zivilrecht 5.2 ff., 5.28 ff.

US-amerikanische Behörden
- Datenübermittlung 9.38 ff.
- DOJ 2.41 ff., 2.89 ff.
- Nutzung von Daten 9.20
- Sachverhaltsfeststellungen 13.91
- Sanktionen 13.70
- SEC 2.46 ff., 2.93 ff.
- Verfahrensbeendigung 13.88
- vergaberechtliche Auswirkungen 13.145, 13.171
- Vergleichsvereinbarung 13.70

US-Strafrecht
- Datenübermittlung 9.38 ff., 9.41 ff.
- Grundlagen 2.1 ff., 2.52 ff.
- internal affair doctrine 13.140 ff.
- Unternehmensstrafrecht 2.1, 2.53
- Zurechnungsmodell 12.58

Verbandsgeldbuße
s. auch Geldbuße
- Anknüpfungstat 12.57 f., 13.72
- Aufsichtspflichtverletzung 6.51, 12.59 f., 12.65 f., 13.72
- Beteiligungsrechte 12.90

553

- betriebsbezogene Pflichten **12.**59
- Normadressat des § 130 OWiG **12.**64
- Personenkreis **12.**52 ff.
- selbstständige Festsetzung **12.**88 f.
- Vertreterhandeln **12.**80
- Zweck des § 130 OWiG **12.**63 f.

Verdachtskündigung **8.**22, **13.**203, **13.**218

Verein **12.**53 f.

Verfahrensabsprache **6.**20

Verfahrensdualität **6.**81 ff., **6.**111

Verfahrenseinstellung **6.**49

Verfahrenserledigung **6.**20, **6.**39

Verfahrenstrennung
- Akteneinsicht **6.**32

Verfall **6.**16
- Anknüpfungstat **12.**94
- Ausschluss **12.**86, **12.**98 ff., **12.**105
- Beschränkung **12.**91, **12.**97 ff., **12.**105
- Bruttoprinzip **12.**105
- Drittbegünstigung **12.**95
- Drittverfall **6.**43 f., **6.**125 ff.
- Härtefall **6.**126 ff., **12.**99
- Höhe **12.**105
- Kostenberücksichtigung **6.**130 f.
- nach § 29 a OWiG **6.**42, **6.**135 ff., **12.**101 ff.
- nach §§ 73 ff. StGB **12.**91 ff.
- SEC **5.**14 f., **5.**38 f.
- Steuern **6.**134
- Umfang **12.**96 f.
- Verfahrensrecht **12.**100, **12.**107
- Vermögensvorteile **12.**93

Verfallfristen **13.**221

Vergaberecht
- Allgemeininteresse **13.**176
- Auslandsdelikte **13.**171, **13.**182, **13.**193
- Ausschluss **13.**6, **13.**10, **13.**147 f., **13.**150 ff., **13.**175 ff.
- Bauleistungen **13.**150
- Diensteanbieter **13.**150
- Ermittlungsverfahren **13.**190 ff., **13.**200
- Kommunikationsmuster **13.**194
- Konfliktbegrenzung **13.**193
- Konfliktvermeidung **13.**190
- Notfallmaßnahmen **13.**193
- Organisationsverschulden **13.**156 ff., **13.**161 ff., **13.**186
- Sektorentätigkeit **13.**150
- Selbstreinigung **13.**64, **13.**152, **13.**170 ff., **13.**177 f., **13.**189
- Systematik **13.**150
- Vorbeugemaßnahmen **13.**191
- Zuverlässigkeit **13.**178, **13.**185 ff.

Vergabestelle
- Bundeszentralregisterauszug **13.**167 f.
- Eigenerklärung **13.**170 f.
- Ermessen **13.**152, **13.**181 ff., **13.**185 ff.
- Informationspflichten **13.**167 ff.
- Kenntnis **13.**165
- Kommunikation **13.**196
- unpräzise Fragen **13.**170
- Verhältnismäßigkeitsgrundsatz **13.**180
- wahrheitsgemäße Angaben **13.**167 ff.

Vergabeverfahren
- Bevorzugung **3.**53
- europaweite **13.**151, **13.**158
- Presse **13.**195
- rechtskräftige Verurteilungen **13.**154 f.
- Schwellenwert **13.**151
- Strafverfahren **13.**145
- unterschwellige **13.**152 f.
- USA-Verfahren **13.**145
- Zurechenbarkeit **13.**156, **13.**161 ff.

Vergleich
- DOJ **13.**70 f.
- SEC **13.**70 f.
- strafrechtlicher **6.**84

Verhältnismäßigkeitsgrundsatz **13.**180

Verjährung
- Beginn **13.**94 ff.
- Bestechlichkeit und Bestechung im geschäftlichen Verkehr **3.**121
- Bestechung **3.**120
- Bilanzdelikte **3.**124
- deliktische Ansprüche **13.**103
- Ersatzansprüche **13.**92 ff., **13.**221
- Geldwäsche **3.**123
- GmbHG **13.**133
- Untreue **3.**122

Vermögensbetreuungspflicht
- Befugnis kraft behördlichen Auftrags **3.**68
- restriktive Auslegung **3.**67, **3.**72
- Vollmacht **3.**69

Vermögensgefährdung **3.**83

Vermögensnachteil
- Untreue **3.**77 ff.

Vernehmung
- Anwesenheitsrechte **6.**22 ff., **11.**21
- interne Ermittlungen **6.**88
- Mitbeschuldigter **6.**24
- Staatsanwaltschaft **10.**13
- Videokonferenz **11.**23
- Zeuge **11.**20 ff.

Veröffentlichungspflichten
- SOX **2.**38, **2.**85

Verschulden
- Maßstab **13.**49
- Mitverschulden **13.**50
- Organhaftung **13.**49 ff.
- Organisationsverschulden **13.**24 ff., **13.**44
- Schutzgesetzverletzung **13.**104

Verschwiegenheitspflicht
- Mitarbeiter **6.**79 f.
- Sockelverteidigung **6.**67
- Sozietät **6.**28

Sachverzeichnis

- Unternehmensverteidiger 6.29
- Verteidiger 6.28

Versetzung 13.219

Verteidiger
s. auch *Unternehmensverteidiger*
- Anwesenheitsrechte 6.22 ff.
- Durchsuchung 6.27
- Honorarfreistellung 8.30
- Kommunikationsrechte 6.37
- Sockelverteidigung 6.52 ff.
- Teambildung 6.118
- Verschwiegenheitspflicht 6.28 ff.

Vertragsbeziehungen 7.21, 7.39, 7.58, 7.74

Vertragsverletzung 8.52

Vertrauensgrundsatz 13.164

Vertretungsmacht 12.56, 13.158 f.

Verwaltungsvereinbarung
- Auskunftsersuchen 4.56

Verwaltungsverfahren
- Anhörung 5.10 f., 5.35 f.
- Durchführung 4.26
- SEC 5.10 ff., 5.35 ff.

Verwendungsverbot
- nach § 393 Abs. 2 S. 1 AO 4.87

Verwertungsverbot
- nach § 393 Abs. 2 S. 1 AO 4.3, 4.38
- nach § 393 Abs. 2 S. 2 AO 4.41

Verwirkung 13.208

Vollmacht
- Vermögensbetreuungspflicht 3.69

Vollstreckungsabteilung
- SEC 2.48, 2.95

Vollstreckungsmaßnahme
- Antrag der SEC 5.15, 5.40
- SEC 5.2, 5.8, 5.28, 5.33

Vorsatz
- Abzugsverbot 4.14
- Bilanzeid 3.115
- FCPA 2.11, 2.24, 2.61, 2. 71 f.
- Geldwäsche 3.103

Vorstand 7.19, 7.56, 7.85
- Geldbuße 12.54
- Legalitätspflicht 13.16 ff.
- Leitungspflicht 13.16 ff.
- Pflichten aus § 34 AO 4.78 ff.
- Pflichtverletzung 13.13 f., 13.16 ff.
- Pflichtverletzung nach § 69 AO 4.81 ff.
- Schadensersatz 13.12 ff., 13.131
- Verjährung 13.92
- Verschulden 13.49
- Vertrag 4.79

Vorsteuerabzug 4.1

Vorteil
- Drittvorteil 3.28, 3.51
- immaterieller 3.27
- Sozialadäquanz 3.50
- unbilliger 3.39

- Vorteilsausgleich 13.78
- wirtschaftlicher 3.26

Wahrheitspflicht 6.38 ff., 8.13

Weiterbeschäftigung 13.220

Wells Notice 5.8, 5.33

Werbungskosten
- Abzugsverbot 4.9

Wertpapierrecht 13.141 f.

Wettbewerbsverzerrung 3.41

Whistleblowing 6.74 ff., 8.12

Wirtschaftsprüfer 7.20, 7.57, 7.87 f.
- Steuergeheimnis 4.25

Wirtschaftsstraftat
- nach § 74 c GVG 4.41

Wirtschaftsstrafverfahren
- Akteneinsicht 6.35
- Ermittlungsverfahren 10.1 ff.
- Schwerpunktstaatsanwaltschaft 10.32 ff.
- Sockelverteidigung 6.52 ff.
- Verfahrenserledigung 6.39

Zeugenaussage
- Vernehmung 10.13
- Zivilverfahren 5.7, 5.32

Zeugenbeistand 8.21, 10.13

Zeugnisverweigerungsrecht 11.20
- Verteidiger 6.28

Zivilverfahren
- Anhörungen 5.7, 5.32
- Berichte 7.31, 7.68
- Bestrafung 5.14 f., 5.38
- Beweismittel 5.6, 5.31
- Beweiswürdigung 13.90
- Darlegungslast 13.90
- einstweilige Verfügung 2.51, 2.98
- Einziehung illegaler Profite 2.51, 2.98
- Geldstrafe 2.51, 2.98
- Herausgabeverlangen 5.5 f., 5.30 f.
- SEC 2.51, 2.98, 5.2 ff., 5.28 ff.
- Subpoena 5.6, 5.31
- Unterlassungsbefehl 2.51, 2.98
- USA 5.2 ff., 5.27 ff.
- Verfügungen der SEC 5.14 f., 5.38 f.
- Vollstreckungsantrag 5.15, 5.40

Zufallsfund
- Steuerstrafverfahren 4.39, 4.57

Zurechnung
- Vergabeverfahren 13.156 ff.

Zurückbehaltungsrecht 13.206

Zuständigkeit
- DOJ 2.42 ff., 2.89 ff.
- SEC 2.46 ff., 2.93 ff.

Zustimmung 3.74 f.

Zuverlässigkeit 13.170 ff., 13.178, 13.185 ff.

Zuwendungen
- Abzugsverbot 4.1, 4.5

- Auslandsbezug **4.6**
- Bereicherung **12.**79
- Bestechung **3.**26 ff.
- erlaubte **2.**25, **2.**73
- Genehmigung der Vorteilsgewährung **4.**13
- rechtswidrige Handlung **4.**13
- Schaden **13.**56
- schuldhaftes Verhalten **4.**14
- sozialadäquate **3.**33, **3.**50
- Vorsatz **4.**14
- Vorteil **4.**12

Zwangsmittel
- Mitwirkungspflicht **4.**67

Zwangsvollstreckung
- Auskunftsklage **13.**212